JEAN-PAUL DESPRAT

LES BÂTARDS D'HENRI IV

L'épopée des Vendômes

(1594-1727)

PERRIN
76, rue Bonaparte
Paris

Pour Paul, mon fils.

ISBN 2.262 00998-8

LES BÂTARDS D'HENRI IV

DU MÊME AUTEUR

Le marquis des Éperviers, roman (Balland 1988 - Presses-Pocket)
Le camp des Enfants de Dieu, roman (Balland 1989 - Presses-Pocket)
Le secret des Bourbons, roman (Balland 1991 - Presses-Pocket)
Paris, Fêtes et lumières (Images-Magie 1992)

« Mon esprit vient de plus loin... »

La vocation d'un bâtard c'est de rechercher son père afin de lui ressembler ou de le haïr. Mais qu'en est-il de l'espèce très rare des légitimés de France, fruits reconnus des amours de souverains régnants, qui commence avec César de Vendôme, issu du double adultère d'Henri IV et de Gabrielle d'Estrées et se renouvelle avec les enfants que mesdames de La Vallière et de Montespan eurent de Louis XIV ? Fils de rois, élevés dans la crainte et la vénération de leur père, ils ont en commun d'avoir voulu effacer la tache de la naissance illégitime et de n'avoir rien négligé pour obtenir les honneurs ainsi que les privilèges du vrai sang royal.

La méthode des légitimés pour parvenir à leur fin, outre s'unir aux princes successibles par mariage, c'est — avant la lettre — se montrer « plus royaliste que le roi » et, dans le cas de César de Vendôme et de ses successeurs, revendiquer, plus haut que Louis XIII ou Louis XIV eux-mêmes, l'héritage d'Henri IV. Constant souci de toute la lignée venue de Gabrielle d'Estrées, qu'exprime encore, à l'orée du XVIII*e siècle, Louis-Joseph de Vendôme, lequel, interrogé par le roi d'Espagne, son cousin, descendant comme lui d'Henri IV, à propos des qualités qu'il aurait héritées de son père, le duc de Mercœur, réplique avec superbe : « Mon esprit vient de plus loin... »*

SOMMAIRE

PROLOGUE — MES BELLES AMOURS (NOVEMBRE 1590 - AVRIL 1599)

CHAPITRE I – POUR AVOIR L'HONNEUR D'ÊTRE SORTIS DE NOUS... (AVRIL 1599 - DECEMBRE 1630)

CHAPITRE II — TUMULTE ET PASSION (AVRIL 1630 - NOVEMBRE 1652)

CHAPITRE III — L'ANCRE ET LA POURPRE (NOVEMBRE 1652 - AOUT 1669)

PROLOGUE

MES BELLES AMOURS

(novembre 1590-avril 1599)

I – LE RENARD ET LE LOUP

C'était en Picardie, à la veille de la Saint-Martin de l'an 1590. Deux cavaliers, soulevant de grandes envolées de terre, filaient à vive allure dans un chemin creux ramolli par les pluies de l'automne. Le plus grand de ces hommes, de belle mine et de haute stature, avait rabattu son collet de dentelle par-dessus le buffle qui lui prenait avantageusement la taille. Il avait vingt-sept ans. Toutes les femmes de la cour se brûlaient à son regard. Il était grand écuyer de France, raison pour laquelle on ne l'appelait autrement que monsieur le Grand : il se nommait en vérité Roger de Bellegarde. Son compagnon qui aurait pu passer pour son valet, tant son chapeau de peluche et de soie noire était avachi, son pourpoint fatigué, sa barbe grise hirsute, n'était autre qu'Henri IV, roi de France depuis quatorze mois, roi huguenot d'un royaume presqu'entièrement catholique, alors dans les affres de la conquête de son trône et de sa capitale, et que ses congénères gascons nommaient par dérision, « roi du moulin de Barbaste », du nom d'un de ses moulins en Béarn.

Trois jours auparavant, c'était le 7 novembre 1590, il avait établi son « camp volant » à Cœuvres, non loin de Villers-Cotterêts. Ce rassemblement d'à peu près six mille soldats, presque tous mercenaires, c'était ce qui restait de son armée, après qu'il eut, selon la coutume, licencié sa noblesse volontaire à l'issue de la campagne d'été. A ses côtés, étaient demeurés ses plus fidèles compagnons, ceux qui tels Chatillon, le vicomte de Turenne ou La Trémoille — protestants comme lui — s'étaient attachés à sa fortune alors qu'il n'était encore que le roi de Navarre. Mais il se trouvait aussi à Cœuvres quelques catholiques, des loyalistes, qui avaient reconnu le fils de Jeanne d'Albret pour successeur d'Henri III, au chevet de ce roi mourant. Roger de Bellegarde était l'un d'eux.

Dans les premiers temps du nouveau règne, la cour de France ce n'était que cela : quelques soldats pataugeant dans la boue des tranchées, habiles à surmonter les divergences religieuses pour parler d'une seule voix. Malgré cette unanimité, ils avaient été impuissants à s'opposer à la décision de leur maître qui avait arrêté, le 30 août précédent, de lever le siège qu'il mettait devant Paris et qui s'était retiré vers le nord, à la stupéfaction générale. Le roi avait été abusé par la rumeur d'une possible manœuvre de ses adversaires, capable de le prendre dans une nasse : la jonction du duc de Parme, mercenaire du roi d'Espagne avec le duc de Mayenne, chef de la Ligue, successeur à la tête de ce regroupement des catholiques ultras de son frère, le duc de Guise, assassiné à Blois. La capitale, au moment où Henri IV s'en était éloigné était pourtant exsangue : « Cette ville, écrit Palma Cayet, quatre jours plus tard se fut rendue à lui par l'extrême famine qui était dedans »[1]. D'après Cheverny, il ne s'y mangeait plus « ...que du vieil oinct dont on fait les chandelles, des chiens, des chats, des herbes crues et les vieux os des morts ». Le 8 août, au cours de la journée des Pains, les Parisiens s'étaient même révoltés pour que la ville se rende. Erreur lourde de conséquence que celle d'Henri IV, puisque la prise de Paris, qui devait asseoir sans contredit possible son autorité sur le pays, allait être repoussée de quatre années, quatre années pleines de chevauchées et de mêlées furieuses. Temps de doute et d'incertitude, et, peut-être, à cause de cela, temps propices au plus fou des amours qu'un roi de France ait jamais conçu pour l'une de ses sujettes.

Comment Henri IV et son grand écuyer, deux mois après cette déconvenue, en étaient-ils venus à galoper de la sorte, entre chien et loup, quittant les retranchements où leurs compagnons remâchaient leur colère, chevauchant, contre toute prudence, avec une très mince escorte qui les suivait à distance ? Il suffisait d'observer leurs mines pour comprendre : Roger, penaud, enrageant de la balourdise qu'il venait de commettre, Henri, se lèchant les babines comme quelqu'un qui ne doute pas que sa bonne fortune ne soit, au bout de son chemin, installée à l'attendre. Nul doute possible : il y avait de la femme là-dessous. Monsieur le Grand, gascon de naissance et d'humeur, avait vanté au roi les charmes de l'une des filles du seigneur du lieu, Antoine d'Estrées, fausse ingénue de seize ans dont il avait fait sa maîtresse.

Gabrielle, tel était le prénom de cette beauté, était entrée dans sa vie un an auparavant, à Compiègne, avec l'éclat et la soudaineté du tonnerre. Roger relevait à l'époque d'une fièvre double-tierce qui avait fait craindre pour sa vie. Il attendait son rétablissement dans un petit logis des bords de l'Oise, pressé d'un flot d'admiratrices, avides de venir surprendre jusque dans son lit cet impénitent séducteur, dont quelques mèches de la chevelure tigrée de feu tirebouchonnaient sous l'effet des dernières moiteurs de la fièvre. Soudain, dans ce hourvari femelle, le grand écuyer avait remarqué Gabrielle, entrée dans sa chambre en compagnie de quelques dames titrées du pays et obligée de jouer des coudes avec des haricotières et des marchandes de cresson pour s'approcher.

Suggérons la figure de cette jeune curieuse et fions-nous au portrait que fit d'elle l'auteur des *Amours du Grand Alcandre*, sa rivale dans le cœur de Roger de Bellegarde, Mlle de Guise : « ... Son visage était lisse et transparent comme une perle dont il avait la finesse et l'eau. Le satin blanc de sa robe paraissait noir à comparaison de la neige de son beau sein. Ses lèvres étaient couleur du rubis et ses yeux d'un bleu céleste, si luisants, qu'on eut pu difficilement juger s'ils empruntaient au soleil leur vive lumière ou si ce bel astre leur était redevable de sa clarté »[2]. Ajoutons qu'elle possédait, selon Guillaume de Sablé, deux autres attributs de la beauté aristocratique du temps : une chevelure relevée et blonde mais aussi un léger galbe de chair qui lui faisait un double menton.

Michelet, qui ne l'aime pas, s'inquiète du regard : « Elle est étonnamment blanche et délicate, imperceptiblement rosée. L'œil a une indécision, une *vaghezza* qui dut ravir et qui pourtant ne rassure pas. Objet très poétique sans doute, elle n'en annonce pas moins un moral assez prosaïque ; cette belle personne est certainement médiocre, judicieuse et, dans un cercle étroit, assez capable de calcul ».[3] Achevons cette mosaïque par l'opinion d'un inconditionnel, Agrippa d'Aubigné : « Son extrême beauté ne sentait rien de lascif ». Est-ce à dire que la demoiselle était suffisamment habile pour dominer ses émotions et ne pas laisser transparaître le vice de luxure ou de cupidité que l'opinion, à juste titre, attachait, comme nous l'allons dire, aux femmes de son lignage ?

En 1589 elle avait, en tout cas, commencé par répondre avec beaucoup de froideur aux œillades enflammées de Roger. C'est qu'elle était amoureuse alors, d'un certain Stavay, qui avait obtenu — disait-on — ses premières faveurs. Le grand écuyer n'était pas d'un caractère à s'arrêter à ces détails. Bien que faible encore, il avait entrepris de monter à l'assaut et l'épisode, si galant déjà, de sa convalescence, allait se terminer dans sa petite chambre de

Compiègne, vidée sans ménagement de ses autres visiteuses, où il devait retenir Gabrielle deux jours et deux nuits consécutives. Après cela, il était reparu à l'armée en en faisant des gorges chaudes et Henri IV, alors tout à la pensée de Claude de Beauvilliers, l'abbesse de Montmartre, n'avait, à ces fanfaronnades, qu'à demi soulevé la paupière.

Bellegarde était aimé du roi avec qui il s'entretenait dans leur commun patois des montagnes des Pyrénées, émaillé de jurons cocasses. Il était issu de la vieille lignée des Saint-Lary en Comminges. Venu à la cour presqu'enfant, il en avait été, dès l'âge de vingt ans, l'une des coqueluches poussé par ses deux oncles, tous deux entièrement favoris d'Henri III : le maréchal de Bellegarde, le « torrent de la faveur » et surtout le duc d'Epernon, l'« archimignon », le « demi-roi ». Roger, aussi radieux et beau qu'étaient ses oncles, avait trouvé le premier levain de son succès dans le goût que le roi d'alors affichait plus qu'ouvertement pour les plus sémillants jeunes gens de son royaume. On sait par Tallemant ce qu'en disait un courtisan du temps à qui l'un de ses amis reprochait de ne pas avancer à la cour aussi rapidement que le grand écuyer : « Hé ! railla-t-il, il n'a garde qu'il ne s'avance, on le pousse assez par derrière »[4]. Cette réputation, malgré les innombrables succès féminins dont on le crédite, ne devait d'ailleurs jamais tout à fait quitter Bellegarde. Tallemant, lui encore, prétend qu'il adopta, sur la fin de sa vie, l'aventurier Souscarrière qui était son giton. Admettons, avec Antoine Adam, que le beau Roger, comme nombre de séducteurs de son temps, était, selon le joli mot d'Oscar Wilde : bimétaliste.

Quoi qu'il en soit, aux temps qui nous occupent, ce félin, au regard de miel et à la cuisse musclée de centaure, pouvait s'enorgueillir d'une carrière exceptionnelle : il avait été fait à vingt et un ans, maître de la garde robe par Henri III, à vingt-deux ans, premier gentilhomme de la chambre, à vingt-quatre, grand écuyer. Il avait été au nombre des Quarante-Cinq, ces gentilshommes dévoués au dernier roi Valois dans sa lutte contre la maison de Lorraine. En 1588 il s'était fait le principal racoleur des assassins du cardinal et du duc de Guise à Blois. C'est lui, encore, qui se tenait près d'Henri III, au matin du 1er août 1589 et qui s'était précipité, au cri de son maître, pour faire choir le couteau de la main criminelle de Jacques Clément. Après cela, il avait été le premier, au chevet du roi agonisant, à baiser les genoux d'Henri de Navarre et à le reconnaître pour légitime successeur de la couronne.

Henri IV lui devait donc beaucoup et, pour lui en témoigner sa reconnaissance, il s'efforçait, malgré le délabrement de ses affaires, de lui continuer les mêmes largesses que son prédécesseur. Ainsi, quelques semaines avant les évènements que nous narrons, avait-il repris l'abbaye de Marmoutier à son vieil ami Biron, pour en faire don à Roger.

Ajoutons que Bellegarde maniait également la plume. C'est lui qui devait donner, à quatre mains, avec l'aide de son ancienne maîtresse, Mlle de Guise, ce récit des *Amours du Grand Alcandre* qui, quelques quarante années après l'évènement, nous livre le récit, plein d'humour et beaucoup plus exact qu'on ne le pense, des amours de Gabrielle et d'Henri IV [5].

La bévue fatale, point de départ de notre histoire, Roger l'avait commise le 7 novembre, à son arrivée au camp de Cœuvres. Il avait sollicité un congé de deux jours pour revoir sa belle et, cette fois, le roi dont le cœur ne brûlait plus pour l'abbesse de Montmartre, attaqué du vif désir de contempler celle dont son grand écuyer ne cessait de vanter les appâts, s'était tout bonnement invité à le suivre.

Le château neuf de Cœuvres avait été construit par Jean d'Estrées, grand-père de Gabrielle, qui y était mort, le 23 octobre 1571, quelques mois avant que la plus fameuse de ses petites filles n'y vit le jour. Jean d'Estrées était issu d'une famille d'ancienne noblesse qui, dès le XIIe siècle, avait compté un maréchal de France dont le petit-fils devait épouser une Courtenay, issue d'une branche cadette capétienne et dont l'arrière petit-fils allait être le chef des volontaires partis au secours de Charles d'Anjou, à Palerme, après la terrible mortification des Vêpres Siciliennes [6]. Il avait commencé sa carrière fort modestement, en 1486, comme page de la reine Anne de Bretagne. Il devait, par la suite, participer aux guerres d'Italie sous les règnes de Louis XII et de François 1er et y trouver, grâce à sa bravoure, le chemin de la fortune. Voyant un jour, au plus épais d'une mêlée, le bâtard de Vendôme, tombé de cheval, blessé, entouré d'ennemis, il avait réussi à l'approcher à grands coups d'épée et à l'enlever en croupe. Ce prince de la main gauche était fils de Jean II de Bourbon, trisaïeul d'Henri IV et de sa maîtresse Philippote de Gournay. Par reconnaissance, il allait donner à son sauveur pour épouse, Catherine, l'unique fille d'entre les quatre enfants nés de son union avec Jeanne de Rubempré. Cette alliance apportait aux d'Estrées quelques nouvelles gouttes du sang d'Hugues Capet, accolant, de façon quasi prémonitoire, le nom royal de Vendôme à celui de leur lignée.

La splendeur de Cœuvres était faite pour proclamer ce cousinage princier. C'était une demeure de la Renaissance mais qui s'entourait d'un fossé et se défendait encore d'un pont levis. Le corps de logis à deux étages et hautes fenêtres décorées de rinceaux, était flanqué de deux pavillons, à hautes toitures couronnées de chenaux de plomb doré, desservis par deux escaliers hors d'œuvre qui s'enroulaient dans de fines tourelles ajourées. La galerie du premier étage était « ... cintrée et lambrissée de moerin et planchéiée par le bas avec un lambry de menuiserie et des bancs aussi de menuiserie au pourtour »[7]. Originalité suprême : les terrasses étaient décorées de canons de pierre sur affûts et les fenêtres surmontées de boulets en demi-bosse, qui illustraient l'importante charge de grand maître de l'artillerie confiée par Henri II, en 1550, au grand-père de Gabrielle. Un vaste bâtiment séparé — la Recette — grange fiscale, grenier à sel, construit en même temps que le château pour entasser les contributions des vassaux, témoignait de la puissance féodale intacte des maîtres de Cœuvres*. Tout autour du village, blotti sur une pente légère, roulaient à perte de vue les replis épais de la forêt de Villers-Cotterêts qui confondaient ses lointains grisonnants avec la base du ciel

En 1590 le château était la propriété du fils aîné de Jean d'Estrées, Antoine, marquis de Cœuvres, vicomte de Soissons, sénéchal et premier baron du Boulonnais, gouverneur de La Fère, où il avait commis l'imprudence, le 18 octobre 1589, de se faire surprendre par les troupes de la Ligue. Malgré des titres qui en imposaient, Antoine d'Estrées faisait une mince figure. Il avait vécu de la renommée de son père avant de vivre — comme il va se voir bientôt — de celle de sa fille. Le souvenir glorieux du premier lui avait valu d'être compris dans la promotion de l'ordre du Saint-Esprit de 1579 où Henri III avait appelé tout ce qu'il y avait de plus titré en France ; l'extraordinaire élévation de la dernière allait lui procurer la fortune. Le 14 février 1559, pour son plus grand malheur, il avait épousé Françoise Babou dont Ronsard, dit-on, avait fait son Astrée. Elle devait lui donner neuf enfants. Françoise — d'Astrée devenue d'Estrées — avait la réputation d'aimer les brutes. Elle fut la maîtresse, seize ans après son mariage, de Louis Berenger du Gua, l'un des massacreurs de la Saint-Barthélémy, un gladiateur**, qui devait finir embroché, au cours d'un de ses nombreux combats singuliers, par le baron de Vitteaux. Mme d'Estrées, inconsolable de cette perte, s'était alors offerte publiquement à qui la vengerait.

---

* Voir Le Pèlerinage Gabriellien, page 89.

** Homme qui aimait les combats sanglants et les duels.

Un vigoureux gaillard, plus jeune qu'elle de dix-huit printemps, le marquis d'Allègre de Millaud, s'était présenté. Il massacra proprement Vitteaux, assassin autrefois de son père — notez bien que nous ne sommes qu'à un demi-siècle du Cid — avant de s'enfuir dans ses terres, en Auvergne, enlevant en croupe celle dont il venait si hâtivement de laver « l'honneur ».

Dès le huitième enfant du couple d'Estrées — une fille venant immédiatement après Gabrielle qui était la septième — on avait fait des gorges chaudes de l'improbable paternité d'Antoine. La bâtardise de la neuvième, Marie-Françoise, née plus d'une année après que Mme d'Estrées se fut réfugiée à Isssoire, était patente. L'infortune de M. d'Estrées était donc publique et sa longanimité si grande, face à ce malheur, qu'elle avait fini par le rendre touchant. Soit scrupule religieux, soit peur du ridicule, il avait renoncé à désavouer l'enfant né hors de son foyer. On louait généralement le soin qu'il prenait des quatre filles et des deux garçons restés sous son toit. Des deux fils, le premier, Louis, allait être son successeur, le second, François-Annibal, se préparait à être d'Eglise. Nous verrons comment le destin devait se charger de changer ces plans. Pour ce qui regardait les filles, Antoine avait déjà marié Marguerite, la seconde, au baron de Mouchi, il avait fait la troisième, Angélique, religieuse. Il ne lui restait plus qu'à songer à Diane, l'aînée, qu'on prétendait aimée du duc d'Epernon et à Gabrielle, la plus jeune.

Tel était le cercle étroit de Cœuvres au moment où Henri IV et son grand écuyer s'en approchaient au galop. Ce qu'en vit le roi tout d'abord, à peine franchi le pont-levis, ce furent les domestiques qui s'empressaient au devant de lui, des flambeaux au poing et, en arrière, en l'absence du maître des lieux — l'homme qui avait perdu La Fère était un homme disgracié et il avait sans doute craint de se montrer — les enfants de M. d'Estrées. Aussitôt, il y eut le croisement des regards : celui de braise que le roi porta sur la plus jeune des filles de la maison, celui embarrassé de Bellegarde, enfin celui glacé que Gabrielle lança à son souverain, ce même air de froideur qu'elle avait témoigné à Roger, la première fois qu'elle l'avait vu, alors qu'elle se croyait aimée de Stavay.

Le trait qui venait d'atteindre le cœur du Béarnais devait y rester fiché neuf ans. C'était une chose singulière pour un homme qui n'avait jusque là guère montré de constance dans ses amours si ce n'est à l'égard de Corisande d'Andoins, Corisande de Guiche, restée en Navarre et avec qui il avait correspondu jusqu'au seuil du dernier été, jusqu'à l'heure où était parvenue à Pau l'incroyable nouvelle que le roi protestant de France occupait le plus clair de son temps, durant le siège de Paris, à forniquer avec deux religieuses : Claude de Beauvilliers, la belle abbesse de Montmartre et Catherine de Vendôme, la non moins langoureuse nonain de Longchamp, professe de l'ordre de l'Humilité-Notre-Dame, dont le vocable s'accordait si mal à l'envie de plaire qui, chez elle, ne connaissait pas de bornes. Le roi, pendant plusieurs semaines, avait ainsi caracolé de Montmartre à Longchamp, ou, comme on disait alors, de la « religion » de Montmartre à celle de Longchamp. Biron y avait trouvé l'occasion d'un bon mot : « Qui peut encore reprocher à Sa Majesté de ne pas changer de religion ? »[8]

Henri IV passa-t-il la nuit à Cœuvres comme le prétendent certains ? Se contenta-t-il, comme l'écrit Pierre Mathieu, « ... de prendre du pain et du beurre à la porte du château » ? En tout cas, il ne vida les lieux qu'en prenant bien soin de ramener Bellegarde avec lui.

Tout au long du chemin, sans la plus petite apparence de gêne, il disserta en gascon sur son amour tout neuf, ajoutant à l'adresse de Roger, « qu'il ne voulait plus de compagnon en son amour... et que sa passion lui était plus chère que toutes les couronnes du monde »[9]. L'auteur du *Grand Alcandre* ajoute : « Bellegarde, fort troublé du langage et de l'action avec laquelle il était proféré, promit à son maître tout ce qu'il exigea ».

Sur la fin novembre nous retrouvons les deux compères à Senlis. Le roi, qui ne lâche pas son grand écuyer d'une semelle, de peur qu'il ne retourne seul à Cœuvres, l'entraîne avec lui inspecter quelques postes avancés sur la route de Paris — l'expose-t-il déjà à dessein au danger comme nous le verrons bientôt faire par jalousie pure ? — C'est à Senlis en tout cas que leur parvient une incroyable nouvelle : le séduisant duc de Longueville, grand chambellan, gouverneur de Picardie, fils de Marie de Bourbon et, par là, cousin d'Henri IV, étant arrivé à Compiègne dans le temps de cette absence du roi, y avait rencontré une incomparable beauté dont il s'était épris. Cette beauté avait nom Gabrielle et l'on ajoutait qu'elle n'était pas restée insensible aux compliments du prince. Le sang du roi ne fit qu'un tour. Il hâta son retour à Compiègne et, dans une scène violente, rappela à Bellegarde et Longueville, mandés ensemble dans son cabinet, qu'ils n'avaient pas à se mettre en travers de ses desseins. Après quoi, il se précipita au logis qu'Antoine d'Estrées louait en ville et se jeta au pieds de sa plus jeune fille, avec sans doute beaucoup de maladresse. Elle le reçut méchamment, lui protestant « ... de ne l'aimer jamais » et lui reprochant de vouloir ruiner son bonheur, après quoi, elle contraignit son père, qui tremblait de tous ses membres, à la ramener chez lui sur l'heure.

Le roi — on s'en doute — ne s'en tint pas là. Dès le lendemain, il enfourcha un cheval grison et, déguisé en bûcheron- procédé dont nous le verrons user quelques vingt ans plus tard pour séduire Charlotte de Montmorency — il se précipita à Cœuvres. Arrivé par le fond du parc sous ces pauvres haillons, il rencontra Gabrielle qui se promènait au bras de Diane, sa sœur aînée. Gabrielle le reconnait, le raille de son accoutrement. Michelet prétend même qu'elle le repousse en lui disant : « Vous êtes si laid qu'on ne peut vous regarder »[10]. En tout cas, elle le force à se retirer malgré les supplications de sa sœur, qui raccompagne à la porte du domaine, avec tous les égards dûs à son rang, le pauvre roi de France, toujours chargé de son fagot.

Voici à quel piteux état était rendue, à la veille de Noël de l'an 1590, l'idylle que le roi de France prétendait nouer avec la plus impertinente de ses sujettes, de vingt-et-un ans sa cadette.

II — LE SANG BABOU

Comment, après cela, et dans le seul espace du mois de janvier qui suivit, Gabrielle accepta-t-elle de devenir la maîtresse d'Henri IV ? C'est ce que nous allons tenter d'expliquer en montrant quelques nouveaux visages et, en premier lieu, quelques dames Babou.

Qui étaient ces Babou ? Au départ, des négociants tourangeaux qui s'étaient peu à peu poussés vers la petite noblesse par le moyen des charges d'échevinage. Philibert Babou, l'arrière grand-père de Gabrielle, était ainsi devenu maire de Tours. Il avait épousé Marie Gaudin, dame de la Bourdaisière, qui, en son temps, avait assez préfiguré ce qu'allait être sa descendance féminine. Sa beauté était telle que François 1er s'attacha les services du mari pour l'avoir près d'elle. Elle brilla dès lors et incomparablement, accordant ses faveurs au roi, à Charles-Quint, lorsqu'il traversa la France pour aller écraser la révolte de Gand, et, plus imprévisiblement, lors d'un voyage à Rome, au pape Clément VII Médicis, qui avait manifesté le vif désir de la voir. François 1er lui témoigna bien de la gratitude puisqu'il l'aida à reconstruire le château de la Bourdaisière, les Babou, après cela, se faisant tout naturellement appeler Babou de la Bourdaisière.

Jean Babou, fils aîné de Philibert et de Marie Gaudin, n'eut qu'à marcher dans le sillage tracé par sa mère. Il fut maire de Tours, gouverneur de Touraine, ambassadeur à Rome, enfin, en 1557, grand maître de l'artillerie. Il avait épousé Françoise Robertet, fille de Florimont Robertet, ministre d'Henri II. Ensemble ils eurent onze enfants : quatre garçons et sept filles, dont deux furent religieuses mais médiocrement zélées. Ces sept filles, toutes belles et volages, furent surnommées les sept péchés capitaux.

Françoise et Marie furent les aînées de ces aguichants péchés, toutes deux filles d'honneur de Marie Stuart. De Françoise, mère de Gabrielle, nous avons dit la vie scandaleuse. Marie, sa sœur, avait épousé en 1560 le beau comte de Saint Aignan, ce qui ne l'empêcha pas d'avoir de nombreux amants. Elle sera la mère de Claude, venue à quatorze ans au couvent de Montmartre pour y succéder à l'abbesse de Clermont, sa tante. C'est elle -devenue à son tour abbesse, à dix-sept ans à peine — qui accueillera Henri IV en 1590 dans son monastère, d'où se découvrait tout Paris, lui déclarant dès le voir paraître : « Il faut bien quelque religieuse pour les survenants ». Claude de Beauvilliers et Gabrielle, que le roi aima l'une après l'autre, étaient donc cousines germaines. Mais l'abbesse de Montmartre n'était pas que cela : par son père, le troisième comte de Saint-Aignan, elle était l'arrière petite nièce de Diane de Poitiers et la cousine de Corisande d'Andoins qui avait autrefois possédé le cœur d'Henri de Navarre. En elle, le sang galant des Babou touchait à ce qu'il y avait de plus fameux dans la courtisanerie du siècle.

Il nous reste à connaître du plus actif des pêchés capitaux, du plus jeune, du plus ambitieux, de celui par qui l'aventure de Gabrielle sera si retentissante : Isabelle Babou, Lydie pour sa famille, femme de François d'Escoubleau, seigneur d'Alluyes et de Sourdis, premier écuyer du roi et gouverneur de Chartres d'où il s'était fait déloger par les ligueurs en 1589. François d'Escoubleau, que l'on nommait M. de Sourdis par référence au plus important de ses fiefs, était donc en 1590, tout comme son beau-frère d'Estrées, un homme perdu d'honneur. La grand-mère Gaudin ne s'était pas trompé en distinguant Isabelle dans sa nombreuse descendance et en lui léguant, comme le flambeau de l'ardeur dont pétillaient les femmes de sa lignée, le fameux diamant Gaudin, témoignage de la passion que François 1er avait eu pour elle.

Mme de Sourdis avait du manège. A peu près à l'époque où commence cette histoire, elle venait de décider d'accorder ses faveurs au chancelier de France, Philippe Hurault de Cheverny, son voisin du pays chartrain, qui lui faisait depuis plusieurs mois une cour empressée. Tout comme Bellegarde, Cheverny devait son élévation à Henri III qu'il avait accompagné en Pologne quand ce prince, dans sa jeunesse, avait été élu roi de ce pays. Revenu à Paris en même temps que son maître, appelé en 1574 au trône de France, il avait fait partie des courtisans assidus chez la reine mère, Catherine de Médicis, qui décidait alors de tout et en 1583, pour prix de cette allégeance, avait reçu les sceaux. Il devait les perdre cinq années plus tard, lors de la fameuse journée des Barricades qui vit Henri III fuir sa capitale pour n'y plus revenir. Henri IV, devenu le maître devait à son tour s'attacher Cheverny, essentiellement parce qu'il redoutait ses possibles menées déloyales [11].

La liaison du premier magistrat de France et d'Isabelle de Sourdis, qui va être le fer de lance de l'ascension de Gabrielle, se fait d'autant plus aisément que le mari, M. de Sourdis, n'y voit rien à redire : il nourrit une admiration béate pour M. de Cheverny, au nom de qui il est lieutenant du pays chartrain, de plus, il marque, depuis toujours, du goût pour les plus morveux et les plus sales de ses pages.

Au début de l'année 1591, après une nouvelle et piteuse tentative sur Paris, qui a lieu le 20 janvier, le roi décide de lever le camp de Cœuvres et d'aller assiéger Rouen. Après plusieurs mouvements de diversion, l'un sur Provins, l'autre sur Tours — sa capitale provisoire — c'est à la surprise générale, le 9 février, qu'il se porte sur Chartres. Il fait cela contre l'avis de tous ses généraux, suivant l'opinion du seul chancelier qui lui représente que le parti royal dispose de soutiens non négligeables dans la ville : l'évêque de Thou, ainsi que le commandant de la garnison, Georges Babou de la Bourdaisière, propre frère de mesdames d'Estrées, de Sourdis et de Saint-Aignan. L'argument est spécieux car si la fidélité de l'évêque ne fait pas de doute, (il en sera récompensé par le fameux sacre du roi qui aura lieu trois ans plus tard dans sa cathédrale), celle du frère des péchés capitaux est des plus improbables. Georges Babou est ligueur, tout comme l'était son frère cadet, Jean, tombé sous les coups des soldats d'Henri IV, à Arques, en septembre 1589, dans la première grande bataille du règne. Dans cette famille — nous en verrons bien d'autres exemples — l'opinion des hommes prend souvent d'autres pentes que celle des femmes.

Henri IV n'était allé à Chartres que pour conquérir Gabrielle. Elle était le prix mis par les Sourdis, à l'instigation du chancelier, pour incliner le roi à entamer ce siège qui les remettrait tous en possession de leurs positions dans la Beauce. C'était là le prodige d'Isabelle de Sourdis à qui Antoine d'Estrées, depuis le départ tumultueux de sa femme pour l'Auvergne, avait laissé un droit de regard sur l'éducation de ses filles. Cette tutrice était habile. Elle renouvella pour sa nièce les leçons reçues de Marie Gaudin, lui représentant que les femmes, de par certains dons, étaient les plus aptes à établir la fortune de leur lignage ; le plaisir et la gloire qu'il y avait à être recherchée d'un roi. Elle ajouta beaucoup de choses perfides sur les hommes : leur inconstance, leur faiblesse, leur lâcheté, dont Roger de Bellegarde et le duc de Longueville venaient justement de faire la démonstration en promettant au roi de ne plus la revoir. Gabrielle était suffisamment vaniteuse, suffisamment faible aussi, comme le montraient ses emportements, pour se rendre à ces raisons.

Dès le 3 janvier, Antoine d'Estrées fut appelé par Henri IV à venir siéger dans ses conseils, sous condition d'amener ses filles. Nous le savons par une lettre du roi à M. de La Neufville : « Je suis où vous savez. Si les filles sont à Chauny, faites que ce laquais les aille trouver où elles sont et envoyez par un des vôtres cette lettre que j'écris à M. d'Estrées par laquelle vous apprendrez comment Dieu a sauvé miraculeusement Saint-Denis où le chevalier d'Aumale et de Tremblencourt ont été tués... » [12]. Effacé, donc, le cuisant souvenir de La Fère. Henri IV rend à Antoine d'Estrées son honneur pour les beaux yeux de sa fille.

C'est sous les murs de Chartres assiégée, soit sous la tente de parade dorée du monarque, soit dans le logis de la Croix-de-Fer où avait été établi son quartier général, que Gabrielle, se dévouant à son clan, devint la maîtresse du roi.

III — MADAME DE LIANCOURT

« A qui me donnez-vous, vous à qui je me donne... ? »

Le siège de Chartres est la première des décisions funestes qu'inspira à Henri IV la violence de sa passion pour la fille d'Antoine d'Estrées. Contrairement aux prévisions du chancelier, la prise de la ville fut longue et coûteuse : « Mille ou mille deux cent hommes et huit maîtres de camp, desquels le roi sentit la perte comme de ceux qui digéreraient les plus difficiles morceaux » [13]. Cheverny prit peur : : « Je vis l'heure qu'il voulait abandonner le dit siège... » [14]. Le 5 avril, deux tours étant tombées au pouvoir des assiégeants qui s'épuisaient dans des travaux de sape où ils s'enfoncaient jusqu'aux épaules, des pourparlers s'engagèrent et un traité stipula que la ville se remettrait au pouvoir des assiégeants faute d'être secourue avant le 19 avril. Ainsi arriva-t-il.

M. de Sourdis, à la stupéfaction générale, retrouva aussitôt le gouvernement de la ville ; quant au chancelier, ainsi qu'il l'écrit lui-même, il ne fut pas en reste : « Le roi me fit l'honneur de me remettre en ma charge de gouverneur et son lieutenant général en la ville de Chartres et pays chartrain avec soixante Suisses de ma livrée pour ma garde »[15].

Quatre jours après une victoire si chèrement acquise, Henri IV, que tous ses partisans appelaient du côté de Rouen, quitte Chartres pour Senlis, où, sous prétexte d'attendre le secours que lui avait promis la reine d'Angleterre, il s'enferme avec Gabrielle dans un tête à tête de trois mois.

Début juillet, à force de suppliques, ses généraux obtiennent qu'on fasse un pas vers la Normandie en allant établir le camp royal à Mantes. Là, le 17 juillet, nouvel effarement, sans avoir égard à la reprise de Poissy par les armées de la Ligue, l'ordre est donné de marcher à l'est, vers Saint-Denis, puis vers Noyon. Pourquoi Noyon ? Il ne s'agissait cette fois de rien moins que de gratifier M. d'Estrées. Depuis qu'il avait été chassé de La Fère, le père de Gabrielle était sans gouvernement. Il avait jeté les yeux sur Noyon comme sur une ville commode pour lui, à cause de sa proximité de Cœuvres. Le siège, cette fois, fut bref et rondement mené. Le 19 août Henri IV y faisait son entrée et, le soir même, après avoir « cotisé les habitants » 30 000 écus, il nommait Antoine d'Estrées, gouverneur de la place, au détriment du titulaire, M de Ruménil. Il honorait également le second frère de sa belle amie, François-Annibal, du siège épiscopal établi dans la ville.

Après cela, Henri s'attarde de nouveau à Noyon sous prétexte, cette fois, d'attendre les mercenaires que doit lui ramener d'Allemagne le vicomte de Turenne*. Le vrai motif de sa retraite est toutefois public. Lord Unton, l'ambassadeur d'Angleterre, confie à Elisabeth 1ère : « Le Roi de France a décidé de séjourner dans cette ville à cause de sa grande passion pour la fille du gouverneur, laquelle est toute puissante sur lui »[16].

Le siège de Rouen, entamé finalement, contre toute prudence, au début de l'hiver, sous la pression de l'Angleterre qui contribue à la guerre, met en évidence l'apathie du roi engourdi par sa passion.

---

* Henri de La Tour (1555-1623) qui deviendra duc de Bouillon et prince de Sedan, le 15 octobre suivant, par son mariage avec Charlotte de La Marck.

Henri passe ses nuits et ses jours à chevaucher sur la route de Dieppe où il a installé Gabrielle. Il rate ainsi la plus belle occasion qu'il eut jamais de jeter la confusion dans le parti ennemi : Alexandre Farnèse, le duc de Parme, accouru imprudemment au secours des ligueurs et sur le point d'être pris devant Darnetal, parvient à s'échapper, à la barbe des armées royales, en édifiant un pont de bateaux sur la Seine. On a prétendu que Biron, qui vivait de la guerre, l'aurait sciemment laissé s'enfuir, répliquant avec cynisme à son fils qui se scandalisait de son incurie : « Veux-tu donc aller planter tes choux à Biron ? ». Quoiqu'il en soit, la carence que l'on dénonce à grands cris c'est celle de l'autorité royale et à Paris, le président Jeannin — modéré et futur ministre — va jusqu'à proposer au Parlement de remplacer Henri IV par un prince lorrain qui s'unirait à une infante espagnole.

Rouen tombe finalement, le 20 avril 1592, après un gâchis de temps et de vies insupportable, mais le roi ne paraît faire aucun cas des critiques. Envouté par sa belle amie, il ne songe qu'à l'élévation de son clan. Au lendemain de son entrée dans la capitale de Normandie, il fait Antoine d'Estrées, déja pourvu de Noyon, lieutenant général d'Ile-de-France.

C'est alors que, comme un coup de tonnerre, parvient la nouvelle du mariage de Gabrielle d'Estrées avec Nicolas d'Amerval, seigncur de Liancourt, célébré aux premiers jours de juin, dans une chapelle de la cathédrale de Noyon. Les raisons de cette union divisent les historiens. Les partisans de la maîtresse d'Henri IV, tel Desclozeaux, soutiennent qu'elle y a été induite par son père contre le désir du roi afin de faire cesser le scandale de leur liaison ; les auteurs de l'*Alcandre* avancent que c'est Gabrielle elle-même qui a souhaité d'être mariée pour échapper à la tyrannie de son père ; Raymond Ritter, le meilleur connaisseur ès Gabrielle, pense plus prosaïquement que le roi, de mèche avec Antoine d'Estrées, s'est chargé de trouver à sa belle amie un mari complaisant. On observera toutefois qu'aucune de ces trois versions n'exclut véritablement les deux autres. Il est vrai qu'Antoine d'Estrées se montre tout d'un coup beaucoup plus sourcilleux qu'à Chartres : est-ce au nom d'un recrû de morale ou à dessein d'obtenir de nouveaux avantages du roi ? Ainsi, le 26 juin 1593, Henri écrit-il à sa maîtresse : « Je vous cuydais* à Saint-Denis mais le commandement de votre père vous

* Croyais.

a retenue »[17]. Disons donc que ce mariage arrangeait tous les protagonistes et que le roi eut l'habileté d'en savoir tirer les ficelles.

Nicolas d'Amerval, connu surtout sous le nom de M. de Liancourt, était petit, laid, coléreux. Il avait l'âge d'Henri et se trouvait être veuf d'une cousine de Gabrielle. Il n'est pas douteux que c'est Antoine d'Estrées qui l'introduisit sur la scène. La célébration de ce mariage s'accompagne d'actes patrimoniaux importants. Début juin, Gabrielle reçoit les seigneuries d'Assy et de Saint-Lambert. Le 12 juin, M. de Liancourt se voit gratifié à son tour de la seigneurie de Falvy-sur-Somme valant 8 000 écus. Desclozeaux, qui ne croit pas à la connivence de toutes les parties à l'affaire, se débat comme un diable avec ce pactole qu'il soutient être le paiement de services rendus au roi par le mari de Gabrielle dans son gouvernement de Chauny. Mais la somme est beaucoup trop importante et vient trop à pic, quelques heures après le mariage. Le don fait par Henri IV n'avait qu'un but : obtenir que Nicolas d'Amerval n'exerce pas ses droits de mari tant que sa femme résiderait sous son toit, à Liancourt*, où le roi s'était résolu à la voir demeurer quelques temps. Persuasion des conseillers royaux qui remontrent à leur maître qu'il attiserait la haine des catholiques en allant enlever la jeune épousée ? Vengeance d'Henri à l'égard de sa maîtresse parce qu'elle continuait à voir Feuille-Morte, c'est à dire Roger, du nom que lui donnaient, à cause de sa couleur favorite, le roi et Gabrielle lorsqu'ils s'entretenaient de lui ? De ce mariage blanc, l'abbé du Perron, futur cardinal, fit une fameuse petite pièce que Michelet trouve « plus jolie que décente » :

« A qui me donnez-vous, vous à qui je me donne
« Seul aimant de mon cœur, où me rejetez-vous ?...
« Faut-il donc que l'amour à la feinte le cède ?
« Et pour vous posséder, qu'un autre me possède ? »

Du début juin jusqu'au 6 septembre 1592 que le roi la rappelle à Noyon, près de lui, Gabrielle demeure chez son mari. C'est donc bien sans mentir que celle-ci — deux ans plus tard — pourra jurer sur l'évangile, devant l'official d'Amiens qui va la démarier, « ... qu'elle avait épousé ledit sieur d'Amerval sous deux ans ou environ... et que, depuis ledit temps qu'ils ont éprouvé l'un l'autre, ils n'ont familièrement hanté ni conversé ensemble encore que quelques fois ils se soient vus et ayant quelques temps demeuré ensemble »[18].

---

* Liancourt, à côté de Nesles en Picardie.

Le destin allait se charger de tirer, dans sa fortune nouvelle, un pied de nez macabre à Gabrielle. Dans la nuit du 8 au 9 juin, à cent trente lieues de là, sa mère — cette mère indigne qu'elle n'avait pour ainsi dire pas connue — était assassinée dans son lit, aux côtés du marquis d'Allègre, par des paysans révoltés que menaient deux bouchers, les frères Auteroche. Agrippa d'Aubigné fait du triste d'Allègre la victime de sa maîtresse : « ... il se laissa tellement maîtriser à cette femme qu'elle, pour saôuler son avarice, le poussa à plusieurs exactions qui mirent le peuple à la révolte... »[19]. La fin sordide de ces êtres brutaux — leurs corps nus furent jetés à la voirie d'Issoire — tirait un voile sanglant sur la parodie du mariage de Noyon.

« Le bel Ange du roi »

Le roi avait employé ce temps de séparation à la guerre. Il avait pris Epernay et il s'apprêtait à investir Provins. A la mi-septembre, peu après avoir rappelé Gabrielle près de lui, il était à Saint-Denis d'où il songeait à nouveau à étendre le bras sur Paris. C'est alors que la passion des deux amants — certes assez fraîche mais qui par sa vigueur paraissait déja défier le temps — faillit se briser net. Henri IV, dont la bonne santé sensuelle ne s'était jamais démentie, était allé plusieurs fois à Saint-Denis visiter une dame connue pour galante et que Brantôme avait chantée : la demoiselle de la Raverie. L'aventure ne manquait pas de piquant. Le lecteur se souvient sans doute qu'au moment d'attirer M. d'Estrées à Chartres, avec ses filles, en janvier 1591, le roi lui avait écrit en lui contant incidemment la mort du chevalier d'Aumale. Or d'Aumale avait été poignardé dans le lit de cette demoiselle, chez qui il s'était rendu pour festoyer, après s'être réjoui trop tôt d'avoir réduit Saint-Denis en son pouvoir. Cheverny, qui raconte le fait, note que le cadavre du chevalier serait demeuré inconnu parmi le monceau de ceux que firent les partisans d'Henri IV en reprenant la ville, si « ladite Raverie ne l'eut elle-même reconnu parmi les morts au moyen des chiffres d'amour qu'elle lui avait longtemps gravé et figuré dans les bras*... »[20]. Henri, à son tour, avait voulu goûter aux lèvres de cette hétaïre. Il en devait aussitôt retirer une de ces incommodités, que l'on nommait plaisamment « vache à lait », mais que les esprits plus savants, acharnés à tout couvrir de racines grecques, désignaient du nom de blennoragie. Ce coup de pied de Vénus devait tenir Henri IV tout un mois au lit. Le pire était qu'en gascon, il s'en était vanté, attirant sur lui le recrû des foudres des prédicateurs catholiques, surtout

* Des baisers prolongés qui avaient laissé leur marque sur la peau.

Boucher, celui dont Michelet nous dit que lorsqu'il prêchait, « ... plusieurs regardaient du côté de la porte, craignant qu'il ne finit par sauter de sa chaire ». [21] Le légat du pape, le cardinal de Plaisance, s'en était mêlé. Le 18 novembre, il avait rappelé aux catholiques du royaume, au nom du nouveau pape, Clément VIII Aldobrandini, élu par la faction espagnole, qu'Henri IV s'était vu, dès son accession au trône, transférer l'excommunication lancée contre Henri III après l'assassinat du duc de Guise.

Quant à Gabrielle, elle s'était de nouveau jetée au cou du grand écuyer lorsqu'il était reparu à Saint-Denis. Revenue à Cœuvres, à la faveur des opérations que le roi avait entrepris afin de conserver Noyon menacée, elle donnait à Roger des rendez-vous qu'elle ne prenait même plus le soin d'envelopper du secret de la nuit.

Un soir, même — c'était à Villers-Cotterêts — les deux amants faillirent être surpris. Gabrielle, malade, gardait la chambre mais ce n'était qu'une ruse pour que sa confidente-servante, Mme de Mayneville, qu'on surnommait la Rousse, introduise Roger auprès d'elle. Le roi revint à l'improviste. Mme de Mayneville n'eut que le temps de pousser Roger dans un placard placé au chevet du lit de Gabrielle. Or, le malheur voulut qu'Henri cherchât des confitures qui se trouvaient dans ce placard. Il trouva la porte close et appela pour avoir la clef. La Rousse ne reparut pas. Le roi, flairant quelque coup monté, s'emporta : « Que quelqu'un vienne pour ouvrir la porte ou qu'on me la rompe ». Roger, voyant alors « ... qu'il n'y avait d'autre remède, se jeta par la fenêtre dans le jardin » [22].

Le peuple, qui savait le souverain berné par sa maîtresse, murmurait :

« Sur le Bel Ange du Roi.

« N'est-ce pas une chose étrange
« De voir un grand roi serviteur
« Des femmes, vivre sans honneur
« Et d'une putain faire un ange ? [23] »

Noyon, la Mecque du clan d'Estrées, était donc menacée par Alexandre Farnèse qui, en s'attaquant à cette ville, savait toucher son ennemi au point sensible. Il rassemblait sous les murs d'Arras une armée formidable mais, cette fois, la chance sourit au roi de France. Le 7 décembre, ce prince italien, mercenaire de l'Espagne, mourait dans son camp des suites d'une blessure reçue à Rouen » [24].

De l'infidélité de sa maîtresse, Henri mettra plusieurs mois à se persuader mais cette fin de 1592 et ce début de 1593 sont pour lui le moment de la prise de conscience de l'étendue de sa passion. Le roi et Gabrielle se retrouvent à Noël chez M. de Sourdis. Ils sont logés de part et d'autre de la ville de Chartres et, malgré cela, Boucher, depuis Paris, lance l'anathème, en prétendant que la vénérable cathédrale du pays de Beauce se trouve « ... profanée et ouverte de nuit, pour être son chemin au travers, allant voir sa Gabrielle »[25].

Parti seul, en février 1593, à la rencontre de Catherine de Bourbon, sa sœur unique, que l'on nomme, suivant l'usage, Madame et qui vient de quitter définitivement la régence qu'elle exerçait en Navarre pour rejoindre la cour, Henri éprouve sa solitude. L'amertume et les premières attaques d'un mal qui l'avait épargné jusque là, la jalousie, lui donne du génie. Ses lettres sont parmi les plus belles de celles que l'amour ait jamais inspiré à un monarque.

La première, écrite le lendemain de la séparation, le 4 février, donne le ton : « Mon bel Ange... Si à toutes heures m'était permis de vous importuner de la mémoire de votre sujet, je crois que la fin de chaque lettre serait le commencement d'une autre... »[26]. Dans celle du 8 février, plane la menace de Roger : « Mon bel Ange... Tenez pour constant, puisqu'ainsi parle le siècle, que mon amour ne peut recevoir d'altération par quoi que ce soit, hors d'un rival... »[27].

Et le 14 février : « Vous n'aurés que faire de solliciter mon retour ; je n'ai artère ni muscle qui, à chaque moment, ne me représente l'heur de vous voir, et ne me fasse sentir du desplaisir de votre absence... »[28].

Trois jours plus tard : « ... Mon amour me rend aussi jaloux de mon devoir que de votre bonne grâce qui est mon unique trésor. Croyez, mon bel Ange, que j'en estime autant la possession que l'honneur d'une douzaine de batailles. Soyez glorieuse de m'avoir vaincu, moi qui ne le fus jamais tout à fait que de vous, à qui je baise un million de fois les pieds »[29].

A la mi-mars, Philippe II se décide à pourvoir au remplacement de Farnèse et il dépêche en France le comte de Mansfeld qui reprend les projets de son prédécesseur sur Noyon. A cette nouvelle Henri décide de se porter en Picardie mais, auparavant, il passe par Chartres pour supplier Gabrielle de le suivre. Mme de Liancourt mettra dix jours à s'exécuter, dix jours qu'elle passera douillettement blottie dans les bras de Feuille-Morte. Le roi, qui subodore quelque infidélité, se désespère mais lorsqu'enfin elle le rejoint à Compiègne, bien loin de se répandre en reproches, il la gratifie du très conséquent produit de contributions levées en Normandie. Le 14 avril, il s'éloigne à nouveau pour retrouver sa sœur, Madame, à Mantes. Il est convenu que Gabrielle doit le rejoindre dès le lendemain. La pensant en route, il lui écrit : « Ah ! que je fus affligé arsoir, quand je ne trouvais plus le sujet qui me faisait trouver le veiller si doux ! mille sortes de délices se représentaient devant moi, tant de singulières raretez !... Certes, mes belles amours, vous êtes admirable, mais pourquoi vous loué-je ? Cette gloire vous a rendu (sic) infidèle jusques-cy... » [31].

Ce n'est que le 22 qu'elle consent à partir, et encore, après que La Varenne — portemanteau du roi — ait été dépêché pour la faire hâter et qu'Henri lui ait adressé une nouvelle lettre datée du 20, toute pleine de cajoleries : « Mes belles amours, ce sera demain que je baiserai ces belles mains par millions de fois, je ressens déja du soulagement en mes peines par l'approche d'un tel heur, que je tiens cher comme ma vie mais si vous me le retardés d'un jour seulement, je mourrai... » [32].

Le 21, après avoir attendu vainement des nouvelles, il dissimule mal sa colère : « Je n'eus point hier de vos nouvelles, je ne sais à quoi il a tenu. Si vous respectâtes le jour de Pâques, je ne l'ai pas fait ; si c'est paresse, vous avez tort. Il est midi et je n'en ai point encore : c'est bien loin de l'assurance que vos paroles m'avaient donné de vous voir anuit*. Quand apprendrez-vous à tenir chère votre foi ? Je n'en fais pas ainsi de mes promesses ». [33]

Gabrielle, conseillée par l'experte tante Sourdis, sait qu'elle peut jouer de n'importe quelle musique sur cette corde tendue à l'excès. Le roi est ensorcelé. Et au moment où l'orage va crever, la voilà qui paraît à Mantes à point nommé. Henri se jette à ses pieds. Il la gratifie de 20 000 écus. A ce jeu, auquel il paraît ne jamais devoir se lasser, jusqu'où osera-t-elle le pousser ?

Mantes était devenue la capitale provisoire du royaume. Les ambassadeurs de Venise et de Londres y avaient fixé leur résidence. C'est là, au début de mai 1593, à la vue de la cour qui commençait à se former de nouveau, qu'Henri IV, pour la première fois, installa sa maîtresse dans sa propre maison. Mais, près de lui, il y avait désormais une autre femme, non moins orgueilleuse, non moins fière, sa sœur Catherine, Madame. Au physique c'était une assez grande personne, laide, hautaine, malcommode mais généreuse et savante. Elle avait été instruite à Pau, en même temps que Corisande

* Aujourd'hui ou cette nuit.

d'Andoins et Louise de Chatillon, future princesse d'Orange, par Palma Cayet qui leur avait appris le grec, le latin, l'hébreu et par Théodore de Bèze qui les avait faites toutes trois bonnes parpaillottes.

A Mantes, Madame provoque l'étonnement avec ses robes démodées et son parler béarnais qui roule comme les cailloux du Gave. Elle est venue à la cour pour veiller à ce que son frère restât fidèle à la foi réformée, et, plus secrètement, pour s'essayer à reconquérir l'homme qu'elle aimait : son cousin, le comte de Soissons, qui, avec sa chevelure de feu et son air de loup cervier, précipitait toutes les femmes à ses pieds. Elle avait trente cinq ans, l'âge où les femmes sans mari risquent de voir la fleur de leur jeunesse se sècher en gratte-cul. Le malheur était qu'Henri IV avait repris la parole qu'il lui avait donné autrefois d'épouser Soissons. Il lui destinait un autre cousin, Montpensier, aussi rechigné et boudeur que l'autre était séduisant et gai. C'est que le mariage de Madame touchait à la plus haute politique : les couronnes de Navarre et de France ne se trouvaient alors unies qu'en la personne du roi. Henri IV venant à manquer en 1593, le jeune prince de Condé — Monsieur le Prince — élevé alors au milieu des protestants, à Saint-Jean d'Angely, aurait ceint la couronne de France et Madame, celle de Navarre.

Gabrielle et Catherine se toisèrent dès leurs retrouvailles. Madame, qui avait fait la connaissance de la maîtresse de son frère lors d'un bref voyage effectué à la cour deux ans plus tôt, la retrouvait omnipotente. On a prétendu qu'elles furent amies mais ce n'était là que la partie bien jouée d'une comédie de cour. Croyons-en Raymond Ritter, [34] elles se détestèrent et cordialement. Ce fut Gabrielle qui entama les hostilités en les portant sur le terrain, si sensible à Madame, de la religion.

« *Charmante Gabrielle...* »

Henri IV s'était engagé au chevet de son prédécesseur mourant — le 4 août 1589 — à se convertir au catholicisme. Il avait même, dans le début de sa passion pour Gabrielle, en juillet 1591, rappelé dans une déclaration son souci de conserver la foi catholique et son désir de s'y faire instruire. Puis, il avait paru oublier sa promesse ou, plutôt, s'était fort adroitement gardé d'en faire état. Or, le 26 avril 1593, il écrit au grand-duc de Toscane qu'il fera prochainement profession de la foi catholique et, le 17 mai suivant, à la conférence de Suresnes où l'on traite de la paix avec les ligueurs, il laisse l'archevêque de Bourges annoncer sa conversion.

La décision que prend Henri de sauter le pas a été présentée comme une victoire de Gabrielle, chantée alors par ses laudateurs comme la nouvelle Clotilde. En vérité, Mme de Liancourt ne fit que lever les dernières hésitations du roi au terme d'un processus que tous les politiques savaient être inéluctable. Les catholiques, les plénipotentiaires de Suresnes et même certains protestants, tels Olivier de Serres et Sully, pressaient tous Henri IV d'abjurer. Selon Mezeray, Gabrielle aurait ajouté un argument plus féminin, plus enjôleur. Elle aurait effrayé le roi « ... de la perspective de passer le reste de ses jours, les armes sur le dos, dans les fatigues, dans les tracas, le hasard, les embûches, loin du repos et des douceurs de la vie ».

Il n'est pas temps encore pour la maîtresse du roi de s'ériger près du trône en divinité tutélaire. Ce jour viendra mais il faudra auparavant que Roger de Bellegarde -le seul homme qu'elle ait sans doute jamais aimé- la trahisse, qu'elle soit mère et qu'elle songe à être reine. Pour l'heure, c'est sans vergogne qu'elle rejoint monsieur le Grand, refusant d'aller tenir compagnie à Madame, ainsi que le lui avait demandé le roi retenu au siège de Dreux, le roi qui, le 21 mai, lui envoie son fameux poème *Charmante Gabrielle* où il semble, pour la première fois, l'appeler à partager son trône [35] :

« Charmante Gabrielle,
« Percé de mille dards,
« Quand la gloire m'appelle
« Sous les drapeaux de Mars,
« Cruelle departie,
« Malheureux jour !
« Que ne suis-je sans vie
« Ou sans amour !

« L'amour sans nulle peine
« M'a, par vos doux rcgards,
« Comme un grand capitaine
« Mis sous ses étendards.
« Cruelle départic !...

« Je n'ai pu dans la guerre
« Qu'un royaume gagner,
« Mais sur toute la terre
« Vos yeux doivent régner
« Cruelle départie !...

« Partagez ma couronne,
« Le prix de ma valeur ;
« Je la tiens de Bellone,
« Tenez-la de mon cœur.
« Cruelle départie,

« Malheureux jour !
« Que ne suis-je sans vie
« Ou sans amour ! »

A la suite de Voltaire, qui trouve que *Charmante Gabrielle* égale les odes grecques, Michelet a joliment parlé de ce poème qu'Henri IV avoue lui-même « avoir dicté mais non arrangé » : « l'air tendre, ému, solennel, a quelque chose de religieux et semble d'un ancien psaume... De toute l'ancienne monarchie, il reste à la France un nom, Henri IV, plus deux chansons. La première est *Gabrielle*, ce doux rayon de la paix, après les horreurs de la Ligue. La seconde chanson c'est *Malborough*... »[36]. Gabrielle n'a cure des stances du roi de France, elle continue de se pavaner au bras de Feuille-Morte. Devant la gravité du péril, la tante Lydie (Mme de Sourdis) commande son carrosse, va dénicher les amoureux et ramène sa nièce à l'amant en titre. Celui-ci, toujours enclin à pardonner dès qu'il s'agit de son bel Ange, la reçoit gentiment puis l'invite avec toutes les dames à inspecter la tranchée de Dreux. C'est au beau milieu de cette visite, le 2 juillet, qu'une mine explosée par accident laisse les amants miraculeusement indemnes au milieu d'un monceau de morts.

Dreux tomba enfin le 8 juillet et la célèbration de sa chute eut lieu au camp de Bu, où la duchesse de Guise, Catherine de Clèves, s'était rendue pour faire sa paix avec le roi. La veuve du balafré avait emmené avec elle sa fille, Mlle de Guise dont la beauté faisait tourner les têtes mais dont la jolie tête chavirait également parce qu'elle s'était imaginée qu'Henri IV allait l'épouser pour concilier le parti royal avec celui de la Ligue. Roger, sans crier gare, était tombé amoureux de la demoiselle, s'oubliant jusqu'à se traîner aux pieds de Catherine de Clèves pour qu'elle l'absolve de sa participation à la tuerie de Blois dont il avait — on l'a dit plus haut — cinq ans auparavant, recruté les exécuteurs. Le résultat de la démarche fut surprenant et montre que le grand écuyer était un homme auquel on ne résistait guère : Mme de Guise se sentit sur le champ attaquée d'un vif penchant pour lui, devenant de la sorte, sans vergogne, la rivale de sa fille. Le roi y vit sa chance : il intronisa Roger le chaperon des deux dames, certain par là de l'éloigner infailliblement de Gabrielle. La-dessus, le 12 juillet, il écrit à sa maîtresse une lettre enflammée qui commence ainsi : « ... Certes, mes chères amours, vous devez plutôt craindre que je vous aime trop que trop peu... »[37].

Quelques jours plus tard il doit déchanter. Il apprend que Roger a écrit à Gabrielle qu'il appelle sa chère Biby. C'est la seule lettre que nous connaissions de lui cette année-là. Elle ne laisse aucun doute sur la nature de leurs sentiments : « Mon âme, c'est avec un extrême regret qu'il faut que je vous dise que je ne puis vous voir ce soir... Demain, ma chère vie, je vous en demanderai pardon et vous baiserai mille fois en effet, comme je fais maintenant en imagination. A Dieu, ma chère Biby. »[38]. Henri IV, un peu avant le 20 juillet, réplique à l'infidèle : « ... Vous savez combien j'arrivai offensé en votre présence du voyage de mon compétiteur. La force que vos yeux eurent sur moi vous sauva la moitié de mes plaintes... »[39].

Là-dessus le roi gagne Mantes à brides abattues : nouvelle réconciliation, nouveaux serments. Le 22 juillet il est de retour à Saint-Denis où il doit abjurer. La veille, en l'absence de pardon accordé par le pape, il a été absous par des évêques gallicans. Commence alors son instruction dans la religion catholique. Au bout de cinq heures de controverses, Henri, qui estime sans doute en avoir assez des raisons supérieures des théologiens, se lève et se déclare convaincu. Le 25 juillet au matin, revêtu d'un habit de satin blanc, après avoir embrassé en pleurant le pasteur Faye, il gagne à pied la basilique où il renie le protestantisme. A Gabrielle, dans un fameux billet, il a mandé quelques jours auparavant qu'il allait « faire le saut périlleux ». Saut dans l'inconnu en effet que d'aller vers les catholiques qui ne l'aiment pas et de se couper de ses compagnons huguenots qui s'estiment trahis. On remarque assez peu toutefois que c'était en donnant à ces derniers un gage important : il les confirmait dans la charge de l'éducation de l'héritier du trône, le prince de Condé, qu'il avait dépêché parmi eux, à Saint-Jean-d'Angély.

Gabrielle a rejoint Henri le jour de la cérémonie. Elle est aux anges parce que plusieurs des personnages les plus influents du royaume sont venus la congratuler pour cette conversion qu'ils tiennent pour son œuvre. La paix est déjà dans le cœur des politiques, Paris ne ferme plus ses portes, une longue théorie de litières et de carrosses circule chaque jour entre la capitale et Saint-Denis. Les Villeroy, les Jeannin, qui ne doutent plus de la victoire d'Henri IV, viennent faire allégeance et détailler la favorite qui se montre publiquement au bras de son amant comme si elle eut été la reine. Les prédicateurs de la Ligue se déchaînent. Jean Guarin, le cordelier, traite la conversion de Saint-Denis de farce : « Mon chien, fus-tu à la messe dimanche ? Approche-toi qu'on te baille la couronne. »[40].

Gabrielle, chez qui l'appétit de puissance et l'orgueil tiennent en balance la sentimentalité, boit son succès et se dit que le roi, qui l'adule au point de se renier par ses conseils, l'accompagnera volontiers plus loin si elle sait se montrer habile. Mme de Sourdis, qui se tient près d'elle, dans le contrejour d'une tribune du chœur, ne la dément pas.

IV — CESAR-MONSIEUR

De son abjuration Henri IV pouvait tout espérer. Les négociations de Suresnes avec la Ligue avaient abouti à une trêve de trois mois, pas décisif vers une pacification générale.

Août et septembre 1593 sont les moments cruciaux de la relation des deux amants. Entrés dans l'été, brouillés et se défiant l'un de l'autre, ils vont en ressortir rapprochés par l'espérance de la naissance d'un héritier. Gabrielle accède au murissement d'un projet. Flattée par le chancelier et Mme de Sourdis, elle se persuade qu'elle a déjà surpassé toutes les maîtresses connues du roi. Elle occupe le cœur d'Henri depuis bientôt trois ans, plus qu'auparavant Charlotte de Sauve, Jeanne de Tignonville, la Belle Fosseuse autrement dit Françoise de Montmorency, Mlle de Duras, les sœurs de l'Epée, la comtesse de Saint-Maigrin, Thérèse Imbert, Claude de Beauvilliers. Elle sait que le roi lui a déjà donné plus de marques de son attachement qu'à Corisande d'Andoins, regardée jusque là comme la plus adulée, et qu'elle est en mesure d'obtenir davantage encore. Elle songe à tout cela tandis que Roger, qu'elle aime toujours — il s'en verra bientôt d'autres marques — la déçoit en continuant à jeter les yeux sur Mlle de Guise. A la fin de l'été 1593, malgré l'obstacle de leurs deux mariages, celui du roi et le sien, Gabrielle sans trembler de son audace se fixe pour but de ceindre la couronne.

La paix s'instaure entre les amants à Saint-Germain, au mois d'août. Puis ils accomplissent ensemble leur premier voyage à Fontainebleau, séjour qui, au même titre que Montceaux un peu plus tard, sera regardé par la postérité comme le temple de leurs amours. Fontainebleau, dans l'été 1593, c'est à peu près un champ de ruines : des jardins dévastés, des appartements démeublés. Le roi, qui garde le souvenir de la cour de Catherine de Médicis, brillante en ces lieux, des fêtes sans pareilles qui s'y donnaient à l'automne, rassemble ses peintres, ses architectes, ses jardiniers et se met à l'œuvre pour l'amour de sa maîtresse. Il lui fait aménager, rapporte Inès Murat, un appartement dans le pavillon des Poêles, où, en 1594, le peintre bolognais Ruggiero Ruffieri peint à fresques, les *Travaux d'Hercule*. Enfin, témoignage visible de sa passion, il fait sculpter et peindre, en plusieurs endroits du palais, les armes parlantes de sa belle : la lettre S traversée du trait ayant atteint son cœur que figure une flèche empennée.

Deux faits importants dans ce séjour d'un mois au milieu des forêts du pays de Bière. D'abord Henri relance son projet de démariage car, bien que tout incline à le faire oublier, il est marié encore et bien marié avec Margot, sœur de ses trois prédécesseurs, fille d'Henri II et de Catherine de Médicis. Celle-ci était alors retenue loin de la cour, en Auvergne, dans le rude château d'Usson, par un ordre qu'avait donné Henri III, son frère, lassé de son inconduite, et qu'Henri IV, par la suite, s'était bien gardé de rapporter. Margot avait fini par trouver de l'agrément à ce triste séjour, après avoir découvert que les vallées alentour étaient peuplées de jeunes gens vigoureux qui se bousculaient pour partager sa couche. Au début de 1593, Henri IV lui avait dépêché le sieur Errard qui avait pu constater que cette fine mouche exigerait énormément pour se prêter à un divorce.

Le second fait — capital pour les suites de cette histoire — c'est la conception, aux derniers jours d'août ou aux premiers de septembre, du premier fruit des amours du roi et de sa maîtresse. C'est à Chartres, le 26 septembre, qu'Henri IV, transporté de joie, apprend qu'il sera bientôt père. Félicité inouïe car, à quarante passés, à l'âge où tous les autres hommes ne songent plus qu'à être grands-pères, le roi n'a pu encore conserver d'enfant. Tous ceux qu'on lui a attribués, une fille de la belle Fosseuse en 1581, un fils de Corisande et un autre de Thérèse Imbert en 1588, n'ont guère vécu ou sont morts nés.

Ce bonheur n'arrivait pas seul puisqu'aux premiers jours de 1594, les populations de La Ferté-Milon, Lyon, Meaux, Orléans et Bourges rentraient dans l'obéissance. Le siège de La Ferté-Milon donne d'ailleurs l'occasion de mesurer jusqu'où la jalousie d'Henri pouvait se porter. Incapable de mettre la main sur Roger, il se venge sur l'inoffensif Stavay, premier amant de Gabrielle. Celui-ci y est blessé à mort après qu'on l'eut, précise l'Estoile, « ... exposé en un lieu un peu bien chaud »[41].

Le sacre qui se déroule à Chartres, pour la plus grande gloire des Sourdis, le 27 février 1594, exalte un roi auquel il ne manque plus que sa capitale. Ce sera chose faite, moins de quatre semaines plus tard -le 22 mars- grâce aux intelligences que le parti royal avait su se ménager dans la ville depuis l'abjuration.

En avril, les amants s'en vont jouir du printemps à Saint-Germain-en-Laye mais l'intrusion du comte de Mansfeld en Picardie contraint le roi à se remettre en selle. Gabrielle lui emboîte le pas, il n'a même plus besoin de l'en prier, et c'est au cours de ce voyage armé, à Coucy, le 7 juin 1594, alors que les troupes royales investissent Laon, qu'elle va mettre au monde un fils, prénommé

César à qui l'on décerne aussitôt le titre de César-Monsieur. A propos de ce César-Monsieur, Saint-Simon, dans ses notes sur les duchés-pairies, devait écrire : « César-Monsieur fut une singularité béarnaise ou du pays de Foix qui ne donnait et ne concluait rien mais propre à en imposer aux ignorants »[41]. Quant au prénom lui-même, il attirera, mais bien plus tard, cette saillie de La Bruyère : « C'est déjà trop d'avoir avec le peuple une même religion et un même Dieu. Pour nous autres, grands, ayons recours aux noms profanes, faisons-nous baptiser sous ceux d'Alexandre, de César et de Pompée... ». César ne vit pas le jour dans le formidable château des sires de Coucy, mais, plus modestement, à l'ombre de celui-ci, dans le village, au premier étage du logis du gouverneur ou « mageur » de la place, après que Philippe Longueval, cousin de Gabrielle, scandalisé de sa liaison avec le roi, lui ait, selon Desclozeaux, refusé l'hospitalité de sa proche demeure.

Les ligueurs s'employent à répandre le doute sur la paternité de l'enfant : « On ne l'a pas nommé Alexandre, dit-on, à cause d'Alexandre... le Grand », allusion fort nette au grand écuyer. Madame fait de la surenchère : « Il est né à Termes », insinue-t-elle et cela fait rire parce que tout le monde sait que Roger est comte de Termes. Sully devait s'en mêler à son tour plus tard, assez salement en vérité. Il rapporte dans ses *Mémoires*, en l'enjolivant, le conte du bonhomme Alibour : « Un jour le Roi ayant envoyé ce bonhomme, qui était son premier médecin, visiter cette belle dame que l'on lui avait dit s'être trouvée mal toute la nuit, à son retour, il lui dit qu'elle avait un peu d'émotion mais que la fin d'un tel mal ne serait à son avis que fort bonne. -Mais, lui répartit aussitôt le Roi, ne la voulez-vous faire purger et saigner ? — Par le jour qui nous éclaire, Sire, dit ce bonhomme (c'était là son juron) je n'ai encore garde, il faut attendre qu'elle soit à mi-terme — Que voulez-vous dire mon bonhomme ? répondit le roi en colère, je crois que vous rêvez et n'êtes pas en votre bon sens. Aussi comment serait-elle grosse, car je sais bien que je ne lui ai rien fait et êtes pour cette fois très mauvais médecin et faut que votre esprit ait été poussé à cette malice par un plus méchant que vous ? — Je ne sais pas ce que vous avez fait ou pas fait, Sire, répondit le sieur Alibour tout en colère, mais je sais bien que votre conséquence se trouvera plus fausse que moi impertinent médecin et devant qu'il soit sept mois l'effet se vérifiera... »[42]. Le conte ajoute que d'Alibour mourut six mois plus tard et qu'on refusa de l'autopsier, ce qui revient à accuser Gabrielle. Tout ceci est invraisemblable. Est-il possible que le roi, dans ce long séjour à Fontainebleau en compagnie de sa maîtresse

— durable éclaircie dans leurs rapports — n'ait « rien fait » ? Tallemant, mauvaise langue patentée, est en deça de Sully lorsqu'il écrit : « Henri IV avait un gonorré qui lui engendra une carnosité et une rétention d'urine... M. d'Alibour disait que le Roi n'était pas capable d'engendrer pendant ce flux corrompu de semence. C'était une question de médecine mais la grossesse de Mme de Beaufort (Gabrielle) était bien avancée quand on émut la question... »[43]

En tout cas, le 26 juin, ayant pu s'arracher pour quelques jours au siège de Laon, Henri IV arrive à Coucy, et les courtisans, stupéfaits, le voient décrire des cabrioles joyeuses. Il annonce son intention de réserver la main de César-Monsieur pour la première fille du connétable de Montmorency à naître. Le lendemain, l'enfant est baptisé dans une salle située au-dessus de la chambre dans laquelle il a vu le jour. Son parrain est le comte de Soissons — le soupirant de Madame — ce qui place le petit César, d'emblée, sous un turbulent patronage. Le clan d'Estrées était là au grand complet mais en deuil. Six jours auparavant, Louis, le frère aîné de Gabrielle, avait été mortellement blessé devant Laon et comme cette histoire est un peu celle de la ronde des amants, disons qu'il passe pour s'être offert à la mort : lui aussi, il se serait consumé d'amour pour Mlle de Guise qui lui avait préféré Roger. Quoiqu'il en soit cette mort va contraindre le second fils d'antoine, françois-annibal, à résigner son évêché de Laon et à entrer dans le siècle où nous le verrons figurer brillamment et pendant très longtemps sous le nom de marquis de Cœuvres puis de maréchal d'Estrées.

Laon prise, le 3 août, le roi diffère l'entrée solennelle qu'il devait faire dans Lyon et se porte sur Cambrai. Il le fait à la demande d'un ami de Gabrielle, un ami peu recommandable, Jean de Montluc, bâtard d'un évêque et neveu du fameux maréchal de Montluc, maréchal lui-même depuis peu, sous le nom de maréchal de Balagny, grâce à l'intervention de la favorite. Ce Montluc est de l'espèce des gentilshommes brigands et un véritable tyran dans la place qu'il gouverne. Il fait espérer à la mère de César qu'elle pourra, par son truchement, devenir un jour duchesse-souveraine de Cambrai, tout comme M. de Bouillon vient de l'obtenir à Sedan.

Apprenant chez Balagny, le 9 août, qu'Amiens s'est libéré , le roi s'y jette avec son armée. Mais il a un autre projet en tête, en se portant si brusquement vers la capitale de Picardie, un projet qui, le 27 août, devient public : Gabrielle, en sa présence, signe devant l'official* une requête en vue de son démariage d'avec M. de

* Le tribunal ecclésiastique.

Liancourt, procédure motivée par la crainte qu'a le roi de voir contester sa paternité. Le mari de Gabrielle est en effet, en droit, le seul père de l'enfant, l'adage romain *Pater is est quod nuptiae demonstrant** s'imposant sans contredit possible. Henri IV, si fier d'être père qu'il se promène tout le long du jour avec le petit César dans les bras et qui s'effraye soudain à l'idée que M. de Liancourt puisse le lui enlever.

Sur la route d'Amiens à Paris, Henri fait découvrir à sa maîtresse le château de Montceaux, résidence royale, à l'est de Meaux, que Catherine de Médicis avait entrepris de bâtir, folie dispendieuse qui n'avait jamais été terminée et qui était restée le gage des entrepreneurs et financiers embarqués dans ce naufrage. Le roi observe l'œil écarquillé de Gabrielle rivé sur les blancs portiques où se retrouvent toute la grâce et l'harmonie du Primatice qui en avait donné le premier dessin. Il convoque aussitôt le syndic des créanciers de feue sa belle-mère** et règle avec lui le désengagement du domaine qu'il songe à offrir à sa maîtresse en témoignage de sa passion.

Le 12 septembre, Henri IV est seul à Fontainebleau, surveillant ses jardiniers. Gabrielle est à Paris, dans le bel hôtel du Bouchage que le roi a réquisitionné pour son usage en le confisquant au duc de Joyeuse, enrôlé sous l'étendard de la Ligue dans le midi. Ce jour-là il lui adresse l'une des ses plus fameuses lettres : « Mes belles amours, deux heures après l'arrivée de ce porteur, vous verrez un cavalier qui vous aime fort, que l'on appelle roi de France et de Navarre, titre certainement honorable, mais bien pénible. Celui de votre sujet est bien plus délicieux... » [44].

Quelques jours plus tard, Henri est à Paris, incognito, pour régler les préparatifs du Te Deum destiné à célébrer sa réconciliation avec la capitale. Inconscience ? Désir de tirer un pied de nez aux prédicateurs de la Ligue qui continuent de l'invectiver du haut de la chaire ? Ou, plus simplement ensorcellement ?... Il décide que Gabrielle aura sa place juste devant lui dans le cortège. Le 15 septembre, Pierre de l'Estoile la voit passer telle une idole orientale : « Madame de Liancourt marchait un peu devant lui, dans une litière magnifique toute découverte, chargée de tant de perles et de pierreries si reluisantes qu'elles offusquaient la lueur des flambeaux » [45].

---

* Le seul père c'est celui que prouvent les liens du mariage.

** Rappelons ici que Catherine de Médicis était la mère de Margot, avec qui le roi demeurait marié.

V — « CES VIEUX ROIS DE LUXURE TOUT PALES... » (Ronsard)

« *Ayant reconnu les grandes grâces et perfections, tant de l'esprit que du corps, qui se trouvent en la personne de notre chère et bien aimée, la douce Gabrielle d'Estrées...* »

Ce fut un tollé. Les ligueurs irréductibles se surpassèrent : « un bouc lubrique dont la conversion n'était qu'un stratagème », traînant devant l'autel « une putain vêtue immodestement », « une empoisonneuse », ajoutait-on, en reprenant le conte du bonhomme Alibour.

Le clan d'Estrées, par sa rapacité, parait d'ailleurs s'ingénier à attiser ces invectives : Gabrielle, la première, qui se montre par les rues protégeant son beau museau d'un mouchoir brodé d'or et de perles qu'on dit valoir 1 900 écus*, et, en quelques semaines, M. du Bec, un cousin, qui obtient l'archevêché de Reims, Angélique, sa sœur entrée en religion, qui reçoit en commende l'abbaye de Maubuisson, Antoine, son père, qui ajoute à sa lieutenance d'Ile-de-France celle de Paris, Mme de Sourdis enfin, qui, comble de scandale, met au monde un garçon notoirement issu de sa liaison avec le vieux chancelier. [46]

Ce sont aussi les premières interventions de Gabrielle dans les affaires. Le 24 octobre, mourait M. d'O, surintendant des finances et obligé de la maîtresse du roi, « qui en faisait ce qu'elle voulait ». La place devait aller à Sansy mais il s'était aliéné Gabrielle. Tallemant raconte qu'il y serait allé de son franc parler à Amiens, disant au roi, afin de le dissuader de démarier sa maîtresse d'avec M. de Liancourt, que « ... putain pour putain, il aimait mieux la fille d'Henri second** que celle de Mme d'Estrées qui était morte au bordel » [47]. « Aussi — poursuit Tallemant — elle n'eut point de patience qu'elle n'eut fait mettre M. de Rosny à sa place. Il lui faisait sa cour, il y avait longtemps... » [47]. Voici donc Sully qui pointe le nez grâce à Gabrielle, parrainage dont il se défendra par la suite comme un beau diable .

On donnait dans Paris des détails crapuleux sur les deux démariages qui — personne n'en doutait — tendaient à l'hymen impudique d'Henri et de sa maîtresse, à la légitimation de César et à son

* Autrement dit 5 700 livres quand le revenu annuel d'un curé était de 300 livres.
** La reine Margot.

élévation au rang de dauphin. Du côté d'Usson les choses n'en finissaient pas de traîner — elles devaient traîner pendant sept ans encore — Margot avait communiqué ses exigences : 250 000 écus tout de suite pour éteindre ses dettes et une pension de 50 000 écus annuels ensuite. Elle avait remis au sieur Errard un modèle de procuration rempli d'omissions faites à dessein.

Quant au démariage d'Amiens, il était cause de tous les scandales. On invoquait l'impuissance de M. de Liancourt alors que, d'un premier mariage, il avait eu quatre enfants dont deux filles, des jumelles, vivaient encore. La procédure allait se trouver menée tambour battant par un homme sans états d'âme : Roze, le président de l'official. Le 19 novembre, le roi était remonté en Picardie sous prétexte d'inspecter la frontière. Son véritable but était de reparaître avec sa maîtresse devant les juges ecclésiastiques. L'impuissance de M. de Liancourt fut alléguée, dans un écrit, vrai tissu de mensonges, que signa sans ciller l'irremplaçable tante Lydie (Mme de Sourdis) qui avait fait, pour l'occasion, le voyage de Picardie. On n'y précisait ni la date, ni le lieu du mariage qu'on se proposait de dissoudre, on n'y mentionnait pas que Mme de Liancourt n'avait jamais revu son mari depuis le cinquantième jour suivant leurs noces, on affirmait même que l'union avait duré deux ans. On exposait en termes crus l'origine des déboires du mari : « M. de Liancourt, tombé d'un cheval indompté, féroce et furieux, ayant été projeté violemment sur des pierres aiguës... L'économie générale du sujet en a reçu des atteintes si graves et il en résulte une si subite et totale altération de tempérament et d'humeur que tous les foyers de l'amour et les feux de la luxure se sont éteints chez lui... »[48].

Le mari en titre fut convoqué à son tour. Il était si peu certain des suites, qu'il avait fait son testament trois jours avant de comparaître. Ce fut Roze qui tira tout le monde d'embarras : il s'avisa, un peu tardivement sans doute, que la première femme de Nicolas d'Amerval, Anne Gouffier de Crèvecœur, était cousine de Gabrielle et que l'on n'avait pas réclamé les dispenses canoniques pour célébrer le second mariage.

Tout le monde applaudit et le mari complaisant donna lui-même le dernier coup de pouce en acceptant que le tribunal d'Amiens puisse trancher au lieu de celui de Noyon « empêché », Noyon, dont l'évêque en titre était toujours le propre frère de Gabrielle et dont la sentence, à cause de cela, risquait d'être caduque. Pour finir les époux mentirent de concert, jurant sur l'évangile qu'il n'y avait pas collusion entre eux. Le jugement entérinant la séparation des époux fut prononcé le 7 janvier 1595. La récompense de Roze, pour reconnaissance de sa célérité, allait être le siège épiscopal d'Orléans mais — la Ligue ne manquant pas, d'y voir un juste châtiment du ciel — il fut assassiné par des brigands en rejoignant cet évêché.

A peine le mariage de sa maîtresse dissous, Henri IV, débarrassé de la hantise de voir M. de Liancourt exercer ses droits de père, procède à la légitimation de César. Acte sans précédent — jamais un roi de France n'avait osé jusque-là légitimer l'un de ses bâtards — Acte capital pour les suites de cette histoire, daté simplement de janvier et enregistré au parlement de Paris le 3 février. C'est un petit chef d'œuvre dû à la plume de Cheverny. Il fonde toutes les prétentions à un rang particulier des descendants d'Henri IV et de Gabrielle, installés par la volonté royale sur les marches du trône et mis en position de s'y hisser un jour, malgré les dénégations du moment :

> « Puisque Dieu n'a pas encore permis que nous en ayons en légitime mariage, pour être la Reine notre épouse depuis dix ans séparée de nous, nous avons voulu, en attendant qu'il nous veuille donner des enfants qui puissent légitimement succéder à cette couronne, rechercher d'en avoir ailleurs... Pour cette occasion, ayant reconnu les grandes grâces et perfections, tant de l'esprit que du corps, qui se trouvent en la personne de notre chère et bien aimée la dame Gabrielle d'Estrées, nous l'avons, depuis quelques années, recherchée à cet effet comme le sujet que nous avons jugé et connu comme le plus digne de notre amitié ; ce que nous avons estimé pouvoir faire avec d'autant moins de scrupule et charge de conscience, que nous savons que le mariage qu'elle avait auparavant contracté avec le sieur de Liancourt était nul et sans avoir jamais eu aucun effet, comme il s'est justifié par le jugement de la séparation et nullité du dit mariage qui s'en est depuis ensuivie. Et s'étant la dite dame, après nos longues poursuites et ce que nous y avons apporté de notre autorité, condescendue à nous obéiret complaire, et ayant plu à Dieu nous donner puis n'a guères en elle un fils, qui a jusqu'à présent porté le nom de César-Monsieur, outre la charité naturelle et affection que nous lui portons tant pour être extrait de nous que pour les singulières grâces que Dieu et la nature lui ont départies en sa première enfance, qui font espérer qu'elle lui augmenteront avec l'âge, et provenant de telle tige qu'il produira un jour beaucoup de fruits à cet Etat auquel il pourra être grandement utile, ne lui pouvant même dénier ce que nous accordons à nos sujets qui nous en requièrent, et à ce que le caractère et titre qu'il avait d'être venu de nous le contienne toujours au devoir de servir fidèlement à cet Etat, nous avons résolu, en l'avouant et reconnaissant notre fils naturel, lui accorder et faire expédier nos lettres de légitimation ».

A la fin figure la restriction sans laquelle le Parlement n'eut pas enregistré l'acte :

> « Excluant César de toute prétention à la succession de cette couronne et de ce qui en dépend, mais aussi de celle de notre royaume de Navarre, et de tous nos autres biens et revenus de notre autre patrimoine... Il demeurerait en très mauvaise condition, s'il n'était, par ladite légitimation, rendu capable de recevoir tous les dons et bienfaits qui lui seront faits tant par nous que par

> autres, comme c'est bien notre intention de lui en départir autant qu'il en convient pour soutenir l'honneur et dignité de la maison dont il est issu »[49].

Nous verrons qu'il ne se passera pas une année avant qu'Henri IV ne prétende, par extraordinaire, revenir en faveur de César sur le principe intangible de la non-successibilité des enfants adultérins.

Tant de nouveautés, tant de faveurs ruineuses, précipitaient Gabrielle aux tréfonds de l'impopularité. L'Estoile, bourgeois prude que l'étalage de la dépense et du stupre choque au plus haut point, collectionne avec un visible plaisir les sentences amères qui circulent alors sur le compte de la favorite. Ainsi le 5 décembre 1594, cette réplique d'un archer à un Genevois qui s'extasie au passage de la litière de la maîtresse royale : « Mon ami, ce n'est rien qui vaille, c'est la putain du Roi »[50].

Dès lors le drame, qui faillit se produire le 27 décembre, fut regardé comme un avertissement du ciel. Henri, revenant de Picardie n'avait rien eu de plus pressé que d'aller saluer Gabrielle chez elle, à l'hôtel du Bouchage. La presse y était grande puisque les courtisans savaient le trouver là avant que de le voir au Louvre. Au moment où le roi s'était incliné pour relever M. de Montigny qui lui faisait sa révérence, il se sentit frappé à la bouche. Il crut que c'était sa folle, Mathurine, qui se jetait contre lui, tout à la joie de le revoir : « Au diable soit la folle ! elle m'a blessé ! « , s'écria-t-il. La petite bouffonne se mit à nier avec véhémence et, douée d'une présence d'esprit surprenante, courut fermer la porte de la salle. On trouva dans un coin un timide écolier, Jean Chatel, qui venait de jeter près de lui un couteau ensanglanté. Le roi avait la lèvre du dessus coupée et une dent cassée. Il voulut d'abord qu'on laissât aller le jeune homme puis il se ravisa dès qu'on lui eut annoncé qu'il était élève des jésuites. Le procès fut expéditif et le surlendemain Chatel fut tiré à quatre chevaux en place de Grève.

Les protestants ne furent pas les derniers à voir l'action de la providence dans le geste de Chatel. Un jour qu'Henri IV, montrait la cicatrice de sa lèvre à Agrippa d'Aubigné, celui-ci lui répondit : » — Sire, n'ayant encore renoncé la vérité de Dieu que des lèvres, il s'est contenté de les percer mais quand le cœur fera de même, il sera de même du cœur. Gabrielle qui se trouvait là intervint — Belles paroles mais mal appropriées au Roi. La réplique de l'irréductible huguenot fuse aussitôt — Oui, Madame, car elles ne serviront à rien »[51].

Gabrielle, malgré son impopularité, s'installe dans sa faveur nouvelle, une faveur royale : le 3 janvier 1595 elle reçoit la finance des huissiers-audienciers, le 4 février « ... les deniers qui proviendront de la composition des états et officiers de vi-sénéchal général en Poitou, Angoumois, Saintonge, Aunis... »[52]. Elle, que l'on nomme parfois — sans fondement aucun et simplement à cause du lieu où elle donna le jour à son fils — comtesse de Coucy, reçoit enfin un titre : celui de marquise de Montceaux. C'est aussi l'époque où la cour renoue avec les fastes et, le 15 janvier, dans un grand bal donné au Louvre à l'occasion du ralliement du jeune duc de Guise, Gabrielle reçoit, sur ordre du roi, un traitement de reine : les hommes baisent le bas de sa robe, Mme de Nemours et Mlle de Montpensier font office auprès d'elle de femmes de chambre. Dans ces premières semaines de l'année nouvelle, où le froid est terrible et où le peuple autour de Paris crie famine, elle-mène en habit vert, sa couleur favorite, montée en selle, comme un homme — cause de grand scandale[53] — de longs cortèges de chasse.

Le roi est aveuglé. Au moment où l'on reparle du voyage à Lyon, il paraît s'arrêter à la suggestion plutôt folle du chancelier qui propose d'envahir au passage la Franche-Comté, possession du roi d'Espagne, pour en faire l'apanage de César. Henri demande seulement à réfléchir, puis il s'oublie pendant plusieurs semaines, à Montceaux, dans les bras de sa maîtresse, desquels il doit s'arracher en catastrophe, à demi abasourdi, à la nouvelle de la marche des soldats de Philippe II sur Dijon. Biron, le futur conspirateur, le fils du fidèle compagnon tué à Epernay, quoique très inférieur en nombre, parvient, le 5 juin 1595, à arrêter l'ennemi dans la terrible mêlée de Fontaine-Française. La compagnie de chevau-légers qu'Henri IV vient d'acquérir pour César y est engagée et déploie des prodiges. Le roi lui-même manque d'être tué à plusieurs reprises et c'est sans gasconnade, qu'au soir du combat, il peut écrire à sa sœur : « Je vous ai vue bien près d'être mon héritière ».

L'entrée solennelle à Lyon, somptueuse à proportion de la richesse de cette ville, a lieu finalement le 4 septembre. C'est là qu'Henri reçoit la nouvelle de son absolution par le pape Clément VIII — *la ribenedizione* — dont l'une des clauses est que son héritier, Condé, quittera Saint-Jean d'Angely et ses gouverneurs protestants pour être instruit à la cour dans la religion catholique. Tout à la joie de ce pardon qui le réconcilie avec la majorité de ses sujets, le roi fait don à César-Monsieur des gouvernements du Lyonnais, du Forez et du Beaujolais, rendus vacants par la mort du duc de Nemours.

Deux semaines plus tard, vent de panique : un messager apporte la nouvelle de la marche des armées espagnoles sur Cambrai. Le maréchal de Balagny appelle à l'aide et Gabrielle, toujours entêtée de sa chimère de souveraineté, pousse le roi sur les routes. Henri quitte Lyon le 24 septembre, de fort mauvaise humeur. Il vient de s'y brouiller avec sa sœur et Soissons, toujours à propos de leur mariage dont il ne veut pas entendre parler. Le 9 octobre, alors que l'armée royale accourt pour la sauver, Cambrai se rend. Autour d'Henri c'est la consternation. Nevers — le brave Nevers — rappelle à son maître que les députés de cette place sont venus se plaindre à lui trois semaines plus tôt du maréchal de Balagny et qu'il les a éconduits. Le roi réplique méchamment et Nevers en meurt de déplaisir treize jours plus tard. La chute de Cambrai est un coup de tonnerre, un déshonneur qui retombe sur Gabrielle, rehaussé par le scandale du suicide de Mme de Balagny — l'orgueilleuse Renée de Clermont d'Amboise — qui se poignarde à la vue des premiers rangs de fantassins espagnols passant la poterne de la ville que son mari livrait sans combattre.

Et pourtant le roi ne dessille pas. Sa lettre du 22 octobre à sa maîtresse, porte témoignage de ce singulier état d'enchantement : « Mes chères amours, il faut dire vrai : nous nous aimons bien. Certes, pour femme, il n'en est point de pareille à vous. Pour homme, nul ne m'égale à savoir bien aimer, mon désir de vous revoir, encore plus violent qu'alors. Bref, je vous chéris, adore et honore miraculeusement »[54].

Les amants se retrouvent à Compiègne. Gabrielle montre un visage bien triste : avec la chute de Cambrai se sont envolés quelques-uns de ses rêves de puissance. Elle songe à quelque compensation et pourquoi pas à La Fère dont son père avait été honteusement délogé en 1589 par les ligueurs et dont il avait été depuis, non moins scandaleusement, dédommagé par le gouvernement de Noyon. Mme de Montceaux n'a qu'un mot à dire. Le 7 novembre, s'opposant une nouvelle fois à l'avis de ses plus fidèles capitaines, Henri investit la place au début de l'hiver. Gabrielle, qui a pris bien soin d'attendre pour rejoindre le roi que l'exécution du siège soit commencée, emmène avec elle le petit César, d'ordinaire en nourrice à Meaux. Ils s'installent à Folembray, à deux pas de Coucy. C'est là, dans le tourbillon des bals et des chasses, le 23 janvier 1596, qu'a lieu un accident qui faillit avoir des suites tragiques : le roi, qui était allé visiter Madame, malade dans sa chambre, en tenant, une fois de plus, son petit César blotti dans ses bras, fut contraint de se jeter sur le lit de sa sœur au moment où tout le plancher vermoulu de la pièce s'effondrait. Les protestants allègorisèrent le drame. Ils dirent, « ... que le lit de Madame était leur religion qui demeurait toujours debout au milieu des ruines »[55]. César échappait là à la première de ces contingences plus ou moins tragiques dont la vie des grands — comme il se verra dans les suites de cette histoire — n'est jamais exempte.

C'est à Montceaux, chez Gabrielle, le 31 janvier, qu'eut lieu la soumission du chef de la Ligue, le gros Mayenne. Ce retour dans le giron loyaliste du Lorrain est l'œuvre de la favorite qui cherche, en prévision de la succession à la couronne, à se ménager des alliés contre les trois chefs du clan Bourbon : Condé, l'héritier officiel, dont on murmure, à l'heure où il va paraître à la cour — le bruit paraît sorti du cercle des amis de Gabrielle — qu'il n'est peut-être pas le véritable fils posthume de son père mais qu'il est bien en revanche celui de Charlotte de la Trémouille, accusée d'avoir empoisonné feu le prince de Condé, son mari ; Soissons ensuite, le plus hostile, le plus dangereux ; Montpensier enfin, le seul que la favorite ménage, à la fois parce que le roi le destine à Madame et parce qu'elle lorgne son gouvernement de Normandie pour César. Un nouveau personnage est entré dans ce raccommodement de Montceaux, un personnage qui sera l'un des machinistes des suites de cette histoire, c'est Zamet, l'ancien banquier de la Ligue, l'homme de confiance de Mayenne. On le dit fils d'un cordonnier de Lucques et il a lui-même inauguré sa fortune en France en parvenant à chausser le pied délicat d'Henri III. On murmure qu'il est de race mauresque. Quand Mayenne paraît à Montceaux, Gabrielle est entrée en affaires avec Zamet depuis plusieurs mois déjà.

Diane d'Estrées, qui est à Montceaux pour aider sa sœur à tenir son rôle de déesse de la paix, profite de la joie générale pour annoncer son mariage. Et avec qui ? Avec le maréchal de Balagny, veuf — comme on l'a dit — depuis la prise de Cambrai, et qui n'a cessé, depuis, malgré une conjoncture bien peu favorable, de bercer Gabrielle de rêves de souveraineté.

Le retour de Feuille-Morte.

Mais ce début de 1596 c'est aussi, d'une façon bien surprenante, le dernier et peut être le plus vibrant moment des amours de Gabrielle et de Feuille-Morte, autrement dit Roger, ce, malgré le roi et malgré Mlle de Guise. Un soir de février, Henri est informé que celui-ci s'est introduit chez Gabrielle qui feignait de garder la chambre à cause d'une nouvelle indisposition. Il enjoint à Choiseul-Praslin, capitaine aux gardes, de courir surprendre les amants et d'arrêter le grand écuyer. Choiseul, lit-on dans l'*Alcandre*, bien gêné, « ... et qui aimait fort les deux coupables, prit des archers avec lui et fit tant de bruit en arrivant chez Gabrielle, qu'il la trouva seule ». Tallemant prétend au contraire, que c'est Praslin lui-même qui aurait prévenu le roi, lequel aurait refusé d'agir en disant : « Cela la fâcherait trop » [56]. Quoiqu'il en soit, Bellegarde sera chassé de la cour. Henri allait enfin réussir par là à le détacher de ses adulatrices puisque c'est dans cet exil, oubliant à la fois Gabrielle et Mlle de Guise, qu'il devait épouser Anne de Bueil, la tante du poète Racan.

Gabrielle sera sage désormais. Elle n'éprouvera plus aucune de ces pulsions irraisonnables qui la faisaient chevaucher toute une nuit sans prudence à la rencontre du beau Roger. En aimera-t-elle pour cela davantage le roi ? Contentons-nous de dire qu'elle apprendra à l'estimer et qu'elle saura se conformer à ses désirs sans pouvoir pour autant se tourner à le chérir vraiment. Aurait-elle eu conscience aussi que sa beauté se flétrissait ? Lord Linton, dans une lettre du 7 février, suggère les premières atteintes de la couperose : « ... A mon goût son teint et son visage -bien que fardés outrageusement- sont fort abîmés. » Henri, malgré tout, l'idolâtre. Le 10 janvier il lui fait don de 20 000 écus. Quatre jours plus tard il lui cède l'héritage d'un certain Boisbaril, condamné à mort. Le 28 janvier, par lettres patentes, il lui confie la garde noble des fiefs appartenant à César. Le Parlement en tremble sur ses bases : la garde-noble, qui consiste dans la tutelle de fiefs assujettis à des obligations militaires n'est jamais délaissée à une femme. Pis, par ces mêmes lettres, le roi fait bon marché en quelques lignes de l'empêchement d'hériter qui pèse sur César, du fait de sa naissance illégitime : « ... Nous avons estimé que l'un des principaux témoignages et effets d'icelle légitimation était de rendre ledit César habile et capable de la succession de notre très chère et bien aimée Gabrielle d'Estrées, sa mère... » [57]. Premiers pas, de l'avis de tous, vers des dénis de droit plus grands encore.

Le 25 mars, enfin, pour achever de donner à sa maîtresse un palais digne d'elle, Henri se rend adjudicataire de Montceaux pour une somme de 39 000 écus. Le château de Catherine de Médicis sera tout aussitôt mis au goût du jour par Androuet de Cerceau, qui entreprend d'ajouter sur la terrasse de gracieux pavillons d'angle marqués du chiffre de Gabrielle.

Henri IV, qui use ses forces devant La Fère pour la satisfaction du clan Estrées, s'est installé, non loin, à Traversy. Le séjour du printemps 1596, en ces lieux, marque le début de l'une des pages les plus sombres du règne, période pendant laquelle, malgré ses déboires, le roi reste l'esclave de sa passion. C'est d'abord la nouvelle du mouvement des ennemis sur Calais. Henri s'y porte à marches forcées, pour apprendre, parvenu à Saint-Valéry-en-Caux, la chute de la place qui avait été le symbole de la supériorité des armes françaises du temps où le duc de Guise, père du Balafré, l'avait reprise aux Anglais. Henri revient à La Fère ; il y tombe malade, « jusqu'à douter de sa vie », dit Sully. Cette maladie se transforme ensuite en une profonde dépression, comme en témoigne cette supplique qu'il adresse à Aubigné : « Après avoir mis deux fois le genouil en terre et prié Dieu, il lui commande sur toutes les vérités qu'il avait autrefois aigres et utiles en sa bouche, de lui prononcer s'il avait pêché contre le Saint-Esprit... » [58]. Pour apaiser ses angoisses, Henri demande à Sully de lui amener Gabrielle : « ... s'étant résolu de faire venir près de lui madame de Liancourt — le ministre l'affuble encore par haine de ce nom en plein milieu de l'an 1596 — afin d'avoir... une personne confidente pour lui pouvoir communiquer ses secrets et ses ennuis... » [59]. Egalement à Traversy, cette scène rapportée par d'Aubigné, qui montre l'étendue du trouble royal et la permanence des remords qu'Henri éprouve à l'égard de ses anciens coreligionnaires. Obligé, par la *ribenedizione* que lui avait accordée Clément VIII, de rappeler Condé pour le faire élever dans le catholicisme, il songe un moment à offrir aux protestants désappointés, en lieu et place de ce prince, ce qu'il a de plus cher : son petit César. Comédie ? Signe de désarroi ? Décision prise dès ce moment que César sera envers et contre tout son successeur ? On ne sait. En tout cas le roi fait apporter son fils à d'Aubigné, qui raconte en se mettant lui-même en scène : « Il le fit apporter nu pour le mettre sur les bras d'Aubigné, qui le devait trois ans emmener en Saintonge pour le nourrir* et appuyer entre les huguenots... ». Mais l'auteur des *Tragiques* conclut par une de ses cabrioles coutumières « ... et pour ce que ce dessein s'en alla au vent, nous y envoyons aussi le discours » [60].

La Fère finit par capituler le 22 mai. César y trouve l'occasion d'agrandir encore son héritage : « Le roi pourvut à la garde et réparation de La Fère dont, à l'instante prière de Mme de Liancourt, il donna le gouvernement à son bâtard César et fit le sieur de Manicamp son lieutenant à cause qu'il était son parent » [61]. Henri IV paraîssait cependant brisé, la volonté d'agir s'était comme retirée

* Au sens d'éduquer.

de lui. Ainsi, lorsque quelques jours plus tard, Ardres, place forte proche de La Fère, tomba aux mains des Espagnols, il ne daigna même pas s'y rendre. Il s'attarda à Traversy puis à Paris, auprès de Gabrielle, la comblant à nouveau de faveurs que la misère alentour rendaient objets de scandale : le 8 mai, 20 000 écus sur la vénalité des charges des greffiers de la gabelle, le 9 mai, 1200 écus par le droit de pourvoir qui bon lui semblerait d'un office en la chambre des comptes de Languedoc.

Depuis mars, on savait à la cour que Gabrielle était à nouveau enceinte. Tandis que le roi courait enfin au secours d'Ardres, sa maîtresse quittait Paris infesté par le choléra, nouvelle malédiction de Dieu dont la favorite paraissait être la seule à pouvoir s'exonérer en se réfugiant à Montceaux. C'est dans ce Paris des rumeurs, encore agité par les curés de la Ligue, et comme en écho à l'échec momentané des négociations que Duplessis-Mornay menait avec la reine Marguerite, qu'il se murmurait qu'Henri IV s'apprêtait à faire rompre son mariage contre l'avis du pape, en réunissant un synode auquel il dicterait ses volontés. Jusqu'où l'ensorcellement du monarque irait-il ?

« *La duchesse d'ordure* »

Dans ces temps difficiles où elle affecte de ne pas se départir de cette assurance mâtinée de nonchalance, deux périls qu'elle sous-estime gravement se profilent à l'horizon pour Gabrielle. Le premier c'est Madame, qui sollicitée par les ministres intervient brutalement dans les affaires et décide son frère à convoquer une assemblée de notables à Rouen pour remédier au désordre des finances publiques. L'autre danger vient d'Italie. Le 18 juillet arrive à Montlhéry un légat du pape, c'est le premier envoyé de Rome depuis la *ribenedizione*. Le cardinal Alexandre de Médicis est dangereux à plusieurs titres : tout d'abord il porte la parole de Clément VIII, hostile à la favorite — le légat a même l'ordre exprès et secret de l'ignorer — d'autre part, il vient en France avec une idée, une idée qu'il suivra contre vents et marées jusqu'à finalement, après bien des soubresauts, l'imposer : faire épouser au roi, une fois qu'il serait démarié dans les formes, sa nièce Marie. Les circonstances paraissent d'ailleurs devoir servir ses vœux : les conseillers du roi, bien incapables de sonder le gouffre des finances, sont sensibles à l'idée d'un mariage qui ouvrirait à la France les portes des banques d'Italie. Moment important de la destinée de Gabrielle : jusque-là attachée au clan catholique des Lorrains dans la perspective d'une succession qui échoirait au jeune prince de Condé, elle va se rapprocher des huguenots par exécration du mariage florentin.

L'assemblée de Rouen se prépare et Gabrielle, pour la seconde fois, s'apprête à suivre le roi au moment d'accoucher. Le 16 octobre, c'est la brillante entrée dans la ville dont les maisons à colombages disparaissent sous des flots de tapisseries et de lambrequins. Le 4 novembre c'est le fameux discours d'ouverture d'Henri IV que Gabrielle écoute derrière un rideau : « Si je voulais acquérir le titre d'orateur, j'aurais appris quelque belle harangue et la vous prononcerai avec assez de gravité... »[62]. Le 11 novembre — en l'abbaye de Saint-Ouen — Mme de Montceaux accouche d'une fille que l'on prénomme Catherine-Henriette et qu'Henri s'empresse de légitimer selon la procédure suivie pour César. Le roi est tout joyeux. Le lendemain, il adresse à M. de Harambure un billet qui commence ainsi : « ... Vous scaurès que ma maîtresse a accouché hier d'une fort belle fille... »[63]. Le 20 novembre, il écrit au connétable de Montmorency, à qui il a déjà promis César pour gendre, afin de réserver la main de Catherine-Henriette pour l'un de ses garçons : « Mon compère... Je me porte très bien, Dieu merci, comme font César et la petite demoiselle de Montmorency pour laquelle on m'a parlé hier d'un mari qui est de fort bonne maison et fort riche, mais j'ai juré qu'elle serait dame de Montmorency et de Chantilly, croyé le, mon compère, à qui je donne le bonsoir... »[64].

Le baptême, un baptême royal, a lieu le 17 décembre. Il tranche avec ce qui a été fait pour César, baptisé deux ans plus tôt presqu'en catimini dans le logis de Coucy où il était né. C'est que les temps sont changés. Gabrielle n'est plus Mme de Liancourt et elle reçoit alors par provision un traitement de reine. On verra, un demi siècle plus tard, toutes les prétentions que la famille de Catherine-Henriette — celle-ci entre temps mariée au plus intrigant des Lorrains — prétendra tirer de cette différence de statut matrimonial de la favorite à l'heure de la naissance de ses deux premiers enfants. « La cérémonie fut grande et fort solennelle, semble se désoler l'austère président Groulard, telle qu'elle s'observe au baptême des enfants de France. Il y eut quatre poêles dressés dans l'église, l'un à l'entrée, l'autre au fond, le tiers où l'on dépouille l'enfant et le quatrième à l'autel. Après que les pages furent passés avec les flambeaux, précédés par les gardes, les Suisses, les tambours, trompettes, musique du roi et les violons suivirent, M. le maréchal de Matignon portant le cierge, le maréchal de Retz portant une grande salière ouverte, d'Epernon avec le bassin, Nevers avec le vase, Nemours avec la serviette, Montpensier avec le chrémeau, Conty portant l'enfant qui avait un grand drap d'argent doublé d'hermine mouchetée... »[65].

Madame était arrivée à Rouen malade et d'humeur rebourse. « Elle fit, nous dit Groulard, difficulté de lever l'enfant de dessus le lit pour le mettre ès mains de Monsieur le Prince (Condé), ce qui fut fait par Mme la maréchale de Retz »[65]. La sœur du roi signifiait par là, avec assez de maladresse, qu'elle commençait à se lasser du rôle qu'on lui faisait jouer : de son mariage sans cesse reporté et des honneurs qui ne lui étaient conférés que dans le but de la voir s'attacher aux enfants adultérins de son frère et les combler de ses biens immenses.

Gabrielle — en attendant de recueillir effectivement au nom de ses enfants la part la plus précieuse de l'héritage de Madame — est gratifiée, à l'occasion de ces réjouissances, malgré l'état piteux des finances, de dons considérables, notamment, le 29 novembre, les biens du conseiller Raulin condamné à confiscation par un arrêt des Grands Jours*. De plus, la favorite s'étant trouvée chassée de l'hôtel du Bouchage par la soumission du duc de Joyeuse, le roi s'inquiète de la reloger. Il écrit, fin octobre, à Schomberg qui songe à se défaire de son bel hôtel de la rue Froidmanteau**, communiquant par son jardin avec le Louvre : « J'ai su que vous alliez vendre votre maison de Paris, et parce qu'étant proche du Louvre comme elle est, elle serait fort propre à ma maîtresse, qui en cherche une à acheter, j'ai pensé que vous seriez aussi aise de la lui vendre qu'à un autre. C'est pourquoi je vous prie de me mander si vous êtes en cette volonté, et combien vous la voulez vendre au dernier mot »[66]. L'affaire devait se conclure avant la fin de l'année.

Les fêtes et les chasses se succèdent à Rouen jusqu'au début de 1597. Gabrielle profite de ce moment d'accalmie pour régler à son avantage les affaires de cœur pendantes autour d'elle. Sans crier gare, elle incline le roi à ne plus contraindre sa sœur à épouser le triste Montpensier. Son plan est simple : elle veut obliger Madame et conserver la faveur de Montpensier — seul Bourbon qui lui fut favorable — en l'empêchant de tomber dans une coterie contraire. Le 7 janvier 1597, elle préside aux noces de Julienne-Hyppolite d'Estrées, sa jeune sœur réchappée de la tragédie d'Issoire, avec Georges de Brancas de Villars, gouverneur du Havre. Cette fille improbable d'Antoine d'Estrées se révèlera bientôt être un démon de sensualité dont Tallemant fera plus d'un conte[67].

Le 4 février, après bientôt quatre mois d'agapes qui ont laissé le peuple de Rouen exsangue et murmurant, la cour regagne Paris.

---

* Session extraordinaire tenue par un Parlement en dehors de son siège ordinaire.

** Cette rue serait à l'emplacement de la place du Palais-Royal et irait vers la Pyramide du Louvre.

Le train des fêtes et de plaisir se poursuit dans la capitale malgré le choléra, les deuils — le pont des Meuniers s'est écroulé le 2 février, tuant trois cent cinquante personnes — et l'écho des ravages perpétrés par les troupes espagnoles en Picardie. A l'ébahissement général, on voit le roi, marchander des bijoux pour sa maîtresse à la foire Saint-Germain, et, plus scandaleux encore, Gabrielle, à Notre-Dame, caresser du regard une pièce d'orfèvrerie et se la faire offrir par les chanoines. Une rumeur sourde lève et s'amplifie contre les amants : le jour de mardi gras, Henri trouve sur la porte de son appartement au Louvre, un placard qui l'avertit d'un meurtre.

Folie, ivresse des sens, oubli de soi. Tout glisse en ce printemps de 1597 vers un fol abandon et c'est alors qu'un coup de tonnerre brise net tous ces flonflons : le 12 mars, Amiens, Amiens où trois années auparavant le roi avait mené en riant Mme de Liancourt à l'official pour la démarier, Amiens est reprise par les Espagnols. Henri IV "dessille sur le champ. Il voit dans un éclair Paris, le Havre, Abbeville menacés. Il cesse aussitôt de faire le fringant et il a ce cri qui rappelle son ancien génie : « C'est assez fait le roi de France, il faut faire celui de Navarre ». Quelques heures après la nouvelle, il s'élance sur la route de Pontoise à la tête de sa cavalerie.

Quant à Gabrielle, foudroyée dans sa frénésie de jouir et ses rêves de puissance, elle prend peur. Elle songe avec assez de vraisemblance n'être pas en sûreté dans Paris. Elle fait apprêter ses équipages pour gagner Montceaux, et même part avant le roi, dans l'avant-garde de l'armée que commande Biron.

Le 18 mars, à Montdidier, Henri IV s'essaye à galvaniser ses troupes. Il les découvre avec étonnement, mal en point, mal équipées, atteintes dans leur moral, depuis tous ces mois où il les a si gravement négligées. Le 25 mars, comme il atteint Vignacourt, il est frappé d'une crise de gravelle qui le contraint à se retirer à Abbeville puis à regagner Saint-Germain pour entamer une diète. Le parlement de Paris, qui avait profité du désordre pour redresser la tête, demande qu'on fasse le procès des conseillers concussionnaires. Dans un sursaut de clairvoyance Henri décide d'ôter les sceaux à Cheverny. Il en fait confidence à Groulard, lui montrant Mme de Sourdis : « Voyez-vous cette dame ? elle est bien fâchée car son bon ami le chancelier s'en va. Je baillerai les sceaux au bonhomme de M. de Bellièvre qui s'en acquittera mieux, et s'y c'est du consentement de ma maîtresse »[68]. La réserve était importante : Gabrielle, accourue sur les instances de sa tante, parla pour le vieux chancelier et, tout naturellement, le « rappointa ».

Gabrielle continue donc d'enchanter le roi et le redressement des affaires qui commence de s'opérer à l'entrée de l'été de 1597, se fait malgré elle et presque malgré son amant, grâce à la vaillance des capitaines loyalistes qui manquent du nécessaire et qui pourtant font des miracles. Henri gagnera-t-il, comme autrefois Charles VII, le surnom de bien servi ? Il fait tout, en tout cas, en ce milieu de l'année pour paraître l'esclave de sa maîtresse. Amour ou sottise ? Il fait savoir publiquement qu'il se trouve contraint de lui emprunter de l'argent pour subvenir aux besoins de sa maison.

Ce n'est pas tout, le 6 juillet, Henri lui permet d'acquérir, de la duchesse de Guise qui vient d'en hériter, le comté de Beaufort en Champagne, payé 20 000 écus, avec les seigneuries de Jaucourt et Lazicourt, payées 40 000. La favorite trouve la somme nécessaire chez Zamet à qui le roi donne caution avant d'ériger gratis en faveur de César, le 10 juillet, le comté en duché-pairie. Le préambule de cet acte porte témoignage du vibrant amour qu'Henri porte à son fils : « Les vertus de César qui reluisent en lui depuis la plus tendre enfance et la bonne éducation jointe à son bon naturel qui permettent d'espérer des qualités remarquables... ». La lettre d'érection précise ensuite que César étant encore trop jeune pour jouir de son duché, sa mère allait en avoir provisoirement l'administration et les honneurs. Elle s'intitulera dès lors et définitivement, Mme de Beaufort. Comble d'étrangeté mais qui montre bien le degré de la faveur du bel Ange, alors que se poursuit en souterrain un jeu très compliqué entre Paris et Florence — négociations jamais interrompues en vue du mariage d'Henri IV et de Marie de Médicis : remboursement des dettes françaises, évacuation du château d'If dont le grand-duc s'était emparé à titre de garantie — Gabrielle est recherchée par le chanoine Bonciani, l'envoyé de Florence, qui sollicite son appui pour désarmer le courroux du roi à l'égard du grand-duc. Le 6 décembre 1597, l'Italien rend visite à la favorite et à la tante Lydie. Il leur offre : « *... un regalo di drappi, per invitarle à prendre parte in servizio del granduca* »[69].

Le 5 septembre précédent le grand maître de l'artillerie, M. de Saint-Luc, ayant été tué devant Amiens, c'est Antoine d'Estrées qui devait lui succèder sur l'heure à la prière de sa fille.

L'élévation et la faveur de Gabrielle, dans ce temps de grande déliquescence du courage et des moyens, sont regardées comme un scandale. Ce n'est pas duchesse de Beaufort qu'on la nomme mais duchesse d'ordure.

VI – PRESQUE REINE.

« *C'est moi qui fait la barbe à tout le monde...* »

Henri IV, affaibli par la maladie, était revenu à Paris au début du mois de mai pour recevoir le marquis de Pont-à-Mousson, fils aîné du duc de Lorraine, qu'on destinait à présent à Madame. Au cours des fêtes, données à cette occasion en juin au Louvre, l'ambassadeur de Venise, Contarini, se vit abordé par Henri qui lui désigna fièrement Gabrielle : » — Comment trouvez-vous la marquise ? (Elle n'allait être duchesse que quelques jours plus tard). — Comme la guerrière digne d'avoir fait prisonnier un aussi grand capitaine que Votre Majesté »[70], répondit le Vénitien en affectant la plus grande impavidité.

La tranchée d'Amiens avait été ouverte le 9 juillet et, malgré ses bonnes résolutions, le roi qui, après cinq jours de séparation, s'ennuyait déjà de sa belle et de César, les fit venir au siège. Il fit présent à Gabrielle d'une tente de cuir dorée et d'une toute pareille, mais plus petite, pour son fils, dons qui excitent la causticité du jeune Biron : « Chicheté partout sauf aux amours ». Inconséquence d'autant plus remarquable qu'Henri IV devait écrire à Sully, quelques jours plus tard, le 25 août, le priant « ... d'adresser 10 ou 12 000 écus pour fournir à infinies dépenses pressées et inévitables... ajoutant sans honte ... pour lesquelles j'ai été contraint d'emprunter de Mme de Beaufort 40 000 écus qu'elle avait fait apporter ici »[71].

A Amiens, pour la première fois depuis longtemps, le roi eut de la chance : le 3 septembre, le gouverneur espagnol de la ville fut frappé à mort par la canonnade française. Le 14, l'infanterie pouvait prendre pied sur le bastion et le 25, la ville se rendait. Le mot lancé contre Gabrielle par un officier espagnol fait prisonnier, le comte de Morette, vaut d'être noté. Au roi qui lui explique que l'armée espagnole eut gagné la partie si elle eut attaqué du côté du quartier de sa maîtresse, l'homme réplique : « Mieux vaut perdre cent batailles que de donner dans un bordel »[72]. Il montre ainsi le peu d'estime que l'Europe entière faisait alors d'Henri IV, assoté de sa Gabrielle.

La reprise d'Amiens avait inauguré le renversement de la fortune du roi. Le parti espagnol était en reflux : Philippe II, près de la tombe, abandonnait la partie à mesure que les ligueurs se défaussaient et, à l'automne de 1597, précisément, c'est le dernier grand chef de la Ligue qui cherche à faire sa paix, un Lorrain encore, un Lorrain qui, à ne consulter que l'aînesse, aurait dû être le chef de tous les membres de la famille de Lorraine établis en France et qui, par son mariage avec Marie de Luxembourg, était devenu l'homme le plus riche de France, possesseur à la fois de la principauté de Martigues en Provence et de l'imposant duché de Penthièvre en Bretagne. Cet homme, c'était le duc de Mercœur. Il était le demi-frère de la reine Louise, veuve d'Henri III et cette haute alliance lui avait valu autrefois l'une des plus belles charges du royaume : le gouvernement de Bretagne. Détenteur avec la Penthièvre d'un duché équivalent au sixième de la province, gouverneur de cette même province par la grâce du feu roi, il avait profité, avec beaucoup d'ingratitude, des malheurs du temps pour faire de la Bretagne une forteresse ligueuse et songer à rétablir à son profit l'antique souveraineté des ducs. En janvier 1590 il avait réuni un parlement rebelle et la victoire qu'il avait remporté ensuite, à Craon, contre le prince de Conty, au printemps de 1592, l'avait rendu provisoirement intouchable. Il avait fait alliance avec les Espagnols, leur remettant le fort du Croisil qui commandait la rade de Brest et celui de Blavet*, à l'entrée de la rivière de ce nom. Ce n'est qu'à la fin de l'année 1596 qu'Henri IV avait pu songer à commencer à rétablir son autorité dans le duché.

Mercœur, au début de 1597, avait signé une trêve avec Brissac et Schomberg, les deux lieutenants généraux que le roi avait dépêchés pour le combattre, mais, profitant de la chute d'Amiens, il avait envahi le Maine et l'Anjou. Henri IV en fut tout transporté de colère et son premier mouvement fut d'écouter Schomberg qui lui conseillait une expédition vengeresse. Or, soudain, tout se passa le mieux du monde. Schomberg, stupéfait, reçut, le 17 octobre, l'ordre, de négocier une suspension d'armes. En même temps l'on apprenait que des discussions s'ouvraient, par le canal de Mayenne, cousin de Mercœur et bon ami de Gabrielle. Dans ces pourparlers, deux Italiens jouaient les premiers rôles : pour « monsieur de Bretagne », comme on disait alors en parlant du gouverneur de cette province, Tournabon, un Florentin et, pour le roi, Zamet, l'homme lige de Mayenne et de Gabrielle. Ce qui devait sortir de tout cela en stupéfia plus d'un : fin novembre, on sut que la paix serait accordée au gouverneur de Bretagne moyennant le mariage de sa fille unique et héritière, Françoise, avec César, le bâtard du

* Blavet, aujourd'hui Port-Louis, à l'embouchure de la rivière du Blavet. Forteresse stratégique dont il sera question à plusieurs reprises dans le cours de cette histoire.

roi. C'était assurer au fils d'Henri IV le plus riche parti qui soit en France. Gabrielle recueillait les fruits de l'incroyable sollicitude qu'elle avait marqué aux Lorrains à mesure qu'ils s'étaient détachés de la Ligue. Afin de se concilier Mercœur, elle était intervenue au début d'octobre, pour protéger la reine douairière, veuve d'Henri III et demi-sœur du gouverneur de Bretagne, des créanciers qui voulaient la chasser de son château de Chenonceaux. C'était toutefois en acquérant les droits hypothécaires sur ce domaine, qui devait, de la sorte, passer un jour dans l'héritage de César.

En janvier 1598 Henri IV accepta les conditions de Mercœur, au grand déplaisir de Sully qui se vantera, mais bien plus tard, d'avoir proposé à son maître de « traiter à Nantes à coups de canon ». Mercœur, entre-temps, avait dû faire une concession majeure : renoncer au gouvernement de Bretagne en faveur de César, son futur gendre. Ce n'est qu'après cela qu'Henri IV s'était déclaré prêt à se rendre en Bretagne pour sceller un accord.

Après un séjour à Montceaux, la cour se met en route vers l'ouest le 16 janvier. Gabrielle doit accoucher de son troisième enfant à Vendôme. Le choix de cette ville, chère aux Bourbons, trahit l'une de ses nouvelles ambitions. C'est la récompense qu'elle espère, à la fois de Madame, pour l'avoir délivré du mariage avec Montpensier, et de sa liaison secrète avec le parti protestant. Le projet de Gabrielle, le plus hardi qu'elle ait jamais conçu, est de mettre dans la corbeille de son fils un duché royal comme pour le rapprocher plus invinciblement de la couronne.

Le duché de Vendôme appartenait à Madame qui l'avait recueilli de sa mère, Jeanne d'Albret. C'est d'ailleurs à Vendôme, dans la cour du château des anciens ducs, dans la collègiale Saint-Georges, que la reine de Navarre dormait de son dernier sommeil. Le fief de Vendôme allait être transmis à César le 29 mars 1598 malgré les observations énergiques du Parlement touchant l'inaliénabilité des fiefs de la couronne. Arrêtons-nous un instant sur cet évènement considérable puisque — plus que la légitimation peut-être — il place la descendance de Gabrielle entre le trône et le reste des puissants, et que, par surcroît, il va conférer à sa lignée le nom sous lequel elle va s'illustrer dans le cours de trois générations.

La donation de ce duché à César est le fruit de négociations menées par Cheverny avec le parti protestant. Disons-en le détail. Au début de 1598, les huguenots s'estiment abandonnés du roi. Il y a eu l'abjuration, puis, suite à la *ribenedizione*, le rappel à la cour du jeune prince de Condé. La crainte de Duplessis-Mornay est celle d'une nouvelle Saint-Barthélémy et il recherche un statut qui garantisse ses coreligionnaires. La liaison de ce dernier avec Gabrielle remonte au mois de mai 1594, date de l'assemblée protestante de Sainte-Foy. Le « pape des huguenots », qui savait comment toucher la maîtresse du roi, avait proposé à ses compagnons de la gratifier d'un don de 10 000 écus qu'elle avait eu la faiblesse d'accepter. Leur alliance reposait sur un constat : ils avaient les mêmes ennemis, le Parlement tout d'abord, qui empêcherait Gabrielle d'imposer César pour successeur en cas de vacance du trône et sur les bancs duquel Duplessis reconnaissait les plus farouches ennemis de sa religion ; le légat ensuite, Alexandre de Médicis, venu en France avec le double dessein de marier sa nièce Marie et d'extirper le protestantisme du royaume. Dès le printemps de 1597, Duplessis et Gabrielle ont un code secret qui leur permet de correspondre. A la fin de cette même année, il est question entre eux d'un troc : Vendôme contre un statut de liberté pour les fils de Calvin. C'est Duplessis-Mornay, lui-même, chancelier et surintendant des affaires de Navarre, qui fait appel aux sentiments huguenots de Madame pour qu'elle se défasse de son duché en faveur du fils de Gabrielle. Madame, bonne parpaillote, finira par s'y résoudre mais pour le regretter amèrement tout aussitôt. Afin d'emporter l'assentiment du roi, Cheverny fait intervenir les Lorrains, tirant argument du fait que Mercœur, pour conclure, exige que son futur gendre soit préalablement apanagé du duché de Vendôme. Dès qu'Henri IV a donné son accord, Madame, le 29 mars, se défait de son bien. Le roi rappelle à qui veut l'entendre que César est le mieux placé pour ressuciter l'ancienne maison de Vendôme : étant, de son chef, descendant des ducs mais aussi par Mme de Beaufort, sa mère, arrière petit-fils du plus illustre bâtard de cette lignée. Gabrielle, instituée aussitôt gardienne de ce duché, comme elle l'avait été auparavant de celui de Beaufort, promet de le purger de ses dettes et de remembrer sous quatre années. Le vieux fief des Bourbons était alors dans un état de décomposition juridique et financière accablant, ce qui, soit dit en passant, avait sans doute facilité l'acceptation donnée par la sœur d'Henri IV qui passait pour s'y bien connaître dans l'estimation des biens de ce monde.

Toutes ces choses encore non conclues, Mercœur, dont la mainmise sur la Bretagne se délitait — ses lieutenants dans Dinan, « lassés de son insupportable tyrannie », venaient de se rendre au maréchal de Brissac — vint à la rencontre de la cour, précédé d'une véritable armée. Il n'était pas très assuré de l'accueil qu'allait lui réserver Henri IV, aussi, au dernier moment, avait-il poussé sa femme devant lui. C'était le 25 mars, Madame n'avait pas encore signé l'acte de donation de Vendôme et l'on murmurait de toutes parts sur tant d'étranges nouveautés.

Le roi sentait confusément que le saut que lui faisait faire sa maîtresse était plus périlleux que les autres. Le 21 mars, écrivant au connétable, il s'essayait à justifier le mariage dans une lettre où perçait un peu d'inquiétude : « ... J'ai traité aussi du mariage de sa fille (Mercœur) avec César qui était si avantageux pour lui que le refuser c'eut été lui faire un extrême tort. Et je m'assure que l'aimant comme vous faites, si vous eussiez été près de moi, vous me l'eussiez conseillé... »[73]. Au dernier moment aussi — mais n'était-ce pas parce qu'il en était réduit à attendre la signature que sa sœur n'avait toujours pas donnée ? — il montra de la fermeté à l'égard du couple Mercœur : il fit fermer les portes d'Angers au nez de la duchesse, contrainte de battre en retraite à Pont-de-Cé et dépêcha un émissaire au duc pour le sommer de se présenter à lui dans un équipage plus modeste. Larencontre eut lieu finalement au Briollay, le 30 mars. Mercœur se jeta aux pieds du roi en lui demandant l'oubli de tout ce qui s'était passé. Henri IV le releva et l'embrassa.

Le contrat de mariage entre les deux enfants fut signé à Angers le 5 avril. C'était un contrat royal[74]. La dot de 166 170 écus était déposée entre les mains de Gabrielle, Mlle de Mercœur reçevait en outre 50 000 livres de rente sur les seigneuries de Penthièvre et de Martigues. Il était stipulé qu'elle apporterait au jour de la célébration du mariage 100 000 écus en monnaie d'or et 50 000 en pierreries. Pour le gouvernement de Bretagne, le duc s'en démettait sur l'heure — ce n'était pas de gaieté de cœur — en faveur de César. En contrepartie il recevrait du roi 200 000 écus, payables dans deux ans, à charge pour lui d'acquérir des terres pour augmenter le bien de sa fille. Gabrielle, de son côté, donnait à César son duché de Beaufort. Chaque parti s'obligeait à un dédit de 300 000 écus en cas de non conclusion du mariage. Forget pouvait écrire : « Enfin toute notre guerre s'est terminée en noces, et aurons bientôt plus de besoin de violons que de canons ».

Les enfants — César n'a pas quatre ans, Françoise à peine cinq — sont aussitôt fiancés par le cardinal de Joyeuse, dans la chapelle du château d'Angers. La cérémonie est magnifique : les ambassadeurs ont été convoqués, les grands officiers de la couronne tiennent leur rang, tout comme s'il s'agissait de noces royales. Les petits fiancés sont vêtus de satin blanc et se donnent la main. Sitôt la cérémonie terminée, Gabrielle, qui est prête d'accoucher, se retire dans ses appartements, débordante de bonheur. C'est au matin de cette cérémonie que se place une plaisante anecdote. Mme de Mercœur, entrant à l'improviste dans le logis du roi, le surprenant « ... qui s'ébattait à faire les cheveux à son petit César... (elle) lui demanda, en riant, s'il était bien possible qu'un grand roi comme lui fut son barbier. A laquelle Sa Majesté répliqua sur le champ : « Pourquoi non, ma cousine ? C'est moi qui fait la barbe à tout le monde. Voyez-vous point comme je l'ai bien faite ces jours passés à M. de Mercœur, votre mari ? »[75].

« Ottoman infidèle »

On n'allait pas tarder à connaître la contrepartie offerte par Gabrielle à ses alliés protestants. Le 10 avril, la cour repartait en bateau pour Nantes, Nantes qui venait de se libérer seule du joug que lui imposait Mercœur et qui accueillait le roi en triomphateur. C'est là, le 13 avril, que devait être signé le fameux édit qui, pendant quatre vingt-sept ans, allait faire bénéficier les protestants d'un régime d'exception, régime qui, selon le huguenot Bongars, « fut même au-dessus de notre espoir« .

C'est à Nantes également, le 19 avril, et une fois de plus au cours d'un déplacement de la cour — ce qui démontre à quel point Gabrielle, poussée en cela par son clan, apportait de soin à ne plus se séparer du roi — que naît Alexandre. Alexandre-Monsieur, troisième enfant du couple, promis celui-là à une destinée tragique. Henri IV, le jour même, écrit au connétable de Montmorency, le confident de ses affaires domestiques. On se souvient qu'il lui avait promis Henriette pour son fils et qu'il avait engagé aussi, un peu à la légère, la main de César pour l'une de ses filles. Il reprend l'idée pour Alexandre, tout en s'excusant d'avoir failli à son premier engagement : « Mon compère, je vous prie de croire que le mariage de mon fils de Vendôme avec Mlle de Mercœur ne diminuera en rien l'amitié que je vous ai portée et vous porte... Dieu m'a donné, ce jour d'huy, un fils qui ne sera pas moins beau que mon fils de Vendôme, et il succèdera en sa place »[76]. Constance remarquable d'Henri IV à proposer ses trois enfants, l'un après l'autre à Montmorency, lequel, en définitive, n'en prendra aucun.

Le 26 avril, César est devenu officiellement gouverneur de Bretagne, la patente de sa nomination est enregistrée au parlement de Rennes le 14 mai. Le duc de Brissac, à qui le roi doit la soumission de Paris, est fait lieutenant général de la province, le duc de Montbazon, lieutenant général « des château, comté et évêché de

Nantes », tandis que César reçoit à titre personnel le gouvernement de ces mêmes « château et comté » de Nantes. On dira plus loin les heurts qui découleront bien vite de ces dispositions. Cinq jours auparavant Henri IV, qui venait de faire son entrée dans Rennes avec César, racontait naïvement à Gabrielle, restée à Nantes, le bon accueil des Bretons : « ... Il faut que je vous dise que jamais roi n'eut le cœur des Bretons comme moi, et vous assure que je les laisserai bien acquis au capitaine Vendôme... »[77].

La tournée du roi s'achève galamment. Comme s'il tenait à justifier le joli surnom d' « Ottoman infidèle » que Corisande d'Andoins lui donnait depuis qu'il l'avait quittée, il met dans son lit Mme de Laval, puis Mlle Yges, fille d'un bourgeois qu'il avait éloigné opportunément en le dépêchant à Calais. D'humeur ravissante, il chevauche avec César jusqu'au Lude où il retrouve Gabrielle à qui il fait un nouveau présent sur la gabelle... Un cadeau pour se faire pardonner.

La cour est de retour à Paris, le 5 juin et, pour la première fois depuis très longtemps, Henri entend les acclamations de son peuple qui culminent dans les feux de joie de la proclamation de la paix avec l'Espagne — la paix de Vervins — publiée le 7 juin et dont Alexandre de Médicis a été le promoteur. Le roi profite de la liesse générale pour favoriser un peu plus ses enfants. Il porte à Gabrielle, en son hôtel de la rue Froidmanteau, la patente de gouverneur de Calais et la promesse du gouvernement de Lyon pour Alexandre. Gabrielle, gorgée de bonheur, mais insatiable, et qui songe alors à se faire offrir le château des Gondi à Saint-Cloud, magnifique demeure d'où se découvre tout Paris.

Henri retrouvait donc le cœur de ses sujets, tout en restant abandonné à la tyrannie de sa maîtresse et de son clan. Les évènements l'avaient servi et en premier lieu l'industrie de ses capitaines. La pilule amère aux catholiques de l'édit de Nantes était la plus dure à passer. Montpensier, Joyeuse, Epernon et de moindres personnages, qui n'étaient pas, comme ces trois là, gouverneurs de province, se refusaient à l'appliquer. Et pourtant le roi songeait à plus scandaleux encore : il voulait couronner ses amours, offrir le trône à Mme de Beaufort en l'épousant. Comment aurait-il pu se résoudre à accepter que César, Henriette et Alexandre n'obtiennent pas cette réparation qui était accordée à tous les enfants illégitimes dès lors que leurs parents convolaient en justes noces ? Il ajoutait volontiers un autre argument tiré de l'épuisement de la race des Valois, après que ses trois prédécesseurs, trois frères à s'être succédé sur le trône de France, soient morts sans héritiers :

« ... Je veux renouveler la race des princes du sang de plus forts et plus vigoureux qu'il n'y en a »[78]. Gabrielle savait aussi que les exorbitantes dispositions qui permettaient à ses enfants d'hériter de leurs parents malgré leur bâtardise, risquaient d'être réduites à néant par la mort d'Henri, qu'il fallait placer ceux-ci sous l'« abrifol* du mariage » pour les empêcher de devenir gueux. Il était nécessaire d'aller vite : Henri avait quarante-cinq ans, César quatre, Monsieur le Prince, autrement dit Condé, l'héritier en titre, douze, un an de moins que l'âge prescrit pour qu'un roi de France fut déclaré majeur.

Au printemps de 1598 l'idée du mariage avait fait son chemin. Fin 1597, fait sans autre exemple, le roi ordonne au graveur Guillaume Dupré de frapper une médaille où son profil figure à l'avers et celui de sa maîtresse au revers. En même temps, Gabrielle continue de recevoir par anticipation, des courtisans les plus titrés, un traitement de reine. Au feu de la Saint-Jean, à l'Hôtel de Ville de Paris, le roi s'était placé seul à table avec sa maîtresse, « ... à laquelle Mme de Guise, avec de grandes révérences, présentait les plats. Elle, d'une main prenait ce qui était plus à son goût et baillait son autre main à baiser au roi qui était près d'elle »[79].

A Rouen, Henri IV avait entretenu le premier président Groulard de son désir d'épouser sa maîtresse. C'était aborder la question par l'endroit où elle se présentait le plus mal. Les parlements, défenseurs nés des lois fondamentales du royaume, allaient être, avec les membres de la famille de Bourbon, les principaux adversaires de l'élévation de la mère de César.

Du côté du démariage du roi d'avec Margot les choses n'avançaient guère. L'opposition ne venait plus de la reine en titre qui avait fait ce qui lui incombait et qui réclamait à grands cris de revenir à Paris mais de Rome. Le pape exigeait de savoir ce que ferait Henri de sa liberté retrouvée : il rejetait furieusement l'idée du remariage avec Gabrielle.

Gabrielle, montrant bien quel aiguillon piquait sa volonté, faisait feu de tout bois : elle s'était tournée vers les princes catholiques, proches du royaume, pour qu'ils intercèdent en sa faveur auprès du pape. Tout d'abord elle avait sollicité le duc de Lorraine, ce qui lui était facilité par la liaison existant entre les Lorrains de France et leur aîné de Nancy. Puis elle s'était tournée vers le duc de Savoie qu'elle comptait récompenser en persuadant le roi de lui

* Avouons notre perplexité devant le mot. ne s'agirait-il pas d'une métaphore : l'arbrifol, l'arbre touffu ?

abandonner le marquisat de Saluces, sujet de discorde entre les deux pays. Les pressions se firent si fortes à l'entrée de l'été que le parti italien s'effraya et que Bonciani, l'envoyé de Florence, demanda à son maître de pousser sans délai la proposition de la main de sa nièce Marie.

En juillet, à Montceaux, devant Gabrielle tout sourire, le roi annonça qu'il se remarierait sous un mois. Ses plus proches conseillers laissaient alors entendre, surtout à l'usage des Italiens, qu'il pourrait fort bien se passer de l'autorisation du pape. Alexandre de Médicis, qui se morfondait depuis deux ans en France et qui jouissait de l'immense crédit d'avoir rétabli la paix, osa alors dire son fait au roi. Mal reçu dans son intervention, il décida de rentrer en Italie. Il devait y rejoindre sa belle villa de Rome* et y mourir, après avoir été pape, quelques jours seulement, en avril 1605, sous le nom de Léon XI. Le 14 août, à Fontainebleau, il fit ses adieux à la cour. Henri, qui l'aimait bien, le cajola et lui donna une clef en vermeil de ses palais pour l'inciter à revenir. Le légat monta en voiture, sans un regard pour la favorite, persuadé que les choses se feraient finalement selon ses vues.

Henri allait-il sauter le pas ? Se démarier sans le consentement du pape, comme autrefois le roi d'Angleterre ? Le crédit de Mme de Beaufort n'avait jamais paru si grand, jamais ses faveurs si éclatantes : le 13 juillet elle avait reçu un don sur la blanque**, le lendemain, la confiscation de plusieurs greffiers accusés de concussion. Elle aurait dit dans les jours qui suivirent ces nouvelles grâces : « Il n'y a que Dieu ou la mort du roi qui puisse arrêter ma fortune ». Elle était au comble de sa beauté et, dans ce commencement de l'automne — son dernier automne — alors qu'elle se savait enceinte pour la quatrième fois, elle avait commandé au maître brodeur, Nicolas Fleury, sa robe nuptiale***.

VII — « ET MOI JE SUIS ICI TENANT CETTE PAUVRE FEMME, COMME MORTE, ENTRE MES BRAS »

Le Grand Veneur.

A la suite du roi, fasciné depuis bientôt dix ans comme la grive par le sifflement du serpent, prisonnier des sortilèges de l'amour, il nous faut pénétrer à présent dans le labyrinthe obscur de la mort

---

* La Villa Médicis où siège actuellement l'Académie de France à Rome.

** Jeu de loterie où les billets gagnants correspondent à des chiffres déterminés.

*** Robe nuptiale que César offrira aux oratoriens de Vendôme pour en faire un ornement d'autel (Ritter, 570).

et de la magie. C'est la première fois, dans cette histoire pleinement baroque, mais ce n'est pas la dernière, que nous verrons les hideux bubons de la pourriture lever sur une peau de nacre et la folie ensorceleuse saccager la puissance et la gloire.

Le 8 septembre 1598 Henri IV chassait en forêt de Fontainebleau, accompagné de sa suite ordinaire : « Il entendit, raconte Hardouin de Péréfixe dans son *Histoire d'Henri-le-Grand*, un grand bruit de cors, de veneurs et de chiens, qui semblait être fort loin, puis, tout à l'instant, s'approcha tout près d'eux. Quelques-uns de sa compagnie, s'avançant de vingt pas, virent un grand homme noir parmi les halliers, qui les effraya tellement qu'ils ne purent dire ce qu'il devint, mais entendirent qu'il leur criait d'une voix rauque et épouvantable — m'attendez-vous ou — m'entendez-vous ou — amendez-vous. Les bûcherons et paysans d'alentour de cette forêt disaient que ce n'était point chose extraordinaire, et qu'ils voyaient quelques fois ce grand homme noir, qu'ils appelaient le Grand Veneur... ».

Le roi s'en retourna au château extrêmement impressionné. Depuis le départ du cardinal de Médicis il était songeur : il savait que le pape ne consentirait jamais à son divorce sans recevoir la garantie préalable qu'il n'épouserait pas Gabrielle. Le Parlement, visiblement au fait des dernières recommandations du légat, marquait d'ailleurs son opposition à la favorite en faisant mille difficultés pour enregistrer les lettres de donation du duché de Vendôme à César. On savait aussi qu'Henri IV n'avait pas empêché Villeroy de continuer à négocier en secret son mariage avec Marie de Médicis. Tout ce qui, dans son esprit, tenait jusqu'à l'été 1598 de la ruse et de l'amusement — obtenir son démariage à bon compte, faire évacuer le château d'If, lanterner les banquiers florentins — allait devenir, sous l'impulsion de Villeroy, puis de Sully, la grande négociation de l'automne.

A Montceaux où il se réfugie, malade, fin septembre, en compagnie de sa maîtresse, pour entreprendre une nouvelle diète, Henri trouve sur sa porte de nouveaux placards le menaçant d'une catastrophe. On craint des attentats. On décide d'interdire le port des arquebuses aux soldats entrant dans les châteaux du roi sauf aux hommes des diverses compagnies de gardes et à ceux du régiment de César. Autre sombre présage : c'est à Montceaux que les amants apprennent la mort étrange et brusque de la connétable de Montmorency, Louise de Budos, confidente de Gabrielle, qui, dans l'éclat de ses vingt-quatre printemps, était la joie et le soleil de la cour. Un homme, « de teint et de poil fort noir », serait venu la visiter au beau milieu d'un bal. « Sitôt le visiteur reparti, rapporte Sully, elle s'en vint avec un visage à demi mort séparer la compagnie, prenant pour excuse qu'elle se trouvait mal et en quittant ses trois dames, ses intimes amies, elle leur dit adieu avec des larmes aux yeux... » [80].

Sully, d'emblée, lie la mort de Louise Budos à celle de Gabrielle qui va survenir bientôt et n'hésite pas à faire intervenir Satan : « ... s'étant adonnées toutes deux à la magie pour parvenir aux hautes dignités où l'une était montée et l'autre espérait de bientôt parvenir le maître de cette science les étaient venues visiter à leur fin... » [81].

Début octobre, à Fontainebleau, la santé du roi se dégrade à nouveau. Il souffre d'un mal dont la nature accrédite, une fois de plus, l'idée qu'il s'agit d'une punition du ciel : un blocage de la verge qui lui fait endurer mille morts. On le purge à la casse*. On envoie en catastrophe quérir à Venise un médecin fameux dans les soins des voies urinaires. Le 16 octobre, alors qu'il va mieux, Sully, dont l'étoile monte toujours, vient, au nom du conseil, le congratuler. Mais le 29, c'est la rechute, une rechute terrible qui fait craindre le pire. Le même jour l'affolement gagne Paris : on fait fermer les portes de la ville et, dans la soirée, se répand la nouvelle de la mort du monarque. Aussitôt un triumvirat s'assemble pour prendre les affaires en main : Montpensier, Joyeuse, Epernon, tous opposants forcenés à l'édit de Nantes.

Henri, capable de se lever le 30 au soir, réagit violemment. Face aux menées de ces trois champions du catholicisme ultra et, afin de parer à tout désordre, il ordonne de pointer vers la ville les canons de l'Arsenal.

Gabrielle est affolée. Elle sent confusément que sa chance est passée en août et que le départ d'Alexandre de Médicis était au fond une suprême habileté pour placer le roi, seul, face à l'inextricable écheveau des questions que soulevait son remariage. Elle en est réduite aux expédients : elle incite La Rivière, le médecin et astrologue d'Henri, qui est son obligé, à persuader celui-ci, qu'après sa dernière maladie, il n'a plus aucune chance d'avoir d'autres héritiers que César et Alexandre. L'argument n'était pas si fallacieux puisque Cheverny nous apprend qu'Henri IV, à une date qu'on doit situer entre novembre 1598 et juillet 1599, date de la mort du chancelier, allait se trouver « guéri par une opération admirable de Bérault » [82]. Constatons toutefois que, passé l'été 1598, l'argumentation développée par Gabrielle incline le roi à s'en remettre au bistouri plutôt qu'au mariage.

---

* La casse mondée, préparation composée de la pulpe du fruit du canéficier.

Fin novembre, Henri IV s'installe à Saint-Germain, Gabrielle vient seule à Paris. Le 23 novembre, elle endure un malaise qui fait accourir Henri, secrètement, en plein milieu de la nuit, rue Froidmanteau. A peine est-il reparti, à l'aube, à demi rassuré, qu'elle retombe en syncope et qu'il doit revenir au galop pour l'emporter en litière, cette fois, publiquement.

Le 6 décembre, ils sont à Saint-Germain, chancelant tous deux. Langlois revient d'Auvergne rapportant les provisions de Marguerite. Celle-ci a trouvé un nouveau subterfuge : de mèche sans doute avec le clan Médicis, elle se refuse à dire que son mariage avec Henri n'a pas été consommé, rendant par là impossible, selon le droit canon, la légitimation des trois enfants de Gabrielle. Le même jour, autre catastrophe, on apprend par des dépêches de Rome que Clément VIII est décidé à donner accord au démariage mais pas au remariage avec Gabrielle, « même s'il y allait de sa tête ».

Une profonde agitation secoue le royaume. Elle a pour cause l'opposition des parlements, encouragés par les agents du pape, à l'enregistrement de l'édit de Nantes. Tout cela resserre les liens de Gabrielle avec les protestants qui sont les seuls alors — Bouillon, Duplessis-Mornay, La Force, d'Aubigné en tête — à soutenir le projet de son union avec le roi.

« Il n'y a point d'enfant de France ».

Malgré ces difficultés la faveur de Mme de Beaufort apparaît inchangée. Le 13 décembre a lieu à Saint-Germain, le baptême d'Alexandre-Monsieur dont la pompe dépasse celle observée pour Catherine-Henriette. Il se conclut par un festin magnifique et un grandiose *Ballet des Cinq Nations*, préfiguration des carrousels du siècle à venir, dont les rôles principaux sont tenus par de grandes figures de la cour : le comte d'Auvergne, les ducs de Rohan et de Nemours, Cœuvres et Bellegarde.

Sully — mais est-il sincère ? — affirme que le roi lui aurait avoué que cette magnificence était allée au-delà de ses intentions. Le grand argentier prétend également que c'est à l'occasion de ce baptême qu'il se serait opposé aux entreprises de Forget, conseiller de Gabrielle mais également son parent du fait de son mariage avec une demoiselle de Beauvilliers, lequel prétendait pousser encore plus loin le traitement royal fait au troisième bâtard du roi. Pierre Forget, seigneur de Fresnes, conseiller d'Etat, juif honteux de l'être et poète, que nous retrouverons bientôt chargé d'administrer les biens du clan Vendôme. Tallemant a rapporté un quatrain qui courait sur son compte :

« Forget au nez tordu qui forgez sans mesure
« En dépit d'Apollon, tant de vers mal rimés
« Et qui blasmant les juifs, vos parents diffamés
« Comme un maudit enfant et de traître nature »[83].

Sully raconte ainsi cette entreprise, dans le style de ses *Mémoires*, c'est-à-dire en s'adressant à lui-même : « M. de Fresnes ayant fait une ordonnance de ce qu'il fallait aux hérauts, trompettes et hautbois pour avoir servi au baptême d'Alexandre-Monsieur, comme enfant de France et vous l'ayant apportée afin qu'elle fut acquittée, vous la restintes et fîtes une autre ordonnance au trésorier d'épargne pour leur payer une certaine somme sans faire mention d'Alexandre et, d'autant, que la trouvant moindre qu'ils espéraient, ils vous dirent — Monsieur, la somme que nous devons avoirassistant au baptême des enfants de France est de longtemps réglée. Lors, voyant qu'ils contestaient trop opiniâtrement, vous alléguant deux ou trois fois M. de Fresnes, enfin, en colère, vous leur dites -Allez ! Allez ! je n'en ferai rien, il n'y a point d'enfant de France... ».

A l'occasion du baptême, Gabrielle et les siens sont comblés de nouvelles faveurs : agrandissement du marquisat de Montceaux, évêché de Chartres pour le fils du chancelier, chapeau de cardinal pour le fils de Mme de Sourdis. Enfin, duché d'Etampes que le roi rachète en sous-main à la reine Marguerite pour l'offrir à César en lui conservant le bénéfice de l'ancienne érection de ce fief[84].

Le mariage de la sœur du roi, Madame, avec le fils du duc de Lorraine, se déroule à Saint-Germain, le 30 janvier 1599. Madame gagne Nancy d'un cœur presque léger, convaincue qu'elle n'aura plus son mot à dire en France tant que la favorite sera maîtresse de l'esprit de son frère. Confusément pourtant, elle espère un coup de théâtre. N'a-t-elle pas lu, comme tout le monde, les libelles qui circulaient dans la capitale au mois de février et qui contenaient, comme s'en fait l'écho Pierre de l'Estoile, la prédiction d'un certain Risacasza affirmant que Mme de Beaufort ne verrait pas le jour de Pâques ?

En ce début de 1599, Henri IV parait avoir recouvré la santé — le chirurgien Berault l'a sans doute opéré — mais il s'use à courir entre les deux partis qui se forment en France pour ou contre son remariage. Il doit paraître en armes devant le parlement de Paris, ce vieil ennemi de Gabrielle, pour faire enregistrer l'édit de Nantes. Il doit se ruer à Fontainebleau pour empêcher un duel entre le prince de Joinville, partisan de sa maîtresse, et M. de Terme, son persifleur. Il essuie rebuffade sur rebuffade : le sermon du nouveau nonce, Silingardi, qui confirme l'opposition formelle du pape à son union avec Gabrielle, la rouerie de Marguerite qui, une fois encore, depuis Usson, adresse à la cour une procuration viciée dans la forme, les poèmes satiriques et cruels qui foisonnent par la ville :

> « Mariez-vous, de par Dieu, Sire !
> « Votre lignage est bien certain
> « Car un peu de plomb et de cire
> « Légitime un fils de putain[85].. ».

« L'autre me mène jusqu'à la peur... »

Henri IV, que tout ce tohu bohu indispose, affecte de prendre des mesures pour passer outre aux injonctions du pape. Le 23 février — jour de mardi-gras — il annonce à ses intimes qu'il aura épousé sa maîtresse pour Quasimodo ou pour Pâques, mais il lie cet engagement à l'heureux terme du quatrième accouchement prévu. Puis, inconscience, désir de braver l'opinion ; devant ce petit comité, il passe au doigt de Gabrielle l'anneau orné d'un diamant qu'il a reçu le jour de son sacre à Chartres, l'anneau de ses épousailles avec la France. Ce geste, qui transpire hors de ce cercle étroit, est regardé comme un sacrilège et la démonstration de ce que le roi est disposé à tout pour en venir à ses fins.

Dans les jours qui suivent Villeroy et Sully en sont pourtant à négocier avec le chanoine Bonciani la confortable dot que Marie de Médicis devait apporter en France et dans des termes tels que le roi ne pouvait pas ne pas être au courant. Terrible duplicité d'Henri IV qui berne sa maîtresse ? Jacques Bolle, à l'aide des documents de Florence, répond par l'affirmative. Le revirement du roi daterait de la fin février 1599, au moment où la reine Marguerite révoque définitivement les procurations données pour son divorce et prétend avoir consommé son mariage en rendant, par là, impossible la légitimation canonique des enfants issus de Gabrielle[87]. Après cela Henri IV, acquis ou résigné à l'idée de son mariage avec Marie de Médicis, demande à Bonciani, le 9 mars, s'il restera à Paris après l'arrivée de la princesse de Florence[87]. Pour Jacques Bolle, dès cette fin d'hiver 1599, se pose pour Henri, déterminé à épouser la nièce du grand-duc, la question de ses rapports futurs avec Gabrielle.

Ce même 9 mars, les amants quittent Montceaux pour un nouveau séjour à Paris au cours duquel le roi s'essaye sans grand succès à calmer les esprits. Un vent de morbidité et de fanatisme souffle sur la capitale. Au moins une exécution par jour, rapporte l'Estoile : un enfant de treize ans pendu pour avoir volé son maître, une mère étranglée pour avoir tué son enfant, des meurtriers roués, des bougres et des sorciers brûlés. Le 8 mars, l'inquiétant duc de Joyeuse fait une dernière cabriole et, comme le dit joliment Sully,

« ...ayant pris sa dernière main de plaisirs et voluptés du monde, (il) se remit capucin »[86]. Le 11 mars, Schomberg meurt dans son carrosse, « tout saoul », des suites d'une beuverie. Gabrielle, accompagnée de César, va donner l'eau bénite au cadavre. Spectacle étonnant que cette visite macabre au cours de laquelle la maîtresse du roi montre à son fils le vieux vainqueur de Mercœur dont un rictus tordait la bouche. D'ailleurs, observe l'Estoile, « César, le voyant mort, dit qu'il était bien laid et qu'il ne le voulait pas regarder ». Telle est la première parole proférée par César que nous ait rapporté un mémorialiste .

Fin mars le roi et sa maîtresse sont à Fontainebleau, séjour pénible, hanté par de mauvais rêves : « Ladite duchesse songea qu'elle voyait un grand feu qui la gagnait, et ne la pouvait empêcher, sur quoi s'étant réveillée en sursaut et grand effroi voulut aussi éveiller le roi... Le roi songea qu'il la voyait mourir, et, étant éveillé, lui conta son songe, et elle le sien au roi »[88].

Sully, qui tient — nous l'avons dit — à plonger Gabrielle dans un univers diabolique, la montre au cours des semaines qui précèdent sa catastrophe, se livrant à la magie : « La curiosité de savoir ce qui était caché dans l'avenir, lui faisait rechercher toutes sortes d'expédients et de personnes que l'on lui disait être propres à un tel dessein : en quoi elle faisait souvent de fâcheuses rencontres et recevait des réponses fort éloignées de ses éminentes prétentions, les uns lui disant qu'elle ne devait jamais être mariée qu'une seule fois, les autres qu'elle mourrait assez jeune, les autres qu'un enfant lui ferait perdre le fruit de ses espérances, les autres qu'une certaine personne qui lui était familière lui jouerait un mauvais tour et tous en général qu'ils ne voyaient ni marques ni signe, ni en sa nativité, ni en lignes et linéaments de sa personne, qui la destinassent à porter ni sceptre ni couronne royale, ni même aucun enfant venant d'elle »[89].

Gabrielle se prenait à douter du roi. Quel jeu jouait-il ? Il venait de demander à Agrippa d'Aubigné de montrer à sa maîtresse le portrait de ses deux fiancées en puissance : l'archiduchesse Isabelle et Marie, la Florentine, « ... et de prendre garde à ce qu'elle dirait ». Mme de Beaufort, très troublée, s'écria, passant du portrait de l'Espagnole à celui de l'Italienne : « Je n'ai aucune crainte de cette noire mais l'autre me mène jusqu'à la peur »[90].

Vint le moment où il fallut songer aux Pâques. Selon plusieurs témoignages c'est René Benoît, le confesseur du roi, qui aurait obtenu qu'Henri éloigne Gabrielle au moment d'approcher la sainte communion. Selon d'autres cette séparation imposée par le roi préludait à la rupture définitive conseillée par Villeroy au vu de l'avancée des négociations avec Florence. Cheverny donne une explication diamétralement opposée : « ... (le roi) désirant en ce temps faire concevoir au peuple de Paris quelque meilleure opinion de ladite dame duchesse qu'au passé, chacun l'ayant estimée comme pour être simple maîtresse du roi mais non d'être reine de France »[91]. Cette opinion recoupe celle de Bassompière qui affirme que c'est Gabrielle, elle-même, qui demanda au roi d'aller à Paris. Cela était bien dans le caractère de la favorite qui avait déjà montré par le passé d'autres signes de sa volonté de ne négliger aucun moyen pour parvenir au trône et qui n'ignorait pas qu'elle avait un long travail à accomplir pour gagner le cœur hostile des Parisiens. Cheverny et Bassompière affirment donc clairement que ce n'est pas une femme disgraciée, ni sur le point de l'être, qui s'arrache aux bras de son amant pour ce fatal voyage.

Plusieurs témoins ont eu à connaître très directement des derniers moments de Gabrielle : Mlle de Guise, future princesse de Conty, qui dans *Les Amours du Grand Alcandre*, raconte le dernier voyage de la favorite, La Varenne dont l'important témoignage — une lettre — se trouve inséré dans les *Mémoires* de Sully, Sully lui-même, qui rendit visite à Gabrielle quelques heures avant les premiers symptômes de sa maladie, Bassompière, qui commence alors tout juste sa longue carrière à la cour, fameux déjà comme amuseur et joueur de cartes, à qui le roi a annoncé à Fontainebleau : « Ma maîtresse veut vous emmener avec elle dans son bateau à Paris, vous jouerez ensemble sur les chemins »[92]. D'autres témoins ne la verront que morte : le président de Vernhyes, qui écrit sur cette catastrophe une longue lettre à demi chiffrée au duc de Ventadour[93], également Pierre de l'Estoile. Enfin celui qu'on peut supposer des mieux renseignés, de par ses fonctions et attaches avec le clan de la maîtresse du roi : le chancelier de Cheverny.

Les ténèbres.

La confrontation de tous ces témoignages pose d'emblée un problème de chronologie et de ton. Tout commence par les adieux de Gabrielle et d'Henri. Pour le président de Vernhyes, c'est le dimanche de Pâques fleuries (jour des Rameaux) qu'ils quittent Fontainebleau ; pour Palma Cayet, Pierre l'Estoile et Cheverny, c'est le lundi 5 avril, enfin, pour Bassompière et La Varenne , ce sera le mardi. La fameuse scène des adieux, est dramatisée par les tenants de la thèse de la mort violente. Ainsi pour Cheverny : « Comme il fallut se séparer, entrant en bateau, il semble que ladite duchesse se doustat de son prochain malheur, car, avec d'infinies pleurs et baisers, tesmoings publics de leur amour, elle recommanda au Roy le soing de ses enfants... », et pour Sully : « ... où se séparant il se fit de part et d'autre autant de compliments, de mystères et de cérémonies que s'ils eussent bien su qu'ils ne se devaient jamais plus revoir »[95]. Quant aux témoins oculaires, l'un, La Varenne, rapporte : « S'étant séparée du roi avec plus de démonstration de passion amoureuse et plus de regret l'un pour l'autre que jamais, voire avec des paroles telles que si ils eussent dès lors jugé qu'ils ne se devaient plus voir, comme je l'estime bien maintenant »[96] ; l'autre, Bassompière, n'a en revanche pas un mot pour évoquer l'aspect tragique de cette séparation.

Le roi a chargé trois personnes de veiller sur sa maîtresse : le duc de Montbazon, pour la guider, Bassompière, pour la distraire, La Varenne, son portemanteau, pour veiller à l'intendance. C'est La Varenne que nous ne quitterons pas des yeux, depuis le moment où il guide la main de Gabrielle que le roi vient de lâcher pour aider la favorite, enceinte de sept mois, à se caler sur les coussins frangés de houppes d'or du bateau qui doit la mener à Paris. Disons qui est La Varenne. Il se nomme Guillaume Fouquet, il est né en Anjou, à la Flèche, en 1560. Il a d'abord été cuisinier, cuisinier de Madame, Madame chez qui le roi l'a remarqué comme un sujet capable de s'occuper discrètement de ses affaires galantes. La sœur du roi devait d'ailleurs lui dire plaisamment un jour qu'il avait « fait davantage pour porter les poulets du roi que pour cuire les siens ». Ajoutons deux faits qui ne sont pas de peu d'importance : c'est l'un des plus fameux protecteurs des Jésuites — le collège de La Flèche sera son œuvre — et, en dépit de leurs religions opposées, il est connu pour être l'un des fidèles de Sully. Ajoutons deux faits qui ne sont pas de peu d'importance : c'est l'un des plus fameux protecteurs des jésuites — le collège de La Flèche sera son œuvre — et il est connu pour être un fidèle de Sully en dépit de leurs religions différentes.

Dans l'après-midi du mardi ou du mercredi, puisque nous n'avons pas tranché sur la chronologie, le coche d'eau accoste à l'Arsenal. Sur la grève attendent le maréchal de Balagny et le marquis de Cœuvres, beau-frère et frère de Gabrielle. Après l'avoir aidée à débarquer ils gagnent l'Arsenal où, dans une aile du logis réservé au père de Gabrielle, grand maître de l'artillerie, vivent les Balagny. Là, plusieurs personnes viennent faire leur cour à la future reine de France : « Mme et Mlle de Guise, Mme de Retz et ses filles et quelques autres dames qui — ajoute Bassompière — l'accompagnèrent aux Ténèbres au Petit Saint-Antoine où la musique était excellente... »[97]. Donc pour Bassompière c'est le mercredi, dès le jour de son arrivée, que Gabrielle se rend à ce fameux office des ténèbres qu'évoquent tous les témoignages. Pour le président de Vernhyes, qui la fait arriver à Paris le mardi, les choses sont différentes : « Elle soupa le mardi chez le seigneur Zamet et vint loger au doyenné de Saint-Germain, d'où elle dépescha à Mme de Sourdis, laquelle était à Chartres, pour la venir trouver. Le mercredi elle entendit les Ténèbres au Petit Saint-Antoine et ne put aller prendre un second souper qui lui était préparé mais se retira au dit doyenné... »[98].

Le Petit Saint-Antoine était un hospice desservi par les hospitaliers de l'ordre de saint Augustin où étaient soignés les malades atteints du « feu sacré » dit aussi « feu saint Antoine »*. Il s'y donnait traditionnellement l'un des plus beaux concerts de la semaine sainte. « La plupart du peuple s'y trouvait », relève Cheverny, marque qu'il y a quelque fondement dans la croyance que le voyage de Gabrielle à Paris recouvrait une opération de propagande. Mlle de Guise nous confirme que la favorite s'y rendit en reine : « Gabrielle y alla en litière et toutes les princesses en carrosse et il y avait à côté de la litière un capitaine des gardes. On lui avait gardé une chapelle où elle entra pour n'être ni pressée ni trop en vue. La princesse de Guise était avec elle et pendant l'office elle lui montra des lettres de Rome où on l'assurait que ce qu'elle désirait (le démariage) serait achevé, elle lui fit voir aussi deux lettres qu'elle avait reçu le jour même du roi, ... passionnées et pleines d'impatience de la voir... Toute l'heure de la dévotion se passa en semblables prières... »[99].

Venons en aux premières manifestations du mal qui suivent cet office des ténèbres. D'après le seul La Varenne, c'est au cours de la cérémonie, « ... qu'il lui avait pris quelqu'éblouissement qui l'avait fait revenir plus tôt qu'elle n'avait délibéré au logis du sieur Zamet... »[100]. Pour Mlle de Guise : » La-dessus (le service achevé) elle monta en litière et Mlle de Guise en carrosse. A peine elle y fut que Gabrielle se plaignit d'un grand mal de tête, et il lui prit une convulsion dont elle ne revint qu'à force de remèdes. Elle voulut écrire au roi mais une autre convulsion l'en empêcha »[101]. Pour Cheverny, pas de trace de l'éblouissement pendant la cérémonie :

* Ce bâtiment se trouvait à hauteur du 82 de la rue François-Miron. L'hospice fut supprimé en 1615 et le bâtiment détruit en 1804.

« … Etant ladite dame retournée chez le sieur Zamet, et, là, se promenant dans le jardin, le commencement de sa maladie la surprit comme par une forme d'apoplexie, telle qu'elle pensa l'emporter du premier coup »[102]. Autre tonalité chez d'Aubigné où s'insinue déjà le soupçon du poison : » Elle vint de Saint-Antoine pour se rafraîchir chez Zamet, où ayant mangé d'un poncire*, comme quelqu'uns veulent, et les autres d'une salade, elle sentit quant et quand un tel feu au gosier, des tranchées à l'estomac si furieuses… »[103]. Autre version encore, celle du président de Vernhyes : « … Le mercredi elle entendit les Ténèbres au Petit Saint-Antoine et ne put aller prendre un second souper qui lui était préparé (chez Zamet, où Vernhyes l'a déjà faite souper le mardi en la faisant arriver un jour plus tôt)… elle redépêcha un autre laquais à sa tante, la conjurant de venir la trouver si elle voulait la voir vive »[104].

Nous avons indiqué plus haut que le récit de La Varenne était enchassé dans les *Mémoires* de Sully. Redisons, à la suite de Loiseleur, que la lettre de l'ancien cuisinier de Madame à Sully est un faux, qu'elle a été rédigée par ce dernier sans doute d'après un billet laconique que lui avait adressé le premier**. Le surintendant des finances avait besoin d'un témoin qui attestât pour la postérité du caractère démoniaque de la mort de la favorite. Mais ce n'est pas la seule supercherie dont il se rend coupable. Sorti de Paris pour faire la cène chez lui, à Rosny, afin de se conformer à l'édit qui interdisait les exercices publics de la religion réformée dans la capitale, lui et sa femme, avant de se retirer, sont allés saluer Gabrielle. C'est cet excès de courtisanerie qu'il s'emploie à gommer. Il violente la chronologie parce qu'il a besoin de cette journée pour se mettre en scène et rapporter à son avantage sa visite à la favorite : « Elle vous fit bonne chère, vous pria instamment d'oublier toutes les brouilleries qui s'étaient passées entre vous… »[105]. Mme de Sully va à son tour chez Zamet : « … laquelle (Gabrielle) lui fit pareillement bonne chère… la priant aussi de la vouloir aimer, de vivre librement avec elle, et de venir à son lever et son coucher quand bon lui semblerait… ». La dernière proposition fait sursauter la surintendante qui, rentrée chez elle, demande à son mari : « … ce que voulait dire la harangue de cette femme et si elle estimait qu'elle fut si bête que de tenir à honneur la liberté qu'elle lui avait donné d'aller à son lever et à son coucher qui était tout ce qu'elle pouvait faire, vu votre qualité, envers une reine de France pleine d'honneur

* Sorte de gros citron.

** Loiseleur se fonde avec raison sur le glissement, dans le cours de la lettre de la Varenne, du prétérit à l'imparfait de l'indicatif.

et de vertu »[106]. La fin de la phrase de Sully sent la charge, suggérant le manque d'honneur et de vertu de la maîtresse royale. Le ton de Gabrielle, en tout cas, est celui d'une future reine. A cela le surintendant aurait répondu à sa femme, « ... qu'elle verrait un beau jeu et bien joué si la corde rompait ».

Pour La Varenne, sensible par son premier métier aux notations gastronomiques, Gabrielle, installée chez Zamet : « ...mangea de fort bon appétit car son hôte l'avait traitée de viandes des plus friandes et délicates et qu'il savait être le plus selon son goût », et d'ajouter à l'adresse de Sully : « ... ce que vous remarquerez avec votre prudence car la mienne n'est pas assez excellente pour présumer des choses dont il m'est apparu »[107]. Donc, pour Sully comme pour La Varenne, Mme de Beaufort passe son jeudi — le jeudi saint — à dévorer. Elle se met au moins trois fois à table : seule, puis avec Sully, puis avec la femme de celui-ci. Le surintendant, en soulignant le fait, cherche-t-il à suggérer l'impiété de la favorite qui passe son temps à se gaver dans un jour d'abstinence ? Suppose-t-il que cette avalanche de mangeaille ait pu favoriser l'apoplexie prochaine ? Insinue-t-il l'idée du poison dans ce défilé de plat et, qui plus est, dans la maison d'un étranger ?

« *Hic est manus domini* »

Mais revenons à Gabrielle qui vient de subir sa première convulsion chez Zamet. D'après Sully et Cheverny, ce qu'elle souhaite le plus ardemment c'est de quitter la demeure de l'Italien. La Varenne : « ... de laquelle (apoplexie) étant un peu remise elle n'avait d'autre parole sinon qu'on l'otât promptement de ce logis et qu'on la portât en celui de Mme de Sourdis au cloître Saint-Germain... »[107]. Chez Cheverny, en moins accusé : « Elle voulut estre opiniâtrement portée au logis de Mme de Sourdis »[108]. Chez Sully et La Varenne, après la suggestion des commerces sataniques (la mort de la connétable de Montmorency racontée juste avant), c'est donc la suspicion jetée sur Zamet.

Pourquoi ce transfert, au petit matin du jeudi, dans l'hôtel de Mme de Sourdis plutôt que dans son propre hôtel, rue Froidmanteau ? Ce n'est certes pas pour se mettre sous la protection de sa tante qui est absente et se trouve, selon le président de Vernhyes, à Chartres, pour réparer une nouvelle balourdise de son mari : « ... une émeute du peuple... pour un soufflet que M. de Sourdis avait baillé à un receveur des tailles »[109]. On a dit qu'elle voulait se rapprocher du Louvre dans l'espérance de la venue du roi mais son propre hôtel était encore plus proche de la résidence royale. Deux explications paraissent plus plausibles : son hôtel est démeublé, ses meubles sont à Fontainebleau tout comme — on le verra bientôt — la plupart de ses bijoux. Autre raison invoquée par Desclozeaux et qui montre que Gabrielle, au pire moment, ne rabat rien de son orgueil : son meuble de reine, le meuble cramoisi qu'elle a commandé pour qu'il soit, après son mariage, placé dans l'appartement des reines au Louvre, se trouve entreposé et caché aux regards dans l'hôtel de sa tante. C'est dans ce meuble qu'elle veut être malade.

Reprenons le récit de La Varenne : « ... elle ne fut pas sitôt arrivée que s'étant mise au lit, elle eut des redoublements de son premier mal tellement fréquents que je me résolus d'en avertir le roi et de lui mander que tous les médecins doutaient fort de sa vie... » [110]. Pour Cheverny : « ... au lieu d'adoucir et soulager son mal en changeant de logis, elle se trouva plus pressée et attaquée de sa maladie... » [111]. D'Aubigné, même, force le trait en nous montrant le plus fameux médecin du temps, La Rivière, qui s'enfuit : « Le médecin La Rivière, ayant couru à cet accident avec les autres médecins du roi, et n'ayant fait que trois pas en la chambre et de là ayant vu les accidents extraordinaires, s'en retourna en disant à ses compagnons : *Hic est manus Domini** » [112]. Tout à rebours le président de Vernhyes : « Le jeudi elle s'habilla et alla à la messe à Saint-Germain et se recoucha sur les deux heures » [113]. Vernhyes est seul à parler de ce mieux qui permit à Gabrielle d'accomplir l'effort de sortir.

Certains historiens, suivant en cela le président de Vernhyes, ont prétendu que La Varenne était allé lui-même avertir le roi : « Le jeudi, sur les quatre heures, La Varenne fut depesché vers Sa Majesté étant à Fontainebleau pour lui donner avis de l'état auquel la défunte se trouvait » [114]. Or il n'existe nulle trace de ce déplacement dans la lettre de l'intéressé lui-même. Il apparait établi bien au contraire qu'il ne quitta pas le chevet de Gabrielle. La lettre qu'il a écrite au roi, à la fois pour le prévenir de l'état de sa maîtresse et le dissuader de venir, « ... de crainte que, la voyant tellement changée et empirée, cela ne l'en dégoustat pour jamais si tant était qu'elle put venir à convalescence... » [115], est écrite le jeudi en milieu de journée et parvient à Fontainebleau le soir.

C'est à la suite de la réception de cette lettre, qu'Henri IV dépêche Beringhen qui chevauche toute la nuit pour arriver à Paris au petit matin du vendredi et trouver Gabrielle toujours consciente. Mlle

* Ceci est la main de Dieu.

de Guise adresse un grave reproche au roi : « Le roi... présumant que c'était un accident de sa grossesse ne se hâta pas de partir... »[116].

Gabrielle écrit, de son côté, à son amant et charge de ses messages ses propres serviteurs comme si elle se défiait de La Varenne : « Elle dépescha Puypeyroux* vers le roi pour lui en donner avis et le supplier de trouver bon qu'elle se fit mettre dans un bateau pour l'aller voir à Fontainebleau, rapporte Tallemant. Elle espérait que cela le ferait venir aussitôt et qu'il l'épouserait avant qu'elle mourut en faveur de ses enfants »[117].

Il faut parler d'un des principaux mystères de cette mort : Gabrielle a-t-elle accouché avant de mourir ou a-t-on retiré le fruit qui était en elle à l'ouverture de son cadavre ainsi que l'affirme Cheverny : « ... Son corps fut ouvert, et son enfant trouvé mort dès le premier jour de sa maladie »[118] ?

C'est Bassompière, comme sur bien d'autres points de cette affaire, qui nous renseigne le mieux : « La seconde convulsion lui prit, si violente qu'elle ne revint plus à elle. Elle dura en cet état là toute la nuit et tout le lendemain qu'elle accoucha d'un enfant mort ». Le président de Verhnyes confirme Bassompière en ajoutant de précieux compléments : « ... (Le jeudi) sur les quatre heures elle commença à endurer les douleurs de son fruit qui lui apaisèrent sur les huit. Le vendredi, sur les deux heures après-midi, elles parvinrent à leur période par une grande évacuation de sang. L'on lui tira, peu après, un enfant mort né, à pièces et lopins, fut saignée trois fois, reçut trois chrystères, quatre suppositoires, lesquels ne lui servirent seulement, mais n'eurent aucun effet pour attirer le second flux après le fruit**. Elle demeura jusque aux six heures avec des douleurs et convulsions (s'affligeant elle-même au visage et autres parties de son corps) non jamais vues par les médecins, apothicaires et chirurgiens, comme ils me l'ont dit... »[119].

Mme Dupuy, la sage-femme qui avait accouché Gabrielle à trois reprises avec succès, sera mise en cause après cette catastrophe. D'abord par Louise Boursier, sa rivale, et future accoucheuse de Marie de Médicis, c'est de bonne guerre, mais également par Gratienne — l'une des servantes du bel Ange — qui la soupçonne d'avoir commis une « faute »[120]. Les symptômes décrits ont conduit les historiens de la médecine, comme le docteur Cabanés, à parler d'éclampsie. L'enfant de la favorite n'était, de toutes façons, pas viable, alors, venant après moins de sept mois de grossesse.

---

* Bernard de Peich-Peyroux ou Puypéroux, baron de Beaurin, gentilhomme ordinaire de la chambre du Roi.

** Le placenta qui ne put pas être évacué.

Gabrielle ne reprendra pas connaissance après cette épouvantable délivrance. Cheverny marque la progression du mal : » Elle perdit tout jugement et connaissance, puis, quelques heures après, la vue, l'ouïe et les autres sens, excepté celui du sentiment, car on lui vit tout le reste de la nuit dudit jeudi au vendredi, et tout le vendredi et l'autre nuit suivante jusqu'au samedi matin qu'elle mourut, ressentir et souffrir de si cruelles et si excessives douleurs et tourments que tous ceux qui la voyaient ainsi pâtir sans espoir d'aucun secours et remède, en reçurent un extrême étonnement et déplaisir voyant son visage, auparavant si beau, être en un moment devenu tout hideux et effroyable » [121]. Bassompière confirme ce terrible changement : « ... Je la vis dans cet état le jeudi après-midi tellement changée qu'elle n'était pas reconnaissable » [121]. D'Aubigné, qui la vit morte, confirme : « ... ayant passé le vendredi en douleurs horribles, le samedi au matin le mal la rendit hideuse et méconnaissable à tous ses domestiques et parents, la tête tournée presque devant derrière » [122].

Et le roi pendant ce temps ? Il a dépêché Beringhen dans la nuit du jeudi au vendredi. Dans la même nuit Peich-Peyroux, l'envoyé de Gabrielle, se hâte vers Fontainebleau. Référons-nous à Tallemant : « Aussitôt que Puypèroux fut arrivé, le roi le fit repartir pour lui aller faire tenir le bac des Tuileries prêt, dans lequel il voulait passer pour n'être point vu et incontinent il (le roi) monta à cheval et fit si grande diligence qu'il attrapa Puypèroux à qui il fit de terribles reproches... ». Henri IV se met donc en route pour Paris dans la matinée du vendredi.

A l'heure de la Passion.

C'est alors que se produit l'un des évènements les plus extraordinaires de cette histoire, mais écoutons Bassompière qui en fut le témoin : « Le vendredi saint comme nous étions au sermon de la Passion à Saint-Germain l'Auxerrois, La Varenne vint dire au maréchal d'Ornano que Mme la duchesse venait de mourir et qu'il était à propos d'empêcher le roi de venir à Paris... » [123]. La Varenne charge d'Ornano et Bassompière d'une lettre pour le roi, annonçant la mort de Gabrielle. Nous sommes le vendredi au début de l'après-midi — le sermon de la Passion est prononcé avant trois heures, juste avant le temps traditionnellement marqué de la mort du Christ — et pourtant Gabrielle a encore quelque seize heures à vivre !... La Varenne sait, depuis l'arrivée de Beringhen, que la lettre par laquelle il demandait au roi de ne pas venir n'a pas eu le succès escompté. Il ne trouve pas d'autre ressource que de tromper son maître afin de l'empêcher d'accourir. On remarquera que pour qu'il prenne un tel risque, il fallait — quand tant de médecins rassemblés au chevet de la favorite doutaient de la cause du mal — qu'il fut certain, lui, que la catastrophe était inévitable. Revenons à son récit, voyons de quelle façon il justifie cet énorme mensonge : « ... Je me suis hasardé tant pour cette raison que pour éviter de trop grands regrets et déplaisirs du roi s'il eut vu tant souffrir une créature qu'il avait si fort aimée, de lui écrire que je le suppliais de ne venir point, d'autant qu'elle était morte, et que sa vue ne lui ferait que rengréger ses douleurs et lui causer quelque fâcheux accident et en tout cas apprêter à parler à beaucoup d'esprits malicieux. A quoi Sa Majesté se résolut par l'instance formelle de tous ses plus qualifiés et affidés serviteurs qui fussent auprès d'elle lorsqu'elle reçut ma lettre, s'en étant sur ses pas retournés à Fontainebleau. Et moi, je suis ici tenant cette pauvre femme, comme morte entre mes bras, ne croyant pas qu'elle vive encore une heure, vu les effroyables accidents dont elle est travaillée... » [124].

Ecoutons à présent Bassompière qui chevauche avec d'Ornano, aucun d'eux ne faisant mention de la lettre dont La Varenne les aurait chargés : « ... Nous trouvâmes le roi par delà La Saussaye, proche de Villejuive, qui venait sur des courtaux* à toute bride. Lorsqu'il vit M. le maréchal, il se douta qu'il lui venait dire la nouvelle ce qui lui fit faire de grandes lamentations. Enfin on le fit descendre dans l'abbaye de la Saussaie où on le mit sur un lit. Il témoigna tout l'excès du déplaisir qui se peut représenter. Enfin, étant venu un carrosse de Paris, on le mit dedans pour s'en retourner à Fontainebleau... » [125]. Dans l'arrivée de ce « carrosse envoyé exprès » [126], Michelet voit la preuve du complot, celui des politiques qui se sont débarrassés de Gabrielle.

Cheverny s'écarte du récit de Bassompière en prétendant que le roi s'en est retourné sur ses pas sans avoir reçu la nouvelle de la mort de sa maîtresse : « Comme, plus approchant d'elle, il en recevait toujours de plus mauvaises nouvelles, les plus sages et avisés qui étaient lors près de lui le détournèrent et empêchèrent d'aller plus avant... de sorte qu'il fut reconduit à Fontainebleau... » [127].

Autre récit, celui de Tallemant, autre version : « Auprès de Juvisy le roi trouva le chancelier** de Bellièvre qui lui apprit la mort de Mme la duchesse. Nonobstant cela il voulait aller à Paris pour la voir en cet état, si M. le chancelier ne lui avait remontré que c'était

* Chevaux de moyenne taille à queue coupée.
** Il ne sera fait chancelier que le 2 août suivant.

indigne d'un roi. Il se laissa vaincre à ces raisons et retourna à Fontainebleau »[128]. Pour comprendre la menace d'indignité qui pèse sur le roi, il faut dire ce qu'est la tradition monarchique française, à demi magique en la matière, qui interdit au monarque et à son successeur, le dauphin, dépositaires de par leur fonction d'une part d'immortalité, de contempler « la mort au visage ». C'est pour cette raison qu'un roi de France n'entre jamais dans la maison d'un mort, n'assiste ni à l'agonie ni aux obsèques des membres de sa famille. Sur ce point gardons-nous du contresens historique qui tendrait à taxer nos princes de sécheresse de cœur.

Examinons maintenant les trois récits qui chargent le roi en le laissant se résigner bien vite à la perte de sa maîtresse. L'Estoile tout d'abord : « ... (le roi) ayant su l'état où elle était, s'en retourna et, levant les yeux en haut, dit — C'est encore ici un coup du Ciel ! (comme c'était à la vérité un des plus grands), s'en montra fort attristé et mélancolique, sans toutefois perdre la souvenance du cabinet de ladite dame, pour la conservation duquel et de ce qu'il y avait dedans de précieux, il donna ordre incontinent »[129]. Autre version, celle du président de Vernhyes : « ... (Ornano et Bellièvre) conseillèrent à Sa Majesté de retourner à Fontainebleau, à quoi elle se résolut sur le retour de Beringhen, lequel assura le roi comme elle avait perdu l'ouïe, la vue et tout mouvement qu'elle était à l'agonie. Ayant lors le roi témoigné que jamais accident ne lui avait tant percé le cœur et apporté tant d'affliction, recognut, regardant le Ciel, que Dieu aimait cet Etat et ne le voulait perdre et protesta qu'il n'abuserait pas de ses miséricordes et se garderait de renchérir à de si grandes fautes »[130].

Le récit le plus choquant, c'est celui de Mlle de Guise : « A Essonne, il (le roi) trouva toute sa cour et connut bien par la tristesse qui paraissait sur tous les visages que Gabrielle était morte. Il jeta une grande abondance de larmes et renvoya tout le monde disant qu'il voulait être seul et ne retint avec lui que Roquelaure et le maréchal de Fervacques, qui, après lui avoir laissé exhaler sa douleur, lui dit presqu'en riant qu'il était bien heureux de cet évènement et que songeant à ce qu'il allait faire sans cette mort, il jugeait que Dieu lui avait fait une grande grâce (d'autres disent que c'est le maréchal de Retz qui aurait dit cela). Après avoir un peu rêvé Henri en convint, et, levant les mains et les yeux au ciel, il rendit mille grâces à celui qui lui en avait fait tant d'autres... »[131].

Moment étrange que celui où la mort de sa maîtresse fait dessiller le roi en paraissant rompre le charme qui le ligotait depuis neuf ans.

« *N'empêchant personne en cela de contenter leur désir et leur curiosité* ».

On a brodé sur la facilité avec laquelle Henri IV s'en était retourné à Fontainebleau et l'on a beaucoup exagéré le sang-froid qui lui fit trouver la force de donner ses ordres pour la conservation des biens de la mourante : ce faisant il ne faisait que préserver l'héritage de ses enfants contre la rapacité du clan d'Estrées et l'on dira combien il eut raison de s'inquiéter. Quant aux paroles de repentance que le président de Vernhyes et Mlle de Guise placent dans sa bouche à l'annonce de la mort de sa maîtresse, il est douteux qu'elles aient été prononcées dans ces circonstances car nous avons, par ailleurs, plusieurs témoignages de la terrible douleur du monarque. Ainsi Bassompière, revenu avec le roi à Fontainebleau : « ... Il (le roi) pria toute la compagnie de s'en retourner à Paris prier Dieu pour sa consolation... comme je m'en allais avec ceux qu'il avait licenciés il me dit — Bassompière, vous avez été le dernier auprès de ma maîtresse, demeurez aussi près de moi pour m'en entretenir » [132].

On a accusé Zamet, chez qui la favorite mange le fameux poncire et subit son premier malaise, mais les historiens ont soutenu à bon droit que le banquier de Gabrielle n'avait aucun intérêt à cette mort et qu'il devait même tout espérer de l'élévation au trône du bel Ange. Faisons-nous l'avocat du diable : et si Zamet avait touché davantage encore pour être complice d'un crime ? Le président de Vernhyes rapporte un fait extrêmement troublant : « M de la Grange — Le Roi est tout déféré, le Roy lui a ôté le contrôle des bâtiments et lieutenance de la capitainerie de Fontainebleau pour la donner à Zamet... » [133]. Cette charge est octroyée à l'Italien, deux jours à peine après la mort de Gabrielle.

Le diagnostic d'éclampsie a rallié les historiens modernes contre l'intuition du meurtre politique développée par Michelet. La survenance à point nommé de la catastrophe de la favorite — médicalement attestée — est au fond davantage chargée de merveilleux que l'inévitable poison. Reste un détail relevé par Cheverny à partir duquel Jacques Bolle, dans un curieux ouvrage basé sur un dépouillement minutieux des archives florentines, *Pourquoi tuer Gabrielle d'Estrées ?*, a reconstruit un scénario tout à fait plausible.

Dans Cheverny on lit en effet ceci : « L'étonnement de ce changement (le changement physique de Gabrielle) fut tel, que plus de vingt mille personnes de toutes qualités de Paris, la voyans en si piteux état, et tous ses domestiques en estans tellement esperdus qu'ils ne scavaient ce qu'ils faisaient, et n'empeschans personne en cela de contenter leur désir et leur curiosité... »[134]. Le président de Vernhyes appuie même : « Tout Paris le vendredi et le samedi fut au-devant de sa porte pour savoir au vrai la mort ou la voir morte, qu'on la montra la plus changée qu'aultre que jamais se soit vue »[135].

Nous ne désignerons pas La Varenne comme empoisonneur — nous n'en avons aucune preuve — mais nous le montrerons, alors qu'il a été chargé de veiller sur la tranquillité de Gabrielle, ouvrant grand les portes de l'hôtel du doyenné Saint-Germain afin que le peuple vienne se repaître du spectacle d'une agonie affreuse. C'est sous les yeux du peuple de Paris — vingt mille personnes font peut-être beaucoup, mille serait déjà considérable — que le bel Ange va se transformer en une chose repoussante. C'est du maléfice en direct. Gabrielle, tout comme la connétable de Montmorency, quelques semaines auparavant, seraient mortes de l'ambition qui les avaient conduites à entrer en commerce avec le diable. La Varenne est là comme à titre d'exorciste et il est impuissant : « Et moi je suis ici tenant cette pauvre femme comme morte entre mes bras... ».

Nous rallions donc l'intuition de Michelet, conforme à l'opinion d'Agrippa d'Aubigné qui a écrit : « Les nécessités de l'Etat furent ses ennemies ». Il y eut très certainement complot des politiques, Sully, Retz, Fervacques, Bellièvre, Ornano, dont le bras agissant fut La Varenne, et dont le mobile fut d'empêcher que le roi ne revienne par sentimentalité sur la décision qu'il venait de prendre d'épouser Marie de Médicis.

Groulard, autre politique, puisqu'il est président du parlement de Rouen, témoigne du sentiment de soulagement qui prévaut : « Cette mort dont peu de personnes eurent de regret ». Il parle du mariage projeté, « ... qui eut apporté de grands troubles en France car son mari (Liancourt) était encore vivant, séparé sous une cause fausse, et le roi n'était pas séparé d'avec sa femme ». Et il conclut : « Dieu y a remédié lorsque les hommes en désespéraient »[136]. Le président de Vernhyes, autre membre du parlement, partage cette opinion : « Dieu a retenu le Roi de courir à sa perte à laquelle il se précipitait, à sa ruyne et de l'Etat. Dieu veuille, comme nous l'espérons, qu'il en fasse prouffict ». Quant au pape — selon Mezeray — il aurait dit publiquement que c'était « un coup du ciel accordé à ses prières » ; selon d'autres, il serait sorti d'un office, à l'heure même de la mort de la favorite, en s'écriant : « Dieu y a pourvu ! ». Ce que Jacque Bolle interprète, avec assez de vraisemblance, non comme l'annonce d'une vision mais comme la confirmation d'assurances reçues de Sully par Clément VIII quant aux intentions définitives du roi sur son remariage.

« *Avec elle, sous même cendre, gisent César et Alexandre* »

La catastrophe de Gabrielle, morte dans le moment où elle semblait devoir ceindre la couronne, frappa les imaginations. Il faut faire un sort particulier à l'étonnante réaction de l'héritier du trône — le jeune prince de Condé, âgé de treize ans — que rapporte l'Estoile : « Le petit prince reçut des premiers la nouvelle de cette mort, et la sut avant sa mère, qui, l'ayant trouvé pleurant, ou au moins en faisant dextrement le semblant (et se couvrant les yeux et le visage de son manteau), sa mère lui ayant demandé ce qu'il avait et le pressant fort de le lui dire, se démarquant à la fin, lui va répondre tout en riant : « Mme la duchesse est morte » [137]. Ici aussi le merveilleux fait intrusion, les éléments se chargeant, dans les mois qui vont suivre, d'effacer jusqu'à la trace du passage de Gabrielle sur terre. Ainsi, dans le *Journal* de l'Estoile, à la date du 2 août 1600 : « Sur les six heures du soir, le tonnerre tomba à Fontainebleau, sur une des galeries où il abattit et gâta tous les chiffres de feue Mme la Duchesse et du roi ». Suivent, bien entendu, les conversions dont cette catastrophe, qui montrait l'inanité des choses de ce monde, fut le moteur, en particulier celle de la marquise de Belle-Isle qui, deux mois après le duc de Joyeuse, « quitta ce monde pour se rendre feuillantine » [138].

Certains des familiers de Gabrielle jettèrent le masque et hormis François-Annibal, son frère, « tombé malade de la violence de sa douleur », que vinrent consoler de duc de Montbazon et frère Ange, l'ancien duc de Joyeuse, ils s'employèrent généralement à tenter de préserver leurs positions ou à profiter de la situation. Pendant l'agonie, c'est la princesse de Martigues, grand-mère de Mlle de Mercœur, qui, en se penchant vers la mourante pour mieux donner l'impression de s'abîmer dans la dévotion, fait glisser ses bagues dans son chapelet. Elle sera dénoncée par un témoin et contrainte de restituer. C'est le père, M. d'Estrées, qui fait déménager les meubles « à beaux chariots », à peine sa fille eut-elle rendu le dernier soupir. C'est Mme de Sourdis, aidée du vieux chancelier, qui intrigue pour se faire nommer gouvernante des bâtards du roi. La domesticité de Gabrielle ne se comporte pas mieux : Gratienne Mareil, sa femme de chambre, se répand en ragots auprès de Sully. Parmi les serviteurs, il y avait aussi la Rousse, qui avait protégé les amours de Gabrielle avec Roger et qui vivait rue Froidmanteau avec son mari, « ... lesquels vous avez gardé six ans prisonniers à la Bastille pour avoir parlé trop librement des actions et vie d'icelle... » [138], ose écrire Sully comme en s'attribuant la gloire de défendre la mémoire de la défunte. Desclozeaux a établi que la Rousse, de son véritable nom Marie Hernaut, qui apparait sous celui d'Arphure dans *Les Amours du Grand Alcandre*, ainsi que son mari, le sieur de Mayneville, capitaine aux gardes du roi, ont été mis en prison pour répondre de la disparition de plusieurs bijoux du bel Ange.

L'enlèvement des meubles par M. d'Estrées est flétri par le président de Vernhyes : « M. d'Estrées père ne fait paraître aucun signe de tristesse, il s'est consolé avec les meubles (hors les parures et habits) qu'il envoya aussitôt enlever que sa fille fut morte »[139]. Le procédé était indélicat mais il était légal. C'était là tout le péril de la situation de Gabrielle, mère de trois enfants illégitimes et adultérins, et qui savait que ceux-ci — malgré les précautions exorbitantes au droit commun prises par le roi — pouvaient être exclus de son héritage. Henri IV entrera dans une terrible colère en apprenant la nouvelle mais il autorisera M. d'Estrées à conserver ce qu'il avait déjà retiré de l'hôtel de sa fille.

Quant aux funérailles, conformément aux ordres du roi, ce seront celles d'une reine. Le corps fut ouvert trois heures après la mort, « ... trouvée avec le poulmon et le foie gastés, une pierre en pointe dans le rognon et le cerveau offensé »[140], selon Vernhyes, qui soutient que l'accouchement eut lieu avant la mort. « Elle fut ouverte et son enfant trouvé mort »[141], si l'on en croit Cheverny qui est du côté de ceux qui soutiennent qu'elle n'avait pas accouché. Les corps de la mère et de l'enfant furent ensuite, d'après Vernhyes, mis en bière et exposés en l'église Saint-Germain, dans la chapelle de Cheverny. D'après les autres récits — et ce serait plus conforme à l'étiquette — ils auraient été déposés sous le lit de parade de la maîtresse du roi. Quelques heures après la mort, en effet, dans le vestibule de l'hôtel de la rue Froidmanteau, sur un grand lit cramoisi — couleur réservée au rois — élevé de trois degrés et placé sous un baldaquin d'or, est exposée l'image de cire de la défunte, richement parée, couronne ducale en tête, manteau d'or fourré d'agneau, moussant tout autour du gisant. Le cérémonial de cour est strictement observé : deux héraults à cottes d'armes noires, semées de fleurs de lis d'or, se tiennent au pied du lit ; aux heures du dîner et du souper, devant l'image de Mme de Beaufort, la table est dressée et le service fait, la viande tranchée, la serviette présentée, la table bénite par l'aumônier comme si elle vivait encore. Les courtisans viennent présenter l'eau bénite, « où chacun était bien aise de l'aller voir »[142], laisse entendre perfidement l'Estoile.

Le lundi 19 avril, Gaspard Melon, crieur juré de la ville de Paris, suivi de vingt-deux autres crieurs, annonce par les rues les obsèques. La cérémonie a lieu à Saint-Germain l'Auxerrois, toute tendue de draps de velours couverts des armes de Gabrielle. Soixante pauvres, vêtus de robe de deuil, étaient rangés des deux côtés du vaisseau central, à droite étaient les princes, officiers de cour et la famille, à gauche ces messieurs des cours souveraines. Le cardinal de Gondi officiait.

Pierre de l'Estoile, il est seul à faire état de la chose, nous dit que le corps fut ensuite porté à Saint-Denis où l'on fit un service — suprême victoire, en ce cas, que ces honneurs rendus à Gabrielle dans la basilique des rois — Henri IV, toutefois, ne se risqua pas à lui donner la sépulture dans le caveau de ses prédécesseurs. Songea-t-on à l'enterrer provisoirement à l'abbaye de Saint-Pharon, près de Meaux, en attendant qu'un mausolée digne d'elle soit construit à Montceaux, comme le pense Desclozeaux ? Rien ne permet de l'affirmer. C'est en définitive à Maubuisson, abbaye de fondation royale près de Pontoise, dont la sœur de la défunte — la bouillante Angélique — était l'abbesse, que le corps sera transporté, escorté du duc de Montbazon, des maréchaux d'Ornano et de Balagny, du premier écuyer Liancourt et du marquis de Cœuvres, son frère. Gabrielle sera descendue au milieu des prières mais aussi — rapporte-t-on — des rires des religieuses, dans la crypte de la chapelle conventuelle.

Cette mort ne fit point cesser les libelles [143] :

« Ce corps défiguré, bâti d'or et de nerfs
« Couvert d'un parchemin où l'horreur est écrite
« Qui fait voir au travers d'une flamme illicite
« Pour servir de lanterne à descendre aux enfers… »

Et, du même tonneau :

« J'ai vu passer par ma fenêtre
« Les six péchés mortels vivants
« Conduits par le bâtard d'un prêtre*
« Qui tous ensemble allaient chantant
« Un requiescat in pace
« Pour le septième trépassé. »

Ou encore :

Epitaphe de Mme la Duchesse
« Ci-gist la peste des humains
« Nourrice des gémeaux romains
« Avec elle, sous même cendre,
« Gisent César et Alexandre ».

* Le maréchal de Balagny fils d'évêque et beau-frère de Gabrielle.

LE PELERINAGE GABRIELLIEN

On gagnera d'abord NOYON pour visiter la cathédrale où, dans une chapelle attenante au chœur, aux premiers jours de juin 1592, Gabrielle épousa Nicolas d'Amerval.

On rejoindra ensuite COUCY-LE-CHATEAU, site meurtri par les terribles explosions de 1917 (troisième lieu le plus visité de France, après Versailles et le Mont-Saint-Michel au début de ce siècle). Là, dans le village, près d'un audacieux bâtiment moderne, il est un puits de pierre qui ornait jadis la cour de cette maison du gouverneur ou mageur dans laquelle César de Vendôme vit le jour le 7 juin 1594. Touchante inscription manuscrite à demi effacée. On se dirigera ensuite vers COEUVRES-ET-VALSERY. Ce qui reste du château — tout le pavillon de droite, celui de gauche tronqué, les vestiges du corps principal et surtout la magnifique « Recette », de l'autre côté de la route, transformée depuis peu en maison de retraite et ornée des boulets de pierre en demi-bosse, insignes du grand maître de l'artillerie, grand-père de Gabrielle — permet de se faire une idée précise du lieu où la favorite passa son enfance. On franchira le pont dormant qui a pris la place exacte du pont-levis sur lequel, le 10 novembre 1590, le roi demanda du pain et du beurre et contempla pour la première fois sa maîtresse.

On gagnera MONTCEAUX-LES-MEAUX, objet depuis 1992 de la sollicitude de ses propriétaires. Il ne subsiste pas grand chose, après les destructions opérées en ces lieux par le prince de Conty au XVIIIe siècle. L'un des deux pavillons d'entrée encore debout et la chapelle, dans le prolongement de la seule aile des communs conservée, viennent d'être restaurés. Le parc, bien entretenu, met en valeur les superbes ruines du porche principal : colonnes qui ont la blancheur du marbre pentellique, éléments d'architecture savante dûs au dessin du Primatice. C'est ici qu'on pourra le mieux évoquer le fantôme de Gabrielle qui fut, à Montceaux, maîtresse et souveraine tout comme Diane l'avait été à Anet.

A Paris, enfin, gagnant le Musée du Louvre par la place du Palais-Royal et le passage du Pavillon Richelieu qui traverse l'emplacement de la dernière demeure parisienne de Gabrielle d'Estrées, on rejoindra, à l'intérieur du musée, les collections des joyaux de la couronne pour admirer le seul souvenir qui nous soit parvenu de Gabrielle : un échiquier de quartz et de cristal, cloisonné de paysages miniatures qui se laissent admirer par transparence, objet d'un raffinement extrême que la main du bel Ange d'Henri IV a caressé. Enfin, dans les nouvelles salles de peinture française, on ira admirer le fameux tableau des *Dames au bain* dont nous aurons à reparler bientôt.

I — « POUR AVOIR L'HONNEUR D'ETRE SORTIS DE NOUS... »

(avril 1599-décembre 1630)

I — « LA RACINE DE MON AMOUR EST MORTE... »

« *Un clou pousse l'autre* »

Il n'est que trop vrai que la mort de leur mère mettait César, Henriette et Alexandre sous la cendre, les privant en droit de la succession de celle-ci, les excluant en tout cas, à tout jamais, de la prétention à la couronne. Pourtant, malgré les apparences d'un destin si contraire que devait aggraver bien vite le prochain remariage du roi et la naissance du dauphin, les Vendômes allaient surnager et, même, en 1610, accéder à un rang inconnu et inimaginable jusqu'alors, qui devait les placer entre les princes du sang royal et le reste des mortels.

Le roi, de retour à Fontainebleau, était allé rejoindre César qui jouait avec sa gouvernante au jardin des Pins : « La vue de M de Vendôme, dit le président Vernhyes, lui fit renouveler ses regrets, sur lesquels ce jeune prince crya aussitôt que sa mère était morte » [1]. Même tonalité chez Groulard : « La douleur de cet enfant était au-dessus de son âge, il semblait comprendre que la mort de sa mère changeait sa destinée et l'éloignait à jamais du trône ».

Le roi, pendant deux semaines, se renferme seul avec son fils. Aux maigres condoléances de Madame, furieuse d'être partie trop vite à Nancy, il répond, le 15 avril : « Mon affliction est aussi incomparable comme l'était le sujet qui me la donne. Les regrets et les plaintes m'accompagneront jusqu'au tombeau. Cependant, puisque Dieu m'a fait naître pour ce royaume et non pour moi, tous mes sens et mes soins ne seront plus employés qu'à l'avancement et conservation d'icelui. La racine de mon amour est morte, elle ne rejettera plus ; mais celle de mon amitié sera toujours verte pour vous, ma chère sœur, que je baise un million de fois » [2].

Rarement Henri IV n'a été aussi sincère que dans ces lignes. Désensorcelé de cet amour qu'il avait porté plus loin qu'aucun souverain avant lui, en s'apprêtant à épouser sa maîtresse et à rendre successibles ses enfants adultérins, il allait entamer la partie glorieuse de son règne.

Les premières mesures que prit le souverain à l'égard de ses enfants — les deux plus petits étaient alors à Montceaux — furent pour défendre leur bien contre la rapacité du clan Estrées-Sourdis. On a vu tout ce que prétendait sur eux, M. d'Estrées, leur grand-père, et l'on a déjà eu vent de quelques vols commis rue Froidmanteau pendant l'agonie de la duchesse. Le dimanche de Pâques, lendemain de la mort de Gabrielle, le roi est mis en possession de l'inventaire des « bagues et joyaux » dressé chez Mme de Sourdis et dans l'hôtel de la favorite par Bellièvre. Le même jour, on s'inquiète de faire cesser la confusion qui pourrait exister dans cette succession entre biens de la couronne et biens strictement privés. C'était éloigner un peu plus les trois enfants de toute prétention royale mais c'était du même coup protéger leur patrimoine.

M. de Loménie est dépêché à Paris afin de venir trouver le président Forget et M. Blassin, le premier chargé jusque-là de l'administration des biens de la défunte, le second son trésorier. Il les prie « ...(de) lui rendre compte des affaires qu'elle avait laissées, commander particulièrement à M. le président Forget de traiter avec trois que nous sommes du conseil de Navarre et avec les créanciers, afin... (de) savoir ce qu'il (le roi) avait donné de son domaine héréditaire « [3].

Trois jours plus tard, le 13 avril, le chancelier de Cheverny, qui avait accueilli la mort de Gabrielle en s'écriant : « Ah ! bonhomme, que tu auras d'affaires », arrive à Fontainebleau. Le président de Vernhyes nous le montre « maigrement reçu » [4]. C'est dans les deux jours suivant cette arrivée, au cours d'un conseil restreint réunissant, hors la présence d'Henri IV, les principaux ministres, que sera définitivement fixé le statut des bâtards. Cheverny avait rédigé un projet de commandement par lequel le roi déclarait commettre au président Forget l'administration des biens de Gabrielle, « ... en qualité de père, tuteur et légitime administrateur de César, son fils légitimé... ». Peiresc* rapporte le débat qui suivit la lecture de ce texte : « ... Sur quoi chacun regardait son compagnon sans oser

---

* Nicolas-Claude de Fabri, seigneur de Peiresc. Conseiller au Parlement de Provence. Homme particulièrement savant dont la volumineuse et intéressante correspondance a fait l'objet d'une édition à l'Imprimerie Nationale au siècle dernier.

parler. Enfin M. de Bellièvre dit au sieur du Vair — Dites, dites, que vous en semble-t-il ? — Il me semble... qu'elles sont très pernicieuses, et du tout contraires à la loi de l'Etat... que le Roi, se disant père, avouait un bâtard pour fils, qui pouvait sur cela prendre pied un jour pour de grandes prétentions... qu'il ne fallait que rayer l'accent de la dernière syllabe du *légitimé* pour faire un *légitime*. On lui repartit que la légitimation était déjà vérifiée et que le mal en était pris — Tant pis, dit-il, et Dieu sait si ceux qui l'ont fait n'en répondront point. Il faut donc l'interpréter du mieux que faire se peut, et le restreindre à la légitimation d'un fils d'une telle femme... »[5].

Moment capital, celui d'une chute que rien n'amortira, celle de Cheverny et d'une ascension sans plus aucun obstacle, celle de Sully. Dès le matin de la mort de Gabrielle, cet ambitieux qui sentait le vent tourner et qui, jusque-là, quoiqu'il nous assure du contraire, avait fait profession de la plus plate courtisanerie à l'égard de la favorite, change de camp. Le samedi saint, concluant la comédie des fausses prophéties qu'il met en scène dans ses *Mémoires*, il avait annoncé à sa femme : « Vous n'irez ni au lever ni au coucher de la duchesse car la corde a rompu »[6].

Le 15 avril, Mme de Sourdis était arrivée à son tour. Effrontée, sûre d'elle comme à son habitude, elle « tascha avoir la nourriture* des enfants »[6]. Elle en fut refusée. Henri, gelant la situation du moment, arrêta : « L'aisné sera toujours près du Roi, les deux autres nourris à Montceaux »[7]. Le glas sonnait pour le clan qui avait fait la fortune de Gabrielle. Le chancelier, renvoyé quelques jours plus tard, outré de sa disgrâce, devait mourir le 30 juillet suivant.

La maison de Gabrielle fut dissoute mais, précise le président Vernhyes : « Le roi a retenu à son service le sieur de Valois, secrétaire de la défunte, confirmé Vuallon en l'état de maréchal des logis et portemanteau, retenu Barbe et ung autre auprès de Mademoiselle (Catherine-Henriette), congé à la Mainville et à son mari et à tous les officiers de la maison, pages et laquais, sauf à leur pourvoir quelqu'argent... »[8]. Pour les Mainville, on l'a dit, c'était non seulement le congé mais six ans de Bastille pour n'avoir pas su répondre de la disparition d'une partie des « bagues » de Gabrielle.

Par lettre du roi, signée à Fontainebleau le 25 avril 1599, contresignée de Pierre Forget, c'est François Miron, lieutenant civil — futur prévôt des marchands et dédicataire d'une rue fameuse de

* L'éducation.

Paris — qui est chargé de procéder à l'estimation des biens de la défunte.

Declozeaux a étudié en détail ces prisées de Paris, Monceaux et Fontainebleau, essentielles à la connaissance du cadre de vie et de la fortune de Gabrielle [9]. Le lieutenant civil commence à instrumenter le 23 avril. Il se présente en compagnie de Jehan Duham, sergent priseur au Châtelet, Albin Ducorroy, orfèvre du roi, Paulin Mercier et Jehan Delahaye, maîtres- orfèvres, Mathieu d'Herbanne, tapissier ordinaire du roi, Nicolas Fleury, brodeur, Guillaume David, courtier en chevaux. Miron fait prêter serment aux gens de la maison : Louis de Valois, le maître d'hôtel, Charles Lesueur, l'argentier et secrétaire, Esme Oryot, le concierge, lequel n'est pas à son aise puisqu'il n'a pas fait bonne garde ou a fermé les yeux sur les substitutions qui se sont produites dans les heures qui ont suivi le décès de sa maîtresse, Gratien Broché, le sommelier — c'est-à-dire le chef des valets et du service de table — Jacques Morel et Michel Debuyre, les cuisiniers, Gilles Aubert, le tailleur, Nicole Guyart et Gratienne Mareil, les filles de chambre et, bien sûr, le couple Mainville, qui ne se trouble pas de jurer à son tour.

L'inventaire des bijoux de Paris, que le roi avait demandé à Béringhen, avait été dressé par Bellièvre et remis au souverain le dimanche de Pâques à Fontainebleau. Il avait permis de constater les premières disparitions.

L'estimation de Paris se monte à 37 738 écus, l'estimation de Fontainebleau, effectuée par un lieutenant au baillage de Melun, se monte à 84 383 écus — preuve que Gabrielle avait laissé chez le roi la plupart de ses bijoux, comptant bien revenir à la cour dès le lundi de Pâques — L'inventaire de Montceaux, en date des 4 et 5 mai, se monte à 47 724 écus, déduction faite d'un buffet d'argenterie d'une valeur de 9 982 écus, acheté par la défunte à Zamet mais non encore payé, que le roi restitue à son propriétaire. Mme de Sourdis a rapporté elle-même — on commençait alors à questionner le couple Mainville et elle se méfiait — pour 6 891 écus de bijoux que Gabrielle avait sur elle dont la fameuse bague du sacre, estimée 900 écus. La succession mobilière produit donc au total 176 434 écus en meubles et bijoux. Le roi les reprend et s'engage à payer 14 702 écus par an à ses enfants avec intérêt au denier douze*. Nous verrons bientôt que les Vendômes devront attendre 1618 pour obtenir, à l'occasion du mariage de Catherine-Henriette, le versement d'une première annuité de ce capital.

* 8,33%. Ce qui est important.

Le roi avait pris toutes les marques extérieures de la douleur. Il garda le deuil trois semaines, en noir — chose jamais vue en France où les rois « drapaient » en violet — et obligea ses familiers à le prendre comme lui. Peiresc rapporte que « ... du Vair fut trois semaines avant que de se présenter devant le Roi, pour n'y aller en habit de deuil, ce qu'il n'eut fait pour rien au monde ». Le président Groulard, qui arrive à Saint-Germain-en-Laye où vient de se transporter le roi, le 28 avril, y trouve « ... toute la cour en deuil et habits lugubres ». Il est reçu par le monarque : « ... il commença par des regrets infinis de la perte de sa maîtresse qui témoignait une douleur si grande qu'elle ne se pouvait exprimer et le mal rengrégeait (se ravivait) à la vue des enfants, et surtout M. de Vendôme qui n'avait que cinq ans, lequel, à la vérité, a un esprit plus qu'ordinaire*, qui se fait admirer par chacun » [10].

Or, dès le le 23 avril, Contarini, l'ambassadeur de Venise, écrivait : « Après l'extrême douleur que le roi a ressentie à la nouvelle de la mort de la duchesse de Beaufort... il commence maintenant avec sagesse à éprouver cette consolation et ce soulagement d'esprit que très raisonnablement on attendait » [11]. Ce sang-froid de Henri IV mérite une explication. En date du 15 avril, soit moins d'une semaine après la mort de Gabrielle, Nicolas Rapin écrit : « On met déjà Mlle d'Entragues sur le trottoir, et ne se dit point en quelle qualité. C'est le remède et le conseil du prône funèbre de M. Benoît : un clou pousse l'autre » [12]. Donc, quelques jours après la mort de Gabrielle, c'est le nom de celle qui va lui succéder : Henriette d'Entragues, future duchesse de Verneuil, qui se pousse sur toutes les lèvres. Ce passage d'une maîtresse à une autre reçoit même une illustration allégorique sous la forme de l'un des chefs d'œuvre de la seconde Renaissance : ce fameux tableau des *Dames au bain* du Louvre. Roger Trinquet a suggéré que ces deux beautés, l'une blonde, l'autre brune, n'étaient pas, comme on le pensait, Gabrielle et sa sœur, Julienne-Hyppolite, mais bien plutôt Gabrielle, la morte, et Henriette, la bien vivante. Cette clef autorise une nouvelle lecture de l'œuvre : les chairs morbides de Gabrielle, sa main décharnée et cette sorte de relais qu'elle passe en tendant l'anneau nuptial — évident symbole sexuel — à sa voisine dont les veines tressaillent de vie. Le pincement du sein, souvent si mal interprété, ne serait qu'un moyen supplémentaire de signifier l'inertie du personnage de droite — Gabrielle — qui ne réagit plus à la douleur. Enfin la servante, que l'on discerne en arrière-

* Au sens d'extraordinaire.

plan, figurerait la Parque appelée à trancher impitoyablement des destinées.

Avec la nouvelle favorite, c'est l'affaire d'Estrées qui recommence mais le clan d'Entragues est encore plus cupide que celui qui soutenait Gabrielle. Henriette qui a dix-huit ans — l'âge de Gabrielle en 1590 — accordera au roi des faveurs tarifées par le conseil de sa famille. Le 1er octobre 1599, un accord que le roi cache à ses conseillers est signé : Henri, qui n'accepte de se remarier que sous condition d'avoir un successeur, s'engage à épouser Henriette dès qu'elle lui aura donné un fils. La famille de la belle, le père en tête, ne songera, après cela, qu'à contraindre le roi à s'exécuter. « Vous me commandez, écrit Henri IV, le 6 octobre 1599, à Henriette, de surmonter toutes les difficultés que l'on pourra apporter à notre consentement. J'ai assez montré la force de mon amour aux propositions que j'ai faites pour que, du côté des vôtres, on n'y apporte plus de difficultés »[13]. Le père réclame alors un marquisat pour sa fille et 100 000 écus pour lui. Henri IV se défend comme il n'a jamais osé le faire avec Gabrielle, signe qu'Henriette l'a captivé dans ses sens mais point dans son cœur : « Comme roi et comme gascon, je ne sais pas endurer et ceux qui aiment parfaitement comme moi veulent être flattés non rudoyés »[13]. Et, le 13 octobre : « Si mon amour se gouvernait d'après les occasions que l'on m'en donne, vous recevriez de moi une aussi froide réponse que les deux lettres que j'ai reçues de vous »[14]. Autre lettre pitoyable d'Henri : « L'argent pour vous acheter une terre est trouvé, rien ne vous manquera mais les procédés de votre père m'ont aliéné de toutes sortes de traités avec lui... Je vous supplie à deux genoux que je n'ai plus affaire à lui »[15]. Henriette, devenue marquise de Verneuil, annonce sa grossesse et, moins d'un an après Gabrielle, se voit dans la perspective d'être bientôt reine de France.

La Florentine.

Or, pendant ce temps, les négociations initiées par Alexandre de Médicis pour le mariage du roi et de sa nièce Marie allaient grand train. Elles avaient été facilitées à Rome par la dissolution du mariage d'Henri et de Margot, prononcée par le pape le 17 décembre 1599. Sully en était, du côté français, la cheville ouvrière. D'après celui-ci, c'est au cours d'un entretien tête à tête avec le roi, alors qu'il lui faisait part du progrès des négociations avec Florence, qu'Henri IV, tout penaud, devait lui montrer la promesse écrite faite au comte d'Entragues d'épouser sa fille. Le ministre l'aurait alors mise en pièces sous le nez de son maître médusé. Quoiqu'il en soit la providence s'en mêla. Henriette, prête d'accoucher, prenait du repos à Saint-Germain-en-Laye, lorsqu'au cours d'un orage, en mars 1600, une boule de feu descendit dans sa chambre, par la cheminée, et lui fit si peur qu'elle accoucha d'un enfant mort.

Après cet accident, Marie de Médicis pouvait entrer de son pas pesant dans l'histoire et Sully, pénétrer dans le cabinet du roi, en lui annonçant : « Sire, nous venons de vous marier ! ». Le contrat de mariage avec la future reine de France était signé à Florence le 25 avril 1600. Quatre jours auparavant, Henri IV avait adressé à Henriette cette lettre : « Mademoiselle, l'amour, l'honneur et les bienfaits que vous avez reçus de moi eussent arrêté l'âme la plus légère du monde si elle n'était accompagnée d'un mauvais naturel comme le vôtre... Je vous prie de me renvoyer la promesse que vous savez et ne me donner pas la peine de la réclamer par une autre voie. Renvoyez-moi aussi la bague que je vous rendis l'autre jour... »[15]. La promesse, mise en lieu sûr, dans une bouteille dissimulée dans un mur du château de Marcoussis, ne sera rendue par le père d'Henriette que quatre ans plus tard, après que de multiples négociations aient fixé le prix de restitution à 30 000 écus.

La nouvelle reine débarqua à Marseille le 9 novembre 1600, debout à la poupe d'une riche galère, flanquée de sa sœur de lait, Léonora Galigaï et d'un bellâtre qui faisait l'empressé auprès de celle-ci, un gentilhomme du nom de Concini. En arrivant en France, Marie de Médicis savait que le roi était père de trois enfants légitimés et qu'il entretenait une maîtresse car, en dépit des fâcheries et des mises au point vulgaires, Henriette restait la favorite en titre.

Le 27 janvier 1601 Henri écrivait à celle qui était sa femme depuis quatre semaines seulement et qu'on savait déjà enceinte : « Mon cœur, je témoigne bien que je vous hais bien fort de me réjouir de votre mal. Conservez-vous bien et pour vous et pour moi et pour ce royaume... Lundi, j'irai voir mes enfants, ne doutez point que je vous aime bien car vous faites tout ce que je veux, c'est le vrai moyen de me gouverner »[16]. Quant à Henriette, il était retourné la voir à Verneuil, quelques jours après son mariage et il l'avait installée au Louvre, avec un titre de dame d'honneur de la reine. Il l'avait présentée à Marie de Médicis en lui disant : « Cette femme a été ma maîtresse et veut être aujourd'hui votre humble servante ». La reine devait découvrir bien vite l'inexactitude de l'emploi du passé.

Le 27 septembre 1601, à Fontainebleau, neuf mois jour pour jour après la première rencontre du couple royal, Marie de Médicis mettait au monde le futur Louis XIII. La liesse fut grande, il y avait quatre-vingt ans qu'il n'était pas né de dauphin en France. Le roi, comme à son habitude, manifesta publiquement son bonheur : « Il levait les yeux au ciel, ayant les mains jointes et rendit grâce à Dieu, écrit la sage-femme qui venait de mettre au monde l'héritier du trône. Les larmes lui roulaient sur la face, aussi grosses que des pois »[17]. Seul César restait en retrait de la joie générale comme s'il pressentait toute la menace contenue pour lui dans l'arrivée d'un futur maître : « Je trouvais le lendemain, poursuit cette accoucheuse, qui avait nom Louise Boursier, M. de Vendôme qui était seul à la porte de l'antichambre, qui tenait la tapisserie pour passer dans le cabinet par où l'on passait pour aller chez M. le Dauphin, et était arrêté fort étonné. Je lui demandais — Hé quoi ! Monsieur, que faites-vous là ? Il me dit — Je ne sais, il n'y a guère que chacun parlait à moi, personne ne me dit plus rien. — C'est, Monsieur, que chacun va voir M. le Dauphin qui est arrivé depuis un peu. Quand chacun l'aura salué on vous parlera comme auparavant. Je le dis à la Reine qui en eut grand pitié et dit — Voilà pour faire mourir ce pauvre enfant, et commanda que l'on le caressât autant ou plus que de coutume. »[17].

Le roi fait part de la naissance du dauphin à Henriette d'Entragues : « Elle (la reine) se porte bien et mon fils, Dieu merci : il est crû et rempli de moitié en ces cinq jours que je l'ai vu... ». Et il conclut : « Aimez-moi bien, gardez ce que vous avez dans le ventre ! ». En effet la maîtresse en titre était, elle aussi, sur le point d'accoucher... Six semaines après la naissance du futur Louis XIII, elle mettait au monde un fils : Gaston-Henri, futur prélat.

Chacune des deux mères reçut sa récompense : Marie de Médicis devint propriétaire de Montceaux que le roi rachèta à César, Mme de Verneuil fut gratifiée de billets en blanc payables chez Zamet.

Aux trois enfants de Gabrielle se sont donc ajoutés deux garçons. Un an plus tard, avec la même symétrie, naîtront deux filles. De la reine, Elisabeth, future reine d'Espagne, d'Henriette d'Entragues, Gabrielle-Angélique, future duchesse d'Epernon. A la mort du roi les enfants légitimes, légitimés ou naturels seront quatorze : trois de Gabrielle d'Estrées, six de la reine, deux d'Henriette d'Entragues, un de Jacqueline de Bueil — Antoine comte de Moret, né en 1608 — enfin, deux filles nées de Charlotte des Essarts — Jeanne Baptiste et Marie-Henriette de Bourbon, qui seront religieuses — Fabuleux gage de vitalité du roi qui concevra tous ces enfants dans un âge avancé : Henri IV, en effet, ne connaîtra le bonheur de la paternité qu'à quarante-deux ans et verra naître plus de la moitié de ses enfants ayant passé le demi siècle. Belle revanche sur le destin en tout cas puisqu'on soupçonnait le roi, du fait de ses biessures d'amour, de ne plus pouvoir être père.

II – LES ENFANTS DU CŒUR ET LES ENFANTS DE LA RAISON

« *Maman ga* »

Henri IV est si fier de sa nichée qu'il va oser ce qu'aucun souverain français n'avait hasardé avant lui et que pas un de ses successeurs n'osera reproduire : il décide de faire élever, dès leur jeune âge, ses enfants légitimes et légitimés ensemble, à Saint-Germain-en-Laye, lieu réputé pour son bon air, à la réserve toutefois que, dans cette pouponnière de haut vol, les petits princes apprendront à se traiter les uns les autres selon leur rang. On aura beau jeu après cela de flétrir les mœurs ottomanes de la cour : le harem de courtisanes où le roi continue de dénicher ses maîtresses, le château de Saint-Germain, digne des kafes de Constantinople où les bambins royaux grandissent dans un luxe empreint de volupté orientale.

La volonté du roi est toutefois susceptible d'autres explications que celle d'immoralité. Il y a d'abord l'humeur du temps. Après quarante années de guerres civiles, les mœurs de la cour d'Henri IV sont celles des camps, parenthèse pleine de rudesse entre les exquises façons de la société des Valois et l'ère mystique, savante et policée du règne de Louis XIII. Le parler d'alors est celui de madame Pernelle dans *Tartuffe*, Parisienne élevée sous Henri IV dont le discours, un demi siècle plus tard, détonne tant sur celui des précieuses. Dans ces premières années du XVIIe siècle, tout comme la vieille mère d'Argon, « on ne mâche point ce qu'on a sur le cœur », on dit les choses sans ambages et on les fait sans plus de manières. C'est pour cela que les bâtards d'Henri IV seront élevés au grand jour et ceux de Louis XIV, sous le manteau de Mme de Maintenon.

Une autre justification de la décision d'Henri IV le rapproche singulièrement de nous : c'est qu'il aima ses enfants dès l'âge du maillot et que les aimant si jeunes il ne distingua pas entre ses bâtards et ses fils légitimes, sentiment d'une modernité confondante, puisque le véritable attachement des parents n'était alors réputé commencer qu'avec l'éducation savante, vers huit ans, après que la mort eut pratiqué ses terribles moissons d'impubères.

Henri IV sera le seul roi de France à oser se promener, au vu de toute sa cour, en serrant un nourrisson dans ses bras. Ce vibrant amour du roi pour sa progéniture aura pour conséquence la propension, extrêmement étendue chez lui, à s'illusionner sur la bonne harmonie qui devait règner plus tard entre ses héritiers. Il a pensé que ses bâtards, à condition qu'il les acclimatât très tôt à vivre avec les princes successibles et qu'il les comblât d'honneurs, seraient les plus infaillibles soutiens de leurs frères appelés à régner. Richelieu, qui en politique a souvent fait le contraire d'Henri IV, dénonce sur ce point, l'erreur commise par le père de son maître : « Le roi dit encore que le duc de Vendôme était de fort bon naturel et que sa nourriture était si bonne qu'il osait se promettre que sa conduite ne serait jamais mauvaise, qu'il l'avait marié avec la plus riche héritière du royaume, qu'il lui avait donné le gouvernement de Bretagne pour le rendre plus puissant à servir le roi... Qu'il le faisait marcher devant le duc de Guise, de Nevers, de Longueville, afin de l'obliger à être plus attaché à son souverain, qu'il le ferait marcher après tous ces princes du jour qu'il se méconnaîtrait envers lui... ». Richelieu, qui rédige ses *Mémoires* avec l'expérience de ce qui advint par la suite, conclut sèchement : « Ce qu'il estimait devoir être le ciment d'un grand repos a été la semence de beaucoup de troubles... ».

Sur cette éducation que le roi voulut la même pour tous ses enfants, nous possèdons un document exceptionnel, le *Journal* du médecin de Louis XIII, Jean Héroard, fameux praticien mais aussi hippiatre*, qui, de septembre 1601 à janvier 1628, où il mourut près de son maître, au siège de La Rochelle, a noté au jour le jour maints détails concernant la vie du dauphin ou de ses frères et sœurs.

Le château neuf de Saint-Germain-en-Laye fut donc le lieu affecté à l'éducation des enfants royaux. Afin d'y loger tout ce petit monde, le roi ordonna de transformer « la maison de théâtre et de baigneries », élevée à flanc de coteau par Philibert de l'Orme, à quatre cents pas du vieux château, sur ordre d'Henri II, pour en faire un palais enchanté. La merveille en devait être les jardins étagés, dominant la Seine, truffés de nymphées et de cavernes. Etienne de Pérac et Claude Mollet, les jardiniers mais surtout Thomas Francini, le « conducteur des fontaines du roi », aidé de son frère Alexandre, l'hydraulicien, entreprirent d'y fixer le séjour des fées. Les fameuses grottes furent logées sous les terrasses :

* Praticien versé dans l'art du soin des chevaux.

grottes sèches, décorées de majoliques et de verres, qui étaient autant de lieux pour se tenir au frais l'été, grottes humides, tapissées de coquilles d'huitres ou de moules, qui jettaient leurs scintillements mystérieux dans de profondes pénombres. Dans la grotte d'Orphée, l'une d'entre elles, Orphée jouait de la lyre et, autour de lui, apparaissaient, sortant et rentrant de leurs cavernes, des lynx, des léopards, des tigres et des sangliers de bronze. L'eau faisait chanter les oiseaux qui claquaient des ailes et jouer, par des ressorts, des fifres et des flûtes. L'on oublie, lorsqu'on évoque ces merveilles détruites par le comte d'Artois à la veille de la Révolution — elles étaient depuis longtemps hors d'usage — qu'elles avaient été conçues pour des enfants, pour les enfants d'Henri IV, qui ont grandi là et qui venaient, l'après-midi, sous l'œil inquiet des Francini, manipuler eux-mêmes les robinets et les vannes.

L'éducation d'un homme de condition était alors jalonnée d'étapes strictement observées. Jusqu'au jour de ses sept ans, il appartenait au monde des femmes et était placé sous l'autorité d'une gouvernante autorisée à lui donner le fouet. Il commençait sa vie en chrysalide, serré jusqu'à son huitième mois dans de fines bandelettes. Il ne voyait au-dessus de son berceau que le visage de sa nourrice, une solide gaillarde chargée de lui donner le sein, choisie pour sa belle santé et recluse tous les soirs pour ne pas qu'elle se fasse conter fleurette, dans la croyance où l'on était que des rapports charnels pourraient gâter son lait. Des domestiques étaient chargées de « remuer » le poupon, de le débarrasser de ses ordures deux fois par jour, avant de procéder à une toilette sèche. Le petit corps était ainsi frotté de poudre, enduit de crème, jamais mouillé. A huit mois l'enfant recevait la robe qu'il allait conserver six années : tenue composée d'un corset et de bas de soie qu'on recouvrait d'une robe carrée à large ceinture. Jusqu'à ses quatre ans il devait rester dans les lisières, c'est-à-dire tenu, lorsqu'il marchait, par de longs rubans de soie accrochés à sa ceinture. Un peu avant ses sept ans — date dont tous les hommes se souvenaient et les mémoires de quantité d'entre eux en font foi — il recevait sa tenue d'adulte qui était la première manifestation d'une différenciation du sexe. Le jour de ses sept ans, s'il était un garçon, il quittait le monde des femmes, était placé sous l'autorité d'un gouverneur chargé, pendant sept nouvelles années, d'en faire un homme. Enfin, à huit ou neuf ans, on lui donnait un précepteur.

Huit jours avant la naissance du dauphin, le roi avait nommé Mme de Montglat, qui avait alors cinquante et un ans, gouvernante des enfants de France. Elle était née Françoise de Longuejoue et avait épousé Robert de Harlay, baron de Mongtlat, issu d'une lignée qui comptait nombre de ministres, ambassadeurs et présidents au Parlement. Parce que la décision d'Henri IV est d'élever toute sa progéniture en même temps, Mme de Montglat aura jusqu'en 1609 à veiller sur onze bambins, animant toute une équipe de sous-gouvernantes, de nourrices, de domestiques, de médecins, d'aumôniers ou de clercs, afin de mener tout ce petit monde jusqu'à ses sept ans. C'est donc pour tous les petits princes, bâtards ou non, et pas seulement pour le dauphin, qu'elle sera « maman ga ».

Seul César, en septembre 1601, était en âge d'être confié aux hommes. En fait, depuis toujours, bénéficiant du statut d'aîné, il suivait son père partout, traitement qui ne sera étendu à aucun autre des enfants du roi, pas même au dauphin. Nous ne le verrons donc à Saint-Germain qu'en visiteur, tandis que sa sœur et son frère, Catherine-Henriette et Alexandre, tomberont sous la coupe de Mme de Montglat. Jusque-là, après qu'Henri IV ait refusé, comme on l'a dit, de nommer Mme de Sourdis gouvernante de ses petits-neveux, les deux derniers enfants de Gabrielle avaient été confiés, à Montceaux puis à Saint-Germain, à la garde de Mlle d'Agre, laquelle sera, en septembre 1601, tout simplement placée sous la coupe de la gouvernante des enfants de France. Alexandre avait à son service une nourrice, Mme Sarlan, qui vivait à Saint-Germain en compagnie de son fils, devenu par l'occasion l'un de ses plus constants compagnons de jeu, un page du nom de Bompar, un valet répondant au sobriquet de Jehan-des-chiens, une servante, Mlle Piolan, un aumônier ; enfin, en tant que fils de roi, une compagnie de soldats à lui, cantonnée au château vieux, dont le lieutenant était M. de Lopes. Mlle de Vendôme — Catherine-Henriette — avait hérité de quelques-uns des serviteurs de sa mère : le sieur Valois, secrétaire, les sieurs Vallon et Barbe pour veiller à sa sécurité ; de plus, on avait mis près d'elle pour la distraire une petite suivante tout juste de son âge : Marguerite. César, l'aîné, était encore mieux entouré. Il avait un vrai régiment, celui de Vendôme, dont il était le colonel, une compagnie des chevau-légers, des gardes du corps, des aumôniers, des médecins et, comble de l'étrangeté, un petit Turc coiffé d'un turban, qui trottinait tout le jour derrière lui.

« *Non ce n'est pas votre papa...* »

Le personnage central à Saint-Germain, c'est, bien sûr, le dauphin. Il occupe tout l'étage noble du château neuf, entouré des embryons de ce qui constituera plus tard la maison royale, tandis que ses frères et sœurs, qui ne peuvent le nommer autrement que « monsieur mon maître », sont installés au-dessus ou en-dessous de lui et pressés d'un train beaucoup plus modeste.

Cela fixe dès l'abord l'inégalité des rangs que le futur Louis XIII doté d'un caractère ombrageux, aiguillonné de plus par les constantes recommandations de son entourage, se charge, s'il le faut, de faire respecter. A quatre ans le dauphin sait parfaitement ce qu'est un bâtard et il ne prend d'ailleurs aucune précaution pour dire à Alexandre toute l'horreur que lui inspire la naissance illégitime. 18 septembre 1605 : « M. le chevalier (Alexandre) lui dit en lui montrant le chevalier d'Epernon, frère bâtard de M. d'Epernon : « Monsieur, voici le frère bâtard de M. d'Epernon qui vient pour être votre page ». Dauphin « Un batar, un batar ete mon page » et le dit plusieurs fois avec véhémence et abomination »[18]. D'où les constants rappels adressé par l'héritier du trône à ses frères, touchant leur différence. 26 octobre 1605, devant un portrait du roi en cire : « M. de Vendôme lui dit « C'est aussi mon papa ». Dauphin « Non ce n'est pas votre papa »[19]. 21 novembre 1605 : « Se joue avec M. de Vendôme. Dit M. le Dauphin qu'il était fils de roi. Vendôme « Et moi aussi ». Dauphin « Vous ». Vendôme « Oui ne m'appelez vous pas votre féfé ». Dauphin « Hoo mais vous pas été dans le vente à maman comme moi, qui é vote maman ? »[20]. Ou encore le 13 juillet 1604 : « M. le chevalier disait « Ne faites point de bruit vous éveillerez la Reine ». Il répond : « Che n'é pa vote maman »[21].

Le dauphin ne voit pas du bon œil tous les petits bâtards dont le roi peuple Saint-Germain à mesure de ses triomphes amoureux, et que — comble d'ignominie — il doit nommer ses féfés (frères). 17 juin 1604 : « On lui dit « Monsieur, voici un autre féfé qui vous vient voir » Répond « Enco un autre féfé, ou est-il ? » M. et Mlle de Verneuil (les enfants d'Henriette d'Entragues dont c'est la première apparition publique) arrivent à sept heures et un quart, il les regarde fixement à l'entrée... va au devant froidement pour recevoir »[22]. Le bel entrain du roi, son sans-souci, tombe d'ailleurs à plat devant la mauvaise humeur de son héritier. Autre scène étonnante, le 2 mai 1608 : « Le roi montrant Mme de Moret « Mon fils, j'ai fait un enfant à cette belle dame, il sera votre frère ». Dauphin « Lé pas mon frère »[23]. Pourtant, en matière d'ordre et de rang à observer, dans la florissante postérité de son père, le dauphin avait, dès sept ans, des idées bien arrêtées. Ainsi le 18 mai 1608, alors que D'Escluseau, l'un de ses officiers, lui parle de ses frères Vendômes : « Dauphin « Oh ! c'est une autre race de chiens ». D'Escluseau « Et M. de Verneuil ? » Dauphin « Oh, c'est une autre race de chiens ». D'Escluseau « Monsieur, de quelle race ? » Dauphin « De la marquise de Verneuil. Je suis d'une autre race, mon frère d'Orléans, mon frère d'Anjou, et mes sœurs ». D'Escluseau « Laquelle est la meilleure ? » Dauphin « C'est la mienne, puis celle de féfé Vendôme et féfé chevalier, puis féfé Verneuil et puis le petit Moret... C'est le dernier, il est après ma merde que je viens de faire »[24].

Enfin, ce coup de pied de l'âne, cette phrase sans appel prononcée par l'enfant royal à l'âge de raison. 9 février 1609 : « Donne le demeurant (de son plat) à Messieurs de Vendôme. Les appelle ses frères par commandement du Roy »[25].

L'hostilité du dauphin à l'égard de ses frères est renforcée par la volonté délibérée d'Henri IV d'élever le futur Louis XIII — destiné, comme le dit son père, « à n'avoir pas plus seigneur que soi en son règne » — plus sévèrement que ses bâtards. Le roi croit à la vertu pédagogique du fouet — « Ce que je reconnais par expérience m'avoir profité, écrit-il, car étant de son âge, j'ai été fouetté »[26] — Il ressort du *Journal* d'Héroard qu'il existe bien une éducation plus stricte et contraignante réservée aux princes successibles, les enfants de la raison, contrastant avec le sort plus doux réservé aux enfants de l'amour, ceux-là en situation d'être plus tard soumis au pouvoir de leur frère légitime. Dans leur enfance en tout cas, qu'ils soient élevés sévèrement ou non, les enfants d'Henri IV sont traités par leur père avec la même bienveillance, égalité d'amour, inégalité de discipline, évidentes causes de déséquilibre. C'était comme si le roi, outre le désir d'aguerrir son successeur, voulait par avance compenser les déboires qu'il prévoyait bien qu'il pourait survenir un jour dans sa progéniture.

Tout cela créait les conditions d'une terrible émulation, aussi voyons-nous le petit dauphin contraint, dès ses deux ans, de marquer son territoire face à ses grands frères. 17 juin 1603 : « Le Roi donne du massepain dans un plat à M. de Vendôme et M. son frère et sœur, chacun se partageant devant lui sans lui en donner (au dauphin), il jette hardiment la main au plat et en prend un morceau... ». La rivalité première a pour enjeu l'affection du roi. Ainsi, le 4 juin 1604 : « Le roi arrive. Fort gentil, l'embrasse. Entre en colère, que ce que le roi avait baisé un peu serré M. le chevalier... Mené au roi, voit M. le chevalier auprès du roi, s'en va à la charge, le fait mettre derrière... »[28]. 10 juin 1604 : « M. de Vendôme arrive (près du roi), se met auprès de lui à la main gauche. Il le repousse par deux fois de la main, disant « Alé, plus loin ». M. de Vendôme, de son mouvement, lui baise le dessus de la main à l'impourvu . »Ha ! fit-il en faisant le fâché, vou baisé ma main » et la frotte contre sa robe... »[29]. 26 août 1606, à l'occasion d'un voyage d'Alexandre et de sa sœur à Paris : « M. le chevalier et Mlle de Vendôme s'en allaient à Paris. Il faisait paraître en avoir du déplaisir et peu s'en fallait qu'il n'en pleurât : « Ho féfé chevalié va bien voi papa et je n'y va pas » [30].

La table, avec son étiquette stricte et répétitive — chaque jour l'on dîne à onze heures et l'on soupe à cinq — sera le lieu le plus constant de ces affrontements. Le dauphin, tout comme le roi, est « au grand couvert« , seul en bout de table, assis sur un fauteuil ajusté à sa petite taille, ses frères et sœurs à l'autre bout, sur des sièges sans dossier, servis en second, lorsque l'héritier du trône l'ordonne, des reliefs tout à fait conséquents de sa viande ou de son fruit. Ainsi, le 12 septembre 1604 : « Dîné. Messieurs de Vendôme dînent en bout sur deux escabelles de ses restes qu'il leur donne... » [31].

5 août 1604 : « Dîné en la salle du Roy, ne veut point que M. le chevalier et Mlle de Vendôme prennent dans le plat du Roy » [32].

8 novembre 1604 : « Ne veut pas que M. le chevalier et Mlle de Vendôme boivent auparavant lui... » [33].

22 avril 1606 : « Voit trois pigeons devant Mlle de Vendôme : « Ho fasché, je veux de ce poulet là, il y en a trois, je n'en ai que deux » [34].

Circonstance aggravante, les frères du dauphin doivent faire l'apprentissage de l'étiquette royale en lui présentant sa serviette à table, occasion de se heurter s'il apparait que ses aînés le raillent en s'acquittant de cet honneur. Ainsi, le 7 janvier 1605 : « M. le chevalier lui sert sa serviette, lui baille un soufflet, ne la veut point, entra là-dessus en mauvaise humeur qui dura tout le long de son dîner... Accole M. le chevalier et lui donne du pié en arrière... » [35].

18 mars 1605 : « Ne veult point que M. le chevalier lui donne sa serviette » [36].

22 janvier 1605 : « Mlle de Vendôme lui sert sa serviette à laver, la refuse, lui dit qu'elle est une fille » [37].

Les jeux des enfants royaux à Saint-Germain-en-Laye sont ceux de tous les enfants nés, simulacres de chasse ou de guerre, donc apprentissage aux principales occupations des princes — la chasse étant, en temps de paix, justifiée comme le plus efficace des entraînements possible à la guerre — Ces jeux constituent le gros des notations de Jean Héroard. Sauf accident, ils sont, beaucoup moins que les repas, l'occasion des petits drames fréquents à la table delphinale, marque que le futur Louis XIII n'est pas doté d'un mauvais fond. Le chevalier de Vendôme sera pourtant, plus qu'à son tour, la proie de ces chasses enfantines, l'oiseau pris à la glue, la bête menacée du fouet ou de la pique, l'un des lévriers de la meute de son cadet, le brouetteur lors de la construction d'enceintes et de fossés de terre. Ainsi le 9 avril 1608 : « Il court le cerf : M. le chevalier faisait le cerf et lui était un des chiens... »[38], et huit jours plus tard : « ... il court le cerf, c'était M. le chevalier... »[39].

Souvent le dauphin se fait traîner dans son petit carrosse rouge par ses frères. 11 décembre 1607 : « Mené par le jardin... faisant tirer son petit carrosse... y met au traict M. le chevalier... »[40].

Autres jeux : la paume à laquelle Héroard nous montre à plusieurs reprises le dauphin s'exercer avec Alexandre mais aussi des passe-temps plus inventifs, plus charmants : « ... Féfé vous seré ma jumen et je serai vote peti poulain... »[41] ; ou bien : « ... Joue aux poules contre M. le chevalier qui conduit le renard... »[42] ; ou encore : « ... Se fait traîner par la chambre, dit qu'il est en galère, qu'il va en Levant. Y fait mettre M. le chevalier et Mlle de Vendôme. Y prend grand plaisir et long temps... »[43].

Quelquefois, pourtant, Alexandre sera le capitaine, le futur Louis XIII acceptant de prendre ses ordres de lui. A la date du 14 février 1605, on trouve même ce frappant exemple d'inversion des rôles, suivi tout aussitôt d'un rappel à l'ordre : « Se joue, dit à M. le chevalier « Soié monsieur Dauphin et je serai monsieur chevalier » M. le chevalier appelle M. Birat son valet. Dauphin « Ho, non, cé mon valet vous n'êtes pas moucheu dauphin tout à bon »[44].

Autre occupation aristocratique, la danse, qui vient très tôt dans l'éducation d'un prince. 10 décembre 1604, le dauphin n'a que trois ans : « Imite fort bien et regarde Mlle de Vendôme qui dansait avec lui pour faire de même... »[45].

Mais, là encore, soit jalousie de la grâce que tous s'accordaient à reconnaître à Alexandre ou sentiment de l'exclusion par l'âge qui le rendait malhabile en ces exercices du corps, nous trouvons trace de quelques grincements. Ainsi le 28 décembre 1604 : « Madame menait M. le chevalier au branle, il en était hors, y court et la va frapper sur la tête « Je veux pas que vous tenié féfé chevalier »[46]. Le 14 juin 1605 : « Ne veult point par jalousie que M. le chevalier dance... »[47]. Autre marque de cette jalousie, le 23 novembre 1606 : « ... Mené chez le Roy, void danser... M. Birat le portait, luy donne des soufflets... c'était cholère où il était bien fort de ce qu'il avait veu fort louer M. le chevalier... »[48].

Cette passion de la danse culminera dans le fameux ballet du 21 février 1608 où Henri IV ordonnera de réunir tous ses enfants légitimes et illégitimes en une même représentation donnée devant toute la cour. Héroard note : « Le Roy en pleura de joie... »[49].

A l'égard des ses frères Vendômes, le futur Louis XIII allait faire une fort nette distinction entre César, absent la plupart du temps de Saint-Germain, qui plus est pour se tenir auprès du roi et Alexandre, toujours près de lui, son seul véritable grand frère. Il détestera César et, malgré les agaceries coutumières aux enfants, chérira Alexandre, son aîné de trois années.

Et tout d'abord le dauphin prendra constamment la défense d'Alexandre dans ses démêlés avec César. Ainsi le 22 février 1608 : « ... Est en colère de ce que M. de Vendôme voulait faire fouetter M. le chevalier, dit « Je diray demain à papa, je vous en asseure, que féfé chevalier a été tout le jour avec moi et féfé Vendôme n'y a point été, qu'il est allé joué aux cartes chez sœu sœu Vendôme tout le jour... »[50].

Le dauphin ne se retient jamais de manifester son antipathie à son aîné. Ainsi le 8 décembre 1604 : « M. de Vendôme était appuyé derrière sa chaise qui lui demande s'il lui plaît pas qu'il soupe avec lui. Répond « Non, oté vous de là... »[51].

Le 9 mai 1608, toujours à table : « Il donne ses œufs à M. le chevalier, deux pochés en l'eau, un à la coque avec jus d'oseille et n'en donne qu'un à M. de Vendôme. Demande à M. de Vendôme « Qui est l'aîné ? ». Vendôme « C'est moi ». Dauphin « Je voudrais que ce fût féfé chevalier ». Vendôme « Monsieur et pourquoi ? ». Dauphin « Parce que féfé est toujours avec moi, vous n'y êtes jamais »[52].

11 janvier 1609 : « Demande à M. de La Valette « Féfé Vendôme estil ? ». »Non, Monsieur ». »Oh ! il a tout pu que moi, il a six laquais et j'en ay que deux. » Il l'avait ainsi entendu dire et avait toujours ces comparaisons sur M. de Vendôme »[53].

Le 26 novembre 1609, lors de la naissance du sixième enfant du roi et de la reine : « Il demande au Roy : « Mon père vous plai-t-il que j'entre au cabinet de la Roine ma mère ». Le Roy « Non, pas encore, attendés icy ». Dauphin « Mon frère Vendôme y est bien...« .

Et cette insolence suprême, le 7 mai 1608 : « M. de Vendôme conduisait le branle. Il (le dauphin) lui prend une humeur de danser, se jette dans la danse au-dessous de M. de Vendôme et prend madame la comtesse de Moret par la main gauche que M. de

Vendôme menait à la droite. M. de Vendôme lui dit « Monsieur, venez prendre rang ». Dauphin « Mon rang est partout« .

La différence d'âge n'explique pas seule l'animosité marquée par le dauphin envers l'aîné de ses frères. Il y a certes le côté ombrageux du futur Louis XIII, la préférence marquée par le roi à l'égard de l'aîné de ses fils mais il faut compter aussi avec la turbulence de César dont témoigne cette notation d'Héroard en date du 17 juin 1608 : « M. de la Trémoille prend congé de lui (du dauphin) à cause des nigeries* que lui faisait M. de Vendôme. Il y avait demeuré deux jours et devait demeurer dix ou douze... » [54].

Les années passées à Saint-Germain scelleront l'amitié de l'héritier de la couronne et d'Alexandre de Vendôme qui se poussera jusque dans l'adolescence avant de se transformer plus tard, sous le poids des évènements et de la fatalité — Richelieu aidant — en une haine inexpiable. Il faut faire la part des agaceries et querelles enfantines, l'affection et l'admiration que les deux frères se portent l'un à l'autre est perceptible tout au long du texte d'Héroard. Les jours de pique, le dauphin appelle son aîné « cadet pisseux », se désignant lui-même alors comme « cadet de haut appétit » ; les jours plus tendres — et ce sont les plus nombreux — Alexandre sera « petit féfé », « petit mounié », « petit chevalier » ou Zagaye.

Les disputes sans gravité et sans suite parce qu'Alexandre, doté dans l'enfance d'un doux caractère, sait les désarmorcer rapidement, proviennent en premier lieu de la volonté, soulignée plus avant, qu'a le dauphin de marquer son territoire. Le futur Louis - XIII n'admet pas que le chevalier profite de sa force plus grande pour molester les petits compagnons de son âge placés auprès de lui. 18 septembre 1606 : « M. le chevalier battait son page Bompar... Il l'aperçoit, court après lui en cholère : « Ha vous baté me gen (gents)... » [55]. Egalement, le 20 janvier 1607 : « Donne un soufflet bien assis à M. le chevalier, parce que Charles, fils de sa nourrice s'était plaint à lui qu'il l'avait battu... ». Toujours sur ce respect, même de détail, à donner aux officiers chargés de son éducation, cette autre mise au point de l'enfant royal. 24 décembre 1605 : « M. le chevalier appelait Guérin simplement**. Dauphin « Houai pourquoi l'appelé vous Guérin, cé moi qui l'appelle ainsi, appelé le moucheu Guérin ». Mme de Montglat lui dit « C'est qu'il est fils de roi ». Dauphin « E bien mais il n'est pas fi de maman ». Prononce froidement et résolument » [56].

* Farces de mauvais goût.
** C'est-à-dire sans dire « monsieur » Guérin.

Les autres sujets de pique viennent de jalousie, en particulier lorsque le petit dauphin, ficelé dans sa robe d'enfant, aperçoit pour la première fois le chevalier habillé en homme. Ainsi à la date du 11 octobre 1604 : « Voit M. le chevalier habillé en homme « Oté, oté, alé vous-en ». Un peu apaisé « Je veux un habillement, oté cette ci !... ».

21 juillet 1605 : « En déjeunant il voit M. le chevalier qui avait une épée au côté « Pourquoi avez-vous vote épée, oté la ». Il va la ôter et revenant, ayant la tête couverte. Dauphin « Vous avé vote chapeau devant moi » comme le reprenant et se plaignant de faulte de respect « je ote bien le mien quan je va à la mèche* ».

8 janvier 1607 : « Se fâche contre sa nourrice de ce qu'elle avait dit que l'habit de M. le chevalier était beau et n'avait pas dit que le sien était plus beau ».

Jalousie mais aussi admiration à l'égard de l'aîné qui a déjà des maîtres pour apprendre à lire et à écrire. La chambre du chevalier c'est l'école, la première école où se rendra le futur roi. 2 juin 1606 : « Entend parler que M. le chevalier étudiait. « Je veux aussi, fit-il soudain, aller à l'école, qu'on me donne mon équipage. » C'était un escryptoire en forme de cassette où était son papier, sa plume et son encre. Va à la chambre de M. le chevalier où était l'école ». Mais l'héritier du trône, qui n'a pas cinq ans, ne suit pas la leçon. En date du 19 juillet 1606 : « Va en la chambre de M. le chevalier où Du Mont faisait lire et écrire des petits enfants. Il prend son livre et le petit chien de Mlle de Vendôme, dit que c'est pour lui faire lire les lettres, et, lui tenant la patte, les lui nomme et les lui fait toucher ».

Relevons également la perversité de ces caractères d'enfant. Alexandre voué à Malte doit observer seul, malgré ses six ans, un jeûne strict à la table commune. 3 octobre 1604 : « Dîné. Dit à M. le chevalier « Féfé qui n'avé que du pain ? Féfé, mangé, trempé votre pain dans le bouillon ». »Monsieur je n'en ai point ». Lui dit « Faites semblant ». Ou encore, Alexandre se trouvant chassé de table sous prétexte de jeûne, 12 janvier 1605 : « Je ne veu pas que féfé chevalier dine là, il e jou (jour) maigre...« .

Ce qui réunit les deux frères, qu'Henri IV fait à plusieurs reprises lutter l'un contre l'autre dans son cabinet pour se divertir, c'est l'admiration qu'ils vouent tous deux à leur père. Beaucoup de leurs jeux guerriers commencent par un serment. Ainsi le 5 février 1605, le dauphin : « Féfé chevalié, vené peté semen (prêter serment) de bien sevi papa... ».

---

* Messe.

Et il n'est pas jusqu'aux mots d'enfant consécutifs à de petites chamailleries qui ne trahissent de la tendresse. Telle cette jolie anecdote, en date du 17 février 1605 : « Parlant de M. le chevalier, il dit « Qu'il é moucheu le dauphin mais je sais bien que je ferai ». Je lui demande « Monsieur, que ferez-vous ? » Dauphin « Je ne veux pas dire » et après plusieurs refus de dire, il se fourra dans son lit en disant « Je m'en vas le dire là-dedans ». Le dit tout bas et disait « Je le châtrerai » puis me demande « L'avez-vous bien entendu ? ». « Oui Monsieur ». « Qu'ai-je dit ? ». « Que vous le châtreriez ». « Oui je lui couperai sa quillery ». « Par où pissera-t-il ? ». « Par la bouche ». « Ha non, je lui couperai seulement le petit bout de sa quillery »[57].

Quant à Mlle de Vendôme, Catherine-Henriette, le dauphin, dans sa petite enfance, la méprise tout comme il méprise ses sœurs parce qu'elles sont des filles. Ainsi le 19 décembre 1604 : « ... Mlle de Vendôme lui servait la serviette, il la rebute en cholère disant : « I ne fau pas que les filles me donnent à laver... ». Avec elle aussi, il sait tenir son rang. Cette notation plaisante en date du 5 mai 1604 : « Mlle de Vendôme lui demande : « Monsieur, coucheray je avec vous ? » Répond brusquement : « Ho ho, vous n'ete pas l'infante... ».

Malgré tout le dauphin va nouer avec sa sœur une sorte d'idylle, ceci, le plus bizarrement du monde, à l'occasion d'un incendie survenu le 25 octobre 1607, au cours duquel ils vont être mis dans le même lit, en pleine nuit.

30 octobre 1607, cinq jours après cet incident : « Descend chez Mlle de Vendôme, dit qu'il veut coucher avec elle. ».

3 décembre 1607 : « Il a envie d'avoir un petit pot de chambre d'argent de Mlle de Vendôme « Sœu, sœu, si vous me voulé donné votre petit pot de chambre d'agen, je vous donnerai ma salière ». Mlle de Vendôme « Bien, Monsieur, je vous baillerai ce qu'il vous plaira ». Dauphin « Je vous donnerai encore cela ». C'étaient des balances. Mlle de Vendôme « Mais, Monsieur, vous les aimez bien et vous en jouez quelques fois. » Dauphin « Oui je les aime bien ». Mlle de Vendôme « Je n'en veux donc point, s'il vous plaît« .

Aimable badinage qui se poursuivra très tard, jusqu'en 1620, la fille de Gabrielle d'Estrées apparaissant, dans de nombreux ballets, comme la cavalière attitrée du dauphin.

L'univers enfantin de Saint-Germain devait se dissoudre au début de 1609 avec le départ de l'héritier du trône rejoignant la cour pour commencer son éducation d'homme. Pour les Vendômes, 1609 c'est également l'année où les chemins bifurquent : César épouse Mlle de Mercœur dont la main lui est promise depuis dix ans, Alexandre, qui a fait ses vœux de Malte, est absorbé par les devoirs de l'Ordre, et pour Henriette, on commence à parler mariage.

III – L'AMOUR D'UN PERE.

Henri IV idolâtrait César depuis sa prime enfance. On en voit un témoignage dans cette lettre à Gabrielle du 27 mai 1596 — l'enfant n'a que deux ans — : « ... Vous verrez demain César, de quoi je vous porte bien envie » [58].

Au lendemain de la mort de Gabrielle, comme pour contredire les actes auxquels il a été obligé de souscrire en écartant César de la couronne, Henri IV s'ingénie à le traiter publiquement en fils. Ainsi, en juillet 1599, à Orléans, le Bâlois Thomas Platter peut-il observer le souverain qui déjeune devant toute sa cour : « (Il) n'avait auprès de lui que son bâtard César-Monsieur, âgé de quatre ou cinq ans. Celui-ci était à la gauche du roi et avait ses serviteurs particuliers » [59]. La même année César se voit attribuer au Louvre un petit appartement situé juste sous la chambre du roi, ce que confirme Bassompière, lorsqu'il raconte le terrible accident de tournoi dont il fut victime en mars 1605 : « ... Tous mes boyaux sortirent de mon ventre et tombèrent du côté droit de mes chausses... Monsieur le Grand me prit et Guittaut l'aîné qui m'aidèrent à monter cheux monsieur de Vendôme, sous la chambre du roi... » [60]. Il s'agissait d'un entresol situé au-dessus de la salle basse des Suisses et du Tribunal, deux pièces qui devaient être réunies pour constituer la salle des Cariatides et dont le plafond de poutres et solives devait être rehaussé et remplacé en 1630 par des voutes de pierre [61].

D'Aubigné raconte comment le rude duc de Savoie, en visite à la cour à la fin de 1599, s'était étonné d'un tel traitement à l'égard d'un bâtard : « Le duc de Vendôme était lors principal en la faveur du roi qui le nourrissait à la connaissance des plus grandes affaires du royaume. Le roi s'étant mis à le louer outre mesure, le duc répondit qu'il nourrissait un de ses enfants curieusement* pour lui pratiquer un jour l'honneur d'être nourri près du duc de Vendôme » [62].

César, longtemps après la naissance du dauphin, tiendra lieu, à cause de son âge et de l'amour que lui porte son père, de seul enfant

* Entendons que le duc de Savoie prétendait par raillerie devoir élever bizarrement l'un de ses propres fils pour qu'il fut digne de fréquenter César.

visible du couple royal. Le 9 décembre 1600, on le place à Lyon près de Marie de Médicis, en quelque sorte comme garçon d'honneur, pour les cérémonies du mariage de celle-ci. Le 8 février 1601, lors de l'entrée solennelle de la reine dans Paris, Pierre de l'Estoile remarque : « Elle était dans une litière, toute seule avec le petit César... » [63]. Le 30 décembre de la même année, César et Marie de Médicis sont parrain et marraine — compère et commère comme on disait alors — au baptême du fils du duc de Montbazon. On se souvient aussi de la naissance du dauphin survenue en septembre, de la tristesse de César et du bon mouvement de la reine recommandant que l'on ne cessât pas de prendre garde à lui. Marie de Médicis parait d'ailleurs s'être prise en ce temps-là d'une réelle affection pour le fils aîné de son mari, enfant plein de charme, de gentillesse et de répartie.

Le 9 juin 1606, c'est le même trio qui est l'acteur involontaire d'une tragi-comédie, digne de l'écroulement du plancher de la chambre de Madame à Folembray : « Ce jour, note l'Estoile, le roi et la reine, passant au bac de Neuilly, revenant de Saint-Germain, et ayant avec eux M. de Vendôme, faillirent être noyés tous trois, principalement la reine qui but plus qu'elle ne voulait, et sans un sien valet de pied et un gentilhomme, nommé La Chataigneraie, qui la prit par les cheveux, s'étant jeté à corps perdu dans l'eau pour l'en retirer, courait fortune inévitable de sa vie » [64]. César est retiré de l'eau par un garde, alors que son père — sans presque avoir égard à la triste situation de sa femme — hurlait de toute la force de ses poumons : « Sauvez César ! Sauvez César ! ». « On dit — ajoute Tallemant — que la Reyne en cet accident prit M. de la Chastaigneraie où vous scavez ». « Elle avait raison, surenchérit le cardinal du Perron — peu décent ainsi que nous a prévenu Michelet — cette partie là ne va jamais au fond » [65].

César sera chargé par son père, en 1605, d'aller au-devant de la reine Margot, enfin autorisée à revenir à Paris. Le roi n'est pas des plus fiers à l'idée de se retrouver face à son ancienne femme qu'il a tenue en exil pendant seize années, aussi mise-t-il sur l'amabilité de son fils pour désarmorcer les aigreurs. L'enfant devait retrouver Margot à Etampes, fief que celle-ci lui avait autrefois vendu à la prière de Gabrielle. Mais la revenante était impatiente. Le 18 juillet elle annonçait au roi qu'elle allait se remettre en route sans attendre le jeune ambassadeur : « ... je m'avancerai le plus avant que je pourrai afin de donner moins de peine à M. de Vendôme... ». La rencontre aura lieu finalement près de Paris, au château de Madrid. Nul témoin pour entendre ce que se confient les deux disgraciés de la couronne : la reine répudiée et le bâtard à qui il n'a peut-être manqué que quelques jours pour devenir dauphin. Margot est subjuguée. Dans une nouvelle missive à Henri IV, elle compare César à « un petit ange », ajoutant : « ... Toutes paroles sont au-dessus de ce que je ressens de l'honneur dont il a plu à V. M. de m'honorer par M. de Vendôme, digne effet d'une royale naissance, tant en corps parfait en beauté qu'en l'esprit qui surpasse son âge... Je n'eus jamais plus agréable ravissement que l'admiration de la merveille de cette enfance toute prudente et pleine de sérieux discours. C'est à la vérité une royale production digne de V. M. qui ne fait rien d'animé ou d'inanimé qui ne surpasse l'ordinaire, comme ces beaux bâtiments que j'ai vus passant l'eau » [66].

L'Institution du prince.

Dans l'été de 1601, alors que Marie de Médicis était grosse du futur Louis XIII, Henri IV décida d'entreprendre l'éducation de César en lui donnant un maître qui devait faire jaser : Nicolas Vauquelin, sieur des Yveteaux [67]. Celui-ci a raconté lui-même comment il fut choisi : « Je ne laisseray pas escrire que j'arrivay à la Cour par le commandement de Henry-le-grand, lorsque la Reyne Marie de Médicis était grosse, et trouvant le Roy auprès d'elle, qui faisait marcher Monsieur de Vendôme devant lui, il me commanda de m'engager dans la conduite de son institution. » [68].

Des Yveteaux dont la vie sera longue — il mourra en 1649 — fut un curieux personnage. Agé de trente-quatre ans au moment où il paraît à la cour, il y vient, semble-t-il, sous le coup de la menace d'une prise de corps pour avoir, étant lieutenant général du baillage de Caen, fait arrêter à tort un certain Gabriel de Beauvoisien. Plutôt que d'affronter ses juges, il avait préféré gagner Paris où le précédait le renom de son talent d'écriture, entretenu par l'amitié de Philippe Desportes, le poète alors à la mode. Le pamphlet dit des *Bastons rompus sur le Vieil de la montagne* [69] se fait l'écho de cette affaire :

« Souviens-toi de tes côteries
« Que du peuple tu fus maudit
« Et lorsque tu fus interdit
« Pour tes sales coyonneries
« Si tost que tu fus accusé
« Tu fuis, en pédant déguisé... » [70].

Tallemant, qui l'a bien connu sur la fin de sa vie, dit de lui : « Ses vers étaient médiocres, mais il avait assez de feu ; sa prose, à tout prendre, valait mieux : il savait avoir de l'esprit et a eu un temps toute la vogue qu'on sçaurait avoir » [71]. Des Yveteaux, qui sera l'introducteur de son compatriote Malherbe à la cour, avait la réputation d'avoir des idées en avance sur son temps. Toujours Tallemant : « On l'a accusé de ne croire que médiocrement en Dieu. Je ne lui ay pourtant jamais ouy dire d'impietez, il est vray que je ne l'ay connu que deux ans avant qu'il mourust. On l'accusait aussy d'aimer les garçons. Pour les femmes, il les a aimées jusqu'à la fin, et a toujours mené une vie peu exemplaire. Il passait pour mesdisant et pour aimer le vin. »[72]. Toutes ces audaces n'étaient pas pour effrayer le roi qui lui renouvellera sa confiance en 1609 en lui confiant l'éducation du dauphin.

Des Yveteaux était extravagant : « Il s'habillait fort bizarrement, Mme de Rambouillet dit que la première fois qu'elle le vit, il avait des chausses à bandes, comme celles des Suisses du Roy, rattachées avec des brides ; des manches de satin de la Chine, un pourpoint et un chapeau de peau de senteur et une chaisne de paille à son cou, et il sortait en cet habit-là ; il est vray qu'il ne sortait pas souvent. Mais quelquefois, selon les visions qui luy prenaient, tantôt il était vestu en satyre, tantost en berger, tanstot en dieu, et obligeait sa nymphe à s'habiller comme luy... »[73].

Il écrivit à l'usage de César, en 1604, l'*Institution du Prince*, long poème dans lequel il livre ses préceptes éducatifs. Il recommande à son élève d'aimer Dieu :

> « Donne ton cœur à Dieu, recherche son secours... ».

Mais sitôt posée cette pétition, perce la méfiance des églises et des cénacles :

> « Mais il faut, croyant bien, adorer et se taire
> « Défendant à nos sens d'éplucher ce mystère
> « Tu peux en tous endroicts, et lorsque tu le veux,
> « Invoquer l'Eternel, et lui faire des vœux :
> « Pour ceux qui vivent bien, le monde n'est
> « Qu'un temple... »[74].

De l'été 1601 au printemps 1609, pendant huit ans donc, des Yveteaux fut en charge de l'éducation de César. C'est à lui que le fils aîné du roi et de Gabrielle devra ses plus belles qualités : sa culture qui détonnera tant sur l'ignorance de ses fils, son humour et son flegme. Pour le reste ne chargeons pas des Yveteaux : ce n'est pas parce que son précepteur passait pour bougre que César en fit grand la pratique, ni parce qu'il maniait le scepticisme que son élève fut souvent indécis et versatile. Dans sa tâche des Yveteaux sera aidé par plusieurs répétiteurs, en particulier Du Mont, clerc de chapelle, qu'Héroard nous montre, en juin 1606, apprenant à lire et à écrire aux enfants du château dans la chambre d'Alexandre de Vendôme[75]. Nous pouvons connaître l'enseignement de Des

Yveteaux par ce qu'en dit Héroard touchant l'éducation du dauphin. Il n'a rien de révolutionnaire. L'enfant, qui est confié au précepteur sur le coup de ses sept ans, a déjà reçu des femmes quelques solides rudiments, religieux pour l'essentiel, puisqu'elles lui ont parlé de Dieu chaque jour. A trois ans il sait en latin les « prières chrétiennes » : pater, ave, credo, qu'il entend dire au moins une fois par jour à la messe. Il n'existe pas alors d'ouvrage conçu à l'usage des enfants mais on lui a montré des images dans les livres des grands, c'est le premier contact avec l'abstraction et l'écrit, comme l'a montré Madeleine Fouasil dans sa belle introduction au *Journal* d'Héroard [76]. Ces livres illustrés sont, par exemple, *Le livre des animaux* de Gessner, *Le livre des oiseaux* du même, les *Emblèmes* d'Alciat. L'enfant sait aussi écrire et lire. Il a appris l'écriture par la multiplication des pages de copie où, à côté des lettres en pleins et déliés, calligraphiées par un répétiteur, sa main s'est essayée, d'abord avec maladresse, puis, peu à peu avec plus d'assurance, à se couler dans son modèle. La lecture est liée à la récitation. Les textes que l'on apprend par cœur à cinq ans, au début du XVIIe siècle, ce sont les *Proverbes de Salomon* et surtout les fameux *Quadrains* de Pibrac*.

La mission de Des Yveteaux c'est en plein l'« Institution du Prince ». Agissant de concert avec le gouverneur, il accompagne César partout où il va et lui démontre l'utilité de ce qu'on lui enseigne : manège, armes, dessin, musique, ballet, art de la chasse. Le précepteur, c'est celui qui donne un sens à tout cet apprentissage, sachant en soutenir l'effort par la réflexion et les jeux de l'esprit. Sur un fond de morale et de philosophie, il n'enseigne par lui-même que deux choses à ses disciples : le latin jusqu'à ses treize ans, l'histoire ensuite. Des Yveteaux est loin encore de l'école libertine, il parle librement, c'est tout, et ce n'est pas si courant dix ans après la mort de Montaigne. Sa morale est des plus classiques, chrétienne avant tout et appuyée d'une solide connaissance des pères de l'Eglise, humaniste ensuite et pétrie de Platon, d'Aristote mais aussi d'auteurs que l'on privilégiait alors car ils avaient procédé aux grandes synthèses de la philosophie païenne : Plotin, Denys l'Aréopagite, Lucain, Boéce, Flavius-Joséphe.

Cette éducation place d'emblée César dans un cercle masculin : répétiteurs, maîtres d'armes, courtisans mêlés d'aventuriers qui parviennent à s'infiltrer jusqu'à lui et qui s'attachent à ses pas.

---

* Guy du Four de Pibrac, *Cinquante Quadrains contenans préceptes et enseignements utiles pour la vie de l'homme*,publiés à Paris en 1574. Le livre eut un immense succès qui emmena des traductions et rééditions constantes.

Ainsi le 20 juin 1604, le voyons-nous, âgé de dix ans à peine, entrer chez le dauphin, « ... fort accompagné, il y avait entre les autres un gentilhomme de Normandie, le sieur de La Valée qui se meslait de prédire par horoscopes et nativitez »[77].

Mais, par-dessus tout, César et Alexandre eurent un gouverneur que toute la jeunesse dorée du temps leur envia : Antoine de Pluvinel. C'était un gentilhomme de Dauphiné, parti, à l'âge de dix sept ans, à Naples, se former dans l'une des plus fameuses écoles « d'adresse et de politesse », celle de Jean-Baptiste Pignatelli. Henri III, qui n'était alors que le duc d'Anjou, l'avait, à son retour, fait son premier écuyer. Henri IV lui avait ensuite donné la direction de la grande écurie et lui avait permis de fonder sa fameuse académie où tout ce qui était noble ou en prétention de l'être se pressait. Pluvinel devait être fait plus tard sous-gouverneur du dauphin et rédiger de fameux manuels qui ont institué l'art français du manège. Ce fut lui, pendant un demi siècle, qui mit la France à cheval. Pour César et Alexandre, il fit plus que cela, il eut la haute main sur leurs maîtres d'armes, sur leurs maîtres à danser, sur leurs professeurs des arts de la guerre et sur leurs maîtres dans les divers arts de la chasse. Pluvinel consacrait plusieurs heures par jour aux fils de Gabrielle. Au manège, chez lui à Paris* ou au Grand Navarre à Fontainebleau, c'étaient les exercices arides et répétitifs des figures, égayés parfois de courses à la bague ou au faquin**. Au grand air, dans l'enclos du Bois de Boulogne*** ou dans l'espace ouvert du Bois de Vincennes, c'était l'apprentissage de la chasse. Les premières chasses auxquelles César prit part furent des chasses aux toiles pour lesquelles on isolait un pan de la forêt à l'aide de filets. Les premiers animaux qu'on lui donna à traquer furent des blaireaux et des canards, les premiers qu'il tua furent des daims. C'est ensuite, tout naturellement, qu'il prit le goût des animaux à poil gris et des chasses violentes dont, en vrai Bourbon, il fit l'un des grands plaisirs de sa vie.

Nous nous étendrons davantage sur la danse qui tenait une place considérable dans l'éducation d'un homme né. La vogue de celle-ci ne cessait de croître, tout le monde s'y adonnait avec, parfois, une pointe de ridicule. Ainsi Tallemant, à propos de Sully : « C'était une de ses folies que la danse. Tous les soirs, jusqu'à la mort d'Henri IV, un nommé La Roche, valet de chambre du Roy, jouait sur le luth les danses du temps, et M. de Sully les dansait tout

* L'académie de Pluvinel se trouvait à l'emplacement du 193 de la rue de Rivoli.
** Mannequin que l'on perce de coups de lances.
*** Henri II avait fait enclore tout le Bois de Boulogne d'un mur.

seul, avec je ne sçay quel bonnet extravagant en teste qu'il avait d'ordinaire quand il était dans son cabinet »[78]. C'est que le ballet de cour, depuis le fameux *Ballet comique de la Reine* inventé par Balthazar de Beaujoyeux en 1581, était conçu comme la seule possibilité de fusion des arts et des plaisirs de l'ouïe, de la vue et de l'esprit : poésie, musique, peinture, architecture, costume, joaillerie, tout ceci sous tendu de science et de philosophie puisque l'argument, confié aux plus grands littérateurs du temps, tel Malherbe, qui en a publié deux, était à la fois allégorique et mythologique. Un code s'était instauré et tous les participants au spectacle devaient entrer et figurer dans un ordre qui reflétait celui de la société. On y « prenait son rang » comme dans une cérémonie de cour et c'était donc avec pertinence que le petit dauphin, le 7 mai 1608, avait répondu à César qui le priait de prendre sa place dans l'un de ses ballets : « Mon rang est partout » [79]

On écrivait beaucoup sur le ballet : le livret était publié, la musique aussi, mais également des descriptions des figures exécutées et des récits hagiographiques des représentations. C'était l'affaire des jeunes gens à la mode, mais aussi la consolation des vieux séducteurs et des mourants. Bassompière rapporte que le 13 janvier 1608, César de Vendôme, Cramail, Terme et lui-même — on surnommait tous ces jeunes gens les « dangereux » à cause de leur turbulence — étaient allés, sur ordre du roi, danser chez le duc de Montpensier, à l'article de la mort, afin de le distraire. Ajoutons également que César avait de qui tenir puisque son arrière grand-père, Jean d'Estrées, avait publié, entre 1559 et 1564, un *Livre de danseries* en quatre volumes.

Le beau travail de Margaret M. Mc Gowan, *L'Art du ballet de cour en France*, consacre tout un chapitre au ballet que César donna au printemps de 1610, quelques semaines avant la mort du roi. C'est l'aboutissement de la longue carrière de danseur du prince qu'Héroard nous montre dès 1602, alors qu'il n'avait que huit ans, inventant des figures. Le *Ballet de monsieur de Vendôme*, fruit d'un travail personnel de César sera représenté trois fois, le 18 janvier 1610 dans la grande salle du Louvre*, les 17 et 18 février à l'Arsenal, dans la salle que Sully avait faite accommoder pour son plaisir. Il innove sur bien des points.

Tout d'abord, il puise sa matière dans le goût romanesque du temps et non dans la mythologie. Depuis le *Ballet comique* de 1581, le public s'était enflammé pour les romans inspirés de l'Arioste et

* Notre actuelle salle des Cariatides.

du Tasse. Ces temps brutaux avaient besoin d'élévation : ils se délectaient surtout de récits de chevalerie dans lesquels des humains, par leurs actions héroïques ou sublimes, venaient à bout des maléfices des dieux ou des sorciers. La deuxième nouveauté, c'est qu'il s'agissait d'un spectacle à machines, avec des effets visuels grandioses, préfigurant ce que seront les féeries théâtrales commanditées par Richelieu et Mazarin, et où Margaret Mc Gowan voit la patte des frères Francini, les magiciens des grottes de Saint-Germain-en-Laye.

Découvrons le premier tableau. Devant le rideau tendu, paraît le chef du ballet, César en personne, accompagné de sa suite où se trouvent les meilleurs danseurs de la cour qui jouent avec lui le rôle des « chevaliers enchantés ». Le comte de Cramail, tout comme César, est affublé en forme de tour, messieurs de Terme et de La Ferté qui suivent figurent des femmes géantes, deux seigneurs des pots à fleurs, deux encore des chats-huants, d'autres se sont glissés dans des corps de basses et de violes démesurées, d'autres enfin sont des moulins à vent. Le rideau tombe, découvrant alors une forêt enchantée d'où perce une pyramide. Apparait le seigneur Gobbemmagne, « consollatier de l'isle des Singes », suivi d'esclaves Turcs, de musiciens et de porte-flambeaux, appelés dans la forêt par l'enchanteresse Alcine. Celle-ci descend du théâtre et vient se poster face à Henri IV, qu'elle nargue en proclamant la puissance de ses maléfices. Entrent alors des figures en formc de losange puis des nains, armés de massues, qui font des caracoles. Alcine revient furieuse : « Elle se lance droit vers l'estrade du roi et, dans sa fureur, déclame contre les infidèles serviteurs qui n'ont pas su résister à la force royale et à la beauté des dames de cour ». Alcine se retire et la pyramide se recouvre de trophées d'armes chargés de devises à la gloire du roi. Le ballet se poursuivra, après un changement à vue du décor, à l'intérieur du palais même. Les chevaliers seront désenchantés et Alcine redescendra du théâtre pour venir se soumettre au roi. L'allégorie est simple : le royaume rend grâce au souverain qui l'a délivré de ses maux. Ce qui est original, c'est l'espèce de plus grande proximité que donne le sujet non mythologique, l'invention burlesque, les personnages en losanges, pots de fleur, femmes géantes, chats-huants, les ressources de la machinerie. Tout cela parait relever d'un des moments les plus inventifs du baroquisme français.

Dernière nouveauté, les deux adresses au roi de l'enchanteresse Alcine, qui descend du théâtre, d'abord pour le narguer, puis pour se soumettre, sont traités dans la forme du récitatif. Le récitatif venait d'Italie où quelques musiciens prétendaient par lui ressusciter la prosodie antique. On sait quelle allait être sa fortune dans l'opéra français.

Le ballet de César frappa les imaginations. Le jeune prince avait fait appel au musicien Pierre Guédron*, qui fut certainement aidé de son assistant du Gap et de son gendre Boesset, mais il avait eu l'idée du sujet et de toutes les nouveautés qui allaient faire de cette œuvre celle qui devait fixer le genre jusqu'au milieu du XVIIe siècle. C'était l'aboutissement d'une longue discipline et la preuve d'un incontestable talent.

« Toutes celles qu'il aima depuis n'ayant pu prendre autant de pouvoir sur son esprit... »

Le 9 mars 1606, malgré ses douze ans, César fut admis au Parlement au titre de son duché de Vendôme. Les ducs et pairs conservaient en tant que seigneurs hauts justiciers le droit de siéger au Parlement pour opiner avant les magistrats dans les affaires mises en jugement. Pour cela, ils devaient être reçus dans des formes très strictes, soit pour prendre la suite de leur prédécesseur, soit pour faire enregistrer les lettres d'érection que le roi accordait en créant chaque nouveau duché. Ils siégeaient après les princes du sang, membres de droit de cette assemblée, dans un ordre de marche immuable qui était celui de la première érection de leur duché : ainsi Uzès, érigé en 1565, était-il le premier, Elbœuf, érigé en 1581, le second, et ainsi de suite... Henri IV, désireux de favoriser César, s'entendit avec Sully pour imposer la réception de son fils à un âge tout à fait inhabituel. Un siècle et demi plus tard Saint-Simon, si attaché aux privilèges des ducs, en frémit encore : « Ce fut une hardiesse et une supercherie. M. de Sully se faisait recevoir au Parlement. On peut juger qu'un favori, surintendant des finances et grand maître de l'artillerie, y alla bien accompagné. Le duc de Vendôme y parut tout à coup sans que personne ne s'y attendit et prit subitement sa place. Le Parlement se trouva si surpris, et en même temps si étonné, qu'il n'osa dire mot et la chose demeura faite... »[80]. Le mémorialiste, dans ses *Notes sur les duchés pairies*, fournit un détail plaisant sur la conclusion de la cérémonie. Sully et César, revenant ensemble à l'Arsenal, trouvèrent le roi, « ... dans la cuisine, qui ordonnait du repas... »[81] destiné à fêter ce joyeux coup de force. Nous verrons bientôt qu'Henri IV ne s'arrêtera pas en si bon chemin et que, quatre ans plus tard, quelques semaines avant sa mort, il placera les fils de Gabrielle d'Estrées à un rang

* Pierre Guédron 1565-1613. Compositeur de la musique du roi en 1601.

intermédiaire entre les princes de son sang et les ducs et pairs, se servant justement, pour justifier ce nouveau privilège, du passe droit qu'avait constitué l'admission de César presqu'enfant au Parlement.

Trois jours après cette réception, le nouveau duc de Vendôme accomplissait une première démarche publique : fort des bons rapports qu'il avait noué avec la reine Margot, il lui menait le dauphin à qui celle-ci devait faire donation de l'intégralité de ses biens pour qu'ils reviennent après sa mort à la couronne.

En septembre 1606 eut lieu le grandiose baptême des enfants royaux — Le dauphin et ses sœurs Elisabeth et Catherine — C'était à Fontainebleau, sous la porte Dauphine, construite exprès dans la cour Ovale. « Jamais, on n'avait vu pareille richesse, rapporte l'Estoile, l'épée du duc d'Epernon avait dix-huit cents diamants. L'habit du maréchal de Bassompière, dont la façon lui coûta six cents écus, était de toile d'or violette, le brodeur y avait employé cinquante livres pesant de perles »[82]. « César, ajoute l'Estoile, portait la salière et Alexandre le crémeau, marchant immédiatement derrière le cardinal de Gondi qui devait faire la cérémonie »[82].

En mai 1607, César a treize ans, l'âge fixé pour la majorité du roi, le roi qu'il aurait pu être un jour si Gabrielle avait vécu. Il se risque à sa première intervention clientéliste en faveur d'un fidèle de la maison de sa mère, le sieur Pujet, financier poursuivi par la chambre chargée de rechercher les abus des spéculateurs. Celle-ci venait d'ordonner la capture de sa personne morte ou vive. Le roi, à la prière de son fils, suspend la procédure, « ... à la charge que dedans vingt jours, que S.M. lui a donné pour rendre ses comptes, il sera tenu de se représenter »[83]. Qui était ce Pujet ? D'après Tallemant, un homme de rien dont Gabrielle avait fait la fortune : « Le fils d'un apothicaire de Toulouse, nommé Pujet, vint à Paris qui n'avait pas de souliers. Il fit quelques affaires par Mme la duchesse de Beaufort — d'autres disent qu'il a porté les livres chez Mme de Beaufort, qu'ensuite il fut valet de chambre et que, comme il était assez agréable parmi les femmes, il lui plut et servit à ses amourettes. »[84].

En 1607 la recherche des spéculateurs n'épargne pas le premier de tous les enrichis : Sully, lui-même. « La chambre de justice, rapporte Tallemant, ne fut établie que pour perdre M. de Sully et découvrir ses malversations... Ceci arriva en 1607 et le roi, sachant les pots de vin qu'il prenait... faisait état de donner la surintendance à M. de Vendôme quand il aurait plus d'âge et lorsque Sa Majesté mourut il était sur le point de l'y établir »[85]. A l'égard de Sully, le roi avait, selon Richelieu, « ... soupçon non de la fidélité de son cœur mais de la netteté de ses mains ». En fait ce fut à Armand de Corbeville que songea Henri IV pour remplacer Sully mais il est tout de même chez Tallemant l'écho d'une rumeur qui éclaire le rôle que le roi entendait voir jouer à César : celui de personne d'absolue confiance, chargée entre autres choses du maniement des fonds publics, tâche dans laquelle Sully déméritait en s'enrichissant.

Vint le temps où il fallut reparler mariage. César, on s'en souvient, avait été fiancé, dès ses quatre ans, en avril 1598, à Angers, à Mlle de Mercœur. Depuis lors Marie de Luxembourg — la duchesse de Mercœur — était venue vivre avec sa fille à la cour tandis que son mari, dépossédé du gouvernement de Bretagne, s'enrôlait comme volontaire en Hongrie au service de l'empereur Rodolphe II, à un moment où, comme le devait dire plus tard François de Sales, « ... le croissant de Mahomet grossissait si fort qu'il semblait vouloir se rendre pleine lune »[87]. Il allait y combattre les Turcs avec bravoure et mourir brusquement à Nuremberg, à quarante ans, le 19 février 1601[86]. François de Sales était venu à Paris, le 27 avril 1602, prononcer à Notre-Dame son oraison funèbre. Le saint homme avait brossé un portrait très idéalisé de l'ancien gouverneur de Bretagne, connu pour avoir tenu sa province d'une main de fer : « C'était un enfant d'esprit et qui avait une bonne âme... Il ne mangeait que comme par force et il ne buvait presque que de l'eau... Il ne craignait rien tant que de voir entrer dans ses coffres des exactions indues ou des deniers mal acquis... ». Après avoir asséné ces contre-vérités tenant à la loi du genre, l'évêque de Genève avait abaissé le regard vers les hommes de la famille, tous au premier rang — les Lorrains au grand complet, César au milieu d'eux — et, parlant au nom du défunt, il avait conclu : « Hé ! ne se trouvera-t-il personne qui veuille entreprendre de combattre pour la gloire de mon Dieu et qui d'une âme courageuse reprenne mes brisées à la poursuite d'une si sainte entreprise ? »[87].

Après la mort de son mari, Mme de Mercœur, une maîtresse femme, était devenue chef de famille. Pierre de l'Estoile a dit à son sujet : « ... La plus dévote femme de France, et la plus riche : qui sont deux belles qualités qui revenaient et agréaient fort au roi, mais principalement la dernière, pour avoir toujours eu Sa Majesté ce désir de bien doter ses enfants... ». Il ajoute perfidement : « La plupart des dévotions de Mme de Mercœur et les principales, n'étaient que compensations, par force messes et services qu'elle faisait dire, pour expier les brigandages et voleries, qu'elle avait exercé sur ses pauvres sujets, dans son pays et duché de Bretagne »[88]. François de Sales lui-même allait devoir intervenir auprès d'elle, le 15 avril 1606, pour l'incliner à traiter plus humainement l'un de ses créanciers[89].

La duchesse s'était coobligée avec son mari, à marier sa fille Françoise avec César, et, maintenant que Gabrielle d'Estrées était morte et sa progéniture sans espoir de succéder à la couronne, ce qu'elle désirait le plus, c'était de s'en affranchir. Les biens qu'elle apportait de son chef étaient considérables. Le duché de Penthièvre, qui se composait de quatre membres : Lamballe, Moncontour, Guingamp et la région des côtes. C'était une principauté qui faisait à peu près le sixième de la Bretagne, bien groupée, avec des droits non démembrés. Par force, le chef de cette maison était destiné à être un rebelle. On l'avait vérifié autrefois avec Eudes de Bretagne au XIe siècle et Jean de Penthièvre en 1365. Malgré cela, après la réunion de la Bretagne à la France, le duché moderne avait été très imprudemment reconstitué par François 1er, en faveur de Jean de Brosse, l'époux de sa maîtresse, Anne de Pisseleu, duchesse d'Etampes. Marie de Luxembourg, héritière de Jean de Brosse, apportait également, venant de son mari, la principauté de Martigues, plus impressionnante par sa qualité princière que par sa richesse réelle. Elle se composait de la ville de Martigues avec ses trois quartiers : Jonquières, Isle et Ferrières. C'est Henri III, en 1580, qui avait érigé ce fief en principauté en faveur de son beau-frère, Mercœur.

A Paris, Mme de Mercœur et sa fille vivaient depuis 1606 dans l'hôtel qu'elles avaient fait reconstruire afin d'y adjoindre le couvent des capucines. C'est dans cette sorte d'Escurial, mi-palais, mi-monastère, que devaient jusqu'en 1688 se succéder les Vendômes. Il faut donc dire quelques mots de la construction qui va servir de berceau et de tombe à quelques-uns de nos héros.

La reine Louise, veuve d'Henri III, avait institué les Mercœur ses légataires à charge de réserver 60 000 livres pour construire à Bourges le premier couvent de capucines en France. Après diverses péripéties : l'opposition des capucins de Rome qui durent être contraints à l'acceptation par un bref de Clément VIII, l'opposition des autres couvents de Bourges, Mme de Mercœur avait dû se résoudre à implanter cette fondation à Paris, au faubourg Saint-

Honoré, vis-à-vis du couvent des capucins. Dans ce but, elle s'était rendue acquéreur de l'hôtel de Retz, appelé aussi hôtel du Perron, qu'elle avait fait démolir partiellement pour travailler à la construction de sa future résidence parisienne et du couvent qu'elle voulait contigus ; ensemble dont elle posa la première pierre le 29 juin 1604.

Marie de Luxembourg, dont on a dit les méthodes expéditives en Bretagne était la digne émule de son mari, tyran de sa province en même temps que munificent bienfaiteur de couvents destinés à glorifier les deux pauvres François — celui d'Assise et celui de Paule — Il avait ainsi fondé le couvent des capucins à Nantes et introduit les minimes en Bretagne. La future belle-mère de César démontra une fois de plus qu'elle savait gouverner ses désirs. Tandis que son couvent et sa maison sortaient de terre en 1604 et 1605, elle se retira au faubourg Saint-Antoine, à la Roquette, dans une maison de plaisance, dite Bel-Esbat, qui lui appartenait, se logeant dans un corps de logis avec sa fille et ses domestiques, mettant dans l'autre douze demoiselles qui prirent aussitôt l'habit de novices des capucines.

Mme de Mercœur ne laissa pas ses architectes en paix, si bien qu'elle put aménager dans son palais et consacrer la chapelle de son couvent en juin 1606, prenant les novices chez elle en attendant que le couvent fût terminé. Le 18 juin 1606, le cardinal de Gondi officiant, le père Ange, ancien duc de Joyeuse et pour lors capucin, conduisit, devant toute la cour présente, un cortège de quatre-vingts moines de son ordre, qui allèrent prendre les novices, toutes coiffées d'une couronne d'épines, afin de les mener dans leur nouvelle chapelle. Ce couvent des capucines, à cause de la dureté de la vie qu'on y menait, était destiné à demeurer le seul de cet ordre pour les femmes en France. L'austérité, ainsi que l'écrit l'auteur d'un ancien guide de Paris, y était à faire peur : « Elle ne vivent que d'aumônes, toujours marchant nus pieds, sans soques ni sandales, excepté dans la cuisine et dans le jardin, n'usent jamais de chair, même dans les maladies mortelles... » [90].

L'hôtel de Mercœur*, futur hôtel de Vendôme, jouxtait ce couvent. Il avait conservé toute la structure de celui bâti sous Charles IX pour Antoine de Gondi, sire du Perron : grand rectangle coupé en deux par une aile transversale, nu à l'extérieur, richement orné de pilastres et de sculptures à l'intérieur, prolongé d'un vaste jardin qui butait contre le marché au Chevaux. Cette maison où la vie était brillante et douce, appuyée à ce couvent où tout était terrible, va

* Il occupait toute la partie ouest de l'actuelle place Vendôme.

servir de théâtre et de coulisses aux vicissitudes des Vendômes. Plus d'une fois, aux heures de pénitence, nous les verrons traverser la cour de leur palais pour aller fouler, de leurs pieds nus, le carreau de terre du cloître des capucines.

Mais revenons au mariage de Mlle de Mercœur. L'Estoile, se fait l'écho des réticences à concrétiser cette union qu'il fait endosser à Mlle de Mercœur : « Le mariage de M. de Vendôme... accroché par ce refus qu'en fait la fille qui n'y veut prêter son consentement, fâche Sa Majesté, qui demanda à Mme de Mercœur sa mère, les cent mille écus stipulés en cas de dédit, et deux cent mille écus d'avantage. Laquelle s'excusant sur la volonté de sa fille qu'elle ne peut forcer, offre les cent mille écus au roi, et, pour le regard des deux cent mille autres, a recours à ses yeux, et offre à Sa Majesté prendre tout son bien, s'il en a affaire. Sa fille se retire aux capucines, et proteste de s'y rendre, plutôt que de consentir à ce mariage »[91].

Il y a certes la situation nouvelle crée par la mort de Gabrielle qui rend cette union moins intéressante pour les Lorrains mais l'attitude de César n'est peut-être pas étrangère à l'aversion soudaine de Mlle de Mercœur. En 1608, année de ses quatorze ans, le jeune homme traverse une période ingrate. C'est à cette époque qu'Héroard — nous l'avons dit — note dans son *Journal*, à la date du 17 juin 1608, que le duc de la Trémoille quitte la cour au bout de deux jours à cause des « nigeries » que lui fait M. de Vendôme. C'est ce même comportement turbulent, sa fréquentation du groupe des « dangereux », qui fait qu'il ne se tient pas suffisamment près du dauphin, encourant de celui-ci des reproches. Il est sans doute une autre raison qui n'allait pas sans inquiéter le roi. César marquait peu de goût pour les femmes, en tout cas suffisamment peu — alors que la chose était monnaie courante dans l'aristocratie ou bien souvent les hommes « tâtaient du poil et de la plume » — pour qu'on s'en inquiétât. Le roi, affirme Tallemant, avait tenté d'arranger la chose à sa façon. Parlant d'une certaine Angélique Paulet, femme galante et raffinée, il écrit : « Il (le roi) allait chez elle le jour qu'il fut tué ; c'était pour y mener M. de Vendôme... Il voulait rendre ce prince galant : peut-être s'était-il déjà aperçu que ce jeune monsieur n'aimait pas les femmes. M. de Vendôme a toujours été accusé du ragout d'Italie. On en a fait une chanson autrefois :

« Monsieur de Vendôme (bis)
« Va prendre Sodome (bis)
« Les Chalais, les Courtenvaux
« Seront les premiers à l'assaut

« Ne sont-ils pas vaillants hommes ?
« Chacun leur tourne le dos ». [92]

Comme le dit le dauphin, qui n'a que sept ans, en entendant parler du mariage de son frère : « Quan j'aurai quatoze an (ans) on palera (parlera) de me marié » [93]. La résignation de César fut celle de presque tous les grands dans cette occasion de leur vie. Le marquis de Beauvau le dira joliment plus tard : « Les princes ne sont pas toujours les plus heureux, étant plus esclaves de leurs Etats et des volontés de leurs proches que maîtres de leur liberté » [94]. Henri IV ne lâcha pas prise. Les tractations se poursuivirent avec hargne. Saint-Simon écrit : « On la (Mme de Mercœur) battit de sa propre signature, de celle de son mari et de tous leurs parents au premier contrat de mariage » [81]. Le roi écrivait encore à Sully un an avant d'aboutir : « Quant à ce que vous me mandez touchant madame de Mercœur, il faut battre le fer tant qu'il est chaud. Cependant ceux qui vous disent que M. du Maine (Mayenne) et sa femme y font ce qu'ils peuvent, vous trompent... » [95]. Les Lorrains de la branche française élevaient donc des obstacles à l'union de l'une des héritières de leur lignée avec le bâtard du roi et ce fut le duc de Lorraine, souverain et chef de famille, beau-frère du roi puisque veuf de sa sœur Catherine (Madame), qui, depuis sa capitale de Nancy, arrangea les choses. L'invitation, qui lui sera adressée par Henri IV pour assister aux noces de César, en témoigne :

« 17 avril 1609,

« A mon frère, le duc de Lorraine,

« Mon frère, comme vous m'avés bien aydé à conduire le mariage de « mon fils Vandosme avec sa maistresse, ma cousine de Mercœur, il vous prie « vouloir honorer encore de votre présence aux nopces que nous avons « délibéré d'en célébrer... » [96].

Suivent quelques lignes de la main de César : « Monsieur, le Roy vous priant d'honorer mes nopces de votre présence, comme je sçay que ce sera en sa considération seule que je recevray ceste faveur, s'il vous plaist en prendre la peine... ».

Les fiançailles furent finalement célébrées le mardi 22 juillet 1608, à Fontainebleau, « dans le cabinet du roi » [97]. Sitôt après, les négociations reprirent de plus belle pour parfaire le contrat et le mariage ne put finalement avoir lieu que le 5 juillet 1609, « entre une et deux heures après minuit »*, toujours à Fontainebleau.

* C'était devenu la coutume de célébrer les noces autour de minuit. L'origine en était que la plupart des mariages n'avaient pas été précédés de fiancailles qui, canoniquement, ne pouvaient pas être fixées le même jour. On bénissait donc les fiancailles avant minuit et le mariage après. Dans le cas de César et Françoise, fiancés depuis un an, il n'y a pas de justification réelle sauf celle de l'habitude prise de faire toutes ces cérémonies de nuit.

Mme de Mercœur, sans doute pour faire pardonner ses hésitations, envoya à son gendre « ... une petite chaîne de chiffres d'or où pendait ung hercule de petits diamants et à la base au-dessous étaient escripts ces mots : « La grandeur de ton père et sa vertu te font plus grand qu'Hercule ». Ce à quoi le petit dauphin remarqua « I fau (fault*) ta vertu« . [98]

Ces noces furent magnifiques, suivies et précédées pendant plusieurs semaines de réjouissances dont l'un des moments les plus forts fut un fameux festin dans la salle basse des Suisses du Louvre. Bassompière confesse : « Parce que je mourais d'envie de voir les noces de M. de Vendôme qui, dans dix jours, se devaient faire à Fontainebleau, je demeurais à Paris, feignait d'y avoir des affaires et, en ce séjour, j'y perdis vingt-cinq mille écus au jeu. »[99]. Une cérémonie qu'aucun courtisan ne pouvait manquer, de l'avis également de Pierre de l'Estoile : « Ces noces furent triomphantes et magnifiques, où il ne se parla que de rire et que de danser ». Le roi y apparut transporté de l'amour tout neuf dont il brûlait pour sa nièce, la princesse de Condé : « Sa Majesté paraissant par-dessus les autres, comme un soleil entre les étoiles et tout brillant de perles et de pierreries de valeur inestimable... ». La principale appréhension d'Henri IV résidait dans l'adresse de son fils dans le moment où il serait mis au lit avec son épouse : « ... craignant que son fils de Vendôme, pour la grande jeunesse qui était en lui, ne se trouva court au métier et fit le sot (disait-il), quand il viendrait aux prises, l'avait fait, huit jours avant son mariage, tâter et essayer par une demoiselle, qu'on lui envoya d'Essonne, qui était une des plus expertes en l'art, et qui mieux 1601-1609entendait tous les tours du métier : sur laquelle il aiguisa ses couteaux. Et disait-on que le roi y était depuis passé exprès pour savoir comment il s'y était porté ». Du coup Henri, le soir des noces, se planta au chevet des époux et s'employa à rassurer Mme de Mercœur en larmes, lui disant que pour ce qui regardait César, « ... il l'avait fait instruire de bonne main et montrer comme il fallait faire : si, qu'il espérait qu'il s'en acquitterait en honnête homme. Et vous, Madame, (lui dit-il), qui savez dès longtemps comme on se comporte en telles affaires, je vous laisserai gouverner votre fille et lui donner la place que vous jugerez la plus convenable pour l'exécution et accomplissement de cette œuvre... » [100].

Dernier témoignage, celui de Fontenay-Mareuil, qui envisage froidement la fortune de César et le passage compliqué, pour lui, de l'amour d'une mère trop tôt disparue à celui d'une autre femme :

* Manque.

« ... et ce fut une grande fortune que ce mariage se put bien achever car elle était seule héritière de cette grande maison et si le roi lui eut manqué — comme il fit bientôt après — il ne l'aurait jamais eue... Il ne pouvait oublier la duchesse de Beaufort, sa mère, toutes celles qu'il aima depuis n'ayant pu prendre autant de pouvoir sur son esprit qu'elle n'y en avait eu... » [101].

Bretagne et rang intermédiaire

Pendant les tractations de ce mariage, au cours de l'été 1608, et sans doute pour les hâter en soulignant que César occupait déjà en Bretagne la place que lui avait délaissé le père de sa fiancée, le roi envoya son fils présider pour la première fois les Etats de la province convoqués à Rennes. Voyage précédé de deux adresses d'Henri IV aux habitants de cette ville, l'une du 5 août, l'autre du 25 août. César y est annoncé comme un envoyé particulièrement cher au roi ; les Bretons sont sommés de « ... lui obeyr avec la révérance et submission que debvez à l'aucthorité ... oultre ce que l'honneur qu'il a d'estre aymé et chéry de nous pour ce qu'il nous est, vous y oblige plus particulièrment... » [102]. Le comte de Brissac est désigné pour accompagner le jeune gouverneur, « ... vous trouver, précise Henri IV, près de mon dit fils lorsqu'il y arrivera comme aussy pour assister et comparoir aux dits estats et vous y employer, comme je crois que vous pouvés, à la résolution de ce qui vous y sera proposé de ma part... » [103].

Pour César c'est le premier contact avec cette Bretagne qui va être pendant quinze ans le lieu de ses exploits et de ses incartades. L'impression qui émanait de ces Etats à demi patoisants était sans doute forte et devait dépasser en étrangeté celle qu'allait éprouver Chateaubriand, quelques cent-soixante quinze années plus tard, en se figurant toucher du doigt le Moyen-Age. Monsieur le gouverneur découvrait une province foncièrement attachée à ses libertés qui sortait à peine des périlleuses aventures où M. de Mercœur l'avait voulu entraîner. En effet le beau-père de César ne s'était pas contenté de combattre le roi. Tout comme son cousin Mayenne, il avait fait appel à l'Espagne et avait remis la forteresse de Blavet, « ... ès mains de Jean d'Aguilar, lieutenant de Philippe II » [104].

La réception faite au fils du roi fut, selon Turquet de Beauregard [105], en tous points magnifique : la milice bourgeoise et les cavaliers des plus illustres maisons du duché allèrent à sa rencontre, on l'installa dans le bel hôtel de la Cotardais qui avait servi de résidence à François II, le dernier duc et à sa fille Anne, la dernière duchesse. Place Sainte-Anne, le fils de Gabrielle, installé sur une estrade recouverte d'un dais, fut harangué par le premier président du Parlement et passa la revue. Il avait quatorze ans, il était beau et blond et, d'emblée, il s'acquit le cœur des Bretons.

Cinq semaines après son mariage, un an après son voyage à Rennes, César revenait en Bretagne, c'était en août 1609, cette fois à Nantes, dans l'autre capitale du duché, toujours flanqué du maréchal-comte de Brissac. A Nantes, il se trouvait encore davantage chez lui puisqu'on se souvient qu'il avait été fait par son père, onze ans auparavant, gouverneur de la ville et de son château, avec le duc de Montbazon sous lui pour lieutenant général.

A la fin de 1609 Henri IV touche à ses cinquante-six printemps. Il règne sur une progéniture de quatorze bambins, issus de cinq femmes différentes, dont César, du haut de ses quinze ans, est l'aîné. C'est dans cet âge mûr que son cœur s'embrase une nouvelle fois comme un sarment bien sec. Il s'agit cette fois d'un amour incestueux au regard des lois de l'Eglise : Henri a jeté son dévolu sur Charlotte de Montmorency, la femme de son neveu Condé, lequel ne verra pas d'autre moyen de se dérober à ces entreprises que de fuir avec sa jeune épouse à Bruxelles.

Cette fuite est précédée de longues manœuvres du souverain, qui débordant d'imagination pour en venir à ses fins, entraîne dans ses traques César, son fils chéri, intronisé en quelque sorte compagnon de « bordées ». Mais fions-nous à Fontenay-Mareuil : « ...(Le roi) ayant été averti par M. de Traigny, gouverneur d'Amiens, qu'il mènerait Monsieur le prince (Condé) qui aimait fort la chasse faire la Saint-Hubert à une maison qu'il avait auprès de la forêt... et que Mme sa mère et sa femme y seraient, (il décide) de s'y en aller accompagné de M. de Vendôme, des deux frères d'Elbène qui étaient fort de sa confidence, du capitaine du Jon et du chevalier du Gué, tous déguisés, et lui particulièrement vêtu en valet de chien, où ayant vu Mme la Princesse à une fenêtre, en passant d'une chambre à l'autre, et durant le dîner, sans être reconnu... »

La boucle est presque bouclée entre le faux paysan qui, à la fin de l'année 1590, était entré chargé d'un fagot par le fond du parc de Cœuvres et le faux valet de chien de la Saint-Hubert 1609. Entre ces deux facéties d'un même personnage qui est le roi, il y a un royaume reconstruit, devenu riche et prospère et qui parle haut à l'Europe. Il y a également un père dont l'affection active a su faire oublier au favori de ses enfants — César, le fils aîné de la femme qui l'a tenu captivé par les sortilèges de l'amour — qu'il avait dû rabattre énormément des grands desseins qu'il avait formés pour lui.

Henri et César, ensemble ont entretenu le culte de Gabrielle et soutenu leur infortune dans une complicité sans faille. Le dauphin pouvait être à bon droit jaloux de cet amour du roi qu'il n'obtenait pas avec autant de facilité. Rapportons à ce sujet une anecdote. Le futur Louis XIII vient à Paris en février 1608 : « Va en sa chambre en dessoubs de celle du Roy qui estait celle où logeait M. de Vendôme, que le Roy fit déloger et le loger en sa chambre et coucher en son lict »[106]. Il est certain que, dans cette espèce d'émulation que tous les enfants royaux entretenaient afin d'attirer l'attention de leur père, César gagnait à tous les coups. Aucun autre enfant du roi n'aura jamais le privilège de partager le lit royal. C'était comme si Henri IV s'ingéniait, chaque fois qu'il était obligé de froisser la susceptibilité de César en faveur du dauphin, de lui octroyer un honneur plus important et propre à gommer son déplaisir.

Henri IV devait finalement, peu de temps avant sa mort, faire davantage encore pour César, l'élevant, seul d'entre tous ses enfants naturels, à mi-chemin entre la noblesse et les princes du sang légitime, créant pour lui ce fameux rang intermédiaire, objet de tant de diatribes et d'invectives, que Louis XIV en 1694 ne fera que réactiver en faveur de ses fils, le duc du Maine et le comte de Toulouse. Cette élévation, justifiée par « ... la concession du nom et armes de Vendosme, ancien patrimoine de la branche régnante »[81], se fait par lettres patentes du 15 avril 1610, enregistrées au Parlement le 4 mai, dix jours seulement avant la catastrophe du 14 mai : « Pour avoir l'honneur d'être sortis de nous... veut que dorénavant son dit fils le duc de Vendôme et ses dits enfants qui naîtront en loyal mariage, ayent, tiennent et possèdent le premier rang et la préséance immédiatement après les princes de son sang, devant tous les autres princes et seigneurs du royaume, tant en tous lieux, actes et endroits militaires, qu'aux cérémonies publiques et privées auxquelles on a accoutumé et sera requis tenir rang nonobstant toutes déclarations de prééminence en faveur de quelque personne, pour quelque cause que ce soit »[107]. C'était une nouveauté inouïe au regard des lois de l'Etat et de l'Eglise. César, issu d'un double adultère, recevait la neuvième place en France après le roi, ses trois fils, les quatre princes du sang. Il passait ainsi devant tous les princes étrangers et les ducs, aptes d'après les lois fondamentales de la monarchie à revendiquer l'élection à la couronne à défaut de représentant mâle légitime de la race régnante. Nous aurons à reparler des singulières vicissitudes de ce rang intermédiaire.

« *Je quitte aujourd'hui les fonctions de roi pour remplir celles de père...* »

Alexandre n'avait que trois années de différence avec le dauphin. Elevé comme lui à Saint-Germain-en-Laye, il y resta de façon continue jusqu'en 1607. Pour le futur Louis XIII il sera — nous l'avons dit — le véritable grand frère ; de là une affection forte dont Marie de Médicis finira par prendre ombrage.

Dès sa naissance Alexandre avait été destiné par son père à appartenir à l'ordre de Malte. L'ordre de Malte vivait des dépouilles de l'ordre du Temple, aboli par le procès inique que lui avait suscité Philippe le Bel en 1313 avec la complicité du pape Clément V. Le temporel était allé dans les caisses du roi, les biens consacrés avaient été transférés à l'ordre des hospitaliers dit également de Saint-Jean-de-Jérusalem, rival du Temple, dont le siège s'était repoussé vers l'ouest à mesure des défaites de la cause chrétienne en Orient. Il avait fait sa plus longue station à Rhôdes, d'où les hospitaliers devaient être chassés finalement, le 1er janvier 1523, par les Turcs avant d'être réinstallés, sept années plus tard, grâce à Charles Quint, à Malte.

L'ordre se composait de huit provinces ou langues : Provence, Auvergne, France, Italie, Aragon, Angleterre, Allemagne, Castille, représentées chacune à Malte, où vivait le grand maître, par un grand croix dit chef de langue ou encore pilier. Ces huit dignitaires formaient le chapitre qui élisait le grand maître. Chaque langue se composait de grands prieurés, eux-mêmes répartis en commanderies qui se subdivisaient en membres. A la tête de chaque grand prieuré était un grand prieur qui dirigeait les commanderies du grand prieuré assisté du chapitre des commandeurs. Pour être commandeur il fallait être resté cinq ans au couvent de Malte, après avoir revêtu l'habit de l'ordre et avoir fait trois caravanes ou campagnes sur les galères de la religion. Dans chaque maison de l'ordre il y avait un prieur qui était en tête d'une communauté de frères, de chapelains conventuels et de prêtres.

La langue de France était, après celles de Provence et d'Auvergne, la troisième dans l'ordre de marche parmi les trois langues du royaume. Elle comportait trois grands prieurés : le Temple, l'Aquitaine et la Champagne. Le Temple était de loin le plus riche et le plus fameux de ces prieurés et son titulaire s'enorgueillissait du titre de grand prieur de France. Le siège en était normalement situé au sud de Paris, au prieuré de Saint-Jean-de-Latran, dit hôpital ancien. Pour des raisons de prestige il avait été ramené au principal établissement sis dans la ville, dans ce fameux enclos du Temple dominé par le donjon de frère Hubert, encombré de boutiques et de palais, entièrement clos de murs, qui formait une république monacale au centre de la capitale. La richesse du grand prieuré de France provenait de ses possessions : une chambre magistrale au Piéton-en-Hainaut, quatre chambres prieurales (le Temple à Paris, Choisy-le-Temple, Launay-lés-Sens, Saint-Jean-de-Latran) enfin quarante-six commanderies dont trente-six étaient du premier rang, réservées aux chevaliers ayant prononcé leurs vœux, et dix du second rang, ouvertes aux chapelains et desservants ordinaires [108]. Le grand prieuré de France, jouissait de privilèges exorbitants : il relevait directement du Saint Siège, il était exempt des tailles et des aides, dispensé de la taxe des cinq sols par queue sur le vin, ce qui faisait fleurir les cabarets dans son enceinte, il était exonéré de la solde des troupes, des dîmes, des aumônes extrordinaires, du ban et de l'arrière-ban*. Mais par dessus tout l'enclos du Temple constituait un territoire interdit à la justice du roi : des condamnés, des débiteurs insolvables poursuivis par leur créanciers venaient s'y réfugier, on y vendait en franchise des marchandises importées dans le royaume au mépris des édits du roi ou offertes au public en-dehors du contrôle des maîtrises et jurandes qui régissaient partout ailleurs la production des corps de métier. Telles étaient par exemple les boucheries du Temple qui concurrençaient rudement les maîtres de la grande boucherie.

C'est le 30 janvier 1604 qu'Alexandre avait quitté Saint-Germain-en-Laye pour aller recevoir sa croix de Malte à Paris et être fait commandeur du prieuré de Toulouse. Héroard note : « Ne veut (le dauphin) point dire adieu à Alexandre-Monsieur qui part pour aller à Paris recevoir la croix dimanche ensuivant » [109]. Alexandre n'a pas six ans, ce qui n'était pas en soi surprenant alors pour prononcer les premiers vœux de Malte. Ce qui était beaucoup plus extraordinaire c'était que nul n'ignorait qu'Henri IV avait obtenu l'assurance que son fils deviendrait grand prieur à la mort de Régnier de Guerchy, le grand prieur en titre. C'était une nouveauté contre les statuts et les règlements, puisque, jusque-là, cette charge était revenue sans contredit possible au plus ancien bailli capitulaire. C'était le signe des progrès de la toute puissance de la volonté royale s'attaquant, en l'espèce, à une citadelle qu'elle n'avait jusque-là pas osé investir

La cérémonie qui eut lieu dans l'église du Temple, bâtiment à coupole inspiré du Saint-Sépulcre tel qu'il avait été reconstruit par les croisés à Jérusalem, fut impressionnante. La cour s'y trouva

* Service armé ou son équivalent en argent dû par le vassal au suzerain.

réunie au grand complet. On y remarquait le nonce, le connétable de Montmorency, tous les ambassadeurs des puissances alliées, le chancelier, les présidents du Parlement à qui, nous précise Pierre de l'Estoile, le roi « ... avait fait commandement de s'y trouver et leur avait même fait signifier par le maître des cérémonies » [110]. Henri IV, qui se tenait à côté de la reine sous un dais, posa la main sur l'épaule du second fils de Gabrielle agenouillé devant lui, vêtu de satin blanc et proclama à la face de tous : « Je quitte aujourd'hui les fonctions de roi pour remplir celles de père » [111].

Après cette cérémonie Alexandre était revenu à Saint-Germain-en-Laye et sa vie n'avait pas parue affectée par son nouvel état. Le dauphin, lorsqu'il le voyait au pain et à l'eau à sa table pour cause de religion, s'étonnait seulement de ces jeûnes beaucoup plus marqués que les siens. Il remarquait surtout la croix noire qui ne quittait plus son cou : « — Quelle croi é cela ? lui parlant de la sienne — C'est une croix de Malte, Monsieur — Ou é ti Malte ? — Il est bien loing. Dauphin montrant la sienne (croix) — J'en ai une que je porterai bien plus loing » [112]. On vit tout de même l'héritier du trône s'inquiéter lorsqu'Alexandre commença de s'absenter pour remplir les premiers devoirs de sa charge. Ainsi le 12 juin 1606 : « ... L'on envoiast à Paris dire à M. le chevalier qui le jour précédent y était allé pour se trouver à l'assemblée des Chevaliers du Temple, qu'il eust à revenir bien tost... » [113]. Et la joie du dauphin lorsque son grand frère reparaît : « Quelcun vient dire que M. le chevalier revenait de Paris. Soudain, Dauphin « Vien ti j'en suis ben aise, d'Ecuseau vela lose (la Rose)* qui vient j'en suis ben aise, i faut envoié dire au tambour qu'i (il) se tienne pré (prest)... Il s'en vient tout courant à la salle et par la terrasse, criant « Vela la Rose qui est venu ». Monte, il l'embrassa et luy fist bonne chère... » [114].

Un mois auparavant, le 14 mai 1606, Alexandre était apparu au dauphin botté et éperonné comme un petit soldat, déchaînant par là sa fureur [115]. Un an plus tard, en mai 1607, il est question qu'Alexandre accompagne le roi à la guerre. Le dauphin se montre alors mi admiratif, mi envieux : « Quan je seray gran comme féfé chevalié, j'iray à la guere avé papa, je seray toujou avé papa » [115]. Toujours l'émulation pour emporter l'affection du roi.

L'éducation du chevalier ressemble fort à celle de ses frères. Jusqu'à ses sept ans, il apprend les rudiments de la lecture et de l'écriture avec les dames et des répétiteurs. A huit ans il reçoit un

* Nom que le dauphin donnait à Alexandre lorsqu'ils jouaient au soldat. Cette sorte de nom est typique des noms français naïfs que prenaient les mercenaires étrangers venus se battre dans le royaume.

précepteur : Prudent, que Richelieu traitera de pédant, à la fois soldat et homme de culture dont nous aurons à reparler. Il a pour gouverneur Pluvinel, avec les mêmes maîtres d'armes, de manège, de ballet que son aîné. Son écuyer est un certain La Haye. Il est aussi bon danseur que son frère et Héroard le montre, à plus de dix reprises, participant à des ballets. Education plus militaire que celle de César puisque la guerre au service de l'Eglise sera son métier. Train plus simple, plus frustre également parce qu'il n'est qu'un cadet : il n'a pas six laquais et un Turc comme César. En revanche, privilège dont il se targue à la table du dauphin en mars 1610, il va à la guerre dès ses douze ans : « M. le chevalier de Vendôme disant en soupant, qu'il ne y aurait que luy qui irait à la guerre en Champagne* avec le Roy, Dauphin : « Voié (és), quelle insolence, qu'il n'y aura que luy » [116].

A la date de juin 1610, juste après la mort d'Henri IV, Pierre de l'Estoile remarque fort justement : « Il (Louis XIII) ne montre point aimer beaucoup aucun prince ni seigneur de sa cour, hors le chevalier de Vendôme, mais particulièrement on n'a pu juques a aujourd'hui lui faire goûter son frère aîné M. de Vendôme... » [117].

Les jeux d'enfants, tels que les rapporte Héroard, nous font découvrir chez César bien de la morgue et de la raideur, tandis qu'en Alexandre paraissent dominer la souplesse et la gentillesse. Impression trompeuse car ce dernier mourra de son intransigeance et de l'excès de ses emportements alors que son frère sauvera sa vie par sa souplesse. Tous deux ne se remettent pas de la blessure que leur a causé la mort de Gabrielle. Il y a chez le chevalier une propension à des rêves inquiets, parfois même une ironie dérangeante. C'est ce garçon de sept ans, évoquant le souvenir de sa mère, qui parle ainsi : « Est-elle morte ? Elle est bien loing si elle court toujours » [118].

Catherine-Henriette n'avait pas trois ans au moment de la mort de sa mère, seize mois de plus que le chevalier et vingt-six mois de moins que César. A Saint-Germain-en-Laye elle fera figure de grande sœur : elle a cinq ans de plus que le dauphin et six de plus que la première fille de Marie de Médicis : Elisabeth, future reine d'Espagne, qui sera son amie.

Le roi forma deux projets matrimoniaux pour elle. Son premier mouvement, lors de sa naissance, on l'a dit, avait été de la promettre au connétable de Montmorency pour son fils. En novembre 1608 il

* Allusion au camp de Chalons-sur-Marne où Henri IV devait réunir son armée en prévision des campagnes pour la dévolution de Clèves et de Juliers dont nous aurons à reparler.

l'offrit pour belle-fille à Sully, pensant par là le décider à se faire catholique [119]. N'y étant pas parvenu, il en revint, dans les premiers mois de 1610, au projet Montmorency et les noces furent fixées au 18 mai 1610. C'était sans compter avec le destin : il allait manquer quatre jours, quatre petits jours.

IV — « CE QUI ETAIT BON HIER NE L'EST PLUS AUJOURD'HUI. »

A la veille de l'assassinat du roi, les enfants de Gabrielle pouvaient donc contempler leur sort avec assez de satisfaction. Eux, que la mort de leur mère avait paru devoir engloutir dans l'oubli, onze ans auparavant — toujours cette idée de l'impossibilité des enfants adultérins de succéder en dignités et richesses à leurs auteurs — étaient parvenus à se maintenir au premier rang grâce à l'active affection de leur père.

Le roi gérait leur fortune équitablement. Il avait veillé à la correcte évaluation des meubles de Gabrielle, il est vrai que faute d'argent il n'avait encore payé aucune des annuités promises de leur capital. Il avait racheté bon prix le château de Montceaux pour l'offrir à la reine. Il avait traité au nom de César en 1609, dans d'excellentes conditions, du gouvernement du Lyonnais en faveur de Villeroy et de la lieutenance de cette même ville pour M. de Saint-Chamond. Il avait pourvu Alexandre de beaux bénéfices ecclésiastiques et celui-ci, au début de 1610, allait encore recevoir Saint-Lucien de Beauvais.

César, en tant que gouverneur de Bretagne, avait, à deux reprises déjà, présidé les Etats de sa province, il avait été fait duc et pair à un âge des plus tendres, ce qui était sans exemple et marié à la plus riche héritière de France. Il commençait à faire figure d'émissaire favori de son père qui devait le charger, en avril 1610, d'aller au-devant des députés des Etats de Hollande en route pour la cour [120]. Il jouissait seul du fabuleux rang intermédiaire qui n'avait pas été étendu au second fils de Gabrielle puisque, du fait de ses vœux de Malte, il n'était pas destiné à faire souche.

Alexandre, justement, avait été promis au grand prieuré de France, dès ses quatre ans, par un passe-droit dont il n'y avait pas d'exemple. Il inaugurait ainsi la longue série de bâtards ou de princes du sang à qui le Temple allait servir d'apanage. Quant à Catherine-Henriette, le fils de Montmorency qu'on lui promettait en mariage était le plus riche héritier mâle de France — futur seigneur de Chantilly, Ecouen, Montmorency — et les Montmorency espéraient bien que, par cette union, la plus haute dignité militaire de France — la connétablie — qui se maintenait dans leur famille depuis deux générations, deviendrait, à l'exemple de tant de nouveautés plus grandes initiées par le roi en faveur de ses bâtards, héréditaire.

« *E ammazzato* »

Nous voici donc à la veille d'un des évènements les plus lourds de conséquence de notre histoire. Le couteau de Ravaillac, qui a porté Henri IV aux nues de la popularité, a renversé momentanément la fortune de la France et a fait émerger le gouvernement absolu. Henri IV devint populaire dès Richelieu, en dépit de ses fautes, parce qu'il fut le dernier monarque dont les actes pouvaient être tempérés par l'action des princes ou des grands, par l'opinion des notables, des états généraux ou des parlements. Ce que les députés de Rouen répliquent aux discours du roi en 1596, aucun de leurs fils ne se risquera à le redire à Louis XIII ou à Louis XIV.

Mais, pour ce qui nous occupe plus particulièrement, cette mort ce sera le second et le plus rude coup porté aux Vendômes. Ce père qui jouait avec eux, qui les portait sur les épaules dans les couloirs de ses palais comme un bourgeois l'eut fait dans sa maison, était un père aimant que personne ne devait pouvoir remplacer. Ces trois jeunes princes, gorgés d'honneur et de richesses, mariés grandement ou en passe de l'être, étaient encore des enfants. Pierre de l'Estoile, en date du 5 février, rapporte une anecdote qui montre César se livrant à des facéties que l'on n'attendrait pas de monsieur le gouverneur de Bretagne : « Ce jour, fut baptisé dans l'église de Saint-Germain de l'Auxerrois à Paris, le fils de M. le comte de Trême, fils de M. de Gièvre, secrétaire d'Etat. M. le dauphin et Mme de Vendôme le tinrent... Pendant cette cérémonie M. de Vendôme était sur le Pont Neuf, qui se battait à coups de pelotes de neige »[121].

On a voulu que le geste de Ravaillac ait été précédé de signes annonciateurs et marqué d'évènements remarquables*. Nouvelle intrusion de la magie dans la catastrophe d'un puissant ainsi qu'il était advenu pour Gabrielle. On a prétendu que le roi, à la fin de

* A titre de curiosité, ce fait peu connu rapporté par le chroniqueur de la vie du duc de Mercœur : « A l'heure de la mort du Roi, à Pau, les vaches du troupeau royal, qui paissaient là auprès, s'estant couchées en rond et meuglant horriblement, le principal taureau, on le nommait le roi, vint tout furieux rompre ses cornes dans une porte, puis, se précipita dans le fossé et se creva dans sa chute ».

1609, aurait eu un entretien chez Zamet avec un certain Thomassin, astrologue réputé, « ... le dit Thomassin lui dit qu'il avait à se garder du mois de mai de l'an 1610, jusques à lui désigner (le tout ainsi qu'il est advenu) le jour et l'heure qu'il devait être tué. Mais le roi, se moquant de lui et de son astrologie, le prenant tantôt aux cheveux, tantôt à la barbe, lui fit faire deux ou trois fois le tour de la chambre... » [122]. Le jour même de l'assassinat, après la messe à laquelle le roi avait assisté aux Feuillants — où l'arrivée inopinée de César avait empêché Ravaillac, rodant déjà dans les parages, d'agir [123] — c'est César — toujours lui — qui vint trouver son père dans son cabinet pour lui annoncer, « ... qu'un nommé La Brosse, qui faisait profession d'astrologie, lui avait dit que la constellation sous laquelle Sa Majesté était née le menaçait d'un grand danger, ce jour là... A quoi le roi répondit , en riant, à M. de Vendôme : La Brosse est un vieil matois, qui a envie d'avoir de votre argent, et vous un jeune fol, de le croire » [124]. Richelieu, dans ses *Mémoires*, se fait l'écho de cette prédiction de La Brosse, a contrario l'éditeur des *Mémoires* du duc de Nevers précise en note : « M. de Vendôme a dit à plusieurs personnes que cela était faux et que La Brosse ne lui avait jamais parlé » [125].

On peut penser que si tous ces présages avaient été explicites et rappelés à l'heure, le roi, sensible aux prédictions, comme la plupart des gens de son temps, y eut pris garde. Lui qui avait souvent exposé sa vie, mais toujours à bon escient, n'eut pas dit à M. de Vitry en quittant le Louvre : « Je ne veux ni de vous, ni de vos gardes : je ne veux personne autour de moi » [126]. Henri, en bon Parisien, était curieux. Il voulait voir les préparatifs qui se faisaient aux carrefours pour l'entrée solennelle de la reine, sacrée, la veille, à Saint-Denis.

Roland Mousnier, citant Hotman Villiers, rapporte plusieurs échos de ce que le bruit de la mort de Henri IV aurait couru en Allemagne, en Hollande et à Juliers, dix jours avant le 14 mai [127]. Tout cela a alimenté la thèse du complot qu'ont développé certains historiens et en dernier lieu, avec beaucoup de finesse, Philippe Erlanger [128]. Les révèlations de Pierre du Jardin, sieur de la Garde, mettant en cause d'anciens ligueurs, des jésuites, des partisans de Biron à qui le roi avait fait couper la tête, et surtout le duc d'Epernon, ne peuvent être purement et simplement écartées. Elles recoupent la confession de la demoiselle d'Ecoman, sur laquelle Erlanger a échafaudé ses hypothèses. La Garde et d'Ecoman disent à peu près la même chose : ils ont vu Ravaillac, avant le 14 mai

1610, dans des cercles qui touchaient de près aux ennemis avoués ou inavoués du roi. La demoiselle d'Ecoman, demoiselle de compagnie d'Henriette d'Entragues, marquise de Verneuil, a dit que sa maîtresse complotait avec d'Epernon, qu'elle le rencontrait en secret dans des églises de Paris, et, même, que Mme de Verneuil se serait employée à cacher Ravaillac chez elle. La d'Ecoman crut devoir avertir la justice en janvier 1611. Après bien des vicissitudes elle fut, pour faux témoignage, condamnée à une affreuse réclusion, puisqu'elle fut murée vive dans un réduit obscur. La Garde, quant à lui, devait être enfermé à la Conciergerie avec sa famille et ses aveux publiés en 1619 afin d'effrayer Marie de Médicis, alors rebelle et fugitive.

Tous ces échos de la « renommée aux cents bouches », comme on disait alors en parlant de la rumeur publique, seront répandus après l'assassinat de Concini, alors que la reine mère et son vieux complice d'Epernon se dressaient contre Louis XIII. Ce sont des brûlots lancés contre eux et l'on ne vise pas à moins alors qu'à prétendre que la reine était complice de l'assassinat de son mari. Michelet ne dit pas autre chose, lorsqu'il nous montre Concini, le 14 mai 1610, à l'heure fatidique, entrouvrir la porte de la chambre de Marie de Médicis et lui murmurer : « *E ammazzato* »[129]. A tout cela il faut opposer les constantes dénégations de Ravaillac, sommé sous la torture, tout au long de son interrogatoire, de dénoncer ses complices et qui ne dit rien, dénégations réitérées dans le cours de son horrible supplice qui dure trois à quatre heures. Tandis « ... qu'on lui donne du relasche pour se sentir mourir » et qu'on s'ingénie « ... à lui faire distiller son âme goutte à goutte »[130], il continue de crier : « Il n'y a que moi qui l'ayt fait ».

Si nous nous sommes attardés un instant sur les incertitudes qui pèsent sur la mort d'Henri IV[131], c'est que les Vendômes, qui perdent presque tout dans cette occasion, figurent parmi les tenants de la thèse du complot. Nous verrons bientôt César s'engager dans les voies de la révolte et couvrir ses actions de séditieux du prétexte de venger la mort de son père.

Honneurs et dignités

Pour César, Alexandre et Henriette, en effet, le renversement de fortune se fit dans la seconde. Le 13 mai encore, c'est-à-dire à la veille du jour fatal, Henri IV avait entrepris une dernière nouveauté en leur faveur. C'était à l'occasion du couronnement de la reine à Saint-Denis et, cette fois, ce n'était pas au détriment des ducs qu'il s'était mêlé d'offrir quelque supplément d'honneur à César, déjà hissé sur le pavois du rang intermédiaire, mais bien à celui des princes de son sang. Quelques rangs de broderies en étaient la cause. Le comte de Soissons s'était réfugié dans sa maison de Blandy et n'avait pas assisté au sacre de la reine, pour la raison, « ... qu'ayant prétendu sur le manteau que les princesses du sang porteraient au couronnement de la reine il y devait avoir quelques rangs de fleurs de lys de plus qu'à celle de Mme de Vendôme, pour y mettre de la différence, le roi ne l'avait jamais voulu tant il désirait élever M. de Vendôme et le porter le plus haut qu'il pourrait... » [132]. Ce ne fut pas tout, le roi ordonna expressément que Mme de Vendôme précèderait Mme de Guise dans l'ordre du cortège. C'était marquer sans ambage que la branche française de Lorraine, qui se piquait, par sa prétention au rang de prince étranger, d'égaler le sang royal de France — on l'avait vu sous la Ligue — devait céder le pas aux enfants du roi, fussent-ils bâtards.

Mais, revenons à l'instant où le roi, sur lequel d'Epernon a jeté son manteau, arrive mort au Louvre. La panique, cette agitation qui se traduit parfois par un mélange de tragique et de comique, dure, somme toute, assez peu. Le procès-verbal authentique de l'assassinat, nous décrit toutefois le feu roi, « ... estendu sur son lit, tout vestu, son pourpoint ouvert et desboutonné, sa chemise sanglante. Et néanmoins M. le cardinal de Sourdis estait là à ses oreilles et Boulongne, l'aumosnier, d'un côté, M. de Vic de l'autre, et le sieur de Lorme, premier médecin de la Reyne, qui faisaient les prières d'exhortations, telles que l'on a accoustumé de faire à une personne qui est à l'agonie de la mort. Mais le pauvre prince estait desja passé » [133]. Peu de monde en réalité autour du corps car — en cela c'est la machine monarchique qui fonctionne — le cercle de cour se reforme immédiatement autour du nouveau roi et de sa mère : « La mort du roi ayant été annoncée à la reine qui était dans son cabinet, d'où elle est sortie incontinent pour aller jeter des larmes sur son cher époux, mais elle a été retenue par M. le chancelier, qui en venait d'être instruit, lequel lui a dit que les rois ne meurent pas en France » [134].

Dès le lendemain, samedi 15 mai, se déroule la séance du Parlement où Louis XIII, « ... séant en son lit de justice, déclara... la reine sa mère régente en France pour avoir soin de l'éducation et nourriture de sa personne et l'administration des affaires de son dit royaume pendant son bas âge. » [135] Pontchartrain rapporte que les principaux seigneurs de la cour, dont César, avaient dû argumenter pour persuader Marie de Médicis, toujours sous l'émotion de cette catastrophe, de se rendre au Palais : « ... elle partit, nous dit encore

Pontchartrain, accompagnée de tous les susnommés, excepté M. de Vendôme et M. le grand écuyer qui furent laissés avec quelques seigneurs et gentilhommes auprès du corps »[136].

Le même jour c'est la réapparition de Sully au Louvre. Le maréchal d'Estrées, qui n'aime pas le surintendant, s'est étonné de son absence à l'heure du drame. L'attitude de celui-ci a d'ailleurs été des plus bizarres et Richelieu y voit « marque de faiblesse, d'étonnement et d'irrésolution ». A la nouvelle de l'attentat, il était monté à cheval avec sa suite mais, « ... parvenu rue Saint-Antoine, il avait rebroussé chemin pour s'enfermer à la Bastille après avoir raflé les vivres dans les boutiques du voisinage »[137]. Ce n'est que le lendemain, rassuré par les nouvelles qui lui étaient venues pendant la nuit, qu'il avait osé ressortir. Que s'était-il passé tandis qu'il courait vers le roi à l'heure où il se murmurait encore dans Paris que celui-ci n'était que blessé ? Sans doute avait-il reçu la nouvelle de sa mort en chemin et avait-il craint deux choses : la première, la plus aisée à concevoir, c'est qu'on l'arrêtât séance tenante et qu'on lui fit son procès pour détournement de fonds ; la seconde c'est que la disparition d'Henri IV n'entrainât instantanément quelque nouvelle Saint-Barthélémy. Parvenu au Louvre, Sully va rejoindre César comme s'il recherchait des alliés parmi ceux dont il devinait l'avenir aussi incertain que le sien : « ... essayant de faire paraître qu'il avait toujours déconseillé au feu roi la guerre que l'on disait qu'il allait entreprendre, prenant à témoin M. de Vendôme qui se trouva présent de ce qu'il avait dit plusieurs fois devant lui... »[138].

Au soir de la séance du Parlement, César fit son service de cour à la table royale. Il présenta la serviette à Louis XIII, ce qui ne fut contesté par personne, marque que la première place que lui avait donné le feu roi devait surnager quelques heures encore. Héroard observe cette scène inhabituelle pour tous les courtisans. Pour la première fois, le petit roi va recevoir la serviette avant sa mère : « M. de Vendôme prend la serviette du maistre d'hostel pour la servir à la Reyne qui allait disner. M. de Souvré va à luy et lui dit qu'il la donne au Roy. Il (le roi) la prend soubdain, M. de Souvré luy aiant dict quand la Reyne la refuserait qu'il ne laissat pas de la présenter. Il y court, la présente instamment ; jamais elle ne la voulut prendre de sa main »[139].

La présentation de la serviette était une distinction qui allait en principe à la personne la plus éminente en dignité présente, mais le choix du présentateur incombait au roi qui pouvait désigner qui il voulait. Que le personnage le plus considérable à se trouver là ne fut pas choisi était aussitôt interprété comme une marque de défaveur. Là aussi Henri IV avait longtemps accoutumé la cour à voir César, en l'absence du dauphin, lui présenter la serviette. Aussi les princes du sang, de crainte d'en être refusés, s'abstenaient-ils de paraître au dîner du roi. D'autres, qui auraient pu solliciter cette distinction, savaient en faire leur cour au roi en la refusant : « ... J'ai vu, témoigne Fontenay-Mareuil, M. de Vaudemont — frère de M. de Lorraine — (donc frère d'un souverain régnant) refuser de prendre la serviette à la collation du roi parce que M. de Vendôme y était et s'y opiniâtrer si fort — quoique le roi lui eut pu dire — car il le voulait flatter... qu'il fallut qu'il (le roi) commanda à M. de Vendôme de s'en aller, autrement il ne l'aurait jamais prise »[140].

Cette affaire de serviette, qui paraîtra bien vaine au lecteur de 1994 était tout, alors, pour un homme né. Une courte réflexion sur ce qu'était la société française au moment où les enfants de Gabrielle, privés du père qui les avait porté partout devant les autres, allaient devoir apprendre à se mouvoir seuls, pourra éviter quelques contresens et éclairer plusieurs faits ou actes qui risqueraient, sans cela, de paraître ridicules ou vains.

Le texte que Roland Mousnier a placé en tête de son ouvrage *Fureurs Paysannes*[141], est sans doute l'une des plus belles synthèses pour aider à comprendre ce qu'était cette société d'Ancien Régime. Celle-ci n'était divisée ni en castes, se distinguant par le plus ou moindre degré de pureté religieuse ou de naissance, ni en classes, à l'intérieur desquelles les hommes se trouvent hiérarchisés selon le rôle qu'ils tiennent dans la production des biens économiques, mais elle était société d'ordres ou états. Charles Loyseau, à qui l'on doit ce véritable portrait de la France de son temps que sont *Les Cinq livres du droit des offices*, publiés précisément en 1610, a parfaitement défini l'ordre ou état : « L'ordre est dignité avec aptitude à la puissance publique... et en français on la nomme particulièrement estat comme estant la dignité et qualité la plus stable et la plus inséparable de l'homme ».

« Les groupes sociaux, conclut Roland Mousnier, sont donc hiérarchisés, d'après l'estime, l'honneur, la dignité, attachés par la société à leurs fonctions sociales. »[142]. L'ordre recoupe souvent la naissance mais il ne se confond pas avec elle. Ce qu'il y a de plus remarquable, et sans doute de plus difficile à appréhender aujourd'hui, ce sont les conséquences que l'on tirait de cette hiérarchisation des dignités : le rang, l'ordre de marche, déterminaient seuls le niveau d'appropriation de la richesse. Autrement dit c'était la dignité, non l'intelligence, non le travail, qui habilitait à recevoir une part plus ou moins grande du revenu social. C'est cela que la volonté bourgeoise de voir récompenser le talent à proportion de la capacité ou du labeur, battra en brèche en 1789, faisant du même coup crouler tout l'édifice social.

Les formes de cette répartition des richesses à raison de la dignité étaient variées : privilèges, exemptions d'impôts mais surtout pensions. Il était normal qu'un prince réclame des pensions et non moins normal que le roi les lui accorde puisqu'elles étaient reconnaissance de son rang. Tout ceci nous explique pourquoi cette pluie d'or que nous allons voir Marie de Médicis répandre sur les grands, en dilapidant le trésor de Sully, sera présentée, par Condé notamment, comme une sorte de dette de l'Etat envers lui, un dû ancien et non soldé, que la lésinerie d'Henri IV avait différé d'octroyer.

Je sens, comme l'écrit Agrippa d'Aubigné lorsqu'il se risque à quelque digression, « ... que le lecteur va me tirer par un pan de ma cape pour me ramener à mon sujet », mais je pense l'avoir aidé à comprendre pourquoi nos Vendômes et leurs fils regarderont une serviette, une chemise à présenter au roi, un tabouret plutôt qu'un carreau pour s'asseoir en présence de la reine, comme plus importants parfois que la vie.

La régence avait été confiée à la reine en l'absence des deux principaux princes du sang : Soissons, sorti de la cour en raison de l'égalité de traitement qu'on prétendait donner à César au couronnement de Marie de Médicis, Condé ayant fui à Bruxelles puis en Italie pour soustraire sa femme aux assiduités du roi. Il ne restait dans Paris qu'un seul membre de la 1610famille de Bourbon, Conty, autre oncle de Condé, haineux de son demi-frère* Soissons. « Conty, seul présent, mais comme absent par sa surdité et par l'incapacité de son esprit », souligne Richelieu.

Près du trône se tenaient deux rapaces de haut lignage, un renard à qui la ruse avait servi à faire des bonds fabuleux dans les dignités et un arlequin qui se blottissait encore dans les replis des robes de la reine. Les deux rapaces avaient nom Guise et Nevers. Charles de Guise, fils du Balafré, caricature de ce qu'avait été son père et qui consumera bientôt sa fougue dans d'extravagantes aventures napolitaines. Le duc de Nevers c'était Charles 1er de Gonzague, cadet d'une famille princière italienne, grandement possessionné

* Conty (1558-1614) était avec feu Henri de Condé et feu le cardinal de Bourbon, l'un des trois fils que Louis de Condé avait eu d'Eléonore de Roye. Soissons était issu du second mariage de ce prince, avec Françoise d'Orléans-Rothelin. (Voir généalogie simplifiée de la maison de France).

en France par le jeu d'héritages compliqués, qui devait lui-même, plus tard, par l'extinction de ses cousins de la branche aînée, devenir duc de Mantoue, entraînant du même coup la France dans des guerres outre-mont. Ces deux chefs de lignage, pour descendre tous deux de ducs souverains, prétendaient au traitement princier. Le renard c'était d'Epernon. Il avait rappelé près de lui son neveu Roger de Bellegarde, un revenant à la cour, bien décidé à prendre sa revanche sur tous les dégouts que le feu roi lui avait fait endurer à cause de leur rivalité pour les beaux yeux de Gabrielle. Roger avait du flair. Il fut le premier à se méfier de Concini, l'arlequin : un bellâtre qui ne quittait pas l'appartement de la régente depuis qu'il avait épousé la sœur de lait de celle-ci, Léonora Galigaï.

« *MM. de Vendôme à cause de leur âge...* »

« Les premières journées de la Régence s'employèrent — rapporte Fontenay-Mareuil — à donner ordre aux funérailles du roi... Tout s'y passa fort paisiblement, attendu que MM. de Guise et de Nevers qui le pouvaient principalement faire — MM. de Longueville et de Vendôme étant trop jeunes et M. de Nemours absent — s'accordèrent de partager entre eux toutes choses »[144]. Même écho chez le maréchal d'Estrées lorsqu'il parle de la composition du conseil : « Le duc de Longueville qui était fort jeune et le comte de Saint-Pol, cadet de la maison de Longueville ne s'y pressaient pas non plus que MM. de Vendôme à cause de leur âge... »[145].

La mort du roi est donc survenue trop tôt pour les Vendômes. Ce grand activisme aristocratique où leur naissance, ainsi que l'avait voulu leur père, les appelait à jouer un rôle dans la défense du trône, commençait sans eux. Conseillés par le marquis de Cœuvres et le maréchal de Balagny, leurs oncles, ainsi que par le président Forget, tous bien vus de la régente, César et Alexandre se contentent dans les débuts de la régence de faire ponctuellement leur office de cour et se tenir près de la personne du roi.

Pour Catherine-Henriette, l'avenir est encore plus incertain. Quatre jours lui font défaut pour assurer son établissement. Elle devait se marier le 18 mai, le roi est assassiné le 14. Les Montmorency ajournent les noces en raison du deuil — prétexte commode — ils ne reparleront pas de fixer une autre date.

Louis XIII accédait au pouvoir dans l'enfance. A lui aussi, il avait manqué sept ou huit ans de vie à son père pour mûrir. Son chagrin était immense. Le deuil lui donnait le sentiment d'une vaste solitude, d'autant que sa mère, grisée par l'irruption du pouvoir, ne faisait aucun cas de lui.

Au mois d'août, lorsqu'il fut question pour César d'aller pour la troisième fois présider les Etats de Bretagne en compagnie du maréchal de Brissac, il fut arrêté qu'Alexandre serait aussi du voyage, évident témoignage de bienveillance de la régente à son égard. Héroard nous conte dans son *Journal*, à la date du 30 août 1610, comment le chagrin du petit roi fit renoncer à ce dessein : « M. le chevalier de Vendôme veult prendre congé de luy pour partir le lendemain avec son frère allant en Bretagne et, bien qu'il l'eust permis, se prend tellement à pleurer que le voiage du Chevalier fust rompu, et demeura près de luy »[146].

Le chagrin unira le roi et ses frères pendant plusieurs mois. Héroard, en juin 1611, en rapporte un témoignage touchant : « M. de Vendôme revient d'Anet. Estant seul près de luy (le roi), l'on se prend à chanter une chanson d'ung ballet du feu Roy, et, à ces mots, « dessoubs la loy d'ung si gran Roy« , il se sépare de M. de Vendôme, se prend à pleurer et, peu après, va le rejoindre qui pleurait aussi »[147].

Soissons était revenu à la cour dès le 17 mai. C'est par lui que s'ouvrirent les désordres : « Le comte de Soissons est allé rendre ses devoirs d'obéissance au nouveau roi et à la reine, écrit Mattéo Botti, diplomate florentin. Il a déclaré avec un flot de paroles et de larmes qu'il voulait toujours la servir... Mais peu après, poussé par d'autres ou obéissant à son propre naturel, il s'est démasqué et a dit à la reine qu'il voulait être fait lieutenant-général du roi pour toute la France... Sur ce, la reine lui a répondu qu'il ait à s'enlever cette fantaisie de la tête... »[148]. Elle lui fit toutefois offrir pour l'amadouer, une partie du don de joyeux avènement, imposition que le roi pouvait lever à l'occasion de son accession au trône.

Conty, demi frère de Soissons, en devint pour le coup furieux. Il s'aboucha avec Guise, dont il avait épousé la sœur. Ils allèrent au Louvre, accompagnés de cinq cents cavaliers mais la régente, qui s'était prémunie en mettant ses gardes sous les armes, les éconduisit poliment.

La grosse difficulté c'était l'établissement du conseil. Il était de tradition que le conseil en temps de régence soit plus étoffé. Richelieu campe bien le dilemme : « ... Si le petit nombre de conseillers était utile à la reine pour pouvoir secrètement ménager les affaires importantes, le grand lui était nécessaire pour ménager tous les grands ». On constitua un conseil de vingt membres où figuraient, entre autres personnages, Conty, Soissons, Guise, Nevers, Epernon, Sully et l'on conserva quatre places pour les absents dont Condé. L'âge de César continue de l'écarter alors même que l'attitude de Marie de Médicis est plutôt bienveillante pour ce qui touche au souvenir d'Henri IV. Répondant en juin à une lettre d'Henriette d'Entragues, qui demande si elle sera en sûreté avec ses enfants à la cour, la régente marque publiquement, « ... qu'elle entendait toujours faire estime de toutes choses que son mari avait aimées »[149].

César devait éprouver encore plus cruellement sa situation nouvelle, le 29 mai, à l'occasion des obsèques de son père. Cette fois, les problèmes de rang jouèrent à plein, à tel point qu'on put observer, dans la pompe des cérémonies du Louvre et de Saint-Denis, quelques mémorables empoignades. « En la préséance et ordre de marche, nous dit l'Estoile, se mirent entre les compagnies force débats et altercations... où les gourmades et horions donnèrent la préséance à ceux qui surent mieux s'aider des pieds et des mains »[150]. Les procès-verbaux des cérémonies ne citent même pas César et Alexandre parmi les gens du « grand deuil »

C'est Charles de Guise, grand organisateur de ces funérailles, « ... aussi prodigue en bonnetades au peuple de Paris qu'avait été feu son père et qui soulait* saluer jusqu'aux crocheteurs et harangères », qui se charge d'écarter les fils de Gabrielle d'Estrées du cercueil de leur père. Passant devant eux d'un pas décidé, il les cingle d'un terrible : « Ce qui était bon hier ne l'est plus aujourd'hui ». Cette formule — que le grand prieur Philippe de Vendôme qualifiera, en 1716 encore, de quolibet — va être pendant cent vingt ans le refrain de tous les ennemis de la maison de Vendôme, tout particulièrement pour ce qui regarde sa prétention au fameux rang intermédiaire.

La morgue du Lorrain à l'égard des Vendômes ne s'arrêta pas là. Héroard nous le montre aux prises, quelques jours plus tard, avec le doux Alexandre : « M. le chevalier de Vendôme et M. de Guise estaient à la messe. M. de Chaux, esvêque de Baïonne, premier aumosnier du Roy demande à M. de Souvré** auquel des deux il baillerait l'escu pour l'offrande, qui luy dict que ce n'estait point de son fait. Cependant M. de Guise suit le Roy, allant à l'offrande et ne s'estant point trouvé d'escu à offrir, M. de Guise demande à M. de Souvré s'il luy avait faict faire cet affront... »[151].

Condé, ou comme on disait le plus souvent Monsieur le Prince,

* Avait coutume.
** Le gouverneur de Louis XIII.

qui, de Milan était repassé à Bruxelles, entra enfin dans Paris le 16 juillet. Tout le monde l'attendait, que ce fut avec impatience ou avec crainte. Son oncle Soissons lui offrait son hôtel, son autre oncle Conty et le duc de Guise s'étaient avancés au-devant de lui. Après être allé jeter quelques gouttes d'eau bénite sur le cercueil du roi à Saint-Denis, il pénétra dans la ville, escorté de huit cents cavaliers.

Foscarini, l'envoyé de Venise, le montre arrivant chez la reine, contraint par les officiers du palais de n'entrer dans les appartements qu'avec une escorte réduite à vingt personnes : « ... alors il pâlit et ceux qui étaient avec lui s'aperçurent qu'il tremblait »[152]. Climat de défiance et crainte toujours perceptible d'une nouvelle Saint-Barthélémy — le jeune prince tient au parti protestant — Condé toutefois dévoile ses exigences. Elles sont terribles : il prétendait n'avoir plus que 3 à 4 000 écus de rente, soutenant que son père et lui-même s'étaient endettés de plus de 800 000 francs pour soutenir la couronne. « Il grondait un peu, dit Fontenay-Mareuil, mais ce n'était que pour se faire mieux acheter ». Sa pension de 24 000 écus fut doublée ainsi que celle de sa mère, la terrible Charlotte de La Trémoille. Ces nouveaux dons excitèrent la surenchère. Soissons obtint 500 000 francs pour renoncer aux prétentions de sa femme, Anne de Montaffier, sur le fief de Montaffier en Piémont.

Le couple Concini — Galigaï et son bellâtre d'époux — ne fut pas le dernier à profiter d'exemples si mal donnés. L'abbaye de Marmoutier, venant à vaquer en juin, fut donnée au frère de madame Conchine — tel qu'on l'écrivait alors en francisant le nom — lequel, jusque-là, n'était que menuisier et — ajoute perfidement Tallemant — « ... apprenant à lire n'y pouvait encore mordre » — L'un des mystères de cet été 1610 c'est précisément l'enrichissement subit des deux Italiens dont — personne n'ose alors le rappeler — Henri IV n'avait autorisé le mariage que sous condition qu'ils s'en retournent aussitôt à Florence. Ce mystère enveloppe un nom bien connu : celui de Sully. Berthold Zeller l'a montré, Sully, contrairement à ce qu'on dit souvent, reste le principal ministre pendant toute l'année 1610, reléguant son rival Villeroy au second plan. C'est lui qui gratifie Concini pour qu'il le serve auprès de la régente et qui lui permet d'acheter le marquisat d'Ancre et le gouvernement de Peronne qui vont être les premiers degrés de sa fulgurante fortune.

La relégation de rang des Vendômes fut encore plus patente lors des cérémonies du sacre de Louis XIII, qui eurent lieu à Reims, le 17 octobre 1610. Alexandre ne reçut que le modeste honneur de porter la queue du manteau du jeune roi et César n'y exerça aucune charge. Ces charges étaient toutes précisément réglées ; elles allaient à des gens qui par leurs fonctions mêmes participaient au cérémonial : le maître des cérémonies, le grand chambellan, le chancelier, le connétable... Il était cependant six charges — celles des pairs laïques — qui n'étaient pas réglées parce que leurs véritables titulaires, les anciens grands vassaux du royaume, avaient disparu. On les jouait comme au théâtre et le roi faisait tenir ces rôles par ses parents ou des personnages en faveur. Elles étaient donc très convoitées. A l'instant du couronnement les six pairs laïques se réunissaient aux six pairs ecclésiastiques — les évêques, de Reims, Laon, Beauvais, Chalons, Langres et Noyon — afin de soutenir la couronne au-dessus de la tête du roi, rappelant ainsi l'origine élective de la royauté. Le rang intermédiaire crée par Henri IV en faveur des Vendômes aurait dû mettre César en quatrième position après les princes du sang, Condé, Conty et Soissons. Au lieu de cela, la régente, après avoir distribué aux trois susnommés les rôles des ducs de Bourgogne, de Normandie et d'Aquitaine, appela Nevers, Elbœuf et d'Epernon pour tenir la place des comtes de Flandres, de Champagne et de Toulouse.

Héroard témoigne de la plus grande assiduité de César auprès du roi contrastant avec l'espèce d'indifférence qu'il lui avait marquée du vivant d'Henri IV et que le futur Louis XIII lui reprochait alors en termes vifs. La reine avait décidé de doubler le deuil qu'on était accoutumé d'observer pour la mort d'un monarque en le portant à deux années -décision qui illustre parfaitement la savante théorie de Kantorowicz sur le fondement du pouvoir des régentes, femmes hissées de façon exorbitante au pouvoir et contraintes de justifier leur autorité viagère, en particulier par l'extériorisation des marques de la douleur- Ce deuil en tout cas excluait les bals. Nous voyons donc Louis XIII partager avec ses frères quelques distractions moins publiques : ils continuent de jouer aux soldats avec cette différence, par rapport à l'époque de Saint-Germain, que le roi n'accepte plus de tenir de rôle subalterne ; ils jouent aux cartes et surtout ils chassent. Berthold Zeller campe Louis XIII dans cet exercice en 1610 : « Il n'est point de jour qu'on ne le voie à cheval, par tous temps, courir les marcassins ou le sanglier avec ses bassets, le lièvre avec ses levriers, le cerf avec ses chiens courants dans la plaine de Grenelle, le renard chez la reine Marguerite (à Issy), le loup à Colombes, il va jusqu'à forcer lui-mêmes des chats à cheval... Il aime aussi à lancer ses émerillons sur les perdreaux dans les plaines de Grenelle, à la Roquette, à Picpus... Au Louvre il fait voler des papillons par des pies grièches » [153]. César et Alexandre ne sont pas les derniers à foncer derrière lui avec leurs chevaux et à s'en donner dans ce plaisir si bourbonnien.

V – PREMIERES PIQUES.

Avec les Lorrains.

L'année 1611, par un enchaînement de querelles entre les grands, allait contraindre César, déjà déchu dans les faits du rang intermédiaire et trop peu expérimenté des choses de la politique, à se chercher des protecteurs. Observons bien que rarement la France ne fut aussi complètement qu'alors livrée aux caprices des principaux seigneurs de la cour, période d'anarchie qui allait finalement faire faire des pas de géant à l'absolutisme. Dans le même temps, fort heureusement, les parlements, rabaissés par Henri IV, se tenaient cois et les protestants, vivant dans la crainte de massacres, se partageaient entre le ralliement à Sully qui, par opportunisme, les servait mal et au duc de Bouillon, plus soucieux de sa religion mais vivante justification de la formule du feu roi : « Dieu me garde des Bouillons et des brouillons ».

Tout commença le 3 janvier par une dispute entre Concini et notre vieille connaissance, Roger de Bellegarde, resté l'ami et le confident de César. L'Italien arguait de sa charge de premier gentilhomme pour occuper une chambre plus proche de l'appartement du roi que celle attribuée au grand écuyer. Il défia Roger puis il quitta le Louvre par un escalier dérobé. Roger, dans les heures qui suivirent, parvint à fausser compagnie aux gardes que la reine lui avait donnés pour l'empêcher de sortir à son tour. Marie de Médicis fit traquer les adversaires dans tout Paris et il n'est pas douteux que Concini ne fit que se cacher jusqu'à ce qu'il reçut la nouvelle de l'arrestation de son contradicteur. Cela devait conduire à une première fracture à la cour : Nevers, Longueville, Aiguillon, Bassompière apportèrent leur épée à Concini, les trois frères de Guise et d'Epernon offrirent la leur à Roger. Bien qu'aucun témoignage ne le précise il n'est pas douteux que César, dès ce premier accroc, fut du côté de Bellegarde et par voie de conséquence des Lorrains

Huit jours plus tard, le 11 janvier, survenait l'incident le plus grotesque et le plus lourd de conséquence pour les débuts de la Régence. Le voici, tel que le narrent d'Estrées, Bassompière et Richelieu : Dans l'étroite rue Saint-Honoré, près de la Croix-du-

Trahoir, le carrosse du comte de Soissons roulait paisiblement devant celui du prince de Conty, son frère. Le cocher du second équipage voulut passer devant mais l'écuyer de Soissons s'opposa à la manœuvre. A cette vue le prince de Conty, bègue et sourd, et qui était fort irritable, entra dans une terrible colère. Il demanda qui s'était permis cette impudence et sa fureur ne connut plus de bornes lorsqu'il sut que c'était son frère... Le comte de Soissons s'était empressé de descendre afin de présenter des excuses, mais, pour toute réponse, Conty se contenta de lui crier : « A demain, pourpoint bas ! »*

La reine chargea aussitôt le duc de Guise d'aller calmer Conty, dont il était , on l'a dit, le beau-frère. Le Lorrain, en partant, dit à sa femme : « Vous verrez que Soissons dira que je lui fais un affront ». Il avait raison. Il passa à cheval avec sa suite, près de l'hôtel de Soissons, pour gagner Saint-Germain-des-Prés où vivait Conty : « Soissons, au bruit de cette cavalcade, sentit se réveiller toute la haine d'un Bourbon contre un Lorrain » [154]. Il fit appel à son neveu Condé qui monta sur le champ à cheval avec Longueville. Après avoir cherché le duc de Guise en vain par toute la ville, ils se rendirent au Louvre.

La cour se partagea aussitôt en deux factions. D'un côté Condé, Soissons, Longueville et le marquis d'Ancre (Concini), qui concrétisait par là sa rancœur d'avoir vu le duc de Guise lui manquer dans l'affaire qui venait de l'opposer à Bellegarde. De l'autre côté Guise, tous les Lorrains, Nevers, Sully, Rohan, Bellegarde et son oncle d'Epernon qui ne supportait pas que Soissons ait des vues sur la main de Mlle de Montpensier** qu'il ambitionnait pour l'un de ses fils, enfin, César de Vendôme. Pourquoi César rallie-t-il le camp du duc de Guise qui l'a soigneusement évincé jusque-là des premières places ? Ce n'est sans doute là que la vibration de la circonstance. La situation était de toutes façons parvenue au ridicule de bien des questions de point d'honneur : on voyait les princes du sang du côté de l'aventurier Concini et les très catholiques Guises acoquinés avec des protestants. N'oublions toutefois pas que César avait épousé une princesse de la maison de Lorraine et qu'il savait pertinemment avoir moins encore à attendre des princes du sang que des ducs. Dans son esprit d'ailleurs, il avait renoncé jusqu'à

---

* C'est-à-dire en chemise, pour se battre en duel.

** Marie de Bourbon, fille unique du dernier duc de Bourbon-Montpensier mort en 1608 et de Henriette-Catherine de Joyeuse remariée en 1610 au duc de Guise. Plus riche héritière de France, elle épousera en 1626 Gaston, frère de Louis XIII et mourra l'année suivante en mettant au monde la Grande Mademoiselle.

des jours meilleurs à se prévaloir du fameux rang intermédiaire qui chagrinait tant les Lorrains.

Condé se faisait menaçant. Héroard laisse percer la gravité de la crise en quelques lignes : « Va (le roi) chez la Reyne qui estait en son petit cabinet... M. le prince de Condé y entre brusquement, sans aucun respect, et se couvre tout aussi tost sans le saluer... Le Roy va à M. de Souvré « Mousseu de Souvré voié, voié Mousseu le prince il est assi devant moy, il est insolent » [155].

Conty et Soissons, cause de tout ce remue-ménage, étant tombés entre temps dans les bras l'un de l'autre, exigeaient avec l'appui de leur neveu Condé une réparation humiliante pour les Guises. Le conseil de régence fixa la procédure de l'accommodement qui devait avoir lieu au Louvre. Le duc de Guise y alla à cheval, entouré de vingt fidèles. Ses parents et alliés roulaient en carrosse derrière lui : venaient d'abord ses frères, puis le vieux duc de Mayenne, son oncle, puis Bellegarde suivi de d'Epernon, enfin César fermant la marche. Soissons s'était dispensé de paraître. Ce fut Mayenne, que l'on avait du porter là tant il était gros et infirme, qui prit la parole en tant que doyen du clan des Lorrains. Il nia que son neveu n'ait jamais eu dessein d'offenser les princes et, par son habileté et ses larmes, fit tant que l'affaire tourna à la confusion des princes.

Le duc de Vendôme venait de choisir son camp et il devait bientôt soutenir le commencement de ses incartades de l'appui des princes de Lorraine. Au mois de juillet 1611 il eut sa première querelle. C'était avec le duc de Montbazon. Voici ce qu'en dit Pontchartrain : « Il y eut quelques différends entre M. de Vendôme et M. de Montbazon* qui ne venait que de jalousie ou d'un principe de haine. Ils firent mine de sortir et de se rechercher par voie de fait, mais cela fut empêché et depuis accordé** par la reine » [156]. Montbazon était un Rohan, c'est dire qu'il était issu d'un lignage qui, tout comme les Nevers, les Guises et bientôt les Bouillons, prétendait au rang de prince étranger pour descendre d'une lignée souveraine — en l'occurrence ici celle des anciens rois et ducs de Bretagne — Il était connu comme l'un des plus virulents défenseurs des prérogatives des ducs auxquels le rang intermédiaire accordé aux Vendômes causait un terrible préjudice. Il s'en prenait même, avec beaucoup de férocité, aux évêques de Beauvais et de Noyon, deux des six pairs ecclésiastiques que la tradition autorisait à

* Hercule de Rohan, duc de Montbazon, pair de France, grand veneur de France (1568-1654).

** C'est-à-dire que la reine mit elle-même les parties d'accord, préservant ainsi leur honneur.

marcher devant leurs congénères laïques : « C'était quelque chose qu'ils les précédassent, disait-il, toutefois, s'ils voulaient leur promettre qu'à la première bataille rangée ils seraient les premiers à la tête, ils les laisseraient passer devant... » [157]. Mais, par dessus tout, Montbazon était lieutenant général du roi pour le comté, évêché et château de Nantes. C'était là l'objet de la querelle puisqu'il prétendait, à ce titre, limiter les prérogatives du gouverneur de Bretagne dans sa lieutenance et ne le laisser entrer dans la ville ou le château dont il avait la charge qu'avec un nombre limité de gardes.

César, en tout cas, du haut de ses dix-sept ans, montrait un certain cran parce que Montbazon était un bretteur redoutable. Un appel en duel, à la vue de toute la cour, allait le plus souvent au sang et ne pas soutenir sa cause ou mal la soutenir — comme avait fait Concini en face de Roger — c'était encourir le déshonneur, auquel un véritable gentilhomme se devait toujours de préférer la mort.

« *On me le veult oster parce que je l'aime...* »

Le commencement de défiance que Marie de Médicis marqua aux Vendômes au printemps de 1611 devait venir d'ailleurs, de l'amitié violente que Louis XIII portait à Alexandre dont il ne supportait pas l'absence, fut-elle de quelques jours. En août 1611 elle décida d'éloigner le second fils de Gabrielle sous prétexte de ses obligations de Malte.

Héroard, dont le *Journal* minutieux s'épanche rarement, laisse entrevoir la douleur de cette séparation. Ce sont deux enfants que l'on arrache l'un à l'autre. Le chevalier n'a que treize ans, il voit s'entrouvrir devant lui un inconnu inquiétant : la mer qu'il ne connait pas, les galères de l'Ordre, lancées à la poursuite des infidèles, éventrant la houle de leurs rostres de bronze. Tout cela s'accorde mal à son doux caractère. La scène se déroule à Saint-Germain-en-Laye, le 4 août 1611 : « ... Environ une heure, arrive M. le chevalier de Vendôme pleurant, se jecter à genoulx devant luy et qui venait d'en faire à la Reyne la suppliant qu'il mourust aux pieds du Roy et siens, et de n'aller point à Malte. « Ha ! Sire, aiés pitié de moy, la Reyne me veut oster d'auprès de Vostre Majesté pour m'envoier à Malte. » Le Roy « Hé qu'avés vous faict à la Reyne ma mère ? ». Chevalier « Rien Sire ». Le Roy « Quoy irés vous tousjours sur la mer ? ». Chevalier « Ouy Sire ». Le Roy « Gardés vous bien et soiés plus fort quand vous irés à la guerre et escrivés moy souvent ». C'était une grande pitié d'ouir ses plaintes et ses larmes pour l'amitié qu'il luy portait et l'appelait « Zagaye ».

»On me le veult oster parce que je l'aime ». Sur les deux heures, M. le chevalier dict adieu, les plaintes redoublent, la Reyne faict ce qui se peult pour l'apaiser et le divertir. On met tout à l'heure le chevalier en carrosse et est conduict à Paris... »[158]. Pierre de l'Estoile nous fournit d'autres détails : « Le chevalier de Vendôme hors de la cour, le Roi pleure et lui donne une montre qu'il avait : « J'ai cela à moi, et non autre chose que je lui puisse donner. Quand vous l'oirez sonner, vous vous souviendrez de moi. »[159].

Le roi savait parfaitement à qui s'en prendre de la décision d'éloigner son féfé. Tallemant le dit clairement : « La Reine mère et le maréchal d'Ancre qui avaient éloigné le Grand prieur de Vendôme et, ensuite le commandeur de Souvré d'aujourd'hui... parce que le roi leur avait témoigné de la bonne volonté »[160].

Deux galères attendaient Alexandre à Marseille. Elles avaient pour mission de ne pas le quitter pendant tout le temps qu'il demeurerait à La Valette. Ce sont ainsi à peu près cinq cents hommes qui formeront la garde du futur grand prieur tandis qu'il fera ses classes, cinq cents hommes qui seront ses gardes du corps en même temps que ses geôliers.

Longtemps le roi songea à Alexandre. Les lettres de Malte étaient des évènements. Ainsi, plus d'une année après son départ, le 16 décembre 1612 : « Va chez la Reyne ou il reçoit des lettres de M. le chevalier de Vendôme, et ung laneret*, le porte sur son poing, fort content... »[161].

L'exil du doux « féfé chevalier » devait durer trois années, trois années toutes pleines des rudes exercices que les chevaliers de Malte imposaient à leurs novices. Dès son arrivée dans l'île, il rapporta ses preuves de noblesse et fut agrégé définitivement à l'Ordre.

Les chevaliers du lys.

La reine avait annoncé au Parlement qu'elle poursuivrait la politique d'Henri IV mais personne ne doutait qu'elle désirât incliner les choses plus en faveur des catholiques et donc de l'Espagne. La première grande affaire qui se présenta fut celle de la succession de Juliers**. Victor L. Tapié, à la suite de l'historien tchèque Kybal, a montré que l'accusation portée à l'égard d'Henri IV d'avoir voulu en 1610 entraîner le royaume à tout prix dans la guerre, et qui plus est, ajoutent certains, pour les beaux yeux de

* Oiseau de proie, mâle du lanier.

** Succession de Jean-Guillaume, seigneur de Clèves et Juliers, mort le 25 mars 1609, qui se composait d'un ensemble important de territoires entre Provinces Unies, Pays-Bas espagnols, évêchés de Munster et de Cologne. L'empereur avait prononcé le séquestre de cette succession, contraignant ainsi Henri IV à réagir.

Charlotte de Condé, n'est pas fondée. Il parait établi, tout au contraire, que le roi, jusqu'à son dernier souffle, s'était efforcé de négocier pour sauver la paix [162].

Quoiqu'il en soit des intentions, on se trouvait en mai 1612 à la veille d'un conflit. Louis XIII allait combattre aux côtés des princes protestants en Allemagne et se pousser dans le Milanais aux côtés du duc de Savoie, traditionnel allié de la France contre l'empereur et l'Espagne.

La reine était embarrassée et les grands, qu'elle avait comblés sans toutefois les rassasier, l'attendaient à l'épreuve. Villeroy lui conseilla un moyen terme sans gloire auquel elle se rangea : on envoya le maréchal de La Châtre prendre Juliers et l'on abandonna purement et simplement le duc de Savoie et les opérations du Milanais. Qu'on ne s'étonne pas, après cela, de ce que nous regardons comme les trahisons répétées de la maison de Savoie tout au cours du XVIIème siècle. Le duc fut contraint d'envoyer son fils, le prince de Piémont, s'agenouiller devant Philippe III, à Madrid, afin d'implorer son pardon. Il en garda toujours à l'égard de la France la terrible rancune. Le paradoxe, c'est que ce mauvais coup, comme cela arrive quelquefois en France, lorsque se conjuguent nos pires travers, orgueil et frivolité, passa pour de la grande politique et que l'on commença à regarder Marie, la Florentine, comme la réincarnation de Catherine, sa grand-tante. Même les protestants furent impressionnés et l'assemblée qu'ils tenaient à Saumur se fit conciliante.

L'année 1612 devait donner lieu à davantage de pique et de cavalcade de la part des grands dont l'insolence ne connaissait plus de bornes. Ce fut le marquis de Cœuvres, l'oncle de César, qui donna le ton en janvier : « Le marquis se présenta à la porte du cabinet où se tenait le conseil sous la présidence de la reine, l'huissier qui avait l'ordre de ne laisser pénétrer que les princes et les officiers de la couronne lui refusa l'entrée. Cœuvres... s'emporta, dit des injures à l'huissier, et celui-ci lui ayant répondu, le marquis le prit par la barbe, la lui tira fortement et abattit son poing sur le pauvre diable. L'huissier se mit à crier, à pleurer et alla se jeter au pied de la reine qui donna immédiatement l'ordre d'arrêter l'agresseur mais Cœuvres s'était déjà sauvé et avait cherché refuge à l'hôtel de Soissons... » [163].

Face aux périls Marie de Médicis, se souvenant sans doute du conseil donné par sa grand-tante Catherine à son fils Charles IX — « Pour empêcher les Français de comploter, il suffit de les tenir joyeux » — décida de desserrer l'étau du deuil de deux années qu'elle avait imposé au royaume à la mort du roi. A la fin de l'hiver, à la meute des courtisans avides de plaisirs, elle accorda trois tours de danses. César allait pouvoir briller à nouveau en cet art dans lequel il excellait. Bassompière, qui ne fut pas le dernier à accourir, en parle dans ses *Mémoires* : « ... Cependant la foire Saint-Germain se tint et, le carême prenant* approchant, ... la reine qui était encore dans son second deuil n'osait faire des assemblées et toutefois se voulait réjouir, nous commanda à M. de Vendôme, M. de Chevreuse et à moi de lui faire des ballets tous les dimanches, ce que nous fîmes en partageant les frais entre nous trois... » [164].

Un mois plus tard, le 25 mars 1612, on donnait sur la Place Royale l'un des plus fameux carrousels du Grand Siècle dont César fut l'un des maîtres d'œuvre. Il conduisait les chevaliers du lys. Programme moins ambitieux que celui du *Ballet de monsieur de Vendôme* puisque tout résidait ici dans la somptuosité du costume et du harnais. Mais laissons parler Bassompière qui était à la tête des chevaliers de la gloire et qui ne peut se retenir — c'est son côté parvenu — de parler du prix des choses : « Notre entrée coûta aux cinq tenans cinquante mille écus... Après nous, entrèrent les troupes de M. de Conty, celles de M. de Vendosme qui dansèrent un ballet fort beau... » [165]. Ce carrousel devait être donné une seconde fois, le 9 avril.

Ecartée du pouvoir la jeunesse ne songe qu'au plaisir. Le roi et ses frères s'ébattent tumultueusement. Ainsi, le 13 mai 1612 : « Entre en carrosse (le roi), est surpris de vents, d'esclairs, de tonnerres et de pluie extrême qui continue jusqu'à Brie-Comte-Robert... Le carrossier voulant entrer dans le château par la ville, le carrosse s'accroche par l'impériale contre les dents de fer de la herse et fust on contraint de faire sortir le Roy par le devant du carrosse qui estait accroché, et touts ceulx qui estaient dedans en firent de mesme ; c'étaient MM. de Vendôme, de Verneuil, le chevalier de Guise, le marquis de la Valette, M. de Souvré, le baron de Vitry... » [166].

César passait en outre, déjà en ce temps-là, parmi les princes, pour avoir la plus belle meute de chiens — ce sera d'ailleurs une coquetterie de toute sa lignée — mais cela n'allait pas sans exciter la jalousie de Louis XIII. Héroard note ceci : « Monsieur le grand Escuier (Roger), luy donnant le bon soir, luy demanda permission d'aller le lendemain voir courir les chiens de M. de Vendôme. Le roi « Si vous avés envie d'aller à la chasse, les miens courrons demain, je vous donne ceste advis... » [167].

* Les trois jours gras qui précèdent le mercredi des cendres.

La grande affaire du moment était celle du double mariage espagnol, celui du roi et de l'infante Anne, celui de Madame Elisabeth et de l'infant Philippe, héritier de Philippe III. La reine, pour en hâter la conclusion, décida, en janvier, d'envoyer le jeune duc de Mayenne en ambassade à Madrid. Condé et Soissons s'emportèrent aussitôt contre cette marque de faveur donnée aux Lorrains qui n'allaient pas manquer dans l'occasion de faire la démonstration de leur pro-hispanisme. Les Bourbons soupçonnèrent Concini, jusque-là leur allié, d'avoir soufflé l'idée à la régente. Condé et Soissons passèrent un traité à Blandy, la maison de campagne du second. La régente dut les regagner par l'accord de Montigny où ils promirent de donner leur assentiment aux mariages espagnols sous condition d'être consultés sur toutes les affaires et d'obtenir des places de sûreté dans leurs gouvernements. C'était une marque de faiblesse terrible du pouvoir que de ratifier ces exigences. Soissons voulut en profiter : il manifesta son intention d'acheter le château de Quillebœuf qui commandait l'accès de la Seine. La reine le prévint en s'en rendant acquéreur pour 60 000 écus et en commandant de procéder à sa démolition. Soissons, furieux, se retira à Blandy avec l'intention de battre le rappel de tous ceux qui voulaient en découdre. Il y mourut inopinément de la petite vérole, le 31 octobre 1612, après avoir signé un traité avec les principaux mécontents du royaume qui aurait pu commencer la guerre civile.

Les voyages contrariés.

La fin de l'été fut marquée par une affaire étrange, née des révélations d'un certain Moinet, partisan*, qui mettait en cause Roger de Bellegarde comme manipulateur d'un miroir hypnotique offert à la reine, capable, par voie d'enchantement, d'agir sur ses décisions. Nouvelle intrusion du sortilège dans les affaires du temps. Le duc de Guise prit fait et cause pour le grand écuyer. Il alla le retrouver à Anet où il s'était réfugié près de César de Vendôme, lui-même assigné à résidence dans le château de sa belle-mère à cause de l'affaire dont nous aurons à parler à la suite. Guise osa dire que Roger et César, dans leurs démêlés avec la cour, n'étaient accusés que parce qu'ils étaient ses alliés. Roger, toujours au mieux avec la princesse de Conty, son ancienne maîtresse, sa complice dans la rédaction du livre des *Amours du Grand Alcandre*, fille du feu duc de Guise ; César qui avait épousé l'héritière du feu duc de

* En ce sens, officier de troupes non réglées qui fait une guerre de surprise au service d'un prince.

Mercœur, Lorrain lui aussi. Moinet devait être finalement acquitté au grand déplaisir de Concini.

Quant à César, voici ce qui l'avait amené en pénitence. Marie de Médicis, qui se défiait à juste titre du conseil de régence où elle comptait beaucoup d'ennemis, avait pris coutume de réunir dans ses appartements un petit comité informel, peuplé de ses plus intimes créatures, que Pierre de l'Estoile nomme « conseil de la petite écritoire ». C'est là qu'il avait été décidé que le gouverneur de Bretagne n'irait pas, cette année-là, présider les Etats de sa province ainsi qu'il l'avait fait déjà à trois reprises mais qu'on enverrait à sa place, à Rennes, le maréchal de Brissac. Le prétexte donné était qu'on destinait le fils aîné de Gabrielle à partir comme ambassadeur à Rome. C'était avouer qu'on souhaitait l'éloigner comme on avait fait d'Alexandre, son frère. César fit aussitôt savoir « ... qu'il ne se souciait pas de s'en aller ambassadeur à Rome pour ne pas s'y faire voir en disgracié de la cour » [168].

Dès qu'il fut question de cette décision, prise hors du conseil et qui revenait à interdire à un gouverneur en titre de se rendre dans son gouvernement, le sang des Guises ne fit qu'un tour. Ils se déclarèrent solidaires du duc de Vendôme et ce fut bien pis lorsque César, qui ne voyait que ce moyen là pour venger son honneur, appela Brissac en duel. Le prince de Joinville, le duc de Chevreuse, les chevaliers de Guise, de Termes et de La Rochefoucauld, vinrent lui offrir leur épée. Brissac, de son côté, fut soutenu du duc de Montbazon, comme lui lieutenant du roi en Bretagne, et de tous les Rohans. Là-dessus, « ... la reine leur envoya défense de passer outre, par M. de Plainville, capitaine aux gardes » [169]. C'est alors que César « ... reçut commandement de se retirer à Anet sans être accommodé et l'autre (Brissac) cependant d'aller tenir les Etats de Bretagne » [170]. Le refus opposé par la reine de prêter les mains à un accommodement faisait peser un soupçon d'infamie sur César et, par voie de conséquence, ceux qui lui avaient offert leur épée s'estimaient bafoués. La reine ne s'en tint pas là : elle envoya la compagnie de chevau-légers sur la Loire, « ... pour favoriser M. le maréchal de Brissac en cas que les amis de M. de Vendôme le voulussent inquiéter pendant la tenue des Etats de Bretagne [171].

A la fin de septembre, Vendôme, toujours à Anet, dépêcha sa femme, alors enceinte, à la cour, pour remettre à la régente, « ... une lettre fort soumise dans laquelle il réclamait les droits de sa naissance » [172]. La reine, qui craignait la colère de Guise, rappela César à la cour. Il revint mais ce fut pour déclarer avec hauteur à la veuve de son père, « qu'il avait commis une erreur en appelant en duel le maréchal de Brissac, mais que des erreurs de ce genre ayant été commises par d'autres, de moindre qualité que lui »[173]. On fit pression pour l'accommoder avec Brissac. Il répondit qu'il ne ferait jamais le premier pas que le maréchal ne se fut auparavant dédit du mal qu'il avait dit sur son compte à la reine. Brissac avait en effet soutenu que César n'était pas bon serviteur et cherchait à faire en Bretagne des nouveautés contre le service du roi, rumeur qui naissait de la prétention qu'avait le fils de Gabrielle d'entrer dans toutes les places fortes de son gouvernement avec le nombre de gardes qu'il lui plaisait d'avoir avec lui. La reine tint bon — la disparition de Soissons avait refroidi pour un temps les vélléités de sédition — Brissac fit son office en Bretagne et Vendôme en novembre se vit contraint de venir à la cour faire une soumission sans conditions.

Le retour de César, juste avant Noël, fut marqué par la joie de la naissance d'un premier fils, futur duc de Mercœur et futur cardinal, qui vit le jour à l'hôtel de la rue Saint-Honoré et qui fut prénommé Louis en l'honneur du roi qui devait être son parrain

Le répit donné au pouvoir par la mort de Soissons fut de courte durée. Condé occupa vite le terrain. Il réclama haut et fort le Château-Trompette à Bordeaux et deux places fortes en Guyenne. La régente fit répondre avec assez de noblesse qu'un prince du sang avait tout le royaume pour place de sûreté. Dans tout ce désordre deux hommes tentaient de prendre l'ascendant : Bouillon, en se rendant maître de l'esprit de Condé qu'il poussait à reforger l'unité du parti protestant ; d'Epernon, qui s'était aliéné les Bourbons par sa prétention à la main de Mlle de Montpensier pour son fils et qui penchait à présent du côté des Guises, songeant à ranimer une ligue catholique. D'Epernon menait alors, du côté de la reine, un jeu assez ridicule de séduction, marchant sur les brisées de Concini qui se piquait, lui aussi, d'en faire publiquement le galant. Ces roucoulades ne devaient pas rester sans suite et il s'en verra bientôt les développements singuliers dans la rocambolesque affaire de Blois. Le Gascon avait taillé sa barbe en pointe : « — M. d'Epernon, qu'avez-vous donc fait ? Je ne vous reconnais pas, minaudait la régente — Madame, répondit l'ancien mignon d'Henri III, je me suis fait jeune afin de pouvoir mieux vous servir… »[174].

Vendôme, pour sa part, avait cessé alors tout à fait d'être dans les bonnes grâces de la reine mère. Elle se méfiait de lui par le dégoût que lui en donnaient conjointement Concini et Condé. Le 17 février, elle s'employa même à dissuader le roi de se rendre à un fameux ballet que César avait arrangé, le *Ballet de la Courtisane* qui eut grand succès et que l'on appela aussi *La Ronde* [175]. Le fils de Gabrielle en était réduit, écrit Bassompière, « ... à faire donner des assurances de son service à la reine par sa belle-mère » [176].

Et malgré toutes les protestations de fidélité prodiguées en son nom par la duchesse de Mercœur, il fut de nouveau soupçonné fin avril. On l'accusa, à juste titre, d'avoir prêté l'oreille à des propositions de Condé — les premières venant de ce prince qui jusque-là avait marqué tant d'animosité à son égard — et de parler ouvertement de venger la mort du roi son père, victime, prétendait-il, d'un complot ourdi depuis l'Espagne. C'était réveiller des rumeurs malséantes pour la reine et mettre du même coup en péril le projet du double mariage espagnol. Il était vrai qu'on se trouvait à un tournant de la Régence et que César commençait à se détourner du parti des Guises que leur pro-hispanisme allait bientôt établir comme les plus solides alliés du pouvoir en place.

Au début de mai 1613, la défiance de Marie de Médicis à l'égard de monsieur le gouverneur de Bretagne n'avait fait que croître : « La reine sut que M. de Vendôme, quelque parole qu'il eut donnée à Mme de Mercure (Mercœur), s'était joint avec M. le Prince (Condé) et qu'il se faisait plusieurs brigues pour y rembarquer M. de Guise... Elle lui en parla et, lui, en rejura toutes sortes de fidélités... » [177].

A la fin de ce même mois, la cour se transporta à Fontainebleau. César y vint, accompagné de son oncle Cœuvres. Il devait prendre-congé de la reine avant d'aller présider les Etats dans sa province, permission qui, cette fois, ne lui était pas refusée. Ils prièrent ensemble Zamet, capitaine et surintendant du château — promu à cette dignité, on l'a dit, quelques heures après de la mort de Gabrielle- de leur attribuer un logis à la conciergerie du palais où se trouvait déjà logé le duc de Guise. Cette demande était contraire à l'étiquette qui obligeait César à se tenir près du logis du roi. Bassompière, dévoué à Concini, fut prié par la régente d'intervenir : « La reine en prit ombrage et me commanda de ne bouger d'avec M. de Guise jusqu'à ce qu'il fusse couché et d'empêcher que M. de Vendôme et lui ne se parlassent, ce que je fis, et la reine envoya encore Sauveterre veiller la nuit sur le degré de M. de Guise, lequel aperçut MM. de Vendôme et de Cœuvres monter en robe de chambre dans celle de M. de Guise avec lequel ils furent près de deux heures. » [178].

L'idée d'un complot fut étayée par le fait que César partit pour la Bretagne le lendemain, 31 mai, sans avoir pris congé de son frère dans les formes requises. Ne pas saluer le souverain en gagnant ou en quittant sa maison était un acte d'insubordination grave. Marie de Médicis s'emporta. Elle fit enjoindre à Cœuvres, « ... de sortir de la cour et de n'y retourner jusqu'à un prochain commandement... » [179]. Les commentaires de Concini sur cette affaire furent embarrassés. L'Italien aurait dit, « ... que tout cela était l'œuvre des barbons (les ministres) », explication qui ne parvint pas à convaincre Bassompière, lequel lui était pourtant attaché : « ... Je ne crois pas, écrit celui-ci, que les ministres fassent tant d'effort sur son esprit (celui de Marie de Médicis) que sa propre inclination, car je puis dire que ce fut la reine qui fit épier M. de Guise et M. de Vendôme et qui sut qu'ils s'étaient parlé la nuit » [180].

Condé, ayant quitté la cour trois jours plus tard en affectant de prendre publiquement congé, la régente décida de ne pas laisser César quitte à si bon compte. Elle décida d'interrompre son voyage de Bretagne : « ... On lui dépêcha M. de La Varenne pour l'obliger de retourner à sa maison de Chenonceaux ou à celle d'Anet, sous peine de désobéissance et avec ordre, en cas de refus, au parlement de Rennes de n'avoir pas égard à sa qualité » [181].

Le duc obéit et se rendit à Chenonceaux. Mme de Vendôme vint à nouveau, en pleurs, se jeter aux pieds de la veuve d'Henri IV. Elle l'assura que son mari reviendrait, « ... s'il recevait l'assurance de sa sûreté ». La mère du roi, « après avoir dit à Mme de Vendôme qu'elle voulait être obéie, ajouta que pour l'amour d'elle, qu'elle aimait, elle lui pardonnerait à condition qu'immédiatement et sans aucun délai, il reviendrait à la cour » [182]. César, depuis Chenonceaux, laissa entendre quelques temps qu'il comptait ne pas reparaître avant la majorité du roi, laquelle ne devait être proclamée qu'un an plus tard, le 27 septembre 1614. Finalement, redoutant les conséquences d'une trop longue absence, il se résolut à revenir à Paris à la fin du mois d'août.

Pontchartrain raconte la suite : « M. de Vendôme qui était revenu à la cour depuis quelques semaines et M. le maréchal de Brissac furent mis d'accord ensemble par autorité de Sa Majesté. On leur permit d'aller aux Etats de Bretagne qui se devaient tenir au commencement de novembre » [183]. César obtenait donc une issue honorable à l'affaire non réglée de 1612. Il pouvait reparaître dans son gouvernement, le front haut. La question du rang intermédiaire restait toutefois hors du champ des négociations envisageables.

VI — « SCHACHÉS QUE LE PLUS GRAND HONNEUR QUE VOUS AIÉS AU MONDE C'EST D'ESTRE MON FRERE »

L'année 1614 fut celle où toutes ces brouilleries prirent un caractère violent. L'habileté de Villeroy qui tirait les ficelles du conseil, la mort de Soissons, avaient permis jusque-là que les querelles, même graves, ne se tournassent point en affrontements. Fontenay-Mareuil, dans ses *Mémoires*, peut même écrire en concluant le récit des évènements de l'année 1613 : « Tout avait jusque-là assez heureusement succédé à la reine », marque qu'en ce temps-là, il fallait beaucoup plus de dérèglements qu'aujourd'hui pour entamer le sentiment de la quiétude.

Concini, un moment menacé par les ronds de jambe de d'Epernon, avait ressaisi toute son influence et avait été fait maréchal de France, à la mort de Fervacques, en novembre 1613, sous le titre de son marquisat d'Ancre. Le 13 janvier 1614 Condé quitta la cour sans prendre congé — c'était la sixième fois en trois ans — au nombre de ses griefs il y avait l'élévation de Concini au maréchalat sans qu'il eut été consulté. Ce passage de Condé, tenu jusque-là dans l'obéissance par des largesses, à l'opposition ; le ralliement des Lorrains à la régente et la constitution d'une véritable machine de guerre catholique, voilà tout ce qui devait provoquer l'explosion de 1614.

L'évasion.

A la suite de Monsieur le Prince (Condé), les ducs de Nevers, Longueville, Maine et Bouillon, sortirent de Paris. Ils s'étaient réunis préalablement plusieurs fois, de nuit, dans des assemblées où avait également paru César. Condé gagna Chateauroux où il eut des conférences avec Sully, que son éviction définitive du pouvoir au profit de Villeroy faisait regarder par tous comme un opposant, Nevers alla en Champagne dans son gouvernement. On donna l'ordre à tous les gouverneurs de places fortes de ne pas recevoir les fugitifs et l'on ordonna la levée de six mille Suisses.

César était demeuré dans Paris mais Marie de Médicis doutait une fois de plus de ses intentions ; elle était persuadée « qu'il était de la partie »[184]. Aussi, profitant de ce « ... qu'il était revenu dans le Louvre chercher quelque chose dont il avait besoin »[185], sans doute à dessein de quitter la cour, le fit-elle arrêter, le 11 février, au sortir de son cabinet, par M. de Plainville, capitaine des gardes du corps. On l'assigna à résidence, en compagnie de sa femme, prête d'accoucher de son deuxième enfant, dans l'appartement que celle-ci occupait au palais et dont, par précaution, on fit munir les fenêtres de grilles. On lui donna pour gardien, avec mission de ne pas le quitter, un exempt des Suisses et l'on plaça plusieurs archers devant sa porte.

Condé aussitôt se répandit en menaces. Dans un manifeste, il exigea la liberté de César et le rappel d'Alexandre qui était à Malte depuis bientôt trois ans, sollicitude soudaine et bien étonnante du premier des princes du sang pour messieurs de Vendôme.

Le 19 février à huit heures du soir, précise Arnaud d'Andilly, César représenta à l'exempt, de quartier dans sa chambre, que sa présence empêchait de donner les soins nécessaires à sa femme qui était indisposée. « Il ne pouvait croire, ajoutait-il, qu'on voulût le traiter si durement qu'il ne lui fut permis de parler à personne hors la présence de l'exempt... Il était nécessaire de savoir quelle était à cet égard la volonté de la reine ». L'exempt sortit pour aller chercher ses ordres. Aussitôt César gagna sa garde robe et ouvrit une porte cachée donnant sur un petit escalier, « ... couverte d'une tapisserie et de quelques hardes »[186], que ses valets avaient trouvé moyen, la nuit précédente, de faire ouvrir par un serrurier. Le duc prit le manteau d'un page, passa la porte du Louvre sans être reconnu et gagna la cour des Cuisines où l'attendait un cheval. L'exempt, revenu au bout d'une heure, fut arrêté à la porte de l'appartement par les servantes de la duchesse qui l'assurèrent que leur maîtresse avait encore une grande crise d'estomac. Vers minuit on lui ouvrit enfin. Il demanda à voir le duc. On lui dit qu'il faisait ses affaires dans la garde-robe et l'homme — qui était décidément de bonne composition — attendit de nouveau. Ce n'est que vers trois heures du matin, entrant de force dans ce petit réduit, qu'il découvrit la supercherie. Il cria pour que l'on fermât aussitôt les portes du palais mais ce branle-bas, en pleine nuit, alors que César était déjà loin, fit craindre pour la vie des souverains, si bien que le peuple pénétra en armes dans le palais.

Mme de Vendôme garda la chambre plusieurs jours pour n'avoir pas à affronter la colère de la régente. Certains pensaient que son mari était allé à Mézières rejoindre Nevers, d'autres qu'il était chez lui à La Fère. Marie de Médicis et ses conseillers flairèrent tout de suite qu'il était sur la route de Bretagne et l'on dépêcha aussitôt à Nantes M. de Montbazon, avec commandement d'empêcher que le gouverneur ne fut reçu dans la province.

César, par des chemins détournés, se dirigeait en effet vers l'ouest. Parvenu à Ancenis qui lui appartenait : « ... (il) sut que M. de Montbazon, qui avait pris la poste et le droit chemin, était déjà passé, et, qu'ayant donné l'alarme partout, il ne lui serait pas sûr d'aller plus avant sans être bien accompagné » [187]. Il s'enferma donc dans la place pour attendre ses amis, « ... qui l'y vinrent trouver bientôt en assez grand nombre » [188]. Au premier rang d'entre eux, l'un des personnages les plus importants de la province : le jeune duc de Retz, Henri de Gondi, bouillant défenseur des droits des Bretons contre ceux du roi.

Vendôme et Gondi auraient souhaité s'emparer de la personne de Montbazon mais celui-ci s'était précautionné en gagnant Nantes par la voie fluviale. Les rebelles arrêtèrent toutefois deux de ses gentilhommes qui lui apportaient des lettres de la régente.

Le 1er mars César, écrivait d'Ancenis à Marie de Médicis : « Il ne lui demandait ni faveur ni bienfait, il priait qu'on ne le réduisit point au désespoir en armant dans cette province ceux qu'on savait être ses ennemis » [189]. Le même jour il s'adressait à Montbazon au sujet de l'interception de ses courriers, arguant « ... qu'il avait le devoir comme gouverneur de voir tous les paquets qui venaient pour les affaires de gouvernement... » [190]. S'estimant alors suffisamment pourvu de renforts, il se porta avec Gondi sur Blavet, forteresse que le duc de Mercœur, vingt ans auparavant, avait offerte aux Espagnols et que le traité de 1598 avait ordonné de démanteler. Leur projet était d'en relever les murailles et de s'y fortifier.

De son côté, le 17 mars, le roi écrivit au parlement de Bretagne pour faire défense, « ... sous crime de lèse-majesté de prendre les armes pour le duc de Vendôme » [191]. César répondit le 27 mars par une lettre, pleine de soumission dans la forme, mais dans laquelle il annonçait son intention de rester sur le pied de guerre. Parallèlement aux travaux de Blavet, il ordonna, à l'autre bout de la province, la mise en défense des places fortes du duché de Penthièvre : Lamballe, Guingamp, Moncontour et également Quimper. Mais la pâte ne prenait pas : Nantes, autrefois fidèle capitale du duc de Mercœur, ne se mobilisait pas en faveur de son gendre. Montbazon y tenait bon. De plus, aux environs de Lannion, dans la vallée du Guer, des brigands, qui se prétendaient les partisans du gouverneur, semaient la terreur à partir du château de Tonquedec dont ils avaient fait leur refuge. Ils allaient devoir en être délogés par des gentilhommes fidèles au roi.

Sainte-Menehould.

Fin mars Condé, qui venait de rejoindre Nevers à Mézières, accepta de négocier avec les envoyés de la reine. Ses exigences étaient au nombre de trois : la convocation d'Etats généraux, le désarmement général, le report des mariages espagnols. Marie de Médicis lui donna satisfaction sauf sur le désarmement dont elle renvoya la décision au roi, à sa majorité. Des pourparlers s'ouvrirent donc à Soissons le 6 avril et le cas du duc de Vendôme, absent, fut englobé dans la négociation générale. Ce dernier présenta toutefois par procureur la demande d'avoir Blois pour place de sûreté.

C'est au cours de ces négociations longues et délicates, menées au nom du roi par les présidents Jeannin et de Thou, qu'il fut question pour la première fois de marier le jeune duc de Mayenne et de lui accorder la main de Mlle de Vendôme, Catherine-Henriette, qui devait être dotée par le roi sur le produit des biens meubles dont la couronne restait redevable du fait de la succession de Gabrielle.

Le 15 mai la paix fut signée à Sainte-Menehould. Condé écrivit à César pour qu'il y souscrive mais celui-ci fit savoir très clairement qu'il n'avait aucune intention d'appliquer le traité, « ... fondé, écrit Fontenay-Mareuil, sur ce qu'étant eslongné, on ne pourrait pas, ce lui semblait, aller à luy pour l'y forcer » [191]. Du fait de son absence, César était le plus défavorisé de toutes les parties à l'accord. On lui avait seulement accordé d'être remis dans son gouvernement de Bretagne et d'avoir sa garde payée par le Parlement. En revanche, il ne recevait pas d'argent comme Condé ou Nevers et il se voyait contraint d'ordonner la démolition de Blavet ainsi que des fortifications de Penthièvre et de Quimper.

Le 1er juin le duc de Mayenne fut le premier à rentrer à la cour pour y recevoir officiellement la main de Mlle de Vendôme.

Le 10 mai le marquis de Cœuvres, qui s'en revenait d'Italie où la reine l'avait dépêché en ambassade, avait été sommé, sans presque prendre le temps de poser pied à terre, de courir en Bretagne convaincre son neveu d'accepter la paix qui se préparait. En même temps, on avait dépêché le duc de Ventadour vers Condé à Amboise pour se plaindre à lui des procédés de César. Le premier prince du sang reçut l'envoyé de la cour, « ... mais ne lui donna que de bonnes paroles sans aucun effet » [192]. On accusa alors Condé de ne pas s'opposer à laisser « ... des gens de guerre et d'autres marcher à la file du côté de la Bretagne en faveur de M. de Vendôme... » [193].

On soupçonnait donc monsieur le gouverneur de Bretagne de continuer d'enrôler des mercenaires et de tenir ses troupes « à la débandade* ». C'était l'opinion de l'envoyé de Florence qui écrivait à son maître, le 17 juin : »*Vandomo continua in Brettagna di far qualque cosetta* » [194]. Il est d'ailleurs patent que César dépêcha à ce moment-là son compagnon, La Rochegiffois, vers les frères de Rohan afin de les exhorter à se joindre à lui, « ... avec de belles paroles en faveur des réformés ». Il lui fut répondu, « ... que le meilleur conseil qu'on pouvait lui donner était de digérer doucement cet abandonnement (celui de ceux qui acceptaient la paix de Sainte-Menhould) et s'accommoder » [195]. César tenta encore d'amener le parlement de Bretagne à sa cause en lui écrivant mais les présidents de cette assemblée s'accordèrent pour renvoyer ses lettres à la régente sans les décacheter.

Ce fut bien pis, le 15 juin, lorsque Pierre de Lanion, seigneur d'Arradon, ami du gouverneur de Bretagne, s'empara de la ville et du château de Vannes. Le 18 juin, entrant à son tour dans cette ville soustraite à l'autorité du roi, César écrivit à la régente dans le but de justifier ce coup de main, une lettre que Richelieu qualifie de « fort maladroite ».

A Vannes, le marquis de Cœuvres trouva son neveu, sous les armes : « ... il n'en rapporta pas grand fruit » [196], observe Pontchartrain. La reine mère le chargea de repartir sur le champ, porteur d'un adoucissement et d'une menace. L'adoucissement, c'était qu'elle ne demandait plus le rasement de Blavet mais son évacuation et son occupation par une compagnie royale, la menace consistait à informer César « ... qu'elle faisait marcher en diligence M. le maréchal de Brissac avec... cinq ou six compagnies de chevau-légers et des gendarmes et quelques peu de vieilles troupes** qu'il y avait sur pied » [196]. En même temps la régente résolut un « voyage armé » de toute la cour en direction de la Loire, « ... afin d'être à portée du maréchal de Brissac » [197].

Cœuvres retourna à Vannes où il trouva César et Retz. La situation s'était aggravée pour les insurgés qui recevaient de toutes parts des nouvelles de la défection de leurs alliés. Cœuvres n'eut pas de mal à les convaincre de composer : « Il arrêta et fit signer à M. de Vendôme toutes les conditions que l'on désirait de lui » [198]. Il reçut Blavet de son neveu et y fit entrer une compagnie de Suisses. Lui-

* Sans observer les règles.

** Les six plus anciens régiments de l'armée qui précédaient « les petits vieux », six régiments suivants.

même, après cela, persuadé que son deuxième voyage avait mis un point final à l'affaire, se contenta de dépêcher son lieutenant, La Picardière, pour rendre compte à la cour, et gagna Rennes.

Mais, entre temps, les choses avaient évolué. D'Epernon s'était employé à convaincre Marie de Médicis de montrer plus de rigueur et le « voyage armé » avait pressé le pas. Monsieur le Prince avait flairé le péril. Le 6 juillet il avait dépêché le duc de Mayenne à la cour. Celui-ci, tirant argument de la remise de Blavet par César, osa dire à la régente : « ... si bien que le voyage qu'on vous a persuadé de faire est complètement inutile pour la Bretagne » [199].

Le 9 juillet, à Ollainville*, La Picardière retrouva la cour qui poursuivait sa marche magnifique et pesante vers la Loire. Il rendit compte de la reddition de Blavet. Le 12 juillet le marquis de Cœuvres joignit, à son tour, la cour à Orléans : « Il rapporta que l'intention de M. de Vendôme était de rendre toute obéissance à Leurs Majestés, qu'il attendait 100 000 livres que Monsieur le Prince lui devait fournir de la somme qu'il recevrait, suivant le traité de Sainte-Menehould, pour licencier ses troupes ». César élevait également une exigence d'honneur : afin de contrer Montbazon, il voulait, avant de les remettre au roi, entrer avec cinquante gentilhommes dans la ville de Nantes et avec vingt-huit dans le château [200]. Il terminait en disant que tout ce qu'il avait fait était « ... à cause de M. de Brissac son ennemi » [201].

La régente fut conseillée par Concini, contre l'avis de d'Epernon, de se montrer conciliante. Elle renvoya pour la troisième fois le marquis de Cœuvres vers son neveu et fournit elle-même les 100 000 livres qu'il attendait de Condé pour, prétendait-il, licencier ses troupes. Elle fit partir la somme par bateau jusqu'à Angers et, le 14 juillet, signa une déclaration en faveur de César par laquelle le roi le rétablissait dans ses fonctions de gouverneur de Bretagne et « ... commandait aux villes de le laisser entrer comme elles avaient accoutumé ces mouvements » [202]. Mais, tout en soufflant le chaud, « S.M. résolut de passer outre et de se faire obéir par la force » et donna ordre de poursuivre la marche vers Blois. La cour pressa le pas, passa par Amboise puis par Chatellerault où Rohan et les barons protestants vinrent faire une éclatante soumission.

A Chatellerault on reçut la nouvelle que César avait commencé à licencier quelques troupes, mais les plaintes affluaient, venant d'officiers et de membres du parlement de Bretagne, qui se faisaient écho des dures exactions commises par les troupes rebelles depuis

---

* Château, près d'Arpajon, construit par Henri III.

six mois. Plusieurs voix s'élevaient pour réclamer la révocation pure et simple du gouverneur.

A Poitiers, le 4 août, Cœuvres vint rendre compte de son troisième voyage : il confirma le désarmement complet de César auquel l'entourage de la reine ne crut pas. Héroard est le témoin de la réaction de Louis XIII : « Oh ! quelle obéissance. Il n'a pas encore désarmé... »[203].

La reine mère, qui ne devait être à Paris que pour l'ouverture des Etats généraux, le 15 septembre, se décida à gagner Angers — ordonnant à César de s'y trouver — et convoqua les Etats de Bretagne à Nantes pour le 15 août, « ... en intention que si, étant à Angers, M. de Vendôme s'y rendait, ainsi qu'il lui était commandé, l'on pourrait bien s'en retourner droit à Paris »[204]. Marie de Médicis était alors suivie par cinq mille personnes et, de toutes parts, accouraient des gentilhommes venus lui faire leur cour et des gens du peuple qui se pressaient pour acclamer le roi.

Ce « jusqu'au boutisme » de la cour effraya César. Le 8 août, la régente, qui se trouvait à Angers, eut avis que M. de Vendôme, après s'être approché jusqu'à Ancenis qui n'était qu'à neuf lieues de là, avait tourné bride et s'était enfui « en Basse Bretagne »[205]. La reine mère arrêta définitivement en conséquence qu'elle présiderait elle-même les Etats de Bretagne.

Le 12 août la cour fut à Nantes. M. de Rohan y vint avec son frère à la tête des nobles du pays : « ... ils témoignèrent affectionner Leurs Majestés et même vouloir ramener M. de Vendôme et M. de Retz à leur devoir »[206]. Les Etats s'ouvrirent le 18 août. Les doléances des députés permirent de découvrir toute l'horreur des mouvements qui s'étaient faits dans la province depuis mars : « ... le roi fut étonné, écrit Richelieu, des excès et violences dont avaient usé les troupes de M. de Vendôme... ceux qui avaient fait racheter les femmes aux maris, les filles et les enfants aux pères et mères, les champs ensemencés aux propriétaires... »[207].

En conséquence les Etats, encouragés par la régente, revinrent sur tous les adoucissements que la cour avait fait offrir par le marquis de Cœuvres : « Il fut résolu... de casser les gardes que le pays entretenait à mondit sieur de Vendôme et de démanteler beaucoup de places qui étaient entre ses mains »[208].

Vendôme et Retz, se voyant abandonnés de tous, se résolurent à la soumission. Retz arriva le premier à Nantes, le 22 août. Il demanda pardon au roi qui lui répondit du haut de ses treize ans : « Quand vous me le témoignerez par effet, je vous aimerai ». Vendôme parut le lendemain. Il avait fait demander quelques jours auparavant des lettres d'acceptation du traité de Sainte-Menehould. Il se présenta devant Louis XIII à l'heure de son dîner : « Sire, lui dit-il, je n'ai vouly faillir à venir trouver vostre Majesté, aussi tôt que j'en ay reçu son premier commandement, et pour l'asseurer que je n'ay point d'autre volonté que d'estre son humble et très obéissant serviteur, désirant de le témoigner par le sacrifice de ma vie ». Héroard nous montre le jeune roi, « la voix tremblante et la face blesme », qui répond : « Servé moy mieux pour l'advenir que vous n'avés faict par le passé et scachés que le plus grand honneur que vous aiés au monde c'est d'estre mon frère ». « Je le crois ainsi »[209], balbutia Vendôme que le roi conduisit aussitôt chez sa mère.

Louis XIII marqua ensuite de la rancœur au rebelle, c'était dans son caractère. Quatre jours plus tard, conte Héroard : « M. de Vendôme vient pour le voir et demande à M. Pluvinel s'il dormait. M. de Heurle, premier valet de chambre va ouvrir le rideau pour le sçavoir. Le roi tout bas « Qu'est-ce ? ». M. de Heurle « Sire, c'est M. de Vendôme qui vient voir Votre Majesté ». »Dictes que je dors »[210].

Les Etats furent inclinés finalement à modérer les demandes vengeresses des députés : « Pour le châtiment de ceux qui l'avaient suivi (César)... on s'en remit au traité de Sainte-Ménéhould au préjudice duquel on ne voulut rien faire »[211]. La reine mère et son fils résolurent le retour sur Paris « ... et commandèrent auxdits sieurs de Vendôme et de Retz de les suivre, ce qu'ils firent et, de fait, ledit sieur de Vendôme prit le devant pour aller voir madame sa femme qui n'avait pas bougé de Paris »[212].

Mme de Vendôme avait accouché, en mai, d'une fille, Elisabeth, future duchesse de Nemours, dont nous dirons plus loin le destin tragique, digne de la Camille d'Horace.

César qui était rentré avec son oncle Cœuvres à Paris comprit qu'il était nécessaire de se faire oublier quelques temps. Matéo Bartolini, dans une dépêche datée du 9 septembre 1614, écrit : »*Vive assai ritirato et e monstrato quasi a deto da tutto il popolo* »[213].

Le 27 septembre, aux cérémonies de la majorité de Louis XIII, César ne parut pas, à la fois à cause de sa disgrâce et « ... parce qu'il prétendait prendre le pas sur les autres princes qui n'étaient pas de sang royal »[214], marque qu'il n'avait pas renoncé au fameux rang intermédiaire, mais marque également que Louis XIII refusait d'appliquer les lettres patentes du 4 mai 1610 qui fixaient le statut exhorbitant de César.

Mathieu Molé, dans son *Journal*, le mentionne toutefois, un mois après cette cérémonie, chargé par Louis XIII d'accommoder au Parlement une mauvaise affaire suscitée par d'Epernon. César n'était sans doute pas mécontent de tirer vengeance de l'ancien mignon d'Henri III qui avait, quelques semaines auparavant, donné de si rudes conseils contre lui à la régente. En l'espèce, ce duc, furieux que la justice se soit emparé pour le juger d'un homme de sa garde convaincu de crime, était allé lui-même aux prisons de l'abbaye Saint-Germain-des-Prés, l'enlever par force, en prétendant que sa charge de colonel général lui donnait par exemption la connaissance exclusive des forfaits commis par ses gens. L'incident s'était poursuivi au Palais où le duc s'était présenté en armes pour en menacer la cour. Avant de se prononcer au fond, le Parlement exigeait réparation. César, représentant le roi, il fut arrêté que « ... le duc d'Epernon venant à la cour, y aurait la place qu'il plaisait à Sa Majesté, et serait ouï en ses excuses... »[215].

Le retour de Zagaye.

L'année 1615 commença dans un calme étrange. Le duc de Vendôme se montra assidu à la cour mais la reine mère, qui continuait de tout décider malgré la majorité proclamée du roi, le regardait avec méfiance. Conscient de n'être pas vraiment pardonné, César éprouva le besoin de donner des gages d'obéissance : « Environ le dit jour (30 mars 1615), rapporte Arnauld d'Andilly, M. de Vendôme se départit de l'union qu'il avait faite avec les autres princes et présenta au roi une déclaration par écrit pour assurance de sa fidélité ». La reine la refusa et dit « ... qu'il ne pouvait bailler d'assurance plus grande que ce à quoi la naissance l'obligeait... »[216]. L'élégance du geste n'emportait toutefois pas la confiance.

Le Parlement, qui n'avait pas manifesté d'opposition depuis la mort du roi, commença de s'agiter alors à propos de l'affaire du droit annuel*, encouragé par l'exemple du manège des princes et du peu de désagréments qu'ils en retiraient. Il y eut, le 28 mars 1615, une assemblée houleuse des cours souveraines à laquelle le roi dut mettre fin en tenant un lit de justice. La séance avait été précédée d'une fronde des grands, furieux de s'être vus convoqués par la seule autorité du Parlement pour venir siéger à cette séance

---

* Sorte de prime d'assurance payable annuellement (dite aussi paulette, du nom du financier Paulet qui la fit établir en 1604). Elle permettait la transmission des offices royaux sans avoir égard au délai de quarante jours entre résignation et décès du titulaire qui avait par le passé entraîné bien des abus, tel que le salage des cadavres ou leur dissimulation jusqu'à la transmission de l'office.

royale : « Le duc de Guise déclara qu'il n'irait point au Parlement si le Roi expressément ne le commandait. Les ducs de Vendôme, de Montmorency et d'Epernon dirent de même, ajoutant qu'ils ne croyaient pas que le Parlement eut puissance d'appeler en assemblée les pairs de France sans permission du Roi »[217]. Observons ici l'une des manifestations les plus typiques de la défense des privilèges dans l'ancienne France. Vendôme est en opposition avec Guise sur leur rang respectif, pourtant ils font front commun, « rancune tenante », contre le corps des magistrats qui élève une prétention préjudiciable à leurs prérogatives.

Les mariages espagnols étaient sur le point de se conclure. La cour devait se diriger vers les Pyrénées pour procéder à l'échange des princesses : Madame Elisabeth gagnant Madrid, l'infante Anne venant à Paris. Ce n'étaient jamais là des circonstances très joyeuses puisque ces séparations étaient sans retour, ainsi le voulait la tradition monarchique et la politique : une princesse de France, passant la frontière, était déshabillée, vêtue en Espagnole, une princesse d'Espagne en Française, elles ne revoyaient jamais, ni l'une ni l'autre, leur pays. La cour quitta Paris le 17 août 1615. Madame Elisabeth était en carrosse avec sa bonne amie de toujours, sa demi-sœur, Mlle de Vendôme — elle-même fiancée au duc de Mayenne — laquelle lui tenait la main en s'essayant à la consoler. Héroard, le 21 octobre, assiste aux déchirants adieux de Madame : « Larmes, sanglots, soupirs et cris meslés avec les baisers et les embrassades telles qu'il ne pouvoint se séparer... hormis Don Ynigo de Calderon, ambassadeur d'Espagne, qui avait négocié le mariage qui les regardait d'ung œil sec taschant de rompre ces accolades, criant à haulte et pressant voix - Allons, allons, Princesse d'Espagne »... »[218].

Ce voyage fut l'occasion de nouvelles piques pour les rangs et pour les préséances. Il y eut une contestation entre les ducs de Guise, de Vendôme et de Nevers, pour savoir qui marcherait immédiatement après le roi et porterait la procuration pour épouser la princesse de France au nom de l'infant. Le président Jeannin proposait que l'on donnât le commandement de l'armée à Guise, ayant les maréchaux de Brissac et de Bois-Dauphin sous lui, laissant ainsi les autres honneurs civils du mariage à César et Nevers.[219] Guise refusa de prendre la tête des troupes et « demanda de faire le voyage »[219]. Presqu'aussitôt César, après avoir reçu Louis XIII, chez lui, à Chenonceaux, « ... va jusqu'à Amboise, et, à cause de la préséance (sur Guise), se retire »[220]. Le 27 août il s'en revient seul à Chenonceaux « ... et, de là, en d'autres de ses maisons »[221]. Pourtant, en s'éloignant, il reçoit de la régente, mission de faire avec le duc de Retz, dans sa province de Bretagne, en Perche et dans le Maine, des levées de troupes pour le roi. C'était un cadeau et une marque de confiance : le recrutement de gens de guerre rendait redoutable celui qui en était chargé, l'enrichissant de surcroit puisque la soldatesque était la denrée qui se vendait le mieux, la seule en tout cas qui se payât comptant.

Pendant que César chevauchait vers de nouvelles désobéissances, Alexandre se dirigeait vers la cour. Alexandre dont l'éloignement avait été regardé par tous comme la sanction de la trop grande confiance que lui avait marquée son jeune frère, le roi. Au début de 1612 le prince de Condé avait demandé haut et fort son rappel. La reine ne s'était résolue à l'ordonner qu'à la veille de la majorité du roi pour ne pas, selon la belle formule de Berthold Zeller, « laisser ce regret au maître qui venait ». Même, par un excès de prévenance, elle avait décidé de profiter du voyage d'Alexandre pour l'envoyer à Rome faire obédience au pape à l'occasion de la majorité du roi. On lui avait dépêché depuis Marseille quatre galères qui avaient touché à La Valette au début de juillet. Or, ce fut juste à ce moment qu'il fut bruit d'une descente turque sur Malte. Alexandre, malgré ses dix-sept ans, qui avait été fait lieutenant général de l'Ordre, décida d'attendre pour voir si cette menace se concrétiserait, « ... désireux d'en faire paraître les prouesses ». Les Turcs s'étant éloignés définitivement, il quitta Malte le 26 août, en magnifique équipage, emportant les regrets de tous les chevaliers, accompagné de cinq galères de la religion* et de celles que lui avait envoyées le roi.

Le 28 août il fut à Messine, accueilli par le vice roi de Naples et, de là, il alla à Procida où l'attendait le général des galères de France qui le fit monter sur la Réale**. Il y demeura trois semaines dans un perpétuel mouvement de galiotes et de canots venant le visiter. Le vice-roi l'invita à terre puis dîna à son bord. Le 25 septembre il fut à Porto, à six lieues de Rome, où l'attendait le marquis de Renel, ambassadeur de France. Il mouilla ensuite à Civita et mit pied à terre le 30 septembre, attendu par nombre de seigneurs romains venus au devant de lui tout au long du chemin de Rome. A quatre lieues de la ville, il monta dans le carrosse du cardinal Bonsi pour

* Mot usité pour désigner l'ordre de Malte.
** Galère du général des galères de France.

gagner l'ambassade de France. Le 1er octobre, il ressortit de la ville en secret pour y faire l'entrée solennelle accoutumée : « Son bagage sur trente mulets avec couvertures de velours turquin avec ses armes en broderie d'or et de soie... Les compagnies et les chevau légers de Sa Sainteté tous vêtus de casaques d'écarlate frangées d'or »[222]. Suivaient les mules des cardinaux, les chevaliers de Malte, les seigneurs romains, enfin, entourant Alexandre, une vingtaine de gentilhommes français somptueusement parés.

Le lendemain, jour marqué pour sa réception par le pape Paul V, il alla à Saint-Pierre par la rue du Corso, précédé de l'abbé Caron, orateur royal, tandis que toute la ville retentissait de coups d'artillerie. Il vit Sa Sainteté dans la Salle Royale, « ... assise en un lieu haut et éminent où l'on montait par des escaliers tout couverts de velours rouge, sur un siège de même couleur enrichi de brocatelle ». Alexandre s'avança pour baiser les pieds du pontife, « ... présenta les lettres du roi et rendit au siège apostolique obéissance... ». Paul V présida ensuite le repas de ses hôtes suivant l'étiquette pontificale : « ... Sa Sainteté vêtue de blanc était seule à une petite table, sous un riche poisle de damas rouge en broderie d'or et... la musique de voix et d'instruments ne cessa jamais durant le dîner... »[222].

Le futur grand prieur de France quitta Rome vers la fin d'octobre. Il repassa sur les galères du roi pour gagner Marseille d'où il devait rejoindre la cour, toujours en transhumance entre les Pyrénées et Paris, après le mariage du roi et de l'infante Anne, célébré à Bordeaux le 25 novembre.

La fin de 1615 fut toute entière occupée par les supputations de l'entourage de la régente sur la fidélité de César. Bassompière était de ceux qui croyaient à sa duplicité : « J'avais été mandé par la reine mère de l'aller trouver à son passage à Angoulême pour la venir éclaircir d'un avis que je lui avais envoyé qu'infailliblement M. de Vendôme était du parti de M. le Prince... »[223]. Le futur maréchal précise : « ... J'eus contraire le président Jeannin qui répondait de la fidélité de M. de Vendôme. »[224]. Nous avons déjà vu, à l'aller de ce même voyage, l'austère président Jeannin dans le rôle de défenseur de César contre les prétentions du duc de Guise : fidélité au sang d'Henri IV ? Conscience que l'on charge à outrance le bâtard de son défunt maître, bouc émissaire commode pour les ambitieux de tout poil ?

La cour était à Poitiers lorsqu'Alexandre y parvint. C'était le

4 janvier 1616. Il y a tout d'abord l'empressement du roi pour son féfé dont l'éloignement, cinq années auparavant, l'avait tant attristé. Sous les notations sèches d'Héroard, perce la joie de ces retrouvailles : « A deux heures, M. le chevalier de Vendôme revenant de voiage de Malte, luy faict bonne chère, ne le peult laisser aller changer d'habit pour estre tout mouillé »[225]. Pourtant, passé le premier mouvement, Alexandre fera vite d'autres réflexions : « Il trouva les choses fort changées, écrit Fontenay-Mareuil, car il croyait quand il partit devoir être favori et ne se vit pas alors plus considéré que le reste de la cour, M. de Luynes* ayant pris sa place et s'y étant si bien ancré qu'il ne le lui put pas ôter »[226].

Mais Alexandre n'était plus le doux garçon de 1611. Sur les galères de l'Ordre et dans les combats contre les Turcs où il avait brillé, il était devenu un homme entier et endurci, capable de grandes colères. Il y avait chez lui de l'obstination, de l'emportement, un orgueil insurmontable, qui devaient bientôt donner bien du tracas au trône.

Deux jours après l'arrivée du chevalier à Poitiers, c'était le 6 janvier, Mme de Vendôme, seule, une fois de plus, au moment d'accoucher, mettait au monde à Paris un troisième enfant, venant après Louis et Elisabeth, un second fils, François, qui fut fait en naissant prince de Martigues. C'est le futur duc de Beaufort dont la vie agitée et la mort mystérieuse ne seront pas de peu d'importance dans les suites de ce récit. Isabelle de Broglie assure que le moment de sa naissance et celui de sa mort, furent marqués de taches de soleil inquiétantes.

La Paix de Loudun.

L'attitude de César prêtait de plus en plus à soupçons. Il faisait des levées extraordinaires en Bretagne, bien supérieures en nombre à celles que la régente avait autorisées. On savait en plus, « qu'il tenait à quelques-uns des paroles assez licencieuses contre le service du roi... »[227].

Le roi décida donc, vers la mi janvier, de lui dépêcher un gentilhomme, M. de Vic, « ... pour lui commander et ordonner qu'il eut à licencier toutes lesdites troupes, lesquelles demeuraient inutiles en la saison où l'on était »[228]. César reçoit M. de Vic, en Vendômois, à la fin de janvier. Il proteste à nouveau de sa fidélité, précise « ... qu'il est prêt à licencier une partie desdites troupes et à retenir seulement ce que Leurs Majestés trouveraient bon, mais,

---

* Il va être abondamment question de lui très bientôt.

que les ayant levées pour leur service, il les suppliait de faire donner argent pour le licenciement et pour l'entretènement de ce qui serait retenu »[228]. « C'était un prétexte, estime Pontchartrain, qu'il prenait pour retenir toujours lesdites troupes auprès de lui, avec lesquelles il avait dessein d'entrer dans la Bretagne pour brouiller dans cette province... »[228].

M. de Vic ayant échoué, le roi, aux tous premiers jours de février, dépêcha La Hire*, « ... avec commandement de séparer et licencier lesdites troupes sous peine de désobéissance et de s'éloigner de la Bretagne »[229]. La Hire n'eut pas plus de succès, aussi la duplicité de César devint-elle de plus en plus patente. Il se chargeait d'ailleurs d'entretenir le doute, faisant retirer par fourgons, avec des passeports du roi, les armes qu'il avait dans Paris afin de compléter son arsenal. Soupçons appuyés par Condé qui jouait allègrement double jeu : « ... Le roi eut avis certain, même de Monsieur le Prince, qu'en même temps qu'il (César) faisait ces promesses et donnait ces assurances à Sa Majesté, il lui en donnait de semblables et plus expresses par écrit, signées et écrites de sa main ».[230]

Le parlement de Bretagne n'avait pas attendu les ordres de la cour pour prendre des mesures. Par une déclaration criminelle du 27 janvier 1616, il avait appelé les populations à s'opposer aux rebelles : « ... sonner le tocsin et courir sus auxdites troupes... »[231]. Ce même texte précise, « ... que les deux ducs (Vendôme et Retz) avaient déjà levé ensemble plus de dix mille hommes** et qu'ils les avaient fait subsister par toutes sortes de pillages et de crimes en Perche, Maine, Normandie et Bretagne ».

A bout d'argument, la régente se résolut à recourir à la forme vénérable et surannée de la dénonciation par hérault d'armes. L'on dépêcha donc, le jeudi 18 février 1616, à Chantocé, maison du comte de Vertus, à la frontière de l'Anjou et de la Bretagne, où résidait César, un hérault afin de le sommer de désarmer sous peine d'être déclaré félon. La procédure est moins risible qu'il n'y paraît tout d'abord : en droit féodal le vassal félon peut se voir déposséder par la « commise » des fiefs qu'il tient à foi et hommage de son suzerain.

Ce hérault, dont les mémoires ne nous ont pas conservé le nom, se présente donc à la porte du château. « Etant à la porte, il quitta son épée, prit sa cotte d'armes et, le baton haut à la main, entra

---

* Bertrand de Vignoles dit La Hire- (1566-1636), marquis de Vignoles, maréchal de camp, descendant du héros de la guerre de Cent ans immortalisé par les cartes à jouer.

** Arnauld d'Andilly parle de 6 000 à 7 000 hommes de pied et 700 ou 800 chevaux, ce qui est de toute façon considérable.

dans la chambre où au dit duc de Vendôme, qu'il trouva accompagné de plusieurs capitaines et soldats et auquel seigneur ayant le chapeau à la main »[232], il annonça : « A toi, César de Vendôme, je te commande de par le Roy, mon souverain seigneur et le tien, et à tous tes adhérents, que tu aies à poser les armes que tu as prises, licencier les troupes que tu as levées et le venir trouver et à tous ceux qui t'assistent de se retirer en leurs maisons à faute de quoi je te déclare et eux aussi criminels de lèse majesté et que serez comme tels poursuivis par force d'armes »[233]. César parut impressionné : « Or, encore que cette harangue l'eut fort surpris, note Fontenay-Mareuil, et mis en colère, cela ne s'étant pas pratiqué il y avait longtemps, il y répondit néanmoins fort doucement... ». Arnauld d'Andilly assure qu'il demanda « ... trois ou quatre heures de temps pour penser à sa réponse », ce qui explique sans doute mieux le passage de la colère à la douceur. Dans sa réponse, « ... il dit qu'il était très humble serviteur du Roy, qu'il avait pris les armes pour venger la mort du feu Roy et que ses intérêts étaient joints à ceux de Monsieur le Prince »[234].

Une fois de plus César parlait de venger la mort d'Henri IV mais il agissait seul et à contre-temps car, dès le 25 janvier, selon Pontchartrain, Condé entamait des discussions avec le maréchal de Brissac en vue de la paix. César continuera toutefois, durant tout le mois de février, à grossir ses troupes, ce qu'il fait d'autant plus facilement que Condé et Brissac étant convenus d'une suspension d'armes, leurs armées se débandaient en relâchant par les campagnes des mercenaires sans emploi. Le duc de Rohan a bien analysé la façon dont César se fait ainsi, une nouvelle fois, rouler dans la farine par Monsieur le Prince : « Il faut remarquer deux choses avant de venir à la conférence, c'est l'armement du duc de Vendôme, qui sous les commissions du roi, se fait assez puissant et ne se joint au prince (Condé) qu'après la trève de façon qu'il ne sert qu'à augmenter la condition de celui avec lequel il se joint, s'ôte le moyen de faire la sienne particulière... »[235].

La conférence pour la paix devait s'assembler à Loudun le 10 février. Condé y arriva le 5, porteur de lettres que César lui avait faites tenir par le sieur Le Pensier, marquant : « ... qu'il ne pouvait éloigner ses troupes qu'il ne fut compris dans la surséance d'armes générales... »[236]. L'intention de Condé, en produisant ces lettres, était d'accréditer l'idée que lui seul pouvait faire rentrer César dans l'obéissance, mais la pâte ne prit pas et les hommes du roi firent au prince des propositions qu'il jugea ridicules. A la mi-février il changea donc de tactique. Il fit courir le bruit que le gouverneur de Bretagne joignait ses troupes aux siennes et « ... qu'il avouait mondit M. de Vendôme pour être de son parti »[237]. M. de Vic, au nom du roi, proposa la suspension d'armes à César sous condition qu'il licencie ses troupes.

Le 29 février, César arriva à son tour à Loudun. Condé était allé au devant de lui avec plus de cent gentilhommes. Il le mena descendre chez la comtesse de Soissons qui, avec son jeune fils, était du parti du roi. César éblouit le prince et ses amis par son bon moral : « Il leur enfla le courage, leur représentant les grandes forces qu'il avait, lesquelles il fait monter à plus de dix mille hommes »[238].

Assemblée hétéroclite que celle de Loudun. Des partisans de la cour, Soissons et le duc de Nevers, rentrés dans l'obéissance quelques semaines plus tôt seulement, se trouvent là, à la prière de la régente, pour tenter de ramener leurs cousins rebelles à leurs devoirs. Mais la plupart des plénipotentiaires sont des huguenots. Il y a même « ... des députés protestants assemblés à Nîmes, transférés par ordre du roi à La Rochelle » et autorisés à s'arrêter à Loudun, présence qui ne sera pas sans influence sur le tour que prendront les négociations. César, faute de pouvoir prendre son ascendant sur Condé, va se trouver rejeté du côté des réformés et même assimilé à eux. Richelieu, lui-même, à propos de Loudun, écrit : « Les ducs de Sully, de Rohan et de Vendôme et tout le parti huguenot ne voulaient ouïr parler de la paix en aucune façon... »[239].

Le maréchal d'Estrées, qui n'était en 1616 que le marquis de Cœuvres, observe en diplomate : « ... L'assemblée de Loudun, laquelle étant composée de personnes si différentes, il est aisé à juger qu'ils ne l'étaient pas moins en desseins et prétentions »[240]. Le frère de Gabrielle arrivait à Loudun après un début d'année agité. Mécontent de la cour, où on l'empêchait d'exercer sa charge de grand maître de la garde robe de Monsieur, frère du roi, il avait, « avec trois ou quatre cent chevaux qu'il leva sans permission du roi »[241], rejoint son neveu César. Il devait aussitôt entrer en conflit avec celui-ci, lui reprochant la mauvaise influence que Bocage, son secrétaire, avait sur sa conduite. César protesta « ... que Bocage était fort homme de bien et qu'il ne trouvait nullement bon qu'il en parlast ainsi. Sur quoy M. de Cœuvres répliqua que Bocage était un coquin qui le perdrait et M. de Vendôme répondit : mon oncle, n'en parlez pas davantage, je le meneray en croupe partout où vous voudrez »[241]. Première alerte, que les suites ne feront que confirmer, sur le don qu'a César de s'entourer de mauvais génies et première brouille avec l'oncle d'Estrées qui sera suivie de quelques autres.

Les tractations de la conférence de Loudun font un plein volume d'actes [242]. Nous nous contenterons de dire comment César y fut définitivement joué par Condé.

Le 1er mars les plénipotentiaires du roi demandèrent aux ducs de Vendôme et de Soubise de cesser de faire des levées d'imposition pour entretenir les troupes qu'ils avaient amassées sur ordre de la cour. Condé affecta de prendre leur défense, disant qu'ils s'y trouvaient contraints puisque personne n'avait pourvu au logement de ces troupes. C'est vers le 13 mars que Rohan, Sully et César commençèrent à se méfier de Condé, après qu'il eut quitté la conférence pour aller se promener avec Mme de Soissons — laquelle était du parti du roi — du côté de Fontevrault. Aussitôt, « MM de Rohan, de Vendôme, de Sully et quelques autres avec eux s'assemblent et mettent en avant que l'on ne fait pas l'estime d'eux dans cette négociation » [243].

Le 31 mars, le « parti protestant » se fait plus menaçant : « MM de Rohan et de Soubise, avec eux M. de Vendôme et M. de Candale parlent haut de leurs intérêts particuliers et disent que si on ne les contente, ils savent que l'assemblée n'aura contentement » [243]. Le 26 mars on est informé à la cour que, très loin de là, à La Fère, place appartenant à César, il se produisait de graves incidents : M. de Manicamp, gouverneur, par commission de M. de Vendôme, avait fait entrer dans cette citadelle deux cents hommes des armées des princes et, le lendemain, profitant de l'absence de M. de La Serre, lieutenant du roi, avait expulsé les compagnies.

Les discussions se poursuivaient dans un climat de suspicion générale lorsque, le 19 avril, Condé tomba malade à tel point que l'on désespéra pendant plusieurs jours de sa vie. En un moment tout fut renversé : les hommes du roi — Villeroy, Pontchartrain, de Vic — se montrèrent cassants, Madame la comtesse (Mme de Soissons) emmena son fils hors de Loudun de peur qu'on ne l'arrêtât si Condé venait à mourir. Le 30 avril le parti protestant prit peur : « ... MM de Vendôme, de Mayenne, de Nevers, de Rohan, de Sully (arrivèrent) faisant instance et prière que l'on trouvât quelqu'accommodement à cette affaire... » [244]. Les choses avancèrent dès lors rapidement. Le texte d'un compromis, largement favorable à la couronne, put être établi dès le lendemain. Ce fut César tout aussitôt, une fois de plus, qui joua les trouble-fête : « Il se plaignait de ce qu'on ne lui avait pas fait accorder Dinan qu'il demandait en Bretagne et protestait de ne vouloir point signer l'édit ni le traité »[244]. L'on envoya un courrier à la cour. Il revint portant confirmation du refus pour Dinan mais proposant une somme de « ... 100 000 livres pour les prétentions sur le château de Nantes ». M. de Vendôme « ... n'écoute point, relève Pontchartrain, et demeure en son mécontentement »[245].

Le principal vainqueur parmi les rebelles c'était Condé toujours convalescent : il déposait les armes sous condition d'entrer au conseil. Comme le disait Marie de Médicis, excédée : « C'était le dernier plat pour le dessert ». Le vieux Villeroy, lié à Concini par un mariage entre leurs deux lignées, avait conseillé de céder, estimant le prince moins dangereux dans le gouvernement qu'en dehors. « L'idée aurait été bonne, observe Tapié, du temps d'Henri IV qui se fut fait craindre »[246], mais rien ni personne ne pouvait alors contenir l'ambition de Condé. On l'appelait Barrabas (barre-à-bas), c'est-à-dire qu'on le soupçonnait de vouloir retirer de ses armes la barre signifiant qu'il était d'une lignée cadette, afin de les porter pleines comme celles du roi.

La paix fut signée le 3 mai. « Lors tout retourna à Blois et, de là, à Paris où l'on attendit quelques temps Monsieur le Prince, MM. de Vendôme, du Maine et de Bouillon y étant précédemment arrivés »[247].

César, tout comme la plupart des gens de la cour, n'avait pas revu la capitale depuis un an. Les grands s'étaient épuisés en manèges et caracoles sans grandeur. Quel spectacle avaient-ils donné à la jeune épouse du roi, la reine Anne d'Autriche, qui regardait d'un œil écarquillé ce royaume moins policé que celui qu'elle venait de quitter et filait doux -pour le moment- devant son imposante belle-mère ? La paix de Loudun était mauvaise. Elle laissait, plus que jamais, la cour déchirée en factions. Concini s'était définitivement aliéné Condé et l'on n'allait pas tarder à en voir les suites.

« *Sa royauté sera comme celle de la fève, elle ne durera pas longtemps* ».

Paris devint bien vite une marmite infernale. On ruminait contre l'Italien. Il venait d'être pourvu du château de Caen au détriment d'Alexandre de Vendôme qui l'avait demandé pour lui à Loudun. A Paris, l'envoyé de Paul V, le nonce Ubaldini tenta vainement « ... de mettre les affaires en bonne assiette »[248]. Il vit tour à tour

Condé, Bouillon, Mayenne, Longueville et César, c'est-à-dire les plus mécontents. Concini, craignant une nouvelle fois pour sa vie, alla, le 16 août, se réfugier à Caen. Il apparut à M. de Longueville et à Monsieur le Prince, que le temps était venu de l'abattre. Il se fit des chevauchées tout du long du jour dans Paris qui étaient autant de démonstrations de force et il y eut force réunions nocturnes à l'hôtel de Condé et dans l'abbaye Saint-Martin-des-Champs.

Les opposants au favori de la régente, s'exposèrent de la sorte, le 31 août, au zèle de trop fidèles serviteurs de celle-ci et ils manquèrent d'être arrêtés tous ensemble. Voici l'incident tel que le raconte Bassompière : « Le dernier jour d'août la reine avait pris quelque petite médecine qui lui fit tenir le lit, ce qui n'empêcha pas que Monsieur le Prince, M. de Vendôme, M. du Maine (Mayenne) et M. de Bouillon, qui s'en allaient dîner cheux M. le président Jeannin à Chaillot, ne la vinrent trouver sur les dix heures du matin pour quelques affaires. Ils n'avaient avec eux que chacun leur écuyer... Il prit opinion à Barbins que le temps était très propre pour les arrêter tous quatre et que Dieu les avait faits venir en cet état pour les mettre ès mains de la reine... »[249]. Barbins parvint à faire venir Marie de Médicis, « en coiffure de nuit », à la porte de son cabinet. Tout se passa en quelques secondes. La reine mère trouva le projet bon mais elle en fit remettre l'exécution au lendemain.

Les quatre seigneurs purent ainsi gagner Chaillot sans encombre. Lorsqu'ils furent arrivés là-bas, « ... on leur donna avis de prendre garde à eux... ils s'avisèrent comme ils avaient tous quatre été le matin en belle prise et résolurent de ne plus se trouver ensemble en un lieu où on pu leur mettre la main sur le collet »[250].

Le lendemain, 1er septembre, Condé vint, sur les huit heures, au Louvre, « ... et la reine regardant comme tout le monde lui donnait des placets dit — Voilà maintenant le roi de France mais sa royauté sera comme celle de la fève, elle ne durera pas longtemps. »[251]. Le prince fut en effet arrêté, à l'issue du conseil, par M. de Thémines qui fut fait, le soir même, par l'occasion, maréchal de France comme plus tard d'Albret le sera pour l'arrestation du fils de ce même prince. Premier coup de main du siècle contre un prince de Condé ! Dans le même temps, le jeune comte de Soissons était gardé à vue chez lui et l'on faisait rechercher dans Paris tous les amis du prince embastillé. Le maréchal de Bouillon put être prévenu par Mayenne, venu le chercher au sortir d'un prêche et ils quittèrent Paris tous deux en filant vers le nord.

Quant à César, on dépêcha M. de Saint-Géran pour le prendre à l'hôtel de Mercœur. Cela donna lieu à un vaudeville que raconte Arnauld d'Andilly : « Etant arrivé (Saint-Géran) l'entrevoit à travers la porte et comme il heurtait et que l'on n'ouvrait pas, on dit que Mme de Vendôme lui dit (à César) — Monsieur, voilà M. de Saint-Géran qui vous demande, à quoi vous amusez-vous ? Que ne venez-vous ? Cependant M. de Vendôme monta à cheval et s'enfuit par derrière son logis. M. de Saint-Géran courut après lui jusqu'à Montmorency où l'on dit que M. de Vendôme était prêt de demeurer à cause que son cheval, et ceux de tous ceux qui suivaient, étaient hors d'haleine. Il rencontra six gentilhommes auxquels il fit accroire qu'il avait querelle et, ainsi, eut leurs chevaux, tellement que M. de Saint-Géran dont les chevaux étaient plus frais que ceux de M. de Vendôme, ayant rencontré ces six gentilhommes et su comme il avait pris leurs chevaux, fut obligé de s'en revenir. » [252]

La maladresse de Saint-Géran a reçu de Richelieu et de Brienne une explication : « Quelques-uns soupçonnent qu'au même temps que Saint-Géran qui fut envoyé pour le prendre investissait le devant de sa maison, il le fit avertir de sortir par un autre côté » [253]. Quant à l'anecdote de l'échange des chevaux avec des gentilhommes, elle prend toute sa saveur lorsqu'on lit ces lignes de Bassompière : « Le soir la reine pria le roi de faire M. de Thémines maréchal de France, dont plusieurs crièrent et principalement Montigny, de sorte qu'on le fit aussi maréchal, lequel, le même jour, venant à Paris, et ayant rencontré M. de Vendôme qui s'enfuyait, de qui les chevaux étaient recrus, lui avait prêté les siens qui étaient frais. Saint-Géran, voyant qu'il n'y avait qu'à crier pour avoir, extorqua un brevet de promesse de l'être* (maréchal)... La reine, conclut Bassompière, me dit le soir — Bassompière, toi tu n'as rien demandé comme les autres... » [254]. L'histoire ne manque donc pas de piquant : Montigny fait maréchal de France pour avoir facilité malgré lui l'évasion de César et Saint-Géran recevant promesse de l'être pour avoir été, sans doute, le complice de cette même évasion.

César alla d'abord, vers l'ouest, à Verneuil-au-Perche, « qui était entre ses mains » [255], parce qu'il y avait des contacts du fait de ses récentes levées dans le Maine puis il fila à l'opposé, vers La Fère dont il était le gouverneur, afin de se rapprocher des autres fugitifs, parvenus entre temps à Soissons.

Le plus grave, cette fois, c'est que Guise lui-même — jusque-là fidèle entre les fidèles — s'était joint au mouvement. Dès l'arrestation de Condé il avait pourtant fait des offres de service à la cour,

* Il le sera en 1619.

demandant à obtenir quelques dépouilles du prince mais Concini, qui pensait tenir là sa vengeance contre les Lorrains, avait conseillé de ne pas donner suite. Guise sortit donc de Paris à son tour pour entrer dans les voies de la désobéissance. La vieille duchesse, sa mère — veuve du Balafré et pourtant grande amie de la régente — se répandit dans Paris, selon Arnauld d'Andilly, criant au peuple, depuis son carrosse, qu'on voulait assassiner son fils. Les grands, à l'exception de César dont on fut plusieurs jours sans nouvelles et qu'on envoya même, dit d'Estrées, rechercher dans la capitale, se retrouvèrent à Ivors, près de Senlis, où ils attendirent le retour des messagers qu'ils avaient dépêchés au cordonnier Picard pour le pousser à soulever la capitale. Picard était « le héros du peuple »[256], sergent de la garde bourgeoise il avait, quelques semaines auparavant, refusé l'entrée de la porte Bucy à Concini qui n'avait pas de passeport sur lui. Ce projet d'émeute dans Paris ayant avorté, les grands avaient filé vers Soissons. Là, s'étaient retrouvés Mayenne, Bouillon, Longueville, Guise, Chevreuse, Cœuvres, le cardinal de Guise qui s'abouchèrent avec César dès qu'il fut parvenu à La Fère.

Il y eut une conférence générale à Coucy, le 5 ou 6 septembre, dans une salle du formidable château qui écrasait de sa masse le frêle logis du « mageur » dans lequel César avait vu le jour. A la réserve de Longueville, les participants s'accordèrent par un pacte solennel à vouloir perdre Concini et résolurent de se séparer pour lever des troupes et augmenter ainsi leur armée qui comptait déjà huit à neuf mille hommes. Ils devaient se retrouver vers le 10 octobre à Noyon pour se porter ensemble aux portes de Paris. Le danger était pressant pour la reine mère d'autant que des gens attachés sincèrement à la puissance de l'Etat, comme Sully, prenaient publiquement position contre l'arrestation de Condé et que les protestants à La Rochelle menaçaient de se soulever.

Concini revint à Paris le 20 octobre. Ce fut lui qui sauva provisoirement la situation. Il comprit que le maillon faible de ce mouvement était Guise, qui comptait plus d'ennemis parmi ses nouveaux alliés qu'à la cour. Il dépêcha à Soissons M. de Termes pour le détacher des séditieux et il y parvint. Longueville, de son côté, négociait par sa mère, Catherine de Gonzague, il prit sur lui de restituer Peronne au roi sans en référer aux autres conjurés. Richelieu a donc raison d'écrire à propos de la fin précipitée de cette ligue : « Plusieurs d'entre eux jouèrent à la fausse compagnie comme on fait en toutes ligues où chacun, pensant à son intérêt particulier, qui ne dépend pas de celui des autres, se détache du lien commun qui leur sert de prétexte plutôt que de véritable sujet de ce qu'ils font »[257].

Les désordres se poursuivirent pendant tout le mois d'octobre et furent tels que le 8 novembre parvint à la cour la fausse nouvelle de la mort de César. Héroard rapporte l'attitude digne de Louis XIII à cette occasion : « Quelqu'un le disant devant lui avec un semblant de joie. Le roi, froidement et sérieusement — Je ne me réjouis pas de la mort d'autrui »[258].

Finalement, devant l'ampleur de la conjuration et le nombre des conjurés encore en lice, Concini, lui encore, conseilla à la reine d'user de clémence. Accommodement plus périlleux que les autres parce que les alliés de Coucy parlaient haut et fort. Ils exigeaient le respect du traité de Loudun et réclamaient de nouveaux avantages. En faveur de César, par exemple, ils demandaient « ... qu'on envoyât au duc de Vendôme sa commission pour tenir les Etats de Bretagne, que sa compagnie de chevau-légers servit où il serait par lui ordonné — Le duc craignait avec raison que ses propres régiments ne fussent un jour engagés contre lui — qu'il lui fut entretenu cent hommes de pied pour tenir garnison à La Fère, que Sa Majesté fit raser les fortifications de Blavet*... »[259]. Le 20 octobre, la reine rapporta ses lettres patentes du 30 septembre punissant les ducs sortis de la cour[260]. Les insurgés recevaient tous, selon les termes de cet accommodement, d'importantes sommes d'argent. Richelieu estime qu'à cette date, et depuis le début de la Régence, César avait empoché 600 000 livres de pensions diverses, ce qui peut paraître faible si on les compare aux sommes attribuées aux autres princes : trois millions et demi à Condé et un million et demi à Soissons, mais ce qui reste malgré tout considérable. Le cardinal observe : « Ces gratifications n'ont de rien servi, au contraire semblent avoir donné l'occasion à leur malice d'avoir recommencé les mêmes soulèvements »[261]. Ceci allait se vérifier avant la fin de l'année.

« *Qu'il ne prenne à personne envie d'être en faveur des rois et des grands, c'est un méchant métier* ».

César demeura en Picardie, ce qui démontrait la précarité du dernier accord de paix conclu. Concini perdit alors la tête et au lieu de s'inquiéter de défaire ses ennemis, il ne parut plus songer qu'à accroître sa fortune. Il était retourné en Normandie pour prendre possession de Pont-de-l'Arche que lui avait donné la reine et tisser ses filets pour faire tomber en son pouvoir Quillebœuf — qui n'avait

* La demande peut paraître surprenante mais Blavet, dont la démolition avait été commencée en 1614, était alors en reconstruction, après que Brissac et Montbazon aient attiré l'attention de Concini sur son rôle stratégique.

pas été démoli comme prévu, faute d'argent pour ce faire — De retour à Paris, le 8 décembre, il avait obtenu que la garde la Bastille où était enfermé Condé soit ôtée au maréchal de Thémines et lui soit confiée. Il apparaissait désormais comme le maître de la Picardie, de la Normandie et le détenteur de la personne du premier prince du sang royal.

Vers la mi décembre on eut avis qu'une nouvelle ligue se formait autour du duc de Nevers, resté étrangement à l'écart des mouvements de l'automne. Dans cette ligue César figurait au premier rang, en compagnie des ducs de Bouillon et de Mayenne. Ils exigeaient bruyamment que le maréchal d'Ancre soit chassé et renvoyé en Italie. La reine, sur le conseil de Concini lui-même, commença par user de ménagements : elle fit dire à Nevers, Vendôme et Mayenne, qu'ils seraient pardonnés à condition qu'ils reviennent à la cour. Voyant qu'ils n'obtempéraient pas, elle signa le 15 janvier une déclaration contre Nevers et ses adhérents, « ... déclarés criminels de lèse majesté s'ils ne se mettaient en devoir sous deux semaines ». La réponse fut une nouvelle conférence des rebelles, tenue à Soissons, où parurent César, Mayenne, Bouillon et le marquis de Cœuvres : « Ils jurèrent et renouvelèrent de nouveau leur ligue et association, firent une espèce de manifeste*, écrivirent à plusieurs seigneurs, gentilhommes, villes et communautés... Dès lors la reine mère fit prendre garde à s'assurer du passage des rivières... »[262]. Marie de Médicis fit également publier, au début de février, une seconde déclaration « ... en laquelle elle fit comprendre et nommer M. de Vendôme, M. du Maine, M. de Bouillon, M. le marquis de Cœuvres et leurs adhérents... »[262]

La riposte des conjurés fut surprenante. Ils publièrent de nouveaux manifestes, « ... pour faire voir leur innocence ». Ils soutinrent : « ... les causes portées par la déclaration de Sa Majesté être fausses, le sujet de leur éloignement être bien fondé sur la puissance du maréchal d'Ancre (Concini) »[263]. César se donna même les gants de jouer les justiciers au nom du roi. Le 5 février, près de La Fère, il anéantit une compagnie de gendarmes du duc de Candale qui s'était débandée et qui, sous les ordres d'un cruel lieutenant, Recourt, ravageait le pays.

Les affaires s'aigrirent. La reine fit rédiger par le jeune évêque de Luçon, Richelieu, devenu secrétaire d'Etat en novembre, une énergique déclaration. Une armée considérable, confiée à Guise définitivement rentré dans l'obéissance, devait aller en Champagne contrer le duc de Nevers. En son sein étaient enrôlés les régiments

* 26 janvier 1617.

appartenant au duc de Vendôme et au grand prieur, qui se tournaient de la sorte — ainsi que ceux-ci l'avaient craint — contre leurs maîtres. Guise se mit en route le 17 février. Il s'empara du château de Richecourt-sur-Aisne qu'il rasa. Les ducs de Vendôme et de Mayenne, flanqués du marquis de Cœuvres, s'avançèrent jusqu'à Sisonne pour lui barrer la route mais, le 10 mars, Guise les força à se retirer à Laon. Ce même jour, le roi, par une déclaration inspirée par Concini, confisqua tous les biens des rebelles qui venaient, cinq jours plus tôt, de signer une « déclaration contre la conjuration et tyrannie du maréchal d'Ancre »[264].

La lutte paraissait cette fois sans merci. Elle était menée du côté royal avec une détermination nouvelle — fallait-il y voir les premiers effets de l'influence du jeune évêque de Luçon ?- Le siège avait été mis, le 6 avril, devant Soissons et, le 8, devant Rethel, obligeant Nevers à fuir à Mézières. Concini poussait à l'anéantissement des rebelles, effrayé par la haine qu'ils marquaient à son égard, persuadé qu'au point où en étaient venues les choses, leur victoire entraînerait immanquablement sa perte.

Le destin de l'Italien devait malgré tout s'accomplir mais ce ne fut pas par le piétinement de ces confuses chevauchées, ce fut par le roi, le faible roi lassé qu'il était d'être en lisière et qu'on avait presqu'oublié, et par le seul homme en qui il eut alors confiance : Luynes. Luynes qui s'était poussé dans l'affection de Louis XIII par sa constante présence et qui avait su « ... rendre ses journées moins monotones et moins vides en lui dressant des oiseaux pour la chasse »[264]. Il avait constitué autour du roi, souligne Tapié, « ... une camarilla obscure et presqu'humiliante dont personne ne prenait ombrage »[264]. Ce furent ces êtres dont personne ne faisait cas qui, avec l'aide du bouillant Vitry, se défirent de Concini en l'assassinant sur le pont du Louvre, le 24 avril. En un instant tout fut changé : Marie de Médicis fut assignée à résidence dans ses appartements et les princes rebelles encensés comme des victimes de la tyrannie. Richelieu, que cet accident contraignait à quitter le secrétariat d'Etat où il avait servi six mois à peine, bien heureux, toutefois, de conserver la vie, décrit ce renversement de fortune et ses conséquences inespérées pour les ennemis du favori : « Tous les princes qui avaient pris les armes contre lui (Concini)... étaient à l'extrémité... on dépêcha, au nom du roi, incontinent après la mort du maréchal (Concini) vers le duc de Longueville à Amiens et celui de Vendôme qui était à La Fère et, à Soissons, vers M. de Mayenne pour leur venir faire trouver incontinent le roi. »[265].

Marillac, dans sa *Relation de la mort du maréchal d'Ancre*, raconte ce retour des grands à la cour d'où la plupart étaient sortis depuis le mois de septembre précédent, au moment où le prince de Condé avait été arrêté : « Le jeudi 4 mai, jour de l'Ascension, le roi ne bougea de la maison du Bois de Vincennes, ... M. de Vendôme y arriva sur le midi avec le marquis de Cœuvres, M. du Maine vint une heure après... Ils avaient tous couché à Dammartin et ne voulaient pas venir ensemble à cause des rangs : ils furent tous favorablement reçus du roi... Ils se trouvèrent ensemble chez la reine régnante à laquelle ils baisèrent la robe l'un après l'autre... »[266].

Le maréchal d'Estrées précise que cette rentrée en grâce avait été précédée d'un débat au conseil : « M. de Villeroy... soutenant avec chaleur qu'il n'en fallait rappeler aucun qu'il n'eut auparavant donné la démission des charges et gouvernements, mais M. de Luynes, qui avait son but particulier, rendit ces raisonnements inutiles et fit revenir M. de Vendôme sans aucune condition, croyant que ce service contribuerait à favoriser la pensée qu'il avait d'épouser Mlle de Vendôme, depuis Mme d'Elbœuf* »[267]. Seul Condé ne fut pas pardonné. Il resta prisonnier et fut même transféré, afin d'être mieux resserré, de la Bastille à Vincennes sans qu'aucun des rentrés en grâces n'intervienne en sa faveur.

Les grands entrèrent dans Paris au moment où Marie de Médicis s'apprêtait à gagner Blois, sous bonne escorte, « la mine basse et alangourdie », ainsi que l'écrit Arnauld d'Andilly. Peu après, la maréchale d'Ancre périssait sur l'échafaud, tirant pour tous la leçon de sa catastrophe : « Qu'il ne prenne à personne envie d'être en faveur des rois et des grands, c'est un méchant métier ». Toutes les dépouilles de Concini devaient aller à Luynes, « ... à l'exception du château de Caen qui fut rendu au grand prieur de Vendôme »[268]. Alexandre reçut en outre, trois semaines plus tard, le 21 mai, l'abbaye de Marmoutier, reprise au frère de Galigaï et qui était d'un revenu supérieur à Saint-Lucien de Beauvais qu'il avait obtenue à onze ans d'Henri IV. Double attention du roi pour son féfé chevalier, l'un des seuls parmi les grands à être resté près de lui au Louvre quand tout le reste se répandait en courses désordonnées par tout le royaume.

---

* Nous reviendrons, un peu plus loin, sur ce projet de mariage entre Luynes et Catherine-Henriette de Vendôme.

VII – CAPITAINE VENDOME

Guemadeu et Coudray-Genié.

La chute du maréchal d'Ancre marque le début d'une période de trois années durant laquelle les Vendômes se comportent en fidèles serviteurs du roi, concourant même au maintien de la paix publique.

Ainsi, à peine de retour à Paris, César est-il dépêché par le roi en ambassade à Nancy, auprès du duc de Lorraine. Il en revient le 7 juin, rejoignant la cour à Fontainebleau d'où il repart en catastrophe, appelé du côté de la Bretagne par la violente rebellion du sieur Guemadeu.

L'affaire avait commencé en novembre de l'année précédente. Guemadeu, gentilhomme breton au sang chaud, ayant un contentieux pour une question de préséance aux Etats de Bretagne avec le baron de Nevet, avait tout simplement fait occire celui-ci dans un combat de rue suscité par ses lieutenants puis s'était enfermé dans le château de Fougères dont il était gouverneur. Les habitants de la ville, qui le détestaient à cause de ses manières brutales, avaient été encouragés par le maréchal de Brissac, lieutenant du roi dans la province, à mettre le siège devant le château, aussi Guemadeu avait-il appelé à son secours le duc de Retz, son ami. Il s'en était suivi de terribles affrontements. Le roi avait dû dépêcher un exempt pour proclamer une trêve, après quoi le sieur La Fayolle avait été commis pour commander dans Fougères et Guemadeu s'était entendu convoqué à la cour pour se justifier.

Les désordres avaient repris de plus belle sept mois plus tard, en juin 1617, lorsque Guemadeu qui, entre temps, était allé à Paris mais sans oser paraître devant le roi, s'était emparé, au mépris de la trêve signée, du château de Fougères, chassant La Fayolle et les gardes que le roi y avait mis. Louis XIII, jaloux de son autorité toute neuve, fit ses plaintes à César et au maréchal de Vitry, lesquels se trouvèrent fort embarrassés : Guemadeu leur était dévoué, de plus « ... (César) avait toujours auparavant clamé et sollicité en faveur dudit sieur de Guemadeu... et M. le maréchal de Vitry y avait comme répondu pour lui ». Mais Louis XIII voulait être obéi et il fallut obtempérer : « Ces deux messieurs.. s'offrirent d'aller eux-mêmes le serrer dans le château et le ramener, ce que le roi trouva bon »[269].

Avant de partir, César « ... volontairement, se veut réconcilier avec le maréchal de Brissac. Ils se voient, s'embrassent et se promettent et jurent amitié... »[269]. Une imposante armée se dirige alors vers la Bretagne, confiée aux ordres de Brissac : six compagnies du régiment de gardes, deux de Suisses et quelques-unes de chevau-légers... Guemadeu, de nouveau investi par les habitants de Fougères dans son château, abandonné du duc de Retz qui s'était porté garant de la trêve conclue à la fin de 1616, effrayé à la nouvelle de l'approche des troupes du roi, se remet entre les mains de César et de Vitry, qui pénètrent jusqu'à lui, suivis de vingt gentilhommes seulement.

Le gouverneur de Bretagne et le maréchal de Vitry sont alors persuadés qu'ils pourront lui sauver la vie. Ils lui en font en tout cas la promesse et c'est sur cette assurance que Guemadeu accepte de se rendre. Louis XIII donne alors l'une des premières manifestations de sa duplicité : « Pour leur donner espérance d'en venir à bout, leur mande de le mener au Vieux Palais de Rouen, au gouverneur duquel Sa Majesté manda de le garder avec autant de soin que sa propre vie. »[270]. Puis, brusquement, « ... le mercredi 9 août, lorsqu'on n'y pensait point, M. de Rollet ayant reçu commandement du Roi, emmena Guemadeu à la Bastille avec cinquante archers »[270]. Guemadeu, transféré à la Conciergerie, sera jugé séance tenante et décapité en place de Grève malgré les instances de César et de beaucoup de Bretons. La tonalité du règne personnel de Louis XIII, une aversion viscérale du désordre, était ainsi donnée, dès avant le retour au pouvoir de Richelieu.

César revint à Paris à la mi août. On a prétendu que la rancœur du dénouement de l'affaire Guemadeu aurait pu justifier l'intention du crime dont il devait aussitôt se trouver accusé.

A la date du 28 août 1617, Héroard note dans son *Journal* : « Se plaint (le roi) de tranchées au ventre ce qui l'empêche d'aller dîner au Faubourg Saint-Honoré chez M. de Vendôme et de tenir son fils à baptême »[271]. L'affaire était beaucoup plus grave que ne le laisse supposer le constat de prime abord anodin du médecin. Le roi s'était excusé à la dernière minute de ne pas pouvoir se rendre au baptême du jeune duc de Mercœur, fils aîné de César, lequel, précise Arnauld d'Andilly, avait coûté dix mille francs[272]. D'Andilly pense que Louis XIII craignait que les Vendômes ne profitâssent de l'occasion pour se jeter à ses pieds afin d'obtenir la grâce de Guemadeu. Fontenay-Mareuil et Tallemant donnent une autre explication dont la cause est infiniment plus grave : on aurait soupçonné César de vouloir profiter de l'occasion pour empoisonner son frère. Cette rumeur venait d'un certain Coudray-Genié qui était allé avertir Luynes dans le seul espoir d'obtenir une récompense.

Il prétendit que le gouverneur de Bretagne, de mèche avec Mayenne, avait imaginé de faire dîner le roi avec une fourchette creuse dans laquelle on aurait introduit un poison. Luynes, qui avait aussitôt flairé un traquenard, avait renvoyé Coudray-Genié, lui disant que « ... si son avis se trouvait véritable, il en serait assurément fort bien récompensé... »[273].

Par mesure de précaution il avait tout de même contremandé le repas, provoquant par là l'effarement de César qui ne dut son salut qu'à l'oncle Cœuvres. Tallemant, dans une de ses bonnes pages, narre de quelle façon : « Le maréchal d'Estrées (à l'époque marquis de Cœuvres) a une bonne qualité, c'est qu'il ne s'étonne pas aisément. Il est assez ferme et voit assez clair dans les affaires. Quand Le Coudray-Genié, peut-être pour se faire de feste*, s'avisa de donner avis au feu Roi qu'à un baptême d'un des enfants de M. de Vendôme, on le devait empoisonner... M. de Vendôme se voulut retirer, le maréchal le retint et lui dit que puisqu'il était innocent, il fallait demeurer et demander justice... »[274]. César procéda de la sorte. Il offrit à Louis XIII de se rendre, « ... en telle prison qu'il voudrait et d'y demeurer jusqu'à ce qu'il se fust justifié ». Le roi refusa la proposition et envoya prendre Coudray-Genié qui fut si éperdu qu'il avoua sur le champ avoir monté toute l'affaire.

Le Coudray arrêté en même temps que son oncle, le sieur Herman, fut conduit à la Bastille. Il se rétracta. César vint visiter et solliciter les juges contre lui. Le samedi 23 septembre les deux accusés furent transférés à la Conciergerie et leur procès instruit. Coudray-Genié fut condamné à mort et Herman à une longue détention. Si, comme le laisse entendre Tallemant, il s'agissait d'une plaisanterie, avouons qu'elle n'était pas du meilleur goût.

Le baptême de Mercœur eut lieu finalement le 18 octobre dans la chapelle de la Tour, au Louvre, chez la reine régnante. Louis XIII et Anne d'Autriche furent parrains et marraines et le dîner, par un surcroît d'honneur, se fit dans le palais même. Un mois après, jour pour jour, le marquis de Cœuvres, qui avait fait preuve d'un étonnant sang froid dans cette affaire, fut récompensé par l'offre d'une nouvelle ambassade à Rome.

En cette fin de septembre 1617, à la Conciergerie, le farouche Guemadeu croise l'inconsistant Coudray-Genié. C'est le 27 septembre que Guemadeu est exécuté en place de Grève. Il mourut très courageusement : « Il eut une fermeté extrême à refuser sa grâce ». L'arrêt de mort rendu contre lui disposait que l'on porterait sa tête

---

* Plaisanter.

à Fougères pour l'édification des populations. César et le duc de Montbazon tentèrent, après l'exécution, d'empêcher ce macabre voyage. L'on s'y refusa. « Toutefois lorsqu'elle fut en chemin (la tête), le Roi trouva bon qu'on ne l'y portât pas »[275]. Quant à Coudray-Genié, exécuté en même lieu une semaine plus tard, il fut pitoyable et montra publiquement, par ses larmes et ses cris, toute l'horreur qu'il avait de laver son crime en portant sa tête sur le billot.

Nous avons vu César se réconcilier avec Brissac mais il devait également faire sa paix avec Montbazon qui lui aussi avait sollicité en vain pour Guemadeu. Ils étaient alors en affaire. Montbazon envisageait de vendre sa lieutenance du château de Nantes à César, ce qui aurait fait ce dernier le maître absolu de la place. Le roi, inquiet à cette idée, fit savoir, le 5 octobre, qu'il s'opposait à la transaction.

Le début de l'année 1618 vit enfin l'achèvement du roman que faisait le mariage de Mlle de Vendôme.

Après Montmorency et Mayenne, auxquels elle avait été successivement promise, deux autres prétendants s'étaient présentés, deux partis qui l'auraient pu tour à tour rendre la femme la plus adulée de France. Le premier de ces soupirants a de quoi surprendre puisqu'il s'agit d'un homme déjà engagé et marié à une femme de caractère : Concini en personne. Richelieu relate l'affaire : « Il (Concini) avait reconnu l'imbécilité d'esprit de sa femme deux ans avant sa mort et n'ignorait pas ce que l'on disait de ses autres imperfections. Il avait été sur le point de l'envoyer enfermer au château de Caen comme folle mais Montalto*, le médecin qui gouvernait la santé de l'un et de l'autre, détourna ce dernier et fut plutôt d'avis qu'on tachât de la ramener par la douceur en satisfaisant son avarice par petits mais ordinaires présents et autres soins plutôt étudiés plutôt que d'en venir à cette extrémité. Il avait passion d'épouser Mlle de Vendôme qui en eut connaissance par personne confidente du maréchal et reçut ses vœux avec témoignages de singulière approbation. »[276]

Mlle de Vendôme donnait là une première illustration de ce que les inclinations de son cœur n'étaient pas toujours destinées à faire bon ménage avec la politique de ses frères.

Concini mort, un autre galant se présenta, ce fut son meurtrier : Luynes. « On creust au commencement qu'il épouserait Mlle de

---

* Philotée Montalto, juif portugais, de son vrai nom Pompilio Evangeliste, médecin fameux. Médecin également de Marie de Médicis et de Anne d'Autriche.

Vendôme et le roy, aussi bien que MM de Vendôme, ses frères, l'eussent bien voulu : mais luy, redoutant leur esprit et leurs trop grandes prétentions, en fist aussytost cesser le bruit ; et ayant considéré toutes celles qui estaient lors à marier (car il n'y en avait aucune qui l'eust refusé) il choisit Mlle de Montbazon*... ». [277]. Henri de Rohan ajoute qu'il renonça à Mlle de Vendôme, « ... pour s'appuyer d'une bonne alliance qui put être sans envie ». [278]

Mlle de Vendôme était donc très recherchée. C'est que parmi tous les grands partis de l'époque elle jouissait de trois avantages : celui d'être la fille d'Henri IV, celui, non moins appréciable, d'être riche, mais aussi d'avoir reçu en partage la beauté de sa mère et de ses frères.

Ce mariage, tant de fois remis, sera finalement conclu en avril 1618 et célébré le 19 janvier 1619. Le mari c'est Charles d'Elbœuf, un Lorrain qui a le même âge que Catherine-Henriette, chef ambitieux et désargenté d'une branche cadette des Guises. Nul doute que l'espérance d'une dot royale n'ait compté dans sa décision — Louis XIII donnera 400 000 livres venant de la succession de Gabrielle, toujours intégralement sequestrée par la couronne, dont 100 000 comptantes [279] et César, 400 000 livres également, sur le partage des biens de sa famille. Nous verrons bientôt d'Elbœuf à l'œuvre avec ce bel héritage.

1618 est une année de paix relative : la reine mère enfermée à Blois, Condé toujours emprisonné, les grands tenus en laisse à la cour par le tourbillon des plaisirs. Pourtant la noblesse s'ennuie sans cliquetis d'épée. Alexandre va donner les premières marques de ce que son caractère n'a plus cette douceur qu'on se plaisait à lui trouver dans l'enfance. Le 6 mars, à Ormesson, chez Olivier Le Fèvre, où le roi s'était rendu en visite, le chevalier de Vendôme se prit de querelle avec un Rohan. Toujours la vieille rivalité des fils de Gabrielle contre ceux de ce lignage et, chaque fois, sur fonds d'affaires de Bretagne. Il s'agit, en l'occurrence, du marquis de Marigny, Alexandre de Rohan, frère du prince de Guémenée et du duc de Montbazon. Louis XIII fut contraint d'accommoder lui-même les adversaires dans le château de ses hôtes.

Cette société qui se police, au sortir des temps brutaux d'Henri IV, multiplie d'ailleurs les questions de point d'honneur. Quelques semaines plus tard l'affaire de Quinsay et Moussy, cousins fort proches, donne la mesure de ces ridicules : « La querelle vint

* Mlle de Montbazon qui fera tant parler d'elle, devenue veuve de Luynes, et remariée, sous le nom de Mme de Chevreuse.

par un chapeau que Moussy avait prêté à Quinsay, lequel il voulait que Quinsay lui rendit en pleine rue : « Ils dégainèrent, Moussy fut tué, son corps mené sur une claye à la voirie et Quinsay, qui avait fui, condamné à être pendu par contumace, interdit de feu et d'eau »[280].

La mort, le 25 novembre 1618, du chevalier de Guerchy fit Alexandre grand prieur de France, selon le vœu qu'avait formé pour lui, quatorze ans plus tôt, Henri IV[281]. Il partit aussitôt s'installer et régner dans sa petite république du Temple d'où la guerre devait se charger de le tenir bien souvent éloigné.

La corde à nœuds de Blois.

La bonne conduite de César lui valut à la fin septembre 1618 d'aller présider les Etats de Bretagne en compagnie de Brissac et de Montbazon avec lesquels il s'était publiquement réconcilié. Un mois auparavant il avait cédé à l'homme du jour, à Luynes, son gouvernement de La Fère. C'était contre argent mais aussi contre un renforcement de ses droits féodaux sur Verneuil-au-Perche et sur Vendôme.

Luynes, au cours des négociations de ce traité, avait d'ailleurs mis le fils de Gabrielle dans une position inconfortable : « Pour accroître l'envie qu'on lui porte, écrit Pontchartrain, on fait courir le bruit que M. de Luynes traite du gouvernement de Bretagne avec M. de Vendôme et des places particulières qui sont dans la province »[282]. Luynes était au moins aussi ambitieux que Concini. C'était un astre jaloux dont les colères masquaient mal les faiblesses. Il avait fait exécuter les frères de Sity, qui s'occupaient des ballets du roi, sous le seul prétexte qu'ils avaient composé un écrit malséant contre lui. Il distribuait à tout va les places et les grâces contre argent. Ainsi l'oncle Cœuvres, à qui ses talents avaient valu l'ambassade de Rome, fut-il finalement écarté de celle-ci au bénéfice du commandeur de Sillery, « ... qui avait fait offrir de l'argent pour l'obtenir »[282].

La noce de Catherine-Henriette, le 19 janvier 1619, suivie quelques jours plus tard de celle de la sœur du roi, Madame Chrétienne, avec le prince de Piémont, marqua sans doute le moment des plus grandes réjouissances du règne. On jetait au vent les derniers deniers de Sully. Les ballets furent brillants et Arnauld d'Andilly note qu'un danseur éclipsa tous les autres : Alexandre[283].

Tout allait donc à la joie. Luynes avait même mis le roi à coucher avec la reine et les deux souverains donnaient toutes les marques de vivre une tardive lune de miel. Pourtant, le

23 février, tous ces flonflons se brisèrent net, à l'annonce de l'évasion de Marie de Médicis du château de Blois où elle était renfermée sur ordre de son fils depuis la chute de Concini. Il s'agissait de l'exploit un peu ridicule du vieux couple minaudant qu'elle formait avec d'Epernon, l'ancien mignon de Henri III, alors âgé de soixante ans, qui, la barbe taillée en pointe, aspergé de musc, avait attendu toute la nuit à Loches que la royale fugitive le rejoigne. Marie, âgée de quarante-six ans, blanche et grasse à souhait, était descendue, impavide, par une corde à nœuds, la taille lestée de cassettes à bijoux dont l'une s'était perdue dans les fossés. L'espèce de charme inexplicable sous lequel Luynes parvenait à tenir le royaume depuis deux ans se rompit dans la seconde.

L'évasion fut connue à Paris le 23 février en fin d'après-midi. Louis XIII, gêné puisqu'il s'agissait de sa mère — il apprendra bientôt, sous la férule de Richelieu, à se détacher de ces sortes de scrupules — « ... fit assembler des personnes de toutes sortes d'états pour savoir ce qu'il serait à propos de faire dans la présente conjoncture. Le duc de Mayenne offrit de se mettre à la tête d'une armée pour faire rentrer M. d'Epernon dans son devoir. M. de Vendôme suivit son exemple et M. de Longueville se laissa persuader comme les autres »[284]. Le roi amassa une armée formidable qui devait coûter 3 600 000 livres et nécessiter le rétablissement de la paulette supprimée en 1610, cet impopulaire droit annuel que devaient acquitter les magistrats pour assurer l'hérédité de leurs charges. Il laissa tout de même Luynes, en sous-main, négocier la paix et dépêcher, auprès de la reine mère, Richelieu, l'évêque de Luçon, tiré pour l'occasion de l'exil dans lequel il croupissait à Avignon.

Richelieu se rendit le 7 mars à Angoulème où était réfugiée Marie de Médicis. Il lui fallu tout un mois, avec le secours d'un autre négociateur destiné à faire, lui aussi, un prince de l'Eglise, Bérulle, pour incliner à la paix la mère du roi à qui son conseiller, Ruccelaï, soufflait la tempête. C'est là l'un des chef d'œuvre du futur cardinal et le prodige qui le fait revenir sur l'eau. Le 30 avril Marie de Médicis acceptait les propositions de paix de son fils : elle renonçait à son gouvernement de Normandie en échange de l'Anjou et des places fortes d'Angers, Chinon et Pont-de-Cé. C'était la paix d'Angoulème. Le roi règlait les dettes de sa mère évaluées à 1 800 000 livres et se réconciliait avec elle au début de septembre, au château de Couzières, chez M. de Montbazon, beau-père de Luynes.

Cette première guerre de la Mère et du Fils, si brève mais si coûteuse, avait rompu la bonne harmonie de la cour. Elle avait mis en relief la tyrannie de Luynes qui était entré en conflit, au plus fort de la crise, le 4 avril, avec César de Vendôme à qui il avait refusé un pouvoir pour commander en Bretagne et Normandie. César alla aussitôt porter ses plaintes à son frère, mais, rapporte Arnaud d'Andilly, « ... le Roi l'interrompt et lui dit qu'il était en colère »[285]. Louis XIII restait donc, en apparence, enchanté de son favori.

Le 6 juin, au retour de Bretagne où il était allé en tournée afin de s'assurer du moral de la province, César retrouve le roi à Tours. C'est de là qu'il est rappelé d'urgence par un nouveau désordre survenu à Concarneau où il parvient le 23 juillet.

Il s'agissait de la sédition d'un autre seigneur breton, frère de l'évêque de Cornouailles, le sieur de Lizonnet, gouverneur de Concarneau, connu pour faire profession de vendre sa place au plus offrant. Il avait d'abord traité avec les protestants, avec d'Epernon et la reine mère, enfin avec le roi, en versant au passage, précise Arnauld d'Andilly, 1 600 écus de pot de vin à Luynes. On l'accusait également de divers vols et rapines qui faisaient l'objet d'une procédure criminelle contre lui au parlement de Bretagne. Les prévôts et baillis de Basse Bretagne s'étaient plusieurs fois assemblés contre lui avec leurs archers, mais sans succès. Le roi décida de l'ôter de Concarneau en offrant tout d'abord de l'indemniser, toutefois, « ... s'étant trouvé quelque difficulté sur la négociation M. de Vendôme s'offrit de la prendre (la place) par force si l'on lui voulait bailler quelques gens de guerre et du canon »[286]. Il se mit en route avec les vieux régiments auxquels il adjoignit la compagnie de ses propres gardes.

Parvenu avec cette seule compagnie et un régiment commandé par La Besne en vue de la citadelle de Concarneau, formidable fort dans la mer, réputé imprenable, le gouverneur de Bretagne fait jouer son artillerie sans attendre son canon et ses autres troupes. La confusion se met dans la garnison assiégée : Lizonet s'enfuit le premier avec quelques hommes sur une chaloupe, l'un de ses frères qui veut ressaisir le commandement est contré par un lieutenant nommé Querchesne. Le dit Querchesne entre alors en négociation mais, ayant su qu'il n'y aurait pas de pardon pour lui à cause qu'il était soldat du roi, il rompt les pourparlers et proclame son intention de tenir tête à M. de Vendôme pendant six mois. Finalement il est pris par ses propres hommes, livré au bout du pont qui relie la citadelle au port et pendu incontinent sur ordre de César, après quoi les trente-six malheureux soldats de la citadelle reçoivent permission de sortir et la place est investie le 13 août. César se donne alors les gants de recevoir l'évêque de Cornouailles accouru, mais un peu tard, pour accommoder l'affaire de ses frères, puis il rejoint la cour à Tours le 30 août [287].

De cette réduction de Concarneau, M. de Vendôme sera récompensé, le 31 décembre, par son entrée dans l'ordre du Saint-Esprit, promotion de chevaliers qui fut le germe de la nouvelle querelle qui devait opposer Louis XIII à sa mère puisqu'aucun des candidats pressentis par Marie de Médicis n'y devait figurer. César, en cette fin de 1619, était bien l'allié du roi contre la reine mère. On va voir comment quelques semaines allaient suffire pour le faire changer de camp.

Comme il n'y a pas de passe-temps plus glorieux pour les grands quand ils sont au pinacle que de songer à nouer de glorieuses alliances, l'on sollicita l'accord du roi, dans ces temps-là, pour un projet de mariage entre le jeune duc de Mercœur, fils de M. de Vendôme, âgé de sept ans et Mlle de Guise, fille du duc, née le 15 août 1615 et qui en avait donc quatre*. Richelieu montre Louis XIII informant sa mère du projet : « Elle écoute toutes ces propositions avec patience et se porte volontairement à souffrir ce qu'elle ne peut empêcher » [288].

VIII — LES « DROLERIES DE PONT-DE-CÉ ».

Marie de Médicis affectait de bouder à Angers et d'accueillir les mécontents. Le premier qui vint à elle fut le jeune comte de Soissons. La libération de Condé, le 17 octobre 1619, après trois ans de détention, en était la cause. Luynes avait eu l'audace de faire retomber toute la faute de cette prison sur la reine mère, alors qu'il avait lui-même, à la mort de Concini, renouvelé le bail du prince dans son donjon. C'était un lion furieux qui ressortait de Vincennes. Arrivé à la cour, il n'eut rien de plus pressé que d'arracher la serviette des mains de Soissons pour la tendre à Louis XIII à son dîner. Rohan avait suivi Soissons : « Il voulait être connétable et le bruit courait que Luynes allait se faire attribuer cette dignité » [289]. Contre Luynes et son clan, c'étaient les mêmes critiques qu'autrefois contre Concini : on lui reprochait sa femme devenue surintendante

* Marie de Lorraine 1615-1688. Morte sans alliance. Elle sera duchesse de Guise, dernière détentrice de ce titre après la mort de son petit neveu en 1675.

de la maison de la reine et qui entreprenait alors de se rendre maîtresse pour presqu'un demi siècle de l'esprit de celle-ci, ses frères qui faisaient argent de tout. Longueville, Mayenne, le cardinal de Guise, les Vendômes, par pure détestation du favori, allaient à leur tour rejoindre bientôt la petite cour d'Angers.

C'est au mois de mai 1620 que la seconde guerre de la Mère et du Fils se prépare. Marie de Médicis, conseillée par Richelieu, constitue habilement son camp. Ainsi le 12 mai elle écrit à Mathieu Molé, le très habile procureur général du parlement de Paris, pour tenter mais en vain de l'attirer à sa cause.

Vers la mi-mai César gagne Verneuil-au-Perche sans prendre congé de Louis XIII. « Par ses déportements, écrit Pontchartrain, il donne ombrage de ses intentions »[290]. Il pratique selon Bassompière des arrements* de troupes. Il se rend à Anet, chez sa belle-mère puis, de là, en passant par Vendôme, gagne Angers à son tour.

Le 30 juin, « ... M. le comte de Soissons et Mme la comtesse sa mère et M. le chevalier de Vendôme, grand prieur de France, partent aussi la nuit, sans dire adieu et prennent leur chemin droit vers la reine mère. Le roi était bien averti de leur chemin et tint conseil s'il les devait arrêter ou non mais il fut résolu qu'il valait mieux les laisser aller parce que, si on les arrêtait, on publierait qu'on leur avait voulu supposer qu'ils eussent intention de se retirer... »[291].

Bassompière qui n'ignore rien des projets d'Alexandre, puisqu'ils sont liés d'amitié, tente de l'en détourner : « Ainsi j'allais chez M. le Grand prieur... et en l'embrassant, je lui dis — Moi d'un côté et vous de l'autre, n'est-ce pas. Y-a-t-il rien de changé ? »[292]. La fuite du second fils de Gabrielle est un secret de Polichinelle. Tout le monde sait que les conjurés doivent quitter Paris par différents chemins et se retrouver à Villepreux, à l'ouest. Alexandre, sachant qu'il ne le trahira pas, livre même le secret de l'heure de son départ à Bassompière, ce même Bassompière que Luynes a pourtant chargé de surveiller les fugitifs et qui devait écrire : « ... Comme ledit chevalier m'avait dit, ils partirent un peu avant onze heures »[292].

Alexandre venait pourtant de recevoir du roi le don de deux nouvelles abbayes dont celle de la Vallasse estimée 18 000 livres de revenus. Fontenay-Mareuil se montre extrêmement sévère à son endroit : « Quoiqu'il les prit, il ne laissa pas de s'en aller, s'excusant sur ce qu'il n'eut pas pu les refuser sans découvrir son dessein, et

---

* Engagement au moyen d'arrhes.

ne les renvoya pas après être parti ni depuis... Ceux qui manquent à leur premier devoir peuvent aussi bien manquer à tout le reste et - comme on dit des femmes- n'avoir plus honte de rien. »[293]. Pourtant le même auteur suggère une autre explication à la défection du cadet des Vendômes resté jusque-là fidèle au roi : « Madame la comtesse de Soissons, que son inclination portait toujours à la révolte... y engagea aussi M. de Mayenne et le Grand prieur de Vendôme qui faisaient tout ce qu'elle voulait, parce que celui-là désirant passionnément de l'épouser et celui-ci une de ses filles qui est morte depuis sans être mariée... »[294]. Cette fille c'est Charlotte-Anne, née en 1608, et qui avait douze ans à l'époque. Avouons notre perlexité, non pas tant du fait de l'âge tendre de cette princesse qu'à cause des vœux d'Alexandre qui lui interdisaient le mariage.

Toute l'action de Marie de Médicis porte sur la Normandie où Longueville, qui en est le gouverneur en titre, se fait fort de soulever en sa faveur la province. Le 3 juillet 1620, le conseil doit trancher entre faire la guerre ou négocier. Luynes, par qui toutes ces séditions se sont amplifiées, propose de traiter mais le roi, contraire pour la première fois à son avis, impose la solution de force. Il rassemble une armée de sept mille hommes. Le 10 juillet il est à Rouen avec dessein d'aller à Dieppe. Voici ce qu'en dit Brienne : « On agita si Sa Majesté irait dans la Basse Normandie ou bien à Dieppe, et je me souviens d'avoir entendu dire au prince de Condé qu'il était d'avis que l'on fit le siège de Caen pour la seule raison qu'il haïssait le Grand prieur... »[295]. Condé était alors tout au parti royal et attaché à Luynes, « ... qu'il regardait comme l'auteur de sa liberté »[296], souligne Richelieu.

On se souvient que le château de Caen avait été donné à Alexandre à la mort de Concini. C'était la place la plus considérable de Basse Normandie. Le roi, dès Pontoise, fut avisé par des députés de cette ville que le sieur Prudent, lieutenant du grand prieur dans la place, « ... faisait entrer le plus de gens qu'il pouvait dans le château ». Prudent, déjà nommé, avait été le précepteur du second fils de Gabrielle. Richelieu le juge avec hauteur : « ... Caen où le chevalier de Vendôme n'avait envoyé qu'un pédant »[297]. Le roi chargea les députés normands « ... d'entretenir le peuple dans de bonnes dispositions et le porter, s'il se pouvait, à assiéger le château »[298]. Les députés, de retour chez eux, trouvèrent les choses changées : « Prudent, qui avait intérêt à ne pas sitôt se déclarer, afin de donner loisir à la reine mère de faire une armée... souffrait cette garde, laissait prendre les clefs des portes, et même faire toutes les autres fonctions qui lui appartenaient à un conseil qu'ils avaient établi dans la ville... ». Les habitants de Caen, encouragés par les envoyés du roi, refusèrent alors l'entrée de leur ville au second fils de Gabrielle. Fontenay-Mareuil ajoute ce trait qui charge Alexandre : « Il est bien vrai qu'il y eut pu entrer sans eux s'il eut voulu, y ayant une porte de derrière, mais... quand il sut tout le peuple contre lui, il n'osât y aller de peur d'être enfermé »[298]. Et Richelieu d'enfoncer le clou : « Senneterre* qui estimait plutôt chercher du profit dans la guerre que du péril, lui persuada (à Alexandre) que ce n'était pas à un prince d'engager sa liberté ni de s'opiniâtrer à un siège ». Beuvron proposa alors d'y aller mais Saint-Nectaire, — par jalousie, insinue Richelieu — l'en fit empêcher par le grand prieur lui-même[299]. Versatilité du jeune homme qui avait pourtant prouvé à Malte qu'il ne manquait pas de courage ? Songeons plutôt à ce qu'avait de dissuasif, pour un homme de son rang, l'affrontement direct avec la personne royale et aussi au sentiment d'amitié qui l'unissait encore à Louis XIII.

Restait donc pour les royaux à forcer le château de Caen, ce qui se fit le 17 juillet, en présence du roi : « Le héraut** ayant crié fort haut en sortant que le Roi donnerait 10 000 écus à celui qui lui apporterait la tête de Prudent et que tous les autres seraient pendus, ils en prirent une telle épouvante qu'ils forcèrent Parisot, qui commandait sous Prudent, de faire sortir un homme pour lui dire qu'ils étaient prêts — sans faire de capitulation — à lui ouvrir les portes »[300]. Des Marets[301] précise comment Prudent sut fort retourner la situation à son profit — supériorité intellectuelle du « pédant » — D'abord il parvint à faire oublier qu'il avait fait tirer sur l'armée du roi, tuant ou blessant douze gardes et trouant le chapeau du maréchal de Créqui. Ensuite il obtint de Louis XIII « ... que les 10 000 écus promis pour le jeter dans le fossé lui fussent donnés ».

Deux personnages du pays qui avaient soutenu Alexandre, Beuvron et Matignon, vinrent, du coup, faire allégeance et Matignon, « ... s'excuser de l'intelligence qu'il avait eu avec M. de Longueville »[302]. Ils furent remis en grâce.

Pendant ce temps César avait fait un saut depuis Angers jusque dans sa chère Bretagne. Son but avoué était d'y d'étendre la sédition. Pontchartrain le remarque : « M. de Vendôme travaille la Bretagne,

---

* Henri de Saint-Nectaire, marquis de La Ferté Saint-Nectaire, sera ambassadeur à Londres et à Rome et Secrétaire d'Etat.

** Ce héraut se nommait Cailletaux, valet de chambre ordinaire du roi.

avec ce que M. le maréchal de Brissac ne faisait pas paraître entier contentement »[303]. Le péril était grand pour le roi puisque, cette fois, l'habituel contrepoids, Brissac, se trouvait être de mèche avec le gouverneur.

A Angers, Marie de Médicis, avait fait arrêter le comte de Rochefort*. C'était un Rohan, neveu de ce marquis de Marigny avec lequel Alexandre de Vendôme avait voulu se battre à Ormesson, fils de Montbazon avec qui César avait également voulu en découdre. Le duc de Montbazon, nous le savons, avait été fait par Henri IV lieutenant du château de Nantes, charge que Louis XIII lui avait interdit de revendre à César. Rochefort arrêté, César conçut un noir dessein pour s'emparer tout à fait de cette place qu'il convoitait depuis toujours : « M. de Vendôme le voulait mener (Rochefort) devant le château de Nantes pour le faire rendre, menaçant en cas de refus de luy faire trancher la teste »[304].

Une nouvelle fois Bassompière entre en scène, et ce, de concert avec la reine régnante de qui ce sera l'une des premières interventions dans la vie publique. Anne d'Autriche, restée seule à Paris, appelle Bassompière au Louvre et lui dit : « Que le seul remède pour empescher cet accident était de se saisir de Mme de Mercure** et des enfants de M. de Vendôme qui étaient, à Anet »[304]. Bassompière saute aussitôt en selle. Il est à Anet, venant de, Dreux, le 25 juillet. Il fait cerner le château par trois cents cavaliers : « ... ayant parlé à Mme de Mercure elle monta demie heure après en carrosse avec les enfants de M. de Vendôme que je fis mener à Paris entre les mains de la reine par la compagnie de chevau-légers de ladite reine »[304]. Sitôt après, Bassompière marche sur la ville de Vendôme. Il avait reçu avis « ... des sieurs de Geofres et des Baillets, capitaines du régiment de Navarre qui y demeuraient, que si les armes du Roi paraissaient au dit Vendôme la ville et le château se mettraient en l'obéissance du Roi »[304]. Cela s'exécute en quelques heures.

César, après ces deux coups, renonça à son dessein contre Rochefort mais il multiplia les menées. Richelieu, qui est alors un rebelle, puisqu'il est, auprès de la reine mère, le conseiller, sans illusions sur les suites, de toutes ces brouillonneries, apprend là à connaître le fils aîné de Gabrielle. Vendôme pousse à ce moment en sous-main le jeune comte de Soissons, qu'il croit pouvoir manœuvrer à sa guise, à prendre les fonctions de chef du conseil de la reine mère. En même temps, il empêche le ralliement à la mère du roi du duc de Mayenne qu'il soupçonne de vouloir lui porter ombrage. Tel

---

* Louis de Rohan, comte de Rochefort, futur duc de Montbazon (1598-1667).
** Déformation de Mercœur souvent usitée.

quel M. de Vendôme en imposait à Marie de Médicis. Richelieu note dans ses *Mémoires* : « Depuis leur arrivée (celle des grands) je n'eus pas grand part dans les résolutions publiques, non que ma créance diminuât auprès de ma maîtresse mais elle-même fut contrainte de s'accommoder aux opinions du duc de Vendôme qui avait formé une cabale pour emporter le nombre de voix ce qu'il ne pouvait espérer par la force de la raison »[305]. César était partisan d'une fermeté extrême, proposant, contre l'avis de Richelieu, de ne pas recevoir les messagers du roi et, même, de les faire prisonniers, s'ils se présentaient, ce que Marie de Médicis eut la sagesse de refuser.

Après l'échec de l'affaire de Nantes, César flanqué de Louis de Marillac, qui passait dans le parti de la reine mère pour grand stratège, « ... prirent conjointement, estime Richelieu, un fort mauvais dessein »[306] : au lieu de faire des retranchements à Angers ou à Pont-de-Cé, ils eurent l'idée bizarre de construire un boulevard fortifié entre les deux places, long de plus de deux lieues, qui nécessitait vingt mille hommes pour être bien gardé. Le futur cardinal a beau jeu de conclure : « Je puis dire avec vérité que je leur représentais plusieurs fois l'inconvénient qui leur pouvait arriver d'une telle entreprise, mais leur présomption et la méfiance que je devais avoir de moi-même était telle que je n'osais pas m'opiniâtrer en mon opinion ». C'est dans ces mêmes pages que Richelieu livre son sentiment sur Vendôme : « Il avait beaucoup d'esprit mais si peu de cœur que nul ne jugeait que la fertilité de l'un pût suppléer au défaut de l'autre »[307].

Louis XIII s'avançait en personne pour faire le siège de Pont-de-Cé. Le duc de Retz reçut l'ordre étrange de la reine mère de défendre la place sans toutefois tirer en direction du roi, son fils. Il refusa tout net, maugréant qu'il n'était pas accoutumé à recevoir des coups sans les rendre. Vendôme et son cousin, Saint-Aignan*, restés après cela les deux principaux chefs des troupes rebelles, se résignèrent à l'affrontement. Ils alignaient à peine deux mille fantassins et cent chevaux face aux cinq mille fantassins et six cents chevaux du roi. Louis XIII arrivait nimbé du prestige de la couronne ; de plus, aucun Français n'avait osé défier son souverain, les armes à la main, depuis plus de vingt ans.

C'est le lieu de remarquer ici que le point d'honneur l'emportait chez César sur la pure raison (un combat perdu d'avance, un

---

* Honorat de Beauvilliers (1579-1622) était fils de Marie Babou de la Bourdaisière, cousine de Gabrielle d'Estrées.

combat livré à son roi), jusqu'à infirmer ce qui se murmurait de sa poltronnerie.

L'affaire eut lieu le 2 août. Elle dura trois heures et se termina par la déroute complète du parti de la reine. Richelieu observe avec sagacité : « Les forces que Monsieur le Comte (Soissons) et M. de Vendôme avaient promises ne manquèrent pas à prendre de l'argent mais à venir... ». Et ce superbe exemple de restriction dans la louange, s'appliquant au grand prieur : « Le Grand prieur de France... qui commandait la cavalerie ne manquait ni d'esprit ni de cœur ni d'affection, à ce que je pouvais en juger mais il fut si mal conduit en cette affaire qu'il ne le pouvait être davantage... Le jour de la défaite de Pont-de-Cé, il demeura vingt-quatre heures en bataille avec toute la cavalerie proche de la contrescarpe du fossé d'Angers, attendant l'ordre de ce qu'il avait à faire sans que le duc de Vendôme, qui était en fonction ce jour-là, et ledit sieur de Boisdauphin qui était avec ledit Grand prieur, lui fissent jamais rien savoir »[307].

Le récit de Charpentier, qui figure en note sous celui de Richelieu, laisse deviner la peur panique des rebelles : « Ils mirent tout en ordre, leurs gens en bataille, le canon en état de tirer. Chacun dans l'étonnement fait la meilleure mine qui lui était possible. Le duc de Retz promet des merveilles mais incontinent qu'il vit l'ennemi s'approcher il forma une querelle d'Allemand, disant qu'on faisait la paix sans lui et se retira avec toutes ses troupes sous ce prétexte, renversant tout ce qui était derrière lui... »[307]. Créqui, qui commande l'armée royale, observe à la jumelle le désordre qui se propage dans l'armée adverse et il se loge, dès qu'il le peut, dans les retranchements qu'elle vient d'abandonner. Richelieu accable César : « Au lieu de rallier ses gens et reborder le retranchement qui était dégarni... il ne pensa qu'à sa retraite qu'il fit en si grande diligence que ce fut le premier qui vint avertir la reine de sa déroute. Il entra chez elle avec un étonnement épouvantable disant — Madame, je voudrais être mort. Sur quoi une de ses filles qui ne manquait pas d'esprit lui répondit fort à propos — Si vous eussiez cette volonté vous n'eussiez pas quitté le lieu où il fallait le faire »[307].

Notons également, qu'une nouvelle fois, les compagnies de César et d'Alexandre sont engagées dans le parti royal, contre leurs propriétaires, sous le commandement de leurs lieutenants, M. d'Heures et M. de Lopes, confirmation des craintes qu'avait eues César quatre ans plus tôt en exigeant vainement de demeurer partout le maître de leur engagement.

Pont-de-Cé accrédite pour longtemps l'idée d'un César sans courage et sans génie militaire. Ce que Condé stigmatisera en disant un jour : « Il est vrai que je suis poltron mais ce bougre de Vendôme l'est encore plus que moi ». Il fallait tout de même du cœur pour accepter ce combat en dépit de l'infériorité du nombre, demeurer dans la tranchée après l'incroyable incartade du duc de Retz et ne pas prendre ses jambes à son cou sous la charge des chevaux de Créqui. C'est à la nage, en armes, que César traversa la Loire pour rejoindre la reine, exercice périlleux que renouvelleront, un demi siècle plus tard, ses petits-fils en franchissant le Rhin.

Marie de Médicis avait perdu à peu près quarante à cinquante officiers et trois cents à quatre cents soldats. Il y avait autant de prisonniers parmi lesquels figurait Saint-Aignan. Elle avait englouti dans cette folie 2 000 000 de livres, somme colossale. Richelieu, la défaite consommée, reprit l'ascendant sur l'esprit de sa maîtresse. Paradoxalement ce qu'il proposa ne fut pas de traiter — il craignait un accord par trop défavorable — mais de fuir et gagner Angoulême en bateau. « La reine s'y résoud... prend ses pierreries (toujours cette obsession, comme à Blois, de ne pas se séparer de ses diamants) ... en distribue à ceux en qui elle se confiait le plus, en laisse au commandeur de la Porte* qui commandait pour elle dans Angers »[308].

C'est César, d'après Richelieu, qui devait remettre tout ce plan en cause : « On se prépare à ce passage deux heures durant : toutes choses étaient prêtes quand Madame la Comtesse et M. de Vendôme viennent dire à la reine qu'il valait mieux prendre la paix, telle qu'elle pourrait être, que de s'exposer à ce hasard. Je le priais (c'est Richelieu qui parle) devant la reine de considérer qu'il n'y avait nul péril en l'exécution de ce dessein... Il n'y eut nul moyen de les faire changer d'avis. La peur était si absolument maîtresse des cœurs que la raison n'y avait point de lieu... ».

La paix d'Angers qui mit fin à cette seconde guerre de la Mère et du Fils fut favorable à Marie de Médicis malgré la déroute de ses armes. Cette clémence était dûe pour partie à Luynes, toujours obsédé de faire des concessions pour se créer des obligés mais, par-dessus tout, à Richelieu qui négocia une nouvelle fois pour la reine mère avec un talent exceptionnel. L'accord se fit en deux jours et fut signé le 10 août. Les rebelles furent pardonnés et retrouvèrent leurs offices, la reine mère reçut 300 000 livres et Richelieu la promesse du chapeau de cardinal. Cependant la réconciliation du fils et de la mère, qui eut lieu à Brissac, fut glaciale. La reine mère

---

* Amador de la Porte, oncle de Richelieu, futur grand prieur du Temple.

fut proclamée par un héraut, « ... innocente de toutes choses qui pourraient être advenues pendant les derniers mouvements », mais, sitôt cette proclamation lue, Louis XIII lui tourna les talons.

Quant à Richelieu, il tirait de l'infortune des armes de sa maîtresse cette leçon qu'il appliquera bientôt à tous les grands du royaume et en premier lieu aux Vendômes : « Je reconnus en cette occasion que tout parti composé de plusieurs corps qui n'ont aucune liaison que celle que leur donne la légèreté de leurs esprits, qui, leur faisant toujours improuver le gouvernement présent, leur fait désirer du changement sans savoir pourquoi, n'a pas grande subsistance... »[309].

IX — « GARDONS-NOUS DE RUINER CES HUGUENOTS CAR CE SONT EUX QUI FONT SUBSISTER LES PRINCES ET LES GRANDS ».

« *Un prince qui ne dort pas* ».

L'éruption de 1620 allait être suivie de cinq années de soumission des grands. A partir du printemps de 1621 la révolte protestante capte seule toutes les énergies. César combat dans le camp catholique mais la malignité publique s'emploie à le faire passer pour l'allié secret des huguenots et le défenseur contre Louis XIII de la politique tolérante d'Henri IV, leur commun père.

Le roi, appelé au sud de son royaume par les désordres religieux, quitte Fontainebleau le 18 avril 1621. Il emporte Saint-Jean-d'Angély le 21 juin, après un mois de siège. Il poursuit ensuite une campagne qui s'enlise jusqu'en décembre, tandis que tout le midi, galvanisé par Rohan, reste sous les armes. Aux premières heures de cette nouvelle guerre de religion, César, au nom de Louis XIII, était allé reprendre sa bonne ville de Vendôme, tombée aux mains des huguenots, puis il s'était emparé une à une de toutes les places fortes protestantes de Bretagne. Il avait reçu ensuite une commission pour lever des troupes et les conduire au roi qui venait d'entamer en personne le siège de Montauban. Luynes en prit ombrage. Fontenay-Mareuil pense que, fidèle à son penchant pour les diplomaties brouillonnes, le favori, qui venait d'être nommé connétable, souhaitait secrètement ménager les protestants. Il est patent qu'il contremanda, « ... six mille ou sept mille hommes que M. de Vendôme avait levés en Bretagne et qui étaient tout près de s'embarquer pour aller par mer à Bordeaux et, de là, en remontant la Garonne et le Tarn, à Montauban. »[310]. Richelieu précise : « Il

(Luynes) disait que les troupes de M. de Vendôme étaient suspectes au Roi, si proches de l'Anjou comme elles étaient ». La raison en était que Marie de Médicis séjournait alors à Coussay, dans un prieuré appartenant au futur cardinal de Richelieu [311].

César parvint malgré tout en Guyenne, le 4 septembre 1621, « ... avec bon nombre de noblesse, sa compagnie de gendarmes, une (compagnie) de ses chevau-légers et une (compagnie) des ses carabins » [312]. Il disposa une partie de sa cavalerie autour de Saint-Antonin dont on craignait la liaison avec Montauban. Le 23 septembre, La Courbe, capitaine de ses gardes, aperçut une partie de la cavalerie protestante, sortie de Saint-Antonin, qui se cachait dans le bois de la Grésine en attendant de pouvoir courir au secours de Montauban. Bassompière, qui rapporte la suite, met en cause à la fois César, Chevreuse et Schomberg : « ... Ils prirent la résolution de les aller attaquer dans la forêt de Grésine... mais il y eut tant de jalousie et de discordance entre les chefs qu'ils s'en revinrent sans faire ni tenter aucun effet » [313]. Le 16 octobre, toutefois, César et Alexandre s'illustrèrent en poussant, « une foule d'infanterie » [314], au fossé du Paillas, sous Montauban. Malgré cela, la ville ne sera pas prise et pourra même être secourue par l'intrépide Rohan, à la barbe des soldats du roi.

Au terme de cette d'année morose, le 14 décembre 1621, Luynes fut emporté à Monheurt par la fièvre pourpre. La plupart des courtisans s'en réjouirent bruyamment et le roi avec eux qui commençait à trouver pesant le joug de son ancien dresseur d'oiseaux.

La cour fut de retour à Paris au cœur de l'hiver. Les Vendômes y furent à l'honneur. Le 5 février 1622, Louis XIII but publiquement à la santé de César et d'Alexandre [315], et même, le lendemain, se rendit à l'hôtel de Mercœur pour un dîner d'apparat.

La campagne reprit un mois plus tard. Le 21 mars, Louis XIII quitta de nouveau Paris tandis que César gagnait Nantes pour s'assurer de l'obéissance de sa province et procéder à quelques nouvelles levées de troupes. Le 7 avril, alors que le roi se trouve à Saumur, César apprend que M. de Soubise*, frère de Rohan — que Louis XIII avait fait déloger de Saint-Jean-d'Angély l'année précédente — ravageait la campagne autour de Vitré avec deux mille hommes et qu'il venait de se porter vers Fougères dans le dessein de s'en emparer, ayant fait entrer deux par deux, pendant dix jours, dans la ville, jusqu'à cent cinquante de ses hommes. César, dès qu'il a connaissance de l'entreprise, accourt avec cinq

---

* Benjamin de Rohan, seigneur de Soubise, mort en Angleterre en 1641, sans postérité.

cents soldats. Il se coule dans Fougères à la faveur de la nuit, « ... dans un bruit épouvantable de chevaux, armes, piques et morions »[316], réussissant le tour de force de se faire passer pour Soubise auprès des guetteurs. « Les troupes de Soubise (celles qui se trouvent intra-muros) s'arment pour se joindre à lui, toujours sur la méprise »[316]. Suit une épouvantable mêlée, les cent cinquante partisans du chef protestant sont impitoyablement massacrés, étant pour la plupart précipités dans les fossés.

César n'a que le temps de rejoindre son château d'Ancenis, le 9 avril, pour y recevoir le roi qui vient de prendre la tête d'une seconde campagne contre les protestants. Ce voyage armé de la cour s'annonce sous de bien meilleurs auspices que celui de l'année précédente : on apprend tout d'abord la reddition de Clairac qui résistait depuis plusieurs mois puis, le 28 avril, Louis XIII en personne remporte la victoire de l'Ile de Riez — île au large de Saint-Gilles et des Sables d'Olonne qui devait être rattachée progressivement à la terre par l'avancée du marais — César et le grand prieur y commandent les deux escadrons de l'arrière-garde. Ce fut la première grande déroute des protestants : « Ceux qui s'étaient retirés dans les bateaux et quelques autres pris par l'île, furent, les uns assommés sur le lieu, les autres exposés aux paysans et trois cent cinquante envoyés liés à Nantes, desquels la dame de la Trémoille* racheta quelque partie »[317]. Le sort de ces malheureux permet d'opposer la cruauté de Condé, devenu haineux des protestants, à la clémence de César : « Le comte de Marcnne, Vieillevigne et La Motte-Saint-Surin, connurent la fortune de leurs soldats et furent pris prisonniers. Le duc de Vendôme intercédant pour eux, le prince de Condé demanda la mort et, à sa sollicitation, fut pendu treize soldats et les trois que nous avons nommés... »[317]. Cinq cent quatre vingt soldats furent menés à Nantes, « ... où quelques-uns furent pendus et les autres condamnés aux galères »[317].

Le 16 mai Louis XIII s'empare de Royan : « M. de Vendôme et le Grand prieur de France avec plusieurs autres jeunes seigneurs y étaient qui animaient M. le maréchal de Praslin à faire cette attaque. »

Le 29 mai César entrait dans Clairac qui s'était rendue un mois plus tôt mais qui ne respectait pas les conditions de sa reddition. Revenant sur le traité passé au nom du roi par le conseiller Duc, César révoqua Lezignan, ancien chef de la place maintenu dans son commandement et le remplaça par Gaucourt, l'un de ses fidèles[318].

---

* Charlotte de Nassau, veuve de Claude de la Trémoille, duc de Thouars.

Le 8 juin, tandis que le roi campait devant Negrepelisse, commençait le siège de Saint-Antonin, la cité la plus rétive à l'autorité royale, celle qui avait nargué le roi, l'année précédente, en allant secourir Montauban à sa vue. César et le maréchal de Thémines ouvrirent la tranchée. Ils établirent des circonvallations importantes, travail long et pénible, conduit sous une écrasante chaleur. Louis XIII parvint sur place sept jours plus tard : « Comme le Roi descendit de la montagne, il rencontra Monsieur le Prince avec M. de Vendôme, MM. les maréchaux de Praslin, de Thémines, de Saint-Géran. Le Roi se fâcha du peu d'avancement du siège et du peu d'effet des gens de guerre aux attaques »[319]. César, piqué du reproche, donna l'assaut le lendemain avec les régiments de Vibraye, Piémont et Vaillac. Saint-Antonin tomba le 22 juin. Les habitants résistèrent jusque dans leurs jardins et les troupes royales se livrèrent à un terrible pillage et carnage qui rappela à tous les heures les plus sombres des guerres de religion du précédent siècle.

Le 23 juin 1622 Peiresc donne nouvelle à son ami Valavez, « ... que M. de Vendôme a envoyé prendre prisonnier Mme la duchesse de Rohan et Mlle de Rohan sa fille unique, lesquelles étaient en Bretagne, en une de leurs maisons, et qu'il les a faict traduire en lieu de seure garde »[320]. Ce n'étaient pas ces faibles otages qui devaient entamer la détermination des protestants : l'été allait être occupé par les longs et terribles sièges de Lombers et de Briatexte.

Le roi avait quitté Saint-Antonin pour Toulouse, laissant César aux alentours de Montauban avec une armée importante qui comptait, selon Richelieu, huit mille hommes de pied et six cents chevaux[321]. « Les approches se firent gaillardement pour les assiégeants », note d'Aubigné. Au bout d'un seul jour les royaux avaient pu établir une batterie. Mais le marquis de Bourbon-Malauze, un lointain cousin bâtard et huguenot de Louis XIII, parut alors en arrière des lignes avec deux mille hommes de pied et deux cents salades*. César dut partager ses troupes et se porter lui-même au devant du marquis qu'il parvint à repousser jusqu'à Réalmont. Rohan raconte lui-même, dans ses *Mémoires*, comment il dut après cela abandonner Lombers : « Il (Rohan) se contente après une longue escarmouche de retirer tous ses gens de guerre, tant étrangers qu'habitants et abandonne la ville qui fut brûlée »[322]. Au petit jour, Vendôme découvre la brèche abandonnée et les portes ouvertes. Agrippa d'Aubigné note que les soldats de César « ... eurent

* Hommes tirés de divers corps et mélangés sans ordre par comparaison aux diverses herbes qui composent une salade.

le pillage, sans insolences ou cruautés notables aux femmes et enfants » [323]. Il n'avait fallu que cinq jours au duc de Vendôme pour venir à bout de cette place, plus heureuse dans sa défaite que Saint-Antonin.

Ayant comblé jusqu'aux fossés du bourg dont il venait de se rendre le maître, César, qui avait reçu un secours de mille deux cents hommes, par l'arrivée du régiment du prince de Martigues appartenant à son second fils, François, se résolut à mettre le siège devant Briatexte. Le 10 août il part de Graulhet pour Saint-Sulpice. Il y apprend que le sieur de Montbrun -Saint-André est sorti de Montauban avec trois cents chevaux et s'est emparé de Villebrunies. Il s'y porte. Montbrun, qui avait incendié le bourg et qui se fortifiait dans le château, s'enfuit à sa vue. Son infanterie se dissipe dans les vignes où les soldats de César font un terrible carnage des fuyards. Sous une chaleur épouvantable — quatre de ses hommes meurent d'étouffement — César se porte sur Reniers où s'est enfermé Montbrun. Il le poursuit jusque sous les murs de Montauban. On prend trois espions qui portaient des lettres destinées à Rohan. César a la satisfaction de lire qu'il est l'objet principal des craintes des protestants et qualifié par eux de « prince qui ne dort pas » [324-325].

Le 19 août César, en tête du régiment d'Albigeois, paraît devant Briatexte. D'Aubigné nous renseigne sur la faiblesse apparente de cette place : « Briteste est un village fortifié à la mode du pays, c'est-à-dire d'une muraille de terre grasse... La place estoit telle que nul capitaine ne consentoit à y attendre siège, hormis ceux de dedans, desquels aucun ne pouvoit ouïr parler de quitter « [326].

Contre toute attente, l'affaire s'annonce difficile. Sept cents coups de canon, « ... ne parviennent pas à ouvrir bresche raisonnable » [326]. Le 31 août, une mine allumée par les assiégeants explose mal à propos, tuant quelques-uns des leurs et recouvrant vingt pas de tranchée. A la faveur de la confusion qui s'ensuit, Stuard, un lieutenant de Bourbon-Malauze, fait entrer deux cents hommes du régiment de Montclus pour secourir la place.

César, qui sent là le premier obstacle à sa brillante campagne, s'emporte. Il ordonne un premier assaut meurtrier qui lui coûte trois cents cinquante hommes, puis deux autres, dont le dernier, exécuté à la pique, n'a pas plus de succès. Le canon se tait ensuite pendant huit jours : le maréchal de Thémines vient soutenir les royaux tandis que Bourbon-Malauze, depuis son camp de Saint-Paul de la Miatte*, médite un second secours de Briatexte. La

* A une lieue et demie de Briatexte.

tentative a lieu le 9 septembre et réussit. César est hors de lui. Il fait pendre deux sergents coupables de n'avoir pas bien tenu leur poste. Après une dernière attaque de nuit, terrible et meurtrière, il doit lever le siège où il a laissé quinze cents des sept mille hommes qu'il avait amenés, les assiégés perdant, pour leur part, plus du tiers de leurs effectifs soit trois cents hommes. Agrippa d'Aubigné précise : « Deux choses contraignent le duc à lever le siège : l'une, le commandement du roi qui voulait remplacer ce que les sorties et maladies avaient fait perdre à Montpellier, l'autre, l'estonnement de ces gens de guerre qui protestaient ne vouloir plus aller aux assauts... ». L'armée royale — mais César n'y sera pour rien — se vengera quelques semaines plus tard de l'échec de Briatexte en incendiant Le Peyrat : « On fit mourir la garnison et tous les habitants et le tout mis en cendres »[327].

César parvient avec ses troupes le 8 octobre à Montpellier. Le roi lui assigne pour quartier l'ouest de la ville assiégée, vis-à-vis du bastion du Peyrou. Le 12 octobre il participe en même temps que Bassompière au conseil sous la tente royale[328]. On est à sept jours de la paix, la paix de Montpellier, qui est signée le 19 octobre grâce aux ouvertures faites par Rohan. Ce traité marque une première atténuation de l'édit de Nantes. Les protestants n'ont plus que deux places de sûreté : La Rochelle et Montauban. Rohan reçoit 600 000 livres et les gouvernements de Nîmes, Uzès et Castres en échange des gouvernements de Poitou et de Saint-Jean d'Angély. Tous les rebelles sont amnistiés et le 20 octobre Louis XIII en personne peut pénétrer dans Montpellier.

La remontée de la cour sur Paris en passant par Lyon se fera dans un fracas de timbales et de fifres. Le 3 novembre, à Avignon, César convie Bassompière à un bal étincelant chez Mme d'Ampus*, sa cousine. Pendant ce temps ce qui reste de l'armée qu'il a levée pour le roi remonte en Bretagne pour être licencié[329].

Après cela, 1623 et 1624 sont des années de paix durant lesquelles la cour se fixe enfin durablement à Paris. Elles marquent le temps de l'envol implacable de Richelieu, créature de Marie de Médicis, personnage que le roi commence par détester — « Voilà un homme, disait-il, qui voudrait bien être de mon conseil mais je ne puis m'y résoudre après tout ce qu'il a fait contre moi » — Le génie de l'évêque de Luçon éclate toutefois rapidement, il tranche sur la

---

* Marie de Brancas, fille de Georges de Brancas et de Julienne Hyppolite d'Estrées, épouse d'Henri de Castellane, marquis d'Ampus.

petitesse des ministres qui ont succédé à Luynes : Sillery, Puisieux, La Vieuville. Richelieu est appelé au conseil le 24 avril 1624, il devient ministre le 13 août suivant. La première affaire qu'il traite à l'extérieur, avec l'aide du marquis de Cœuvres, alors ambassadeur en Suisse, celle de la Valteline*, fait oublier d'un seul coup plusieurs années d'errements diplomatiques.

Richelieu, n'est pas encore celui que l'histoire statufiera. Jusqu'à la chute de La Rochelle (28 octobre 1628), il doit compter avec les intrigues de la cour. Il donne la priorité aux affaires du dedans tout en n'étant pas persuadé de l'urgence ni de la nécessité de la réduction à néant du parti protestant. Le programme qu'il présentera au roi et à la reine mère, le 13 janvier 1629, dénonçant l'Espagne comme principal danger pour la France, sera le vrai manifeste de sa doctrine. Ce brûlot l'éloignera de Marie de Médicis qui l'avait lancé dans le monde et sa nomination, le 21 novembre 1629, comme « principal ministre d'Etat », ne viendra consacrer sa prééminence qu'au terme de cinq années d'un dur labeur.

En 1624, l'homme qui a tiré les leçons des « drôleries de Pont-de-Cé » ne fait donc qu'entrer dans la place. Pour avoir été dans leurs rangs, au pire moment, il se méfie des grands. Pour avoir vu César à l'œuvre, il connait ses faiblesses. Malgré l'estime qu'il porte au marquis de Cœuvres, leur oncle, il va décider la perte des Vendômes à titre d'exemple. Ce sont les victimes idéales : il est peu de gens au-dessus d'eux — Monsieur, frère du roi, Condé et son cousin Soissons — lesquels ne manqueront pas de faire des réflexions sur la fragilité de la protection que procure le sang royal ; au-dessous d'eux, il est tout le reste des sujets du roi pour s'effrayer de la hauteur de leur chute.

César, au début de 1625, est un homme envié. Il jouit de la faveur retrouvée du roi. Il a trente ans, trois beaux enfants. La mort de sa belle-mère, survenue le 6 septembre 1623, l'a rendu infiniment riche, l'hôtel de Mercœur à Paris devient l'hôtel de Vendôme ; en outre, il possède Chenonceaux, gage cédé à Gabrielle d'Estrées par la reine Louise, veuve d'Henri III, et Anet lui revient en propre du chef de sa femme. Il rassemble ainsi fortuitement dans sa main les deux joyaux chers à Diane de Poitiers.

Louis XIII sollicite à cette époque régulièrement ses avis, en particulier sur le mariage de Gaston, son frère. Le fils de Gabrielle

---

* Vallée alpine (haute vallée de l'Adda) peuplée de catholiques, sujets des Grisons protestants. Cette vallée avait une importance stratégique de premier ordre pour le passage des troupes espagnoles d'Italie en Franche-Comté. Les Espagnols utilisaient l'alibi religieux pour s'assurer la mainmise sur ces territoires.

dissuade le roi d'accorder à son cadet la main de la fille de son vieil ennemi, le duc de Guise et, comme nous en avertit Richelieu, pince sans rire, il ne balance pas devant les arguments les plus forts : « Il dit au Roi que ce mariage mettait sa vie en péril, vu que MM de Guise avaient bien déjà fait mourir un Roi*... » [330].

Il est fort probable toutefois, comme le pense Turquet de Beauregard, que Richelieu, affairé à tisser sa toile dans l'ombre, fasse surveiller le duc de Vendôme par Bassompière, dès 1624. La nouvelle affaire de Blavet, que nous allons narrer, aurait dû d'ailleurs constituer pour lui une première alerte sur la nature des nouveaux périls qui le guettaient.

Blavet, lieu fatal.

La paix de Montpellier était à la fois douce aux protestants qui avaient pu conserver toutes les libertés de la conscience et cruelle à leur honneur pour avoir restreint considérablement les dispositions politiques de l'édit de Nantes. Les stipulations n'en étaient appliquées d'aucun côté : ainsi, à la Rochelle, Louis XIII s'était engagé à démolir le Fort-Louis qui menaçait la ville et il ne le faisait pas tandis que, dans le même temps, les protestants, face à ce fort, relevaient leurs fortifications.

Soubise, frère de Rohan, était le plus virulent parmi les huguenots. Après la paix il avait gagné à La Rochelle d'où, dépité du peu de cas que l'on faisait de ses appels à la guerre, il était passé en Angleterre, ce qui lui avait valu d'être déclaré criminel de lèse-majesté**. Il avait trouvé le moyen, malgré l'hostilité de Jacques Ier, d'armer à ses frais quelques vaisseaux pour tenter une descente en France mais la tempête, au large de Plymouth, avait eu raison de sa petite escadre. Cela ne l'avait nullement découragé. A la fin de 1624 il était rentré en France où il avait tenté vainement de soulever Castres. Remontant ensuite vers la Bretagne, il avait fait équiper secrètement cinq petits vaisseaux puis s'était emparé de l'île de Ré en sept jours. Les Rochelais, pourtant ses correligionnaires, effrayés de son audace, lui avaient refusé pour la seconde fois l'hospitalité de leurs digues et l'avaient prié de s'éloigner, « afin qu'il ne fit pas tomber l'orage sur eux » [331].

Soubise se porta alors sur Blavet [332] où il parvint le 18 janvier 1625, à la tête de « dix navires équipés en guerre, dix barques et quantité de chaloupes et autres menus vaisseaux... ». Il s'empara du port et se saisit sans coup férir de six vaisseaux qui y étaient

* Allusion au meurtre d'Henri III.
** 15 juillet 1622.

ancrés, « entre lesquels était celui de la Vierge artillé de huictante canons de fonte verte... »[331]. Le saint nom de ces vaisseaux — La Vierge, le Saint-Michel, le Saint-Jean, le Saint-Basile... — nécessite une explication. Il s'agissait de la flottille de l' « Ordre de la Milice chrétienne », entreprise ruineuse et un peu folle dans laquelle s'étaient engagés en 1624 les ducs de Nemours et de Nevers ainsi que le père Joseph*. Pierre Castagnas écrit : « Elle tient de la compagnie de commerce, de la croisade anti-Turc, animée d'une amitié romantique pour les Grecs et de la création d'un zone d'influence en Méditerranée »[333]. Ces vaisseaux n'avaient presque jamais pris la mer et, en très mauvais état faute d'entretien, étaient en passe d'être rachetés par le roi. Soubise en s'emparant de ces machines de guerre catholiques, savait pouvoir frapper les esprits.

César, dès qu'il en reçut la nouvelle, « ... y alla promptement avec toute la noblesse qu'il put amasser... »[331]. En même temps, qu'il mettait Nantes en état de défense, il dépêcha de ses gardes « ... par toutes les places qu'il croyait devoir être attaquées »[332]. A Auray où il couche, « ... il trouve les habitants effrayés de l'arrivée de Soubise, qui avaient dressé des barricades à toutes les avenues des faubourgs, lesquelles M. de Vendôme fit abattre pour leur ôter la peur, les assurant qu'il les conserverait de tout péril... »[332].

Soubise, pendant ce temps, travaillait à relever les vieux retranchements que les Espagnols avaient édifié lorsque le duc de Mercœur, aux temps de la Ligue, les avait appelés à Blavet. Il pressait de la sorte dangereusement le fort où se tenait la garnison fidèle au roi. César, assisté des ducs de Retz et de Brissac, décida de porter secours à cette garnison. Il fit passer un homme dans une nacelle de pêcheur qui put parler à ceux du dedans, lesquels lui désignèrent un passage accessible à l'aide d'échelles. Par cette voie périlleuse, le 26 janvier, monsieur le gouverneur en personne se glissa dans le fort en tête de ses troupes. De là il put observer le bourg dans lequel Soubise avait fait dresser des barricades. Il rusa : « Vendôme envoyait des tambours sur les avenues d'où il pouvait espérer des forces, lesquels battant au champ et approchant peu à peu son quartier, faisaient croire aux ennemis que c'étaient autant de compagnies qui arrivaient à son secours »[332]. Soubise, effrayé par ces bruits, se réfugie dans ses vaisseaux dont le nombre s'était augmenté des unités de la flotte de la Milice que ses hommes étaient parvenu à réparer et calfater. Le bourg devait de la sorte tomber aux mains des royaux trois jours plus tard.

---

* François-Joseph Le Clerc du Tremblay (1577-1638), capucin et conseiller diplomatique de Richelieu.

La partie navale de l'opération commence : César décide d'empêcher Soubise, toujours sur ses vaisseaux avec ses hommes, de quitter le havre. Il fait jouer son canon mais la logistique laisse à désirer : « Vendôme alla à Hennebont pour donner l'ordre de faire amener deux canons de Quimperlé et en tirer deux de fer du vaisseau du sieur de Razilly, puis envoya à Saint-Malo pour avoir des boulets »[332].

Les nobles du pays accourent de toutes parts à l'appel du gouverneur. Celui-ci se porte en personne à l'embouchure du Blavet pour ordonner la construction, à Larmor, d'un fort de fortune, destiné à interdire aux vaisseaux de Soubise le franchissement de la passe. Il fait tendre un cable, « gros comme la cuisse », précise Rohan[334], d'un bord du havre à l'autre et embarrasse la sortie d'une estocade de gros arbres et de chaines de fer. Travaux de force menés à bien en quelques jours. « Soubise résolut d'essayer de couper les cables et pour cet effet envoya quantité de chaloupes et bateaux bien fournis d'hommes »[334]. Ils sont tous repoussés. Le chef protestant fit alors mine de vouloir mettre pied à terre pour combattre mais le sieur de Pan, l'un des aristocrates venus au secours de César, l'obligea à rembarquer.

César dispose alors de nouvelles batteries, moins puissantes que celles de Soubise mais mieux abritées. Il canonne si fort que l'ennemi, prisonnier depuis bientôt trois semaines dans la passe, se résoud à une sortie nocture en haute mer sans attendre la marée ni le vent du nord. Tentative audacieuse, Soubise envoie « ... quelques chaloupes qui, à la merci de deux mille mousquetades, vont sectionner à coups de hache, les chaînes et le cable ». Tout cela réussit partiellement : le Saint-Michel, le plus beau vaisseau de la Milice, « ... est coulé à fond dans le passage. Toute la noblesse de M. de Soubise était dedans, certains se sauvèrent dans des chaloupes »[334]. Le Saint-François, vaisseau vice-amiral, s'échoue près du fort, deux autres près du fortin de Larmor et cinq autres dans le havre.

La bataille n'est cependant pas terminée. Les deux vaisseaux échoués près du fortin opposent une opiniâtre résistance. Soubise, parvenu en haute mer, jette l'ancre. Il ramasse ses forces pour revenir au secours de ses bâtiments immobilisés. Voyant cela, « ... Vendôme se résoud de les perdre entièrement et commanda de porter des fagots et artifices... et y mettre le feu »[334]. Tout ce qui était sur le Saint-François brûla, « ... mais un soldat nommé Brezier, se voyant prêt de brûler, sortit vêtu d'une peau de vache mouillée, de laquelle il éteignit le feu malgré la pluie des mousquetades ». « A midi Vendôme fit cesser la batterie et Soubise crut que ce qu'il avait laissé dans le havre était ou rendu ou coulé à fond. Il fit mettre la voile »[334]. Mais les cinq vaisseaux bloqués dans le havre résistaient toujours. Ils allaient même tenter de rallier Soubise : « Ils lui envoyèrent un homme pour dire qu'ils tenaient encore, cet homme ayant nagé trois quart de lieue en mer était déjà sur le vaisseau de Soubise mais il fut rattrapé par une chaloupe que Vendôme avait envoyée ».

Le combat fit plus de cent tués du côté de Soubise qui, selon Rohan, n'avait pas plus de trois cents hommes avec lui. Il fut fait presqu'autant de prisonniers pour qui le plus intrépide de tous les Rohans revendiqua le traitement des gens de guerre. Au total, le chef protestant avait amené douze navires, en avait pris quatorze dans le port de Blavet, et n'en avait retiré que sept en haute mer, « très percés de coups ».

Malgré cette victoire, César fut accusé par Brissac de trahison. Richelieu, qui a orchestré ces rumeurs, s'en fait l'écho : « Le duc de Vendôme, nonobstant toutes les troupes et le canon qu'il avait, ne put ou ne voulut empêcher, durant dix ou douze jours, Soubise de calfater et équiper à sa vue les navires qu'il avait pris... »[335]. On a dit pourtant la hardiesse et l'énergie déployées par César durant ces vingt jours : prise du fort de Blavet, construction du fortin de Larmor, approvisionnement des armes qui n'étaient pas sur place, appel à la noblesse alentour. Ni sa célérité ni sa détermination ne pouvaient être suspectées.

C'est l'honneur de Bassompière, qui n'était pourtant pas son ami, que d'avoir lavé Vendôme de ces accusations : « A cause qu'on soupçonnait M. de Vendôme de quelqu'intelligence avec les Rochelais et que ses ennemis publiaient qu'il les avait fait venir à Blavet pour s'en saisir pour lui, le Roi m'y envoya avec grands pouvoirs, même de l'interdire en cas que je reconnus qu'il ne marchait pas du bon pied »[336]. Bassompière fait diligence. Il quitte Paris le 28 janvier, le 2 février il est à Nantes où le duc de Montbazon lui offre les canons du château, le 3 février il rend visite à Mme de Vendôme restée à Nantes. En arrivant à Hennebon, le 6, il apprend la sortie de Soubise. Le 7 il est à Blavet où il « festine » avec MM de Brissac et de Vendôme : « J'y séjournai le samedi 8 tant pour renvoyer tous ceux qui venaient au secours du fort que pour conférer avec M. de Vendôme, lequel était fort malheureux et peu aimé, mais nullement coupable des choses dont on l'accusait »[337]. Il conclut : « J'assurai le Roi de la fidélité de M. de Vendôme dont ses ennemis avaient tâché d'en faire douter à Sa Majesté »[337].

L'accusation portée contre César à Blavet, c'est un premier brûlot lancé par le cardinal contre le demi-frère du roi, un brûlot qui n'est pas prêt de s'éteindre puisque la prétendue trahison de César en faveur de Soubise sera resservie, quelques mois plus tard, quand il s'agira de faire le procès des fils de Gabrielle d'Estrées. César, depuis la paix de Loudun, prête le flanc, de toutes façons, à la critique d'alliance avec les protestants. On murmure à la cour qu'il aime à répéter : « Gardons-nous de ruiner ces huguenots car ce sont eux qui font subsister les princes et les grands ». Par là, le bâtard prétend pleinement au titre d'héritier d'Henri IV et davantage encore que le roi et son ministre qui ont déjà annulé quelques dispositions essentielles de l'édit de Nantes. Remarquons toutefois qu'il n'a jamais été dans l'intention de César de se convertir à la foi réformée. 1625, c'est l'année où s'installe l'Oratoire, chez lui, à Vendôme, dans le beau couvent qu'il avait entrepris de bâtir à cet usage cinq ans plus tôt. Notons également qu'il n'est pas sur cette question d'une opinion différente de celle de Richelieu qui ne souhaitait pas l'écrasement sans retour du parti protestant. Vision lucide de la richesse que représente pour le royaume l'industrie et l'application du peuple huguenot, vision qui peu à peu s'évanouira jusqu'à la survenance de la catastrophe que constitue la révocation de l'édit de Nantes.

La mauvaise foi de Richelieu est donc patente et le plan d'élimination des Vendômes lancé.

Pourtant, en 1625, Alexandre, profite encore de la sollicitude de Louis XIII. Déjà grand prieur de France depuis 1618, il devient grand maître de France par la démission du comte de Soissons*. Le grand maître de France, appelé autrefois souverain-maître de l'hôtel du roi, avait autorité sur les officiers de la maison et de la bouche du roi qui prêtaient tous serment entre ses mains. Il était chargé de la police des palais royaux et notamment d'accommoder les querelles d'honneur entre les courtisans.

X — L'AVANCEE DE L'HYDRE ROUGE

C'est au printemps de 1626 que Richelieu devait donner rendez-vous aux Vendômes pour les perdre. L'affaire sent son temps. Elle a tous les ressorts d'une tragédie. Elle est aggravée par le fait que la reine régnante, Anne d'Autriche, s'y trouve compromise.

* Soissons reprendra cette charge en 1629, à la mort d'Alexandre.

A la suite des deux guerres de la Mère et du Fils, Louis XIII et Marie de Médicis s'étaient si bien raccommodés que la mère avait supplanté l'épouse dans le cœur du roi. Anne d'Autriche avait commis plusieurs imprudences : elle avait perdu, en s'amusant à glisser sur les parquets du Louvre avec Mme de Chevreuse — la veuve de Luynes dont c'était le nouveau nom depuis son remariage — un fruit impatiemment attendu, puis, en 1625, elle avait accepté l'hommage trop ostensiblement sensuel de Buckingham. Une nuit, dans un jardin d'Amiens, alors que l'Anglais s'était assis sur un banc près d'elle, Anne d'Autriche avait dû crier pour appeler ses dames d'honneur. La princesse de Conty, présente lors de cet esclandre, avait assuré le roi qu'elle répondait de la vertu de la reine, « de la ceinture aux pieds ». C'était aiguillonner la jalousie de ce mari peu sûr de lui et inquiet.

La grande affaire en 1626, c'est le mariage de Gaston (Monsieur). Depuis son enfance le frère du roi était destiné à la plus riche héritière de France : Mlle de Montpensier, fille unique de feu le duc de Bourbon-Montpensier et de l'héritière de Joyeuse qui, après son veuvage, s'était remariée au duc de Guise.

Il se crée autour de Monsieur, dès 1623, un parti dit de « l'aversion au mariage », au premier rang duquel figurent tous les Bourbons, en particulier le comte de Soissons, qui guigne pour lui cette riche alliance, et les deux Vendômes. Ils vont s'opposer au trio indissociable que forment alors le roi, sa mère et le cardinal.

Gaston avait pour gouverneur le maréchal d'Ornano, colonel des Corses. C'est lui qui avait pris la tête, avec le grand prieur, de ce parti de « l'aversion au mariage », allant jusqu'à proposer au frère du roi, afin de se soustraire à cette alliance, de se réfugier à la Rochelle parmi les huguenots. Ornano était rude et arrogant. Lorsque Monsieur avait été admis au Conseil, il avait prétendu l'y suivre. Le colonel des Corses et ses deux frères furent les premiers sur qui tombèrent les foudres du cardinal. Ils furent arrêtés le 6 mai 1626, en même temps que deux des anciens conseillers de Luynes. Le même jour, l'un des frères du défunt connétable, qui avait conservé la direction de la Bastille, fut destitué et remplacé par le sieur du Tremblay, frère du père Joseph. Quant au vieux chancelier d'Aligre, qui s'était troublé aux questions de Gaston après l'arrestation du colonel, il fut remercié et remplacé par une brute, Michel de Marillac.

C'était le premier coup de force de Richelieu.

L'arrestation de d'Ornano devait activer la colère de Monsieur et pousser le grand prieur dans les intrigues. Ce dernier songea en effet aussitôt à assassiner le cardinal et à faire du frère du roi son complice. Alexandre arrêta lui-même le plan du complot : plusieurs jeunes gens attachés à Monsieur devaient se rendre à Fleury-en-Bière, où logeait le cardinal lorsque la cour était à Fontainebleau et lui demander à souper. On provoquerait une querelle au cours de laquelle le cardinal passerait de vie à trépas. Richelieu fut averti par l'un des conjurés — Henri de Tayllerand-Périgord, comte de Chalais — qui, au dernier moment, pris d'un scrupule de conscience, confessa toute l'affaire à un sien parent, le commandeur de Valencay.

Le cardinal montra qu'il ne manquait pas de courage. Il ne quitta Fleury qu'à la nuit, traversa la forêt de Fontainebleau, escorté de soldats que lui avait dépêchés le roi, et pénétra au petit matin, dans la chambre de Monsieur qui dormait encore, lui disant, « ... qu'il aurait été charmé de lui faire les honneurs de sa maison mais que puisqu'il voulait s'y amuser en toute liberté, il la lui cédait »[338]. Il gagna ensuite la Maison-Rouge de Fontainebleau et, de là, partit pour Limours*. C'était le 11 mai.

Chalais, confirme Richelieu lui-même, « ... s'était offert au cardinal de Richelieu de servir le Roi auprès de Monsieur... Il avait eu d'abord cette intention mais il y fut détourné de telle sorte par un amour auquel il s'embarqua »[339]. Cet amour c'était, encore et toujours, Mme de Chevreuse.

Richelieu, depuis sa retraite de Limours, va faire du grand œuvre. Tout d'abord, il éprouve la confiance du roi et de sa mère. Il se déclare découragé par la haine manifestée à son encontre et offre de quitter le pouvoir, « ... demandant à vivre dorénavant en personne privée ». Louis XIII lui répond le 9 juin par un refus et des louanges. Ainsi rassuré, il va faire jouer la première des deux tragédies dont il a imaginé la trame. Elle ne s'accomplira pas en un jour comme au théâtre mais en quatre.

Richelieu, nous dit Fontenay-Mareuil, « ... voyant les choses en cet état et ne craignant plus guère de ce côté là**, tourna toutes ses pensées sur le Grand prieur de Vendôme, seul capable d'y apporter du changement et de lui donner de la peine »[340]. Il ruse tout d'abord : « M. le cardinal lui ayant fait dire que si M. de Vendôme

---

* Limours : château appartenant à Richelieu près de Palaiseau. Il avait autrefois appartenu à Diane de Poitiers.

** Fontenay-Mareuil vient de parler de d'Ornano.

et lui voulaient servir le Roi et être de ses amis, il lui ferait donner l'amirauté dont M. de Montmorency... voulait se défaire. Il (Alexandre) désira si fort de l'avoir, qu'il donna, tout fin qu'il était, dans le piège, et s'y laissa attraper, ayant promis plus qu'on ne voulait »[340]. Bassompière est plus explicite quant à la duplicité du cardinal : « Le Grand prieur qui était de la partie (le complot de Fleury-en-Bière), voyant l'affaire découverte, voulut retirer son épingle du jeu et vint dire de belles paroles à M. le cardinal, le priant de le faire parvenir à l'amirauté de France où il prétendait. M. le cardinal feignit qu'il lui avait procuré cette charge et qu'il allât en Bretagne faire venir M. de Vendôme... »[341].

Nous touchons au point sensible de la rivalité Richelieu-Vendôme qu'a fort bien analysé Brienne. Ce dernier prétend que l'offre trompeuse de l'amirauté faite au grand prieur, le fut sous condition que César renonçât à l'amirauté de Bretagne traditionnellement attachée à la fonction de gouverneur de cette province. Le plan du cardinal était de s'approprier ce commandement de la mer en Bretagne, nécessaire à la plénitude de la charge de surintendant du commerce et de la navigation de France qu'il ambitionnait de se faire attribuer. Cette nouvelle surintendance maritime, ainsi étendue à tout le royaume, aurait nécessité que Richelieu, pour s'acquitter des tâches militaires qu'il ne pouvait assumer du fait de son appartenance à l'Eglise, eut un général sous ses ordres. C'est donc ce commandement en chef de la mer qu'il offrait — sans intention de le lui accorder — au grand prieur, sous condition que celui-ci lui apportât préalablement l'amirauté de Bretagne.

Brienne s'effare de l'aveuglement d'Alexandre : « Le Grand prieur étant donc flatté de l'espérance de commander les armées de mer une seule fois au moins et d'avoir ensuite un bon gouvernement à la place de celui de Caen qu'on lui avait ôté, prit le parti d'aller ménager Monsieur et de le faire revenir à la cour... Comme je savais qu'on ne se servait en cette occasion du Grand prieur que pour le faire disgrâcier, je crus le devoir avertir... »[342]. Brienne expose à Alexandre que le succès du mariage de Monsieur avec Mlle de Montpensier est immanquable et qu'en s'y opposant davantage, il encourra la haine de la reine mère. Il ajoute que la réussite de ce mariage permettrait que le comte de Soissons épousât Mlle de Vendôme, Elisabeth, fille de César, « ... ce qui serait d'un grand avantage pour sa maison ». Le grand prieur objecte : « Vous ne connaissez ni la cour ni Monsieur » — marque qu'il s'illusionnait sur le caractère de Gaston — Brienne ne peut que lui répliquer navré : « Je ne serais pas si aisément trompé à la cour que vous,

Monsieur, mais pour ce qui regarde le caractère de votre esprit, il me serait facile de l'être puisque vous-même faites tout ce qu'il faut pour ruiner votre maison » [343].

César était dans sa province depuis le mois d'avril. Il ne s'était donc pas trouvé à la cour lors de l'arrestation de d'Ornano et n'avait pas participé au projet d'attentat contre le cardinal. Richelieu, toutefois, l'accusait « ... de se fortifier dans sa Bretagne et de la soustraire au service du Roi ». Il n'est pas douteux qu'il y faisait, une nouvelle fois, des levées d'hommes pour se constituer une armée. Ces levées s'effectuaient dans un tel désordre que, dans une lettre datée du 21 mai 1626 à son ami Valavez, Peiresc se fait l'écho de la rumeur de la mort du fils aîné de Gabrielle [344].

Ces nouvelles menées furent dénoncées à la cour. Au mois d'avril, M. de Cucé, premier président du parlement de Bretagne et Pierre Cornulier, l'évêque de Rennes, vinrent ensemble tout exprès à Paris avertir « ... que M. de Vendôme se fortifiait dans sa Bretagne, gagnait le tiers et le quart par brigues et argent... qu'il animait les huguenots à la guerre et leur faisait espérer qu'il y aurait des mouvements de l'Etat qui les favoriseraient » [345]. Toujours, donc, ce soupçon de sympathie pour le parti protestant.

De plus, disait-on, M. de Vendôme s'échappait en propos contre la cour et le roi. On rapportait qu'il disait « .. qu'il ne reverrait jamais le Roi qu'en peinture ». Le mot avait fait mouche, si bien que César s'était cru obligé d'envoyer un courrier à Louis XIII pour jurer qu'il n'avait pas été prononcé et protester à nouveau de sa fidélité.

Le grand prieur, que l'offre de Richelieu avait émerveillé, voulait que son frère vint lui-même, et sans attendre, faire allégeance au roi. Rouerie admirable de la cour qui ne rêve que de prendre les deux Vendômes ensemble : « Tant plus le Roi témoignait ne désirer pas la venue du duc de Vendôme, plus son frère (Gaston) en prenait-il la permission ». Sur quoi le roi dit à Alexandre : « Vous demandez permission que M. de Vendôme vienne se justifier de ce que je vous ai dit, cela est inutile et je ne le désire point, étant tel que je ne veux pas honorer de ma vue ceux qui ne désirent point me voir » [346], allusion très nette aux propos de son frère qui avait dit ne souhaiter plus se trouver face à lui autrement « qu'en peinture ».

Ainsi le grand prieur se décida-t-il à aller chercher lui-même son aîné en Bretagne pour l'amener à Louis XIII mais, auparavant, il passa par Limours et, singulier acte de faiblesse, rendit visite à...

Richelieu. Il allait là-bas pour savoir ce que la cour connaissait exactement du complot qui avait échoué et surtout pour reparler de l'amirauté. Richelieu raconte cet épisode en se mettant en scène : « Il passa par Limours pour voir s'il connoîtroit point le dessein du Roi ; mais le Cardinal prit une conduite qui lui étoit ordinaire et telle qu'il lui fut impossible de rien connoître ; car il ne fit point semblant de reconnoître qu'il eût peur »[347].

César, quant à lui, est saisi d'un doute : « Il se trouva fort en peine de s'être engagé à venir trouver le Roi... Il commença à s'en excuser par lettres et prendre prétexte de demeurer en la province sur l'accident arrivé*, pour empêcher qu'il n'y arriva aucun trouble, mais comme ils virent le Roi parti pour aller à Blois, ils se doutèrent bien que le Roi allait plus loin et se résolurent à faire de nécessité vertu »[347]. Fontenay-Mareuil ajoute : « Il se laisse persuader par la bonne opinion qu'il avait de l'esprit de son frère, et qu'il n'aurait pas mal pris ses mesures »[348].

Suprême habileté : Richelieu pour forcer les deux princes fait marcher le roi vers la Bretagne. Louis XIII et sa mère partent de Paris le 2 juin, Monsieur les rejoint à Orléans, le 5. La cour s'installe à Blois, le 6. Richelieu demeure à Limours, comme en retrait, continuant cependant à tirer toutes les ficelles du drame qui n'attend que sa conclusion. Il ne reparaîtra à la cour que quelques heures après que la perte des Vendômes ait été consommée.

Les fils de Gabrielle d'Estrées arrivent à Blois le 11 juin. Le roi accueille César en lui ouvrant les bras : « Monsieur mon frère, j'étais impatient de vous voir ». Il veut l'entraîner aussitôt dans une chasse du côté d'Amboise. Le gouverneur de Bretagne doit s'en défendre : « Je ferai ce que V.M. me commandera mais je suis venu par la poste et je suis las ». Le roi le rassure : « Je veux que vous alliez voir vos amis, je vous laisserai faire vos visites ». Le soir même Louis XIII prie les fils de Gabrielle à souper tête à tête avec lui, il se montre plaisant, aimable, puis, brusquement, au beau milieu de la seconde nuit qu'ils passent à la cour, il les fait arrêter[349]. Proverbiale dissimulation dont Tallemant se fait l'écho dans son portrait très critique du monarque : « On lui a pourtant trouvé une vertu de Roi si la dissimulation en est une. La veille qu'on arrêta MM. de Vendôme, il leur fit mille caresses et le lendemain, comme il disait à M. de Liancourt : « Eussiez-vous jamais cru cela ? ». »Non, Sire, dit M. de Liancourt, car vous avez trop bien joué votre

* L'arrestation de d'Ornano.

personnage ». Il témoigna que cette réponse ne lui avait pas été trop agréable, cependant il semblait qu'il voulut qu'on le louât d'avoir si bien dissimulé »[350].

César et Alexandre couchaient dans la même chambre, comme ils faisaient souvent, marque de la force de leur attachement. Ils sont réveillés vers deux heures du matin par M. du Hallier, leur parent, capitaine des gardes en quartier et par le marquis de Mony, autre officier de ce régiment. César demande au marquis de Mony : « En quel état est Monsieur. Est-il arrêté ou non ? ». Richelieu en conclut : « Demande qui faisait bien connaître qu'il y avait quelque intelligence entre eux... »[351]. On peut toutefois interpréter autrement la question de César. Le nouveau plan du grand prieur était que Monsieur devait fuir jusqu'à Metz pour s'y placer sous la protection du duc de La Valette, fils de d'Epernon. Mais Monsieur était alors bien au chaud, dans une autre aile du château de Blois, déjà averti de l'arrestation de ses demi-frères et qui ne bougeait pas. Le comte de Soissons, arrivé la veille à Blois, prévenu lui aussi de la catastrophe imminente de ses cousins, se terrait dans ses appartements.

Le roi fit aussitôt transférer les fils de Gabrielle à Amboise. Ils montèrent en voiture, sous bonne garde, en plein jour, toute la cour était aux fenêtres. Brienne note que c'est alors qu'il revit pour la dernière fois Alexandre à qui il venait en vain de tenter d'ouvrir les yeux.

Rohan décrit Richelieu, arrivant à Blois peu après le départ des prisonniers : « Il plaint publiquement le malheur du Grand prieur mais non celui de son frère. Toute la cour en fait de même, car l'un était aimé et l'autre haï et ce qui faisait le plus de pitié était que le Grand prieur avait été innocemment l'instrument du malheur de son frère et du sien »[349]. Curieux premier sentiment qui ne sera pas corroboré par l'instruction qui va suivre, ni par l'opinion de Monsieur le Prince qu'on va bientôt voir désigner Alexandre comme le plus dangereux des deux frères.

Brienne observe la cour après cette arrestation. Il est lui-même en mauvaise posture, pour avoir été dénoncé à Richelieu par Marillac, le nouveau garde des sceaux, comme un allié d'Alexandre. Quelques personnes interviennent en faveur des prisonniers, tel Philippe de Cospean, l'évêque de Nantes. « Le cardinal de Richelieu avait fait amitié avec lui et en fit cas toute sa vie... Il ne trouva pas mauvais qu'il sollicitât pour M. de Vendôme avec lequel, comme gouverneur de Bretagne, il avait fait amitié, étant évêque de Nantes »[352].

Le complot contre Richelieu et contre le mariage de Monsieur continua cependant de plus belle. L'arrestation des Vendômes parut même accroître le zèle des conjurés. Mme de Chevreuse en était l'âme et le fragile Chalais, le bras. Brienne note : « Chalais avait eu des éclaircissements avec le roi et le cardinal, on crut que les affaires étaient accommodées. La détention de MM de Vendôme... fit naître d'autres soupçons qui augmentèrent parce que la cour partit pour Nantes »[353].

C'est à Nantes que va se jouer la seconde tragédie, qui n'est que la suite de celle de Blois. Chalais en est la victime, il est jeune et charmant — il a vingt-six ans, l'âge du roi — il est agréable à tous. Troublé par l'ardente Mme de Chevreuse, confiant en Monsieur qui s'apprête à l'abandonner, Chalais a annoncé avec fougue à ses amis à Blois, qu'il se vengerait sur le cardinal de l'arrestation des Vendômes. Le cardinal le surprend lui-même, un soir, sortant de la chambre du frère du roi. Il le fait espionner et Louvigny, l'un de ses plus confidents amis, le trahit, en dévoilant au ministre ses projets à mesure qu'il les échafaude.

La cour est à Nantes le 2 juillet. Chalais est arrêté le 8 et Marillac commis pour l'interroger. Richelieu note, avec la prévention qu'on a contre les femmes en politique à l'époque : « Les principaux de ceux qui agissaient vers Monsieur étaient déjà arrêtés... Il restait Mme de Chevreuse qui, comme femme, faisait plus de mal qu'aucun... »[354]. Chalais est un innocent. A peine prisonnier il s'empresse d'écrire à sa belle des lettres qui sont surprises et qui vont être à charge contre lui. Elle flaire le piège. Elle répond, « ... ne vouloir récrire, qu'il y allait de sa vie et de son honneur, mais qu'elle ferait merveille pour sa délivrance »[355]. Chalais est un faible. Désespéré de sa prison, il prend le parti de tout avouer. Il en rajoute même pour se mettre en scène, exalté du désir d'éblouir sa maîtresse. Il parle d'un vaste complot ourdi dès le mois d'avril entre le grand prieur et Carleton, ambassadeur du roi d'Angleterre. Il met en évidence le magnétisme de Mme de Chevreuse sur tous ces hommes plus ou moins épris d'elle. Il suffisait qu'elle leur dise : « Ne vous souviendrez-vous jamais du Colonel* ? », pour qu'ils lui obéissent[355]. Chalais est un tendre. Il parle aussi à mots couverts de la rivalité amoureuse qui l'a opposé à Alexandre dans le cœur de cette ensorcelleuse. C'est le grand prieur qui l'avait poussé dans les bras de la veuve de Luynes, « ... après le départ des Anglais**, lui

* Ornano.
** Lord Holland et Carleton. Le premier ayant été l'amant de Mme de Chevreuse.

disant qu'il fallait que cette femme fut occupée et qu'il fallait empêcher qu'un homme de cabale contraire ne prit la place des Anglais et que, quelques temps après, le dit Grand prieur pria, lui répondant, de ne s'y point engager, d'autant qu'il s'y était embarqué lui-même*... »[355]

Le roi, pendant ce temps, avait fait venir à Nantes la duchesse de Guise et Mlle de Montpensier, sa fille. Il les avait fait accompagner d'une escorte considérable parce que le comte de Soissons, toujours obstiné d'épouser sa cousine, menaçait de les enlever. Gaston, après avoir longtemps ergoté sur son apanage, sur ses pensions, sur sa dignité — il allait devenir duc d'Orléans et quitter le titre de duc d'Anjou — finit par donner son accord au mariage. Contrat, fiançailles, mariage, tout fut bâclé en quelques heures, le 6 août. On crut qu'une des conditions posée par Monsieur à son mariage était la liberté d'Ornano, des Vendômes et de Chalais, il n'en fut rien. Du fond de sa prison Chalais se vit perdu. Accueillant la nouvelle de ce mariage, il murmura : « O grand Roi, trois fois heureux d'avoir un si grand ministre ».

Dès lors il se prépara à la mort avec un courage qui force l'admiration. Son cas fut confié à une commission de magistrats qu'on trouva sur place, à Nantes. Tapié note : « Curieux recoupements de l'histoire : il y eut parmi ses juges le père de Fouquet et le père de Descartes »[356]. Sa mère, la fille du fameux Montluc, était accourue à Nantes. Elle fit tout pour le sauver. Elle tenta de récuser ses juges, alla en vain s'agenouiller devant le roi et la reine mère. Le jugement fut prononcé, il était terrible : Chalais devait être décapité, dépecé, sa tête exposée au Pont de Sauvetout, près d'une porte de la ville, ses quatre membres attachés à des potences, sa postérité déclarée ignoble. Il était la victime expiatoire. Il payait pour tous ceux qu'il avait dénoncés, ses complices hors d'atteinte ou se disant faussement fidèles au roi : d'Epernon, La Valette, le comte de Soissons, Monsieur et la reine régnante. Richelieu en parle en termes à demi explicites lorsqu'il dit que, dans ce complot, « ... était sensiblement engagée une personne de plus grande considération ». Anne d'Autriche fut à son tour interrogée, assise sur un petit tabouret, face à Louis XIII et Marie de Médicis, carrés sur leurs fauteuils. Elle en garda toute sa vie le terrible souvenir comme une brûlure portée au fer dans ses chairs, elle y gagna une haine durable de Richelieu. Questionnée sur la prétendue entreprise contre la vie de Louis XIII et son projet de remariage avec Mon-

* Entendons qu'il s'était engagé dans les faveurs de Mme de Chevreuse.

sieur, elle répondit crânement : « J'aurais trop peu gagné au change ».

Le supplice de Chalais eut lieu le 18 août. Il fut horrible. Le roi, au dernier moment, avait accepté d'atténuer la sentence : la décapitation aurait lieu sur la place du Bouffay et le corps serait rendu à la mère du supplicié pour être enseveli chrétiennement. Les amis de Chalais crurent rendre le supplice impossible et donner le temps à une grâce d'aboutir en enlevant le bourreau. Ce qui advint fut pire : on trouva un cordonnier de Tours qui devait être pendu incessamment, on lui laissa la vie à condition d'exécuter Chalais. La hache aussi avait disparu. Il se servit d'une épée de Suisse qui ne fit qu'entailler le cou du malheureux. On dut maintenir Chalais qui étreignait le billot en appelant la mort. Le cordonnier continua son office à l'aide d'une doloire de tonnelier, coupant les chairs comme avec un mauvais couteau. L'abominable carnage dura une demi-heure. Sa mère priait pendant ce temps, parmi ses amis et quelques moines, dans une église proche. Ce fut elle qui accueillit à la porte de cette église le corps que lui portèrent quatre amis du supplicié au regard noyé d'épouvante.

Et les Vendômes pendant ce temps ? Ils étaient dans le donjon d'Amboise, et leur prison était regardée comme devant durer longtemps. Une curieuse pièce, datée du 5 juillet 1626, prédit aux deux frères un avenir bien sombre :

1
« L'œuvre que l'on void sur les piliers qui nous apporte pour nouvelle qu'il n'appartenait au Chevalier d'exterminer les infidèles.
2
Mars, les armes allumera.
3
Février les desteindra.
4
Janvier un peu plus gracieux.
5
Aoust nous promet lès*.
6
Juillet, la Bastille ouvrira dont un grand prince y entrera qui en
7
Décembre périra
8
Lorsqu'on oyra chanter le Roi gaulois, six, cinq et trois
9
Un homme l'on verra monter dessus un échafaud de bois
10
Et celui qui aura trassé la mort des Trépassés par tout viendra tirer Mars après d'un qui le tousche de
plus près »[357].

---

* Prés.

La nouvelle de l'exécution de Nantes leur parvient et ils tremblent car le roi a commis pour instruire leur affaire ce même Michel de Marillac qui venait de se montrer si implacable avec Chalais : « M. le garde des Sceaux visita MM. de Vendôme pour voir s'ils voudraient décharger leur conscience et reconnaître si le Roi leur devait pardonner par leur ingénue confession, les fautes qu'il savait assez d'ailleurs. Ils refusèrent au commencement de répondre... »[358]. Alexandre le prit même de haut. Il objecta à Marillac que sa qualité de chevalier de Malte l'exemptait de la justice du roi et que lui, Marillac, devait être récusé pour avoir été ligueur au temps d'Henri IV.

La position des deux frères était intenable. Monsieur, dans ses aveux des 11 et 12 juillet, les avait chargés à outrance et Chalais, le 6 août, avait achevé de les confondre. Le frère du roi accusait le grand prieur d'avoir eu dessein, avant son arrestation, de prendre Saint-Quentin ou Compiègne. Il désignait aussi Alexandre et Mme de Rohan comme ceux qui, après l'échec de l'attentat de Fleury, lui avaient conseillé de se réfugier à Metz pour tenir tête à la cour. Pour Gaston, Alexandre était bien son mauvais génie, celui qui « ... lui avait donné conseil d'aller à Fleury menacer le cardinal du poignard s'il ne moyennait la liberté du colonel... qui l'avait conseillé d'imputer au cardinal tout ce qui arriverait, commencer par les prières, puis, en venir aux menaces et aux violences »[359]. Chalais, à son tour, avoua que le frère de César lui avait parlé « ... de deux moyens pour délivrer le colonel : l'un qui était en faisant sortir Monsieur*, l'autre, en attentant sur la personne du cardinal »[360].

Le retour de Bouillon, envoyé en ambassade en Savoie, permit d'établir que les menées contre le cardinal étaient ourdies également depuis Turin par le truchement de l'abbé Scaglia, et que, d'après ce prêtre, le grand prieur était dans la conspiration, « ... le seul esprit de courage et de jugement »[360]. Chalais, d'après le jeune Brienne, aurait accablé Alexandre et tenté d'innocenter César : « Chalais... ayant chargé plus de quatre vingt personnes et particulièrement ceux du Bois de Vincennes** et le cadet qui est à Amboise, dont on dit qu'il a fort déchargé l'aîné ». [361] Etait-ce entre Chalais et le grand prieur un reste de la rivalité qui les avait opposés pour gagner les faveurs de Mme de Chevreuse ?

---

* Il s'agit du projet de fuite à Metz chez le duc de La Valette.
** Ornano et ses complices.

Lamont* et Loustelnaud**, les géoliers d'Amboise, furent entendus. Ils indiquèrent avoir su qu'Alexandre « ... avait conseillé à Monsieur d'user de menaces et violences envers le cardinal »[362].

César ne pouvait être accusé que de menées dans sa province — moins graves, à tout prendre, en 1626 que celles dont il s'était rendu coupable antérieurement — Son oncle d'Estrées écrit d'ailleurs qu'il fut arrêté « ... plutôt par des soupçons mal fondés que par une véritable raison »[363]. Mais la haine du cardinal et sa volonté de faire un exemple l'entraînait dans la catastrophe de son frère. Rohan a bien vu ce raisonnement de Richelieu dans lequel la véritable culpabilité pèse peu : « Il remontre au Roi que le duc de Vendôme se rendant trop puissant en Bretagne, vu les prétentions qu'il avait sur ce duché par sa femme... que le grand prieur, le plus vigoureux partisan du duc d'Anjou***, était son frère et que ce serait un jour une retraite (la Bretagne) assurée au dit duc et très périlleuse à la France, parce que ce pays là était proche par mer d'Angleterre et d'Espagne »[364]. On reparla aussi de l'affaire de Blavet, survenue l'année précédente. On fit rechercher la complicité de César avec Soubise et l'on ne trouva rien. On voulut ensuite donner des commissaires aux deux frères pour leur faire leur procès, nouvelles protestations de ceux-ci : « L'un allègue le privilège de sa pairie, et l'autre celui de la croix de Malte »[365].

Louis XIII à Nantes préside lui-même les Etats de Bretagne qui s'ouvrent, le 10 juillet, par de nombreuses plaintes contre les actions du gouverneur : « Par la première requête qui fut présentée au Roi et qui était en quelque façon mendiée, Sa Majesté fut suppliée de donner une déclaration par laquelle aucun des descendants des anciens ducs de Bretagne ne pourrait être gouverneur de la province »[366]. Louis XIII publia de son côté, le 31 juillet, une lettre patente qui disposait, « que les fortifications non nécessaires de plusieurs villes et châteaux qui lui appartenaient (à César) fussent démolis... »[367]. Il ordonna en conséquence le rasement d'Ancenis, Lamballe et quelques autres places.

Le gouvernement de Bretagne fut retiré à César le 11 juillet. Thémines, son successeur à la tête de la province, était un soldat valeureux qui comptait normalement au nombre des ennemis de Richelieu puisque son fils autrefois, dans un combat singulier, avait tué le frère aîné du cardinal. C'était l'un des grands chagrins du

---

* Robert de Lamont, sieur de Beauvais, gentilhomme écossais et exempt de la compagnie écossaise des gardes. Né en 1577. Il a déjà gardé Chalais à Nantes.

** Jean Loustelnaud, sieur de la Garde, sergent-major au régiment des gardes françaises, chargé des Vendômes à Vincennes. Il avait pris Lamont pour le seconder.

*** Monsieur.

ministre et la source de cette aversion contre le duel qu'il poussa si loin. Richelieu guignait pour lui le gouvernement de Bretagne, essentiellement — comme on l'a dit — parce qu'il emportait l'amirauté de cette province. Rohan, lui encore, explique de quelle façon l'éminence décida finalement de renoncer à solliciter cette charge : « L'on croit que ce qui fit changer de dessein au cardinal concernant ce gouvernement fut qu'ayant fait récompenser Sourdéac de la place de Brest, où il y avait un des plus beaux et meilleurs ports qui soient en France, qu'il espérait avoir, le Roi la donna à un pauvre soldat sans le lui communiquer, ce qui le dépita »[365]. Le cardinal devait tout de même obtenir par la suite ce gouvernement de Bretagne, signe qu'il n'y avait renoncé en 1626 qu'à contrecœur .

César, qui estimait sa prison imméritée, tenta d'abord de se décharger sur d'Ornano, qui apparaissait clairement comme la cheville ouvrière de tous les complots échafaudés depuis avril : « Il dit même au sieur de Tresmes que le Colonel méritait la mort et qu'il n'en avait point douté »[368].

XI — « S'ILS EN SORTENT, ILS SERONT LE DIABLE ».

« Vous avez dit là une chose qui nous donnera bien de la peine... »

Finalement les Vendômes, confiés à la garde de M. de Tresmes, avec sous lui Loustelnaud et Lamont, furent transférés d'Amboise à Vincennes au milieu du mois de septembre, par voie d'eau, comme l'avait été quelques temps avant eux le colonel des Corses. Richelieu s'était résolu à ce transfert à la suite de la découverte de la communication que les prisonniers avaient établie avec l'extérieur par l'intermédiaire d'un libraire de Tours, nommé La Tour, lequel savait « ... une invention par laquelle on peut, par des livres, sans lettres, donner toutes sortes d'avis »[369]. Qui allait venir à leur secours ? Certainement pas Monsieur le Comte (Soissons), ami du grand prieur, mais trop jeune, trop influençable et tenu en lisière par sa mère, la terrible Anne de Montaffié. Certainement pas Monsieur le Prince (Condé), rien moins que sentimental et dont le jugement sur les deux frères n'est pas tendre. Il pense, selon Richelieu, « ... que le Grand prieur est un esprit dangereux, qu'il n'y a point de sûreté à le garder s'il est coupable... Pour le duc de Vendôme, qu'il a bien de l'esprit porté à quelques redites de cour, mais que d'un grand dessein, il n'en est pas capable, n'ayant point de cœur, haïssant la peine et aimant fort ses plaisirs »[371]. Encore moins Mme de Chevreuse, assignée à résidence chez son mari à

Dampierre et qui va s'en échapper bientôt pour courir en Lorraine où — jamais à bout de ressources — elle fera du duc régnant, son amant.

MM. de Vendôme auraient dû avoir une alliée naturelle, leur sœur Catherine-Henriette, la duchesse d'Elbeuf, mais elle était mariée à un Lorrain et le clan des Lorrains exultait. Brienne en témoigne : « La Maison de Guise commença pour lors à chanter victoire et se donna même la liberté de se laisser emporter si vivement à la joie que le duc d'Elbeuf m'ayant rencontré dans la cour du château me dit — Vous voyez ce que vous craigniez tant, et que vous n'avez jamais cru, est enfin arrivé : Monsieur ôte par son mariage, à la maison de Condé, l'espérance de parvenir à la couronne »[372].

Mme d'Elbeuf intervint tout de même, à la sollicitation de Dunault (ou Nau), le secrétaire d'Alexandre. Malheureusement cette intervention allait se révéler catastrophique du fait que Dunault, par maladresse, déclara devant la duchesse et les sieurs de Fossez, marquis d'Everly, et de Champlecy : « Que son maître n'était plus dans la prétention d'innocence, mais dans le désir d'obtenir pardon et grâce pour la reconnaissance et confession de son crime... »[373].

Sur ce, Mme d'Elbeuf, prit sa plume et écrivit au roi la lettre suivante :

« Sire

« V. M. me pardonnera bien si l'affection que j'ai pour mon frère le Grand prieur m'oblige de l'importuner par cette lettre... Il y a environ cinq ou six jours que Dunault, son secrétaire, en qui il a grande confiance, m'est venu prier de me mêler de ses affaires et tâcher d'obtenir son pardon. Quoique j'aime grandement mondit frère et que je désire passionnément sa délivrance, je n'aurois pas accepté cette condition s'il ne m'avoit dit ensuite que mon frère reconnoissoit en avoir grand besoin ; qu'il feroit, pour l'obtenir, une vraie confession des fautes qu'il avoit commises, tant contre votre Etat que contre votre personne... Je vous supplie, Sire, d'user de votre bonté en cette occasion. Mon frère le Grand prieur est jeune ; c'est la première faute qu'il a commise ; il fera mieux à l'avenir... »[374].

Le roi permit à M. de Fossez, qui était l'un des meilleurs amis d'Arnauld d'Andilly[375], de rendre visite à Alexandre. Devant lui et en présence de Loustenauld, qui avait suivi Alexandre depuis Amboise, le prisonnier confirma à M. de Tresmes qu'il ne demandait pas justice mais grâce : « ... le suppliant aussi que ses ennemis ne puissent prendre avantage de tels termes qu'il choisirait encore plus humbles pour le Roi s'il en savait »[371]. Il reconnut formellement, « ... qu'il s'était opposé, avec plusieurs autres, au mariage de Monsieur, qu'il avait conseillé Monsieur, depuis la prise du Colonel, de traiter rudement les ministres... Que si cela manquait, il lui avait conseillé de sortir de la cour et de prendre les armes... »[374].

Après avoir dit tout cela, Alexandre aurait ajouté à l'intention de M. de Fossez : « Je ne crois pas que vous voulussiez redire tout ce que je vous dis ». M. de Fossez protesta qu'il avait été envoyé par le roi à qui il ne pouvait rien cacher. Le grand prieur aurait répliqué : « Pour mon secrétaire, j'ai de quoi le récuser ; pour vous, je vous tiens si homme de bien que je n'ai rien à dire, sinon que je n'en ai point parlé »[376]. De Fossez fit approcher Loustenaud, lui répêta ce que venait de lui dire le prisonnier, qui dut finir par avouer qu'il l'avait dit.

Alexandre se trouva ainsi piégé par la maladresse de sa sœur relayant celle de son secrétaire. Dunault n'était-t-il pas allé jusqu'à dire que son maître « ... voulait confesser ses crimes et demander pardon d'avoir attenté contre la personne du Roi... » ? Le grand prieur, dit à Dunault : « Mon ami, vous avez dit là une chose qui vous donnera bien de la peine et à moi ». Richelieu en profite pour l'enfoncer : « ... paroles qui témoignent qu'il le lui avait dit, mais s'en repentait »[376].

L'affaire en était là. La prison des deux princes était dure. Loustelnaud et Lamont les surveillaient encore plus étroitement pendant la messe qui était la seule occasion qu'ils avaient de se voir chaque jour, exigeant du célébrant, « ... qu'il prononçât l'évangile haut de peur de dire autre chose au lieu, et que quand il leur donnait la communion, ils lui regardaient soigneusement les mains de peur qu'il ne leur donnât quelque billet sous l'hostie »[377]. Alexandre, séparé de son frère, mais renfermé dans ce même donjon de Vincennes était au désespoir. Il voyait la catastrophe de sa lignée consommée par sa faute, sa tentative d'obtenir le pardon de Louis - XIII échouer et se retourner contre lui. Bientôt, désespéré de voir qu'on le laissait croupir là, que ses appels à la clémence demeuraient sans écho, il se mura dans le silence et l'amertume.

Le 2 septembre, d'Ornano, pourtant dans la force de l'âge, expirait à quelques pas des fils de Gabrielle, dans un autre cachot de la forteresse. Avait-il été empoisonné ? Tallemant le pense : « On dit que Puylaurens* avait été empoisonné avec des champignons et

* Ancien favori de Monsieur, emprisonné lui aussi sur ordre de Richelieu à Vincennes.

on disait que les champignons du Bois de Vincennes étaient bien dangereux mais il mourut comme le Grand prieur et le maréchal d'Ornano à cause de l'humidité d'une chambre voutée et qui a si peu d'air que le salpêtre s'y forme. Mme de Rambouillet disait plaisamment que cette chambre valait son pesant d'arsenic comme on dit son pesant d'or »[378].

Dès le 10 septembre, Alexandre « ... fut saisi d'une fièvre double tierce qui dura jusqu'en janvier 1627 »[379]. En octobre, voyant que son principal ami, Soissons, ne venait pas à son secours, « ... il l'accusa d'être de la même intelligence que lui avec Monsieur »[380]. L'attitude prudente de Madame la Comtesse (Mme de Soissons) depuis l'affaire de Blois, devait mettre son fils à l'abri de telles accusations.

« *Mon frère naturel...* »

Contre César des bruits infâmes circulaient. La Lande, prévôt de Saumur, rapportait qu'il avait ouï dire au cocher de M. de Vendôme, tandis qu'il chevauchait vers Blois : « N'a-t-on pas bien rasé Louis le Fainéant ? ». Et Richelieu de conclure : « Ce qui montre bien qu'il fallait qu'il y eut quelque dessein bien répandu dans la maison ou au moins que l'on y faisait librement des discours criminels »[381]. On voulut aussi établir le dessein qu'il avait eu de s'emparer de Brest, du château de Nantes, de Blavet, « ... les levées de gens de guerre qu'il faisait sourdement... l'intelligence qu'il avait eu avec Soubise pour le faire descendre à Blavet... »[382]*. Il y avait là beaucoup de mensonges et d'allégations, pour le moins, incertaines mais César fut ébranlé : « Ledit duc, poursuit Richelieu, descendant de l'audacieuse prétention d'innocence qu'il avoit auparavant professée, avoua, dès le mois de décembre de l'année 1626, que justement le Roi l'avoit arrêté comme coupable et qu'il avoit recours à sa clémence pour en recevoir le pardon »[382].

César s'adresse à Loustelnaud et Lamont, demandant à parler au roi. Ceux-ci vont trouver Louis XIII qui écrit au prisonnier le 28 décembre une lettre qui commence par ces mots : « Mon frère naturel... ». C'est une invitation à vider son cœur et le choix donné entre des aveux suivis d'un pardon ou un procès : « Il lui promettait de lui pardonner ce qui se serait passé, sans vouloir tirer à conséquence contre sa vie ou ses biens, pourvu qu'il n'oubliât rien de tout ce qu'il savoit avoir commis... »[383].

---

* Toutes ces dépositions contre César -la plupart sollicitées, beaucoup revenant sur l'affaire de Blavet- font l'objet d'une liasse aux Archives des Affaires Etrangères, FRANCE 783, F° 65-99.

Ayant reçu cette lettre, César souhaita s'entretenir avec le père Eustache, le confesseur de la forteresse. Eustache Asseline était feuillant, visiteur de la congrégation de N-D des Feuillants et auteur d'exercices spirituels fameux. C'était aussi, mais le duc de Vendôme ne le savait pas, l'espion de Richelieu. Le roi autorisa la visite du « saint homme » par lettre du 15 janvier 1627, exhortant à nouveau son frère à vider son cœur.

Tous ces mouvements transpiraient hors du donjon de Vincennes où il se parlait de la liberté imminente de César. Dans une lettre du 4 janvier 1627, l'avocat Jacques Dupuy écrit à son ami Valavez : « Il se parle sourdement de mettre M. de Vendôme en liberté et que le cardinal fait cela moyennant qu'il prenne lettre d'absolution se reconnaissant coupable »[384]. Mais la permission de voir le père Eustache accordée, César avait posé un préalable disant, « qu'en vain confesserait-il ses fautes s'il n'était assuré d'en recevoir le pardon... »[383].

Mme d'Elbœuf et le vieux Roger de Bellegarde soutinrent cette prétention aussi le roi, par lettre du 17 janvier, dut-il accorder grâce d'avance, « ... de tout ce qu'il (César) avouerait avoir méfait contre le service de S.M. »[383]. Mme d'Elbeuf fut chargée d'apporter cette lettre à son frère, « ... avec ordre de lui dire expressément qu'elle n'avait la permission du roi de le voir qu'à condition de rapporter fidèlement à S.M. et faire voir par un mémoire bien exact, ce qu'il aura dit »[385].

Catherine-Henriette, intronisée en quelque sorte juge d'instruction, se rendit au Bois de Vincennes, en compagnie de Bellegarde, dans les derniers jours de janvier. Singulière réapparition et étonnante sollicitude du beau Roger, trente-trois années après la naissance du fils aîné de Gabrielle, comme si, dans ce moment tragique de la vie de César, il paraisait vouloir s'ingénier à réactiver les rumeurs malséantes qui avaient circulé en 1594 sur le nom du vrai père du bâtard légitimé d'Henri IV. En présence de Loustelnaud et Lamont, « ... Mme d'Elbeuf dit (à César) ce qui lui avait été enchargé. A quoi , après avoir bien pensé, le sieur de Vendôme fit une déclaration, signée de sa main, par laquelle il avouait à S.M. tout ce qu'il avait fait et dessein de faire contre son service et le bien de l'Etat »[385].

Les lettres d'abolition furent expédiées fin février et César, le 30 mars 1627, présenta une requête au Parlement pour les faire entériner. Ce n'est pourtant que trois années plus tard qu'il devait sortir de sa prison. Richelieu s'en explique avec un brin de gêne :

« Diverses difficultés qui se présentèrent sur les formes (sur l'entérinement par le Parlement) firent différer cette affaire jusqu'au commencement de 1629 où nous en parlerons... » [385]. Or les difficultés qu'invoque le cardinal n'apparaîtront qu'en 1629 et différeront encore la liberté de César jusqu'à la Noël de 1630. Pour ce qui regarde 1627 et 1628, ce sont bien Louis XIII et son ministre qui sont responsables de la détention prolongée de César, au mépris de la promesse de liberté qui lui avait été faite. Richelieu qui écrit d'ailleurs, parlant de l'intérêt qu'il y a à les laisser dans leur donjon : « S'ils en sortent, ils seront le diable » [386].

La correspondance Dupuy — Pereisc se fait l'écho de toutes ces difficultés. Après la lettre optimiste du 4 janvier, l'avocat au parlement de Paris écrit, le 29 janvier : « L'espérance qu'on avait de la liberté de M. de Vendôme est fort diminuée, on luy a rendu son escript comme ne le rendant pas assez coupable, il est resserré plus qu'il n'était... » [387]. Dupuy met en évidence le rôle de Mme de Vendôme et son opposition à sa belle-sœur d'Elbeuf dont les procédés radicaux sont critiquables. Ainsi, dans une lettre à Pereisc, du 23 février 1627 : « Mme de Vendôme est ici pour tâcher de faire quelque chose pour la délivrance de son mari, mais, à ce que j'ai su de domestiques, avec peu d'espérance d'aucun succès » [388]. Et le 1er mars 1627, du même au même : « Mme de Vendôme est ici, dans les Capucines. Je vous envoie copie d'une lettre qu'elle écrivit à Mme d'Elbeuf il y a trois semaines. Ce n'est pas sans sujet qu'elle se défie de son procédé. Son frère, le Grand prieur, a dit que si elle le venait voir, il lui jetterait une escabelle à la tête. Il porte sa prison fort constamment et gaiement et ne scait-on comment l'aborder pour lui parler. L'aîné est plus impatient et à quelque prix que ce soit veut la liberté » [389].

Là est la différence des systèmes de défense des deux frères : César, le moins compromis, désireux de ressortir au plus vite ; Alexandre, engagé davantage, qui se mure dans le silence et le dédain. Début janvier 1627, il est même question de faire le procès du second puis, le 23 janvier, Dupuy note : « Ce bruit de faire le procès du Grand prieur est évanoui » [388]. Le 8 mars Jacque Dupuy rapporte les efforts de Mme de Vendôme qui reçoit des visites, « ... à la grille des Capucines pour la liberté de son mari ». L'avocat note également : « M. de Vendôme a reçu son abolition mais corrigée comme il le désirait. On ne sait ce qui en réussira » [390]. Enfin, le 12 avril 1627, du même au même, cette lettre qui marque de l'étonnement sur le contenu des aveux du duc et sur les procédés de Mme d'Elbeuf : « Vous recevrez par cet ordinaire la confession de M. de Vendôme... et vous ne la communiquerez qu'à vos intimes car elle est secrète... Vous vous étonnerez de cette confession qui ne contient que des choses desquelles il ne pouvait être convaincu par personne. Il y a bien de la lâcheté à ce fait. Il y a bien des choses là-dessus que le papier ne peut souffrir. Mme d'Elbeuf a voulu en tirer autant du Grand prieur mais il n'est pas traitable. Le Roi a dit que sa sœur était bonne femme et qu'elle trahissait ses frères, mais que c'était pour son service »[391].

Mme d'Elbeuf trahissait-elle pour le clan des Lorrains ?... Croyait-elle faire ce qui convenait pour sauver ses frères ? Le résultat fut en tout cas piteux. Dupuy note, ce même 17 avril : « Leur liberté est plus désespérée que jamais. M. le cardinal ayant dit à M. de Nantes* qu'il ne fallait aucunement attendre ». On a vu que Condé était mal disposé à l'égard de ses cousins. C'est de nouveau lui, en octobre 1628, qui souffle la tempête, lorsqu'il se rend à Richelieu, chez le cardinal : « Il fut d'avis... qu'on fit le procès du duc de Vendôme et du Grand prieur, son frère, puis qu'on pardonnât au premier, non pas à l'autre qu'il connaissait pour très méchant... »[392].

Richelieu a tenté de justifier le revirement du roi qui intervient au début de 1629 : « Le Roi quand il fut sur le point de partir de Paris crut que, pour rendre Dieu favorable à ses justes vœux et à la défense qu'il entreprenait d'un innocent, il devait pardonner à un coupable, et, pour cet effet, voulut que M. de Vendôme, à qui il avait fait expédier une abolition de ses fautes dès l'année 1627, jouit de la grâce qu'il lui avait accordée et qu'absolument la cour du Parlement l'entérinât »[393]. Le roi cédait-il au mouvement général qui se dessinait alors contre la prolongation de cette détention ? Le comte-duc d'Olivares, principal ministre de Philippe III, n'avait-il pas dit, à propos de l'entrée en guerre de 1629, que « ... le Roi Très Chrétien allait engager son estime dans le monde, pour n'être pas cru bon frère, puisqu'il allait faire la guerre en même temps à trois beaux-frères** et tenait ses deux frères naturels prisonniers dans Paris »[394]. L'innocent, dont parle Richelieu, c'est Charles de Gonzague, duc de Nevers. Il vient d'hériter de Mantoue et voit son héritage contesté.

Quels sont les motivations du roi et de son ministre ? Louis XIII désire-t-il par scrupule de religion pardonner à ses frères ? N'est-il pas plutôt pressé d'élargir les Vendômes parce que la santé

* L'évêque de Nantes, Philippe Cospéan, ami de la famille de Vendôme.
** Les rois d'Espagne et d'Angleterre, et le duc de Savoie.

d'Alexandre ne cesse de se détériorer ? Veut-il contenter Condé qui réexpose, en janvier 1629, à Richelieu son opinion sur le sort des bâtards ? : « Il (Condé) alla aux Caves, à deux lieues de Nogent, où il vit le cardinal et lui disant son avis sur toutes choses il lui dit, touchant M. de Vendôme que son sentiment était qu'après son abolition entérinée... le Roi lui pouvait donner la liberté tout de suite.. Quant au Grand prieur... il dit qu'il était méchant pour le Roi, pour l'Etat et pour tout... »[395].

La veille de son départ, le 14 janvier 1629, Louis XIII nomme des commissaires pour aller interroger César sur le contenu de sa déclaration de 1627. Cette audition, nécessaire pour que le Parlement entérinât l'abolition, fut le point de départ de nouvelles difficultés. Ces messieurs du Parlement protestèrent : « Ils ne trouvaient pas bon que le Roi eut nommé des commissaires pour cet interrogatoire (celui de César) ; ils voulaient avoir la gloire de les nommer eux-mêmes... »[396].

Mme de Vendôme se dépense alors sans compter. Elle se porte dans les couloirs du Parlement et fait le siège des présidents. Cospéan, l'évêque de Nantes, l'assiste. Elle écrit à Richelieu, le 11 février, « ... lui mande qu'elle avait sollicité trois et quatre fois messieurs du Parlement, que ceux qui faisaient ses affaires étaient toujours à leurs portes ». Elle supplie le cardinal d'intervenir. Celui-ci au nom de la religion — Françoise était l'amie des dévots, la pupille de saint François de Sales — avait toujours affecté de traiter avec égards Mme de Vendôme. En décembre 1626 il lui avait ainsi accordé d'aller aux eaux de Bourbon-l'Archambault afin de soigner son fils Mercœur, malade[397]. En avril 1628, sur sa demande, il avait autorisé César, à se promener dans l'enceinte du château et elle l'en avait aussitôt remercié par une lettre rendue publique[398].

La querelle entre le Parlement et le gouvernement s'enflait à cause de la procédure d'interrogatoire de César. Un de ces messieurs demanda à Marillac, garde des sceaux, comment cela se passerait si la cour voulait ouïr M. de Vendôme, « ... voulant inférer qu'il serait besoin de le faire venir (au Palais) »[396]. Marillac répliqua par des exemples historiques : celui du duc d'Alençon, interrogé en 1482 par six présidents et quarante-quatre membres du Parlement qui s'étaient transportés à Vincennes, celui du connétable de Saint-Paul, mêmement interrogé en 1475 par le Parlement qui s'était rendu en corps à la Bastille.

Mort et délivrance.

Mais, tandis que César s'employait à surmonter tous ces obstacles pour se rendre libre, son frère expirait.

Richelieu, comme pour se laver de l'accusation de poison, décrit par le menu cette mort, dans une lettre en date du 16 août 1628, s'appuyant de la caution du médecin Jean Riolan* qui devait suivre toute l'évolution de la maladie du grand prieur : « ... ses poumons furent travaillés de toux et de fluxions, et souvent la fièvre revenait avec violence et continue quelquefois quatre et cinq jours, pour l'extinction de laquelle il le falloit souvent saigner, ce qui n'empêcha pas qu'à la longue elle ne se rendit plus fréquente, revenant presque tous les quinze jours ; puis survinrent des battements de cœur et des vertiges fort grands, jusqu'à le faire tomber s'il n'eût été retenu ; qu'enfin la pesanteur de sa rate rendit son corps si débile qu'il ne pouvoit plus faire d'exercice »[399].

Le roi, mis au courant de l'état de son frère, l'autorisa au printemps de 1628, « ... à se promener dans les Jardins du Bois de Vincennes et même à jouer à la paume ». Mais son état empirait irrémédiablement : « ... Sa rate était devenue plus douloureuse au bas des fausses côtes, s'allongeant jusques au rein gauche, de sorte qu'on n'y pouvoit toucher sans douleur... »[399]

Dans une lettre du 16 août 1628, Riolan laisse prévoir l'issue fatale. On envoie à Alexandre, de la part de la reine mère, redevenue pendant l'absence du roi, régente du royaume, Philippe de Cospéan, l'évêque de Nantes, « ... pour le consoler, comme lui étant très agréable »[399].

Début 1629, Alexandre fut à l'extrémité. Il avait auprès de lui Castelnau** à qui il demanda « ... de faire savoir au Roi qu'au moins, s'il l'avait desservi en son Etat par ses cabales, il n'avait jamais été de ceux qui eussent rien entrepris contre sa personne »[400].

Il mourut le 8 février, entre deux et trois heures après midi, « ... fort repentant et fort heureux, assure Richelieu, puisque l'heur de cette vie ne dépend que du dernier moment »[400]. Le cardinal, qui devait adresser sur cette mort une lettre de condoléances en latin à l'évêque de Nantes[401], fait jouer un bien mauvais rôle à ce prélat en lui prêtant, dans ses *Mémoires*, les propos suivants : « ... qu'après avoir vu les lieux de sa demeure et l'ordre de la garde et du service, (il) fut étonné et dit tout haut qu'il rejetterait bien des calomnies que l'on disait que ces deux frères étaient en de vilains lieux, mal servis et mal assistés »[400].

---

* Jean Riolan, fils d'un fameux médecin nommé également Jean Riolan, et père du fondateur du Jardin des Plantes (1580-1657), professeur et auteur de nombreux ouvrages.

** Henri de Nompar, marquis de Castelnau (1582-1678) qui deviendra duc de la Force à quatre-vingt quinze ans, à la mort de son frère aîné.

Le corps d'Alexandre fut ouvert, selon le désir de M. et Mme de Vendôme, pour être embaumé comme il seyait à un prince. Le procès-verbal des médecins Riolan et Milan fut dressé le 18 février. Les deux praticiens trouvèrent la rate, « ... de bonne figure et grosse mais fort livide et comme pourrie », le rein gauche « ... avait une pierre branchue et grosse placée dans le bassin... dans la capacité du ventre il y avait environ trois demi-setiers d'eau, la vésicule du fiel toute vide... dans le péricarde il y avait bien un poisson* d'eau contenu... »[402].

La dépouille fut portée en l'église des oratoriens de Vendôme, ancienne Maison-Dieu, que César avait rachetée en 1618 pour servir de chapelle au couvent qu'il édifiait pour cette congrégation.

Et Richelieu de clore le chapitre de la mort d'Alexandre en noircissant César : « L'affliction de la mort du Grand prieur n'étonna point tant M. de Vendôme qu'il ne pensât aux bénéfices qu'il possédoit et ne fît prier le Roi, avec grande instance, de les donner au cadet de ses enfants, lequel il avoit destiné à être chevalier de Malte. »** En réalité c'est Mme de Vendôme — César est toujours empêché — qui écrit là-dessus au roi et au cardinal, dès le 8 février, mais cette précipitation est dans les mœurs du temps : là encore il s'agit de dignités, plus essentielles aux grands que leur propre vie.

Quant à la succession des quatre abbayes que possédait Alexandre, Richelieu y trouve une occasion de s'attribuer le beau rôle. Le roi lui offrit les deux meilleurs de ces bénéfices : Marmoutier et Saint-Lucien de Beauvais. Le cardinal, par lettre publique du 13 février, s'excusa de ne pouvoir les recevoir : « Il me semble que je contreviendrais au cœur qu'il a plu à Dieu de me donner, si je profitais de son malheur et prenais part à sa dépouille »[403]. Dans ses *Mémoires*, il écrit en toute modestie : « Ce refus fut très bien pris de S.M. et loué de toute la cour où semblables actions ne sont pas vues d'ordinaire »[404]. Quant à l'autre protégé de Marie de Médicis, Bérulle, sollicité à son tour d'accepter ce cadeau, « ... il préféra recevoir 15 000 écus de rente des dépouilles du Grand prieur plutôt que les gratifications que le Roi voulait lui en faire »[404].

Le noble geste de Richelieu, soutenu de publicité, arriva à point pour soutenir sa popularité. Peiresc écrit là-dessus à Dupuy : « Son refus est généreux et digne d'une grande louange... en cette conjoncture principalement qu'il n'a pas trop de revenus pour les frais extraordinaires qu'il est quasi contraint de faire »[405].

---

* Quart de setier.
** François, duc de Beaufort.

Pour la succession du grand prieuré qui avait été dévolu à Alexandre par Henri IV contre toutes les règles de l'Ordre, le roi désira en revenir aux statuts de Malte. Guillaume de Meaux-Boisboudran, qui était le plus ancien commandeur, fut donc fait grand prieur. Le fut-il, comme le murmure Tallemant, contre le secret désir de Richelieu qui, dès ce moment, aurait souhaité imposer son oncle, Amador de la Porte ? Amador, « ... laissa passer l'autre devant mais il n'attendit guère car cet homme mourut bientôt après... »[406]. C'est en effet onze ans plus tard, en 1640, que l'oncle de Richelieu, âgé de quatre-vingt-cinq ans, devait accéder à la charge de grand prieur.

La mort d'Alexandre avait retardé l'entérinement de l'abolition de César. Celle-ci fut accordée par le Parlement, le 23 mars 1629, grâce à un accord de dernière minute entre les présidents et le procureur général qui réputait les commissaires, destinés à visiter le prisonnier, nommés conjointement par le roi et par le Parlement. Ces commissaires ainsi désignés et confirmés par arrêt du Parlement du 22 janvier, se transportèrent le 16 mars à Vincennes, « ... où Loustelnaud les reçut avec toute la garnison en ordre et les fit monter en la chambre du duc qu'ils trouvèrent d'une façon fort posée et sérieuse. Ils s'assirent à l'entour de la table dedans des chaises, et lui se mit au bout et se tenant nue-tête et debout, firent asseoir et, le greffier ayant fait lecture tant de l'abolition que de sa confession y attachée, ils lui demandèrent si cette pièce était de lui et s'il n'avait rien à y ajouter davantage. Il leur fit réponse que non et qu'il avait accusé jusqu'à ses pensées... »[407].

Pereisc précise que c'est la reine mère, régente du royaume, « ... qui a fait solliciter ces Messieurs de se transporter au Bois de Vincennes sans plus user de remises ». Appui discret à César qu'elle recommandait déjà de ménager vingt-huit ans plus tôt, lors de la naissance du futur Louis XIII ? Politesse faite à l'allié malchanceux du désastre de Pont-de-Cé ?

L'abolition est donc obtenue dans les formes mais César ne sort toujours pas. Il reste un dernier problème non réglé, celui de la renonciation expresse au gouvernement de Bretagne. On se rappelle qu'il avait été démis par le roi de cette charge, le 11 juillet 1626. De nouvelles négociations s'engagent pour obtenir une renonciation dans les formes qui vont prendre sept mois.

Le grand remuement de l'année 1630, allait finalement aider à la liberté du seul fils survivant de Gabrielle d'Estrées. Richelieu qui vient de briser La Rochelle et d'accorder aux protestants le compromis somme toute favorable de l'édit d'Alès — autre preuve qu'il ne souhaitait pas l'extermination des huguenots — songe à se tourner contre la maison d'Autriche. Il rompt du même coup l'espèce de direction tripartite du royaume qui avait cours depuis six ans entre le roi, la reine mère et lui-même. Cette rupture, c'est la mère de Louis XIII qui en prend l'initiative pour cause de catholicisme menacé. En septembre, lorsque l'éminence s'en revient de l'expédition de Savoie qui s'était prolongée par la mise au pas des dernières places fortes protestantes du midi, Marie de Médicis lui réserve un accueil glacial. Le cardinal doit faire face à une terrible tempête. Contre lui, au Conseil, il y a Marillac et Bérulle, si bien que lorsque ce dernier meurt inopinément, en octobre, on soupçonne Richelieu d'y être pour quelque chose. Soutenu par Louis XIII et renforcé, le 21 novembre 1629, par le titre de « principal ministre d'Etat », Richelieu impose sa politique : il fait adopter la poursuite de la guerre en Italie et part lui-même, dans ce dessein, de Fontainebleau en direction du sud, en pleine mauvaise saison, le 29 décembre.

Louis XIII devait lui emboîter le pas dès qu'il aurait mis fin à la dernière incartade de Monsieur, lequel, après s'être retrouvé veuf — sa femme Montpensier étant morte en mettant au monde la future Grande Mademoiselle — avait aussitôt reporté ses feux sur Louise-Marie de Gonzague, la fille du duc de Nevers. Il voulait l'épouser malgré l'opposition de son frère et de sa mère et s'était enfui à Nancy, cette cour pleine d'intrigues, d'où il prétendait négocier par émissaires des avantages et des augmentations d'apanage.

Richelieu organise la campagne d'Italie en grand capitaine. Il a avec lui les meilleurs soldats du temps : Créqui, La Force, Schomberg, Toiras. Les Espagnols ont mis le siège devant Casal, ville du Montferrat, partie du duché de Mantoue, que défendent quelques troupes de ce petit état et des Français commandés par Beuvron, officier chassé de France à cause d'un duel, désireux de rentrer en grâce. Le duc de Savoie, sur qui l'on comptait, en raison du traité de Suse qui avait clos la campagne de 1629, refusait de ravitailler nos troupes.

Ce difficile secours de Casal, conduit par un chef de gouvernement incertain de ce qui se passait en France où le roi était laissé à l'influence de ses pires ennemis, est un des moments les plus périlleux du destin de Richelieu. Celui-ci ne pouvait se permettre de négliger aucun concours. C'est pourquoi il accepta le ralliement du comte de Soissons, qui avait fui le royaume quelques mois auparavant pour voyager en Italie sur le conseil de son favori Senneterre. Monsieur le Comte (Soissons) revenait auréolé d'un nouveau succès sentimental — ce n'était pas le premier, ce ne serait pas le dernier — A Turin, en passant par la cour de M. de Savoie, il avait séduit la duchesse régnante, sa propre cousine, Madame Royale*.

Le cardinal voulut se l'attacher comme un rival à opposer à Condé dont il n'était pas sûr, et comme l'ami le plus constant de Monsieur sur lequel, il espérait, à travers lui, reprendre quelqu'influence.

Soissons, n'était pas mauvais garçon — on l'aimait de tous côtés — et il avait sans doute à cœur de se faire pardonner la lâcheté dont il avait fait preuve, à Blois, lors de l'arrestation des frères bâtards du roi. Il parla le premier pour la liberté de César et il soutint la famille du prisonnier dans ses démarches. Le 22 janvier 1630, depuis la Savoie, Richelieu répond à Mme de Vendôme : « Eloigné de S.M. comme je suis, il est impossible que je puisse savoir particulièrement quelle résolution il lui plaît maintenant de prendre sur la liberté de votre mari... »[409]. Le 2 février, nouvelle supplique au cardinal rédigée par la jeune Elisabeth de Vendôme : « ... Madame ma mère a été contrainte de se servir de ma main pour vous écrire... »[410].

Soissons fit le siège de Louis XIII, en avril, juste avant que celui-ci n'entreprît, avcc trois mois de retard sur son ministre, le voyage de Savoie. Il brossa un portrait touchant du prisonnier, « ... excitant la compassion et l'indignation de tout le monde, qui ne pouvait supporter qu'on punit par une longue captivité une chose dont on faisait un grand crime à M. de Vendôme qui était de penser seulement aux prétentions qu'il avait sur la Bretagne »[411]. Le roi ne broncha pas parce que les tractations sur la démission du gouvernement de Bretagne étaient alors au point mort.

Monsieur le Comte devait revenir à la charge en novembre — après le grand orage dont nous aurons à reparler et la fameuse journée des Dupes — allant, précise Brienne, trouver Louis XIII dans son petit rendez-vous de chasse de Versailles, il emporta la liberté de son cousin. Fut-il contraint pour réussir, comme le pense Isabelle de Broglie, de faire croire à Richelieu qu'il était prêt à épouser sa nièce ? Problème de chronologie, car c'est sans doute plus tard que le cardinal osa songer à de grandes alliances qui

---

* Titre que Madame Chrétienne, fille d'Henri IV, puisqu'il s'agit d'elle, fut d'ailleurs la première à porter.

mêleraient son sang à celui des princes de la famille royale. Mais, décidément, chez Soissons, rien ne pouvait être allégué que le cœur n'y fut pour quelque chose.

L'affaire du gouvernement de Bretagne se terminait sur un compromis d'honneur — et c'était là l'essentiel — César conserverait à vie le titre de gouverneur de Bretagne, sans plus en exercer aucune fonction. Il était prié de se retirer du royaume pendant un ou deux ans avant d'être reçu en grâce ; ses enfants, pour leur part, étaient rétablis dans toutes leurs pensions et dignités. Un conseil du 27 décembre entérinait tout cela, et c'est le 29 décembre, après plus de quatorze cents jours de cachot, que César retrouvait les siens. Un crayon de Dumoustier, conservé à la Bibliothèque Nationale, nous le montre quelques mois avant cette libération, alors qu'il jouit dans son donjon de Vincennes d'un statut moins sévère : le cheveu court, la figure restée étonnamment jeune et belle, le regard animé d'une volonté malicieuse que la privation de la liberté ne paraît pas avoir entamée.

Il allait décrire à nouveau quelques fabuleux rebonds, mais sans jamais pouvoir s'ôter vraiment de la tête sa chimère de Bretagne et surtout le rétablissement du fameux rang intermédiaire, resté lettre morte depuis 1610 de par la volonté commune des grands et du roi, et que sa catastrophe, de plus, paraissait avoir irrémédiablement enseveli.

II — TUMULTE ET PASSION

(avril 1630-novembre 1652)

I — AUX AMES BIEN NEES

Richelieu, dans ses *Mémoires*, qualifie l'année 1630 « d'année des tribulations ». Elle est en effet celle des grands changements de décors du règne : orientations nouvelles, têtes nouvelles, haines nouvelles. Le cardinal qui vient de décider d'imprimer sa marque à la politique s'apprête à affronter un choc en retour dont il ne prévoit pas la gravité : « le grand orage ».

C'est le 26 avril 1630 que Louis XIII, en route pour rejoindre Richelieu en Savoie, reçoit de son ministre un mémoire qui pose le problème de la paix ou de la guerre avec l'Espagne. Le cardinal avait longuement conversé avec le jeune envoyé du pape Urbain VIII. Ils en étaient venus ensemble à la conclusion que la restitution de Pignerol, exigée par le pontife, ne lèverait pas le siège de Casal, qu'elle ne ferait qu'exclure la France d'Italie et ruiner les prétentions du duc de Nevers à la succession de Mantoue, avec toute la diminution de prestige qui s'y attacherait pour le royaume.

Le roi était entré dans les vues de Richelieu mais il était malade. Il s'affaiblissait, tout en continuant de cheminer vers le sud, à mesure des purges et lavements que lui prodiguait Bouvard, son médecin. Marie de Médicis, d'accord avec Marillac qui plaidait pour le retrait d'Italie, avait fait halte à Lyon, prétextant d'incommodités. Le cardinal fut donc contraint de se détourner du théâtre de la guerre pour une grande explication qui eut lieu dans la capitale des Gaules en présence du roi, de la reine mère et du garde des sceaux. « Tout cela est bien net, note Tapié, le ministre laïque parle de piété et de justice. Le ministre prêtre et évêque répond par un langage de force et d'autorité... »[1].

Louis XIII, une fois de plus, devait donner raison à son principal ministre et, pour en témoigner, le 17 mai, s'emparer d'Annecy puis de presque toute la Savoie dont le duc, une nouvelle fois, venait de quitter l'alliance de la France pour joindre l'empereur. Marie de Médicis s'entêtant à demeurer à Lyon, Louis XIII dut revenir sur ses pas pour l'affronter à nouveau et l'informer, malgré ses hauts cris, de sa détermination à franchir les Alpes. Il tomba malheureusement malade au début de juillet, en Maurienne, juste après s'être mis à la tête de l'armée, et dut faire demi tour pour s'en retourner définitivement auprès de sa mère, dans un état de faiblesse effrayant. Au même moment on apprenait la chute de Mantoue, enlevée au nez des Français par les Impériaux. Jours les plus sombres de la destinée de Richelieu, isolé, bloqué par la peste dans la montagne, insulté publiquement par le duc de Guise.

N'ayant plus d'espoir que dans la diligence de l'envoyé pontifical, reparti à Rome pour tenter d'obtenir d'Urbain VIII des propositions acceptables par la France, il dut une seconde fois se détourner et venir s'expliquer à Lyon où la santé du roi s'était encore détériorée.

Le 30 septembre on en est à penser que Louis XIII ne passera pas la journée et, soudain, au beau milieu de la prière des agonisants qu'on récitait dans sa chambre, il rend par les voies anales une grande quantité de pus. Il est sauvé et la politique de Richelieu avec lui. On pense que son confesseur Suffren, un jésuite, avait incliné le monarque, dans les heures qui précédèrent sa guérison, à faire arrêter le cardinal.

Le 26 octobre, l'armée royale, une armée pleine de jeunesse où combat pour la première fois un colonel de dix-neuf ans, Turenne, s'ébranle avec détermination au secours de Casal, lorsque paraît au milieu des rangs un jeune homme qui a passé une écharpe blanche en sautoir. Il caracole entre les lignes au risque de se faire tuer, criant : « Halte ! Halte ! *Pace* ! *Pace* ! ». Cet homme, c'est le jeune envoyé du pape, avec qui Richelieu discute depuis le printemps, c'est Jules Mazarin. Il apporte un projet de traité qu'il va réussir à faire accepter par tous les belligérants : les Espagnols devaient quitter le Montferrat, les Français évacuer Casal et la Savoie ; en contrepartie Nevers allait être reconnu pour duc de Mantoue.

La journée des Dupes qui concluera à Paris -le 11 novembre 1630- toutes les péripéties de l'été ne sera que le dernier soubresaut du grand orage, gagné déjà pour Richelieu depuis que l'abcès du roi avait crevé et que Mazarin était devenu son obligé.

Premières armes.

Dans ce voyage de Savoie, implacablement poursuivi malgré les apparences d'un destin contraire, il n'y a pas que Turenne et

Mazarin qui tirent leur première révérence à la renommée, on remarque également les fils de M. de Vendôme : Louis, duc de Mercœur (ou Mercure comme on disait alors), François, prince de Martigues. Nous n'avons croisé jusqu'ici que l'éclair que jettait leurs regards apeurés dans le contre-jour du carrosse qu'avait dépêché Bassompière pour les enlever à la garde de leur grand-mère à Anet*. Cette fois ils sont à l'honneur, invités par le roi à le suivre, « quoique leur père fut encore prisonnier »[2], remarque Brienne. L'aîné Mercœur a dix-huit ans, le cadet, Martigues, quatorze. La cour les découvre, impétueux, gais, de belle allure et de jolie frimousse, surtout François, de qui l'on fait remonter les premières bonnes fortunes de cœur à cette année 1630... On ne prête qu'aux riches et, de ce côté là, Beaufort recevra à outrance.

Ils seront de retour à Paris, en novembre, peu avant la libération de leur père, au moment ou la scène, secouée par la bourrasque de la journée des Dupes, finissait de s'agencer conformément aux vues du cardinal : Michel de Marillac, le garde des sceaux, destitué ; son frère, le maréchal, arrêté à l'armée d'Italie, et ramené sous bonne escorte à Paris pour, au terme d'un procès bâclé, être décapité ; la reine mère, enfin, replongée dans le discrédit qui avait suivi pour elle, quinze ans auparavant, la mort de Concini. Si l'ingratitude est une vertu politique, Richelieu, qui devait à Marie de Médicis toute sa carrière, mérite des éloges. Le 23 février 1631, il la fait retenir prisonnière dans Compiègne comme autrefois Luynes l'avait resserrée dans Blois. L'oncle d'Estrées, maréchal depuis le 10 octobre 1626, fut chargé d'aller lui annoncer, « ... qu'il avait désormais ordre de rester auprès d'elle et avec les troupes dont il disposait, de veiller sur sa personne aussi bien au château que dans les menus déplacements qu'il lui plairait de faire »[3].

C'était un piège, le même piège que le cardinal tendra à Anne d'Autriche à Chantilly en 1637 : l'effrayer, la forcer à fuir. Dans le cas de Marie de Médicis, il fonctionna à merveille. Le 19 juillet 1631, elle s'échappait de Compiègne, de nuit, quittant le royaume pour un exil qu'elle pensait provisoire mais qui devait occuper entièrement les douze années qui la séparaient de la mort.

Dans sa chute la reine mère entraînait deux de ses plus constants soutiens : le duc et la duchesse d'Elbeuf, le beau-frère et la sœur de César. Le 23 février, à l'heure même de l'assignation à résidence de la mère du roi, la fille de Gabrielle d'Estrées avait été priée de quitter Compiègne. Quant à son mari, doublement compromis, avec la reine mère mais aussi avec Gaston -car il avait été au nombre

* Voir supra page 198.

des gentilshommes qui, le 30 janvier précédent, étaient allés en armes, avec le frère du roi, intimider le cardinal dans son palais- il avait déjà pris le chemin de la Lorraine. Le 30 mars, il devait même être déclaré criminel de lèse majesté par le parlement de Dijon. Il allait demeurer ainsi pendant quatorze ans en terre étrangère, « à la pension d'Espagne »[4], souligne Retz. Nous le verrons reparaître en son temps et figurer, dans son style qui n'est pas des meilleurs, comme l'un des premiers acteurs de la Fronde.

La sortie hors du royaume de César qui a lieu presqu'au même moment ne procède pas du mouvement général de fuite des ennemis du cardinal qui clôt le « grand orage ». Pour le fils de Gabrielle, aux termes de l'accord sur sa mise en liberté, la voie du pardon passe par deux ans de séjour à l'étranger. Il demande à Richelieu que ses fils, Mercœur et Beaufort, de retour de Casal puissent l'accompagner, permission accordée par le cardinal dans une réponse élogieuse : « ... J'ai reçu la lettre qu'il vous a plu de m'écrire sur le sujet de vos enfants que je servirai en tout ce qui me sera possible au voyage qu'il vous plaist qu'ils fassent. Je vous puis assurer qu'ils sont si bien nés et se gouvernent avec tant de conduite à la cour, qu'on n'en saurait dire tant de bien qu'ils méritent... »[5]. Occasion pour MM. de Vendôme d'apprendre à connaître leur père puisqu'ils se trouvent séparés de lui depuis cinq ans.

Mercœur, Martigues et leur sœur Elisabeth ont en effet vécu jusque-là avec leur mère, Françoise, entre l'hôtel du faubourg Saint-Honoré, Vendôme et Anet, effectuant toutefois deux ou trois séjours à Belle-Ile, chez le duc de Retz resté fidèle à leur famille. Mme de Vendôme, la filleule de François de Sales, l'amie de Jeanne de Chantal, de Vincent de Paul, de Mme Acarie, des Arnauld, était au cœur de tout le mouvement du renouveau chrétien dont les membres les plus radicaux allaient bientôt se faire jansénistes. Elle était plus mystique que savante et sa foi avait tout de celle du charbonnier. Elle était connue pour ses naïvetés. Par exemple lorsque François, son fils préféré, alla pour la première fois en bateau, elle pria le ciel « ... pour que la mer ne fut pas débordée lorsqu'il serait dessus ». Elle appelait Anne d'Autriche « ma sœur » sans que celle-ci d'ailleurs ne s'en offusquât. Elle avait des mots à elle qui faisaient rire les courtisans. Par exemple, lorsqu'elle se présentait au « cercle » au Louvre et que la reine lui demandait d'où elle venait, elle répondait « du bordeau Madame » en faisant la révérence et cela réjouissait l'assemblée[6]. Elle donnera à ses fils une solide éducation de soldat et de chrétien mais elle n'appellera pas chez elle les précepteurs qui formaient à la même époque les La Rochefoucauld ou les Bussy-Rabutin. On raillera plus tard l'ignorance des Vendômes de la deuxième génération, qui tranchera singulièrement avec la brillance et le raffinement de leurs fils et neveux. Les coqs à l'âne de M. de Beaufort seront fameux, de même que ses « ils allarent », « ils mangarent ». De Mercœur — lorsque par un singulier rebond de la fortune il sera fait cardinal — on dira : « M. de Mercœur est entré au collège des cardinaux, voilà bien le premier collège où il soit jamais allé ».

Le nom des précepteurs des deux frères ne nous est pas connu. Nous avons en revanche qu'ils eurent le même gouverneur, François d'Estrades, seigneur de Bon(n)el, que Saint-Simon qualifie de « brave et sage » et qui avait servi Henri IV contre la Ligue. Saint-Simon, toujours lui, lui reproche seulement une usurpation qu'il juge ridicule : « La mère de celui-là (François d'Estrades) était fille d'un conseiller de Bordeaux et d'une Jeanne de Mandoze, qui était de race juive d'Espagne. On a parlé ailleurs de la ridicule coutume de ce pays-là de donner aux juifs qui se convertissent et dont on est parrain, non seulement son nom de baptême comme partout, mais encore son nom de maison et ses armes... M. d'Estrades en décora ses armes et sa postérité après lui »[7]. François d'Estrades se fit une spécialité du gouvernement des princes : il aura ainsi successivement la charge du comte de Moret, bâtard d'Henri IV, de Beaufort et Mercœur, neveux de Moret et des ducs de Nemours, de Guise et d'Aumale, dont le premier devait devenir le gendre de César. Tallemant, plus méchant, écrit que François d'Estrades était « ... gentilhomme d'Agenais *dubi nobilatis** et assez mal à son aise »[8]. L'indulgence de Saint-Simon ne vient-elle pas de ce que nous révèle son récent et très savant commentateur, Yves Coirault : il existerait un cousinage non avoué entre d'Estrades et Saint-Simon ?

Le futur maréchal-ambassadeur, Godefroy d'Estrades, fils de François, né en 1607 devait d'ailleurs être l'écuyer de Mercœur en 1627.

César et ses fils gagnèrent la Hollande. C'était là où devaient se trouver les braves. « D'abord qu'un homme avait porté les armes en Hollande, écrit Mongtlat, on l'entendait comme un oracle ». Les Hollandais se souvenaient toujours avec émotion d'Henri IV qui leur avait apporté son aide, autrefois, contre l'Espagne. César et

---

* De noblesse douteuse.

Mercœur, en s'engageant comme volontaires dans leur armée, y furent reçus comme fils de ce roi, sans diminution de considération pour cause de bâtardise. Ce fut pour César un magnifique réconfort.

Les Etats de Hollande délibérèrent même, le 14 mars 1631, sur la réception à faire aux princes. Il fut arrêté que le duc serait reçu à Ryswick, logé dans le palais des Etats — Houstraet — que les Etats l'iraient saluer à son arrivée et veilleraient à ce que les meubles et la vaisselle ne lui manquent pas. Le 15 mars, jour de leur arrivée, messieurs de Vendôme furent festoyés pour 845 florins. En contrepartie d'une si belle réception ces messieurs de Hollande demandèrent que M. de Martigues — François resté en France — levât un régiment de trois mille mercenaires Français. Cet enrôlement accepté par les Vendômes fut refusé par Louis XIII à l'instigation de Richelieu [9].

En septembre 1631, César et Mercœur participèrent au combat de Lillo, forteresse sur l'Escaut, situé à deux lieues au sud d'Anvers et qui contrôlait si étroitement ce port qu'on la surnommait la « bride d'Anvers ». Hollandais et Espagnols se disputaient cette place depuis quarante ans et le combat de 1631 devait faire entrer définitivement Lillo dans le giron des Provinces Unies.

Les princes rentrèrent en France à la fin de 1632, au terme du délai de deux ans fixé par l'accord de libération de décembre 1630. César ne fut pourtant pas autorisé à reparaître à la cour. Il allait entamer un « exil intérieur » de dix années, entre Vendôme et Anet. La haine de Richelieu était à son égard implacable et c'est ce même Richelieu qu'il suppliait pourtant sans honte, à tout bout de champ, de lui laisser revoir Paris. Montrésor l'a bien vu : « La maison de Vendôme ne devait plus espérer se relever dans l'abaissement où elle se voyait réduite que par celui du premier ministre qui avait paru, dans toutes les occasions qui s'étaient offertes, en être l'ennemi capital » [10].

On a déjà dit quelle était la cause de la rivalité opposant Richelieu et les Vendômes, elle tient en deux mots : mer et Bretagne. François, le prince de Martigues, avait été voué à Malte dans l'idée de succéder un jour à son oncle Alexandre mais Richelieu l'empêcha de prononcer ses vœux et veilla à ne jamais le laisser aller sur l'eau. Ironie du sort, après bien des vicissitudes, Beaufort, sans être de Malte, devait finir par devenir le chef suprême de la marine et par s'illustrer brillamment dans sa charge.

Que font les grands lorsque l'horizon se bouche et qu'on ne leur offre rien à la cour qui soit digne d'eux ? Ils conspirent, ils voyagent.

Dans l'hiver 1633, tandis que César boudait à Vendôme, Mercœur et Martigues effectuaient le traditionnel tour d'Italie, exercice obligé de tous les jeunes aristocrates. Dans leur suite, un conseiller au parlement de Paris, Christophe Perrot de la Malemaison, que Tallemant ne trouve « pas grand personnage »[11]. Il avait été admis dans sa charge grâce à Gabrielle d'Estrées et se reconnaissait, comme beaucoup d'autres, affidé à la coterie des Vendômes. Il est connu de Peiresc, qui le reçoit avec toutes sortes de politesses au passage du cortège princier à Aix, le 2 juin 1633. Pereisc est en revanche très sec pour d'Estrades qui lui remet, « ... sans aucune lettre ni autre adresse ou instruction, si ce n'est que le comte de Chateau-Villain l'en avait chargé »[12], une boîte de greffes d'olives d'Ascoli, que le cardinal Barberini, correspondant habituel et ami de Pereisc, lui adressait de Rome.

Pereisc se présente le 21 mai 1633 au logis des princes, alors que ceux-ci reviennent de la Sainte-Baume. La relation que fait, de sa rencontre avec les fils de César, le parlementaire provençal, esprit recherché et d'une grande justesse de jugement, vaut d'être rapportée : « ... J'ai été merveilleusement bien édifié, car certainement il ne se peult rien voir de plus gentil que ces princes, ni de plus affable et plus honneste. Il nous ont faict une très agréable description des plus curieuses choses qu'ils ont veües en leur voyage de Naples, et particulièrement de la gueule du Mont Vesuve, qu'ils sont allé voir toute branslante et bruyante de canonnades naturelles... Vous prendriez plaisir sans doute de les voir parler et agir de trez bonne grâce, et de gouverner un peu M. de l'Estrade sur les honneurs que l'on a rendus partout à ces jeunes princes »[13].

Sur sa route, le second fils de César était allé visiter sa principauté de Martigues et avait reçu publiquement l'hommage de ses vassaux de Jonquières, Isle et Ferrières avec de pittoresques redevances en sardines, rascasses et setiers d'huile d'olive. C'est à son retour à Paris qu'il fut fait par son père duc de Beaufort, titulaire du duché qui avait été celui de Gabrielle et sous le titre duquel nous l'allons bientôt voir s'illustrer.

La fin de 1633 et tout le début de 1634 se passa sans emploi. César se murait de très mauvais gré dans sa disgrâce. Il circulait entre ses « maisons » : Chenonceaux, Ancenis, Verneuil, Anet, et poussait parfois, en période de chasses, jusqu'à sa terre de la Ferté-Alais, crevant de dépit de se trouver si près de la cour, installée à Fontainebleau, sans pouvoir y paraître. Son séjour favori était celui de Vendôme, sa Venise des bords du Loir, dominée par l'oppidum où se trouvait l'antique château des ducs, ceinturé de tours gigantesques et la chapelle Saint-Georges où la plupart de ses devanciers reposaient. Il s'attachait à embellir et agrandir le logis sur terrasse que sa grand-mère, Jeanne d'Albret, avait entrepris de bâtir sur l'enceinte de la place forte de manière à avoir vue sur le Loir et ses canaux. Il y travaillera jusqu'à sa mort mais sans jamais en venir à bout. En ville, où il avait établi l'oratoire dans de somptueux bâtiments*, on le voyait souvent, à la Trinité, présider aux processions qui drainaient des pèlerins venus de toutes parts pour adorer la Sainte Larme, l'une des plus fameuses reliques de la chrétienté, larme que le Christ, selon la légende, aurait versée en voyant Lazare mort et dont les ducs de Vendôme étaient les dépositaires.

Beaufort qui avait dix-huit ans, fit, seul de sa famille, la campagne de 1634 en tant que volontaire en Hollande. Il s'y montra le digne petit-fils d'Henri IV et Guillaume d'Orange devait dire de lui à cette occasion : « La leçon à laquelle il serait le plus indocile serait celle de se ménager »[14].

Les deux frères pendant tout l'hiver 1634 ne bougèrent pas de la cour, proclamant, à qui voulait les entendre, qu'ils n'avaient qu'un désir, celui de racheter les erreurs de leur père. Un rayon de faveur parut toutefois les toucher, en mars 1635 : Mercœur fut chargé d'aller à Saint-Denis, au devant du chancelier de Suède, Oxenstierna, et de l'éminent savant Grotius qui lui servait d'interprète[15]. Les pourparlers de la France et de la Suède faisaient suite au traité passé par la France avec les Provinces Unies. C'était la stratégie d'alliance avec les puissances protestantes, inaugurée par Richelieu dès 1630, et qui devait aboutir, quelques semaines plus tard — le 19 mai — à la déclaration de guerre à l'Espagne, faite à Bruxelles, dans la forme solennelle et surannée d'une proclamation par hérault d'armes. Oxenstierna, négociateur redoutable, promit son aide à Richelieu, sous condition que la France fît reconnaître l'occupation par son pays des évêchés rhénans de Mayence et de Worms que la fortune des armes, quelques années auparavant, avait livré à la Suède.

Les fils de César parurent ensemble dans la première grande bataille de ce nouveau conflit qui se déroula en Flandres, à Avennes, le 20 mai, lendemain même du jour de la déclaration de guerre et qui fut remportée par les maréchaux de Chatillon et de la Meilleraye sur le prince Thomas de Savoie[16]. Ils furent les premiers à sortir des lignes, Beaufort s'y trouvant blessé avec assez de gravité pour

---

* Aujourd'hui mairie de Vendôme, après avoir été ce fameux lycée Malherbe où étudia Balzac.

que le roi envoya à plusieurs reprises, dans le cours du combat, prendre de ses nouvelles. On remarqua en outre la noble attitude du jeune prince : « Ayant vu un soldat tuer de sang froid un ennemi qui s'était rendu à sa discrétion... il lui fit mille reproches d'une lâcheté indigne d'un cœur chrétien »[17].

On commençait à parler des fils de M. de Vendôme. Le roi leur confia peu après une seconde ambassade. Il s'agissait d'aller au-devant du duc de Parme, en visite en France[18].

Beau cousin.

Au printemps de 1636 les deux frères commirent un terrible faux pas, choisissant pour protecteur le comte de Soissons, leur cousin, en reconnaissance de la liberté ce qu'il avait obtenue pour leur père. Monsieur le Comte devait, jusqu'à sa mort si curieuse survenue cinq années plus tard, conduire à la cour et en exil le parti le plus hardi de l'opposition à Richelieu. Comparé à son cousin Condé, rentré dans le rang et tenu en lisière depuis que le cardinal lui avait fait accepter d'unir un jour sa nièce, Claire de Maillé-Brézé, à Enghien, son fils, Soissons c'était le vif-argent, l'impétuosité, la séduction, le tout, souvent, hélas, précédé de bien peu de réflexion.

Au moment de la formation des armées, Mercœur et Beaufort s'engagèrent comme volontaires dans le régiment de Piémont qui appartenait à ce prince. C'était la seconde campagne de la guerre contre l'Espagne. Elle promettait d'être rude.

Dans les premiers jours d'août 1636, les Espagnols passèrent la Somme à Bray, avec des forces considérables et Soissons fut contraint à une fulgurante retraite pour protéger Paris. Beaufort et le marquis de Fosseuse furent au nombre des héros du régiment de Piémont qui déployèrent des prouesses pour retarder le franchissement de la rivière par l'ennemi[19]. Les Espagnols, ayant réussi malgré tout à passer, vinrent mettre le siège devant Noyon, ville chère aux d'Estrées. Là, entre les deux armées retranchées, surgit, à la vitesse de l'éclair, un jeune homme en simple chemise dont la chevelure longue et dorée flottait au vent. C'était Beaufort, venu narguer l'ennemi. Piccolimini, qui commandait les troupes de Philippe III, eut ce cri qui traduisait à la fois exaspération et admiration : « Voilà un fou ou un désespéré ! ». Aussitôt il ordonna à l'un de ses reîtres d'aller tuer l'insolent. Au moment où ce soldat s'élançait, le commandeur de La Vallière vint s'interposer, proclamant à son tour, tout en foudroyant cet homme en pleine course : « Tu ne tueras pas un prince de France ! »[20]. Ainsi, dans le danger, le sang bâtard prenait-il la valeur du sang légitime.

Subjugué par l'impétuosité de ce jeune cousin, Louis XIII voulut récompenser son mérite. Il lui fit tenir une patente de capitaine général pour commander sa cavalerie — douze mille chevaux [21] — ce dont il en informa Soissons, le 13 août, par ces quelques mots : « Pour ma cavalerie, j'ai jeté les yeux sur mon neveu le duc de Beaufort qui, en toutes occasions, a donné des preuves de son courage... » [22].

Tous les dangers du choix de Soissons pour protecteur apparurent dès le temps de ce siège de Noyon où il commença à se parler d'un nouveau complot contre Richelieu dont Monsieur le Comte (Soissons), de mèche avec Monsieur (le frère du roi), était l'instigateur. Il ne s'agissait pas d'autre chose, cette fois encore, que d'occire le cardinal. Les conjurés comptaient mettre à profit le grand tumulte qui se faisait autour de Corbie, perdue par les Français le 15 août puis assiégée par eux le 27 septembre, après de titanesques travaux de circonvallation. Le 14 octobre, à Amiens, Monsieur, à l'heure précise choisie pour l'exécution, allait se charger de tout faire rater. Le cardinal donnait audience dans sa litière ; Soissons, dans l'attente des assassins désignés, le retenait en se penchant pour lui parler. Le frère du roi se tenait à dix pas lorsqu'il fut pris soudain d'un haut-le-cœur à la vue de Saint-Ibar, l'homme désigné pour porter le premier coup [23]. Il prit ses jambes à son cou, semant la panique parmi les conjurés.

La providence se mêlait donc à nouveau de sauver Richelieu, sa politique et, nous aimons à le croire, la France. Admirons les vibrations du hasard et comme il a tenu à peu chaque fois que le cardinal garde la vie : l'abcès du roi qui crève à Lyon lorsqu'on désespérait de le voir survivre jusqu'au soir ; le petit verrou de la porte de la chapelle de la reine mère, laissé ouvert par inadvertance et qui permet à Richelieu d'entrer dans la chambre de Marie de Médicis, au Luxembourg, au matin de la journée des Dupes, à l'instant où la reine persuadait son fils de le chasser ; la panique de Gaston à Amiens... Conséquence presqu'habituelle après cela : Monsieur fit sa paix avec le cardinal en trahissant tous ses alliés, le comte de Soissons quitta à nouveau le royaume et les fils de César, qui n'avaient rien à se reprocher mais qui étaient liés de façon trop visible au fugitif, entamaient une nouvelle disgrâce toutefois sans être privés du droit de paraître à la cour.

Suivent après cela trois années pleines où les fils de M. de Vendôme ne servirent pas. Ne pas servir était la démonstration du manque de faveur mais cela ne retenait jamais le roi de faire ce qu'il devait pour ses parents : en 1637, tout comme son frère Mercœur quelques années auparavant, Beaufort reçut la pension de 15 000 livres attribuée aux princes. C'est Richelieu lui-même qui avait recommandé au roi, le 10 mai 1637, d'octroyer ce bienfait : « MM. de Vendôme me firent témoigner il y a environ deux mois depuis la prise de Corbie qu'ils désiraient bien être sur l'état des pensions... Je crois que S.M. peut leur accorder une pension de 4 à 5 000 écus qui fera voir la générosité de son procédé et donnera toujours de plus en plus occasion à chacun de demeurer en son devoir »[24].

La disgrâce accompagne souvent le soupçon, et cette année 1637 est celle de tous les soupçons. Ils s'étendent jusqu'à la reine, accusée de correspondre avec l'Espagne. Celle-ci est interrogée à Chantilly par Richelieu, confrontée aux dires de son portemanteau, La Porte, menacée de répudiation. Richelieu espère qu'elle se compromettra définitivement — comme autrefois Marie de Médicis — en s'échappant de Chantilly pour gagner les Flandres. Soupçon également sur les Vendômes. L'on pense que César n'a pas renoncé du fond du cœur à son retour en Bretagne, aussi son fils Mercœur, fiancé depuis 1632 à la fille du duc de Retz, complice des incartades de M. de Vendôme dans son ancien gouvernement, se voit-il purement et simplement interdire par Louis XIII de se marier[25].

On accuse également César de comploter avec Monsieur, que l'affaire d'Amiens avait fait reléguer dans son château de Blois. Montrésor, qui a suivi le frère du roi dans son exil, confirme les craintes du cardinal : « M. de Vendôme envoya aussi un gentilhomme à Monsieur qui demeura dans mon logis, caché, par lequel il lui offrait tout ce qui dépendait de lui... »[26]. La suite de ce texte nous montre pour la première fois — et ce ne sera pas la dernière — Beaufort mêlé à ces intrigues : « M. de Beaufort représenta les inconvénients d'être davantage à Blois, qu'il ne voyait pas que Monsieur put y faire séjour avec sûreté ni réputation et témoigna que si S.A.R. en voulait sortir, il serait aise de le conduire partout ailleurs où il lui plairait d'aller... »[26]. Cette fuite à laquelle on songe, Montrésor en livre un peu plus loin le but : « MM les ducs de Vendôme et de Beaufort l'avaient assuré de le conduire avec sûreté à Sedan »[27]. Sedan, la citadelle inexpugnable en possession des plus brouillons parmi les grands : les Bouillons.

Mademoiselle qui est exilée à Blois avec son père — elle a dix ans — confirme ce recrû de cousinage avec les héritiers de Gabrielle : « Durant le séjour que je fis, M. de Vendôme et messieurs ses enfants vinrent souvent et toutes les personnes de qualité du pays. Mlle de Vendôme m'y vint voir une fois sans sa mère, ce qui était assez extraordinaire... »[28]. Elisabeth de Vendôme avait treize ans de plus que Mademoiselle.

Les fréquentations entre les deux maisons, dont l'union est cimentée par la haine du cardinal, se poursuivent pendant toute l'année 1637. César reçoit Monsieur et sa fille à Chenonceaux. Mademoiselle y exerce déjà cette causticité qui deviendra fameuse : « Il ne manque à cette maison qu'un maître qui voulut y faire la dépense de la peinture et de la dorure... »[29]. Ballet ensuite d'une demeure à l'autre, avec cette pointe qui sent son regret de Paris : « De là je fus à Blois où, lorsque Monsieur fut de retour de Paris, nous eûmes les comédies et les autres divertissements que nous avions eu à Tours. Nous y passâmes la Toussaint... Quand la fête fut passée, Monsieur alla coucher à Chenonceaux où je le suivis et où M. de Beaufort nous donna un souper de huit services de douze bassins chacun et si bien servi que, quand ç'aurait été à Paris, l'on n'aurait pu rien faire de mieux et de plus magnifique... »[29].

Début d'une connivence entre Monsieur et le duc de Beaufort dont il se verra des effets, quinze années plus tard, à l'heure de la Fronde. Beaufort, privé du soutien de Soissons sorti du royaume, s'empresse auprès du frère du roi, qui depuis vingt-sept ans, mais pour bien peu de temps encore, est l'héritier du trône. Une alliance hautement périlleuse puisque Gaston n'est pas sûr. Il en donnera une nouvelle illustration, l'année suivante, lorsqu'il mettra fin à son exil en se réconciliant avec Richelieu au grand dam de tous ceux qui lui avaient fait confiance.

Beaufort vient d'inaugurer une carrière de trublion mais il s'est, depuis longtemps, lancé dans celle de séducteur. L'auteur des *Mémoires pour servir à l'histoire du XVIIe siècle* nous le décrit ainsi : « Il avait la mine efféminée avec ses cheveux blonds et tout droits, on l'aurait plutôt pris pour un Anglais que pour un Français »[30]. Il a dix-neuf ans et toute l'insolence de son bel âge. Soissons, son sémillant cousin, sorti du royaume, ne lui fait plus d'ombrage ; c'est lui la nouvelle coqueluche de la cour. Il n'a ni le teint maladif, ni la lourde lippe médicéenne du roi ou de son frère, ni la figure rongée de maigreur du duc d'Enghien, fils de Condé, qu'on commence à voir se produire dans le monde. Toutes les femmes s'émoustillent en le voyant paraître. La reine, dont le cœur a certainement battu pour Soissons jusqu'à son départ en exil, a-t-elle nourri les mêmes sentiments pour Beaufort à quelques mois de la naissance du dauphin, autorisant par là bien des divagations historiques ou romanesques* ? Il ne peut s'agir là que de suppositions et pourtant nous aurons bientôt l'occasion de voir Anne d'Autriche témoigner en politique d'étranges faiblesses envers le second fils de César.

Beaufort en tout cas, dans ces années 1637 et 1638, aime à tous vents. Il a jeté son dévolu pour se marier sur l'impétueuse Geneviève de Bourbon, nymphe aux yeux de turquoise et à la langueur d'odalisque, fille de Condé, sœur d'Enghien et de Conty**. Il parle de l'épouser mais la politique aura raison de ses désirs. Pour l'heure, afin de conquérir sa main, il s'efforce d'être du parti de Condé — de « l'hôtel de Ventadour » comme on disait alors en conservant à la résidence de ces princes, près du Luxembourg, son ancien nom — tâche difficile pour un Vendôme lorsqu'on sait l'inimitié constante qui opposait la maison des premiers princes du sang à celle des premiers bâtards de France.

La reine était enceinte et sa délivrance prévue pour septembre. Cela fit à la cour une parenthèse de gaieté. Mademoiselle avait été autorisée à revenir d'exil pour la circonstance : « La cour était fort agréable : les amours du roi pour Mme de Hautefort*** qu'il tâchait de divertir tous les jours y contribuaient beaucoup » [31]. Le 4 septembre 1638, « la princesse de Condé, la comtesse de Soissons, la duchesse de Vendôme, la connétable de Montmorency, la duchesse de Bouillon, arrivèrent à Saint-Germain pour être près de la Reine quand elle accoucherait » [32]. Mademoiselle voit aussi arriver des gens de son âge : « Mme la princesse et Mme de Vendôme vinrent à Saint-Germain et y amenèrent mesdemoiselles leurs filles. Ce me fut une compagnie nouvelle : elles venaient se promener avec moi et le Roi s'en trouva fort embarrassé, il perdait contenance quand il voyait quelqu'un à qui il n'était pas accoutumé, comme un simple gentilhomme qui serait venu de la campagne à la cour » [31].

Espèce de réconciliation familiale voulue par Louis XIII en l'honneur de l'accouchement de la reine mais qui ne s'étendait qu'aux femmes : Soissons restait hors du royaume et César à Vendôme. Quant à Beaufort, autorisé au séjour de la cour mais peu en grâce, il se répandait dans les bals de Paris avec frénésie. Fions-nous encore à Mademoiselle : « Nous n'avions pas de plus grand

---

* Isabelle de Broglie, *Beaufort ou le Secret de Louis XIV*, Fasquelle, (1958). Jean-Paul Desprat, *Le Secret des Bourbons* (Roman), Balland (1991), Presses-Pocket(1993).

** Il s'agit d'Armand de Bourbon, prince de Conty (1629-1668), fondateur de la seconde maison de Conty. (Voir généalogie simplifiée de la maison de Bourbon).

*** Marie de Hautefort et Louise de La Fayette se succédèrent à cette époque comme liaisons platoniques du roi.

divertissement que lorsqu'il venait quelqu'un de ceux de l'hôtel de Ventadour, comme MM de Beaufort, Coligny, Saint-Mesgrin, que je nomme comme les tenants de l'assemblée et les plus galants qui donnaient les comédies et les violons »[31].

Le dauphin naquit le 5 septembre. Monsieur cessait d'être l'héritier du trône et Richelieu devenait plus puissant que jamais. Il avait brisé les menées des grands à l'intérieur du royaume et il continuait, sans faiblesse, d'animer la guerre européenne contre l'Espagne. Quatre années le séparaient de la mort et il lui restait, dans ce court laps de temps, à essuyer la plus hardie, la plus sournoise et la plus romanesque des conjurations entreprises contre sa vie et son œuvre.

En attendant, la poursuite de la guerre redonnait de l'emploi à Beaufort. Le 29 juin 1639, ce fut l'épouvantable mêlée de Hesdin. Le roi avait décidé — au moyen d'une coûteuse diversion sur Thionville — d'offrir à tout prix la victoire à son vieil ami La Meilleraye dont il disait, en le comparant à Chatillon et La Force : « Il vaut bien nos barbons ». Après ce carnage, il fut donné à Beaufort de voir ceci « ... le roi monta sur la brèche. Il remit lui-même à La Meilleraye le bâton de maréchal de France. Vrai gentilhomme de son pays, Louis XIII, si dur à ses heures, souligne Tapié, était d'une grâce charmante quand il se sentait bien servi ».

A ce combat de Hesdin, un autre jeune homme venait de se signaler au monde. C'était Cinq-Mars, de deux ans le cadet de François, sorte d'archange, d'une beauté plus féminine encore et, par là, plus troublante que celle du petit-fils de Gabrielle. Il toucha le cœur du roi qui avait battu jusque-là pour d'impossibles amours avec des demoiselles de la maison de sa femme. Richelieu -maître en manège et en psychologie- trouva que le moment était venu de pousser un favori en travers du chemin de son maître.

Au succès de Hesdin, l'un des plus éclatants de cette terrible guerre franco-espagnole, répond l'échec de Salses, en Roussillon, forteresse prise en juillet par Condé et reperdue par lui en novembre. Salses tomba malgré l'épique tentative de secours de quelques jeunes cavaliers, au premier rang desquels figurait Beaufort, lesquels réalisèrent l'exploit de joindre les Flandres à la Catalogne en six jours, arrivant malheureusement trop tard.

L'année 1640 allait donner de nouvelles preuves de la force de la haine de Richelieu à l'égard des Vendômes. Et comble d'ingratitude, c'est à Beaufort, qui se démenait tant pour le service du roi, qu'il s'en prit tout d'abord. Voici l'affaire. En juin 1640, une brute signalée, Coustenan, gentilhomme, mais brigand notoire et homme de main du cardinal, appela le duc de Beaufort en duel. Beaufort, rapporte Henri Arnauld, loin de s'effrayer entra dans une colère furieuse et se mit à rechercher Coustenan pour se battre. César, afin d'éviter le combat, fit « ... prendre (Coustenan) à Etampes, d'où il fut mené à la Conciergerie »[33]. Le cardinal, se voyant confondu, témoigna d'en vouloir rester là.

La fin de l'été vit le fameux siège d'Arras, investi par les armées du roi le 9 août 1640. Bassompière qui n'y était pas -il croupissait à la Bastille depuis la chute des Marillac- rapporte ce que lui en ont dit plusieurs témoins : « Messieurs de Vendôme firent ce jour-là des merveilles étant toujours à la merci de mille coups de canon parmi les ennemis, tuant tout ce qu'ils rencontraient et animant nos gens l'espace de quatre heures que la bataille dura... »[34]. Mercœur avait reçu le commandement des volontaires mais, au dernier moment, il en avait été spolié, au profit de Cinq-Mars, par un ordre de l'éminence. Il combattit donc dans le rang, se jurant bien de revenger par l'éclat de sa bravoure cette énorme injustice et il fit tant qu'il fut blessé, des premiers, à l'attaque des lignes[35]. Quant à Beaufort il traversa la Scarpe à la nage, tout armé, et parut pendant tout le combat, « ... l'épée en une main et le pistolet de l'autre »[36].

Richelieu ne put faire moins, après cela, qu'honorer les deux fils de César. L'on amassait à Amiens un grand convoi qu'ils reçurent mission d'acheminer vers l'armée[37] en passant au travers des lignes ennemies. Ils s'en acquittèrent ponctuellement, sans perdre un seul homme.

Malgré tout, l'année qui suivit faillit perdre tout à fait les fils de César.

Tout d'abord, en janvier, Richelieu mit tout son poids dans la balance pour briser l'union que Beaufort projetait de nouer avec Geneviève de Bourbon-Condé. Monsieur le Prince avait fini à se faire à l'idée d'avoir ce cousin de la main gauche pour gendre : son assiduité à l'hôtel de Ventadour, sa bravoure, son charme — Condé, tout comme Enghien, son fils, était sensible à la séduction des hommes — sa fortune — nous l'allions passer sous silence mais ce n'était pas le moindre des arguments — en faisaient un parti dont les appâts pouvaient faire oublier qu'il était issu d'une race bâtarde et rivale. Richelieu vit le danger de la réunion de deux factions si proches du trône, que la politique de la régente et la sienne étaient parvenues jusque-là à faire s'entredéchirer. Il obtint de Louis XIII qu'il parlerait à Condé contre Beaufort et le projet de mariage fut ainsi brisé net.

Beaufort se jeta presqu'aussitôt dans les bras de Mme de Montbazon que Soissons avait délaissée en sortant du royaume et qui s'était donnée provisoirement au taciturne Longueville. Marie d'Avaugour de Bretagne était issue de la lignée des Rohans et avait épousé un Rohan. Beaucoup de choses séparaient donc ces nouveaux amants. Rappelons-nous les duels évités de justesse entre Alexandre et Rohan-Marigny, celui de César avec Rohan-Montbazon, la victoire remportée en 1625 à Blavet par César contre Rohan-Soubise, et les piques continuelles des gouverneurs de Bretagne contre plusieurs Rohans faits par le roi, successivement, lieutenants-généraux de Nantes. Le sentiment bouscula tout cela et la haine héréditaire se changea en fascination : « Elle avait l'extrême beauté avec l'envie de plaire, dit Mme de Motteville, son esprit n'était pas si beau que son corps, ses lumières étaient bornées par ses yeux » [38].

Ils allaient jouer le plus parfait chassé-croisé des amants dans le siècle : Mme de Montbazon délaissa Longueville qui devait épouser Anne-Geneviève de Bourbon-Condé, Beaufort quitta Anne-Geneviève pour Mme de Montbazon. Nous allions oublier un détail, cette nouvelle maîtresse avait, en 1641, trente ans et François vingt-cinq à peine.

En mars survint une nouvelle affaire qui, comme celle de Coustenan, procédait sans doute d'une provocation du cardinal et de son âme damnée, Chavigny. Deux ermites fixés aux faubourg de Vendôme, connus pour scélérats et bagarreurs, l'un se nommait Guillaume Poirier, l'autre Louis Allais, accusèrent César d'avoir voulu empoisonner le cardinal [39]. Interrogé par le lieutenant-criminel, Poirier déclara que le duc de Vendôme l'avait reçu dix-huit mois auparavant pour lui demander d'être de son complot [40].

Tallemant suggère une autre clef à cette affaire : « Deux misérables ermites et faux-monnayeurs qui avaient eu quelque communication secrète avec M. de Vendôme, peut-être touchant leur second métier... » [41]. C'est accuser César de fausse-monnaie, confirmer et donner corps aux rumeurs d'activités frauduleuses qui circulent sur son compte depuis bientôt dix ans qu'il bat la campagne sans pouvoir s'approcher de Paris. Interrogé à nouveau par un commissaire diligenté par Chavigny et le chancelier Sèguier, Poirier, outre Vendôme, cita les noms de Montrésor et Barillon qui furent inquiétés. Barillon était président au Parlement et connu pour ami de César. Il fut exilé près de la ville de Vendôme.

Sommé de venir s'explique à la cour mais hanté par le souvenir de son arrestation à Blois en 1626 et des cinq années de prison qui s'en étaient suivies — il lui manqua sans doute alors les conseils de l'oncle d'Estrées dont le sang-froid avait été si précieux lorsque Coudray-Genié l'avait accusé d'être un empoisonneur — César préféra fuir et gagner l'Angleterre. Beaufort offrit au roi de se remettre lui-même à la Bastille pour répondre de son père, mais ce fut en vain. Les deux frères, après avoir accompagné le duc de Vendôme à Londres, ne reparurent en France que pour se voir assigner à résidence chez eux, à Chenonceaux.

Le procès de César lui fut fait en son absence. Le parti des saints, rameuté par Mme de Vendôme, avec Vincent de Paul et les Arnauld à sa tête, prit fait et cause pour lui. Philippe de Cospéan, passé de l'évéché de Nantes à celui de Lisieux, fit le siège de Richelieu qui promit de supplier Louis XIII d'accorder son pardon. Cette démarche du cardinal donne lieu à toute une mise en scène. Le 17 mai, Louis XIII, se trouvant à Saint-Germain, déclare qu'il fait du cas de son demi-frère son affaire personnelle et qu'il présidera lui-même le tribunal assemblé pour le juger et venger son ministre. Les commissaires se réunissent donc en sa présence et le conseiller d'Etat Talon, rapporteur, demande d'emblée la condamnation par défaut. Le procès-verbal relate ce qui suit : « Après que les commissaires eurent donné leur avis, conforme aux conclusions du procureur général, un des valets de chambre serait venu donner avis au roi que le sieur Cherré, secrétaire de monsieur le cardinal duc de Richelieu, était à la porte du cabinet... Sa Majesté se serait levée et aurait dict — Messieurs, demeurez à vos places, je reprendray incontinent la mienne et, en même temps, il a fait approcher de lui, en un coin du cabinet, monsieur le chancelier avec messieurs Boutillier, surintendant des finances, et des Noyers, secrétaire d'Estat, ausquelz il a parlé un bon quart d'heure avec action. Après quoi S.M. ayant repris sa place a dict — Messieurs, c'est monsieur le cardinal qui me prie de pardonner à monsieur de Vendôme ; ce n'est pas mon avis... Je me suis donc résolu à prendre un expédient que j'ay proposé à monsieur le chancelier, de retenir le procès criminel de monsieur de Vendôme, à ma personne, et d'en suspendre le jugement définitif... selon qu'il se conduira à mon égard j'en userai de même envers lui, étant content de lui pardonner en cas que ses actions le méritent... »[42]. C'était une terrible épée de Damoclès suspendue au-dessus de la tête du fils de Gabrielle.

Richelieu poursuivait inlassablement la lutte contre les grands. Les Vendômes rentrés dans le rang, il se tourna contre Soissons. Ce prince venait de se réfugier à Sedan, chez le duc de Bouillon. Il avait rédigé un manifeste proclamant qu'il fallait chasser Richelieu pour rétablir la paix en Europe. L'éminence décida d'en découdre. Le 6 juillet 1641, sous les murs de Sedan, à La Marfée, Soissons et Bouillon s'opposèrent aux troupes royales. La mêlée fut terrible et le prince en sortit vainqueur. Pourtant, en fouillant le champ de bataille, inexplicablement, on le retrouva mort. Certains prétendirent qu'un espion du cardinal l'aurait ajusté après qu'il eut donné l'ordre de cesser le feu, d'autres assurèrent que, de joie, il aurait relevé la visière de son casque avec son pistolet et qu'il se serait de la sorte tué lui- même. Soissons disparu, Bouillon venant se soumettre quelques heures après, c'était, semblait-il, la fin du danger intérieur. Il n'en était rien car il restait au cardinal à vivre la terrible année 1642, et à subir la plus grande conspiration jamais ourdie contre lui dont il n'allait triompher que sur son lit de mort.

La grande conjuration.

César était à Londres où il menait joyeuse vie, ce type de vie assez peu chrétien que nous lui verrons bientôt mener à Rome. Mercœur et Beaufort étaient à Chenonceaux où ils chassaient, Mme de Vendôme et sa fille se terraient dans Paris, aux Capucines, où elles priaient Dieu d'épargner à leur lignage davantage de déboires.

Témoignage de ces inlassables prières de Mme de Vendôme qui redoublaient d'intensité aux heures sombres de sa maison, celui du jeune coadjuteur de l'archevêque de Paris — le futur cardinal de Retz — qui s'essayait en ces temps-là, dans des sermons mondains, à aiguiser l'éloquence qu'il emploiera bientôt à susciter des émeutes : « Mme de Vendôme... prit une affection pour moi, depuis cette conférence*, qui allait jusqu'à la tendresse d'une mère ». Suit la perfidie : « Elle y avait assisté quoique assurément elle n'y entendit rien, mais ce qui la confirma encore dans son sentiment fut celui de M. de Lisieux qui était son directeur** et qui logeait chez elle quand il était à Paris »[43].

Elisabeth de Vendôme était près d'elle. Nous ne l'avons entr'aperçue jusqu'ici que dans ces visites qu'elle rendait à Mademoiselle, exilée avec son père à Blois. Elle avait en 1641 vingt sept ans et elle n'était pas mariée, ce qui aurait commencé d'inquiéter tout le monde sauf Mme de Vendôme qui se fiait au ciel pour lui trouver un saint. Elle avait été tout de même écartée du défilé des partis possibles lorsqu'il s'était agi de remarier Monsieur, devenu

* Une des conférences de la Congrégation de la Mission qui avait lieu tous les mardis à Saint-Lazare, fondées par le père du futur cardinal et dirigées par Vincent de Paul.
** Directeur de conscience.

veuf, lequel, d'ailleurs, n'en avait fait qu'à sa tête en épousant, sans l'accord du roi, la fille du duc de Lorraine après avoir longtemps soupiré après celle du duc de Mantoue.

Retz nous a brossé le portrait de la fille de César : « Mlle de Vendôme n'était pas ce qu'on appelle une grande beauté mais elle en avait pourtant beaucoup et l'on avait approuvé ce que j'avais dit d'elle et de Mlle de Guise : qu'elles étaient des beautés de qualité ; on n'était point étonné en les voyant de les trouver princesses. Mlle de Vendôme avait très peu d'esprit, mais il est certain qu'au temps où je vous parle sa sottise n'était pas encore bien développée. Elle avait un sérieux qui n'était pas de sens mais de langueur, avec un petit grain de hauteur ; et cette sorte de sérieux cache bien ses défauts. Enfin elle était aimable à tout prendre et en tous sens... »[43].

En 1641, elle était courtisée par le comte de Brion, futur duc de Danville. Danville était le grand ami de Turenne. Madame mère était ravie du choix. Jugez plutôt : « Le comte de Brion avait été deux fois capucin et faisait un salmigondis perpétuel de dévotion et de péché ». De plus, avec son compère Turenne, protestant, ils avaient trouvé un prétexte commode pour s'incruster à l'hôtel de Vendôme : « Turenne... pour lui faire plaisir affectait d'écouter les exhortations de M. de Lisieux et de lui rendre même beaucoup de devoirs... ». La perfidie encore : « Brion avait fort peu d'esprit mais il avait beaucoup de routine, qui, en beaucoup de choses, supplée à l'esprit »[44].

Voilà comment Elisabeth, toujours d'après Retz, cessa d'aimer Brion. C'était après l'une de ces conférences destinées à convertir Turenne, qui avaient eu lieu à Saint-Cloud et qui avait été suivie d'un bal : « ... Enfin l'on s'amusa tant que la petite pointe du jour (c'était dans les plus grands jours de l'été) commença à paraître quand on fut au bas de la descente des Bons Hommes*. Justement au pied, le carrosse arrêta tout court. Comme j'étais à l'une des portières avec Mlle de Vendôme, je demandais pourquoi il s'arrêtait et il me répondit avec une voix fort étonnée — Voulez-vous que je passe par-dessus tous les diables qui sont là devant moi ? Ces diables étaient des capucins qui s'en allaient à l'aube en cortège pour se laver à la rivière ». La panique des fêtards, à la vue de ces paisibles religieux qu'ils discernaient à peine, fut des plus étranges : « Mlle de Vendôme disait son chapelet, Mme de Vendôme se voulait confesser à M. de Lisieux qui lui disait — Ma fille n'ayez point de

* Les bonshommes ou minimes (le nom leur était resté de Louis XI qui appelait François de Paule bonhomme), étaient établis au pied de la colline de Chaillot.

peur vous êtes en la main de Dieu, et le comte de Brion avait entonné, bien dévotement, à genoux avec tous ses laquais, les litanies de la vierge »[45]. Seuls Turenne et le coadjuteur avaient osé s'avancer pour découvrir la méprise de la carrossée. « Mlle de Vendôme, poursuit Retz, conçut un mépris inconcevable pour le pauvre Brion... Elle s'en moqua avec moi dès que l'on fut rentré en carrosse et me dit — Je sens, à l'estime que je fais de la valeur, que je suis petite-fille d'Henri le Grand. Il faut que vous ne craigniez rien puisque vous n'avez pas eu peur en cette occasion. — J'ai eu peur, lui-répondis-je, Mademoiselle, mais comme je ne suis pas si dévot que Brion, ma peur n'a pas tourné du côté des litanies »[46].

Retz — qui n'était alors connu que sous le nom de coadjuteur, coadjuteur de l'archevêque de Paris, son oncle — va occuper la place toute chaude de Brion, en réutilisant son système qui, au fond, n'était pas mauvais : se montrer assidu à l'hôtel de Vendôme sous prétexte de la conversion de M. de Turenne. « Les conférences pour M. de Turenne furent suivies de l'explication des épitres de saint Paul que le bonhomme était ravi de me faire répéter en français, sous le prétexte de les faire entendre à Mme de Vendôme et à ma tante de Maignelais qui s'y trouvaient presque toujours. L'on fit deux voyages à Anet, l'un fut de quinze jours, l'autre de six semaines et, dans le dernier voyage, j'allais plus loin qu'Anet*. Je n'allais pourtant pas à tout et je n'y ai jamais été : l'on s'était fait des bornes desquelles on ne voulut jamais sortir. J'allais toutefois très loin et très longtemps, car je ne fus arrêté dans ma course que par son mariage qui se fit qu'un peu après la mort du Roi**. Elle se mit dans la dévotion, elle me prêcha, je lui rendis des portraits, des lettres et des cheveux, je demeurai son serviteur et je fus assez heureux pour lui en donner de bonnes marques pendant la guerre civile »[46].

Les fils de M. de Vendôme, exilés sur leurs terres, prenaient leur mal en patience. Après avoir annoncé qu'ils étaient obligés de « ... casser leur train et ne garder que le nécessaire »[47], ils n'avaient conservé auprès d'eux que quelques familiers, embryon de cour que continuait à gouverner à distance, depuis Londres, César.

Ils avaient tout de même vu venir à eux des gentilshommes en quête de protecteurs. Ainsi avaient paru les frères de Campion, issus d'une famille de petite noblesse normande. Alexandre, l'aîné, qui était arrivé le premier, avait été un fidèle de la première heure

* Traduisez « J'eus les faveurs de Mlle de Vendôme ».
** Mlle de Vendôme épousera le duc de Nemours le 30 juillet 1643.

du comte de Soissons, vainqueur et mort à La Marfée. Son frère cadet, Henri, l'avait suivi de peu. Il nous a laissé de beaux *Mémoires* où, dans les pages que lui inspira la mort d'une fille jeune encore, se retrouve un écho affaibli de Montaigne.

Les deux Campion s'étaient rendu à Vendôme au début de 1642 où se trouvaient alors tous les princes de cette famille à l'exception de César. Il y avait là également le père La Boulaye, le confident de ces princes — leur Richelieu — le duc l'avait fait prieur de la collégiale de son château de Vendôme et supérieur du couvent de l'Oratoire qu'il avait établi dans sa ville ; et aussi le sieur de Vaumorin, homme d'affaires du clan, fait par César capitaine des gardes du duc de Beaufort. Ces deux hommes étaient dévoués corps et âme au maître exilé, surtout Vaumorin qui ne cessait de faire des allées et venues entre Londres et Vendôme.

Henri de Campion fut aussitôt remarqué par Beaufort : « Le duc de Beaufort témoigna une grande passion que je m'attachasse à lui, de sorte qu'en le quittant avec mon frère je lui promis de le revenir trouver sitôt qu'il l'aurait fait agréer au duc son père, ne faisant en ce temps là nulle chose sans sa permission... »[48]. Remarquons l'étendue de l'autorité du chef de la maison princière à l'égard d'un fils âgé de vingt-six ans.

Campion fut admis au nombre des fidèles : « Je retournais peu après à Vendôme où il me reçut avec de grandes marques de joie... Nous passâmes deux mois à chasser et à nous divertir avec les dames »[48]. Campion ne nous parle malheureusement pas des visites que faisait au même moment, à Vendôme, de Thou. De Thou qui venait entretenir les fils de César, à mots plus ou moins couverts, d'un complot, le plus vaste jamais tramé contre Richelieu, dans lequel étaient impliqués Monsieur, la reine[49], l'Espagne et dont l'âme était Cinq-Mars, le jeune homme que le cardinal avait eu l'idée de pousser vers le roi. Cinq-Mars était persuadé que Louis XIII ne désapprouvait pas ses projets. Le roi lui ayant simplement répondu, un soir qu'il lui parlait de tout cela : « Il est cardinal, je serai damné », et le grand écuyer — Cinq-Mars venait d'emporter la place au détriment de notre vieille connaissance Roger de Bellegarde, prié de résigner la charge qu'il occupait depuis plus d'un demi-siècle — le grand écuyer, donc, avait donné à ces vagues paroles de Louis XIII la valeur d'une approbation.

De Thou avait eu connaissance des plans de Cinq-Mars mais il n'était pas du nombre des conjurés. Beaufort, mis au courant par de Thou n'adhéra pas, lui non plus, à la conjuration, conscient des difficultés suffisantes dans lesquelles se débattait, à ce moment-là, la maison de Vendôme. Malheureusement le second fils de César était lié à Monsieur à qui il avait promis son aide, « ... en cas qu'il entreprit quelque chose contre le cardinal » et Monsieur, pour ce qui le concernait, était, une nouvelle fois, impliqué très avant dans l'affaire. Beaufort risquait donc d'être entraîné malgré lui. Il fut habile, il excipa de l'autorité que César étendait à toutes les affaires de son clan, ce que confirme La Châtre : « Monsieur avait quelque chose sur le cœur contre lui (Beaufort) de ce que, lui ayant parlé du traité d'Espagne*, il s'excusa d'y entrer et dit qu'il fallait qu'il eut là-dessus l'avis de son père qui était en Angleterre »[50]. Beaufort souhaitait également, prétend La Châtre, avoir l'avis d'Anne d'Autriche avant de s'engager, marque certaine de l'étroitesse et de la confiance de leurs rapports.

Quoiqu'il en soit, l'arrestation de Cinq-Mars à Narbonne, le 13 juin, ne lui laissa pas le temps de se compromettre davantage. Comme l'écrit Campion : « La prise du grand écuyer fit peur à tous ceux qui avaient été dans ses intérêts ». Beaufort trembla comme les autres dès qu'il sut la nouvelle, mais, « ... il ne témoigna rien de sa crainte et se divertit comme à l'ordinaire »[39]. Au début de juillet parut à Vendôme M. de Neuilly, gentilhomme de la maison du roi. Il apportait à Beaufort une lettre de Louis XIII qui témoignait savoir que le grand écuyer, « ... l'avait voulu embarquer dans de mauvais desseins et qu'il avait refusé d'y entrer ». Le roi promettait l'oubli, sous condition que le duc, « ... le vint trouver aussitôt pour lui rendre compte de ce qu'il savait de cette affaire »[51].

Ecoutons Campion : « Le duc étoit à la chasse lorsque Névilli (Neuilly) arriva. On le fait avertir aussitôt du sujet de sa venue, qui le fit résoudre à faire le malade... On lui frotta le visage et tout le corps d'une certaine eau qui lui fit paroître partout des marques de rougeole. Après s'être fait voir en cet état à Névilli, il écrivit au Roi qu'il ne savoit rien des affaires du Grand écuyer, ayant toujours été son ennemi, et que, sans sa maladie, il ne manqueroit pas d'aller trouver S.M. »[51]. Beaufort, à cause de ce simulacre, devait d'ailleurs perdre la vue pendant plusieurs jours.

Neuilly revint peu après, apportant « ... un commandement plus exprès au duc de Beaufort d'aller à la cour s'il ne voulait pas qu'on le crut criminel »[52]. Richelieu avait dicté à Tarascon, le 17 juillet, cette seconde missive écrite au nom du roi : « Mon neveu, l'instruction du procès qui se fait du sieur de Cinq-Mars m'ayant fait connaître que le sieur de Thou vous était allé trouver de sa part

* La liaison des conjurés avec la cour d'Espagne.

pour vous embarquer en de mauvais desseins -remarquons bien que, cette fois, il ne dit se plus qu'il a refusé d'y entrer- j'ay voulu vous témoigner par la présente que vous avez commis une grande faute de ne m'en avertir pas et que, pour l'amour que je vous porte, je veux l'oublier sincèrement pourvu que vous me fassiez savoir sincèrement comme le tout s'est passé ». Parallèlement il avait donné, à ses ministres des Noyers et Chavigny, des instructions précises pour s'assurer du témoignage de Beaufort : « Après qu'on lui aura fait dire ce qu'il scaura, le roi l'engagera à l'écrire et à le signer... M. de Beaufort ne peut refuser... parce que s'il n'entrait en cette affaire comme un homme qui dit la vérité, il y entrerait comme accusé et criminel de ne l'avoir pas dit ». Et trois jours plus tard, le 20 juillet, aux mêmes : « ... l'affaire de M. de Beaufort étant bien conduite sera de poids devant Monsieur le Grand (Cinq-Mars) de la part de qui M. de Thou l'est allé trouver... »[53].

Les Vendômes tinrent conseil avec le père La Boulaye et Vaumorin. Beaufort confessa qu'il était trop amoureux de Mme de Montbazon pour quitter la France : « Il nous dit qu'après avoir fait quelques temps le malade, il pourrait, changeant souvent de lieu, obtenir par ses amis que le Roi le laissât en repos... »[52]. La duchesse, sa mère et Mercœur, son frère, « ... qui craignaient que cette affaire n'achevât de perdre leur maison étaient d'avis qu'il allât à la cour »[52]. La Boulaye, Vaumorin, les deux Campion — arguant du traquenard de Blois — conseillaient la fuite. Campion conclut : « Nous déterminâmes avec beaucoup de peine le duc de Beaufort à sortir de France »[52]. C'était aller dans le sens de ce que souhaitait secrètement Richelieu, qui écrivait à ses ministres, le 5 août, toujours de Tarascon : « Si M. de Beaufort refuse de venir et de parler comme il doit, ma pensée est qu'il n'y a point à marchander et qu'il faut le rendre fugitif ou le prendre »[54].

Les conseillers de Beaufort lui recommandent la ruse. Le duc assure le roi qu'il gagnera la cour dès sa guérison mais, dans le même temps, il organise son départ. Un vaisseau doit l'attendre, « à l'embouchure de la Seine, près du Havre ». Henri de Campion part organiser les relais et s'installe à Bosceferet, près de Louviers. Beaufort quitte Vendôme en laissant une lettre pour le roi, destinée à être acheminée après son embarquement, par laquelle il mandait, « ... que la crainte que les ennemis de sa maison n'empêchâssent S.M. d'agir avec sa bonté et sa justice ordinaire l'obligeait de se retirer en Angleterre jusqu'à ce qu'il l'eut persuadé de son innocence ».

Beaufort, Vaumorin et Campion, suivis seulement de Brillet et Ganseville, les écuyers du duc et d'un seul valet pour tous cinq, se rendent à Bosceferet, puis à Jumièges, de là au Havre où ils apprennent que la tempête a éloigné des côtes le vaisseau qui devait venir les prendre. Ils se cachent pendant quatre jours chez M. de Memont, à Franqueville, près d'Yvetot et prennent la mer finalement à Yport.

Les fugitifs accostent en Angleterre, à Rye, et se rendent en poste à Londres. Le duc de Vendôme, « ... nous y reçut, dit Campion, avec des joies non pareilles »[55]. Il y avait là toute la colonie des Français qui avaient fui l'ire du cardinal : le duc d'Epernon, accusé d'avoir empêché Condé de prendre Fontarabie, le marquis de la Vieuville, arrêté quelques vingt ans auparavant et qui avait réussi à s'évader du château d'Amboise, le comte de Montrésor, conseiller de Gaston, lâché par son maître au cour d'un de ses nombreux traité-réconciliation avec Richelieu, le comte d'Aubijoux, autre ami trahi de Monsieur, enfin le marquis de Fontrailles, que la découverte du complot de Cinq-Mars venait de jeter, lui aussi, au bord de la Tamise. Tous ces gens menaient joyeuse vie, pratiquement tous à la pension du duc de Vendôme qui les faisait subsister avec sa munificence accoutumée.

Ils étaient à Londres dans un moment très difficile pour la cour d'Angleterre : Charles 1er et la reine Henriette — sœur de Louis XIII et demi- sœur de César — étaient sortis de leur capitale après que ce roi, sous la pression de ses ennemis, eut été contraint de signer l'ordre d'exécuter le comte de Stafford, son favori. Une bataille venait d'opposer les troupes de Charles à celles du Parlement, dirigées par le comte d'Essex. L'armée du Parlement avait été contrainte à un repli sur Londres et l'on craignait que le roi ne vint assiéger la ville. Henri de Campion précise : « Cela ne nous empêchait pas d'y passer la vie avec beaucoup de douceur. Je gagnais beaucoup d'argent au jeu, et me mis en si bon état que quand le duc de Beaufort parla de me bailler pension je lui dis que lorsqu'il aurait établi sa fortune, j'espèrais qu'il songerait à la mienne... »[55].

Pendant tout ce séjour de Londres, Beaufort, d'après Mme de Motteville, resta en contact avec Anne d'Autriche[56]. C'est par elle que le fils de César connut le dénouement tragique de la grande conjuration. Richelieu, qui n'avait plus qu'un souffle de vie et qu'on faisait voyager par les rivières pour lui éviter le cahot des chemins, faisait instruire le procès du grand écuyer tout en remontant à petites journées vers Paris. Au cas de Cinq-Mars, il joignit celui de de Thou, qui n'était coupable que de n'avoir pas révélé ce dont il avait eu connaissance. La principale charge pesant sur de

Thou, c'était les voyages qu'il avait fait à Vendôme. Richelieu voulait par là compromettre Beaufort et, à travers lui, la reine. De Thou fut admirable : il lava Beaufort de tout soupçon jusque sous la torture. Ce dernier, sa vie durant, devait lui en marquer de la reconnaissance et aller régulièrement s'incliner sur la lame de marbre qui recouvrait son corps dans l'église Saint-André-des-Arcs. Louis XIII, finalement, abandonna tout à fait son favori, sans doute parce qu'il s'était montré veule au moment de son arrestation. Ce qui suit est entré dans la légende : l'exécution, le 12 septembre 1642, à Lyon ; ces deux jeunes gens qui partent pour la mort comme on s'en va au bal, s'entre-congratulant au pied de l'échafaud, posant leur tête sur le billot en souriant, au milieu des sanglots de la foule innombrable qui assistait à leur supplice. Au même moment, raconte Montglat, très loin de là, à Saint-Germain-en-Laye, Louis XIII regardait sa montre, disant à ceux qui se trouvaient près de lui : « Dans un tel temps Monsieur le Grand passera mal son temps ».

Richelieu ne devait survivre que moins de trois mois aux dernières victimes qu'il immolait sur l'autel de la raison d'Etat. Il expirait à Paris, le 4 décembre 1642, dans ce palais cardinal qui ne lui appartenait plus puisqu'il l'avait, six ans auparavant, par une admirable précaution contre ceux qui auraient pu lui reprocher son enrichissement, donné à la couronne. Le roi, qui était lui-même proche de sa fin, parut soulagé de la mort de son ministre et de la rupture d'une union de dix-huit années qui lui laissait un goût amer mais qui venait de hisser la France, pour près d'un siècle et demi, au rang de première puissance du monde.

II — LE PLUS HONNETE HOMME DE FRANCE

Le cardinal mort, Mme de Vendôme, qui montrait toujours la même énergie à défendre son lignage, ne perdit pas un instant : « Elle vint à Saint-Germain pour parler au roi du retour de son mari mais comme elle avait ordre de rester à Anet, S.M. lui manda que si elle n'avait pas été une femme, il l'eut envoyée à la Bastille... »[57].

Quelques jours après, nouveau crève-cœur pour César, le roi offre le gouvernement de Bretagne qu'avait Richelieu à son vieil ami La Meilleraye, neveu du défunt cardinal. Mme de Vendôme revient à la charge au risque d'être arrêtée : « Mme de Vendôme arrivant et l'ayant fait supplier qu'elle lui put parler des intérêts de son mari, il répondit en colère qu'elle s'en pouvait retourner d'où elle venait et qu'il ne la voulait pas voir. Il ferma aussi la bouche aux amis de MM de Vendôme et de Beaufort... »[58].

Mme de Vendôme, un peu abasourdie mais nullement découragée, demeura sur place, bravant la menace d'être arrêtée. « Vous remarquerez, observe Goulas, la nature de la cour et les procédés des courtisans. Elle demeura seule dès que le Roi se fut déclaré et il n'y eut que M. d'Angoulême* qui s'en approcha et lui fit civilité, il la reconduisit même jusqu'à son carrosse, plaignant son malheur et la consolant de cette disgrâce »[59].

Louis XIII remâche-t-il les recommandations de feu son principal ministre ? Veut-il, comme l'écrit Campion, « ... faire croire que ce qui s'était fait pendant la vie du cardinal avait été de son pur mouvement » ? Toujours est-il qu'il se montre intraitable : « L'on dit là-dessus que le Roi enverrait à la Bastille ceux qui auraient la hardiesse de lui parler des bannis, prisonniers et autres miséreux »[59]. On disait aussi que Louis XIII avait sur lui une liste des criminels d'Etat qui ne devaient jamais revenir à la cour et qu'au premier rang d'entre eux figuraient les Vendômes.

Toute différente est l'attitude dont fait montre la reine, à l'insu du roi : « Sitôt que le cardinal fut mort, M. l'évêque de Lisieux (Cospéan) par ordre de la Reine lui écrivit de s'en revenir et lui (Beaufort) partit à l'heure même »[60]. Campion confirme le fait : « En apprenant cette nouvelle (la mort de Richelieu) qui donna aux exilés la joie que l'on peut penser, le duc de Beaufort reçut une lettre de la Reine... qui le priait de repasser en France ».

La chose est donc établie : c'est Anne d'Autriche qui prit sur elle de rappeler Beaufort. On en a déduit beaucoup de choses. Avec plus de certitude nous dirons qu'Anne d'Autriche ne se sentait pas plus rassurée par le vide qui avait succédé à la disparition du cardinal que par l'existence de celui-ci. Le roi était au plus mal avec sa femme : il y avait eu l'affaire de Chantilly en 1637 dont la blessure restait vive, sur laquelle était venue se greffer la conjuration de Cinq-Mars dans laquelle le roi soupçonnait l'implication de sa femme. Les deux fils nés en 1638 et 1640 n'avaient pas rapproché le couple. Le roi et son ministre avaient même envisagé, à deux reprises, de retirer les enfants à leur mère, une première fois après la mort du comte de Soissons, puis, à nouveau, au moment de la conjuration du grand écuyer. Anne avait besoin d'appuis. Elle

---

* Charles de Valois, comte d'Auvergne, duc d'Angoulême (1573-1650) bâtard de Charles IX et de Marie Touchet.

appellait Beaufort qu'elle savait fidèle parce qu'elle n'avait pas encore su discerner que, près d'elle, un autre homme brûlait de la secourir, le fringant cavalier de Casal, Jules Mazarin.

Agissant ainsi, elle mettait en place toutes les conditions d'un duel à mort entre ses deux chevaliers servants. Dans cette arène, à dix ans d'intervalle, Beaufort sera terrassé à deux reprises parce qu'Anne d'Autriche, dotée d'une indéniable fibre politique, donnera, au terme de chacun de leurs affrontements, raison à Mazarin, raison à l'intelligence sur l'impétuosité, confirmant par là — comme le dit si joliment Henri de Campion — « ... que l'action n'est pas la sœur du rêve ».

Retour à la cour.

Mais rejoignons le duc de Beaufort à l'instant où il vole à tire d'ailes vers Paris. Il part en poste, la nuit même où il reçoit la lettre de la reine. Il embarque à Rye avec les mêmes compagnons qu'à l'allée et débarque à Saint-Valéry-en-Caux. Campion précise : « Nous y achetâmes des chevaux sans nous faire connaître, ayant appris en arrivant qu'il y avait ordre aux villes d'arrêter tous les Français qui viendraient d'Angleterre »[61]. Ils se rendent par des chemins de traverse à Anet : « On nous y fit tenir huit jours cachés, pendant lesquels on obtint du Roi, avec assez de peine, permission pour lui de demeurer en France, dans ses maisons »[61].

Beaufort, depuis Saint-Valéry-en-Caux, avait écrit par Drouilly, l'un de ses gentilshommes, au comte de La Châtre, « ... une lettre fort pleine de confiance, nous dit La Châtre lui-même, par laquelle il me priait de le servir en ce que je pourrai auprès du Roi... »[62]. La Châtre était chargé d'une mission à haut risque : aviser Louis XIII du retour du duc en France, contrairement à ses ordres. Beaufort, pour ne rien négliger, avait prié Brienne, ministre en fonction et son cousin, d'agir de son côté mais sans en aviser La Châtre — nous verrons très vite bien d'autres exemples de ces embrouillaminis caractéristiques du style de notre duc — La Châtre s'en amuse : « Ce bon seigneur (Brienne), meilleur courtisan que je n'eusse peut être été, lui avait dit (à Beaufort) que le moyen de ruiner ses intérêts était de prendre le biais qu'il proposait, que pour lui, qui savait mieux l'air du monde qu'un homme qui venait d'outre-mer, il était d'avis d'en parler aux ministres »[62].

La Châtre se rend tout de même à Saint-Germain pour savoir ce qu'il adviendra des démarches de Brienne. Louis XIII se montre intraitable : « Il fut assez étonné (Beaufort) d'apprendre qu'il n'y avait aucun changement à la cour et que le Roi faisait difficulté de voir ceux qui s'étaient retiré à leurs maisons avec congé* »[63].

C'est la coterie de Beaufort qui, pour tromper son impatience, s'en va en cortège rendre visite au disgracié. La Châtre raconte : « Quelques temps après MM de Sully, de Fiesque, de Retz, de Chabot et moi allâmes à Anet voir ce nouveau venu et ce fut dans ce voyage que je me liais plus particulièrement d'amitié avec lui... Il m'entretint de ses intérêts à cœur ouvert et me discourut ensuite sur l'état présent de la cour, non pas en termes extrêmement polis, n'étant pas naturellement fort éloquent, mais au moins avec des sentiments si nobles et si beaux que je pus remarquer aisément qu'il avait beaucoup profité en Angleterre dans la conversation de quelques seigneurs qu'il avait fréquentés »[64].

Dans les premiers jours de 1643, Beaufort, depuis Anet, « ... envoya Vaumorin à la cour pour négocier le retour du duc de Vendôme, son père, et son rétablissement auprès du Roi »[65]. Il fit également partir le père La Boulaye, au couvent de la congrégation de l'Oratoire, à Paris, rue Saint-Honoré, pour être plus à portée d'intervenir en sa faveur. Peu après, n'ayant pas — bien à tort — confiance dans Vaumorin, il le doubla d'Henri de Campion, ce qui provoqua une nouvelle succession d'incidents entre les trois émissaires. Henri de Campion en tire la morale : « Il est dangereux à un prince d'employer plusieurs hommes égaux dans une même affaire s'ils ne sont pas de profession différente, car, en ce cas, la connaissance qu'ils ont que ce qui est propre à l'un ne l'est pas à l'autre, les fait agir sans envie »[65].

Le père La Boulaye se concerta avec Brienne. Brienne, c'est l'allié de toujours, celui qui, vainement, a voulu mettre en garde Alexandre de Vendôme à Blois en 1626. Par fidélité pour la descendance de Gabrielle, il va même perdre sa charge. Ses *Mémoires* relatent le fait : « Comme je remarquais d'abord que le Roi ne me regardait pas du bon œil, je pris la résolution de me défaire de ma charge après en avoir eu le consentement de la Reine... »[66].

Double jeu que joue la reine, vers qui tout se tourne déjà puisque l'on sait Louis XIII près du tombeau. Brienne d'ailleurs, bien que perdu dans l'esprit du roi, continue de voir Anne d'Autriche pour agir en faveur des Vendômes. Les retours d'exilés commençaient toutefois à se succéder, trahissant l'influence conciliante du nouveau cardinal, l'Italien, Mazarin. Tout commença par la réconciliation du roi et de Monsieur, déchu de toutes ses prérogatives de fils de France depuis l'affaire Cinq-Mars. Le premier, après cela, qui fut

---

* En ayant pris régulièrement congé du roi au moment de quitter la cour.

autorisé à repasser la frontière ce fut l'oncle d'Estrées, ami de la nouvelle éminence, relégué à Parme depuis les violences qu'il avait commises contre les droits du pape, à Rome, étant ambassadeur. Ces violences étaient telles que Richelieu avait été contraint de le désavouer : d'Estrées s'était opposé dans une bataille rangée aux gardes du cardinal Barberini qui avait enlevé cinq esclaves turcs au couvent français de la Trinité-des-Monts, puis il avait protégé son écuyer, Rouvray, qui tenait ouvertement tripot sans pouvoir empêcher que le bourreau du pape ne lui coupât la tête et la jetât dans l'égout où l'on était accoutumé de se débarrasser de celles des criminels. L'increvable Roger de Bellegarde, qui avait déplu, quatre ans plus tôt, en s'accrochant à la charge de grand écuyer qu'on lui réclamait pour l'offrir à Cinq-Mars, reparut à son tour.

Mme de Vendôme revint à la cour, accompagnée de Mercœur. C'est alors que Mazarin repère ce fils aîné de César, soldat intrépide à l'instar de tous les Vendômes, mais d'un caractère faible et malléable. Il entreprend de se l'attacher : « Comme il savait que la maison de Vendôme avait été la plus exposée à la persécution, remarque Campion qui démêle assez bien les finasseries du cardinal, il crut qu'elle lui serait d'autant plus obligée s'il la relevait »[67]. Rêve-t-il dès ce moment de faire du fils de César son neveu tout comme Richelieu, son maître, s'en était fait un de Condé ? C'est probable. L'ambition de l'Italien vient de loin, il marche sur les brisées du grand cardinal, avec cette pointe de scrupule qui fait qu'il ne consentira jamais à l'égaler tout à fait mais seulement à l'imiter par petites touches en en faisant de la sorte, au total, bien plus que lui. Il commencera par Mercœur, pour finir avec Conty, et contre une seule princesse de Condé poussée dans le sillage de Richelieu, il produira huit nièces qui épouseront toutes des ducs ou des princes.

Finalement Beaufort sera autorisé à revenir à la cour et, quelques jours plus tard, César recevra l'ordre de rentrer d'Angleterre. Mazarin est à l'origine de tout cela mais Mazarin qui agit encore en se conformant strictement aux ordres d'Anne d'Autriche. Brienne a décrit l'éminence toute en sucre de ces derniers temps du règne de Louis XIII : « Un jour que je proposais au cardinal le retour de M. de Vendôme, il me reçut assez bien, sur ce qu'il crut — la maladie du Roi augmentait — que S.M. rappellerait infailliblement ce prince par principe de conscience... »[67]. La Rochefoucauld éclaire les motivations du roi d'un jour plus machiavélique : « Il voulut donner quelques marques de clémence par un sentiment de piété ou pour témoigner que le cardinal de Richelieu avait eu plus de part que lui aux violences qui s'étaient faites depuis le départ de la Reine mère »[68].

Beaufort arrive donc à la cour quelques heures après en avoir reçu permission : « Sans mentir, écrit Goulas, jamais homme disgracié ne retourna avec plus d'applaudissements et l'on jeta les yeux sur lui comme sur un brave à opposer aux autres braves dans l'occasion »[69]. Aussitôt qu'il parait, il séduit : le battement du cœur des femmes s'accélère, tous les hommes veulent s'habiller comme lui et se ranger sous son épée. D'emblée il est ce qu'il ne cessera presque jamais d'être jusqu'à la fin de sa vie : populaire. « Avant d'aller voir les ministres, il alla droit chez le roi, qui le reçut avec les marques d'une amitié extrême et, un instant après son arrivée, l'entretint des affaires d'Angleterre comme si c'était lui qui l'y eut envoyé. Il accorda le même jour à M. de Mercœur le retour de M. de Vendôme en France et vit aussi Mme de Vendôme qu'il avait renvoyée assez rudement sans la vouloir voir lorsqu'elle le vint trouver aussitôt après la mort du cardinal »[70].

Mais c'est la reine qui montre le plus de joie : « La reine fit paraître à ce retour beaucoup de bonne volonté pour M. de Beaufort, témoigna de s'intéresser dans le traitement qu'il reçut du Roi, lui parla avec grande familiarité, et, par l'estime qu'elle en fit hautement, confirma ce qu'elle nous avait dit au retour d'Anet, que nous venions de voir le plus honnête homme de France »[70].

Voici donc les Vendômes presqu'au grand complet à la cour. César y sera vers le 10 avril. Cela n'était pas arrivé depuis dix-sept ans. Et que croyez-vous qu'ils s'empressent de faire ? Ils tapent des pieds, ils pestent, ils revendiquent honneurs et dignités.

La question était, bien sûr, celle de la Bretagne donnée, sitôt après la mort du cardinal, à M. de la Meilleraye, grand maître de l'artillerie : « M. de Vendôme crut n'être pas moins en droit de prétendre son gouvernement de Bretagne que les autres bien qu'il eut donné sa démission, remontrant qu'il y avait été forcé... »[71].

Les choses furent aussitôt portées au point de rupture. Les ministres dirent à la reine : « Que ce monarque (Louis XIII) l'avertissait de ne jamais consentir que M. de Vendôme ni aucun de sa famille fut pourvu du gouvernement de Bretagne... »[72]. César, furieux de voir La Meilleraye investi de son ancien gouvernement, lui avait écrit, alors qu'il se trouvait encore à Londres, « ... deux ou trois billets par lesquels il menaçait de le charger fort ou faible partout où il le rencontrerait... ». Et Goulas de préciser, « ... mais celui, qui se voyait en position d'une si belle pièce (la Bretagne) et qui avait fait le serment (de gouverneur), se souciait peu de sa bravoure »[73].

Les Vendômes avaient une alliée de poids en la personne d'Anne d'Autriche : « Cette mésintelligence ouverte, raconte La Châtre, partagea toute la cour, M. d'Enghien*, M. de Longueville, MM. de Lesdiguières, de Schomberg, de La Rochefoucauld et quelques autres se rangèrent du côté du grand maître (La Meilleraye) et presque tout le reste se déclara pour MM. de Vendôme. M. de Marsillac, ayant obligation au premier et voyant son père dans son parti, était prêt à s'y mettre aussi mais ayant parlé à la Reine, elle lui commanda de s'offrir à M. de Beaufort et lui en parla comme de la personne du monde pour qui elle avait autant d'estime que d'affection... »[74].

Le grand jeudi et la mort du roi.

Tout autre que Jules Mazarin se serait désespéré de l'engouement qu'Anne d'Autriche marqua pour Beaufort jusqu'à la mort de Louis XIII. Mais le cardinal comprit très vite que le système du second fils de César, procédant de l'engagement exclusif auprès de la reine, comportait en lui le principe de sa ruine. Le duc était jaloux et ombrageux, il ne voulait la future régente que pour lui. Il n'avait pas de programme, il ne cherchait pas à s'entourer de fidèles ou d'obligés — qui, en politique, sont les fantassins des factions — tant il avait peur que ceux-ci ne lui dérobent quelque lambeau de l'affection de la reine. Il commença donc par refuser toutes les grâces qui ne venaient pas d'elle. A celle-ci, qui lui annonçait que Louis XIII, après avoir fait Condé grand maître de la maison du roi, songeait à le nommer grand écuyer, il répond par un refus, ajoutant « ... qu'il ne voulait de bien que par elle »[75].

Henri de Campion raconte comment il dédaigna, avec tout autant de légèreté, la main que lui tendait Mazarin par le canal de l'oncle d'Estrées — Les deux hommes étaient entrés en liaison lors de la seconde ambassade du frère de Gabrielle à Rome — Le cardinal était prêt en 1643 à faire avec Beaufort ce que fera Retz, cinq ans plus tard, dans les commencements de la Fronde : se servir de son bras, de sa fougue, de sa popularité, pour se pousser en même temps que lui aux premières places. De la même façon, le fils de César allait décliner les offres opposées que lui faisait Monsieur, par le truchement de l'abbé de La Rivière, son confident, afin de constituer un front commun contre Mazarin. La seule ambition de

---

* Fils du prince de Condé, futur Grand Condé.

Beaufort, à propos duquel Campion dit justement : « ... son esprit n'était pas capable de soutenir une bonne fortune et encore moins de l'établir »[76], consistait dans l'élimination de tout ce qui avait touché à Richelieu, à ses amis, ses parents ou ses ministres.

Louis XIII, du fond de son lit de souffrance, avait des paroles très dures pour Beaufort, soit qu'il sentit son empressement auprès de la reine, ou son impatience à changer de maître : « Quand ce prince, dit Mme de Motteville, voyait le duc de Beaufort auprès de lui et quelques autres il disait à ses confidents — Ces gens viennent voir si je mourrai bientôt, et ce sentiment, à ce que j'ai ouï dire à la Reine, lui faisait oublier l'envie qu'il avait de chercher un meilleur pays que celui qu'il laissait »[77].

Le 13 avril le duc d'Enghien, fils de Monsieur le Prince, quitta la cour pour rejoindre l'armée en Champagne. On allait très bientôt reparler de lui.

Le mardi 21 avril eut lieu le baptême du dauphin. Les Vendômes s'empressèrent, tenant leurs rangs de ducs dans le cortège, sans toutefois oser revendiquer le fameux rang intermédiaire, décidément bien passé de mode depuis 1610, qui les aurait placé sitôt après les princes du sang. Mme de Vendôme, le lendemain, eut la charge d'apporter le petit duc d'Anjou, frère du dauphin, au chevet du roi mourant[78].

Le jeudi 23 avril — jour auquel s'attachera le nom de « grand jeudi » — le roi reçut l'extrême onction. On crut qu'il ne passerait pas la journée. Les factions s'agitèrent : « La Reine, rapporte Campion qui écrit après s'être brouillé avec la maison de Vendôme, avertie de l'extrémité où l'on croyait le Roi, envoya quérir le duc de Beaufort et lui dit que comme il était l'homme du monde en qui elle se fiait le plus, elle en voulait donner une marque considérable : que le Roi étant à l'extrémité, elle allait se rendre auprès de lui ; qu'elle laissait ses enfants entre ses mains pour les garder , et empêcher que les princes du sang ne s'en saisissent s'il arrivait faute au Roi »[79].

La Châtre montre les précautions prises, à la même heure, par Condé, « ... craignant que MM. de Vendôme, portés presque de toute la cour, ne lui fissent un affront, il fit dessein de s'escorter du mieux qu'il pourrait et envoya pour cet effet chercher dans Paris tous les officiers dépendant de sa charge qui emmenèrent chacun quelqu'un de ses amis »[80].

Voici donc Beaufort investi de la plus haute des missions et Condé qui arme. « J'avoue, écrit La Châtre, que quand M. de Beaufort n'aurait eu que ce jour de bonheur en toute sa vie, je le tiendrai assez glorieux d'avoir été choisi pour être gardien du plus grand trésor qui fut en France »[80]. Le fils de César fait aussitôt mettre les gardes sous les armes, appelle les Suisses dont son ami La Châtre avait été fait quelques semaines auparavant capitaine-général. Or le roi qui agonisait au château neuf eut un mieux et parut en si bon état que les médecins assurèrent qu'il vivrait encore quelques semaines : « Le duc d'Orléans, ainsi que le prince de Condé revinrent au vieux château, où ils logeaient, et furent fort surpris de voir les gardes sous les armes et plus fortes qu'à l'ordinaire sans qu'on leur en eut rien communiqué. Leur étonnement augmenta lorsqu'ils aperçurent les Gendarmes et les Chevau-Légers avec la plupart de la noblesse de cour, environnant le duc de Beaufort qui, les voyant arriver, ne bougea du lieu où il était »[81]. Le duc d'Orléans se retira en colère et Condé, « ... voulant s'approcher du duc de Beaufort, remarqua qu'il tournait d'un autre côté, feignant de ne pas le voir... Quand le duc d'Orléans et lui surent que la Reine avait donné la garde de ses enfants au duc, et commandé aux troupes de lui obéir, ils furent sensiblement touchés et ne visèrent plus qu'à le perdre (Beaufort) »[81].

Or, ce fut pendant les trois semaines qui séparèrent ce « grand jeudi » de la mort du roi, que Beaufort commença d'être moins bien vu de la reine : « Elle remarqua, ajoute Campion, qu'il faisait trop le familier avec elle devant toute la Cour ; même un matin, qu'elle étoit dans le bain, et qu'il n'entroit nul homme dans sa chambre... le Duc, devant tout le monde, s'approcha de la porte de la chambre, que l'huissier entr'ouvrit, et dit qu'on ne voyoit point la Reine ; mais lui, le poussant, entra de force ; action dont elle se fâcha si fort, qu'elle le fit sortir avec des termes d'extrême colère. Je le vis revenir fort interdit, quoiqu'il fît le railleur »[81]. Campion laisse entendre que Mazarin aiguillonnait par ailleurs la jalousie de la reine, preuve qu'il y avait entre eux quelque chose qui ressemblait à du sentiment : « La Reine savait outre cela qu'il ne bougeait d'avec la duchesse de Montbazon, logée dans le château, ce qui ne lui plaisait nullement »[81].

Le roi replongea dans la torpeur et les médecins l'abandonnèrent. Le mardi 12 mai, « ... la Reine demeura dans la chambre du Roi jusqu'à trois heures après minuit et M. de Beaufort y passa la nuit entière sur la paillasse auprès de M. de Souvré »[82].

Le 13, veille de sa mort, « ... comme il était inquiet de l'affliction de la Reine, il (Louis XIII) demanda au sieur Bontemps qui est-ce qui était auprès d'elle. Il lui dit que c'était Mme de Vendôme. Je l'ai cru aussi, dit le Roi, elle lit un livre de la Passion, dites à M. de Souvré qu'il vous donne le mien de la Résurrection et de l'Ascension qui est demain... »[82].

Le monarque mourut le 14 mai dans l'après-midi, trente-trois ans, jour pour jour et presque heure pour heure, après son père. Le soir même, il y eut un nouvel et très grave incident entre Condé et Beaufort. La reine, pressée de courtisans, donnait des signes de lassitude. « Beaufort, rapporte Pierre Lenet, s'adressa à la foule en disant — Messieurs, retirez-vous, la Reine se veut reposer. Le prince de Condé qui était dans la chambre... entendant la voix du duc de Beaufort, se tourna brusquement de son côté et dit — Qui est celui qui parle et qui donne des ordres pour la Reine, où je suis ? — C'est moi répondit Beaufort qui saurais toujours fort bien exécuter ce que S.M. me commandera — Je suis bien aise, répartit le prince, de savoir que c'est vous, pour vous apprendre le respect que vous me devez. — Seigneur Dieu, dit la reine, tout est perdu, Monsieur le Prince est en colère. Sur quoi, s'étant élevé un murmure confus de tous les courtisans, les uns en faveur du prince de Condé, les autres contre lui, la Reine imposa silence et commanda que tout le monde se retirât... ». Il fallut le lendemain que Beaufort présentât ses excuses à Condé qui en profita pour lui faire la morale : « Apprenez de moi qu'il faut en votre âge aller bride en main, quelque prétention qu'on puisse avoir et surtout ne perdre jamais le respect à plus seigneur que soi... »[83].

Le lendemain, la cour quitta Saint-Germain. Beaufort tenait la tête du cortège qui emmenait Louis XIV à Paris. Moment de griserie : « Depuis Nanterre jusqu'aux portes de cette grande ville toute la campagne était pleine de carrosses et ce n'étaient qu'applaudissements et bénédictions »[84]. Le corps du roi demeura seul sur place et, « ... le duc de Vendôme y resta pour faire les honneurs à son frère »[85]. C'était le cérémonial que nous avons vu se déployer pour Henri IV et — par exception — pour Gabrielle d'Estrées : tout le service de cour continuait à se dérouler implacablement autour de l'effigie de cire du défunt, tandis que le véritable cadavre gisait tout dépouillé, dans une salle basse du château, sur une dalle de marbre, en attente d'être éviscéré.

A Paris les intrigues allaient bon train. Retz, qui n'est alors que le coadjuteur, nous narre le fait dans son style implacable : « Le Roi mourut. M. de Beaufort, qui était de tout temps à la Reine et qui en faisait même le galant, se mit en tête de gouverner, dont il était moins capable que son valet de chambre. Monsieur l'évêque de Beauvais*, plus idiot que tous les idiots de votre connaissance, prit la figure de premier ministre et il demanda, dès le premier jour, aux Hollandais qu'ils se convertissent à la religion catholique si ils voulaient demeurer dans l'alliance de la France. La Reine eut honte de cette momerie »[86]. Mme de Motteville analyse finement la situation : « Sa cabale (de la reine) pour lors était celle de MM de Vendôme auxquels la disgrâce avait donné du lustre et des amis. Le père avait beaucoup d'esprit et c'était tout le bien qu'on en disait. Pour les deux princes, ses enfants, il n'en avaient pas tant que lui, mais ils étaient tous deux bien plus estimés par la profession qu'ils faisaient l'un et l'autre d'être fort hommes d'honneur ».

Monglat et Mme de Motteville soutiennent à bon droit que César fut le seul de son clan à se rendre compte de la nullité de l'évêque de Beauvais : « Le duc de Vendôme qui s'aperçut de cela et qui connut que le défaut d'un homme versé dans les affaires de l'Etat les perdrait tous, conseilla l'évêque de Beauvais de faire revenir des Noyers, secrétaire d'Etat, mais d'Emery** qui était ami du cardinal... lui mit dans la tête que des Noyers se voulait faire d'Eglise »[87].

César assiste donc conscient mais impuissant au mouvement qui va porter Mazarin aux premières places. Dans les jours qui précèdent la nomination du cardinal au ministère, il est à l'origine d'une curieuse démarche qui tend à rallier in extremis le camp de cette étoile montante : « Le comte de Fiesque se chargea d'aller dire au cardinal, de la part de messieurs de Vendôme, de Metz et d'Epernon, qu'ils souhaitoient être ses amis avec toute sorte de franchise et de sincérité ; mais qu'ils ne vouloient s'attacher qu'à lui seul... que la seule chose qu'ils lui demandoient pour marque de sa bonne volonté étoit qu'il détruisît le chancelier (Séguier), que la mort de M. de Thou et la manière dont il avoit procédé dans l'affaire des ermites rendoient odieux à ces Messieurs »[87]. Mazarin ruse. Il témoigne, « ... recevoir cette ouverture avec joie ». Il crie haro bien volontiers sur Séguier en qui il n'a pas confiance mais dit qu'il le laissera en place parce que le renvoyer ce serait rappeler Châteauneuf qu'il déteste plus encore. La reine, de concert avec l'éminence, brouille les pistes : « Ce qui nous abusa entièrement fut qu'au même temps qu'elle inclinait du côté du cardinal, elle promettait à M. de Beaufort les finances pour M. de la Vieuville,

---

* Augustin Potier qui était grand aumônier de la reine.
** Particelli d'Emery que Mazarin fera contrôleur général des finances.

faisait espérer les sceaux tantôt à M. de Châteauneuf, tantôt à M. de Bailleul... »[88]. Et la Châtre de conclure : « Je crois qu'il peut y avoir beaucoup de dissimulation dans tout ce procédé, mais aussi il y a eu beaucoup d'incertitude et d'irrésolution »[88].

Le testament de Louis XIII disposait qu'Anne d'Autriche aurait la garde de ses deux enfants et qu'elle gouvernerait avec Monsieur, Condé, Mazarin, le chancelier Séguier, Boutilhier de Chavigny ; qu'aucun d'entre eux ne pourrait être changé jusqu'à la majorité de Louis XIV et que tout se déciderait à la pluralité des voix. La valeur de ce testament, comme ceux de tous les rois ses prédécesseurs, était nulle : un monarque en France ne pouvait rien engager par-delà sa mort. Ce texte allait donc être cassé. La séance eut lieu le 18 mai 1643 : par décision de la reine César y figura après les princes du sang mais devant tous les ducs et pairs qui commencaient par Uzès et Ventadour[89]. Ephémère et extraordinaire résurrection du fameux rang intermédiaire, la première depuis 1610, la dernière avant 1694. C'était comme si le dernier état de la faveur d'Henri IV ressuscitait avec la mort de son fils. C'était l'œuvre de la reine effaçant d'un coup trente-trois années de prévention de Louis XIII contre les bâtards de son père. Dans cette séance du Parlement, c'est encore l'évêque de Beauvais qui fait office de principal ministre. Quant à Mazarin, La Châtre note : « Il parla à ses plus confidents de son retour en Italie comme d'une chose résolue »[88].

Le lendemain de la proclamation de la régence, le 19 mai — cinq jours après la mort de Louis XIII — il se fit deux coups de tonnerre. Tout d'abord, à quelques soixante dix lieues de Paris, le jeune duc d'Enghien moissonnait ses lauriers de grand capitaine, bousculant à Rocroi, « ... la redoutable infanterie espagnole ». A Paris, la reine, sans crier gare, nommait Mazarin principal ministre et ce, « ... sans en parler au duc de Beaufort ni à ses anciens confidents »[90]. Mazarin reçoit cet honneur, dans son style, paraissant se faire violence d'accepter : « Il promit de demeurer en France jusqu'à la paix seulement »[91] ; protestant tout haut de son indignité : « ... au désespoir, dit Retz, que sa qualité de cardinal ne lui permettait pas de s'humilier autant qu'il l'avait souhaité ».

Les jeux étaient faits et les dames s'en étaient mêlées : « Madame la princesse (Charlotte de Montmorency, princesse de Condé), piquée contre M. de Beaufort de la manière dont il en avoit usé envers madame de Longueville*, contre qui il avoit témoigné trop

---

* Geneviève de Bourbon-Condé, fille de Monsieur le Prince, dont Richelieu, on l'a dit, a empêché le mariage avec Beaufort.

de dépit et d'aigreur, fut une des premières qui parla pour eux »[92]. Eux, ce sont les anciens ministres de Richelieu qui refont surface dans le sillage de Mazarin : Boutilhier et Chavigny, son fils ; Séguier, qui avait harcelé César dans l'affaire des ermites puis Beaufort dans celle de de Thou. Pour décider tout à fait la régente, on avait fait intervenir un saint homme : Vincent de Paul — « Il attaqua la Reine par la conscience et lui prêcha incessamment le pardon des ennemis »[91] — Dans le sillage du nouveau cardinal, également, Monsieur et l'abbé de La Rivière, furieux d'avoir été déboutés de leurs avances auprès des Vendômes, enfin tous les amis de la reine qui n'avaient pas supporté les façons de paon de Beaufort : Mortemar, Beringhen, Montaigu, Liancourt.

Voici donc le fils de César de nouveau isolé. De cette élévation de Mazarin, le 19 mai, part un long crescendo de provocations et d'intrigues qui, en quelques semaines, va aboutir à la nouvelle catastrophe de la maison Vendôme.

Il y eut d'abord un moment de flottement, un petit nombre de jours pendant lesquels on put penser que la nomination du cardinal pouvait encore procéder des fameuses « hésitations de la Reine » : « Le cardinal de Mazarin ne faisait que de naître dans sa bonne volonté et elle ne lui faisait pas en apparence un si favorable traitement qu'au duc de Beaufort... »[93]. Dans le même sens, La Rochefoucauld : « Elle ménageait encore le duc de Beaufort et ne pouvait se résoudre à l'abandonner, si peu de temps après qu'elle lui avait confié ses enfants »[94].

Mais Pierre de La Porte, le portemanteau d'Anne d'Autriche, qui avait souffert pour elle la Bastille en 1637, lui pose très directement la question du parti à prendre. Voici la réponse « ... Je la suppliais très humblement de me dire laquelle de ces brigues elle voulait protéger, parce que je ne savais quel parti prendre et que je n'en voulais pas prendre d'autre que le sien. Elle me répondit qu'elle avait jeté les yeux sur le cardinal Mazarin dont ensuite elle me dit tous les biens imaginables »[95].

La Rochefoucauld nous décrit Beaufort, espérant encore après la nomination de Mazarin : « Le duc de Beaufort se soutenait par de vaines apparences de crédit et plus encore par cette opinion générale et mal fondée de son mérite et de sa vertu »[96].

La mort du roi avait permis le rappel de la dernière vague d'exilés, ceux qui l'avaient été par décision de justice. On vit ainsi revenir d'Epernon, M. et Mme d'Elbeuf — le beau-frère et la sœur de César — Bassompière, bien passé de mode depuis qu'il jouait aux cartes en bateau, sur la Seine, avec Gabrielle : « ... cet homme si galant, et qui avait passé autrefois pour la merveille de vieille cour, note La Rochefoucauld, paraissait alors comme un Allemand »[96]. Reparurent aussi, l'abbé de Saint-Cyran, condamné pour sa doctrine proche de Jansenius, enfin, celle que toute la cour attendait de revoir : Mme de Chevreuse, que ses amis appelaient impertinemment la chevrette. Elle revenait de Lorraine. Elle était l'amie d'Anne d'Autriche depuis plus de vingt ans ; elle savait le secret de ses amours avec Buckingham et, pour elle, elle avait souffert l'exil. On pensait qu'elle retrouverait invinciblement la première place mais le cœur de la reine était déjà trop occupé de Mazarin pour permettre un tel retour en affection. L'éminence, c'était bien là son style, accueillit le retour de la dame par quelques chatteries. La veuve de Luynes se méprit : « Elle reçut, écrit La Rochefoucauld, les avances du cardinal comme des preuves de faiblesse ».

Mme de Chevreuse allait éprouver l'extraordinaire ingratitude d'Anne d'Autriche. « Si l'on me demande, écrit La Châtre, d'où pouvait venir un si grand changement dans son esprit, je dirai librement que je l'impute à deux causes : l'une, que depuis que nous avons des obligations extraordinaires à des personnes, il semble que nous redoutions leur présence, comme si elle nous incitoit sans cesse à la reconnoissance et blâmoit notre ingratitude dans le moindre retardement ; l'autre, que sa vieille amitié pour madame de Chevreuse s'effaçoit peu à peu par la nouvelle pour le cardinal »[97].

La survenante, dépitée, alla donc rejoindre sa belle-mère — Mme de Montbazon — dans la coterie de Beaufort.

Deux mois encore nous séparent de la nouvelle disgrâce des Vendômes et pourtant la reine continue de leur donner des gages : elle leur livre la tête du ministre Boutilhier, leur ennemi, finalement contraint à la démission ; elle fait laver César de l'accusation d'empoisonnement portée contre lui par les ermites Poirier et Allais en 1641, ordonnant « ... leur procès être fait et parfait », laissant même entendre, « ... qu'on avait quelque lumière que M. le cardinal (Richelieu)... les avait incités à cela* »[98]. Campion confirme l'état d'esprit qui est celui de Beaufort dans l'été 1643 : « Le duc fut encore deux mois sans perdre espérance »[99].

* Entendons, à compromettre César.

C'est à la mi-juin que se fit enfin le mariage d'Elisabeth de Vendôme. Sa mère ne lui avait pas trouvé un saint parce que César, revenu entre temps en France, s'était mêlé de lui débusquer un grand parti. Elle devait épouser le plus galant et séduisant casseur de cœurs de toute la cour, le duc de Nemours, connu jusque-là sous le nom de duc d'Aumale et que la mort de son frère venait de faire chef de sa maison. Les ducs de Nemours étaient en France aux ducs de Savoie ce que les Guises étaient aux ducs de Lorraine, des cadets de ces familles souveraines, fixées dans le royaume. Charles-Amédée de Savoie avait dix ans de moins que sa fiancée — dix-neuf ans seulement en 1643 — c'était un portrait de Clouet habillé à la mode. Bussy-Rabutin nous le décrit dans l'*Histoire Amoureuse* : « ... (Il) avait les cheveux fort blonds, le nez bien fait, la bouche petite et de belle couleur... la plus jolie taille du monde, et dans ses moindres actions une grâce qu'on ne pouvait assez admirer »[100]. Ajoutez qu'en sus de toutes ces qualités de chevalier d'alcôve, il passait pour être la plus fine lame du royaume. La dot de Mlle de Vendôme était considérable : « ... 900 000 livres, savoir 100 000 écus d'argent comptant, 450 000 livres et deux baronnies en Poitou affermées 15 000 livres de rente et 50 000 écus en pierreries », auxquels venaient s'ajouter 100 000 livres « qu'elle emmeublissait »[101].

Tout se passa le mieux du monde. Le coadjuteur -futur cardinal de Retz- rendit les lettres qu'il avait écrites à Elisabeth et le duc de Nemours, dès le lendemain de la noce, alla retrouver Mme de Longueville, qui était alors sa maîtresse. Il se verra bientôt les suites tragiques de ce mariage.

La cabale des Importants.

Beaufort, se sentant glisser dans la défaveur, allait prendre la tête d'une cabale, celle qu'on a appelée cabale des Importants. Le mot vient d'une vieille bourgeoise de Paris, connue pour son esprit, Mme Cornuel. « Ce fut elle, dit Tallemant, qui donna le nom d'importants aux gens de la cabale de M. de Beaufort parce qu'ils disaient toujours qu'ils s'en allaient pour une affaire d'importance »[102]. Le coadjuteur (Retz) n'est guère tendre pour eux : « Une cabale de gens qui sont tous morts fous mais qui — dès ce temps-là — ne me paraissaient guère sages »[103].

Les chansonniers de Paris leur dédièrent aussitôt une ballade qui commençait ainsi :

« Courir nuit et jour par les rues,
« Sans affaires et sans desseins,
« Faire aux portes le pied de grue,

« Trancher du petit souverain
« Avec des brigands à sa suite,
« Contrefaire les capitans
« Et des premiers prendre la fuite,
« C'est ce que font les Importants !... »

Y-eut-il eu un complot ourdi par cette cabale contre Mazarin ? Retz le nie catégoriquement, accusant là-dessus Mazarin de finesse : « Vous avez vu que ce parti, formé dans la cour par M. de Beaufort n'était composé que de quatre ou cinq mélancoliques qui avaient la mine de penser creux et cette mine, ou fit peur à M. le cardinal Mazarin ou lui donna lieu de feindre qu'il avait peur... »[104]. Henri de Campion, qui avoue lui-même avoir retouché son manuscrit en 1661, après la mort de Mazarin, affirme au contraire qu'il y eut entreprise contre la vie de ce ministre : « A la fin, la duchesse de Chevreuse et lui (Beaufort) se voyant entièrement décrédités par les mauvais offices du cardinal Mazarin, unique cause de leur malheur, ils conçurent contre lui la plus forte haine »[105].

Le complot, d'après Campion, s'ébauche à la fin juillet 1643, chez le baigneur Prud'homme. Campion soutient avoir protesté de son désaccord à son maître à l'annonce de ces projets. Il promet toutefois d'obéir, sous deux conditions que Beaufort accepte sans marchander : il n'aura pas à mettre la main lui-même sur le cardinal et le duc ne lui ordonnera de se trouver que là où il sera lui-même, là où il pourra se tenir, « ... sans scrupule près de sa personne ».

Le complot s'échafaude : « Nous demeurâmes d'accord qu'il fallait prendre le temps où le cardinal était par la ville, que le duc de Beaufort avec ceux qui lui seraient nécessaires pour l'entreprise, ferait arrêter le carrosse et donnerait le coup de la mort à son ennemi... »[106]. Mais Campion se glorifie tout aussitôt d'avoir fait rater la première tentative : « Je passai devant le logis du cardinal, et le vis sortir en carrosse avec l'abbé Bentiviglio... Je demandai où il alloit et l'on me répondit chez le maréchal d'Estrées. Je vis que si je voulois donner cet avis, sa mort étoit infaillible, mais je crus que je serois si coupable devant Dieu et devant les hommes, que je n'eus pas la moindre tentation de le faire ; au contraire, j'allai dire au Duc que l'on m'avoit assuré chez le cardinal qu'il ne sortiroit point ce jour-là ».

Quelques jours plus tard, Mazarin sortit de chez lui, ayant le comte d'Harcourt dans son carrosse, Campion trouva le subterfuge de persuader à Beaufort qu'il fallait les tuer tous deux, ce qui fit encore différer l'affaire. Une autre fois encore, alors que les conjurés attendaient le cardinal dans la rue Saint-Honoré, le carrosse de l'éminence se présenta vide : « Je fus dans l'inquiétude que l'on peut penser, jusqu'à ce que, voyant passer le carrosse du duc d'Orléans, j'aperçus le cardinal dans le fond avec lui. Cela me donna une joie que je ne puis exprimer et j'allai représenter au duc de Beaufort qu'il devoit s'apercevoir que Dieu n'approuvoit pas son projet, puisqu'il s'y trouvoit tant d'obstacles. Cela l'ébranla et le fit rêver »[107].

Beaufort, aiguillonné par Mmes de Montbazon et de Chevreuse, décide d'agir de nuit. Il met dans la confidence le sieur des Essarts, capitaine au régiment des gardes, puis le duc d'Epernon. La rumeur du complot commence à filtrer : « Je suis bien assuré que ce soir-là, poursuit Campion, tous ceux qui étaient des assemblées étant venus avec moi aux Deux-Anges*, sur le quai, près du Louvre, il se trouva force gens qui nous observèrent »[107].

Le cardinal fut en effet averti d'avoir à se méfier et Campion suggère que c'est par l'indiscrétion de d'Epernon. On était aux derniers jours d'août, « l'on disait hautement à la cour que le duc de Beaufort avait voulu tuer le cardinal »[107]. Beaufort n'en décida pas moins de braver la rumeur, de continuer d'aller partout, la tête toujours aussi haute : « Quoique je lui conseillasse d'aller faire un tour à la campagne... Le lendemain il ne laissa pas de se montrer au Louvre »[107].

« *Mesdames, vous voyez, la reine me fait arrêter* ».

D'après Retz, Beaufort n'était coupable que de forfanterie. Le coadjuteur justifie même ainsi ses bravades : « Il fit vanité de donner au monde le spectacle d'un amant irrité »[108].

Malheureusement deux nouvelles affaires contribuèrent à brouiller davantage l'écheveau : la première qui était celle de l'amirauté, l'autre qui était une querelle de dames, donc une querelle sans merci, et qui acheva de discréditer le duc dans l'esprit de la régente.

L'affaire de l'amirauté était la conséquence de celle de Bretagne. Le maréchal de la Meilleraye, lassé des attaques dont il était l'objet de la part des Vendômes sur son gouvernement de Bretagne et qui ne se déplaçait plus dans Paris qu'avec une escorte, était allé trouver Anne d'Autriche et lui avait remis sa charge à disposition, à condition qu'elle la conserverait par devers elle. La reine l'accepta et se fit suppléer dans la province par un simple lieutenant. Ce montage sent son Mazarin, tout comme la compensation qu'il va proposer aux Vendômes pour éteindre leurs revendications.

---

* Nom d'un cabaret.

Il faut distinguer ici l'attitude de Beaufort et celle de César. César a le sens politique. Il voit Mazarin bien en selle et pour longtemps. Il prêche à son fils la réconciliation avec l'éminence : « M. de Vendôme le tourmentait tous les jours pour l'obliger à se réconcilier avec le cardinal, et ne pouvait rien gagner sur lui de ce côté là » [109]. Même chose en ce qui concerne l'abbé de La Rivière et Monsieur. Et là César prend même les devants : « Il lui fit donc offrir (à La Rivière) par le maréchal d'Estrées l'amitié du duc de Beaufort, son fils, dont il croyait pouvoir disposer, mais il se trompait fort... L'abbé de La Rivière écouta cette proposition avec beaucoup de joie et, ayant pris rendez-vous avec le maréchal d'Estrées, il fut surpris de n'y voir que M. le duc de Mercœur (dont il n'avait rien à craindre) avec Monsieur son père (qui lui était assez indifférent) et point du tout M. de Beaufort... Dès lors il se tint pour fourbé... » [110]. C'est ainsi que la Rivière, qui était l'âme et la conscience de Gaston, rallia définitivement le parti du cardinal.

C'est donc seul que le duc de Vendôme se lance dans la difficile négociation qui procède du projet de Mazarin. Le cardinal propose en effet, qu'à titre de définitif dédommagement pour la Bretagne, César recoive la surintendance de la navigation et du commerce qui emportait le titre d'amiral. Cette nouvelle amirauté réaménagée, comme on l'a dit plus avant, en surintendance de la navigation en faveur de Marie de Médicis puis de Richelieu, venait d'être donnée, sitôt après la mort de ce dernier à l'un de ses neveux, Armand de Maillé-Brézé, frère de la duchesse d'Enghien, qui avait vingt-cinq ans et qui devait mourir trois années plus tard, en Italie, fauché sur le pont d'un de ses navires par un boulet ennemi. En août 1643, donc peu de temps après avoir été pourvu de cette charge, Maillé reçoit l'ordre de se démettre en faveur des Vendômes contre promesse de larges compensations et Brienne est dépêché sur l'heure pour traiter avec César des conditions d'attribution et de survivance de cette amirauté [109].

Négociation ardue puisque Mazarin en sous-main élevait des difficultés et que César, selon son habitude, montrait de la hauteur : « Il faisoit difficulté de prendre l'amirauté sans l'ancrage*, et ne considéroit pas qu'il devoit, à quelque prix que ce fût, entrer en charge, après quoi il lui seroit aisé d'étendre ses droits » [111]. Finalement, fin août, « ... les choses étaient si fort avancées que le duc était convenu de certains articles qu'il se faisait fort de faire ratifier par son fils » [112]. Ce que confirme le maréchal d'Estrées : « L'affaire de l'amirauté étant toute prête de s'achever » [113], mais

* Droit perçu par l'amiral sur l'ancrage des vaisseaux marchands.

qu'infirme Mme de Motteville : « Le cardinal Mazarin avait fait résoudre la Reine à la laisser (l'amirauté) au duc de Brézé » [114].

L'autre affaire — la plus lourde de conséquence — c'est une empoignade de dames qui se haïssent. Elle oppose Madame la Princesse et sa fille, Mme de Longueville, l'ancienne maîtresse de Beaufort, à Mme de Chevreuse et Mme de Montbazon, cette dernière, belle-mère de la première mais surtout maîtresse en titre de Beaufort.

La Rochefoucauld en donne le détail : « Un jour que Mme de Montbazon gardait la chambre et que beaucoup de personnes de qualité l'allèrent voir dont Coligny était du nombre, quelqu'un, sans y penser, laissa tomber deux lettres bien écrites, passionnées et d'un beau caractère de femme. Mme de Montbazon, qui haïssait Mme de Longueville, se servit de cette occasion pour lui faire une méchanceté. Elle crut que le style et l'écriture pourraient convenir à Mme de Longueville bien qu'il y eut peu de rapport et qu'elle n'y eut aucune part. Elle prévint le duc de Beaufort pour le faire entrer dans ses sentiments et tous deux, de concert, firent dessein de répandre dans le monde que Coligny avait perdu des lettres de Mme de Longueville qui prouvaient leur intelligence ». Mme de Montbazon fut rapidement confondue et contrainte à des excuses publiques : « Le duc d'Enghien venait de prendre Thionville, poursuit l'auteur des *Maximes*... La crainte de son ressentiment, plus que toute autre raison, fit soumettre Mme de Montbazon à tout ce qu'on voulait lui imposer. Elle alla à une heure marquée, à l'hôtel de Condé... Toutes les personnes de la plus grande qualité s'y étaient rendues pour être témoin d'un discours qu'on avait prescrit à Mme de Montbazon et qu'elle fit pour excuser sa faute et en demander pardon » [115].

Cette réparation ne contenta pourtant pas les Condés. Mme de Motteville nous montre en effet Mme de Montbazon lisant la harangue d'excuses attachée à son éventail, « ... de la manière du monde la plus fière et la plus haute, faisant une mine qui semblait dire : je me moque de ce que je dis » [116]. Aussi, après cela, « Madame la Princesse... supplia-t-elle la Reine de lui permettre de ne se point trouver en un lieu où serait la duchesse de Montbazon ce que la Reine lui accorda facilement » [116].

Mme de Montbazon montra alors quel était son caractère. Décidée à se venger de l'humiliation subie, elle parut, quelques jours plus tard, à une collation que donnait la reine, chez le traiteur Renard, au bout du jardin des Tuileries. « Elle y vint, nous dit La Rochefoucauld, sans avoir préparé Madame la Princesse à trouver bon qu'elle se présentât devant elle. Ce manque de précaution irrita Madame la Princesse, elle voulut que Mme de Montbazon sortit et, sur le refus qu'elle en fit, la Reine lui ordonna de le faire et lui envoya en même temps un ordre de sortir de la cour. Mme de Chevreuse, le duc de Beaufort et les Importants crurent partager cette disgrâce... Le cardinal Mazarin savait trop bien mettre en usage une telle conjoncture pour ne s'en servir pas dans ses desseins » [117].

Beaufort voulut alors mettre Paris à feu et à sang : « Il se montrait outré de l'exil de Mme de Montbazon et quand la reine voulait lui parler il s'en éloignait avec une manière si dédaigneuse que cela même était capable de détruire toute l'amitié qu'elle eût pu avoir pour lui » [118]. Il aggrava même son cas par pure forfanterie : « Et de fait, deux jours après, la Reine étant allée au bois de Vincennes faire collation chez M. de Chavigny, il y fut et en eût une mauvaise réception, je ne sais si cela le piqua mais il s'en revint aussitôt dans Paris et étant allé au Louvre y attendre le séjour de S.M., il y trouva le cardinal à qui — à ce qu'on dit — il fit quelque question s'il sortait, qui le mirent en alarme. Quelques temps après on le vint avertir (Mazarin) qu'il y avait des cavaliers sur le quai qui semblaient attendre quelque chose, après cela il ne douta pas qu'on le voulût assassiner » [118].

La patience de la reine était à bout. Le soir même, Mme de Motteville en reçut la confidence : « Elle me fit l'honneur de me dire, comme je m'approchai d'elle et que je lui demandai raison de ce tumulte — Vous verrez devant deux fois vingt-quatre heures comme je me vengerai des tours que ces méchants amis me font » [119].

Le lendemain de l'esclandre du bois de Vincennes — c'était le 2 septembre — Beaufort s'était rendu de bon matin près de son père qui prenait les eaux à Conflans et qui l'avait fait appeler, « ... fort en peine et fâché de ces bruits qui couraient... » [120]. « Ce qui achève de le perdre », estime La Châtre, dans la croyance que s'il était resté à Paris, « ... il aurait pu encore s'éclaircir avec le cardinal ». La Châtre toujours : « On lui conseilla de s'en aller pour quelques jours à Anet mais il se confia si fort à la bonne volonté de la Reine pour lui qu'il s'en voulut venir droit au Louvre » [121].

En entrant au Louvre, il rencontra sa mère et sa sœur, très inquiètes : « Elles avoient appris le bruit de cet assassinat, et vu l'émotion qui avoit paru dans le visage de la Reine, dit Mme de Motteville qui va nous conter la catastrophe jusqu'à son terme, elles firent ce qu'elles purent pour empêcher ce prince de monter en haut, et lui dire que ses amis étoient d'avis qu'il s'absentât pour quelques jours, afin de voir ce qu'il devoit faire ; mais lui, sans s'étonner, continua son chemin, et leur répondit ce que le duc de Guise avoit répondu à un billet qui l'avertissoit qu'on le devoit tuer : « On n'oseroit. » Il entra donc chez la Reine... Il la trouva dans son grand cabinet du Louvre, qui le reçut aimablement, et qui lui fit des questions sur sa chasse, comme si elle n'eût eu que cette pensée dans son esprit. Elle avoit appris à bien dissimuler du feu Roi son mari, qui avoit pratiqué cette laide mais nécessaire vertu, plus parfaitement qu'aucun prince du monde... Le cardinal étant arrivé sur cette douce conversation, la Reine se leva et lui dit de la suivre. Il parut qu'elle vouloit aller tenir conseil dans sa chambre. Elle y passa, suivie seulement de son ministre. En même temps le duc de Beaufort, voulant sortir par le petit cabinet, trouva Guitaut, capitaine des gardes de la Reine, qui l'arrêta, et lui fit commandement de le suivre de la part du Roi et de la Reine. Ce prince, sans s'étonner, après l'avoir regardé fixement, lui dit — Oui, je le veux, mais cela, je l'avoue, est assez étrange. Puis se tournant du côté de mesdames de Chevreuse et de Hautefort, qui étoient dans le petit cabinet, et qui causoient ensemble, il leur dit — Mesdames, vous voyez, la Reine me fait arrêter. »[122].

III — VINCENNES, LIEU FATAL.

La foudre mazarine.

A l'annonce de la catastrophe de son petit-neveu, le maréchal d'Estrées, frère de Gabrielle, court à l'hôtel de Vendôme. Deux jours auparavant, Mazarin s'était plaint à lui en ces termes : « Je ne sais pas ce que j'ai fait à M. de Beaufort que l'on me dit me vouloir tant de mal et avoir de mauvais desseins contre ma personne »[123]. Le maréchal avait transmis l'avis, mais sans succès. Mme de Vendôme et Mme de Nemours qu'il trouve seules — elles s'en repartaient chez elles quand Beaufort les avait rencontrées au Louvre — retournent au palais, « ... se jeter aux pieds de la Reine pour lui demander sa grâce, mais elle étoit enfermée (la reine), et leurs larmes ne furent point vues. »[124].

Le duc de Vendôme revenait au même moment de Conflans. Près de la porte Saint-Antoine, il rencontre Campion, Lié et Brillet, les serviteurs de son fils, qui faisaient le tour du fossé extérieur de la ville, de crainte d'être arrêtés. Les trois cavaliers lui demandent ses ordres : « Il répondit que nous n'avions qu'à rentrer dans Paris avec lui. Je m'approchai de son oreille et répliquai que nous nous étions trouvés à quelques assemblées, lesquelles, quoique sans mauvais dessein de notre part, feroient peut-être du bruit. Il repartit incontinent, sans s'informer davantage, que nous allassions à Anet, où nous aurions de ses nouvelles. »[125].

Tous les fidèles du prisonnier n'auront pas cette chance. César, qui fait preuve de beaucoup d'énergie dans les débuts de cette catastrophe, avant de s'écrouler très vite comme nous l'allons voir, interroge les serviteurs de son fils à brûle-pourpoint. Ce n'est qu'à ce moment là, selon Campion, qu'il découvre la gravité des menées des Importants. On s'aperçoit au même moment qu'on a perdu la trace de deux des serviteurs du duc de Beaufort, les nommés Avancourt et Brassi, qu'il importe de mettre en sûreté comme tous les autres, pour que la justice ne puisse interroger aucun des familiers du duc. Campion nous narre la suite en s'attribuant le rôle principal : « Il (César) manda à Avancourt et à Brassi de venir à Anet ; mais eux, qui avoient déjà été gagnés par un nommé Boissi, gouverneur de Pontdormi et attaché au cardinal, se firent prendre en chemin. On les mena à la Bastille, où ils déposèrent que je les avois fait assembler plusieurs fois de la part du duc de Beaufort pour les intérêts de Mme de Montbazon, à ce que je leur avois dit. Cela ne donnoit point manière d'interroger le Duc, puisqu'il avouaient qu'il ne leur avoit pas parlé... L'on connut alors que l'on ne pouvoit travailler à son procès (celui de Beaufort) avant de me prendre. »[126]

Les amis de Beaufort sont tous inquiétés et d'abord La Châtre, qui reçoit l'ordre de se démettre de sa charge de colonel des Suisses pour la restituer à Bassompière qui en avait été autrefois le titulaire[127]. Montrésor et Béthune sont également recherchés : « Une heure après qu'il fut arrêté dans le Louvre par Guitaut, capitaine des gardes de la Reine, raconte Montrésor, nous fûmes avertis, le comte de Béthune et moi, par un homme de qualité, que nous serions compris dans cette disgrâce et que ce serait plutôt par la prison que par l'éloignement de la cour. »[128]. Les deux amis décident pourtant de ne pas fuir et d'attendre la sentence qui finit par tomber à la mi-journée : « L'ordre avait été donné de nous bannir... L'exempt des gardes du Roi qui en avait reçu la commission, nous ayant trouvé ensemble, l'exposa avec la civilité qui dépendait de lui »[128]. Saint-Ibar, cousin de Montrésor, est également prié de déguerpir « dans l'une de ses maisons ». L'insolence aristocratique ne perd jamais ses droits. Saint-Ibar n'avait pas un sou vaillant : « Il répondit en riant qu'il s'apercevait bien que

S.M. avait été aussi mal informée de son bien que de ses crimes et qu'il s'en irait en Hollande pour lui témoigner son obéissance »[128].

Montrésor et Béthune, avant de quitter Paris, rendent visite à M. de Vendôme. Ils sont ébahis : « ... (Il) nous traita, poursuit Montrésor, de la plus étrange façon, que des gens comme nous, chassés sur le prétexte de M. de Beaufort, son fils, le pussent être dans une semblable occasion. Il s'attacha fort à condamner sa conduite et le blâma particulièrement de ne s'être point voulu lier d'amitié et d'intérêt avec La Rivière, quoiqu'il le lui eu souvent conseillé, qu'il ne doutait point que ce fut notre considération qui l'en avait empêché... J'ai remarqué en sa personne, conclut Montrésor, un procédé qui contrevenait entièrement à la bienséance et l'usage ordinaire : les hommes doivent être, sans comparaison, plus constants dans les adversités que les femmes, dont la faiblesse mérite d'être accusée. Néanmoins il était au lit, tellement abattu qu'il n'était pas connaissable, et Madame sa femme, levée, recevait les visites qui lui étaient rendues avec une constance que l'on ne saurait trop estimer... »[129].

Mme de Vendôme est soutenue par Philippe de Cospéan, l'évêque de Lisieux, qui d'après Tallemant, se trouvait à l'hôtel de Vendôme lors de ces évènements. Ce prélat sera chassé de Paris dans les jours qui suivront, Mazarin n'ayant pas pour lui les prévenances que Richelieu lui avait marqué autrefois. L'évêque de Beauvais sera également prié de s'en retourner dans son évêché et on lancera un cavalier à la poursuite de celui que la reine avait dépêché, trois jours auparavant vers Rome, dans le but d'obtenir pour lui un chapeau de cardinal. De même, l'affaire de l'amirauté est-elle suspendue et Brézé laissé amiral pour son plus grand malheur puisqu'il devait perdre la vie, dans l'exercice de sa charge, au large de Naples.

Pour couronner le tout, Dijon, l'un des gentilshommes ordinaires du roi, se présente à l'hôtel de Vendôme : ordre est donné à M. et Mme de Vendôme et à M. de Mercœur « ... de sortir incessamment de Paris ». « Le duc de Vendôme, poursuit Mme de Motteville, s'en excusa d'abord sur ce qu'il était malade, mais, pour le presser d'en partir, et lui faire faire son voyage plus commodément, la Reine lui envoya sa litière »[130]. Seule Mme de Nemours — « grosse »[131] — ainsi que son mari échappaient, pour l'instant, à la proscription familiale.

Ç'en était fait à nouveau de la coterie des Vendômes, qui n'était rien à l'aube de l'année, qui avait été la première à l'heure de la mort du roi et qui était retournée dans son néant avant la fin de l'été, fabuleuses oscillations de la fortune des grands.

Mais quels étaient les vrais sentiments d'Anne d'Autriche, au soir de ce 2 septembre, envers « le plus honnête homme de France » ? Visiblement l'attachement qu'elle portait à son beau cousin n'était pas mort. Ecoutons, là-dessus, le témoignage de Mme de Motteville qui se trouvait près de la reine : « ... Le lendemain de la détention du duc de Beaufort, pendant qu'on peignoit la Reine, elle nous fit l'honneur de nous dire, à deux de ses femmes et à moi, ce que ce prince avoit dit à Guitaut quand il fut arrêté. Elle estima la grandeur de son courage d'avoir marqué tant d'indifférence pour son malheur, et nous dit qu'elle l'avoit plusieurs fois averti de changer de conduite, et que s'il avoit cru ses conseils, il auroit évité sa digrâce ; et nous assura qu'elle s'étoit résolue de le faire arrêter avec une douleur incroyable, le plaignant de tout ce qu'il alloit souffrir lui et toute sa famille ; et que dans le moment qu'elle sut qu'on exécutoit l'ordre qu'elle en avoit donné, elle sentit un grand battement de cœur... »[132].

Et que faisait, au même instant, l'intéressant objet de tout ces mouvements ? Il était plus grand seigneur que jamais, plus Beaufort que jamais. Ainsi, à l'heure de son arrestation : « Quand le duc de Beaufort fut entré dans la chambre de Guitaut, où d'abord on le mena, il demanda à souper. Il mangea de grand appétit et dormit de même »[133].

Au matin du 3 septembre il avait été mené par ce même Guitaut au Bois de Vincennes, comme on disait alors pour désigner à la fois le château et la prison. « On lui donna, poursuit Mme de Motteville, un valet de chambre pour le servir et un cuisinier de la bouche. Ses amis se plaignirent de ce qu'on ne lui avoit pas donné quelqu'un de ses domestiques ; mais la Reine, à qui j'en parlai à leur prière, me répondit que ce n'était pas l'usage »[133].

L'on chansonna aussitôt :

« Beaufort est dans le Donjon
« Du bois de Vincennes.
« Pour supporter sa prison
« Avec moins de peine,
« Zeste, zeste,
« Il aura sa Monbazon
« Deux fois la semaine ».

Retz tire la leçon des évènements : « Vous ne serez pas surpris de ce qu'on le fut de la prison de M. de Beaufort dans une cour où l'on venait de les ouvrir à tout le monde sans exception mais vous le serez sans doute de ce que personne ne s'aperçut des suites... Quand on vit que le cardinal avait arrêté celui qui, cinq ou six semaines devant, avait ramené le Roi à Paris avec un faste inconcevable, l'imagination de tous les hommes fut saisie d'un étonnement respectueux... L'on se croyait bien obligé au ministre de ce que, toutes les semaines, il ne faisait pas mettre quelqu'un en prison et l'on attribuait à la douceur de son caractère les occasions qu'il avait de ne pas mal faire... »[134].

La reine ne se contentait plus de dire que l'éminence lui était utile, elle proclamait qu'elle voulait s'en servir. Mazarin parut le premier étonné de la rapidité de son succès et railla, d'après Ondedei, « la légèreté des Français »[135].

Pourtant Anne d'Autriche et son ministre n'avaient pas ramené la paix civile puisque les Condés s'étaient aussitôt cru en puissance de tout obtenir. Enghien revenait auréolé des triomphes de Rocroi et de Thionville. Il réclamait pour son père et pour lui-même, pêle-mêle, l'amirauté que n'avait pas eue César — mais qu'avait toujours son beau-frère Brézé — la Franche-Comté érigée en souveraineté pour sa lignée et l'anéantissement sans retour de leurs plus constants ennemis : les Guises et les Vendômes.

Enfin, l'affaire des lettres de Mme de Longueville eut un sanglant épilogue par la faute de Madame la Princesse, désireuse de parfaire la vengeance de sa fille : « Le duc d'Enghien, rapporte La Rochefoucauld, ... ne pouvant témoigner au duc de Beaufort qui était en prison, le ressentiment de ce qui s'était passé entre Mme de Longueville et Mme de Montbazon, il laissa à Coligny la liberté de se battre contre le duc de Guise qui avait été mêlé à cette affaire »[136]. Coligny était faible, peu adroit et il relevait d'une longue maladie. Il choisit d'Estrades, futur maréchal de France, pour appeler le duc de Guise qui se servit de Bridieu. Ils prirent rendez-vous à la Place Royale. Le duc de Guise, en mettant l'épée à la main, dit à Coligny : « Nous allons décider les anciennes querelles de nos deux maisons, et on verra quelle différence on doit mettre entre le rang de Guise et celui de Coligny ». Le combat fut bientôt fini : Coligny tomba et le duc de Guise, pour l'outrager, lui ôtant son épée, le frappa du plat de la sienne. D'Estrades et Bridieu se blessèrent dangereusement l'un et l'autre et furent séparés par le duc de Guise. Coligny, accablé de douleur d'avoir si mal soutenu une si belle cause, mourut quatre ou cinq mois après d'une maladie de langueur[137].

Ce fut l'un des duels les plus romanesques du temps : Coligny était allé à ce combat persuadé d'être tué mais joyeux de ne pas manquer à l'honneur, Mme de Longueville — d'après Mme de Motteville — assistait au combat, cachée derrière une fenêtre, chez son amie, la duchesse de Rohan. « Elle retira, conclut la mémorialiste, peu de satisfaction de sa curiosité ».

La morgue de Condé.

Mazarin avait manifesté d'abord l'intention de faire à Beaufort son procès. Cela étonna : « Ce coup de rigueur fait dans un temps où l'autorité était si douce et comme imperceptible fit un grand effet »[137]. L'éminence éprouva, en tout cas, le besoin de justifier l'arrestation du prince par une lettre du 13 septembre, écrite au nom du roi, adressée aux gouverneurs des provinces et aux généraux. On y lit ceci : « J'ai été contraint, de l'avis de mon oncle, le duc d'Orléans, et de mon cousin, le prince de Condé, de m'assurer de la personne dudit sieur de Beaufort et de commander à quelques autres de se retirer en leurs maisons, afin d'assurer par ce moyen le repos de mes sujets ». A l'égard de Molé, premier président du Parlement, il justifiait différemment sa décision : « Ayant été contraint de faire arrêter mon cousin le duc de Beaufort... afin de dissiper quelques cabales et mauvaises pratiques qui se formoient dans la Cour au préjudice de mon autorité... »[138].

Goulas remarque que cette rumeur de procès fut brève : « Le bruit cessa tout à coup et on n'en parla plus, même la reine qui avait dit qu'elle publierait un jour les raisons de sa détention et de l'éloignement des autres ne s'en souvint point... »[139]. Les soutiens de la maison de Vendôme eurent beau jeu dès lors de parler de déni de justice et de protester contre le maintien en prison d'un prince à qui l'on ne pouvait rien reprocher de tangible.

On l'a dit, d'après Campion, seule sa propre arrestation eut pu permettre que Beaufort fut inquiété, à cause du lien que la justice aurait pu établir entre ses propres aveux et ceux d'Avancourt et de Brassi, tenus toujours prisonniers à la Bastille. César, arrivé à Anet avec sa famille, avait repris ses esprits : « Le duc de Vendôme, poursuit Campion, jugeant par ce qu'il avait appris de Lié et de moi que de ma sureté dépendait celle de son fils, me pria de ne bouger du château, prenait lui-même le soin de me faire divertir et me traitait d'une façon très-obligeante. »[140].

Campion, relayé par d'Ormesson, nous montre Mazarin s'acharnant contre la thébaïde d'Anet. Un prince aussi munificent que César ne pouvait éviter d'avoir beaucoup de monde chez lui et, dans sa situation, cela prêtait à jaser. Voici ce qu'en dit d'Estrées : « Monsieur de Vendôme, pensant qu'on le laisserait en repos dans sa maison d'Anet n'en put pas jouir longtemps, estant visité de ses amis de la cour et de force noblesse de ces quartiers-là. Sur quoy, des gens, pour se faire de feste et mériter de la cour, voulurent faire croire que ces compliments et visites estoient des assemblées et cabales contre le service du roy, et qu'elles pourroient produire quelques desseins contre la personne du cardinal »[141].

Au début de janvier 1644, Mazarin craignit qu'une sédition ne fasse évader Beaufort de Vincennes.

Les amis du duc remuaient en effet de puissantes machines pour sa libération. On jugeait son châtiment non proportionné à sa faute et l'on critiquait l'inconstance d'Anne d'Autriche : « Quelques personnes affectionnées à cette maison disgrâciée, écrit Mme de Motteville, trouvèrent que la Reine avait fait une trop grande affaire d'une bagatelle »[142].

L'ingratitude de la veuve de Louis XIII, qui avait abandonné tous ses amis, qui avait quitté son ancienne gaieté pour la dévotion, inspira alors ce très beau poème à Voiture :

« Je pensais que la destinée
« Après tant d'injustes malheurs
« Vous a justement couronnée
« De gloire, d'éclat et d'honneur
« Mais que vous étiez plus heureuse
« Lorsque vous étiez autrefois
« Je ne veux pas dire amoureuse
« La rime le veut toutefois.
« Je pensais que ce pauvre amour
« Qui toujours vous prêta ses armes
« Est banni loin de votre cour
« Sans ses traits, son arc et ses charmes
« Et ce que je puis profiter
« En passant près de vous ma vie
« Si vous pouvez si mal traiter
« Ceux qui vous ont si bien servie.
« Je pensais (car nous autre poètes
« Nous pensons extravagamment)
« Ce que, dans l'humeur où vous êtes
« Vous feriez, si dans ce moment
« Vous avisiez en cette place
« Venir le duc de Buckingham
« Et lequel serait en disgrâce
« De lui ou du Père Vincent ».

Dans le même temps la tyrannie de la maison de Condé, son insolence qui n'avait plus de contrepoids, indisposaient. L'extrême popularité de Beaufort commence avec sa prison. Il était bruit d'un serment que les Guises et toute la maison de Lorraine avait prêté de le faire sortir de son donjon. Mlle de Montpensier, poussée par sa gouvernante, Mme de Fiesque, faisait le siège de son père pour qu'il intervint. Mme de Vendôme agitait le parti des saints en faveur de ce fils pour lequel elle marquait de la préférence : Vincent de Paul, qui avait été l'artisan de l'ascension de Mazarin, mais qui poussait très loin le sentiment de l'équité, le vieux Gondi, retiré à l'Oratoire et que la cour vénérait. La duchesse de Nemours faisait faire, en faveur de son frère, quelques caracoles, dans le même but, à son sémillant et impétueux mari. Même la reine d'Angleterre, Henriette, malgré le désordre des affaires de son pays, prenait le temps d'écrire à sa belle-sœur de France en faveur de « son neveu François ».

Mazarin décida de réagir dans son nouveau style qui était tout de fermeté. Il arrêta de faire enlever l'un des lieutenants de Beaufort à Anet — Campion nous assure que ce lieutenant c'était lui, alors que d'Ormesson et d'Estrées parlent de Ganseville — Quoiqu'il en soit voici comment il s'y prit : « Le cardinal Mazarin, raconte Campion, ayant ordonné au prévôt de l'Ile de France — D'après d'Estrées, il se nommait Louis-David de Petit-Puy — de trouver les moyens de me prendre avec quelques-uns de ceux qui avoient été aux assemblées de M. de Beaufort, le prévôt ménagea une intelligence avec une demoiselle de bonne composition, nommée la Le Bret, qui demeuroit à l'extrémité du bourg d'Anet. Ganseville et plusieurs gentilshommes de la maison étoient tous les jours chez elle ; mais je n'y allois jamais, pour l'aversion que j'ai toujours eue pour toutes sortes de débauches »[143].

Le lendemain des Rois de l'an 1644, « ... la Le Bret fit venir deux des plus belles et des plus débordées filles de Paris, fit cacher dans une de ses chambres hautes dix archers du prévôt, lequel convint d'être la nuit, avec cinquante autres et les chevaux des dix, dans un jardin derrière le logis, hors du bourg ». Tout cela concerté, la Le Bret fait appeler Ganseville dans son cabaret, lequel décide Campion à l'accompagner[129].

Campion se rend donc une première fois, dans l'après-midi du 18 janvier 1644, chez la Le Bret. Il y flaire quelque traquenard mais, toujours par amitié pour Ganseville, promet de revenir danser le soir. A l'heure dite il se dirige vers cette maison de plaisir, mais, tandis qu'il chemine, il est rappelé au château par César, à cause d'une lettre qui venait d'arriver. Il repart seul en compagnie de Beauregard, laissant ses autres compagnons, Ganseville et Saint-Filbert, tomber dans le piège tendu par le prévôt : « Le bruit des coups que l'on tira fit que l'on vint avertir au château, où nous ne faisions qu'entrer, Beauregard et moi. Nous courûmes sur le lieu à pié, avec la plupart des gens de la maison, mais nous ne trouvâmes plus personne. Nous revînmes monter à cheval, le duc de Vendôme lui-même en voulut être, nous suivîmes les archers trois lieues, mais l'obscurité de la nuit nous empêcha de les rencontrer, et ils se retirèrent à Montfort-l'Amauri, où le lendemain, les Gendarmes et les Chevau-Légers de la Garde du Roi allèrent prendre les prisonniers pour les conduire à la Bastille. » [144].

César éloigne aussitôt Campion en l'assurant d'une pension de deux mille livres annuelles. Par vengeance, il fait incendier la maison du guet-apens, « ... ce qui fit un grand bruit et éclata à la cour comme une grande violence » [145].

Mazarin, qui se rend compte qu'il ne tirera rien de Ganseville — ce qui renforce la croyance qu'on peut avoir dans l'idée que c'est bien Campion qui était recherché — décide de faire instruire sur l'incendie du cabaret de la Le Bret. Il dépêche le sieur de Troiville, lieutenant des mousquetaires, pour investir Anet avec trois régiments. Ils accompagnent M. de Corberon, lieutenant-criminel. Le 3 février, dans son *Journal*, d'Ormesson note : « ... après le dîner M. de Corberon, en habit court, et un lieutenant des gardes, vinrent saluer M. le chancelier comme étant de retour d'Anet... L'on disait que M. de Corberon avait trouvé tout ouvert, que M. de Vendôme s'en était retiré » [146]. D'après Campion, le sieur de Baroche, lieutenant des gardes du corps du Roi, dépêché à Anet par Corberon, « ... vint au château et faisant tenir à la porte six gardes, demanda le duc de Vendôme, qui étoit sorti avec le duc de Mercœur, sur l'avis de l'arrivée des troupes. La duchesse se présenta, et il lui montra un ordre qu'il avoit de nous prendre et de nous mener à la Bastille. Elle commanda au concierge d'ouvrir toutes les portes » [147]. Le nid était vide, César et Mercœur s'étaient en effet retirés.

Mazarin entra alors dans une terrible colère. Il ordonna à César de venir se justifier à la cour. César avait l'expérience douloureuse de ce genre d'invitation : « Comme il vit qu'on le voulait arrêter ou le faire sortir de France, il se résolut au dernier comme le plus sûr, prit une perruque noire, se peignit de la même couleur la barbe qu'il avait blonde, et, suivi de deux des siens, traversa ainsi déguisé toute la France » [148]. César, accoutré de la sorte, file d'abord vers Vendôme, « ... où il ne fut pas longtemps en patience, ayant reçu des lettres du Roi pour venir rendre compte de ses actions et se justifier » [149]. De là, il se retire dans son duché de Mercœur — occasion pour lui de mettre pour la première fois les pieds dans ce nid d'aigle auvergnat qui n'est plus déjà qu'un tas de ruines* — De là, toujours poursuivi par des émissaires du cardinal, il passe à Genève

* Mercœur où il subsiste un château en ruines dans la commune d'Ardes-sur-Couze, près d'Issoire.

en juin. Dans sa fuite il n'est accompagné que des trois ou quatre fidèles dont nous dirons bientôt le caractère très particulier.

Henri de Campion, quant à lui, est passé à Jersey. Il y reçoit en août, une lettre tout à fait obligeante de César : « Il me priait d'aller passer son exil avec lui, m'assurant qu'il partagerait avec moi tout ce qu'il aurait » [148]. Cette lettre est appuyée d'un mot de Beauregard, ami de Campion, qui a suivi le duc hors du royaume.

L'expérience que va vivre Campion en rejoignant César sera cuisante. Il assure en avoir eu le pressentiment, levant le voile, du même coup, sur la partie, qui n'est pas si cachée que ça, de la vie de M. de Vendôme : « Ces lettres me donnèrent de l'inquiétude par la connaissance que j'avais de l'humeur de ce prince et de la mienne ; je le savais gouverné par de jeunes valets qui, selon l'opinion commune, se maintenaient en ses bonnes grâces par des moyens honteux et infâmes. Je les avais toujours méprisés en France sans que cela ait fâché le Duc » [150].

Campion hésite à partir : « Je considérai que tous ses gentilshommes et Beauregard même, avaient fait amitié avec les mignons pour se maintenir ; que je ne pourrais me déterminer à les imiter, le trouvant honteux et répugnant à ma manière d'être ordinaire ». Il se résoud toutefois à faire le voyage de Genève, par fidélité à son maître retenu en prison, considérant César comme celui à qui, seul, « ... il devait obéissance pendant la prison du duc de Beaufort » [151].

Campion traverse la France avec son valet. Passant à trois lieues d'Anet, il y apprend du duc de Mercœur et de sa mère, « ... que le Duc avait été contraint de sortir de Genève, qu'il ne leur avait point encore appris où il se fixerait » [151]. La sortie de Genève de César était le résultat des tracasseries de l'ambassadeur de France, qui avait obligé le fils de Gabrielle à se réfugier avec sa petite suite, à Saint-Gall, en terre d'Empire.

Campion, resté caché en Normandie, est informé fin septembre du lieu de la nouvelle résidence du duc. Il gagne donc Saint-Gall en passant par Sens, Chalon et Genève. Arrivé là-bas, il apprend que César s'est retiré à Venise. Il s'y rend aussitôt. A Padoue, il reçoit la nouvelle que le père de son maître venait de quitter Venise pour Rome, après que la Sérénissime eut refusé l'offre qu'il lui faisait de se mettre à son service contre les Turcs.

Campion, bravement, se remet en selle. Il n'est pas au bout de ses peines : « Je fus, par Rovigo et Ferrare, à Bologne, d'où je me mis en devoir de passer les Apennins pour gagner Florence, où j'appris que le duc de Vendôme, ayant eu défense du Pape d'entrer sur ses terres, parce qu'il avoit été autrefois accusé d'avoir attenté à la personne du cardinal de Richelieu, s'étoit mis sous la sauvegarde du grand-duc de Toscane, qui l'avoit reçu de bonne grâce... »[151].

Une terrible déconvenue attendait Campion : « Je crus que le duc de Vendôme me recevrait bien, après tant de dangers et de dépenses pour obéir à ses ordres. Il logeait au vieux palais de Florence, où je m'acheminai pour le saluer... Beauregard, après les premières embrassades, me tira en particulier pour m'apprendre que sa fortune était entièrement changée ; qu'ayant eu plusieurs démêlés avec le principal des favoris du Duc, appelé Tierceville, qui avait été son intime ami, mais dont l'insolence n'était plus supportable, il avait eu la veille une altercation avec le Duc même, et qu'elle alla si loin, que ce Prince voulut le prendre à la gorge après lui avoir dit plusieurs paroles fâcheuses... »[152].

Campion décide malgré tout de faire face : « J'allai chez le Duc, que je trouvai soupant avec Beaupuis et la plupart de ses gentilshommes. Il eut un tel chagrin de me voir, que, ne se pouvant vaincre à cet abord, à peine me salua-t-il... »[152]. La froideur de César augmentant à son égard, Campion demande à Beaupuis de lui dire qu'il offrait de se retirer si sa présence importunait. César retrouve alors un tour plus galant : « Il répondit à Beaupuis qu'il n'avait nul sujet de se plaindre de moi, mais qu'il croyait être excusable si dans ses malheurs il n'était pas toujours en humeur de caresser le monde ; que si je voulais aller ailleurs, il ne m'en pouvait empêcher, n'ayant nul pouvoir sur moi ; qu'il n'avait point d'argent à me donner, et que je m'adressasse à la Duchesse sa femme si j'en avais besoin »[152]. Campion, du coup, tire la morale de son congé : « Cela prouve qu'il est dangereux, avec beaucoup de princes, d'en être connu pour homme de la dernière probité, l'ingratitude naturelle à la plupart empêchant qu'ils aient de la reconnaissance... »[152].

Venu se réfugier à Vendôme, Mercœur tâchait de se faire oublier. Suivi d'une poignée de fidèles, il passait le plus gros de son temps à chasser, tandis que Mme de Vendôme, sa mère, priait, dans les couvents de la ville, pour sa famille éparpillée. En juillet 1644, elle eut la visite d'Elisabeth, exilée à son tour et venue à Anet avec sa première fille, Marie-Jeanne Baptiste. Sa disgrâce résultait d'une nouvelle colère de l'éminence : « M. de Nemours... parce qu'il était parti sans prendre congé du cardinal, la Reine n'avait pas voulu permettre à Mme de Nemours d'aller en une de ses terres, aux champs, mais elle lui avait commandé d'aller à Vendôme »[153].

Tandis que Beaufort endurait sa prison, que César menait sa vie de crapule en Italie et que ce qui restait de la famille se morfondait à Vendôme, le royaume s'acheminait vers une crise majeure, née de la conjonction des révoltes paysannes, de l'ébullition des parlements et de la morgue dont le clan de Mazarin, et par-dessus tout la coterie des Condés, éclaboussaient le peuple.

Le prince de Condé — celui qui avait été l'héritier du trône jusqu'en 1601 et qui s'était comporté depuis comme s'il n'avait jamais cessé d'avoir cette qualité — mourut en 1646, laissant un héritage d'impudence et d'intrigues à son fils, le duc Enghien, le vainqueur de Rocroi, que la postérité devait connaître sous le nom de Grand Condé. Ce nouveau Monsieur le Prince, l'un des plus grands capitaines qui fut en France, a été épinglé par Mme de Motteville : « Ses défauts égalaient ses vertus. Les uns et les autres étaient considérables ». Il était à la tête d'un vaste parti sur lequel avait choisi de s'appuyer Mazarin après avoir été rebuté par les Vendômes. Aux Importants avaient succédé les Petits maîtres, insolents, vicieux, odieux et presque tous rapaces. Bussy-Rabutin nous dit clairement, dans l'*Histoire Amoureuse*, ce qu'était le noyau de ce parti, le cercle étroit qui gravitait autour de Condé : entraîné à l'armée aux vices que l'on reprochait à César, absorbé à la cour dans des intrigues et des brigues sans fin.

Mazarin et Condé, ensemble, gachèrent les lendemains de Rocroi en ne hâtant pas la paix de l'Europe. 1643-1648, les cinq années que Beaufort passa dans son donjon, sont employées à des négociations dépourvues d'objectif qui lassent et mécontentent l'opinion. Ces pourparlers sont soutenus de guerres désordonnées. Multiplicité des théâtres : Flandres, Allemagne, Lombardie, Naples, où se produit de façon épique et catastrophique le duc de Guise. En août 1646, le duc de Nemours fut gravement blessé dans l'une de ces batailles, devant Mardick, au point que l'on désespèra quelques jours de sa vie [154].

En 1647 les pertes en hommes sont considérables : « Le murmure était grand à Paris vu toutes nos pertes, il fut cause de quelques proscriptions » [155]. Le bellicisme de Mazarin était en voie de dépasser celui de Richelieu.

César, depuis l'Italie, s'essayait à profiter des désordres du royaume. Le 31 juillet 1647, à Heilbron, l'un de ses agents fut arrêté par des officiers de l'armée de Turenne, porteur de « beaucoup de lettres de créance ». Le futur maréchal, dans une lettre à Mazarin, précise : « J'ai voulu ne point perdre de temps de l'envoyer dès aussitôt que je l'ai pu avec sûreté et lui ai parlé, craignant qu'il n'y eut quelque chose qui touchât la personne de Votre Eminence...

Mais je ne crois pas que ce soit homme capable d'une grande affaire... »[156]. Les lettres étaient destinées à divers princes allemands. Brienne ajoute à propos de cet incident : « Un secrétaire du duc de Vendôme qui passait en Allemagne avec lettres de créance... fit une une confession ingénue... par laquelle parut le désir qu'avait ce prince de brouiller et d'en faire concevoir les facilités aux ennemis... »[157]. Mazarin répliquait à ces menées comme il pouvait. Rebrochant par-dessus la vieille affaire de Blavet, il tenta de faire accroire que le duc de Vendôme avait dessein alors de se faire protestant pour soulever les réformés [158].

Ce que l'on peut considérer comme le prologue de la Fronde était intervenu le 30 juin 1647. Les quatre compagnies souveraines du parlement de Paris avaient adopté ensemble vingt-sept articles de réforme presqu'exclusivement fiscales, qui, de surenchères en surenchères, devaient aboutir à l'arrêt d'Union du 13 mai 1648, acte de désobéissance formelle puisque les cours souveraines prétendaient s'assembler sans permission du roi pour reformer l'Etat.

On levait les yeux insensiblement vers le donjon de Vincennes où Beaufort personnifiait la plus parfaite victime d'un ministre qui rencontrait de plus en plus de détracteurs et il était dans l'air du temps, il semblait acquis, que, d'une prison si dure, M. de Beaufort ne pourrait se libérer qu'en s'évadant.

Un curieux texte daté de juin 1647 mais publié en 1650 — après sa sortie de Vincennes — prédit à Mme de Vendôme le succès d'une telle entreprise pour son fils : « ... La liberté de votre fils, laquelle suivant le calcul du Grand et Divin Ptolomée — qui ne prend qu'une année pour un degré de l'équateur — doit arriver au mois de décembre prochain. Et suivant celui des Modernes qui s'estime plus certain et qui ne prennent pour une année que 58' et 8'' de l'équateur, n'arrivera qu'au mois de juin 1648. En un ou l'autre de ces mois le point vertical ou zénith de la Nativité de M. le duc de Beaufort arrivant au corps du soleil dissipera tous les nuages qui ont depuis tant éclipsé ce bel astre et anéantira toutes ces vapeurs et ces ombres qui ont malicieusement dérobé son secours et ses lumières à la France. »[159].

En prévision de l'éruption qui se préparait les femmes ajustaient leurs atours pour tenir les premiers rôles : en premier lieu Mme de Montbazon, restée singulièrement fidèle à Beaufort, qui, dans Paris, en faisait même la veuve. Mme de Motteville brosse son portrait à l'heure où elle attend la liberté de son amant : « La duchesse de

Montbazon y vint (à la cour) parée de perles et d'une plume incarnate sur la tête, et quoiqu'elle eut plus de quarante ans, elle y parut encore dans un grand éclat de beauté montrant par là que des beaux l'arrière saison est toujours belle »[160]. Venait ensuite, Geneviève de Bourbon, la sœur de Condé, l'ancienne maîtresse de Beaufort, devenue sa principale ennemie depuis qu'elle avait épousé le sinistre Longueville. Afin d'oublier Nemours qui avait eu ses faveurs quelques temps, elle avait pris un nouvel amant : le duc de La Rochefoucauld. Et puis, le 11 septembre 1647, dans un carrosse venant d'Italie, ce premier vol de petites noiraudes, ces nièces piquantes et charmantes dont Mazarin allait faire un si grand usage. Dès la fin de l'année, assez fier de lui, il chuchotait à la princesse Colonna, sa commère, « ... que déjà les plus grands du royaume les lui demandaient »[161].

Au début de 1648, Mercœur qui se morfondait à Anet — Le père Anselme lui prête une bâtarde, Françoise d'Anet, qui serait née dans ce séjour — fit des avances à Mazarin par le canal de sa cousine, Mme d'Ampus, fille de Julienne d'Hypollite d'Estrées et maîtresse en titre du seigneur Ondedei*, ami de l'éminence. D'Estrées, leur oncle, déplore le peu d'union existant alors entre Mercœur et Beaufort, contrastant avec l'amour quasi fusionnel des deux frères de la première génération, fils de Gabrielle : « Comme il n'y avoit pas eu entre les deux frères jamais trop de grandes union et conformité d'humeur, et que, si tant est que M. le duc de Beaufort eut eu le dessein sur lequel il avoit été arrêté, son frère n'en avoit jamais eu de communication... »[162]. Toute l'histoire de la Fronde sera tissée de cette mésentente entre Mercœur, allié plus ou moins secret de Mazarin et Beaufort, ennemi déclaré du ministre.

« *Ah ! je suis libre* ».

L'évasion eut finalement lieu. Les récits en sont nombreux et divergents mais ils ont en commun de nous plonger dans le merveilleux en prétendant à peu près tous que ce coup d'éclat fut l'accomplissement d'une prédiction. Retz et Mme de Motteville soutiennent que l'avocat Goisel fut le principal de ces prophètes. Goulas hésite entre plusieurs sources : « La sortie de M. de Beaufort fut prédite par un astrologue à Madame sa mère six mois devant que le même jour lui fut marqué. Peut-être que cette prédiction qu'il sut, lui en fit venir la pensée et non seulement celui-ci le prédit en France mais les astrologues d'Italie en avertirent aussi M. le

* Zongo Ondedei, prélat, ami de Mazarin, qui deviendra évêque de Fréjus.

Cardinal... »[163]. Cette prédiction d'Italie, d'après Guy Joly, aurait été confirmée à Mazarin par l'abbé de Marivaux.

Quoiqu'il en soit, on disait, dès le début 1648, que Beaufort s'évaderait le 31 mai et il le fit à l'heure dite.

Beaufort était logé tout en haut du donjon. Nous avons peu de détails sur sa captivité sauf qu'il y vivait dévotement puisque, précise Mme de Motteville, « ... c'est l'ordinaire des hommes de chercher Dieu pendant le malheur et de l'oublier pendant la prospérité »[164]. Il était étroitement surveillé : « ... gardé par un officier des gardes du corps et par sept ou huit gardes qui couchaient dans sa chambre et ne l'abandonnaient point. Il était servi par des officiers du roi, n'ayant auprès de lui pas un de ses domestiques, et, par-dessus tout cela, Chavigny était gouverneur du bois de Vincennes qui n'était pas son ami »[165]. Chavigny, on s'en souvient, avait été chassé du gouvernement, en 1643, à la demande de Beaufort. Le cardinal, inquiet des prophéties d'évasion, l'avait convoqué à Paris, « ... lui ordonnant d'avoir un soin particulier d'empêcher que cela n'arrivât »[164]. Cet homme lui répondit « ... qu'à moins que ce prince ne devint petit oiseau, capable de voler par la fenêtre, il était impossible qu'il se put sauver ».

Deux circonstances vont permettre cette évasion qui paraissait, de prime abord, impossible. Chavigny relâche son zèle, « ... n'étant plus alors si bien traité du cardinal Mazarin qu'il avait eu lieu de l'espérer après la déroute des Importants »[165]. Le 31 mai 1648, par exemple, il n'est pas à Vincennes, étant allé passer les fêtes de la Pentecôte chez les chartreux. Sur sa négligence qui avait été de ne pas couvrir tout le donjon de sentinelles, « ... il n'alléguera pas d'autres raisons sinon qu'il avait cru devoir laisser ce soin aux officiers du Roi qui devaient en répondre et non pas lui qui n'avait nul ordre particulier pour y veiller »[165].

L'officier royal — exempt des gardes du corps du roi — c'est La Ramée. Le pauvre La Ramée qui va faire tous les frais de cette évasion. La Ramée, « ... à la prière d'un de ses amis, avait pris avec lui un certain Pierre d'Ayon, seigneur de Vaugrenan (ou Vaugrimont), désireux de se mettre à couvert des conséquences d'un duel ». Vaugrenan était Breton et sans doute d'une famille fidèle aux Vendômes : « ... Cet homme, d'abord, pour faire le bon valet, et montrer qu'il n'étoit pas inutile, s'ingérait plus que tout autre à bien garder le prisonnier ; et même on dit à la Reine, en lui contant cette histoire, qu'il allait jusqu'à la rudesse »[165]. La Ramée le dit d'ailleurs, « ... d'une extravagante grossiéreté envers Beaufort qui fait bien augurer de sa fidélité ». Beaufort parvint-il à acheter Vaugrenan ? C'est ce que pense Goulas : « Il crut devoir tenter de corrompre quelqu'un de ses gardes, afin d'avoir par son moyen les choses qui lui seraient nécessaires pour son évasion. (J'ai su ce détail de sa propre bouche). Il s'adressa en vain à deux ou trois que ses promesses ne purent ébranler, mais enfin, ayant fait les mêmes offres au valet de l'exempt, moins fidèle à son maître que les gardes ne l'étaient à leurs officiers, il accepta avec joie et ayant prétexté une maladie afin d'avoir la liberté de sortir, il fut chargé d'un billet du duc de Beaufort, adressé à son intendant, pour recevoir par avance de lui la somme que le prisonnier lui avait promise pour récompense de sa trahison, et on apporta dans un pâté une échelle de corde ou plutôt un peloton de soie avec un baton qui se devait passer entre les jambes et se dévidant de lui-même par le poids de celui qui était à califourchon, deux poignards et une poire d'angoisse... » [166].

La légende prétend que c'est Elisabeth — Mme de Nemours — qui confectionna elle-même la tourte dans laquelle se trouvaient l'échelle, les poignards et la poire. Campion précise que c'est Vaumaurin qui passa le tout à Vaugrenan [167].

Le jour de la Pentecôte fut choisi par Beaufort, « ... parce que la solennité de cette fête occupait tout le monde au service divin ». A l'heure où les gardes dînaient, le duc de Beaufort demanda à La Ramée de s'en aller promener en une galerie où il avait obtenu la permission d'aller parfois se divertir : « Cette galerie est plus basse que le donjon où il étoit logé, mais néanmoins fort haute, selon la profondeur des fossés, sur quoi elle regarde des deux côtés. La Ramée le suivit à cette promenade et demeura seul avec lui dans la galerie. L'homme gagné par le duc de Beaufort fit semblant d'aller dîner avec les autres mais, contrefaisant le malade, il prit seulement un peu de vin, et sortant de la chambre, ferma la porte sur eux, et quelques portes qui étoient entre la galerie et le lieu où ils faisoient leurs repas. Il alla ensuite trouver le prisonnier et celui qui le gardoit ; et entrant dans la galerie il la ferma aussi, et prit les clefs de toutes les portes. En même temps le duc de Beaufort, qui étoit d'une taille avantageuse, et cet homme qui étoit de son secret, se jetèrent sur La Ramée et l'empêchèrent de crier ; et sans le vouloir tuer, quoiqu'il fût périlleux de ne le pas faire s'il n'étoit point gagné, ils le bâillonnèrent, le lièrent par les pieds et par les mains, et le laissèrent là » [168].

Les récits du jeune Brienne et de d'Ormesson ajoutent que Beaufort avait pris soin d'offrir la desserte de sa table au corps de garde pour fêter dignement la Pentecôte et que celui-ci, occupé à festoyer, ne pouvait rien entendre ; que Vaugrenan, après s'être saisi de La Ramée, l'avait baillonné à l'aide de la fameuse poire d'angoisse*. Le jeune Brienne poursuit : « Ils s'échappèrent l'un et l'autre par la galerie qui donne sur le parc du côté de Saint-Maur. Le valet de l'exempt voulut descendre le premier, disant à M. de Beaufort que pour Son Altesse elle ne courait d'autre risque que de rester en prison en cas qu'elle fût reprise mais que, pour lui, il y allait de la corde, ce qu'ayant dit, il descendit sans compliment, le premier, de peur d'être pendu ». Mais comme ce garçon était gros et lourd il rompit la corde de soie par sa chute, environ à cinq ou six toises du sol, ce qui obligea le duc, qui s'y serait démis un bras, à se laisser glisser sur le derrière en se soutenant avec ses mains du mieux qu'il pouvait, du haut en bas du talus de pierre de taille qui joignait le pied des murailles du donjon au fond du fossé. Les deux fugitifs remontèrent en s'aidant d'une échelle de corde que l'écuyer du duc de Beaufort, qui attendait avec des armes et des chevaux sur le bord du fossé, leur avait jeté — Brienne, le père, prétend très curieusement que les sept hommes qui attendaient Beaufort sur la contrescarpe en compagnie de cet écuyer étaient travestis en femmes — Quoiqu'il en soit, étant remontés à cheval prestement, suivis des deux évadés, ils traversèrent le parc au galop puis, « ... étant arrivés à la Porte de Nogent, ils la firent ouvrir sans peine. Le duc se voyant dehors dit son nom au portier et ce fut lui qui porta au château les premières nouvelles de son évasion et y donna l'alarme en un temps où tout était dans une profonde paix »[170].

Le jeune Brienne rajoute cette précision à propos de La Ramée : « Quoiqu'innocent, il ne laissa pas d'être mis par ordre de la cour à la place du prisonnier... Mais sa captivité dura peu et il en fut quitte pour vendre sa charge sur le prix de laquelle il perdit 500 ou 600 écus qui lui furent rendus depuis par le duc de Beaufort et quoique la somme soit peu considérable cela ne laisse pas de faire voir un grand fonds d'équité et de générosité dans ce grand prince »[169].

Goulas, quant à lui, dépeint un héros plus romantique et intrépide. Il parle de La Ramée : « Son garde le voulant tuer, M. de Beaufort le lui défendit et l'exhorta à songer à sa sûreté et à descendre, l'autre faisait des civilités disant qu'il était là pour sauver le prince, mais M. de Beaufort craignant que si la corde rompait ce misérable ne demeurât et ne fut roué irrémissiblement, il le fit passer le premier... Etant venu à pied à la porte du Parc, dite de

* Objet métallique qu'on introduit dans la gorge des gens soumis à la question et qui se distend sous l'effet d'un mécanisme.

Charenton, non seulement elle n'était pas ouverte, mais ils ne trouvèrent personne pour l'ouvrir, il la leur fallut rompre à grand peine »[170].

A l'heure de midi, en ce jour de fête, peu de témoins, une femme qui travaille dans un jardin avec son fils qui, d'après Mme de Motteville, « ... reste paisiblement à regarder » et qui, d'après d'Ormesson, « ... fit du bruit en les découvrant ». De toutes façons, lorsqu'elle put donner l'alerte, le duc était déjà loin.

Beaufort est libre enfin. Sa joie est grande et presqu'enfantine : « Un gentilhomme des siens, rapporte Mme de Motteville, qui étoit à cette expédition, m'a depuis conté qu'aussitôt après avoir vu cette troupe l'environner de tous côtés, la joie de se voir en liberté et parmi les siens fut si grande, qu'en un moment il se trouva guéri de tous ses maux, et sautant sur un cheval qu'on lui tenoit tout préparé, il s'en alla, et disparut comme un éclair, ravi de respirer l'air sans contrainte, et de pouvoir dire comme le roi François 1er, dans le moment qu'il mit le pied en France en revenant — Ah ! je suis libre »[171]. Dans Charenton il emprunte un chapeau à un bourgeois, se fait reconnaître de quelques passants, puis, il fait remettre son bras démis dans sa chute par un curé rebouteux.

Le climat de merveilleux dans cette affaire perdure jusqu'au bout. Le 31 mai en début d'après-midi, l'abbé de Marivaux se promène au Cours. Il rencontre l'un de ses amis qui se moque de sa prophétie. L'abbé, sans se démonter, lui répond : « Attendez il n'est pas quatre heures »[172].

Rien de plus curieux que l'attitude de Mazarin après cela : « La Reine et le cardinal en parlèrent honnêtement et ne firent qu'en rire en disant que M. de Beaufort avait bien fait »[173]. Goulas et Brienne expliquent l'indifférence de Mazarin par l'avancée de ses discussions avec le duc de Mercœur, discussions qui, dès le printemps 1648, avaient pris un tour matrimonial. Mazarin songeait alors à établir l'aînée de ses nièces — Laure Mancini — qui n'avait que treize ans. Il avait d'abord pressenti Louis Charles de Nogaret, fils de Candale et de la fille d'Henri IV, Mlle de Verneuil, puis l'alliance des Vendômes — favorisés du rang intermédiaire qui se pouvait un jour ranimer et, de plus, extraordinairement pourvus de dignité, de seigneuries et de charges par Henri IV — s'était imposée par préférence. Il avait donc fait des offres directement à Mercœur, en l'absence de César toujours en Italie. Les choses étaient suffisamment avancées lors de l'évasion du 31 mai pour que Goulas puisse écrire : « Mazarin n'avait rien à craindre de M. de Beaufort quand il avait son frère (Mercœur) pour neveu... »[174]. Le Jeune Brienne le confirme, en disant la chose autrement : « Il crut être assez vengé de l'avoir tenu assez longtemps prisonnier et ne songea qu'à se réconcilier de bonne foi avec la maison de Vendôme qui la première de toutes celles des princes contracta alliance avec lui »[175].

En tout cas l'évasion de Beaufort fut un coup de tonnerre. Vincennes devint un lieu de pélerinage où l'on montrait pour deux sols, dit Retz, la fenêtre et les cordes qui avaient servi à l'exploit.

Que fit le duc après cela ? « Il erra quelques temps, précise le jeune Brienne, dans les terres et les maisons qu'a M. son père et au-delà de la Loire »[175]. Dans Paris, au même moment, Nemours, son beau-frère — revenu en faveur grâce au maréchal d'Estrées — s'activait pour son pardon mais en vain.

Beaufort, voyant son rappel tarder à venir, se risqua à quelques provocations : « Piqué de la réponse de Son Eminence (à Nemours), il témoigna le dernier mépris pour lui car il ne se cacha plus, fut voir le comte de Lude, chassa dans sa forêt, se montra publiquement, vit tous ses amis, si bien que le cardinal fut obligé de lui découpler quatre cents chevaux qui le firent disparaître... »[176]. Retz confirme : « Il lui était même un mérite que de ne pas avoir quitté les bords de Loire dans un temps où il était vrai qu'il fallait et de l'adresse et de la fermeté pour les tenir »[177].

Le fils de César réclamait qu'on lui fît son procès, ce fameux procès que Mazarin avait annoncé en 1643 et auquel il avait dû renoncer, faute de preuves. Il écrit à tout le monde, à la reine une lettre qui commence ainsi : « Si le plus fidèle de vos serviteurs s'est mis en liberté... », et qui se termine par une protestation de dévouement appuyée : « ... Je la tiendrais (la vie) plus insupportable que ma prison dans laquelle Votre Majesté sait et saura, après les dernières épreuves de ma patience, que j'ai toujours demeuré ferme dans les termes de respect et d'obéissance que je dois à Vos Majestés, leur assurant que ni le présent ni le passé ne changera jamais en moi l'extrême passion que j'ai de me conserver toute ma vie avec la dernière humilité, Madame, de Votre Majesté, le très humble et très obéissant et très fidèle sujet et serviteur ». Il s'adresse aussi à Monsieur le Prince, à Monsieur, et même à Mazarin, le suppliant de pouvoir demeurer sur ses terres ou d'être clairement expulsé du royaume par une lettre de cachet. Il en appelle enfin au Parlement pour lui demander d'être lavé du soupçon d'avoir attenté à la vie du cardinal. Le 16 juillet il est bruit, selon Dubuisson-Aubenay, de sa présence incognito dans Paris pour soutenir sa cause devant les magistrats [178].

Mazarin, qui avait accueilli la liberté de M. de Beaufort avec un certain amusement, commençait à s'inquiéter de ses possibles menées en Bretagne. Il y envoya ses espions. Il fit même étudier la fortune des fils de César par des commissaires pour savoir si le fugitif était en état de soutenir une révolte. Senneterre le rassura : « Il lui dit que ce prince n'ayant point de places fortes ni d'argent, il ne pouvoit rien faire contre l'Etat ni contre lui » [179].

Le 2 août, le cardinal fit jeter en prison Vaumaurin, intendant du duc de Vendôme, que ce dernier avait dépêché au Parlement, « ... pour lui offrir ses services et son assistance » [180]. L'affaire eut des suites fâcheuses, quelques jours avant la fameuse journée des Barricades (26 août), car elle servit à hisser les prétentions quasi révolutionnaires du Parlement contre les droits du roi : « Cet homme (Vaumorin) avait été arrêté par les ordres de la Reine... Cette compagnie avait paru à l'avenir vouloir prendre connaissance de ceux que le roi ferait arrêter, selon qu'on l'avait proposé à la chambre de Saint-Louis ; et le soir même, il fallut vitement le faire transférer de la Bastille au Bois de Vincennes de peur que le roi n'en put pas être le maître » [180].

Pendant ce temps le mystère planait sur le sort de Beaufort. Mme de Motteville le dit dans une des maisons de son père, « faisant bonne chère avec ses amis » [180]. Guy Joly rapporte que le curé de La Flèche, touché de son malheur, lui aurait offert l'asile dans son modeste presbytère. On prétendait aussi qu'il se cachait dans une grotte du parc de Rochambeau et que les gardes du cardinal s'étaient présentés à Chenonceaux, tandis qu'il y était, qu'ils avaient percé tous les matelas à coups de dague et que le duc n'avait dû son salut qu'à un réduit secret ménagé dans l'une des piles de la galerie du château enjambant le Cher.

Le 27 septembre, c'est Mme de Vendôme — comme elle l'avait déjà fait en 1617, 1630 et 1642 — qui vint en personne au Parlement — présenter une requête en faveur de son mari et de son fils. Ils « demandaient la permission de se remettre à la Conciergerie pour être procès fait » [181]. « Il n'y a pas un seul conseiller à qui elle n'eut parlé trois mots », note Dubuisson-Aubenay [182]. Les membres du Parlement, très montés contre Mazarin, la choyèrent : « Elle fut reçue avec beaucoup de marques de bonne volonté parce que tout ce qui leur donnait un prétexte leur était agréable »[183]. Le coadjuteur appuya la requête : « Je n'oubliais rien pour la servir en cette occasion et Mme de Nemours, sa fille, avoua que je n'étais pas méconnaissant »[184].

D'après le maréchal d'Estrées, Beaufort serait revenu en grand secret dans Paris à l'automne 1648, « ... pour s'offrir à M. d'Orléans et profiter, comme beaucoup d'autres, de cette confusion »[185]. Des tractations auraient même eu lieu avec l'abbé de La Rivière qui était en train de se brouiller avec Mazarin — le 3 novembre la France avait contremandé au pape le chapeau de cardinal réclamé en sa faveur, sous prétexte que Condé en exigeait un pour Conty, son frère, qu'il désirait écarter du partage des biens de sa famille en le poussant dans l'Eglise — Tout cela aboutit à la brouille de Monsieur avec les Condés et, du même coup, à son rapprochement avec les Vendômes : « La colère du Luxembourg* se mit en traité : le maréchal d'Estrées et Senneterre proposèrent des conditions de paix. D'abord le duc d'Orléans (Monsieur) déclara vouloir le retour des ducs de Vendôme, de Mercœur et de Beaufort, il demanda Montreuil pour le duc d'Elbeuf et dit qu'il voulait faire sa charge de lieutenant-général du royaume dont les droits lui donnaient un pouvoir bien étendu dans l'Etat... Ces propositions furent reçues de la Reine avec étonnement... ».

La Rivière, regagné entre temps par Condé qui parlait à présent de réclamer deux chapeaux de cardinaux, inclina finalement son maître à traiter avec la régente. Gaston s'effraya de ces volte-face, il fit semblant d'être malade. « Ce prince, au lieu de se mettre dans le chemin de la guerre civile, ironise Mme de Motteville, s'était mis au lit ». Il laissa La Rivière négocier en son nom au couvent des chartreux avec Le Tellier qui parlait pour Mazarin.

C'est là qu'il fut arrêté « ... que Mercœur reviendrait à la cour et rentrerait dans les bonnes grâces de la Reine et du ministre : ce qui était déjà fait par le ministre même (allusion au projet de mariage) »[186]. Mme de Motteville éclaire le chemin qu'avait emprunté Mercœur pour parvenir à Mazarin : « ... Le même soir** le cardinal Mazarin présenta le duc de Mercœur à la Reine dont le protecteur apparent était le duc d'Orléans, quoiqu'on sut déjà qu'il s'était fait des amis du ministre par madame d'Ampus, sa parente du côté de la duchesse de Beaufort, son aïeule... »[186]. L'amant de

* Palais de Marie de Médicis (actuel Sénat) dévolu à Monsieur.
** Vendredi 13 novembre.

cette belle la rendait toute puissante, c'était Ondedei, vieux complice de Mazarin et futur évêque de Fréjus.

Goulas raconte comment s'y prit la cour pour ne pas perdre la face : « (Le duc de Mercœur) avait toujours été à Paris pendant la bagarre. Comme on trouva bon qu'il se montra il lui fallut une lettre de cachet pour la forme et on lui ordonna de l'aller recevoir à Villepreux* » [187]. Le jour même Beaufort fut autorisé à demeurer à Anet [188].

L'abbé de La Rivière avait finement manœuvré : le 26 novembre, il devenait ministre d'Etat. Entrant au conseil, il adressa à Beaufort, « ... force remerciements de la part de son maître et espérance de le faire retourner en bref à la cour » [189].

1649, c'est l'année de toutes les folies — sans doute la plus difficile à appréhender de toute la Fronde tant elle se répand en méandres — Le 2 janvier — alors que rien ne laissait prévoir que le pouvoir s'apprêtait à jouer un tour de sa façon aux perturbateurs de l'ordre public, en désertant Paris — Mmes de Vendôme et de Nemours firent leur rentrée à la cour : « Toutes deux n'avaient point vu la Reine depuis que le duc de Beaufort fut arrêté et quoique Mme de Vendôme eut plus de piété que d'esprit, comme les malheureux sont toujours aimés, on vit leur retour avec joie et on disait alors que le duc de Vendôme reviendrait bientôt à la cour. La Reine reçut ces princesses avec bonté et leur dit qu'elle avait été fâchée que les comportements du duc de Beaufort l'avaient forcée à le traiter de criminel » [190]. On a dit plus avant qu'Anne d'Autriche estimait Mme de Vendôme au point de la laisser lui donner publiquement du « ma sœur », ce que Saint-Simon estimera plus tard, rageusement, « ... avoir été le premier exemple de bâtardise ainsi apparentée ».

Trois jours plus tard, la cour quitta Paris sans crier gare et gagna Saint-Germain. En s'éloignant, la reine protesta par écrit à l'Hôtel de Ville et au corps de la municipalité, que ce n'étaient pas les Parisiens qu'elle fuyait mais seulement le Parlement qu'elle venait d'exiler à Montargis. La manœuvre de Mazarin désorienta les grands. Il y eut un long moment de flottement : Conty alla à Saint-Germain tandis que sa sœur chérie, Mme de Longueville — sur le point d'accoucher il est vrai — demeurait dans la ville. Le duc d'Elbeuf partit tout d'abord mais, sous prétexte de sa mère malade, « ... il alla s'offrir au Parlement pour général de leur armée... » [191].

* Près de Versailles.

« Il était pauvre et ruiné, écrit Montglat, et croyait faire ses affaires dans les troubles ». M. de Montbazon, gouverneur de Paris, pactisa, lui aussi, avec les séditieux. Retz, pressentant qu'il devait se donner au plus offrant, assassine Elbeuf d'une phrase : « M. d'Elbeuf n'avait du cœur que parce qu'il est impossible qu'un prince de la maison de Lorraine n'en ait point » [193].

Mme de Longueville naissait émerveillée à tout ce grand tumulte. Elle en appelait à son vieux mari et à son frère Conty, afin qu'ils quittent Saint-Germain pour venir la rejoindre. Seul Conty, le boiteux, qui brûlait de passion pour sa sœur, accepta de se mettre en route. M. de Longueville courut aussitôt le rattraper : « Retournons auprès du Roi et ne mettons pas le feu aux quatre coins de la France ». Le prince ne l'écouta pas, il entra seul dans Paris, désireux de s'acquérir un peu de gloire et de prendre une revanche sur Monsieur le Prince, son frère, resté fidèle à la reine et dont la réputation l'écrasait. On verra bientôt les résultats des folies de ce couple quasi incestueux puisqu'hélas, suivant la formule saccageuse du coadjuteur, « M. le prince de Conty était un zéro qui ne multipliait par zéro que parce qu'il était prince du sang ». Pour commencer, Mme de Longueville, de qui la tête s'échauffait, commença d'accoucher quasi en public, parmi les portefaix et les crocheteurs amassés dans l'Hôtel-de-Ville.

VI — LE ROI DES HALLES

Rentrons donc sans effroi dans la Fronde, l'un de ces sujets qui parfois, à l'instar de la guerre de Trente Ans ou de la question d'Orient, provoquent le désespoir de l'historien. Victor L. Tapié nous a fourni autrefois le fil d'Ariane : « Fiez-vous aux dames ! » nous disait-il. Il entendait par là Mmes de Motteville et de Nemours qui ont écrit sur cette convulsion, peut-être moins brillamment que ne l'ont fait le cardinal de Retz et La Rochefoucauld, mais avec cette science si féminine du juste détail et du portrait psychologique vrai.

La première Fronde.

Beaufort entra à son tour dans Paris, « le 13 janvier au soir », au lendemain de la prise de la Bastille par le peuple [193]. Il alla descendre chez Prud'homme, le baigneur à la mode. Les maisons de bains servaient alors d'auberge, de maison de rendez-vous et de tripot. C'est dans ce lieu fort peu chrétien que le coadjuteur alla le visiter :

« Je ne trouvais pas, écrit-il, que la prison lui eut donné plus de sens. Il est toutefois vrai qu'elle lui avait donné plus de réputation »[194]. Vient le portrait qui n'est guère plus tendre que ceux que Retz a brossé de Conty ou d'Elbeuf : « M. de Beaufort n'en était pas jusqu'à l'idée des grandes affaires : il n'en avait que l'intention. Il en avait ouï parler aux Importants, il en avait un peu retenu du jargon. Celui-là, mêlé avec les expressions qu'il avait tirées très fidèlement de Mme de Vendôme, formait une langue qui eut dépassé le bon sens de Caton. Le sien était court et lourd, et d'autant plus qu'il était obscurci par la présomption... Il était brave de sa personne et plus qu'il n'appartenait à un fanfaron : il l'était en tout sans exception, en rien plus faussement qu'en galanterie. Il parlait et il pensait comme le peuple dont il fut l'idole quelques temps »[195].

C'est pourtant de cet homme — ou plutôt de sa réputation — dont le coadjuteur va imaginer de se servir pour mener sa politique : « ... J'avais besoin d'un homme que je pusse, dans les conjectures, mettre devant moi.. Il me fallait un fantôme mais il ne me fallait qu'un fantôme, et, par bonheur pour moi, il se trouva que ce fantôme fut petit-fils d'Henri le Grand, qu'il parlât comme on parle aux Halles — ce qui n'est pas ordinaire aux enfants d'Henri le Grand- et qu'il eut de grands cheveux bien longs et bien blonds. Vous ne pouvez vous imaginer le poids de cette circonstance, vous ne pouvez concevoir l'effet qu'ils firent dans le peuple... »[196]. Une politique pleinement théâtralisée par le futur cardinal, qui implique effets, beaux textes, machines, spectateurs : « Nous marchions quelques fois seuls M. de Beaufort et moi, avec un page derrière notre carrosse, nous marchions quelques fois avec cinquante livrées et cent gentilshommes. Nous diversifions la scène selon ce que nous jugions être du goût des spectateurs... »[197].

Le triomphe est immédiat : « Nous sortîmes ensemble de chez Prud'homme... Nous nous mîmes en même portière... Je nommai, je montrai et je louai M. de Beaufort. Le feu se prit en moins d'un instant... »[196].

Le lendemain, le duc se présente au Parlement pour être lavé des accusations portées contre lui pendant sa prison : « Ce prince fut absous sans autre preuve d'innocence que celle d'être ennemi du Ministre », écrit Mme de Motteville. D'Ormesson confirme l'extraordinaire faveur faite à Beaufort à qui, contrairement à la procédure, ses juges ne font pas répéter ses dépositions mais seulement récoler*[198]. Il avait tenu à présenter lui-même sa défense

* Action de faire lecture d'une déposition pour savoir si le témoin, qui n'a pas plus à répondre que par oui ou par non, la confirme ou l'infirme.

et le fit dans son jargon, ce qui enchanta les vieux barbons du Parlement, d'ordinaire sourcilleux sur les formes. Mme de Nemours — ce n'est pas la sœur de Beaufort mais la future duchesse de Nemours, belle-sœur de la première — parle de cet étonnant langage : « Il formait un certain jargon de mots si populaires et si mal placés, que cela le rendait ridicule à tout le monde, quoique ces mots qu'il plaçait si mal, n'eussent peut-être pas laissés de paraître fort bons s'il avait su les placer mieux... » [199].

Le 18 janvier le duc revint au Parlement. C'était pour se faire recevoir duc et pair au titre du duché de Beaufort : « Il présenta des lettres pour le duché de Beaufort de 1597, avec la démission de son père en sa faveur et fut reçu en cette qualité ». D'Ormesson ajoute un détail qui dut faire frémir César. Beaufort, sans doute par démagogie, se mêla de renoncer au rang intermédiaire : « Il y avait une clause pour précéder tous les autres (ducs) mais M. de Novion assura qu'il ne s'en voulait pas servir » [200].

Cinq jours après son arrivée, le voici au cœur de la première grande alliance de la guerre civile. Avec vingt et un autres grands seigneurs réfugiés dans Paris — Conty, Retz, Elbeuf, Montmorency... — il adhère à l'union « ... pour l'exécution de l'arrêt par lequel le cardinal Mazarin a été déclaré perturbateur du repos public... et pour empêcher la violence qui avait été préparée contre le Parlement et la Ville de Paris... ». C'est l'acte de naissance officiel de la Fronde. Le 23 janvier, une déclaration de Louis XIV condamne tous ces signataires comme criminels de lèse-majesté. Condé est chargé, avec les maréchaux du Plessis et de Gramont, de rétablir l'ordre. Ce sera le premier siège de Paris dans lequel Beaufort va gagner la ferveur populaire.

La ville l'accueille par des chansons :

« Il est hardi, plein de valeur
« Et plus vaillant que son épée
« Heureux soit son arrivée
« Qui sera pour notre bonheur... ».

Beaufort a choisi son camp, il a choisi d'être contre Mazarin donc contre la cour mais pourquoi, étant dans la Fronde, a-t-il arrêté de s'unir au coadjuteur plutôt qu'à Conty ? La raison c'est encore et toujours Mme de Montbazon. Elle tombe dans ses bras le 13 janvier, en lui faisant croire qu'elle s'est consumée à l'attendre. Plus que jamais, elle déteste Mme de Mme de Longueville aussi ne néglige-t-elle rien pour éloigner son amant du frère et de la sœur de Monsieur le Prince qui se trouvent, par extraordinaire, rangés dans le même parti.

Paris gardait le souvenir terrible du siège de 1590 mis par Henri IV sous ses murs et de la famine qui s'en était suivie. Beaufort, qui sert comme simple volontaire parce que les Elbeuf et Conty se sont déjà arrogés les commandements, va être de toutes les opérations que mèneront les assiégés avec un double but : relâcher l'étau que Condé resserre sur la ville et permettre aux convois de vivres de passer. Le 24 janvier, il sort pour tenter de s'emparer de Corbeil, toujours théâtralement, « ... monté sur un cheval blanc... avec quantité de plumes blanches à son chapeau »[201], mais Condé, prévenu à temps, jette ses troupes dans ce bourg avant son arrivée. Le 8 février, il va défendre Charenton mais la désorganisation des armées, confiées à l'incapable Conty, est telle que Beaufort se trouve arrivé à pied d'œuvre quand son arrière-garde est encore dans Paris, à la Place Royale. Les chefs de l'armée frondeuse se font huer : « Ils essuyèrent mille injures des bourgeois qui étaient en colère qu'on ne les avait pas menés au combat »[202]. Au cours de ce nouvel engagement, M. de Chatillon*, qui combattait dans l'armée royale, fut tué. Il laissait une veuve ravissante dont nous aurons à reparler.

Le 9 février, au soir, Beaufort sort à nouveau pour favoriser l'arrivée d'un convoi de vivres, et dans la plaine de Villejuif, tombe nez à nez avec le maréchal de Gramont. Choc terrible : Nerlieu, commandant de la cavalerie royale, est tué par les gardes du corps de Beaufort à l'instant précis où il prenait en mire celui-ci, que venait de désarmer un officier du roi[202]. « Le convoi entra dans Paris, écrit le maréchal d'Estrées, accompagné, je crois, de plus de cent mille qui étaient sortis en armes au premier bruit qui avait couru que M. de Beaufort était engagé »[203]. C'étaient des femmes avec leurs broches, des marmitons avec leurs casseroles, des laquais avec leurs batons. Ils firent une ovation au fils de César qui l'avait échappé belle.

Scarron célèbre l'exploit à sa manière :

« Sans te parler de nos gens d'armes
« Ni de tant de beaux exploits d'arme
« Qu'a faits ce grand Duc de Beaufort
« Que tout Paris aime si fort...
« Ensuite venait une troupe
« De huit cents bœufs à faire soupe
« Bref les pourceaux, moutons et bœufs
« Escortés par M. d'Elbeuf
« Vitry, Noirmoutiers, La Boullaye
« Leurs faisaient une belle haie
« Même le grand Duc de Beaufort
« Empêchant qu'on ne leur fit tort

* Gaspard de Coligny, marquis d'Andelot, puis duc de Chatillon, avait vingt-trois ans.

« Tous ces guerriers braves et jeunes
« Nous ont sauvé beaucoup de jeûnes ».

On retire l'impression de ces premiers affrontements que Beaufort se bat à peu près seul. Nullité de Conty qui ne quitte pas l'Hôtel de Ville, duplicité de l'oncle d'Elbeuf qui ne songe qu'à redresser ses affaires gravements compromises en se remplissant les poches : « Le seul duc d'Elbeuf, confirme Mme de Motteville, sous prétexte de faire des levées, coûtait déjà, lui et ses enfants, plus de 40 000 écus... »[204].

La faction conservatrice du Parlement poussait à la paix et maintenait le contact avec la cour, ce n'était pas trop de dire qu'on négociait. Mais le peuple ne l'entendait pas de cette oreille. Le coadjuteur et Beaufort durent, pour la première fois, contenir les débordements. Ils firent front avec assez de courage : « Les huissiers étant venus dire que le peuple menaçait de tuer tous ceux qui seraient d'avis d'une conférence devant que le Mazarin fut hors du royaume, nous sortîmes M. de Beaufort et moi, nous fîmes retirer les séditieux et la compagnie* sortit sans aucun péril et même sans aucun bruit »[205]. Beaufort risquait donc sa popularité pour maintenir l'ordre mais, dans le même temps, il éprouvait le besoin de donner aux Parisiens désemparés par les oscillations des politiques, des gages d'affection quasi démagogiques : il fit porter ostensiblement sa vaisselle d'argent à la fonte pour distribuer du pain aux indigents. « Il avait loué, ajoute Goulas, une maison au milieu de la ville** où il menait les enfants des bourgeois faire collation, il prenait les plus petits et les mettait auprès de lui dans son carrosse »[206]. Il s'attacha pour conseiller le vieux curé de Saint-Nicolas-des-Champs, prêtre ignare mais vénéré, qu'on voyait tous les jours trôner au bout de sa table lorsqu'il mangeait, il se fit marguillier de cette paroisse et prit pour secrétaire le fils d'Omer Talon, l'un des parlementaires les plus opposés à Mazarin. Enfin il quitta l'hôtel de son père pour s'installer au cœur des halles, rue Quincampois, dans l'hôtel qui portait son nom, l'hôtel de Beaufort, que sa grand-mère, Gabrielle, avait autrefois acquis pour César*** qui n'y avait jamais vécu. Tallemant a esquissé le portrait de quelques unes des curieuses figures qui ont hanté cet hôtel de Beaufort ouvert à la populace de jour comme de nuit : Le Parquet, dit Potel-Romain, « gros garçon noir et plein de rougeurs, la bouche enfoncée et les

* Au sens de Parlement.
** Est-ce la maison de la rue de Bethizy dont parle Retz dans un discours que nous citerons plus loin ?
*** Hôtel démoli en 1838 qui occuperait l'intersection de la rue Rambuteau et de la rue Quincampois.

yeux de travers... avec trois ou quatre moustaches postiches », qui se ruina en donnant les violons aux demoiselles ; des joueurs, des cartomanciens, des poètes, des comédiennes, dont l'une vint un soir se battre à l'épée avec la fameuse Beaupré [207].

La passion entraînait le fils de César. Il s'engageait imprudemment : « Il assura le peuple qu'on ne le trompait point en lui disant à tous qu'il chasserait le Mazarin... » [208], serment dont le respect ne dépendait pas de lui, assurance donnée de bonne foi qui fera de lui, très bientôt, le premier surpris de la paix signée.

Pendant les tractations entre Paris et Saint-Germain, les passions s'exaspérèrent. La cour tenta-t-elle de faire assassiner le duc et le coadjuteur qu'elle savait les plus opposés à la négociation ? Retz l'affirme : « Le chevalier de La Valette, esprit noir et déterminé... avait formé le dessein de nous tuer Beaufort et moi sur les degrés du palais... La cour a toujours nié ce complot... » [209]. De leur côté, les frondeurs les plus extrémistes allaient chez Fuensaldagne, l'envoyé de Philippe IV, réclamant l'intervention de l'Espagne comme aux plus beaux jours de 1590. Condé jouait les croquemitaines, il disait, rapporte Mme de Nemours, « ... qu'il se nourrirait bientôt d'oreilles de bourgeois de Paris ».

Le 11 mars, la convention de Rueil, conclue entre Mazarin et le président de Mesmes, mit fin à la première Fronde. Tollé dans Paris. Beaufort dut à nouveau calmer la populace et, le 25 mars, les plus déterminés des frondeurs dont Beaufort et le coadjuteur, allèrent renouveler publiquement leur serment de ne pas déposer les armes tant que Mazarin ne serait pas en fuite. Le futur cardinal de Retz avait beau s'écrier : « Il n'y a que les âmes basses et sans courage qui puissent se résoudre à accepter les faits », Mazarin l'avait déjà emporté. La cour vivait dans la terreur depuis l'exécution de Charles 1er qui avait eu lieu à Londres le 30 janvier précédent. Dans la panique de cette contagion, le cardinal était disposé à donner gros aux mécontents pour les calmer, « ... à céder, comme le dit joliment Mme de Motteville, quelques beaux lambeaux de l'autorité royale ». Elbeuf fut le premier à se réconcilier. Il réclamait : « ... les sommes qui regardent l'entreténement de Madame sa femme » [210] — traduisez les meubles de Gabrielle d'Estrées toujours non soldés — le gouvernement de Montreuil pour son aîné, des pensions pour ses cadets. M. de Bouillon demandait « ... son rétablissement dans Sedan, si mieux n'aime la Reine en faire l'estimation à un prix certain » [210].

A ce jeu là il aurait fallu être doté d'une âme d'airain pour ne rien exiger à son tour. Beaufort, après avoir hésité quelques jours, finit par faire connaître ses conditions. Il demandait, « ... qu'on rende à son père le gouvernement de Bretagne qui lui fut donné en mariage et qu'on lui a ôté sans récompense, et qu'on lui donne la charge de grand maître des mers avec le gouvernement de La Rochelle qui lui ont été promis par la Reine en échange du susdit gouvernement »[210]. La trace de cette promesse existe chez Brienne : « Je lui avais dit que la Reine ferait en sorte que l'amirauté lui soit resignée »[211]. Brienne avait parlé de cela en janvier, au moment des premières rumeurs du mariage de Mercœur avec la nièce de Mazarin, il s'agissait alors d'emporter l'adhésion de Beaufort à ce projet. Brienne place aussitôt deux bémols : la compensation envisagée pour César ne pouvait pas être la Bretagne, que la reine s'était réservée en ne remplaçant pas La Meilleraye et où Mazarin n'aurait jamais commis l'erreur de remettre César en selle. L'autre condition était que Beaufort ne se détachât pas du service du roi et cette condition n'était plus remplie.

Outre cela Beaufort qui agissait, remarquons le bien, en l'absence de son père, alors en route entre Florence et Paris, réclamait « ... le dédommagement des maisons et châteaux rasés en Bretagne... Le rétablissement de M. le duc de Vendôme dans les pensions dûes à sa naissance... Le paiement de ce qui est, légitimement et par privilège spécial, dû par le Roi... La grâce et pardon entier de ceux qui ont favorisé et facilité sa sortie du bois de Vincennes, particulièrement à Vaugrimaut... »[212].

Toutes ces requêtes des mécontents devaient être, avec l'accord de Mazarin, examinées et remises en forme par le Parlement — signe d'un temps d'exception où le pouvoir royal consentait par nécessité à des empiètements sur son autorité — Beaufort, l'idole du peuple, allait être traité avec de particuliers ménagements. L'austère Molé note, à la date du 27 mars : « Nous avons repris celle (la requête) de M. de Beaufort qui avait été examinée hier et appuyée fortement... C'était un effet de la piété de M. de Beaufort, qui voyant sa maison affligée depuis quelques années, de désirer d'y apporter soulagement... »[213].

La reine, malgré la paix signée, désira rester quelque temps encore à Saint-Germain, « ... pour donner le temps aux Parisiens d'éteindre ce reste de feu qui allumait encore quelques fois leurs esprits »[214]. Monsieur rentra chez lui au Luxembourg. Il se crut en droit de faire la morale à Beaufort qu'il aimait. Il tira parole de lui, « de ne plus contribuer aux émotions civiles »[215]. Mais, « ... l'ayant ensuite entretenu, à dessein de le radoucir, sur le mariage de son frère (Mercœur), et lui ayant représenté entre autres choses qu'il se tromperait de faire fondement sur la canaille de la ville... il (Beaufort) lui répliqua — Si j'avais entrepris de vous faire jeter à l'eau par les plus honnêtes bourgeois, vous seriez noyé dans une demi-heure... »[215]. Activisme de Beaufort qui va jusqu'au ridicule : « Il cherchait tous les moyens imaginables de l'empêcher (la paix)... Il crut en avoir trouvé un infaillible qu'il proposa à M. de Bellièvre en lui demandant par manière d'avis si en donnant un soufflet à M. d'Elbeuf il ne changerait point la face des affaires : à quoi M. de Bellièvre répondit, d'un sang froid plus digne de sa gravité que de la question, qu'il ne croyait pas que cela put changer autre chose que la face de M. d'Elbeuf... »[216].

Mme de Motteville a bien vu comment tant de hauteur ne fait que desservir Beaufort : « Le duc de Beaufort n'était pas content de tout ce qu'on lui faisait offrir en sous main... Il voulait que le ministre lui paya ses fers et sa prison, il parlait fièrement... »[217]. Mme de Nemours raconte comment, finalement, Beaufort capitula sans gloire devant le secrétaire d'Etat Servien : « Il se rendit et consentit à tout ce que l'on voulait de lui qui était seulement qu'il ne ferait plus rien contre le cardinal et qu'il ne s'opposerait à plus rien de tout ce que la cour témoignerait désirer, sans qu'on lui promit autre chose, pour une si grande docilité, sinon que le roi et la reine le recevraient fort bien : ce qui fit dire en ce temps-là que le coadjuteur, qui gouvernait M. de Beaufort comme l'on gouverne une pendule, ne l'avait monté que pour deux heures parce qu'il n'avait pas résisté davantage... »[216].

L'amnistie générale fut publiée le 1er avril, « ... par retour à l'état du 6 janvier sans nuire ni préjudice ». Un alinéa concernait les Vendômes : « Sa Majesté emploiera son autorité pour faire que les Etats de Bretagne exécutent ce qui a été promis à M. le duc de Vendôme, pour le dédommager de la démolition des châteaux et maisons à lui appartenant, qui ont été ci-devant abattues à l'instance desdits Etats. Sa Majesté accorde à mondit sieur de Vendôme le rétablissement des pensions dont il a ci-devant joui, entendant qu'il jouisse aussi de tous les biens à lui appartenant... L'abolition sera expédiée au sieur de Vaugrimaut et autres, qui ont contribué à l'évasion de M. le duc de Beaufort du château de Vincennes... »[218].

L'impossible hymen.

Pendant tous ces évènements le duc de Mercœur était resté près de la reine, à Saint-Germain, poussant toujours l'affaire de son mariage avec la nièce du cardinal. Mazarin s'entourait de précautions : « Il ne voulut point toutefois avancer ce dessein sans en avoir parlé avec Monsieur le Prince, en lui montrant, comme l'on l'a dit depuis, que c'étoit plutôt pour désunir la maison de Vendôme que pour la réunir... »[219]. Les derniers projets du cardinal ne pouvaient qu'accroître la discorde entre les fils de César : Mercœur devait recevoir la survivance de l'amirauté et un commandement en Catalogne, « ... moyennant qu'il épousât la nièce »[220]. Rien n'était prévu en faveur du cadet. La réaction fut immédiate : « M. de Beaufort jeta feu et flammes en rejetant cette alliance qu'il crut un piège pour le perdre, ou une pièce pour le décréditer à Paris ».

Le 7 avril César, revenant d'Italie, fut autorisé par lettre royale à se fixer à Anet[221]. Le 11, Mercœur quitta Saint-Germain pour aller au devant de son père. Au dernier moment, pour complaire à son futur neveu, le cardinal avait autorisé César à venir directement à la cour. Le chef de la maison de Vendôme n'y fit que saluer la reine qu'il n'avait pas vue depuis cinq ans, puis — tout comme l'avait fait Beaufort à son retour — il alla à Paris au Parlement où il présenta une requête pour son abolition*. Il joignait à sa demande la copie de son accommodement du 9 août 1643 par lequel il avait confirmé sa démission de gouverneur en faveur de la reine contre l'amirauté des mers[222] mais aussi des protestations consignées devant notaire, datant de 1630, protestant contre cette même démission qu'il estimait forcée, marque qu'il était disposé à contester son éviction de Bretagne.

Il revenait, comme en 1643, parlant haut et fort, parce qu'il est impossible à des princes de concevoir que le malheur leur put faire rabattre de leurs exigences d'honneur. Il voulait l'amirauté à tout prix et avec rage pour prix des spoliations de 1626. « Il envoya en la forme, prétend Retz qui exagère, sa malédiction à son fils (Mercœur) s'il n'obtenait du moins la surintendance des mers qui lui avait été promise à la Régence pour récompense du gouvernement de Bretagne »[223].

Le chef de la maison de Vendôme fit en même temps la demande officielle au cardinal de la main de Mlle Mancini pour son fils aîné, « ... mais M. de Beaufort fit tant de bruit de ce mariage... qu'il le rompit sur l'heure », rapporte Mme de Nemours qui précise toutefois : « ... au mois de septembre, soit que M. de Beaufort ait consenti au mariage, soit qu'on le considérât moins à cause que le crédit des frondeurs diminuait beaucoup, on recommença à parler

* Au sens de pardon.

de ce mariage et même il fut si avancé qu'on pria* pour les fiançailles... »[224].

L'opposition, cette fois, ne vint pas de Beaufort mais de Condé. Il avait donné son acceptation au mariage de Mercœur en février, il reprit sa parole en mai, prétendant n'avoir pas su toutes les conditions du contrat projeté. La vraie raison était qu'il avait été refusé, lors de son mariage avec la nièce de Richelieu, de cette même amirauté qu'on avait donnée alors, pour lui adoucir la chose, au frère de sa femme, Armand de Maillé-Brézé. A l'idée que les Vendômes, pour les beaux yeux d'une Italienne, qui plus est de noblesse plus incertaine qu'une Brézé, puissent obtenir ce qu'on lui avait autrefois dénié, « ... il devint si furieux, dit Mme de Nemours, qu'il résolut de l'empêcher à quelque prix que ce fut (le mariage) et le prétexte de la querelle qu'il fit à M. le cardinal là-dessus fut qu'on n'avait pas donné Pont-de-l'Arche à M. de Longueville quoiqu'il ne s'en souciait guère auparavant »[224]. Mme de Longueville se chargea d'ailleurs, d'après Mme de Motteville, d'attiser la colère de son frère : « Elle lui dit (à Condé)... que le duc de Vendôme devenant parent du ministre, serait plus considéré que personne auprès du Roi et de la Reine »[225]. Mazarin se détermina à tenir bon face à Condé, d'abord parce qu'il désirait ce mariage pour asseoir sa puissance, ensuite, par pure ingratitude, estime Retz, « ... afin de se défendre... des grandes obligations qu'il avait à Monsieur le Prince »[226].

La reine ne se résolvait pas à rentrer dans Paris et, de Saint-Germain, elle était passée, en mai, à Compiègne où tous ceux qui avaient participé aux émotions de la fin de l'hiver vinrent la saluer, à l'exception de Beaufort et du coadjuteur (Retz). Mazarin faisait pourtant tout pour s'acquérir le second fils de César. Il lui fit offrir le gouvernement d'Auvergne que l'intéressé refusa tout net[227]. C'est que, dans l'ombre, Mme de Montbazon jouait un jeu trouble et fort avantageux pour elle. Elle avait pour sa part fait le voyage de Compiègne où elle avait brossé au cardinal un tableau épouvantable de l'humeur de son amant, laissant entendre qu'elle seule... . D'Estrées l'a d'ailleurs démasquée : « Or, son dessein n'étoit pas de traiter sincèrement, mais seulement, sous des conditions et espérances spécieuses, de tirer l'utilité et des avantages particuliers, ainsi qu'elle fit. L'abbaye de Vendôme ayant vaqué, elle lui fut donnée, et l'abbaye des religieuses de Caen qu'elle eut aussi en même temps »[226].

* Au sens de on lança les invitations.

Beaufort continuait de régner sur son royaume de Paris. Le moindre incident faisait accourir le peuple rue Quincampois. Ce fut un début d'émeute, à la fin du mois d'avril, lorsqu'on le crut empoisonné. Le duc avait sans doute un peu forcé le trait : « Il tomba malade d'une colique si violente qu'il crut être empoisonné, et prit publiquement du contre-poison »[228]. Molé écrit à Le Tellier le 29 avril, comme en se moquant : « ... Enfin le poison n'a pas été bien fort, il alla hier chez Mme de Longueville... »[229]. Mais il avait suffi de la rumeur pour que le peuple se mobilise, que les églises se remplissent de gens priant pour sa guérison et que les harangères, menées par dame Alison et dame Paquette, se houspillant en chemin avec d'autres admiratrices, des marchandes qui menaçaient d'arriver plus vite à l'hôtel de Beaufort, viennent en délégation le complimenter sur son rétablissement[230].

Molé vient de nous mettre la puce à l'oreille en parlant d'une visite de Beaufort chez Mme de Longueville, son ancienne maîtresse, celle avec laquelle il était censé être sur le pied de guerre. Il ne s'agit nullement d'une erreur. Beaufort s'intéressait alors à la belle-fille de Geneviève, Marie d'Orléans-Longueville, fille du duc de Longueville et de sa première femme, Louise de Bourbon-Soissons. Elle avait vingt-quatre ans et bien qu'elle fut grosse et « pleine de tics », elle constituait l'un des plus beaux partis de France, étant la principale héritière de son oncle, le comte de Soissons tué à La Marfée. Mlle de Montpensier le confirme : « M. de Beaufort, pendant la guerre de Paris, avait fait le galant de Mlle de Longueville, et c'était un parti fort avantageux... ». Mademoiselle, que le charme de Beaufort ne laisse pas insensible, poursuit dans ce style qui n'est qu'à elle : « Elle aurait bien fait de l'épouser : c'est un prince fort bien fait de sa personne, qui a beaucoup de cœur et de mérite : il vaut bien un aîné, et même celui de sa maison... ». Enfin, du plus joli cancan : « Ainsi personne ne s'étonnait ni de ces bruits ni de ses soins ; on était seulement surpris que Mme de Montbazon le souffrit »[231]. Beaufort avait été voué à Malte enfant mais Richelieu ne l'ayant pas autorisé à « faire ses caravanes », il n'avait pas prononcé ses vœux. Il était donc parfaitement libre de se marier.

Mademoiselle, avec une certaine complaisance, brode encore sur ce chapitre des bonnes fortunes de Beaufort : « ... D'un autre côté, il allait fort souvent chez madame de Chevreuse, et comme mademoiselle sa fille était fort belle et riche héritière, l'on croyoit aussi qu'il lui en voulait. Ainsi M. de Beaufort étoit regardé comme le bon parti à qui toutes les princesses en voulaient... »[231]. On le disait également l'amant de Mme de Choisy et de la duchesse de Sully.

Beaufort est donc maître dans l'art de tenir plusieurs fers au feu mais Mademoiselle pressent que cet excès de roucoulades ne conclut rien : que, finalement, Mme de Montbazon l'emportera : « Comme j'étois à Paris, M. de Beaufort me dit qu'il vouloit me donner les violons : j'acceptai volontiers cette offre... Les violons jouèrent dans les Tuileries : nous étions sur la terrasse qui règne le long du corps de logis... M. de Beaufort manda qu'il me priait de proposer de les faire passer dans un parterre de l'autre côté du logis, et que je les entendrois de la salle ; je crus, et avec raison, qu'il seroit bien aise que cette sérénade servît à mademoiselle de Chevreuse aussi bien qu'à mademoiselle de Longueville »[231].

Quel sorte d'amant Beaufort était-il au juste ? Retz — on l'a dit — le soupçonne de n'avoir été en galanterie qu'un imposteur. Il est vrai qu'il aborde ce sujet après leur brouille et qu'il fait parler Mme de Montbazon qu'il n'aime pas non plus : « ... Elle disait à qui la voulait entendre qu'il était impuissant, ce qui était vrai ou presque vrai, qu'il ne lui avait jamais demandé que le bout du doigt, qu'il n'était amoureux que de son âme, et, en effet il me paraissait au désespoir quand elle mangeait le vendredi de la viande... »[232]. Conrart rapporte d'autres étrangetés : « Le duc de Beaufort disait un jour à la duchesse de Chatillon des douceurs à sa mode et, entre autres choses, il protestait dans sa bonne grâce mais qu'il n'osait l'espérer... que si elle lui voulait faire cette grâce ce ne pouvait être que de bricole et que, même à cette condition là, il se tiendrait heureux de les avoir »[233]. Toujours de Conrart, qui nous peint Beaufort au moment de monter en carrosse avec Mme de Montbazon — Madame, j'ai toujours entendu dire que les femmes ont une cuisse plus douce que l'autre, je vous supplie de me dire laquelle des vôtres est la plus douce, afin que je me mette de ce côté-là... »[234]. Beaufort aurait donc parlé aussi étrangement de l'amour que de tout le reste, ce qui pourtant ne devait ralentir ni le nombre ni la fougue de ses admiratrices.

Mais les affaires de cœur les plus compliquées, quoiqu'il n'eut qu'une seule fiancée, étaient celles de Mercœur. A présent le projet de mariage avec Laure Mancini n'achoppait plus seulement sur le mécontentement du prince de Condé. La femme de César et sa fille s'en mêlaient : « Mme de Vendôme, écrit Goulas, ne voulait point de Mlle Mancini pour belle-fille et Mme de Nemours, qui abhorrait cette belle-sœur, entreprit de renouer le mariage de M. de Mercœur avec Mlle de Guise dont on avait beaucoup parlé autrefois »[235].

Mme de Nemours, avec autant d'impétuosité que de légèreté, se lance donc dans une négociation : « Mme de Nemours ne marchande point, raconte Goulas, elle va droit à l'hôtel de Guise, s'empresse, demande ce qu'on donne et le bien qui peut échoir après la mort de la mère, elle témoigne une passion extrême pour cette affaire lorsqu'on savait l'autre conclue, ce que Mme de Guise n'ignorant pas, ne s'était pas avancée, néanmoins, ayant répondu civilement, elle croyait de mériter au moins une civilité de M. de Vendôme, elle n'en reçut pourtant aucune, pas même de Mme de Nemours qui demeura tellement confuse d'avoir eu si peu de connaissance de ce qui se passait dans sa famille qu'elle n'osa plus montrer... »[235].

Les facéties des Vendômes amusaient le public, « ... certains dirent, poursuit Goulas, que les enfants de M. de Vendôme avaient été si mal nourris qu'ils ne savaient ni comment il fallait vivre, ni comment il fallait parler »[235]. Mercœur devait en donner une autre illustration presqu'aussitôt. Désespérant de réussir son mariage, il « ... s'alla plaindre de son frère à Monsieur le Prince et le pria ensuite d'appuyer auprès de M. le Cardinal la recherche qu'il faisait de sa nièce... ». Goulas relève avec humour : « Il s'était bien adressé »[235]. Mercœur, de plus, avait ponctué la chose d'un « cuir » de sa façon. Parlant à Condé de Beaufort, mauvais fils, mauvais frère, il s'était enflammé jusqu'à dire — Tellement, Monsieur, qu'il se peut assurer que je ne le verrons jamais... « Je ne le verrons jamais », rajoute Goulas, ne tomba pas à terre »[235]. Tout Compiègne, où se passait la scène, en fit des gorges chaudes.

« Ah, mon Dieu, soyez tous bien sages ».

Autour de la reine gravitait un cercle de jeunes écervelés : Jarzé*, Manicamp**, Candale, ce dernier fils de d'Epernon et petit-fils d'Henri IV par sa mère, elle-même fille d'Henriette d'Entragues. Anne d'Autriche les couvait un peu ridiculement et lorsqu'ils manifestèrent l'intention de quitter Compiègne pour aller à Paris soutenir sa cause, elle les gronda, comme si elle pressentait quelque folie, leur recommandant : « Ah, mon Dieu, soyez tous bien sages »[236]. Un soir que tous ces jeunes gens à la mode profitaient de la douceur de l'air au Tuileries, ils virent, au bout de l'allée menant à l'écho***, déboucher Beaufort qui se promenait suivi de quelques-uns de ses amis. Le duc, d'après Goulas, aurait dit à ses proches « Passons à cette autre allée parce que voilà des visages qui me déplaisent ». D'après Mme de Motteville, il se serait écarté,

---

* René du Plessis de la Roche-Pechemer, marquis de Jarzé.

** Achille de Manicamp, comte de Longueval.

*** Murailles en demi cercle qui formait un écho factice. Il peut se voir encore un tel écho au château des Rochers, chez Mme de Sévigné.

« ... sans dessein d'éviter la troupe qui venait, pour entretenir un jeune conseiller ». Quoiqu'il en soit, « ... il fut rapporté à M. de Beaufort que Jarzé s'était vanté qu'il avait fait quitter la grande allée des Tuileries au roi des Halles »[237], car c'est ainsi, ce soir-là, que le plus impertinent des galantins de la reine affubla Beaufort du surnom qui devait lui rester.

Dès le lendemain que ces bruits lui furent rapportés, le duc, de concert avec le coadjuteur, médita sa vengeance : « ... Nous convinmes, écrit Retz, que, dès le soir, M. de Beaufort, accompagné de ceux que je viens de nommer, de cent ou six-vingts* gentilshommes, se trouverait chez Renard comme il saurait que ces messieurs étaient à table et, qu'après avoir fait compliment à M. de Candale et autres, il dit à Jarzé que, sans leur considération, il l'aurait jeté du haut du rempart pour l'apprendre à se vanter... »[238].

Au soir du 18 juin, Jarzé et ses amis, « ... qui payèrent chacun deux pistoles pour leur repas »[239], nous prévient Mme de Motteville, soupent, au nombre de douze, au son des violons, sur la terrasse de Renard. Beaufort se présente, « ... suivi du maréchal de La Motte, du duc de Brissac, des comtes de Fiesque et de Duras et de beaucoup d'autres personnes de marque »[239]. Ces messieurs n'ont pas d'armes mais ils sont accompagnés, « ... de valets et de pages en quantité... (avec) des épées et des pistolets »[239].

Retz déplore la tournure que prirent alors les évènements : « M. de Beaufort, au lieu de faire ce qu'il avait résolu, s'emporta de chaleur... »[238]. Impétuosité que confirme le récit de M. d'Estrées : « M. de Beaufort, emporté de colère, sans considérer (que) M. de Candale, son cousin germain, y étoit, et sans répondre aux civilités qu'on lui faisoit, prit un bout de la nappe et jeta par terre tout le souper... »[237]. Goulas ajoute : « M. de Candale tire l'épée, secondé par M. de Fretoy et M. de Beaufort se jette à M. de Candale et lui proteste qu'il n'entend point le fâcher ni l'offenser »[240].

Le futur cardinal de Retz — le coadjuteur d'alors — décrit la cohue qui suit le renversement de la nappe : le pauvre Vineuil, ami de Jarzé, « coiffé d'un potage », puis les amis de Beaufort qui s'en donnent à cœur joie : « L'on cassa les instruments sur la tête des violons. Mareuil... donna trois ou quatre coups du plat de l'épée à Jarzé, M. de Candale et M. de Bouteville — qui est aujourd'hui M. de Luxembourg — mirent la main à l'épée et sans Caumesnil, qui se mit au-devant d'eux, ils eussent couru fortune dans la foule des gens qui l'avaient tous hors du fourreau... »[241].

---

* Cent-vingts.

Le pire est tout de même évité et Beaufort, en se retirant, renouvelle ses civilités à son cousin Candale. « Cet emportement fut condamné, et même de ceux qui l'avaient accompagné, disant que M. de Beaufort n'avait pas exécuté les choses comme ils l'avaient résolu »[242]. Quant aux amis de la reine, « ... n'étant pas les plus forts dans Paris contre le roi des Halles, (ils) prennent la campagne, se veulent battre à outrance, envoient faire des appels* »[243]. Candale en particulier dépêcha Saint-Mesgrin à Beaufort pour se battre avec lui. Celui-ci, d'après Montglat, « ... répondit qu'il ne sortirait pas et qu'il se battrait volontiers dans l'enclos des murailles de la ville »[244].

C'est Monsieur qui va s'employer à calmer les choses. Il fait d'abord exprès le voyage depuis Compiègne, « pour trouver moyen d'assoupir cette affaire »[242]. Il met sur pied un protocole de réparation mais Candale se montre intraitable, « ... prenant avantage des mots de pardon et pardonnés et de ce que ceux qui avaient frappé seraient chassés... ». Occasion d'un nouveau coq-à-l'âne pour Beaufort qui proteste qu'il ne supportera pas leur « bravure »[245].

Monsieur, reparti bredouille pour la cour, continue cependant de s'activer pour la paix. Il reçoit l'accord des parties pour se retrouver chez lui, à Nanteuil, le 15 juillet. Nouvel incident, raconté par Mme de Motteville et par Goulas : Beaufort va à ce rendez-vous flanqué de tous ses fidèles et en particulier de Fontrailles et Matha qui, entre temps, au sortir d'un dîner trop arrosé, avaient rossé un valet de pied portant la livrée du roi. Monsieur envoie le maréchal d'Estrées dire qu'il ne veut pas de ces deux-là chez lui. Nouveaux conciliabules, nouvelles mises au point. C'est finalement le 18 juillet, à la chartreuse de Bourgfontaine, près de Villers-Cotterêts, qu'aura lieu la réparation qui se fera « ... pour les présents et les absents »[246], en dehors de la présence des deux indésirables. Le duc d'Orléans lit lui-même les termes de la réparation, « ... à quoi, précise d'Ormesson, ils s'embrassèrent tous les uns les autres mais assez froidement et sans dire une seule parole. Il n'y eut que M. le duc d'Orléans qui conclut... disant que celui qui contreviendrait à cet accord aurait affaire à lui »[246].

L'affaire était terminée mais elle avait failli gâcher tout à fait les inlassables négociations du mariage du fils aîné de M. de Vendôme : « Le duc de Mercœur prit le parti du duc de Beaufort contre ceux de la cour ; dont le ministre fut mal content, disant qu'il ne vouloit point donner sa nièce au frère d'un extravagant qui le haïssoit »[247].

---

* Au sens d'appels en duel.

Ralentissement que certains courtisans n'hésitaient pas tout au contraire à imputer à la prudence de César : « Le duc de Vendôme, se voyant de retour à la cour, ne vouloit pas se hâter de lier son fils, l'aîné de sa maison, à la fortune d'un ministre dont la grandeur étoit diminuée ».

V – FRAPPE D'ABORD

Le jeu de Mazarin était difficile. Il savait que Monsieur le Prince était son ennemi, le seul à sa mesure, que tôt ou tard ils en viendraient aux mains, mais il retardait le moment de l'affronter. En attendant, il faisait tout pour se constituer des obligés songeant invariablement, en premier lieu, à s'attacher les Vendômes. Beaufort restait un obstacle : « ... il refusait toujours de s'accommoder, méprisait les gouvernements et les places qu'on lui offrait et voulait au préalable que ses amis fussent contents... »[248]. Monsieur tentait d'arranger les choses à sa façon. Il avait fait offrir au second fils de César Aigues-Mortes qui lui appartenait, « en attendant qu'il se présentât quelque place dont il fut satisfait ». Nouveau refus du duc, aggravé par celui, très public, de saluer Mazarin chez la reine. En plein conseil, Condé jeta, à ce propos, de l'huile sur le feu : « Il dit que si Monseigneur (Monsieur) et lui allaient chez le cardinal, M. de Beaufort y pouvait bien aller, et le cardinal, prenant la parole, répliqua brusquement qu'il se passerait de ses visites et de son amitié »[248]. Le 4 juillet, Mazarin écrit même à Le Tellier : « Si M. de Beaufort n'attend à s'accommoder que la rupture ou la conclusion du mariage (celui de Mercœur, toujours), il ne semble qu'il ne doit plus être arrêté par ces considérations puisque le mariage ne se fera plus »[249]. Le cardinal faisait ainsi à son tour pression sur César qui s'était engagé un peu à la légère à obtenir l'accord de son second fils et qu'il sentait — comme on l'a dit — peu enthousiaste à l'idée de s'unir à sa famille.

César, pourtant, dans le courant de cet été 1649, n'a rien d'un disgracié. La reine lui prodigue ses faveurs. Le 12 juillet, il est chargé d'aller au-devant de la veuve et des fils de Charles 1er, rescapés du drame de Londres... Il s'avançe avec les carrosses du roi jusqu'à Péronne, puis emmène le roi Charles II coucher au château de Mouchy et, le 13, à Compiègne où Louis XIV vient à sa rencontre, jusqu'à une demi-lieue de la ville.

La reine s'obstinait donc à demeurer loin de Paris. « Les bons bourgeois, écrit d'Estrées, de qui l'intérêt est d'avoir le roi et la cour à Paris parce qu'autrement leur commerce languit, souffraient avec grande impatience et incommodité l'éloignement de Leurs Majestés »[250]. Le coadjuteur vint à la cour, le 13 juillet, jour de l'arrivée du roi d'Angleterre. Il vit la reine, sans voir Mazarin — ce dont il se vantera dans ses *Mémoires* — Il la supplia de revenir à Paris pour complaire à son peuple. Il n'y avait plus qu'un frondeur qui n'eut pas fait le voyage de Compiègne : c'était Beaufort. Il se serait sans doute risqué à s'y rendre, comme en catimini, profitant de l'absence de Mazarin qui était parti aux armées sur la fin de juillet — Il s'agissait de reprendre Ypres dont les Espagnols s'étaient emparés le 8 mai — mais le cardinal veillait de loin comme un amant jaloux : « ... Les personnes qui avaient dessein de proposer à la reine d'agréer que M. de Beaufort eut la liberté de lui venir faire la révérence pendant mon absence connaissent mal S.M... »[251]. Le duc en fut réduit, pour n'être pas taxé de manquer de respect à la reine, à demander officiellement une audience qui fut refusée. Confidence d'Anne d'Autriche à Mme de Motteville, après cela : « ... La reine me fit l'honneur de me dire ce jour même (1er août 1649) qu'elle ne l'avait point voulu voir ; et celui-là, qu'elle avait autrefois considéré, lui était plus en horreur que les autres, par cette raison qu'on hait beaucoup davantage les ennemis qui ont été des amis que ceux qui nous ont toujours été indifférents... »[252].

Ce fut Mme de Montbazon, une fois de plus, qui tira tout le monde d'embarras. Elle dit à Mazarin, « ... que ce prince (Beaufort) croyait être obligé pour sa gloire de ne le point voir et le pria qu'il put souffrir qu'il saluât le roi et la reine à leur arrivée et qu'ensuite il lui promettait qu'il se retirerait à Paris ou qu'il le verrait »[253]. Le plus extraordinaire fut que la chose fut acceptée ainsi : « ... le cardinal qui depuis longtemps était accoutumé à de telles douceurs, et qui ne voulait pas montrer qu'il se mit en peine du salut ni du mépris de M. de Beaufort, consentit à ce qu'il désirait »[253].

L'entrevue de Beaufort et d'Anne d'Autriche se passa mal. Notez bien que c'était la première fois qu'ils se revoyaient depuis six ans. La reine fut furieuse d'apprendre qu'il s'entêtait à ne pas aller saluer son ministre, d'autres ont prétendu qu'elle domina mal son émotion en voyant reparaître celui qu'elle avait sans doute aimé : « Irritée de ce qu'il n'avait pas vu le cardinal, aussitôt qu'elle le vit paraître, (elle) se leva et s'en alla s'enfermer dans sa petite chambre »[253].

Les tractations pour le mariage de Mercœur avaient repris chaotiquement. Cette fois César devait relancer Mazarin qui s'effrayait des réactions possibles de Condé. Ils s'étaient même pris de bec :

« Il lui dit qu'il s'étonnait de voir qu'il ne lui parlait plus de ce mariage, qu'il devait considérer que c'était son avantage autant que le sien, qu'il croyait que son fils était un assez bon parti pour sa nièce... que néanmoins s'il ne voulait plus le faire, il l'avertissait qu'il était obligé de lui faire justice sur ses prétentions... Le cardinal Mazarin, piqué de ce discours... lui reprocha qu'il ne considérait que l'amirauté et le gouvernement de Bretagne, son ancienne prétention, et fort peu son alliance... »[253].

Le 10 août, tout paraît pourtant réglé. L'éminence se trouve à Saint-Quentin où la ville lui fait fête : « ... ses trois tables servies des mets les plus exquis et occupées par MM de Vendôme et de Mercœur qui, comme ses chers futurs alliés, étaient en toute humilité assis en dessous de lui... »[254].

Les articles du mariage étaient effectivement secrètement fixés et, pourtant, il allait falloir attendre encore deux années pleines pour parvenir à une conclusion. Le 18 août, Beaufort, voyant la chose faite et songeant à l'intérêt de sa maison, « ... voulut faire savoir au cardinal, nous dit d'Estrées, qu'il n'avait été éloigné de donner son consentement au mariage que par les moyens que l'on avait tenus avec lui, et fit connaître qu'il serait en disposition de se réunir à toute sa maison et de consentir... »[255]. Mais, cette fois, ce fut le cardinal qui temporisa : « sans refuser ni accepter les offres, (il) tint la chose en suspens »[255].

Restait à recevoir l'approbation de Condé. Mazarin lui dépêcha Le Tellier qui justifia son maître, disant « ... qu'il ne pouvait pas refuser un prince de cette qualité qui désirait être son parent... Il lui manda aussi que ceux qui connaissaient le duc de Beaufort l'avaient assuré que c'était le plus rude coup qu'il put recevoir... ». Et Condé d'éclater de rire : « Ah ! monsieur, le voilà donc mort ce grand prince que M. le cardinal craint d'une si étrange manière. En vérité, le voilà bien vengé... »[256]. Et sitôt après, pour bien marquer sa mauvaise humeur, le vainqueur de Rocroi devait renouveler ses revendications sur Pont-de-l'Arche et annoncer un voyage menaçant dans ses places fortes de Bourgogne.

Mazarin tint bon. Il fixa la date des fiançailles au 19 septembre. Il publia les conditions du mariage : l'amirauté au duc de Vendôme, la survivance pour Mercœur qui serait en outre pourvu du premier gouvernement de province qui viendrait à vaquer, une dot de 200 000 écus pour Laure, la mazarinette, ainsi qu'on la baptisait dédaigneusement chez Condé, à l'hôtel de Ventadour. Rien pour Beaufort donc. Le cardinal, ayant ainsi montré sa détermination, se risqua à une dernière démarche auprès de Monsieur le Prince, par le canal du maréchal de Villeroy : « Si le mariage du duc de Mercœur lui déplaisait encore, on le priait de le dire parce qu'il était inutile de lui accorder les autres grâces qu'il avait demandées... Monsieur le Prince lui répondit qu'il était content... que pour le mariage, soit qu'il lui déplut ou non, ayant donné son consentement pour cela, il ne s'en voulait plus plaindre »[256].

Tout paraissait donc réglé mais Mme de Longueville s'en mêla et, le 14 septembre, Condé revint à la cour furieux, ayant une nouvelle fois changé d'avis, criant qu'il ne consentirait jamais « ... à l'union d'un bâtard de France avec une roturière ». Il fallut décommander les réjouissances prévues chez le cardinal. Condé fit plus, toujours par le truchement de sa sœur, il se fit tout soudain de Beaufort un allié et brava Mazarin : « Le jour après, le prince de Condé mena souper chez Prud'homme, baigneur renommé, une troupe de frondeurs, tous ennemis déclarés du ministre. Les conviés étaient le duc de Beaufort, le duc de Retz, le duc de Rohan... »[257]. Mazarin prit peur. Il appela Condé, fit mine de se réconcilier avec lui au cours d'un sinistre dîner. Il signa même avec lui, écrit Pierre Goubert, « ... un invraisemblable grimoire dans lequel il s'engage à ne rien décider, ni nomination, ni mariage, sans son assentiment »[258].

Ce dernier esclandre devait clarifier les choses, rangeant César et Mercœur définitivement du côté de l'alliance mazarine, pourvoyeuse d'amirauté et de gouvernement, et — fait remarquable dans cette histoire toute pétrie de la haine des premiers princes du sang légitimes contre les premiers princes du sang bâtards — rejetant l'autre fils de César, peu à peu, du côté de Monsieur le Prince. Rappelons toutefois que Beaufort, singulier en tout dans sa lignée, était le seul parmi les Vendômes à avoir déjà trouvé le chemin de l'hôtel de Ventadour, résidence des princes de Condé, à l'époque où il s'essayait, malgré Richelieu, à obtenir la main de la future Mme de Longueville. Dernier point de cette clarification, destiné celui-là à rester provisoirement secret : en cette fin septembre 1649, Mazarin prend la décision de se débarrasser de Condé, projet qu'il va mener à son terme en quatre mois.

Pourtant ce rapprochement de Beaufort et de Condé était encore imperceptible, et, même, tous les évènements de la fin 1649 allaient s'ingénier à paraître le contrecarrer : « Mme de Longueville avait travaillé à l'union de Monsieur le Prince et du duc de Beaufort avec ses amis... Mais cette princesse n'avait pas pu les acquérir entièrement... Ils demeurèrent fermes à s'unir avec lui seulement pour la perte du cardinal... »[259]. En fait, Beaufort subissait d'autres pressions. Nemours, son beau-frère, qui était alors tout à la reine, voulait l'attirer de ce côté-là, laissant entendre que c'était, peut-être, en regagnant cette affection autrefois gâchée, qu'il tiendrait le plus sûr moyen de déloger Mazarin. Le coadjuteur eut toutes les peines du monde à l'en dissuader : « Comme j'allais le lendemain à l'hôtel de Vendôme, sur les sept heures du matin, pour y chercher le duc de Beaufort, je le trouvais sur le Pont-Neuf dans le carrosse de M. de Nemours pour qui M. de Beaufort avait une grande tendresse... ». Les persuasions de Nemours avaient déjà fait leur œuvre : « ... Je lui représentai avec toute la force qu'il me fut possible, qu'il n'y avait rien au monde que ne fut plus opposé au bon sens, qu'en nous offrant à Monsieur le Prince nous ne hasardions rien, qu'en nous offrant à la reine nous hasardions tout, que dès que nous aurions fait ce pas, Monsieur le Prince s'accommoderait avec Mazarin qui le recevrait à bras ouverts... Ces raisons, auxquelles à la vérité il n'y avait rien à répondre, emportèrent M. de Beaufort. Nous allâmes dès l'après-midi à l'hôtel de Longueville où nous trouvâmes Monsieur le Prince dans la chambre de sa sœur. Nous lui offrîmes nos services... »[260].

Mazarin devait tenter de conjurer ce nouveau péril en se servant une fois de plus de son vieil ami, le maréchal d'Estrées. Celui-ci fut chez Mme de Nemours, certain d'y trouver Beaufort qui venait tous les jours visiter cette sœur qu'il chérissait. Il annonça que la décision de donner Pont-de-l'Arche à M. de Longueville était prise, qu'après cela Condé ne pouvait plus que faire sa paix avec la cour et abandonner tous ceux qui se seraient imprudemment joints à lui. « M. de Beaufort (fut) ébranlé... »[261]. Et malgré cela, à cause de la parole donnée au coadjuteur qui ne démordait pas de son idée d'alliance avec Condé, il s'engagea du côté de ce prince. Ce qu'avait annoncé le grand oncle d'Estrées se produisit en plein : Pont-de-l'Arche accordée, Monsieur le Prince fit une nouvelle simagrée de paix avec Mazarin. Beaufort et le coadjuteur en demeurèrent étonnés, le coadjuteur surtout[262] qui commença à faire quelques réflexions sur un renversement de ses alliances.

C'est dans cet état d'esprit que le coadjuteur et Beaufort devaient aborder une affaire destinée à rester par bien des côtés mystérieuse et dans laquelle ils allaient figurer ensemble, pour la dernière fois, face au premier prince du sang.

Deux coups de feu sur le Pont-Neuf.

L'incident du 11 décembre 1649 éclatait sur fond du délabrement des finances royales. Les trésoriers du roi, pour pouvoir continuer d'honorer les engagements de l'Etat, s'étaient vus contraints de rogner sur le service de la rente de l'Hôtel de Ville. Ces rentes de l'Hôtel de Ville c'était ce que l'on appelait « le pot-au-feu de Paris », une création de François 1er par laquelle le roi promettait d'apporter une partie de son revenu en paiement d'arrérages versés à de multiples bénéficiaires. Retz écrit justement : « L'on peut dire avec vérité que les rentes de l'Hôtel de Ville sont particulièrement le patrimoine de ceux qui n'ont que médiocrement du bien »[263]. Ceci explique l'ampleur du phénomène de mécontentement : manifestation de masse et manifestation populaire. Début décembre ces pauvres créanciers furent avisés qu'ils ne seraient désormais payés de leurs rentes que sur le pied de deux quartiers un quart (62, 50%). La même semaine, « ... les fermiers des tailles, aides, gabelles et autres parties du revenu public, à qui l'on s'en prenait de la pénurie des finances demandèrent la résiliation de leur bail »[264]. Les rentiers nommèrent douze syndics pour demander justice des fermiers et ils envoyèrent une députation à M. de Beaufort et au coadjuteur pour les supplier, « de prendre en main la justice du pauvre peuple de Paris »[264].

Le samedi 11 décembre 1649, entre sept et huit heures du matin, Guy Joly, conseiller au Châtelet de Paris, l'un des douze syndics des rentiers, l'un des confidents du coadjuteur, « ... fut attaqué dans son carrosse par un homme de cheval, lequel ne l'ayant pas trouvé en belle mire passa à l'autre portière et lui tira un coup de pistolet chargé de plusieurs balles »[265]. « Joly, précise l'auteur du *Journal du procès,* reçut le coup au-dessus du bras droit qui brûla et perça la manche du pourpoint... L'assassin se retira sur la place Maubert »[265].

Les frondeurs entendaient exploiter l'incident. Broussel, le plus anti-mazarin des parlementaires, déclara qu'il serait à propos de faire garder les portes de la ville alors que la présence de la cour nécessitait, selon la tradition, de tenir la ville ouverte. Mais c'est surtout le marquis de La Boulaye* qui se répandit par les rues en criant, « ... que l'on voulait assassiner les gens de bien et ceux qui soutenaient les intérêts du peuple »[265]. Beaufort et le coadjuteur protesteront dans le procès qui devait s'ensuivre d'avoir désavoué la conduite de La Boulaye. La Boulaye était un ami de Beaufort et

---

* Maximilien Echalard, marquis de La Boulaye (1612-1668) gendre du duc de Bouillon.

surtout de Mme de Montbazon. Retz le soupçonne d'être en réalité un agent de Mazarin, un provocateur : « ... j'avais découvert que ce misérable avait des conférences secrètes avec Mme d'Ampus, concubine en titre d'office d'Ondedei* et espionne avisée de Mazarin »[266].

Le même soir, sur le Pont-Neuf, il se fit un second attentat, plus mystérieux encore, contre le carrosse de Condé. Cet attentat avait été précédé de nombreux avis. Le bonnetier Péricard prétendra devant le Parlement qu'il avait été chargé de se trouver place Dauphine, avec le mot de passe « Bordeaux », dans le but de participer à l'assassinat de Condé. Mais Monsieur le Prince s'était précautionné, il avait décidé de passer la nuit chez le baigneur Prud'homme. Il avait tout de même envoyé ses carrosses sur le Pont-Neuf, avec un pauvre laquais dans le sien, habillé comme lui, pour savoir ce qu'il en adviendrait. D'après les partisans de Condé, les gens massés sur la place Dauphine viennent aux premiers carrosses, tirent plusieurs coups de pistolets et blessent — tuent dit Mme de Nemours — « ... un laquais du marquis de Duras qui était dans le carrosse »[265]. Des témoins jureront avoir reconnu La Boulaye parmi les assassins.

Condé dépose aussitôt au Parlement une plainte contre le duc de Beaufort, le coadjuteur et Broussel pour tentative de meurtre. Personne ne doute qu'il n'agisse à l'instigation de Mazarin. La perspicace Mme de Nemours ajoute : « La plus commune opinion était que Monsieur le Prince avait supposé cet assassinat pour faire sortir de Paris les chefs de la Fronde et s'en faire le chef lui-même »[267]. Plusieurs faits demeurent alors inexpliqués : on ne retrouve pas le laquais blessé à la place de Condé, « ... les frondeurs, ajoute même Mme de Nemours, ont toujours soutenu qu'il se portait fort bien »[267]. On avait remarqué dès l'après-midi, sur le lieu de l'attentat, des cavaliers qui faisaient beaucoup de bruit comme pour se faire reconnaître, disant, « ... que c'était M. de Beaufort qui les y avait envoyés »[267], évidente mise en scène. Enfin l'attitude du coadjuteur et de Beaufort éloignait les soupçons : « Ils allèrent faire compliment à Monsieur le Prince sur son prétendu assassinat, sans témoigner savoir qu'on les accusât. Mais sitôt qu'il sut (Condé) qu'ils montaient son escalier, il quitta brusquement la compagnie et alla s'enfermer dans son cabinet... ». La Rochefoucauld écrit là-dessus : « Ce que j'en crois c'est que ce fut La Boulaye qui suscita la sédition du matin par la participation du duc de

* Zongo Ondedei, ami de Mazarin, futur évêque de Fréjus.

Beaufort et qu'il essaya le soir d'en susciter une seconde pour faire peur à la cour et se mettre par là à couvert de la première »[268].

Beaufort fit même preuve d'un étonnant courage. Se sachant accusé il revint chez Condé, « ... qu'il trouva à table ou chez Prud'homme ou chez le maréchal de Gramont, je ne me souviens plus précisément », écrit Retz — chez le maréchal de Gramont, affirme Montglat — Il lui fit son compliment avec respect. Monsieur le Prince, surpris, lui demanda s'il voulait se mettre à table. Il s'y mit, il soutint la conversation sans s'embarrasser et il sortit d'affaire avec une audace qui ne déborda pas. J'ai ouï dire à beaucoup de gens que cette démarche de M. de Beaufort avait touché l'esprit de Mazarin à un tel point qu'il fut quatre ou cinq jours à ne parler d'autre chose... »[269]. Calme qui tranche sur l'affolement de Mme de Montbazon : « Elle fit voir les enfers ouverts à M. de Beaufort qui me vint réveiller à cinq heures du matin pour me dire que nous étions tous perdus et que nous n'avions qu'un parti à prendre qui était de nous jeter dans Péronne... »[269]. Mme de Montbazon continue sa sortie, à l'arrivée du coadjuteur, devant un Beaufort étonnamment tranquille : « ... Nous nous disputons tous les jours cet innocent, reprit-elle en montrant M. de Beaufort qui jouait aux échecs, nous nous donnons bien de la peine, nous gâtons toutes nos affaires, accordons-nous ensemble, allons-nous en à Péronne... »[269].

Le 13 décembre Molé donna un arrêt pour informer sur les requêtes croisées de Joly et de Condé. Beaufort et le coadjuteur demandèrent à être reçus à se justifier. Le lendemain, les princes — Condé, Conty, Longueville — allèrent au Palais où siégèrent aussi les ducs de Vendôme et de Mercœur. La Boulaye fut décrété de prise de corps mais il était sorti de Paris. César, inquiet de ce tapage qui ne pouvait que faire reculer le projet de mariage, alla trouver Mazarin : « Il lui offrit alors l'amitié du duc de Beaufort, son fils à telle condition qu'il lui plairait de la recevoir... Le ministre lui répondit que le duc de Beaufort étant soupçonné d'avoir pris part à la conjuration qui avait été faite contre Monsieur le Prince, il ne pouvait pas recevoir ses offres que, premièrement, il ne fut purgé de cette accusation »[270].

Le procès commence sous la pression des rentiers de Paris qui font le siège du Parlement. Le 22 décembre, des témoignages rapportent qu'on a vu Héricourt, gentilhomme de Beaufort, sur le Pont-Neuf au moment de l'attentat contre le carrosse de Condé. Beaufort proteste avec énergie et dit « ... qu'il justifierait que

M. d'Héricourt n'avait pas été avec le marquis de La Boulaye tout ce jour-là... ». On lui imposa silence et lui fut dit qu'il ne pouvait parler, en se défendant ou quelqu'autre, dans la place où il était... »[269]. Cette place c'était celle de duc et pair qui l'empêchait d'assurer sa défense. Les témoins que l'on produit alors contre Beaufort et le coadjuteur, au mépris du déroulement bien réglé des procédures, sont des hommes de sac et de corde dévoués à Mazarin : Canto qui a été condamné à être pendu, Pichon qui a été roué en effigie, Sociendo, faussaire, « fils d'un mahométan portugais« , connu pour faire le « maquereau » dans le Marais. Ils sont munis de brevets signés de Le Tellier qui les autorise de se trouver aux assemblées de factieux pour les espionner[270]. Tout cela est très gros.

Beaufort tient tête au président Molé, entièrement acquis à Mazarin. Il rappelle avec assez de noblesse comment il a protégé à plusieurs reprises les membres du Parlement contre la colère du peuple : « Vous savez que M. le coadjuteur et moi vous avons sauvé la vie par trois fois et que c'était fait de vous si nous n'avions pas retenu le peuple qui était animé contre vous... Vous nous rendez aujourd'hui d'étranges témoignages de votre reconnaissance de nous avoir fait comprendre au nombre des accusés »[271]. La popularité du duc est au plus haut et, à l'issue de chaque séance, se renouvelle la même scène. Ainsi le 13 décembre : « Il y eut quelques-uns du bas peuple qui crièrent -Vive le Roi et M. de Beaufort ! lorsque celui-ci passait au travers de la salle. D'autres aussi qui disaient -Chapeau bas ! c'est M. de Beaufort, acclamation qu'ils n'avaient point donnée à Monsieur le Prince, de quoi Monsieur le Prince qui les entendit fut touché et il dit à M. d'Orléans que ce n'était que quelque canaille qu'il pouvait dissiper en y envoyant ses gardes »[271].

La procédure se complique. La tension monte. Les accusés, Beaufort, le coadjuteur et Broussel, récusent Molé, puis les parents de celui-ci, puis Condé, autant de requêtes qui retardent l'examen de l'affaire sur le fond. Condé, craignant que le peuple ne lui fasse un mauvais parti, vient au Palais avec un corps de trois cents gentilhommes en armes. Du coup, le coadjuteur et Beaufort s'emploient de leur côté à constituer une troupe mais l'argent manque : « Nous travaillâmes dans l'après-midi à envoyer chercher nos amis dans les provinces, ce qui ne se faisait pas sans dépenses et M. de Beaufort n'avait pas un sol... M. de Beaufort espérait tirer du Vendômois et du Blaisois soixante gentilshommes et quarante des environs d'Anet, il n'en eut en tout que cinquante-quatre... »[272].

Le coadjuteur s'arme même d'une dague : « M. de Beaufort qui était fort lourd, voyant la garde du stylet dont le bout dépassait un peu de ma poche, le montra... en disant — Voilà le bréviaire de M. le coadjuteur... »

Aux premiers jours de l'année 1650, les passions sont à leur comble. Le 7 janvier Molé procède au rappel des informations, « ... lisant les passages qui le concernaient nonobstant quoi il était demeuré juge »[273]. Le jeune conseiller Daurat l'interrompt : « Monsieur, la passion que vous montrez en cette affaire fait voir que la déclaration que vous avez faite au bureau n'est pas véritable, lorsque vous avez dit que vous n'aviez aucun ressentiment particulier »[273]. Les hommes de Mazarin s'activent. On apprend l'arrestation, à Coutances, d'un certain des Martineaux, enfermé au Vieux Palais de Rouen, complice prétendu de La Boulaye. Le Tellier dépêche aussitôt un de ses hommes, qui tire du prévenu, « ... une lettre ambigüe de laquelle on a voulu concevoir de grandes espérances »[273]. Panique chez les accusés qui veulent que leur cause soit séparée de celle de La Boulaye et qui demandent à être jugés avant l'arrivée à Paris de des Martineaux.

Monsieur, qui n'est pas encore dans le secret du coup prodigieux que prépare Mazarin, mais qui sait que la victoire du clan Condé à ce procès rendrait cette maison encore plus insolente, fait ce qu'il peut pour voler au secours de Beaufort. Le 16 janvier, il feint la maladie pour ne pas se trouver au Parlement, assez grossièrement, puisque Condé n'y croit pas. On appelait cela, dit Retz, « les accès de la colique de Son Altesse Royale ».

Coup de tonnerre.

Le théâtre allait radicalement se transformer, le 18 janvier, par l'arrestation ordonnée par Anne d'Autriche des trois princes : Condé, Conty et Longueville. Ce coup d'autorité se décida en quelques heures. Depuis le début janvier deux personnes avaient rallié en secret Mazarin. D'abord Mme de Chevreuse, qui travaillait à détacher Monsieur de l'emprise de son confident, La Rivière, resté fidèle à Condé et que Mazarin continuait d'amuser, de façon plutôt perverse, de l'espérance d'être bientôt cardinal, allant jusqu'à lui faire essayer diverses étoffes rouges, « ... et de les approcher de son visage pour voir ce qui y revenait le mieux ou de la couleur du feu ou du nacarat ».

L'autre personnage qui change radicalement de camp, c'est le coadjuteur, c'est Retz. Il raconte même de façon jubilatoire, dans ses fameux *Mémoires*, comment il allait, aux premiers jours de janvier, sous un habit déguisé, s'entretenir secrètement avec son ennemi d'hier, le cardinal ministre. Le malheur fut que Condé l'apprit mais Mazarin, en véritable arlequin, parvint à lui donner le change : « ... (il) sut lui tourner fort ridiculement et le coadjuteur, et son habit de cavalier et ses plumes blanches, et ses jambes tortues ; et il ajouta encore, à tout le ridicule qu'il lui donna, que s'il revenait une seconde fois déguisé, il l'en avertirait afin qu'il se cachât pour le voir, et que cela le ferait rire »[274]. Toutes ces intrigues se mènent à l'insu de Beaufort, « ... parce que la cabale frondeuse crut qu'il le dirait à Mme de Montbazon et cette dame n'était pas assez estimée de toute la troupe pour la rendre maîtresse de leur sort »[275]. Retz le dit autrement et tout à son avantage : « Mme de Montbazon qui n'avait pas, à beaucoup près, tant de pouvoir que moi sur l'esprit de M. de Beaufort mais qui en avait plus qu'il fallait pour lui tirer tous ses secrets »[276].

Le 18 janvier, à six heures du soir, Mazarin savourait l'une de ses plus belles vengeances, celle qu'il tirait du pauvre La Rivière : « Que diriez-vous, monsieur l'abbé, si l'on vous disait que le prince de Condé, de Conty et le duc de Longueville, sont prisonniers ? — Je serai bien surpris, répliqua l'abbé — Bien, répliqua le cardinal, soyez-le donc, car à l'heure où je vous parle, on les mène au Bois de Vincennes — Et Monsieur, le sait-il ? — Tout est concerté avec lui, repartit le cardinal — Je suis donc perdu, dit l'abbé de La Rivière »[277]. Il devait en effet partir, quelques jours plus tard, pour un sombre exil, à Aurillac, dont il ne revint jamais.

L'arrestation avait été romanesque à souhait : Condé, averti de toutes parts de prendre garde à lui et qui, pas plus que Guise à Blois ou son propre père en 1616, n'en tient compte : « On lui donna dix-sept avis de se méfier le même jour, il dit que c'était la dix-septième folie qu'on lui avait dite ce jour-là... »[278]. La reine s'était mise au lit par feinte, le petit roi jouait près d'elle, « sautant d'escabeau en escabeau », précise Dubuisson-Aubenay, et l'ordre d'arrestation avait été caché par Lionne sous le tapis du salon du Louvre où les trois cousins du roi devaient être arrêtés. Guitaut et d'Albret* posèrent la main sur eux, et le dernier, comme autrefois M. de Thémines pour avoir arrêté Monsieur le Prince, le père, y gagna le baton de maréchal.

Les princes furent aussitôt conduits à Vincennes, dans un carrosse qui versa en route. Condé s'essaya bien à fuir mais, « ... Miossens (Albret) qui était à terre, le prit par le haut de ses chausses et l'arrêta »[279]. Toute la superbe de la maison de Condé retomba d'un

* César-Phoebus d'Albret, comte de Miossens.

coup. Madame la princesse, la mère, Charlotte de Montmorency, la dernière passion d'Henri IV, jusque-là si hautaine et si dure, vint se jeter aux pieds de la reine. Elle s'inquiétait surtout pour Conty, le bossu, l'estropié, son fils préféré, suppliant qu'on lui laissât au moins un valet pour l'aider. Elle fit pire, selon Retz : « Elle demanda à M. de Beaufort sa protection... M. de Beaufort fut fort embarrassé, je faillis à mourir de honte »[280]. Le faible Conty montra ce jour-là qu'à défaut de vigueur il avait de l'esprit. A l'un de ses gardiens qui — se souvenant qu'il devait être cardinal — lui prêtait un exemplaire de *L'Imitation de Jésus-Christ*, il répondit en regardant les terribles barreaux qui, deux ans auparavant, n'avaient pas su dissuader Beaufort de s'évader : « Donnez-moi plutôt l'imitation de M. de Beaufort ».

Madame de Montbazon n'apprécia pas le secret observé à l'égard de Beaufort en suspicion d'elle. Le coadjuteur n'avait pas quitté le duc de tout l'après-midi, tandis que la face des choses changeait au Louvre : « ... Je le menais dîner chez moi et je l'amusais tout l'après-dîner à jouer aux échecs, je l'empêchais d'aller chez Mme de Montbazon quoiqu'il en eut grande envie et Monsieur le Prince fut arrêté devant qu'elle en ait le moindre soupçon. Elle fut en colère. Elle dit à M. de Beaufort tout ce qui pouvait lui faire croire qu'il avait été joué. Il s'en plaignit à moi »[281]. Les rapports de Beaufort et du coadjuteur venaient de franchir un cap fatal en ce 18 janvier. Mme de Montbazon aidant, le premier rejoindra le parti de ceux que l'on vient d'arrêter ; le second ira vers Mazarin, par ambition pure et afin de se faire cardinal lui-même.

L'émotion, à la nouvelle de ces arrestations, fut immense. L'on crut que c'était Beaufort qui était privé de liberté et il dut se montrer pour rassurer le peuple : « Monseigneur (Monsieur) voulut que M. de Beaufort allast par la ville, à cause que les partisans de Monsieur le Prince avaient répandu le bruit que c'était lui qu'on avait arrêté et bien en prit parce que le bourgeois murmurait déjà et menaçait de s'attrouper... »[282].

Tout se renverse dans l'heure en faveur de Beaufort et du futur cardinal de Retz, à présent assuré de son chapeau : « Ils allèrent, ce jour 21, au Palais pour y être lavés de toutes leurs taches. Il est aisé de juger qu'ils en revinrent revêtus de la robe d'innocence... »[283]. La reine avait elle-même veillé à la bonne issue du procès en convoquant Molé, deux jours auparavant, pour lui donner ses ordres. Le rapporteur se contenta de faire lecture de l'interrogatoire de des Martineaux que les accusés craignaient tant : ce fut pour apprendre qu'il niait avoir jamais parlé ni à M. de Beaufort ni au coadjuteur. L'absolution définitive intervint donc sans difficulté, le 22. Le même soir le coadjuteur et Beaufort allèrent au Palais-Royal : « La reine prit le duc de Beaufort par la main et le réconcilia avec le cardinal », raconte Dubuisson-Aubenay [284].

Cet acquittement et la prison des princes n'étaient cependant pas du goût de tous. Arnauld d'Andilly, par exemple, écrit : « On paya les services de ce grand prince qui venait de conserver au roi sa couronne par la plus injuste prison qui fut jamais » [285]. Le 23 janvier, « ... Bouteville avec quelques autres, sous prétexte de l'affaire qui était arrivée autrefois au jardin de Renard, firent appeler le duc de Beaufort pour se battre, qui n'en voulut rien faire : non par manque de cœur, car certainement il était brave... mais il ne voulut pas s'embarrasser dans ces querelles particulières qui lui avaient donné des affaires » [286]. Son refus d'en découdre fut raillé par les partisans de Condé. On parla de poltronnerie mais la victime de ces médisances fut assez sage pour ne pas répliquer.

En un instant Mmes de Chevreuse et de Montbazon — la belle-fille et la belle-mère — furent les reines du pavé de Paris, tandis que Madame la Princesse était humiliée et Mme de Longueville, sa fille, forcée de fuir en Hollande avec son amant, La Rochefoucauld, en manquant d'ailleurs de se noyer en route. Beaufort était redevenu l'homme à la mode, l'objet de toutes les attentions de la reine et du cardinal. Comme on ne lui avait rien concédé dans le traité du mariage de son frère on voulut réparer cet oubli : on lui fit offrir à nouveau, avec 40 000 francs de pension, le gouvernement d'Auvergne qu'on venait de refuser à Nemours, son beau-frère, lequel, du coup, devait rallier, lui le premier, le parti des princes prisonniers. Mais Beaufort voulait la survivance de l'amirauté au détriment de son frère : « Il fallut la lui promettre nonobstant le chagrin de M. de Mercœur qui demandait à genoux d'être neveu » [287]. Ainsi fut-il fait, la reine se déssaisit de l'amirauté qu'elle retenait depuis la mort de Brézé. Elle fut donnée à César, qui devait la recueillir officiellement le 12 mai, avec survivance à son second fils et 10 000 livres d'appointements [288]. Beaufort alla se faire recevoir survivancier de l'amirauté à la chambre des Comptes le 1er février 1651, causant un nouveau scandale puisqu'il y parut, « l'épée au côté », en contravention de l'usage de ne pénétrer au Parlement que désarmé [289]. Beaufort fut également chargé de donner des conseils sur la sûreté de la détention des princes à Vincennes : « Il n'y a personne, écrivait, non sans humour, Mazarin, qui puisse donner là-dessus de meilleur avis que M. de Beaufort... » [290].

Bourgogne et Catalogne.

César fut en outre promu généralissime, sous Mazarin, pour remplacer Villeroy à la tête des troupes qui devaient réduire les places de Bourgogne restées fidèles à Condé. Il ne s'agissait de rien moins que de s'opposer à Turenne, alors rebelle au roi, et qui s'était retiré à Stenay avec trois mille partisans des princes. La reine décida qu'elle irait en personne à l'armée en se faisant accompagner du roi. Lenet, qui déteste César, justifie ainsi cette décision : « ... Le cardinal résolut d'en prendre un soin particulier... (craignant) de laisser la direction absolue du siège à un homme de son peu d'expérience (César)... »[291]. Quoiqu'il en soit la cour quitta Paris le 5 mars, laissant Paris à la garde des frondeurs, devenus brusquement les plus fidèles soutiens du trône.

M. de Vendôme ne devait nullement démériter dans cette campagne et, à cinquante-six ans, faire preuve de réelles qualités de capitaine et de négociateur. Il commença par mettre le siège avant le château de Dijon qui se rendit en deux jours, moyennant 10 000 livres, précise Lenet, comme pour diminuer le mérite du duc[292]. Duplessis-Besançon, dans son *Journal*, prétend, pour sa part, avoir beaucoup aidé à réduire les places de Saint-Jean-de-Losne et d'Auxonne qui tombèrent à la suite[293]. Restait la citadelle de Bellegarde ou s'étaient repliés tous les plus acharnés partisans des princes et dont le commandant — Passage — avait fait publier « ... qu'il s'y maintiendrait contre tout le monde ensemble et ne la rendrait jamais qu'à son maître (Condé) »[294]. Le siège y fut mis le 4 avril, sous la direction de César lui-même et Mazarin, « ... qui le fut visiter en personne, faillit y être tué »[295]. Duplessis-Besançon, incorrigible vantard, se flatte également d'avoir apporté une aide décisive au succès de ce siège : « Et comme je connaissais bien le plus faible de la place, je la disposais (la tranchée) d'un côté qui aida notablement à presser ceux qui la devaient défendre »[293]. Les assiégés marchandèrent âprement leur reddition : ils tirèrent même, sans se rendre compte que le roi était là, ce dont ils envoyèrent aussitôt faire des excuses. Mazarin loua César des préparatifs de ce siège dans une lettre du 13 avril à Le Tellier : « ... la contrevallation fut achevée... par les soins de M. de Vendôme avec tant de diligence qu'on n'y mit que deux jours malgré la pluie et le mauvais temps... »[296].

Pourtant la reddition de Bellegarde devait être obtenue par composition. Le comte de Tavanes, chef des partisans des princes, négocia avec la cour par l'intermédiaire d'un bourgeois de Dijon nommé Bossuet — l'oncle de Jacques-Bénigne — : « ... le roi descendit en bateau sur la Saône jusqu'au château d'Epagny où M. le duc de Vendôme traita toute la cour avec une grande magnificence »[296]. Bossuet y vint pour annoncer que les assiégés — c'était alors une clause fréquente des guerres de siège — dans l'espérance de l'arrivée de Turenne, demandaient une suspension d'armes de trois semaines, s'engageant à se rendre, au terme de ce délai, s'ils n'avaient pas été secourus. Refus de la cour qui tente alors de déstabiliser les assiégés : « On laissa à M. de Vendôme plusieurs imprimés d'une ordonnance qu'on avait préparée pour jeter dans la place, afin d'essayer de détacher ceux-ci des autres et mettre les officiers dans une perpétuelle défiance du service de tous leurs soldats »[296]. La présence du roi en personne à ce siège sera l'élément déterminant de la reddition qui fut obtenue le 21.

La campagne de M. de Vendôme s'acheva de la sorte. Elle avait été courte et brillante, si bien qu'il fut laissé gouverneur par provision des provinces de Bourgogne et de Bresse, retirées provisoirement à Condé. César, qui avait vu Monsieur le Prince, le père, se réjouir bruyamment lorsqu'il avait été dépossédé du gouvernement de Bretagne, vingt ans auparavant, tenait là une belle vengeance.

Le 18 mai — revenu de Dijon tout exprès — M. de Vendôme était reçu officiellement à la table de Marbre* du Palais comme « chef et surintendant général de la navigation et du commerce de France ». La charge, ainsi que le remarque Goulas, n'était pas exactement celle taillée pour Richelieu « ... Le cardinal ne s'était pu empêcher de la décharner (l'amirauté) en leur ôtant (à César et son fils) les côtes de Bretagne et de Provence »[297]. C'est-à-dire qu'on en revenait à la règle ancienne qui prévoyait que les affaires maritimes de Provence et de Bretagne appartenaient aux gouverneurs de ces deux provinces et non à l'amiral. Dubuisson-Aubenay souligne à nouveau que la survivance donnée au duc de Beaufort l'est, « ... au déplaisir et préjudice de l'aîné, le duc de Mercœur, qui est en Catalogne »[298].

Jal trouve un écho de ce déplaisir, dans un poème du temps :

« On donne à Monsieur de Beaufort
« Ce duc si haut, si grand si fort,
« Et de prestance si blondine,
« L'intendance de la marine,
« Charge de grande autorité
« Qu'on appelle l'Amirauté,

* La table de Marbre était une ancienne juridiction du royaume partagée entre trois tribunaux (connétablie, amirauté, juridiction du grand forestier). Elle siégeait primitivement au palais de Paris autour d'une table de marbre.

« Dont il aura comme il espère
« La survivance après son père.
« Cela, dit-on, crève le cœur
« A son aîné, duc de Mercœur »[299].

Le sage Mercœur, privé de cette survivance, avait été en effet relégué et comme exilé en tant que vice-roi en Catalogne -Barcelone et sa province étaient depuis huit ans aux mains des Français- Il était si furieux contre son frère qu'il lui aurait écrit de là-bas, selon Mme de Motteville, « ... qu'il voulait se battre contre lui »[300]. Séjour malheureux, de plus, pour la fortune de ses armes : « En Espagne où M. de Mercœur commandait en qualité de vice-roi, les Espagnols firent de belles conquêtes : ils se rendirent maîtres de Flix et Tortose et songèrent de là à s'emparer de Barcelone... M. de Mercœur ne pouvait maintenir ses troupes avec rien* et, rebuté de sa malheureuse campagne, demanda son congé et l'obtint et, se retirant, emporta toute l'espérance des Catalans qui songèrent à rentrer sous la domination de leurs anciens maîtres »[301]. Il est vrai qu'il avait eu des problèmes d'intendance. Augustin Jal a étudié divers contrats passés par Mercœur, nécessaires à l'équipement de son armée, qui démontrent la lourdeur de la mise en place d'une telle machine de guerre : 8 janvier 1650, contrat de transport avec Jean Beaume, messager de la messagerie royale de Paris, 18 janvier, contrat avec Louis Leclerc, fallotier** ordinaire de la maison du roi pour le linge de table, les nappes, le sel, les verres « ... blanchir le linge de corps de mondit seigneur Prince... sans néanmoins qu'il soit tenu aux empesages et plattinages***... », également un autre contrat pour les armes[302]. De plus le duc avait dû faire halte à Montpellier, « ... pour porter avec soi à son armée 100 000 écus »[303]. Et comme un malheur n'arrive jamais seul, le mariage battait à nouveau de l'aile. Le 1er juin, la reine « ... dit au duc de Vendôme qu'il ne s'attendit plus que le mariage de son aîné se fit avec la nièce de M. le cardinal et, sur ce que le duc demanda pourquoi, la reine répliqua : pour ce que tout le monde en parlait trop »[304].

Dans cette campagne, Mercœur se trouvait accompagné d'un homme d'esprit que lui avait donné son père, Henri Stuart, sieur de Bonair. Orphelin, élevé par les soins d'un oncle savant, l'avocat général Servin, il avait été remarqué par Richelieu pour ses talents de plume et chargé par lui d'écrire l'histoire du règne de Louis XIII. Il se fera gloire, en ralliant Mazarin après la fin de la Fronde,

* Entendons qu'il manquait d'argent.
** Chargé à l'origine de placer des falots pour éclairer les escaliers puis, par extension, d'équiper une maison.
*** Repassages.

d'avoir refusé de partir en Hollande pour composer des pamphlets contre le gouvernement mais tenons pour assuré qu'il avait, sans sortir de France, mis la main à bien des écrits séditieux. On reconnait son style, preste et mordant, dans tout ce que la maison de Vendôme, jusqu'en 1652, produisit de libelles à l'appui de ses prétentions : dans les pièces du procès retentissant qui va opposer César au duc d'Elbeuf, dans les proclamations enflammées que Beaufort répandra dans le peuple après la publicité de sa brouille avec le coadjuteur [305].

Mazarin continuait de se défier de Beaufort. Obsédé de se découvrir partout des ennemis, il s'inquiétait, dans une lettre à la reine du 22 mars, d'un complot qu'aurait ourdi contre lui le pape Innocent X, qui ne l'aimait pas, et qu'il pensait de mèche avec le coadjuteur et Beaufort : « Il faudrait, écrit-il à ses ministres, que M. Servien et M. Le Tellier tâchassent adroitement de découvrir ce qu'ils avaient projeté de faire, et dans quels engagements était entrée Sa Sainteté, et quelle sorte de sollicitations elle peut avoir faites à ces Messieurs pour me nuire... » [306].

Il faut reconnaître que Beaufort faisait tout son possible, en cette fin de printemps 1650, pour s'aliéner l'éminence. En voici un nouvel exemple : « Le cardinal éclatant contre la comtesse de Fiesque, M. de Beaufort la prit sous sa protection » [307]. Mme de Nemours pense justement que la cause de cette animosité provient du secret dont on a voulu à son égard envelopper l'arrestation des princes : « Il ne put souffrir d'avoir été pris pour dupe, et comme il était plus vain qu'intéressé, l'amirauté ne le put apaiser » [308]. Parallèlement l'habileté des partisans des princes était grande à son égard : « De leur part (des princes) on lui demandait pourquoi il voulait avoir contribué à leur prison puisque c'était une chose publique qu'il n'en avait rien su... » [308].

Le fossé entre les deux complices d'hier — Beaufort et le coadjuteur — ne cessait de s'élargir. Dès le 7 juillet, le fils de César soutient en sous-main la demande faite par soixante-dix membres du Parlement de la liberté des princes. Il refuse, par ailleurs, de condamner les exactions que commettent en Guyenne les partisans de Condé, au premier rang desquels figure le duc de La Rochefoucauld [309].

Mais ce qui reste un mystère c'est de savoir s'il manœuvra lui-même — en expert pourrait-on dire — pour faire évader les trois prisonniers de Vincennes. Il y eut des bruits d'évasion dès juillet, que rapporte Gourville. Le pénitencier* de Paris trouva dans les

* Prêtre chargé d'absoudre, dans une cathédrale, les cas réservés à l'évêque.

papiers que lui avait remis l'une de ses ouailles le billet suivant : « Dimanche à trois heures, on doit mettre les princes en liberté, il y a intelligence dans Paris pour cela ». Le pénitencier alla aussitôt porter le document au coadjuteur. « Le samedi M. de Beaufort monta à cheval suivi d'un nombre de cavaliers et alla dans le village autour de Vincennes voir s'il ne se trouverait point quelques personnes pour soutenir l'entreprise »[310]. On a prétendu que ce n'était qu'une ruse de Beaufort pour vérifier s'il pouvait aider lui-même à la liberté des prisonniers. Quoiqu'il en soit notre duc s'intéresse fortement au donjon de Vincennes : au début du mois d'août le poste de garde arrête une sorte d'étourdi qui s'était glissé dans le fossé, « ... en habit déguisé », Beaufort en personne, qui rodait là sans escorte[311].

La question du transfert des princes est mise à l'ordre du jour par Mazarin. Monsieur propose de les placer à Marcoussis, chez M. d'Entragues, demi-frère de César, un château dont les douves sont profondes et les murailles rebutantes. Beaufort jette des hauts cris : « M. de Beaufort... qui croyait être le maître de la personne de Monsieur le Prince, parce qu'en se promenant dans le Bois de Vincennes il voyait la tour où il était enfermé, s'opposa avec fureur à la proposition... jusqu'au point d'offrir à Monsieur de se charger de leur garde quand on les transférerait »[312]. Le coadjuteur, plus politique, était partisan du transfert à la Bastille : « ... craignant qu'autrement il ne fût en la liberté du cardinal Mazarin de les mettre en liberté et d'en faire ce qu'il voudrait »[313]. Finalement c'est, une nouvelle fois, Mme de Montbazon qui se chargera de ranger tout le monde à l'avis de Monsieur et les princes furent transférés à Marcoussis.

Mazarin se défiait chaque jour un peu plus de Beaufort. Il fait écrire à ce sujet par le jeune Colbert à Le Tellier : « Il faut que vous tâchiez de découvrir l'intelligence de Mme de Montbazon et de M. de Beaufort avec les princes et que vous la fassiez connaître ensuite à S.A.R. (Monsieur) et autres personnes que vous jugerez nécessaires... »[314].

Dans toutes les lettres que Mazarin dicte à Colbert transparaît la crainte que Beaufort ne s'empare tout à fait de l'esprit de Monsieur. Le 8 août : « Ils (Beaufort et Mme de Montbazon) emploient toute leur industrie à s'emparer de l'esprit de S.A.R.... à quoi ils ont beaucoup de facilité par sa faiblesse naturelle et encore plus par une des branches de cette faiblesse qui est la crainte qu'il a d'eux... »[315].

Les dégoûts de l'éminence.

Il n'est pas exagéré de parler à partir d'octobre 1650 d'une dépression de Mazarin qui va aboutir au renversement provisoire de sa fortune, une dépression dont l'activisme de Beaufort — Beaufort que les Parisiens ont affublé du surnom de Frappe d'abord — est l'une des causes principales. Le cardinal commence par se risquer à quelques concessions maladroites qui seront imputées à faiblesse : il donne la charge de capitaine des gardes à La Boulaye, le fidèle de l'amiral survivancier, l'homme soupçonné des attentats du Pont-Neuf. Il fait la paix avec les partisans de Condé à Bordeaux en chassant d'Epernon, tyrannique certes mais fidèle à la reine, allant jusqu'à accueillir dans son carrosse La Rochefoucauld blanchi par l'amnistie qui devait s'ensuivre et s'attirant, à cette occasion, de celui-ci, le fameux : « Tout arrive en France ! »*. Pire encore, il laisse celui qui n'a que la survivance de César, Beaufort, mettre son nez dans les affaires de marine. Le coadjuteur, pour une fois, se trompe. Il a cru que son ancien allié se lasserait vite de cet emploi comme un enfant d'un beau jouet : « M. de Beaufort était bien aise qu'on ne le troublât pas dans la possession de l'amirauté et ce n'était pas une affaire... »[316].

Le fils de César surprendra tout le monde en se montrant opinâtre et compétent dans cette nouvelle tâche. La marine n'est rien à cette époque mais Beaufort est capable de rêves et il est doué de la force de caractère nécessaire pour donner corps à quelques-uns d'entre eux : il songe à ceinturer les côtes de forts, à rendre inexpugnables les îlots proches des rivages et, comme s'il pressentait les luttes à venir avec l'Angleterre, à aménager un port de haute mer entre Brest et Calais (préfiguration de ce que sera Cherbourg sous Louis XVI). Il veut, de plus, faire de Martigues, sa Martigues, l'Ostende du sud, prophétisant ainsi ce que devait être Fos-sur-Mer, trois siècles plus tard. Sous son impulsion, cartographes et architectes lui remettent des projets.

Sous couvert de Martigues, il s'intéresse à la Provence, terre interdite à l'amiral, tout comme la Bretagne, on l'a dit. C'est dans l'esprit de François que germe l'idée, qu'à défaut de Bretagne, il serait bon qu'un membre de la famille de Vendôme — toujours dans le but d'accroître le pouvoir de celle-ci sur la mer — obtint ce gouvernement. Cette province, alors confiée au vieux duc d'Angoulême, fils du bâtard de Charles IX, plus connu sous le nom de comte d'Alais, était en butte aux mêmes troubles que Paris : une

* 4 octobre 1650.

frange du parlement d'Aix s'était dressée contre l'autorité du gouverneur et les trois villes principales étaient agitées de factions. Nous aurons l'occasion d'y revenir puisque le projet conçu par Beaufort devait prendre corps.

D'ailleurs, dès l'été 1650, le duc avait posé des jalons en Provence. Une lettre d'avis qui lui est adressée le 21 septembre, datée d'Avignon, marque qu'il est le véritable instigateur du rappel du comte d'Alais à la cour et du délogement des troupes de celui-ci, coupables d'avoir ravagé le pays. On apprend également que le duc a assuré les parlementaires d'Aix de son désir de voir maintenir l'ordre à Marseille, Aix et Arles et « ... fortifier les lieux et les avenues », afin d'empêcher un retour du gouverneur. Le rédacteur de l'avis met toutefois Beaufort en garde : « ... (les lecteurs) ont appréhendé que M. le cardinal Mazarin étant saisi de cette lettre ne s'en serve un jour comme d'une pièce décisive pour vous faire votre procès »[316].

Cet activisme qui rend Beaufort studieux paraît même un moment le couper du peuple. Le bruit court qu'il collabore avec Mazarin[317] : « Lorsque le duc d'Orléans voulut sortir du Parlement, il fut incommodé de la presse des crieurs et l'on cria fortement aussi contre le duc de Beaufort, l'appelant Mazarin »[318]. C'était la première fois que le roi des Halles était conspué.

Fallait-il susciter un retour d'affection populaire, auquel cas cet attentat ne serait qu'une sanglante mascarade ? Mazarin était-il agacé au point qu'il se serait décidé à commettre un crime ? Ou s'agissait-il seulement d'un fait divers, comme beaucoup d'éléments donnent à le penser ? Toujours est-il que dans la nuit du 29 au 30 octobre, le carrosse de M. de Beaufort, qui passait rue Saint-Honoré pour aller chercher celui-ci à l'hôtel de Montbazon, fut attaqué, « vers la Croix-du-Trahoir, par dix-huit ou vingt hommes armés d'épées et autres armes à feu... qui tirèrent, précise le *Récit Véritable* publié par colporteur, quinze ou vingt coups sans blesser personne (sauf Brinville à la joue d'un coup de mousqueton), duquel fut blessé à mort un des dits assassineurs et, en même temps, le dit sieur de Brinville sauta légèrement hors du carrosse, ce que ne put faire Saint-Eglan, lequel fut misérablement blessé d'un coup de poignard ou de bayonnette au cœur dont il mourut une demi-heure après »[319]. Trois des voleurs furent pris, menés au Châtelet, soumis à la question, « ... iceux ont déclaré que nul ne leur avait fait faire et se sont rendus voleurs et meurtriers et qu'il y avait déjà fort longtemps qu'ils menaient une si mauvaise vie... Ils furent rompus à la Croix-du-Tiroir (sic), proche du lieu du meurtre, où ils ont fait une très bonne fin, confessant mériter mille fois plus de tourments qu'ils n'en avaient à souffrir... proférant jusqu'au dernier soupir de nom de Jésus, priant toute l'assistance qui était en très grand nombre de prier Dieu pour eux, ce que tous ont charitablement promis... »[320].

Le simple crime de maraudeur paraissait attesté et, malgré cela, Beaufort voulut faire croire à un crime : « ... Il laissa entendre que la partie venait du cardinal, mais personne n'en crut rien... »[321]. Il fit même publier pour l'occasion un libelle intitulé *Les dernières finesses de Mazarin*[322]. Mme de Nemours y met une pointe d'humour : « Tout le monde disait qu'on en voulait au maître et que comme ce mort (Saint-Eglan) était fort blond, on l'avait pris pour lui. Du côté de la cour, on tenait un langage bien différent. On y soutenait que le mort n'avait pas pu être pris pour M. de Beaufort parce qu'il avait les cheveux noirs. Si bien que Saint-Eglan... avait les cheveux selon le parti qu'on embrassait... »[323]. On appelait aussi cela, « une joliade renforcée »[323], par allusion au coup de feu du Pont-Neuf tiré contre Joly. D'Estrées ajoute : « On apporta même le corps chez Mme de Montbazon, laquelle crut que c'était une belle occasion pour animer le peuple contre M. le cardinal Mazarin »[324]. L'hôtel de la maîtresse du fils de César fut ouvert pendant trois jours à la foule qui défila pour voir le corps du pauvre Saint-Eglan, ses obsèques grandioses suivirent à Saint-Roch et un fantôme de paille attaché à une potence, avec écrit dessus le nom de Mazarin comme celui du quatrième assassin, fut planté à la Croix-du-Trahoir[325]. Après cela, afin de mieux marquer sa rancœur, Beaufort fut le seul, le 15 novembre, à refuser d'aller à Fontainebleau, saluer Louis XIV à son retour de Guyenne.

Mme de Motteville précise qu'Anne d'Autriche, mécontente de tous ces débordements, médita avec le secrétaire d'Etat Chateauneuf — qui devait s'imposer, pendant les quelques mois où Mazarin fut déstabilisé puis en fuite, comme le vrai moteur de la politique du gouvernement — d'arrêter Beaufort. Lorsque la cour fut à Paris, le duc ne put pas faire moins que d'aller rendre ses devoirs au Palais-Royal. Il n'était pas rassuré : « Le duc de Beaufort qui, à ce qu'on m'assura, eut quelque peur d'être arrêté »[326]. L'entrevue avec la reine fut des plus froides : « Le seul duc de Beaufort n'en reçut pas de satisfaction, car dès qu'elle l'aperçut, elle dit avec chagrin « Pourquoi laisse-t-on entrer tant de gens ? Ne sait-on pas que je veux me coucher ? ». Il entendit que le coup était pour lui et sortit incontinent, disant qu'il fallait laisser reposer la reine... »[327].

Les princes venaient d'être transférés, avec l'accord de Monsieur, de Marcoussis au Havre, et remis au pouvoir de Mme d'Aiguillon, nièce de Richelieu, ennemie mortelle des Condés et maîtresse de ce port. Le 20 novembre le coadjuteur avait demandé pour eux une prison moins rude et, le 6 décembre, profitant de l'éloignement de Mazarin qui était allé à l'armée, Beaufort avait présenté une requête au Parlement pour leur mise en liberté pure et simple. Le peuple commençait d'aimer Condé, ce prince pourtant si dur à la canaille. Il en faisait un martyr à cause de sa prison. Mlle de Scudery — surnommée par ses amis Sapho — qui est de la race des têtes folles en politique, allait visiter le cachot qu'il avait occupé à Vincennes. Elle y vit un bouquet d'œillets fanés et se mit à rêver tout haut :

« En voyant ces œillet qu'un illustre guerrier
« Arrosa de sa main qui gagnait des batailles
« Souviens-toi qu'Apollon a bâti des murailles
« Et ne t'étonne plus de voir Mars jardinier... »

La fin de l'année vit crever l'orage : le 29 décembre, le Parlement tout entier fit des remontrances sur la liberté des princes et Mazarin, revenu à la cour après la victoire de Rethel que sa lassitude l'avait empêché d'exploiter, ne parvint pas à conjurer la nouvelle alliance qui se formait alors entre Monsieur et le coadjuteur. Le ministre fit pourtant feu de tout bois : il offrit la main de Louis XIV à Mademoiselle, « ... pourvu qu'elle empêchât le duc d'Orléans, son père, de se joindre au prince de Condé » .[282] ; le 5 janvier, ramassant toute son énergie, il conviait Monsieur à un souper tête à tête afin de le détacher de Retz et de Beaufort. Il parut réussir : « Le duc d'Orléans, dans la chaleur du vin, donna lieu, sur quelque parole qu'il dit, à pouvoir faire une raillerie contre les frondeurs »[329], il chanta même, ajoute Mme de Motteville, « ... des chansons qu'on avait faites contre le duc de Beaufort ».

« *Il y a trois points dans cette affaire* ».

Le mois de janvier 1651 donna lieu à une course folle. Le sort des prisonniers était devenu la grande affaire. Mazarin, poussé par la princesse Palatine* qui était l'amie des princes, envisagea de nouer une nouvelle alliance avec ceux-ci contre les frondeurs. Il imagina pour cela d'aller lui-même les délivrer au Havre. Il dit au duc de Gramont, « ... qu'il souhaitait leur liberté mais que le duc d'Orléans s'y opposait »[329]. Mais c'était le coadjuteur, cette fois encore — ce sera la dernière — qui avait les cartes en main. Pour la dernière fois également, il poussait Beaufort devant lui. Il le chargea

Anne de Gonzague de Clèves, femme de Léonor-Edouard de Bavière, comte palatin.

d'un discours au Parlement sur la liberté des princes, non sans mal comme nous l'allons voir : « J'avais recordé* jusqu'à deux heures après minuit M. de Beaufort chez madame de Montbazon pour le faire parler au moins un peu juste dans une occasion aussi délicate... J'y réussis, comme vous le voyez, par la chanson qui, à la vérité, est rendue en vers, mot à mot de la prose : Il y a trois points dans cette affaire. Admirez, s'il vous plait, la force de l'imagination. Le vieux Machaut, doyen du conseil et qui n'était rien moins qu'un sot, me dit à l'oreille en entendant cet avis — L'on voit bien que cela n'est pas de son crû... »[331]. Beaufort lut le texte du coadjuteur qui fit mouche. Le futur cardinal de Retz soutient, qu'après cela, après que leurs destins se soient séparés, l'action du duc ne sera plus que « girouetterie » et il lâche définitivement le couple Beaufort — Montbazon sur ce trait : « Ils ne voulaient proprement rien à force de tout vouloir, et ces sortes d'esprits assemblent toujours dans leurs imaginations les contradictoires. Je disais à Mme de Montbazon que je serais très satisfait de sa fermeté pourvu qu'il lui plût de ne changer d'avis que deux fois le jour entre M. le Prince et le cardinal... »[330].

Le coadjuteur eut donc toute la gloire, le 30 janvier 1651, de la signature de ce traité contre Mazarin rassemblant la Fronde, les princes, une partie du Parlement et Monsieur, Monsieur, nef folle, qui sera le premier, une fois de plus, à rallier l'ennemi. La Fronde et le Parlement promettaient la liberté aux trois prisonniers et ceux-ci, en échange, s'engageaient à chasser le cardinal. Une fois de plus, on dut tromper Beaufort, dans l'incertitude où l'on était de la discrétion de Mme de Montbazon qui continuait de faire ses affaires avec la reine. La Palatine, lisant le texte du traité devant Beaufort, sauta à dessein tout ce qu'il y avait d'écrit contre Mazarin et le duc ne s'en aperçut pas, pas même au moment de signer.

Après cela Monsieur chercha un prétexte pour rompre tout à fait avec le cardinal et il le trouva. Le 1er février, alors qu'il était au Palais-Royal, il entendit Mazarin dire à Louis XIV, « ... que le duc de Beaufort et le coadjuteur étaient comme autant de Fairfax et de Cromwell, que le Parlement était celui d'Angleterre et que si on les laissait faire, ils feraient en France tout ce qui avait été fait en Angleterre... Sur ce discours, Monsieur répondit, qu'ayant l'honneur d'être parent si proche du roi, il ne pouvait pas souffrir qu'on lui donna des impressions si étranges... »[331]. On lui courut après mais ce fut en vain. Le lendemain, l'oncle du roi convoqua le maréchal de Villeroy et Le Tellier, il leur ordonna de dire de sa

* Réciter par cœur.

part à la reine, « ... qu'il était mal satisfait du cardinal » [332]. Le 4 février, « ... il alla au Parlement, de grand matin, avec intention de faire donner un arrêt contre Mazarin ». L'éminence, qui réalisait l'ampleur du désastre, parut se résigner, toujours cette espèce de dépression : « (Il) vint chez la reine. Il dit tout haut, en présence de tout le monde, qu'il avait prévu cet orage... que, pour lui, il était prêt de partir, si cette absence pouvait redonner le calme à la France » [332].

Tout se passa dès lors très vite. Le 6 février, Mazarin quitta Paris pour une destination inconnue. Le 9 février le Parlement s'assembla pour décréter, « contre le cardinal, ses fauteurs et ses adhérents ». Monsieur plaida pour limiter la condamnation au seul fugitif : « ... quelques autres voulaient que l'on allât saccager sa maison... » [332]. La reine dut promettre la liberté des princes. Elle seule connaissait à cet instant le véritable dessein de son ministre. Il filait vers Le Havre pour s'en rendre le maître et tenter un dernier coup de dés pour se rétablir : s'attabler avec les princes, leur demander leur amitié et revenir en force, avec eux, pour écraser définitivement la Fronde. Les choses ne se passèrent pas comme prévu : Bar, qui commandait la place, refusa de s'en laisser conter. Il y eut tout de même le souper de l'éminence avec les trois prisonniers, « ... dans la même liberté que s'ils eussent été satisfaits les uns des autres, la comédie du monde le voulait ainsi » [333]. Le 14 février, Condé plantait là Mazarin, qu'il aurait aussi bien pu faire prisonnier et ramener à Paris, attaché à son char de triomphe. « Il (le cardinal) fit un grand salut à Monsieur le Prince qui ne fut presque pas remarqué de lui et ce prince, se jetant dans son carrosse, commanda au cocher de toucher promptement. Il le dit en éclatant de rire et d'un ton moqueur... » [333]. Mazarin sans attendre, fila vers Dourlens, d'où il devait gagner l'Allemagne.

Paris bouillait dans l'attente de la suite des évènements. César, empêtré dans sa chimère d'alliance avec le cardinal, était au plus bas. Le 1er février, « ... on cria « au Mazarin » au duc d'Epernon et aussi au duc de Vendôme, alors qu'ils sont passés sur le Pont-Neuf » [334]. César et son beau-frère, Elbeuf, furent même suspectés de vouloir faire échapper la reine de Paris : « Le duc d'Elbeuf... est allé au Palais-Royal, écrit Dubuisson-Aubenay, le pistolet à l'arçon de la selle... On a semé par le peuple qu'il est de parti avec son frère, le comte d'Harcourt, les ducs de Vendôme et de Mercœur, le maréchal d'Estrées... pour l'enlèvement du roi hors de Paris » [334]

Anne d'Autriche fut humiliée, contrainte de recevoir, dans son palais, la populace alarmée par ces bruits et de montrer ses fils qui dormaient pour prouver qu'elle n'avait pas le projet de s'échapper, obligée enfin d'ordonner au Parlement de condamner Mazarin.

Dans la confusion, il était tout de même un homme satisfait : Mercœur, qui le 4 février, dans la nuit, la veille du départ de l'éminence, avait pu épouser Laure Mancini en présence de la reine et de son ministre, mariage non valable estimera-t-on par la suite parce que les bans n'en avaient pas été publiés et qu'on sera contraint de refaire, mais mariage auquel personne ne croyait plus. On a prétendu que le cardinal n'avait finalement donné son accord que sous condition que M. de Vendôme déshérite Beaufort. Voulait-il par là se dédouaner des largesses — la survivance de l'amirauté — qu'il avait dû consentir au second fils de César au détriment de son aîné l'année précédente ? En tout cas Mercœur, amoureux depuis le premier jour de l'aînée des Mancini, touchait à l'accomplissement de ses vœux, mais au pire moment.

Le retour triomphal des princes dans Paris se fit le 16 février. Tout ce qui comptait en France, mis à part le peu d'amis qui restait à la reine, s'était avancé au-devant d'eux. Au premier rang des sectateurs de ces nouveaux héros, se trouvait Nemours — détaché du parti d'Anne d'Autriche par le refus du gouvernement d'Auvergne — et à qui Retz tient principalement grief du ralliement progressif de Beaufort à Condé.

Pour parer cette défection, le coadjuteur décida de s'emparer de l'esprit de Monsieur. Il ne recula pas devant les moyens : « Le coadjuteur proposa souvent au duc d'Orléans d'enlever le roi et de mettre la reine dans un couvent, sa maxime était celle de Machiavel »[335]. Mais Monsieur, lui aussi, était décontenancé par le ralliement de Beaufort aux princes : « Il m'avoua, écrit Retz, qu'il aurait fait des passe-merveilles si M. de Beaufort ne lui avait pas manqué... »[336]. Tout le travail du coadjuteur consistait à prouver au frère de Louis XIII qu'on pouvait continuer la Fronde sans Beaufort, sans sa popularité, au besoin contre lui. Il proposa même de faire arrêter le duc et les trois princes, ensemble, au Palais d'Orléans. Gaston s'effraya : « Mais si nous prenons cette résolution il faut les arrêter tout à l'heure et eux (les princes) et mon neveu Beaufort ». « Ils sont dans le cabinet des livres, ajouta Mlle de Chevreuse qui se trouvait là, à attendre Votre Altesse Royale, il n'y a qu'à donner un tour de clef pour les y enfermer... Ce sera une belle chose qu'une fille arrête un gagneur de batailles »[337].

La grande affaire du moment c'était la condamnation dans les formes de Mazarin par le Parlement. Beaufort en profita pour jouer un premier mauvais tour au coadjuteur. Il veilla à ce qu'il fut inscrit que, « ... tous les cardinaux, tant les Français que les étrangers, seraient exclus du gouvernement... » [338]. Le Parlement, « ... voyant que le cardinal ne s'éloignait pas assez promptement de la frontière... donna encore un arrêt contre lui » [338] : Mazarin fut décrété de prise de corps et toutes les personnes qui continuaient des relations avec lui déclarées ses complices. Précaution redoutable, menace qui va peser en premier lieu sur la reine, mais aussi sur les ministres, sur Vendôme et sur Mercœur, qui poursuivent tous, tout au long de l'année 1651, leur commerce avec l'exilé.

Le retour de Condé, si cassant, si désireux de se venger de sa prison, allait paradoxalement profiter à la régente. Monsieur le Prince détestait le coadjuteur, rival à sa pointure, inspirateur autrefois de son arrestation. Il s'opposa donc violemment à son élèvation au cardinalat. Il le rejeta de la sorte un peu plus du côté d'Anne d'Autriche qui, tout en reconnaissant la supériorité de son esprit, ne se servait de lui qu'avec une méfiance qui, dans les débuts, confinait à du dégoût. Mme de Chevreuse, fâchée sans retour avec Condé qui lui avait manqué de parole sur l'union de Mlle de Chevreuse, sa fille, et du prince de Conty, rejoignit le cercle étroit des confidents de sa vieille amie, la reine. Elle offrit publiquement son château de Kerpen, en Allemagne, à Mazarin, lequel, connaissant bien ses saints, préféra accepter l'hospitalité de l'archevêque de Cologne, en son palais de Brülh.

Les vilénies de monsieur d'Elbeuf.

L'unité du clan Vendôme, si malmenée par les récents évènements, devait brusquement se reconstituer devant l'une des pires attaques qu'il eut jamais à subir : une atteinte à l'honneur et à la dignité, qui venait, comble d'infâmie, de l'oncle et de la tante d'Elbeuf, celle-ci — faut-il le rappeler ? — propre sœur de César. La querelle procédait d'une histoire de gros sous, poussée jusqu'au sordide par l'impécunieux d'Elbeuf.

Dubuissson-Aubenay note dans son *Journal*, à la date du 7 mai 1651 : « ... Force gens courent par les rues pour la querelle entre les ducs de Vendôme, de Mercœur et de Beaufort et les ducs d'Elbeuf, prince d'Harcourt et comte de Lillebonne*, d'autre, qui se voulaient battre dont le sujet est que le duc d'Elbeuf a intenté

* François-Marie (1627-1694) comte de Lillebonne et François (1623-1694) comte d'Harcourt, deux des quatre fils du duc d'Elbeuf.

action et veut poursuivre en Parlement pour sa femme, sœur du duc de Vendôme, disant que ce duc étant né de dame Gabrielle d'Estrées, duchesse de Beaufort, lorsqu'elle était encore mariée à M. de Liancourt, ... il est *spurius*★ et, comme né en adultère, n'est capable d'avoir reçu ni la donation de la duché de Vendôme, par le roi à lui faite, ni même la succession de la duché de Beaufort... Autres ajoutent que le dit d'Elbeuf prétend en outre que le duc de Vendôme est fils du feu★★ duc de Bellegarde... »[339].

Devant la gravité de l'affaire, Anne d'Autriche l'évoqua à son conseil, le 16 mai : « ... La reine a distingué l'affaire... en deux points : l'un d'honneur... et de ce point sont juges deux maréchaux de France — qui sont les maréchaux de Gramont et d'Estrées — l'autre de droit, qui se traite par devant M. le chancelier, par deux avocats de chaque part, Gauthier et Bataille pour M. d'Elbeuf, Monthelon et Pucelle pour M. de Vendôme... »[340].

L'évocation de l'affaire par la reine n'arrêta pas les vélléités des parties d'en découdre : « Le 19 mai... Lavenage, lieutenant des gardes du corps, assisté de ses archers empêcha que lesdits sieurs de Vendôme et d'Elbeuf ne se battîssent, comme ils avaient fait dessein et lié partie... »[340]. La cause fut plaidée le 7 juin, précédée d'une étonnante guerre de libelles : « ... le factum de M. de Vendôme, en quinze cahiers in-quarto, est publié par des colporteurs... (avec) les actes de sa légitimation par le roi Henri IV, son contrat de mariage où la duchesse (Gabrielle) le reconnait pour son héritier, la préséance de la pairie de Vendôme sur celle d'Elbeuf... »[340]. Le mardi 13 juin, « ... la cause fut jugée par arrêt très bref déclarant le duc d'Elbeuf non recevable en sa poursuite[341]... Ce jour un colporteur, criant en la place Maubert le factum et les pièces de M. d'Elbeuf contre M. de Vendôme, fut battu par la populace, "*in gratiam ducis de Beaufort*"... »[340]. L'honneur malmené était sauf.

Il était temps. L'affaire, soutenue avec les transports d'humeur que l'on peut concevoir, avait atteint le physique et le mental de nos héros. Le 21 juin, ce fut Beaufort qui tomba malade : « Le duc de Beaufort, malade, est transporté de son logis, rue Quincampois, en l'hôtel de Vendôme, dans un brancard porté par douze hommes. Il a des syncopes fréquentes et, le 26, on disait que le pourpre paraissait. On dit que le duc de Vendôme est aussi malade et M. de Nemours aussi d'une apoplexie... »[342]. Mme de Nemours, quant à elle, était au désespoir. Son fils, le seul qui eut survécu après deux

---

★ Bâtard illégitime.
★★ Roger était mort en 1646.

autres mort-nés, venait de mourir au berceau. Une semaine après ce fut Mercœur qui se volatilisa, « ... s'étant dérobé à son garde*, s'évanouit et ne sait-on où il est allé, si ce n'est en Bretagne pour se battre avec le comte de Rieux-Elbeuf**... Autres disent qu'il est allé voir la demoiselle Mancini près de son oncle, le cardinal... » [343].

La maladie de Beaufort causait de l'inquiétude. La reine, pourtant bien fâchée contre lui, était allée à son chevet ; Condé venait chaque jour prendre de ses nouvelles : « Beaufort est toujours malade du pourpre à l'hôtel de Vendôme où la reine a été pour le visiter, écrit Dubuisson-Aubenay... On propose de lui donner certaine poudre (je pense que c'est l'émétique ou algarot, ou *crocus mortis*, ou enfin l'antimoine préparé) qu'un abbé donne telle que celle qui guérit le sieur de Bournonville. Bouchet (le médecin) et M. de Vendôme en étaient d'avis mais enfin les méthodiques l'emportèrent et donnèrent la médecine selon l'ordre de la faculté de Paris. M. le coadjuteur et Mme de Montbazon, quoique malade et hydropique, selon aucun, selon d'autres grosse, y a été après qu'il l'a eue demandée... » [343]. L'émotion du peuple était à son comble : « Force crocheteurs, porteurs et menue populace, assemblés près de l'hôtel d'Elbeuf, menaça d'y mettre le feu et fit grande rumeur à cause de la maladie du duc de Beaufort... » [343]. Ce n'est qu'à la mi-juillet, après avoir reçu l'extrême-onction, que le duc se sortira d'affaire et pourra partir respirer le bon air d'Anet pour sa convalescence. Il avait été tout de même sérieusement secoué, comme en témoigne le récit que fait Dubuisson-Aubenay, à la date du 23 juillet, de sa sortie de Paris : « ... S'en va prendre l'air pour se fortifier en la maison d'Anet... et comme la tête lui était ébranlée par le mouvement du carrosse, on l'a mis à cheval et tenu à quatre de peur qu'il ne tombât... » [344].

Mercœur, lui, était bien allé voir la demoiselle Mancini, alors à Brülh, sur le Rhin, réfugiée auprès de l'oncle cardinal, lequel remâchait sa colère d'avoir cédé aux évènements et préparait son retour. Finis en effet les temps de doute, Mazarin, éloigné du royaume, voyait clair et recommençait à tirer les ficelles de l'imbroglio parisien. Dans sa correspondance chiffrée avec la reine il imaginait de vastes figures de ballets entre les gouverneurs de province afin de doter son neveu Mercœur dont les évènements, disait-il, lui avaient fait négliger jusque-là d'asseoir la fortune : la Guyenne à Condé qui céderait la Bourgogne à d'Epernon, dont le fils Candale céderait l'Auvergne à Mercœur. Dans une lettre chiffrée

* Celui que la reine lui avait donné pour ne pas qu'il se batte en duel.
** Charles (1620-1692), fils aîné du duc d'Elbeuf et futur duc d'Elbeuf.

du 15 juin, le cardinal recommande en ces termes le fils aîné de César à la reine : « Je voudrais que vous fissiez amitié avec ■* et EE (?) qui sont très capables de vous servir et 26** croit qu'ils en ont très envie » [345].

Enfin neveu !

Le bruit courut alors que Mercœur était allé à Brülh pour se marier : « ... combien de gens furent surpris ! combien d'indignés et de révoltés ! combien de vacarme au Palais après tant d'arrêts contre le cardinal... » [346], s'exclame Goulas. Ceux qui se prétendaient bien informés soutenaient que le mariage avait déjà été célébré : « Ce n'était pas néanmoins pour s'aller marier qu'il était parti de Paris, poursuit Goulas, car ils l'avaient été avant que le cardinal délogeât, dans l'oratoire de Mme de Beauvais, au Palais-Royal, après que le mariage fut consommé dans la chambre de Mme de Navailles » [346]. La cérémonie fut pourtant refaite en Allemagne, tant à cause d'une irrégularité dans la publication des bans à Paris, que parce que le cardinal avait tenu à refaire dans le calme ce qui s'était fait dans le tourbillon de son départ. Pourtant on pensait à Paris que Mercœur n'était pas allé là-bas que pour cela, mais qu'il avait été dépêché par la reine, « ... pour informer S.E. de l'état de la cour et lui faire connaître qu'il ne pouvait encore y retourner... (également) pour avoir un nouveau chiffre parce qu'il avait été découvert, que Lionne qui gardait le vieux (chiffre) faisait dire au cardinal ce qu'il voulait et c'était aussi pour voir sa femme dont il était amoureux » [346].

Le tollé fut général. La reine crut devoir répondre au Parlement qui poursuivait ses instructions contre Mazarin, « ... qu'elle ne savait rien du mariage de M. de Mercœur » [347]. Ce mensonge ne fit qu'aggraver les choses. Le 2 août, Condé prit la parole au Parlement : « ... disant que M. de Mercœur avait épousé depuis peu de jours la Mancini... (il demanda) que M. de Mercœur fut mandé pour venir rendre compte à la compagnie, le lundi suivant, de son prétendu mariage... » [348]. La reine se sentit touchée au cœur : « ... elle marqua visiblement que ce qu'elle croyait être le plus personnel au cardinal était ce qui était et ce qui serait le plus sensible à elle-même... » [348].

Le 7 août, Mercœur se présenta devant le Parlement. Retz ne l'épargne pas : « Il répondit d'abord comme aurait fait Jean

---

* Mercœur désigné aussi, dans le code que le cardinal a avec la reine, comme « bon mari », 29 ou 68.

** Mazarin lui-même.

Doucet* dont il avait effectivement toutes les manières, et qu'à force d'être harcelé, il s'échauffa si bien qu'il embarrassa cruellement Monsieur et Monsieur le Prince, en soutenant au premier qu'il l'avait sollicité de ce mariage trois mois durant et au second qu'il avait consenti positivement et expressément... »[348]. Mercœur est à nouveau interrogé par Molé les 12 et 13 août pour savoir s'il s'était marié : « Il dit d'abord qu'il ne croyait pas être obligé de répondre mais il assura la compagnie qu'en cas qu'il le fut il l'était sans crime. Le premier président lui dit — Cela veut dire que vous l'avez épousée avant que le cardinal son oncle fut déclaré criminel. Il répondit — Que oui, qu'il s'était marié avant le départ du cardinal... »[349].

On en fit une chanson qui courut par Paris :

« Quand je dis que par ce mariage
« Pauvre duc de Mercœur
« Si vous y gagnez de l'or, vous y perdez votre honneur
« N'entendez-vous point ce langage ? »

L'affaire Mercœur eut deux conséquences pour la reine. Elle dut, le 17 août, confirmer « ... la résolution prise de l'éloignement pour toujours du cardinal Mazarin hors du royaume »[349]. Elle se brouilla définitivement avec Condé, achevant du même coup, sans enthousiasme, de se rapprocher du coadjuteur. Condé multiplia les insolences : il traita de haut le projet d'échange du gouvernement de Bourgogne contre celui de la Guyenne qu'on lui présentait, il affecta de ne pas aller saluer le roi au retour d'un séjour qu'il fit dans sa maison de Saint-Maur. Pourtant, comme le dit joliment Mme de Motteville, « ... il demeurait indécis à la vue de tout ce qui présentait à lui et, pour avoir un trop grand bonheur, il se trouva enfin qu'il n'eut pas tout celui qu'il pouvait avoir ».

Le soupçon de crime planait. Fin juin, Monsieur le Prince s'était cru menacé par des gardes royaux qui ne s'étaient armés que pour faire passer des barriques de vin à l'octroi. Le 21 août, La Rochefoucauld, partisan de Condé, avait tenté lui-même, presque publiquement, d'assassiner le coadjuteur en le coinçant dans l'entrebaillement d'une porte qu'il avait maintenue fermée au moyen d'un crochet de fer. Tout cela suivait la publication d'un ardent manifeste — daté du 17 août — rédigé contre Condé par la reine et dont on murmurait que Retz avait été l'inspirateur. Le 28 août, un violent débat s'en était suivi au Parlement, où la plupart des conseillers avaient opiné contre la régente et où Condé était apparu publiquement au bras de Beaufort.

* Le vieux fou de Louis XIII.

César, pris au jeu de son allégeance à Mazarin était embarrassé. Il continuait de nier que le mariage ait eu lieu mais personne ne le croyait : « Le lendemain, qui fut le 30, Monsieur le Prince vint au Palais et il eut le plaisir d'y voir M. de Vendôme jouant l'un des plus ridicules personnages que l'on se puisse imaginer : il y demanda acte de la déclaration qu'il faisait, qu'il n'avait pas ouï parler, depuis l'année 1648, de la recherche de Mlle Mancini, et vous pouvez croire qu'il ne persuada personne... »[350].

La coterie de la reine se méfiait principalement de Beaufort. Il était nommément dénoncé dans le traité secret que passèrent le 1er septembre Mazarin, Chateauneuf, le coadjuteur et Mme de Chevreuse : « Que ledit sieur cardinal empêchera que M. de Beaufort ne puisse avoir aucune part dans la confiance de la Reine ni du Roi, et ne fera aucun accommodement avec lui, mais le considérera comme son ennemi... »[351].

Après cela, il y eut un semblant d'unanimité pour la majorité du roi qui fêta ses treize ans le 7 septembre. Elle fut marquée par une somptueuse cavalcade où parurent ensemble tous les princes de la maison de Condé et de Vendôme. Louis XIV en personne y fit, pour la première fois, grand effet sur le peuple, « ... empanaché d'une aigrette de héron et de quantité de belles plumes agrafées d'une attache de diamant ».

Neuf jours plus tard Condé quittait Paris. Il ne devait y revenir qu'au bout de dix mois, pour assister à la suprême convulsion de la Fronde. Il s'en allait en Guyenne pour bien marquer son désaccord avec la reine. Au moment de partir, il fit un choix qui montre qu'il s'entendait mieux à la guerre qu'à la politique : il refusa les offres de Turenne qui suppliait à genoux d'être son lieutenant et qui lui avait prouvé sa fidélité en prenant les armes pour lui, au début de l'année précédente, en Bourgogne. Il prit Nemours, le charmant Nemours, dont la tête n'était qu'aux amours — il était alors l'amant de la belle veuve du maréchal de Chatillon — Nemours dont Mme de Motteville nous dit avec pertinence : « ... (il) n'était ennemi du cardinal que par intervalles, et se laissait conduire par ses fantaisies plutôt que par des desseins bien formés »[352]. Allié à Turenne, Condé eut assurément empêché le retour du cardinal, alors qu'opposé à ce même Turenne, qui allait bientôt mettre son épée au service de l'éminence, il devait tout perdre.

Le 22 septembre Condé était entré triomphalement dans Bordeaux d'où il devait se répandre avec violence dans toute la Guyenne. Il commit alors sa seconde erreur politique : il se brouilla avec

Monsieur qui lui prêchait la modération. La situation se fige donc ainsi, en ce début d'automne : Condé pour longtemps hors de Paris et s'apprêtant à passer traité avec l'Espagne*, Turenne devenu son rival et bientôt l'allié de Mazarin, la reine conseillée par Retz, Monsieur retiré sous sa tente, le Parlement divisé et sans gouvernail. Aussi de quoi parle-t-on, dès le milieu d'octobre ?... Du retour de l'exilé de Brülh.

C'est alors, dans ces moments de désordre et de doute, que César crut pouvoir renouer, le plus légalement du monde, avec sa vieille chimère de Bretagne. Le 30 septembre 1651, le parlement frondeur de Rennes rendit un arrêt, « ... portant défense au duc de Vendôme et tous autres de troubler M. le duc de Rohan en la présidence des Etats de ladite province »[353]. De quoi s'agissait-il ? D'un complot ourdi, au nom du parti royal, par le maréchal de la Meilleraye contre Rohan qui venait de se déclarer en faveur de Condé et que le parlement de Bretagne, entré en sédition, avait appelé de sa propre autorité à venir présider les Etats prévus pour se tenir à Nantes. La Meilleraye — ancien gouverneur de la province — voulant empêcher ce duc, chef en puissance de tous les protestants, de présider les Etats, avait imaginé de, « ... mettre en sa place M. de Vendôme »[354], comme un personnage capable d'en imposer aux Bretons. Il y eut, à la suite de cela, de grandes cavalcades dans la ville. M. de la Meilleraye, perclus de goutte, « ... se fit mettre sur un bidet, résolu d'aller à leur rencontre et de les charger (les partisans de Rohan) »[354]. L'évêque de Nantes, en habits de cérémonie, menaça de ses poings, en pleine rue, le président de la compagnie favorable à Rohan et le terrain resta aux amis de la reine. César, dont le nom n'avait été lancé qu'en désespoir de cause, n'eut ainsi pas la joie, un quart de siècle après qu'il l'eut quittée, de retrouver sa chère Bretagne.

Mazarin, depuis Brülh, continuait de s'inquiéter de Mercœur, son neveu, le seul grand du royaume à l'être allé visiter dans son exil. Ainsi, dans sa lettre du 12 septembre à la reine : « Je vois par les lettres de 29 qu'il n'est nullement satisfait : je vous prie de vous y employer afin qu'il soit caressé et bien traité. Il le mérite, et, outre qu'il ne manquera pas, vous savez ce qu'il a fait pour plaire à P**. Il faut le bien établir auprès de 21*** et ne pas permettre que 43**** l'empêche... »[355].

* 6 novembre 1651.

** La reine dans le code Mazarin — Anne d'Autriche — Allusion ici au voyage de Mercœur à Brülh.

*** Le roi.

**** Beaufort.

Quant à Beaufort, de qui Retz note avec malice qu'il se tait depuis que lui-même ne parle plus par sa bouche, il est tout aux affaires de marine, bien que le cardinal, depuis l'Allemagne, réussisse le prodige de le contrecarrer. Poursuivant ses rêves de Nouvelle Ostende, il fait, en septembre 1651, le voyage de Martigues pour recevoir un nouvel hommage de ses vassaux et leurs dons en bourriches d'huitres et sardines qui l'avaient déjà enchanté en 1633. Il visite aussi Toulon et c'est certainement pour le gêner et, sur la persuasion de Mazarin, que César, au même moment, réclame pour lui et obtient de la reine le gouvernement des tours de ce port. Il est patent que les rapports entre le père et le fils s'aigrissent dans l'automne 1651 : le premier soupçonnant le second, qui n'a que la survivance de sa charge, de vouloir accaparer toute l'amirauté. Conscient du mauvais état de la flotte, Beaufort ordonne en effet de son propre chef la construction de six vaisseaux de guerre. Il prend la défense des gens de mer et, le 15 décembre, envoie un gentilhomme à la reine pour demander que soient attribuées à leurs vainqueurs les prises faites par certains chevaliers français qui se sont distingués en mer. La demande est refusée à l'instigation du cardinal. Plus extraordinaire encore. Une lettre du 22 décembre 1651, rapportée par Isabelle de Broglie, montre que le cardinal et son jeune disciple Colbert s'employaient à vendre les navires du roi pour ne pas les laisser au pouvoir de Beaufort [356].

Les grandes chevauchées.

Le retour de Mazarin s'avançait. Le Parlement avait débattu de la question fin novembre malgré l'opposition de Monsieur. La reine avait mis dans le secret le secrétaire d'Etat Chateauneuf et le coadjuteur que l'on n'appelait plus tous deux que « les amants de la fortune ». Le chevalier de Sévigné, observateur de cette cour incertaine, écrit le 29 décembre à sa chère Madame Chrétienne — la fille d'Henri IV et de Marie de Médicis, duchesse douairière de Savoie — : « Nous sommes ici dans la plus grande consternation du monde... hors MM. de Mercœur, de Miolans, Vardes, l'amant de l'œil de verre*... tout ce qui est auprès du Roi a la mort peinte sur le visage » [357]. Le 2 janvier 1652, l'éminence était à Epernay. Cette fois encore c'était Beaufort qui faisait preuve du plus bel activisme face à l'annonce de son retour. Une lettre de Mazarin lui-même, du 17 janvier, porte en effet : « On me mande que quantité d'assassins sont partis de Paris pour entreprendre contre le cardinal

---

* Vardes était l'amant de madame de Beauvais — qui déniaisa dit-on Louis XIV — et qui était borgnesse.

après avoir reçu la bénédiction de M. de Beaufort mais Dieu le garantira »[358].

En quelques mois Mazarin devait se jouer de la Fronde désunie. Rien, en effet, n'allait plus entre Monsieur et Condé, que l'éloignement seul aidait à se supporter. Il était vrai toutefois que Condé avait la finesse de toujours respecter la prééminence de rang de l'oncle du roi, lequel ne balançait pas à reconnaître la supériorité de génie de son cousin. Sur ce faible modus vivendi, ils devaient entreprendre l'ultime action d'envergure de la Fronde tout en continuant de régler leurs comptes par lieutenants interposés. Corneille, quinze ans après le Cid, aurait pu trouver là le levain d'une nouvelle tragédie. Condé devait choisir pour second Nemours et Monsieur, Beaufort — les deux beaux-frères — et tout cela allait fort mal se terminer.

Janvier débuta sous de mauvais auspices. Nemours était allé chercher des mercenaires en Flandres pour le compte de Condé, il était passé par Paris à son retour et l'oncle du roi s'était ému du passage de troupes en armes dans la capitale. Monsieur, pourtant, décida de continuer à favoriser l'union avec son terrible cousin réfugié à Bordeaux : il désira même que le soutien pour cause de chevalerie et d'honneur qu'apportait Beaufort à Monsieur le Prince depuis plusieurs mois se changeât en véritable amitié. Le chevalier de Sévigné peut ainsi écrire à la date du 12 janvier : « Monsieur le Prince sera bientôt raccommodé avec M. de Beaufort, M. le duc d'Orléans le voulant ainsi »[357]. Ce fut aussi Monsieur — « Monsieur, qui selon le joli mot de Retz, ne connaissait presque jamais de différence entre le difficile et l'impossible » — qui décida que les troupes de Condé se joindraient aux siennes pour empêcher Mazarin et la cour de rentrer dans Paris.

Le coadjuteur en sous-main — dans le pamphlet du *Vrai et du Faux* qu'il avoue être de son crû — livre ce qu'il pense des capacités militaires de Beaufort et de la difficulté qu'avait ce capitaine de s'arracher aux bras de Mme de Montbazon pour s'en aller combattre : « Monsieur donna le commandement de ses armes à M. le duc de Beaufort dont l'incapacité en fait de la guerre est connue dans toute l'Europe... Il partit, après que le cardinal Mazarin fut passé et après qu'il eut pris le peu d'argent que Monsieur avait en ce temps-là, il alla commander l'armée qu'il n'employa qu'à ruiner le pays »[359].

Nul ne sut donc empêcher, le 29 janvier, Mazarin de rejoindre la reine à Poitiers et, trois jours plus tard, de retrouver sa place au conseil avec tous les pouvoirs de principal ministre. Le cardinal avait retrouvé toute sa fougue et tout son génie. Il n'allait lui falloir que sept mois pour venir à bout de la plus grande cavalcade du siècle.

Les troupes frondeuses avaient fait leur jonction le 9 février, Nemours avait avec lui six mille hommes — presque tous Allemands, bien que Monsieur eut fait ce joli raisonnement devant le Parlement que de dire, « ... que les gens de guerre que M. de Nemours amenait étaient des Allemands auxquels on ne pouvait pas donner ce nom »[360] — Beaufort commandait aux douze cents mercenaires recrutés par l'oncle du roi. Nemours et Condé demandaient que l'on allât d'abord secourir Rohan, enfermé dans Angers et menacé d'encerclement par les troupes du roi. L'abbé Arnaud accuse Beaufort de négligence : « M. de Beaufort y serait arrivé à temps s'il avait voulu »[361]. Ce que le chevalier de Sévigné infirme : « Angers tombera, M. de Beaufort n'étant pas assez fort pour le secourir et n'y pouvant pas être assez à temps »[362]. Premier échec des coalisés : Angers se rendit au roi.

Monsieur était grisé à l'idée de pourvoir commander une armée : « Son agitation, qui avait, comme la fièvre, ses accès et ses redoublements, ne fut jamais plus sensible que le jour qu'il commanda, ou plutôt qu'il permit à M. de Beaufort de faire agir ses troupes... ». Retz lui représente le danger auquel il s'expose et il n'en tire que ceci : « Il me répondit ces nobles paroles — Si vous étiez né fils de France... »[363].

Rohan n'était pas le seul à fléchir. Conty, le bossu, qui était chargé de tenir l'Agenais pour le compte de son frère, s'était aussi laissé encercler par les troupes loyales. Condé dut sortir de Libourne pour lui porter secours. C'était la foudre qui jaillissait du nuage. Il n'allait remettre l'épée au fourreau qu'après la défaite et courir porter aussitôt cette même épée, encore maculée du sang des partisans de Mazarin, au roi d'Espagne. Des nouvelles incroyables parcouraient le pays à la suite du retour de l'éminence : le coadjuteur avait été fait cardinal le 19 février, cardinal de Retz, la cour fixée à Blois proposait à César, à la mi-mars, de le nommer ministre d'Etat[364], Mercœur venait d'être choisi pour lieutenant du roi en Provence, avec de sérieuses chances d'en être bientôt le gouverneur, en place du comte d'Alais discrédité.

Rien chez les Vendômes n'est jamais simple. Vous croyez à l'union de César et de son fils aîné contre Beaufort, le rebelle, l'écervelé ? Eh bien non, et c'est même tout le contraire. Le 25 mars 1652 César envisageait froidement de déshériter Mercœur et entamait une procédure compliquée — une vente fictive de ses biens en faveur de Beaufort — ce dernier donnant même procuration à Omer Talon pour recevoir ces rachats. Raison de tout ce gribouillage ? On a prétendu que César avait fort mal reçu la nouvelle du départ prochain de Mercœur pour la Provence et de son accession annoncée au gouvernement de cette province qu'il ambitionnait pour lui-même, puisque — on l'a dit — il avait imaginé de s'appuyer sur Martigues et Toulon pour se constituer un grand proconsulat à vocation maritime qui lui fit oublier sa Bretagne.

Condé s'apprêtait à remonter sur Paris, le roi était à Blois. Le 20 mars, Beaufort faisait le siège de Monsieur pour le décider à s'installer à Orléans qui lui appartenait et tenir ainsi la route de la capitale pour empêcher la cour de passer. C'est ce jour-là que Beaufort découvrit que le nouveau cardinal de Retz, son ancien complice, gouvernait, tout autant et sinon plus que lui, l'esprit de Monsieur. La scène était ridicule : Beaufort parlait au prince dans un salon et celui-ci s'échappait de temps en temps pour aller consulter le coadjuteur qui se trouvait tout à côté. Le duc s'en aperçut et pesta. Gaston s'échauffa à son tour : « Je m'en fierais bien à vous de m'apprendre à connaître les gens, lui lança-t-il »[364]. Le ver de la division était dans la vieille amitié que Monsieur portait à Beaufort. A qui se fierait-on bientôt ?

Mais il n'était plus temps pour l'oncle du roi de changer de monture et Beaufort quitta Paris investi du commandement de l'armée de ce prince. Le 22 mars, il se fit applaudir à Orléans[365]. Le 23, il tenta vainement de s'emparer de Jargeau puis revint dans la capitale. Dubuisson-Aubenay observe : « ... (il) vint à Paris inconnu et fut chez Mme de Montbazon tout le reste de la nuit »[366]. Monsieur, trouvant qu'il avait passé l'âge de chevaucher et ne voulant pas aller à Orléans, décida que ce serait sa fille - Mademoiselle — qui accompagnerait Beaufort. Mademoiselle, ravie de jouer les Athéna, quitta Paris le 25 mars, « ... en habit gris tout couvert d'or »[366], flanquée des ducs de Beaufort et de Rohan et de trois de ses dames : Mmes de Breauté, de Frontenac et de Fiesque. Elle marchait en tête de quinze cents cavaliers. On retrouva Nemours près de la Loire. Premières discordances. Mademoiselle demande aux deux beaux-frères de venir prendre ses ordres : « Je dis à M. de Beaufort d'en faire de même. Il répondit — J'ai les ordres de Monsieur dans ma poche et je sais ce que j'ai à faire. M. de Nemours le pressa de les montrer... Ce procédé de M. de Beaufort me fâchait, je lui dis que je ne pensais pas que Monsieur eut changé d'intention quatre heures après mon départ... Il n'en parla plus et dit qu'il m'obéirait »[367].

Depuis quatre jours que le duc de Beaufort s'en était éloigné, emportant les témoignages de fidélité de la ville à Monsieur, Sourdis — un cousin des Vendômes — avait tourné Orléans en faveur de Mazarin. Mademoiselle fut donc obligée d'y rentrer par force, ce qu'elle fit presque toute seule, marchant à pied, accompagnée de ses trois dames, de deux exempts de ses gardes et d'un écuyer nommé Dominique, tandis que Beaufort, ignorant de ce qui se passait, ayant même oublié la veille « ... de donner l'ordre pour l'escorte »[367], ce qui expliquait la solitude de la princesse, attendait à Artenay. Récit de cet exploit un peu fou de la fille de Gaston : « ... Comme elle fut au bord de la rivière où il y avait une porte condamnée dite la Brulée, elle fit parler aux bateliers. On dit qu'elle fit donner une bourse de 100 ou 200 pistoles pour rompre cette porte et la faire passer en bateau le fossé et passer par une échelle par le trou qu'ils firent dans cette porte... Le petit Gramont était dans la ville qui lui aida à passer par le trou et la mettre dans une chaise »[366]. L'audace de Mademoiselle sidère Beaufort et Nemours, ses lieutenants, qui se hâtent de la rejoindre dans la ville qu'elle vient de rendre presque seule au pouvoir de son père.

La partie que jouent alors les deux beaux-frères est difficile car leurs buts sont différents : Nemours veut rallier Condé sur la Loire, Beaufort refuse de s'éloigner. Il veut guerroyer à proximité, pour être en mesure de couper à tout moment à la cour le chemin qui va de Blois à Paris. Il tente d'imposer ses vues. Le 2 avril au matin, « ... de sa tête et sans en parler à M. de Nemours »[367], il se lance à l'assaut de Jargeau devant lequel il avait échoué dix jours plus tôt : « Jargeau fut vivement attaqué par M. de Beaufort, mais il fut encore mieux défendu par M. de Turenne qui venait de prendre le commandement de l'armée du roi »[368]. Jargeau est un échec somme toute mineur des frondeurs que Mazarin réussit à faire passer pour une grande victoire du parti royal. Sitôt après ce revers apparaissent de nouvelles divergences sur les suites à donner aux opérations. Nemours s'obstinait à vouloir repasser la Loire pour rejoindre Condé et, avec l'aide de celui-ci, envelopper Blois où se trouvait toujours la cour ; Beaufort, soutenu de l'avis de tous les officiers, voulait s'attaquer à Montargis. Mademoiselle nous conte la scène : « Nous étions M. de Beaufort et moi assis sur un coffre de bois... (Nemours) se mit encore à jurer et à pester que l'on abandonnait Monsieur le Prince et qu'il savait bien qui c'était. M. de Beaufort lui demanda — Qui est-ce ? Il lui répondit — C'est vous. Ils se frappent tous les deux... Comme j'avais la tête tournée... je ne vis point qui frappa le premier ; j'ai su de ceux qui y étaient que ce fut M. de Beaufort... Ils mirent l'épée à la main, et l'on se jeta dessus pour les séparer »[369]. Le chevalier de Sévigné ajoute que Mademoiselle se plaça entre les épées, « ... qu'elle trouva fort insolentes de paraître nues devant elles »[370].

Condé qui venait de traverser la France, sous un déguisement, tout d'une traite depuis Agen, joignit Nemours à Gien, le 6 août. D'un seul coup d'œil il vit le désastre près de se consommer par la brouille des deux beaux-frères. Il reprit les rênes et, dès le 8, s'empara de Montargis. La campagne qu'il fit ensuite est, en tous points, admirable. Il retrouvait tout le génie de Rocroi : coup d'œil infaillible, décision preste, audace confondante : « Il s'avança vers Châteaurenard ; il tomba comme un foudre au milieu de tous ces quartiers*. Il tailla en pièces tout ce qui était de cavalerie.. Il força ensuite, l'épée à la main, le quartier même des dragons... »[369]. Il fit reculer Turenne. D'après le chevalier de Sévigné, Monsieur lui-même, à Paris, « ... reconnut que l'ignorance de MM de Nemours et de Beaufort eut tout perdu si ce prince ne fut venu commander »[370].

Beaufort et Nemours, galvanisés par l'exemple de Condé qui, à Bléneau, eut son cheval tué sous lui, se surpassent. Nemours est gravement blessé à la cuisse. Quoiqu'elle fut tournée à des luttes intestines, Retz ne peut s'empêcher d'admirer les démonstrations de cette furie française : « Il est difficile de juger qui eut plus de gloire en cette journée ou de Monsieur le Prince ou de M. de Turenne. L'on peut dire, en général, qu'ils y firent tous deux ce que les plus grands capitaines du monde y pouvaient faire »[371].

Trois jours plus tard, le 11 avril, Condé, flanqué de Beaufort, faisait une entrée triomphale dans Paris. Le peuple l'accueillait aux cris de : « Vive le roi et MM les princes et point de Mazarin ! »[372], lui, si impopulaire aux premiers jours de cette grande convulsion, lui qui, trois ans auparavant, avait mis le siège devant la capitale au nom du roi. Nemours et Beaufort, toujours aussi mal ensemble, avaient reçu l'ordre du prince de repartir côte à côte pour défendre Etampes menacée d'un siège par Turenne. Mésentente accrue entre eux ? Envie pressante pour le fils de César de revoir Mme de Montbazon ? Toujours est-il que ce dernier abandonna la place au bout de quelques jours. On le lui reprochera violemment et Retz en fera la pâture de son fameux *Manifeste de M. le duc de Beaufort en son jargon*, paraphrasant le style macaronique du fils de César. L'auteur met Beaufort en scène. Celui-ci justifie sa défection par

---

* Ceux d'Hocquincourt qui était à Bléneau, tandis que Turenne s'avançait depuis Briare.

un ordre reçu de Monsieur : « Monsieur, à la prière de Mme de Montbazon, m'envoya quérir un soir et me dit que j'étais trop cher au public pour souffrir que j'exposasse ma personne dans un lieu où il y aurait autant de péril qu'à Etampes... » [373]. S'ensuit la charge contre le duc, « en son jargon » : « Il vaut mieux demeurer dans la rue de Bethisy* que de s'exposer aux canonnades qui emportent un corps tout entier, aux mousquetades qui font quelques fois des *conclusions* dans la tête dont on meurt, aux coups de pistolets qui rompent les os, aux coups de pique qui rompent les nerfs, aux coups d'épée qui ne valent rien pour les *tendrons*... » [373].

Condé, devenu le maître de Paris, avait accepté imprudemment de laisser aller trois plénipotentiaires à Saint-Germain-en-Laye que la cour venait de réussir à rallier sous la protection de l'épée de Turenne. Il ne fit par là que montrer sa faiblesse, et Chavigny, l'un des plénipotentiaires en profita pour traiter pour son compte avec Mazarin. Condé le désavoua, le remplaça par Gourville, porteur d'instructions que les conseillers du roi ne pouvaient que rejeter. Il se donnait ainsi d'excellentes raisons pour poursuivre la lutte. Condé, « ... pour gagner le peuple et se faire roi des halles, aussi bien que M. de Beaufort » [374], participait aux processions, distribuait du pain gratis aux indigents. Il reprenait à son compte les leçons du plus jeune fils de César et comme il rajoutait à toutes ces démonstrations une munificence, une gloire et un génie plus grands encore, il supplantait son modèle. Au printemps de 1651, Monsieur le Prince était devenu la nouvelle idole des Parisiens.

Dès le 10 mai, Beaufort pouvait mesurer l'affaiblissement de crédit qui s'ensuivait pour lui. Lui, qui jusque-là n'avait qu'à paraître pour apaiser la foule, eut toutes les peines du monde à sauver du massacre, à l'Hôtel de Ville, le procureur du roi et deux échevins qu'on traitait de mazarins. Son étoile militaire pâlissait également. Le 13 mai, à l'annonce de l'attaque de Saint-Denis par Turenne, « ... il courut avec quelques compagnies de soldats, mais ils furent repoussés et il ne tarda pas longtemps à revenir » [375]. Beaufort médita alors de raffermir son autorité en s'appuyant sur Monsieur et, afin d'augmenter dans ce but l'autorité de celui-ci, il lui fit faire un terrible faux-pas : « Monsieur... vint au Palais à l'improviste et il proposa (à l'assemblée) qu'elle lui donnât un plein pouvoir. Ce discours fut inspiré à Monsieur par M. de Beaufort, à la chaude, sans dessein et très légèrement... » [376].

* Rue qui allait de la rue de l'Arbre-Sec à la rue des Bourdonnais, supprimée par le percement de la rue de Rivoli. Il y avait sans doute là, comme on l'a suggéré plus avant, un immeuble que Beaufort avait loué pour y installer, entre autres choses, une école.

Il faut dire que la situation échappait de plus en plus à Gaston et à Beaufort, à cause de ce qu'il faut bien nommer le radicalisme de Condé : celui-ci, déjà lié avec l'Espagne par un traité secret, venait d'appeler à son secours le duc de Lorraine, lequel entra dans Paris le 31 mai. Le même jour Beaufort, qui, le matin même, venait encore de sauver du massacre deux conseillers au Parlement menacés par la populace, crut devoir faire quelque chose pour éviter une émeute : « M. de Beaufort fit, ce jour-là, une lourderie digne de lui, jubile Retz, ... il crut qu'il ferait mieux, pour détourner le peuple du Palais, de l'assembler à la Place Royale, il y donna un rendez-vous public pour l'après- dîner. Il y amassa quatre ou cinq mille gueux, à qui il est constant qu'il fit proprement un sermon qui n'allait qu'à les exhorter à l'obéissance qu'ils devaient au Parlement... La frayeur qui avait déjà saisi la plupart des présidents et des conseillers, leur fit croire que cette assemblée n'avait été faite que pour les perdre... »[377].

Le duc de Lorraine était donc dans Paris. Conrart nous a laissé le récit comique de ce séjour haut en couleur qui devait se terminer, au bout de quelques jours, par la plus éclatante des trahisons. Condé, qui avait appelé le singulier Charles IV en France, trouva le moyen de se frotter avec lui, dès leur première rencontre, sur le chapitre des honneurs. Monsieur le Prince prétendait, en tant que membre de la famille de France, avoir le pas sur le Lorrain, fut-il souverain. Tout cela augurait mal des suites. Le duc avait à Paris une alliée, sa sœur, Marguerite de Lorraine, Madame, seconde femme de Gaston, aussi extravagante qu'était son frère. Elle voulut l'accommoder à la mode de Paris : le poudrer, le friser, lui faire passer son incognito sous une robe de religieuse et sous un masque. Et, pendant que Paris riait de ces facéties, Mazarin travaillait en sous-main avec les conseillers de cet étrange chef de la maison ducale de Lorraine. Un traité fut conclu dès le 16 juin par l'entremise du roi d'Angleterre réfugié alors en France. Il prévoyait le retour à Nancy des Lorrains contre de gros avantages financiers et territoriaux.

Une semaine plus tard, nul ne savait rien de la trahison de Charles IV tant le secret de ce traité avait été bien gardé. Le duc se trouvait encore dans son camp de Villeneuve-Saint-Georges lorsque Beaufort y débarqua le 21 juin sous prétexte de commander les troupes de Monsieur qui y étaient cantonnées. C'est là qu'il découvrit, lui le premier, la défection de ce prétendu allié[378] : « Etant arrivé au camp, il fut bien étonné d'y trouver le roi d'Angleterre et le maréchal de Turenne qui sommaient M. de Lorraine d'exécuter le traité qu'il avait fait avec le roi... Le duc de Lorraine se trouvant avec le duc de Beaufort lui dit — Monsieur, vous voyez comme je suis pressé, mon intention n'est pas de hasarder mes troupes, je m'étais engagé à M. d'Orléans de faire lever le siège d'Etampes*, je l'ai fait, maintenant le roi me rend deux places**... M. le duc de Beaufort, voyant cela, lui dit tout surpris qu'il lui rendit les troupes de M. d'Orléans... et lui dit qu'il lui conseillait de s'en aller parce qu'il ne faisait pas bon pour lui... »[379]. A ces menaces Beaufort ajouta une extraordinaire provocation : il n'ordonna rien moins à Clérambault que d'arrêter le roi d'Angleterre, ce sur quoi cet officier de l'armée de Gaston s'excusa, « ... qu'il ne pouvait le faire sans en avoir un ordre exprès et par écrit de M. d'Orléans »[379].

Beaufort s'en retourna à Paris, au comble de l'agitation : « Il fit, écrit Conrart, afficher des placards au coin des rues qu'on eut à s'assembler l'après-dîner à la Place Royale pour aviser de faire cesser le désordre des gens de guerre et de chasser le Mazarin... Il ne s'y trouva que quelques coquins payés pour faire du bruit et des artisans. Le duc de Beaufort les harangua au milieu et aux quatre coins de la place... ». Discours incendiaire qui se termine par un appel à ceux qui étaient présents de se retrouver le lendemain, « ... à cinq heures au Palais, afin de réduire le Parlement à s'unir avec les princes ». Beaufort a passé les bornes. La réaction du corps de ville*** est immédiate, il mande aux capitaines de la garde bourgeoise de se porter sur la Place Royale, « ... pour faire retirer ces mutins et, en cas de résistance, de faire tirer sur eux... »[380]. Le second fils de César avait, à Villeneuve-Saint-Georges, trouvé matière à se montrer plus extrémiste que Condé. Conrart y voit une justification : « Il faisait tout ce vacarme depuis qu'il avait découvert que les deux princes (Monsieur et Condé) traitaient sans lui et qu'enfin ils lui avaient promis de demander 40 000 écus pour la duchesse de Montbazon... »[380].

Le samedi 22 juin, l'agitation provoquée par le duc se poursuivait. Elle devait le couper définitivement des modérés : « Brévane, doyen des conseillers de la première requête... quoique grand frondeur, fit avertir tous les bourgeois de sa compagnie de tenir leurs armes prêtes... Le président Novion, l'ayant rencontré au Palais d'Orléans, lui dit (à Beaufort) qu'il avait fait l'action d'un bandit et non celle d'un gentilhomme... »[380].

---

* Etampes dont entre-temps Nemours s'était rendu maître.

** Vic et Moyen-Vic, places du duché de Lorraine occupées par la France que Mazarin rendait au duc pour prix de son départ.

*** La municipalité de Paris représentée par le prévôt des marchands et les échevins.

« *Mon frère, songez au ciel !* »

Entrons de plain-pied dans le tragique mois de juillet 1652 qui commence par les fameux évènements du faubourg Saint-Antoine, le 2 juillet, la scène sans doute la plus connue de toute la Fronde. Condé, étant allé chercher son armée à Etampes pour la ramener à Saint-Cloud, se trouve écrasé contre les murs de Paris, après être tombé nez à nez avec Turenne devant Charenton. Le débat qui divise Paris c'est d'ouvrir ou de ne pas ouvrir les portes à l'armée du prince puisqu'il était patent que jamais, depuis le début des troubles, une troupe n'était entrée en armes dans la capitale, pas même celle du roi en 1649. Le duc d'York a bien vu l'émergence des arguments qu'on pourrait qualifier de nationalistes, dans cette méfiance que nourrissaient beaucoup de Parisiens à l'égard des mercenaires étrangers. Ce sont des modérés qui parlent : « Ce serait un spectacle odieux et capable d'exciter parmi le peuple une sédition dangereuse que les Croix de Bourgogne qu'on avait coutume de ne voir que dans Notre-Dame * fussent portées en triomphe au milieu de la ville... »[381]. Beaufort, pour sa part, usa de son influence, toute la matinée de ce 2 juillet, pour que la ville ouvrit ses portes aux troupes qu'il prétendait « désarmées » de Condé.

La suite est encore plus connue : le jeune Louis XIV, depuis les hauteurs de Charonne, braquant sa lunette pour ne rien perdre du spectacle. Mademoiselle, empanachée et casquée, qui décide en faveur de Monsieur le Prince, en tournant les canons de la Bastille contre les troupes de Turenne. Un terrible combat de rues et de barricades s'ensuit. Beaufort se démène comme un diable. Conrart nous le montre, « ... allant plusieurs fois par les rues exciter les bourgeois de sortir pour les secourir mais il ne fut suivi de personne... ». Le duc d'York a admiré ce panache français : « Monsieur le Prince et les personnes qui l'avaient accompagné s'étaient signalées... Il (Beaufort) résolut de faire quelque chose d'aussi remarquable et proposa à M. de Nemours — avec lequel il était en querelle — de reprendre la barricade que M. de Navailles avait emportée... M. de Nemours accepta la proposition et on se mit aussitôt en état de l'exécuter... »[383]. Mademoiselle précise même : « Le jour du combat du Faubourg Saint-Antoine, ils s'étaient (Beaufort et Nemours) fait mille amitiés ce qui donna bien de la joie à la pauvre Mme de Nemours qui aimait beaucoup son mari quoiqu'il ne l'aimât guère »[384]. Nemours, à peine remis de sa

* Sur les tribunes auxquelles étaient accrochés les drapeaux pris à l'ennemi.

blessure de Bleneau, « ... eut treize coups sur lui ou dans ses armes. On vint dire à la reine qu'il était mort... »[385]. Sans doute eut-il mieux valu qu'il mourut ce jour-là que comme cela devait survenir quelques jours plus tard...

Condé, au soir de ce jour sanglant, croyait avoir triomphé de la cour et ce fut là son erreur : il annonça qu'il n'y aurait de salut que dans l'anéantissement du cardinal. Il pressa Monsieur de se proclamer lieutenant général du royaume, de lui laisser le commandement de l'armée et de faire Beaufort gouveneur de Paris en remplacement du maréchal de l'Hopital qu'on soupçonnait d'être lié à Mazarin.

Deux jours plus tard, une nouvelle sanglante insurrection du peuple autour de l'Hôtel de Ville — on voulait tuer tous les mazarins — fut calmée par le vieux couple complice que faisait Mademoiselle et Beaufort, en coquetterie et rivalité de popularité au moment le plus crucial : « Mademoiselle soutenait au duc de Beaufort qu'il ne serait pas en sûreté sans elle, et, lui, qui se piquait de l'amitié du peuple plus que de toute chose, l'assurait au contraire que c'était lui qui lui procurait cette sûreté »[386]. On dut leur remontrer tout autour, « ... que leur contestation était fort inutile et même dangereuse parce que le mal pressait beaucoup ». Ils y allèrent au mépris du danger et sauvèrent de nombreuses vies dont celle du maréchal de l'Hopital.

Dans sa séance du 13 juillet, le Parlement, tyrannisé par la faction de Condé, disposa les choses conformément aux vœux de ce prince : Monsieur fut fait lieutenant général du royaume, Beaufort, gouverneur de Paris, le vieux Broussel — le plus frondeur des parlementaires — prévôt des marchands et Condé général en chef[387].

Le 27 juillet, « ... un conseil de lieutenance général fut établi par M. le duc d'Orléans et il fut composé de Monsieur le Prince, de MM de Beaufort, de Nemours, de Sully, de Brissac, de La Rochefoucauld, de Rohan ; des présidents de Nesmond et Longueil... et de quatre autres parlementaires »[388]. Ce fut la dernière institution issue de la Fronde. Lors de sa mise en place il y eut un nouveau différend, celui-là de préséance, entre Beaufort et son beau-frère Nemours, chacun voulant prendre rang devant l'autre. Le chancelier de France, un fidèle de Mazarin donc, se trouvait là. Cela peut surprendre mais Séguier était venu courageusement à Paris sur ordre de la reine, Paris que Condé avait proclamée ville ouverte. La cour, tout en paraissant donner son acceptation à la lieutenance de Monsieur, prenait un terrible avantage par le travail souterrain de Séguier qui travaillait à détacher les parlementaires frondeurs pour les ramener un par un au cardinal. Le chancelier, environné de ses ennemis, eut à trancher de la querelle : « ... il fut convenu, écrit Conrart, que l'un se mettrait d'un côté de la table, l'autre de l'autre »[389].

Nemours était-il mortifié, comme on l'a prétendu, de ne pas avoir été choisi pour gouverneur de Paris ? Il aurait dit, au cours d'un conseil de la lieutenance générale, que ce titre de gouverneur, « ... était dû à celui qui avait la meilleure épée »[390]. Après cela son insolence à l'égard de son beau-frère n'avait fait que croître. Il avait, par exemple, rappelé publiquement les rumeurs particulièrement malséantes à l'honneur de celui-ci sur son refus de se battre en duel avec Jarzé. Il revint sur la question à la séance du 27 juillet en faisant informer le duc d'Orléans qu'il maintenait sa prétention de préséance en la justifiant de la façon suivante : « ... la qualité de prince se terminait dans la personne des bâtards de roi sans passer à leurs enfants et qu'ainsi, pour son particulier, venant légitimement de la maison de Savoie, il n'était pas en dessein de passer après M. de Beaufort »[391]. Monsieur le Prince, « ... qui connaissait bien l'humeur bouillante de M. de Nemours... voulut éviter le malheur qu'il prévoyait bien qui pourrait arriver »[391]. Tout d'abord il lui parla de sa blessure à la main — la plus grave qu'il eut reçue au faubourg Saint-Antoine — à cause de laquelle, selon Conrart, « ... il ne pouvait tenir une épée ». Il lui dit, « ... qu'il se fortifiât avant de penser à se battre et que, lorsqu'il serait en état de le faire, non seulement il ne l'en détournerait pas mais qu'il voulait le servir* »[392]. Le lundi 29 juillet, voyant que la détermination de Nemours ne retombait pas, Condé le fit retenir chez Mme de Chatillon pendant qu'il allait prendre parole de M. de Beaufort et de Mme de Montbazon qu'on ne se battrait pas. Il obtint cette parole le lundi à minuit. « Etant ensuite revenu chez la duchesse de Chatillon... il ne lui (Nemours) demanda pas sa parole, craignant que comme le duc était tout feu... cette demande ne lui persuada pas qu'il y aurait plus de sujet de se battre qu'il n'y en connaissait. Monsieur le Prince se contenta de lui dire qu'il le jugeait trop prudent... » Et l'auteur de la *Relation Véritable* de conclure : « Si M. de Nemours songeait à ce qui arriva le lendemain, il le dissimula... »[391]. Voici donc le premier acte joué, Condé quitte tout le monde au milieu de la nuit, rassuré.

Fabuleux sang froid de Nemours qui ne songe pourtant qu'à en découdre : « Il fut à l'hotel de Condé à son ordinaire, de là il alla

---

* Au sens de lui servir de second dans le duel.

chez Mme de Bélesbat où Monsieur le Prince le fit suivre, mais ayant appris qu'il était à table pour dîner, l'on crut qu'il ne devait penser à rien. Ensuite il s'en alla à l'hôtel de Nemours, où étant, il appela Chevalier, son valet de chambre, pour le poudrer et lui faire sa barbe, cependant qu'il avait donné ordre à Villars, un de ses gentilshommes domestiques de sortir avec deux épées et deux pistolets, le plus secrètement qu'il pourrait et de l'aller attendre aux Petits-Pères, derrière le Palais-Royal... Il est vrai que depuis, Mme de Nemours a dit, qu'en sortant, il lui toucha la main, lui disant : Adieu Madame ! ce qu'elle ne lui avait jamais entendu ouï dire... »[391].

Nemours se poste aux Petits Pères. Il dépêche Villars à son beau-frère, « ... pour lui dire qu'il désirait lui voir l'épée à la main et qu'il l'attendait avec impatience aux Petits Pères »[391]. D'après un libelle intitulé *Le duel de M. de Beaufort justifié par l'innocence de ses mœurs* : « M. de Beaufort le pria (Villars) de remontrer à M. le duc de Nemours la conséquence d'un combat si brutal entre deux beaux-frères, l'avantage qu'en tirerait Mazarin et la pensée qu'en concevrait toute la France ». Villars est accusé d'avoir envenimé les choses en répondant : « ... que M. le duc de Nemours ne recevrait jamais ses excuses (celles de Beaufort) comme légitimes et que s'il se refusait à lui donner cette satisfaction, il ne pourrait pas s'empêcher de dire partout qu'il était un lâche et un poltron ». L'auteur poursuit : « Ces injures de Villars méritaient un soufflet et non pas la répartie que fit M. de Beaufort que personne n'avait eu cet avantage et que M. de Nemours ne s'en prévaudrait pas »[393]. Villars était parti depuis plus d'une heure et Nemours commençait à bouillir, « ... lorsqu'il vit arriver le sieur d'Héricourt, l'écuyer de M. de Beaufort, qui lui rapporta que son maître ne pouvait sortir pour se battre deux à deux comme il avait promis parce que trois gentilshommes avaient découvert l'affaire qui voulaient être de la partie ou la rompre et que si elle pouvait se faire cinq à cinq, qu'il serait bientôt à l'hôtel de Vendôme pour lui donner satisfaction... »[391]. M. de Nemours croit d'abord à une échappatoire — le nombre de cinq faisait souvent échouer les duels car on découvrait souvent que l'un des duellistes n'était pas gentilhomme — il renvoie Héricourt en le priant de dire à son maître, « ... qu'il ne l'estimait point homme d'honneur s'il ne venait avec le monde qu'il avait[391].

Il était sept heures du soir. Le duc de Beaufort attendait à la porte du parc de l'hôtel de Vendôme, effectivement flanqué de quatre gentilshommes : Bury-Rostain, Brillet, de Ris et Héricourt. Arrivent à ce moment là à l'improviste plusieurs dames, Mmes de

Canaples et de Cavois, flanquées de l'abbé de Saint-Spire et d'autres amies, « ... venues prendre l'air », dans le parc de Vendôme. Beaufort, galamment, frappe à la grille pour les y faire entrer. Arrivent à la suite, Nemours, Villars, La Chèze, d'Uzèche et Campan. Mademoiselle nous précise que l'exigence d'être cinq de chaque côté avait failli faire remettre le combat mais que, par un affreux concours de circonstance, M. de Nemours, qui était retourné à son logis, « ... trouva le nombre de gentilshommes dont il avait affaire »[394]. « Nemours dit à M. de Beaufort qu'il fallait prendre un pistolet, qui lui répondit : « ... deux si vous voulez ! »[391]. Le duc de Nemours, « ... avait fait porter dans son carrosse deux pistolets chargés de cinq balles chacun »[392]. Beaufort est acculé à se battre et se battre au pistolet est plus meurtrier, il le sait. C'est une concession d'honneur faite à son beau-frère que sa blessure à la main empêche de tenir une épée.

Les dix duellistes, à qui l'arrivée inopinée des dames et de l'abbé interdit l'accès du parc de l'hôtel de Vendôme, gagnent le marché aux Chevaux, tout proche et désert à cette heure là. Les préliminaires du duel sont expédiés. Ce sera, au plus près pour Beaufort et Nemours, puis Bury contre le redoutable Villars, La Chèze contre de Ris, d'Uzèche contre Héricourt, Campan contre Brillet, tous à l'épée, les deux protagonistes principaux se servant seuls de pistolets. Nemours, avant le combat, s'adresse à tous les participants : « Messieurs, dit-il, c'est à dépêche coquin* entre nous deux, faites votre devoir »[393]. D'après Mademoiselle, les propos furent moins amènes : au duc de Beaufort qui lui dit — Ah ! mon frère, quelle honte ! oublions le passé, soyons bon amis ! M. de Nemours répondit — Ah ! coquin, il faut que tu me tues ou que je te tue ! »[394]. Et tout aussitôt, « ... tirant avec précipitation, il donna dans les cheveux de M. de Beaufort ». Moments terribles : « Le duc de Beaufort, voyant qu'il avait évité le coup, dit au duc de Nemours qu'il se devait contenter et qu'il lui donnerait la vie s'il la lui demandait. Le duc de Nemours répondit qu'il ne la lui demanderait jamais et ayant mis l'épée à la main à l'instant qu'il eut tiré son pistolet, il se mit en devoir d'en porter un coup au duc de Beaufort qui eut la main un peu blessée et, à l'instant même il tira son pistolet dont il donna un coup dans l'estomac du duc de Nemours et lui perça le cœur... »[392]. L'auteur de la *Relation* précise : « ... au-dessus de la mamelle gauche, qui, faisant une entrée seule de la grosseur d'un têton, fit sortir trois grosses balles du côté droit, éloignées l'une de l'autre de quatre doigts en triangle... sans percer

* A mort.

tout à fait, faisant seulement lever la peau comme trois grosses prunes noires... »[391].

Dès que le duc de Nemours fut tombé sur ses genoux, le combat des autres cessa. Villars et Bury s'étaient tous deux blessés, sans gravité, mais de Ris et Héricourt gisaient à terre, ils allaient mourir dans les heures qui suivaient et Bury, qui devait s'en sortir, ne valait guère mieux... Triomphe complet et vain des seconds de M. de Nemours sur ceux de M. de Beaufort. Au même moment accouraient par la petite porte du parc de Vendôme, Mme de Rambouillet, représentante de cette illustre famille qui était religieuse, et l'abbé de Saint-Spire, que les cris des duellistes avaient alertés tandis qu'ils se promenaient. « Tous deux approchèrent du duc de Nemours pour l'exhorter à prier Dieu et l'abbé de Saint-Spire lui donna l'absolution mais on croit qu'il n'entendait déjà plus car il serra étrangement la main de Mme de Rambouillet sans donner pourtant aucun signe d'entendre ce qu'elle disait »[392]. Des augustins déchaussés, dont le couvent était proche, accouraient également mais trop tard.

Beaufort était éperdu. Il s'était précipité en criant : « Mon frère, songez au ciel ! ». Il voulait que l'on portât le duc dans l'hôtel de Vendôme tout proche mais les seconds de celui-ci refusèrent et le mirent dans son carrosse où, « ... il expira incontinent ». Le prince de Condé, « ... qui accourait sur le bruit qu'il y avait de ce combat, apprit que M. de Nemours était mort et ayant demandé où il était on lui dit qu'il était dans le carrosse qu'on lui montrait »[392]. Il fit ouvrir le carrosse et l'on eut ce spectacle incroyable du vainqueur de Rocroi, pourtant accoutumé au spectacle des blessures et du sang, qui tourna incontinent de l'œil d'émotion. Par une marque d'honneur, il voulut que l'on portât le corps chez lui, à l'hôtel de Condé, ce qui fut fait.

Restait à prévenir Mme de Nemours. L'abbé de Saint-Spire était allé chercher l'évêque de Grasse, Godeau, connu pour sa douceur et sa science, mais lorsque ce prélat arriva à l'hôtel de Nemours, Elisabeth était déjà prévenue, « ... elle était dans sa chambre, dont une fenêtre donne sur la cour, elle entendit crier — Il est mort ! Elle s'évanouit... »[394]. Revenue à elle, elle s'écria devant Godeau : « Mon mari mort ! et sans parler ! et par mon frère ! »[395].

L'abbé de Saint-Spire avait pris sur lui de donner l'absolution au mourant alors que deux circonstances auraient dû l'en dissuader : la première c'est que M. de Nemours n'était pas conscient pour mourir, ceci rendait ce sacrement sans objet, la mort « sans parler », la mort brusque, sans lucidité voire sans souffrance, c'était la mort que nul ne souhaitait, la mort affreuse qu'on regardait comme l'antichambre de la damnation. Mademoiselle écrit à propos de cette tragédie : « Il faut espérer que Dieu lui aura donné (à Nemours) ce moment de vie pour se reconnaître, afin que l'on ne désespérât pas de son salut et que l'on osât prier Dieu pour lui »[394]. L'autre circonstance c'était le duel et l'archevêque de Paris — Gondi, l'oncle de Retz — fut intraitable : « Il défendit que l'on fit des prières publiques pour lui en sa paroisse, qui est celle de Saint-André, où son corps fut jusqu'à ce qu'on le portât à Nemours... »[394]. Et de fait, ce duel si retentissant, l'un des plus fameux de son siècle, fut l'occasion d'une grande campagne contre le point d'honneur. L'Eglise rappela le décret du concile de Trente et les édits des rois. Un pamphlet adressé, « ... à la noblesse raisonnable et chrétienne », intitulé *La censure et l'antidote de quelques maximes très pernicieuses*, fut répandu dans Paris, dans les jours qui suivirent.

Tout à rebours, selon Daniel de Cosnac : « ... ce qui charma davantage M. le prince de Conty ce fut la réputation que Villars avait acquise dans le combat qu'il fit, servant M. de Nemours, lorsqu'il y fut tué par M. de Beaufort »[396]. Conty devait en effet par la suite s'attacher Villars sur la réputation de ce duel dans le but, plutôt fou, de se battre un jour avec le duc d'York pour en imposer à Condé, son frère. Villars était petit-fils de greffier et fils d'un homme ruiné, il ne pouvait compter que sur son épée pour reconstruire sa fortune. Une mazarinade raille « ... son adresse confite en grâce et parfumée de bon air »[397]. Saint-Simon qui l'a connu et détesté, sans doute par détestation plus grande encore de son fils, le maréchal, nous en fait le portrait : « L'homme de France le mieux fait et de la meilleure mine... Il était brave et adroit aux armes et avait acquis de la réputation, fort jeune en des combats singuliers. Cela couvrit sa naissance aux yeux de M. de Nemours qui aimait à s'attacher des braves... »[398]. Cet homme était donc un professionnel des duels, un gladiateur selon le mot du temps. L'accusation portée contre lui d'avoir envenimé les choses pour en venir à un combat sans merci est fondée.

Il n'empêche que l'opprobe retomba sur Beaufort malgré les très réelles provocations de Nemours. Mademoiselle prit sa défense : « On dit qu'il aurait pu éviter cette fâcheuse rencontre ; que M. de Nemours était un homme faible de sa blessure, qui n'avait pas la force de tirer un coup de pistolet. On peut répondre à cela qu'un enfant de cinq ans le tirerait ; et pour sa blessure, il en était si bien guéri, que la veille, pour s'essayer et voir si les forces lui étaient revenues, il arracha un petit arbre dans le jardin de l'Arsenal... »[399].

Beaufort, après ce drame, se volatilisa : « On disait qu'il s'était retiré chez les chartreux — d'autres disaient aux Capucins [400] — et même le bruit courait parmi le peuple qu'il voulait en prendre l'habit et quitter le monde… « [401].

Quant à Elisabeth elle alla s'enfermer, le lendemain de cette catastrophe, au couvent des Filles de Sainte-Marie de la rue Saint-Antoine, « ... où elle fut longtemps, et ne se laisser voir qu'à l'évêque de Grasse, qui l'allait visiter presque tous les jours, et à quelques personnes de piété dont l'entretien pouvait la consoler ». En dépit des infidélités de feu son époux, elle l'avait beaucoup aimé, « ... et par ce motif elle s'était obligée avec lui pour plus de 400 000 livres, de sorte que la maison étant fort obérée, elle aura grand peine à retirer assez de son bien pour satisfaire seulement aux dettes auxquelles elle est obligée, et ne pourra demeurer qu'incommodée avec ses deux filles… » [402]. Premier écho d'impécuniosité dans cette famille que la rapacité de Gabrielle d'Estrées avait rendue très riche… Il s'en entendra bien d'autres et très vite.

La paille et le papier.

Beaufort ne reparut que le 6 août, en grand équipage de deuil* et Valentin Conrart de noter : « Cela semblait ridicule aux gens d'honneur qui disaient qu'il faisait comme l'empereur Charles-Quint qui prit le deuil pour la prison du pape qu'il avait fait arrêter par le général de son armée ». « Monsieur le Prince a pris le deuil en serge et, de même, M. le duc d'Orléans » [403], note Dubuisson-Aubenay. Le 7 août Monsieur, « ... fit voir M. de Beaufort à Monsieur le Prince et les fit s'embrasser » [404].

Dès le 14 août Monsieur s'employa au Parlement à obtenir le pardon de son lieutenant : « Il envoya chez M. Laffemas le prier de sceller la rémission du duc de Beaufort pour la mort de M. de Nemours… » [405].

Le duc, ressortant du couvent où il s'était terré, revenait plus décidé que jamais à abattre Mazarin. L'argent faisait cruellement défaut à la cause frondeuse et Beaufort, à titre de gouverneur de Paris, décida de s'en prendre aux biens de l'Eglise : « M. de Beaufort et Broussel assemblèrent le corps de ville et mirent en délibération de taxer les communautés ecclésiastiques séculières et régulières comme on avait fait des bourgeois » [406]. Il s'en prit aussi, en présence du duc d'Orléans (Gaston), aux membres loyalistes

---

* Le grand deuil se partageait en trois temps : laine, soie, habits coupés et l'on « drapait » carrosses et domestiques. Il s'observait jusqu'aux cousins. Les autres deuils étaient en deux temps : noir et blanc, sans « draper ».

du Parlement qui voulaient sortir de Paris après avoir reçu des passeports du roi pour rejoindre Pontoise, « ... il les traita de factieux et d'auteurs de sédition et il les menaça que s'ils ne rejoignaient pas au Parlement, au corps de ville et à M. Broussel, qu'il ferait arborer sur les murailles de Paris des étendards qui auraient pour devise, ville perdue... »[407].

L'autorité du roi se restaurait pourtant discrètement dans la ville. Les bourgeois aspiraient à la fin de la guerre civile, le parlement de Paris se vidait au profit de celui de Pontoise et il n'était plus que la populace et les princes pour hurler encore contre la cour. Condé crut bon de rappeler le duc de Lorraine et celui-ci osa revenir trois mois après avoir trahi tous ses amis. Il retrouva sa sœur, le 5 septembre, qu'il salua dans son style : « Dieu te garde, Margot, tu ne comptais pas me revoir de sitôt ! »[408]. Et tout recommença comme en juin : le Lorrain négociant avec Mazarin quelqu'avantage personnel pour ressortir du royaume, Condé courant autour de Paris à la poursuite de Turenne, tandis que Beaufort, incertain de la sentence du Parlement à son égard, suivait ce prince dans ses traques afin de ne pas demeurer dans Paris à la merci d'une prise de corps. Mme de la Guette, chez elle, sur ses terres, entre Grosbois et Sucy-en-Brie, bien que dévouée à Turenne, accueille les princes dignement. Elle fait apporter, « une dizaine de bouteilles de vin et un bassin rempli de fort beaux pavies*... Monsieur le Prince en mangea de fort bon appétit et m'en remercia obligemment. M. de Beaufort... en mangea aussi »[409]. Cela se passait le 12 septembre et l'abolition de Beaufort devait être jugée le 26. Le duc d'Orléans en faisait son affaire. Le 30, l'arrêt définitif disposait : « ... M. le duc de Beaufort est renvoyé quitte et absous des cas à lui imposés, condamné seulement à 4000 livres pour être employées à diverses œuvres pieuses et pour faire prier Dieu pour le repos de l'âme du défunt duc de Nemours »[410].

Le 10 septembre, le cardinal de Retz avait quitté définitivement Paris pour rejoindre la cour ; le 24 septembre, Broussel avait résigné sa charge de prévôt des marchands. Les partisans du roi osaient se montrer au grand jour. Ils se faisaient reconnaître au moyen d'un morceau de papier agrafé à leur chapeau, tandis que les frondeurs arboraient la paille : « Tout l'après-dîner (24 septembre), note Berthold, se passa en chamailleries entre ceux qui portaient de la paille et du papier »[411].

---

* Pêches à chair ferme qui ne quittent pas le noyau.

Le pire arriva bientôt : le roi des Halles fut contesté. M. de Beaufort, voulant, aux derniers jours de septembre, aller trouver Condé, « ... se présentant à la Porte Saint-Bernard pour faire passer un chariot de bagages et de vivres, fut arrêté par le lieutenant de la colonelle*, qui lui dit avoir ordre de son lieutenant-colonel de ne laisser sortir quoique ce fut et lui montra cet ordre par écrit. M. de Beaufort dit à l'officier qu'il allât dire à son lieutenant-colonel qu'il était là et qu'il voulait passer... ». L'officier ne put que confirmer au duc que c'était également à lui que cet ordre s'appliquait, « ... et ainsi il (Beaufort) fut contraint de ramener son chariot dans sa maison »[411].

Le 28 septembre, l'assemblée des colonels de la garde bourgeoise ordonna même, « ... de ne reconnaître plus les ordres de M. d'Orléans ni de M. de Beaufort »[411].

Mazarin, depuis Compiègne, tirait toutes les ficelles de ce rétablissement des affaires du roi dans Paris. Afin de faciliter l'accommodement définitif de Louis XIV avec ses sujets, il décida — se sentant suffisamment fort pour cela — de s'éloigner à nouveau quelques temps. Ce second retrait du cardinal allait entraîner celui de Condé : « Mais comme l'absence est toujours dangereuse à un ministre, avant que de partir il voulut encore tenter un accommodement avec Monsieur le Prince. Il envoya Langlade au duc de La Rochefoucauld, avec des conditions de paix presque conformes à cc que Monsieur le Prince avait paru souhaiter ; mais ce prince, étant entraîné par sa destinée, ne les voulut pas écouter, et les offres du roi d'Espagne lui firent naître de nouvelles pensées dans l'esprit »[412].

Condé devait courir à la frontière le 5 octobre, laissant la nef folle de Paris entre les faibles mains de Monsieur et du fils de César.

Le 10 octobre, au Parlement, un conseiller, M. Servin, s'aventure à parler contre Beaufort. Il représente, « ... qu'il serait à propos de prier le duc de Beaufort de se déporter du gouvernement de Paris à cause du refus que le roi avait fait de recevoir les députés de l'Hôtel de Ville tant qu'il en retiendrait le titre, M. Servin, dis-je, appuie Retz, qui aurait été étouffé dans un autre temps par les clameurs publiques, ne fut ni rebuté ni sifflé... »[413]. Le lendemain, « ... le Parlement envoya prier M. d'Orléans de se trouver au Palais... pour délibérer sur la démission de M. de Beaufort de sa charge de gouverneur de Paris en la place du maréchal de l'Hopital, parce que ce dernier devait revenir dans trois jours et qu'on ne saurait

* Première compagnie d'un régiment d'infanterie, commandée par un major.

empêcher le peuple de le rétablir dans sa charge... »[414]. Le 12 octobre, le roi envoya des lettres à la garde bourgeoise, « ... qui donnèrent sujets aux colonels de s'assembler à l'Hôtel-de-Ville avec résolution d'en fermer les portes et de n'y pas laisser entrer M. de Beaufort... »[414]. Beaufort, vaincu par tant d'hostilité, démissionna enfin, le 14, « ... il fit un compliment court et mauvais au Parlement sur ce qu'il avait remis le gouvernement de Paris »[415].

Mazarin, qui sentait la partie gagnée, était décidé à pratiquer une large amnistie, c'est-à-dire non seulement l'oubli des fautes mais — dans les traditions du temps — l'octroi de généreuses pensions aux perturbateurs pardonnés, pensions que Beaufort n'était pas le dernier à réclamer. La Rochefoucauld écrit à Lenet, le 16 octobre : « On m'a dit que M. de Beaufort devait avoir 100 000 francs »[416]. Le chevalier de Sévigné, deux jours plus tard, le confirme à Madame Chrétienne en l'entretenant de son neveu* : « M. de Beaufort sortira de Paris moyennant 100 000 livres d'argent et un brevet de retenue de la première abbaye vacante pour Mme de Montbazon... »[417].

La situation de Beaufort empirait chaque jour. Le 17 octobre, « ... la garde de la Porte Saint-Martin se montra... avec le ruban blanc au chapeau, on fit boire tous les passants à la santé du roi et dans ce temps-là vingt cinq ou trente cavaliers, officiers de la garde de Monsieur le Prince et M. le duc de Beaufort, se présentèrent à la porte avec un passeport de M. d'Orléans que les soldats bourgeois déchirèrent en pièces et poussèrent si vigourcusement qu'à peine purent-ils atteindre le logis de M. de Beaufort pour leur servir d'asile... »[418].

Il ne restait plus que cinq jours avant que Beaufort ne quitte son royaume des Halles et n'entame un nouvel exil de sept années. Retz était de retour de la cour. On savait qu'il était l'homme de Mazarin et pourtant il était là, assistant avec gourmandise aux derniers soubresauts de la Fronde, admis même dans l'intimité de Beaufort et de Monsieur. La première scène est au Luxembourg, appelé aussi palais d'Orléans. Gaston qui est homme d'honneur et qui, dans ces heures douloureuses, ne songe plus qu'au respect des règles de chevalerie, s'entête à vouloir réconcilier Beaufort et Retz. En guise d'entrée en matière, au cours d'un entretien avec Retz, il feint de douter de l'amitié de celui-ci : « Donnez m'en une preuve, continua-t-il, raccommodez-vous avec M. de Beaufort — Très volontiers, Monsieur, lui répondis-je. Il m'embrassa et alla ouvrir la porte de la galerie qui répond à la porte de la chambre où il

* Madame Chrétienne était fille légitime d'Henri IV et donc tante de Beaufort.

couchait et où il était pour lors. J'en vis sortir M. de Beaufort qui se jeta à mon cou et qui me dit — Demandez à S.A.R. ce que je lui viens de dire sur votre sujet. Je connais les gens de bien. Allons, Monsieur, chassons les mazarins à tous les diables pour une bonne fois. »[419].

La seconde scène est au même endroit, deux jours plus tard, avec les mêmes. Entre-temps Monsieur a baissé les bras et Beaufort reste seul à proposer quelque folie, comme « ... de s'aller poster à l'entrée du Cours avec la maison de Monsieur »[419], afin empêcher le retour du roi. Gaston, secrètement ravi de rentrer dans l'obéissance — cela fait plus de trente ans qu'il joue ces sortes de comédies — ne répond rien : « M. de Beaufort s'aperçut comme moi que Monsieur avait pris sa résolution et il me dit en descendant l'escalier — Cet homme n'est pas capable d'une action de cette nature — Il est encore bien moins capable de la soutenir, lui répondis-je, et vous êtes enragé de la lui proposer, en l'état où sont les affaires — Vous ne le connaissez pas encore, me repartit-il, si je ne la lui avais proposée, il me le reprocherait d'ici à dix ans »[419].

Louis XIV entra dans Paris le 21 octobre. Retz prétend que Monsieur et Beaufort tentèrent une dernière démarche pour rentrer en grâce en faisant épouser au roi la cause de la Fronde : « ... Il y a bien des gens qui, au milieu de ces acclamations, ont proposé à Monsieur de supplier le roi d'aller loger à l'Hôtel-de-Ville. Il était vrai : M. de Beaufort même l'en avait prié... »[419]. Le lendemain le roi tenait son lit de justice au Palais : « Il y fit lire quatre déclarations. La première fut celle de l'amnistie et la deuxième celle du rétablissement du Parlement à Paris, la troisième portait un ordre de sortir de Paris à MM de Beaufort, de Rohan, Viole, Thou, Broussel... Par la même déclaration il était défendu au Parlement de se mêler dorénavant d'aucune affaire d'Etat... L'on avait arrêté, le matin, devant que le roi fut entré, que l'on ferait instance pour le rétablissement des exilés. Ils obéirent tous le même jour... »[420].

Beaufort quitte donc Paris pour Anet, le 22 octobre dans l'après-midi. Triste sortie : « En passant par les rues pour aller trouver Monsieur à Limours, note Monglat, il ne reçut aucune acclamation du peuple comme il avait accoutumé, ce qui lui fit voir que la joie de revoir le roi effaçait tout autre attachement... »[421]. Pourtant, rodomont jusqu'à la fin, il fit distribuer par colporteurs un dernier libelle, *L'adieu de Mrg le duc de Beaufort*[422], où il justifiait son départ par le souci de la paix civile. Deux jours plus tard, il écrivait à son ami Broussel : « Vous savez aussi bien que moi, si j'osais me mettre au nombre des gens de bien, qu'ils ont toujours été persécutés, mais que leurs persécutions ont augmenté plutôt leur réputation qu'elle ne l'ont diminuée... »[423].

D'Anet toutefois, le duc continua à négocier les termes de son amnistie. La teneur de ses exigences était bien dans son style puisque Mme de Montbazon était destinée par lui à être la première bénéficiaire des bienfaits du roi. Le 27 octobre, La Rochefoucauld écrit à Lenet : « On croit que M. de Beaufort n'acceptera pas l'amnistie »[424]. Et le 1er novembre, le chevalier de Sévigné : « M. de Beaufort et M. de Rohan ont accepté l'amnistie, mais l'on dit que le premier traite en son particulier pour avoir des avantages qu'il prétend pour lui et pour Mme de Montbazon... »[425].

La Fronde était, cette fois, bien terminée. Elle se traitait en l'absence de Mazarin qui ne devait retrouver Paris que le 3 février 1653 et pourtant l'épuration qu'il commandait à distance était implacable. La Rochefoucauld note ainsi, à la date du 17 novembre 1652 : « On a mis à la Bastille M. de la Hillière sous prétexte qu'il avait commerce avec M. de Beaufort, ce qui ne s'accorde pas au traité qu'on disait que Mme de Montbazon avait fait avec la cour de son consentement... »[424]. Victime de cette répression aussi — et donc plus mal loti que Beaufort qui avait touché de l'argent pour sortir de Paris — celui qui pourtant avait fait parmi les premiers allégeance au cardinal, Retz, arrêté le 19 décembre et transféré aussitôt à Nantes d'où il devait s'évader, dans de fort romanesques circonstances, en 1654.

III — L'ANCRE ET LA POURPRE

(novembre 1652-août 1669)

I — LES LENTEURS DE LA MARINE

Exit Beaufort. Il était le seul disgracié de sa famille, un disgracié plutôt joyeux, comme nous l'allons dire, tandis que son frère et son père, très en faveur auprès de l'éminence, et à cause de cela pourvus de charges et d'emplois, se débattaient dans des difficultés considérables.

L'amiral César avait été dépêché à Brest, dès la fin de l'hiver de 1651, pour tenter d'équiper une flotte destinée au blocus de la ville de Bordeaux où s'étaient enfermés les princes rebelles dont le chef était Conty. Tout manquait dans les arsenaux : les matériaux, les hommes et surtout l'argent. De César on attendait qu'il fut un entrepreneur, qu'il fit lui-même des avances remboursables sur les prises à venir mais M. l'amiral, en cela parfait aristocrate, n'avait pas un sou. L'arme admirable mais fragile qu'était la marine nécessitait la remise en route d'une mécanique savante alors totalement grippée, aussi le temps nécessaire pour remettre à la mer quelques vaisseaux allait-il devoir se compter en mois.

Or, par surcroît de malheur, il advint qu'au même moment les armées espagnoles firent mouvement vers Calais, rendant indispensable un secours de cette ville par mer. Dès la mi-mars 1652 César fut sollicité d'envoyer des bateaux à Dunkerque. Le 8 avril Mazarin marquait déjà de l'impatience : « Après les instances que S.M vous a déjà faites par le sieur de Basselot et qu'elle vous réitère par ce gentilhomme de vous mettre à la mer sans délai pour secourir Dunkerque, je croirais faire tort à votre zéle d'employer beaucoup de paroles pour vous en solliciter... » [1]

Le cardinal, un mois plus tard, le 3 mai, en était réduit aux expédients. Il faisait armer de plus petits bateaux, il en faisait recherchér en Angleterre : « ... que l'on joigne trois moindres vaisseaux à l'armement qui se fait en Bretagne avec trois frégates anglaises que M. de Vendôme a achetées »[2].

Et le 24 août, alors que rien n'avait encore bougé, il écrivait à Le Tellier : « Si on n'a pas de nouvelles que M. de Vendôme soit parti ou qu'il ait envoyé l'armée navale pour secourir Dunkerque... il faut s'appliquer sans perte de temps au secours de la place par des felouques »[2]. Le cardinal ne savait pas qu'à l'heure où il écrivait Dunkerque s'était déjà rendue aux Espagnols et que, pour comble d'infortune, César avait fini par envoyer de La Rochelle des vaisseaux dont les Anglais, manipulés par Condé, s'étaient emparés sans déclaration de guerre.

Amère déconvenue pour l'éminence, raison donnée une fois de plus à Beaufort qui déplorait qu'il n'y eut pas entre Brest et Dunkerque de port de haute mer capable de servir de refuge aux vaisseaux du roi. Le ministre, le 27 août, dans une autre lettre à Le Tellier, s'emporte : « Si M. de Vendôme, étant à Brest, fut allé à Dunkerque... la place eut été secourue et il serait déjà de retour du côté de Brouage et de la rivière de Bordeaux. C'est un effet de l'abaissement de l'autorité royale... »[3]

Mazarin remâcha sa rancœur tout le mois de septembre. On disait que quand bien même il eut, au même moment, la satisfaction de voir la Fronde à Paris s'évanouir sous ses yeux et lui rendre le pouvoir, il nc parlait pas d'autre chose. Le 30 septembre il écrivait à d'Estrades, le malheureux commandant de Dunkerque : « Si, lorsque j'envoyais M. de Basselot à Brest, où était M. de Vendôme, celui-ci eut voulu seulement envoyer six vaisseaux, l'affaire était infaillible, la flotte anglaise étant allée dans ce temps-là pour empêcher la pêche aux harengs aux Hollandais »[5]. Ecrivant le même jour à César, il lui faisait d'amers reproches : « En mon particulier, je vous jure que rien n'arriva plus contre mon attente que la nouvelle que j'eus que vous veniez à la Cour et que les vaisseaux devaient partir de la Rochelle, à la fin du mois passé, pour aller secourir Dunkerque. Je ne prends pas grand plaisir à entrer dans tout ce détail... »[6]

La prise des vaisseaux contraignit le cardinal à de délicates négociations avec Olivier Cromwell. La Rochefoucauld s'en fait l'écho, écrivant à son ami Lenet, le 25 septembre : « On se fait fort à la cour que les Anglais rendront l'armée navale... »[7]

Un malheur n'arrivant jamais seul, il fut question en octobre du secours de Barcelone, Barcelone aux mains des Français depuis juin

1641 -depuis la fameuse révolte des Faucheurs récupérée de main de maître par Richelieu — et qui se trouvait alors menacée par l'avancée des armées espagnoles. Là encore, manque cruel de moyens. Mazarin en est à nouveau réduit, quelques semaines après la chute de Dunkerque, à détourner la flotte que César, à Brest et à Toulon, tentait péniblement de rassembler pour intervenir à Bordeaux. Ainsi, le 4 octobre, toujours à Le Tellier : « Il faut se souvenir que les deux vaisseaux que M. de Vendôme fait équiper à Toulon pour la mer du Ponant ayent ordre de servir auparavant au secours de Barcelone... » [8]

Une première escadre est constituée pour aller en Catalogne. Elle est confiée au chevalier de La Ferrière mais Mazarin l'estime insuffisante : « Il faudrait que le Roy envoyast ordre à M. de Mercœur* de faire armer encore des vaisseaux, de ceux qui sont dans Toulon les plus prêts à être équipés... Je croirais aussi que pour faciliter les choses et en tirer un plus grand effet, il serait bon que M. de Mercœur eut ordre du Roy de commander en personne lesdicts vaisseaux ; ce qui, je m'assure, sera très agréable à M. de Vendôme, n'y pouvant être en personne... » [9]

Le cardinal veut pousser Mercœur mais il connait la susceptibilité de Vendôme et il use de ménagements. Ainsi le 16 octobre, recommande-t-il l'amiral à Le Tellier : « ... Enfin en ces affaires-là et en toutes les rencontres où vous pourrez servir M. de Vendôme, je vous conjure de le faire de la bonne sorte, et je vous en seray toujours obligé fort sensiblement... » [10].

Mazarin avait raison de se méfier. César, comme nous l'avons noté plus avant, en voulait à son fils aîné d'avoir accepté ce gouvernement de Provence qu'il ambitionnait pour lui-même. Il voyait donc d'un très mauvais œil ce projet de le charger, sous son autorité fictive, de la flotte de Méditerranée. En témoigne le contre-projet qu'il opposa alors à l'éminence : confier cette escadre du secours de Barcelone à son autre fils, au disgracié de la cour... à Beaufort. Mazarin en resta abasourdi. Il écrit là-dessus à Le Tellier, le 2 novembre : « l'Ondedei m'écrit que M. de Vendôme souhaitait d'amener avec lui M. de Beaufort pour commander l'armée navale pour le secours de Barcelone, mais je crois, par beaucoup de raisons, qu'on ne le doit pas permettre car si ledit Beaufort a envie de bien faire il pourrait être utile en quelque chose de ce côté-ci et s'il a les mêmes intentions que par le passé, il pourrait faire échouer cette entreprise... » [11]

---

* Alors en Provence comme gouverneur.

Querelle sans objet. Le lendemain, Mazarin apprenait que Barcelone avait, depuis le 14 octobre, entamé des pourparlers pour se rendre à Don Juan d'Autriche qui y mettait le siège depuis quatorze mois. Second crève-cœur après Dunkerque pour venir assombrir la joie que l'éminence tirait du retour de la paix à Paris, second échec imputable à l'état de déliquescence de la marine.

Le troisième théâtre d'opération des vaisseaux du roi allait être celui de Guyenne où l'amiral devait paraître en personne. Les débuts n'en furent pas meilleurs mais nous y reviendrons en narrant la fin de la révolte des princes à Bordeaux survenue dans le cours de la campagne de 1653.

II — LES EMOTIONS DE PROVENCE

Quant à Mercœur, il commençait à se débattre dans le guépier de Provence où il devait révéler de belles qualités. Le vieux duc d'Angoulême, comte d'Alais, petit-fils de Charles IX, rappelé à la cour mais toujours gouverneur en titre, y avait laissé la situation se dégrader à outrance, multipliant les maladresses. La Fronde de Provence faisait la réplique de celle de Paris, avec cette circonstance atténuante que tout y était plus petit et cette circonstance aggravante que le climat et le caractère des gens -« partout bien souvent passionnés »[12], comme devait l'écrire Mercœur — allaient tout de suite à de terribles empoignades. Le parlement d'Aix imitait celui de Paris, une faction majoritaire s'était levée contre le gouverneur, représentant sur place du roi. Alais avait réagi avec beaucoup de rudesse. Il avait dû faire face à Aix à une journée des Barricades. Le peuple l'avait retenu dans son palais après avoir révoqué les consuls qu'il venait de désigner. Ayant ainsi perdu le contrôle d'Aix et presqu'aussitôt après celui d'Arles, le gouverneur s'était vu refuser l'entrée de Marseille, ce qui avait provoqué son rappel à la cour en octobre 1651 et posé la question de son remplacement. Toutefois, ses partisans, encore nombreux, s'étaient réfugiés dans Toulon et Tarascon.

Les candidats à la succession d'Alais-Angoulême ne manquaient pas et deux d'entre eux d'ailleurs étaient des princes de Vendôme. César, fort de l'amirauté, de sa princerie de Martigues et du gouvernement qu'il détenait à titre personnel sur les tours de Toulon, se crut pendant quelques semaines en état de l'emporter et de trouver là la compensation de sa vieille chimère de Bretagne.

Beaufort, alors tout glorieux dans Paris fut également, « ... flatté longtemps de la même espérance »[13] et approché par une faction du Parlement, celle des conseillers Valbelle et Chastellu, qui imaginaient de se servir du duc comme d'une marionnette, à l'imitation de ce que Retz avait fait de lui au début des évènements de la Fronde. Le candidat le plus sérieux cependant restait Conty, soutenu par la partie la plus remuante du Parlement, les « sabreurs », frange radicale qu'animait le président d'Oppède. Mazarin avait manœuvré assez finement pour évincer Alais-Angoulême de Provence, condition préalable à son remplacement. Contre l'assemblée des communautés — les trois villes principales de la province : Aix, Arles et Marseille- qui s'était sentie un curieux recru de sympathie pour le vieux gouverneur au moment où elle l'avait vu encourir la disgrâce de la cour, et qui avait même voté une résolution portant, « ... qu'ils ne pouvaient pas refuser M. d'Angoulême s'il plaisait à S.M. de le renvoyer »[12], il avait fait jouer le premier président de Mesgrigny, gendre de Molé, habile négociateur qui, retournant l'opinion de l'assemblée, l'avait conduite à se prononcer finalement contre le retour d'Alais en Provence. Cette place toute chaude — bien que le gouverneur n'eut pas encore démissionné — Mazarin, s'était estimé suffisamment fort, après la victoire de Jargeau sur les princes, pour l'offrir à quelqu'un qui lui fut entièrement dévoué et il avait nommé celui des trois Vendômes qui n'était pas candidat, son neveu Mercœur. Il lui avait donné le titre de lieutenant du roi dans la province et l'on savait déjà, du fait des circonstances de cette désignation, que la tâche du nouveau promu serait rude. On le pensait mou, indécis, sans personnalité, mais il allait surprendre.

Son voyage pour rejoindre Aix fut émaillé de péripéties. Il y eut tout d'abord Alais qui, furieux de se voir dépossédé, s'était mis en tête de rejoindre la Provence sans permission et de lui barrer la route. Mais, César, gouverneur de Bourgogne par provision depuis la fuite de Condé, avait empêché son passage. Le vieux gouverneur avait dû se détourner vers le Poitou, où il avait été arrêté à Saint-Benoit-du-Sault, avant d'être prié de revenir à la cour où le roi l'avait accueilli comme le miraculé d'un long périple, sans même oser lui demander sa démission. L'autre écueil c'était l'impopularité de l'oncle cardinal dont Mercœur, tout du long de sa route, avait dû essuyer des manifestations : on avait tiré cinq ou six coups de feu sur sa barque alors qu'il descendait le Rhône et, à plusieurs reprises, on avait crié sur son passage « au mazarin ! », avec parfois des gestes menaçants. Arrivé à Avignon, dans les premiers jours de mai, il avait attendu patiemment que les consuls des trois principales communautés* viennent le saluer, ce qu'ils n'avaient fini par faire qu'au bout d'une semaine. Sa première chance fut de se voir soutenu, alors qu'il était encore dans les Etats du pape, par l'un des hommes les plus importants du lieu, un parent de sa cousine, Mme d'Ampus : Gaspard de Pontevès, comte de Carcès, grand sénéchal de Provence. Après cela ses lettres de lieutenant du roi furent enregistrées sans difficulté au Parlement, le 7 mai et, deux jours plus tard, celui-ci pouvait faire dans Aix son entrée solennelle. Tout commençait donc pour Louis de Mercœur sous de meilleurs auspices qu'on aurait pu tout d'abord le craindre.

Le duc était nanti d'instructions précises du cardinal : arrêter les principaux sabreurs, ménager les parlementaires, rallier les fidèles du gouverneur en titre réfugiés en nombre à Tarascon et Toulon. Sa première démonstration d'habileté fut de ruiner l'alliance qui commençait de se former alors entre les sabreurs — dont le candidat restait Conty — et les partisans d'Alais, en ralliant à sa cause leur chef, le président d'Oppède, l'homme le plus influent du Parlement.

Mercœur obtint ensuite, dès le 25 juin, la reddition de Tarascon, après avoir négocié lui-même avec Lacan, le commandant du château. Il se tourna alors au plus gros morceau qui était Toulon. Ce port nourrissait un contentieux particulier avec les Vendômes, refusant de reconnaître l'autorité de César qui avait été fait gouverneur de ses tours et de ses remparts par Mazarin. Il donnait en outre refuge au régiment d'Angoulême, fidèle au vieux gouverneur tombé en défaveur qui en était le colonel en titre. Toulon était donc, à la fin de 1652, la citadelle du combat anti- Mazarin en Provence. Dès la fin mai, le consul Beaussier et le major Provins, qui souhaitaient la paix, y avaient été destitués par les radicaux. Arrivant dans la province, Mercœur, inquiet de la tournure des évènements avait fait part au cardinal de sa crainte, « ... de voir établir une république dans Toulon »[14]. Mais la ville rebelle s'était, par son intransigeance, mise à dos la puissante Marseille, après que le chevalier de Vincheguerre, afin de pourvoir au ravitaillement du port menacé d'un blocus, eût rançonné des barques marseillaises. Le lieutenant du roi — Mercœur n'était toujours pas officiellement gouverneur — se montra à nouveau habile : il ne négocia pas lui-même comme il l'avait fait à Tarascon, il mit en avant l'assemblée des communautés, qu'il chargea de ramener la ville à l'obéissance. En même temps, le 7 août, il s'emparait de la citadelle de Saint-Tropez qui s'était soustraite à l'autorité du roi et il entreprenait le blocus terrestre de

* Aix, Arles, Marseille.

Toulon, blocus très vite insupportable et qui divisa les consuls. Le 12 septembre, des députés vinrent annoncer à Ollioules leur désir de traiter et, le 17, Mercœur, sur le point de partir pour Montpellier afin d'y tenir, sur ordre de l'éminence, les Etats de la province voisine de Languedoc, publia une amnistie qui stipulait le départ du régiment d'Angoulême pour la Catalogne.

L'assemblée des communautés, réunie à Aubagne début octobre, supplia le roi que Mercœur soit définitivement pourvu du gouvernement de la province. Il y eut une transaction entre le nouveau pourvu et le comte d'Alais sur laquelle, assure Regusse, Mazarin encaissa un pot-de-vin de 100 000 livres [15]. Lorsque tout fut réglé, en avril 1653, le duc put faire sa seconde entrée solennelle dans Aix. Monsieur le gouverneur de Provence pouvait alors s'enorgueillir d'avoir ramené la paix dans son gouvernement en moins de neuf mois, ce dont le roi devait le remercier en le faisant chevalier de ses trois ordres. René Pillorget, dans son beau travail sur les mouvements insurrectionnels de Provence entre 1596 et 1715, adresse au fils de César ce bel hommage : « Il faut attendre la nomination du duc de Mercœur pour que les fonctions de gouverneur de la province soient exercées par un grand seigneur plein de prudence et de dignité » [16].

Beaufort, tandis que son frère se révèle ainsi au monde, s'ébat entre Vendôme, Anet, et Chenonceaux. Il retrouve Mademoiselle, exilée comme lui, et qui traîne son désœuvrement entre Blois, Orléans et Saint-Fargeau. Mademoiselle cultive cet art des petits détails qui est la marque des grands raffinements. Rappelons-nous, seize ans auparavant, le souper de huit services de douze bassins que lui offrait Beaufort à Chenonceaux et qu'elle trouvait comparable à ce qu'il y avait de mieux à Paris. Son enthousiasme reste vif dès lors qu'elle s'amuse avec ce beau cousin. Ainsi, au printemps de 1653 : « A mon retour je trouvai M. de Beaufort à Orléans, il ne m'avait point trouvée à Chambord ; il était venu après moi à tout hasard. Il soupa avec nous et nous fîmes la meilleure chère du monde sans avoir d'officier : il y a à Orléans un très bon traiteur [17]... ». Et quelques semaines plus tard : « J'allai le lendemain à Chenonceaux où M. de Beaufort me traita aussi magnifiquement qu'il avait fait l'autre fois que j'y avais été. Ces comédiens que j'avais eu tout l'hiver à Saint-Fargeau se rencontrèrent à Tours... » [18]. Retour donc à ces baguenaudes provinciales, à ces petits riens d'un ennui distingué, qu'ils ont déjà connus ensemble aux heures d'une précédente disgrâce. Entre temps il y a eu toutes les caracoles de la

Fronde, les émeutes de l'Hôtel de Ville, la prise d'Orléans, le faubourg Saint-Antoine... Les héros se reposent et rêvent.

Quant à Elisabeth, la pauvre Elisabeth, inconsolable de la mort de son mari volage, brouillée avec le frère chéri qui en était le meurtrier, mal dans ses affaires à cause des garanties qu'elle avait donné inconsidérément sur ses biens en faveur du feu duc, elle avait dû délaisser son hôtel, l'abandonner à son beau-frère, Henri de Savoie, le nouveau chef de la maison de Nemours, l'époux de Marie d'Orléans-Longueville, auteur de ces *Mémoires de madame de Nemours* auxquels nous avons déjà emprunté quelques éclaircissements utiles à cette histoire. Elle devait dès lors partager sa vie entre l'hôtel de Vendôme, le couvent des capucines et — autre fondation salésienne et familiale — la Visitation de Moulins, à l'ombre de laquelle, sa grand-tante, la reine Louise, femme d'Henri III, avait passé ses dernières années. A Moulins, Elisabeth retrouvait une autre veuve éplorée, devenue la supérieure de cette maison, Marie-Félicie des Ursins, duchesse de Montmorency, la femme du gouverneur de Languedoc décapité à Toulouse en 1632 sur ordre de Richelieu. Toutes deux allaient unir leurs prières pour la rédemption de leurs brouillons d'époux et Mme de Nemours, de l'avis même de Mme de Montmorency, devait, à chacun de ses passages, fournir une ample cause d'édification pour la communauté de Moulins.

Il y avait dans ce couvent une sœur tourière, simple d'esprit mais que l'on disait favorisée de visions. Elle fit à Elisabeth une double prédiction qui devait orienter toutes les futures entreprises du clan Vendôme jusqu'à, finalement, parvenir à s'accomplir. Elle lui annonça que, de ses deux filles, l'une serait reine et l'autre souveraine.

L'aînée, Marie-Jeanne-Baptiste, Mlle de Nemours, née le 11 avril 1644, n'avait pour lors que neuf ans, et la cadette, Marie-Jeanne-Elisabeth, Mlle d'Aumale, née le 21 juin 1646, sept. Elles étaient pensionnaires au couvent des filles de la Visitation Sainte-Marie, dites visitandines, rue Saint-Antoine — autre fondation de saint François de Sales et de sa commère Jeanne de Chantal — où étaient élevées les jeunes filles des familles huppées. Elles y étaient pensionnaires en même temps que quatre des petites Mancini, nièces du cardinal, filles dissipées qui, entre autres bêtises, s'amusaient à vider leurs encricrs dans les bénitiers de la chapelle*. A

* Cette chapelle ronde existe toujours au n° 17 de la rue Saint-Antoine. C'est tout ce qui subsiste de la maison des visitandines.

demi-abandonnées par leur mère, qui disparaissait de plus en plus souvent dans des couvents pour faire pénitence, de César, parti sur la mer, de Mercœur, aux prises avec les Provençaux, elles sont élevées par leur grand-mère, Mme de Vendôme et par l'oncle François qui veille sur elles depuis son exil, estimant sans doute avoir beaucoup à se faire pardonner pour les avoir privées de père. C'est d'ailleurs Beaufort qui sera la cheville ouvrière de l'accomplissement des prédictions de la sœur tourière de Moulins.

III – LE TRIOMPHE D'AQUITAINE

César était donc en tête de l'armée navale en Guyenne, chargée de réduire les princes et le conseil de l'Ormée*, la faction démagogique du conseil de ville de Bordeaux. Monsieur l'amiral était flanqué de deux singuliers acolytes que l'on avait vus l'un et l'autre, dans les guerres civiles, en butte à son second fils. Le premier était son neveu Candale, fils de sa demi-sœur, Mlle de Verneuil, lequel avait voulu en découdre avec Beaufort lors de l'affaire Jarzé ; le second était Villars qui, lui, s'était effectivement battu contre ce même Beaufort, en tant que second de Nemours, au cours du tragique combat du marché aux Chevaux. Candale était une âme noire, le digne petit-fils de d'Epernon. Dépossédé du gouvernement de Guyenne en 1651 par Condé, qui n'avait fait qu'exploiter le mécontentement du peuple contre ses violences, il était impatient de tirer des princes une vengeance éclatante.

La campagne avait mal commencé pour César qui avait dû lever le siège de Brouage, en novembre de l'année 1652, après s'être fait prendre un vaisseau et trois galiotes par Saint-Germain Beaupré, un grand marin passé au service des rebelles [19]. Au début de la nouvelle année les opérations s'étaient poursuivies par le blocus de Bordeaux. Candale avait repris toutes les villes frondeuses autour d'Agen et sa nombreuse armée commençait de presser l'estuaire d'un garrot qui pouvait être mortel. César s'était porté à l'embouchure avec son escadre, empêchant le ravitaillement de la ville par la mer, tandis que Villars s'apprêtait à entamer dans les règles le siège de la capitale d'Aquitaine.

Pendant tous ces préparatifs, le fils de Gabrielle s'était installé à Blaye d'où, sur son ordre, le père Berthod — un cordelier du couvent de Brioude, repéré par Mazarin pour son habileté — tentait de négocier avec la faction pacifiste du parlement de Bordeaux. Ce

* Ce nom leur venait de ce qu'ils se réunissaient sur une ormée, promenade plantée d'ormes.

religieux parvint ainsi à détacher des princes le comte du Daugnon, lieutenant du roi en Saintonge, réparant ainsi l'échec de Brouage qui fut rendue au roi sans violence, de même qu'une galère et quelques petits vaisseaux [20]. Le père Berthod imagina ensuite de faire entrer dans Bordeaux six officiers des armées du roi pour servir de capitaines aux compagnies bourgeoises légalistes. Après qu'on ait dû finalement renoncer à ce projet, César renvoya ce moine diplomate à la cour, à la mi-mars, pour solliciter de nouvelles instructions. Toute la fin du printemps se passa en chevauchées entre Paris et la Guyenne. On retrouve même là, la figure frêle de Mme de La Guette, déguisée en homme et prise pour Marsin — le chef de l'armée terrestre des princes — alors qu'elle venait en secret rejoindre son mari, l'un des négociateurs que César employait concurremment avec le père Berthod [21].

Mazarin, revenu à Paris en février 1653, réinvesti par la reine mère de tous les pouvoirs, désirait d'en finir avec la dernière rebellion du royaume. Il ordonna le siège de Bourg qui avait été livrée par les princes aux Espagnols en application du traité qu'ils avaient passé avec eux, et dépêcha M. d'Estrades en qualité de lieutenant général pour commander sous César [22].

Fort de ce soutien, le chef de l'armée navale de Guyenne emporta Bourg en trois jours à la fin de juin. Candale s'y distingua, « ... qui voulut être à l'ouverture de la tranchée aussi bien que M. de Vendôme » [23], note Berthod. La prise de cette ville fut un coup de tonnerre arrivé à temps pour effacer le mauvais effet de la défection de Villars, lequel venait de se faire acheter par les princes. Bourg avait été fortifiée par les Espagnols, « ... munie de beaucoup d'hommes et d'artillerie » [24]. Don Orio, le commandant des troupes espagnoles, devait être d'ailleurs pendu à son retour en Espagne pour s'être rendu trop vite au gré de ses maîtres. De plus, au même moment, cinq cent soixante-quinze mercenaires Irlandais au service de Conty, cantonnés au château de Lormont, s'étaient rendus à César sans combattre. Celui-ci, un peu à la légère sans doute, leur avait accordé de pouvoir former un corps au service de Louis XIV que l'on confierait aux ordres du duc d'York*. Mazarin s'effraya aussitôt en songeant au probable courroux de Cromwell. Dans une lettre du 2 juin 1653 il indique, « ... chercher un biais pour accommoder cette affaire, afin qu'on ne donne pas lieu de se plaindre de l'inexécution de ce que M. de Vendôme a promis » [25]. Différence totale de vue entre le cardinal qui réagit en politique et

* Frère du roi d'Angleterre Charles II et futur roi Jacques II. Ils étaient tous deux en exil en France.

César qui déteste Cromwell, instigateur de l'exécution de son beau-frère, Charles 1er, époux de sa demi-sœur Henriette, fille comme lui d'Henri IV.

César, dès la défection connue des Irlandais, avait fait avancer sa flotte à hauteur de Lormont qui n'était qu'à une lieue de Bordeaux. Il avait ensuite fait poursuivre les vaisseaux des princes à coups de canon et Saint-Germain Beaupré n'avait dû son salut qu'à la fuite. Candale, s'étant, de son côté, emparé de Libourne, le 18 juillet, tenait « ... cette ville (Bordeaux) tellement bloquée que malaisement y pouvait-il entrer des vivres »[24].

Conforté par ces succès, le duc de Vendôme renvoya le père Berthod aux Bordelais, s'installant lui-même à Lormont, « ... afin d'être plus proche de la ville en cas que l'on voulut traiter avec lui »[26]. Tandis que les princes annonçaient leur intention d'ajouter au traité espagnol, un traité avec l'Angleterre -il fut question de ce possible engagement de Cromwell du côté des rebelles pendant tout le mois de juin[27]- César favorisait des mouvements dans Bordeaux en faveur de la paix que réprimait durement l'Ormée. Le duc poussa sa pointe : sur la fin de juillet, il alla canonner la flotte des rebelles, « jusqu'au-dessous de Château-Trompette »[26].

La négociation fut entravée par la rivalité de César et de son neveu, Candale, tous deux détenteurs des mêmes pouvoirs du roi pour conclure, tous deux voulant retirer la gloire de la mise au pas de rebelles. « La jalousie qu'ils auraient eu l'un contre l'autre aurait sans doute été très avantageuse pour le parti »[28], note Daniel de Cosnac, serviteur de Conty et pourtant pacifiste, avant de remarquer que le peuple de Bordeaux et les princes étaient si las que, mis à part l'Ormée, « ... tout le monde réclamait la paix à genoux ». Candale traita avec Conty. Il lui accorda, « ... qu'il ne lui serait donné ni directement ni indirectement aucun empêchement pour sa retraite »[28]. Vendôme, pour sa part, continuait de négocier par le truchement de Berthod avec le Parlement. Ce fut un succès complet : « ... sans attendre que les députés partissent pour Lormont la jeunesse de Bordeaux, suivie de quantité d'anciens bourgeois, alla trouver M. de Vendôme pour lui témoigner leur soumission à l'obéissance du roi et lui offrir de le faire entrer dans la ville quand il lui plairait... »[26]. La paix fut signée le 27 juillet et elle donna lieu à un nouvel incident ridicule entre les vainqueurs, chacun envoyant un messager à Mazarin pour l'avertir de la conclusion du traité, Candale en chargeant Gourville et César, Montesson[29]. Après une dernière difficile négociation menée par Daniel de Cosnac, contraint de louvoyer entre César et Candale, Conty et sa sœur, Mme de Longueville, quittèrent Bordeaux le 3 août[30].

L'entrée solennelle de César et de Candale dans la ville eut lieu le 5 août. L'évêque de Tulle chanta le Te Deum en la cathédrale Saint-André, « ... où le père Ithier prêcha par l'ordre de M. de Vendôme »[26]. Il y eut des frottements entre les agents du cardinal et les deux vainqueurs de Bordeaux. Mazarin, dans une lettre du 26 août, dut adresser à ces derniers un satisfecit : « Ceux qui ont rapporté à MM de Vendôme et de Candale que j'avais été mal satisfait du traité qu'ils avaient fait pour la réduction de Bordeaux... ont eu tort »[31]. Il restait à pacifier totalement la Guyenne. Candale devait investir Périgueux, restée aux mains de partisans des princes, et en obtenir la capitulation le 16 septembre. César, dans le même temps, mettait en déroute la flotte espagnole : « Cinq ou six vaisseaux (envoyés) avec l'ordre d'entrer dans la rivière (la Gironde) ou de périr... », dont Mazarin, prévenu par l'un de ses espions basé à Saint-Sébastien, avait annoncé l'arrivée au duc de Vendôme dès le 24 juin[32]. César, sans doute vexé des critiques qu'on avait formulé contre lui pour avoir outrepassé ses pouvoirs dans l'affaire des Irlandais de Lormont, prit le temps de faire demander au cardinal par un messager exprès — M. de Lar — la permission d'attaquer la flotte ennemie, dépêchant malgré tout, au même moment, d'Estrades à Oléron et Ré pour procéder à des levées de matelots.

Fin septembre — toujours ces mêmes lenteurs de la marine — César, « ... monte sur l'amiral* avec M. d'Estrades... l'armée navale d'Espagne voyant que M. de Vendôme allait à eux, leva l'ancre, fit voile vers Cordouan**, ct voyant quc cellc dc Francc la voulait combattre, se retira sur les côtes d'Espagne »[33]. L'amiral alla ensuite s'ancrer à Marennes avant de partir désarmer à La Tremblade. En novembre, ayant laissé d'Estrades sur place comme lieutenant général en Guyenne et « maire perpétuel » de Bordeaux, il regagna Paris. A presque soixante ans le fils de Gabrielle, qui venait de commander sur mer pour la première fois, pouvait rentrer la tête haute.

Auréolé de ces succès, il allait participer au sacre royal à Reims, le 7 juin 1654. Il y fut le seul prince de la famille royale présent aux côtés de Monsieur, compte tenu de la disgrâce de tous les autres. Il devait y tenir le rôle du duc de Normandie. Superbe revanche pour celui qui, quarante-quatre années plus tôt, avait été écarté injustement de la précédente même cérémonie faite en l'honneur de son frère Louis XIII.

---

* Le vaisseau amiral.
** Ilôt rocheux au large de l'estuaire de la Gironde.

Dans la nuit du 30 juin au 1er juillet naissait à Paris, à l'hôtel de Vendôme, l'un des principaux héros de cette histoire : Louis-Joseph de Vendôme, premier des trois fils de Mercœur et de Laure Mancini. César le titra duc de Penthièvre après avoir hésité à le faire prince de Martigues. L'on trouve en effet la trace de cette intention dans ce passage de la *Muse historique*[33] :

« Madame de Mercœur venait d'accoucher
« D'un fils bien fait et bien formé
« Prince de Martigues nommé ».

IV — LA MOINS FOLLE DES MAZARINETTES

Dans ce temps de l'omnipotence de Mazarin, restaurateur de la paix civile et à qui l'on s'en remettait désormais, sans plus aucune vélléité de résister de toutes choses, la cour était joyeuse. Le roi avait dix-sept ans. En le voyant on ne pouvait se retenir de songer à Apollon. Il aimait rire, danser et, déjà, conter fleurette aux demoiselles. Dans ce sillage leste et insolent, tout allait à la gaieté.

Le cardinal avait de fort jolies nièces qui étaient la parure de ces fêtes où courait la jeunesse. Deux petites Mancini, filles de Hieronyma Mazarin et de Michel-Lorenzo Mancini, noble romain, étaient arrivées les premières en 1647. L'aînée, Laure, âgée de vingt ans en 1654, par laquelle le cardinal avait inauguré sa politique de brillantes alliances, était duchesse de Mercœur ; la seconde, Olympe, qui en avait dix-sept, allait être choisie par le roi pour amante, puis épouser le comte de Soissons devenant de la sorte la mère du plus implacable des ennemis de la France : le prince Eugène. En 1653, il y avait eu un second vol de mazarinettes dans lequel se trouvaient trois nouvelles Mancini et deux Martinozzi — filles de l'autre sœur de l'éminence — De ces survenantes, Marie, la plus âgée -elle avait quinze ans- allait être le grand amour de jeunesse de Louis XIV sans toutefois devenir sa maîtresse comme Olympe. Celle qui venait juste après Marie, Hortense, était la plus jolie, aussi fut-elle la préférée du cardinal qui avait du goût pour la beauté. Elle n'avait alors que neuf ans et devait, pour son plus grand malheur, devenir l'épouse du triste La Meilleraye, fils de l'ancien gouverneur de Bretagne, à qui le cardinal allait léguer son nom en le faisant duc de Mazarin, lui transmettant également la plus belle partie de ses collections qu'il devait saccager un jour dans un accès de démence. Il y avait enfin une enfant -six ans à peine- qui sera de grande conséquence pour les suites de cette histoire, la fantasque Marie-Anne, future duchesse de Bouillon. Elles étaient toutes brunes à teint mat et elles surent, tant que dura leur crédit, éclipser la tyrannie de la blondeur et des peaux couleur de lait.

Toutes ces mazarinettes, si piquantes, si drôles à cause de leur accent, ne furent pas de peu d'importance dans l'entrain que déploya la jeune cour. Louis XIV, pour s'attacher plus complètement Olympe sans éveiller les soupçons, redoubla de prévenances à l'égard de l'aînée, Laure, lui octroyant, du fait de son titre d'épouse d'un petit-fils d'Henri IV, « ... en l'absence de Mademoiselle et de Mme de Longueville*, comme le remarque Mme de Motteville, les honneurs et les avantages de cour »[34]. Le jeune prince, emporté par sa passion devait même un jour s'oublier et Mme de Mercœur, malgré elle, devenir l'objet d'un petit scandale : « Le roi, trop accoutumé à rendre tous les honneurs aux nièces du cardinal, quand il voulut commencer le branle** alla prendre Mme de Mercœur. La Reine, surprise de cette faute, se leva brusquement de sa chaise, lui alla arracher madame de Mercœur et lui dit tout bas d'aller prendre la princesse d'Angleterre***. La reine d'Angleterre, qui s'aperçut de la colère de la Reine, courut après elle et lui dit tout bas qu'elle la priait de ne pas contraindre le roi : que sa fille avait mal au pied et qu'elle ne pouvait danser. La Reine lui dit que si la princesse ne dansait, le Roi ne dansait point du tout... »[34]. Et ce jeune homme de seize ans, qui pourtant était en âge d'être le maître, obéit à sa mère.

L'innocente Laure était sans doute la meilleure des mazarinettes mais pas la plus jolie si l'on se fie au portrait que fit d'elle Mme de Motteville, en 1647, au moment où elle arrivait à la cour : « Elle était brune, avait le visage long et le menton pointu. Ses yeux étaient petits mais vifs et on pouvait espérer que l'âge de quinze ans lui donnerait quelqu'agrément. Selon les règles de la beauté, il était néanmoins impossible alors de lui attribuer d'autre que d'avoir des fossés à ses joues... ».

Mercœur, le mari, était presque toujours en Provence. Il avait employé la fin de l'année 1653 à réduire les émeutes suscitées à Draguignan par le « sabreur » Laurens de Vaugrenier et à venir à bout des mouvements anti-fiscaux de Marseille[35]. Plus réservé, plus timide sans doute aussi, que son frère, le duc se plaisait à Aix où, pour la première fois de sa vie, il se sentait utile et populaire. Mazarin lui prodiguait d'ailleurs d'utiles conseils. Ainsi, dans cette

* Mademoiselle était exilée avec son père, Monsieur, et Mme de Longueville venait de sortir de Bordeaux avec Conty, son frère.

** Tous les bals à la cour commençaient par un branle.

*** Henriette, la future Madame, fille d'Henriette de France et de Charles 1er.

lettre du 17 mai 1653 : « Vous ne devez vous appliquer à autre chose qu'à tâcher de mener les esprits par la douceur... »[36]. Laure faisait des allées et venues régulières entre le midi et Paris où régnait l'oncle omnipotent. Regusse pense qu'elle ne fut pas heureuse en Provence : « ... Elle visita les villes principales, Aix, Arles, Marseille et Toulon. Elle fit son séjour dans Aix mais soit qu'elle ne reçut pas toute la satisfaction domestique, soit que le séjour de la cour l'attirait, elle ne fit pas long séjour dans la province »[37]. Elle conçut Louis-Joseph en Provence à l'automne de 1653 et lui donna le jour à Paris, il en fut de même pour son second fils Philippe, futur grand prieur de France, fruit de son séjour à Aix de la fin de 1654 et qui vit le jour à l'hôtel de Vendôme, le 23 août 1655. Elle devait, dans les mêmes conditions, mettre au monde en janvier 1657, un troisième fils, Jules-César, qui n'allait vivre que trois ans.

Mme de Mercœur était connue pour sa douceur. Daniel de Cosnac, l'évêque de Valence, ancien premier gentilhomme de la chambre du triste Conty, s'était mêlé de s'opposer au mariage de ce prince avec Anne-Marie Martinozzi, autre mazarinette et cousine de Laure. Dans la situation où il s'était mis, il encourait à la fois les foudres du cardinal et celles de son maître — l'homme le plus versatile du monde — : « Dans ce déplorable état, écrit-il dans ses *Mémoires*, je n'avais d'autre consolation que d'aller faire mes plaintes à Mme de Mercœur. Elle les écoutait avec une bonté extrême. Elle prit mille soins pour rétablir cette intelligence qui avait été entre nous... »[38]. Laure empêcha Conty de faire chasser Cosnac, elle le remit bien avec la reine. Elle fit tant que, par la peur qu'il prit que ce pardon ne se tournât contre lui, ce fut Conty lui-même qui demanda à se réconcilier.

Beaufort, pendant ce temps, poursuivait son exil en pays de Loire dans la douce compagnie de Mme de Montbazon, se partageant entre Chenonceaux, Tours et Blois où il retrouvait Gaston, engagé dans de gigantesques projets de reconstruction de son château qu'il menait avec autant d'incohérence que les affaires la Fronde. Tous ces disgrâciés d'ailleurs se débattaient dans de considérables difficultés financières : le 30 octobre 1654 Mazarin avait écrit aux fermiers du droit d'ancrage pour leur interdire de verser la plus petite somme à « l'amiral survivancier », titre que l'on donnait à Beaufort, héritier de la charge de son père. Quant à Monsieur il s'était brouillé avec sa fille, beaucoup plus riche que lui du fait de ce fabuleux héritage des Montpensier qui lui venait de sa mère.

Beaufort devait être, au début de l'an 1655, l'artisan d'une première réconciliation sans lendemain entre le père et la fille.

Le voyage de Cadequiers.

Mercœur à Aix, malgré sa popularité et sa faveur, éprouvait, lui aussi, de singuliers embarras pour faire rentrer l'argent des impôts — il n'était pas le seul gouverneur dans ce cas, il ne serait pas le dernier — mais Mazarin s'impatientait qui écrivait, le 9 avril 1655, à l'évêque d'Orange : « Je ne comprends pas comment on n'a (pas) pu venir à bout d'obtenir de l'assemblée les 600 000 livres que le Roi demande, vu que M. de Mercœur et vous me mandiez d'abord que la chose était infaillible... »[39]. Le cardinal devra bientôt se résoudre à réduire ses exigences des deux tiers puisque l'assemblée, malgré la menace brandie de faire stationner les troupes en Provence afin qu'elles se défraient sur le pays, n'accordera au dernier mot que 200 000 livres.

En juin la cour ordonna une expédition en Catalogne, connue sous le nom de « voyage de Cadequiers* ». Mercœur qui fut mis en tête de six vaisseaux et six galères devait réussir à étendre là-bas sensiblement la zone d'influence française[40] mais ce fut à nouveau l'occasion de chatouiller la susceptibilité de César. Brienne avait rédigé une commission conjointe aux deux princes, le duc en tant qu'amiral, son fils en tant que chef de l'expédition et gouverneur de Provence. César prétendit avoir seul droit à cette commission, quittc à établir lui-même ensuite une délégation en faveur de son aîné afin qu'il prenne le commandement effectif de la flotte. Mercœur abonda dans ce sens et demanda qu'on refit toutes les lettres royales[41].

Nouveau témoignage de la jalousie du duc de Vendôme à l'égard de Mercœur à cause de la Provence. Il devait en subsister quelque chose, deux mois plus tard, lorsqu'il fut question de se rembarquer pour l'Espagne afin de faire le siège de Palamos. César voulut y aller seul. Mazarin, le 7 septembre, écrit dépité à l'évêque d'Orange, pour déplorer, « ... le refus qu'a fait le duc de Vendôme de laisser le duc de Mercœur s'embarquer avec lui et partager la gloire qu'il espère dans le ponant... »[42].

Les préparatifs de la flotte faits à Toulon par César avaient été ponctués de sévères mises au point entre le cardinal et l'amiral sur la dépense à faire. Ainsi le 16 août 1655, de l'éminence à César : « J'ai été surpris de voir par votre dernière lettre du 26 juillet que vous avez avancé 50 000 livres pour achever de mettre l'armée

* Déformation de Cadaquès.

navale en état... »[43] Mazarin, comme il le fait souvent, entre après cela dans le détail du prix de la poudre, des victuailles, du montant des gages des officiers. Ce qu'il reproche à César ce n'est pas de détourner de l'argent à son profit mais de trop prêter attention aux récriminations des officiers qui réclament leur dû, gages ou remboursements de dépenses engagées : « M. de Vendôme continue de se laisser aller aux importunités des officiers de la marine au préjudice de l'économie et du bon ménage qui est nécessaire pour subvenir aux dépenses plus importantes »[44].

Dans cette expédition de Palamos, nous retrouvons Conty -rentré en grâce après ses incartades bordelaises et devenu neveu à son tour- apparié, du fait de cette communauté de parenté, avec César qu'il combattait quelques mois auparavant en Aquitaine. César est en tête de l'armée navale et Conty de celle de terre. La division des chefs est un mal français. Les deux favoris de Mazarin allaient se charger de l'illustrer une fois de plus. L'amiral devait empêcher les secours de venir du côté de la mer mais il n'avait que de gros vaisseaux tandis que les ennemis, qui étaient pourvus de galères, « ... jetaient toute la nuit des hommes et des vivres dans cette place »[45]. Conty décida du coup de lever le siège, « ... se plaignant fort de M. de Vendôme qui, de son côté, se plaignit de lui »[45]. L'évêque de Valence fut embarqué à son corps défendant dans leurs règlements de comptes. Il fut appelé par César à bord du vaisseau amiral. Celui-ci voulait qu'il soutînt sa position auprès de Mazarin : « Il espérait que du moins je ne refuserais pas de dire ses raisons à M. le cardinal... La principale était qu'il était impossible que des vaisseaux pussent empêcher des galères de passer... »[45]. Le pauvre Daniel de Cosnac va risquer sa vie dans l'aventure : « Je sortis d'auprès de lui, fort satisfait de son accueil obligeant et l'assurai que M. le prince de Conty ne trouverait pas mauvais que je fisse ses excuses à S.E. Je reçus en partant un honneur qui pensa me coûter cher. Il fit tirer quantité de coups de canon qui persuadèrent aux assiégés que j'étais le prince de Conty. Ils firent tirer sur moi... dont quelques boulets frisèrent de fort près ma frégate... »[45]

Conty, qui avait mis le siège devant Palamos le 7 septembre, le leva le 21. César n'en demeura pas moins sur place et, le 1er octobre, déclencha une canonnade de six heures contre la flotte espagnole qui profita de la nuit pour fuir. La ville ne fut pas prise, grâce à l'obstination du duc de Vendôme, mais tout le succès des armes resta au roi de France. César en profita pour accomplir un nouveau tour de sa façon : importuné par le manque de crédits qui l'empêchait de payer ses hommes, il mit en vente purement et simplement certains vaisseaux de guerre. Mazarin écrit, furieux, le 12 novembre : « Il faut que M. de Vendôme sache qu'il ne se trouvera pas qu'aucun amiral ayt seulement songé à vendre des vaisseaux sans en avoir préalablement la permission du roi » [46].

Après ce joli coup, il alla relâcher à Toulon, port du levant et des galères* où Mercœur, son fils, gouverneur de la province, vint le saluer. C'est au cours de ce séjour de Provence, dans l'hiver de 1655, que César reçut la visite jeune Brienne**, s'en revenant du voyage d'Italie qu'accomplissaient la plupart des jeunes gens fortunés. Il en profita pour lui tenir des propos scandaleux. Profession de foi d'un libertin à la soixantaine passée ? Règlement de compte avec les Brienne qui, du point de vue de César, avaient fait défaut à leurs cousins Vendômes en 1626 et 1643 ? Provocation homophile à laquelle peut faire penser le ton et le tutoiement du discours rapporté par le narrateur ? Voici le fait, tel que le retranscrit le futur secrétaire d'Etat : « Je repassais en France sur une galère de Gênes... Je vis en passant ... à Toulon, où nous débarquâmes, le duc de Vendôme, amiral de France, qui me fit un plaisant compliment — Garde-toi bien me dit-il, sans m'avoir jamais vu que cette fois-là, d'être aussi homme de bien que ton père, la dévotion n'est bonne à rien. Il faut hurler avec les loups. La galanterie est d'usage. Sois fourbe, scélérat même, si tu veux faire fortune. Ton père ne te dira pas cela ; mais pour moi, mon cousin, je t'en avertis afin que tu n'en prétextes cause d'ignorance... Certes, poursuit Brienne en rapportant l'anecdote bien des années plus tard, voilà une instruction à un jeune homme bien digne de ce prince, bâtard d'Henri IV et le plus perfide de tous les enfants du côté gauche... Je ne pus m'empêcher de rire et je dis au duc de Vendôme — Ma foi, Monsieur, vous me donnez là une belle leçon. Si mon père le savait -mais je me donnerai bien garde de lui dire- je crois qu'il ne vous pardonnerait jamais — Mordieu, reprit-il, je lui ai bien dit à lui-même, mais il n'a pas assez d'esprit pour me croire. Aussi il est gueux comme un rat d'église. Va, va, mon petit cousin, il n'y a rien de tel pour amasser du bien que d'être méchant. Il en faut avoir *per fas et nefas**** ou l'on n'est qu'un sot. Vois-tu bien mon fils de Mercœur ? C'est un fat. C'est qu'il ne m'a jamais voulu croire.

---

* Toulon fut port des galères jusqu'en 1669. Il le redeviendra en 1760. Dans l'intervalle les galères furent à Marseille.

** Louis-Henri de Loménie, fils de Henri-Auguste, tous deux secrétaires d'Etat aux Affaires étrangères.

*** Parfortuneetinfortune.

Pour le duc de Beaufort, il est galant homme mais il n'est pas encore assez méchant à mon gré. J'ai plus d'esprit qu'eux tous. C'est que leur mère est une bête et la tienne aussi ». Il me congédia avec ces douces paroles et oncques depuis ne me suis-je trouvé en particulier avec lui. C'était un grand bougre et un poltron, il n'était bon ni à bouillir ni à rôtir, comme on dit, quoique jamais homme n'ait mieux mérité la corde que lui »[47].

On a déjà parlé de cette réputation de bougrerie qui, dans le cas de César, allait au-delà de cette homophilie des camps que pratiquèrent les Condés, père et fils, Bellegarde, les maréchaux d'Huxelles et de Luxembourg, Guillaume d'Orange ou le prince Eugène, pour ne parler que de quelques fameux guerriers. Vice de gentilshommes, passant sur les champs de batailles pour fort peu efféminés et, à la cour, souvent grands « abatteurs de bois »*. François Bluche en parle excellemment à l'article *Relativité du vice ultramontain* de son dictionnaire[48]. Dans le cas de Monsieur, frère de Louis XIV, ou de César de Vendôme cette tendance devenait plus visible, plus exclusive. Près de César, il y avait une coterie dénoncée par Campion à Rome, un petit groupe de valets et d'aventuriers, « ... qui se maintenaient dans ses faveurs par des moyens infâmes ». A l'embarras d'un sien ami qui racontait l'histoire du peintre Du Moustier, « ... bourgmestre de Sodome... ne sachant que mettre au lieu de Sodome, Ménage -l'académicien- dit : il ne faut que mettre bourgmestre de Vendôme »[49]. Mais il y avait aussi, chez César, la continuation de la verdeur héritée des temps de son père, mêlée à un esprit vif qui est comme un écho de celui de Des Yvetaux, son maître. Tallemant nous en fournit une illustration : « Un jour, dînant chez M. de Vendôme, ce sot homme -un nommé Bigot- s'avisa de dire qu'il y avait bien de l'avantage à avoir une femme bien faite, que les affaires s'en faisaient bien plus vite, que la sienne n'avait qu'à aller chez M. Servien et aussitôt elle était expédiée**. Voire, dit M. de Vendôme, nous sommes du même âge lui et moi, cela ne va pas si vite, on n'est plus si preste »[50]. Bel esprit et bonne humeur, César était aussi volontiers bouffon : « M. de Vendôme... passant à Noyon, logea au Trois Rois. Le fils du maître de la maison, nouvellement reçu avocat, crut que sa nouvelle dignité, l'autorisait à faire la révérence à M. de Vendôme. Il y va. M. de Vendôme lui demande qui il était — Monsieur, je suis le fils des Trois Rois — Monsieur, je ne suis le fils que d'un, vous prendrez le fauteuil, je vous dois tout honneur

* Séducteurs forcenés.
** Equivoque qui porte sur la femme et l'affaire.

et tout respect » [51]. Comme Henri IV il était également bonhomme : « ... M. de Vendôme étant à cheval, s'arrêta sous la porte d'une l'hôtellerie pour laisser passer une ondée. Il fallut payer le couvert et l'ordure que ses chevaux avait fait sous la porte » [52].

Le temps allait aux réjouissances mais il allait aussi aux démonstrations théâtrales du mysticisme, autre facette de ces excès d'exubérance. La douce Laure de Mercœur eut ainsi la gloire de concourir à la conversion passagère d'une grande pêcheresse, Ninon de Lenclos et de la mener, au milieu d'un grand concours de carrosses et de monde, faire retraite chez les madelonettes. Conversion toute provisoire puisque le propre fils de Laure, Philippe, vingt ans plus tard, se jettera aux pieds de Ninon qui ne cessa jamais vraiment d'être galante. La douceur, la modestie de la duchesse devaient suciter l'ardeur amoureuse d'un des personnages les plus pervers du temps, un impénitent casse-cœur, le chevalier-comte de Gramont. Philibert de Gramont était frère du maréchal de ce nom et l'oncle du fameux Guiche -le Giton de l'*Histoire amoureuse* de Bussy- Il avait été abbé quelques temps et n'était rentré dans le siècle que pour faire scandale. Il avait trente-cinq ans en 1656, avait longtemps vécu en Angleterre où il avait dû se retirer à cause d'un crime. Il y avait épousé Mlle Hamilton et c'est par ce mariage qu'il devint le héros d'un des plus beaux romans du temps, les *Mémoires du comte de Gramont*, écrits par son beau-frère, Antoine Hamilton [53]. Saint-Evremond nous dit de lui qu'il ne recherchait dans la conquête d'une femme que le plaisir de l'enlever à un autre. « On est fort tenté de penser, ajoute Antoine Adam, que Molière avait cet aimable personnage dans l'esprit lorsqu'il créait son Don Juan » [54].

Primi Visconti rapporte que Mme de Mercœur rejeta les avances de Gramont d'une manière fort péremptoire : « Gramont ayant envoyé un jour des fromages en présent à la duchesse de Mercœur, Italienne, mère de Vendôme, celle-ci les fit jeter par la fenêtre » [55].

En juillet 1656 Christine de Suède était arrivée en France par Marseille. C'est sans doute l'une des femmes de ce temps qui personnifie le mieux cette fusion en un même être de pulsions contraires : tour à tour sanglante et dévôte, galante et prude, elle se fit très vite à cette cour de France qui lui ressemblait avant d'en être chassée pour avoir ordonné le meurtre de Monaldeschi, son amant. « Elle railla, dit Mme de Motteville, le chevalier de Gramont sur la passion qu'il avait pour Mme de Mercœur et ne l'épargna nullement sur le peu de reconnaissance qu'il en pouvait espérer » [56].

A nouveau de Mme de Motteville, ces lignes : « Le 18 septembre, les reines (de France et de Suède) furent à une tragédie des jésuites dont celle de Suède se moqua hardiment... Peu après cette cérémonie il arriva un courrier qui apprit au roi et à la reine la prise de Valence par le duc de Mercœur ; la reine étrangère vint aussitôt s'en réjouir avec la nôtre d'une manière si libre qu'il semblait qu'elle y prit une grande part »[56]. Ces opérations d'Italie, destinées à porter la guerre dans le Milanais espagnol, avaient commencé à la fin de juin. Mercœur s'était trouvé placé par l'oncle cardinal à la tête de l'armée de Lombardie mais coiffé par duc de Modène qui, au titre de souverain régnant, avait été déclaré généralissime.

Valence, petite ville sur le Pô, à dix milles de la fameuse Casal, était un point de passage important pour gagner le Montferrat. Souvigny[57] en a raconté le siège où lui-même, Broglio, qui y laissa la vie, et Baitz, firent à peu près tout au nom de Modène et de Mercœur, absorbés à régler entre eux des problèmes d'étiquette et de rang. Moment de nervosité chez Mercœur, sans doute mortifié de ce commandement en second. Les seules paroles un peu rudes entre le cardinal et lui datent de cette époque, c'est une lettre de l'éminence, en date du 12 septembre 1656, qui s'inquiéte de la longueur du siège de Valence[58]. Et surtout cette autre lettre envoyée sous le coup de la colère, le 8 octobre, où Mazarin reproche à son neveu ses plaintes continuelles et qui se termine par la permission de se retirer d'Italie pour soigner sa santé : « ... vous pouvez, conclut-t-il sèchement, vous en servir comme il vous plaira »[59].

Au sortir de cette campagne victorieuse, Mercœur fut l'objet d'une attaque de Conty — décidément haineux des Vendômes, comme le seront après lui ses fils et petits-fils — ce prince n'aspirait en effet à pas autre chose qu'à lui ravir le commandement d'Italie. Voici comment le cynique frère de Condé s'en ouvrit à Cosnac : « Vous n'avez plus besoin de moi mais j'ai de plus en plus besoin de vous. Il faut que vous alliez demander à Son Eminence l'emploi d'Italie où je veux aller commander la campagne prochaine à la place de M. de Mercœur. Je sais que l'amitié que vous avez pour madame sa femme vous fait regarder cette commission comme une chose fort fâcheuse, mais vous êtes à moi, vous m'avez obligation, il y va de votre honneur de réussir et si vous voulez agir comme il faut, vous le ferez »[60].

Voici l'honnête prélat bien en peine mais contraint d'obéir après que le prince — comble de muflerie — l'ait soupçonné tout haut de vouloir vendre la mèche à Mme de Mercœur. Le pire c'est que Cosnac ne réussit que trop bien : Conty l'emporte sur Mercœur.

Sitôt l'affaire conclue, le malheureux plénipotentiaire se précipite chez Mme de Mercœur : « Madame, si vous n'êtes la plus raisonnable et la plus généreuse de toutes les femmes, je suis le plus malheureux de tous les hommes… », et il lui conte toute l'affaire. « Mme de Mercœur reçut ce coup, comme je l'avais prévu, avec un déplaisir très sensible… Elle s'emporta même contre la facilité que le Cardinal avait eu en cette occasion au préjudice de monsieur son mari ; après cela, elle se mit à pleurer… »[60].

Le 27 octobre, pour fêter le retour triomphal de Mercœur, et alors que Laure est enceinte pour la troisième fois, c'est dans la chapelle de Vincennes que Mazarin célèbre le baptême de ses deux premiers petits-neveux : Louis-Joseph, futur duc de Vendôme, destiné à devenir le sauveur de l'Espagne et Philippe, futur grand prieur de France. La cérémonie a lieu en présence du roi et de la reine-mère, le cardinal Barberini officie. Gageons que César, au sortir de ce moment de triomphe, dut élever son regard vers le sinistre donjon où il s'était trouvé trente ans auparavant et d'où son frère Alexandre n'était ressorti que mort.

« *Il ne s'est jamais fait un aussi pauvre accommodement* ».

Beaufort, l'autre ancien pensionnaire de Vincennes, le seul qui avait su s'en échapper, n'était pas de la fête. Fixé à Chenonceaux, il jouait les bons offices entre Mademoiselle et son père, alors sur le pied gauche pour des questions d'intérêt. Mademoiselle avait le sens des biens de ce monde. Elle mettait à profit les loisirs forcés de son exil pour faire grossir encore l'héritage considérable de sa mère : en 1656 elle traitait de l'achat au duc de Mantoue d'un des plus beaux duchés de France, celui de Nevers, évalué 800 000 écus et était en pourparlers pour le fief d'Eu avec Mme de Guise. Mademoiselle détestait sa belle-mère, Marguerite de Lorraine, seconde femme de son père et ses trois demi-sœurs. Elle réclamait à Monsieur des reversements tels de la dot de feue sa mère, qu'ils auraient réduit Gaston et ses filles du second lit à la misère.

Beaufort s'essayait à modérer sa fantasque cousine : « Je me suis acquitté le plus ponctuellement qu'il m'a été possible, lui écrit-il le 25 mars 1656, de ce que vous me commandiez auprès de S.A.R. (Monsieur), qui m'a commandé de vous écrire qu'il recevait avec joie et tendresse vos soumissions, desquelles il espère une bonne suite ; qu'il désire… qu'auparavant vos gens d'affaires et les siens regardent ensemble d'ajuster et faire un projet d'une compensation… »[61]

Mais les affaires du père et de la fille prirent brusquement un tour peu engageant : Gaston fit fermer les portes d'Orléans à

Mademoiselle et celle-ci dut, une nouvelle fois, presser son cousin d'intervenir : « Monsieur dit à M. de Beaufort qu'il ne voulait pas que je le vinsse trouver. Il lui ordonna de me mander que je retournasse à Saint-Fargeau »[61].

Mademoiselle envoie ses avocats à son père. Elle en rajoute dans le pathétique : « Tous ces souvenirs coupent la gorge : je serais trop heureuse de n'avoir pas de mémoire... Il dit que je voudrais voir ses enfants à l'hôpital, que je les méprisais, que je croyais être plus grande dame que mes sœurs ». Gaston soupçonne sa fille de se répandre en calomnies. Celle-ci en effet, entre autres perfidies, répétait alors publiquement : « Ma mère était de la maison de Bourbon et a apporté 400 000 livres de rente en celle de mon père, et ma belle-mère est de celle de Lorraine et n'a rien eu en mariage »[62].

Monsieur, pressé par la nécessité, finit par donner les mains à un accord tout en affectant de demeurer fâché : « Je m'en vais à Bourbon*, le temps me presse : je n'ai pas seulement le loisir d'aller à la cour, c'est pourquoi je ne puis retarder. Au retour, mes affaires seront finies, je repasserai même à Saint-Fargeau si ma fille le veut », et Mademoiselle de noter ingénument : « Ce retardement à me voir ne parut pas tendre pour moi »[62].

Nous venons d'entendre Gaston au printemps de 1656 parler de se rendre à la cour, c'est qu'effectivement il venait de négocier sa paix avec Mazarin, trahissant une nouvelle fois tous ceux qui s'étaient exilés pour avoir pris son parti. Mademoiselle, qui a le mérite de ne nourrir plus aucune sorte d'illusion sur son père, écrit : « Son Altesse Royale n'alla pas d'abord à la cour. Elle abandonna M. le duc de Beaufort, Mme de Montbazon et les conseillers exilés pour l'amour de lui. Il ne s'est jamais fait un si pauvre accommodement... »[63].

« Quoi ! vous vous consolez après ce coup de foudre »

Laure de Mercœur perdit sa mère le 19 décembre. Elle la veilla jusqu'à la fin en compagnie de son oncle, le cardinal, qui aimait tendrement sa sœur et qui se détourna des affaires de l'Etat pour ne pas quitter la chambre où elle devait agoniser pendant plusieurs jours. « Aussitôt qu'elle fut morte, raconte Mme de Motteville, le cardinal son frère nous dit qu'il fallait faire comme David qui pria et pleura pendant la maladie de son fils et qui joua de la harpe après sa mort, louant Dieu des arrêts de sa providence... »[64].

---

* Bourbon-l'Archambault, station thermale alors très fameuse.

Laure était prête d'accoucher au moment de ce malheur. Son troisième fils, Jules César, naquit en effet le 27 janvier 1657 à l'hôtel de Vendôme. Etait-ce l'émotion de la mort de sa mère ? Etait-ce le sombre pressentiment dont elle fit part à Daniel de Cosnac, qui ne quittait pas sa ruelle après cette naissance, « ... qu'elle ne relèverait pas de cette couche »[65] ? Toujours est-il que, « ... tout d'un coup elle tomba paralytique de la moitié du corps et perdit la parole »[64]. Les médecins assurèrent le cardinal que ce ne serait rien : « Cela fut cause qu'il ne laissa pas d'aller à un ballet que le roi dansait le même jour, mais comme il en sortit on lui vint dire que Mme de Mercœur se trouvait beaucoup plus mal ». Mazarin se jeta dans un carrosse : « En arrivant à l'hôtel de Vendôme, il trouva qu'elle se mourrait et que ne pouvant parler elle ne put lui faire qu'un sourire. Comme elle ne souffrait pas et qu'elle avait encore de la connaissance, la mort ne fit point en elle les changements effroyables qu'elle cause à tous les autres... J'ai ouï dire à ceux qui l'avaient vue en cet état qu'elle leur avait paru la plus belle personne du monde et sa beauté augmenta leur regret... »[64]. Mazarin fut cruellement touché : « Il fit des cris, nous assure Mme de Motteville, qui parurent procéder d'une douleur sensible »[64]. Cosnac déplore la nullité des médecins appelés au chevet de la duchesse qui ne surent qu'appliquer des ventouses en lui faisant, sur le coup, endurer d'épouvantables souffrances. Il nous livre aussi cette anecdote si touchante de la mourante parvenant à plaisanter dans son agonie de la grimace que ferait Mme de Venelles, sa dame d'honneur, en apprenant sa mort[65].

Mme de Mercœur mourut le 8 février. Ce fut un coup de tonnerre à la cour : « Cette mort si prompte et si surprenante qui paraissait triompher d'une jeunesse si saine, belle, et nièce d'un favori si puissant à qui toute la France était soumise, étonna les plus endurcis et fit faire des réflexions aux plus enjoués ». Il n'y eut que le comte de Gramont, sans doute railleur de la mort en modèle de Don Juan qu'il était, qui l'oublia au bout de quelques jours, reportant ses feux sur Mme de Villars. Benserade, son rival, puisqu'amoureux lui aussi de cette belle, en fit ce superbe sonnet :

« Quoi ! vous vous consolez, après ce coup de foudre,
« Tombé sur un objet qui vous parut si beau !
« Un véritable amant, bien loin de se résoudre,
« Se serait enfermé dans le même tombeau.

« Quoi ! ce cœur si touché brûle d'un feu nouveau !
« Quelle infidélité ! qui peut vous en absoudre ?
« Venir tout franchement de pleurer comme un veau,
« Puis faire le galant et mettre de la poudre !

« O l'indigne faiblesse, et qu'il vous en cuira !
« Vous manquez à l'amour, l'amour vous manquera ;
« Et déjà vous donnez où tout le monde échoue.

« Je connais la beauté pour qui vous soupirez* ;
« Je l'aime ; et, puisqu'il faut enfin que je l'avoue,
« C'est qu'en vous consolant vous me désespérez ».

Tout cela ne devait pas retenir Gramont plus tard, rapporte Primi, d'affecter d'appeler le duc de Vendôme « son fils », par jeu et par pure méchanceté.

M. de Mercœur, anéanti par la douleur alla se renfermer aux Capucins de la rue Saint-Honoré où Cosnac vint plusieurs fois le visiter. Le duc et la duchesse de Vendôme se chargèrent des trois marmots.

Le crâne de Mme de Montbazon.

L'année 1657 allait également voir disparaître deux autres « pièces rapportées » du clan Vendôme : en novembre, ce fut le duc d'Elbeuf, beau-frère de César. Cet ambitieux dont nous avons vu l'industrie se déployer dans toute sa vie pour soutenir un train prodigieux et colmater les brêches d'une fortune mise à mal, était, nous dit Tallemant dans son style, « grand abatteur de bois ». Il avait été l'amant de la maréchale de Créqui qui l'avait richement entretenu et lui avait légué ses pierreries. Peu de temps avant sa mort -il mourut à soixante et un ans- « ... il attrapa plaisamment, raconte Tallemant, une demoiselle de sa femme, Mme d'Elbeuf, qui est devenue ridicule de belle qu'elle était autrefois (elle est sœur de M. de Vendôme). Elle était fort malade et avait une demoiselle très jolie : le mari en était épris. Un jour il vint tout triste et dit en présence de cette fille : « Ma femme est morte, les médecins en désespèrent, ils me l'ont avoué et de plus un astrologue, qui a fait son horoscope et que je viens de visiter exprès pour cela, assure qu'elle n'en saurait réchapper ». Cette fille, depuis ce moment, se mit dans l'esprit qu'elle pourrait bien devenir princesse et se laissa faire un petit enfant. Mme d'Elbeuf a enterré son mari, il est mort cette année à soixante et un ans et il disait : « Faut-il que je meure si jeune ! »[66]

L'autre mort, survenue en avril, c'est celle de la belle Montbazon, compagne de Beaufort depuis plus de quinze ans. Quelques mois plus tôt, elle avait perdu son vieux mari qu'elle avait toute sa vie « saintement oublié », mort grand-veneur de France à l'âge de quatre-vingt-six ans et les habits de deuil l'avaient faite plus désira-

* Mme de Villars.

ble encore. Mme de Motteville nous dit d'elle à cette époque : « Elle était encore plus belle et aussi enchantée de la vanité que si elle n'avait eu que vingt-cinq ans »[67]. L'exil, qu'elle partageait avec Beaufort sans y être vraiment astreinte, la rendait plus modeste et, même, confusément, elle commençait à s'inquiéter des choses de Dieu auprès d'un sien ami, abbé de cour, bretteur, grand pourfendeur de cœurs, qui n'était d'ailleurs pas insensible à ses charmes et dont elle fut peut-être la maîtresse : Armand-Jean Le Bouthillier, seigneur de Rancé, qui était également l'aumonier de Gaston d'Orléans et le compagnon de chasse de Beaufort.

Revenue à Paris en mars 1657 pour y régler quelques affaires, elle avait eu un accident de carrosse -un pont s'était écroulé au passage de son équipage- et on l'avait crue morte. Un poète galant en avait fait cette épitaphe :

> « Ci-git Olympe, à ce qu'on dit :
> « S'il n'est pas vrai, comme on souhaite
> « Son épitaphe est toujours faite
> « On ne sait qui meurt, ni qui vit ».

Arrivée dans la capitale, elle contracta la rougeole. Au départ ce ne fut rien puis, brusquement, elle se vit perdue. Comme le dit Mme de Motteville, « ... elle n'eut que trois heures pour se préparer à ce grand voyage : il parut nécessaire qu'elle les employa bien »[67]. On chercha l'abbé Le Bouthillier et on ne le trouva pas, occupé qu'il était à quelque polissonnerie. Elle fit malgré tout une fin dévote : « Elle se confessa et reçut tous les sacrements avec beaucoup de marques de piété et de repentir de n'avoir pas suivi des maximes plus solides et plus chrétiennes, disant à sa fille, l'abbesse de Caen, qui alors se trouva là auprès d'elle, qu'elle avait été fâchée de n'avoir pas été toujours comme elle dans un cloître... »[67]

Ainsi mourut celle « qui n'avait aimé que son plaisir et par-dessus son plaisir son intérêt ». Mais l'abbé, son ami, celui qu'on ne retrouvait pas à l'heure du viatique, le voilà qui apprend sa maladie et qui court chez elle en pensant la retrouver guérie. Voici la scène, telle que la rapporte un texte du temps qui traite de cette mort, l'*Entretien de Timocrate et Philandre* : « En montant tout droit à l'appartement de la duchesse où il lui était permis d'entrer à toute heure, au lieu des douceurs dont il croyait aller jouir, il vit pour premier objet un cercueil qu'il jugea être celui de sa maîtresse, en remarquant sa tête toute sanglante qui était par hasard tombée de dessous le drap dont on l'avait couverte avec beaucoup de négligence, et qu'on avait détachée du reste du corps afin de gagner la longueur du col, et éviter ainsi de faire un nouveau cercueil qui fut plus long que celui dont on se servait »[68].

Les plus belles plumes de France ont disputé à propos des circonstances de cette mort : Saint-Simon, qui fut l'ami de Rancé, affirmant que celui-ci se trouvait au chevet de Mme de Montbazon à l'instant fatal, qu'il la vit recevoir les sacrements et mourir et qu'il trouva là le levain de sa conversion. Chateaubriant, faisant sienne, dans sa *Vie de Rancé* qui devrait servir de modèle à toutes les biographies, la version des *Entretiens de Timocrate et Philandre*. Rancé, après cela, serait-il allé, comme on l'a prétendu, jusqu'à dérober la tête coupée de sa belle amie ? Serait-ce cette tête qui figure dans le portrait que fit de lui, à la prière de Saint-Simon, Riguaud ? Ecoutons Chateaubriant : « On prétend qu'on montrait à la Trappe la tête de Mme de Montbazon dans la chambre des successeurs de Rancé... »[68]. Où que soit la vérité, la conséquence fut celle-ci : « Dès le jour de la mort de Mme de Montbazon, Rancé prit la poste et se retira... La retraite ne fit qu'augmenter sa douleur : une noire mélancolie prit la place de sa gaieté, les nuits lui étaient insupportables, il passait les jours à courir dans les bois, le long des rivières, sur les bords des étangs, appelant par son nom celle qui ne pouvait lui répondre »[69]. On sait qui fut après ce drame, Rancé, réformateur de La Trappe, codificateur des rigueurs extrêmes de cet ordre.

Cette mort fut diversement pleurée : « Elle fut peu regrettée de la reine, nous dit Mme de Motteville, car souvent elle avait abandonné ses intérêts pour suivre ses caprices. Le Ministre* vit sa mort avec les sentiments qu'on a pour ses ennemis. Ses anciens amants la regardèrent avec mépris et ceux qui l'aimaient encore n'en furent pas touchés parce que chacun jalousa son rival, laissant les larmes et la douleur en partage au duc de Beaufort qui en était alors le mieux aimé... »[67]. Il était vrai que la défunte avait eu beaucoup de soupirants et qu'elle ne les avait pas tous découragés. Le maréchal d'Hocquincourt était du nombre, qui proclamait en soldat : « J'ai aimé la guerre avant toute chose, Mme de Montbazon après la guerre, et, tel que vous me voyez, la philosophie après Mme de Montbazon ». Dernière curiosité du personnage puisqu'il s'agit ici des Vendômes. Elle était la petite- fille du fameux La Varenne, que nous avons si fort soupçonné d'être pour quelque chose dans la mort de Gabrielle d'Estrées.

Beaufort fut foudroyé. Mademoiselle nous le montre quelques mois plus tard, venant au-devant d'elle : « ... (il) portait le deuil de Mme de Mercœur, je crois que la mort de Mme de Montbazon était cause qu'il le portait plus austère. Il monta dans mon carrosse, nous

* Mazarin.

parlâmes quasi toujours de la mort de Mme de Montbazon jusqu'à Fontainebleau »[70].

Nouveau pardon.

Beaufort, aidé de son ami le comte de Béthune, poursuivait encore, à cette époque, son dessein de réconcilier Gaston avec sa fille. Il y parvint en inclinant la très avisée Mademoiselle à en rabattre un peu. Celle-ci, reçue à Blois dont le séjour lui était interdit depuis cinq ans, laisse bien encore exhaler quelques vieilles rancœurs mais Beaufort s'emploie à la calmer : « Laissez faire ! Monsieur se raccoutumera avec vous et tout ira bien ». Mademoiselle, lucide sur le chapitre de son père, rétorque : « Il oubliera que vous lui avez fait donner bien de l'argent, et comme on fait tout pour en avoir, à présent qu'il a son compte, il ne se souciera non plus des négociations que de moi »[71]. Beaufort allait en effet éprouver la prodigieuse ingratitude de Gaston qui, son affaire conclue avec sa fille, ne fit rien pour le faire rentrer en grâce auprès de Mazarin.

Moments terribles pour l'exilé qui croit qu'il ne reverra jamais la cour. Il songe tout de bon, en cette fin de l'année 1657, à se retirer dans un petit manoir, celui du Poiriers qu'il avait acheté 1300 livres en février 1656[72]. Mais le roi des Halles n'était pas Rancé et le voici, peu de temps après, qui retourne à la petite cour de Blois pour rendre visite à sa cousine : « Il me parla fort de la cour, je lui contai tout ce que j'y avais vu et ouï dire... »[73]. Curiosité salutaire, appétit social, qui va bientôt le remettre en selle.

Aux derniers jours de 1657, tandis que Beaufort se tient dans Anet, Mademoiselle et Béthune font le siège de Mazarin pour obtenir sa liberté et ils vont réussir : « Après avoir demandé à M. le cardinal des nouvelles de sa santé parce qu'il avait la goutte, écrit Mademoiselle, je lui dis — Le comte de Béthune est là-dedans, si vous voulez lui parler, j'irai me chauffer. Il me répondit — C'est pour M. de Beaufort ? S'il avait choisi un autre négociateur ses affaires seraient plutôt finies, le comte de Béthune parle tant quand il est en train, que l'on ne saurait finir avec lui. Je lui demandais où en était l'affaire. Il me dit — Elle va bien, M. de Beaufort reviendra aux premiers jours »[74]. D'après Guy Patin, cité par Isabelle de Broglie, c'est parce qu'il craignait que Beaufort ne se mit à la tête de la révolte des paysans de Normandie que Mazarin consentit si facilement à son retour[75].

Nouveau retardement toutefois. Le cardinal, mis au courant d'allées et venues entre Paris et Anet, se plaint à César le 23 février

1658 : « Il serait à souhaiter que la personne avec laquelle ils ont commerce ne tint pas une conduite qui obligeât le Roi à la faire rechercher » [76]. Puis, presqu'aussitôt, certainement sur des assurances que donne le duc de Vendôme, les choses s'arrangent et Beaufort, dans l'attente d'une grâce imminente, peut s'installer à Auteuil, à la vue de la capitale.

En mars 1658, sous condition de retourner aussitôt à Anet, il reçoit l'autorisation de venir saluer le roi et surtout la reine mère qu'il n'avait pas revue depuis six ans -extraordinaires intermittences dans leurs rapports qui les faisaient chaque fois se redécouvrir un peu plus vieux- Mademoiselle était au Louvre pour partager la joie de son beau cousin : « J'allais voir Mme de Vendôme pour me réjouir avec elle de l'arrivée de son fils. Elle me mena dans sa chambre après que M. de Beaufort m'eut conté comme il était satisfait de la cour et du bon traitement qu'il en avait reçu » [74]. Mme de Motteville souligne que César avait agi de son côté pour le retour de son fils. Elle note également la haute estime que la cour faisait du revenant, « ... qui avait montré beaucoup de fermeté en ne recherchant par aucune bassesse l'amitié du ministre... » [77].

L'honneur toujours et par dessus tout : César lui-même revenait d'une affaire qui l'avait opposé à son beau-frère d'Epernon et au fils de celui-ci, Candale. Ils s'étaient bousculés dans la chambre du roi pour passer en premier, les mots avaient suivi et Louis XIV leur avait enjoint d'aller passer ensemble deux jours à la Bastille.

La cour, telle que la retrouvait Beaufort au printemps de 1658, sans plus aucun désir de s'en retourner à Anet comme il l'avait promis, avait beaucoup changé. D'un seul coup d'œil il vit tout le chemin qu'il aurait à parcourir pour regagner les premières places et il s'y attela sans se décourager, regardant d'abord du côté de la survivance de l'amirauté. Il savait qu'il lui faudrait déployer beaucoup plus d'énergie que dix années plus tôt, lorsqu'au sortir d'une prison de cinq années qui l'avait rendu populaire, il s'était trouvé porté au pinacle par l'émeute. Il y avait l'âge d'abord. Dans une cour où tout ce qui brillait partageait les vingt ans du roi, il en avait plus de quarante et c'était alors l'antichambre de la vieillesse. Mais son allure impressionnait encore. Les méplats étaient venus remplir les creux de son visage. Il sacrifia à la mode, il coupa ses cheveux pour passer une perruque. Il fixa son logis près du pouvoir, louant un petit hôtel à la porte Richelieu, près du Palais-Royal. L'un des premiers, il se montra dans une chaise à porteur ; il eut chez lui des meubles d'écaille et de laque et, comble de la munificence, il parut à son premier bal en habit de pierreries. Enfin, pour montrer qu'il était toujours vaillant, il prit une maîtresse qui aurait pu être sa fille, Mlle de Guerchy, ancienne demoiselle d'honneur d'Anne d'Autriche, renvoyée avec fracas de la cour pour son inconduite. Elle était sotte — on disait d'elle : « Elle ne dit mot mais elle n'en pense pas moins » — mais lui, après tout ce qu'avait rapporté sur son compte le cardinal de Retz, ne pouvait guère prétendre passer pour savant. Cette belle était aussi, mais plus secrètement, l'espionne de Mazarin, rapportant les moindres faits et gestes de son amant à Bartet, âme damnée du cardinal

Mazarin était toujours dans la même incertitude à l'égard de l'ancien roi des Halles. Il commença par avoir l'idée, fin juin, de le charger d'une ambassade auprès de Cromwell afin de célébrer la reprise par une armée franco-anglaise de Dunkerque sur les Espagnols [78], mais il y renonça sur le soupçon de nouvelles infidélités possibles. Prudence qui se tourne carrément en hostilité dans une lettre du 10 août 1658 que le cardinal adresse à Anne d'Autriche depuis Calais : « Le confident (Louis XIV) et vous, vous souviendrez que M. de Beaufort devait retourner à Anet après avoir fait la révérence au roi et à la reine. Cependant il est établi à Paris, il gouverne son père et il y a à craindre qu'il y aura bientôt sujet d'être mécontent de sa conduite. C'est pourquoi il sera à propos de ne lui donner pas grand accès auprès du confident et de la confidente (Anne d'Autriche elle-même) et de faire connaître qu'on évite des familiarités avec lui... » [79].

V — LA REDUCTION DE MARSEILLE

Mercœur avait réussi la pacification de la Provence en 1652 et 1653, il devait en entreprendre la mise au pas absolutiste dans les années 1658-1660, rôle autrement plus ingrat, dans lequel il allait être aidé par le président d'Oppède, ancien sabreur devenu mazariniste et nommé par le cardinal, en juillet 1655, premier président du Parlement : Oppède, « ... homme d'un esprit agréable, adroit et infiniment ambitieux », nous prévient Regusse. Mademoiselle a caricaturé l'attelage ainsi composé par Mazarin dans le but de représenter le roi à Aix : « M. de Mercœur n'osait rien décider et lorsqu'on lui faisait une demande il répondait bonnement que l'on s'adressât à M. le premier président qui agirait ainsi qu'il trouverait à propos » [80]. Nous verrons que les choses ne se passèrent pas ainsi et que le fils de César sauva plus d'une fois la mise à l'orgueilleux d'Oppède, qui avait par trop tendance à se comporter en monarque absolu dans la place.

Le gros problème des années 1656-1657 fut, encore et à nouveau, celui des finances. Les campagnes de Mercœur, à Cadaquès en 1655 et en Italie en 1656, avaient été en majeure partie financées sur des fonds accordés par les communautés pour l'entretien des troupes royales en Provence. Il en résulta de véhémentes protestations et le non-paiement, faute d'argent, des soldes des militaires. C'était, on l'a dit, un des motifs de discorde entre César et Mazarin. L'amiral, contraint de céder aux demandes de paiement de gages des officiers qui l'en pressaient tous les jours ; Mazarin, depuis Paris, soutenant qu'il valait mieux financer les campagnes à venir, sans s'arrêter aux récriminations concernant les arriérés. La situation était telle qu'à Toulon les officiers et équipages des galères, non payés depuis plusieurs mois, se saisirent d'un vaisseau hollandais dont ils vendirent les marchandises à l'encan pour ne pas mourir de faim. Il fallut que le cardinal intervienne pour faire restituer ce vaisseau [81].

L'assemblée des communautés, réunie à Aubagne en septembre 1657, résista aux demandes de Mercœur qui réclamait 900 000 livres. Elle n'en accorda que 220 000, encore prétendait-elle qu'il fallait déduire les arrérages de l'entretien de la dernière campagne, ce qui revenait à ne rien accorder. Mazarin fut furieux. Il publia une ordonnance, le 30 novembre 1657, réglant pour l'avenir la question des quartiers d'hiver. Ce texte disposait que les communautés ne s'acquitteraient désormais plus en nature (logement, fourrage...) mais en espèces, et que l'entretien des troupes — quelque soit sa durée- serait fixée à cent cinquante jours. C'était la création d'un véritable impôt militaire, ce que reconnaît le cardinal lorsqu'il écrit : « ... le roi n'envoie pas de delà* des gens de guerre simplement pour être logés et nourris, mais aussi pour se remettre en état de servir » [82]. Ce fut le point de départ d'une nouvelle vague de désordres dans les villes qui avaient été jusque-là exemptées du stationnement de troupes et qui craignaient à juste titre d'être assujetties à ces impositions nouvelles.

A Marseille, en octobre 1657, d'Oppède avait réussi à faire élire premier consul son candidat, Lazare de Vento, comte de La Baume, autrefois partisan du comte d'Alais. La Baume n'allait rester que neuf mois en tête de la municipalité et se trouver contraint de fuir devant l'émeute. L'une des causes du mécontentement populaire

* De l'extérieur.

fut l'affaire de la galère du chevalier de Vendôme, second fils de Mercœur, alors âgé de trois ans et propriétaire d'une galère dont la municipalité prétendait imposer les services payants aux marchands pour protéger leur trafic. Maladresse patente des consuls qui pensaient par là faire leur cour au gouverneur et du gouverneur lui-même qui s'était risqué à accepter ce dangereux hommage.

Le 2 juin 1658, le chef de l'opposition à La Baume, Gaspard Antoine de Glandevès, sieur de Niozelles et son comparse, La Salle, amassent le peuple aux alentours de la Loge aux cris de : « Point de galère, messieurs, point de galère ! ». Le 13 juillet, les marchands font courir le bruit que la galère du chevalier de Vendôme est prête à appareiller. Il s'ensuit une première émeute et la garde, aux ordres du premier consul, tire sur le peuple depuis les fenêtres de l'hôtel de ville. Le 19 juillet, alors que Mercœur a envoyé des troupes au secours de La Baume, se produit une seconde émeute suscitée par Niozelles. La foule crie : « Vive le roi, fuore soldats, fuore galère ! ». La Baume doit s'échapper de la maison de ville par les toits et quitter Marseille. La Salle, riche négociant lié à la faction du parlement opposé à celle d'Oppède, s'empare alors de la municipalité. Il refuse l'élection des consuls à voix de peuple que réclame la foule, rétablit l'ordre et tente de négocier avec le gouverneur [83]. Tout l'été se passe ainsi dans la plus grande tension. Mercœur fait approcher des troupes à Aubagne et demande à quatre vaisseaux anglais de bloquer le port ; d'Oppède ne cesse de vitupérer, réclamant des châtiments exemplaires pour les perturbateurs de l'ordre public. Le conseil de ville, réuni à la Saint-Simon, date traditionnellement fixée pour le renouvellement d'une partie du corps de ville, élit quatre hommes dévoués aux nouveaux maîtres de Marseille.

Mazarin intervient alors violemment. Tout d'abord, jouant de ce ressort de la chaise vide qu'il a su si bien employer pour lui-même dans la Fronde, il éloigne provisoirement le gouverneur en l'envoyant une nouvelle fois faire la guerre en Catalogne ; enfin, le 8 novembre, il casse l'élection de la Saint-Simon et il profite du voyage de la cour à Lyon pour sommer les consuls de venir se justifier devant lui. Le 23 décembre Niozelles et La Salle, contraints d'obéir, arrivent dans la capitale des Gaules. Huit jours plus tard le cardinal les admoneste et nomme à la tête de la municipalité, à titre provisoire, Fortia de Pilles, le gouverneur du château d'If qui a joué le rôle de modérateur pendant les émeutes de juillet. Il est en outre prévu que de nouvelles élections de consuls auront lieu le 26 janvier. Le 18 janvier c'est le retour triomphal de Niozelles et La

Salle dans leur ville, qui tranche avec l'entrée nocturne de Mercœur, revenu spécialement d'Espagne, cinq jours plus tard, pour présider aux formalités de l'élection. Cette élection, ratifiée par le Conseil des Trois-Cents*, ramène dans la municipalité quatre partisans de Niozelles et de La Salle. Echec cuisant pour Mazarin et pour l'absolutisme naissant. Mercœur se voit contraint de féliciter ses ennemis mais, dès lors, médite de se venger.

Dans ce même mois de janvier 1659 Aix se soulevait, réclamant le retour de tous ceux que le premier président avait fait exiler depuis quatre ans, surtout celui de Regusse, son principal rival dans le Parlement. Le 14 février, jour de la Saint-Valentin, à la suite d'un duel qui avait eu lieu à Marseille le matin entre un « oppèdiste » et un « glandèviste », duel connu dans l'après-midi dans la capitale de la province, le peuple d'Aix met le siège devant la maison de d'Oppède. Les domestiques qui tirent depuis les fenêtres tuent l'un des assaillants, aussi la foule se porte-t-elle aussitôt vers le palais du Parlement où le premier président délibère crânement sans paraître distrait du bruit de la fusillade. C'est l'archevêque d'Aix, le cardinal de Grimaldi, qui doit, le soir, à la lueur des flambeaux, aller chercher d'Oppède pour le mettre en sûreté à l'archevêché. Le peuple invective celui-ci tandis qu'il traverse la ville dans le carrosse du prélat : « A quéou voleur, vendeur de patrie ! lou voulèn ! lou fau tua ! ». C'est pourtant sans oser prendre d'assaut l'équipage, à cause de la présence du cardinal. Le lendemain l'émeute reprend de plus belle, les portes de l'archevêché cèdent sous la poussée mais, là encore, l'apparition majestueuse de Grimaldi, sur le palier de son escalier, dissuade les assaillants d'aller plus loin.

Mercœur, alarmé de ces nouvelles, vient s'installer avec des troupes, à Saint-Marc, aux portes de la ville. Il convoque les gentilshommes de Provence à Lambesc et constitue des milices. Dix jours plus tard, sans qu'il ait eu besoin d'intervenir — habileté digne de l'oncle Mazarin — Aix dépose les armes. Le 2 mars, M. le gouverneur fait une nouvelle entrée solennelle dans sa capitale avec ses troupes et deux mille cinq cents miliciens. D'Oppède, qui peut enfin sortir de chez le cardinal, organise une terrible répression. Les consuls qui ont laissé faire l'émeute sont destitués et remplacés par des hommes fidèles, nommés par lettres patentes.

---

* Le conseil oligarchique de Marseille qui élisait la municipalité.

L'été 1659, après cela, devait voir les réductions de nouvelles émeutes à Toulon et Draguignan, où Mercœur, à nouveau sans coup férir, allait imposer la paix Mazarine.

Restait Marseille, Marseille impressionnée des progrès de l'autorité qui, grâce à l'habileté du gouverneur, se faisaient tout autour d'elle. La municipalité, qui était sur la défensive, crut bon d'envoyer une délégation pour féliciter le gouverneur et le premier président de la mise au pas d'Aix.

Glandevès-Niozelles était incontestablement un meneur d'hommes, un tribun, il était dans toute la force et la fougue de ses trente ans mais il se trompait d'époque : il pensait que le roi était encore dans la situation de traiter avec telle ou telle de ses villes comme l'avait fait autrefois Henri IV au moment de la reconquête de son royaume. Or il n'était plus question de cela, il s'agissait de la montée du pouvoir absolutiste, peu soucieux des particularismes et qui avait en horreur l'insubordination.

L'affaire qui empoisonna le printemps de 1659, après l'écrasement de la révolte d'Aix, fut celle des meneurs aixois réfugiés à Marseille, en particulier l'avocat général Galoup-Chasteuil et le conseiller de Sigoges. Niozelles disait qu'ils n'avaient fait que passer par Marseille, or les agents de Mercœur les voyaient qui continuaient de se promener sur le port, tous les jours, sans même prendre le soin de se cacher. Le 31 août 1659, cédant aux instances du gouverneur, Niozelles organisa même une farce, faisant fouiller toutes les maisons pour montrer qu'il n'y avait plus de ces Aixois dans Marseille, aux cris de : « Vive le roi ! fuero les criminels d'Aix ! »

Ce fut d'Oppède qui trouva le moyen de circonvenir Niozelles. Par procédure d'instruction, il réussit à l'impliquer dans une affaire de meurtre commis à la fin d'août sur le port, le rendant par là inéligible à la prochaine Saint-Simon. Il restait à le citer publiquement à comparaître afin qu'aucun de ses électeurs n'ignorât l'empêchement qui le frappait. Ce fut un lieutenant des gardes de Mercœur — La Gouvernelle — qui eut le courage d'entrer dans Marseille, d'ouvrir au dernier moment son manteau pour découvrir sa cote d'armes fleurdelyssée et tendre publiquement la citation à Niozelles. Il fut molesté et l'ordre royal mis en pièces. L'affaire devenait affaire d'Etat : un ordre de Louis XIV avait été lacéré.

Les hommes du roi tenaient là un prétexte pour intervenir. Le 20 octobre, Mercœur fit rendre un arrêt au Parlement citant

Niozelles à comparaître et ordonnant son arrestation. La Saint-Simon (28 octobre) approchait, le conseil des Trois-Cents et les consuls en place hésitaient à entrer dans une rebellion ouverte en reconduisant le mandat de Niozelles. Plusieurs des membres de la municipalité quittèrent même la ville pour aller se placer sous la protection de Mercœur.

Le 30 novembre, la paix des Pyrénées conclue, Mazarin, depuis Toulouse, annonça que Louis XIV marchait sur Marseille.

A cette nouvelle les Marseillais s'effrayèrent. Ils députèrent au-devant du roi à Tarascon pour confirmer que les réfugiés aixois n'étaient plus dans leur ville. Le jeune maître ne les écouta pas. Il méditait de faire dans la ville rebelle son premier coup d'éclat et Mazarin ne l'en dissuadait pas. On le vit bien lorsque la cour fut à Aix, le 18 janvier et qu'on rendit public tout ce qu'on projettait de faire dans la cité des Phocéens après l'avoir faite plier à la loi : transformation monumentale qui briserait les remparts et placerait la ville sous le feu des canons d'une citadelle, réforme du statut de la municipalité, suppression des anciennes libertés électives.

Le 20 janvier, les troupes que Louis XIV emmenait avec lui furent jointes à celles de Mercœur qui en reçut le commandement général. Il y avait là plus de six mille hommes : seize compagnies de gardes françaises, treize de Suisses, les mousquetaires du cardinal. Les Marseillais députèrent une nouvelle fois au gouverneur. Celui-ci décida de faire prendre sa revanche à La Gouvernelle en le chargeant d'aller à l'Hôtel de Ville faire entendre les volontés du roi et l'on peut croire qu'il ne fut pas, cette fois, molesté. Le lendemain, 21 janvier, Mercœur entrait dans la cité sans coup férir — c'était là sa spécialité et il faut l'en louer — les troupes prirent quartier dans la ville, toutes les armes durent être remises y compris les armes blanches et il ne fut loisible qu'aux gentilshommes de garder une épée. Le 22, l'inévitable président d'Oppède arrivait à son tour pour établir les chambres de justice qui allaient se montrer non moins impitoyables qu'à Aix. Enfin, comble de l'abomination, le 24 janvier, Louis XIV se présentait en personne et en armes devant la ville, exigeant de pénétrer par la brêche qu'un canon venait de ménager dans la muraille comme le faisaient les généraux vainqueurs en prenant possession des villes ennemies.

L'humiliante mise au pas de Marseille fut le dernier exploit militaire de Mercœur dont la vie, tout soudain, et quoiqu'il demeurât toujours gouverneur de Provence, prit une toute autre pente.

Mercœur était veuf depuis le mois de février 1657. Les chagrins des hommes ont cela d'étrange, qu'étant sans doute plus forts que ceux des femmes, ils ont besoin de consolations point trop éloignées. Dans l'automne de 1657, s'en revenant à Aix et songeant le plus sérieusement du monde à recevoir les ordres mineurs pour se consacrer à Dieu, Mercœur fit la connaissance d'une habitante du lieu, fort belle, Lucrèce de Forbin-Solliès, elle-même veuve de Henri de Rascas, seigneur du Canet. On l'appelait dans Aix la « belle du Canet ». Elle habitait le magnifique hôtel de son mari, rue de la Verrerie. Monsieur le gouverneur y fut vite assidu et l'hôtesse ne resta pas longtemps insensible aux hommages du cousin du roi.

Au plus fort des troubles de 1659, Mercœur parlait d'épouser sa « belle du Canet ». Qui s'y opposa ? On a prétendu que ce fut Louis XIV, proférant le mot de mésalliance — et pourtant les Forbin auraient pu en remontrer aux Mancini sur le chapitre des rangs et de l'ancienneté — Gageons plutôt que ce fut Mazarin qui, dès ce temps-là, estima que Louis se devait de rester fidèle au souvenir de Laure, sa nièce chérie. Il est intéressant de relever que, dans une lettre adressée au cardinal Barberini, du 15 mars 1658, le cardinal s'évertue à nier que le roi de France ait eu dessein de présenter au pape la demande d'un chapeau de cardinal pour Mercœur [84]. Superbe manière de tâter le terrain, bien dans le goût de Mazarin. Moins d'une année après le décès de Laure, sa nièce, l'éminence avait trouvé le moyen que son mari lui restât fidèle, un moyen tout accordé à la piété de ce veuf éploré : le faire cardinal en dépit de la belle Lucrèce. Ce projet qu'il n'aura pas le temps de mener à bien, devait être repris et concrétisé par Louis XIV.

VI — LE REVENANT

Louis XIV était un astre déjà haut dans le ciel mais le respect qu'il gardait à Mazarin dont la course déclinait le retenait d'éblouir encore tout le théâtre. Le cardinal, avec la paix des Pyrénées et la mise au pas de Marseille, couronnait son œuvre et ce temps où les armes s'étaient enfin tues, était voué au plaisir. Beaufort était de la sarabande et avec lui Condé, rentré à son tour en grâce. C'étaient deux lions assagis regrettant de ne plus rugir. Mme de Motteville nous les montre, en amuseurs du jeune maître, dans une espèce de partie de canotage : « Nous voyions le duc de Beaufort, ce chef des importants et des frondeurs, le roi de la Halle du temps jadis, s'empresser de suivre partout le roi son maître et cherchant à lui plaire, tantôt recevant les plats de Monsieur le Prince, à cause que la barque était trop petite pour y faire rentrer les officiers, les personnes seules y pouvaient être, tantôt à la chasse où le plaisir du roi s'accommodait au sien particulier, il faisait paraître, par l'ardeur qu'il avait à combattre les bêtes devant lui, qu'il aurait plus volontiers encore combattu ses ennemis : pour lui montrer que s'il s'était autrefois écarté des bonnes voies son malheur l'y avait entraîné plutôt que son inclination »[85].

Le malheur et la prospérité des monarchies de France et d'Angleterre allaient de pair : aux heures sombres de l'exécution de Charles 1er avaient correspondu celles de la plus grande turbulence de la Fronde, la prospérité de l'absolutisme français coïncidait, à Londres, avec le rétablissement de Charles II sur son trône. Beaufort, oubliant qu'il avait ordonné l'arrestation de ce prince au camp de Villeneuve-Saint-Georges, organisa de superbes fêtes pour célébrer l'évènement. Il règla l'ordonnance des buffets, des bals, des feux d'artifice et s'attira même le concours de Lully, l'un des anciens marmitons de Mademoiselle, devenu fameux en tant que musicien. A Fontainebleau, en juillet 1660, il donna un bal féerique dans les jardins éclairés a giorno où il dépensa 1300 livres rien que pour les viandes. En août 1660, aux fêtes du mariage de Louis XIV, il fut de toutes les réjouissances non sans avoir, ainsi que toute sa famille, boudé l'entrée solennelle que le couple royal devait faire dans Paris sous le prétexte que Mazarin — tranchant entre ses neveux — avait décidé que le comte de Soissons — mari d'Olympe mais nullement prince du sang malgré la détention d'un fief de la couronne — marcherait dans le cortège devant les Vendômes. Enfin, pour bien montrer qu'il restait un séducteur, Beaufort s'éprit à nouveau et d'une des plus célèbres femmes de son temps, Mme d'Olonne, la Messaline de La Bruyère, l'Ardelise de Bussy. Elle était femme de Louis de la Trémouille, comte d'Olonne, grand jouisseur devant l'Eternel et fondateur, avec quelques autres, de cet ordre des Coteaux, qui recherchait, sans jamais se lasser, le nec le plus ultra en termes de beuverie, mangeaille, bel esprit et sentiment. Elle avait commencé par opposer la vertu aux frasques de son mari. En ce temps-là, Retz, qui l'aurait aimé confesser, s'y était cassé les dents. Et puis, de guerre lasse, elle avait cédé à tout le monde, jusqu'à passer pour l'hétaïre du siècle.

Faut-il croire les raisons données par Bussy qui campe ainsi l'histoire de sa belle : « Sous le règne de Théodore (Louis XIV) la guerre qui durait depuis vingt ans, n'empêchait pas qu'on ne fit quelques fois l'amour. Mais, comme la cour était remplie de vieux cavaliers insensibles ou de jeunes gens nés dans le bruit des armes, et que ce métier les avait rendus brutaux, cela avait fait la plupart des dames moins modestes qu'autrefois ; et voyant qu'elles eussent langui dans l'oisiveté si elles n'eussent fait les avances, ou du moins si elles avaient été cruelles, il y en avait beaucoup de pitoyables et quelques-unes d'effrontées... »[86]. Suit le portrait, il est terrible : « Mme d'Olonne était de ces dernières (effrontées). Elle avait le visage rond, le nez bien fait, la bouche petite, les yeux brillants et fins, et les traits délicats. Le rire, qui embellit tout le monde, faisait en elle un effet tout contraire... Elle avait la taille grossière, et, sans son visage on ne lui aurait pas pardonné son air ; cela fit dire à ses flatteurs quand elle commença de paraître, qu'elle avait assurément le corps bien fait, qui est ce que disent ordinairement ceux qui veulent excuser les femmes qui ont trop d'embonpoint... »[84]. Beaufort prit rang après les Beuvron, Candale, Janin, Guiche, qui avaient eu publiquement ses faveurs.

Mazarin qui commençait à déambuler en pantoufles dans les galeries de son palais, caressant ses statues de marbre avec des larmes dans les yeux, leur confiant à mi-voix le regret de les devoir quitter bientôt, s'inquiétait de tout le mouvement que se donnait Beaufort. Il s'en ouvrit à César, devenu son complice en dépit de leurs anciennes fâcheries — celle qui devait être la dernière entre eux remontait à juillet 1659 : Le vieil amiral avait pris sur lui de créer deux chefs d'escadre sans en référer au roi. Mazarin avait failli suffoquer : « Enfin cette création de chefs d'escadre faite sans participation du roi ne peut subsister... Au surplus si ce Meautrick (l'un des deux nommés) a donné de l'argent, c'est encore pis »[87]. Et César, avait du se dédire... moyennant gratification — Mazarin, donc, recommanda à l'amiral de ne pas, tant qu'il aurait la capacité d'exercer sa charge, laisser son fils mettre son nez dans les affaires de marine. Plus confusément aussi, il parut s'interroger, poussé quelque peu par Colbert et, semble-t-il, par Mme de Chevreuse, toujours là, quarante ans après ses premières frasques, sur les relations de Beaufort avec Fouquet. Que complotaient ces deux-là ? Il était patent qu'ils s'entretenaient des affaires de la mer, ce qui, après tout, pouvait paraître normal entre le grand argentier du royaume et le survivancier de la charge d'amiral. Ces affaires ce sont celles qui vont bientôt perdre le surintendant : la mainmise sur le littoral et la fortification de Belle-Ile. On a dit que Beaufort en 1650 avait lancé l'esquisse de quelques projets maritimes : une Nouvelle Ostende dans sa principauté de Martigues, la fortification des places du duché de Penthièvre en Bretagne, l'implantation d'un port capable de recevoir des vaisseaux de guerre entre Brest et Dunkerque. Les projets de 1660 sont de la même veine : contacts avec Mme d'Asserac pour l'île d'Yeu, avec les Gondi pour Belle-Ile. Cette même année César cède à Fouquet, à la demande de Beaufort, plusieurs îlots lui appartenant au large de son duché de Penthièvre.

Le cardinal était tourmenté par sa succession. Il avait perdu deux de ses neveux à Paris : Alphonse, qui s'était désarticulé sur le sol alors que ses condisciples de collège, par jeu, le bernaient dans une couverture, Michel, tué par les frondeurs au combat du faubourg Saint-Antoine. Il ne lui restait que Philippe, qu'il avait fait duc de Nevers et en qui il n'avait aucune confiance, parce qu'il lui trouvait toute l'étoffe d'un libertin. Il avait richement marié ses nièces : elles étaient duchesses de Vendôme, princesses de Conty, comtesse de Soissons, connétable Colonna, duchesse de Mazarin enfin, pour celle qui avait épousé le pauvre La Meilleraye à qui le cardinal avait légué ses trésors et son nom. Il ne restait que la plus jeune — Marie-Anne — à établir et le cardinal avait réservé le gouvernement d'Auvergne pour qui l'épouserait. Le jeune Brienne nous dit comment Louis XIV, en faveur de cette succession qui aurait pu donner lieu à bien des recherches sur les causes d'un enrichissement si fulgurant, fit par égard pour le cardinal qui était son tuteur et son parrain, un geste de roi : « ... il signa son testament sans le vouloir lire »[88].

Le cardinal mourut le 9 mars 1661, à Vincennes exactement comme nous l'a montré Roberto Rossellini dans son très beau film, *La prise du pouvoir par Louis XIV* et voici l'oraison funèbre que lui composèrent ses neveux : « A la première nouvelle que nous en eûmes, écrit Hortense Mancini, mon frère et ma sœur, pour tout regret, se dirent l'un à l'autre, Dieu merci, il est crevé »[89].

La mort du génial disciple de Richelieu ne ralentit ni le train des bals, ni celui de l'absolutisme. Il y eut la fête donnée par Fouquet au roi à Vaux-le-Vicomte, le 17 août 1661, fête qui, selon le joli mot de Paul Morand, « offusqua le soleil ». Puis il y eut, tout aussitôt, fin août 1661, ce qui au départ ressemble à une joyeuse cavalcade, le voyage de Bretagne. Tout y court, tout y vole, avec la même frénésie que l'on mettait à danser. Beaufort n'est pas le dernier. L'abbé Arnauld précise même : « Le roi le fit (le voyage) avec une grande précipitation en poste et en relais de carrosse. M. d'Angers lui donna le sien et M. le duc de Beaufort qui se mit en la place du cocher eut l'honneur de verser Sa Majesté... »[90]. Au terme de cette course un peu folle, le 5 septembre 1661, Fouquet était arrêté sur ordre du roi, à Nantes, par d'Artagnan.

La chute du surintendant, son ami, fut un grand sujet d'étonnement pour Beaufort. Elle devait paradoxalement donner aux huit dernières années de sa vie tout le panache et le lustre auxquels reste attachée sa légende, plus encore sans doute qu'aux désordres de la Fronde. Deux mois à peine après la disgrâce de Fouquet, passant par-dessus les préventions que Mazarin avait pourtant dû lui communiquer, Louis XIV chargea officiellement son cousin Beaufort de rétablir les affaires de la mer. Il semble bien que ce choix ait été au départ arrêté avec l'assentiment de Colbert qui reprendra bientôt dans son giron la marine. Alors pourquoi Beaufort en 1661 ? Appui discret d'Anne d'Autriche qui ne s'est jamais désintéressée de son sort ? Amitié du roi pour un gai compagnon ? Mise à l'épreuve voulue par Colbert qui attend un faux pas du futur titulaire de la charge d'amiral par laquelle passent encore presque toutes les questions de navigation ? Nous ajouterons ceci : nécessité d'avoir un meneur d'hommes, quand la marine est déliquescente et quand l'argent manque partout pour construire des vaisseaux.

VII — LA SOUVERAINE

Avant d'en venir à ce que fit notre duc sur la mer, il nous faut parler de quelques affaires de cœur, principalement celles des filles d'Elisabeth : Mlle de Nemours, l'aînée, âgée de seize ans, Mlle d'Aumale, la cadette, qui n'en avait que quatorze. Elles furent très tôt romanesques puisqu'en 1660 elles s'amourachèrent en même temps du neveu du maréchal de Gramont, Antoine-Nompar de Caumont, le futur Lauzun, qu'elles décidèrent de jouer aux dés, la perdante devant aller s'ensevelir dans un couvent. Cette mômerie les occupa quelques jours, au grand désespoir de Mme de Vendôme, leur grand-mère. Les opinions sur leur beauté divergeaient. Le marquis de Beauveau, fort galant, loue leur grâce sans réserve. Mademoiselle, féroce, parle de leurs charmes « fort médiocres » : « Elles avaient toutes deux des têtes d'une épouvantable grosseur ; l'aînée était rousse et l'autre blonde avec un beau teint, des yeux et une bouche en bas, et l'autre les avait petits. Elles n'étaient point belles, quoique fort ajustées, dansaient bien et avaient de ces airs qu'on ne saurait presqu'expliquer »[91]. Leur mère était entêtée de cette prédiction qui devait faire de l'une une reine et de l'autre une souveraine.

Au printemps de 1660, ce fut un futur souverain qui se présenta : Charles Léopold de Lorraine, successeur désigné de son oncle, le terrible et fantasque Charles IV, duc régnant. Charles IV n'avait pas d'héritier direct légitime puisque le seul fils qu'il avait eu de la princesse de Cantecroix, le prince Charles de Vaudemont, était né dans la bigamie, le duc ayant épousé cette princesse alors qu'il était déjà marié à la princesse Nicole, sa cousine. Ce projet du mariage de Mlle de Nemours allait mettre le duché de Lorraine à feu et à sang.

L'affaire fut au départ poussée par Anne d'Autriche, très unie à Elisabeth de Nemours et qui souhaitait l'obliger. Le duc Charles, à qui l'on avait proposé dans un premier temps la main de Mademoiselle pour son neveu, préféra le projet de Mlle de Nemours comme moins ambitieux et, par là, devant coûter moins cher en garanties à donner sur ses états. Il poussait d'autant plus à cette solution qu'on proposait de donner la cadette -Mlle d'Aumale- à son propre fils, le prince de Vaudémont et qu'il se réjouissait de jouer ce tour à son neveu, Charles-Léopold, que de le mettre sur le même pied que son bâtard, donnant à chacun de ces deux jeunes gens, de naissances et de droits si inégaux, deux sœurs. Le duc Nicolas-François, frère de Charles IV et père de Charles-Léopold, ainsi que sa sœur Marguerite, duchesse d'Orléans, tenaient au contraire pour le mariage avec Mlle de Montpensier, comme incomparablement plus considérable en dignité.

Le duc de Lorraine quitta Paris à la fin de 1660, laissant un pouvoir au duc de Guise, son cousin de la branche de France, pour conclure le mariage de Mlle de Nemours avec son neveu, « ... à condition que sa mère justifierait qu'elle avait deux millions vaillant... »[92].

Le jeune prince héritier de Lorraine, quant à lui, demeurait dans Paris, nullement décidé à ce mariage et continuant de voltiger d'un cœur à l'autre. Il commença par se fâcher avec Mademoiselle en se déclarant amoureux de celle de ses demi-sœurs qu'elle détestait le plus et qui était déjà promise au grand duc de Florence. Il fit à cette future grande duchesse de Toscane le don d'un petit portrait de son altière aînée contenu dans un médaillon, « ... lui disant qu'il lui en faisait le sacrifice »[92]. Anne d'Autriche, désireuse de conclure l'affaire du mariage de Mlle de Nemours, fit convoquer le duc Nicolas-François à Fontainebleau par Louis XIV, à la veille du voyage de Bretagne qui devait consommer la perte de Fouquet. A cette occasion le roi poussa très loin les avantages qu'il se déclarait prêt à consentir à la maison ducale de Lorraine en contrepartie de ce mariage. Il parla de garantir au maître de Nancy la souveraineté de ses états, souvent mise à mal par la France ou l'Empire, « ... et même, que pour plus de certitude de sa parole, il lui en ferait passer une déclaration authentique dans le contrat de mariage... »[93]. Le duc Nicolas-François, devant cette proposition si avantageuse à sa maison et à la quiétude future de son fils, donna accord au mariage. Aussitôt, les termes d'un contrat furent arrêtés : « M. de Lionne vint ensuite au logis du duc François avec un pouvoir authentique de la part du roi et accompagné de MM de Guise et l'évêque de Laon qui depuis a été cardinal d'Estrées... pour passer le contrat de mariage au nom de chacun... »

Colère, bien imprévisible, là-dessus, à Nancy, du duc Charles : « ... fâché de voir la chose si avancée, au lieu d'approuver ce qui avait été fait par son ordre même, dit Beauveau... il ne songea plus qu'aux moyens de rompre ce mariage »[94]. Il commença par dire que Mlle de Nemours ne justifiait pas assez d'avoir « deux millions vaillant ». Louis XIV mandata alors le chancelier et Lionne pour examiner la fortune de la duchesse et de ses filles et en dresser l'état mais le duc de Lorraine refusa leur rapport comme partial.

Autre renversement non moins étonnant : « Le prince de Lorraine... à force de fréquenter Mlle de Nemours en était devenu amoureux. Il désespérait de voir toutes ces longueurs et variations continuelles... Il pressait le roi d'interposer son autorité »[94]. Louis XIV envoya le vénérable maréchal d'Estrées — le frère de Gabrielle — en ambassade à Nancy, porteur de la menace de conclure le mariage par autorité. Charles IV se fâcha : « Il fit sentir au maréchal d'Estrées que ce n'était pas le moyen de gagner son cœur, ni une belle voie d'entrer dans son alliance... »[94]. D'Estrées conseilla la patience pendant quelques jours, et « ... ce fut un loisir suffisant au duc pour ruiner les affaires de son neveu »[94].

Charles IV revint à la surprise générale vers Paris. Le bruit de ce que son neveu voulait lui faire mettre l'épée à la main, l'avait décidé à la pire des vengeances, une vengeance à laquelle Louis XIV, par intérêt, allait prêter les mains, en se parjurant et en ruinant du même coup le projet de mariage de Mlle de Nemours. La nouvelle éclata comme un coup de tonnerre : le duc de Lorraine n'était revenu à Paris que pour faire donation de son duché, à sa mort, au roi de France. Un traité secret avait été passé entre le duc et Lionne dont la seule contrepartie en faveur de la maison de Lorraine était que ses membres auraient désormais le traitement de princes du sang de France. Le prince de Lorraine alla se jeter aux pieds de son oncle pour le retenir de signer cette folie. La famille de Mlle de

Nemours parut à son tour : « Mme de Nemours et le maréchal d'Estrées arrivèrent aussi à l'hôtel de Lorraine, joignant leurs instances à celles du prince pour tâcher de lui faire rompre ce malheureux traité mais ne pouvant le résoudre à rien... Ils se retirèrent avec un désespoir que Mme de Nemours ne put dissimuler, éclatant même en paroles injurieuses contre le tort que le roi lui faisait après sa parole engagée... »[95].

Le traité fut définitivement signé par Charles IV à l'abbaye de Montmartre, en présence du duc de Guise qui croyait lui aussi tenir là une victoire qu'il plaçait au-dessus de toutes les paroles données : le traitement de prince du sang pour toute sa lignée. Louis XIV, de son côté, pensait avoir fait le premier coup de maître de son règne. Il crevait de fierté. Le même jour, alors qu'il visitait la foire Saint-Germain, il dit : « ... qu'il n'y avait pas de bijou à la foire qui valut celui qu'il venait de gagner »[95]. Aux réclamations que lui fit le prince Charles-Léopold, quelques jours plus tard, de la main de Mlle de Nemours et de la garantie qu'il désirait donner à ses états, « ... il ne répondit pas autre chose, d'un ton grave et sérieux, sinon que les affaires des rois ne se gouvernent pas comme celles des autres particuliers »[95].

Le prince héritier de Lorraine décida de fuir et de gagner Rome puis Vienne pour faire ses plaintes au pape et à l'empereur. Mme de Nemours restait si entêtée de ce mariage qu'elle lui fit proposer, « de lui mener sa fille comme son épouse, en tel lieu d'Allemagne qu'il lui voudrait désigner... »[96].

Pendant ce temps Charles IV, enchanté de son séjour à Paris, s'engageait dans une aventure qui devait passer en étrangeté toutes celles auxquelles il avait accoutumé le public jusque-là. Il tomba amoureux d'une demoiselle Pajot, fille d'un apothicaire de Mademoiselle au palais d'Orléans. Repris par sa frénésie d'épouser — il était veuf de Nicole depuis douze ans mais toujours marié à la princesse de Cantecroix qu'il avait épousée dans le cours de sa première union — il proposa le mariage à la jeune fille qui semblait s'être éprise sincèrement de lui, faisant même établir un contrat qui fut signé le 18 avril 1662. Cette fois la duchesse d'Orléans somma le roi d'intervenir contre son frère : Marianne Pajot fut enlevée, mise dans un couvent, les Pajot chassés du palais d'Orléans par Mademoiselle. Charles IV ne s'en tint pas là, il tomba amoureux alors d'une autre demoiselle, une nommée Rémy, fille du premier maître d'hôtel de sa sœur, à qui il promit à nouveau le mariage.

Toutes ces nigauderies ne retenaient pas le duc de Lorraine de penser qu'il s'était engagé bien à la légère avec le roi de France :

on tardait à lui donner le rang de prince du sang sous prétexte qu'il ne remettait pas la citadelle de Massal au pouvoir des Français. Il désira bientôt de regagner ses états et Louis XIV l'autorisa à partir, ne voyant pas bien au fond comment le retenir.

A peine fut-il parti que le prince héritier revint afin d'exiger, en vertu du contrat de mariage approuvé par le roi, la main de Mlle de Nemours. Il fut fort mal reçu. Il eut l'ordre « ... de sortir à l'heure même de Paris et dans quatre jours du royaume »[97]. On lui donna un exempt pour le raccompagner jusqu'à la frontière. Passant devant l'hôtel de Nemours, il s'avisa d'aller voir sa fiancée : « L'exempt lui répondit qu'il n'avait point d'ordre particulier de l'en empêcher, mais qu'il lui conseillait de se priver de cette satisfaction pour ne pas augmenter le mécontentement du roi contre lui... Le prince déféra à ce conseil qui est le seul, ce me semble, ajoute Beauveau, qu'il ne devait pas suivre, parce qu'ayant été marié sous sa procuration par le duc François son père, il y avait déjà plus de six mois, il pouvait sans scrupule aller consommer son mariage avec elle... »[98].

Le contrat de mariage de Charles-Léopold et de Marie-Jeanne-Baptiste de Nemours allait de la sorte rester lettre morte : Louis XIV pressait au même moment celle-ci d'accepter la main du roi de Portugal et le prince héritier de Lorraine, après être passé devant la porte de sa promise sans s'arrêter, ne devait pas revenir de sitôt en France.

Mme de Nemours bouillait. A la proposition du roi du Portugal pour sa fille, « ... elle soutenait toujours qu'elle, étant mariée avec le prince de Lorraine, elle ne pouvait la donner à un autre »[98]. Désespérée pourtant bientôt d'en venir à ses fins, se défiant du roi, elle décida d'agir seule et de tourner ses regards du côté de l'autre famille souveraine jouxtant le royaume, celle de feu son mari — les Nemours, on l'a dit, étaient des cadets de Savoie — Elle fit le voyage de Turin avec ses filles dont l'Europe se moqua. « Elle alla en Piémont pour étaler leurs charmes qui étaient fort médiocres »[99], raille Mademoiselle.

Cette petite cour, l'une des plus raffinées d'Europe après celle de France, par ses façons, son train, le nombre et le luxe de ses palais, villas et rendez-vous de chasse, était dominée par la fille d'Henri IV, Madame Christine ou Chrétienne, la fidèle correspondante du chevalier de Sévigné, femme de tête et de culture. Madame Chrétienne avait été veuve jeune du duc Victor-Amédée et avait exercé d'une main de fer la régence au nom de ses deux fils : François-Hyacinthe mort duc à six ans, puis Charles-Emmanuel, duc depuis l'âge de quatre ans, régnant depuis un quart de siècle déjà et qui ne faisait rien encore sans prendre l'avis de sa mère. Monsieur de Savoie était à marier, beau garçon, fin, spirituel et volontiers railleur.

La venue de Mme de Nemours et de ses filles, dans l'été de 1662, commença par le distraire beaucoup : « Il fit un trou au plancher au-dessus où elles étaient logées : il vit que l'aînée se fardait. Lorsqu'elle furent parties, il en fit des contes qui coururent dans toute la cour de Savoie pendant un mois et firent connaître à tout le monde qu'il avait tourné en ridicule Mme de Nemours et ses filles »[99]. Mais le destin allait se charger de jouer un sérieux tour à ce charmant jeune homme. Le duc de Savoie riait parce qu'il se savait presque fiancé, par les soins de sa mère, avec sa cousine Mlle de Valois, autre demi-sœur de Mademoiselle, fille de Gaston et de Marguerite de Lorraine. C'est à cause de ce projet presqu'abouti et public que Madame Chrétienne avait trouvé déplacé le voyage de Mme de Nemours et de ses filles : « Ma tante — elle était sœur de Gaston et de Louis XIII — précise encore Mademoiselle, qui n'était pas morte lors de ce voyage*, s'était brouillée avec la mère et les filles, et les avait traitées assez malhonnêtement »[99].

Dans leur pitoyable équipée, Elisabeth et ses filles repassèrent, au retour de Savoie, par Nancy — peut-être pour voir si Charles-Léopold n'était pas revenu en grâce — C'est alors, aux dires de Mademoiselle, qu'intervint une autre béate, une de ces béates dont la vie d'Elisabeth de Vendôme parait jalonnée. Celle-ci lui disait : « Ne vous mettez point en peine, Son Altesse Royale épousera mademoiselle votre fille »[100]. Son Altesse Royale, c'était le moqueur, le gai, le spirituel Charles-Emmanuel de Savoie. Rien ne paraissait moins sûr puisque le 4 mars 1663, il passait l'anneau nuptial au doigt de la fille de Gaston, Mlle de Valois, paraissant décocher ainsi un nouveau pied de nez à Mlle de Nemours.

C'est ici le lieu de remarquer que la mort a singulièrement épargné jusqu'à présent la descendance de Gabrielle sauf en Alexandre, son fils et Jules-César, son arrière petit-fils, fils de Mercœur et de Laure, disparu à trois ans. Ce miracle allait s'abolir en six années n'épargnant à peu près que des enfants.

Le 20 juin 1663, ce fut Catherine-Henriette, la vieille duchesse d'Elbeuf, fille de Gabrielle et d'Henri IV, qui inaugura cette

* Madame Chrétienne mourra le 27 décembre 1663.

macabre série, regrettée de bien peu de monde après qu'elle eut si mal servi ses frères à Amboise et laissé attaquer par son terrible mari, dans la Fronde, les biens et l'honneur de César et de sa descendance.

Le 19 mai 1664 ce fut au tour d'Elisabeth, usée sans doute d'échafauder des plans vains pour ses filles. Elle mourut en quelques heures à Paris de la petite vérole contractée alors qu'elle soignait des malades. Elle avait vécu la moitié du temps, depuis la catastrophe de son mari, dans les couvents austères qu'affectionnaient les membres de sa famille : la Visitation, les Capucines. Elle avait fini par se réconcilier avec son frère, Beaufort, meurtrier de ce mari si peu présent dont elle ne cessa jamais de chérir la mémoire. Elle allait être inhumée aux Filles de Sainte-Marie, rue Saint-Antoine dont elle était la bienfaitrice et où ses filles étaient pensionnaires [101]. Elle ne verrait pas le couronnement de ses rêves : son aînée souveraine, sa cadette reine et pourtant, quatre mois avant elle, était morte à Turin Mlle de Valois qui n'avait été duchesse de Savoie que trois saisons. Madame Chrétienne l'autoritaire régente de Savoie, la devait suivre dans la tombe, laissant son fils libre de se remarier à son gré.

Ce fut la vieille Mme de Vendôme -elle avait soixante-douze ans- quittant ses couvents de Vendôme, aidée de l'évêque de Laon, fils du maréchal d'Estrées, qui fit l'incroyable mariage de Charles-Emmanuel de Savoie avec Marie-Jeanne-Baptiste. Oublié le trou dans le plancher ? Oublié le prince héritier de Lorraine ? L'annulation des engagements pris avec le Lorrain fut le dernier acte de la comédie : « Il fallait néanmoins pour résoudre sa dite Altesse Royale à ce mariage obtenir une dispense du pape sur l'avis qui lui avait été donné que cette princesse ne pouvait être valablement déchargée de celui qu'elle avait contracté avec le prince de Lorraine » [102]. Imbroglio dont le cousin d'Estrées allait aider à se sortir : « M. de Laon, à présent cardinal d'Estrées, cousin germain de Mme de Vendôme avait fait ce mariage sans faire aucune réflexion qu'il avait déjà marié Mlle de Nemours avec le prince Charles... Il (l') avait toujours soutenu bon jusqu'au moment qu'il voulait travailler à conclure celui de la Savoie : il accommodait les affaires selon qu'elle lui étaient bonnes... » [103]. Le moyen qu'on trouva ne fut pas des plus élégants à l'égard de la mémoire d'Elisabeth. Louis XIV, écrit Bauveau, « ... fit -pour abréger chemin- présenter une requête au pape par Mlle de Nemours, par laquelle se plaignant de la violence que feue madame sa mère lui avait faite au sujet de ce mariage, elle protestait n'y avoir jamais consenti dans son cœur... » [104].

Tout fut conclu à l'entrée de 1665. Mme de Vendôme conduisit elle-même la future duchesse de Savoie, sa petite-fille, prendre congé de la cour à Saint-Germain. Marie-Jeanne-Baptiste devait épouser Charles-Emmanuel à Turin le 11 avril 1665. Le duc de Lorraine, qui avait tout fait pour empêcher le mariage de Mlle de Nemours avec son neveu, crut bon de se manifester auprès du duc de Savoie : « Il fut conseillé de lui en envoyer faire des remontrances avant l'arrivée de cette princesse en Piémont... ». Il dépêcha un envoyé à Turin qui ne put, à son arrivée, qu'apprendre la consommation du mariage .

C'est par Marie-Jeanne-Baptiste, qui règnera sur la cour de Savoie jusqu'en 1724, que le sang de Gabrielle d'Estrées irriguera les principales cours d'Europe. Elle sera la mère de Victor-Amédée, premier roi de Sicile, l'aïeule des rois d'Italie et la grand-mère de la duchesse de Bourgogne, mère de Louis XV.

VIII — LA TERREUR DES PIRATES

Pendant que tous ces mouvements se faisaient dans les cours pour les beaux yeux de Mlle de Nemours, Beaufort sillonnait la mer. A quarante-six ans, il avait toute l'intrépidité d'un mousse. César avait facilité l'arrivée de son fils dans la place. Il avait écrit au vice-amiral de Nuchèze, le 7 décembre 1661 : « ... Mon fils de Beaufort ayant tesmoigné au Roi le désir qu'il avait de s'embarquer sur les vaisseaux que vous devez commander, et commencer par là à faire l'apprentissage de sa charge, Sa Majesté a eu la bonté de luy en donner la permission, aussy agréablement qu'il se peut » [105].

La marine était alors en mauvais état, même si Mazarin -contrairement à ce qu'on a souvent affirmé — ne s'en était pas désintéressé : dix-neuf vaisseaux, une dizaine de galères, c'est tout ce qui pouvait prendre la mer pour soutenir la fortune guerrière du roi et protéger son commerce. Ajoutez à cela une désaffection pour le métier de marin. Beaucoup de soldats étaient passés à terre où l'avancement était plus facile. Il fallait donc redonner courage aux gens de mer et le choix de Beaufort par Louis XIV — au moins pour quelques années — fut le bon. Le fils de César devait rendre son panache à la royale, galvanisant l'énergie des marins par son exemple comme il l'avait fait du peuple dans la Fronde, suscitant les volontaires, soutenant constamment la gloire et l'honneur du pavillon royal. Tourville, Chateaurenault et Valbelle, les plus grands marins du siècle, furent des recrues de ces enthousiastes années 1662 — 1664.

La campagne de 1662 inaugure le renouveau de la flotte. Sur les dix-neuf vaisseaux du roi, à l'automne de 1661, onze seulement, rassemblés à La Rochelle, étaient en « état de mer ». Colbert et Beaufort ordonnèrent à Du Quesne de réarmer les huit vaisseaux de Brest. Tâche presqu'impossible : on manquait de charpentiers, la récolte du chanvre, nécessaire à la confection des cordages, avait été retardée par les pluies. Ce fut le premier exploit du fils de César et de son chef d'escadre que de remettre à l'eau ces huit bâtiments — La Royale, le Saint-Louis, la Fleur-de-Lys, l'Hercule, la Victoire, l'Ecureuil, l'Infante et l'Eminente — qui purent, gréés de neuf, rallier à La Rochelle le reste de la flotte en janvier 1662.

Le 14 mars Beaufort prit le commandement en mer pour la première fois, nouvelle illustration du passage qui se faisait alors facilement entre terre et marine. Le roi lui avait fixé pour mission, « ... de nettoyer les mers des pirates qui les infestaient »[106]. On calculait qu'en dix ans les barbaresques « ... avaient saisi en Méditerranée plus de dix millions de livres de marchandises et capturé plusieurs centaines de chrétiens qu'ils maintenaient en dur esclavage »[106]. Le 2 avril, profitant de la paix avec l'Espagne, il relâche à Cadix puis, passant les colonnes d'Hercule, met le cap sur Alger, se contentant de contrôler pendant plusieurs jours qui entrait et qui sortait de ce port. De là, il remonte à Minorque où le vice-roi, qui refusait depuis plusieurs années de saluer le pavillon du roi de France, exécute ce salut à la seule vue de son escadre. Il redescend ensuite sur Tripoli, principal nid des corsaires musulmans, où il nargue quelques jours la ville avant de lui tirer plusieurs coups de semonce. En route il croise un convoi hollandais escorté de six navires de guerre. L'un de ceux-ci, en parvenant à sa vue, ayant tardé à saluer le navire amiral — le Saint-Louis — Du Quesne, sans préambule, lui fit tirer une énergique bordée. Beaufort, quoique secrètement ravi, dut toutefois, puisque la France était alors l'alliée de la Hollande, désavouer publiquement son chef d'escadre.

L'armée navale revint à Toulon en août où elle reçut l'ordre de désarmer sauf six vaisseaux chargés de rallier le ponant*. C'est au cours de ce voyage de retour vers la Rochelle, gêné par de très fortes tempêtes, qu'un de ces bâtiments fut drossé sur des rochers et endommagé. Beaufort estima qu'il était de son honneur de réparer lui-même cette perte et il s'endetta pour ce faire.

Cette campagne de 1662, sans doute stérile en terme de prises et de combats, avait déjà contribué à restaurer le prestige maritime du

* On distinguait la flotte du ponant (Atlantique et Manche) et celle du levant (Méditerranée).

roi. Les musulmans venaient de faire la connaissance de l'homme qui pendant sept années devait leur porter des coups terribles... Mais ces brèves croisières avaient également révélé d'inquiétantes failles dans nos équipages : l'indiscipline, les rivalités d'hommes. Plusieurs duels s'étaient déroulés en pleine mer malgré les mises en garde de Beaufort, au demeurant fort mal placé pour faire la morale sur ce chapitre.

En 1663 Beaufort n'eut pas de commandement à cause de la méfiance que Colbert commençait de manifester à son égard. La campagne fut confiée au chevalier Paul, avec Du Quesne sous ses ordres et le vice-amiral de Nuchèze pour mentor. Dissensions terribles entre les trois hommes. Il était pour la première fois question d'aller en Algérie et d'y installer un comptoir français. Le 1er juin, près de Bône, à Collo, le chevalier Paul ordonna le débarquement de quatre cents hommes. Ils ne firent que mettre pied à terre puis se retirèrent en désordre. Du Quesne passa la fin de la campagne, seul, près de Minorque, à guetter le passage des corsaires d'Alger et de Tunis qui n'osèrent pas se montrer [108]. Pendant toutes ces allées et venues qui, malgré leur désordre, établissaient la crainte du pavillon français, Colbert entreprenait de reconstruire la flotte. Plus de dix mises en chantier en 1662 et 1663. Quatre de ces vaisseaux de guerre portent des noms très vendômiens, hommage à l'amiral et à ses fils : le César, le Vendôme, le Mercœur, le Beaufort.

La campagne de 1664 allait véritablement révéler Beaufort dans les opérations de Méditerranée. Colbert poursuivait un double but : nettoyer la mer des pirates, c'est-à-dire suppléer l'ordre de Malte qui s'essouflait dans cette mission, mais aussi, plus audacieusement, fonder plusieurs établissements français sur les côtes d'Afrique du Nord en profitant de l'affaiblissement de l'autorité du sultan sur ses provinces d'Alger et de Tunis.

Dès 1662 il avait fait sonder les côtes en vue de trouver le meilleur emplacement. On balançait entre Djigelli* et Bougie. Beaufort, avec l'assentiment de Louis XIV, suivait de très près à ces études et il prétendait y intéresser Condé, faisant souvent le voyage de Chantilly, abreuvant le vainqueur de Rocroi de plans et de rapports.

Le choix fut finalement donné par le roi à Beaufort, sitôt après l'échec de Collo. Il se détermina pour Djigelli. Ayant su après coup,

* On écrit indifféremment à l'époque Djigelli, Gigeri, Djigeri...

par des investigations complémentaires, que le site était mal pourvu d'eau et que ses habitants venaient de pactiser avec les Turcs, l'héritier de l'amirauté proposa de changer pour Bougie mais, fait révélateur de tensions existantes entre Colbert et lui, il ne fut pas autorisé à modifier ses plans, « ... pour ne pas laisser au choix ce général passer d'un objet à un autre » [108]. Beaufort, avec Du Quesne et le chevalier Paul sous lui, eut le commandement de l'armée navale, composé de seize vaisseaux et de sept galères prêtées par Malte. Gadagne, lieutenant général eut celui des troupes de terre. Il avait été à Bléneau, en 1652, dans le camp opposé à Beaufort et, au fond de son cœur, il était resté son ennemi. Etaient également présents La Guillotière, remarquable officier et Clerville, meilleur spécialiste des fortifications. Au dernier moment, sur le conseil de Colbert, le roi parut vouloir retirer le commandement au fils de César qui s'était endetté considérablement pour s'équiper et il fallut tout le poids de Condé pour qu'il soit confirmé dans sa mission. On le flanqua toutefois d'un mentor, un homme qu'il avait lui-même poussé dans la marine, cinq ans plus tôt, en le recommandant à son père : Louis-Victor de Rochechouart, duc de Vivonne, frère aîné de Mme de Montespan. Beaufort se voyait donc encadré sur terre d'un ancien ennemi et sur mer d'un espion de Colbert.

L'armée navale mouilla d'abord à Minorque, le 15 juillet. C'est là que Beaufort dévoila à ses officiers que l'ordre du roi, tenu jusque-là secret, était de s'établir à Djigelli. Il les engagea, « ... à faire le devoir que Sa Majesté attendait de gentilshommes dévoués et amants de la gloire » [109].

On fut en vue de Bougie le 19 juillet où l'on nargua la ville pendant plusieurs heures : « M. de Beaufort ayant pris place sur la galère capitane se fit promener ostensiblement devant le port » [109]. Le 22, on toucha Djigelli où l'on débarqua aussitôt des troupes malgré une première attaque des Maures qui fut repoussée. Au dernier moment Gadagne avait modifié l'ordre de débarquement prévu pour se trouver à la place d'honneur et Beaufort, surtout soucieux du succès des opérations, avait laissé faire. Le 23 juillet au soir, Beaufort faisait son entrée dans la ville et recevait la soumission des autorités musulmanes. On découvrit un site trop pauvre pour s'établir, sur lequel Clerville fit établir une tour et une ligne de défense, bien qu'il fut considérablement gêné dans l'exécution de ces travaux par la perte en mer du vaisseau chargé du matériel.

Un Te Deum fut chanté à Notre-Dame de Paris le 15 août pour célébrer cette conquête mais la fin de l'été allait voir des débuts si prometteurs se gâcher dans la désunion et les déconvenues :

Vivonne et Gadagne bombardant la cour de rapports défavorables à Beaufort, les vivres et l'eau manquant, les galères de Malte repartant, la maladie décimant l'armée. « Il y mourut bien du monde »[110], note Saint-Hilaire. Beaufort eu la douleur d'y voir périr Louis de La Châtre, le fils de son ami La Châtre qu'il avait embarqué avec lui à la demande de son père. La zizanie se mit entre soldats et ingénieurs. Gadagne se prenait de bec avec Clerville sur la solidité des fortifications, l'autre répliquait, « ... que ses murailles étaient bonnes si des hommes de cœur savaient les défendre ». La nourriture devenait si infecte que certains soldats parlaient tout haut « de se faire Turcs »[111]. Les pourparlers engagés confirmaient la fidélité du pays aux représentants du sultan qui s'employait alors à acheminer des renforts en direction de Djigelli. Le futur grand amiral, en dépit de tant d'obstacles, organisa la résistance : il repoussa, fonçant le premier, l'épée à la main, un assaut des Arabes qui manquèrent de prendre d'assaut la tour édifiée par Clerville en montant sur les épaules les uns des autres.

Le 30 octobre, Beaufort décida de s'embarquer pour guetter les renforts turcs qui devaient arriver par mer et les intercepter. Quelle ne fut pas sa surprise, quatre jours plus tard, le 4 novembre, de voir Gadagne qui devait demeurer à terre, venir à lui sur un vaisseau qu'il avait envoyé pour savoir de ses nouvelles ; Gadagne qui abandonnait à Djigelli deux à trois cents soldats voués au massacre.

Cette campagne si mal menée allait se terminer par un nouveau désastre, celui du naufrage du vaisseau La Lune, entraînant dans sa perte plusieurs dizaines d'hommes du régiment de Picardie : le bateau, en très mauvais état, avait pu regagner Toulon mais on l'en avait fait repartir malgré l'avis de Beaufort et c'est au large d'Hyères qu'il s'ouvrit en mer.

Cette aventure désastreuse fut suivie d'une violente campagne menée par Colbert contre Gadagne mais aussi contre Beaufort. Mme de Sévigné écrit là-dessus à Pomponne, le 17 novembre 1664 : « Vous savez sans doute notre déroute de Gigeri et comment ceux qui ont donné les mauvais conseils veulent jeter la faute sur ceux qui ont exécuté. On prétend faire le procès à M. de Gadagne : il y a des gens qui en veulent à sa tête. Tout le public est persuadé pourtant qu'il ne pouvait agir autrement »[112]. Il fut même question à l'instigation de Colbert, de supprimer l'amirauté. Le 15 novembre La Rochefoucauld confirme cette rumeur dans une lettre à Guitaut : « ... On dit qu'on donne la Guyenne à M. de Beaufort et qu'on supprime l'amirauté »[113]. La faction opposée à Colbert prit parti pour l'amiral survivancier, Louvois en tête. Le roi lui-même félicita le futur amiral qui prit sa revanche en rendant publique une lettre qu'il adressait à Colbert pour se réconcilier avec lui : « Il n'est plus temps de parler de cela. Il faut réparer, s'il y a moyen, cette brèche à la réputation, et se servir à l'armée de gens moins intrigants et plus capables de conseiller et d'exécuter que ceux que nous avions »[114].

Preuve de la bienveillance de Louis XIV à son égard, Beaufort fut invité à reprendre la mer dès la campagne suivante, cette fois sans espion du ministre attaché à ses basques et comme patron d'une escadre de course en Méditerranée. Il devait s'y illustrer en menant à bien deux campagnes dans le temps imparti à une seule. Le 2 mars 1665, il força dans le port de la Goulette, à Tunis, avec neuf vaisseaux, le terrible Barbier Rassam, amiral d'Alger, renégat portugais[115] au service du sultan, qu'on prétendait âgé de cent cinq ans et qui avait juré de se mesurer à lui. Barbier Rassam fut tué au début du combat et Beaufort lui prit trois vaisseaux dont son vaisseau amiral, tuant en outre cinq cents hommes et bombardant les remparts de la ville. L'amiral survivancier concluait ainsi sa relation de ce combat : « Les Anglais tout fiers qu'ils sont n'ont jamais osé tenter de pareilles choses, bien qu'ils en aient trouvé l'occasion et en ce lieu et à Bougie »[116].

Beaufort revint à Toulon en juin où il hâta la préparation de sept vaisseaux, parvenant à remettre les voiles le 26 juillet. Le 24 août, il rabatttit dans le port de Cherchelles une escadre d'Alger, incendia deux vaisseaux, en enlèva trois autres — Le Palmier, le Soleil et le Croissant — dont il fit porter les étendards à Notre-Dame de Paris où ils furent accrochés triomphalement aux tribunes le 21 octobre.

Le 22 octobre, alors qu'il faisait voile vers la France, Beaufort devenait amiral en titre par la mort de son père. César s'éteignait en effet ce jour-là à l'hôtel de Vendôme. Une tradition sans fondement prétend qu'il serait mort dans une petite maison de plaisirs qu'il avait conservée au faubourg Saint-Germain* bien qu'il eut renoncé, depuis plusieurs mois, voire plusieurs années, à ses débauches accoutumées. Les soucis d'argent et de santé avaient ralenti sa gaieté et entamé sa superbe. On ne mène pas impunément une maison aussi brillante et vaste que celle de Vendôme, où se pressaient des fidèles, des soldats, des officiers, qui étaient tous peu ou prou à la pension du duc, sans risque de banqueroute. Dès 1645,

* A l'emplacement du 26 de la rue Bonaparte.

dans le malheur de la proscription, César avait affermé presque tout son duché de Vendôme et il avait dû ensuite, dans les mêmes conditions, engager la Penthièvre. Le gouvernement provisoire de la province de Bourgogne puis l'amirauté, pourtant recherchée à cause du profit des prises maritimes, lui avaient coûté bien plus — toujours par souci de tenir dignement son rang — qu'ils ne lui avaient rapporté. Il avait dû également établir ses enfants conformément à leurs dignités. Lui et sa femme, enfin, n'avaient pas ralenti leurs dons aux maisons religieuses et aux fondations, largesses, là aussi, inséparables de leur état. Rien qu'à Vendôme ils avaient établis de leurs deniers l'Oratoire, les capucins, les ursulines, les sœurs du Calvaire. En 1657, il avait dû se résoudre à vendre la riche Penthièvre au financier Boilêve, tant les créanciers qui la tenaient en gage se montraient pressants [117] et Boilêve, endetté lui-même, avait dû se défaire presqu'aussitôt de ce morceau princier entre les mains du roi.

Affligé de maux qui étaient le tribut de sa vie de plaisirs : la goutte, la gravelle et sans doute la syphilis, César goûtait de plus en plus la paix des champs. Dans les quatre dernières années de sa vie, les séjours à Chenonceaux, dont il avait arrêté les travaux de remise au goût du jour faute d'argent, à Anet et à Vendôme, occupèrent le plus clair de son temps. C'était surtout dans la vieille forteresse des ducs de Vendôme, au bord du Loir, qu'il se sentait bien. Il s'était toujours efforçé de rendre plus habitable cette vaste enceinte féodale encombrée de bâtiments épars et, quelques semaines avant sa mort, il y travaillait encore. Pour gagner de la place, il avait fait démolir l'église Saint-Lubin, blottie contre le logis de Jeanne d'Albret, sa grand-mère, et l'avait faite rebâtir, en contrebas, dans les faubourgs de la ville. Il élevait à présent, en arrière de terrasses aménagées sur d'anciennes défenses, un corps de bâtiment de trois étages qui ne devait jamais être terminé, planté au ras du vide, face au magnifique clocher de l'abbaye de la Trinité.

Son dernier été il le passa là parmi les Vendômois éprouvés au printemps par des crues terribles du Loir : le pont Saint-Michel s'était rompu et le prêtre du couvent du Calvaire avait failli être emporté par les flots alors qu'il célébrait la messe. A Montoire, où il possédait une petite maison, à la vue de l'ancien château ruiné par ordre de son père, il avait été soulagé par un empirique et ce court répit lui avait permis de rentrer à Paris. La rechute avait été soudaine. Il s'était éteint, après trois semaines de souffrances terribles, le 22 octobre, à l'âge de soixante et onze ans.

Louis XIV fit une chose extraordinaire. Il ressucita pour César mort le fameux rang intermédiaire. Il ordonna que son corps fût traité comme celui d'un prince de sang : gardé par quatre hérauts d'armes et aspergé d'eau bénite par le premier gentilhomme de la chambre. Madame de Vendôme, qui se tenait près du catafalque, crevait de fierté malgré ses larmes. Saint-Simon rapporte qu'elle sanglotait : « Oh le pauvre homme, que je voudrais qu'il pust voir tout cela, et qu'il serait aise s'il le voyait » [117].

Les funérailles furent célébrées à Vendôme le 18 novembre. Le corps de César fut monté dans son cher vieux château, dans la collégiale Saint-Georges* où l'on vénérait un bras de ce saint et où reposaient tous les comtes et ducs de Vendôme, parmi eux Jeanne d'Albret, Antoine de Navarre, son mari et Henri de Beaumont, leur fils, frère aîné d'Henri IV, mort à deux ans. Son cœur fut placé dans la vieille chapelle Saint-Jacques, devenue la chapelle du couvent de l'Oratoire qu'il avait établi là en 1623 et où reposait déjà son frère Alexandre. Mme de Vendôme devait y faire élever, dans les mois qui suivirent, en l'honneur de son mari et de son beau-frère, deux mausolées de marbre dont seul un dessin de Gaignières conserve le souvenir.

L'oraison funèbre à l'Oratoire fut prononcée par le père l'Ange sur le thème : *Reddite quoe sunt Coesaris Coesari* [118] (Rendez à César ce qui est à César). Ce prêtre y rappela les charités du défunt qui étaient considérables, se gardant bien d'ajouter qu'elles étaient souvent venues en réparation de débauches et de dilapidations ; enchaînement d'excès contraires, actes d'orgueil et de macération, de luxure et d'ascétisme, dont les vies de César et de ses fils furent toutes entremêlées. Il était patent que lorsque César avait vu la famine s'abattre autour de Chenonceaux, il en avait fait cesser les dispendieux travaux pour nourrir les pauvres — il changea la pierre en pain, devait en déduire le père l'Ange — et non moins patent que lorsqu'il avait vu les peuples d'Anet affamés, il avait, de la même façon, fait tuer la plupart des chiens de sa meute pour offrir leur nourriture à ceux qui avaient faim.

Mme de Vendôme, après cette mort, désira de rester elle aussi à Vendôme, au couvent du Calvaire de Vendôme où elle fit édifier un bâtiment exprès pour elle. Lorsqu'elle demeurait dans cette maison, elle y prenait l'habit de religieuse et il y eut d'ailleurs longtemps, dans le parloir de ce couvent, un portrait d'elle, détruit à la Révolution, où elle figurait sous l'habit de calvairienne [119].

---

* Le lecteur pourra retrouver dans le jardin qui occupe l'espace de la cour du château de Vendôme un monument de marbre blanc, érigé en 1826 pour marquer l'emplacement du tombeau de César détruit, comme tous les autres monuments de cette collégiale, en 1793, par les soldats du bataillon des Champs-élysées, en route pour combattre les chouans.

Louis XIV, sincèrement désolé de la mort de ce cousin, avant dernier fils encore vivant d'Henri IV — Gaston était mort en 1660 et « féfé » Verneuil, devenu évêque de Metz, devait mourir en 1682 — allait montrer sa sollicitude en restituant en 1668 le duché de Penthièvre qu'il avait repris au financier Boilêve et en le remettant par lettres patentes en possession de la vieille duchesse, « ... et ses hoirs après elle, nobostant les ventes contractées... ». Il ajoutait toutefois : « ... que cette dignité (celle de duc de Penthièvre) leur demeure comme auparavant et dans la même ancienneté de son érection, mais qu'elle soit éteinte à défaut de mâles sortis d'eux » [117].

IX – L'AMIRAL, MON FRERE

Beaufort, devenu amiral, allait marquer son entrée en charge par deux coups d'éclats qui devaient conclure les opérations de pacification de la Méditerranée : le 25 novembre 1665, il signait un traité avec le pacha de Tunis et le 17 mai 1666 avec le dey d'Alger. Ces accords prévoyaient la restitution des esclaves français — rachetés cent-soixante-quinze piastres chacun, précise Gaufridi [120] — et stipulaient des garanties pour nos marchands. Dans le même temps, par l'intermédiaire d'un trafiquant français, Roland de Fréjus, il s'assurait de l'amitié du roi de Fez, Moulay Arxid, première tentative française d'une entente simultanée avec ces trois pays de l'Afrique du nord. En quatre années, Beaufort avait pris ou brûlé « ... cent bâtiments aux corsaires sans perdre une chaloupe [121] ».

La plus grosse partie de la campagne de 1665 allait se passer sur l'océan. Tout d'abord, le nouvel amiral devait se porter au secours des Hollandais, alliés de la France, attaqués par les Anglais sans déclaration de guerre. Ensuite, il devait lui appartenir d'accomplir la prédiction de la sœur tourière de Moulins en faisant de sa seconde nièce, Mlle d'Aumale, une reine et en la menant à Lisbonne épouser le roi du Portugal. Mariage arrangé là encore, par l'inéffable cousin d'Estrées, évêque de Laon, fils du maréchal, qui devait en retirer le titre de protecteur à Rome des affaires du Portugal et que nous connaissons déjà pour avoir marié Mlle de Nemours deux fois. Il allait ici se surpasser. Mademoiselle, anticipant quelque peu sur la suite, nous narre le fait : « Il en a usé de même (Mademoiselle vient de parler du double mariage de Mlle de Nemours en Lorraine et en Savoie) avec la reine de Portugal qui était Mlle d'Aumale. Il la maria avec le roi. Le mariage consommé, elle écrivit à toutes ses amies, combien elle avait raison d'être satisfaite, qu'elle avait épousé le plus honnête homme du monde, que rien ne manquerait à son bonheur lorsqu'elle aurait un enfant, qu'elle espérait d'en avoir bientôt... Et deux ans après le cardinal* d'Estrées voulut qu'elle ne fut pas mariée, et il lui négocia le mariage du prince du Portugal**, fit reléguer le roi son frère dans l'île et dit que sa vie n'était pas en sûreté. Ainsi elle est dans le cas d'avoir deux maris et d'avoir épousé les deux frères... »[122].

L'Angleterre, jalouse des entreprises de la Hollande, était allée détruire ses comptoirs de Guinée et s'était emparée en Amérique de la Nouvelle Amsterdam — future New-York — Le 13 juin 1665 une bataille devait opposer, au large du Suffolk, cent six vaisseaux anglais à cent trois vaisseaux hollandais (dans un temps où la France n'en avait pas trente), l'avantage de cet affrontement terrible et sans merci demeurant aux Anglais.

Louis XIV s'était obligé par un traité de 1662 à soutenir la Hollande en cas d'attaque de l'Angleterre. Aussi, après avoir tenté vainement, pendant tout l'automne et l'hiver de 1665, de concilier les deux nations, fit-il savoir, le 26 janvier 1666, qu'il s'apprêtait à soutenir son alliée.

Du Quesne fut mis à la tête de l'armée du ponant, grosse alors de quinze vaisseaux parmi lesquels quatre mouillaient dans la Charente en prévision du voyage de la reine du Portugal. Beaufort, tout en conservant son autorité sur l'ensemble de la flotte, reçut le commandement du secours aux Hollandais. Touché par cet ordre au large de l'Afrique, l'amiral alla d'abord à Toulon prendre six vaisseaux à la fin d'avril et passa Gibraltar pour opérer un regroupement de toutes les forces navales dans l'Atlantique.

L'intention de Louis XIV était de régler au passage de la flotte, à Lisbonne, l'affaire du mariage de Mlle d'Aumale. Beaufort fut donc dans le Tage, le 9 juin, ignorant que sa nièce était encore à La Rochelle, en butte aux difficultés nées de la haine que se portaient M. de Ruvigny chargé d'escorter la princesse et Du Quesne à qui l'on s'en remettait du succès du transport par mer. Il manquait à Mlle d'Aumale un chaperon qui put imposer silence à ces deux hommes. La veuve Scarron, qui n'était pas encore Mme de Maintenon, pressentie pour tenir cette charge, avait finalement décliné l'offre de se rendre au Portugal. Mlle d'Aumale partait régner à

* Il ne sera cardinal qu'en 1671.
** Ce prince du Portugal, nous le dirons plus loin, était le frère du roi de Portugal

Lisbonne avec un capharnaüm dont s'effraye l'intendant de marine, Colbert du Terron : « ... quantité de gens chargés de meubles et d'un attirail incroyable » [123]. On avait, par exemple, dû transformer à grands frais deux bateaux pour transporter les huit carrosses et les quarante chevaux destinés à faire une entrée digne d'une princesse du sang de France dans Lisbonne. Pour toutes ces raisons l'armada n'allait pas pouvoir quitter La Rochelle avant le 3 juillet 1666.

Pendant ce temps l'amiral avait eu tout loisir de faire à Lisbonne des ravages de sa façon. Il était entré en conférence avec le jeune roi du Portugal, Alphonse-Henri VI. Il l'avait aussitôt jugé pour ce qu'il était : un lourdaud — nullement un fou comme on tendra à le faire accroire plus tard — et tel quel il l'avait estimé indigne de sa nièce. L'invitant à son bord, il s'était obstiné à prendre un fauteuil devant lui comme pour affirmer que le sang bâtard d'Henri IV primait celui des Bragances. Près du roi se tenait son frère, Pierre, beau, fin spirituel, et l'amiral, en le voyant, ayant sans doute à l'esprit son propre exemple, trouva que le droit d'aînesse est une injustice lorsqu'il se trouve aussi mal distribué.

Or, pendant ce temps, les évènements allaient grand train. Les Anglais et les Hollandais s'étaient à nouveau battus entre le 10 et le 13 juin, au cours d'une furieuse bataille dite des Quatre Jours, et, cette fois, tout l'avantage était resté à L'amiral Ruyter, le grand marin des Hollandais. Louis XIV sommait Beaufort d'intervenir au plus vite afin de protéger la République de la vengeance prévisible des Anglais. L'amiral dut lever l'ancre le 28 juillet sans attendre sa nièce, persuadé qu'il allait la croiser en route. Or, par un hasard extraordinaire, Du Quesne et l'amiral passèrent très près l'un de l'autre sans se voir et Mlle d'Aumale devait débarquer à Lisbonne, le 2 août, moins d'une semaine après que son oncle en fut parti.

A La Rochelle, le 23 août, Beaufort apprenait la triste issue d'un nouveau duel des puissances maritimes : une terrible défaite de Ruyter, survenue le 4 août, lequel, confiant dans son récent succès, était allé narguer ses ennemis jusque dans l'embouchure de la Tamise. L'amiral de la République, malgré une conduite héroïque, devait y perdre douze vaisseaux et quatre mille homme, terrible désastre qui donnait irréversiblement la maîtrise des mers aux Anglais.

En revenant dans son pays, Ruyter fut toutefois félicité par les Etats et décoré de l'ordre de Saint-Michel, au nom de Louis XIV, par le comte d'Estrades, ambassadeur de France. Les Hollandais accusèrent aussitôt les Français, et en premier lieu Beaufort, de ne les avoir pas secourus à temps, « ... de les laisser combattre seuls les Anglais pour achever de ruiner la flotte des Etats » [124]. La Hollande attendait pourtant encore que Louis XIV la vengeât en l'aidant à affronter une nouvelle fois leur ennemi. Or le 15 août, trois semaines après le terrible affrontement des deux flottes rivales, Beaufort se trouvait toujours en rade de La Palice. Le 25 août il écrivait au roi : « Si les Hollandais veulent ressortir, il y aura encore assez de temps pour en venir à une troisième rencontre avec les Anglais » [124].

Le 31 août Louis XIV répondait en modérant l'enthousiasme de son amiral : « Cependant, comme il n'y a rien de plus important que de tenir mon armée en sûreté, soit contre les gros temps qui peuvent survenir, soit contre toute la flotte anglaise, si elle venait à lui tomber sur les bras avant la jonction, je désire que vous examiniez aussi cette matière avec toute la circonspection possible, et que vous entendiez sur cela vos plus anciens capitaines et les plus experts pilotes des îles et de la province de Bretagne » [124].

Beaufort, tout à rebours, était impatient d'en découdre. Le 6 septembre il réunit tous ses officiers à bord de l'Amiral, son vaisseau. Il fut résolu que la flotte se porterait à Brest, qu'on demanderait à Du Quesne d'y venir de Lisbonne et qu'on ferait avancer les troupes à embarquer, jusqu'à Dieppe, en prévision de l'affrontement avec les Anglais.

Mais, le 9 septembre, l'amiral avisait Colbert de nouveaux délais : « J'ai trouvé ici des longueurs plus grandes que je ne croyais à faire de l'eau pour tous les vaisseaux, et à transporter tous les approvisionnements de la Charente à la rade, le vent et la marée étant maîtres de ces choses »[125]. Du Quesne, retardé par les cérémonies de l'entrée solennelle de la reine de Portugal à Lisbonne et par des vents contraires ne put joindre Beaufort à Belle-Ile, que le 13 septembre. L'amiral le fit monter sur son bateau pour qu'il lui servit de conseiller et laissa la flotte arrivée de Lisbonne au commandement du chevalier Paul. Il prit aussi des mesures pour augmenter le nombre des marins compétents, ordonnant à M. de Montigny, gouverneur de Dieppe, « ... de faire prendre incessamment, soit de gré, soit de force, tous les pilotes qui ont quelque connaissance de la navigation dans la Manche et en Zélande, et de les envoyer sur l'heure à bord du vaisseau-amiral, le Saint-Philippe » [126].

Pendant ce temps les Hollandais, las d'attendre les Français, prenaient une nouvelle fois la mer. Le 11 septembre, Ruyter, à la tête de quatre-vingt vaisseaux, affrontait la flotte anglaise au large de Calais, lui infligeant la destruction de quatre de ses navires.

Le 23 septembre Beaufort, à l'annonce de ce succès, écrivait à Colbert : « A bord de l'Amiral... Le courrier de Nantes nous a aujourd'hui porté nouvelle d'un troisième combat gagné par les Hollandais, lequel, quoiqu'avantageux pour la France, ne laisse pas de m'être la plus douloureuse chose qui me pouvait arriver... On aurait pu éviter cet inconvénient par la diligence des armements, et par des victuailles de plusieurs mois ; mais l'un et l'autre n'ont pu réussir comme je l'aurais souhaité... » [126]. Jal en conclut : « Cette lettre très franche disculpe fort bien le duc de Beaufort de toute lenteur » [126].

La flotte ne put se rassembler à Dieppe que le 25 septembre, les Hollandais dont les vaisseaux avaient été malmenés par un orage [127], commençaient alors de se retirer chez eux, donnant soupçon aux Français de vouloir se venger en les laissant seuls face aux Anglais. Jamais on n'avait vu si belle flotte en France : quarante et un vaisseaux de guerre dont les deux-tiers avaient moins de quatre ans, signe éclatant du renouveau de la marine française dont l'amiral avait été l'un des promoteurs. Cette méfiance de la France à l'égard de la Hollande, l'arrivée de la mauvaise saison et, il faut le dire, la crainte des ministres et du roi de risquer ce jouet tout neuf, firent décider au dernier jours de septembre du retour de la flotte à Brest.

Retour difficile car l'escadre anglaise de Porsmouth prit en chasse les quatorze vaisseaux de l'arrière-garde française. L'ordre de dispersion — le sauve qui peut — fut donné. Les bâtiments, pour la plupart fort maltraités, dématés, incendiés, parvinrent malgré tout à regagner les ports français. Seul le Rubis, après une héroïque défense qui valut à son capitaine, La Roche Saint-André, avec la liberté, une épée d'honneur offerte par Charles II, resta aux mains des ennemis. « J'ai appris des nouvelles d'Angleterre, écrit La Rochefoucauld à Lenet le 4 octobre, et j'admire la bonne fortune du roi, de ce que M. de Beaufort a évité tant de périls par des miracles » [128].

Louis XIV félicitait ainsi Beaufort, arrivé aux premiers jours d'octobre en rade de Brest : « Mon cousin, j'ai reçu du Sieur de Volain une lettre de la rade devant Brest, où vous avez ramené mon pavillon après avoir fait un voyage très dangereux qui m'a donné beaucoup d'inquiétude » [129].

Cette flotte, qui rentre au port presqu'intacte et sans avoir vraiment combattu, est toutefois démoralisée. L'énergie du duc s'emploie donc à galvaniser le moral des équipages. Tout l'hiver, depuis Brest — ce sera la première fois dans la marine française — il fait croiser treize navires non désarmés dans la Manche pour surveiller les mouvements des Anglais. Témoignage de cet activisme, il écrit à Colbert le 29 novembre : « Avec dix ou vingt bons navires, je ne tiens pas impossible, en prenant bien mon parti avec un peu de bon vent et de fortune et quatre brûlots, d'aller en incommoder trente de Messieurs les Anglais »[130].

Du Quesne soutient cette ardeur combattive de l'amiral, écrivant de son côté à Colbert : « M. le duc de Beaufort m'ayant confié le dessein qu'il a proposé au roy de grossir l'armement prévu pour cet hiver et de suivre les Anglais qui sont au détroit de la Manche, je me trouve obligé de vous en dire mon sentiment qui est que ce projet réussira d'une façon ou de l'autre »[130].

1667 vit s'accélérer le processus du renouvellement de la marine. Sous les ordres du duc de Beaufort la flotte du ponant devait se composer de quarante-six vaisseaux et dix brûlots, avec quatre chefs d'escadre : Du Quesne, le chevalier Paul, Mathurin Gabaret et La Roche-Saint-André, relâché par les Anglais après son héroïque défense du Rubis.

En accord avec les Hollandais il fut décidé de procéder à une succession de croisières actives contre les escadres anglaises. Mais pendant toute la campagne l'ennemi se déroba parce que Charles II n'avait pas obtenu de son parlement les crédits nécessaires au réarmement de sa flotte. Du Quesne quitta Brest le 3 mai, alla croiser au large de l'île de Wight et redescendit à La Rochelle où l'amiral avait donné rendez-vous à tous ses chefs d'escadre. Deux d'entre eux se firent attendre et Beaufort écrivit à Colbert sous le coup de la colère : « Je serai très sévère aux négligents qui ne veulent bouger des ports. En mon absence il faut établir le respect et l'obéissance au moindre commandant comme à moi-même… »[131].

Pourtant, le 13 juin 1667, un an jour pour jour après sa victoire de la bataille des Quatre Jours, Ruyter s'engouffrait dans la Tamise et allait incendier quelques quartiers de Londres. Louis XIV et Charles II toutefois songeaient depuis quelques mois à la paix. Ils la firent, presque par-dessus la tête de la Hollande, par le traité de Bréda du 21 juillet, aux termes duquel, entre autres dispositions, l'Angleterre revendait Dunkerque à la France à prix d'or.

Louis XIV songeait alors à la conquête des Flandres et donc à de nouvelles luttes contre l'Espagne. Le 4 août, Du Quesne fut chargé par Beaufort d'appareiller de Brest pour se rendre maître des galions espagnols de retour d'Amérique. L'armada, avertie du danger, eut le temps de se réfugier à Santander que Du Quesne, gêné par un mauvais temps continuel, tenta en vain de forcer avant de cingler à nouveau vers le large, le 11 septembre. Ce fut le seul évènement notable de la campagne.

X — LE CARDINAL, MON FRERE

Il est temps de refaire un tour dans la Provence pacifiée par l'action de Louis de Mercœur qui avait obtenu, à titre de grâce, en 1657, que son fils aîné, Louis-Joseph, lui succédât un jour dans son gouvernement. Le 22 octobre 1665, par la mort de César, tout comme son frère François était devenu amiral, il avait succédé à son père dans la dignité de duc de Vendôme. Monsieur le gouverneur continuait d'être tout à sa Lucrèce et, même, pour couler avec elle des moments plus intimes, il s'était offert en 1664, aux portes de sa capitale, un douillet nid d'amour, faisant élever par le maître maçon Antoine Matisse ce fameux pavillon de Vendôme qui reste l'un des ornements d'Aix. C'était à l'époque un bâtiment à un seul étage avec un vestibule ouvert en-bas pour les voitures. Il l'avait, par un caprice d'homme du nord — n'était-il pas devenu en 1665 le propriétaire d'Anet et de Chenonceaux ? — fait coiffer d'un toit d'ardoises qui avait rendu nécessaire la venue en Provence d'ardoisiers d'Orléans. Le sculpteur Rambaud avait modelé ce petit cube en l'enflant d'atlantes, des statues de l'Aurore et du Crépuscule, de guirlandes de fleurs qui lui donnaient un air d'Italie.

Le nouveau duc de Vendôme continuait de faire des instances pour épouser sa « belle du Canet » et le roi lui opposait toujours la raison supérieure de mésalliance. Ce fut d'ailleurs Louis XIV, lassé sans doute de ses instances répétées, qui lui imposa définitivement cette voie qui flatta l'homme religieux qu'était au fond le fils aîné de César : le faire prince de l'Eglise, le faire cardinal. L'idée, on l'a dit, était déjà dans l'air en 1658 puisque Mazarin avait éprouvé le besoin, dès ce moment-là, d'en donner un démenti au cardinal Barberini. Le roi proposa la nomination sur le contingent de chapeaux auquel il avait droit et, le 7 mars 1667, étant à Rome, Louis fut fait cardinal par Alexandre VII. Il fut intitulé diacre du titre de Sainte-Prisca sur l'Aventin, comme le sont tous les cardinaux censés être les curés des paroisses de Rome. La titulature de Sainte-Prisca était traditionnellement réservée à l'abbé de l'abbaye cardinale de la Trinité de Vendôme dont la possession jusqu'au concordat de 1516 avait emporté pour son titulaire — c'était le seul cas connu dans l'Eglise — le droit d'être cardinal. Louis qui tenait, on l'a dit, La Trinité et Saint-Victor de Marseille, deux des plus considérables bénéfices du royaume, de l'oncle Mazarin et qui, de plus, était duc de Vendôme, renouait ainsi, à travers sa personne — il devait être le dernier dans ce cas — le lien qui unissait la titulature cardinale de Sainte-Prisca à l'antique abbaye de La Trinité de Vendôme.

A peine le nouveau cardinal de Vendôme eut-il quitté Rome que le pape mourut et qu'il dut revenir sur ses pas pour entrer en conclave. Il participa à l'élévation du cardinal Jules Rospigliosi qui devait prendre le nom de Clément IX et être le pontife promoteur de la fameuse expédition de Candie.

Le 24 mars 1668 le cardinal de Vendôme réjouissait toute la cour de France, qui le redécouvrait avec étonnement drapé et chapeauté de pourpre, légat a latere du pape pour le baptême du dauphin. Son cortège fut magnifique. Il monta la côte de Saint-Germain, précédé de mules drapées de rouge qui portaient son bagage, de gardes Suisses prêtés par le pape et suivi de soldats de son régiment de Vendôme. On trouva qu'il se débrouillait plutôt bien dans son nouveau métier, qu'il était habile aux bénédictions et qu'il avait de l'onction. La vieille duchesse de Vendôme, sa mère, n'en croyait pas ses yeux et Beaufort, son frère, avait du mal à cacher qu'il riait. Il y eut tout de même une fausse note, le cardinal gâcha la cérémonie en prétendant que la reine d'Angleterre — la très catholique Catherine de Bragance, femme de Charles II, représentée à la cérémonie par la princesse de Conty [132] — n'avait pas la qualité requise pour être marraine, vu que la majorité de ses sujets étaient protestants. On le fit taire avec un brin de gêne, le chargeant d'officier, après quoi il retourna à Aix retrouver sa province et sa Lucrèce.

Les interventions de Louis de Mercœur dans les affaires de l'Eglise ne furent pas marquées du doigté que l'on attend généralement de la diplomatie romaine. Le 8 avril 1669, profitant des pouvoirs de légat dont il avait été investi pour le baptême du dauphin, il prétendit réglementer par une bulle la réforme de la province de Saint-Louis des frères prêcheurs (les dominicains). Il favorisa de la sorte un nommé Nicolas Dubois qui était un perturbateur notoire, introduisant pour longtemps la division dans les maisons de cet ordre en France [133]. L'autre affaire dont il se mêla — plus spécieuse encore — était celle du divorce de sa nièce, la reine du Portugal.

Cette reine et son beau-frère, Pierre, le beau prince héritier dont Beaufort s'était pris à regretter tout haut qu'il ne fut que le cadet, s'étaient entendu pour déposer le roi Alphonse. Etaient-ils déjà amants comme tout le laissait supposer ? Sans doute. Toujours est-il que Pierre fut déclaré régent le 22 novembre 1667 et le roi transporté dans l'île de Tercere d'où on le ramena bientôt pour l'enfermer dans un palais de Cintra. Les Cortés de Lisbonne donnèrent la main à cet arrangement sans gloire, impressionnés par les proclamations du roi de France qui menaçait de reprendre la dot de Mlle d'Aumale et les rodomontades de Beaufort qui parlait de retourner à Lisbonne fermer l'estuaire du Tage avec son escadre. Mademoiselle nous a déjà parlé du rôle peu glorieux que joua dans l'affaire le fameux cousin d'Estrées, évêque de Laon et futur cardinal. Il soutenait, contre toute vraisemblance, que le mariage des rois du Portugal était nul. L'oncle cardinal de Vendôme fit mieux encore : abusant de sa qualité de légat, il démaria sa nièce en mars 1668. Dès le 2 avril suivant, la reine épousait le régent, son beau-frère, affaire de conséquence et qui fit jaser toutes les cours d'Europe. De cette union si étrange il ne viendra qu'une fille, Elisabeth-Marie-Louise de Bragance, née le 6 janvier 1669, que sa mère se voudra mêler de marier au fils de sa sœur, la duchesse de Savoie — l'ancienne Mlle de Nemours — Les articles de ce mariage, qui aurait dû unir les fruits royaux et souverains issus d'Elisabeth de Vendôme, signés le 25 mai 1681, ne seront jamais concrétisés quoique la flotte portugaise soit allée jusqu'à Nice pour chercher le prince de Savoie. La reine de Portugal mourra le 27 décembre 1683, trois mois après son premier mari Alphonse. Pierre se remariera presqu'aussitôt. Quant à Elisabeth-Marie-Louise, après l'échec de son projet d'union avec le prince de Savoie, elle restera sans alliance et mourra le 21 octobre 1690. La descendance de César du côté de Lisbonne devait ainsi s'éteindre avec elle.

XI — L'AFFAIRE DE CANDIE

Les rapports de Beaufort et de Colbert étaient devenus excécrables. Colbert, longtemps sans titre officiel pour intervenir dans les affaires de marine, profitait de la fonction de contrôleur général des finances, qu'il occupait depuis 1665, pour se mêler de tout. Quant à l'amiral, qui possédait la charge et les pouvoirs nominaux, il était mis en position de ne rien pouvoir faire. Un pas supplémentaire allait être franchi avec le règlement du 11 mai 1667 qui confiait officiellement à Colbert, « les affaires concernant la marine de Levant et Ponant », avec l'approvisionnement des arsenaux, forges et fonderies de canons, les chiourmes, « le commerce tant de terre que de mer », les colonies et « toutes les sociétés de commerce maritime ». C'était vider en grande partie de sa substance la charge de grand maître, chef et surintendant de la navigation et commerce de France dévolue à Beaufort. L'extraordinaire programme de construction maritime qui devait porter la flotte du roi de dix-huit unités en 1661 à deux cent soixante-seize en 1683, à l'heure de la mort de Colbert, était amplement lancé en 1668. Tous ces nouveaux vaisseaux, tous leurs hommes, s'étaient peu à peu trouvé placés dans la main du ministre et l'amiral, lorsqu'il voulait un bateau ou des marins, était encore contraint, selon les anciennes règles de fonctionnement de sa charge, de payer sur sa cassette, en ne pouvant escompter de rentrer dans ses fonds que par la guerre, les prises ou les gratifications du roi.

Colbert, en 1668, fit entrer au conseil de marine François-Annibal d'Estrées*, fils du vieux maréchal, toujours vivant, frère de Gabrielle. Il en résulta une opposition durable entre les Vendômes et les d'Estrées. Beaufort, de son côté, était de plus en plus le complice de Du Quesne, sans doute le plus grand marin français du temps, mais homme de la vieille école comme lui et haineux des intendants de marine qui s'appropriaient peu à peu tous les pouvoirs. On les accusait de menées et, comme ils se retrouvaient quelques fois à Chantilly ensemble, on soupçonna Condé de comploter avec eux : de songer à quelque compagnie coloniale pour s'enrichir, à quelqu'établissement en Méditerrannée et, même, à vouloir faire évader Fouquet de Pignerol pour reprendre avec lui des projets maritimes séditieux.

Deux conceptions s'opposaient donc : celle de Colbert, bureaucratique et sans panache mais terriblement efficace dans ses résultats, celle de Beaufort, toute mâtinée de bravoure et de flibuste. Jal rapporte un fait symptomatique de l'opposition de leurs caractères, c'est lorsque le ministre exige que l'amiral ne corresponde avec lui que par l'entremise d'un secrétaire, à cause de ses tournures incompréhensibles et de son orthographe fantaisiste. Les affaires d'Afrique du Nord, la façon dont l'amiral avait traité avec le dey et le pacha sans en référer à la cour, commençaient d'irriter. En 1668, Beaufort s'était même mêlé de négocier à nouveau, de sa seule initiative, avec le roi de Fez, Moulay Arxid, pour installer des comptoirs au Maroc. Roland de Fréjus devait écrire à ce sujet à Colbert, fin 1669, après la disparition de l'amiral : « Si Mrg le duc de Beaufort avait vécu nous aurions obtenu de Moulay Arxid...

* François-Annibal II, né en 1644 et qui mourra ambassadeur à Rome en 1687.

d'avoir vaisseaux et galiotes à Tanger et à la ville des Albouzennes et des Zaffarines, nous serions les maîtres de la Méditerranée ». Mais Louis XIV lui-même, au début de 1668, en était venu à son tour à penser que son ami Beaufort, l'amusant Beaufort, passait la mesure.

Or, à l'entrée de la nouvelle année il fut question d'une affaire que les deux rivaux saisirent au bond : l'amiral pour s'illustrer, Colbert, qui venait d'être nommé par le roi, le 7 mars 1669, secrétaire d'Etat à la marine, département créé exprès pour lui, pour éloigner quelqu'un qui le gênait de plus en plus. La Crète, possession de Venise depuis 1222 -on l'appelait alors Candie qui était à la fois le nom du principal port (la moderne Héraklion) et celui de l'île tout entière- était l'objet d'un siège des Turcs qui durait depuis vingt et un ans. On appelait cela la gigantomachie, tant à cause de la durée de cet affrontement que de l'ampleur des moyens mis en œuvre. Les assiégeants avaient poussé là jusqu'au grand art leur science des travaux de sape, créant, sous les remparts du port et jusque sous la mer, un labyrinthe de boyaux d'une architecture étonnante où ils pouvaient à volonté faire jouer des mines qui effondraient des pans entiers de murailles à l'endroit où l'on s'y attendait le moins. Les Vénitiens répliquaient à ce travail de taupe par des moyens non moins nouveaux et radicaux : en mars 1669, ils avaient expérimenté de faire tomber dans ces souterrains que creusaient les Turcs de grosses bonbonnes carrées en verre, chargées d'une préparation sulfureuse, qui avaient tué d'un coup deux cent cinquante de leurs ennemis. Malgré ces terribles ripostes, Venise était sur le point de succomber. Le grand vizir du sultan était en personne à pied d'œuvre avec une armée de quatre vingt mille hommes. La chute de Candie, « boulevard de la Grèce et de toute la Méditerranée », selon le mot de Clément IX, devait immanquablement provoquer l'effacement des chrétiens des Cyclades et du Dodécanèse où Venise avait réussi à maintenir plusieurs points d'occupation.

Ce fut le pape qui lança l'idée d'une expédition des souverains catholiques d'Europe pour secourir Morosini* — le généralissime ou capitaine général vénitien — dont l'ingéniosité et la furie paraissaient sur le point de s'épuiser. Louis XIV reçut l'invitation avec beaucoup de méfiance : la politique traditionnelle de la France,

* François Morosini né en 1618. Général des galères de Venise en 1650. Gouverneur de Candie en 1656. Généralissime de la République en 1658. Il sera doge en 1688. Il mourra commandant des armées de Venise en Grèce.

depuis François 1er, était celle de l'alliance avec la Sublime Porte*, alliance susceptible de prendre à revers les archiducs de Vienne ; en outre, il y avait déjà eu en direction de Candie, un an plus tôt, une expédition française qui avait mal tourné, celle du duc de la Feuillade. Louis XIV commença donc par refuser les offres de service de Turenne, trop capable à son gré et ce fut toute l'ambiguïté de cette expédition française, obligée de répondre à l'appel du pontife de Rome, mais priée de ne rien créer d'irrémédiable avec le sultan.

L'attelage que le roi et Colbert mirent en tête de l'expédition était fait pour échouer : le duc de Navailles, qui refaisait surface après avoir été écarté du service pendant plusieurs années sur le soupçon d'avoir livré à la reine le secret des amours du roi et de Mlle de La Vallière, en fut déclaré le chef, il n'avait pas servi depuis cinq ans ; Beaufort devait commander la flotte à l'exception des galères qui resteraient sous les ordres de Vivonne, le « gros crevé », général en titre des galères. C'était, en pire, rebâtir l'organisation qui avait abouti à l'échec de Djigelli. Du Quesne, le premier, s'en indigna tout haut et, sous sa pression, on décida que l'amiral commanderait aux galères en cas de jonction : décision funeste malgré tout, car ce sera la raison qui poussera Vivonne à flâner le long des côtes d'Italie, afin de ne pas se trouver sous les ordres de l'amiral au moment de l'engagement décisif.

Beaufort, seul, paraissait radieux à l'idée de répondre à l'appel de Clément IX. C'était l'œuvre de son grand-père, le duc de Mercœur, et de son plus lointain ancêtre, lui aussi membre de la famille de Lorraine, Godefroy de Bouillon, tous deux engagés dans le combat contre les ennemis du crucifix, qu'il comptait reprendre. L'apostrophe lancée par François de Sales en avril 1602 aux parents du duc de Mercœur, présents à ses obsèques, c'est d'évidence à lui qu'elle s'adressait et, la devise de ce duc, son grand-père, *Plus fidei quam vitoe***, semblait avoir été forgée pour lui.

Parti avec l'idée qu'il se sanctifierait sans doute par le martyre, il reçut toutes les avanies faites à son honneur et à son rang d'un cœur étonnamment léger. Tout d'abord Colbert -Colbert devenu tout puissant par le secrétariat d'Etat à la marine- commença par lui refuser tout concours d'argent. Il n'en donnait guère depuis huit ans, on l'a vu, mais cette fois, il avait le prétexte que cette armée était celle du pape, à laquelle le roi de France ne faisait qu'adjoindre

* L'Empire Ottoman.
** Plutôt la foi que la vie.

quelques bataillons. Beaufort n'en eut cure. Une nouvelle fois il s'endetta et cette fois, dans de telles proportions, que sa situation de fortune, s'il eut survécu, eut été intenable.

Il obtint de son frère, le cardinal, de pouvoir emmener avec lui le second de ses fils, Philippe, promis à Malte, que l'on appelait alors le chevalier de Vendôme et qui n'avait que quatorze ans. Le cardinal-duc n'y consentit qu'à condition que le jeune homme fut placé sous la protection de son propre capitaine des gardes du corps, M. de Saint-Marc. L'oncle et le neveu, après avoir pris congé du roi à Saint-Germain, quittèrent ensemble Paris par la poste, le 28 février 1669. Ils avaient décidé de passer en Provence les trois mois qui les séparaient de l'embarquement prévu pour la fin de mai et d'y couler agréablement les jours gras. A peine furent-ils partis que Colbert, qui estimait sans doute avoir trop cédé, obtint du roi qu'on retirât à Beaufort le commandement des troupes de marine sous de ridicules prétextes d'honneur : les Italiens refusaient de lui donner de l' « altesse ». L'amiral, apprenant la nouvelle à Avignon, leva lui-même l'obstacle, renonçant à l' « altesse », se contentant du « vous » en français et du « lei » en italien. Survint alors une seconde difficulté : le pape prétendait étendre l'autorité de son neveu, Vincenzo Rospigliosi, général des galères de l'Eglise, à toute la flotte. Navailles et Vivonne envoyaient là-dessus des lettres incendiaires au roi. Beaufort, de lui-même, renonça à sa prééminence. Il reconnut, par dessus lui, l'autorité du neveu de Clément IX, proclamant : « De l'altesse et du reste, je m'en moque, je mépriserai tout, hors les occasions de m'illustrer ».

La seule chose qu'il souhaitait visiblement, c'était de défendre la foi chrétienne et de sauver son âme. Il écrit à sa vieille mère, recluse au Calvaire de Vendôme, des lettres où l'enthousiasme confère un souffle éloquent à son style ordinairement heurté : « Je crois que vos prières à qui je dois tout ce que j'ai eu de bonheur dans ma vie, ne me manqueront pas en une occasion qui doit être selon votre goût puisqu'elle est sainte »[134]. Le pape, informé des difficultés que suscitaient à l'amiral, Colbert et Navailles, manœuvrait en sous-main. Il obtint de la sorte de Louis XIV que le duc, après le débarquement sur l'île, continuerait de commander à terre les détachements de marine et qu'il ne serait pas contraint -comme le souhaitait Navailles- à demeurer sur son vaisseau*. Le 12 avril à

* Ce n'est que le 17 mai que Louis XIV consentira à cela, écrivant à l'amiral : « Comme je serai toujours bien aise de vous donner les moyens d'acquérir de la gloire... je consens volontiers à votre demande à condition toutefois que dans les conseils de guerre qui seront tenus, il soit résolu que les troupes prendront un poste hors la place, entre les quartiers des Turcs, ou qu'elle mettront pied à terre dans quelqu'endroit de l'île, soit pour les pouvoir attaquer, soit pour quelqu'autre entreprise, que l'attaque qui soit résolue soit utile, qu'elle oblige le capitaine général de la Sainte Eglise de détacher tout ce qu'il pourra commander de troupes...(Vivonne, 29).

Avignon le duc reçut des mains du premier consul de la ville, au nom de Clément IX, un étendard portant le christ en croix, un chapelet et des médailles bénites. Il se vit également attribuer un titre duquel il signera désormais tous ses courriers, oubliant celui d'amiral de France, celui de « capitaine général des armées navales de l'Eglise ».

Colbert, offusqué de ce qu'ils regardait comme des abandons de dignité faits au pape, estima nécessaire de préciser les choses dans une lettre du 30 mars qu'il fit écrire par le roi à l'intention de l'amiral. On y lit notamment : « Sa dite Majesté veut qu'en toute occasion de jonction il tienne toujours le rang à sa dignité de fils aîné de l'Eglise et qu'il ne souffre jamais qu'aucun vaisseau des autres nations prenne le rang d'honneur entre l'étendard de la Sainte Eglise et celui qu'il portera, en quoi Sa Majesté ne veut point de ménagement... » [135].

Fin avril, Beaufort et son neveu Philippe sont à Toulon pour voir sortir de cale le Monarque, le bateau que Beaufort paye en partie de ses deniers et pour lequel il n'a rien ménagé. Ce bâtiment est magnifique : percé de quatre vingt pièces de canon, chargé de 100 000 écus de dorures, surmonté des quatre pavillons carrés signalant la présence de l'amiral de France, tous quatre d'une grandeur extraordinaire et figurant, sur fond de damas cramoisi, les armes de Vendôme, soutenues des effigies de saint Pierre et saint Paul. Tout le reste est à l'avenant, les appartements du capitaine général des armées navales et de son neveu, sont tendus de damas de Lucques et de brocatelle, les livrées des officiers de bord rebrodées d'or et d'argent. La flotte entière se regroupe dans le port de Marseille. Elle se compose de « ... quatorze gros vaisseaux de guerre et de quatre brûlots, de quelques galères et quatre vingt autres bâtiments chargés de cent officiers réformés, de plusieurs volontaires, de six mille hommes d'infanterie, de deux cents mousquetaires et de huit cents cavaliers » [136]. Parmi les principaux officiers on remarque Colbert de Maulevrier, cousin du ministre, que Navailles imposera à Beaufort pour maréchal de camp sans pouvoir empêcher les deux hommes de s'estimer, mais aussi le futur maréchal de Choiseul, qui commande un bataillon de cinq cents hommes détachés par le roi de sa propre garde. Beaufort a également près de lui Jacques de La Fayette, chevalier de Malte, frère de Louise, la religieuse, amie de Louis XIII, beau-frère de Marie-Madeleine, l'auteur de *La Princesse De Clèves*. La Fayette est commandant en second du Monarque ainsi que capitaine des gardes de l'amiral qui le surnomme « l'honneur du pavillon ». Il y a aussi Kéroualle, un breton intrépide, descendant d'une lignée dévouée aux Penthièvres et Bonair-Stuart, le pamphlétaire attaché à la maison de Vendôme que nous avons déjà vu faire la campagne de Catalogne avec Mercœur.

La fin du mois de mai fut consacrée aux ultimes préparatifs de l'armada. L'argent manquait et Colbert ne cédait rien. Ce qui arrivait venait de l'Eglise parce qu'il se faisait des quêtes par tout le royaume pour la défense de la chrétienté. Beaufort, qui n'avait plus un sou malgré ses mirobolants emprunts, réclamait de l'argent pour finir d'équiper ses hommes. La cour rechignait à payer. C'est alors que le fils de César écrivit à Louis XIV sa lettre du 2 juin qu'il faut citer comme la dernière et la plus curieuse qu'il ait adressée au roi. L'amiral y est au faîte de l'orgueil et de la superbe :

> « Je ne prétends être au monde que pour obéir aux ordres de Votre Majesté avec tout le respect « imaginable. Je prie Dieu qu'il m'abandonne si j'ai jamais d'autre pensée. Je la supplie très humblement d'avoir « agréable que je lui renouvelle, en mettant à la voile pour Candie, les assurances de mes respectueux services et « que j'aie l'honneur de lui demander sa protection pour mon neveu, qui est à Paris seul et sans appui que celui de « la bienveillance de Votre Majesté.
>
> « Si ces navires trouvent des corsaires d'Alger, nous en enverrons d'esclaves ici. J'appréhende qu'en « faisant une route fort régulière étant chargés de troupes, je ne puisse donner chasse à presque à aucun. Du reste, « Sire, j'irai demain mettre au large avec tous vos vaisseaux à quatre lieues d'ici, et après demain, si le vent me le « permet, je mettrai tout à fait la voile. Pourvu que nous nous garantissions des maladies, à quoi je m'appliquerai « de tous mes soins, j'espère que le secours que V.M. envoie à Candie, paraîtra de toute manière. Je laisserai ici le « nombre de voiles qui iront à ce voyage, ne le sachant pas au vrai ; en pouvant encore arriver deux ou trois entre « ici et le jour du départ.
>
> « Je crois que nous sommes tous contents les uns des autres et qu'il y a une entière union et amitié « parmi ce qui est ici gens de terre et de mer. Je ne vois aucune apparence qu'il y puisse avoir rien au contraire. « Tout se fait d'un même concert. Nous serions bien malheureux d'être d'un autre esprit. Cela, ce me semble, peut « donner un grand respect et satisfaction à V.M., laquelle me fera la grâce, s'il lui plaît, de me tenir pour sa « véritable créature. Toutes sortes de raisons m'y obligent et beaucoup plus celle que je n'oserais dire* pour ne pas « manquer au respect que celle du devoir. C'est de quoi je la supplie très humblement d'être persuadé, et que je « suis la dernière soumission, Sire, de Votre Majesté, le très humble , très obéissant et très fidèle serviteur,
>
> « Le duc de Beaufort »[137].

Et suprême insolence après cela, lorsque les maigres subsides du roi finissent par arriver, à la veille du départ, il les distribue aux pauvres de Marseille.

Le 4 juin 1669, la flotte de Candie quittait le Lacydon**. Le roi, ou plutôt Colbert, parce que le style est trop le sien, avait adressé à

* Isabelle de Broglie a donné à ce « que je n'oserais dire » la valeur d'un aveu, Beaufort rappelant par là au roi qu'il pourrait être son véritable père.

** La partie la plus ancienne -grecque- du port de Marseille.

l'amiral, en date du 7 juin, un dernier message à demi-vexatoire, message que Beaufort ne reçut pas : « Mon cousin, Je suis très aise d'apprendre, par votre lettre du 28 e du mois passé, que mes troupes commençaient à s'embarquer et que vous espériez mettre à la voile le samedi suivant, le premier jour de ce mois. Je souhaite fort que vous ayez le temps favorable et que vous soyez bientôt en état de me donner des marques de votre zèle pour la gloire de mes armes et de votre valeur. Je désire surtout que vous vous appliquiez soigneusement à l'exécution de mes ordres pour retirer mes sujets qui sont au service des étrangers, et que dans la visite que vous ferez de mes vaisseaux dans le cours de ce voyage, vous remarquiez toujours les capitaines qui tiendront leurs équipages en bon état et la propreté dans leurs vaisseaux... » [138].

Aidée de vents favorables l'armée navale française fut dès le 19, vers quatre heures du soir, devant Candie. Morosini fit saluer les arrivants, « ... de tout son canon et de toute sa mousqueterie » [139] et les Français répondirent. La ville, du large, offrait un spectacle lamentable, ses murailles ébréchées en maints endroits par le canon, ses fossés labourés et effacés par les bombes. Le lion ailé de saint Marc qui surmontait la porte principale du bastion du port était tout grêlé de mitraille. Navailles descendit à terre sur l'heure et rendit visite au marquis de Saint-André Montbrun, un mercenaire français, qu'il avait connu autrefois dans les campagnes d'Italie. Il servait contre les Turcs depuis plusieurs années et les Candiotes ne le nommaient pas autrement que leur « dieu tutélaire ». Ensemble ils se rendirent chez Morosini et inspectèrent de concert les travaux de défense. Le constat fut terrible : l'endroit le plus critique c'était le bastion Saint-André, perdu par les Vénitiens quelques semaines auparavant, où plus de trois mille Turcs avaient réussi à se loger. A l'opposé, au quartier de la Sablonnière : « ... Je vois, indique Navailles dans ses *Mémoires*, que les ennemis avait conduit leur tranchée jusqu'au pied du bastion, qu'ils y avaient fait une brêche à passer trente hommes de front » [140]. Le commandant des troupes de terre du roi conclut : « La seule voie pour empêcher que la place ne fut sitôt prise était d'attaquer les Turcs au quartier de la Sablonnière, fort éloigné de celui de Saint-André » [140].

Morosini, d'après La Croix, avait une autre idée : faire faire le débarquement loin de Candie, à La Canée, afin de diviser les forces turques. L'avis indisposa Navailles, persuadé, « ... qu'il y allait de la réputation des armes du roi de laisser emporter cette place à la vue de son armée sans qu'elle fit aucune tentative pour l'empêcher » [141]. Le Français soupçonna Morosini de vouloir l'éloigner par jalousie et déclara à ses officiers, « ...qu'il ne fallait pas faire grand fonds sur l'assistance de ce général vénitien, qui les regardait du moins comme des gens qui venaient partager sa gloire »[142].

Après ces premières piques sur la tactique et sur l'honneur, les deux généraux s'opposèrent sur l'urgence. Navailles, sur l'information reçue de ce que la cavalerie turque était disséminée dans l'île, voulait attaquer dans les heures qui suivaient, il comptait profiter de l'avantage que lui donnait les cinq cents chevaux rangés dans les cales de ses vaisseaux. Morosini, arguant de la difficulté très réelle du terrain, représenta « ... qu'il n'était pas à propos de précipiter une sortie générale avant qu'ils eussent le temps de connaître distinctement les travaux des ennemis, leurs dispositions, le terrain, pour aller à eux et leur manière de se battre, à laquelle il fallait accoutumer les soldats français par de petits combats... Un conseil si sage fut rejeté »[141].

Isabelle de Broglie laisse entendre que Beaufort rallia l'opinion de Morosini, prétendant qu'il fallait encore attendre les galères de Vivonne et de Rospigliosi qui se dirigeaient à grands coups de rame vers Candie. Il aurait présenté un autre argument qui était que si ses deux mille marins accoutumés à la houle avaient bien supporté le voyage, il n'en était pas de même des cinq mille fantassins, tous en piteux état. Ce que confirme du Caussé de Nazelles : « A voir nos visages si pâles et nos membres tremblants, on nous eut pris pour des ombres plutôt que pour des hommes vivants »[143].

Quoiqu'il en soit Navailles imposa son plan et Beaufort ne lui résista pas. Navailles écrit même : « Je ne laissais pas de continuer dans ma résolution et j'allais la communiquer à M. de Beaufort qui l'approuva »[144]. Il accéléra donc les opérations : « Je pressais si fort le débarquement qu'en deux fois vingt quatre heures toutes nos troupes étaient à terre ». Surgit aussitôt une autre occasion de friction avec les Vénitiens. Navailles, à Paris, avait reçu l'assurance de l'ambassadeur de Venise qu'il y aurait sur place douze mille soldats candiotes en renfort, Morosini lui en avait proposé seulement trois mille le premier jour, puis, nouvel effarement : « ... Je demandais à Morosini les trois mille hommes qu'il m'avait promis mais j'entendis que celui-ci disait tout bas à l'autre (Saint-André Montbrun) qu'il leur était impossible de me donner un seul homme »[144].

Navailles soutient qu'il envisagea alors de renoncer, ce que voyant Morosini lui fit promesse d'une attaque de douze cents Vénitiens pour soutenir la sienne et Beaufort l'assura que les vaisseaux du roi canonneraient le bastion Saint-André, tandis que lui-même engagerait les quinze cents soldats de marine qu'il n'était normalement pas tenu de débarquer.

La décision d'attaquer est donc prise et la date fixée à l'aube du 25 juin. Beaufort fait plus. Il décide qu'il sera de la partie et qu'il prendra en personne la tête de ses troupes de marine, ceci malgré les protestations de La Fayette, de Kéroualle et de Saint-Marc. Navailles se vante, lui aussi, de l'en avoir voulu dissuader : « M. de Beaufort avait résolu de combattre quoique je n'ai rien oublié pour l'en détourner »[145]. Emporté par l'exemple, le chevalier de Vendôme supplie son oncle de le laisser également combattre. Du Caussé a brossé le portrait de Philippe dont la beauté, l'intrépidité et la fougue annoncent déjà, malgré la fragilité de ses quatorze printemps, qu'il sera un jour le digne héritier de son oncle : « M. le chevalier de Vendôme était un prince bien pris dans sa taille, d'un esprit vif, d'une humeur enjouée et agréable, d'un accueil très gracieux et très familier avec les gens de guerre, il était robuste et vigoureux, capable des plus grandes fatigues dès cet âge tendre. Avec ces grandes qualités, il était un peu volontaire, ce qui faisait qu'on l'appelait l'enfant gâté de M. l'amiral »[146]. Dur dilemme pour l'amiral, à qui la raison commande de laisser son neveu à bord mais qui sait aussi qu'on ne peut refuser à un garçon de son rang l'honneur de s'illustrer. Il finit par accepter sous deux conditions, c'est que M. de Saint-Marc et Schomberg, le capitaine des gardes du cardinal-duc de Vendôme et l'un des fils du maréchal, ne le quitteront à aucun moment et qu' « ... il ne se trouverait pas là où lui même irait ».

L'ordre de marche fut fixé par Navailles : cinquante grenadiers en tête, quatre cents hommes, les meilleurs, tirés de tous les régiments et trois escadrons de cavalerie, le tout aux ordres de M. de Dampierre. A la suite, les gardes du roi, trois régiments et quatre escadrons, enfin, les corps de réserve des régiments avec leurs colonels et quatre autres escadrons. C'est alors qu'il impose à Beaufort, pour maréchal de camp, Colbert de Maulevrier, pensant de la sorte le flanquer d'un espion. Aussitôt, en vrai chevalier, Beaufort se défait de sa garde — quatre-vingts marins d'élite — pour l'offrir à Colbert.

Le 24 juin au soir, Beaufort rassemble tous ses officiers dans la chambre du conseil du Monarque. Il donne les ordres pour la canonnade que doivent effectuer ses vaisseaux à l'aube et commence à mettre ses troupes en chaloupe, « ... sur les neuf heures du soir » — véritable exploit que ce débarquement de quinze cents hommes en quelques heures alors qu'il avait fallu deux jours entiers à Navailles pour n'en porter que le triple sur le rivage — Il rejoint l'île à son tour. Il cherche Saint-André Montbrun qu'il ne trouve pas. Il va chez Morosini qui s'emporte contre les Français, augurant ainsi très mal de l'aide qu'il est prêt à leur apporter le lendemain. C'est en mettant pied à terre sur le rivage que Beaufort aurait, selon Bonair-Stuart, été légèrement atteint à la main par un éclat de mitraille — les Turcs tiraient sans cesse en direction du port, même en pleine nuit — présage funeste puisqu'une vieille superstition veut que celui qui reçoit la première blessure dans le cours d'un combat doit normalement y succomber.

Beaufort s'isole ensuite, certainement pour prier. Vers trois heures, il vient se placer au milieu de ses soldats que Colbert de Maulevrier a fait placer sur une demi-lune, « ... le long du fort Neuf... à la droite de M. de Navailles et à cinquante pas des ennemis »[147]. Il se couche sur le ventre comme tous ses hommes. Rien ne le distingue d'eux : il porte un simple buffle de cuir et l'on voit de sa boutonnière dépasser le lacet d'un petit crucifix qu'il a glissé sous sa chemise. Confusion de rang regardée par Navailles comme une inconvenance et l'occasion, de la part de celui-ci, d'une dernière pique lancée à l'amiral : « M. le duc de Navailles représenta à M. le baron de Saint-Marc que M. l'Amiral se commettait beaucoup pour un homme de sa qualité et de son rang »[148].

« On demeura une heure et demie en cet état »[147], précise l'auteur de la *Relation anonyme* qui fournit d'autres détails intéressants sur les dernières heures de Beaufort. Les nuits d'Orient sont étonnamment longues et douces : on entend la diane des ennemis, « ... battue par des tambours et musettes » puis, soudain, avant l'aube assurée, un crépitement du côté de Navailles. Le feu a pris malencontreusement à la poudre qu'un fantassin avait reçue dans son chapeau : « Le désordre et les cris des soldats qui en étaient le plus près donnèrent l'alarme. On crut que les assiégeants avaient forcé ce quartier. On s'y porta en foule sans attendre le commandement »[149]. L'attaque était ainsi donnée, une demi-heure avant le jour.

La méconnaissance du terrain confronte les troupes à un inconvénient majeur que relève M. de Soisigny, aide-major de l'amiral : « Pour passer en bataille jusque à M. de Navailles... il nous fallait nous précipiter du haut de la contrescarpe jusque dans une profonde ravine qui occupait l'espace entre M. de Navailles et nous et la remonter par un chemin escarpé, rude, plein de trous et de fossés... »[150]. C'est dire que l'armée de terre de Navailles est coupée des marins de Beaufort et que Beaufort, sur qui repose l'attaque de la Sablonnière, est laissé à peu près seul.

Les premiers rayons du jour découvrent à Navailles toute la difficulté du terrain. Affolé sans doute, il ordonne une furieuse charge contre le camp du vizir : « Il donne donc dans le camp des Turcs qu'il trouve endormis et passe d'abord les premiers retranchements »[150]. L'attaque, par son impétuosité, décontenance d'abord l'ennemi. Elle parait réussir : « ... Tout ce qui voulut résister, du côté des Turcs, fut passé au fil de l'épée. On emporta les tranchées, deux redoutes placées sur la colline, et une batterie de sept pièces de canon postée sur son sommet... » [151]. C'est ici que du Caussé de Nazelles accuse Navailles d'avoir voulu aller trop loin dans sa charge : « Si l'on s'en fut tenu là et qu'on eut comblé leurs travaux, la ville aurait été sauvée... Mais on se mit à la poursuite des fuyards avec tant d'ardeur qu'on ne garda plus d'ordre ni de précaution » [152]. Navailles, dans ses *Mémoires*, laisse filtrer un peu de la transe qui l'habita quelques instants lorsqu'il crut l'avoir emporté : « La plus grande partie des ennemis se retira en désordre dans la montagne qui est proche, le reste prit la fuite, un grand nombre se jeta à la mer, j'en rencontrais plusieurs qui, pour me demander la vie, faisaient le signe de croix... » [153].

C'est emporté par l'euphorie générale que Beaufort donne l'assaut à son tour. On ne sait pourquoi, avant de quitter la demi-lune où il s'était posté, il ordonne à La Fayette de demeurer sur place avec une partie des hommes : « Alors Monseigneur se leva, et toutes les troupes avec lui, commanda aux tambours de battre aux champs, et puis la charge, et franchit le retranchement à la tête du premier bataillon... Comme il montait sur la hauteur, on vit un grand feu. Les nôtres crurent que c'était un fourneau, et, sur cela, s'arrêtèrent. Mrg l'Amiral, pour les animer, leur dit : « Courage, enfants ! Puisqu'ils ont fait jouer un fourneau devant nous, c'est une marque qu'ils s'enfuient » [154]. C'est à ce cri, suivi de ses hommes, qu'il escalade une contrescarpe et parvient à s'établir sur une terrasse que venaient d'abandonner les ennemis.

Ce grand incendie c'était en réalité la tragédie qui devait décider de l'issue de la bataille : « Le feu prit par un accident à la batterie dont on s'était rendu maître. Il y avait une espèce de magasin de poudre, de bombes et de grenades ; trente ou quarante Français sautèrent en l'air. Tous les soldats crurent que c'était par l'effet d'une mine. Une terreur panique s'empara de leurs esprits... Ils s'imaginaient que toute cette campagne était minée... Ils se renversaient les uns sur les autres et s'enfuyaient dans un désordre extrême... » [151]

Navailles est sévère à l'égard de Beaufort qu'il accuse d'imprudence : « Un peu avant l'accident des poudres, M. de Beaufort qui avait mis les ennemis en déroute, ne se jugeant plus nécessaire à son poste, l'avait quitté pour nous venir joindre, accompagné seulement du chevalier de Villarceaux. Il rencontra en chemin un gros de Turcs qui pressait quelques-unes de nos troupes. Il se mit à leur tête et combattit avec beaucoup de valeur mais il fut abandonné et l'on n'a jamais pu savoir ce qu'il était devenu »[155].

Les Turcs, en effet, s'étaient ressaisis à la vue de l'explosion et du désordre qui s'en était suivi dans les rangs français : « Ils revinrent en troupes sur les nôtres, avec des cris épouvantables et ébranlèrent les troupes victorieuses devant lesquelles ils venaient de fuir »[156]. Dans les premiers rayons du soleil scintillent l'éclat des cimeterres qui parfois, dans une seule volée, parvenaient à faucher les têtes de deux ou trois chevaliers français. Le grand vizir, Kupruli Ahmed Pacha, venait d'annoncer qu'il portait de dix à quinze piastres la prime par tête coupée et à soixante-dix piastres celle par prisonnier.

Beaufort a donc quitté la terrasse dont il s'était rendu le maître, suivi du seul chevalier de Villarceaux. C'est alors qu'il est pris dans la débâcle de ses propres troupes. La confusion avait mélangé les troupes de terre et de marine, l'infanterie et la cavalerie : « ...il se fit un désordre si grand que personne ne se connaissait »[157]. Il n'était plus d'ordre de marche possible, on ne devait plus compter que sur la bravoure personnelle, surtout celle des officiers. Navailles remonta ainsi trois fois à l'assaut, « ... ayant vu tuer ou blesser tout ce qu'il avait auprès de lui »[158], et en premier lieu son chirurgien. L'auteur de l' *Autre relation...* montre Beaufort continuant, lui aussi, d'aller d'un endroit à l'autre pour ressaisir le courage de ses hommes : « Mrg l'Amiral commanda à scs aides de camp de porter l'ordre partout pour rétablir les choses. Ces officiers se mirent en devoir de lui obéir, Son Altesse même cria « Saint Louis ! « , mot de ralliement, et dit : « A moi mes enfants ! Je suis votre amiral ; ralliez-vous près de moi. » Mais la confusion fut telle, qu'il fut impossible d'en venir à bout. Ne pouvant réussir en cet endroit, il se porta en d'autres pour la même chose, et trouva partout le même mal. Ne pouvant encore se résoudre à se retirer, il envoya en divers lieux les officiers qui étaient près de lui, pensant toujours, par son exemple et par ses ordres, remettre le cœur aux fuyards... »[159]

C'est en s'essayant à galvaniser l'ardeur de ses hommes que Beaufort s'isole. Du Caussé le confirme : « Poussé par trop de témérité ou peut-être emporté par son cheval, il s'engagea dans le fort de la mêlée de manière qu'il ne lui fut plus possible de s'en retirer. Villarceaux fut tué à son côté et lui-même fut porté à terre d'un coup de mousquet à la cuisse »[160]. La Croix ajoute : « L'Amiral demeura abandonné de toutes ses troupes de marine et n'ayant pas un seul de ses gens avec lui... »[158].

Dernier détail fourni par du Caussé : le poids de ses armes ne lui permit pas d'être enlevé en croupe par un mousquetaire. Ce que corrobore le récit de Soisigny : « Un malheureux cavalier se vanta seulement le lendemain qu'il l'avait vu tout des derniers, même qu'il lui avait demandé son cheval, mais qu'il ne lui avait pu offrir que sa croupe, dont il n'avait jamais pu se servir et que, voyant les ennemis sur eux, il n'avait plus songé qu'à se retirer »[161].

Isabelle de Broglie, emportée par sa passion pour Beaufort, lui fait tout de même trouver à point un cheval pour s'élancer au travers de la fumée des brûlots et de la houle des bannières vertes du prophète, et marchander durement sa vie aux ennemis du crucifix.

François de Beaufort venait de tirer sa révérence à l'histoire. Dans la mêlée qui dura trois heures, on ne s'aperçut pas tout de suite de sa disparition. Navailles se battait encore comme un lion, il ne fit sonner la retraite que lorsqu'il se vit, lui aussi, à peu près seul. Les officiers français avait suppléé à la discipline par la bravoure : ils avaient perdu cinq cents de leurs hommes mais ils avaient infligé trois fois plus de pertes aux Turcs. L'ennemi l'avait emporté par le déferlement du nombre, sans toutefois se rendre maître de Candie.

On finit par remarquer l'absence de l'amiral. C'est la stupéfaction. Le chevalier de Vendôme, qui, nous dit du Caussé de Nazelles, était allé plusieurs fois à la charge et que M. de Saint-Marc « ... avait du faire retirer à la hâte »[162], interroge tous ceux qui reviennent : « Où est mon oncle, demande-t-il, où est mon oncle ? ». Chacun était dans un profond silence, lorsque M. d'Hector, capitaine du vaisseau la Thérèse et que Son Altesse de Beaufort avait nommé son aide-de-camp, parut et dit qu'il avait vu M. de Beaufort, la pertuisane à la main qui appelait ses aides-de-camp et encourageait un chacun à bien faire son devoir, mais que la foule des fuyards était si grande qu'encore que lui, M. d'Hector, tâchât de s'approcher de Son Altesse, en la priant de se retirer, il avait tellement été emporté par les fuyards qu'il l'avait perdue de vue »[163].

On incrimine La Fayette : « ... on blâma fort le chevalier de La Fayette de lui avoir obéi (à Beaufort)... Un capitaine des gardes dont toute la fonction est d'être auprès de la personne de son maître ne doit jamais s'en séparer dans ces rencontres, quelqu'ordre qu'il ait contraire »[164].

Le chevalier de Vendôme court en tous sens. On examine à la jumelle les terribles trophées que le grand vizir vient de faire planter autour de sa tente : les têtes de trois cents Français fichées au bout de piques. On n'y reconnait pas celle du prince et l'on espère pouvoir le compter parmi les prisonniers qu'on sait déjà être en très petit nombre. Saint-Marc se résoud d'y aller voir lui-même : « Il obtint un passeport et il se rendit auprès de la tente du grand vizir, à qui il fit demander la permission d'envoyer à ce prince ses officiers pour le servir. Le fier vizir lui fit dire qu'il avait assez d'officiers pour servir les princes et les rois lorsqu'ils étaient devenus ses prisonniers... »[164].

Philippe de Vendôme sollicite l'aide de Morosini, « ... le priant instamment d'en faire une exacte recherche par ses espions »[165]. Du Caussé rapporte, de son côté, qu'un esclavon lui aurait dit alors, « ... qu'il avait vu vendre les armes de ce prince dans le camp et qu'à l'égard du corps, il avait été dépouillé et sa tête coupée et amoncelée avec les autres sur le champ de bataille »[164]. Le jeune prince de Vendôme trouve un officier qui sait la langue turque, le chevalier de Flacourt, qu'on envoie par mer, dans une chaloupe, avec un drapeau blanc. On n'a pas de manières plus exquises qu'à la guerre : il est reçu à trois reprises par les Turcs avec de grands égards. Sa conclusion, une fois son dernier voyage accompli, sera que Beaufort n'était pas du nombre des prisonniers, quatre ou neuf seulement, qu'il ne put pas rencontrer parce qu'ils avaient été acheminés, dès la fin du combat, vers la prison des Sept-Tours à Istanbul. Pour Flacourt, Beaufort était mort : « ... Y ayant toute apparence que son grand courage lui aura plutôt fait prendre le parti de mourir en se défendant vaillamment que de se livrer... »[166].

Robert de Dreux, dans son *Voyage en Turquie et en Grèce*, rapporte un autre témoignage encore plus troublant, celui de M. de Montigny, l'un des rares prisonniers et l'un des quinze cents marins de Beaufort. Celui-ci fut interrogé par le vizir en personne, juste après le passage de Saint-Marc et le premier voyage de Flacourt, qui s'étaient enquis tous deux d'un guerrier blond. Ahmed Pacha fit apporter un sinistre sac rempli de trente têtes coupées, toutes blondes, et les montra une à une à Montigny : « Le vizir qui l'observait dans le temps qu'on lui exposait ces têtes, ayant remarqué sur son visage un changement qui marquait de la surprise, il dit — Pourquoi ne dis-tu pas la vérité ? Car ce changement qui vient de paraître sur ton visage est une marque évidente que tu la reconnais — Hélas, Seigneur, dit M. de Montigny, ce qui m'a causé ce changement, c'est que voilà la tête, en lui montrant une autre que celle de M. de Beaufort, voilà la tête de mon plus intime ami, mon camarade d'Académie, que j'aimais plus que moi-même — Il n'importe, dit le vizir, il suffit que je sois assuré que votre amiral a été tué et que c'est lui qu'on est venu rechercher avec tant de soin »[167].

A son troisième voyage M. de Flacourt fut reçu par le pacha de Damas qui se trouvait à Candie, homme d'un raffinement extrême, qui dit à Flacourt : « Si c'est le cousin de votre roi que vous cherchez. Il est mort. C'est tout ce que nous avons à dire. Il est mort. » Flacourt change alors de langage : « S'il est en vie nous l'échangerons contre tout ce que vous demanderez, s'il est mort nous donnerons son pesant d'or. » Le pacha resta impénétrable.

Pendant toutes ces recherches les opérations militaires continuaient. Le chevalier de Vendôme fut de toutes les sorties, acharné qu'il était à marchander à l'ennemi la probable mort de son oncle. A la mi-juillet le marquis de Jonzac repoussa une vigoureuse attaque en contrebas du bastion Saint-André. Il y eut aussi une grande opération navale de la flotte et de toutes les galères romaines et françaises réunies qui tourna court à cause de l'explosion de la Thérèse, l'un des vaisseaux de Beaufort, qui manqua incendier la Réale, la superbe galère amiral, véritable décor d'opéra flottant sur laquelle avait pris place Vivonne. Navailles se refusait toutefois à entreprendre une seconde opération d'envergure par méfiance des Vénitiens qui ne lui avaient accordé aucun des secours promis lors de la première attaque. A la fin de juillet, le général des armées du roi dut constater que sur cinq mille hommes qu'il avait amenés avec lui, il n'en restait que la moitié qui ne fussent pas tués, blessés ou malades[168]. Détail horrible : « Tous ceux qui avaient été blessés par le fer ou par le plomb moururent en peu de temps, ce qui nous confirma dans la pensée que les armes des Turcs avaient été empoisonnées »[169]. Les vivres commençaient de manquer et, comme les rapports avec les Vénitiens étaient de plus en plus enveloppés de méfiance, le départ fut décidé. Les assiégés, qui se voyaient près de succomber, députèrent auprès de Navailles. Il y eut sur le port des processions de femmes et d'enfants, clergé latin et grec pour une fois uni. Saint-André Montbrun supplia Navailles mais celui-ci lui répliqua que Louis XIV n'était pas en guerre avec les Turcs, qu'il n'était là que pour plaire au pape, que sa mission était terminée. Il n'y avait que Morosini qui ne retint pas les

Français, il avait commencé de négocier avec les assiégeants une capitulation, somme toute honorable, puisque Venise devait évacuer la Crète en y conservant trois comptoirs. Les Vénitiens abandonnèrent donc Candie, le 5 septembre, après vingt et une années de résistance, ayant perdu trente mille hommes dans la place tandis que les Turcs en sacrifiaient cent mille. Le 16 août Navailles avait mis les voiles. On devait faire une chanson sur ce départ :

> « Le grand vizir voyant venir Navailles
> « Accompagné de tous ses fanfarons
> « Dit à ses gens : ce n'est qu'un feu de paille
> « Au premier souffle, il s'en retourneront... ».

A mi-chemin Navailles croisa les vaisseaux de Valbelle — un homme de l'école de Beaufort — qui se hâtait au secours de Candie avec des vivres et des munitions. Beaufort vengeait ainsi post mortem l'honneur des armes françaises. La disparition de l'amiral fut connue France et en Italie vers le 10 juillet. Ce fut un concert de lamentations.

Clément IX, pleurant comme un enfant, dit « ... que quand on aurait chassé les Turcs de cette maudite place, il ne serait pas consolable d'avoir perdu son prince, qu'il ne doutait plus après cela, en un si grand malheur que Dieu ne voulut punir la chrétienté. » Le Sénat de la ville de Rome délibéra de rendre les honneurs funèbres au prince français et de lui faire élever un cénotaphe* par le Bernin, au Capitole, dans l'église Santa-Maria-in-Aracoeli où l'amiral était représenté casqué, entouré de quatre vertus dorées et surmontées de quatre archanges soufflant dans des trompettes. Venise lui fit faire un service solennel dans la basilique Saint-Marc, auquel assista le chevalier de Vendôme à son retour et, à l'occasion duquel, le Père Cosme, professeur à la chancellerie ducale, prononça une oraison fameuse dont la traduction circula en France [170]. Les cours de Portugal, Savoie, Lorraine et France prirent le deuil.

La légende de Beaufort naquit tout aussitôt. En l'absence de certitude sur sa mort beaucoup se refusaient à y croire. L'abbé Bonfils, cité par Isabelle de Broglie, écrit de Rome à propos des cérémonies somptueuses qui se font à Saint-Pierre et à l'Aracoeli : « Je ne laisserai pas de commencer ma lettre par les funérailles de Son Altesse de Beaufort, que j'ai de la peine à traiter de mort puisque nous avons plus d'apparence de sa vie que de sa mort, étant certain qu'un gentilhomme de M. le duc de Navailles, après la retraite des troupes, le laissa en vie ; que les Turcs ne tuent pas

---

* Ce cénotaphe de plâtre dont il existe plusieurs représentations avait la forme d'une pyramide tronquée reposant sur un trophée d'armes. Beaufort était représenté au sommet avec un bouclier orné d'une croix.

les hommes qui sont hors de défense... Mrg le Cardinal neveu me parla après (les funérailles) de Mrg le duc de Beaufort et me dit qu'il croyait qu'il fût en vie et que Sa Sainteté attendait avec impatience la confirmation de tous les avis dont les principaux sont venus ici à M. l'Ambassadeur de Florence... les capucins de Milo écrivent qu'il est en vie. Et ce qui donne quelque créance à cette nouvelle c'est que l'armée des Turcs passa dans cette île. Outre cette lettre, il y en a une de l'archevêque de Corfou qui dit que dans peu on aura la nouvelle assurée comme Son Altesse de Beaufort est en vie... »[171].

La nouvelle de cette mort apparut également suspecte aux Anglais qui apprenaient à leurs dépens à se méfier de Colbert. Lord Montaigu, qui vivait en France, écrit à lord Arlington : « Par ma dernière lettre j'ai rendu à Votre Seigneurie un compte détaillé de l'affaire de Candie. Il n'est pas venu de courrier depuis et le bruit se répand que M. de Beaufort n'a pas été tué mais seulement fait prisonnier dans la dernière attaque des Turcs. Ce qu'il y a de certain, c'est qu'un envoyé du Grand Seigneur est arrivé à Toulon et lorsqu'il aura fait sa quarantaine on le conduira à Paris »[172]. Quelques temps après, le 7 septembre 1669, Periwick, traducteur de l'ambassade d'Angleterre à Paris, adresse au secrétaire d'Etat Williamson un message chiffré : « Le roi (Louis XIV) n'est pas du tout content du bruit que l'on fait de la mort de Beaufort, parce qu'il est certain qu'on ne l'avait envoyé que pour l'exposer au danger et qu'on n'a pas envie de payer sa rançon »[172].

Les ministres français eux-mêmes sont incertains du sort de l'amiral. En août, Colbert de Croissy, ambassadeur de France à Londres, écrivait à son frère, le ministre : « J'espère que la nouvelle de la mort de M. de Beaufort se trouvera fausse ; personne n'y trouvant de vraisemblance. » Un mois plus tard, le 11 octobre, Louvois confie à Colbert : « On n'a aucune nouvelle de M. de Beaufort et, s'il a été fait prisonnier, les apparences veulent que les Turcs ne le connaissent pas »[172].

C'est cette incertitude qui fait différer en France les honneurs funéraires jusqu'au printemps de 1670. Pendant ce temps, les dames de la Halle, qui chérissent toujours leur ancien roi, font dire des messes à Saint-Eustache pour hâter son retour. On entreprend même des quêtes à Paris et à Vendôme pour payer sa rançon.

Colbert, pourtant, avait tout intérêt à établir rapidement la certitude de cette mort, désireux qu'il était de briser la charge de l'amirauté qui était un obstacle au plein exercice de son secrétariat d'Etat de la marine. Dès novembre 1669, il fit donner la charge d'amiral au duc de Vermandois, légitimé de France, fils du roi et de Mlle de la Vallière, qui n'avait que deux ans. C'était vider la fonction de son contenu plus implacablement qu'en la supprimant.

Le ministre, qui désirait à toute force accréditer la thèse de la mort de l'amiral à Candie, donna les mains à une machination qui par beaucoup de côtés devait rester un mystère. L'un des prisonniers faits par les Turcs à Candie se nommait M. de Saint-Rémy, gentilhomme breton, volontaire, âgé d'une trentaine d'années. Il aurait été emmené par les Turcs à la prison des Sept-Tours et guéri avec grand soin de ses blessures. Lorsqu'il fut sur pieds, le vizir lui annonça qu'il le renvoyait à Louis XIV avec des présents, « ... à condition, ajouta-t-il, que si tu as l'honneur de lui parler tu lui fasses connaître la manière dont j'en ai usé avec toi et que tu me mandes quel sentiment il t'aura témoigné à voir ma conduite ».

Ainsi fut-il fait. M. de Saint-Rémy débarque à Aigues-Mortes le 2 février 1670. Il va directement chez Colbert, prévenu de son arrivée par Seignelay, son fils : « M. de Saint-Rémy, parent de M. Martel, et le seul volontaire pris prisonnier à la sortie de Candie, m'a prié de lui donner une lettre pour vous pouvoir parler, il a des choses fort particulières dans son aventure et je crois que vous ne serez pas fâché de l'entretenir... »[173]. Rien ne transpire de ces entretiens mais c'est, presqu'aussitôt après, qu'est annoncée officiellement la mort de l'amiral.

Isabelle de Broglie se demande avec raison si ce Saint-Rémy ne serait pas le même personnage que Montigny, à qui le grand vizir avait montré une à une les trente têtes blondes contenues dans le fameux sac sanglant. En ce cas la démonstration de la mort de Beaufort ne reposerait que sur un seul témoignage, un témoignage passé par le filtre de Colbert. La seule autre affirmation de cette mort, mais qui ne repose sur aucune preuve tangible, est celle de Courcelles, qui prétend que la tête de l'amiral fut promenée trois jours au bout d'une pique dans Istanbul.

Plusieurs témoignages contraires allaient accréditer l'idée de la survie de l'amiral. En juillet 1673, Jal rapporte qu'on parla à la cour du prochain retour de Beaufort, mais, dès le 2 août suivant, Robinet adressait ces quelques vers au duc d'Orléans, frère de Louis XIV, pour se gausser de ces rumeurs :

« Comme , sans fin, l'on ressuscite
« Et retire du noir Cocythe
« Feu Monsieur le Duc de Beaufort
« Depuis un an vivant et mort,

« Le bruit court encor que la Barque,
« Où chacun au vieux Nautonnier
« Pour passer paye le denier...
« On dit qu'un quidam le fait voir
« Ici, dans un vaste miroir,
« Se faisant panser d'une playe
« Qu'il reçut d'un coup de zagaye...
« Puis, dans sa chambre, s'égayant, etc. »[174]

En 1682, Sourches se fait l'écho des déclarations d'un dragon du régiment de Chavagnac qui affirmait s'être sauvé de la prison des Sept-Tours où l'amiral restait encore prisonnier : « Il assurait avoir vu plusieurs fois dans cette prison M. le duc de Beaufort que tout le monde croyait avoir été tué à la sortie où le dragon avait été pris ; qu'il était en bonne santé quand il avait trouvé moyen de se sauver ; qu'il le connaissait parfaitement, l'ayant vu mille fois avant sa prison et qu'il ne paraissait sur son visage aucune différence hormis qu'il avait une fort grande barbe blonde »[175]. Un manuscrit, qui se trouve aujourd'hui à l'Arsenal[176], prétend qu'il aurait été réduit à l'état de jardinier par les Turcs, fort maltraité et roué de coups, que finalement ce sont les pères de la Merci qui l'auraient racheté, sans toutefois préciser ce qu'il serait devenu après ce sauvetage. A contrario le recueil de Ravaisson indique que Beaufort serait resté inconnu aux mains des Turcs et que Colbert, averti par un rescapé (Saint-Rémy ou le dragon du régiment de Chavagnac, ou un autre) n'aurait rien fait pour l'en sortir.

Et parce qu'il fallait encore et toujours des raisons magiques aux choses — n'oublions pas que le roi de France entrctenait encore près de lui à cette époque un astrologue officiel, que l'*Astrologia Gallica* de Jean-Baptiste Morin fut publiée en 1661 et que la mode n'était pas encore d'écrire contre les oracles comme fera Fontenelle avec son *Histoire des Oracles* en 1686 — on ajoutait que le même horoscope qui avait prédit l'évasion de Beaufort du donjon de Vincennes en 1648 précisait « ... qu'il resterait dix ans caché ».

L'assimilation de Beaufort avec le masque de fer résulte d'un mouvement quasi populaire. De 1687 à 1698 que ce prisonnier mystérieux fut à Sainte-Marguerite, venant de Pignerol, il se murmurait en Provence qu'il s'agissait de l'amiral. Le premier qui lia le disparu de Candie à l'homme au masque fut La Grange-Chancel, dans sa lettre à Fréron[177]. La Grange-Chancel enfermé lui-même, à cause de ses écrits, mais beaucoup plus tard, dans l'île de Sainte-Marguerite, écrit : « M. de la Motte-Guérin qui commandait dans ces iles du temps que j'y étais détenu m'assura que ce prisonnier était le duc de Beaufort, qu'on disait avoir été tué au siège de Candie et dont on n'avait pu trouver le corps suivant toutes les relations de ce temps-là... ». Pour La Grange-Chancel, l'amiral ayant réchappé de la mêlée de Candie aurait été enlevé par une poignée de Français sur ordre de Colbert et de Louvois, enfermé d'abord à Pignerol et ensuite à Sainte-Marguerite, pour mourir à la Bastille le 19 novembre 1703. Beaufort aurait eu alors quatre-vingt-sept ans, mais n'était-il pas le petit-neveu du maréchal d'Estrées qui devait mourir un an après Candie à quatre-vingt-dix-huit ans selon certains ou cent trois selon d'autres et l'arrière petit-fils du grand-maître de l'artillerie Jean d'Estrées, mort à quatre-vingt-cinq ans ?

Isabelle de Broglie et Labarre de Raillicourt [177] ont franchi un pas de plus dans l'hypothèse de Beaufort masque de fer, en justifiant son retranchement du monde par un motif beaucoup plus terrible : Beaufort, en 1637, aurait été l'amant d'Anne d'Autriche — morte en 1666 — et par là le véritable père de Louis XIV. Il était ainsi une bombe à retardement sous les fondations de l'absolutisme montant. C'est ce sens, celui d'une menace, qu'Isabelle de Broglie donne à sa dernière lettre au roi, celle du 2 juin 1669 : « ... Toutes sortes de raisons m'obligent à vous obéir et beaucoup plus celles que je n'oserai dire pour ne pas manquer au respect que celle du devoir... » Tout ceci fait rêver ou frémir mais personne, jamais plus sans doute, n'en saura rapporter les preuves. Beaufort ne revint pas mais sa légende courut. Une rue d'Héraklion porte son nom et, en 1912, le Souvenir Français a érigé une stèle* à l'endroit supposé où il fut vu pour la dernière fois, tout comme une plaque, à Vincennes, rappelle son évasion du donjon de cette forteresse.

Mieux, Beaufort, le chevalier venu combattre les Turcs, est resté dans l'imaginaire des grecs orthodoxes et chrétiens. Plusieurs amis grecs m'ont assuré que de vieilles chansons crétoises parlant d'un chevalier blond évoqueraient son personnage.

Mais les malheurs de la maison de Vendôme ne devaient pas s'arrêter là. Quelques semaines après la disparition de l'amiral, le 6 août, à Aix-en-Provence, le duc de Vendôme s'éteignait, veillé par la belle Lucrèce. Le chagrin qu'il témoigna, malgré leurs disputes passées, de la disparition de son frère, avait hâté sa fin. Vivonne, dans l'ignorance de la mort de ce prince, lui écrivait d'Italie, le 7 août, pour lui donner de nouvelles preuves de la bravoure dont le chevalier de Vendôme, son second fils, avait témoigné au cours des engagements de juillet contre les Turcs. Il s'enquérait de sa santé en ces termes : « Toutes les lettres que nous avons reçues en arrivant ici nous ont donné de si fâcheuses nouvelles

---

* Dans le jardin du prodigieux musée archéologique d'Héraklion.

de votre santé que je ne saurais assez me réjouir des dernières qui me mandent qu'après avoir eu lieu de craindre pour votre personne, vous vous trouvez en meilleure disposition et même en état d'aller à La Fare reprendre vos forces chez M. le premier président*. Je souhaite que l'air de cette belle maison vous remette entièrement et vous rende une santé parfaite. »

Louis, qui était duc de Vendôme depuis la mort de son père, cinq ans auparavant, eut droit à la sépulture des chefs de sa maison, dans la chapelle Saint-Georges de la citadelle de Vendôme. Le transport de son corps au travers de la France donna lieu à d'interminables cérémonies, la moindre église voulant se sanctifier de l'absoute donnée au corps d'un prince-cardinal.

Un mois plus tard, le 8 septembre 1669, après avoir vécu assez vieille pour voir ses trois enfants la précéder dans la tombe, disparaissait à son tour, à l'âge de soixante-dix-sept ans, Françoise de Vendôme, qui avait été autrefois la plus riche héritière de France. Elle laissait en mourant un bien fort écorné tant il avait servi à soutenir les prospérités et les malheurs de la maison de Vendôme. Elle s'éteignit chez elle, à Paris, à l'hôtel de Vendôme. Bonair-Stuart rapporte qu'elle fut « ouverte » en présence du cardinal d'Estrées et que tous les assistants « ... furent surpris d'une très agréable odeur qui en sortait et qui fit connaître qu'il y avait en ce glorieux prodige un signe de sainteté »[178]. Son éloge funèbre, plusieurs fois réédité tant il fut admiré, fut prononcé en l'église des calvériennes de Vendôme par le père Jean-Baptiste de Bourges[179]. Elle fut enterrée, en habit de religieuse, dans le couvent contigu des capucines que sa mère avait bâti et où elle avait fait retraite si souvent aux heures de doute et d'infortune.

* D'Oppède.

IV — TUMULTE ET PANACHE

(Août 1669-Juin 1709)

I – LA TANTE BOUILLON

Le 16 août 1669, appuyé au bastingage du Monarque, Philippe de Vendôme regardait, avec des larmes dans les yeux, s'éloigner les rivages de Candie. Il laissait là son oncle dont nul ne saurait jamais dire le sort. M. de Saint-Marc, le capitaine des gardes de son père et le marquis de Belle-Isle, chevalier de Malte, fils de l'infortuné Fouquet, qui avait été embarqué à l'instigation de Beaufort resté jusqu'au bout fidèle à tout ce qui touchait au surintendant disgrâcié, se tenaient à ses côtés. Le jeune homme ignorait encore qu'il était, pour comble de malheur, orphelin depuis dix jours, du fait de la mort de son père et qu'il ne devait pas, non plus, revoir sa grand-mère, incapable d'avoir la force d'attendre son retour pour clore la longue litanie des morts de sa famille.

Louis-Joseph de Vendôme, devenu le nouveau chef de famille, avait écrit à Vivonne, le 26 août, au sujet de son cadet : « Dans le malheur de notre maison, le Roi n'ayant pas jugé à propos de laisser mon frère plus longtemps exposé dans le péril, a eu la bonté de vous écrire par cet effet la lettre que je vous envoie »[1]. Cette lettre du roi, en date du 24 août, portait l'ordre du retour du chevalier : « Mon cousin le chevalier de Vendôme... n'étant pas encore en âge de supporter le travail d'une aussi périlleuse défense que celle de Candie et ayant déjà donné de grandes marques de son courage, je désire que vous le fassiez embarquer sur mes galères pour le faire repasser dans le royaume et, en cas qu'il fasse de la difficulté, je veux que vous lui disiez que je le lui ordonne sous peine de me déplaire »[1]. Ce courrier avait été précédé, quatre jours plus tôt, d'un billet manuscrit du roi à Vivonne : « Je désire que vous preniez un soin particulier du chevalier de Vendôme, que vous lui fassiez un compliment de ma part sur la perte qu'il a faite, en même temps sur les marques de valeur qu'il a données dans l'action de la dernière sortie... »[1].

En vertu de ces dispositions, Philippe, fut transféré du Monarque sur la Réale — la galère du général — qui l'alla déposer à Venise où il devait assister en juillet, en présence du doge et du sénat de la Sérénissime, à la pompe funèbre solennelle du duc de Beaufort, célébrée dans la basilique Saint-Marc[2]. Toujours flanqué de Belle-Isle et Saint-Marc, il traversa ensuite la Lombardie, fut à Toulon le 2 octobre, et de là, à Aix, où on lui rendit les honneurs dûs au fils du défunt gouverneur. Aux termes de ce voyage ponctué d'absoutes et de requiem, il retrouva Paris aux premiers jours de novembre.

Il rejoignit son frère qui venait de déserter le vaste hôtel de Vendôme, devenu triste et lugubre, pour se réfugier chez l'une de ses tantes, la pétulante duchesse de Bouillon.

Présentons de quelques mots les personnages qui viennent occuper une scène que la mort vient de dépeupler. Louis-Joseph, le nouveau duc de Vendôme, avait quinze ans, la figure aussi belle, l'air aussi noble que son cadet d'une année, avec peut-être un peu plus de nonchalance dans le mouvement et une acuité dans le regard qui faisait connaître à tous qu'il allait être plus réfléchi que son cadet, moins impétueux aussi. Ces garçons surpassaient par l'apparence tous les autres princes, leurs cousins. Leur blondeur, leur taille haute et élancée, leurs mines rebondies et roses, tranchaient sur le teint blanc et les joues creuses des princes légitimes. C'était la belle santé d'Henri IV, mâtinée de l'entrain des Mancini.

Louis-Joseph devenait, par la mort de son père, troisième duc de Vendôme issu d'Henri IV et gouverneur de Provence. Philippe qui était de Malte et promis, nul n'en doutait, au grand prieuré de France, comme avant lui son grand-oncle Alexandre, avait hérité de son père deux des plus belles abbayes du royaume, venues en legs de l'oncle Jules : La Trinité de Vendôme et Saint-Victor de Marseille. Les deux frères étaient encore placés sous l'autorité de M. de Jussac, leur gouverneur, « ... qui avait, rapporte Mademoiselle, de l'esprit, savait la cour... faisait joliment des vers, écrivait bien ». Louis XIV devait d'ailleurs lui demander bientôt de s'occuper du duc du Maine, l'aîné et le favori des enfants qu'il avait eus de Mme de Montespan, premier exemple de ces liaisons que nous verrons se multiplier entre la descendance bâtarde d'Henri IV et celle du roi régnant. Jussac était également bon soldat et il mourra, en 1690, tué à la bataille de Fleurus, sous les yeux de ses deux anciens disciples. A titre de précepteurs ils avaient M. Rillier, que nous verrons bientôt figurer comme intendant de leur maison et M. de Foucault, ami des jésuites, helléniste, latiniste et l'un des plus fameux numismates de son temps. Mme de Vendôme, leur grand-mère, qui avait fait le choix de tous ces maîtres, avait donc pris le parti d'une éducation plus savante et policée que celle qu'elle avait autrefois donnée à Mercœur et Beaufort, ses fils, dont l'ignorance avait maintes fois réjoui la cour. De fait, les deux derniers Vendômes ne seront pas seulement grands soldats comme leur père et leur oncle mais aussi poètes, amis des arts, et animateurs, tant à Anet qu'au Temple, de sociétés qui comptèrent parmi les plus gaies et les plus pétulantes de leur siècle.

Ce goût pour les jeux de société spirituels et les salons littéraires, leur venait de leur tante, Marie-Anne Mancini, plus jeune sœur de leur défunte mère, de qui Mazarin s'était amusé comme d'une poupée, dans les dernières années de sa vie, avec parfois cette pointe de grivoiserie et de grossièreté qui ne laisse pas de surprendre dans les amusements du temps. Ainsi Marie-Anne n'avait pas six ans que le cardinal lui reprocha un jour d'être enceinte. « On lui étrécissait ses habits de temps en temps, raconte Hortense, sa sœur, et on lui faisait accroire que c'était elle qui avait grossi... jusqu'à ce que le temps de l'accouchement étant arrivé, elle trouva un matin entre ses draps un enfant qui venait de naître. Vous ne sauriez comprendre quel fut son étonnement et sa désolation à cette vue. Il n'y a donc, disait-elle, que la Vierge et moi à qui cela soit arrivé ; car je n'ai du tout point eu de mal. La reine vint la consoler, et voulut être marraine... On la pressa fort de déclarer le père de l'enfant ; mais tout ce qu'on en put tirer fut, que ce ne pouvait être que le Roi ou le comte de Guiche, parce qu'il n'y avait que ces deux hommes-là qui l'eussent baisée »[3]. Toute la naïveté et l'invention de la plus jeune des Mancini se trouvent contenues dans cette anecdote.

L'oncle Mazarin, chagriné de mourir sans avoir établi cette dernière de ses nièces, lui avait laissé pour dot le gouvernement d'Auvergne. Un an après la mort de l'éminence, en avril 1662, un Bouillon s'était présenté pour réclamer la main et l'héritage, et Louis XIV l'avait agréé. Godefroy-Maurice de la Tour d'Auvergne était le chef de sa maison, duc de Bouillon, d'Albret et de Château-Thierry, vicomte de Turenne, comte d'Auvergne et d'Evreux. Il était neveu de Turenne et frère d'Emmanuel-Théodose, qu'on avait fait cardinal si jeune qu'il lui en était resté le surnom d'enfant rouge. Il allait donner à Marie-Anne quatre fils et trois filles dont bien peu devaient être sages. Couple mal assorti puisqu'elle fut galante, étourdie, légère et qu'elle n'aima à peu près que les arts et, lui, brutal, sans passion pour les muses, ne goûtant vraiment que la guerre ou la chasse, mais couple exemplaire, en dépit des tempêtes, puisqu'ils finiront ensemble, bien vieux, attaqués d'un chagrin réciproque à l'idée de se voir mourir l'un l'autre.

En 1664 M. de Bouillon, lassé de l'intarissable gaieté d'une cour qui ne songeait pas encore à guerroyer, décida d'aller combattre les Turcs enHongrie. L'oncle Turenne, jaloux sans doute — on a prétendu qu'il fut quelques temps l'amant de Marie-Anne — et le beau-frère cardinal, qui n'était pas, lui non plus, un parangon de vertu, décidèrent que Mme de Bouillon ne devait pas passer cette sorte d'avant-veuvage exposée aux tentations de Paris. Ils la dépêchèrent à Château-Thierry, dans ce château de Navarre, qui avait été autrefois celui de la reine Jeanne, mère d'Henri IV, et qui avait échu aux Bouillons à la suite de l'échange, si cruel mais si profitable pour eux, de la principauté de Sedan. C'est là, dans cette retraite, de prime abord sauvage, que Marie-Anne allait aiguiser ses armes de grande prêtresse du bel esprit.

Elle se composa une petite cour dont les pivots furent deux poètes qu'un destin facétieux s'était chargé de fixer tout près : Jean de La Fontaine, natif du village et que Marie-Anne connaissait depuis deux ans parce qu'il l'avait sollicitée afin de l'appuyer dans le procès qu'on lui faisait pour avoir abusivement pris le titre d'écuyer. L'autre était un abbé galant et spirituel qui savait faire des vers comme les magiciens des desserts savent faire filer le sucre chaud et qui avait eu le bon esprit de se mettre bien avec ses puissants voisins en leur cédant une pièce de terre nécessaire à l'agrandissement de leur parc : Guillaume Chanfrye de Chaulieu.

Mme de Bouillon devait assurer la renommée de ses deux protégés. Ranimer celle de La Fontaine, le chantre des fêtes de Vaux, à demi-disgrâcié depuis la chute de Fouquet, le soutenir à gros deniers puisque l'argent, dans son cas, était indispensable à l'épanouissement de sa muse. Elle allait établir Chaulieu, lui aussi en mal d'argent, mais qui savait rire de ses misères dans des vers tout aussi caressants que ceux de son compère, le donnant à ses neveux qui allaient faire de lui un homme riche en l'intronisant le surintendant de leurs plaisirs.

Mme de Bouillon, revenue à Paris, en était devenue l'une des reines. Son hôtel était rue des Petits-Champs, à quelques encablures seulement de ceux de ses sœurs et de son frère : Olympe, devenue comtesse de Soissons, logée aux Halles ; Hortense, devenue duchesse de Mazarin, qui avait droit à la moitié du palais de l'oncle Jules et qui le partageait avec l'unique garçon Mancini survivant, Philippe, l'insouciant Philippe, pour qui le cardinal avait toujours marqué de la défiance mais qu'il avait tout de même fait duc de Nevers. Tout cela constituait un vaste périmètre Mazarin en plein cœur de Paris, assailli en permanence des plus beaux équipages et hanté par la société la plus policée du temps. Les sujets de Mme de Bouillon en 1669 étaient les littérateurs dont on parlait et que l'Eglise tenait à suspicion, tous plus ou moins amis ou parents d'esprit de Saint-Evremond, exilé depuis huit ans à Londres : Benserade, Segrais, Ménage, La Fontaine, auxquels ne dédaignait pas de se joindre de temps à autre l'illustre Corneille.

La maîtresse de maison régnait avec autorité sur ce cénacle brouillon. Brune comme toutes les Mancini, qui avaient réussi à faire aimer la noirceur quelques temps à la cour, elle se coiffait parfois d'une perruque, ce qui permet à Benserade de la flatter en l'appelant : « Beauté charmante et blonde ». Saint-Simon, qui l'a connue tard, nous dit : « Elle n'était ni grande ni menue mais dans tout le reste admirable et singulière ». Elle ne partageait avec son mari que le plaisir de la chasse et c'est pourquoi les poètes et les peintres la représentèrent souvent sous les traits de Diane. Enfin, elle avait une grâce incomparable dans son maintien et dans la danse qui lui avait permis, en 1665, devant toute la cour, d'incarner Néréide, dans le fameux *Ballet de la Naissance de Vênus*. Elle avait fait des vers enfant et ses hôtes, qui avaient leurs petitesses, ne laissaient pas de trouver charmants ceux qu'elle continuait de faire. Elle lançait les modes, ainsi avait-elle été des premières à faire venir les comédiens français chez elle, chose que La Grange, dans son fameux registre, appelle des « visites ». En mars 1669, en prologue à un souper de gala et à un bal, elle avait fait donner une pièce de Montfleury, *La Femme Juge et Partie*, dont la vogue devait un moment contrebalancer le succès du *Tartuffe*. Premier exemple, mais nous en verrons de plus fameux et très bientôt, de ce goût qu'avait l'impétueuse duchesse d'allumer des contre-feux de son crû pour tenter d'offusquer les chefs d'œuvre.

Avec tout cela on taxait Mme de Bouillon de légèreté. Sa beauté mutine, le piquant de son inlassable gaieté et son goût pour les embrassades, en étaient la cause. La Fontaine, qui lui dédia plusieurs œuvres et surtout son fameux *Poème du quinquina*, l'a chantée :

> « Peut-on s'ennuyer en des lieux
> « Honorés par les pas, éclairés par les yeux

« D'une aimable et vive princesse
« A pied blanc et mignon, à brune et longue tresse ?
« Nez troussé, c'est un charme encore selon mon sens
« C'en est même un des plus puissants... »[4].

En 1669, il est patent qu'elle était entrée en commerce galant avec Louvigny, frère cadet de ce comte de Gramont qui avait fait en vain autrefois le soupirant de Mme de Mercœur, sa sœur. Très vite, on la soupçonnera de nourrir des sentiments équivoques pour ses neveux. En ce qui concerne Louis-Joseph, l'aîné, qui n'avait que sept ans de moins qu'elle, la chose ne paraît guère probable. Nous verrons bientôt qu'il avait repris le flambeau de son grand-père César, faisant en grand la pratique du vice d'Italie. Pour Philippe, la fumée des commérages trahissait sans doute quelque chose de plus tangible, une vraie tendresse et tout cela allait assez vite causer bien des ennuis à Mme de Bouillon.

II – LA BELLE DE LUDRES

La bandoulière.

Les frères de Vendôme qui n'avaient fréquenté jusque-là que les abbés et prédicateurs, amis de leur grand-mère, et dont les heures avaient été rythmées par le carillon des Capucines, prennent conscience, rue des Petits-Champs, de la prédisposition qu'ils ont pour le rire, l'impertinence et la polissonnerie.

Louis-Joseph, qui n'a aucune envie de vivre, à l'instar de son père, dans son gouvernement de Provence, facilite la nomination d'un lieutenant général chargé de le représenter sur place. Ce lieutenant général c'est François Adhémar de Monteil, comte de Grignan, qui reçoit ses patentes du roi le 29 novembre 1669. Il s'était marié le 29 janvier précédent. Pour la postérité, disons qu'il semble plutôt avoir fait choix d'une belle-mère, Mme de Sévigné, dont les lettres sont toutes remplies de la peur panique que le jeune duc de Vendôme n'aille un jour pour de bon exercer sa charge à Aix-en-Provence. Grignan était un homme habile. Il avait su, en arrivant, ménager l'homme providentiel de la province qu'était encore, en ce temps-là, d'Oppède. Il avait fait, au nom de M. de Vendôme, deux entrées solennelles et brillantes à Arles et Marseille, se contentant, le 19 mai 1670, à Aix, où résidait l'autoritaire premier président, d'un équipage beaucoup plus modeste.

Le printemps 1670 fut encore tout occupé par la mort. Elle vint prendre à quatre vingt dix-huit ans, à cent-trois selon d'autres, le très vénérable maréchal d'Estrées, frère de Gabrielle, né sous

Charles IX, dernier témoin des premiers évènements de ce récit. Il fallut bien ensuite se résigner à célébrer la pompe funèbre du duc de Beaufort qui n'avait été différée qu'à cause de l'incertitude qui continuait de planer sur sa mort. La cérémonie que Louis XIV voulut grandiose devait avoir lieu le 30 juin 1670 à Notre-Dame. Or, au dernier moment, elle fut retardée de deux semaines par la mort de Madame, belle-sœur du roi [5]. Ce fut le fameux Jules Mascaron, futur évêque de Tulle, habituel prédicateur de l'Avent au Louvre, qui prononça l'oraison funèbre. Il était le rival de Bossuet, avec lequel, quelques jours plus tard, il devait à nouveau s'affronter, justement à l'occasion de la mort de la belle-sœur du roi, Bossuet prononçant à Notre-Dame le sermon dont la postérité a retenu le fameux : « Madame se meurt, Madame est morte... », Mascaron luirépondant, depuis le Val-de-Grâce, à l'occasion du transfert dans ce couvent du cœur de l'infortunée princesse.

Notre-Dame, pour la pompe du duc de Beaufort, avait été entièrement tendue de noir et l'on avait dressé dans le chœur, « ... un mausolée d'une très grande hauteur peint en façon de marbre et de bronze », sur le socle duquel, étaient représentées les principales batailles terrestres et maritimes auxquelles avait pris part l'amiral. Les armes du défunt prince figuraient au-dessus, « en broderies d'or et d'argent » et le monument tout entier se trouvait surmonté de deux squelettes présentant le tombeau du disparu, flanqué lui-même, aux quatre coins, des vertus cardinales [6].

Mascaron, comme en écho à saint François de Sales, concluant en même lieu, soixante-dix ans auparavant, son apologie du duc de Mercœur, s'était adressé aux deux jeunes princes de Vendôme, présents au premier rang : « Ce sera sous ses étendards, Messeigneurs, que nous verrons un jour Vos Altesses venger sur ces infidèles la mort du prince que nous pleurons. Ce noble courage qui anime vos cœurs et qui a déjà paru dans tous les rencontres où il vous a été permis de le montrer, nous donne des augures infaillibles de ce glorieux avenir... » [7].

Louis-Joseph et Philippe de Vendôme étaient tous les jours tourmentés par le doute qui subsistait sur la véracité de la mort de leur oncle. Dès 1670 ils en demandèrent des éclaircissements à un abbé, futur archevêque, qui tâtait volontiers des tarots et de l'astrologie, un sectateur de la petite cour d'Henriette d'Angleterre, rendu libre par la mort de cette princesse, l'abbé de La Baume*.

---

* Armand-Tristan de la Baume-Suze, mort archevêque d'Auch en 1705.

Ce fut avec le marquis de Crillon* l'un des premiers personnages qu'ils attachèrent à la société qu'ils entreprenaient de rassembler chez eux en copiant le salon de la tante Bouillon.

Le duc de Vendôme qui, à cause de sa naissance, ne pouvait envisager d'autre carrière que celle des armes et qui devait d'ailleurs s'y montrer l'un des plus grands capitaines de son siècle, était, en 1668, à quatorze ans, entré dans le service comme simple garde du corps. Il avait intégré la compagnie des gardes françaises d'Anne-Jules de Noailles, futur maréchal, lequel avait hérité d'une charge de premier capitaine des gardes en survivance de son père. Les quatre compagnies des gardes du corps comptaient chacune trois cent-soixante hommes et officiers et se distinguaient les unes des autres par la couleur de leur bandoulière correspondant à celle de leur drapeau : blanc, jaune, bleu, vert. Les capitaines servaient par quartier, trois mois chacun, commandant à tour de rôle aux quatres compagnies. « Le capitaine des gardes du corps, dit Moreri, ne quitte point le roi, depuis qu'il est levé ou sorti de sa chambre jusqu'à ce que S.M. soit couchée. Il est toujours logé dans l'appartement du roi et, la nuit, il en garde les clefs sous son chevet »[8]. Les gardes, placés sous les ordres de ce capitaine, étaient astreints à la même présence continuelle auprès de la personne du souverain : « Ils doivent toujours faire garde immédiatement devant l'antichambre du roi et la nuit ils gardent aussi les portes du Louvre, ou autres logis du roi. Lorsque le roi marche, ils vont derrière et aux côtés du carrosse... »[8]. A la guerre les gardes du corps étaient à la place d'honneur, c'est-à-dire les plus exposés au danger.

Première occasion pour Louis-Joseph de Vendôme de hanter familièrement Louis XIV dont il se verra bientôt les fruits. Début d'une liaison également avec Anne-Jules de Noailles qui, un peu moins de trente années plus tard, par un fabuleux renversement des rôles, propulsera Louis-Joseph de Vendôme au premier rang en lui délaissant, pour complaire au roi, le commandement en chef de Catalogne. Liaison à hauts risques toutefois à l'égard de la tante Marie-Anne puisque les Noailles et les Bouillons étaient ennemis mortels depuis le Moyen-Age, à cause d'antiques querelles de voisinage en Limousin, près de Brive, d'où leurs deux lignées tiraient leur origine.

En 1671 Philippe de Vendôme, à la prière de Louis XIV, devait obtenir du pape Clément X un « bref impératif » portant « grâce

* Joseph-Dominique Nicolas de Berton, petit-fils du grand Crillon.

expectative » sur le grand prieuré du Temple. Ce bref, qui était donné du vivant d'Etampes de Valençay, grand prieur en exercice, renouvelait le viol des statuts de l'ordre de Malte, perpétré une première fois par Henri IV en 1604 en faveur de son fils, Alexandre de Vendôme. C'était aller contre la règle qui stipulait que seul le plus ancien bailli capitulaire pouvait obtenir la dignité grand prieurale, règle que Richelieu en 1628, à la mort d'Alexandre de Vendôme, avait proclamé intangible en dépit de l'envie qu'il avait eue alors de faire accéder à cette charge, par préférence, son oncle Amador de La Porte. C'est à la vertu de ce dernier, qui avait eu la patience d'attendre d'être élu régulièrement à son tour, à l'âge de quatre vingt-cinq ans, en 1640, qu'on devait d'avoir eu, depuis la mort du fils d'Henri IV, une succession ininterrompue de grands prieurs élus en conformité avec les statuts.

Mais, s'ils avaient été désignés normalement, ces grands prieurs n'en avaient pas pour autant mené des vies édifiantes. Hugues de Rabutin-Lavaulx, l'oncle de Bussy et de Mme de Sévigné, avait régné douze ans, douze années qui n'étaient allées qu'aux réjouissances et aux fêtes. La marquise gardait le souvenir émerveillé des bals donnés dans l'enclos, à la lumière de chandeliers de cristal accrochés dans les arbres. Nicolas de Paris-Boissy, qui lui avait succédé, avait été soupçonné de débauches crapuleuses. Quant à Jacques de Souvré, l'un des fondateurs du fameux ordre des Coteaux qui rassemblait les adeptes du plaisir en toutes choses, il n'avait été grand prieur que trois ans mais il avait laissé le souvenir d'un des plus festifs parmi les hôtes du Temple. Boileau en parle ainsi :

« Mais hier, il m'aborde en me serrant la main
« Ah ! monsieur, me dit-il, je vous attends dès demain
« N'y manquez pas, j'ai quatorze bouteilles
« D'un vin vieux... Boucingo n'en a pas de pareilles ».

Chapelle et Bachaumont, dans leur fameux *Voyage*, font mention de sa cave et il est vrai que Souvré mériterait une place au paradis des oenologues. Etampes de Valençay, après cette succession de joyeux compères, était une sorte de mystère : il n'aimait ni boire, ni rire, ni aimer.

L'austérité du grand prieur en charge et la nouveauté du procédé firent tout l'esclandre de 1671. Les chevaliers plus anciens que Philippe — et ils étaient nombreux compte tenu de l'âge encore tendre du bénéficiaire de la « grâce expectative » — allèrent se prémunir en dressant des protestations devant notaire et en prétendant qu'ils étaient chacun de meilleure famille que le petit-fils du bâtard d'un roi. Les facéties des opposants à Philippe de Vendôme firent rire parce que les esprits les plus enjoués faisaient déjà leur ce jugement de Guy Patin sur les chevaliers du Temple : « Ils n'ont de bon que l'appétit... Moines d'épée qui font trois vœux, de pauvreté, de chasteté et d'obéissance : pauvreté au lit où ils couchent tout nu, chasteté à l'église où ils ne baisent point les femmes... Leur troisième vœu est d'obéissance à la table : *ô sanctas gentes* ! »

D'ailleurs, comme à dessein d'apporter un argument aux contempteurs de l'ordre de Malte, Mme de Bouillon mit au monde cette année-là un garçon — c'était son troisième fils — il devait s'appeler le chevalier de Bouillon et faire carrière d'impie. On accusa tout haut Philippe de Vendôme d'en être le père et nous verrons bientôt cette paternité hautement revendiquée par le jeune Bouillon lui-même.

A l'automne de 1671 les deux princes firent leur voyage d'Italie — le premier d'une longue série — en compagnie d'un connaisseur, leur oncle, Philippe Mancini, duc de Nevers. Colbert, qui restera jusqu'à sa mort dévoué à la famille de Mazarin, leur avait facilité les choses. Il intervenait, alors, autant qu'il le pouvait, dans l'affaire de la « grâce expectative ». Le duc de Vendôme l'en remercie en ses termes, depuis Venise, le 17 octobre 1671 : « J'apprends encore qu'en dernier lieu vous avez bien voulu supplier S.M. pour l'accomplissement de l'affaire du grand prieuré mais, de quelque considération que soient vos services, je puis vous assurer que vous ne saurez plus vous dévouer à mon frère et moi, que nous ne le sommes à votre maison »[9].

Tout le monde n'avait pas les mêmes raisons que Colbert pour se dévouer à la cause des neveux de la défunte éminence. A Venise il y eut un nouveau tracassin d'honneur. Du vivant de Mazarin, l'ambassadeur près de la Sérénissime, qui était alors le futur cardinal de Bonsy, avait « donné la main » au duc de Nevers comme il n'était normalement tenu de le faire qu'aux cardinaux et aux souverains italiens. L'ambassadeur en poste en 1671 — Saint-André Prunier — refusa, malgré leurs protestations, de donner cette même main à Nevers et à ses neveux[10].

Le passage du Rhin.

La première guerre européenne du règne, la guerre de Hollande, s'annonçait. Les deux frères s'y portèrent volontaires, Louis-Joseph en tant que garde du corps, Philippe en tant que l'un des aides de camp du roi. La campagne devait commencer le 12 juin par le fameux franchissement du Rhin célébré par Boileau :

« Au pied du mont Adule, entre mille roseaux
« Le Rhin tranquille, et fier du progrès de ses eaux

« Appuyé d'une main sur son urne penchante
« Dormait au bruit flatteur de son onde naissante » [11]...

Toute la jeune chevalerie française se trouve là, sous le regard impétueux d'un monarque qui eut donné, assure Primi, « ...dix millions pour avoir lui-même passé le Rhin à la nage ». Elle est arrêtée par ce fleuve très large, au courant rapide. Elle veut faire preuve de hardiesse, tenter la traversée sans attendre l'œuvre des pontonniers et l'arrivée des barques. On plonge alors, à cheval, tout habillé, confiant dans les qualités de nageur de son coursier. Philippe de Vendôme, au mépris des ordres criés par les officiers, est des premiers à l'eau :

« Chacun d'eux au péril veut sa première part
« Vendôme, que soutient l'orgueil de la naissance
« Au même instant dans l'onde impatient s'élance...
« Louis, les assurant du feu de son courage
« Se plaint de sa grandeur qui l'attache au rivage... » [11].

Plus de dix jeunes officiers dont le duc de Longueville, neveu de Condé, devaient ainsi mourir sans réelle nécessité et le chevalier de Vendôme faillit bien être du nombre. Au milieu de la traversée sa selle se retourna et, à cause du poids de ses armes, il ne parvint pas à se rétablir. C'est par la poigne de Vivonne — le gros crevé, le chef de l'escadre des galères de Candie, le frère de Mme de Montespan — qu'il fut ressaisi et maintenu hors de l'eau. Vivonne, vraie montagne de chair, aussi fort qu'Hercule, qui réussit ce prodige malgré son bras brisé.

L'action qui suit cette traversée est brillante et imparable. Le roi prend Utrecht, y rétablit le catholicisme. Les deux frères de Vendôme rivalisent d'intrépidité : au premier combat qu'ils livrent, ils s'emparent d'une enseigne et d'un étendard qu'ils déposent aux pieds de leur royal cousin. Au siège d'Arnheim ils ouvrent la tranchée à grands coups de pelle, à portée du fusil des assiégés. Turenne qui n'a pas osé marcher sur Amsterdam, auquel cas il eut pu sans doute empêcher la révolution de Hollande si funeste à Louis XIV — l'assassinat des frères de Witt, le retour au pouvoir de Guillaume d'Orange — va se retrancher sous Nimègue après avoir interdit aux deux princes de le suivre, objectant, à cause de leur jeunesse, « que c'était trop » [12].

La campagne de 1673, où Louis XIV doit combattre la première coalition constituée contre lui, se termine par cette prise de Maestrich dont Racine écrira : « Elle n'étonna pas seulement les Hollandais, elle épouvanta toute l'Allemagne ». A Maestricht, toujours au premier rang, figuraient les Vendômes.

A son retour à la cour, à l'automne, le futur grand prieur de France allait se charger d'illustrer la chronique galante. Il s'éprenait de Mme de Ludres qui avait déjà fait parler beaucoup d'elle en Europe. On se souvient du duc Charles IV de Lorraine, sorte de Barbe Bleue : la duchesse Nicole, avait été sa première femme, celle à qui il devait son duché ; il l'avait répudiée, sans le consentement des tribunaux ecclésiastiques, pour se fiancer à la princesse de Cantecroix qui devait lui donner un fils non successible, le prince de Vaudemont. A Paris il s'était enflammé pour Marianne Pajot, la fille de l'apothicaire de la duchesse d'Orléans, sa sœur, jusqu'à lui promettre le mariage... Marie-Elisabeth de Ludres était également à ranger au nombre des victimes de cet épouseur forcené. Elle était chanoinesse de Poussay et le duc, émerveillé de sa beauté, l'avait contrainte à sortir de son couvent pour en faire sa femme. Il y avait eut des fiançailles au château de Richarmenil, en présence de la grand-mère et de la mère de la chanoinesse, qui avaient mis Mme de Cantecroix — toujours fiancée mais non épousée — en si grand désespoir qu'elle était entrée en agonie et que le duc, pris de remords, l'avait épousée mourante, devenant ainsi veuf pour la seconde fois puisque la duchesse Nicole était morte plusieurs années auparavant. Il donna ensuite le bal à Mme de Ludres mais ne l'épousa pas car, entre temps, il devait s'enflammer pour une bourgeoise de Nancy nommée la Croisette. Mais une nouvelle passion, plus torride encore, allait bientôt ruiner définitivement les chances dc la chanoinesse : Charles IV devait tomber amoureux de la fille du comte d'Aspremont, venue avec sa mère, à Nancy, solliciter sa clémence en faveur d'un père qui s'était révolté. Cette fois le Lorrain se fiança et épousa sur l'heure en échange du pardon du félon. Mme de Ludres et sa mère voulurent protester : elles furent emprisonnées, on les menaça même de leur couper la tête comme faussaires si elles ne rendaient pas le contrat de fiançailles. Elles finirent par s'exécuter avant de quitter pour toujours la Lorraine.

Mme de Ludres, après toutes ces aventures qui l'avaient rendu fameuse, s'était réfugiée à la cour de France où elle avait été faite demoiselle d'honneur de Madame, avant de le devenir, à la mort de cette princesse, en juin 1670, de la reine. Elle fut l'aiguillon de cet escadron galant qui virevoltait autour de la prude Marie-Thérèse et que Louis XIV prendra sur lui, en novembre 1673, de dissoudre pour immoralité. Mme de Ludres ira alors servir la nouvelle Madame, la Palatine.

C'était une très jolie personne dont on louait surtout le visage et les yeux. D'elle, Mme de Sévigné dit en avril 1671 : « ...ses beaux yeux trottaient par la chambre » [13]. Elle grasseyait horriblement et cela lui conférait du piquant. En mars 1671, elle avait été mordue par un chien que l'on pensait être enragé. La médication prescrite dans ce cas était étrange : on courait aussitôt se plonger dans la mer. La belle de Ludres fit rire toute la cour : « Ah ! Zésu, madame de Grignan, l'étranze soze t'êttre zettée toute nue dans la mer » [14].

Elle eut, dans ces années 1671 et 1672, au moins deux galants : le jeune marquis de Sévigné, fils de la marquise et Vivonne, frère de Mme de Montespan. La maîtresse du roi essaya d'arrimer l'ancienne chanoinesse à ce frère, tant pour fixer celui-ci que pour s'assurer que le roi n'aurait pas de faiblesse pour celle-là. Primi doute que Vivonne ait payé la chanoinesse en retour : « Vivonne avait affecté deux ou trois jours de l'amour pour Mme de Ludres. Cette passion de Vivonne paraissait aux courtisans une chose extraordinaire, car il n'a de goût que pour les mauvais lieux, a horreur des dames, vit séparé de sa femme et lui préfère les coquines les plus prostituées » [15]. La favorite royale fit offrir par Louis XIV à la belle de Ludres des présents sous le nom de son frère. Bussy-Rabutin en parle dans une lettre du 6 mai 1673 : « Vivonne aime avec passion Mme de Ludres et même lui fait faire des présents par le roi, ce qui fait que beaucoup de gens s'y méprennent et croient que le roi a des intentions pour elle » [16]. Nous verrons que Bussy ne faisait là qu'anticiper.

A l'automne 1673 le chevalier de Vendôme se mit donc sur les rangs. La partie était rude à l'égard de Vivonne qui lui avait sauvé la vie, l'année précédente, au moment du franchissement du Rhin. Le jeune homme, par simple sentiment de reconnaissance, aurait dû s'effacer mais sa passion fut la plus forte. Le voilà qui veut se battre et avec son sauveur. Le spirituel Vivonne, en cela Mortemart jusqu'au bout des ongles, lui répond par la dérision. « Voici ce qui ne peut se payer, écrit Mme de Sévigné en décembre 1673, c'est d'entendre Vivonne : il était dans sa chambre, très mal de son bras*, recevant les compliments de la cour... : « Moi, messieurs, dit-il, moi, me battre, qu'il se fasse casser l'épaule, qu'on lui fasse dix-huit incisions et puis (on croit qu'il va dire : et puis nous nous battrons) et puis, dit-il, nous nous accommoderons. Mais, se moque-t-il de vouloir tirer sur moi ? Voilà un beau dessein c'est comme si on voulait tirer dans une porte cochère**. Je me repens bien de lui avoir sauvé la vie au passage du Rhin : je ne veux plus faire de ces actions sans faire tirer l'horoscope de ceux pour qui je les fais... » [17].

* Celui qu'il a cassé au passage du Rhin.
** Allusion qu'il fait lui-même de son énormité.

Le 15 décembre 1673, à Saint-Germain, où se trouvait la cour, le chevalier de Vendôme, devenu la risée de la cour, dut demander « quartier de plaisanterie »[18] à son contradicteur. Le frère de la belle marquise occupait le terrain du côté des rieurs mais Philippe gardait la place. Pendant deux ans il allait conserver Mme de Ludres toute à lui.

III – PREMIERE SEMONCE A LA GAIETE

L'encombrante famille.

Les affaires de Mme de Bouillon ne sentaient pas bon. Elle avait contre elle tous les ennemis de feu son oncle, le cardinal, mais aussi la coterie dévote que Molière avait entrepris d'attaquer dans *Tartuffe*, cette pièce dont elle avait, sans en bien comprendre la portée, voulu marchander le succès en lui opposant la pauvre comédie de Montfleury.

Que reprochait-on à Mme de Bouillon ? Ses fréquentations et, par dessus tout, sa famille. Ses longs a parte amoureux avec Louvigny, son amitié pour Manicamp*, débauché notoire, que Bussy-Rabutin, dans l'*Histoire Amoureuse des Gaules*, appelle Giton et qui s'était épris du comte de Guiche, ajoute Bussy, « ... comme s'ils eussent été de différents sexes ». Singulier attachement d'ailleurs que marqueront toutes les mazarinettes pour les hommes fleurs de leur temps. Mme de Bouillon sera ainsi, jusqu'à la fin, la madone du petit cénacle de Monsieur, l'amie du chevalier de Lorraine et de Monsieur lui-même, qui mourra presque dans ses bras, puisque c'est en lui versant du vin qu'il sera frappé d'apoplexie. On lui reprochait aussi d'autres relations étranges : La Fontaine, si libertin, Chaulieu, si publiquement galant, Ninon de Lenclos, si volage et d'autres moins connus qui lui devaient rester fidèles jusqu'à la fin de sa vie : l'inquiétant Langlée, tyran du bon goût et des modes, homme fort riche, grand joueur, « ... qui fut des plus grosses parties du roi** du temps de ses maîtresses »[19]. C'était aussi un familier du duc d'Orléans : « La conformité de goût l'attacha particulièrement à Monsieur... précise Saint-Simon, avant d'ajouter... Il s'était rendu maître des modes, des fêtes, des goûts, à tel point que personne n'en donnait que sous sa direction et qu'il ne se bâtissait ou ne s'achetait point de maison qu'il ne présidât à la manière de la tourner, de l'orner, de la meubler...

---

* Bernard de Longueval, comte de Manicamp.

** Entendons les jeux d'argent.

Point de mariage dont les habits et les présents n'eussent son choix »[19]. Et ce qui n'est pas le moins curieux : « A Monsieur, aux filles du Roi, à quantité de femmes, il leur disait des ordures horribles, et cela chez elles, à Saint-Cloud, dans les salons de Marly »[19].

Parmi ces amis sulfureux il y avait aussi le duc de Caderousse — Duc d'Avignon, « ... c'est chose dont les papes ne sont pas avares et qui se donne assez ordinairement pour de l'argent »[20], nous prévient Saint-Simon — Grand joueur comme Langlée mais qui, lui, « ... n'avait guère servi que les dames... aimait à se mêler, à savoir, surtout à régenter et à dogmatiser ». De ces fréquentations quotidiennes était aussi la marquise d'Alluyes qui, toujours selon le mémorialiste, « ... passa sa vie dans les intrigues de galanterie, et, quand son âge l'en exclut dans celles des autres... »[21].

Mais ce qu'on reprochait surtout à Mme de Bouillon, c'était l'inconduite de toute sa famille. Celle de sa sœur Hortense, mariée au triste La Meilleraye, neveu de Richelieu, que Mazarin, par dévotion à son maître, avait fait à son tour neveu et duc de Mazarin. Hortense était accusée de commettre le crime d'inceste avec son frère, le mobile, le capricieux, l'incertain, le charmant, Philippe Mancini, duc de Nevers. Saint-Simon qui n'aime pas les Mazarins a curieusement épargné ce seul représentant mâle des héritiers du ministre : « C'était un Italien, très Italien, de beaucoup d'esprit facile, extrêmement orné qui faisait les plus jolis vers du monde, un homme de la meilleure compagnie, qui ne se souciait de quoi que ce fût, paresseux, voluptueux. Un grand homme sec mais bien fait et dont la physionomie disait tout ce qu'il était... ». Hortense était fantasque et fort mal avec son bizarre mari, fou inquiet, qui, en 1668, avait brisé à coups de marteau, sous prétexte d'indécence, quelques-unes des plus belles statues que lui avait léguées le cardinal. Mme de Mazarin avait, au printemps de 1672, sous couvert « ... d'aller à Frascati prendre le divertissement de la saison »[22], entraîné à sa suite sa sœur Marie — l'ancienne petite fiancée de Louis XIV, devenue la connétable Colonna à Rome — très mal, elle aussi, avec son mari.

Elle s'était mêlée de la ramener en France sans en aviser quiconque. Elles avaient ainsi couru se réfugier chez le comte de Maison et le chevalier de Lorraine, deux amis de Monsieur et, comble de scandale, on les avait arrêtées à Aix, travesties en hommes. Le cardinal Grimaldi les avaient enfermées dans son palais en attendant les ordres du roi mais Louis, en souvenir de la passion qu'il avait autrefois nourrie pour Marie, s'était montré clément.

Nevers, leur frère, avait donné des marques d'impiété très tôt. On le retrouve en 1657 dans cette fameuse semaine sainte des impies à Roissy, chez Vivonne, dans laquelle seront compromis avec lui Bussy-Rabutin et l'abbé Le Camus, que cela n'empêchera pas de devenir cardinal. « Le peuple qui grossit tout, dit Bussy, et qui fait bien plus de cas du merveilleux que du véritable, décida bientôt de ce qui s'était fait à Roissy. Il dit d'abord qu'on avait baptisé des grenouilles, et puis il revint à un cochon de lait ; d'autres qui voulaient raffiner sur l'invention, disaient qu'on y avait tué un homme et mangé de sa cuisse »[23]. Il est plus probable que les quatre impies, auxquels s'étaient joints les inévitables Guiche et Manicamp, n'avaient fait que boire et s'empiffrer tandis que tout Paris s'abîmait dans les dévotions. Des années plus tard, les joyeux compères de Roissy étaient montrés du doigt, disgrâce appuyée par Mazarin afin de servir d'exemple au jeune Louis XIV dont Vivonne et Le Camus étaient les amis.

Primi dit encore au sujet de Philippe Mancini : « Il avait été le premier à corrompre Monsieur, lequel était un prince d'une grande beauté »[24]. Il était étrange en tout, toujours dans l'ombre du roi grâce à sa charge de capitaine des mousquetaires noirs. Il fut le seul, en 1664, à oser lui parler de sa liaison avec Mlle de La Vallière. « Il dit, raconte Conrart, d'un ton demi-bas et triomphant, que la pensée qui lui était venue était que Dieu n'était peut-être pas content de ce qui se passait entre Sa Majesté ct Mlle de La Vallière, et qu'il crut être obligé en conscience de l'en avertir. Le roi ayant entendu cela s'approcha de son oreille et lui dit d'une manière douce et favorable — M. Mazarin, je vous conseille de ne parler jamais de cela à personne, car vous feriez faire un mauvais jugement de vous ; pour moi, je vous promets de n'en rien dire... »[25].

Ce Nevers, si « difficile à ferrer », selon Mme de Sévigné, avait épousé la jolie Mlle de Thianges, nièce de Mme de Montespan. Ils menèrent joyeuse vie ensemble. La duchesse avait coutume de dire : « On ne vieillit pas à table ». Elle y passait le plus clair de son temps. Le duc fut le premier à avoir l'idée de la spécialisation des cuisiniers entre sauciers, pâtissiers et rôtisseurs. Il veillait aussi personnellement à l'achat des légumes. Un jour qu'il séjournait à Montpellier, on alla avertir le terrible intendant Bâville qu'un homme en cordon bleu achetait des salades au marché, c'était M. de Nevers. Il aimait surtout à voyager en Italie. « Il avait, nous dit Mme de Caylus, accoutumé de partir pour Rome de la même manière dont on va souper à ce qu'on appelle aujourd'hui une guinguette, et on avait vu madame de Nevers monter en carrosse, persuadée qu'elle allait seulement se promener, l'entendre dire à son cocher : à Rome ! »[26].

Il partageait donc à Paris le palais Mazarin avec sa sœur Hortense qu'il chérissait. Leur premier soin avait été de rétablir les portes de communication pour se voir à toute heure. En 1669 le scandale avait éclaté : Hortense était partie en Italie et son mari, La Meilleraye-Mazarin, avait saisi le Parlement, dénonçant son beau-frère qui n'avait pourtant pas bougé de Paris, comme coupable de rapt et d'inceste. Nevers s'était pourvu en réparation d'honneur, puis, impatienté de la longueur des procédures, il avait pris à son tour le chemin de Rome, rejoignant Hortense chez leur sœur Marie — la connétable Colonne comme on disait alors — et prêtant par là le flanc à tous les ragots. Le duc de Mazarin avait obtenu un décret de prise de corps contre son beau-frère et l' « annotation » de ses biens, préalable d'une saisie.

Nevers, rendu au bord du Tibre, faisait tout pour qu'on le crût vraiment coupable de ce dont on l'accusait. « J'allais, raconte Marie Mancini, sur le Corso Dimezzo ou à la Place d'Espagne, en carrosse avec mon frère nous tenants tous deux embrassés ; mais il me semble que l'affection fraternelle ne doit pas donner du scandale, mais plutôt, elle doit être louée dans les personnes qui étant unies de sang le doivent être pareillement d'affection... »[27].

Cet oncle de nos deux Vendômes, l'un de leurs plus constants modèles, l'un de leurs plus fidèles familiers au Temple ou à Anet, était en sus de tout cela, d'une insouciance confondante. Il s'était défait de son gouvernement de La Rochelle et du pays d'Aunis pour ne pas s'en occuper et il eut du roi en 1678 un brevet de duc qu'il négligea toute sa vie de faire enregistrer.

Mme de Bouillon, seule de sa famille à Paris au début de 1674, allait donc payer pour les absents. Elle n'était pas la plus coupable, nous n'en voulons pour preuve que le fait que Louis XIV ait songé à elle, en novembre 1673, pour devenir l'une des quatre dames d'honneur qu'il projetait d'établir près de la reine Marie-Thérèse, après la dissolution du scandaleux escadron dans lequel avait brillé Mme de Ludres[28]. La chose ne s'était pas faite et c'est sans doute ce qui la perdit. Elle eut à comparaître, en l'absence du mari, toujours affairé à en découdre au loin, devant un second conseil de famille composé, comme le premier, de l'oncle héros — Turenne — et du beau-frère cardinal. Elle le prit de haut, leur lança de ces sortes de réparties qui ravissaient Mme de Sévigné, comme lorsqu'elle discourait à l'infini sur ses faiblesses en susurrant pour conclure : « Mais j'en ai beaucoup d'autres... »[29]. La belle-famille n'apprécia guère. Elle fut condamnée à aller méditer au couvent de Montreuil, près d'Arques, c'est-à-dire, pour une habitante de la rue des Petits-Champs, chez les Tartares.

Premier exil de la reine de Paris, qui devait la tenir éloignée de son royaume jusqu'au mois de juillet 1675, un mois avant la mort glorieuse de l'oncle Turenne. Consternation générale des fidèles. Chaulieu, que les besoins d'argent ont poussé en Pologne, dans la suite de l'ambassadeur, M. de Béthune, prend régulièrement des nouvelles de Mme de Bouillon auprès de sa belle-sœur, femme de son frère. Ainsi, à la veille du retour à Paris de l'exilée, le 23 juin 1675 : « Vous me mandez que les affaires de Mme de Bouillon vont mieux de jour en jour et qu'elle se raccommode avec M. de Turenne. Là-dessus, je dois vous dire que rien au monde ne pouvait me faire tant de plaisir que cette nouvelle... »[30].

Parmi les plus chagrinés furent les deux jeunes princes de Vendôme que le cénacle de la rue des Petits-Champs était accoutumé à désigner du nom de demi-dieux, tant pour l'agrément de leur figure que pour celui de leur esprit déjà prometteur. De ces mois d'exil de la tante Bouillon datent les premières timides tentatives que firent les deux frères pour attirer les beaux esprits à l'hôtel de Vendôme. Ce ne sont encore que des coups d'essai. L'austère hôtel-couvent du faubourg Saint-Honoré, orné de portraits de saints et de bienheureux, ne se prête guère aux jeux de la société comme feront le caravansérail du Temple ou le délicieux séjour d'Anet, transformé à grands frais par Louis-Joseph. De plus il y manque encore le bailli des plaisirs, Chaulieu, alors aux prises avec ses sauvages de Varsovie.

Oracles et bassette.

La jeunesse, c'est connu, est inconsciente. Le danger rôdait alors dans Paris par l'industrie de quelques magiciens dont plusieurs devaient finir sur les bûchers de l'affaire des Poisons. Pourtant, le plus inquiétant d'entre tous ces sorciers, celui qui était passé maître à lire dans le cœur des puissants désœuvrés et à capter leur or, allait réussir à s'exonérer des procédures. Cet homme c'était Primi Visconti, que l'abbé de La Baume avait produit le premier, à la fin de 1674, à l'hôtel de Soissons et qu'il amena dans celui de Vendôme au début de 1675. On le disait fils d'un bonnetier de Bologne, il se prétendait parent des ducs de Milan — d'où le nom de Visconti —

il se faisait appeler aussi l'abbé de Saint-Mayol. Il était né en 1648, en Piémont et était arrivé à Paris au début de 1673. Il avait été immédiatement introduit dans la familiarité de gens qui étaient les amis de Mme de Bouillon : Guiche, Nevers, Mme de Soissons, et surtout la marquise d'Alluyes, l'amie de la tante Marie-Anne, qui lui servait de comparse, s'amusant à déchirer des signatures de lettres et à lui faire deviner le nom de celui qui les avait écrites. Primi, dans ses *Mémoires*, prétend qu'il n'utilisait le don qu'il avait pour les sciences occultes que dans le but de devenir un écrivain fameux, seul véritable terme de ses ambitions.

Les Vendômes proposèrent à Primi de l'héberger dans leur hôtel. Il n'en fallut pas plus pour que tout Paris se précipitât au faubourg Saint-Honoré : « Le bruit s'étant répandu que je logeais à l'hôtel de Vendôme, j'y étais du matin au soir, littéralement assiégé. La comtesse de Jussac, femme du gouverneur des deux princes de Vendôme, me dit qu'un jour elle avait compté deux cent vingt-trois carrosses de personnes venues pour me voir »[31].

Primi faisait des horoscopes. Il prédit ainsi à Philippe la mort violente de son meilleur ami, Châteauvillain, fils du duc de Vitry, qui devait effectivement périr, en novembre 1674, dans un duel engagé pour les beaux yeux de Mlle de Lannoy, sa maîtresse. Philippe, à cette même époque, voulait à nouveau se battre pour sa chanoinesse, cette fois c'était avec le duc de Lesdiguières*, « ... n'admettant pas que qui que ce soit ne fît même que regarder Mme de Ludres »[32]. Primi, qui vivait alors chez lui, nous dépeint le jeune Vendôme dévoré par la passion : « Son amour était si grand que parfois il se renfermait des mois entiers dans sa chambre, fenêtres fermées, avec une guitare, du papier et de l'encre pour écrire des vers, ne dormant pas, ne mangeant rien, excepté quelques tasses de chocolat pour se soutenir »[32].

Confirmation de la tournure libertine que prend le respectable hôtel de Vendôme, sous la férule de ses jeunes maîtres : « Un soir, après avoir dîné avec les princes de Vendôme, Châteauvillain s'écria — Voyons qui de nous blasphémera le mieux. Je m'enfuis du festin avec d'autres convives et leur confirmai qu'il périrait de malemort »[33].

La guerre de Hollande devenait une guerre européenne : l'Angleterre, seule alliée de la France, avait signé une paix séparée en février 1674 et le roi se retrouvait seul face aux Hollandais, à l'empereur, au roi d'Espagne, à l'électeur de Brandebourg et au

* François-Emmanuel de Bonne (1645-1681) qui ne sera duc de Lesdiguières qu'en 1677.

duc de Lorraine. La campagne de 1674 promettait d'être rude. Condé devait être opposé à Guillaume d'Orange et, le 11 août, l'écraser à Senef ; le roi partait conquérir en personne la Franche-Comté sur les Espagnols et Turenne, avec une armée réduite, avait l'ordre de contenir les Impériaux en Alsace. En octobre, à Entzheim, il devait arrêter les armées de la coalition, sans toutefois pouvoir les empêcher de s'établir entre Rhin et Vosges, d'où une campagne d'hiver, rude et pénible qui devait déboucher sur l'évacuation de l'Alsace.

Tandis que Louis-Joseph suivait le roi en Franche-Comté comme garde du corps, Philippe était à Entzheim. Le marquis de La Fare, futur familier du Temple, s'y trouvait aussi. Il relate cette campagne dans ses *Mémoires*. Turenne était parvenu à mettre toute son armée dans un temps record en ordre de combat, la faisant arriver par un chemin où ne pouvaient passer que quatre cavaliers de front. S'étant placé ainsi en face de l'ennemi, « ... il mit la main à l'épée et chargea lui-même à la tête du régiment colonel, M. le Grand prieur* de Vendôme, jeune prince vif et hardi à ses côtés »[34]. Turenne félicita le jeune héros et fit connaître sa conduite dans une lettre à Louis XIV.

Le début 1675, en l'absence de Mme de Bouillon, se passa à l'hôtel de Vendôme en jeux de cartes. La responsable en était la bassette**, désolation des causeurs, des beaux esprits, des poètes de salon :

> « Tout se change ici bas, à la fin tout se passe
> « Les livres de bassette ont pris des autres la place
> « Plutarque est suspendu, Don Quichotte interdit
> « Montaigne auprès de vous a perdu son crédit... »

Pour y jouer, « les femmes volaient leur mari... les enfants leurs pères, rapporte Bussy-Rabutin, et jusqu'aux valets qui venaient regarder par-dessus l'épaule des joueurs et les prier de mettre une année de leurs gages sur une carte »[35].

Primi observe également les dégâts de cette mode : « Ce jeu de la bassette faisait une si étrange assemblée qu'on le peignait jusque sur les éventails. On voyait la comtesse de Soissons sur un grand fauteuil à bras avec quantité de petits chiens autour d'elle. Mme Vertamon taillait les cartes, Mme de Rambures en déchirait. Le marquis de Gordes regardait un lorgnon à la main. Le duc de Vendôme prenait du tabac, le comte de Gramont s'arrachait la

---

* Il ne sera grand prieur qu'en 1678.
** Jeu de cartes venu de Venise où les joueurs jouent contre un banquier.

perruque, le chevalier de Vendôme donnait des coups de poing sur la table, le duc de Créquy retroussait ses manches, l'évêque de Langres jetait son chapeau... »[36].

Primi s'y fait remarquer : « Comme j'avais gagné, tenant le jeu du duc de Vendôme, beaucoup de dames me recherchaient pour que je jouasse avec elles »[37]. Le duc n'aura, hélas, pas toujours Primi à ses côtés pour tenir sa partie. Chaulieu, à la date du 20 novembre 1680, écrit : « M. le marquis de Béthune est plongé dans les fureurs de la bassette... Il gagna hier 300 pistoles. Le nombre des acteurs se montant à dix-sept ou dix-huit entre lesquels brillaient M. et Mme de Bouillon et M. de Vendôme, lequel, suivant son train ordinaire, perdit au moins la moitié de l'hôtel de Vendôme »[37]. Quant à la tante Bouillon, toujours d'après Primi, « ... lorsqu'elle perdait au jeu, elle accusait ses voisins de lui porter malchance ».

M. de Turenne allait faire sa dernière campagne. Avec assez de rodomontade il avait proclamé que le boulet destiné à le tuer n'était toujours pas fondu. Il devait malheureusement se trouver sur la trajectoire de celui que le canonnier Koch ajusta en direction de son campement, le 28 juillet, à Sasbach, en pays de Bade. Son adversaire, Montecuccoli, informé par un déserteur, décida de profiter du désarroi de l'armée française et de gêner la retraite commandée par le maréchal de Lorges. Ce fut la belle défense du poste d'Altenheim dans laquelle Louis-Joseph devait se rendre fameux et son cadet, pour la première fois, faire étalage d'une conduite singulière. Le duc de Vendôme, à la tête du régiment de Champagne, chargé de garder le pont sur la Schutter, proche du Rhin, s'y battit comme un lion. Il eut deux cents hommes tués près de lui, la cuisse transpercée d'un coup de mousquet et il termina le combat à pied[38]. Epuisé par la perte de son sang, il s'évanouit et se réveilla sur un lit de drapeaux pris à l'ennemi, que ses soldats, émerveillés de son courage, avaient tenu à lui offrir pour couche. Quant à Philippe, il avait déserté à la veille du combat : « Voilà sur quoi l'on crie, note Mme de Sévigné, et toute la beauté de Mme de Ludres ne l'excuse point »[39]. La conduite du prince suscita une vive polémique. Ses partisans firent courir une justification, intitulée *Factum sur le courage du chevalier de Vendôme*, dans laquelle ils s'en prenaient aux aristocrates qui avaient propagé des rumeurs malveillantes, arguant de la qualité de prince du chevalier pour conclure avec assez de morgue : « Les princes ont le même avantage sur les gentilshommes que ceux-ci prétendent sur les bourgeois et les paysans ».

Philippe s'en était revenu à Paris, alarmé par la nouvelle que Louis XIV venait de jeter les yeux sur sa chanoinesse. Cette liaison du roi et de Mme de Ludres commence en effet dans l'été 1675 et se termine brusquement au printemps de 1676. Liaison curieuse, à propos de laquelle, Bussy-Rabutin, un connaisseur, a dit, parlant de cette nouvelle maîtresse : « Elle semblait, par le bruit qu'elle faisait, songer plus à passer pour maîtresse qu'à l'être ».

Mme de Ludres eut-elle vraiment en tête de supplanter l'orgueilleuse Athénaïs de Mortemart, marquise de Montespan, qui régnait alors sans partage sur le cœur du roi ? Elle n'avait ni l'esprit ni le souffle de la favorite. Cette dernière, d'ailleurs, la fit prendre en dégoût à Louis XIV à cause de rougeurs de peau sur lesquelles on a beaucoup brodé. Madame — La Palatine— en a même fait un roman, disant, qu'en Lorraine, la chanoinesse aurait été empoisonnée par la princesse de Cantecroix : « Le poison fit irruption et la couvrit de taches depuis la tête jusqu'aux pieds. Elle fut assez bien soignée pour sauver la figure mais, de temps en temps, elle a encore des attaques de son mal »[40]. Mme de Montespan fit croire au roi que c'était un dartre et elle l'en dégoûta. La publicité de la rupture, orchestrée par la toute puissante maîtresse, fit de la pauvre chanoinesse la risée de la cour.

On l'identifiera à Io, héroïne de l'opéra *Isis*, que Quinault et Lulli donnèrent le 5 janvier 1677, Io en butte à l'implacable Junon dans sa passion pour Jupiter. L'on pensa longtemps que quatre des plus fameux vers du livret de cct ouvrage avaient été faits pour elle :

« C'est une offense cruelle
« De paraître belle
« A des yeux jaloux
« L'amour de Jupiter a trop paru pour vous… »

Philippe, au printemps de 1676, était encore suffisamment épris pour récupérer sa chanoinesse, mais l'aventure avait laissé des traces — Il avait été la dupe, « … en amour c'est comme cela qu'on commence et comme cela qu'on finit » — et soit lassitude, soit soupçon de contagion de ce terrible dartre, il n'allait pas être un an avant qu'il ne la quitte à son tour.

Le retour d'Aspasie.

Mme de Bouillon était revenue d'exil et, en même temps qu'elle, Chaulieu de Pologne. Les salons de l'hôtel de la rue des Petits-Champs s'illuminèrent de nouveau. La petite cour se reforma La duchesse y portait son argent et sa maîtrise à animer les fêtes ; l'abbé son esprit et ses amis.

On vit ainsi paraître chez les Bouillons tout ce qui formera le levain de la future société du Temple et d'Anet. L'abbé Têtu, la coqueluche du beau sexe, celui dont les homélies faisaient se pâmer les gens à la mode :

« Soit qu'il prêche aux Madelonnettes
« Ou bien aux grilles des Nonnettes
« Soit les Feuillants ou bien ailleurs
« Ses discours sont autant de fleurs
« D'une charmante rhétorique
« Qui touche qui plaît et qui pique. »[41].

Il était opiomane et — y-a-t-il liaison ? — le premier homme connu à s'être plaint de vapeurs. Louis XIV ne le trouvait pas assez « honnête » pour le faire évêque, sur quoi l'une de ses admiratrices, Mme d'Heudicourt, jamais à court d'arguments, avait répliqué au roi : « Sire, il attend pour le devenir, que Votre Majesté l'ait fait évêque »[42].

En attendant l'abbé s'essayait, comme autrefois la mère de nos Vendômes, à convertir Ninon de Lenclos, croyant que le bruit d'une telle conversion le rendrait fameux dans le monde. Chaulieu l'aidait en favorisant ses rendez-vous avec la courtisane : « Mlle de Lenclos se rendra à vos ordres sur les six heures du soir. C'est l'heure où Philémon et Baucis servirent aux Dieux une table aussi frugale que la mienne. Notre pauvreté, notre innocence et notre simplicité communes ont beaucoup de rapports. J'envoie savoir si vous voulez que l'heure de votre souper soit la même que celle de Jupiter, si vous voulez une soupe comme lui car il en mangea une, non aux pois*, ils étaient encore trop chers, mais aux pointes d'asperges, avec une teinture de sarriette »[43].

Mais Ninon ne l'entendait pas de cette oreille : « Il croit que ma conversion lui fera honneur et que le roi lui donnera pour le moins une abbaye, mais s'il ne fait fortune que par mon âme, il court un risque éminent de mourir sans bénéfice »[44]. Et comme, pour mieux le signifier, Ninon venait rue des Petits-Champs avec son amant en titre, l'abbé de Châteauneuf, joueur de cartes impénitent.

C'est chez sa tante que Philippe, déjà incertain de sa belle chanoinesse, devait s'éprendre à son tour de Ninon. Il avait dix-neuf ans, elle en avait cinquante-cinq. Malgré son bel air, sa princerie, sa jeunesse, sa gaieté, il fut éconduit. Il se vengea en lui laissant dans sa toilette ce quatrain :

« Indigne de mes feux, indigne de mes larmes
« Je renonce sans peine à tes faibles appâts

* Les pois sont alors le légume à la mode, nouveau et hors de prix.

« Mon amour te prêtait des charmes
« Ingrate, que tu n'avais pas. »

Elle lui fit, du tac au tac, porter cette réponse :

« Insensible à tes feux, insensible à tes larmes
« Je te vois renoncer à mes faibles appâts
« Mais si l'amour prêtait des charmes
« Pourquoi n'en empruntais-tu pas ? »

Chaulieu, à son retour de Varsovie, avait introduit également deux dames auprès de sa protectrice qu'il baptisait dans ses lettres du joli nom d'Aspasie. D'abord Mme de La Sablière, née Marguerite Hessein, épouse d'Antoine de Rambouillet de La Sablière, vieux et riche libertin qui la laissait libre de vivre à sa guise parmi les poètes dont elle favorisait la carrière. Ce fut sans doute l'une des femmes les plus savantes de son temps : « Mme de La Sablière qui entend Homère comme nous entendons Virgile »[45], dit Corbinelli, entendons par là qu'elle parlait aussi bien le grec que tous les honnêtes gens du temps parlaient le latin. Elle était également fort versée dans la connaissance des sciences et particulièrement de Gassendi. Elle fut l'amie de Fontenelle, des Perrault, de l'abbé d'Olivet, de Bayle, mais surtout l'inspiratrice du cœur et de l'esprit de La Fontaine. Elle est son Iris :

« Cette Iris, Harlay, c'est la dame
« A qui j'ai deux temples bâtis
« L'un dans mon cœur
« L'autre en mon livre »[46].

L'autre dame, c'est Antoinette de Ligier de La Garde, plus connue sous son nom de femme mariée, Mme Deshoulières et que le siècle surnommera « la dixième muse ». Elle n'est arrivée à Paris qu'en 1674, après avoir suivi dans ses tribulations un mari qui, par fidélité pour Condé, était longtemps resté au service de l'Espagne. C'est une sorte d'avant « bas bleu ». Elle recherche la compagnie des littérateurs et des poètes, elle sera l'amie de Conrart, Pélisson, Benserade, Bussy-Rabutin, Flechier, Mascaron, des deux Tallemant et des deux Perrault et surtout la sectatrice de Corneille qu'elle imitera bientôt en écrivant des tragédies dans son style et qu'elle protègera en se déclarant d'avance l'ennemie de tous ses rivaux possibles. Nous la verrons bientôt à l'œuvre sur ce chapitre avec Mme de Bouillon. Ambitionnant le grand genre dans lequel elle se risquera avec un bonheur à éclipses, elle est tout à fait charmante dans ces badineries qu'elle compose sur un coin de table en mettant en scène quelques animaux familiers, chers aux membres du cénacle. Ainsi l'*Epitre de Tata, chatte de Mme la marquise de Montglas, à Grisette, chatte de Mme Deshoulières* :

« J'ai reçu votre compliment
« Vous vous exprimez noblement
« Et je vois bien par vos manières
« Que vous méprisez les gouttières...
« Que je vous trouve d'agrément
« Jamais chatte ne fut si belle
« Jamais chatte ne me plut tant
« Pas même la chatte fidèle »[47].

De ces lettres adressées à sa grisette elle fera tout un recueil charmant : *Dom Gris, chat de Mme la duchesse de Béthune à Grisette. Mittin, chat de Mlle Bocquet à Grisette. Réponse de Tata à Grisette. Epitre de Cochon, chien de M. le maréchal de Vivonne à Grisette...*

Enfin, dans ces mêmes temps, Chaulieu introduit chez sa protectrice deux autres personnages importants pour les suites de cette histoire : Chapelle, qu'il reconnaît comme son maître dans les jeux de l'esprit et de la rime et dont il a fait la connaissance lors de son premier voyage à Anet.

« Chapelle par malheur, rencontré dans Anet
« S'en vint infecter ma jeunesse
« De ce poison fatal qui coule du Permesse*
« Et cache le mal qu'il nous fait »[48].

Son véritable nom est Claude-Emmanuel Luillier, il est fils naturel d'un maître des requêtes qui l'a légitimé. C'est un mauvais sujet, surnommé « le bon fainéant du Marais », qui passe sa vie à hanter les cabarets où il consume ses talents en toutes sortes de sciences car, lui aussi, tout comme Mme de La Sablière, est confit en ces philosophes-physiciens que sont Pascal et Gassendi. Voltaire a dit de lui qu'il était « ...d'un genre plus débauché encore que délicat, plus naturel que poli, facile dans ses vers, incorrect dans son style, libre dans ses idées ». Il écrira avec Bachaumont ce petit chef d'œuvre qu'est le *Voyage de Chapelle et Bachaumont* et parmi les pièces qu'il composa seul, toujours curieuses et piquantes, on citera la *Ballade à mademoiselle de l'Enclos* et les *Vers sur l'inutilité des rideaux de lit*[49].

L'autre fameuse recrue de ces retrouvailles glorieuses de 1675 et 1676, c'est La Fare, le marquis de La Fare dont l'existence fait déjà tout un conte : il a combattu les Turcs, il a été blessé à Vienne dans un duel ridicule destiné à soutenir l'honneur d'un homme qu'il connaissait à peine. Il aime boire et manger — il est énorme — il parle en vers, il a de l'esprit comme mille, il fait preuve d'une vanité insurpassable : « Il y a bien longtemps que je suis dans le monde et j'ai vécu fort familièrement et vu de fort près la plupart des personnes de l'un et l'autre sexe qui ont la réputation d'avoir le

* Permesse pour Parnasse. Ce poison, c'est la poésie.

plus d'esprit. J'en ai trouvé qui avaient, en différents genres, des talents au moins au-dessous des miens, j'en ai trouvé beaucoup qui avaient autant d'esprit que moi, mais je n'en ai trouvé aucun qui m'ait fait sentir qu'il en avait davantage... »[50]. Il se mêle d'en remontrer à tout le monde et même, à l'armée, à Turenne : « Je vous demande pardon, Monseigneur, si j'ose vous dire que nous sommes inquiets de la marche que vous nous faites faire et de voir que nous allons du nez sur cette montagne et que nous sommes tous les uns sur les autres dans cette vallée »[51]. La Fare sera bientôt de toutes les fêtes du Temple et d'Anet. Nous allions oublier un détail, il était l'amant en titre de Mme de La Sablière.

Le cancer qui va ronger l'existence des deux derniers Vendômes, le manque d'argent, se profile déjà dans ces années joyeuses. Notez bien qu'il n'a jamais vraiment laissé en paix la descendance de Gabrielle, entêtée de vivre princièrement, tout comme il ne quittera pas Louis XIV tout au long de son règne. En 1657 César s'était résolu à vendre le fleuron de ses biens : la Penthièvre. Seule l'intervention du roi avait permis d'annuler cette vente sans pour autant résoudre les difficultés. C'est que pour administrer ce duché breton, la principauté de Martigues, les tours de Toulon, les duchés de Vendôme, Mercœur et Beaufort, les domaines de Dreux, d'Anet, de Chenonceaux, d'Ancenis, d'Etampes et de Montoire, il fallait entretenir une armée de lieutenants, de juges et de greffiers. A cause des ventes massives faites depuis trois quarts de siècles, ces officiers n'administraient plus que le résidu de la puissance féodale : la seigneurie dite « utile », le droit « éminent » du seigneur, la ruineuse vanité de se dire justicier de sa terre, minces vestiges de la grandeur, en vertu desquels les tenanciers devenus les véritables propriétaires versaient de dérisoires cens* dits récognitifs qui symbolisaient l'ancienne mainmise seigneuriale.

Ce que Louis-Joseph avait de plus tangible dans son patrimoine c'était ce fameux gouvernement de Provence qu'il ne voulait pas exercer par lui-même, à la fois par désir de jouir des plaisirs de Paris mais aussi parce qu'il avait conscience que quinze années d'absolutisme avaient suscité aux gouverneurs de terribles rivaux dans la personne des intendants.

Louis-Joseph se devait pourtant de faire le voyage d'Aix, d'abord pour prendre officiellement possession de sa charge, mais aussi afin d'installer sur place les gens d'affaires chargés d'encaisser les droits

* Redevance féodale reconnaissant le lien de vassalité.

non négligeables destinés à tomber dans son escarcelle. Ce voyage plusieurs fois annoncé fut une cause d'épouvante pour Mme de Sévigné, belle-mère de M. de Grignan. Dès 1671, elle mettait en garde son gendre.

La première affaire qui inquiéta la marquise fut celle des secrétaires. Le duc avait demandé à l'assemblée provinciale de verser à son secrétaire une gratification en argent. Les députés l'avaient envoyé au diable, tout en gardant les formes : « ... C'est avec toutes sortes de respects et c'est avec déplaisir qu'elle résiste à donner une reconnaissance... »[52]. Louis-Joseph, ayant fait connaître son mécontentement, M. de Grignan avait proposé de gratifier lui-même le secrétaire. Colère de la marquise, qui transparait dans une lettre du 10 février 1672 : « Il est extrêmement ridicule que M. de Grignan donne cent écus au secrétaire de M. de Vendôme. Ce n'est pas pour la somme mais parce qu'il ne faut pas les accoutumer à prendre tout sur M. de Grignan, qui, avec un cœur de roi, décide tout, en prenant sur lui ce qui est en contestation... »[53].

Commencent alors les longues litanies de la marquise sur le voyage de M. de Vendôme en Provence. En 1676 c'est le duc lui-même qui demande au roi d'aller dans son gouvernement. Réponse rude de Louis XIV qui est alors hérissé par ce qu'il sait du libertinage et du désordre des finances de son cousin : « Monsieur, quand vous saurez bien gouverner vos affaires, je vous donnerai soin des miennes ». Et Mme de Sévigné d'approuver : « Et cela finit tout court, et cela est vrai »[54]. Et en septembre 1676, nouveau soulagement : « Il n'est nullement question de M. de Vendôme pour la Provence »[55].

L'autre moyen qu'avait M. de Vendôme de rétablir ses affaires, était celui qui avait réussi à son grand-père et à son père : épouser un beau parti. Mais Louis-Joseph, c'était le moins qu'on puisse dire, ne débordait pas d'enthousiasme à l'idée de convoler, à cause d'une antipathie pour le sexe opposé qu'il poussait bien plus loin qu'autrefois son grand-père. Malgré cela les candidates se bousculaient. Primi, devenu l'homme de confiance de l'hôtel de Vendôme, raconte : « Pendant que j'étais lié avec M. de Vendôme, une demoiselle vint me voir un matin pour me proposer pour le duc la fille du marquis de Vardes*, laquelle possédait une fortune de deux millions. Le duc vint dans sa chambre et me dit devant cette demoiselle — Voyez ce qu'en pense M. Rillier ». Ce Rillier était son intendant, autrefois son précepteur, comme on l'a dit, et

---

* Marie-Elisabeth du Bec, fille unique de François-René, marquis de Vardes et de Catherine Nicolaï.

qui avait la haute main sur tout. Rillier n'approuva pas le projet, disant que Mlle de Vardes, « ... n'était pas aussi riche qu'on le prétendait »[56]. Il y eut dans cette même année 1676, toujours d'après Primi, trois autres demoiselles désireuses de devenir duchesse de Vendôme, une fille de ministre, une future reine et la veuve d'un souverain : « L'archevêque* avait quelque visée de faire épouser sa nièce, la fille de Louvois, par le duc de Vendôme, il m'en dit quelques mots ajoutant qu'elle avait cent mille pistoles comptant »[56]. Et plus loin : « ... Mme de Vervins me pria de traiter avec le duc pour la duchesse de Lorraine** ». Quant à la future reine c'était Sophie-Dorothée de Brunswick-Celle, alors âgée de onze ans, fille du duc de Brunswick et qui devait finalement épouser son cousin, Georges de Hanovre, que les révolutions successives d'Angleterre devaient porter sur le trône de ce pays en 1714.

1677 marqua la fin des amours de Philippe et de sa chanoinesse, coup fatal pour cette égérie qui trouvera petit à petit la consolation de la religion. A cette occasion le roi l'assassina d'un de ses mots les plus cruels. A Monsieur, qui lui parlait de l'entrée de la belle de Ludres chez les Dames de Sainte-Marie, rue du Bac, il répliqua : « N'y-est-elle pas déjà ? ». Mot terrible qui devait provoquer la curée. Elle resta finalement dans le siècle et retourna servir la seconde Madame, la Palatine, qui fut bonne avec elle. Quand on lui disait qu'elle était belle, elle répondait : « J'en suis bien aise, c'est un ridicule de moins »[57]. Benserade, sur cet effacement, fit un petit poème commençant ainsi :

« Si la Ludres eut moins d'appât
« Elle aurait été mariée
« Mais un mari n'aimerait pas
« A la voir d'amants entourée... »

Primi prétend, à tort sans doute, qu'il y eut un retour de flammes du roi pour elle, au début de 1677 : « Mme de Montespan qui avait d'abord persécuté Mme de Ludres, voyant le crédit de celle-ci définitivement perdu l'avait rappelée auprès d'elle. Mais ce retour avait réveillé le désir du roi... »[58].

Primi, lui encore, soutient que Philippe de Vendôme ne rompit avec la belle de Ludres que parce qu'elle avait osé lui parler de mariage : « Le chevalier trouva la prétention excessive, bien que le vieux duc de Lorraine ait aussi songé à l'épouser »[58]. Le futur grand prieur a remplacé la chanoinesse par une des plus parfaites beautés

* L'archevêque de Reims, Le Tellier, frère de Louvois.
** Louise d'Aspremont-Nanteuil (1652-1692) veuve depuis 1675 de Charles IV, ce forcené du mariage. C'est elle qui avait épousé le duc de Lorraine en échange de la grâce de son père. Vendôme la refusa disant, d'après Primi, « ... qu'il ne voulait pas des restes d'un Allemand ».

du temps : la fille du peintre Mignard, Catherine-Marguerite, qui a tout juste vingt ans et que son père a souvent représentée dans ses œuvres. Au séjour d'octobre à Fontainebleau, s'empressant auprès de cette nouvelle conquête, il retrouve sur son chemin Lesdiguières, celui qui avait osé jeter les yeux autrefois sur Mme de Ludres. Ils veulent se battre, « ... mais, raconte Primi, le roi fit dire aux deux rivaux que si le moindre différent se produisait entre eux, il leur appliquerait les lois portées contre le duel »[58]. Madame, la Palatine, dans une de ses lettres, prétend que Mme de Monaco — ancienne maîtresse du roi et grande prêtresse de Lesbos — l'aurait, de dépit de ne pouvoir l'attirer à son culte, voulue en ce temps-là pousser, à son tour, dans les bras du chevalier de Vendôme mais que ce fut en vain.

IV — LES ESPRITS FORTS

La reine de Paris.

Mme de Bouillon était plus reine que jamais et, pour que nul n'en ignore, elle avait troqué son hôtel de la rue des Petits-Champs pour plus vaste, quai Malaquais. C'était un véritable palais que le trésorier de l'épargne, Bertrand de la Bazinière, avait fait édifier là par Mansart et que la reine Christine avait habité en 1658. Le Brun, dans un cabinet donnant sur le jardin, y avait peint un *Apollon au Parnasse* siégeant parmi les Sciences et les Arts. Mme de Bouillon s'y était transportée avec ses amis, ses chiens et toutes les merveilles héritées de l'oncles Jules : tableaux accrochés à touche-touche, statues, cabinets de curiosité, argenterie, vaisselle.

Chaulieu a célébré l'installation de l'égérie en bord de Seine. Il s'adresse au fleuve qu'il contemple à Vernon :

« Malgré le penchant qui l'emporte
« Pour s'attirer de vous un regard en passant
« Elle coule depuis un an
« Et nuit et jour à votre porte
« Et l'été même, ce dit-on
« Elle prend bien souvent la peine
« De monter au plus haut de la Samaritaine*
« Pour voir un moment dessus votre balcon... »

C'est juste avant de quitter la rue des Petits-Champs que Mme de Bouillon avait manigancé son grand complot contre Racine : la cabale de *Phèdre*. On savait, depuis l'été de 1676, que le poète travaillait à une tragédie « ... sur le sujet d'Hippolyte ». Pradon,

* La pompe qui était sur le Pont-Neuf.

son compétiteur, s'en vante même dans la préface de sa pièce : « Ce n'est pas un effet du hasard qui m'a fait rencontrer avec M. Racine ».

Racine était depuis longtemps l'ennemi de l'hôtel des Petits-Champs. Il y avait à cela des raisons de personnes — parce qu'il y en a toujours en France — Mme Deshoulières, l'amie de la reine de Paris, détestait l'auteur d'*Iphigénie*, que Mme de Montespan, rivale honnie de ces égéries parisiennes et son petit cénacle de la cour, portaient aux nues. Première grande querelle de Paris contre Versailles ? Disons plutôt affrontement de deux esthétiques : celle du salon de Mme de Bouillon, encore tout palpitant de l'héroïsme de Corneille et des élans chevaleresques de la Fronde ; celle de la cour, où les sentiments se délectaient d'emprunter de longs labyrinthes qui ressemblaient à ceux des palais du prince. Querelle déjà ancienne puisque, trois ans plus tôt, Mme de Bouillon s'était mêlée de contrer l'*Iphigénie*, par une pièce sur le même sujet composée par son familier Le Clerc. Racine avait alors déjoué le piège, assez perfidement d'ailleurs, obtenant l'interdiction de représentation de cette *Iphigénie* rivale pendant toute une année.

Cette fois Mme de Bouillon s'était assurée de la police, de la claque, de la censure et elle avait jeté dans l'affaire, nous dit Boileau, 15 000 livres. Mme Deshoulières lui avait présenté Pradon pour écrire la pièce concurrente. C'était un mauvais choix mais l'homme avait connu de relatifs succès avec ses deux précédents drames : *Pyrame et Thisbé* en 1673 et *Tamerlan* ou *La Mort de Bajazet* en 1675. Titon du Tillet parlant de *Tamerlan* dit : « Cette pièce... reçut de grands applaudissements dans le temps qu'elle parut pour la première fois »[59], et l'on disait depuis, « ... l'heureux *Tamerlan* du malheureux Pradon »[59]. Pradon estimait, sans fondement aucun, que Racine s'était opposé au plein succès de ses œuvres et il désirait se venger. Il était, nous dit Desnoireterres, « ... d'une ignorance crasse ; il ne savait pas un mot de géographie, il ne savait même pas au juste ce que le terme signifiait. Le prince de Conti, l'aîné, lui disait en sortant de la représentation d'une ses pièces — Cela va fort bien, monsieur Pradon, mais j'ai remarqué que vous placez dans l'Europe une ville qui est en Asie. — Je prie Votre Altesse de me pardonner, répliqua Pradon, car je ne sais pas trop bien la chronologie ». Boileau s'est souvenu de cette ânerie : « Huer la métaphore et la métonymie, grands mots que Pradon croit des termes de chimie »[60].

Mme de Bouillon avait mis tous ses amis dans son jeu : La Fontaine, Chaulieu — dont on regrette de ne pas connaître les véritables sentiments sur l'affaire — Donneau de Visé, le fondateur du *Mercure Galant*, Thomas Corneille, la famille de la Duparc, morte en 1668 et dont on attribuait l'empoisonnement à Racine. Une cohorte de poètes jaloux : Desmarets de Saint-Sorlin, Le Clerc, Chapelle, Pélisson, du Perrier, La Monnaie, l'abbé Lavau, l'abbé Boyer. Enfin la veuve de Molière, Armande, qui administrait le théâtre de la rue Guénegaud et ses neveux Vendôme qui lui servaient de secrétaires et de propagandistes.

La *Phèdre et Hyppolyte* de Racine — Elle ne s'intitulera *Phèdre* qu'en 1687 — fut représentée le 1er janvier 1677 à l'hôtel de Bourgogne avec la Champmeslé — Marie Desmares — dans le rôle titre. Racine avait intensément préparé la tragédienne en lui enseignant « ... la déclamation du rôle de Phèdre vers par vers », affirme l'abbé du Bos dans ses *Réflexions critiques*. Ils jouèrent pourtant devant un théâtre à demi vide. Mme de Bouillon avait-elle, comme l'affirme Louis Racine, le fils du poète, loué les places du théâtre pour les laisser inoccupées ? Dans ce théâtre à demi-vide la reine de Paris vint pourtant, se tenant aux premiers rangs à côté de son neveu Vendôme : « Tout ce que l'on put contre ce chef d'œuvre, écrit Desnoireterres, fut de garder une immobilité glaciale »[61]. La pièce tomba.

La représentation de la *Phèdre* de Pradon eut lieu deux jours après, chez Armande Béjard, à la salle de la rue Guénegaud. La duchesse, qui se tenait sur la scène, flanquée de Louis-Joseph de Vendôme, son neveu, et du duc de Nevers, son frère, avait rempli le théâtre en offrant les places à ses amis. La tragédie de Pradon fut un triomphe. Le soir même, au cours d'un souper, donné pour célébrer cette victoire, Mme Deshoulières lança les rimes d'un sonnet destiné à enfoncer un peu plus l'œuvre de Racine. Ce poème fit le tour de Paris dans la nuit :

« Dans un fauteuil doré, Phèdre tremblante et blême
« Dit des vers où d'abord personne n'entend rien
« Sa nourrice lui fait un sermon fort chrétien
« Contre l'affreux dessein d'attenter sur soi-même... »

Tout cela était méchant mais n'excédait pas, après tout, le style de plaies et bosses que les coteries de Paris sont accoutumées à se rendre.

Or il advint que, dans la nuit qui suivit, fut publié par colporteur un second sonnet qui répliquait rime pour rime à celui des amis de Mme Deshoulières :

« Dans un palais doré, Damon jaloux et blême,
« Fait des vers où jamais personne n'entend rien,

« Il n'est ni courtisan, ni guerrier, ni chrétien ;
« Et souvent pour rimer il s'enferme lui-même.

« La Muse, par malheur, le hait autant qu'il l'aime.
« Il a d'un franc poète et l'air et le maintien.
« Il veut juger de tout et n'en juge pas bien.
« Il a pour le Phébus une tendresse extrême.

« Une sœur vagabonde, aux crins plus noirs que blonds,
« Va partout l'univers promener deux tétons
« Dont, malgré son pays, Damon est idolâtre.

« Il se tue à rimer pour des lecteurs ingrats.
« L'Enéide, à son goût, est de la mort-aux-rats ;
« Et, selon lui Pradon est le roy du théâtre. »

D'où venait ce texte ? De la coterie de Monsieur, prétendument liée pourtant à celle de Mme de Bouillon. Au cours d'un souper bien arrosé, Effiat, Manicamp, Fiesque, le chevalier de Nantouillet et Guilleragues avaient composé cette pièce qui dénotait un réel talent. Ces jeunes gens lettrés et raffinés, sincères admirateurs de Racine, n'osant s'en prendre à leur amie Mme de Bouillon, étaient tombés à plat sur le pauvre Nevers, qu'ils tenaient depuis longtemps à suspicion pour l'avoir vu renier leur style de plaisirs. Le poème était ignoble, il attaquait Nevers sur son impiété , son mauvais talent de poète, sa couardise supposée, et, pire, il se faisait l'écho des accusations de bougrerie et d'inceste lancées contre lui.

Ce fut un tollé chez Mme de Bouillon. On prit les armes : les demi-dieux coururent dans tout Paris pour dénicher Racine ou Boileau, à qui l'on imputa coup sur coup ce second sonnet, « ... et leur couper le nez ». Admirez s'il vous plaît la politesse des temps car lorsque César et Alexandre de Vendôme, ou Beaufort couraient Paris, l'épée à la main, c'était pour bien autre chose que pour un sonnet. Boileau qui en était alors à discuter, chez le comte de Broglie, de « la péripétie et de l'agnition » dans la pièce de Racine, se disculpa d'être l'auteur de ce poème et se chercha un protecteur.

Condé fit alors savoir aux deux poètes qu'il les accueillait chez lui : « Si vous n'avez pas fait le sonnet, venez à l'hôtel de Condé, où Monsieur le Prince saura bien vous garantir de ces menaces, puisque vous êtes innocents ; et, si vous l'avez fait, venez aussi à l'hôtel de Condé, et Monsieur le Prince vous prendra de même sous sa protection, parce que le sonnet est très plaisant et plein d'esprit »[62]. Il ajouta clairement à l'adresse de Nevers qu'il lui en cuirait de s'en prendre après cela aux deux poètes.

Dès lors, l'hôtel des Petits-Champs ne put que faire croire que Boileau avait été bastonné. Le père Sanlecque, confident du neveu de Mazarin, en fit même quelques vers ; toujours sur les mêmes rimes :

« Dans un coin de Paris, Boileau tremblant et blême,
« Fut hier bien frotté, quoiqu'il n'en dise rien.
« Voilà ce que produit son style peu chrétien ;
« Disant du mal d'autrui, il s'en fait à lui-même...

De cela Sanlecque fut récompensé par la collation de l'illusoire évêché de Bethléem qui, depuis les Croisades, était au pouvoir des ducs de Nevers. Le frère de Mme de Bouillon prouva tout de même qu'il avait de l'esprit et du talent — en un mot qu'il méritait cette épithète de littérateur français que lui décerne l'ancien Larousse — Il renvoya à ses détracteurs, sur les mêmes rimes, un dernier sonnet :

« Racine et Despréaux, l'air triste et le teint blême,
« Viennent demander grâce et ne confessent rien.
« Il leur faut pardonner, parce qu'on est chrétien,
« Mais on scait ce qu'on doit au public, à soi-même.

« Damon, pour l'intérêt de cette sœur qu'il aime,
« Doit de ces scélérats châtier le maintien ;
« Car, il serait blâmé de tous les gens de bien,
« S'il ne punissait pas leur insolence extrême... ».

Le temps, bien sûr, allait se mêler de donner raison à Racine contre Pradon. Racine, quelques mois plus tard, put enfin boire le succès que lui avait annoncé Boileau en l'exhortant à la patience :

« Imite mon exemple ; et lorsqu'une cabale,
« Un flot de vains auteurs follement te ravale,
« Profite de leur haine, et de leur mauvais sens :
« Ris du bruit passager de leurs cris impuissants... ».

Faux pas de la tante de Bouillon et des demi-dieux, certes, mais, avant tout, question de goût et d'école poussée par l'implacabilité du point d'honneur et l'esprit de coterie parisien jusqu'au ridicule. La reine de Paris n'a aimé que le vieux Corneille au théâtre — et ce n'est pas si mal — mais elle a également produit dans Paris La Fontaine à qui elle a inspiré plusieurs contes et a hanté quotidiennement Chaulieu dont l'esprit bondissant et leste annonçait celui de Voltaire.

« *Il la lui débaucha pour le remerciement* ».

La duchesse avait pris l'habitude de se transporter à l'automne, en compagnie des demi-dieux, chez Chaulieu, à Fontenay-en-Vexin. Là, l'abbé, aidé de sa belle-sœur, leur faisait les honneurs du vieux château de sa famille mais il fallait supporter toute la ménagerie, chiens, chats, singes et perroquets dont Marie-Anne ne pouvait pas se séparer. La Fontaine s'offusquait déjà des poèmes et des fables que la reine de Paris n'écoutait, lorsqu'il les lui lisait, qu'en réglant trois querelles d'animaux. Chaulieu se plaignait carrément : « Il m'est arrivé pourtant mille disgrâces devant vous, vos chiens m'ont mangé la main, la guenon m'a mordu, MM de Vendôme m'ont brûlé ma perruque et brûlé mon manteau sans que vous ayez donné la moindre marque que cela vous touchât un peu le cœur... »[63].

Chaulieu, ami fidèle et confident, à qui Mme de Bouillon fait l'aveu de ses amours, Chaulieu qui sait que les portes fermées de l'hôtel du quai Malaquais cachent souvent quelque polissonnerie : « Quand je passai hier après-midi devant chez vous, je vous trouvai sortie, princesse adorable, et je trouvai les portes fermées. J'en acceptai l'augure. Quand les portes du temple de Janus se fermaient c'étaint une marque de paix et de bonheur sur toute la terre et le présage sûr de plaisirs infinis. Me serais-je trompé ? Je ne le pense pas. En passant sur votre quai j'entendis l'amour qui éternuait à gauche. Vous êtes trop savante dans l'Antiquité pour ne pas vous souvenir que quand Jupiter tonnait de ce côté-là c'était un heureux présage. Ainsi je ne doute nullement de la satisfaction de votre cœur et de vos désirs... »[64].

L'année 1677, commencée dans le vacarme de Phèdre, se poursuivit par l'avant-dernière campagne de cette guerre de Hollande devenue européenne. Depuis la mort de Turenne, Louis-Joseph combattait sous son successeur, Créqui. Il fut cette année-là aux sièges de Valenciennes et de Cambrai. Blessé à nouveau, d'un coup de mousquet à l'épaule, il fut fait brigadier et Créqui écrivit à Louis XIV, « .... que le duc de Vendôme serait un jour un général fameux »[65].

Quant à Philippe, lassé des critiques qui ne s'étaient pas relâchées depuis son coup de tête d'Altenheim, il s'embarqua pour l'Angleterre au, printemps de 1677. Il y fut reçu avec toutes sortes de distinctions par son cousin, Charles II, prince galant, qui, pour avoir été proscrit lui-même pendant longtemps, pratiquait l'hospitalité avec délicatesse. Le roi, marié à la princesse de Bragance, entretenait publiquement une maîtresse, Louise-Renée de Pénancoet de Kéroualle, qu'il devait faire duchesse d'Aubigny et de Portsmouth. Tout cela ne l'empêchait nullement, puisqu'on le disait « ... ennemi renommé de la virginité et de la chasteté », de songer, à l'instar de son cousin Louis XIV, à meubler l'espace qu'il y a entre le soin d'une femme et l'amour d'une maîtresse par quelques plus courtes amourettes.

Le chevalier de Vendôme, au bout de quelques semaines à Londres, commença par jeter les yeux sur une de ces petites favorites de Sa Majesté. « Il la lui débaucha pour le remerciement »[66], s'offusque Saint-Simon. Charles II, « ... était si passionné alors qu'il lui fit demander grâce, lui fit offrir de l'argent et s'engagea de le raccommoder en France »[66]. Le chevalier s'entêta et son hôte dut lui défendre l'entrée de ses palais : « Il s'en moqua, et allait tous les jours à la comédie avec sa conquête, et s'y plaçait vis-à-vis du roi »[66].

Charles II, poursuit le mémorialiste, « ... ne sachant plus que faire pour s'en délivrer, pria tellement le Roi (Louis XIV) de le rappeler en France qu'il le fut. Mais le Grand prieur* tint bon, dit qu'il se trouvait bien en Angleterre et continua son manège »[66]. Le roi d'Angleterre fut enfin obligé de faire l'aveu à Louis XIV « ... de l'état où le mettait le Grand prieur » et celui-ci reçut un ordre si péremptoire de rentrer qu'il n'y eut plus à discuter.

Louis-Joseph terminait la rude guerre de Hollande, conclue par les traités de Nimègue de septembre 1678 et février 1679, avec le grade de maréchal de camp. Il était toujours question de le marier. Les projets d'union avec Mlle de Vardes, Sophie-Dorothée de Brunswick-Celle, la duchesse douairière de Lorraine, envolés en fumée, restait seule en lice, Mlle de Louvois, fille du ministre, soutenue par l'obstination de son oncle archevêque qui, d'après Primi, « ... avait toutes les manières d'un sanglier ». Rillier, l'intendant de l'hôtel de Vendôme, faisait traîner les choses. Il craignait l'arrivée d'une maîtresse dans la maison, redoutant de redevenir maître d'école comme il l'avait été à ses débuts. L'archevêque se fâcha, il fallut donner le change. Le duc chargea deux embrouilleurs nés de reprendre l'affaire : Primi, bien sûr, et Mme de Langlée, femme du tyran du goût et chicanière fameuse dans Paris. Ils lanternèrent les Louvois et firent d'abord semblant d'accepter. Le 10 novembre 1679 la robe de la mariée était prête, Mme de Sévigné écrit : « On va voir comme l'Opéra les habits de Mlle de Louvois... ». Finalement l'affaire ne se fit pas à la satisfaction de Louis-Joseph mais à la grande fureur de Louvois qui devint à partir de ce moment l'ennemi des Vendômes.

Le 24 février de cette même année 1678 naissait celle qui serait un jour la duchesse de Vendôme que l'on cherchait alors : Mlle de Montmorency, fille de Monsieur le Duc, petite-fille de Condé. Cela laissait à Louis-Joseph quelques confortables années pour jouir de la vie à sa guise.

---

* Philippe de Vendôme ne sera grand prieur que l'année suivante.

Philippe, rappelé de Londres dans les conditions que l'on vient de dire, au début de 1678, était revenu à la cour, accueilli fort fraîchement du roi mais pressé, à cause de ses frasques anglaises, de la curiosité générale et de l'admiration des esprits les plus lestes.

La mort du grand prieur, Henri d'Etampes de Valençay, survenue en avril 1678, allait le faire revenir sur l'eau. L'affaire de la « grâce expectative » n'était pas encore conclue devant les tribunaux. La question de droit -le fait que le grand prieuré ne puisse aller qu'au plus ancien bailli capitulaire en charge- avait été imprudemment portée, par les chevaliers opposants à Philippe de Vendôme, sur le terrain personnel. Bonair-Stuart, le pamphlétaire attitré de la maison de Vendôme, avait repris la plume, publiant, le 22 août 1676, un *Factum sur la bravoure et la conduite du chevalier de Vendôme et sur les avantages des enfants naturels de nos rois et leurs descendants contre la noblesse et quelques chevaliers de Malte*. Les défenseurs de Philippe au Parlement devaient reprendre les arguments contenus dans ce factum : l'héroïque conduite du jeune homme à Candie et, depuis, dans toutes les batailles où il avait figuré ; le fait qu'une tige royale bâtarde ne s'amoindrit pas en dignité à mesure des générations et qu'au contraire, « ... les fils sont toujours de meilleure maison que leur père parce qu'ils acquièrent un degré et qu'ils font des alliances ». Le roi et le pape avaient témoigné un soutien sans faille au jeune prince. Les grands de Malte comme le commandeur d'Harcourt — un cousin, puisque fils du duc d'Elbeuf et de Catherine-Henriette de Vendôme — avaicnt retiré leur opposition. Les plaintes maintenues en 1678 n'émanaient plus que des plus obscurs chevaliers de l'Ordre. Elles n'allaient réussir qu'à retarder de quelques mois l'entrée en possession effective de Philippe de Vendôme.

C'était un changement complet de style à la tête du grand prieuré de France : Valençay avait été, nous l'avons dit, un chevalier de Malte exemplaire, qui n'avait pas bougé, pendant les huit ans qu'il était demeuré en fonction, de La Valette où il était d'ailleurs mort, attentif aux mouvements des Turcs en Méditerranée, prompt à s'embarquer à la moindre alerte pour combattre. Philippe inaugurait le plus long règne connu dans cette charge, un règne de plus de quarante ans qui ne devait aller qu'à la volupté et au plaisir. Sans attendre l'issue des procédures en cours il prit le titre de grand prieur, qui est celui sous lequel l'Europe le connaîtra exclusivement jusqu'à sa démission de 1719. Louis XIV, par égard pour sa dignité toute neuve, lui fit la grâce de lui adresser de nouveau la parole. Philippe eut même un appartement conforme à son nouveau rang, au séjour que fit la cour à Fontainebleau à l'automne de 1678 et, comme il ne pouvait décidément rien faire comme tout le monde, il trouva le moyen de s'y singulariser une nouvelle fois : « Que dites-vous de l'aventure du chevalier de Vendôme ? demande Mme de Coligny à la marquise de Sévigné, mais peut-être ne la savez-vous pas. A tout hasard je m'en vais vous la dire... Vous saurez donc que le chevalier de Vendôme ayant mis l'épée à la main dernièrement dans sa chambre à Fontainebleau pour tuer une chauve-souris, se blessa au point de se réduire à être chevalier s'il ne l'avait pas déjà été. Je ne sais pas si je me fais bien entendre mais enfin, il est en état que les Turcs ne lui feraient rien davantage si l'ayant pris ils le voulaient mettre dans le sérail. Il n'a pas fait là un beau coup d'épée »[67]. Cette infirmité avérée, ce combat contre une chauve-souris aussi dérisoire que celui de Don Quichotte, explique-t-il, à lui seul, l'extinction prochaine de la maison de Vendôme ?

« *Pour lui apprendre à hanter les sorciers, fut-ce pour rire* ».

1679 fut une année de paix et donc de plaisirs, mais aussi celle de l'apparition d'un spectre hideux qui allait faire rabattre brusquement de sa gaieté à la tribu Mazarin : les rumeurs de poison.

Louis-Joseph, le 19 janvier, prêta serment devant le roi à titre de gouverneur de Provence[68], ce qu'on avait différé de faire depuis dix ans qu'il en portait le titre, à cause de cette méfiance fondée qu'avait le roi de sa capacité à gérer les affaires. Ses dépenses de plaisir, comme s'il s'ingéniait à se bâtir la réputation d'un dilapidateur, furent cette année-là considérables : au printemps, devant toute la cour, il fit courir ses chevaux qui étaient magnifiques contre ceux du grand écuyer, M. d'Armagnac. Il fut l'un des premiers à lancer en France la mode venue d'Angleterre des courses de chevaux montés et il était consulté dans ce domaine, ajoute Primi, comme un expert.

Le 25 octobre, il défraya à nouveau la chronique, perdant en un soir au billard, contre l'évêque de Langres, le revenu annuel d'une grosse abbaye. Mme de Sévigné, toujours dans la crainte de voir le duc troubler la quiétude de son gendre, s'en réjouit bruyamment : « Je crois que vous êtes à Lambesc présentement. Vous n'y aurez point M. de Vendôme. Le moyen qu'il y put courir ? Il perdit il y a peu de jours 10 000 écus au billard contre ce bon prélat de Langres (C'est encore une belle lumière de l'Eglise !) cette perte ne facilitera pas le voyage de Provence »[69]. Nous avons déjà entrevu monsieur de Langres — c'est ainsi qu'on désignait les évêques en leur donnant le nom de leur siège — s'exercer à la bassette au quai Malaquais.

L'affaire du billard nous est contée joliment par Saint-Simon qui confirme en passant que ce représentant de la famille de Simiane n'était effectivement pas un parangon des vertus pastorales : « ... On l'appelait volontiers le bon Langres. Il n'avait rien de mauvais, même pour les mœurs mais il n'était pas fait pour être évêque : il jouait à toutes sortes de jeux, et le plus gros jeu du monde. M. de Vendôme, Monsieur le Grand et quelques autres de cette volée lui attrapèrent gros deux ou trois fois au billard. Il ne dit mot et s'en alla à Langres, où il se mit à étudier les adresses du billard, et s'enfermait bien pour cela, de peur qu'on le sût. De retour à Paris, voilà ces Messieurs à le presser de jouer au billard, et lui à s'en défendre comme un homme déjà battu et qui, depuis six mois de séjour à Langres, n'a vu que des chanoines et des curés. Quand il se fut bien fait importuner, il céda enfin. Il joua d'abord médiocrement, puis mieux, et fit grossir la partie ; enfin il les gagna tout de suite, puis se moqua d'eux, après avoir gagné beaucoup plus qu'il n'avait perdu » [70].

La catastrophe qui se profilait c'était l'affaire des Poisons [71], lugubre série de faits divers, qui allait tourner définitivement la figure du règne vers la dévotion. Le 12 mars, au sortir de la messe, était arrêtée Catherine Deshayes, femme d'Antoine Monvoisin, dite la Voisin. L'instruction judiciaire menée promptement par M. de la Reynie, lieutenant général de police, fit apparaître en quelques jours que la Voisin avait offert ses services d'empoisonneuse à un nombre considérable de personnes de toutes conditions. Mme de Brinvilliers, qui avait été exécutée trois ans plus tôt pour avoir pratiqué des assassinats en grand dans sa famille aux fins d'hériter, n'était qu'une de celles qui avait marché dans ces souterrains obscurs. Les aveux de la Voisin découvraient un monde mouvant et vertigineux de faux prêtres, de devins, d'aventuriers et de grands seigneurs, mêlés dans une surenchère d'impiétés et de crimes. Louis XIV, effrayé de ce que laissaient entrevoir les premières investigations de La Reynie, convoqua une chambre ardente qui s'assembla pour la première fois le 10 avril 1679. Il demanda que toute la vérité soit faite, sans distinction de personnes, tant en matière d'empoisonnement que de pratiques démoniaques, mais il arrêta en même temps que les procédures seraient tenues secrètes pour ne révéler au public ni le détail des cérémonies sataniques, ni la composition des poisons.

On a dit plus avant que Mme de Bouillon tâtait de l'astrologie. A cela il n'y avait rien à redire, le roi lui-même avait son astrologue et l'abbé de La Baume qui, rue des Petits-Champs et au quai Malaquais, faisait des horoscopes à tout bout de champ, allait bientôt devenir archevêque. Mais ce que tout Paris allait apprendre bien vite, c'est que le destin avait un jour frappé à la porte de Mme de Bouillon en la personne de la Voisin, qui s'était présentée quai Malaquais sans s'être faite annoncer, sur la seule réputation de la curiosité d'esprit de la maîtresse de céans. Elle lui avait proposé de rencontrer un sien ami, un magicien nommé Le Sage et c'est fort publiquement que la duchesse, quelques jours plus tard, s'était transportée chez la bonne femme pour y rencontrer cet homme. Il y avait avec elle, dans son carrosse, son neveu Vendôme, le marquis de Ruvigny et l'abbé de Chaulieu. Le magicien s'offrit à résoudre trois questions. On les lui exposa : c'était de savoir si M. de Beaufort vivait encore, où était alors le duc de Nevers et quel était le secret pour gagner au jeu de hoc. Le magicien procéda alors à toute une mise en scène, enflammant des enveloppes soufrées liées avec de la soie. Le papier devait se retrouver intact dans une porcelaine. Cela n'arriva pas. Vendôme, Ruvigny et Chaulieu réclamèrent une seconde expérience. Il fallut alors donner deux pistoles pour les Sibylles mais sans plus de succès. Le Sage protesta que les Sibylles étaient, ce jour-là, empêchées.

Mme de Bouillon ne se cacha nullement de tout ceci — un sujet de divertissement de plus — elle écrivit à son soldat de mari en lui en narrant tout le détail. La Reynie devait toutefois l'accuser formellement d'avoir songé à épouser son neveu après s'être débarrassée du duc en l'empoisonnant.

Les soupçons qui pesaient sur Olympe, la comtesse de Soissons, dont le nom s'était déjà trouvé cité en 1676 dans le procès de la Brinvilliers, étaient autrement plus graves. On l'accusait non seulement d'avoir assassiné son mari, qui était mort sept ans ans plut tôt, mais aussi d'avoir usé de sortilèges pour redevenir la maîtresse du roi. Elle avait eu fréquemment recours à la magie, comme le montre cette scène connue de La Reynie et rapportée par l'abbé de Choisy, à laquelle assistèrent Mme de Bouillon et le duc de Vendôme, aggravant ainsi leur propre cas : « Son mari était malade en Champagne. Elle était un soir incertaine si elle partait ou non pour l'aller trouver, lorsqu'un vieux gentilhomme de sa maison lui offrit tout bas de lui faire dire par un esprit si Monsieur le Comte mourrait ou non de cette maladie. Mme de Bouillon était présente avec M. de Vendôme et le duc, à présent maréchal de Villeroy. Le gentilhomme fit entrer dans le cabinet une petite fille de cinq ans et lui mit à la main un verre plein d'une eau fort claire, il fit ensuite ses conjurations. La petite fille dit que l'eau devenait trouble. Le gentilhomme dit tout bas à la compagnie qu'il allait faire paraître dans le verre un cheval blanc en cas que Monsieur le Comte dût mourir et un tigre en cas qu'il dût en échapper. Il demanda aussitôt à la petite fille si elle ne voyait rien dans le verre : « Ah ! s'écria-t-elle, le beau petit cheval blanc ! ». Il fit cinq fois la même épreuve et toujours la petite fille annonça la mort par des marques toutes différentes que M. de Vendôme et Mme de Bouillon avait nommées au gentilhomme sans que la petite fille put les entendre » [72].

Le mois de janvier 1680 allait être terrible pour les mazarinettes. Le 23 janvier, « la chambre des Poisons » décréta contre Mme de Soissons. « Le Roi, poursuit l'abbé de Choisy, par un reste de considération pour la mémoire du cardinal, lui envoya M. de Bouillon lui dire qu'il lui donnait le choix ou d'aller le lendemain à la Bastille subir les rigueurs de la prison et le jugement, ou de sortir de France incessamment » [73]. Ce que confirme Mme de Sévigné dans sa lettre du 26 janvier : « Elle jouait à la bassette mercredi, M. de Bouillon entra. Il la pria de passer dans son cabinet et lui dit qu'il fallait sortir de France ou aller à la Bastille. Elle ne balança point, elle fit sortir du jeu la marquise d'Alluyes, elles ne parurent plus. L'heure du souper vint, on dit que Madame la Comtesse soupait en ville : tout le monde s'en alla persuadé de quelque chose d'extraordinaire. Cependant on fit beaucoup de paquets, on prit de l'argent, des pierreries, on fit prendre des justaucorps gris aux laquais et aux cochers, on fit mettre huit chevaux aux carrosses. Elle fit placer auprès d'elle la marquise d'Alluyes qui ne voulait pas partir dit-on et deux femmes de chambre sur le devant. Elle dit à ses gens qu'ils ne se missent point en peine d'elle, qu'elle était innocente mais que ces coquines de femmes avaient pris le plaisir de la nommer. Elle pleura. Elle passa chez Mme de Carignan et sortit de Paris à trois heures du matin » [74].

Six jours plus tard c'était au tour de Mme de Bouillon de comparaître. Elle fut ajournée* avec son neveu Vendôme au 29 janvier. Elle se présenta à l'Arsenal avec vingt carrosses, le front haut, la mine impérieuse, donnant une main à son mari et l'autre à Louis-Joseph. Son interrogatoire par La Reynie vaut son pesant d'or. Mme de Sévigné en fait un conte : « La duchesse de Bouillon alla demander à la Voisin un peu de poison pour faire mourir un vieux mari qu'elle avait, qui la faisait mourir d'ennui, et une invention pour épouser un jeune homme qui la menait sans que

* Convoquée à un jour donné.

personne le sût. Ce jeune homme était M. de Vendôme qui la menait d'une main et M. de Bouillon de l'autre ». Et de rire : « Quant une Mancini ne fait qu'une folie comme celle-là, c'est donné ! » [75].

Suit le récit de l'interrogatoire : « Voici ce que j'apprends de bon lieu. Mme de Bouillon entra comme une petite reine dans cette Chambre. Elle s'assit dans une chaise qu'on lui avait préparée, et au lieu de répondre à la première question, elle demanda qu'on écrivît ce qu'elle voulait dire. C'était qu'elle ne venait là que par le respect qu'elle avait pour l'ordre du Roi et nullement pour la Chambre, qu'elle ne reconnaissait point, et qu'elle ne prétendait point déroger au privilège des ducs. Elle ne dit pas un mot que cela ne fût écrit. Et puis elle ôta son gant, et fit voir une très belle main. Elle répondit sincèrement jusqu'à son âge. — Connaissez-vous la Vigouroux ? — Non. — Connaissez-vous la Voisin ? — Oui. — Pourquoi vouliez-vous vous défaire de votre mari ? — Moi, m'en défaire ! Vous n'avez qu'à lui demander s'il en est persuadé ; il m'a donné la main jusqu'à cette porte. — Mais pourquoi allez-vous si souvent chez cette Voisin ? — C'est que je voulais voir les Sibylles qu'elle m'avait promises ; cette compagnie méritait bien qu'on fît tous les pas. — Si elle n'avait pas montré à cette femme un sac d'argent. Elle dit que non, par plus d'une raison, et tout cela d'un air fort riant et fort dédaigneux. — Eh bien ! messieurs, est-ce là tout ce que vous avez à me dire ? — Oui, madame. Elle se lève, et en sortant, elle dit tout haut — Vraiment, je n'eusse jamais cru que des hommes sages pussent demander tant de sottises... » [75].

C'est Voltaire qui nous dit la suite — *si non e vero e ben trovato* : La Reynie lui demande « - Avez-vous vu le diable ? Elle le fixa — Je le vois en ce moment, il est laid, vieux, déguisé en conseiller d'Etat ». Sortant de là, ajoute Mme de Sévigné, « ... elle fut reçue de tous ses amis, parents et amies avec adoration tant elle était jolie naïve, naturelle, hardie et d'un bon air et d'un esprit tranquille » [75].

M. de Bouillon se révéla une fois de plus un mari parfait. On faisait de lui la victime de sa femme, il prit sa défense : « Il a demandé permission au roi de faire imprimer l'interrogatoire de sa femme pour l'envoyer en Italie et par toute l'Europe, où l'on croirait que sa femme est une empoisonneuse » [76].

Finalement la reine de Paris fut condamnée à l'exil, « ... pour lui apprendre à hanter les sorciers fût-ce pour rire », tandis que sa sœur Olympe était « trompetée à trois briefs jours » [77] et son procès fait par contumace. Tout cela faisait mauvais effet.

Mme de Bouillon l'échappait belle : « Il fut question de la confronter avec Le Sage et la Voisin, mais le Roi, pour ne pas la compromettre, lui ordonna de se retirer à Nérac »[78]. Nérac, capitale du duché d'Albret, autre belle pièce du domaine royal, qui avait échu aux Bouillons par l'échange de Sedan.

Ce fut à nouveau la consternation pour le cénacle : « Toute sa famille l'a conduite jusqu'à une demi-journée d'ici comme Psyché, écrit Mme de Sévigné. La voilà où était autrefois la bonne reine Marguerite. Voyez un peu les quatre sœurs : quelle étoile errante les domine ! En Espagne, en Angleterre, en Flandre, au fond de la Guyenne »[77]. Quant au bon La Fontaine, qui était vraiment d'une distraction et d'un manque d'attention pour les évènements du dehors, extraordinaires, et qui avait lui-même hanté les sorciers, il se présenta chez la Voisin pour savoir de ses nouvelles... le jour où on la brûlait.

Le duc de Vendôme, qui avait été interrogé après sa tante, s'était fait plus modeste face au terrible La Reynie. Il fut acquitté. Il profita de la paix pour aller passer le printemps chez lui à Anet et s'y faire oublier quelque peu. C'est de ce séjour à demi forcé de 1680 que date la première campagne des travaux qui ont pour but de remettre au goût du jour la belle demeure de Diane de Poitiers et sur lesquels nous aurons bientôt à revenir.

Quant au grand prieur, il n'était toujours pas entré au Temple. Mais, aidé d'une armée de procureurs, d'avocats et de greffiers il faisait toutes ses diligences pour y parvenir. Cette occupation le retenait de faire des bêtises. Il se montrait même studieux, animant depuis l'hôtel de Vendôme une machine de guerre contre les vieux commandeurs de l'ordre.

Dès le 4 mai 1680 Louis-Joseph reparaît à la cour. Il court la bague avec tous les princes : le dauphin, le prince de Conty et le prince de la Roche-sur-Yon, fils de Conty. Son adresse à cheval est grande face à tous ces cavaliers émérites puisqu'il remporte le prix : « ... une table de diamants de mille pistoles »[79].

« *Quelques roses sur des fagots de lys* ».

Pour occuper cette année sans campagne, il fut à nouveau question du voyage de Provence. Mme de Sévigné s'en inquiète dès le 3 avril : « Vous aurez cette année, écrit-elle à sa fille, très assurément M. de Vendôme »[80].

Il y avait alors un contentieux nouveau entre les Grignan et les procureurs du duc à propos d'une madrague*, que M. de Grignan

* Enclos pour la pêche au thon.

avait projet d'établir à Toulon — toujours le besoin d'argent pour soutenir son rang — Mme de Sévigné avait pourtant mis son gendre en garde : « J'ai parlé de vos affaires aux Grignan (la famille du lieutenant résidant à Paris). Ils sont fort opposés à l'affaire de Toulon. MM. de la Garde et Le Chevalier ne trouvent pas que ce soit chose à imaginer à moins de vouloir vous brouiller avec M. de Vendôme »[81].

Mme de Sévigné s'inquiète des besoins d'argent du gouverneur : « C'est au bout de l'année, écrit-elle le 30 juin, qu'on sent douloureusement la dépense de l'hiver. M. de Vendôme arrivera affamé et fort bien intentionné d'écumer ce qui reste d'argent dans cette province... »[82]. Et toujours cette même obsession, le 17 juillet : « Aurez-vous M. d'Oppède ? Et que fera le Vendôme ? Tout cela se débrouillera. Les mains de ces gens-là ne seront jamais si propres que les vôtres »[83]. Autre crainte exprimée par la marquise : le duc ne vient pas seul. Il est accompagné de son intendant, Rallier, qui se chargera de pressurer la province et il a des amis sur place qui pousseront à la dépense, en particulier l'archevêque d'Aix, Daniel de Cosnac, vieil allié du clan Vendôme, et grand jeteur d'argent par les fenêtres bien qu'il fut bon pasteur d'âmes.

La menace se précise. L'assemblée provinciale est convoquée par le roi pour le 20 novembre. La marquise ne vit plus. Le 18 août : « Voici un changement par l'arrivée de M. de Vendôme. Il y a dix ans que vous êtes gouverneur, c'est une belle place et peu de gens en ont joui si longtemps dans un tel interrègne. On ne le sent pas pendant qu'il dure et ce n'est que par la privation qu'on voit ce qu'on a perdu »[84]. Elle s'inquiète du mobilier que le lieutenant doit, selon l'usage, laisser à la disposition du gouverneur : « Je crois... qu'il acceptera et dissipera fort bien vos meubles », écrit-elle le 10 août et, huit jours plus tard : « J'ai grand regret à l'entière dissipation que M. de Vendôme et ses gens vont faire de vos meubles. Ce meuble rouge, ces beaux chenets, ce miroir, tout cela en est-il ? »[85]. Dans la même lettre elle songe aux sommes qui risquent d'être englouties au jeu : « Voyez la lettre que j'écris à M. l'archevêque... Je lui parle du jeu insensé de M. de Vendôme et comme vous devez bien, l'un et l'autre, prier M. de Grignan de n'y entrer point du tout »[85].

Puis ce sont les supputations sur le départ de Paris du duc qui mettent à rude épreuve les nerfs de la marquise. 8 septembre : « Il viendra ou ne viendra pas, vous m'apprendrez ce que la destinée à réglé là-dessus ». 18 septembre : « Vous me mandez sans cesse vos desseins. Je trouve que M. de Vendôme a grand peine à déclarer les siens ». 28 septembre : « Je suis étonnée qu'il ne soit pas encore question de M. de Vendôme ni d'un intendant »[86].

Le 9 octobre, le loup est lâché : « Mme de Vins me mande que M. de Vendôme et M. Morant*, s'en vont en Provence »[87]. Le duc musarde en route comme pour achever d'exaspérer la marquise : « M. de Vendôme s'arrête partout, écrit le 1er novembre Mme de Sévigné, il sera quelques jours à Orléans, cinq ou six à chasser avec l'archevêque de Lyon, et vous voyez bien qu'à le recevoir, le mener à Aix, revenir, ce sont des tours infinis... »[88]. Et, six jours plus tard : « Il me semble que M. de Vendôme abuse de votre patience : il s'amuse et se divertit partout ». Et, deux jours après : « M. de Vendôme n'est pas fort pressé d'arriver en Provence, il est encore à Orléans où il court le cerf. Il veut s'arrêter à Lyon... »[89].

Mme de Sévigné ne pouvait pas encore connaître l'accident qui s'était produit le 10 novembre : Vendôme était tombé malade de la petite vérole, à La Charité-sur-Loire. L'assemblée de Provence qui avait alors été reportée au 5 décembre, dans l'espérance que le prince serait rétabli, dût s'ouvrir en son absence, une semaine plus tard, en présence de l'intendant Morant et de M. de Grignan.

La marquise respirait — pour cette fois du moins — mais c'était le cénacle qui s'inquiétait. Chaulieu, qui fait partie de l'expédition, rassure l'oncle Nevers, allant jusqu'à louer le visage rougi par la maladie du jeune maître :

« Cette peste malgré sa rage
« A respecté notre Adonis
« Tu trouveras même embelli
« Tous les traits de son beau visage
« Car la nature, bonne et sage
« A mêlé quelques roses à des fagots de lis
« Et par un si prudent mélange
« A fait, sans le secours du fard
« D'un Vendôme un peu trop blafard
« Un Vendôme plus beau qu'un ange... »[90].

Chaulieu regagne Anet pour préparer l'arrivée du prince convalescent qu'il presse de se remettre en route :

« Ici l'on vous attend avec impatience
« Ne songez qu'à vous faire une santé qui dure
« Dorlotez-vous sur le tendre duvet
« Du profond Rabelais écoutant la lecture
« Qu'expliquent à votre chevet
« Epicure — Chapelle et Chapelle — Epicure... ».

Nevers, depuis Paris, joint ses prières à celles de l'abbé pour hâter ce retour :

---

* L'intendant de Provence que le roi avait tardé à nommer.

« Qu'il vienne donc, ce prince bonissime
« A son aise en seigneur opime
« Tous les vins de liqueur déjà sont débarqués
« Mille et mille flacons en ordre sont braqués
« Tout l'art des cuisiniers en sa faveur s'anime
« Tout gibier volatil, terrestre et maritime
« S'offre pour apaiser sa faim gloutonnissime... ».

Mais Chapelle, resté à La Charité, conseille la prudence :

« Songe que Fabius Marcinus
« Le roi de tous les Cunctators
« Par sa conduite lentissime
« Nous donne exemple sagissime
« D'empêcher le Sérinissime
« D'aller sitôt mettre dehors
« Son visage écarlatissime... »

Ce voyage de retour ne se fera qu'aux derniers jours de 1680, dans une pétarade de vers. Nevers adresse depuis Paris un long un poème dont les rimes sont pour moitié en *imes* et pour moitié en *ors*. Chapelle, depuis la Charité, lui répond sur le même mode, joignant une pièce, deux fois plus longue, avec des rimes en *if* et *age*. Nevers relève le défi mais il demande grâce :

« Adieu, je n'en puis plus. Fatigué, demi-vif
« L'œil interne a perdu tout arôme visif
« Voilà de mon cerveau le dernier pressurage... »

Même Vendôme se pique au jeu. Au bas d'un poème de Chapelle il griffonne :

« J'ai vu du paisible rivage
« S'enfoncer le fragile esquif
« Que Chapelle et d'age et de if
« Avait lesté pour son voyage... »

Le cher La Fare avait un joli talent de plume mais il n'écrivit que des *Mémoires*, un livret, *Penthée*, que le Régent devait mettre en musique et des odes dont la plus fameuse — c'est un signe — est *A la louange de la paresse :*

« Laisse-toi gouverner par cette enchanteresse
« Qui seule peut du cœur calmer l'émotion
« Et préfère, crois-moi, les dons de la paresse
« Aux offres d'une vaine et folle ambition... » [91].

La Fare rompit en janvier de cette année-là avec Mme de la Sablière. Ils avaient pourtant ménagé leur passion pour qu'elle dure, assure Mme de Sévigné, dans une lettre du 4 août 1677 au ton railleur : « Non, non, elle aime toujours son cher Philadelphe, il est vrai qu'ils ne se voient pas du tout si souvent, afin de faire vie qui dure, et qu'au lieu de douze heures par exemple, il n'est plus chez elle que sept ou huit... » [92]. Ce fut La Fare qui déserta pour les beaux yeux de Louise ou Louison Moreau, une apprentie comédienne. « Comment La Fare, se demande Desnoireterres, tomba-t-il amoureux de cette fille qui était laide, courte, mal faite ? Cette liaison se comprendrait à peine, contractée dans une de ces bacchanales dont on rougit à jeun... » [93]. Elle devait pourtant durer plusieurs années.

Mme de la Sablière se vit abandonnée en janvier ; « ...(elle) a pris son parti en jolie et spirituelle personne » [94], proclame aussitôt Mme de Sévigné. Elle alla se réfugier aux Incurables non par nécessité mais par macération, pour y soigner les malades. Elle annonça à ses amis : « Je n'ai gardé que mon chien, mon chat et La Fontaine ». En juin la marquise la trouve, « ... fort bien guérie d'un mal* que l'on croit incurable pendant quelques temps » [95].

La Fare fut montré du doigt : « Il n'a jamais été amoureux, il aimait l'hôtel de la Sablière, la bassette était sa seule passion avec la paresse qui brochait sur tout » [96]. Mme de Sévigné confirme : « Vous me demandez ce qui a fait cette solution de continuité entre La Fare et Mme de la Sablière : c'est la bassette. L'eussiez-vous cru ? C'est sous ce nom que l'infidélité s'est déclarée c'est pour cette prostituée de bassette qu'il a quitté cette religieuse adoration. Le moment était venu que cette passion devait cesser et passer par un autre objet. Croira-t-on que ce fut un chemin pour le salut que la bassette ?... » [97].

La Fare ne fut pas seul dans son cas. Le grand prieur — on les disait d'ailleurs compagnons de débauche — rencontra au même moment celle qui devait le tenir charmé pendant vingt ans, la sœur de Louison, Fanchon Moreau. Elle rêvait, elle aussi, de devenir actrice de l'opéra, opératrice comme on disait alors. Elle avait la taille souple, une figure magnifique, un caractère impossible. Liaison tumultueuse et orageuse dont les éclats seront souvent publics. En témoigne cette lettre du 15 avril 1680 écrite par Chaulieu : « M. le Grand prieur n'a reculé que pour mieux sauter. Il passa hier la nuit avec la nymphe, et s'ajusta avec un soin qui me donna de la compassion, à lui un grand ridicule, à tout Paris le sujet ample de brocards et de discours. Fallait-il publier qu'il ne reviendrait de six mois à Paris et qu'il voulait habiter les campagnes comme un Tartare ? Pourquoi annoncer des choses qu'on ne peut soutenir ?... Plus de quarante personnes m'ont demandé à l'opéra s'il l'avait revue ou s'il la reverrait. Ce n'a pas été sans me conter les manières qu'elle avait aux Tuileries pendant qu'il était dans les déserts. Elle

* Son amour pour La Fare.

n'était pas si chagrine que lui et elle s'est promenée jusqu'à minuit tous les jours avec ses roquets... »[97].

Fanchon aura un petit rôle dans le prologue de *Phaëton* de Lully le 16 novembre 1680, Louison devra attendre 1683 pour se faire remarquer dans *Proserpine*.

Les métamorphoses d'Anet.

Louis-Joseph se remettait de sa maladie à Anet, entre Chaulieu, Chapelle, l'oncle Nevers et le marquis de Dangeau. Premier séjour de plaisirs où se relayent jeux de l'argent et de l'esprit et plaisirs de la table, préfigurant ce que seront bientôt les fêtes d'Anet. Chaulieu, futur ordonnateur de ces réjouissances, se cantonne ici dans le rôle de rassembleur de drôles, de rimeur à tout propos. Il prend encore des leçons du leste Chapelle. Nevers est là pour des jeux plus innocents : charades, rébus, contrepets. Dangeau — Louis de Courcillon — celui qui a bâti le « gros œuvre » des *Mémoires* de Saint-Simon, est là pour les cartes, des cartes qui lui furent favorables puisqu'il devait asseoir sur elles son immense fortune.

Ils se retrouvent tous à Anet parmi les peintres et les stucateurs parce que le château est en travaux. Le duc, saisi de la fièvre de bâtir, veut moderniser le palais de Diane, y créer des appartements pour recevoir à sa guise ses amis. Tout le rez-de-chaussée était alors bouleversé : les délicates marqueteries du XVIème siècle étaient impitoyablement remplacées par le marbre, les plafonds à caissons par des peintures, les sols de faïence par des parquets, les vitraux en grisaille par des vitres blanches afin de mieux faire entrer la lumière. Destructions terribles pour les amoureux de la Renaissance et qui étaient alors commandées par des gens de goût.

Le grand appartement que Louis-Joseph faisait aménager, devait être composé du salon des Muses, du Salon Doré où, dans l'hiver 1680, travaillait Claude Audran et aussi sans doute François Desportes qui en aurait brossé le plafond, du Grand Salon, lambrissé de marbre du Languedoc, représentant douze sujets tirés des *Fables* de Ponthus de Thyard et de la chambre à coucher, remplie d'allégories dédiées au dieu du sommeil, où l'on pouvait voir, seule référence à la déesse d'Anet, « ... une petite statuette en argent massif émaillée d'or représentant Diane de Poitiers... posée sur une table de marbre de Sérancolin*... »[98]. Fatalité, de ce décor admirable, qui supplantait un décor non moins admirable, il ne reste rien. Louis-Joseph de Vendôme qui n'aime pas Paris autant que son frère et qui déteste encore davantage Versailles, est heureux à Anet. Il en

* Sarrancolin, dans les Pyrénées, d'où venait une excellente qualité de marbre.

fera son havre où il reviendra aux heures de sa plus grande faveur et de sa plus profonde disgrâce.

Au printemps, après bientôt trois années de procédures, Philippe de Vendôme put prendre possession de sa petite république du Temple. Les dernières difficultés n'étaient pas venues des chevaliers mais des gens du roi qui contestaient l'étendue des droits de régale*, difficultés que le grand prieur avait levées en s'engageant à payer sans délai l'intégralité de deux de ces droits : le mortuaire et le vacant. Le lieu avait beaucoup changé depuis plus d'un demi-siècle que l'oncle Alexandre était mort. L'enclos du Temple c'était d'abord — on l'oubliait trop facilement — une église, la Rotonde, copie du Saint-Sépulcre, couverte d'une coupole de dix toises de diamètre, flanquée de chapelles ornées de vitraux qui passaient pour les plus beaux de Paris, surmontée d'un clocher où se trouvaient les plus vieilles et plus grosses cloches de la ville. Au porche était une statue gigantesque de saint Christophe destinée à être vue de loin pour accomplir cette superstition qui consistait à regarder une représentation de ce saint au moins une fois dans la journée pour bénéficier de sa protection. Les bâtiments conventuels, rebâtis en 1664 autour d'un vaste cloître, comportaient l'appartement du prieur, les logis des religieux composés chacun de trois pièces, les dortoirs et locaux communs des frères. En arrière s'élevaient les deux tours qu'on apercevait dès l'entrée surplombant l'enchevêtrement des toitures : le donjon dit Grosse Tour, chef d'œuvre du frère Hubert, où s'était trouvé jadis entassé le fameux trésor des templiers qu'avait convoité Philippe le Bel et la tour de César. En suivant un passage bifurqué, depuis le porche encombré de vendeurs d'herbes, on gagnait la cour de l'Indemnité entourée de bâtiments et d'échoppes, redivisée en plusieurs carrés par des rangées de baraques. Tout cela composait un spectacle digne des souks d'Alep. Ici les artisans jouissaient d'indemnités de taxes et il se fabriquait librement ce que les corporations et les jurandes contrôlaient strictement dans Paris, l'or et l'argent n'y avaient pas le titre légal et coûtaient donc moins chers, les fameux diamants du Temple, qui n'étaient que des faux en verroterie, s'y taillaient sous l'œil ébahi des badauds. Il s'y débitait aussi des cotonnades interdites par Colbert, des soies, des damas, des gros, des brocards, qui n'avaient pas l'estampille des métiers de Paris ou de Lyon. Le Temple avait surtout ses cabarets où le vin coûtait moins cher, sa justice avec auditoire, parquet et greffe, sa prison, sa morgue et

* Droit qu'avait le roi de percevoir les revenus des bénéfices ecclésiastiques vacants.

même son gibet et son échelle patibulaire. Le grand prieur Amador de la Porte, oncle de Richelieu, avait encore pendu chez lui en 1640.

La Basse Cour et la cour des Tours, qui s'ouvraient à la suite de celle de l'Indemnité, étaient bordées de logements qui se louaient. L'on avait construit au nord de l'enclos, depuis le début du siècle, plusieurs beaux hôtels qui avaient lancé la mode de vivre au Temple. Il y avait là, entre autres, les hôtels de Guise, Poirier, de Boufflers, et celui de Boisboudran que le grand prieur allait affecter à Chaulieu dès son entrée en charge comme bailli du Temple.

Enfin, merveille des merveilles, flambant neuf, à l'angle sud de l'enclos, avec son entrée donnant sur la rue du Temple qui avait ouvert une seconde brèche dans le mur de clôture, le palais prieural. Jacques de Souvré avait élevé cette magnifique construction pour y mener joyeuse vie et rassembler sa turbulente compagnie dans un cadre digne de lui. Il en avait demandé les plans en 1667 à l'architecte Delile qui avait élevé une belle façade fermant une cour entourée d'une colonnade plantée de cinquante-deux colonnes soutenant une terrasse.

Il faut dire un mot de cette nef de pierre blanche dont le luxe eut fait frémir les anciens chevaliers du Temple et qui va devenir, à partir de 1681, le lieu de vie le plus constant de nos demi-dieux, alors sur le point d'abandonner définitivement leur vieil hôtel de Vendôme. On pénétrait tout d'abord dans un vaste vestibule pavé de pierre de liais, à droite un bel escalier montant à l'étage puis une chapelle où personne ne devait jamais dire la messe. A gauche, la chambre des Nobles puis, entourant les jardins, la chambre à alcôve du grand prieur, la salle de jeu, le cabinet Turc, la bibliothèque dont les fenêtres donnaient sur la rue de la Corderie. De la chambre des Nobles, côté façade, on trouvait toute l'enfilade des salons de réception : la salle de billard, le grand salon, la salle des Nobles. Le premier étage comprenait plusieurs appartements pour la compagnie [99].

Voici décrit très sommairement ce morceau de Paris qui revenait en partage à Philippe : deux à trois mille sujets sur place, dans l'enclos, autant dans les maisons et dépendances*, une population mobile et bigarrée, d'artisans, de religieux, de soldats, de domestiques et, ce qui n'était pas le moins curieux, de repris de justice ou de débiteurs, au nombre de plusieursdizaines, qui venaient se réfugier là pour échapper aux poursuites.

---

* Les dépendances du grand prieuré de France sont une chambre magistrale (le-Piéton-en-Hainaut), quatre chambres prieurales (le Temple de Paris, Choisy-le-Temple, Launay-lès-Sens, Saint-Jean-de-Latran), enfin quarante-six commanderies.

Le grand prieur -nous ne lui marchanderons plus ce titre désormais- entre là avec ses amis et sa Fanchon, bien décidé à vivre sur la « bête templière ».

En novembre 1681 le duc de Vendôme put enfin faire le voyage de Provence. Ce fut un triomphe. Mme de Sévigné n'en souffle pas mot mais Chaulieu, qui fut de la fête, s'en est fait le chroniqueur : « Nous sommes tous les jours en fête et des fêtes près desquelles le repas du marquis de Béthune à dix-huit potages ne serait qu'un déjeuner. M. de Vendôme et moi mangeâmes hier mille deux cents sardines... J'ai tous les jours trente personnes à mon lever. MM. de l'abbaye de Saint-Victor sont venus en corps me haranguer ce matin. Jugez si à l'heure qu'il est je suis amaigri. J'aurais besoin d'un coup d'épingle dans le ventre pour me désemplir... M. de Vendôme a joué cet après-midi à la paume, toutes les dames le sont venues voir jouer et, entre autre, la fameuse Mme de Pontevès, avec qui j'ai joué au billard, et me suis galamment laissé perdre. Elle m'a demandé si je n'étais point surpris de voir toutes les boules de billard deux fois plus grosses qu'à Paris. Je lui ai répondu que non et que le billard étant gros à proportion que les blouses étaient grandes, cela n'importait pas beaucoup » [100].

On va visiter Martigues dont le jeune gouverneur était le prince en titre. Chaulieu encore : « Il y a des flottes de pêcheurs qui nous attendent pour mettre dans nos filets tous les monstres de la mer. On se bourre ici d'importance, nous avons trouvé encore quelques figues, les truffes, les ortolans, les sardines sont nos mets ordinaires » [100]. Mme de Bouillon avait chargé, non sans malice, l'abbé de lui trouver des recrues pour sa ménagerie. Il offrit donc deux cents écus pour, « ... un crocodile en nourrice de deux mois... à qui il avait demandé des nouvelles des pyramides et de la santé d'Isis sans en rien tirer » [100].

Aux derniers jours de 1681, retour à Paris, retour au Temple. Les demi-dieux n'habiteront plus l'hôtel du faubourg Saint-Honoré, reconstruit par Mme de Mercœur, leur arrière grand-mère. Et même, dès 1682 qu'il est question de l'établissement d'une grande place publique en l'honneur du roi, ils ne s'opposent pas à la vente de celui-ci pour dégager le terrain nécessaire.Pourtant la situation financière de la maison de Vendôme était telle que l'intégralité des 200 000 écus que donnera Louis XIV pour cette acquisition devait aller aux créanciers et que Louis-Joseph allait devoir se contenter de 6 000 écus de pot-de-vin. Revanche de l'histoire malgré tout, après bien des vicissitudes, la place Louis-le-Grand est devenue la place Vendôme, rappelant par là le souvenir de l'hôtel-couvent qui en occupait l'emplacement et des bâtards d'Henri IV qui y vécurent.

1682 et 1683 voient la seconde campagne des travaux d'Anet, travaux plus radicaux qui, cette fois, vont modifier l'aspect extérieur de la demeure de Diane de Poitiers. Les façades sur jardins sont profondément remaniées : les fenêtres changées en portes-fenêtres, les meneaux arrachés, les cordons de pierre marquant les étages effacés, la façade ornée de consoles et de bustes transportés de Chenonceaux. L'aile de droite est rehaussée pour créer des appartements, la galerie de Diane tronquée aux deux extrémités dans le même but. La fontaine de Jean Goujon, qui se trouvait dans la seconde cour avec en son centre la fameuse figure de Diane à demi-couchée, est exilée dans l'un des parterres du parc à la française que s'évertuent à créer les jardiniers du duc pour rivaliser avec Versailles [101]. Il fallait partout de l'espace, des perspectives, des lointains immenses, pour mener grande et joyeuse vie.

Anet dépouille Chenonceaux dans ces années 1680-1683, Chenonceaux, cette maison chère à Beaufort où Louis-Joseph et Philippe ne remettront pas les pieds. Malgré la vente de leur hôtel du faubourg Saint-Honoré, les demi-dieux sont au bord de la banqueroute. C'est que le train d'une maison telle que celle de Vendôme était irréductible et il ne pouvait même que s'alourdir puisque la masse des pensionnés, des clients, des profiteurs ne faisait que croître chaque jour. Le seul moyen d'apurer la situation c'était parfois de se mettre en retraite, d'entrer en religion ou en dévotion — explication de quelques-unes de ces fins de vie de grands qu'il ne faut pas toujours croire purement édifiantes — C'est ce que devait faire le cardinal de Retz pour éponger 4 000 000 de livres de dettes, sans montrer toutefois pour cela plus de marques de piété que lorsqu'il s'agitait dans la Fronde.

Autre décision funeste prise par le duc de Vendôme entre 1680 et 1683, entre ces deux campagnes dispendieuses de travaux à Anet : il charge de ses affaires le gai Chaulieu, déjà intronisé bailli du Temple par son frère, se trompant par là lourdement sur l'usage qu'il pourrait faire de sa lyre pour charmer les créanciers. C'est le duché de Penthièvre en entier, rescapé en 1664 pour mieux périr vingt ans plus tard, qui allait être jeté le premier dans la fournaise. Louis-Joseph ne voulut même pas se mêler de liquider ce qui restait d'une des plus grandes seigneuries de France. Il donna procuration en avril 1685 à son frère et à l'abbé pour vendre le tout au duc du Maine, fils adultérin du roi et de Mme de Montespan [102].

Le retour de Madame tante, de Nérac, avait redonné du piquant à la vie. Elle retrouvait le théâtre un peu plus changé qu'après son premier exil : ses neveux volant de leurs propres ailes, Chaulieu érigé en Pygmalion, Racine adulé. Elle fit front malgré tout. Le 26 décembre 1682 elle soutint à grands frais une tragédie de La Chapelle, *Téléphonte*, qui devait affronter la *Virginie* d'un protégé de Racine, Campistron. Jean de La Chapelle [103], était né à Bourges, fils d'un receveur des finances. Il tenait l'emploi de secrétaire des commandements du prince de Conty. Comme Chapelle s'effrayait de pouvoir être confondu avec lui, Chaulieu, qui ne ménageait pas La Chapelle à cause de l'antipathie des familiers de la maison de Vendôme pour tout ce qui touchait au clan Conty, le rassura dans le poème : *Sur Chapelle qui mourut de peur qu'on ne le confondît dans une édition avec La Chapelle* :

« Lecteur, sans vouloir t'expliquer
« Entre Chapelle et La Chapelle
« Ce qui pourrait t'alambiquer
« Dans cette édition nouvelle
« Lis leurs vers, et, dans le moment
« Tu verras que celui qui si maussadement
« Fit parler Catulle et Lesbie
« N'est pas cet aimable génie
« Qui fit ce voyage charmant
« Mais quelqu'un de l'Académie » [104].

Téléphonte surpassa *Virginie*, mais Campistron, qui débutait et qui savait qu'on ne pouvait pas faire carrière d'auteur tragique sans avoir reçu le label du quai Malaquais, fut habile. Il avait dans ses cartons une seconde tragédie, *Arminius*, qu'il s'empressa de dédier à Mme de Bouillon et, sur l'heure, il fut agrégé au cénacle. Jean Galbert de Campistron était de Toulouse, issu d'une vieille famille noble, honorée autrefois du capitoulat. Il avait vingt-cinq ans et vivait d'expédients depuis huit ans qu'il avait dû quitter sa ville à la suite du duel dans lequel il s'était fourvoyé à l'âge de dix-sept ans pour les yeux d'une belle. Le succès d'*Arminius* et la protection des demi-dieux allaient le remettre sur les flots. Il sera dès lors l'une des figures du Temple et d'Anet et nous verrons comment il fera partie de ces poètes aux gages qui tinrent lieu d'aides de camps aux deux derniers Vendômes jusque sur les champs de bataille.

Primi, qui voulait être écrivain, avait fait, le 15 juillet 1682 [105], une cruelle expérience. Il avait été mené à la Bastille, à la suite de la publication de son *Histoire de la Guerre de Hollande*, dans laquelle il avait révélé la teneur des accords secrets passés en 1670 entre Charles II et Louis XIV : partition de la Hollande, rétablissement du catholicisme en Angleterre en contrepartie de l'aide financière de la France... Il devait y demeurer jusqu'en décembre, malgré les protestations des Vendômes et du cénacle.

« *Si vous êtes nés vicieux, O Théogène..* ».

Au Temple, Philippe avait installé publiquement sa Fanchon. La Fare, devenu une sorte de beau-frère, y menait par le bras sa Louison qui allait débuter à l'opéra, à son tour, le 27 avril 1683, dans l'un des petits rôles de la *Proserpine* de Lully. Le rôle titre — celui d'Aréthuse — était tenu par Marthe Le Rochois, l'égérie du musicien. Elle était aussi la maîtresse, depuis plusieurs mois, d'une de nos meilleures connaissances... Chaulieu soi-même. La Le Rochois était née à Caen en 1650, assez laide, noire de figure mais avec des yeux qui pétillaient d'intelligence, des bras maigres, que Lully fera cacher en 1684 pour la création de l'*Amadis*, en inventant ces « manches à l'Amadis » que copieront les coquettes. Elle était dotée d'un timbre dramatique à couleurs tragiques soutenu d'un très jeu expressif. Elle avait de l'esprit et c'est ce que retint notre abbé qui commença par se faire aimer d'elle à coups de madrigaux. Il la nomme Théone, du nom d'un personnage de *Phaéton* qu'elle avait incarné :

« Je goûte, en te voyant, mille et mille plaisirs
« J'éprouve loin de toi les rigueurs de l'absence
« Et je sens que ma complaisance
« Va toujours au-devant de tes moindres désirs
« Par mille petits soins tu cherches à me plaire
« Il faut pourtant de peur d'exciter ta colère
« Sous le nom d'amitié cacher mes sentiments
« Théone, hélas, sais-tu la différence
« Des amis comme nous aux plus tendres amants »[106].

Lully — bien qu'il fit lui aussi partie de la coterie des hommes fleurs — était extrêmement jaloux des amours de son interprète. Un jour qu'elle lui produisit un valet de pique, sur lequel Le Bas, premier basson de l'orchestre de l'opéra, avait écrit qu'il l'épouserait, il se mit dans une telle colère qu'il lui décocha un coup de pied en plein ventre qui provoqua une fausse-couche. Quel était le responsable de l'état de la cantatrice : Le Bas ? Lully ? Chaulieu ? Le chevalier de Sully que la tragédienne rejoindra bientôt ? L'histoire ne le dit pas[106].

Tous ces messieurs s'intéressaient donc de près à l'opéra et, lorsqu'ils n'étaient pas au Temple on savait pouvoir les trouver dans la belle salle que Richelieu avait fait construire au Palais-Royal. C'est là qu'eut lieu le 15 janvier 1684, le plus grand des triomphes de Lully, le fameux *Amadis*.

Le jeu, le grand jeu, aiguillonnait tant de plaisirs délicats. Chaulieu s'en plaignait dans une lettre à sa belle-sœur en date du 27 novembre 1681 : « J'ai dîné hier avec Mme de Bouillon et M. le Grand prieur. Comme il change aussi souvent de goûts et de sentiments que de chemise, il est entré tout de nouveau dans le grand jeu. Il n'y a plus moyen de le voir. Il commence à jouer à deux heures et joue encore à trois heures après minuit... Mme de Bouillon est à peu près dans le même goût et en perte de 700 à 800 pistoles... » [107].

L'été et à Noël, les membres du cénacle, surnommés à la cour les esprits fort, décrivaient de furieuses figures de ballet entre Anet, résidence des Vendômes, et Evreux, maison de campagne de Mme de Bouillon. D'un lieu à l'autre on s'adressait des poèmes, ainsi Chapelle, depuis Anet, à Chaulieu alors à Evreux :

« Tenons-nous donc, toi dans Evreux
« Où soir et matin tu festines
« Avec la fleur des héroïnes
« Moi dans Anet, lieu plein de jeux
« Et de bons vins les plus fameux... » [108].

Anet, c'était le lieu de tous les plaisirs : chasse, amour, conversation, jeu, comédie... Sur les amours assez peu raffinées du duc, il faut citer une fameuse pièce du recueil Maurepas qui traîne dans nombre d'anthologies grivoises : « Les paysans de sa belle maison d'Anet se tenaient avec soin sur son chemin lorsqu'il allait à la chasse parce qu'il les écartait souvent dans les bois pour se faire f.... et leur donnait à chacun une pistole pour prix de leur travail, cela les aidait à payer leurs tailles... » [109]. De façon plus avérée, le château de Diane c'était avant tout le lieu des plaisirs de la chasse. Le duc de Vendôme possédait les plus belles meutes de chiens après celles du roi. Elles étaient trois, spécialisées pour le loup, le cerf et le daim. Mais comme aussi les demi-dieux étaient les bons neveux de Mme de Bouillon et que plusieurs des membres de leur petite cour fréquentaient les actrices, la conversation roulait souvent sur le théâtre et l'on donnait la comédie à Anet ou à Evreux tout comme au Temple. Le cercle des amis liés à la scène s'élargissait sans cesse : Campistron en 1683, puis, la même année, les frères Raisin, Jacques et Jean-Baptiste, deux comédiens qui avaient débuté à l'hôtel de Bourgogne en 1679, et qui avaient recueilli Campistron chez eux. La tante Bouillon les avait admis au nombre de ses affidés, en même temps que Villiers, autre comédien. En 1683 arrivèrent Boursault, auteur de comédies, nouveau rival pour les Le Clerc, Pradon, Chapelle et Campistron qui faisaient déjà parti des élus et surtout Palaprat, autre Toulousain, appelé à devenir le secrétaire du grand prieur. Enfin cette société masculine s'égayait de quelques inspiratrices : Fanchon et Louison, déjà citées, mais aussi Mlle Desmatins qui avait commencé comme laveuse d'écuelles dans une auberge et qui s'était faite remarquer dans un rôle de confidente dans *Persée* en 1680, enfin Mme Raisin, comédienne, femme de Jean-Baptiste, qui devait se charger de défrayer la chronique. Elle avait de fort jolies jambes qu'elle se désespérait de ne pouvoir montrer sur scène et c'est pour elle que Campistron devait écrire le rôle travesti de l'*Amante-Amant*.

La scène était presqu'immuable que l'on fut au Temple ou à Anet. Chaulieu présidait flanqué des demi-dieux. On abandonnait la princerie etles rangs, tout le monde avait droit au fauteuil et lorsqu'en plus la tante Bouillon était présente, avec ses singes et ses perroquets, le cercle entier restait suspendu à ses lèvres. On commençait les soupers à minuit et l'on ressortait de table au matin sans avoir cessé de raisonner, de rire, de chanter ou de rimer. L'abbé laissait filer quelques vers introductifs, Lully qui était souvent là, ou Chambonnières, le claveciniste, ou Regnault et Du Boulay, ses élèves, en faisaient aussitôt une chanson. Presque rien ne nous est parvenu de ces improvisations charmantes, sauf quelques vers de Nevers, La Fontaine, Chaulieu ou Palaprat. Mais ces fêtes du Temple fournissaient aussi le levain d'œuvres plus accomplies : Palaprat y a pris l'idée de sa comédie l'*Important*, l'abbé Têtu, dégrisé, y a trouvé paradoxalement la matière de plusieurs de ses fameuses homélies.

Le jeune maître de céans, le grand prieur, n'avait pas trente ans et La Bruyère s'inquiétait pour lui : « Si vous êtes né vicieux, O Théogène, je vous plains, si vous le devenez par faiblesse pour ceux qui ont intérêt à ce que vous le soyez, qui ont juré entre eux de vous corrompre et qui se vantent déjà de pouvoir y réussir, souffrez que je vous méprise, mais si vous êtes sage, tempérant, modeste, civil, généreux, reconnaissant, laborieux, d'un rang d'ailleurs et d'une naissance à donner des exemples plutôt qu'à les recevoir, convenez avec cette sorte de gens de suivre par complaisance leurs dérèglements, leurs vices et leur folie, quand il auront, par la déférence qu'ils vous doivent, exercé toutes les vertus que vous chérissez » [110].

Cénacle sulfureux, animé par des princes dont le roi se méfie et peuplé de poètes qu'il tient en suspicion. On le voit par la difficulté qui fut celle de La Fontaine d'entrer à l'Académie Française. Le fabuliste ne sera finalement élu qu'après que Louis XIV ait dit à la compagnie : « Vous pouvez recevoir incessamment La Fontaine : il a promis d'être sage ». C'était le 1er février 1684, huit jours après l'élection de Boileau.

V – LE GOUT DU ROI

Monseigneur.

L'intérêt et l'indulgence du roi viendront aux Vendômes par l'héritier de la couronne, le dauphin, qu'on appelait Monseigneur, prince secrètement admiratif de la vie libre que menaient ses cousins de la main gauche. Monseigneur n'avait pas vingt-cinq ans et il aimait la chasse, surtout celle aux loups dont il fit des hécatombes dans les forêts d'Ile-de-France, jusqu'à en anéantir la race. Il avait créé pour cela un uniforme spécial, surnommé galon de paille ou de loup, qui était en drap de Hollande vert et que devaient endosser tous ceux qui le suivaient. La légende rapporte que ces traques, dans lesquelles il se montrait infatigable, le menèrent au milieu de 1685 à Anet et qu'il y aurait été subjugué par la gaieté et l'entrain qui régnaient dans ce lieu. Autre conte, que rapporte Bussy, le dauphin serait revenu chercher le grand prieur pour une partie de chasse et, perdus tous deux, coupés de leurs équipages, la nuit approchant, ils auraient frappé à la porte d'un pauvre presbytère. Le curé du lieu les aurait recueillis sans les reconnaître. Le bonhomme n'était pas si démuni que cela puisqu'il y avait dans l'âtre une broche garnie d'un volatile, broche que le jeune Vendôme tourna sans se faire prier tandis que le dauphin de France s'affairait dans l'écurie à soigner les chevaux, donnant l'avoine, faisant litière propre. Au matin lorsque le curé revint chez lui -il était allé coucher chez des paroissiens pour céder la place- il ne retrouva personne et il s'étonna tout haut du manque de civilité de ses hôtes. Quelques jours plus tard, le voici mandé à Versailles par le roi, amusé de l'histoire, qui commence par lui demander d'un ton sévère s'il donnait souvent asile à des larrons [111], avant de faire venir le dauphin pour se réjouir avec lui de l'ébahissement du pauvre homme.

Le dauphin viendra cinq fois en villégiature à Anet. Les deux plus fameux séjours seront ceux de septembre 1686 et septembre 1687, qui défrayèrent la chronique. Celui de septembre 1686, endeuillé par la mort de Chapelle, sera le plus brillant. Toute l'organisation en avait été confiée à Chaulieu, intronisé pour la circonstance « bailli d'Anet » comme il l'était du Temple, secondé par le gouverneur du château, M. de Boisleval. « Il en coûta, nous dit La Fare, 100 000 livres à M. de Vendôme qui n'en avait pas plus il ne lui en fallait et comme le Grand prieur, l'abbé de Chaulieu et moi avions chacun notre maîtresse à l'opéra, le public mal informé en dit que nous avions fait dépenser 100 000 francs à M. de Vendôme pour nous divertir nous et nos demoiselles... »[111]. Toutes ces largesses étaient intéressées, il s'agissait de séduire l'héritier du trône, de l'attirer du côté de la coterie du Temple plutôt que de celle du jeune prince de Conty, Louis XIV — selon Saint-Simon — favorisant ce rapprochement par détestation de ce même Conty, ami d'enfance du dauphin [112].

Malgré les imposants travaux de 1680 et 1683, Anet ne comptait que vingt-deux grands appartements. Il fallut donc s'entasser. Le dauphin fut logé au rez-de-chaussée et, « ... parce qu'on n'est plus maître de sa maison lorsqu'un prince comme Monseigneur y va demeurer »[113], toute la décoration fut refaite aux armes de l'héritier de la couronne, avec plusieurs de ses portraits accrochés dans son appartement et dans les galeries.

On a gardé le détail du menu d'un dîner de cette semaine de fêtes : deux grandes tables de dix-huit à vingt couverts, la première présidée par le dauphin, la seconde par le grand prieur et huit tables annexes tenues par MM de Chaulieu, de Bois-Laval, gouverneur du château, Lully, la table des chanteurs de l'opéra, celle des musiciens et danseurs, celle des symphonistes, celle des brigadiers et gardes du corps du dauphin. On y servira, « ... trente potages, soixante moyennes entrées, cent trente-deux hors d'œuvre, cent trente-deux mets chauds, soixante plats d'entremets froids, soixante-douzeplats ronds de rots composés de faisans, de perdreaux gris et rouges, d'oiseaux de rivière, de bécasses, de « robiffes« , d'agneaux piqués, de canetons de Rouen, de pigeons cauchois ou ortolans, de marcassins, de poulardes fines et de pluviers* au nombre de trois cent quarante-quatre pièces, de gibier la plupart ». Le dessert était non moins frugal : « Trente-deux jattes d'oranges, cinquante salades diverses, cent corbeilles de fruits crus, quatre-vingt-quatorze de fruits secs, cent-six compotes et cinq cents soucoupes de fruits glacés »[113].

L'après-midi on courut le cerf avec les magnifiques meutes des maîtres d'Anet et les équipages que le dauphin avait emmenés avec lui. Le soir, dans un théâtre de bois dressé dans la galerie de Diane, peint de faux-marbre et festonné de fleurs, ce fut la comédie :

* Petits échassiers.

entrées de ballet, idylles, et, le second soir un opéra composé pour la circonstance : *Acis et Galatée*, qui, à la demande du dauphin, sera donné une seconde fois dans le cours du même séjour, avec Marthe Le Rochois dans le rôle de Galatée. Ce sera le dernier opéra entièrement écrit par Lully. Le livret était de Campistron, agrégé au cénacle comme on l'a dit, et qui, depuis sa *Virginie* et son *Arminius*, avait donné un *Andronic* et un *Alcibiade* que Mme de Bouillon avait défendu bec et ongle à l'hôtel de Bourgogne contre une critique maussade. Campistron était rusé. On a dit de quelle façon il avait su s'acquérir les grâces de la reine de Paris qui s'était, dans un premier temps, montrée hostile à ses vers. Il avait malgré cela réussi à se maintenir en bons termes avec Racine, honni du quai Malaquais ; le père de la seule véritable *Phèdre* lui prodiguait même régulièrement ses conseils. Campistron donna, à l'occasion de la fête d'Anet, d'autres preuves de son habileté. Vendôme, pour le remercier, lui avait envoyé cent louis (2 400 livres), d'autres disent mille écus (3 000 livres). Sur les conseils des frères Raisin et de la Champmeslé, qui lui laissèrent entendre que c'était là un don médiocre de la part d'un prince tel que M. de Vendôme, il refusa l'envoi et demanda plutôt une place lucrative : celle de secrétaire des commandements du duc, que nous lui verrons tenir jusqu'à la fin avec sérieux et parfois héroïsme.

Des fêtes de 1686 également, une petite chanson de Chaulieu destinée à Mlle Le Rochois que Lully mit en musique. La musique est perdue, reste le texte :

« Quel étrange changement !
« Que mon âme est transportée
« Trop aimable Galatée
« Je vous aime assurément
« Je renonce à ma Patrie
« Je me mets à vos genoux
« Secourez-moi, je vous prie
« Mon salut dépend de vous... » [114].

Au séjour suivant, un an plus tard, en septembre 1687, le roi furieux de la dépense qui s'était faite en 1686 et conscient de l'état des affaires des Vendômes, peu soucieux aussi sans doute de voir Monseigneur gagné par des habitudes de dépense effrénée, décida qu'il paierait tout mais en plus modeste. Les demi-dieux furent mis sur la liste des invités et traités dans leur propre maison par le monarque. Les chasses furent tout aussi somptueuses mais il n'y eut qu'une table pour tous et les spectacles furent réduits. Louis XIV n'avait envoyé que trois de ses comédiens ordinaires, prétexte pour les beaux esprits qui étaient de la fête — La Fare, Campistron, Palaprat, Le Clerc, Nevers — d'arranger des canevas et des saynètes, l'après-midi pour le soir, tandis que les invités chassaient. On n'a malheureusement gardé aucune de ces piécettes mais elles enchantèrent l'assistance parce qu'elles se faisaient à la saison, aux gens, à l'humeur du moment, beaucoup plus que de grandes machines.

C'est donc le début entre les Vendômes et Monseigneur, d'une amitié véritable qui ne se dénouera qu'avec la mort. Les deux frères sont de toutes les fêtes de Choisy-le-Roi. Après 1696, après que le roi eut fait procéder par les héritiers de Louvois à l'échange forcé de leurs domaines avec le dauphin, ils seront des plus constants familiers de Meudon. Le jeu favori de Monseigneur c'est le culbas* dans lequel les Vendômes engloutiront bien vite, et avec autant de frénésie qu'à la bassette, des monceaux d'or.

Dans les premiers feux de cette nouvelle amitié, la tante Marie-Anne faisait à nouveau défaut. Frappée d'un nouvel exil, le 12 août 1685, elle avait dû aller s'enterrer à l'abbaye Saint-Martin-de-Pontoise. Cette fois elle n'y était presque pour rien, elle n'avait fait ni mieux ni pire que d'habitude, c'était sa belle-famille, et plus particulièrement le cardinal, son beau-frère, qui avait encouru le courroux du roi. Ce dernier avait refusé de célébrer la noce du duc de Bourbon, prétendant être assis à la table des princes du sang au dîner qui suivrait la cérémonie, non en tant que cardinal — les cardinaux n'avaient pas ce privilège — mais en tant que « prince de la maison de Bouillon... ». Toujours cette chimère tirée de la princerie de Sedan, quoique l'échange ordonné par Richelieu ait retiré à jamais cette place des mains des Bouillons. Louis XIV avait vu rouge, il avait demandé aux membres de cette impudente lignée la clef de leurs appartements à Versailles, avait exilé le cardinal à Cluny et le duc et la duchesse à Pontoise. De l'exil du premier, Mme de Sévigné dira : « Il a été si pleinement heureux toute sa vie qu'il fallait bien qu'il sentit un peu le mélange des biens et des maux »[115]. De l'éloignement de la seconde, Nevers, le frère aimé, fera ces vers :

« Quel sera donc votre destin ?
« Ma chère sœur, quelle étrange influence
« Eh quoi, pour aller au devin
« Nerac devient le lieu de votre résidence
« Présentement on dit qu'un peu trop de licence
« Dans vos brusques discours vous tient à Saint-Martin... »[116].

Colbert n'était plus là pour amortir les coups que portait le destin aux mazarinettes et Louvois, qui les haïssait pour leur avoir proposé

* Jeu où il faut se défaire de ses cartes.

desmariages qu'elles avaient refusés, s'acharnait contre elles. Cette relégation de la tante Marie-Anne, prélude à d'incessants voyages entre Londres, Venise et Rome ; elle dépouille définitivement l'hôtel du quai Malaquais au profit du Temple.

Lully, juste avant l'*Acis et Galathée* d'Anet (septembre 1686), avait donné sa fameuse *Armide*. Le dauphin, qui aimait la capitale où il était populaire, y vint avec sa demi-sœur chérie, la princesse de Conty*. Ces messieurs du Temple y étaient aussi : Chaulieu pour Marthe Lerochois qui chantait le rôle d'Armide, La Fare — bien qu'il fut marié depuis peu à Louise-Jeanne de Luz — pour Louison qui continuait d'être sa maîtresse, le grand prieur, enfin, pour Fanchon. Fanchon jouait Phénice, confidente d'Armide, si parfaitement, si gracieusement, que le dauphin n'eut d'yeux que pour elle. Il en fit tant qu'il décida d'assister aux deux représentation suivantes, assurant du même coup le triomphe de l'ouvrage. Il voulut ensuite à toute force voir Fanchon en particulier et il chargea Dumont, son écuyer, de la lui amener. Cet officier se trompa. Il lui mena Louison, puis, s'étant aussitôt aperçu de sa méprise, retourna chercher Fanchon, qui ne fut pas moins prompte que sa sœur à lui emboîter le pas. Le dauphin, qui s'était entre-temps satisfait de la première arrivée, envoya la seconde au diable. Fanchon reçut dix louis pour le dérangement qu'elle jeta à la tête de Dumont, après quoi le grand prieur et La Fare furent les premiers à faire ensemble une chanson sur la légèreté de leurs deux maîtresses.

Conformité de goût donc entre ces messieurs et Monseigneur, friand lui aussi d'actrices et de filles du peuple. Tout cela était nouveau et préfigurait le galant XVIIIe siècle qui devait se mêler d'abolir quelques inégalités de la naissance en commençant tout justement par l'amour. La Raisin dont nous avons vanté la jolie jambe, allait, nous dit Madame, régulièrement à Choisy, rendre visite au dauphin, qui la faisait d'abord jeûner, sous prétexte de carême, avant de l'admettre dans sa chambre, disant, « ... qu'il voulait bien faire un péché mais pas deux ».

Le 22 mars 1687 le divin Lulli tira sa révérence à ses amis. Plusieurs abbés se relayaient à son chevet dans l'espoir d'emporter la gloire de sa conversion mais il paraissait ne rien vouloir rabattre de son goût pour la volupté. Il demanda à voir pour la dernière fois ses amis, au premier rang desquels figurait l'inquiétant chevalier de Lorraine. Mme Lulli éclata en reproches à la vue de celui-ci : « Oui vraiment, Monsieur, vous êtes fort de ses amis, c'est vous le dernier qui l'avez enivré et qui êtes la cause de sa mort ». Le

* Fille du roi et de Mlle de la Vallière.

maître interrompit son épouse : « Tais-toi, ma chère femme, M. le Chevalier m'a enivré le dernier et, si j'en réchappe, j'espère bien qu'ilm'enivrera le premier »[117]. Son dernier pied de nez, c'est avec la complicité de l'un des deux Vendômes qu'il le décocha aux dévots. L'un des deux demi-dieux se trouvant à son chevet — l'histoire ne nous dit pas lequel — lui reprocha vivement d'avoir obéi à son confesseur et d'avoir jeté au feu le manuscrit de sa dernière œuvre *Achille et Polixène* : « — Eh ! quoi, Baptiste, lui dit-il, tu as été jeter au feu ton opéra ? Morbleu ! tu es un fou de brûler une aussi belle musique ! — Paix, paix, Monseigneur, répondit Lully à l'oreille du prince, je savais bien ce que je faisais, j'en avais une seconde copie. »

Travenol, dans son *Histoire de l'Académie Royale de Musique*, rapporte que les princes de Vendôme chérissaient tellement ce musicien qu'ils avaient consigné deux mille pistoles (22 000 livres) en faveur de l'empirique qui parviendrait à le sauver des suites de son funeste accident : c'est qu'emporté par le rythme de sa musique, il s'était fiché sur le pied le lourd bâton qui servait alors à diriger l'orchestre et, qu'atteint de gangrène, il avait préféré mourir plutôt que de se voir amputé.

Le grand prieur s'attacha tous les élèves de Lulli : son fils naturel Regnier, ses disciples Lamotte, Colasse et Du Boulay. Il prit le dernier pour secrétaire afin de lui procurer un revenu et il entreprit aussitôt de promouvoir ses ouvrages, au demeurant médiocres, avec toute la rage que mettait autrefois la tante Bouillon à soutenir ses faiseurs de tragédie. Tout allait d'ailleurs dans ces temps-là à la musique. Il y avait concert chaque soir avant le souper et les chanteurs de l'Opéra avaient leur quartier au Temple : la basse Thévenard, complice sur scène de Marthe Le Rochois, les barytons Dun et Dumesnil, celui-ci ancien cuisinier, la Desmatins, ancienne laveuse d'écuelles comme on l'a dit et qui venait se pavaner dans l'enclos au bras de son amant Grouin, garde du trésor et joyeux compère.

Thévenard était le plus étonnant de ces artistes. Très beau garçon, il aimait à courir Paris sous des déguisements, allant de bal en bal et se faisant passer pour le comte d'Hostein-Ploen. Il avait été l'amant, pendant six ans, de Mlle de Marillac qui devait devenir la belle-fille de Mme de La Fayette puis ensuite, « par quartiers », comme aurait dit Tallemant, de Mme de Luxembourg et de Mme de Gesvres. Jamais il ne chantait si bien que lorsqu'il avait bu et jamais il ne buvait si bien qu'au Temple. Regnier était l'autre chanteur attaché au grand prieur. Il avait une voix ravissante et s'accompagnait lui-même du théorbe. En remerciement de ses talents et en souvenir de Lulli, son père supposé à qui il ressemblait, MM de Vendôme lui entretenaient un équipage complet, avec carrosse et quatre chevaux. Un jour, dans l'opéra de Lamotte, l'*Europe Galante*, jouant le rôle de Sa Hautesse, il avait pressé un peu trop fort, au gré du grand prieur, Fanchon, qui figurait l'une de ses favorites. Il faillit avoir affaire avec son hôte. C'est que Fanchon était volage : « Quant à Fanchon, écrit Madame, son prix est connu, c'est mille pistoles, mais le Grand prieur l'entretient et s'il découvrait quelque chose, elle s'en trouverait mal »[118]. Le chevalier de Sully, ami du grand prieur et futur amant de Marthe de Le Rochois, tournait autour d'elle. Elle fut aussi la maîtresse secrète de Charles Renouard de la Touanne, riche trésorier de « l'extraordinaire des guerres ». Le maître du Temple, entraîné dans sa sarabande, ne s'apercevait de rien.

Ce fut aussi cette année-là qu'arriva Mlle de La Force, transfuge de Versailles, qui s'était laissé aller à écrire des vers un peu trop gais pour le goût de Mme de Maintenon, devenue la toute puissante maîtresse de la cour. Les mois qu'elle passa au Temple furent les meilleurs de sa vie, avant qu'elle ne finisse, à la sollicitation de sa famille, pensionnée du roi dans un couvent. Elle apporta dans l'enclos tout ce piquant qui émane du grand genre lorsqu'il se dévoie en propos un peu lestes et en griserie.

Le grand prieur détestait la cour tout autant que son frère mais alors que Louis-Joseph prenait bien soin de demander chaque fois au roi l'autorisation de le quitter et s'astreignait à revenir le voir aux dates qu'il avait lui-même marquées, Philippe n'en faisait qu'à sa tête. Il n'allait que fort peu à Versailles, encore était-ce pour s'y répandre en facéties et moqueries. L'affaire des fromages de Mme de Brégy, en septembre 1687, fut le premier grand scandale qu'il suscita publiquement. Mme de Brégy était une vieille araignée de cour, ancienne favorite d'Anne d'Autriche, devenue une espèce de harpie gloutonne et sale dont tout le monde se moquait. Un soir de « grand appartement », le grand prieur et le duc de la Ferté virent la bonne femme se précipiter sur une table de fromages. Le premier, pour s'amuser, courut plus vite qu'elle et alla cracher de toutes ses forces sur les laitages qu'elle convoitait. Par malheur le dauphin vit la scène ainsi que d'autres courtisans. Il appela son cousin et lui lava les oreilles, ajoutant, « ... qu'il devait souhaiter que S.M. l'ignorât »[119]. Le roi apprit pourtant l'affaire par la malignité de la rumeur. Il prit son air sévère à son souper pour dire, « ... qu'il y avait des gens assez hardis pour faire des insolences sur la collation ». Le duc de la Ferté fut obligé de raconter la scène. Le grand prieur s'en était déjà retourné au Temple, ce qui sans doute aggrava son cas. Le duc de Vendôme, qui se trouvait là, tenta d'intercéder mais il fut rabroué. Le lendemain Louis XIV dit à Louis-Joseph, qui avait à nouveau imploré le pardon de son frère, « ... que le Grand prieur n'aurait pas le châtiment que son insolence méritait, mais qu'il n'eut pas à se présenter devant lui » [119]. Philippe, malgré cette algarade, ne devait rester en disgrâce que quelques semaines, ce qui devait l'encourager à ne pas s'arrêter en si bon chemin.

Sur la fin de 1687, Mme de Bouillon, au sortir de Pontoise, avait été priée de voyager pour se faire oublier. Elle devait rejoindre à Londres sa sœur Hortense — Mme de Mazarin — et l'infatigable Saint-Evremond. La Fontaine en écrit à son ami, M. de Bonrepau : « Ne trouvez-vous pas que l'Angleterre a de l'obligation au mauvais génie qui se mêle de temps à autre des affaires de cette princesse ? Sans lui ce climat ne l'aurait point vue... » [120].

1688 allait voir naître un nouveau conflit — la guerre de la Ligue d'Augsbourg — sans que la frénésie jouisseuse des demi-dieux en soit pour autant ralentie. Tout commença en musique, le 22 mars, le grand prieur s'occupa personnellement du succès de l'opéra *Zéphire et Flore*, composé par son ami Du Boulay. Il assista aux répétitions avec son cénacle, loua la salle, invita Monseigneur et sa cour à la première représentation.

La campagne de 1688, marquée par la prise de Philippsbourg par le dauphin en vingt jours, se fit sans les Vendômes. La Fare nous dit pourquoi : « M. de Vendôme fut fort étonné de n'être pas du nombre des généraux qui devaient faire la campagne ; et quand son frère le Grand prieur demanda à y aller, du moins comme volontaire, cela lui fut aigrement refusé ; ce qui marqua que le Roi n'avait pas peut-être été trop content de la fête d'Anet » [121]. Disgrâce passagère qui donna l'occasion aux demi-dieux de continuer leur sarabande. Le 22 août, ils étaient ensemble à ce qui fut peut-être la plus grande fête jamais donnée à Chantilly et qui le fut par le nouveau prince de Condé, fils du héros, qui en avait confié l'ordonnancement à l'oncle Nevers. Le grand prieur y vint avec sa meute de chiens qui était magnifique.

Le 3 décembre Louis-Joseph recevait toutefois les trois ordres du roi — Saint-Michel, Saint-Esprit et ordres réunis de Notre-Dame-du-Mont-Carmel et de Saint-Lazare — occasion d'une pique de la part du comte de Soissons, fils d'Olympe Mancini, qui refusa le Saint-Esprit pour ne pas marcher derrière son cousin, « ... en suite du règlement qui avait été fait sous ce règne en faveur des enfants légitimés de France ou leurs descendants d'avoir rang et séance avant les princes étrangers » [122].

Au bout de quelques mois — en janvier 1689 — les opérations militaires reprirent malgré l'hiver et les Français, sur ordre de Louvois, incendièrent les villes du Palatinat : Tessé se chargea d'Heidelberg, Montclar de Mannheim et Duras de Spire. Louis-Joseph fut appelé cette année-là à servir mais pas son frère. Le brûlement de Worms devait être exécuté le jour où il avait le commandement et il demanda à changer son tour pour n'être pas contraint d'exécuter un ordre aussi cruel.

La Fontaine lui dédia à cette occasion une lettre où le fabuliste le cède au moraliste :

« Comment, Seigneur, Pouvez-vous faire ?
« Vous plaignez les peuples du Rhin
« D'autre côté, le souverain
« Et l'intérêt de votre gloire
« Vous font courir à la victoire ;
« Vous n'aimerez que guerres et combats
« Même au sang trouvez des appâts.
« Rarement voit-on, ce me semble
« Guerre et pitié loger ensemble
« Aurions-nous des hôtes plus doux
« Si l'Allemagne entrait chez nous ? » [123].

« *Une union de plaisirs* ».

Le grand prieur passa tout l'hiver dans sa petite république du Temple et il fit dans Paris, au printemps de 1689, un carnaval effréné. Palaprat, qui avait depuis quelques mois son logement dans l'enclos, donna le 14 septembre la première de son fameux *Concert Ridicule*, représenté par les comédiens français. Philippe avait loué la salle et la claque pour ne pas déroger aux habitudes de sa famille. Le succès fut immédiat.

Chaulieu, bailli du Temple, était chargé de distribuer la manne aux membres du cénacle. La Fontaine, en septembre 1689, émargeait ainsi pour 600 livres qui lui étaient payées par acomptes :

« Cependant d'un soin obligeant
« L'abbé m'a promis quelqu'argent
« Amen ! et le ciel le conserve !
« Apollon, ses chants et sa verve
« Bacchus et peut-être l'Amour
« L'occupent souvent tour à tour,
« Sans compter l'hydre créancière » [124].

Chaulieu envisage d'augmenter la pension du poète et celui-ci, sur cette seule rumeur, entre dans la dépense :

« Il veut accroître ma chevance
« Sur cet espoir, j'ai par avance
« Quelques louis au vent jetés
« Dont je rends grâce à vos bontés »[124].

Ninon de Lenclos, qui s'enferme quelques fois, à portée de voix du Temple, aux Madelonnettes, dans la rue des Fontaines-du-Temple, tancevertement le fabuliste d'entrer ainsi en servage, d'autant que l'heureux homme ose avouer ce qu'il compte faire de son argent :

« Le reste ira, ne vous déplaise
« En vins, en joie et caetera
« Ce mot-ci s'interprètera
« De Jeannetons, car les Clymènes
« Aux vieilles gens sont inhumaines
« Je ne vous répons pas qu'encore
« Je n'emploie un peu de votre or
« A payer la brune et la blonde
« Car tout peut arriver en ce monde »[124].

Le 21 février 1690, à l'opéra, se fit première représentation d'*Orphée* de du Boullay. Le grand prieur « ... remplit la salle et assura le triomphe de l'œuvre à ses dépens ». Mais cette façon d'imposer les succès à grand renfort d'écus et comme par caprice indispose les tenants de l'Académie. Ils se vengent :

« Critiques redoutez, bien plus que redoutables,
« Des auteurs les plus misérables
« Incorrigibles défenseurs,
« Vous que Racine ennuye et que Pradon enchante,
« Pour qui Voiture est sans douceur
« Et l'Eneïde languissante,
« Vous espérez en vain des siècles ignorants
« Où vos fades écrits pourront servir d'exemple.
« Chez nos derniers neveux les poètes du Temple
« Vaudront moins que ses diamants* »[125]

La claque faisait partie des mœurs du théâtre, elle avait ses contrats, ses chefs, sa piétaille. Le sifflet, lui, n'avait pas de loi. Il se déchainait ou se taisait sans égard pour les ordres du prince. Le grand prieur, malgré cela, le faisait interdire quant on représentait l'œuvre d'un de ses protégés. Aussi s'attira-t-il cette verte réplique d'un impénitent siffleur :

« Le sifflet défendu ! quelle horrible injustice !
« Quoi donc ? Impunément un poète novice,
« Un musicien fade, un danseur éclopé,
« Attraperont l'argent de tout Paris dupé ;

---

* Allusion aux faux diamants du Temple qui n'étaient que de la verroterie.

« Et je ne pourrai pas contenter mon caprice !
« Ah ! si je siffle à tort, je veux qu'on me punisse ;
« Mais siffler à propos ne fut jamais un vice.
« Non, non, je sifflerai : l'on ne m'a pas coupé
« Le sifflet »[126].

La guerre devenant européenne, le grand prieur fut rappelé à l'armée. En mars 1690, il rejoignit son aîné sur la Sambre. Pour la première fois ils allaient combattre ensemble sous les ordres du maréchal de Luxembourg, chargé par Louis XIV, malgré la haine dont le poursuivait Louvois, de s'opposer à l'avancée de Guillaume III d'Orange. Comme en 1674 — l'année de Senef — le roi jouait gros. Les coalisés, nourrissant la haine des Français, s'étaient assigné Paris pour objectif.

Le 1er juillet, ce fut la bataille de Fleurus. Luxembourg, le petit bossu, qui retrouvait la faveur royale, huit ans après l'affaire des Poisons dans laquelle il avait été gravement compromis, battit les princes de Nassau et de Waldeck par une manœuvre dont le chevalier de Folard* devait écrire, qu'elle était « ... la plus audacieuse dont on ait entendu parler depuis les Anciens ». Les deux demi-dieux s'y firent remarquer, combattant près de leur gouverneur, M. de Jussac, qui y fut tué sous leurs yeux. Luxembourg, admiratif de la bravoure du grand prieur — celui-ci devait avouer à Madame « ... que jamais de sa vie il n'avait eu si chaud »[127] — le chargea par reconnaissance d'aller à la cour porter la nouvelle de la victoire et déposer aux pieds du roi les cent-six étendards pris à l'ennemi qui devaient valoir au maréchal le surnom de « tapissier de Notre-Dame ». C'était donner au jeune prince, mal vu du maître, l'occasion de se racheter. Il fut d'ailleurs fait maréchal de camp et reçut de Louis XIV « une épée enrichie de pierreries ». La Fare précise : « Louvois ne pardonna pas à M. le Grand prieur d'être allé droit au Roi et non pas chez lui, lorsque ce prince vint porter la nouvelle du gain de la bataille de Fleurus... Ce fut malgré Louvois que le Roi le fit maréchal de camp »[128]. Occasion donc pour les Vendômes d'aggraver un peu plus leur contentieux avec le ministre de la guerre qui ne les aimait pas pour les savoir anciens protégés de Colbert à titre de petits-neveux de Mazarin et amis de Luxembourg qu'il détestait.

Mais les jours du ministre étaient comptés devant Dieu et Fleurus marquait le commencement de l'essor du goût de Louis XIV pour les arrière-petits-fils de Gabrielle. En novembre 1690, le roi se prend même à souhaiter que le duc de Vendôme fût de l'Académie, « ... lui qui se piquait d'avoir de l'esprit ». Le dialogue qui s'ensuit

* Jean-Charles de Folard (1669-1752). Auteur d'ouvrages militaires et historiques.

est plaisant : « Sire, lui répondit-il, je ne m'en pique point, mais ces messieurs me feraient peut-être grâce et puis je ne pense pas qu'il faille avoir tant d'esprit pour cela. — Comment, lui répliqua le roi, il ne faut pas avoir tant d'esprit ! voyez M. l'archevêque, voyez M. de Bussy et ces autres Messieurs, si ces gens-là n'ont guère d'esprit » [129].

Le 20 septembre 1690, la tante Bouillon était de retour d'Angleterre. On lui avait marchandé longtemps cette liberté de revenir et le roi, qui avait finalement cédé, avait exigé que ce fut sous condition de ne pas reparaître à la cour. Seignelay, toujours par ce reste d'allégeance des Colbert pour tout ce qui touchait à la famille de Mazarin, lui facilita alors une escapade en Italie où elle partit aux premiers jours de 1691, sans presque prendre le temps de défaire ses malles, accompagnée de son frère, l'infatigable Nevers.

En voiture le duc évoque pour sa sœur les plaisirs d'Anet dont ils s'éloignent à grands tours de roues :

> « Le bel abbé, l'aimable et le prince blondin*
> « Ce grand bailli d'Anet, chasseur infatigable
> « Courtisan par plaisir, philosophe par goût
> « Si tous les quatre encore, nous nous trouvons à table
> « Vous avec votre air enfantin,
> « Délicieuse Mimallone**
> « C'est alors qu'il faudra qu'à tout on s'abandonne
> « Que votre âme, en pointe de vin
> « Toute entière, entre nous, s'ouvre et se déboutonne
> « Pour nous montrer ce qu'elle a de divin ».

Séjour romain que la réunion de Nevers avec ses deux sœurs chéries — Mme de Bouillon et la connétable Colonne — ne pouvait que faire des plus gais. Coulanges, qui se trouve aussi dans la ville du pape, en témoigne : « Il y eut beaucoup de promenades, beaucoup de repas donnés de part et d'autre dans les plus belles vignes où la musique n'était pas oubliée. La duchesse de Bouillon et le duc de Nevers s'avisèrent même, au clair de lune, de profiter de la fraîcheur des belles nuits et de se promener dans un char découvert, ayant avec eux la signora Faustina, une des plus belles voix de Rome... » [130].

Lié, sans doute, à ce nouveau départ précipité, survint un scandale familial, provoqué par l'un des fils de Marie-Anne, le chevalier de Bouillon, graine de mauvais sujet, qui en viendra un jour à assassiner par pur désœuvrement un traiteur d'Avignon. Dangeau note dans son *Journal*, à la date du 23 décembre 1690, qu'il fut exilé à Turenne pour ses débauches et surtout pour avoir proféré à la face de son

* Le duc de Vendôme.
** Femme du Mont Mimas, adepte de Bacchus. Le compliment s'adresse à Mme de Bouillon.

père qu'il ne se reconnaissait pas pour son fils mais pour celui du grand prieur. C'était, vingt ans après, donner corps à de biens malséantes rumeurs capables d'entamer la belle humeur de M. de Bouillon.

Spanheim, dans sa *Relation de la Cour de France en 1690*, note à propos des demi-dieux : « Ils vivent tous deux dans une parfaite union et dans une espèce de communauté de biens, de séjours et de plaisirs... » [131]. Le Temple adulé des libertins, vilipendé des dévots, méprisé de Mme de Grignan qui en écrit à son cousin Coulanges, après qu'il eut choisi de vivre dans l'enclos : « Vous m'en consolez en me faisant envisager qu'elle (Mme de Coulanges) pourra vous faire trouver dans le Temple des sociétés délicieuses, mais après tout ni M. le Cardinal de Bouillon, ni MM de Vendôme ne sont d'un grand secours dans cette maison plus faite pour leurs équipages que pour eux » [132].

Chaulieu, le banquier prodigue de ces fêtes, bâtissait en tout cas sa propre fortune. Il n'était plus l'abbé revenu de Pologne famélique, les princes lui avaient procuré 30 000 livres de revenus en abbayes et prieurés, le logeant en outre gratis au fameux hôtel de Boisboudrand, qui, lorsque le grand prieur était en campagne, devenait le seul refuge de la petite société d'esprit assidue de l'enclos. On y accédait par une allée de marronniers, l'allée des Soupirs que Jean-Baptiste Rousseau a chantée.

Chaulieu vivait là heureux, conviant souvent à sa table les deux êtres les plus chers à son cœur, Marthe Le Rochois, sa maîtresse, La Fare, son ami. Il invite ainsi celui-ci à le rejoindre :

« Ce soir, lorsque la Nuit, aux amants favorable
« Sur les yeux des mortels répand l'aveuglement
« Dans mon petit appartement
« Les grâces et l'Amour conduiront ma maîtresse
« A cet objet de ma tendresse
« De mon cœur partagé rejoints l'autre moitié
« Et donne-moi ce soir le plaisir d'être à table
« Entre l'Amour et l'Amitié » [133].

Chaulieu au Temple c'était la certitude de gages et de pensions pour les poètes, de mangeaille pour les goinfres, de vin pour les assoiffés. La Fontaine reconnait bien volontiers sa dette aux hôtes du Temple. Il dédiera au duc *Philémon et Baucis* ainsi que plusieurs de ses contes. Il parle joliment de ces fêtes de 1690 qui battent leur plein dans l'intervalle des batailles :

« Nous faisons au Temple merveilles.
« L'autre jour on but vingt bouteilles...
« Jusqu'au point du jour on chanta,

« On rit, on but, on disputa,
« On raisonna sur les nouvelles,
« Chacun en dit, et des plus belles ;
« Le Grand prieur eut plus d'esprit
« Qu'aucun de nous, sans contredit.
« J'admiray son sens, il fit rage,
« Mais, malgré tout son beau langage,
« Qu'on était ravy d'écouter,
« Nul ne s'abstint de contester.
« Je dois tout respect aux Vendosmes ;
« Mais j'irais dans d'autres royaumes
« S'il leur fallait en ce moment,
« Céder un ciron seulement... » [134].

A la mort de Du Boulay, en 1691, Palaprat lui succèda dans la charge de secrétaire des commandements du grand prieur. Avec Campistron, déjà en place près du duc de Vendôme, ce sont donc deux tragédiens qui se voient chargés des affaires patrimoniales et personnelles des princes, sous la haute autorité d'un poète, Chaulieu, surintendant, « bailli du Temple et d'Anet », infatigable jeteur d'or par les fenêtres.

Palaprat, tout comme Campistron, vient d'une grande famille de Toulouse, arrière petit-fils du jurisconsulte Jacques de Ferrières, petit-fils de capitoul, capitoul lui-même en 1675 et même premier capitoul en 1684. Il avait demandé dans cette charge à ne s'occuper que des fêtes et des réjouissances de sa ville : « Jamais le roi, se vante-t-il, n'a eu un sujet plus zélé que moi pour se réjouir de ses conquêtes » [135]. Il était protestant et fut même un temps le chef du consistoire de sa ville. Il avait voyagé et avait fréquenté, à Rome, le palais Corsini où vivait la reine Christine exilée, mais c'était à Paris et au Temple qu'il avait désiré, depuis toujours, de briller. Le grand prieur lui avait affecté un grand logis dans l'enclos sous condition de le partager avec le poète Brueys, autre fameux personnage, tour à tour calviniste intransigeant puis, après une conversion fameuse obtenue par Bossuet, devenu catholique fanatique. Il était poète d'élégies et de drames. Le couple Palaprat — Brueys vivra au Temple quelque vingt années, allant à la comédie presque chaque soir, écrivant à quatre mains des sonnets, des épigrammes, des critiques. Ils deviendront même aveugles ensemble, à force de travailler le soir, à la chandelle et rien ne sera plus touchant, sous la Régence, que ces deux vieux amis, hantant Paris bras dessus, bras dessous, pour se guider dans le dédale des rues étroites. Au Temple, raconte Titon du Tillet, ils se faisaient du thé le matin et « ... se tenaient aux écoutes dans l'escalier attendant que le hasard leur dépêchât quelqu'un qui put leur dire si l'eau bouillait afin d'y jeter la plante » [136]. Ces misères ne les rendaient pas acariâtres le moins du monde et leurs disputes n'étaient que littéraires. Ils avaient commis à deux la comédie du *Grondeur*. A propos de cette pièce, Brueys écrivait : « Le premier acte est entièrement de moi, et il est excellent ; le second a été gâté par quelques scènes de farces de Palaprat, et il est médiocre ; le troisième est entièrement de lui, et il est détestable »[137].

Palaprat secondera Chaulieu au Temple dès le début des années quatre-vingt-dix. Il sera l'homme du théâtre tout comme Regnier était celui de la musique. Ce sera lui qui sera chargé d'attirer les acteurs dans l'enclos : les Raisin, leur ami Villiers, la Champmeslé, dont il sera l'ami fidèle. C'est lui aussi l'ordonnateur principal des fêtes données à Anet pour une nouvelle visite du dauphin à l'entrée 1691. Fêtes beaucoup plus modestes que celles de 1686 et 1687 mais tout aussi pétillantes, où l'on jouera, dans la galerie de Diane, cette pièce du *Grondeur* dont le nouveau secrétaire du grand prieur disputait le mérite à son ami Brueys.

La brouille avec Luxembourg.

Au printemps il fallut se préparer à repartir à la guerre. Les secrétaires devaient y suivre leurs maîtres : Campistron auprès de Louis-Joseph et Palaprat auprès de Philippe. Les demi-dieux se partageaient aussi deux ordonnances anglaises, les frères Skelton, l'aîné pour le duc, le cadet pour Philippe : étonnante symétrie, étonnante dualité. Chaulieu devenait alors le maître du Temple et le temps de la campagne permettait de ralentir un peu le train de la dépense. Il le fallait parce que huit années consécutives de paix et donc de séjour dans la capitale, avaient un peu plus obéré le patrimoine des Vendômes. L'argent manquait partout et Palaprat en était réduit aux mêmes expédients que ses maîtres. A la veille de rejoindre l'armée, en avril 1691, il avait vendu aux comédiens français sa comédie du *Muet*, se faisant avancer une somme assez ronde qui devait lui permettre de continuer à jouir des plaisir de la vie et du jeu sous la tente. Palaprat, faisant feu de tout bois, arrondissait en outre l'ordinaire en tenant chez lui un tripot clandestin :

« Nombre de gens chez moy s'assemblent chaque jour,
« Non pour commenter quelque bible suspecte,
« Ni pour examiner de la naissante secte
« L'impertinent et fanatique amour,
»On y vient pour y jouer, il faut trancher la chose :
« Mais quels joueurs ? Tous gens choisis,
« Tous purs et blancs comme les lys,
« Et tous flairant comme la rose... »[138].

Nous verrons combien il lui en cuira bientôt.

La guerre de 1691 fut à nouveau glorieuse aux Vendômes qui avaient rejoint leur ami Luxembourg aux Pays-Bas. Le roi était venu commander son armée en personne, c'était la dernière fois qu'il paraissait ainsi en tête de ses troupes. Au début de septembre, alors que les Français avaient investi Mons, on eut nouvelle de la marche de Guillaume III dans leur direction. Louis XIV tint conseil, tous, même Luxembourg, opinaient pour la défensive. Une seule voix, d'après Morvan de Bellegarde, s'éleva pour marcher à l'ennemi, ce fut celle de Louis-Joseph. Sa détermination impressionna le roi qui suivit son avis et en retira plein succès. Quelques jours plus tard -le 19 septembre — avait lieu le combat de Leuze, gagné par Luxembourg, avec seulement vingt-six escadrons contre soixante-douze engagés par le prince de Waldeck. Les deux princes de Vendôme s'y s'illustrèrent de nouveau.

Cette campagne fut l'occasion d'une curieuse action du grand prieur. Dans une escarmouche qui eut lieu près de Beaumont, « ... apercevant le prince d'Orange qui cherchait à rallier ses hommes, il tira dans sa direction un coup de pistolet, criant à pleine voix — Il a chié au lit, le prince d'Orange »[139]. Louis XIV, commentant cette « drôlerie », le 13 août, parut excuser son cousin d'avoir malmené de la sorte celui qui, dans les faits, était le roi d'Angleterre que la France se refusait à reconnaître : « Je ne trouve pas le coup de pistolet de M. de Vendôme mal à propos, dit-il devant toute la cour, ne pouvant rien faire de mieux pour montrer le peu de cas que l'on fait d'eux ».

C'est après ces exploits que Louis-Joseph tomba gravement malade dans son camp. Première atteinte de ces maux étranges et inavouables que nous le verrons bientôt soigner presque publiquement ? L'on désespéra, en tout cas, pendant quelques jours de sa vie. Le roi fit prendre de ses nouvelles d'heure en heure, puis la fièvre tomba d'un coup, inexplicablement, comme elle était venue.

A Paris le Temple avait suspendu son souffle à l'annonce de ce malheur et La Fontaine célébrait l'auguste guérison :

« Prince qui faites les délices
« Et de l'armée et de la cour
« Des vieux soldats et des milices
« Et de toute la gent qu'assemble le tambour
« Le bruit de votre maladie
« A fait trembler pour votre vie... »[140].

Il évoque plaisamment ce qui fut advenu de lui par la mort du mécène :

« Sans cela tout était perdu
« Le poète avait l'air d'un rendu*... ».

Suit l'exhortation à se bien porter dorénavant :

« Tant que Votre Altesse, seigneur,
« Et celle du Grand prieur,
« Aurez une santé parfaite,
« Je renonce à toute retraite.
« Mai, dès qu'il vous arrivera
« Le moindre mal, on me verra
« Vite à Saint-Germain-de-la-Truite**,
« Frère servant d'un autre ermite,
« Qui sera l'abbé de Chaulieu.
« Sur ce, je vous commande à Dieu... »[140].

Le poète avait alors soixante-dix ans. Mme de La Sablière, ruinée par la mort de son mari, ne pouvait plus l'aider. Bref, il terminait par un appel au secours bien dans son style :

« Chacun sait que vous méprisez l'or***
« De cette pénurie je me console
« Si vers Noël l'abbé me tient parole
« Je serai roi : le sage ne l'est-il pas ?
« Souhaiter l'or, est-ce l'être ?... »

L'année se termina avec le retour de l'armée du Rhin, du gros, de l'énorme La Fare, devenu veuf en novembre et qui venait se consoler à latable d'Anet. La Fare, à qui le veuvage allait permettre de reconnaître la fille qu'il avait eu de Louison Moreau, Charlotte, « ... et de payer ainsi, comme il l'écrit plaisamment, les frais de la guerre ». La Fare, plus obsédé que jamais de rimailles et de mangeailles. Autre retour celui du « petit Coulanges », Philippe-Emmanuel, le cousin de Mme de Sévigné, l'ami des Vendômes au Temple où il avait élu domicile et des Mancini et Bouillons à Rome où il vivait le plus clair de son temps, acharné rimeur de sonnets, sableur de bons vins, d'une gaieté et d'une amabilité confondante. Marie-Angélique, sa femme, était l'une des créatures les plus pétillantes de son siècle, « ... chaque péché de cette femme est une épigramme », disait son confesseur, l'abbé Gobelin. Joyeux mais désargenté, le couple était à la pension du grand prieur qui lui versait 600 livres par mois.

1692 sera une année d'intenses activités militaires. On était au cœur de la guerre : l'échec du débarquement de Jacques II qui avait espéré chasser de Londres son gendre Guillaume d'Orange, le ralliement du roi de Prusse à la Ligue contre Louis XIV, se devaient d'être contrebalancés par des succès militaires rapides et

---

* Celui qui « se rend » dans un couvent, souvent par nécessité.
** Prieuré appartenant à Chaulieu.
*** Rappel à peine déguisé au prince de ce que sa pension n'est pas payée.

éclatants. Le siège fut mis devant Namur à la fin mai. Luxembourg, qui était en charge de l'armée et du siège, n'avait demandé à Louis XIV qu'une seule chose, « ... qu'il lui laissât Vendôme ». L'énergie de celui-ci allait à nouveau faire merveille, car, un an après, c'est l'affaire de Mons qui se répète. On apprend que Guillaume III et le duc de Bavière accourent. Tout le monde est d'avis de fuir et c'est Louis-Joseph, renversant par sa fougue la majorité du conseil, qui emporte la décision de courir à l'ennemi. Le roi d'Angleterre doit aussitôt se retirer et Namur capitule le 5 juin.

Deux mois plus tard c'est la fameuse journée de Steinkerque. Le roi avait regagné Versailles et Luxembourg se trouvait en tête de la plus grande armée jamais réunie en France : « Si on a jamais vu tant de troupes assemblées, écrivait Racine à Boileau, assurez-vous qu'on en a jamais vues de si belles ». Surpris par une ruse des ennemis, qui avaient dicté sous la menace une lettre à l'un de ses espions, Luxembourg s'attendait à ce que la journée du 3 août fut calme. Avant l'aube, pourtant, un partisan vint l'avertir que l'ennemi venait l'attaquer avec des forces considérables. Le général n'eut que le temps de faire réveiller tous ses hommes — les cravates à la Steinkerque nouées lâchement rappelleront longtemps le souvenir des officiers français, levés à la hâte, sans avoir le temps d'ajuster leur col — Faute de place, puisqu'il ne peut pas choisir son terrain, Luxembourg masse son infanterie sur cinq rangs. Toute la fleur de la noblesse est là : le duc de Bourbon, le prince de Conty, le duc de Chartres, fils de Monsieur et futur régent. Le maréchal rencontre Vendôme dans cette confusion des préparatifs : « Pour vous, prince, je n'ai rien à vous dire ». Et le duc de lui répondre : « Monsieur le maréchal, mort ou vif, je mériterai aujourd'hui l'estime des honnêtes gens »[141]. Louis-Joseph charge à la tête des gardes françaises encore à demi-vêtues. Le grand prieur est à ses côtés, au premier rang tout comme lui, et qui hurle de toute la force de ses poumons. Choc terrible. Le roi d'Angleterre culbute pendant quelques minutes l'infanterie française : évidente supériorité du fusil anglais sur le fusil à chargement à douze temps des Français. Vendôme est l'un de ceux qui ordonnent de combattre à l'arme blanche, donnant l'exemple lui-même en mettant pied à terre. L'auteur de l'*Eloge historique* nous le dépeint ainsi : « Il va à la tête des gardes, rallie les troupes, fait arracher les chevaux de frise qui protègent les ennemis, s'élance au travers des embrasures des canons dont les assaillants s'emparent et qu'ils tournent sur nous. Fumée épaisse qui ne permet plus de diriger ses coups. Il faut donner ou recevoir la mort.

Vendôme reprend définitivement les canons »[142]. Et, surprise, effrayée par la furie française et l'arrivée des renforts de Boufflers, l'armée coalisée recule. Elle abandonne sur le terrain dix mille tués ou blessés et mille trois cents prisonniers. Les morts français sont à peu près six mille et, parmi eux, le fils chéri de la tante Bouillon, le prince de Turenne. Le grand prieur a reçu dix coups dans ses habits, les rênes de son cheval ont été sectionnées par la mitraille. Triomphe complet des armées royales qui s'en retournèrent, dira Voltaire, « ... par des chemins bordés de peuple ».

Mais Steinkerque sera l'occasion de la brouille des demi-dieux avec Luxembourg. C'est l'Albergotti* que le général en chef charge de porter à Versailles la nouvelle de la victoire, l'Albergotti, ami de Conty et qui ne va pas donner dans son rapport au roi toute la place qui revenait aux petits-fils de César. Il s'ensuit une terrible polémique et c'est par une lettre du duc de Chartres à son père, Monsieur, ainsi que par le bruit que firent plusieurs officiers, outrés de la manœuvre des partisans de Conty, que sera connue la conduite héroïque des Vendômes. Autre témoignage de bravoure plus modeste, celui de Campistron. Au plus fort de la mêlée, le duc, dont l'épée était déjà tachée de sang, vit son secrétaire qui se battait hardiment à côté de lui : « Que faites-vous ici, Campistron ? lui cria-t-il ». Et le poète de répondre « Voudriez-vous donc nous en aller ? »

Le père la Pensée.

Les choses ne s'arrangèrent pas dans l'hiver entre Luxembourg et les Vendômes. Luxembourg soutenait effrontément Conty, le cousin honni, second fils d'Anne-Marie Martinozzi, devenu chef de sa maison à la mort de Louis-Armand, son débauché et incapable de frère. François-Louis de Conty était d'une autre trempe que son aîné. Intelligent, doué de courage, il avait épousé une petite-fille de Condé, Marie-Thérèse de Bourbon-Condé. Le dauphin, qui avait été élevé en même temps que lui, l'aimait et c'est en vain qu'il s'essayait à le raccommoder avec les Vendômes.

Les demi-dieux, au moment de la réformation des armées, firent savoir au roi qu'ils ne souhaitaient pas figurer, dans la prochaine campagne, aux côtés de Conty et de Luxembourg. Louis XIV, qui commençait à se faire aux Vendômes et qui, en vrai gentilhomme, était impressionné de leur bravoure, leur accorda de rejoindre l'armée de Piémont que commandait Catinat. Il s'inquiéta même

* François Zenobie, comte d'Albergotti (1654-1717).

de savoir si le duc n'était pas touché dans sa délicatesse de n'y figurer que comme le second. Vendôme lui fit cette fière réponse : « Sire, je reconnais dans le général à qui V.M. a confié la fortune de ses armes, un brave officier, un habile capitaine, un zélé citoyen : cela me suffit. Je suis flatté de m'instruire par ses leçons et son exemple »[143]. Catinat ne ressemblait à aucun des autres généraux de son temps. Il avait été avocat et la légende prétend que c'était le dégoût d'avoir fait perdre un procès à un homme qui aurait dû le gagner, qui l'avait poussé à être soldat. Econome de ses gens, dédaigneux de la gloire et de l'apparat, menant un genre de vie austère, c'était un homme qui passait ses nuits à compulser les traités d'art militaire, les livres d'histoire et les cartes. On l'appelait le père la Pensée.

L'existence d'un front en Piémont était liée aux démêlés constants de la France avec la Savoie. Fidèle à l'alliance française jusqu'en 1689, Victor-Amédée avait rejoint, cette année-là, la Ligue opposée à Louis XIV, en suscitant, du même coup, un terrible danger sur le flanc du royaume. Le 18 août 1690, Catinat avait remporté contre M. de Savoie l'éclatante victoire de Staffarde. En 1691 il s'était emparé de Gap et d'Embrun, alors possessions de ce prince. Mais les coalisés s'étaient mêlés de soutenir le Savoyard en lui dépêchant un génie, une étoile montante, le cousin germain des demi-dieux : le prince Eugène, fils d'Olympe Mancini et du comte de Soissons de la maison de Savoie*.

Histoire maintes fois racontée que celle de ce pauvre bossu, si chétif qu'on l'avait destiné à la religion et qui, à force d'application, avait appris à monter à cheval mieux que quiconque et à tirer les armes avec adresse. Il crevait d'admiration pour Louis XIV et, à vingt ans, tremblant d'émotion, il s'était placé sur son passage pour lui demander une compagnie de fantassins. Le roi avait passé son chemin sans même lui jeter un regard. Il venait de commettre l'une des principales erreurs de son règne. Dans la nuit du 26 au 27 juillet 1683, Eugène avait quitté la cour de France et était allé mettre son épée au service de l'empereur Léopold qui l'avait acceptée. Il fit là-bas des merveilles contre les Turcs, à Pest et à Belgrade. Blessé, il fut envoyé en convalescence chez son cousin, le duc de Savoie, qu'il parvint, en 1689, à détacher de l'alliance de la France. Eugène était devenu l'homme de l'empereur près de la cour de Turin. Il avait beaucoup à faire pour contrer les tocades du fantasque Victor-

* La maison de Bourbon-Soissons s'était éteinte, comme on l'a dit plus avant, par la mort du comte de Soissons à La Marfée en 1641. Louis XIV avait accepté de la relever en faveur d'Eugène-Maurice de Savoie-Carignan, époux d'Olympe Mancini et fils de Marie de Bourbon-Soissons, sœur du dernier comte de Soissons de la maison de Bourbon.

Amédée II, qu'il n'avait pu empêcher de se lancer inconsidérément contre Catinat à Staffarde. Il n'allait pas être en son pouvoir de circonvenir en 1693 des désastres plus grands encore.

Début mars, pour rejoindre l'armée de Piémont, les Vendômes s'engouffrent dans la diligence de Lyon qui partait de l'hôtel de Sens, près de la Seine. Ils emmenaient avec eux Palaprat, Campistron, les frères Skelton et Cotteron, capitaine des gardes du duc. Les nécessités d'une cure d'austérité avaient fait licencier à Louis-Joseph ses équipages, c'était la raison du choix d'un mode de voyager des plus modestes. L'entrain de la carrossée faisait oublier l'inconfort. Imaginons la scène, ces messieurs chaudement vêtus, chargés de bouteilles, la blague à tabac toujours en main. A Lyon, ils sont reçus avec enthousiasme. Palaprat dans son récit [144] se souvient du traiteur, « l'immortel Fenerot » et de la représentation de l'opéra *Zéphire et Flore*, œuvre du défunt Du Boulay avec, dans le rôle titre, Mlle Journet, qui allait devenir bientôt l'une des gloires de l'opéra de Paris. A Grenoble, ils sont traités magnifiquement par l'intendante, Mme Bouchu, avant d'aborder la montagne, la montagne hostile, avec les embuscades des barbets*.

Au Villars ils rejoignent Catinat qui, au soir de leur arrivée, prie les princes et leurs secrétaires à sa table. Sympathie immédiate. Catinat tâtait de la muse et il étalait, en petit comité, un vieux fond libertin, ce qui n'était pas pour déplaire à nos princes. D'ailleurs Mme de Maintenon, qui estimait parfaitement ce maréchal sur le chapitre de la capacité militaire, soupirait chaque fois qu'il était question de lui : « C'est bien dommage qu'il n'aime pas Dieu ».

L'été, malgré les plaisirs de la compagnie, allait être terrible. Les mouvements dans les montagnes étaient difficiles, les échauffourées fréquentes. Catinat croulait sous la besogne : « Vous ne croiriez pas une chose, dit-il un soir à Palaprat, il y a plus de huit jours que je n'ai pas songé à faire un vers » [145]. Pourtant, aux heures plus calmes — c'était souvent très tard dans la nuit — ses conversations avec les princes résonnaient comme en écho de celles du Temple. Palaprat discourt un soir sur la simplicité et le flegme : « Je dis enfin, rapporte-t-il dans son récit, que je connaissais un général qui possédait cette vertu à un si haut point, que, sortant de gagner une bataille, il jouerait tranquillement une partie aux quilles. A peine avais-je achevé que M. de Catinat me répondit froidement — Je ne l'estimerais pas moins, si c'était sortant de la perdre ». Palaprat, le

* Peuples calvinistes des vallées du Piémont, que l'on nommait ainsi parce qu'ils appelaient « barbes » leurs ministres.

plus disputeur sans doute de ce petit cénacle, ose dire leur fait à ses maîtres, avec une brutalité et une verdeur dont Catinat s'effraye parfois : « Rassurez-vous, lui réplique le poète, ce sont mes gages ». Exemple de ce franc parler du Toulousain à l'égard de son maître. Un jour qu'il tançait son valet devant Vendôme et que celui-ci s'étonnait de sa colère, il ose lui rétorquer : « Quoique je n'ai qu'un laquais, je suis aussi mal servi que vous qui en avez trente ».

Dans le camp opposé Eugène, lieutenant général tout comme son cousin Louis-Joseph, ne parvenait pas à tempérer l'ardeur du duc de Savoie qui brûlait d'effacer le désastre de Staffarde. Victor-Amédée crut en trouver enfin l'occasion, le 2 octobre, à La Marsaille, quoiqu'Eugène l'ait supplié en vain, cette fois encore, de ne pas offrir le combat. Le terrain était affreux, la mêlée ne pouvait être que sanglante. Tout le monde le savait et cela ne diminuait ni la confiance ni l'entrain de l'état major français. La veille du combat, après avoir festoyé avec les princes sous sa tente, Catinat rédigea un billet laconique à M. de Tessé, futur maréchal : « Préparez de l'oseille pour faire des soupes vertes » [146].

Le brouillard acheva de rendre l'affrontement dramatique. Il fallut combattre au corps à corps. C'était, de plus, la première fois que l'on expérimentait cette arme terrible, produit du savoir-faire des armuriers de Bayonne : la baïonnette. Vendôme commandait l'aile droite, son frère était à ses côtés. Catinat leur avait fait porter un petit mot, juste avant l'attaque : « Souvenez-vous, Messieurs, qui vous êtes et pour qui vous combattez ». Les bataillons français marchèrent les premiers, culbutant la cavalerie espagnole* à la baïonnette, mais tout aussitôt notre droite fut enfoncée par un terrible assaut commandé par Eugène. Vendôme alla rétablir la situation, puis vola à gauche, à pied, l'épée à la main. Il fut repoussé quatre fois. C'est à la cinquième tentative, malgré les mèches allumées sur des tas de salpêtre et les vingt batteries crachant en permanence, qu'il parvint à rétablir le front. Il fit un carnage terrible : « A travers ces périls et ces feux on l'eut pris pour l'un des héros fabuleux qui défiaient la foudre », rapporte Villeneuve [147].

Le grand prieur commandait la seconde ligne, juste derrière son frère. « Il y fut blessé, rapporte Catinat, d'un coup qui lui traversa la cuisse à une de ces charges, ce qui ne l'a point empêché de continuer d'agir, et ne s'est retiré qu'après que toute l'affaire a esté consommée. Il me vint trouver, il me parut abattu par la perte du

* Il s'agit des troupes espagnoles du duché de Milan, alors possession du roi d'Espagne, qui combattaient du côté des Savoyards.

sang et la fatigue, je le suppliai de se retirer absolument, la bataille estant entièrement gagnée »[148].

Les Savoyards ne durent leur salut qu'à une retraite hâtive et désordonnée. Ils laissaient huit mille morts ou blessés sur le terrain.

Le cadet des Vendômes alla se remettre de sa blessure à Pignerol mais, au début de novembre, apprenant que l'ennemi menaçait de nouveau, il se fit porter sur une civière près de Catinat pour reprendre le combat à ses côtés. Bientôt, pourtant, le manque d'argent et de vivres contraignit les deux parties à relâcher et à prendre leurs quartiers d'hiver. Les princes s'en retournèrent comme ils étaient venus, par la diligence, Palaprat très malade, le grand prieur en piètre état. L'équipée n'en fut pas moins joyeuse et l'on fut à Versailles, le 26 décembre 1693, pour boire le nectar de la gloire.

Ce retour fut en effet triomphal. Les affaires du roi allaient mieux. Conty venait, dans le même temps, de remporter la victoire de Nerwinden, qui avait stoppé l'avance des coalisés en Flandres. Catinat avait fait précéder les demi-dieux de plusieurs rapports louant leur conduite. Ils eurent droit à un traitement inouï puisque Louis XIV, désireux sans doute de réparer l'injustice de Steinkerque, « ... écrivit à MM de Vendôme, tous deux et ne fit pas le même honneur à Monsieur le Duc ni à Monsieur le prince de Conty »[149]. Le dauphin aménagea dans son château de Choisy un appartement destiné à Louis-Joseph qui vint l'occuper à plusieurs reprises pendant l'hiver.

C'est de cet hiver 1693-94 que date le grand envol des Vendômes, une prospérité soutenue par un constant génie des armes que n'arrêtera, malgré l'étalage des mauvaises mœurs et les incartades, que la disgrâce de 1707. Louis XIV, en distinguant les demi-dieux, avait une arrière pensée : contrer Conty qu'il n'aimait pas quoique put lui en dire son fils, élever ses propres bâtards en ressuscitant ce fameux rang intermédiaire qu'Henri IV avait, comme on l'a dit, entrepris de conférer à César le 15 avril 1610, quelques semaines avant sa mort. Tout ceci sera la grande affaire de 1694 et une cause d'énorme scandale pour les ducs. Cette amitié — le mot n'est pas trop fort — que le roi va manifester pour la descendance naturelle de son grand-père est relayée par une campagne de libelles, orchestrée depuis le Temple, qui tend à faire passer Vendôme pour l'un des plus grands soldats de son temps. On rappelle la prophétie de Créqui sur son compte et l'on déplore que le trop grand nombre d'officiers supérieurs alors dans le service, ne lui procure pas l'occasion d'exercer un commandement en chef. En février 1694 Louis-Joseph, déjà chevalier des trois ordres, reçoit des mains du roi la croix de Saint-Louis.

VI — « VOILA NOTRE ESPECE ASSEZ HONNESTEMENT POURVUE ET PUISSANTE »

La dignité « ensevelie ».

Les terribles mêlées de 1693 avaient calmé l'ardeur des combattants, en épuisant leurs forces et leurs finances. 1694 fut donc une année plutôt paisible. Catinat dépêcha les deux frères pour tenir garnison en Provence, sur quoi le duc s'autorisa à demeurer le plus clair de son temps à Paris ou à Anet. Saint-Simon l'a beaucoup vu alors, à cause d'une affaire qui révulsait les ducs : l'entreprise du maréchal de Luxembourg qui prétendait se prévaloir d'une hypothétique plus ancienne érection de son duché pour passer du dix-huitième au second rang dans l'ordre de marche de ses congénères au Parlement. Vendôme marchait le cinquième, après Uzès, Elbeuf et les ducs de Rohan et de Ventadour. Saint-Simon n'était que le treizième, mais le plus pointilleux sur les privilèges de sa dignité. Ce furent Louis-Joseph et Saint-Simon qui furent chargés de porter les plaintes du collège des ducs contre Luxembourg au chancelier et aux ministres. Saint-Simon remarqua très vite le peu d'enthousiasme apporté par le petit-fils de César dans cette mission : « M. de Vendôme se présenta et fit bien, mais à sa manière, et ne pouvant se contraindre à rien » [150].

C'est que Louis-Joseph, mis au fait des grands desseins du roi pour ses bâtards et qui espérait en obtenir quelque chose, n'estimait plus le combat dans lequel l'entraînait Saint-Simon d'un réel intérêt pour lui. Il songeait à mieux. C'est en effet en avril 1694, quelques semaines après la prétention élevée par Luxembourg, qu'eut lieu une première tentative soutenue par le roi dans le but de faire passer le duché de Vendôme au premier rang dans l'ordre de marche des ducs. Ce n'était pas encore le rétablissement du rang intermédiaire mais c'était un considérable premier pas. Saint-Simon s'en indigne bien sûr et davantage encore que des entreprises du maréchal : « Toutes ces affaires différentes ne furent rien en comparaison d'une autre qu'elles firent naître, et dont l'entreprise donna lieu à la plus grande plaie que la pairie pût recevoir, et qui en devint la lèpre et le chancre. L'abbé de Chaulieu, qui gouvernait les affaires de M. de Vendôme, imagina de lui faire prétendre l'ancienneté de la première érection de Vendôme en faveur du père du roi de Navarre, père d'Henri IV, et d'attaquer les ducs d'Uzès, d'Elbeuf, Ventadour, Montbazon ou Guémené, et La Trémoille, ses anciens »[151].

Vendôme reçut l'autorisation de Louis XIV de briguer ce premier rang qui devait le raccrocher aux anciens membres légitimes de la famille de Bourbon. C'était un coup de tonnerre. Vendôme devait se mettre à dos les quatre ducs qui le précédaient dont l'un était son cousin d'Elbeuf, fils de Catherine-Henriette de Vendôme. L'affaire devint publique. Ils se prirent de bec en calèche, alors qu'ils roulaient juste derrière le roi, dans le cortège qui allait de Versailles à Marly : « Ces deux derniers, nous dit Saint-Simon, parlèrent bientôt de leur procès avec civilités réciproques ; mais sur les significations réciproques ils s'aigrirent, se picotèrent, et, enfin se querellèrent. M. d'Elbeuf dit à M. de Vendôme qu'il n'était de naissance ni de dignité à lui rien céder, qu'il le précéderait partout comme avaient fait ses pères. M. de Vendôme lui répondit avec feu qu'il ne pouvait pas avoir encore oublié que son père n'avait pas pris l'Ordre* parce qu'il l'y aurait précédé. L'autre à lui répliquer avec encore plus de chaleur qu'une fois n'était pas coutume, et que lui-même se pouvait souvenir de l'aventure de son grand-père aux obsèques d'Henri IV, qui, aux termes de la déclaration d'Henri IV, d'un mois auparavant et non enregistrée, voulut prendre le premier rang, et qui fut pris lui-même par le bras par le duc de Guise, qui lui dit que ce qui pouvait être hier n'était plus bon aujourd'hui »[151].

Les autres occupants de la calèche durent apaiser la querelle : « La promenade et le retour se passèrent sans plus parler du procès, et civilement entre eux ; mais, dès que M. de Vendôme fut revenu à Versailles, il alla conter à M. du Maine ce qui lui était arrivé. Celui-ci, qui peu à peu, par un usage dont le Roi soutenait l'usurpation, avait pris toutes les manières des princes du sang, et en recevait à peu près tous les honneurs, sentit le peu d'assurance de son état. Il dit à M. de Vendôme de parler au Roi de ce qui lui venait d'arriver, et de le laisser faire. En effet, dès le même soir, immédiatement avant le coucher du Roi, M. du Maine lui fit sentir le besoin qu'il avait de titres enregistrés qui constatassent son rang... »[151].

Telle est l'origine que Saint-Simon assigne au rétablissement de ce fameux rang intermédiaire, dans sa mouture de 1694, tel que Louis XIV l'accorda à ses deux fils adultérins, nés de Mme de

---

* L'ordre du Saint-Esprit.

Montespan : le duc du Maine et le comte de Toulouse et qu'il étendit aussitôt après à l'aîné des Vendômes.

La réception du duc du Maine au Parlement, à ce nouveau rang, eut lieu le 8 mai 1694. La réception du duc de Vendôme, derrière le duc du Maine, devait suivre un mois plus tard, le 8 juin, « ... pour avoir — dit le procès-verbal officiel — rang et séance conformément aux lettres patentes du roi Henri IV du 15 avril 1610 qui depuis la mort d'Henri IV étaient demeurées ensevelies »[152]. Son serment prêté, Louis-Joseph alla se placer derrière le duc du Maine mais devant tous les ducs et même devant l'archevêque de Reims, premier d'entre les six pairs ecclésiastiques qui marchaient traditionnellement au Parlement immédiatement derrière les princes du sang. Après quoi le premier président harangua Vendôme, « en lui ôtant son chapeau », détail qui fit frémir les ducs à qui ce magistrat ne s'adressait qu'en gardant son mortier bien vissé sur la tête. Tollé général. Les autres pairs boudèrent la cérémonie : « ... trois ou quatre misérables seulement se trouvèrent à cette réception »[153], déplore Saint-Simon. La sarabande continuait : le 27 novembre, c'était au tour du comte de Toulouse — second fils du roi et de Mme de Montespan — de prendre rang, après son frère, devant Vendôme et d'être reçu amiral.

La recréation du rang intermédiaire, inespérée pour les Vendômes qui paraissaient y avoir renoncé et la liaison constante qui vient de s'établir entre les bâtards d'Henri IV et de Louis XIV jusqu'à les faire devenir bientôt beaux-frères, autorise à parler d'un parti des bâtards actif jusque sous la Régence. Le duc du Maine, aîné des fils que le roi avait eus de Mme de Montespan, poussait très loin cette conscience de la bâtardise. Il voulait en perpétuer l'espèce alors que son père, Louis XIV, lui avait dit autrefois, dans un premier mouvement de sa pensée, que « ... ce n'était pas à des gens de son espèce à faire lignée ». Dans cette même année 1694 le duc du Maine écrivait à son ami Vendôme : « Il faudra très sérieusement songer à vous marier cet hiver ; peut-être serons-nous plus heureux que l'autre* à vous trouver une femme ».

Les galères.

En septembre, pour faire bonne mesure, le duc de Maine recevait la charge de grand maître de l'artillerie et se défaisait de celle, moins importante, de général des galères. Les galères furent proposées à Louis-Joseph, non sans que le roi, une fois de plus, se soit inquiété de l'état de ses finances. Le 14 septembre il lui adressait la lettre

* Entendons, l'hiver précédent.

suivante : « Mon cousin, en donnant la charge de grand maître de l'artillerie au duc du Maine, je vous ai destiné celle de général des galères, mais avant que de le déclarer j'ai voulu savoir ce que vous en pensiez et si vous étiez en état de payer ce qui est nécessaire ». L'affaire se fit en octobre par de nouveaux emprunts et de nouveaux gages donnés. Aussitôt Chaulieu pinça les cordes de sa lyre :

> « Je vois du port de Marseille
> « Tout le pompeux appareil
> « Et nos galères parées
> « Faire briller au soleil
> « Leurs magnifiques livrées
> « J'entends ces reines des Mers
> « Des cris de mille coupables
> « Et des voix des misérables
> « Former le charmant concert... ».

Le cher abbé d'évidence n'avait jamais entendu la plainte rauque des forçats, « ... écrivant sur l'eau avec une plume de quinze pieds ».

Deux mots sur ce que sont les galères en 1694. Elles ont été transférées de Toulon à Marseille en 1669. Elles y resteront jusqu'au milieu du règne de Louis XV pour revenir à Toulon et, finalement, être supprimées en 1781. En 1690, sans qu'on le sache encore, elles sont à leur apogée. L'homme qui a porté à sa perfection cette flotte inégalée par son luxe, c'est Seignelay, mort en 1690, qui, d'abord sous l'autorité de Colbert, son père, et ensuite, seul, a réussi à monter le nombre de ses unités à quarante. En 1694 elles seront même quarante-deux — galères ou patronnes* — grâce à l'effort poursuivi par Pontchartrain. Ensuite, par manque de volonté et de moyens, mais aussi à cause de la suprématie de la marine à voile, elles tomberont inexorablement et rapidement : réduites à trente dès 1701, elles ne seront plus que dix en 1750. La galère offre deux avantages : arme de choc rapide et meurtrière, maniable sans être tributaire du vent, elle constitue en outre le moyen d'isoler de dangereux condamnés en leur faisant purger leur peine. Mais la galère présente aussi de terribles inconvénients. La force musculaire s'use vite et, au bout de trois heures de vogue, la vitesse se réduit de moitié, pour s'épuiser après six heures. Cette sorte de marine est un gouffre par le prodige des installations et des effectifs qu'elle nécessite, et, tout court, par sa tradition d'une magnificence extrême. En 1694 le seul personnel des équipages comporte cent quatre vingt-six officiers, mille cent trente-cinq bas-officiers, neuf mille hommes de chiourme. Cette chiourme se compose de rares

---

* La galère ordinaire avait 52 avirons avec cinq rameurs par banc. La patronne ou sensile 64 avirons avec sept rameurs par banc.

volontaires payés — les *benevoglie* — de quelques esclaves Turcs et surtout de forçats. C'est une termitière où la mortalité est effarante mais qui se réconstitue sans cesse par le sang neuf que lui apportent les trois chaînes de forçats de Paris, Bretagne et Guyenne, qui drainent à travers toute la France le résidu des prisons. Il faut mentionner aussi tout ce qui gravite autour des galères, munitionnaires, fabricants de toiles et de cordages, médecins, aumôniers, sculpteurs, peintres, doreurs et toute la mise en scène qu'elles nécessitent : des bâtiments sans cesse agrandis et embellis jusqu'en 1740, des bateaux d'un luxe inouï, chargés chacun de plusieurs milliers d'écus de sculpture et de dorures, d'étendards, de tendelets et de banderoles de damas.

Le général des galères était nominalement à la tête de tout cela. La charge, en 1694, rapportait 48 000 livres d'appointements annuels et 3000 livres par mois pour la table. Le général avait des privilèges, celui de monter sur la grande Réale, la seule galère à porter l'étendard royal. Il fallait, pour en confectionner les flammes et bannières, « ... 239 aunes de brocart, 360 aunes de velours cramoisi et 2280 aunes de damas cramoisi »[154], elle était chargée d'anges, de renommées et de rayons dorés comme l'autel d'une cathédrale. Aucune autre galère, lorsqu'elle voguait, ne pouvait la dépasser. Le général avait une garde attachée à sa personne : quatre-vingt gardes à bas d'étame et justaucorps d'écarlate à boutonnière d'or. En son absence il se faisait représenter sur place par le secrétaire général des galères, lequel avait pris l'habitude de ne pas résider lui non plus à Marseille hormis quelques semaines par an. Les règlements des galères étaient les mieux écrits de France. Jusqu'en 1694, sous le généralat du duc du Maine, l'académicien français Nicolas de Malezieu avait été ce secrétaire général ; sous le généralat de Vendôme, la place, qui rapportait 3000 livres de pension, plus la table, devait aller à Campistron. Campistron avait du cran, on l'a vu à Steinkerque, mais était-il bon secrétaire ? Ses méthodes en tout cas réjouissaient Vendôme. Desnoireterres rapporte à ce sujet une plaisante anecdote. Le duc entre un jour, avec l'un de ses proches, dans le bureau de Campistron qu'il surprend, près de la cheminée, affairé à jeter des piles de lettres dans le feu : « Le voici tout justement, dit-il, occupé à faire des réponses ». Il y avait enfin à Marseille le lieutenant général des galères, véritable maître, puisque seul à résider sur place. En 1694, et depuis presque vingt ans, c'était le bailli de Noailles, frère du maréchal qui comptait au nombre des amis des Vendômes.

Monde étrange, mêlé du raffinement le plus extrême et de la pire bestialité, de dorure et de vermine, monde avec son vocabulaire savant et son argot que découvre Louis-Joseph, fin septembre 1694, en prenant personnellement possession de sa charge à Marseille et en s'apprêtant à engager lui-même ses galères dans la guerre.

Cette expédition qui avorta devait être pour Vendôme le chemin du commandement en chef. Il s'agissait d'aller en Catalogne faire le siège de Barcelone. Le général en chef de l'armée de Catalogne c'était Noailles, celui sous les ordres de qui Vendôme avait commencé à porter la bandoulière en 1668. Le maréchal de Noailles était un bon soldat mais il avait un ennemi implacable en la personne de Barbezieux, talentueux fils du défunt Louvois, lequel devait mourir jeune, épuisé d'avoir entremêlé d'inavouables débauches à des travaux infatigables. Noailles, depuis trois ans, avait remporté plusieurs succès en Espagne avec une armée peu nombreuse. Il avait toujours combattu ses ennemis dans leur propre pays et les avait battus à Girone, à Palamos, à Hostalrich, noms qui vont revenir dans la suite de cette histoire, parce que la Catalogne n'est qu'un couloir et que des armées qui s'y affrontent passent leur temps à prendre et reprendre forcément les mêmes places. Noailles proposait alors de s'attaquer à Barcelone mais Barbezieux, par haine de ce maréchal, était parvenu à circonvenir le marquis de Genlis et à lui faire rédiger un rapport au roi concluant à l'impossibilité de faire ce siège.

C'est la raison pour laquelle Louis-Joseph, montant pour la première fois sur la mer, relativement tard et sans expérience de la navigation comme avaient fait avant lui son grand-père César et son oncle Beaufort, n'avait fait qu'appareiller sans perdre jamais de vue les côtes de Provence. L'expédition contre Barcelone ayant été contremandée, il s'en était retourné à Marseille.

Le commandement en chef.

Vendôme devait revenir à la cour en novembre boire un peu du nectar de sa faveur nouvelle. Il eut l'occasion de s'y montrer magnanime. Le maréchal de Luxembourg se mourait alors, malgré les remèdes de l'empirique Carette. Le père Bourdaloue, « ... fameux jésuite, s'était emparé tout à fait de lui », et il souhaitait de le réconcilier avec les demi-dieux. Saint-Simon assassine l'entremetteur qui se chargea d'arranger l'affaire : « Roquelaure, l'ami de tous et le confident de personne, les amena l'un après l'autre au lit de M. de Luxembourg où tout se passa de bonne grâce et en peu de paroles »[155].

Roquelaure avait joué les bons offices mais il avait un grand tort aux yeux des Vendômes : autrefois leur ami, au temps de leur adolescence, il avait rejoint le clan de Luxembourg et de Conty et dénigré méchamment ceux qu'il abandonnait. Saint-Simon en conclut justement : « ... il ne lisait pas dans l'avenir ». Voici comment les deux frères se vengèrent de lui. C'était un soir, au jeu, chez le grand prieur, mais laissons le petit duc nous conter l'affaire : « M. de Vendôme, qui était un des coupeurs, eut dispute avec un autre sur un mécompte de sept pistoles. Il était beau joueur, mais opiniâtre, disputeur au jeu comme partout ailleurs. Les autres coupeurs le condamnèrent : il paya, quitta, et vint, grommelant contre ce jugement, à la cheminée où il trouva Roquelaure debout qui s'y chauffait. Celui-ci, avec cette familiarité qu'il usurpait toujours et cet air de plaisanterie qu'il mêlait à tout, dit à l'autre qu'il avait tort et qu'il avait été bien jugé. Vendôme, piqué de la chose, le fut encore plus de cette indiscrétion, lui répondit en colère et jurant qu'il était un foutu décideur et qu'il se mêlait toujours de ce qu'il n'avait que faire. Roquelaure, étonné de la sortie, fila doux, et lui dit qu'il ne croyait pas le fâcher ; mais Vendôme, s'emportant de plus en plus, lui répliqua des duretés avec une hauteur qui ne se pouvait souffrir que par un valet... Là-dessus, le Grand prieur, qui était assez loin, s'approcha d'eux et prit Roquelaure par le bout de sa cravate, et lui dit des choses aussi fâcheuses que celles qu'il venait d'essuyer de son frère, et sans altérer un flegme fort à contretemps... Roquelaure n'eut ni le courage de tirer raison d'un tel affront, ni le supplément de prendre prétexte du lieu pour en porter sa plainte au Roi. Le pis fut que, dès le lendemain, d'une scène si publique, il se laissa raccommoder... »[156].

Les privilèges du rang intermédiaire apparurent clairement cette année-là, le vendredi saint, lorsque Vendôme et son frère furent reçus à la Cène après le roi, les fils de France et les princes du sang, alors que les ducs n'avaient droit, ce jour-là, que d'aller à l'adoration de la Croix[157].

La distribution des armées, ce moment tant attendu au commencement de chaque printemps, fut faite après Pâques. Noailles était en disgrâce depuis qu'on lui imputait à tort le refus d'assiéger Barcelone. « Trop rusé courtisan, nous dit Saint-Simon, pour ne pas sentir l'essor du goût du roi pour les bâtards », il imagina une combinaison qui put lui faire retrouver la faveur du maître : « Il témoigna au Roi qu'ayant été assez malheureux de lui déplaire à la tête d'une armée... il ne pouvait se résoudre ni à se voir ôter cette même armée, ni à la commander : ... qu'il aimait mieux y succomber de bonne grâce, mais en secret, et en faire au Roi un sacrifice ; que pour cela il avait imaginé de se rendre à l'ordinaire en Catalogne et d'y tomber malade en arrivant, de continuer à l'être de plus en plus, d'envoyer un courrier pour demander son retour ; qu'en même temps il ne voyait personne à portée de ces frontières plus propre à commander l'armée de Catalogne que M. de Vendôme... Il est impossible d'exprimer le soulagement et la satisfaction avec laquelle cette proposition fut reçue »[158].

Vendôme obtint en plus de pouvoir recéder à son frère ce commandement du corps séparé de l'armée de Catinat, cantonné à Nice, qu'il avait eu dans la campagne précédente. Cet arrangement, précise Saint-Simon, « ... demeura impénétrable entre le Roi et les ducs de Vendôme et de Noailles, sans que le Grand prieur même en sût un mot... Mais l'exécution même trahit tout le secret. On fut surpris d'apprendre que M. de Noailles, à peine arrivé à Perpignan, demandait à revenir, et beaucoup plus qu'il avait envoyé en même temps, et sans attendre aucune réponse, chercher M. de Vendôme vers Nice pour lui remettre le commandement de son armée... M. de Noailles arriva et fut reçu comme son adresse le méritait. Il fit l'estropié de rhumatisme, et le joua longtemps ; mais il lui échappait quelquefois de l'oublier et de faire un peu rire la compagnie ». Coulanges, plus futile, en tire cette leçon : « Voilà M. de Vendôme qui va commander en Catalogne et M. de Noailles qui revient pour faire achever son portrait par Rigaud »[159].

Saint-Simon, qui déteste Louis-Joseph et qui va passer son temps à minimiser ses exploits, règle en trois lignes le sort de sa première campagne, celle de 1695 : « M. de Vendôme promit de grandes choses, prit Hostalrich, battit quelques miquelets*, se présenta pour secourir Palamos que les ennemis assiégeaient, se retira aussitôt sans rien entreprendre »[160].

En réalité les Espagnols craignaient déjà pour Barcelone. Ils avaient mis le siège devant Girone afin de ralentir l'avancée des Français, mais, voyant l'entreprise impossible, ils étaient allés investir Palamos, autre conquête française, fruit des précédentes campagnes de Noailles. Vendôme, dans sa marche, prit non pas une mais deux places fortes qu'il fit démanteler : Castelfolit et Hostalrich[161]. Il obtint également la levée du siège, mis devant Palamos par le fameux amiral Russel, usant dans ce dessein d'un remarquable stratagème : il fit croire que la flotte du roi devait arriver incessamment, conduite par son frère et par Tourville. Pour cela, il laissa tomber un courrier aux mains des Espagnols et c'est,

* Saint-Simon l'entend ici au sens de bandits mercenaires des montagnes espagnoles.

sur la seule rumeur de l'irruption d'une armada de huit mille hommes, que les Espagnols décampèrent.

Après ces hors d'œuvre Vendôme et son cadet retournèrent à la cour puis passèrent l'hiver à Anet et au Temple. On fêta dignement le commandement en chef, d'autant qu'un peu d'argent était rentré dans les caisses : Chaulieu, au nom du grand prieur, avait cédé à la ville de Paris plusieurs terrains du Marais appartenant au Temple [162].

Ce séjour à la cour fut marqué par de nouvelles facéties et sur un sujet très sensible au roi — l'assiduité aux sermons de carême — le duc parvint à bouffonner : « Le Roi fit des reproches à M. de Vendôme, puis à M. de la Rochefoucauld de ce qu'ils n'allaient jamais au sermon, pas même à ceux du Père Séraphin. M. de Vendôme lui répondit librement qu'il ne pouvait aller entendre un homme qui disait tout ce qu'il lui plaisait, sans que personne eût la liberté de lui répondre, et fit rire le Roi par cette saillie » [163].

Vendôme reprit le chemin de Catalogne au printemps de 1696. L'armée du roi d'Espagne avait profité de l'hiver pour se retrancher sous les ruines d'Hostalrich. Le 5 mai il passa le Tech et le 1er juin, n'ayant pris avec lui que ses grenadiers et sa cavalerie, il culbuta les quatre mille chevaux du prince de Hesse-Darmstadt qui prétendait lui barrer sa route dans le défilé de Massanet. Ensuite il ratissa tout le pays sous une accablante chaleur, « ... fit occuper toutes les petites villes des environs de son camp... alla lui-même retirer les postes qu'il avait ordonné dans les petites villes et en fit démolir les tours et les murailles » [164]. Travaux préparatoires du siège qu'il envisage de mettre devant Barcelone : rendre le pays vide de garnisons et le passage libre. Il ne sépara son armée que le 22 octobre.

Quant au grand prieur, il était retourné à l'armée de Piémont sous les ordres de Catinat, dans des conditions nouvelles : un nouveau changement de camp de Victor-Amédée II, qui venait de rallier à Louis XIV à la suite du traité de Turin. Jalousie de la situation de son aîné qui, pour sa part, n'avait plus de mentor à supporter ? Amertume de la non-reconduction de l'espèce de demi-généralat en chef qu'il avait exercé du côté de Nice l'année précédente ? Toujours est-il qu'il y eut, le 16 juillet, « ... un petit démêlé particulier... entre M. le maréchal de Catinat et M. le Grand prieur » mais, précise Dangeau, « ... il a été terminé sur le champ... Ils ont eu la sagesse l'un et l'autre de ne pas en écrire à la cour » [165].

Le ralliement du duc de Savoie avait permis de porter l'attaque contre Milan, possession du roi d'Espagne. Le grand prieur devait participer le 20 septembre, en compagnie du futur maréchal de Villars, à l'investissement de Valence [166] où, jadis, s'était illustré son père. C'est sa première campagne sur ce front d'Italie où il figurera très bientôt sous le commandement de son frère, le seul général au fond auquel il ait jamais pu se faire.

Philippe a pris ces manières insolentes et relâchées qui ne le quitteront plus. C'est un bel homme mais il se néglige. Il se fait précéder à l'armée et au Temple d'un troupeau de chiens, il ne se lave plus guère mais surtout il s'adonne au tabac, ce tabac que Louis XIV déteste et qu'il ne passe qu'aux Vendômes, tout comme il ne passe qu'à Louis-Joseph la sodomie. Le tabac était vraiment le vice du grand prieur, à ce point qu'il existe au moins trois estampes le représentant dans l'action de priser*. Un noël de 1696, chanté à la cour, retrouvé par Gustave Desnoireterres, dit ceci :

> « Le Grand prieur de France
> « Le nez plein de tabac
> « Vient encenser l'enfance
> « D'un Dieu sur le grabat
> « Son parfum ne plut pas
> « A toute l'assemblée » [167].

D'Argenson racontera plus tard ce qu'était cette manière de priser si particulière du plus jeune des Vendômes : « Sa seule tabatière était une poche doublée de peau, et destinée à cet usage. Il y fouillait à pleines mains, et se barbouillait le nez du tabac qu'il en tirait. Une bonne partie tombait sur son habit, qui en était toujours horriblement chargé ; et l'on prétend que ses valets de chambre faisaient d'assez gros profits à racler le tabac de dessus ses vêtements : ils le mettaient dans des boîtes de plomb, et le vendaient comme fraîchement arrivé d'Espagne » [168].

Les deux frères partagent la passion des chiens. Le marquis de Langallery, envoyé auprès de Vendôme, après qu'en avril 1697, il eut été confirmé dans le commandement de l'armée d'Espagne, « ... avec ordre exprès de faire le siège de Barcelone » [169], le décrit ainsi : « Je joignis ce prince qui se remit au lit pour caresser ses chiens qui ne l'avaient point encore quitté. Il y coucha entre deux gros matins qui grondèrent de ce qu'il les éveillait. Il les apaisa pourtant à force de caresses. C'était là sa passion dominante. Les plus grands hommes en ont souvent de plus extraordinaires.

---

* Estampes Guérard, Deshayes et anonyme. (Bibliothèque Nationale).

Lorsque je vis qu'il n'était plus occupé de ces bêtes, je saisis le moment pour lui demander ses ordres... »[170].

« *Le héros que tu vois ici représenté prit la vérole et Barcelone...* »

Le siège de Barcelone était soutenu de moyens considérables. Louis XIV entretenait alors près de cent quatre vingt mille hommes sous les armes — apogée des moyens militaires qui ne sera égalée et dépassée que par l'Empire — il allait en consacrer trente mille à la Catalogne. L'opération nécessitait la présence simultanée d'armées terrestres et navales. Les vaisseaux furent confiés au cousin d'Estrées, petit-fils du maréchal et vice-amiral, qui emmena avec lui dix bâtiments de guerre, trente galères commandées au nom du duc de Vendôme par le bailli de Noailles, des fluttes, des galiotes à bombes, de grandes barques... En tout cent cinquante unités portant deux mille cinq cents hommes[171], du canon, des munitions et des vivres puisque tout l'approvisionnement des assiégeants devait venir par mer.

Le grand prieur était de la partie. Après ses brouilles avec Catinat, Vendôme avait, une fois de plus, obtenu de l'amener avec lui.

L'approche de la ville fut émaillée au passage des défilés d'engagements sanglants mais les obstacles accumulés par l'ennemi cédèrent l'un après l'autre sous la poussée des Français. Le duc s'était fié aux affirmations de l'intendant de Catalogne, Trobat, qui avait annoncé que Barcelone se soulèverait à l'approche des Français. Il n'en fut rien. Porté par caractère à différer les expédients violents, Vendôme fit passer des écrits à l'intérieur de la cité : « Alerte ! Alerte ! Sages et prudes Catalans, c'est à présent que nous devons faire connaître que c'est avec justice que le Conseil de Cent de votre très noble ville de Barcelone porte le nom de sage... »[172]. Il expose à la suite que les futurs assiégés ne doivent pas compter sur le soutien des Castillans et rappelle que les Français, en 1640, se sont déjà rendus maîtres de la ville sans la piller. L'argument ne rencontra guère d'écho.

Le 6 juin Vendôme campait à Badalona, à la vue de la flotte du comte d'Estrées, à moins de deux lieues de Barcelone. L'ennemi, voyant le siège inévitable, fit entrer douze mille hommes dans la ville, plus quatre mille cinq cents Allemands du prince de Hesse-Darmstadt et retira sa cavalerie au-delà du Llobregat, sous le commandement du vice-roi, Dom Francisco Velasco. La place se trouvait sous le commandement du comte de la Corsané, son gouverneur ; Pimentel, marquis de la Floride, en dirigeait l'artillerie. Les fortifications, refaites à grands frais trois ans plus tôt, ne laissaient pas d'être impressionnantes : des bastions, un fossé de vingt pieds, un chemin couvert ceinturant toute la ville, elle-même adossée à la mer.

Le 12 juin Vendôme ordonna conjointement le débarquement des troupes de marine et la marche vers la ville. Après une inspection générale, il se détermina pour attaquer à Montjuy. Le 15 juin, il s'empara du couvent des capucines — « ... on y tua, relève Saint-Hilaire, quelques moines trouvés les armes à la main » [173] — puis, il fit ouvrir la tranchée au son des violons, à quatre cent cinquante toises du chemin couvert, sous la protection des tirs des galiotes à bombes qui s'étaient rapprochées du rivage.

Tout le mois de juin fut ponctué de sorties des ennemis, tentant avec beaucoup d'audace de déloger les assaillants affairés aux travaux de sape dans les tranchées inondées par les orages. Les Français étaient en outre menacés par le vice-roi Velasco qui, depuis la proche montagne où il avait établi son camp, lançait régulièrement des attaques de sa cavalerie pour s'essayer à les prendre à revers. Ce siège, selon les spécialistes de la guerre et Puységur qui en a tenu le *Journal*, dut deux innovations à Vendôme : il y renonça, compte tenu des difficultés du terrain, à la sacro sainte règle de l'encerclement total ; de plus, pour ne pas occuper une trop importante partie de ses troupes à tenir ouvert le chemin de Perpignan, il accepta de tenir tout son approvisionnement de la mer.

Fin juin, les travaux d'approche se poursuivaient sous un feu de plus en plus nourri. A cette date, Puységur chiffre le total des pertes subies par Vendôme à douze cents hommes, ce qui est considérable. Cela n'empêchait pas les deux parties de se montrer galantes : le marquis d'Usson ne montait à la tranchée qu'au son des hautbois et le prince de Darmstadt, enfermé dans la ville, donnait le soir des sérénades durant lesquelles les canonniers français suspendaient leurs tirs [174]. Le 7 juillet, la contrescarpe fut atteinte.

Huit jours plus tard, l'attaque de la cavalerie volante espagnole se fit plus pressante. Vendôme, laissant les opérations du siège à la conduite de Barbezières, conduisit une expédition punitive. Il alla renverser le quartier du vice-roi Velasco à Saint-Félicien, le mit en fuite, s'empara de sa vaisselle d'argent, de sa canne garnie de diamants et de sa cassette où se trouvaient 22 000 pistoles [175]. Il lui tua même, en les noyant pour la plupart dans le Llobregat, trois cents de ses hommes.

Le même jour une mine française écroulait une partie du mur de l'enceinte. Nouveaux assauts d'héroïsme, nouvelles sorties : « On s'y colleta, nous dit Puységur, on s'y prit aux cheveux, les pics et les pioches furent mis en œuvre »[174]. Les deux camps s'épuisaient et l'on devait ménager des trêves pour enterrer les morts. Le 26 juillet les Espagnols furent secourus de renforts venus d'Afrique que l'on retirait en catastrophe du siège mis devant Ceuta par les Mores. Les galères françaises s'opposèrent, dans le même temps, à celles des Espagnols qu'on envoyait en Milanais chercher des troupes fraîches. Enfin, les troupes françaises furent secourues de paysans, attirés par la solde, venus à pied depuis le Roussillon et le Languedoc.

Vendôme maintenait la discipline d'une main de fer. Il était partout. Il remonta à cheval le 4 août, en pleine nuit, sur le faux bruit d'un convoi de vivres arrivant au secours de la ville.

Le 5 août, averti que les explosifs de ses sapeurs étaient bien attachés, il décida « ... de sommer les assiégés avant de faire jouer les mines ». Il fit cela contre l'avis de la majorité de ses officiers, désir manifeste d'épargner vies et pertes supplémentaires. M. de Barbezières, lieutenant général de tranchée, mena un tambour au milieu de la courtine que l'ennemi renvoya avec demande de plus d'éclaircissements et, comme l'on n'a jamais plus de politesse qu'à la guerre, « ... il repartit avec un bouquet de jasmin ». Barbezières put conférer avec le marquis de la Floride. Il y eut suspension d'armes avec échange d'officiers dans l'attente de la décision du vice-roi Velasco.

Mais le 6 août au matin, Coigny, lieutenant général de jour, fit savoir qu'on entendait des sapeurs travailler en arrière des mines françaises. Vendôme entra alors dans une violente colère et monta à cheval pour redemander ses otages. Il rencontra au Jésus M. de Pimentel avec qui il s'expliqua : « Ils furent contents l'un de l'autre, rapporte Puységur, M. de Vendôme fit présent d'une tabatière de prix ».

Louis-Joseph donna alors ses ordres pour une attaque qui devait avoir lieu le 8, en cas qu'il n'eut pas de réponse du vice-roi. « Les maraudeurs de l'armée, qui jugeaient à ces préparatifs que la ville serait prise d'assaut, rapporte Puységur, s'étaient déjà rassemblés pour le pillage ». La décision qui incombait à Velasco était terrible. Il savait qu'il serait destitué, voire traduit en justice, selon les rudes habitudes espagnoles, mais il avait conscience de ce que la partie était perdue pour son camp. Comme premier témoignage de son désir d'entrer en composition, il fit brûler ses quartiers de cavalerie dans la montagne et demanda à pouvoir faire vérifier par des officiers espagnols l'efficacité des mines françaises attachées sous les remparts de la ville. Expertise longue et minutieuse, confiée à des artificiers chevronnés : « Ils entrèrent dans les trois mines et mesurèrent la longueur de leurs galeries. Ils firent décharger celle de droite pour en voir la poudre... Ils en furent contents et firent leur rapport »[176].

Trois capitulations furent signées le 10 août, l'une pour la garnison, les deux autres pour la ville et le clergé. Le 15 août, après la sortie de la garnison par la brèche avec ses drapeaux et les honneurs de la guerre, Vendôme et ses troupes faisaient leur entrée par cette même brèche dans la ville, sans désordre ni pillage. Superbe victoire remportée avec hardiesse en faisant fi de quelques solides traditions guerrières et en ménageant les vies humaines. Barcelone, pour toutes ses raisons, sera l'un des plus beaux succès de Vendôme. On en fit même, par le moyen d'un libelle distribué par colporteur, la réalisation d'une prédiction du fameux Nostradamus :

« Par le grand Prince limitrophe du Mans*
« Preux et vaillant, chef de grand exercice
« Par mer et terre de Gallois et Normans
« Caspres passer, Barcelone pillé Isle. »[177].

L'une des raisons de la modération dont fit preuve le duc à l'égard de ses adversaires c'est qu'il savait déjà que cette victoire, si importante pour le prestige de son roi, était destinée à rester sans suite. Les guerres de la ligue d'Augsbourg se finissaient par lassitude des deux camps et surtout par un épuisement général des moyens. La paix de Ryswick devait être signée le 20 septembre, empêchant les Français de fondre sur Madrid comme ils en avaient eu le projet.

Langallery prétend qu'il alla voir Vendôme, la reddition signée, qui lui dit comme autrefois Biron à son fils : « Hé bien ! voici la paix : nous irons chacun chez nous planter des choux »[178]. Après cela le duc aurait pris la route du retour, passant par Lyon et emmenant ce même Langallery avec lui à dessein de le présenter au roi. A Lyon, Louis-Joseph retrouve Catinat. S'ensuit cet étonnant dialogue : « Ha, ha, lui dit-il en l'abordant, Vieille Guerre, vous voilà donc maintenant bourgeois de Paris — Oui, Dieu merci, répondit M. de Catinat, et je vous avoue franchement que j'aime mieux cet état que celui que je quitte. M. de Vendôme répondit qu'il était de son goût — Et pour preuve que je dis vrai, ajouta-t-il, c'est que je m'en vais me faire paysan d'Anet, vous y mangerez quand il vous plaira une soupe aux choux verts que je prétends cultiver moi-même »[179].

---

* Vendôme est proche du Mans.

On peut penser que Langallery exagère et qu'il ne fit pas seul avec Vendôme le retour de Barcelone à Paris. Il y avait là, le grand prieur, les frères Skelton, Campistron, Palaprat — rédacteur à l'intention de son ami Maurepas d'un *Journal* à sa façon du siège de Barcelone — que les liens du sang ou leur fonction appelaient par priorité dans la voiture du général vainqueur.

Saint-Simon prétend que Vendôme ne traîna pas en route parce qu'il se ressentait des méfaits de la vérole — la grande — et qu'il avait un besoin urgent de médecine. Ainsi donc il ne serait pas allé dans sa campagne que pour planter ses choux : « Il n'avait fait que saluer le Roi et s'en était allé à Anet se mettre sans façon et sans mystère entre les mains des chirurgiens. Il en avait un pressant besoin mais ils le manquèrent » [180]. Première mention faite par Saint-Simon au passage du duc « au grand remède » allusion qu'appuie le mémorialiste dans ses *Notes sur les duchés-pairies*, lorsqu'il parle du séjour de l'automne 1697 à Anet : « Il y était allé avec un nez aquilin il en revint très camus... » [181]. Ce grand remède nécessitait des installations lourdes : chaudières et sorte de cabine de cuivre dans laquelle, en prenant bien soin de le laisser respirer, on plaçait le malade afin qu'il « sue la vérole », l'exposant à des vapeurs de sels de mercure très volatils dont le plus connu était l' « onguent napolitain ». Cette médication, connue populairement sous le nom de « passage à l'étamine » ou « tour de casserole », avait des effets secondaires terribles : excitant la salivation, desquamant la peau, déchaussant les dents. C'est à juste titre que J.B Rousseau parle, « ... des établissements où des malheureux expient par un traitement effroyable le dérèglement de leurs plaisirs ».

Trois années de paix commençaient qui sont peut-être les années les plus folles du Temple et comme un feu d'artifice, avant l'entrée dans les méandres interminables de la guerre la plus longue et la plus meurtrière du règne.

Fêtes d'Anet où Palaprat va gagner ses plus beaux gages par ses plus belles insolences. Vendôme venait de faire exécuter dans son château son portrait à cheval devant Barcelone. Il y avait au bas de ce tableau un cartouche qui restait vierge parce que Palaprat y devait mettre des vers qu'il ne faisait jamais. Un jour le duc se fâcha et, comme on allait dîner et que Palaprat salivait déjà, on le promena par les cuisines pour bien lui faire humer les rôts et les sauces. Puis, sans autre prolégomène, on l'enferma dans un cabinet noir en lui disant qu'il n'en sortirait qu'après avoir composé les quatres vers du cartouche. « Il supplie qu'on le laisse dîner et qu'il rimera ensuite toute une *Eneïde*. Point d'affaire !... Mais il donne sa parole, foi de capitoul ! Point de parole, qui veut dîner doit rimer sur l'heure ! Hé bien, qu'on lui fasse porter un flambeau et une écritoire. C'est chose faite. Il sort avec un quatrain » :

« Favori de Vénus ainsi que de Bellone
« Le héros que tu vois ici représenté
« Pris la vérole et Barcelone
« Toutes deux du même côté ».

Allusion des plus crues à la localisation des incommodités du duc si l'on se souvient que Barcelone fut prise, à ne s'en tenir qu'aux strictes règles de la guerre, par derrière.

Vendôme fronce le sourcil, raconte Desnoireterres, mais il éclate de rire et, sur le champ, Palaprat se rachète :

« Rien n'est comparable au héros
« Dont notre table est honorée
« Il surpasse en beauté le fils de Cytherée
« Il boit mieux que le dieu des pots ».

Cette première année d'oisiveté ne rendit pas le grand prieur plus sage.

La paix de Ryswick avait contraint Louis XIV à reconnaître Guillaume III, le prince d'Orange, pour roi d'Angleterre, à la place de son beau-père, Jacques II, qui demeurait toutefois traité en souverain et entretenu aux frais du roi, avec sa cour, à Saint-Germain-en-Laye. Guillaume III avait donc envoyé un ambassadeur, lord Portland, à qui l'on s'efforçait de faire le meilleur visage possible, justement à cause de la subsistance, à portée de Versailles, de cette cour des Stuarts dont l'Angleterre aurait pu prendre ombrage. Le grand prieur, qui aimait Jacques II et qui détestait Guillaume d'Orange qu'il continuait de regarder comme un usurpateur, se mêla au mois de mai d'insolenter lord Portland. A Meudon, il s'assit à table au-dessus de lui, chose qui n'était loisible qu'aux fils de France et aux princes de sang, puisque l'ambassadeur était censé tenir le rang de son maître, roi d'Angleterre. Les Vendômes n'étaient ni princes du sang, ni à plus forte raison fils de France. Lord Portland s'en offensa, « ... il alla fièrement dire au Roi que si il avait donné le rang de princes du sang à MM. de Vendôme, il ne leur disputerait pas, mais que s'ils ne l'avaient pas, il croyait que le grand prieur devait avoir pour lui les honnêtetés qu'il n'avait pas eues »[182]. Le roi promit d'y veiller et fit des recommandations au dauphin pour que cela ne se renouvelât pas.

L'affaire qui eut lieu ensuite, le 1er août — toujours à Meudon — fut autrement plus grave. Cette fois c'était au prince de Conty, une autre de ses bêtes noires, que le grand prieur s'en prenait. Ils étaient fort sur le pied gauche ensemble depuis Steinkerque, de plus il y avait entre eux, nous dit Desnoireterres, qui trouve beaucoup de renseignements dans les chansons du temps, et bien que Philippe de Vendôme vécut depuis plus de vingt ans avec Fanchon, une rivalité pour les beaux yeux d'une beauté alors adulée, Mlle de Mouchy (Julie de Crevant d'Humières) [183]. La dispute, une nouvelle fois, eut lieu au jeu mais cette fois il s'agissait de l'hombre*. Sandraz de Courtilz en conte le détail : « ... le Grand prieur ayant demandé gano** à une troisième levée et gagné codille***, le prince de Conti dit à celui qui lui avait fait gano, qu'il avait été bien simple de le croire (le grand prieur), qu'il était homme à prendre ses avantages quand il pouvait et qu'il ne l'avait jamais vu jouer autrement » [184].

Sur ce propos aigre-doux du prince, Philippe entra dans une rage terrible : « Il lui échappa, nous dit Saint-Simon, dans la dispute une aigreur et des propos qui eussent été forts dans un égal, et qui lui attirèrent une cruelle répartie où le prince de Conti tançait à bout portant et sa fidélité au jeu et son courage à la guerre, l'un et l'autre à la vérité fort peu nets. Là-dessus, le Grand prieur s'emporte, jette les cartes, et lui demande satisfaction, l'épée à la main, de cette insulte. Le prince de Conti, d'un sourire de mépris l'avertit qu'il lui manquait de respect, mais qu'en même temps il était facile à rencontrer, parce qu'il allait partout, et tout seul. L'arrivée de Monseigneur, tout nu en robe de chambre, que quelqu'un alla avertir, imposa silence à tous deux. Il ordonna au marquis de Gesvres, qui s'y trouva, d'aller rendre compte au Roi de ce qu'il venait d'arriver, et chacun s'en alla se coucher » [185].

Pour N. Erizzo, ambassadeur du doge de Venise, l'incident se déroule en deux jours : le premier soir l'affaire du jeu et les paroles mordantes de Conty, le lendemain le grand prieur qui, ayant ruminé son affaire, revient vers Conty, « ... l'aborde le chapeau sur la tête sans lui rendre aucun signe de respect et... lui dit qu'on n'insultait pas les gens de son sang sans lui en rendre raison » [186].

Quoiqu'il en soit, Louis XIV, prévenu par le marquis de Gesvres, ordonna au plus jeune des bâtards issus de son grand-père de se rendre incontinent à la Bastille, refusant de le recevoir pour se justifier. Cette prison fut plutôt gaie puisqu'on peut lire dans le *Journal* de du Junca, lieutenant du roi à la Bastille : « M. de Vendôme, Grand prieur de France, est arrivé au château de la

* Jeu de cartes d'origine espagnole qui se joue sans les huit, les neuf et les dix.
** Terme du jeu de l'hombre qui signifie : laissez-moi venir la main, j'ai le roi.
*** Faire cinq levées successives au jeu de l'hombre.

Bastille, de lui-même, en ayant reçu l'ordre le même jour du matin par un courrier expédié pour recevoir M. le Grand prieur et le bien traiter. L'ayant mis dans le grand appartement et donné à souper avec MM. de La Fare et l'abbé de Chaulieu, qui tous les deux l'avaient accompagné dans son carrosse pour lui tenir compagnie... »[186].

Erizzo s'étend dans sa dépêche sur la réprobation de la cour à l'égard du cadet des Vendômes : « Tout cela fait croire que le Grand prieur restera longtemps en prison et qu'à peine les services du duc de Vendôme, son frère, et les siens propres serviront à le sauver d'un châtiment plus rigoureux »[186].

C'était compter sans l'industrie des bâtards. Deux jours plus tard ce même ambassadeur écrit à Venise : « Les démarches efficaces du duc du Maine et du comte de Toulouse, enfants naturels du roi, lui ont procuré la liberté le 9 de ce mois »[186]. Le roi avait toutefois exigé que le grand prieur vint demander pardon à Marly au dauphin, chez qui il avait bravé les lois de l'hospitalité et à Conty, chez lui, pour l'avoir insulté. Les deux frères firent ponctuellement les deux démarches. « Ce ne fut pas, conclut Saint-simon, sans que la nature pâtit cruellement en tous les deux ; mais il fallut avaler le calice, et calmer les princes du sang qui étaient extrêmement animés »[185].

Ce même démon du jeu qui rendait Philippe insolent, causait au même moment bien des déboires à Palaprat. Le 6 septembre 1698 il recevait de Pontchartrain, « l'ordrc de cesser son jeu », entendez le tripot qu'il avait établi, chez lui, au Temple.

Palaprat avait toujours besoin d'argent. Pensionné 600 livres par son maître, il apprit un jour avec stupeur que le cuisinier du Temple gagnait le double. Il en fit à Rochon, l'intendant de la maison, cette jolie épigramme :

> « Le cuisinier d'Oronte avait douze cents livres
> « Payé comme il voulait, en or, en écus blancs ;
> « Moy, je passe ma vie à pâlir sur mes livres,
> « Secrétaire d'un prince, et n'en ai que six cents,
> « Payé !... Parlez, Rochon, sans peur de vous commettre,
> « Dites, à ma fortune Apollon a-t-il nui ?
> « Il vaut mieux savoir aujourd'hui
> « Faire une sauce qu'une lettre »[187].

Tours de casserole.

Le passage de 1698 à 1699 marqua certainement l'apogée de la liesse et de la dépense de cette société du Temple, réglée par l'insouciant abbé de Chaulieu. Le duc poussait le mépris aristocratique de l'argent jusqu'au paroxysme et il semblait vouloir hâter lui-même sa ruine. Ainsi à un valet qui voulait le quitter « - Eh quoi, l'ami, tu n'es pas bien chez moi ? -Si, Monseigneur, mais je ne puis souffrir de vous voir gruger et piller de cette façon. -Oh ! c'est là tout ? Morbleu, mon garçon, pille comme les autres ! ». Ce grand train, ces libéralités inouïes, ces excès en toutes sortes, revenaient jusqu'aux oreilles de Louis XIV qui détestait l'outrance. De plus, si le roi aimait l'aîné des Vendômes, il marquait beaucoup de défiance à l'égard du cadet. Il s'ingénia donc à les séparer et il y parvint.

Louis XIV commença par incliner de nouveau le duc, en février 1699, à se remettre au grand remède mais celui-ci, tout en remerciant le monarque du soin qu'il prenait de sa santé, répondit qu'il se croyait parfaitement guéri. Pourtant Louis-Joseph ne devait pas passer trois mois avant de retourner se soumettre aux épouvantables tortures déjà endurées en 1697 et 1698. Cette fois il alla chez le financier Crozat, à Clichy, où les chirurgiens transportèrent tout leur attirail parce qu'entre-temps, en avril, un évènement capital était survenu : Louis XIV, toujours lui, avait persuadé le duc de reprendre seul la direction de ses affaires et de la confier à Crozat.

Ecoutons, là-dessus, Saint-Simon : « Il (Vendôme) était extrêmement riche et n'avait jamais un écu pour quoi qu'il voulût faire. Le Grand prieur, son frère, s'était emparé de sa confiance avec un abbé de Chaulieu, homme de fort peu, mais de beaucoup d'esprit, de quelques lettres... On avait souvent et inutilement parlé à M. de Vendôme sur le misérable état où sa confiance le réduisait... A la fin il en profita : il pria Chemerault, qui lui était fort attaché, de dire au Grand prieur de sa part qu'il le priait de ne se plus mêler de ses affaires, et à l'abbé de Chaulieu de cesser d'en prendre soin. Ce fut un compliment amer au Grand prieur, qui faisait siens les revenus de son frère, et en donnait quelque chose à l'abbé de Chaulieu ; jamais il ne le pardonna sincèrement à son frère, et ce fut l'époque, quoique sourde, de la cessation de leur identité, car leur union se pouvait appeler telle » [188].

Antoine Crozat, dit le riche, « ... était de Languedoc, rapporte le même Saint-Simon, où il s'était fourré chez Pennautier* en fort bas étage : on a dit même qu'il avait été son laquais. Il fut un petit commis et parvint par degrés à devenir son caissier » [189]. Pennautier, de receveur des biens du clergé du diocèse de Saint-Papoul était devenu trésorier des Etats du Languedoc puis receveur général du clergé. Crozat avait marché sur ses brisées et même dépassé son maître en se faisant banquier et armateur. Nous le verrons bientôt,

* Pierre Reich de Pennautier, mort en 1711.

devenu le Crésus de son temps, conclure avec morgue le mariage de sa fille avec l'un des fils de la tante Bouillon. Crozat avait été approché par Pontchartrain à la demande du roi afin de se charger des affaires de Vendôme. Une rapide incursion dans les livres de comptes du duc avait tellement effrayé le financier qu'il avait commençé par refuser tout net mais il s'était ravisé et avait fini par donner son acceptation pour ne pas déplaire.

Louis XIV, satisfait de voir son cousin suivre ses avis, lui marqua une incroyable sollicitude. Depuis longtemps, relève Saint-Simon, il passait en faveur de Louis-Joseph « ... sur cette singulière horreur qu'il marquait pour tous les habitants de Sodome ». Cette fois, il lui adressa publiquement des vœux de guérison, ajoutant même, « ... qu'il souhaitait que ce fût avec un tel succès qu'on le pût embrasser au retour en sûreté ». Saint-Simon s'en épouvante : « ... aller en triomphe où jamais on ne fut qu'en cachant sa honte sous les replis les plus mystérieux, épouvanta et indigna tout à la fois, et montra tout ce que pouvait une naissance illégitime sur un roi si dévot, si sérieux, et en tout genre si esclave de toutes les bienséances ».

Mais le grand remède de 1699, toujours selon le mémorialiste, fut plus désastreux encore que les précédents : « Il revint à la cour avec la moitié de son nez ordinaire, ses dents tombées, et une physionomie entièrement changée et qui tirait sur le niais. Le Roi en fut si frappé qu'il recommanda aux courtisans de n'en pas faire semblant de peur d'affliger M. de Vendôme : c'était assurément y prendre un grand intérêt... Le miroir cependant ne le contentait pas : il ne parut que quelques jours et s'en alla à Anet voir si le nez et les dents lui reviendraient avec les cheveux » [190].

Après de si étonnants changements, le public eut beau jeu de brocarder sur la fortune acquise par Chaulieu. Au voyage du dauphin à Anet en 1686 on chansonnait déjà l'abbé vif-argent :

« Pour te faire connaître
« Qu'avec juste raison
« Je suis comme le maître
« Dedans cette maison,
« J'ay, par mon sçavoir-faire,
« Si bien fait mes affaires,
« Que mon frère, qui ne possédait rien,
« A présent a du bien... »

Chaulieu, qui autrefois n'avait pas un sou vaillant, venait, grâce à la générosité de ses maîtres, de porter son revenu à 50 000 livres de rente. Il avait alors reçu d'eux le prieuré de Saint-Germain-de-la-Truite, l'abbaye d'Aumale, les prieurés de Saint-Georges d'Oléron, de Pouriers, de Renel et de Saint-Etienne.

Dans cette même année 1699 se produisit un crime crapuleux, destiné à demeurer mystérieux. Un nommé Savary fut trouvé mort dans sa maison à Paris. « Il n'avait, précise Saint-Simon, qu'un valet et une servante, qui furent trouvés en même temps assassinés, tous trois tout habillés et en différents endroits de la maison, sans la moindre chose volée... On n'a jamais su la cause de cet assassinat... On ne douta guère qu'un très vilain petit homme ne l'eût fait faire, mais d'un sang si supérieurement respecté, que toute formalité tomba dans la frayeur de le trouver au bout »[191]. L'assassin avait raconté son crime dans un écrit laissé sur place. Sur une pendule à tête de mort portant pour devise : « Regardez-là pour règler votre vie », il avait ajouté : « Regardez sa vie et vous ne serez pas surpris de sa fin ».

On laissa entendre parmi les dévots que le duc de Vendôme y était pour quelque chose. Saint-Simon s'y risque même très explicitement en racontant la mort de Savary, sans transition, à la suite de l'affaire du grand remède. Il est certain que notre duc connaissait Jean-Baptiste Savary dont la maison était une maison de débauches. Il courrait là-dessus un triolet cité par Desnoireterres :

« Ma maison est petite ; mais
« C'est une maison de débauche.
« On y boit toujours du vin frais ;
« Ma maison est petite ; mais
« On y mange de bons poulets...[192] ».

De plus, Vendôme pouvait trouver chez Savary matière à satisfaire son goût dominant, ainsi que paraît en témoigner cet autre couplet :

« Ci-gist le martyr Savary,
« Qui périt sous des coups de hache ;
« Il fut des grands le favory,
« Leur fournissant filles et bardaches... »[192].

On en jasa longtemps mais la chose demeura sans réponse. Remarquons seulement que la description du très vilain petit homme ne correspond guère à Vendôme qui était grand, mais plutôt à Conty, lui aussi débauché notoire et peut-être saisi d'un accès de repentance hystérique de ses débordements. L'affaire laissait tout de même entrevoir l'entrée de quelques labyrinthes affreux s'enfonçant sous les assises du pouvoir. D'ailleurs trois ans plus tard, en 1702, les archives du lieutenant général de police se font l'écho du démantèlement de deux réseaux de prostitution de garçons. Parmi les clients attitrés des rabatteurs arrêtés, on cite les ducs de Vendôme, d'Estrées, de Lesdiguières ainsi que l'ambassadeur du Portugal.

Années charnières que ces années 1700 où se renouvellent les générations du grand règne, avec les disparitions de Racine, La Fontaine, Boileau... Et, touchant de plus près MM. de Vendôme, la mort de la tante Hortense, duchesse de Mazarin, épuisée par les plaisirs, « ne se soutenant depuis longtemps que d'eau de vie »[193], réfugiée depuis un quart de siècle à Londres. Hortense a d'ailleurs chanté la griserie de l'alcool et ses dangers :

« Mais que le ciel vous envoie
« Double rate et double foie...
« Contre eau d'anis, eau d'absinthe
« Qu'on boit en tasse de pinte
« Contre tous ces usquebacs*
« Les poumons ne tiendront pas... ».

« Sa fin ne laissa de regrets qu'à Saint-Evremond »[194], estime hâtivement Saint-Simon. La sachant à l'extrémité, la tante Bouillon s'était embarquée pour l'Angleterre mais elle reçut nouvelle de sa mort à Douvres. Le duc de Mazarin, depuis si longtemps séparé d'elle, ajouta à toutes ses folies le traitement qu'il fit à sa dépouille : « ... il la promena près d'un an avec lui de terre en terre. Il la déposa un temps à Notre-Dame-de-Liesse**, où les bonnes gens la priaient comme une sainte et y faisaient toucher leurs chapelets. A la fin, il l'envoya enterrer avec son fameux oncle (Mazarin), en l'église du collège des Quatre-Nations »[194].

Le changement de siècle ne ralentit pas le train des affaires des deux frères mais leur identité n'était plus la même depuis que le roi avait mis le duc entre les mains de Crozat. Le 13 août 1699 ils avaient assisté ensemble à l'inauguration de la place Louis-le-Grand, élevée à l'emplacement de l'hôtel de leur famille et, peu après, à celle du nouveau couvent des capucines reconstruit dans l'axe de cette nouvelle place, changements qui eussent assurément parus étranges à l'arrière grand-mère Mercœur. Louis-Joseph se tenait le plus souvent à Anet où il reçut de nouveau le dauphin à l'automne de 1700 avec de magnifiques réjouissances ordonnancées par Campistron. Il y assemblait, en temps ordinaires, une société choisie, plus policée que celle du Temple, qui commençait à se mâtiner des amis du duc du Maine et de son extravagante épouse. Les problèmes d'argent, accrus par la dépense plus forte qui se faisait en temps de paix, ne relâchaient pas. Le duc, sur le conseil

---

* Usquebac ou usquebaugh : entendez le whisky.
** Près de Laon.

de Crozat, dut se résoudre en 1700 à vendre la moitié de sa principauté de Martigues au financier Maximilien Titon.

Au Temple, sous la férule de Chaulieu et de Palaprat, le tournant du siècle devait encore agrandir le cénacle. Il y eut tout d'abord les grands seigneurs à l'esprit leste, que la faveur nouvelle des demi-dieux avait décidé à pénétrer dans l'enclos : le cardinal de Bouillon, le chevalier de Sully, les ducs de Foix et de Lauzun, puis tous les drôles venus payer la table et le vin du palais prieural en bons mots et gais propos. Autour de 1700 arrivent tour à tour Perigny, Courtin, Sonning et celui qui fera le plus parfait modèle du joyeux parasite : Villiers, fils d'un auditeur de la cour des comptes -Villiers, qui avait osé dire à Louis XIV que Versailles n'était pas à son goût, s'attirant du monarque dépité cette réponse : « On ne peut pas plaire à tout le monde. » — Villiers si incrusté au Temple qu'il devait lui en rester le surnom de Villiers-Vendôme. Autre fameuse recrue de l'époque : Jean-Baptiste Rousseau, élève de Boileau, poète qui deviendra vite adulé et dont il ne reste presque rien — On lui donnait du Jean-Baptiste tout court comme à Lully, tout comme on donnera plus tard du Jean-Jacques à son homonyme — Il a chanté le Temple et l'allée des Soupirs. Chaulieu a pris grand soin de lui, ainsi dans sa *Réponse à une lettre dans laquelle il s'était nommé l'abbé des Riens* :

« Point n'avez l'air de parler sans rien dire
« Comment pourtant est cet art ennuyeux
« Mais sur un rien, d'un tour ingénieux
« Avez celui de badiner et rire... »

Badiner et rire c'était bien là la nouvelle règle du Temple. Chaulieu badine alors de ses misères avec le poème *Sur la première attaque de goutte que j'eu* et il fait rire ses amis d'un rien, comme avec ce petit *Dialogue entre deux perroquets* daté de 1701 :

« Tôt, Tôt, Tôt, Tôt, Tôt, Tôt,
« Du rôt, du rôt, du rôt, du rôt,
« Holà, holà, laquais
« Du vin aux perroquets... »

VII — LA BOITE DE PANDORE

La Toussaint 1700 fut marquée par la mort du roi Charles II d'Espagne, dernier Habsbourg de la branche de Madrid. Malgré toutes les précautions prises, notamment par un partage secret de ses couronnes, on savait que cette succession immense serait la cause d'une nouvelle guerre. Ce fut bien pis lorsqu'on apprit que le défunt roi avait désigné pour unique héritier le second des fils du dauphin de France, Philippe, duc d'Anjou. Divine et terrible surprise que ce testament contenu dans une boite de Pandore. Le 16 novembre Louis XIV en acceptait les termes. Il faisait ouvrir grand les portes de son appartement et présentait son petit-fils à la cour : « Messieurs, voici le roi d'Espagne ! ».

Cette succession allait ouvrir la troisième grandc guerre du règne, la plus douloureuse, la plus destructrice, celle qui devait précipiter le royaume à deux doigts de sa perte et susciter deux sauveurs qui se haïssaient l'un l'autre : Villars et Vendôme.

Vendôme avait fini l'année, bien peu glorieusement, par un nouveau « tour de casserole ». Il avait changé de médecin, renvoyé Chambon, l'empirique qui l'avait raté l'année d'avant, et pris un certain Arsonnet, baptisé Maison-Rouge en raison de sa prédilection pour les saignées. Voici ce qu'en écrit Dangeau à la date du 21 janvier 1701 : « M. de Vendôme arrive à Versailles lundi, après avoir longtemps demeuré à Anet, où il a fait le grand remède ; il se croit guéri. Les chirurgiens croient aussi qu'il l'est, cependant il n'a pas voulu demander à venir ici, de peur de faire encore de la peine aux dames. Si sa santé est entièrement raffermie, et qu'il ne paraisse rien ce printemps, on croit qu'il épousera mademoiselle d'Elbeuf » [195].

On reparle donc de mariage et, qui plus est, avec une cousine, la fille du duc d'Elbeuf avec lequel il s'était si fort disputé en calèche en 1694. Là non plus, le roi n'est pas étranger à l'affaire. Après avoir prodigué à son beau cousin des conseils sur la gestion de ses biens, sur sa santé, il lui parle de mariage comme d'un moyen de mener une vie plus édifiante et, faisant d'une pierre deux coups, de combler un peu le gouffre béant de ses finances. Mlle d'Elbeuf fera la fine bouche, elle ira épouser le prince de Mantoue qui, lui-même, venait de se mêler de refuser une fille de Monsieur le Duc, une petite-fille de feu le Grand Condé donc, Mlle d'Enghien. Madame soutient que Mlle d'Elbeuf ne gagna guère au change, « ... parce que M. de Mantoue ressemblait en vieux et en laid à M. de Vendôme ».

Chaulieu, qui connait son Vendôme, l'invite d'ailleurs à attendre davantage de satisfactions de la guerre que du mariage :

« De Vénus aux belles fesses
« Du Dieu Bacchus, du Dieu Mars
« Vendôme, dès sa jeunesse
« A suivi les étendarts
« Vénus quelques fois friponne
« Respecta peu sa personne
« Et Vénus l'enivra, mais
« Mars ne lui manqua jamais ».

Vendôme finit par reparaître à la cour. Saint-Simon, rebrochant par-dessus Dangeau, parle de l'étrangeté de sa figure : « Il demeura plus défiguré qu'il ne l'était auparavant cette seconde dose, et assez pour n'oser se montrer aux dames et aller à Marly. Bientôt il s'y accoutuma et tâcha d'y accoutumer les autres »[196].

Moments tragiques de la vie de Louis-Joseph : à demi brouillé avec son frère et les gais lurons du Temple, faisant l'effort de se contraindre pour se conformer aux recommandations d'un roi qui devient bigot, effort sur ses penchants, sur sa paresse, effort sur sa santé qui le trahit, et sur son apparence, jusque-là cause d'admiration et qu'il sent devenir objet de ridicule. Solitude également parce qu'il ne saura plus jamais retrouver personne capable de lui communiquer de la joie et de l'entrain aussi complètement que ce frère turbulent : on le verra bien vite puisqu'il le rappellera près de lui sous prétexte de guerre. Est-ce pour ne pas devenir le héros que Louis XIV voudrait qu'il fut, pour se conformer à ce cadet dont il admire la crapule, qu'il va ne mettre tout d'un coup plus aucun frein à sa paresse, à sa saleté et qu'il va se mêler de choquer en composant le personnage du plus singulier général de son temps, soldat génial au demeurant mais doué d'un génie d'artiste traversé de beuveries et de débauches ? La chaise percée deviendra bientôt le lieu de ses plus constantes stations, sans oublier le lit duquel Saint-Simon prétend qu'il allait désormais donner tous ses ordres, un lit « ... plein de chiens et de chiennes... qui faisaient leurs petits à ses côtés »[197]. Mais Saint-Simon ne nous laissera pas quitte à si bon compte puisqu'il y a aussi le fameux bassin dans lequel le duc vomissait à table : « Quand le bassin était plein à répandre, on le tirait et on le passait sous le nez de toute la compagnie pour l'aller vider... Les jours de barbe, le même bassin dans lequel il venait de se soulager servait à lui faire la barbe. C'était une simplicité de mœurs, selon lui, digne des premiers Romains »[198].

De ces nouveaux projets matrimoniaux sans passion, il sera bruit de quatre successifs entre 1701 et 1714 : avec Mlle d'Armagnac, la fille du grand écuyer, avec Mlle de Bouillon, sa propre cousine, fille de la tante Marie-Anne, avec Mlle de La Trémouille, enfin avec Mlle de Clérambault, fille du feu maréchal de ce nom. A toutes ces soupirantes Vendôme ne prend même plus la peine de répondre par son intendant comme du temps de l'héritière de Brunswick-Celle ou de Mlle Louvois.

Dans ces grands changements de décor du règne, coïncidant avec les débuts du nouveau siècle, d'autres figures disparaissent : le

9 juin ce fut Monsieur, foudroyé en pleine frénésie de jouir, frappé d'apoplexie à l'instant où il versait du vin, à Saint-Cloud, à sa vieille amie de toujours, Mme de Bouillon. Monsieur, qui menait un style de vie assez proche en somme de celui de Vendôme, s'était entendu annoncer sa mort par le père du Trévou, son confesseur : « A cela il ajoutait qu'il prit bien garde à lui, qu'il était vieux, usé de débauches, gras, court de col, et que selon toute apparence, il mourrait d'apoplexie, et bientôt. C'étaient là d'épouvantables paroles pour un prince le plus voluptueux et le plus attaché à la vie qu'on eut vu de longtemps... »[199]. Mais Monsieur, au demeurant brave soldat quand son frère avait bien voulu le laisser commander, n'était ni la réplique ni le modèle de Vendôme. Jamais Louis-Joseph ne devait se laisser mener par des favoris comme avait fait le frère de Louis XIV. Ses débauches restaient plus secrètes et, sans doute aussi, moins raffinées.

Le 16 septembre mourut, à son tour, à Saint-Germain, Jacques II, roi déchu d'Angleterre dont la présence en France était comme l'aveu de l'échec de la politique anglaise et catholique de Louis XIV.

Face à Eugène.

Les opérations de la guerre de succession d'Espagne avaient été lancées au printemps mais ce nouvel affrontement — qui allait se révéler si meurtrier quelques mois plus tard — commençait mollement, comme si les parties se ressentaient encore de l'épuisement des luttes de la ligue d'Augsbourg. L'empereur n'avait plus un sou vaillant pour se mettre en campagne. Les armées, en Flandres, ne firent que s'observer. Saint-Simon le déplore : « Si au lieu de cette fausse et pernicieuse politique l'armée du Roi eut agi, elle eut pénétré les Pays-Bas, où rien n'était prêt ni en état de résistance... »[200].

En Italie Catinat avait été chapeauté par l'orgueilleux Villeroi, ami d'enfance du roi. Ce fut sur ce théâtre qu'on commença à déceler les inquiétantes fractures qui allaient bientôt menacer le bonheur des armes de Louis XIV : on doutait à nouveau de la fidélité du duc de Savoie, qui commençait cette guerre comme il avait fini et entamé la précédente, en tant qu'allié de la France mais en songeant déjà à se tourner contre elle. Le 1er septembre eut lieu l'engagement de Chiari qui démontra le malaise de cette armée de Piémont : un général en chef vaniteux et frivole, un allié incertain et Catinat, vexé par la préférence que le roi avait marqué pour Villeroi, qui « ... semblait y chercher la mort »[201].

L'année 1701, comme l'écrit superbement Saint-Simon, « ... emporta tout le bonheur du roi avec elle ». Le début de 1702 devait se mêler de confirmer tant de mauvais présages. Janvier avait mal commencé également pour le duc de Vendôme puisqu'on peut lire dans le *Journal* de Dangeau, au jour de l'Epiphanie : « M. le duc de Vendôme prit congé du roi pour s'en aller à la mer ayant été léché d'un chien enragé »[201]. Il fut de retour à la cour à la fin du mois, juste au moment où les évènements se précipitaient. Le 1er février, le prince Eugène, « ... qui en savait plus que le maréchal de Villeroi »[202], nous prévient Saint-Simon, parvint à faire ce dernier prisonnier dans Crémone, ayant introduit ses soldats de nuit dans la ville par le moyen d'un aqueduc désaffecté. C'étaient toutes les possessions de Philippe V en Italie qui se trouvaient ainsi menacées, sans compter le prétexte que cette défaite pouvait fournir au duc de Savoie de déserter l'alliance de la France plus rapidement encore qu'on ne le redoutait.

La nouvelle de ce désastre fut connue à Versailles le 9 février et le roi décida de donner un successeur à Villeroi, sur le champ et au vu de toute la cour. Grand moment de transe courtisane dont Saint-Simon n'a pas perdu une miette. Il raconte les allées et venues de Chamillart, ministre de la guerre, allant de l'appartement du roi à la galerie des Glaces : « Chamillart sortit, vit M. le prince de Conti, alla lui dire un mot. Chacun le crut élu, on applaudit ; mais l'erreur ne dura guère. Chamillart fut fort court avec lui, s'avança lentement cherchant des yeux, et apercevant Harcourt, alla droit à lui. Alors on ne douta plus, et tous les yeux s'arrêtèrent sur eux... ». Nouvelle erreur puisque d'Harcourt décline l'offre. « Tout ce qu'il y avait là d'yeux virent enfin ces deux hommes se séparer, et Chamillart, seul, retourner chez Mme de Maintenon. Il y fut peu et ressortit. La curiosité était plus allumée. Il s'avança, chercha des yeux, et fut joindre M. de Vendôme. Leur conversation fut très courte. Tous deux ensemble allèrent chez Mme de Maintenon. Alors on fut assuré du choix et de l'acceptation. Il fut déclaré lorsque le Roi passa dans son appartement. Le soir, il fut longtemps chez Mme de Maintenon avec le Roi et Chamillart, prit congé, et s'en alla à Paris pour partir le surlendemain pour l'Italie. Le Roi lui donna quatre mille louis pour son équipage. Le dépit de M. le duc d'Orléans et des princes du sang fut extrême et fort marqué »[203].

Vendôme, dont la nomination illustre la faveur des bâtards, va donc avoir à affronter la fronde des fils de France et des princes du sang écartés du commandement des armées. Il a l'intelligence de se faire tout modeste : « Vendôme ne cessa de répandre qu'il ne devait son choix qu'au refus d'Harcourt »[204]. Il n'obtint d'ailleurs pas de pouvoir emmener son frère avec lui et Saint-Simon fait de ce refus une victoire des bigots : « Sa crapule journalière, sa vie honteuse, plusieurs frasques qu'il avait hasardées sur la faveur de sa naissance et sur celle de son frère, reçurent enfin ce coup de caveçon, dont il eut grand-peine à revenir dans la suite »[204].

Dès le 1er mars, moins de trente jours après le désastre consommé par Villeroi, Vendôme était à Crémone. Il se retrouvait général en chef face à son cousin Eugène qui n'avait, lui non plus, plus de mentor. Il commença par rassembler son armée qui montait à vingt mille hommes, à Pizzighitone, le long de l'Adda, dans le dessein de lui faire passer le Pô. Son but était de chasser les Impériaux du Parmesan. Avec cette campagne commence pour Vendôme le temps de la calomnie. Saint-Simon, surtout, ne cessera de le taxer de mensonge et de vantardise à propos de chaque bataille gagnée, de chaque citadelle emportée : « Vendôme, conduit par M. du Maine, qui l'était lui-même par Mme de Maintenon, envoyait continuellement des courriers pour vanter sa vigilance, ses projets, et surtout pour grossir les bagatelles que le voisinage des quartiers ennemis produisait assez souvent et toujours fort légèrement, avec les nôtres »[190]. Critique trop systématique et trop haineuse pour être crédible.

Les choses sérieuses ne commencèrent qu'en mai, à l'annonce de l'arrivée, dans les parages, du roi d'Espagne à qui Louis XIV avait décidé de faire faire le voyage d'Italie dans le but de raffermir un pouvoir ébranlé par l'affaire de Crémone. Philippe V avait accosté en avril, chez lui, à Naples et il s'était mis en devoir, à la tête d'une petite armée composée d'Espagnols et de Napolitains, de rejoindre son cousin Vendôme en passant au travers des Etats du pape.

En l'attendant, le général en chef français jouait au chat et à la souris avec Eugène. Le 3 mai, il contraignit celui-ci à lever le blocus de Sabbionetta avant de fondre sur lui à Bordanelo : « Le prince Eugène pensa y être pris... M. de Vendôme se logea dans la maison même que ce prince venait d'abandonner »[206]. Il le délogea ensuite de Marmisolo — maison de plaisance des ducs de Mantoue — où Eugène lui abandonna, en fuyant, toutes ses provisions de bouche.

Le 24 mai, aux cris de « Vive le roi de France et M. de Vendôme »[206], Louis-Joseph entrait dans Mantoue qu'il avait ravitaillée quelques jours auparavant par ruse. Le lendemain, montant sur le rempart, à la porte Pradelle, pour voir le camp d'Eugène établi sous les murs de la ville, « ... il pensa être tué d'un boulet de canon »[206]. Dix jours plus tard il fut à Rivalta, au bord du Pô,

Eugène était campé sur l'autre rive. Il pouvait l'observer à la jumelle, le voir de près comme jamais il ne l'avait revu depuis qu'ils jouaient ensemble, enfants, un quart de siècle auparavant. Les deux armées étaient si proches l'une de l'autre, que le marquis de Bouligneux, maréchal de camp, « ... galant homme et des plus braves, mais d'une distraction extraordinaire », note Quincy, s'était un jour perdu en se promenant au milieu des ennemis : « Sans s'épouvanter, il feignit de paraître un de leurs officiers généraux. Comme il ressemblait au prince Eugène, les Impériaux le prirent pour lui... »[206]. Revenu au camp français, « ... il conta le soir, pendant le souper, chez M. de Vendôme, ce qui lui était arrivé... on en rit beaucoup... »

Or, quelques jours plus tard, le 10 juin, une autre terrible mésaventure faillit survenir au général en chef français : « ... M. de Vendôme manqua d'être enlevé la nuit dans une jolie cassine où il s'était logé avec peu de précaution ». Le prince Eugène, en ayant eu avis, chargea le comte Davia de le surprendre. Davia fit embarquer quatre cents hommes sur quatorze ou quinze bateaux : « Ils filèrent la nuit le long du lac et du Mincio, à la faveur des roseaux, et parvinrent, sans être aperçus, vis-à-vis de la maison de M. de Vendôme ». Une salve tirée inopinément permit aux Français de fuir : « ... on peut dire que M. de Vendôme l'échappa belle »[207]. Le duc, assure Quincy, « ... fut piqué du procédé du prince Eugène — « Eugène qui faisait la guerre autant en renard qu'en lion« , écrit ailleurs le même mémorialiste — et il ne fut pas longtemps sans en tirer vengeance »[208].

Vendôme revint d'abord à Mantoue où il commença par endurer trois jours de terribles coliques néphrétiques, « ... ce qui nous alarma infiniment, note Quincy... Il était aimé généralement de tout le monde. Les soldats l'adoraient ; ils le nommaient le Blondin ou le caporal Vendôme »[208]. Dès qu'il fut guéri, il s'activa, s'essayant pendant toute la fin du mois de juin à contraindre Eugène à lever le blocus de Mantoue.

Le 11 juillet, ayant laissé vingt-cinq mille hommes dans Mantoue — tant Français qu'Espagnols, aux ordres du prince de Vaudemont — il regagna Crémone en trois jours pour rejoindre le roi d'Espagne. Il venait se mettre sous les ordres de ce prince, l'ancien duc d'Anjou, qu'il retrouvait habillé à l'espagnole, tout en noir, avec la toison d'or pendue au cou. Ce monarque venait d'échapper à Naples à un terrible complot ourdi par la cour de Vienne et qui ne visait à rien moins qu'à l'assassiner. L'un des conjurés, ému à la vue de sa jeunesse, avait tout découvert. Il s'en était suivi quelques exécutions et quelques proscriptions, mais Philippe V avait tenu avant tout à user de clémence : « ... (ses bienfaits) furent poussés jusqu'à former un régiment de gardes entièrement composé de Napolitains, officiers et soldats, auxquels le roi déclara qu'il voulait confier la garde de sa personne ».

Or Vendôme arrivait à Crémone pour lui porter la preuve que cette garde napolitaine demeurait félonne : « Il découvrit, par des lettres interceptées, que des officiers de ce régiment avaient traité avec le prince Eugène de lui livrer le roi d'Espagne mort ou vif... Le régiment fut aussitôt cassé et dispersé, et on veilla plus que jamais à la conservation du roi d'Espagne »[209]. Eugène crut devoir se justifier d'une action aussi noire, « ... par une grande lettre qu'il écrivit à Vendôme, qu'il lui envoya par un trompette. M. de Vendôme lui répondit « du verbiage honnête » ... qu'il finit par ces mots remarquables : « Qu'il avait trop bonne opinion de lui pour pouvoir soupçonner qu'il fut capable d'exécuter un si horrible complot, quand bien même il en ait reçu les ordres »[210].

Le 26 juillet, à Santa-Vittoria, le duc infligea une sévère défaite au principal lieutenant d'Eugène, Visconti. Celui-ci, selon Saint-Hilaire, y perdit « ... près de deux mille hommes tués ou noyés en passant le Tessone, trois paires de timbales*, ses étendards, ses bagages et environ mille chevaux... »[211]. Philippe V, arrivé malheureusement à l'issue du combat, en écrivit à son grand-père, Louis XIV, une longue lettre passionnée, toute à la louange du général français.

« *Mon esprit vient de plus loin* ».

A partir de Santa-Vittoria, Vendôme s'empara de Modène et de Reggio tandis qu'Eugène, effrayé de la progression des Français, accourait pour se venger. Il repassa le Pô pour offrir le combat aux armées de Louis XIV et de Philippe V, refondues depuis leur jonction du 29 juillet sous le vocable d' « armée des deux couronnes ».

L'affrontement eut lieu le 15 août à Luzzara**. Philippe V et Vendôme marchèrent de nuit sur la place qui fut évacuée par les Impériaux dont les plus hardis se réfugièrent dans le château, refusant de se rendre aux sommations que leur firent les Français. « Le refus... écrit Quincy, devait faire juger que le prince Eugène

---

* Les timbales d'airain étaient considérées comme le trésor le plus précieux d'un régiment de cavalerie. Le timbalier les devait défendre au péril de sa vie.

** Bourg proche de Guastalla.

n'était pas loin »[212]. Eugène s'avançait en effet et si rapidement que ce fut presque par hasard que les Franco-Espagnols (que l'on ne baptisait pas encore de ce nom de Gallispans qui leur sera donné quelques années plus tard), le découvrirent posté tout près d'eux sur le canal du Zéro. Ils eurent à peine le temps de se préparer au combat. Le canon n'était pas arrivé lorsque l'ennemi attaqua vers six heures du soir : « ... il faisait une chaleur excessive, la plupart des officiers allemands étaient en veste »[212]. Mêlée furieuse et acharnée qui dura jusqu'à la nuit, sans que la cavalerie puisse être engagée à cause des difficultés du terrain. Vendôme, plus mal campé qu'Eugène, entreprit de se retrancher sur place, sous la grêle de l'artillerie ennemie : « La nuit et la lassitude ayant fait finir le combat, avec une perte à peu près égale de part et d'autre, les deux armées passèrent la nuit sous les armes »[213].

Aucun des deux adversaires ne voulut abandonner le terrain : « Dans cette situation, les deux armées (qui ne se trouvaient qu'à demi-portée de canon) se canonnèrent plusieurs jours de suite avec peu de succès »[213]. Le funeste champ clos où continuaient de s'affronter les deux camps devint très vite un enfer : « Le spectacle en était affreux : il était tout couvert de Français et d'Allemands entremêlés les uns aux autres. On voyait des bras et des jambes qui remuaient. Plusieurs nous faisaient signe de leur donner du secours ; personne n'osait s'exposer à leur en donner, car, aussitôt qu'il paraissait quelqu'un sur le retranchement, il essuyait sur-le-champ une décharge de mousqueterie... Les deux généraux auraient dû faire une suspension d'armes afin de faire enterrer les cadavres ; ils n'y pensèrent ni l'un ni l'autre »[214].

Jamais bataille n'eut un sort si incertain, jamais deux généraux ne furent si acharnés à se disputer les fruits de la victoire : il était mort dans ces conditions affreuses trois mille Français ou Espagnols et plus encore d'Impériaux. Des Te Deum, destinés à célébrer la victoire, furent chantés simultanément à Paris et à Vienne. Vendôme dépêcha à Versailles un messager bègue qui, s'embrouillant au milieu de son récit, conclut par ces mots : « Sire ! il est plus facile au duc de Vendôme de gagner une bataille qu'à moi de vous la décrire ».

Le 28 septembre Philippe V, toujours à la vue de l'armée ennemie, remit la toison d'or à Vendôme et lui fit cadeau « ... d'un cheval d'Espagne avec tout son harnais qui était magnifique »[215]. C'est à cette occasion que le roi d'Espagne aurait demandé à son cousin comment il se faisait que le fils d'un homme aussi timoré qu'avait paru être le duc de Mercœur pût faire preuve d'autant de hargne et d'impétuosité. La réponse de Louis-Joseph — « Mon esprit vient de plus loin » — est d'une insolence parfaite puisque, sans avoir égard à la bâtardise, elle revendique l'héritage d'Henri IV au même titre que celui, membre légitime de la maison de Bourbon, qui pose la question. Le 2 octobre, « ... voyant qu'il n'y avait plus de lauriers à acquérir et que nous pourrions finir la campagne dans ce camp parce que ni les Français ni les ennemis ne voulaient décamper les premiers »[216], le roi d'Espagne quitta Luzzara. Il ne devait revoir Vendôme que huit ans plus tard, en sauveur de son trône, au cours des heures les plus sombres de son règne.

Les armées s'étaient enterrées encore un peu plus profond dans la boue et leurs généraux en étaient réduits à virevolter à proximité avec de petits escadrons pour tenter de grapiller des succès qui changeraient le sort de ce terrible face à face. C'est ainsi que Vendôme acheva la campagne en vainqueur, manquant surprendre à nouveau Eugène près de Mantoue[216], occupant l'hiver en escarmouches après le départ de celui-ci pour Vienne, s'emparant en décembre de Governolo et en janvier de Bersello.

Pendant ce temps le grand prieur, dépité d'avoir été interdit de servir en février, en avait profité pour se ruiner tout à fait à Paris. Au printemps le Temple frisait la banqueroute. Philippe proposa au roi, par l'intermédiaire du duc du Maine et de Mme de Maintenon, de rendre tous ses bénéfices, « ... à condition qu'il y serait mis un économe chargé de payer tout ce qu'il devait même après sa mort, jusqu'à un parfait acquit »[217]. Le roi se contenta d'accepter d'y mettre une sorte de tuteur, le conseiller Payen, arrangement auquel le pape donna son consentement. En contrepartie de cette sorte de séquestre, le maître du Temple « ... arracha mais sourdement », appuie Saint-Simon, une pension de 20 000 livres et l'autorisation d'aller servir pour la fin de la campagne d'été en Allemagne, sous Catinat, seul général pour lequel il eut un peu de considération à l'exception de son frère.

Et comme un malheur n'arrive jamais seul, un jésuite fameux, le R.P. Gaillard, se mêla en avril de lui retirer sa Fanchon[218] avec qui il vivait avec des hauts et des bas depuis plus de vingt ans. Fanchon commença par entrer au couvent, le père Gaillard lui avait obtenu une gratification de 500 écus, « ... qu'on promit de transformer en pension pour peu qu'elle persévérât dans la bonne voie »[219]. Elle préféra finalement se marier et épousa un officier de la maison du roi du nom de Villiers.

L'hiver que passa Louis-Joseph entre Mantoue, Crémone et Parme, sans presque quitter la vallée du Pô, fut un hiver armé. Ses détracteurs devaient lui reprocher d'avoir entretenu sans réelle nécessité des troupes pléthoriques. Villars, fils de l'Orondate*, lui a jeté la pierre dans ses *Mémoires*, essentiellement d'ailleurs pour mieux se glorifier lui-même : « M. de Vendôme, de son côté, avec 70 000 hommes tant des troupes du Roi que de celles du Milanais et de M. le duc de Savoie, se contentait, ainsi qu'il paraissait par ses lettres, d'embarrasser les restes de l'armée de l'Empereur que le prince Eugène avait abandonnée en Italie et qui n'était pas de 18 000 hommes, pendant que le maréchal de Villars soutenait toutes les forces de l'Empereur avec une armée de 25 000 hommes seulement »[220]. Saint-Hilaire confirme le nombre de ces soldats. D'après lui le duc avait quatre-vingt-huit bataillons « bien recrutés », cent-vingt et un escadrons en « bon état », une bonne artillerie, « quantité et trop » d'officiers généraux[221].

Pourtant une circonstance justifie ce surnombre, c'est la grande affaire de ce début de 1703, le projet de liaison avec l'électeur de Bavière au travers du Tyrol dont la suite espérée était une marche victorieuse sur Vienne. Le projet venait de l'électeur lui-même — seul allié de la France en Allemagne — qui élevait des revendications personnelles sur la province de Tyrol. Villars proposait autre chose : entrer en Autriche et aider les Hongrois à se soulever mais ses *Mémoires* nous montrent qu'il était loin d'être opposé au plan de l'électeur. Saint-Simon écrit même, « ... qu'il admira et confirma ce projet qu'il avait peut-être fait naître », pourtant, comme il le déteste autant que Vendôme, il l'accuse aussitôt de n'y avoir renoncé que dans le but de soumettre l'Allemagne au pillage et s'enrichir. Louis XIV avait donné son acceptation, pour cette raison supplémentaire que cette jonction, si elle réussissait, devait couper le duc de Savoie, dont on était de moins en moins sûr, des Impériaux, ses nouveaux alliés.

Vendôme, afin d'exécuter ce plan, devait commencer par se rendre maître des passages du Trentin ce qui nécessitait de diluer ses troupes dans un vaste et incommode pays. Il prit donc ses dispositions pour bien entretenir une armée nombreuse, ignora la critique, garda le secret et attendit les ordres.

C'est dans ces mois de l'hiver 1702 — 1703, au cours de ses traques d'un cantonnement à l'autre, que Louis-Joseph devait

---

* Surnom de Villars qui fut le second du duc de Nemours dans le terrible duel du marché aux Chevaux.

accroître sa galerie de têtes fameuses d'un personnage à qui va être indissolublement liée toute la fin de sa vie. Sur cette rencontre on a brodé mille contes grivois et drolatiques et pourtant rien ne nous permet avec certitude d'en dire les exactes circonstances puisqu'aucun des deux protagonistes n'a jugé bon de nous les rapporter. Parlons d'abord de la légende. Elle met en scène Campistron que nous avons vu se trouver bien souvent là où il ne fallait pas. En l'occurrence il se promenait seul dans la campagne, autour du village de Fiorezuola. Y traquait-il sa muse ou quelque beauté plus charnelle ? Il n'y trouva en tout cas que des brigands qui le délestèrent de son bien et le laissèrent nu sur sa route. Heureusement pour lui, il trouva à proximité une masure dans laquelle un pauvre vicaire répondant au nom d'Alberoni, vivant seul, lui donna l'hospitalité. Campistron, rentré au quartier de son maître, vanta l'esprit de ce vicaire et Vendôme voulut aussitôt faire sa connaissance.

La même affaire contée par Saint-Simon, prend un tour plus commedia dell'arte : « Le duc de Parme eut à traiter avec M. de Vendôme : il lui envoya l'évêque de Parme, qui se trouva bien surpris d'être reçu par M. de Vendôme sur sa chaise percée, et plus encore de le voir se lever au milieu de la conférence et se torcher le cul devant lui. Il en fut si indigné, que, toutefois, sans mot dire, il s'en retourna à Parme sans finir ce qui l'avait amené, et déclara à son maître qu'il n'y retournerait pas de sa vie après ce qui lui était arrivé. Alberoni était fils d'un jardinier, qui, se sentant de l'esprit, avait pris un petit collet, pour, sous une figure d'abbé, aborder où son sarrau de toile eût été sans accès. Il était bouffon : il plut à Monsieur de Parme comme un bas valet dont on s'amuse... Il ne crut pas que la chaise percée de M. de Vendôme demandât un autre envoyé : il le chargea d'aller continuer et finir ce que l'évêque de Parme avait laissé à achever. Alberoni n'avait point de morgue à garder... Il traita donc avec M. de Vendôme sur sa chaise percée, égaya son affaire par des plaisanteries qui firent d'autant mieux rire le général, qu'il l'avait préparé par forces louanges et hommages. Vendôme en usa avec lui comme il avait fait avec l'évêque, il se torcha le cul devant lui. A cette vue Alberoni s'écrie : *O culo di angelo* !... et courut le baiser. Rien n'avança plus ses affaires que cette infâme bouffonnerie »[222].

L'histoire, plus plausible, est la suivante. Dès le début des hostilités, en 1702, le duc de Parme, Odoard Farnèse, craignant pour la sûreté de ses états, avait fait une déclaration de neutralité. Malgré cela, après l'affaire de Crémone, les Français et les Espagnols le soupçonnèrent fort d'être de mèche avec les Impériaux. Il fallut donc se disculper. Le duc dépêcha vers Vendôme l'évêque de Borgo San Donino, Alexandre Ronccovieri, qui savait le français. Suite à ces démarches, Farnèse fut gracieusement reçu par Philippe V dans le cours de son voyage en Italie et, comme il n'avait qu'à se louer des offices de l'évêque, il le laissa près du général français. Roncovieri qui était vieux et goutteux se fit assister par Alberoni, son secrétaire, élevé autrefois par charité chez les jésuites, effectivement fils d'un pauvre jardinier et connu pour son esprit bondissant et délié. Cet abbé était gai, jovial, aimait la bonne chère. Il se fit dans l'entourage de Vendôme de vrais amis : Campistron et Berthelot de Pléneuf, commissaire des vivres de l'armée d'Italie, sorte de sybarite et de gouffre. Il les régalait, ainsi que leur maître, de soupes au parmesan que Saint-Simon lui reproche amèrement tout simplement par ce que Saint-Simon, par délicatesse, ne sait pas ce qu'est une bonne soupe au fromage. Voici donc les débuts, fort modestes comme il se voit, du futur Mazarin de l'Espagne, de celui qui allait disposer bientôt seul des places et des charges dans quatorze royaumes, mis en piste par Vendôme et désormais inséparable de sa destinée.

La campagne débuta le 20 mai, toute entière tournée à ce projet du Tyrol. Eugène avait été rappelé en mars à Vienne pour prendre la tête du conseil de Guerre et l'empereur avait dépêché Stahremberg en Italie — Stahremberg, virtuose de la guerre défensive, l'un des grands capitaines de son temps, autre personnage qui va hanter la vie de Vendôme jusqu'au bout en Italie puis en Espagne — Nouvelle course poursuite faite d'embuscades, de franchissements de rivières, de mouvements d'une incroyable rapidité. Bornons-nous à dire comment ce grand projet du Tyrol échoua en contraignant du même coup Vendôme à demeurer trois années pleines en Italie pour soutenir une guerre malaisée et violente qu'il parvint à faire avec succès.

Saint-Simon qualifie d'« insensé » ce projet du Tyrol sous prétexte qu'il dégarnissait les principaux théâtres d'opérations : « Quel temps de respirer et d'entreprendre donné aux ennemis sur le Pô et sur le Danube et, pour achever la folie, dans un temps où l'on commençait à se défier du duc de Savoie ! »[223]. Il critique surtout Vendôme : « Vendôme amusait le Roi de bicoques* emportées, de succès de trois ou quatre cents hommes, de projets qui ne s'exécutaient point... »[223].

---

* Villes peu fortifiées.

L'électeur prit Innsbruck et y fit chanter le Te Deum mais il ne put guère aller plus loin car à Briscen, au sud de la ville, il trouva toute la noblesse du pays, rassemblée sous les armes pour l'empêcher de passer. On a prétendu qu'il n'était au fond pas désireux de s'avancer plus loin, qu'il songeait plutôt à se fortifier dans ses conquêtes, sa revendication territoriale étant seulement celle d'Innsbruck. Quant à Vendôme, à la tête d'un très gros détachement, il s'était dirigé vers Trente, laissant le reste de l'armée vers Milan au commandement de Vaudémont. Tout en avançant il continua, selon Saint-Simon, « ... à s'attaquer à des châteaux escarpés et bicoques très fâcheuses, à chacune desquelles (victoires)... (il) se panadait et amusait le Roi tantôt d'un courrier, tantôt d'un officier pour apporter ces grandes nouvelles... »[223]. Toujours selon notre mémorialiste : « Il ne put jamais recevoir qu'une seule fois des nouvelles de l'Electeur... il eut au moins le plaisir de bombarder Trente, à qui il ne fit pas grand mal »[224]. La vérité est bien différente. Vendôme avançait sur un chemin difficile. Il lui fallait s'assurer de la moindre position ennemie qui l'eut pu prendre à revers. Il devait se défier des pièges de Stahremberg qui, à Ostiglia, l'avait obligé à quitter le pays en lâchant les écluses et qui tenait les défilés[225].

« Puisque la religion, l'honneur, l'intérêt, les alliances et votre propre signature, ne sont rien entre nous... »

Quincy et Saint-Hilaire affirment très clairement que Vendôme fut retenu d'aller plus loin par la défection finalement déclarée du duc de Savoie : « Un courrier que le Roi envoya à M. de Vendôme lui fit prendre le parti de s'en retourner bien vite joindre l'armée de Vaudémont sur la Secchia »[226]. On avait eu vent des négociations de Victor-Amédée II avec l'empereur par le canal de Phélypeaux, l'ambassadeur de Louis XIV à Turin. On connaissait même d'avance le texte du traité qui devait être signé le 25 octobre.

Vendôme fit donc volte face, abandonnant le projet de Trente. « Il fit courir le bruit que l'on avait trouvé plusieurs gués sur la Secchia par lesquels on pouvait passer pour aller attaquer les ennemis ». Cette ruse fut si bien exécutée que Medavy, avec de faibles garnisons, put contenir l'ennemi et retirer le reste de l'armée en bon ordre en Lombardie. Pendant ce temps Vendôme, qui n'était suivi que de quelques bataillons, marchait vers Turin. Il traversa le lac de Garde en bateau. Arrivé le 29 septembre au camp de San Benedetto où se trouvait Vaudémont, « ... à la petite pointe du jour »[226], il y fit arrêter tous les Savoyards, ordonnant à ses hommes de s'emparer des armes rangées en faisceaux à la tête du camp. Seuls les officiers eurent droit, sur leur parole, à conserver leur épée, aussi M. de Savoie, dont le changement de camp n'était pas encore déclaré, protesta-t-il.

Le roi de France avait écrit à Victor-Amédée cette lettre qui est un modèle du style louis-quatorzien : « Monsieur, puisque la religion, l'honneur, l'intérêt, les alliances et votre propre signature ne sont rien entre nous, j'envoie mon cousin le duc de Vendôme à la tête de mes armées pour vous expliquer mes intentions ; il ne vous donnera que vingt-quatre heures pour vous déterminer »[227]. Le Savoyard répondit verbalement par une fin de non-recevoir. Vendôme là-dessus, sous des pluies diluviennes et malgré des inondations terribles, fit passer le Tessin à ses troupes. Il fut le 17 octobre sur la frontière du Montferrat, c'est-à-dire à la porte des états de Savoie.

L'entrée en Piémont se fit le 6 novembre, après que le général français eut attendu à Casal les ordres de son roi. On mit le siège à Quattordio, à trois lieues d'Asti dont l'évêque et les magistrats vinrent en cortège implorer la clémence de Vendôme. L'on en fit une chanson en piémontais macaronique :

« Monsu di Vendosme arrivat al porton' d'Ast'
« Con sua arma' a fatt' un' grand' fracas'
« E venut' a l'encontre Monsignor,
« Chui lo demandai l'honor
« Di non bousticar le belle donne,
« Monsu di Vendosme... »[228].

C'est devant Asti que les demi-dieux se retrouvèrent. Louis XIV avait consenti au départ du grand prieur pour complaire à Louis-Joseph mais aussi au duc du Maine qui l'en priait tous les jours. Campistron et Palaprat, qui continuaient de suivre leurs maîtres partout où ils allaient, se virent à nouveau réunis et appariés à Alberoni pour de fins soupers encore plus débridés et drôles qu'à l'armée de Catinat. Cette gaieté, cette joie enfantine du général qui retrouvait son alter ego, indisposa les dévots, mais aussi les gens sérieux qui ne comprenaient pas toujours l'humour et le cynisme des deux frères. Il y avait à ce moment-là une maladie des chevaux assez effrayante qu'on appelait « maladie du pays » et qui décimait ces animaux à grand train. Quincy raconte qu'il perdit de la sorte quatre chevaux dans l'espace de quelques semaines. Vendôme prenait tout cela gaiement : « Tant mieux, comme dit Arlequin nous en décamperons plus vite et nous marcherons plus aisément ». Et Quincy d'ajouter : « Il le dit en badinant mais tous, autant que nous étions, nous trouvâmes la plaisanterie hors de saison »[228].

La fin de l'année allait être toute occupée d'une longue marche de Starhemberg, destinée à demeurer fameuse. C'était une file continue de neuf mille hommes que suivaient de gros convois de chevaux et de bœufs [229], destinée à rejoindre le duc de Savoie mais obligée, pour ce faire, de passer au milieu du pays tenu par les Français. Vendôme fut avisé de ce mouvement le jour de Noël, au sortir de la messe de minuit. Il se mit aussitôt en tête d'un gros détachement, laissant le commandement de son armée au grand prieur qui, par le grade et l'ancienneté, avait rang immédiatement après lui. Commence alors une progression difficile dans des vallées étroites, au point. qu'un matin, par grand brouillard, les deux armées marchèrent durant plusieurs heures de chaque côté d'un même ruisseau sans s'apercevoir qu'elles étaient à quelques toises l'une de l'autre [229].

Vendôme parvint tout de même le 4 janvier 1704 à fondre sur l'arrière garde impériale, à Stradella, prenant force bœufs, vivres et munitions. Six jours plus tard, il livra un second combat victorieux à Bormida mais, par trop inférieur en nombre, il ne put pas empêcher le général allemand de rejoindre Victor-Amédée. Cette jonction était déjà faite lorsque son frère parvint à le rattraper, amenant avec lui, mais trop tard, six mille hommes. Ainsi se termina en plein cœur de janvier 1704 la campagne de 1703.

Les quartiers d'hiver en Montferrat furent joyeux. Entre deux soupers pleins d'entrain, on prenait des dispositions pour la campagne future. Vaudémont, chargé de l'armée du Milanais, s'était récusé sous prétexte de santé — en réalité parce qu'il était ami du duc de Savoie dont il soutenait secrètement la défection -Il avait été remplacé par le maréchal de Tessé, quittant le commandement de Dauphiné où il devait être lui-même relevé par La Feuillade. Vendôme a-t-il alors souhaité d'être fait maréchal pour pouvoir jouir sans contredit de la première place ? Saint-Simon l'affirme et soutient que c'était même une ambition ancienne chez lui : « M. de Vendôme, avant de parvenir au généralat en chef (donc avant 1697), avait fort pressé le Roi de le faire maréchal de France. Le Roi, sur le point de le faire, en fut retenu par la grandeur de ses bâtards et la similitude qu'il avait avec eux. Il lui dit donc qu'après y avoir mieux pensé, il trouvait que le bâton ne lui convenait point et en même temps l'assurât qu'il n'y perdrait rien... » [230]. La chimère de Vendôme après cela, poussé par le duc du Maine et le comte de Toulouse, avait été d'obtenir « ... une patente pour commander les maréchaux de France ». C'était clairement vouloir égaler les princes du sang lesquels n'étaient jamais faits maréchaux de France puisque, par leur seule naissance, ils étaient supérieurs à tous les officiers généraux. La demande avait choqué Louis XIV qui avait fait répondre sèchement qu'il n'y fallait pas songer. Mais le duc était revenu à la charge dans l'hiver 1703-1704, en rappelant au roi sa promesse de ne rien lui laisser perdre : « Il proposa une patente qui, sans être maréchal de France... le remit au même droit que s'il l'avait été... c'est-à-dire qui le laissât obéir aux maréchaux de France, plus anciens lieutenants généraux que lui, mais qui le fit commander à ceux qui étaient ses cadets »[230]. Nouveau refus du roi qui, « ... ne put se résoudre à lui laisser commander aucun maréchal de France par voie d'autorité »[230]. Saint-Simon reproche au maréchal de Tessé, dévoué à Mme de Maintenon et aux bâtards de Louis XIV, d'avoir alors esquivé la difficulté qu'il pressentait sur ce point en demandant au roi, « ... d'éviter d'avoir à se trouver avec M. de Vendôme sur qui il aurait dû avoir le pas par sa dignité ». Saint-Simon prétend que le roi aurait répondu en montrant de l'humeur contre Vendôme et en disant, « ... qu'il ne fallait pas accoutumer ces messieurs à être si délicats »[230].

Quant au grand prieur, lieutenant général comme son frère, et venant immédiatement après lui par l'ordre d'ancienneté, son but était d'être reconnu pour général en chef. Ce fut chose faite, avant l'entrée en campagne de 1704, par la création de la petite armée de Lombardie dont le commandement lui fut confié. Saint-Simon précise : « Il eut une petite armée, avec le nom, la patente, les appointements et le service de général d'armée en chef, séparément de M. de Vendôme avec qui il fut comme sont deux maréchaux de France qui ont chacun une armée à part dans le même pays, qui se concertent, mais dont l'ancien des deux conserve la supériorité sur l'autre »[231]. Telle était la disposition que les deux frères devaient tenir pendant la campagne de 1704-1705, disposition favorable, dans les débuts, aux armes de Louis XIV mais qui devait se révéler néfaste par un nouveau coup de folie de l'imprévisible Philippe.

« Dites à votre maître qu'il convient de nous faire la guerre plus poliment ».

La guerre s'étendait alors à l'Europe entière, gagnant le Portugal qui venait de se déclarer contre Louis XIV et le territoire espagnol où le rival de Philippe V, l'archiduc Charles, second fils de l'empereur Léopold, proclamé roi Charles III par les coalisés, avait débarqué à Barcelone sur un vaisseau de la reine Anne d'Angleterre ; les Anglais, pour prix de leur peine, s'emparant dans le même temps et pour longtemps, de Gibraltar.

En Italie les Vendômes, coupés du royaume par la défection du duc de Savoie, s'employaient à élargir leur zone d'influence entre Vénitie, Parme, Modène et Savoie. La campagne qu'ils menèrent en 1704 a été baptisée à juste titre la « campagne des Sièges ». Elle est dans le droit fil de celle qu'avait faite Louis-Joseph en Espagne en 1697, elle illustre son talent que Voltaire définit ainsi : « Vendôme avec une bravoure à toute épreuve avait sur le champ de bataille le coup d'œil du génie, une présence d'esprit, des lumières que le péril rendait plus vives et un art merveilleux d'enlever le soldat »[232].

Tout le détail tactique et stratégique de ces sièges figure dans Quincy et Saint-Hilaire. Attachons-nous seulement à résumer l'enchaînement de ces opérations, après avoir rapporté un nouveau jugement défavorable de Saint-Simon sur les demi-dieux qu'infirmera tout aussitôt le simple exposé de leurs actes au cours de cette campagne d'Italie : « M. de Vendôme et son frère repaissaient le Roi toutes les semaines par des courriers que chacun d'eux envoyait de son armée, et souvent plus fréquemment, de projets et d'espérances d'entreprise qui s'allaient infailliblement exécuter deux jours après, et qui toutes s'en allaient en fumée. »[233].

Ce fut le grand prieur qui entra le premier en campagne dans la basse vallée du Pô, s'emparant de la citadelle de Reveré le 10 avril. Vendôme, que la défection du Savoyard avait coupé de la France, veillait, pendant ce temps, à la sûreté de ses approvisionnements : il envoya un détachement à Gênes afin d'empêcher le duc dc Savoie de circonvenir cette République qui s'était jusque là chargée d'acheminer par mer tous les renforts et vivres et il occupa les états du duc de Modène qui venait de rallier le camp des ennemis. Il n'entra en campagne que le 5 mai, ayant pourvu sous son apparente nonchalance à de grands préparatifs. Son objectif était de faire une guerre impitoyable à M. de Savoie, dans ses états, en s'attaquant l'une après l'autre aux citadelles qui protégeaient Turin, sa capitale.

L'armée du duc de Vendôme restait nombreuse mais tout comme celle d'Eugène, elle était extrêmement indisciplinée et démoralisée. Il y avait à cela plusieurs raisons : un pays affreux pour circuler et se loger, la présence de nombreux soldats et officiers espagnols peu enclins à obéir à des Français. Quincy se fait l'écho des difficultés survenues au camp de Fontance, à la mi-mai 1704 : « ... la désertion de nos troupes fut presque générale. M. de Vendôme fut obligé, pour arrêter ce désordre, de faire publier à la tête de l'armée que tous les soldats, cavaliers et dragons qu'on trouverait déserter du côté de l'ennemi seraient rompus vifs. Il y en eut sept ou huit arrêtés, qui furent exécutés. Cet ordre, qui aurait été cruel dans un autre temps, eut son effet : il arrêta la désertion »[234].

Guerre des nerfs, guerre sanglante, mais qui conserve à l'égard de l'ennemi toutes les formes de la politesse du temps. M. de Vendôme n'oubliait jamais que la duchesse de Savoie, autrefois Mlle de Nemours, était sa cousine germaine, la fille de l'infortunée Elisabeth de Vendôme : « Ce fut aussi dans ce camp que M. de Vendôme envoya un de ses trompettes à l'armée ennemie pour réclamer quelques prisonniers. Le trompette, de retour de sa commission, rapporta à notre général qu'au premier poste des ennemis on lui avait bandé les yeux... M. de Vendôme fut très piqué du procédé du Savoyard ; il ordonna qu'on usât de représailles sur le premier trompette qui viendrait de sa part... Lorsqu'on lui eut présenté le trompette du duc, avec qui M. de Vendôme badinait quelquefois de conversation, il lui dit — Mon ami, je suis bien fâché d'avoir été obligé de vous faire bander les yeux. Dites à votre maître qu'il convient de nous faire la guerre plus poliment »[234]. Quelques semaines plus tard, en juin, à la nouvelle de la naissance du duc de Bretagne, arrière petit-fils du roi et frère aîné du futur Louis XV, Louis-Joseph envoya un trompette à M. de Savoie pour lui annoncer qu'il était grand-père* et le féliciter.

Premier de ces sièges héroïques, celui de Verceil, entrepris le 7 juin. Vendôme dort à peine, il s'attache au moindre détail : « Il visitait tous les jours les tranchées et il encourageait les soldats. Il leur parlait avec tant de bonté qu'ils étaient charmés d'avoir un si grand homme pour leur général. Un jour que j'y étais, un grenadier lui dit : « — Monseigneur, donnez-moi une prise de votre tabac, on dit que vous en avez d'excellent. — Tiens, prends, mon camarade, lui répondit le prince. — Non, mon général, lui répliqua le grenadier, j'aime mieux que vous m'en donniez vous-même. La raison est simple : vous m'en donnerez davantage ». M. de Vendôme lui versa toute sa tabatière »[235]. On appelait ce tabac « le pétun de Son Altesse ».

Dès les premiers pourparlers en vue de la reddition de Verceil, Vendôme, contre l'avis de ses officiers qui inclinaient à négocier une honnête capitulation, exiga que la garnison se rendît sans conditions : « Il leur manque certainement quelque chose s'ils veulent capituler si promptement. Je vous donne ma parole qu'il acquiesceront à ma proposition... »[236]. Ainsi arriva-t-il. Le commandant, M. des Hayes, finit par accepter : « M. de Vendôme

---

* Le duc de Savoie était le père de la duchesse de Bourgogne, mère de Louis XV et de la reine d'Espagne, femme de Philippe V.

accorda que la garnison sortirait par la brèche, tambours battants, mèches allumées, balles en bouche, enseignes déployées... »[236].

Le grand prieur, après la prise de Reveré, s'était hardiment attaqué à un gros détachement de l'armée impériale que commandait le comte de Linanges. Emporté par son audace, il commit plusieurs imprudences, aventurant notamment de l'autre côté du Pô son lieutenant Tavagny qui manqua d'être pris[237]. Par la suite, ce prince agira dans sa manière, c'est-à-dire avec plus de panache que de réflexion et en se fixant un objectif extrêmement ambitieux qui était de nettoyer entièrement le Mantouan et la Mirandole des Impériaux. Campagne conduite tambours battants, Philippe poussant l'audace jusqu'à braver Venise en faisant passer ses troupes sur une pointe du territoire de cette république, escarmouche dont il devait résulter quelques égratignures et une jambe cassée.

Sitôt Verceil conquise, aux premiers jours d'août, Vendôme s'était porté sur Ivrée, autre citadelle bien perchée et garnie d'une grosse artillerie, qu'il encercla en quelques heures. C'est au tout début de ce siège que M. de Savoie envoya un trompette au général français pour le prévenir de la catastrophe de Höchstadt, survenue le 15 août, la pire sans doute de toutes les défaites qu'ait jamais eu à subir Louis XIV. Tallard et l'électeur de Bavière n'avaient pas pu résister à l'assaut du prince Eugène et de Malborough réunis. C'était le début des malheurs de la France en Allemagne et en Flandres. Autre bon procédé du Savoyard : il fit dans le même temps donner avis à M. de Vendôme, « ... de défendre absolument le mouton dans son armée, parce que cette viande était un véritable poison dans le Piémont pendant les chaleurs »[238].

Ivrée capitula le 19 septembre, après que Vendôme se soit montré à nouveau intraitable : « Point de capitulation, monsieur, à moins qu'on ne capitule en même temps pour le château, pour la citadelle et pour les forts »[239], fit-il dire au comte de la Trinité qui commandait au nom de M. de Savoie et qui proposait de ne livrer que la ville. Saint-Simon doit, pour une fois, reconnaître le plein succès de cette intransigeance : « Un siège assez court, et qui ne coûta guère que deux cents hommes et quatre cents blessés »[240]. Vendôme fit encore autre chose contre les lois terribles de la guerre s'appliquant aux villes qui se rendaient sans condition : il commanda au chevalier de Miromesnil, qui devait entrer le premier dans Ivrée, d'interdire le pillage à ses hommes ainsi que de pénétrer dans les églises où s'était réfugiée la population.

Le dernier siège, le plus considérable par l'importance de ses travaux, le plus long, le plus couteux en vies humaines, allait être celui de Vérue, la forteresse qui protégeait véritablement Turin. Commencé le 14 octobre, il n'allait se terminer que le 14 avril 1705. Saint-Simon et tous les ennemis du général en chef de l'armée d'Italie, lui ont violemment reproché tout ce temps passé : « Jamais siège si follement entrepris, peu qui n'eut tant coûté de temps, d'hommes et d'argent ; il influa encore sur la campagne suivante, qu'on ne put ouvrir à temps par le délabrement de l'armée »[241].

Siège interminable en effet, ponctué de sorties sanglantes des assiégés et d'une tentative de secours menée par M. de Savoie lui-même, au lendemain de Noël. Quincy nous montre un Vendôme infatigable, « ... presque toujours sur la tranchée » et, parfois même, « ... soupant gaiement dans la tranchée ». Il prend en personne la tête de toutes les contre-attaques, ainsi le 26 décembre, au lendemain de l'irruption du duc de Savoie dans ses quartiers, c'est lui qui rallie les troupes comme un simple capitaine, qui toute la nuit donne des ordres pour réparer les dégâts considérables faits par l'ennemi qui était allé jusqu'à enclouer ses canons. Saint-Simon ne peut nier que Vendôme, cette nuit-là, ait sauvé son armée. Sa seule restriction, une manie chez lui, consiste à le montrer surpris dans son lit : « M. de Vendôme, qui venait de se coucher, eut le temps de faire prendre les armes à six brigades d'infanterie, à la tête desquelles il rechassa les ennemis... »[242].

Tout cet hiver-là, Vendôme devait le passer avec ses ingénieurs, notamment le fameux Laparra de Fieux, dans le but de se rendre maître de la communication du Crescentin à Vérue qui permettait aux Savoyards de faire subsister la place. Au même moment le grand prieur, campé sur la Brenta, profitait de ses quartiers d'hiver pour aller revoir Venise, y faire un voyage assez glorieux, sans pouvoir deviner qu'il y reviendrait, quelques mois plus tard, sous le coup d'une terrible proscription. La communication emportée, le 1er mars, le siège de Vérue devenait un siège ordinaire : « Vendôme, qui savait précisément les vivres qui y étaient, nous dit Quincy, prit le parti, afin d'épargner le sang de ses soldats, d'attendre que la garnison qui y était enfermée, composée seulement de dix-sept cents hommes, se rendit d'elle-même faute de vivres... (il) ordonna qu'on ne reçût aucun déserteur de la place et qu'on tirât sur tous ceux qui paraîtraient »[243].

Vérue capitula finalement le 9 avril, à discrétion. Les critiques ne désarmèrent pas pour autant, il est vrai que l'armée du roi était rendue à un état de fatigue accablant, sans possibilité d'aucun repos avant la nouvelle campagne et que Turin se trouvait encore loin. Villars écrit : « Ce siège qui dura plus de cinq mois coûta des sommes immenses et beaucoup d'hommes » [244]. Au Théâtre Italien de Paris, Arlequin se taillait tous les soirs un succès en lançant : « Apportez-moi un siège long, long comme le siège de Vérue ». Et pourtant Vendôme avait réussi, tout en investissant la place, à faire évacuer tout le Crescentin. Le duc de Savoie s'était essayé à rompre les digues des rivières mais sans parvenir à déloger les Français. Le répit allait être de courte durée puisque le prince Eugène, libéré par la défaite des Français à Höchstadt, revenait à marches forcées vers l'Italie pour une grande explication avec ses cousins et, ajoute Saint-Simon, « ... pour profiter du délabrement des troupes qui avaient fait ce long et pénible siège » [245].

Le grand prieur, pour sa part, s'était arraché aux plaisirs de la Vénétie dès février afin d'enlever les postes que les Impériaux avaient établis sur l'Adige. Avec l'aide de l'ingénieur Lapara que lui avait dépêché son frère, il avait mis le siège devant la Mirandole, sitôt après la chute de Vérue.

Les fraîcheurs de M. de Vendôme.

Le 9 mai 1705, suivi d'un fort détachement de son armée, Vendôme quittait Mantoue pour rejoindre son frère. Une campagne de gloire allait s'offrir au premier et d'infamie au second, rompant cette fois, presque sans retour, leur identité.

Deux jours plus tard La Mirandole tombait au pouvoir du grand prieur et Vendôme empêchait le prince Eugène de passer le Mincio à Monzambano, lui faisant perdre de la sorte cinq grosses semaines. Les Vendômes, plutôt satisfaits de ce début de campagne, se retrouvèrent le 15 mai sur la Chiese, à Bedezzole et Louis-Joseph confia les troupes qu'il avait amenées avec lui à son cadet avant de s'en retourner en Piémont. Quincy semble avoir eu la prémonition de ce que les foucades du grand prieur allaient provoquer de déboires : « Nous fûmes très fâchés du départ du caporal Louis (c'est ainsi que les grenadiers le nommaient)... Nous avions un pressentiment de ce qui devait arriver » [246].

Eugène, qui connaissait bien ses cousins, décida en effet de porter tout son effort sur Philippe. Il marcha sur lui avec des renforts. Son but était de secourir M. de Savoie. On oublie trop souvent que dans cette guerre il y avait des Espagnols placés sous commandement français, des Espagnols fort peu pressés d'obéir. Tel était le comte de Torralba, lieutenant-général, qui prit sur lui d'évacuer les bords de l'Oglio sans en avoir reçu l'ordre, permettant ainsi, le 18 juin, à Eugène de trouver le passage qu'il cherchait depuis plusieurs semaines. Le grand prieur à cette nouvelle perdit pied. « La tête lui tourna... La peur l'avait saisi, écrit Luynes, il ne se trouva pas en sûreté dans son nouveau poste, il marcha à l'entrée de la nuit sans battre la générale »[247]. — Là était l'opposition du génie des deux frères : même intrépidité mais grande différence de sang-froid — Quincy nous le décrit le lendemain de cette retraite dans son quartier général, « ... nu en chemise, assis sur un fauteuil et ses deux jambes sur une table, sa situation était des plus immodestes, il revâssait et il avait raison »[248].

Cinq jours auparavant Vendôme avait entamé en Piémont un nouveau siège, celui de Chivas, face à face acharné, dans le cours duquel, désobéissant par panache aux ordres de son général, le prince d'Elbeuf, un cousin, devait être tué le 25 juin. Le général en chef, à la nouvelle de l'offensive d'Eugène, laissa son armée de Piémont au commandement de La Feuillade et, se faisant suivre seulement de dix bataillons et dix escadrons commandés par l'Albergotti, il retraversa en deux jours le Milanais pour voler au secours de son frère.

Cette nouvelle des mécomptes du grand prieur avait été prise par Louis XIV avec philosophie : « Le Roi, note Saint-Simon, en apprenant cette nouvelle par un billet de Chamillart, comme il regardait jouer au mail à Marly, la dit à ce qui était autour de lui, et ajouta tout de suite que M. de Vendôme joindrait bientôt le Grand prieur, et qu'il raccommoderait tout cela. Cette fascination ne se pouvait comprendre »[233].

Le 14 juillet les deux frères se retrouvaient à nouveau à Ombriano, près de Crema. Dès le lendemain, ils étaient nez à nez avec Eugène. Le duc fit même marcher son armée de nuit pour s'approcher davantage de l'ennemi : « Conduite excellente de M. de Vendôme, juge Quincy, qui voulait toujours être campé près de l'ennemi afin de savoir promptement par soi-même, comme je le lui ai entendu dire plusieurs fois si le cul de l'enfant sentait bon »[250]. La façon qu'avait Louis-Joseph de faire la guerre était en tout singulière. Il y avait aussi ces fameuses « fraîcheurs de M. de Vendôme » : « Expression dont on se sert encore, écrit d'Argenson quarante ans plus tard, pour désigner une marche faite dans la plus grande chaleur du jour. Elle ne vient que de ce que M. de Vendôme annonçait toujours le soir qu'il partirait le lendemain de très-bonne heure, mais que, le moment arrivé, il restait si longtemps dans son lit, qu'il ne se mettait jamais en marche qu'aux environs de midi, même dans les temps et les pays les plus chauds »[251].

Ayant reçu avis de ce qu'Eugène détachait des troupes pour entrer dans le Crémonais et joindre le Piémont, Vendôme dépêcha son frère et Broglio sur l'Adda. Il ressaisissait ainsi la totalité du commandement sans se rendre compte que Philippe n'acceptait pas une reprise en mains qui ressemblait à une sanction. Commence alors une homérique course poursuite entre Eugène et Vendôme : marches nocturnes, contremarches, ponts jetés en quelques heures sur des rivières impétueuses, pulvérisés ensuite par l'explosif le dernier soldat passé. Eugène se prépare à franchir l'Adda mais Vendôme, pour l'en empêcher, rappelle près de lui son frère et onze des escadrons qu'il lui avait confiés. Le 14 août Louis-Joseph est informé du lieu où Eugène devait tenter de forcer le passage, c'était au Paradisio, près du village de Cassano, maison de campagne des jésuites de Bergame, fameuse pour ses jardins qui surplombaient l'Adda.

Vendôme surgit comme un diable mais c'est pour constater que le seul endroit que les Français n'ont pas retranché c'est justement le Paradisio. Pour une fois, il s'emporte : « Je vis ce général, raconte Quincy, lui qui était toujours d'une douceur, d'une politesse et d'une cordialité charmante, dans une colère horrible — Comment, disait-il, je verrai établir un pont devant moi sans pouvoir l'empêcher. Est-ce là ce que m'avait mandé ce jean-foutre ? (en parlant de M. de Broglie) »[252].

Il demande alors cent volontaires pour rétablir ces retranchements, leur promettant un louis chacun. La Bussière, un capitaine, s'offre à jouer le rôle d'ingénieur mais tous ces hommes sont impitoyablement fauchés par l'ennemi embusqué sur l'autre rive. » Ce fut alors, raconte Quincy, que M. de Vendôme se trouvait dans la situation du monde la plus triste, ne sachant quel parti prendre. Enfin, comme il mangeait un petit morceau de pain bien noir et du fromage pourri, sans vin (nous étions partis de notre quartier sans domestiques, ainsi nous ne pouvions rien lui offrir), M. de Chemerault arriva, qui lui dit — Monseigneur, tranquillisez-vous ; il est vrai, nous ne pouvons point empêcher le prince Eugène de faire son pont et de passer la rivière ; mais nous l'empêcherons de déboucher. Je viens d'examiner exactement la situation de notre poste. La même hauteur que le prince Eugène a de son côté, nous l'avons du nôtre... »[253].

On appelle aussitôt des paysans des environs que l'on paye pour travailler avec les soldats à l'endroit désigné par Chemerault où se trouve une hauteur masquée par un petit bois de chênes qui a trompé Eugène. Le généralissime de l'empereur est si furieux de son erreur qu'il s'oublie. Il fait tirer sur le campement de son cousin qui lui réplique sur le champ par un feu nourri de ses canons. Les deux armées passent ainsi la nuit du 14 au 15 août en ordre de bataille de part et d'autre de la rivière.

Dans l'après-midi du 15, Vendôme, passant par Cassano, où se trouvait un pont, va rejoindre son frère, « ... à Trezzo, village sur l'Adda, éloigné de deux lieues du Paradisio ». Ils passent là leur dernière soirée véritablement fraternelle. Vendôme s'en revient à son quartier et la nuit du 15 au 16 août se passe, comme la précédente, sous les armes.

Eugène ruse. Il fait croire par l'un de ses espions, un homme qui avait la confiance de Vendôme — un officier espagnol, M. de Colmeno — qu'il avait « levé » son pont, c'est-à-dire renoncé à passer. Son plan était de marcher pendant la nuit pour aller, à Trezzo, battre le grand prieur qu'il savait affaibli parce que ses troupes, à cause du manque de discipline coutumier dans son armée, se trouvaient pour une bonne part en maraude. Le bonheur voulut que Vendôme se trouvât en pleine nuit dans Cassano à cheval — il ne dormait donc pas toujours comme l'affirme Saint-Simon — le voilà nez à nez avec l'avant-garde de l'armée d'Eugène qui a déjà causé de grands dégâts et créé la débandade parmi les troupes françaises cantonnées dans le village. Voyant le terrain impossible pour s'y placer en ordre de bataille, Louis-Joseph ordonne une marche, « ... quelque embarras et quelque danger qu'on y trouvât »[254]. Cela s'exécute sous la mitraille et avec des pertes nombreuses mais il choisit son terrain. Décision hardie qui décontenance l'ennemi et qui laisse à Vendôme le temps de rallier la garnison de Cassano. Par bonheur les quinze bataillons venus du Paradisio se présentent au moment où les premières troupes commençaient à faiblir. Deuxième charge : « M. de Vendôme se mit à leur tête l'épée à la main »[255]. Un coup de feu fait sauter sa cocarde[255], notez pourtant que Saint-Simon s'obstine à le dépeindre, « ... mangeant un morceau pendant la bataille »[256]. Ayant fait ainsi avancer ses troupes, Louis-Joseph ne prend que le temps de changer de chemise puis il se porte au premier rang. « Il eut son cheval tué sous lui, rapporte Saint-Hilaire, on le releva. Un soldat ennemi, l'ayant reconnu, le coucha en joue pour le tuer. Cotron*, son capitaine des gardes, s'en étant aperçu, se mit devant lui, et, en parant le coup, le reçut au travers du corps, dont il ne mourut pourtant pas »[257]. Les deux généraux cousins et ennemis sont si près qu'ils se croisent du regard : « Le prince Eugène fut blessé de deux coups,

* Gaspard Cotron, mort en 1716, Provençal, lieutenant.

le comte de Linanges tué ». Les Français, au bout de trois heures d'un combat de titans, font refluer l'ennemi.

Cassano, à l'instar de Luzzara, fut pourtant considérée comme une bataille à l'issue incertaine, « ...l'une de ces batailles indécises, écrira Voltaire, pour lesquelles on chante des deux côtés des Te Deum, mais qui ne servait qu'à la destruction des hommes sans avancer leurs affaires »[259]. Quincy témoigne de la sauvagerie de cet affrontement avec une pointe de cynisme : « Les corps morts nous environnaient si fort que je passais cette nuit, la tête appuyée sur le ventre d'un des cadavres. Je dormis parfaitement bien... »[258]. Terrible boucherie dans laquelle avaient péri six mille cinq cents Impériaux et cinq mille Français. Mais le duc de Savoie lui-même considéra que cette bataille était une perte pour lui puisque, dans les heures qui suivirent, il écrivit ces lignes à la reine d'Angleterre : « Madame, les assurances que Votre Majesté nous a données que l'armée impériale, sous le commandement du prince Eugène, nous joindrait nécessairement, viennent de s'anéantir par le fâcheux succès de la bataille de Lombardie »[243]. Quant à Vendôme, exposé à un si pressant péril et resté toutefois le maître du terrain, Villeneuve le montre se comportant en vainqueur : « M. de Vendôme passa à cheval. L'on portait devant lui les drapeaux que l'on avait pris aux ennemis, ils étaient tous ensanglantés. Il avait son habit et sa veste déboutonnés, le visage en sueur, sa chemise remplie de tabac et de poussière. Il avait l'air du dieu Mars »[260].

Malgré cet air resplendissant, le duc écumait de rage contre son frère qui s'était dispensé de prendre part à la bataille et de lui mener ses troupes. Philippe était, en effet, resté campé près de Trezzo sans bouger : « Il a assuré qu'il ne savait pas ce qui se passait à Cassano, rapporte Quincy, quoiqu'il n'y eut que six milles de l'un à l'autre bourg. Il est certain, pour le disculper, que le vent était contraire, il poussait du côté du Paradisio »[258].

La scène terrible qui eut eu lieu entre les deux frères nous est connue par une lettre adressée depuis Milan, le 18 août, par Vaudémont à Chamillart. Louis-Joseph, après s'être rendu compte de l'absence de Philippe, voyant la bataille gagnée, avait fait un saut du côté de Trezzo, flanqué du seul Saint-Frémont. Des soldats qu'il rencontra en route lui annoncèrent que le grand prieur n'était pas sorti de sa petite maison de Rivolta : « M. de Vendosme alla à cette maison, le fit appeler à la porte, et luy demanda d'où venait qu'il avait si mal exécuté ses ordres... le Grand prieur d'un air des plus impertinens luy vomit mille ordures, et luy dit qu'il ne voulait plus ny obéir, ny commander, qu'il en était las, et que quand il voudrait se mêler de commander une armée, qu'il la commanderait mieux qu'un autre, assaisonnant cela de mort et de teste, et d'un estat si emporté, et si troublé, que Saint-Frémont fut obligé de se jetter entre les deux frères... Sur quoy le pauvre M. de Vendosme, sage et prudent, tournant son cheval dit à Saint-Frémont, c'est un fol, allons-nous-en à l'affaire importante, et dit de loin à son frère d'aller à la droite à laquelle il avait ordonné de s'estendre à Rivolta. Il y alla, mais sçavez-vous, monsieur, ce qu'il y fit, pendant toute l'action, il mit pied à terre, et se fit jetter un porte-manteau au pied d'un arbre, et s'y coucha au grand scandale de tous, en disant de temps en temps d'un air moqueur, entendant le grand feu, qu'il luy semblait que Monsieur son frère avait là de la besogne... »[261].

Coup de folie de Philippe ? Excès de chianti ? Accès de dépression, après la reprise en main de ses troupes par son aîné consécutive au franchissement de l'Oglio ? Quincy décrit le lugubre tête à tête des deux frères, au soir de cette journée fatale à leur identité : « La nuit venue, je fus chez ce prince. Je le trouvai à table, mangeant avec le Grand prieur, son frère. Ils n'avaient pour tout régal que du pain de munition avec un petit morceau de fromage ; leur table était un billot, sur lequel était fichée une baïonnette, dans laquelle il y avait une chandelle qui leur servait de flambeau. Je remarquai beaucoup d'aigreur entre les deux frères »[262].

Il fallut bien prévenir la cour d'un scandale si public. Vendôme eut beau excuser son cadet sur l' « air contraire », Philippe fut aussitôt rappelé en France. Il quitta l'armée le 13 septembre, avec ordre de ne reparaître ni à Versailles ni à Paris, ce qui lui fermait jusqu'aux portes du Temple. Il devait d'abord gagner Lyon et, là-bas, recevoir permission d'aller à Clichy où Crozat, à la prière du duc, s'était offert de le recevoir. Louis XIV refusa d'entendre ou lire ses justifications. Saint-Simon prétend que Philippe aurait réclamé une audience, « ... avec une hauteur et une audace qu'avait nourries l'expérience du pouvoir de sa naissance »[263]. De plus, le roi exigea de lui, séance tenante, la restitution d'un des plus beaux bénéfices en sa possession, l'abbaye de Saint-Victor de Marseille.

Le voyage triomphant

A la fin d'août, Vendôme, resté sur l'Adda pour contenir Eugène, reçut l'heureuse nouvelle de la prise de Chivas par La Feuillade qui laissait enfin Turin sans défense. C'est l'occasion d'une nouvelle série de marches et de contremarches des deux armées. Vendôme bloque alors tous les passages du Milanais et, le 13 octobre, par des prodiges de ruse et de rapidité, parvient à s'installer en face des Impériaux, à Montadino, les empêchant de franchir le Serio. Ce jeu du chat et de la souris ne s'interrompra qu'avec l'hiver, en décembre. Profitant de ces premiers véritables quartiers, à l'orée d'une quatrième campagne, Vendôme, laissant le commandement à Médavy, décide d'un voyage en France, à la fois pour arrêter les dispositions de la prise de Turin sur lesquelles Chamillart s'opposait à Vauban et pour humer l'air de cour qui commençait de lui manquer.

Il s'en retourna par Gênes où l'une de ses galères l'attendait, mettant en pièces sur sa route un petit détachement que commandait un lieutenant danois, le comte de Retenlaw, qui avait prétendu lui disputer le passage.

Le voyage du duc, au début de 1706, à la cour, fut selon le mot de Saint-Simon « triomphant » : « Vendôme arriva tout droit à Marly où nous étions, le 12 février. Ce fut une rumeur épouvantable : les galopins, les porteurs de chaise, tous les valets de la cour quittèrent tout pour environner sa chaise de poste. A peine monté dans sa chambre, tout y courut... Le Roi, Monseigneur, l'envoyèrent chercher. Dès qu'il put être habillé parmi cette foule, il alla au salon, porté par elle plutôt qu'environné. Monseigneur fit cesser la musique où il était, pour l'embrasser. Le Roi, qui était chez Mme de Maintenon, travaillant avec Chamillart, l'envoya chercher encore, et sortit de la petite chambre où il travaillait dans le grand cabinet au-devant de lui, l'embrassa à diverses reprises, y resta quelque temps avec lui, puis lui dit qu'il le verrait le lendemain à loisir... On briguait à lui donner des fêtes, on briguait d'y être invité avec lui. Jamais triomphe n'égala le sien ; chaque pas qu'il faisait lui en procurait un nouveau »[264].

Il va à Anet et tout le monde veut le suivre. Versailles se vide : « Le Roi si offensé d'être délaissé pour quelqu'occasion que ce fût, prenait plaisir à la solitude de Versailles pour Anet et demandait aux uns s'ils y avaient été et aux autres quand ils iraient »[264]. Saint-Simon prétend même que Louis XIV aurait alors offert à Louis-Joseph une patente de maréchal-général pour commander aux maréchaux comme avait eu Turenne mais que celui-ci se serait piqué de la refuser parce que le roi ne voulait pas mentionner que ce commandement découlait du rang intermédiaire, l'égalant ainsi aux princes du sang qui avaient en naissant le pas sur les maréchaux de France.

Le grand prieur aussi fit le voyage d'Anet depuis Clichy dont il n'avait pas bougé. Le roi refusait toujours de le voir malgré les instances réitérées du duc du Maine. Vendôme, pour sa part, s'indignait des suppliques qu'adressait son frère au duc du Maine afin de rentrer en grâce. Il aurait même lâché le mot terrible de bassesse et, dans une lettre du 10 octobre, Philippe avait dû se justifier : « J'avais cru ne pas manquer à l'un ni à l'autre (l'honneur et le devoir) en m'adressant à M. le duc du Maine, pour tâcher d'obtenir du roi les réparations convenables à l'affront qu'on vient de me faire, mais puisque cette conduite vous paraît basse et ne pas répondre au party extrême et haut que j'ay pris... je vous réponds que je me conformerai dans la suite à la rigueur, de vos volontés... mais trouvez bon seulement que je vous réitère instamment ce que je vous ay demandé dans ma lettre du 2 qui est de témoigner à M. du Maine et à M. de Chamillart que vous êtes content de ma conduite et que vous partagez l'affront qu'on vient de me faire »[265].

Louis-Joseph offrit à Philippe de le présenter au roi et de lui faire avoir 10 000 écus de pension[266] — Chamillart l'avait assuré que le roi, par égard pour lui, verrait le grand prieur toutefois sans l'entendre — Mais ce n'était pas ce que réclamait le plus imprévisible des Vendômes. Il voulait un nouveau commandement en chef et son frère, malgré l'essor de sa faveur, n'était pas en mesure de l'obtenir pour lui.

Le 11 mars, Vendôme prenait congé de la cour, avec en poche un billet signé du roi qui l'autorisait à commander un maréchal au cas où le bien des affaires de la France nécessitât l'envoi d'un officier de ce rang en Italie. Singulier passe-droit pour lequel il n'y avait qu'un seul précédent, cette fameuse patente donnée autrefois à Turenne l'autorisant à commander aux autres maréchaux, avec cette différence importante toutefois que Louis-Joseph n'était pas maréchal lui-même. Monsieur de Vendôme, c'était là son obsession, chercha encore, mais vainement, à ce que cette supériorité de commandement fut imputée non pas à sa valeur, comme c'était le cas, mais à son sang. Distinction dans laquelle est contenue tout l'esprit de l'ancienne France où partout la naissance se devait de supplanter le simple mérite.

« *J'approche aujourd'hui des ennemis, demain je les battrai* ».

Louis-Joseph repartit avec son frère. Ensemble, ils allèrent jusqu'à Antibes pour s'embarquer sur une galère qui devait les transporter à Voghera où ils se séparèrent le 5 avril. Philippe filait vers

Rome, mais avec interdiction expresse d'y voir le cardinal de La Trémouille, notre ambassadeur près du pape ; quant à Louis-Joseph, il rejoignait son armée.

Le roi ne recommanda rien davantage à M. de Vendôme, « ... que de chercher les ennemis partout en arrivant et les combattre »[267], rapporte Saint-Simon. Vendôme ne devait pas décevoir la cour. Débarqué le 5 avril, il allait, dès le 19 de ce même mois, remporter à Calcinato, l'une de ses plus fameuses, éclatantes et incontestables victoires.

Il avait décidé une marche éclair pour surprendre les ennemis avant qu'ils ne se mettent en campagne. Il fut à Mantoue le 12. Médavy pendant l'hiver avait fait des dispositions de troupes mais n'avait pas renouvelé suffisamment les provisions dans les magasins. Vendôme fit semblant de marquer une pause pour y remettre de l'ordre : « Il ordonna aux munitionnaires de faire de nouveaux amas aux lieux qu'il leur indiqua ; et, comme sa santé était comme de coutume assez valétudinaire, il se fit préparer des remèdes... et commanda qu'on lui fît une médecine pour le surlendemain. Cela ralentit la curiosité de tout le monde sur les mouvements des troupes qu'on savait qui s'étaient faits et se faisaient ; mais on fut bien étonné lorsqu'on le vit monter à cheval la nuit suivante »[268].

Le comte de Reventlaw — celui-là même qu'il avait défait quelques mois auparavant sur la route de Gênes — était retranché confortablement avec quinze mille hommes à Calcinato, sur le bord de la Chiesa. Vendôme paya d'audace, il alla à lui par une nuit très froide et pleine de brouillard, au moyen de ponts construits pour ainsi dire sous les pas de l'armée. Dans l'aube qui succèda à cette marche, il écrivit à Louis XIV : « J'approche aujourd'hui des ennemis, demain je les battrai ». Les Impériaux furent effectivement effarés de voir les Français fondre sur eux dans les premières lueurs de l'aube et Vendôme décida de pousser son avantage alors que la queue de son armée marchait encore. A M. de Montglon qui lui conseillait d'attendre le reste de ses hommes, il répliqua : « Eh bien, Monsieur, allez le chercher, et, auparavant qu'il soit arrivé, et vous, j'aurai battu les ennemis »[269].

Il s'élance le premier, comme à Cassano. En trois heures l'ennemi est terrassé : quatre mille Impériaux tués, six mille fusils que les ennemis jetèrent, « ... et que M. de Vendôme fit rechercher en donnant un écu par pièce »[270]. On fit prisonnier le second de l'armée, M. de Folkenstein, que le vainqueur invita à sa table. Il lui offrit du vin de Champagne. Mais, surprise, « ... ce général remercia M. de Vendôme, en lui disant qu'il ne buvait point de vin et qu'il n'en avait jamais bu -Comment, dit ce prince, un Allemand ne boire point de vin ! Cela est surprenant. Qu'on lui donne donc de l'eau de Nochère. Cette excellente eau venait d'une fontaine à deux lieues de Rome »[269]. Vendôme interroge son prisonnier : « (Il) lui demanda si le prince Eugène arriverait bientôt. — Monseigneur, lui répondit-il, nous l'attendions ce soir, et, en cas qu'il soit arrivé, il sera sans doute surpris de la déroute de son armée. Nous apprîmes depuis qu'il était arrivé dans le temps même de la plus grande déroute. Jugez quelle fut sa surprise et le chagrin qu'il eut d'avoir resté trois ou quatre jours de plus qu'il ne devait à Vienne »[271].

Voici le moment que Quincy appelle le « nec plus ultra », le « terme de notre bonheur ». Vendôme est au pinacle. On fait des chansons sur lui dans son armée :

« Monsu de Vendôme
« Monsu de Vendôme
« Vous devez beaucoup à Mars
« Mais encore plus à Saint-Come
« Monsu de Vendôme... »

Eugène médite sa vengeance. Il réclame des troupes fraîches à Vienne, il les obtient. Aussitôt Vendôme va se camper à Rivoli pour empêcher ces renforts de franchir l'Adige.

Pourtant le sort des armées franco-espagnoles n'était favorable qu'en Italie. Le 11 mai, en Espagne, Philippe V avait dû lever le siège qu'il avait mis devant Barcelone ; le 23 mai, aux Pays-Bas, Villeroi, le vaincu de Crémone, que Louis XIV avait eu le tort de remettre en selle, perdait devant Malborough la bataille de Ramillies qu'il avait livrée sans attendre les secours que lui dépêchait Villars. Perdant la tête ensuite, ce maréchal s'était réfugié à Gand puis à Lille, abandonnant aux coalisés sans combattre toutes les places du nord. Ce coup ne fut moins rude qu'Höchstadt que parce qu'il était le second et qu'on commençait à se faire aux désastres. Louis XIV, malgré son indulgence pour Villeroi — « Monsieur le maréchal, on n'est pas heureux à nos âges » — dut se décider à le remplacer. Villars était occupé à maintenir d'une main de fer, tout en le pillant, le pays entre Rhin et Moselle. Le roi ne vit personne d'autre que Vendôme pour rétablir la situation en Flandres. Il crut à tort qu'après Calcinato la situation de la France était suffisamment assurée par delà les Alpes et que La Feuillade et Marsin seraient en mesure de poursuivre l'œuvre de l'arrière petit-fils de Gabrielle ; autre tragique erreur. Louis XIV écrivit à Vendôme, lui disant, « ... que lui seul était capable de rendre aux troupes l'esprit de force et d'audace naturels à la nation française »[272]. Vendôme allait donc quitter l'Italie pour ne plus la revoir — « Il lui était fatal de réparer le malheur du maréchal de Villeroi », a écrit Saint-Simon[273] — mais il ne quittait pas Eugène pour autant.

Saint-Simon nous brosse au vinaigre le portrait de l'état d'esprit de Louis-Joseph au moment de ce grand changement : « Vendôme, de victorieux et d'entreprenant, était réduit à la défensive, et au milieu de tous ses tons avantageux, s'en trouvait fort embarrassé ; il regarda donc comme une délivrance la proposition qui lui était faite de quitter l'Italie. Il y laissait, non pas à l'égard du pays ni des Impériaux, mais à l'égard de la cour et de ce qui s'appelle en France le monde, une réputation non entamée »[273].

Le duc d'Orléans, futur régent de France, fut désigné pour lui succéder. Saint-Simon, qui compte au nombre des amis de ce dernier, s'efforce, en prévision des malheurs qui vont suivre, de noircir l'héritage laissé par Vendôme : « M. le duc d'Orléans joignit M. de Vendôme sur le Mincio, le 17 juillet, avec lequel il conféra tant qu'il put, non pas à beaucoup près tant qu'il voulut, moins encore autant qu'il était nécessaire. Le prétendu héros venait de faire des fautes irréparables. Le prince Eugène venait de passer le Pô presque devant lui. On ignorait ce que seraient devenus douze de nos bataillons... Vendôme craignit donc que ses fautes ne fussent aperçues ; il voulait que son successeur en demeurât chargé »[274].

Ce à quoi fait allusion le mémorialiste procède d'une erreur de l'Albergotti qui avait laissé l'ennemi franchir le Pô, encore ne s'agissait-il que de l'un de ces nombreux sauts par-dessus cette rivière que les armées, dans leur marche, ne cessaient de passer et de repasser au gré des méandres et de la configuration des vallées. Mais il y a plus grave, Saint-Simon accuse ouvertement Vendôme d'avoir refusé son aide à son successeur pour l'aider à contenir les troupes ennemies à la suite d'une escarmouche qui avait tourné au désavantage des Français. Récit passablement inexact : « Eh bien ! dit-il, ils sont passés, je n'y puis que faire ; ils ont bien d'autres obstacles à surmonter avant de se rendre en Piémont » ; et tout de suite, se tournant à M. le duc d'Orléans : « Vos ordres, lui dit-il, monsieur, car je n'ai plus que faire ici, et je pars demain matin. » Il tint parole... »[274].

VIII — LE PRINCE DES SUPERBES

Vendôme fut le 31 juillet à Versailles. Nouveau triomphe et nouvelle concession du roi sur le rang qu'il tiendra à l'égard des maréchaux : « Il fut reçu en héros réparateur... Il y vanta le bon état où il avait laissé toutes choses en Italie, avec une audace sans pareille... Le lundi 2 août, M. de Vendôme fut longtemps seul avec le Roi dans son cabinet. Il en reçut une lettre de sa main, portant ordre à tous les maréchaux de France de prendre l'ordre de lui et de lui obéir partout... M. de Vendôme, quoique sans mention de sa naissance, fut mis en parfait niveau avec les princes du sang. Il prit congé transporté d'aise, s'en alla coucher à Clichy, d'où il partit le lendemain pour Valenciennes »[275]. Louis-Joseph ne devait jamais obtenir davantage de Louis XIV que ce traitement de prince du sang borné à la fonction militaire, aussi son ambition d'assimilation complète au sang royal allait-elle devoir trouver jour ailleurs.

Villars faisait partie des ennemis de Vendôme. Chargé, dans un premier temps, d'aller en Italie le remplacer, il avait décliné l'offre, « parce que trouvant les dispositions de M. de Vendôme mal digérées... il se voyait réduit à les suivre où à prendre sur lui de changer tout ce qu'avait fait un général aimé du roi »[276]. Il confirmait sa position, le 27 juin, dans une lettre à Chamillart : « Chacun sa manière de faire la guerre et j'avoue que la mienne n'a jamais été de vouloir tenir par des lignes vingt lieues de pays »[276].

Toutefois un nouveau problème se posait à Vendôme. Il allait devoir commander en Flandres sous les ordres du duc de Bavière, allié de la France et prince souverain. Nouveaux tracassins d'honneur. Saint-Simon raconte comment la coterie des bâtards veilla, depuis Versailles, à lui maintenir son rang face à ce prince allemand : « Le Roi fit donc convenir l'Electeur que Vendôme ne lui dirait et ne lui écrirait que Monsieur, et que partout leurs sièges seraient égaux ; que Vendôme prendrait toujours l'ordre de lui... »[277].

Le nouveau général en chef de l'armée des Flandres s'éloignait avec l'ordre de couvrir la frontière — celle des Pays-Bas espagnols — mais son intention, soutenue par son penchant pour l'offensive, était de se tenir au-delà. Malborough allait être son adversaire. C'était, avec Eugène, l'autre grand général des coalisés. Saint-Simon, encore lui, accuse Louis-Joseph de s'être arrêté à Saint-Amans sous prétexte de prendre les eaux et d'avoir laissé par paresse l'armée dans l'état lamentable où l'avait abandonnée Villeroi. Saint-Hilaire dit tout le contraire : « Il réforma notre armée qui se trouva belle et nombreuse »[278]. Le 16 août, grâce au chevalier du Rosel, Vendôme bousculait le fourrage de Malborough, s'emparant même de Cadogan, favori de ce général anglais, qu'il renvoya à son maître sur la seule parole qu'il ne servirait plus contre les Français jusqu'à la fin de campagne, engagement que les Anglais exécutèrent scrupuleusement. En revanche la pression ennemie était telle que, le 3 octobre, Louis-Joseph dut évacuer Menin et Ath.

Les quartiers d'hiver, après cette courte campagne qui avait surtout permis de se jauger mutuellement, furent déclarés très tôt et Vendôme, concluant les opérations par une inspection détaillée des places maritimes, fut à Versailles dès le début de décembre.

Les nouvelles d'Italie étaient catastrophiques. Il avait suffi de deux mois pour anéantir l'œuvre de trois années. Le 7 septembre, devant Turin, l'armée française avait été battue : le duc d'Orléans blessé, Marcin tué, La Feuillade compromis au point que Louis XIV ne devait plus jamais lui adresser la parole. En un jour toute l'Italie fut ainsi perdue et avant quelques semaines Eugène et Victor-Amédée devaient se sentir suffisamment forts pour mettre le siège devant Toulon.

Les soldats en firent une chanson à la gloire de Vendôme qui disait :

> « Tant qu'il resta dans l'Auronie
> « Dans tous les champs de Lavinie
> « Il fit arborer vos drapeaux
> « Dès qu'il partit, la destinée
> « Nous ravit dans une journée
> « Le fruit de ces nobles travaux »[279].

Saint-Simon prétend que Vendôme fut moins glorieusement accueilli du roi à son retour de Flandres : « Il fut bien reçu parce qu'il était M. de Vendôme ; mais la différence fut entière d'avec ses deux derniersretours. Ce restaurateur n'avait rien redressé en Flandres ; il y avait laissé faire aux ennemis tout ce qu'ils avaient voulu... »[280].

Quant au grand prieur qui s'en était allé à Rome, l'interdiction qu'il avait reçue de voir le cardinal de la Trémouille, notre ambassadeur, ne serait-ce qu'incognito, suffit à lui fermer les portes des palais de la Ville. Lassé très vite de la morgue romaine, il vécut sans retenue. Louis Truc affirme, « ... qu'il entretint une liaison tapageuse avec une femme perdue ». Il fut bien vite la fable de la cité papale, « ... avec ses chiens qui couraient autour de lui, son haleine vineuse, son arrogance ». Voyant les visages se fermer autant que les portes des palais et la police de Clément XI ne pas quitter ses pas, il se lassa et partit pour Gênes en novembre.

Il avait trouvé sur sa route une autre chevalière errante : « Il s'accrocha, nous dit Saint-Simon, à la marquise de Richelieu qui courait le monde depuis quelques temps. Ils passèrent ensemble quelques temps à Gênes, d'où il revint en France ». Cette marquise de Richelieu, c'était encore une cousine, fille d'Hortense et du duc de Mazarin, que son mari, un débauché notoire, frère du duc de Richelieu et de la duchesse d'Aiguillon, avait enlevée aux Filles de Sainte-Marie-de-Chaillot. Saint-Simon la dit, « ... belle comme le jour... fameuse pour les désordres et les courses de sa vie errante »[281].

L'année 1707 se trouve toute entière contenue dans l'œil du cyclone, c'est le grand calme avant les terribles débâcles de 1708. Le sort des armées à tout prendre n'est pas défavorable à Louis XIV : Eugène et Victor-Amédée sont contraints de lever le siège de Toulon, Philippe V en Espagne reprend Madrid et gagne avec Berwick la bataille d'Almansa et Vendôme tient les Flandres face à Malborough, sans perdre un pouce de terrain.

Campagne commencée tard et finie tôt qui a donné prise à toutes sortes d'attaques contre la paresse de Vendôme. Saint-Simon, on s'en doute, n'est pas des derniers à l'enfoncer : « Vers la fin de mai, les armées s'assemblèrent, et la campagne se commença. Vendôme, en apparence sous l'électeur de Bavière, mais en effet à peine sous le Roi même, coulait les jours sur sa chaise percée, au jeu, à table »[282].

Saint-Simon prétend même qu'il manqua d'être surpris par Malborough : « L'Electeur... alla lui-même forcer les portes, éveiller Vendôme, et lui dire le péril de son retardement. Vendôme l'écouta en bâillant, et, pour toute réponse, lui dit que cela était le mieux du monde, mais qu'il fallait qu'il dormît encore deux heures ; et tout de suite se tourna de l'autre côté. L'Electeur, outré, sortit, et n'osa donner aucun ordre. Cependant, les avis redoublant de toutes parts de l'arrivée imminente des ennemis sur l'armée, Puységur prit sur soi de faire sonner le boute-selle, détendre et charger, puis avertit le duc de Vendôme, qui persista à ne vouloir rien croire, mais qui sachant l'armée prête à marcher, s'habilla enfin et monta à cheval comme elle était déjà ébranlée. Il était temps... »[282].

Les deux camps commencèrent à séparer leurs armées dès le 15 octobre. Vendôme ne s'en fit pas prier. Bien que général en chef, il eut à subir en route les tracasseries de l'administration, ainsi que s'en fait l'écho Alberoni : « A l'égard des douanes on est en France, c'est tout dire. On fouilla M. de Vendôme lorsqu'il revint de Flandres, jusque dans les coffres de sa chaise. »[283]. Le 5 novembre il était à Marly, « ... fort bien reçu du roi ». On lui savait gré d'avoir interrompu l'enchaînement des malheurs de 1706. Tout courut de nouveau à Anet et en premier lieu le dauphin qui alla y passer une semaine -la dernière d'une longue série- en mars 1708.

« *Il faut donc se retirer... Il y a longtemps, Monseigneur, que vous en avez envie* ».

Il faut reprendre son souffle avant d'exposer les catastrophes de 1708, prélude aux quatre années les plus sombres du règne de Louis XIV au cours desquelles le royaume devait se trouver mis très brusquement à la merci d'une invasion.

Mais, auparavant, revenons au grand prieur qui se morfond à Gênes et qui va obtenir, en mars 1708, à la sollicitation de son aîné, de revenir en France pour le retrouver, à condition que ce ne soit ni à la cour ni à Paris, que ce ne soit que pour quarante-huit heures et qu'il aille ensuite fixer ses tabernacles à plus de quarante lieues de Paris. On le voit, la rancune de Louis XIV était tenace. Que reprochait-on à Philippe qui avait eu tout loisir de résider à Clichy juste après son coup de folie de Cassano ? C'est d'avoir commis ce que le roi ne pardonnait jamais aux princes : quitter le royaume sans en avoir sollicité la permission. Chamillart le dit clairement dans une lettre en date du 17 mars, au duc de Vendôme : « Le Roi me commande de vous dire que M. le Grand prieur s'est exilé de lui-même et que S.M. n'oubliera jamais l'action indigne qu'il vous fit à la mémorable bataille de Cassano »[284].

La rencontre des deux frères eut lieu le 28 avril, chez eux, à La Ferté-Alais, domaine de chasse, bâti seulement d'un petit rendez-vous, qui venait de l'héritage de Gabrielle d'Estrées. Vendôme y vint de Bélébat, tout près, superbe résidence que Charles Hurault, marquis de Bélébat, avait embellie à côté de Fontainebleau et qui appartenait alors au financier Jean-Baptiste Berthelot de Pléneuf, ami de Louis-Joseph et de Crozat. Il y passait, rapporte Alberoni, dans une lettre du 7 mai[285], les jours gras. Nous verrons ainsi notre duc, qui a de plus en plus de mal à soutenir le train de ses demeures : sa chère maison d'Anet, beaucoup moins gaie depuis quelques années, Chenonceaux où il n'a pas mis les pieds depuis vingt ans, vivre ainsi, comme à l'hôtel, chez de très riches financiers, honorés d'avoir chez eux un prince de la famille royale, fut-il de la main gauche. Signe des temps, d'ailleurs, que ce rapprochement de certains grands, de plus en plus gênés aux entournures, avec de riches financiers. En 1707 la tante Bouillon a marié son fils chéri, le comte d'Evreux, à la fille de Crozat qu'elle surnomme insolemment « son petit lingot d'or ».

Ce sera, mais ils ne le savaient pas, la dernière rencontre des deux frères et, en dépit de ce qu'affirme Saint-Simon — « l'entrevue fut assez fraîche » — ils y passèrent ces deux jours de printemps à chasser, à boire, à rire, comme aux meilleurs temps.

Après cela, le grand prieur alla s'installer à Chalon-sur-Saône, juste à la limite des fatales quarante lieues ordonnées par le roi, n'attendant là qu'une chose : l'autorisation de son retour. Vendôme, de son côté, retourna à Clichy, chez Crozat, pour attendre des nouvelles de la formation des armées. Il était à Marly du 1er au 4 mai, très entouré de courtisans, car tous savaient que le roi allait de nouveau l'employer.

Louis XIV avait arrêté une décision dont il n'allait pas tarder à regretter amèrement les conséquences, c'était, avec Vendôme sous lui, de faire commander l'armée des Flandres par l'aîné de ses petit-fils, héritier en second de la couronne et duc de Bourgogne, l'électeur de Bavière se tenant, pour sa part, sur le Rhin ayant Berwick sous ses ordres, Villars enfin servant en Dauphiné. Il fallait faire passer la pilule à Vendôme qui en profita pour remettre à l'ordre du jour l'affaire de sa patente — une patente officielle, non une simple lettre ainsi qu'il l'avait obtenu par deux fois — afin de commander aux maréchaux en toutes circonstances. Cette fois le roi céda et sut trouver qui il fallait : « Le 4 mai au matin, raconte Saint-Simon, le Roi sortant de son cabinet, trouva le maréchal de Matignon, à qui il dit qu'il commanderait l'armée de Flandres sous le duc de Vendôme, au nom duquel, comme au sien, il le cajola avec toutes les flatteries dont il savait si bien assaisonner de si étranges nouveautés. Ce dix-huitième maréchal de France n'eut pas honte de se répandre en actions de grâces, et, pour combler l'ignominie, en respects pour le maître qui lui était donné »[286].

Cet état major dépêché en Flandres devait se consumer en rivalités. Il y avait d'abord au sommet l'attelage Vendôme — Bourgogne, dont la rivalité est celle de deux clans : Vendôme, plus proche du dauphin et de la cour de Meudon, Bourgogne prisonnier d'un cercle d'aristocrates à la fois libéraux et bigots. « Le feu et l'eau, écrit Saint-Simon, n'étaient pas plus différents ni plus incompatibles que l'étaient Mgr le duc de Bourgogne et M. de Vendôme : l'un dévot, timide, mesuré à l'excès, renfermé, raisonnant, pesant et compassant toutes choses, vif néanmoins et absolu, mais, avec tout son esprit, simple, retenu, considéré, craignant le mal et de former des soupçons, se reposant sur le vrai et le bon, connaissant peu ceux à qui il avait affaire, quelquefois incertain, ordinairement distrait, et trop porté aux minuties. L'autre, au contraire, hardi, audacieux, avantageux, impudent, méprisant tout, abondant en son sens avec une confiance dont nulle expérience ne l'avait pu déprendre, incapable de contrainte, de retenue, de respect, surtout de joug, orgueilleux au comble en toutes les sortes de genres, âcre et intraitable à la dispute, et hors d'espérance de pouvoir être ramené sur rien »[287].

Mme de Maintenon, convaincue que l'affection qu'elle nourrissait pour Bourgogne et l'amitié qui la liait à Vendôme au travers du duc du Maine les ferait s'entendre, avait persuadé Louis XIV que le futur héritier de la couronne saurait tempérer par sa modération les audaces de son impétueux cousin. Le duc de Beauvilliers en rajoutait : « Il n'y a que lui (le duc de Bourgogne) dont l'autorité puisse animer la paresse de M. de Vendôme, émousser son opiniâtreté, l'obliger à prendre les précautions dont la négligence a coûté souvent si cher, et a pensé si souvent tout perdre. »[288]. Au dernier moment Louis XIV avait imposé un compromis secret qui allait être cause de toutes les difficultés à venir : il avait donné à Vendôme la voix d'exhortation et à son petit-fils la voix de décision.

Mais il était une autre rivalité, dans la partie technique, si l'on peut ainsi s'exprimer, de la guerre, elle opposait Vendôme à Jean de Brouchoven de Bergeyck, Anversois et ministre de l'électeur de Bavière, que Philippe V avait fait vice-roi de Flandres. Il avait le titre de contrôleur général des guerres. Il était si capable et si sûr de son fait qu'il n'admettait aucune contradiction. Vendôme et lui s'étaient opposés tout l'hiver à Marly et à Versailles, dans le cabinet de Chamillart, tandis qu'on préparait le plan de la campagne et même, un jour, en présence du roi, ils avaient disputé âprement d'un point de topographie où tout l'avantage était demeuré à l'Anversois. Pour toutes ces raisons, ils se détestaient.

Saint-Simon prétend, qu'impressionné par de si fâcheux prolégomènes, il aurait prédit à son ami le duc de Beauvilliers, gouverneur du duc de Bourgogne, les malheurs qui devaient découler de cette campagne : « Vous verrez M. de Vendôme en sortir glorieux, et Mgr le duc de Bourgogne perdu, et perdu à la cour, en France, et dans toute l'Europe »[289]. La prophétie devait à peu près se réaliser, comme nous l'allons dire, sauf que Vendôme lui-même devait trouver dans l'affaire le chemin de la disgrâce. Louis XIV était sans doute conscient de ces tensions mais déjà vieillissant — il allait toucher cette année là à ses soixante-dix ans — assailli par la nécessité de replâtrer mille choses en même temps, en Espagne, en Italie, sur le Rhin, il songeait surtout à se procurer l'argent nécessaire pour soutenir la guerre. C'est précisément à cette époque que les courtisans stupéfaits, un beau matin, le virent faire les honneurs de ses jardins au banquier Samuel Bernard dans le but à peine dissimulé de lui extorquer quelques fonds.

Vendôme se mit en route pour Valenciennes, le 7 mai, deux jours après la formation des armées. Le 10, il assemblait aux environs de Mons et Namur quatre-vingt mille hommes répartis en cent trente et un bataillons et deux cent six escadrons. Le plan de la campagne était de s'emparer de Liège et d'attaquer Maestricht. Le 25 mai le duc de Bourgogne, accompagné de son frère Berry, de sa suite et de ses gouverneurs, de son confesseur jésuite, le père Martineau, qui prétendait le suivre jusqu'à la tranchée, vint prendre le commandement après avoir reçu permission de voir son ancien précepteur, Fénelon, tenu en exil à Cambrai par l'affaire du quiétisme. Cambrai, rendez-vous de beaux esprits où se trouvèrent tous les ennemis de Vendôme et où le prince qui devait un jour devenir dauphin, puis roi de France — du moins le croyait-on — acheva d'être prévenu contre le vainqueur de Calcinato.

Aux premiers jours de juin les armées ennemies n'avaient pas encore fait leur jonction. Il eut fallu profiter du nombre et de l'avantage d'être prêts les premiers pour s'emparer de Bruxelles alors que Malborough, retranché dans son camp à Louvain, s'impatientait d'attendre Eugène. Première grande querelle entre l'état major du duc de Bourgogne et celui du duc de Vendôme, lequel, selon son habitude, tenait pour l'offensive. En attendant l'arbitrage du roi — délai funeste qui réduit à néant tout l'intérêt du projet de course à l'ennemi — Vendôme s'empare de Gand et de Bruges grâce aux travaux faits par Bergeyck puis, au début de juillet, va mettre le siège devant Oudenarde. Le 11 juillet, Malborough, qu'Eugène avait pu rejoindre avec une avant-garde de son armée, décida d'attaquer sans attendre l'arrivée du reste des troupes impériales. Les ennemis devaient franchir l'Escaut pour aller aux Français. Vendôme, en début d'après-midi, proposa de passer à l'offensive, mais le duc de Bourgogne refusa, « ... voulant éviter la bataille s'il se pouvait ». Vendôme, de fort méchante humeur, croisa les bras, il vit sous son nez l'ennemi commencer de traverser le fleuve. Alors que Cadogan, le commandant anglais, n'avait encore passé que sa cavalerie, Vendôme proposa une seconde fois de fondre sur l'ennemi. Ce fut en vain, le prince, prenant l'avis de ses officiers et de ses confesseurs, tergiversa encore.

A six heures l'armée anglo-impériale était en ordre de bataille. Vendôme voulait agir contre la droite ennemie commandée par Eugène, mais le duc de Bourgogne, circonvenu par son entourage, ordonna, à son insu, une attaque au centre. Le choc fut terrible, Louis-Joseph mit un instant Eugène en difficulté mais ce fut la droite française, pilonnée par Malborough et Tilly qui se débanda la première. Désorganisation suprême : les Français ne firent avancer que cinquante-neuf bataillons tandis que quatre-vingts autres restaient à se croiser les bras derrière un marais pourtant franchissable. Vendôme en dira : « Je ne pouvais point me douter que cinquante bataillons et près de cent quatre-vingts escadrons, des meilleurs de cette armée, se contenteraient de nous voir combattre pendant six heures et regarderaient cela comme au regarde l'opéra des troisièmes loges »[290]. Eugène, toujours fertile en ruses, fit avancer des officiers réfugiés huguenots qui criaient dans un français parfait : « A moi Picardie ! » « A moi Piémont ! », afin d'égarer les soldats du roi.

Ce fut Bourgogne, effaré du désastre — sept mille Français avaient été mis hors de combat en deux heures — qui parla le premier d'abandonner la partie, provoquant la colère de Vendôme. Le bâtard rappela au prince, « ... qu'il fallait qu'il se souvienne qu'il n'était venu à l'armée qu'à condition de lui obéir », trahissant ainsi la convention secrète sur les voix d'exhortation et de décision que Louis XIV leur avait imposé. Le duc proposa, contre l'avis de l'héritier de la couronne, de camper sur la Dende, de coucher sur le champ de bataille et de reprendre le combat le lendemain, proposition non déraisonnable si l'on se fie à Saint-Hilaire : « La nuit termina le combat vers les neuf heures du soir, et le succès fut si douteux que les deux armées s'en attribuèrent l'avantage »[281]. Bourgogne, poussé par ses mentors, ordonna la retraite. Vendôme éclata : « Vous le voulez tous, il faut donc se retirer... Il y a longtemps, Monseigneur, que vous en avez envie »[282]. Et il conclut par cette phrase terrible, par laquelle il semble revendiquer, une fois encore, l'héritage d'intrépidité et d'audace des Bourbons davantage encore que les princes légitimes : « Eh bien, Monseigneur, si Henri IV avait fait ce qu'on vient d'exécuter, le roi notre maître serait-il sur le trône et vous-même où seriez-vous ? ». Bourgogne ne répliqua pas. Saint-Simon a magnifiquement décrit quel était alors son état d'esprit : « Elevé dans la frayeur du roi, ce serait trop peu de dire la crainte... Sa sagesse le rendait défiant de soi-même, et sa dévotion extrême, mais encore peu éclairée jusqu'aux discernements nécessaires, le rapetissait et l'étrécissait. Sensible au point où il était, la conduite de Vendôme à son égard, et les deux propos qu'il avait eu l'insolence de lui adresser en public le tenaient de court »[293].

Là-dessus, l'armée se retira près de Gand. Le lendemain Malborough et Eugène tentèrent d'assurer leur triomphe en donnant la chasse aux Français avec leur cavalerie mais Vendôme plaça mille grenadiers en embuscade et leur fit rebrousser chemin. Lui seul sut de la sorte empêcher que cette retraite ne se tourna irrémédiablement en déroute.

Oudenarde, combat à l'issue douteuse, ne devint finalement un désastre qu'à cause de la mésentente qui s'ensuivit dans l'état major français. Vendôme avait eu deux fois raison, aux premiers jours de juin, en conseillant de foncer sur Bruxelles et, au début de l'après-midi du 11 juillet, en recommandant d'aller à l'ennemi. Eugène l'a reconnu formellement : « Sans cette mésintelligence nous aurions été battus... ». Il en en tira aussitôt cette leçon : « Il faut user sobrement des princes du sang. Pour un Condé à Rocroi ou un Gaston de Foix à Ravenne, on trouve des ignorants comme le dauphin ou le duc de Bourgogne »[294].

Saint-Simon ne parvient pas à nous faire croire à la responsabilité de Vendôme, qu'il accuse d'avoir tout aggravé par le délai apporté à quitter le champ de bataille : « Vendôme se mit à pérorer sur ce combat, à vouloir montrer qu'il n'était point perdu... Chacun écouta en silence un homme qui ne voulait pas être contredit... jusqu'à ce que le compte d'Evreux le rompit pour louer M. de Vendôme dont il était un cousin germain* et fort protégé... ». Saint-Simon, ne fut jamais si injuste avec Vendôme qu'à ce moment-là puisqu'il affirme qu'il se retira, « ... sans plus donner aucun ordre ni s'informer de rien »[295]. C'est ignorer les dispositions, décrites plus haut, prises dès le lendemain pour empêcher avec ses grenadiers que la cavalerie ennemie ne fit des ravages dans l'arrière-garde française. Les mêmes invectives se poursuivent, le 13 juillet, lorsque Louis-Joseph arrive à Gand : « Il entra aussitôt après dans la ville sans s'informer de quoi que ce fut, se jeta dans un lit et y demeura plus de trente heures sans se lever... Ensuite il apprit par ses gens que l'armée était à Lovendegenn »[295]. Manifestement faux

* Fils de Mme de Bouillon, il avait épousé en 1707, on l'a dit, la fille de Crozat.

puisque l'on sait de diverses sources que ce fut Vendôme lui-même qui établit son armée dans cette place comme la plus sûre à s'offrir encore à son choix. Ce que confirme Alberoni, le 6 août : « Voici l'avantage que nous donne la situation de Gand et Bruges et on voit bien que M. de Vendôme en a connu les conséquences puisqu'il a voulu, malgré et contre le sentiment de tout le monde, les soutenir, et je vous assure que les ennemis cherchent tous les moyens de nous déposter d'ici »[296].

La nouvelle du désastre d'Oudenarde fut connue par la cour, à Fontainebleau, le 14 juillet. Les lettres de justifications suivirent. Lettres du duc de Bourgogne à sa femme, aussitôt produites au roi, qui rejetaient la défaite, « ... en termes formels... sur l'extraordinaire opiniâtreté et sécurité du duc de Vendôme... »[295]. Dans une lettre que Vendôme « écrivit au Roi, d'après Saint-Simon, « ... en se mettant au lit... par laquelle il tâchait de le persuader, en une page, que le combat n'était pas désavantageux »[295], il s'exprimait ainsi : « Je ne ferai aucun détail à Votre Majesté. J'aurai seulement l'honneur de lui dire que les ennemis n'auraient eu aucun avantage sans celui que nous avons bien voulu leur donner en nous retirant. Je m'y étais opposé très longtemps mais Monseigneur le Duc de Bourgogne l'a désiré d'une façon qu'il m'a fallu céder... je suis inconsolable, car, pendant une heure, j'ai vu l'affaire gagnée et, si j'avais été soutenu comme je devais l'être elle eut été complète... »[297]. Suivirent d'autres courriers confus et contradictoires qui étalaient tous au grand jour les divisions de l'état-major. Louis - XIV demeurait ébahi. Saint-Simon accuse Vendôme sur son refus de donner des détails qui l'eussent accablé, et il déplore, davantage encore, que le duc de Bourgogne n'ait pas pris sur lui de faire connaître ces mêmes détails qui eussent éclairé son grand-père.

Mais l'affaire allait prendre des proportions considérables et presqu'irrémédiables par l'opposition, à la cour, des tenants des deux factions, les amis du futur dauphin et les sectateurs de ce que Saint-Simon nomme la cabale de Vendôme : le prince de Vaudémont, que nous avons vu en tête de l'armée du Milanais, le duc du Maine, le comte de Toulouse, qui réussissent à circonvenir Chamillart et le dauphin — Monseigneur — « paqueté » contre son propre fils, soutenant contre celui-ci le gai cousin Vendôme.

L'on avait dans Paris, à son départ, chansonné le duc de Bourgogne que sa bigoterie rendait impopulaire :

« Prince partez pour la victoire
« Revenez tout couvert de gloire
« Et par mille exploits, prouvez-nous
« Que vous valez mieux qu'on ne pense

« Et que c'est mal juger de vous
« Que de juger sur l'apparence... »[298].

Mme de Maintenon était écartelée entre sa préférence pour le duc du Maine qu'elle avait élevé et qui l'intéressait au sort de Vendôme et son attachement sincère au duc et surtout à la duchesse de Bourgogne. Elle se confiait, le 23 juillet, à Mme des Ursins en ces termes : « Vous saurez, Madame, que notre bonheur n'a pas duré longtemps... M. de Vendôme qui croit tout ce qu'il désire a voulu donner un combat et il l'a perdu, tant par la perte de nos troupes que par la crainte des suites et l'air supérieur qu'ont présentement nos ennemis... Il est impossible qu'il ne se mette de la froideur entre M. le duc de Bourgogne et M. de Vendôme par la diversité de leurs avis et combien de gens contribueront à l'augmenter par leurs mauvais discours »[299].

Selon Bellerive, après avoir reçu toutes ces lettres, Louis XIV tint un conseil où il décida de rappeler son petit-fils et de laisser le commandement entier à Vendôme. Aussitôt la duchesse de Bourgogne serait intervenue avec toute son énergie pour que le roi revienne sur cette décision. Elle aurait été relayée par Mme de Maintenon qui venait alors de choisir son camp : « La cabale fut étourdie, nous dit Saint-Simon, de voir Mme de Maintenon échapper à M. du Maine et se dévouer à Mme la duchesse de Bourgogne »[300]. La jeune princesse se serait jetée aux genoux du grand-père de son mari en s'écriant : « Ah ! mon papa, M. de Bourgogne est déshonoré si vous le rappelez ». Le roi céda et il fallut poursuivre en Flandres avec le même attelage, boire le calice jusqu'à la lie. Louis XIV, dont on perçoit très nettement la lassitude, s'employa à ménager tout le monde. Il fit ses recommandations au duc de Bourgogne, commençant par le plaindre sur son infortune : « Je suis bien fâché que la première occasion où vous vous êtes trouvé n'eut pas été un évènement plus heureux », et il s'emploie à rassurer Vendôme en le louant : « Je mande au duc de Bourgogne que pour éviter à l'avenir les inconvénients passés, il doit délibérer avec vous sur ce que vous aurez à faire. Je lui recommande d'avoir pour vous tous les égards que vous attirez par la manière dont vous vous exposez en toutes occasions ».

Louis-Joseph qui n'augure rien de bon, pour les suites de la campagne, de ces dispositions malgré tout inchangées, fait ses plaintes à Chamillart : « Il serait à souhaiter que tout le monde prit les intérêts du roi aussi à cœur que moi ». Ou encore : « Il y a des gens qui ne songent jamais qu'à s'éloigner de l'ennemi et croient par là se mettre en sûreté, et il arrive souvent que, plus prêt on est, plus on est éloigné de combattre... Lorsque j'ay été en Italie, on se décidait comme je voulais. Vous avez vu comme les affaires ont été. Elles eussent été de même si j'eusse été le maître » [301].

C'est alors que Vendôme, mortifié par la décision du roi de le laisser sous les ordres du duc de Bourgogne, qu'il ressentait comme une espèce de désaveu, désira rendre le débat public. Il fit d'abord écrire par Albéroni à l'avocat Charles Ponthon d'Amecourt, associé de Crozat, conseiller au parlement de Metz, une lettre qui fut publiée par colporteurs. Saint-Simon en a fait la pièce principale du procès qu'il intente à Vendôme, sur plus de dix des feuillets contenus dans les fameux portefeuilles de ses *Mémoires* [302]. Cette lettre soutient que le duc de Vendôme fut empêché à plusieurs reprises d'agir pour le bien des affaires du roi. Une seconde lettre, celle-là publiée sous le manteau, est rédigée par Campistron, « ... en comparaison de laquelle, estime Saint-Simon, celle d'Alberoni n'était que fleurs et mesures » [302]. Campistron attaquait nommément et traitait de marauds les gouverneurs du duc de Bourgogne, d'O et Gamaches, ainsi que le maréchal de Matignon qui, à Oudenarde, avaient opiné pour la retraite. La troisième lettre est celle du comte d'Evreux à son beau-père Crozat, qui « ... était faite pour être montrée ». Saint-Simon accuse le comte de s'être fait le « champion » de son cousin Vendôme, de « ... s'être mis de niveau avec ces deux valets » (Albéroni et Campistron) pour obtenir des grâces dans l'armée et il assure que Mme de Bouillon, « ... qui avait infiniment d'esprit, et qui frémit des suites... courut chez Crozat et lui chanta pouilles ». Toutes ces lettres étaient faites pour faire mal et elles firent mal : « Les Halles mêmes, dont Beaufort fut roi si longtemps dans la minorité de Louis XIV... les mauvais lieux, le Pont-Neuf en retentirent, les provinces les plus éloignées en furent soigneusement remplies ». « Les vaux de ville*, poursuit Saint-Simon, les pièces de vers, les chansons atroces sur l'héritier de la couronne, et qui érigeaient sur ses ruines Vendôme en héros, coururent par Paris et par tout le Royaume » [302].

Le duc de Bourgogne devint la risée du royaume et Vendôme l'idole du peuple :

« Notre prince magot
« Trop timide et cagot
« Avec son Martinot
« Sera toujours un sot
« Mais nostre gros blondin
« Valeureux et mutin
« Avec ses libertins
« Ira toujours son train... » [303].

* Chansons de circonstances qui courent par la ville.

La défense de Lille.

Chamillart, admiratif du génie de Vendôme, contraignit le duc de Bourgogne, au cours de l'un de ses nombreux voyages à l'armée, à se réconcilier avec celui-ci : « Il (Bourgogne) se rapprocha de Vendôme peu à peu, qui, à son ordinaire, allait chez lui la tête haute, et qui, profitant de sa douceur, avait l'audace d'y mener Albéroni à sa suite »[304]. Vendôme il est vrai, même après ce raccommodage, continua de morguer le jeune prince, lui témoignant son déplaisir de voir que c'était sa propre femme, la duchesse de Bourgogne, qui continuait, dans Versailles, d'animer la croisade contre lui.

Les alliés, profitant de ces dissensions qu'ils connaissaient par leurs espions, méditaient de grandes choses et, sans doute, les sièges de Lille, Mons et Tournai. Le prince Eugène amassait les vivres et les munitions dans Bruxelles. Il prit lui-même la tête d'un premier convoi destiné à joindre Malborough. Il fut question fin août d'attaquer ce convoi mais, cette fois encore, le duc de Bourgogne, mal conseillé, s'y opposa. Vendôme, échaudé par les disputes de juillet, décida de n'aller plus contre les décisions duprince mais prit bien soin de faire connaître sa position. Le maréchal de Berwick*, qui faisait partie des ennemis de Vendôme et que le roi venait de charger d'une armée de secours en Flandres, en profite pourtant pour noircir Louis-Joseph, qu'il accuse de ne pas avoir voulu attaquer ce convoi : « Il ne voulut jamais y consentir, alléguant pour raison qu'il était bien posté... »[305].

Le duc était toujours à Lovendegenn au début d'août. Saint-Simon lui reproche de n'avoir rien fait pour parer le mouvement des ennemis qui commençaient de se porter sur Lille, Lille qui devait être investie par les coalisés le 12 août. Le maréchal de Boufflers, qui refusait, tout comme Berwick, de se tenir à proximité de Vendôme pour n'avoir pas à lui obéir en vertu de la patente qui le rendait supérieur aux maréchaux, reçut la permission du roi de s'enfermer dans la place : « Allez, lui avait dit Louis XIV, allez vous y enfermer et comptez que vous y serez secouru »[306].

Or Vendôme ne marcha pas tout de suite à son secours. Son plan était de se porter d'abord sur Ostende d'où venait tout l'approvisionnement des alliés. La cour ne l'entendit pas ainsi. Elle prétendit que l'honneur du roi était engagée par la parole donnée à Boufflers. Saint-Simon affirme que le roi pressa Vendôme d'aller à Lille par trois courriers successifs, que le duc de Bourgogne l'en suppliait

* Fils adultérin de Jacques II d'Angleterre et d'Arabella Churchill.

tous les jours et qu'il reçut même, à la fin, l'ordre particulier de son grand-père, « ... de marcher si Vendôme n'y voulait pas aller » [306]. « Alors il n'y eut plus moyen de s'en défendre », conclut Saint-Simon. Louis-Joseph élabora un nouveau plan : passer la Marque vers sa source, courir à Lille et noyer les assiégeants sous un déluge de feu, à cette réserve près qu'il livrerait bataille à Malborough ou à Eugène s'il les trouvait sur sa route. On marcha sur Tournai ou l'évêque Beauveau, « ... publia des dévotions pour implorer la bénédiction de Dieu sur nos armes, Mgr le duc de Bourgogne y assista entre autre à une procession générale. La cabale et les libertins ne lui pardonnèrent pas... » [306]. Saint-Simon nous montre à ce moment Vendôme prenant l'ascendant sur le jeune prince dévot et celui-ci, « ... improuvant la plupart de ce qui se faisait » [306]. Ligne de conduite conforme à ce que relève l'auteur des *Mémoires pour servir à l'Histoire de Mme de Maintenon* : « Le duc de Bourgogne était persuadé que Vendôme était un héros mais sa présomption, son peu de vigilance, son relâchement pour la discipline, le mettaient en garde contre ses avis » [307].

L'armée fut le 4 septembre à Mons, sur le chemin de Douai à Lille. La cour était fébrile, elle souhaitait une bataille décisive, on faisait des prières de quarante heures et la duchesse de Bourgogne passait ses nuits à Versailles, dans la chapelle du château. La lutte qui opposait Vendôme à Bourgogne était, de plus en plus ouvertement, mais de façon réductrice, celle du cagotisme contre le libertinage. Vendôme avait campé son armée derrière le canal de Bruges. Il guettait le moment propice pour fondre au secours de Lille.

La cabale de Bourgogne l'emporta à la cour. Vendôme reçut l'ordre exprès de marcher sans choisir son moment et sans avoir avec lui toute son artillerie. Là-dessus, se présente l'opportunité de battre isolément l'un des deux généraux ennemis. Malborough venait d'établir son campement à Pont-à-Marcq, en face de Mons. Vendôme proposa de l'attaquer. Refus du duc de Bourgogne, entêté seulement d'obéir à son grand-père et de marcher vers Lille. Chamillart dut à nouveau se transporter à l'armée, le 7 septembre, pour trancher. Une visite d'inspection effectuée en compagnie du ministre et de Berwick, permit d'établir que l'ennemi était bien retranché. Et comme, malgré cela, Vendôme tenait toujours pour l'attaque des Anglais, le ministre se vit, pour la première fois, contraint de lui opposer un refus. Vendôme, furieux, se mit alors en devoir de décrire un large demi-cercle pour passer en arrière des positions ennemies. Il en profita pour lâcher les écluses de Nieuport, coupant ainsi momentanément la voie terrestre aux convois ennemis venus d'Ostende.

Saint-Simon a décrit cette armée française en manœuvre, trop opulente et trop démotivée pour bouger avec efficacité : « Le luxe et la bonne chère avaient corrompu nos armées, surtout en Flandres : des haltes froides n'y étaient plus que pour les drilles, on y était servi avec la même délicatesse et le même appareil que dans les villes et aux meilleures tables »[308]. Vendôme démontra encore qu'il était nécessaire de s'emparer de Leffinghem pour écarter toute possibilité d'être pris à revers tandis que l'on s'élancerait au secours de Lille. Tout cela accumulait les délais. Or, soudain, le 22 octobre, après deux mois de siège, la ville de Lille se voyait contrainte de capituler tandis que Boufflers se retirait dans la citadelle, décidé à résister jusqu'à la mort. Saint-Simon, qui croit noircir Vendôme, nous le montre apprenant la nouvelle de la chute de Lille alors qu'il joue au volant. Le petit-fils de César, en cela parfait adepte de Catinat qui déclarait, on s'en souvient, qu'il n'estimerait pas moins un général qui jouerait aux quilles après avoir perdu une bataille qu'après l'avoir gagnée, ne cessa pas son jeu mais ne laissa pas de faire attendre sa riposte. Dès le lendemain, il attaqua Leffinghem, l'épée à la main, lui au premier rang, et emporta la place.

Il s'agissait à présent de garder l'Escaut sur quarante lieues, ce que Vendôme garantissait, ce que Berwick affirmait impossible. Chamillart dut refaire un voyage. « C'était à cet homme de robe, de plume et de finance, à décider des mouvements de guerre les plus savants et les plus importants, et à en décider seul »[309]. Le ministre, à son habitude, arrêta une position médiane qui allait à charger Vendôme d'une garde réduite de l'Escaut et à en décharger Berwick. Mais, à peine eut-il tourné le dos, que Vendôme s'en tint à son plan initial, annonçant même au roi, prétend Saint-Simon, que l'ennemi ne passerait pas, « ... qu'il en répondait sur sa tête »[309]. Malheureusement Malborough et Eugène se portèrent massivement sur le fleuve et, les 26 et 27, l'armée anglaise franchissait la rivière en quatre points. Saint-Simon, prétend que Vendôme se serait parjuré puisque dans la lettre qu'il adressa à la cour pour la prévenir de ce nouveau coup contraire, il aurait écrit, « ... qu'il suppliait de se souvenir qu'il avait toujours mandé la garde de l'Escaut, impossible »[309]. Nouvelle médisance : Vendôme n'avait jamais répondu sur sa tête de pouvoir contenir l'ennemi.

Ce franchissement était le signal d'une attaque générale contre l'armée française dans le temps ou Boufflers, retranché dans la citadelle de Lille, pressé de toutes parts, était sur le point de succomber. L'armée de Flandres était définitivement brisée par ses revers et par ses divisions. Saint-Simon reconnait que cette torpeur avait gagné jusqu'à son protégé, le duc de Bourgogne : « L'armée était au Soulchois, près de Tournai, dans une tranquillité profonde dont l'opium avait gagné jusqu'à Mgr le duc de Bourgogne... » [310]. Au lieu de courir à l'Escaut en pleine nuit, le prince était allé se coucher et avait déjeuné jusqu'à très tard le lendemain. Là-dessus le mémorialiste, empêtré à disculper le futur héritier de la couronne — « ... même en chevauchant toute la nuit, (il) eut trouvé l'armée ennemie passée » — reconnait toutefois : « Il est des messéances qu'il faut éviter et c'est le malheur de n'avoir personne auprès de soi qui les sente ou qui en avertisse... Le duc de Bourgogne, afin de se consoler, alla jouer à la paume. Cette partie subite scandalisa étrangement l'armée » [310].

Il ne fut plus question dès lors que de faire la plus belle retraite possible, tandis que Boufflers, barricadé dans la citadelle de Lille, continuait d'opposer une opiniâtre résistance. Blessé à la tête par un éclat d'obus, il mangeait avec ses hommes les derniers de ses huit-cents chevaux — c'était alors le comble de l'abomination — Il ne lui restait plus que vingt milliers de poudre. Louis XIV lui écrivit de sa main pour qu'il se rende, ce que ce maréchal fit le 9 décembre, après avoir différé encore quelques jours, par panache, dc déférer aux ordres. Le prince Eugène qui le reçut prisonnier, avec beaucoup d'égards, en profita pour s'ériger en donneur de leçons et flétrir le reste de l'armée française : « Je suis fort glorieux d'avoir pris Lille mais j'aimerais encore mieux l'avoir défendue comme vous... Je ferai la garnison prisonnière de guerre, afin que ces braves gens n'aillent pas avec ceux qui ne le sont pas » [311]. Le retour de Boufflers à Versailles fut triomphal, le roi en fit un duc et pair. Ce devaient être les seules acclamations à l'issue de cette campagne. Elles allaient à un vaincu.

Quant aux princes — Bourgogne et Berry, son frère — la bienséance commandait de ne pas les laisser plus longtemps s'engluer dans la déroute. Ils reçurent l'ordre de rentrer. L'intention du roi avait été d'abord de maintenir Vendôme sur place pour organiser les quartiers d'hiver et le retranchement sur la frontière mais la duchesse de Bourgogne et Mme de Maintenon poussèrent des hauts cris, représentant à Louis XIV qu'il serait injuste de laisser ce général en Flandres, puisqu'il apparaîtrait ainsi comme le vainqueur des luttes intestines qui avaient empoisonné la campagne. Le roi y condescendit par faiblesse et ordonna de séparer l'armée jusqu'au printemps.

La chute.

Vendôme allait reparaître à Versailles, le 15 décembre, au milieu d'une cour tournée contre lui par la duchesse de Bourgogne et Mme de Maintenon. Saint-Simon est là pour se délecter du spectacle : « M. de Vendôme arriva à Versailles le matin du samedi 15 décembre, et salua le Roi comme il sortit de son cabinet pour venir se mettre à table pour dîner à son petit couvert. Le Roi l'embrassa avec une sorte d'épanouissement qui fit triompher sa cabale. Il tint le dé pendant tout le dîner, où il ne fut question que de bagatelles. Le Roi lui dit qu'il l'entretiendrait le lendemain chez Mme de Maintenon. Ce délai, qui lui était nouveau, ne lui fut pas de bon augure. Il alla faire la révérence à Mgr le duc de Bourgogne, qui l'accueillit bien malgré tout ce qui s'était passé. Vendôme fut faire sa cour à Monseigneur chez Mme le princesse de Conti, à son retour de la chasse. C'était là surtout qu'il se tenait dans son fort. Il fut reçu au mieux, et fort entretenu de riens ; il voulut en profiter et engager un voyage d'Anet. Sa surprise fut grande, et celle des assistants, à la réponse incertaine de Monseigneur, qui fit pourtant entendre, et sèchement, qu'il n'y irait point. Vendôme parut embarrassé, et il abrégea sa visite. Je le rencontrai dans le bout de la galerie de l'aile neuve comme je sortais de chez M. de Beauvilliers, qui tournait au degré du milieu de la galerie. Il était seul, sans flambeaux, ni valets, avec Albéroni, suivi d'un homme que je ne connus point. Je le vis à la lueur des miens... Dès ce premier voyage, il sentit sa diminution par celle de sa compagnie : les uns s'en excusèrent, d'autres manquèrent à l'engagement qu'ils avaient pris d'y aller. Chacun se mit à tâter le pavé sur un voyage de quinze lieues, qui se mettait, les années précédentes, pour le moins à côté de ceux de Marly. Vendôme se tint à Anet jusqu'au premier Marly, où il vint le jour même. Il en usa de la sorte, toujours à Marly et à Meudon, jamais à Versailles, jusqu'au changement dont j'aurai bientôt lieu de parler » [312].

La faveur se refroidissait mais il n'était pas encore question de disgrâce. Saint-Simon toutefois nous prévient : « La chute de ce prince des superbes eut trois degrés ». Le premier fut à la chandeleur de 1709, l'annonce qu'il ne servirait pas à la prochaine campagne : « Cependant M. de Vendôme continuait à être payé comme un général d'armée qui sert l'hiver... Cela avait tout à fait l'air de servir la campagne suivante ; personne ne pouvait en douter, et la cabale en prenait de nouvelles forces. Ce petit triomphe ne fut pas long : M. de Vendôme vint à Versailles pour la cérémonie ordinaire de l'Ordre, à la Chandeleur, il y apprit qu'il ne servirait point, et qu'il ne serait plus payé de général d'armée. Le camouflet fut violent, il le sentit en entier... Il fit vendre ses équipages »[313].

Un homme comme Vendôme ne pouvait que s'aigrir de cette première contrariété. Mis hors du service, comme l'étaient aussi après tout Conty, Orléans et le dauphin lui-même, toujours bien accueilli du roi qui l'invitait à ses Marly, mais incapable de courber l'échine, il allait se cabrer jusqu'à encourir une complète disgrâce.

Le second degré annoncé de sa chute résulta des plaintes violentes qu'il fit au roi contre Puységur, lieutenant colonel, qui avait été sous ses ordres pendant la campagne des Flandres. Puységur était l'ami intime de Berwick. « C'est ce qui produisit, poursuit Saint-Simon, les plaintes que Vendôme en fit au roi à son retour, tout ce qu'il lui en dit d'étrange »[314]. Mais Puységur était aimé du roi, qui « ... lui demanda raison avec bonté de mille sottises absurdes qui l'avaient embarrassé. Puységur l'en éclaircit si nettement que le Roi, dans sa surprise, lui avoua que c'était M. de Vendôme qui les lui avait dites. A ce nom, Puységur qui se sentit piqué, saisit le moment... (il) détailla naïvement et courageusement les fautes, les inepties, les obstinations, les insolences de M. de Vendôme, avec une précision et une clarté qui rendit le Roi très attentif et fécond en questions... » Saint-Simon nous décrit l'effet que cette explication aurait causée sur l'esprit du Roi : « ...(Il) ouvrit à ce coup, tout à la fois, les yeux sur cet homme que tant d'art lui avait si bien caché jusqu'alors... Il eut honte et dépit de sa crédulité, et, de cette conversation, Vendôme demeura perdu dans son esprit, et bien exclu du commandement des armées... »[314].

Vendôme, qui sentit dès lors davantage de froideur à son égard, se retira à Anet et « ... supplia le Roi de trouver bon qu'il ne lui fit guère sa cour qu'à Marly et Monseigneur qu'à Meudon, de tous les voyages desquels il continua d'être »[315]. Mais le duc était touché dans sa dignité : « Cette légère continuation de distinction le soutenait un peu dans la solitude qu'il s'était créée... Tout abattu qu'il était, il soutenait à Marly et à Meudon le grand air qu'il y avait usurpé dans les temps de sa prospérité. Après avoir surmonté les premiers embarras, il y reprit sa hauteur, sa voix élevée, il y tenait le dé. A l'y voir, quoique peu environné, on l'eut pris pour le maître du salon... »[315].

Le troisième et dernier degré de sa disgrâce consacra la vengeance de la duchesse de Bourgogne. C'était lors du premier Marly après Pâques, raconte Saint-Simon : « Le brelan était à la mode ; Monseigneur y jouait souvent dans le salon, d'assez bonne heure, avec

Mme la duchesse de Bourgogne. Manquant d'un cinquième, il vit M. de Vendôme à un bout du salon : il le fit appeler pour faire sa partie. A l'instant, Mme la duchesse de Bourgogne dit modestement, mais fort intelligiblement, à Monseigneur, que la présence de M. de Vendôme à Marly lui était bien assez pénible, sans l'avoir encore au jeu avec elle, et qu'elle le suppliait de l'en dispenser. Monseigneur, qui n'y avait pas fait la moindre réflexion, ne le put trouver mauvais ; il regarda par le salon, et en fit appeler un autre. Vendôme cependant arrivait à eux, et en eu le dégoût en face et en plein devant tout le monde »[315].

Sitôt après cet incident, la duchesse de Bourgogne et Mme de Maintenon décidèrent le roi à franchir le dernier pas : « Avant de se coucher, il chargea Blouin de dire de sa part, le lendemain au matin, à M. de Vendôme, de s'abstenir désormais de demander pour Marly, où se rencontrant sans cesse et nécessairement dans les mêmes lieux que Mme la duchesse de Bourgogne, qui avait peine à le voir, il n'était pas juste de lui en laisser plus longtemps la contrainte... »

« Blouin ne lui avait point parlé de Meudon, poursuit Saint-Simon, il s'assura d'être de tous les voyages, et se mit à se vanter de l'amitié de Monseigneur à tous propos comme aurait fait un franc provincial »[295]. Pendant deux mois Vendôme fut ainsi assidu chez le dauphin, y venant même exprès d'Anet : « Il passait à Meudon tout le temps que Monseigneur y demeurait, lui qui, dans sa splendeur, lui donnait à peine un jour ou deux »[316].

Or, fin mai, la duchesse de Bourgogne vint à Meudon sans crier gare. Vendôme y était : « ... (Il) eut le peu de sens de se présenter des premiers à la descente du carrosse ». La princesse détourna la tête. Le lendemain, le duc d'Antin, fils légitime de Mme de Montespan, vint exprès de Versailles à Meudon donner le coup de grâce. Le duc jouait l'après-dîner à un papillon*, en un cabinet particulier, lorsque d'Antin arriva de Versailles : il s'approcha de ce jeu, demanda où en était la reprise avec un empressement qui fit que M. de Vendôme lui en demanda la raison. D'Antin lui répondit qu'il avait à lui rendre compte de ce dont il l'avait chargé. — Moi ! dit Vendôme avec surprise, je ne vous ai prié de rien. — Pardonnez-moi, répliqua d'Antin, vous ne vous souvenez donc pas que j'ai une réponse à vous faire ? A cette recharge, M. de Vendôme comprit qu' (il) y avait quelque chose, quitta le jeu, et entra dans une petite garde-robe obscure de Monseigneur avec d'Antin, qui là, tête à tête, lui dit que le Roi lui avait ordonné de prier Monsei-

* Jeu de cartes.

gneur de sa part de ne le plus mener à Meudon, comme lui-même avait cessé de le mener à Marly« .

La disgrâce du duc était complète. Il y avait plus d'un demi-siècle que la famille de Vendôme n'avait ainsi touché le fond : Louis-Joseph quasi relégué sur ses terres, Philippe exilé à Chalon. Le cas paraissait désespéré puisque la brouille était consommée avec tous les membres de la famille royale... Tous sauf un, celui qui régnait à Madrid.

V — TUMULTE ET SORTILEGE

(Juin 1709-Janvier 1727)

I — « UN SEUL HOMME DE PLUS »

Saint-Simon jubile de cette disgrâce vertigineuse : « Il s'en alla avec ses chiens, sous prétexte de chasse, passer un mois à sa terre de La Ferté-Alais, sans logement et sans nulle compagnie, rager tout à son aise. Il revint de là à Anet se fixer dans un abandon universel »[1]. Alberoni, dans une lettre du 17 février 1709, relativise cette solitude : « Il s'est retiré à son château d'Anet avec un petit nombre de ses amis où il passe une vie tranquille et sans aucun souci »[2].

Vendôme, incapable de soutenir longtemps cette oisiveté et ce désaveu, imagina dès le printemps de 1709 de se faire appeler en Espagne par Philippe V, « ... on y avait besoin de tout », note le mémorialiste avec une pointe de mépris. Il écrivit à Mme des Ursins pour tâter le terrain mais, « ... le Roi trouva mauvais que M. de Vendôme voulut s'accrocher à l'Espagne ».

Pourtant, la brouille avec le dauphin n'était pas aussi complète que la cour voulait bien le laisser croire. Ce prince continuait d'estimer M. de Vendôme et ne faisait qu'obéir aux ordres du roi son père en ne le voyant plus. Leur amitié datant d'un quart de siècle était objet d'étonnement ainsi qu'en témoigne la lettre que Mme de Maintenon écrivait au duc de Noailles, le 9 juillet 1710, donc après la consommation de la disgrâce du duc : « On était un peu scandalisé à la cour des caresses que M. le dauphin faisait à M. de Vendôme »[3]. On trouve même, en date du 27 juillet 1709, dans une lettre de du Luc à l'abbé de Pomponne, ambassadeur à Venise, la mention de la continuation de ces liens d'affection : « Savez-vous ce qu'on dit à Paris de M. de Vendôme ? A tout hasard, on prétend qu'il est tout à fait sur le côté parce qu'il ne s'est pas ménagé dans ses discours... Il a pris congé de Monseigneur pour se retirer à Anet, les protestations de respect et d'amitié d'une part et de fidélité de l'autre n'ont pas été oubliées »[4].

La campagne de 1709 allait se clore, en septembre, par la funeste journée de Malpaquet, dans laquelle Villars et Boufflers devaient succomber ensemble face au prince Eugène et à Malborough. C'était la quatrième grande défaite française après Höchstadt, Ramillies et Oudenarde. Il n'était alors même plus envisagé de songer à conserver les Flandres au roi d'Espagne ; c'était de la préservation de l'intégrité du royaume qu'il s'agissait. Louis XIV se vit contraint d'implorer la paix, après avoir arrêté la terrible décision de demander à son petit-fils Philippe V de renoncer à ses couronnes ; semaines les plus sombres du règne, où les plénipotentiaires français, dépêchés en Hollande, à Gertruydeimberg, se virent méchamment humiliés par la morgue des coalisés.

Anet, pendant ces évènements tragiques, revivait mais sans pouvoir retrouver son ancien lustre. Le cénacle du Temple s'était renouvelé — nous le dirons bientôt — mais ses nouveaux affidés n'aimaient pas à sortir de Paris. D'ailleurs Chaulieu, toujours affolé de courir aux subsides pour soutenir son train, n'était plus là que par éclipses. Il s'était voué aux Condés avant de devenir bientôt, à Sceaux, l'un des histrions de la cour de la plus folle d'entre les filles de Monsieur le Prince, Anne-Louise Bénédicte de Bourbon-Condé, duchesse du Maine. Mais Palaprat, Campistron et Alberoni le remplaçaient. Ils passèrent tous trois l'automne de 1709 dans la demeure de Diane de Poitiers, ponctuant de leurs vers et de leurs traits d'esprit la frénésie chasseresse du disgracié.

Quant au grand prieur, lassé de son exil à Chalon-sur-Saône où il avait épuisé les agréments de tous les mauvais lieux depuis deux saisons, il s'effraya soudain de la défaveur de son frère et du refus opposé par Louis XIV à une nouvelle demande de rentrée en grâces. Aussi décida-t-il, à la mi-août, de quitter le royaume pour gagner Venise[5]. De ce voyage il allait bientôt résulter de nouvelles et singulières catastrophes.

Louis-Joseph, quoique chassé de l'intimité de la famille royale, n'était pas interdit de séjour à Versailles et, parfois, lorsque l'envie du monde était trop forte, il y venait d'Anet. Le roi se trouvait alors comme gêné par sa présence. En témoigne cette scène qui eut lieu aux derniers jours de décembre 1709 : « Il (Vendôme) vint dans la galerie où donnait l'appartement qu'occupait Villars, attendre que le Roi en sortit, et y demeura une bonne heure, confondu avec tout le monde. Le Roi, qui le vit en sortant, lui demanda à quelle heure il était parti d'Anet. C'est tout ce qu'il en eut en tout le temps qu'il demeura à Versailles, qui fut jusqu'au premier jour de l'an. Ce spectacle de Vendôme ne laissa pas d'amuser assez de gens »[6].

« *L'amour rencontra l'hyménée* ».

L'année 1710 allait être témoin de bien des prodiges et des renversements. Vendôme, honni jusqu'à l'été, allait redevenir avant la Noël le sauveur de la fortune de la France, mais prenons le fil à son début.

Il fut tout d'abord question de mariage. On sait que la chose était à l'ordre du jour depuis plus trente ans pour Louis-Joseph, qui touchait alors à ses cinquante-cinq ans. Il ne s'agissait plus d'une union pour faire souche et continuer la lignée issue de Gabrielle et d'Henri IV. Dans la situation où se trouvait le duc, ce nouveau projet de mariage, arrangé par le duc du Maine, ne fut qu'un expédient pour refaire surface dans une cour où les choses allaient de plus en plus aux bonnes mœurs et à la piété.

Il ne s'agissait de rien moins que d'épouser une princesse du sang, Marie-Anne de Bourbon-Condé, Mlle d'Enghien, sœur de la duchesse du Maine, fille de Monsieur le Prince -lui-même fils du Grand Condé — et sœur de Monsieur le Duc, lesquels venaient tous deux de mourir coup sur coup — le père en 1709, le fils, quelques mois plus tard, en 1710 — laissant leur illustre maison sous l'influence du duc du Maine, leur gendre et beau-frère. Le fils très aimé du roi et de Mme de Montespan avait depuis longtemps cette idée en tête pour rehausser un peu plus le clan des bâtards, déjà nanti grâce à son industrie du rang intermédiaire. La mariée n'était pas regardante : « Elle avait trente-trois ans, nous dit Saint-Simon, elle était extrêmement laide ; sa vie s'était passée dans l'hôtel de Condé dans la plus cruelle gêne, ce qui lui avait fait désirer, pour s'en sortir, quelque mariage que ce fut »[7]. Elle était, insiste le mémorialiste, « ... courte, replète, apoplectique ». On avait d'abord pensé au duc de Mantoue pour elle mais, effrayé de ce qu'on lui disait de sa laideur, il avait préféré épouser Mlle d'Elbeuf. Elle voulait sortir de la tyrannie de sa mère, Madame la Princesse, avoir de l'argent à elle, s'adonner paisiblement à son vice qui était de boire jusqu'à se faire monter raide saoule par ses laquais dans son lit. Sa vie dans le triste hôtel de Condé à Paris ou à Chantilly, avait été jusque-là bien morose : Mlle d'Enghien et sa sœur non mariée, Mlle de Condé, s'étaient vu préférer, sous le seul prétexte d'un doigt transversal de taille en plus, leur sœur, Anne-Louise-

Bénédicte, pour devenir duchesse du Maine et régner sur l'opulente cour de Sceaux. C'est, qu'en effet, elles étaient toutes naines, filles d'un nain, sœur d'un nain. La race du Grand Condé allait en se rapetissant et on n'appelait pas autrement, par dérision, les trois filles de Monsieur le Prince, fils du héros, que les poupées du sang.

Saint-Simon a fait des gorges chaudes de ce mariage : « S'il fallait de l'ambition pour se résoudre à épouser Mlle d'Enghien, il fallait un grand courage pour épouser M. de Vendôme presque sans nez, et manqué deux fois par les plus experts (chirurgiens) ; mais tout leur fut bon à l'un et à l'autre, à elle pour avoir du bien et de la liberté, à l'autre par la vanité de se montrer encore assez grand, dans l'état de santé et de disgrâce où il était, pour épouser une princesse du sang... »[7].

Ce fut la cour de Sceaux qui fit ce mariage contre l'avis de Mme la Princesse, mère de Mlle d'Enghien et de Mme la Duchesse, veuve de M. le Duc, belle-sœur mais aussi sœur du duc de Maine puisqu'issue, comme lui, de la liaison de Mme de Montespan et du roi. Maine se chargea, rapporte Saint-Simon, « ... du contrat de mariage, de la publication des bans, de la noce »[8]. Il la fit chez lui, à Sceaux, le 15 mai, après y avoir fait consentir le roi et lui avoir présenté le contrat à signer à Marly, le 13 mai, hors la présence du duc de Vendôme. La dot de la mariée était toute entière employée à éteindre les dettes les plus criantes des descendants de Gabrielle d'Estrées. En contrepartie le duc faisait de sa femme sa légataire universelle au détriment du grand prieur que ses vœux de Malte empêchaient d'hériter et à la réserve de 500 000 livres dont il se gardait la libre disposition. Louis XIV donna à cette occasion un brevet à Mlle d'Enghien afin qu'elle conservât, tout comme la duchesse du Maine, sa sœur, ses prérogatives de princesse du sang bien qu'elle épousât un homme qui n'était pas revêtu de cette dignité. Le roi continuait à marquer de la rancœur au vainqueur de Calcinato : « (Il) voulut qu'on prit le temps d'un voyage à Marly pour faire le mariage à Sceaux, sans fête, sans bruit, dans la plus grande obscurité, et ne voulut point ouïr parler de fiançailles dans son cabinet »[8].

Saint-Simon dit fort justement que M. de Vendôme se maria tristement. Qu'on en juge : le duc vint droit d'Anet à Sceaux, le 15 mai, « ... fut le soir même fiancé, marié et couché avec Mlle d'Enghien... Dès que la messe fut dite à minuit, tous les princes et princesses du sang s'en allèrent, et ne revinrent plus. M. de Vendôme demeura le lendemain vendredi à Sceaux, avec M. et Mme du Maine, leurs enfants et leurs domestiques uniquement, et la nouvelle mariée, et, le samedi, M. de Vendôme l'y laissa, et s'en retourna à Anet. Ni l'un ni l'autre ne reçurent aucun compliment de la part du Roi, ni de pas une des personnes royales ; on ne parla pas seulement de ce mariage : ce fut comme chose non avenue »[8]. Mme de Maintenon en rajoute, en se moquant du marié, dans une lettre à Mme des Ursins : « Il ne cacha pas son embarras d'avoir du point de France sur l'estomac à la chemise qu'on lui donna pour la nuit ».

Les poètes du Temple se devaient de célébrer l'évènement et ils n'y manquèrent pas. Campistron fit un virelai* que Palaprat railla dans une pièce intitulée *Sur le virelai de M. de Campistron* :

« ...Vendôme épouse et tu penses te taire
« Vieux paresseux, à mes dons réfractaire
« Quoi fallait-il que quelqu'un célébrât
« A tout l'Olympe une fête si chère
« Plutôt que toi ? Rougis, écoute ingrat
« Quel virelai Campistron vient de faire... »[9].

Quant à Chaulieu, pour n'être pas en reste, il en fit un long épithalame qui commençait ainsi :

« Près de Sceaux, sur la fin du jour
« L'Amour rencontra l'Hyménée
« Bonjour, frère, lui dit l'Amour
« D'où venez-vous de fleurs la tête couronnée... »[10].

La mariée s'en retourna de son côté chez sa mère, à l'hôtel de Condé, près du Luxembourg, en attendant que le palais du grand prieur au Temple fut prêt pour la recevoir. C'était là en effet que le couple avait décidé de fixer sa résidence mais la nouvelle duchesse de Vendôme n'y devait jamais demeurer que seule.

On prétend que Madame la Duchesse — l'odieuse belle-sœur — fit, de son côté, sur l'évènement, ce terrible sizain :

« Qu'on prépare, sur les musettes
« Pour Vendôme les chansonnettes
« Il veut tâter du sacrement
« L'épouse sera bien baisée
« S'il est sur elle aussi souvent
« Que sur sa chaise percée »[11].

Vendôme, galant homme, vint à Paris avec sa femme pour lui montrer les travaux du Temple. Tous ses vieux amis étaient là, qui n'enrevenaient pas de le voir avec une princesse à son bras. Palaprat, secouant sa proverbiale flemme, en fit, à son tour, ce poème :

* Petit poème sur deux rimes.

« Ces lieux d'azyle et paisible et cois
« Furent forcés, la presse y fut si forte
« Qu'on s'étouffait, on criait à la porte
« Plus qu'au festin de la Saint-Barnabé*
« Du frère absent point n'oublia les droits
« L'abbé, de qui l'exemple nous exhorte
« Et les honneurs Dieu sait de quelle sorte
« Moi qui servait d'acolyte à l'abbé
« De la terrasse ainsi que d'un jubé
« J'allais criant au peuple à pleine tête
« Que ce jour soit dans la joie absorbé
« Jamais au Temple on n'a vu telle fête ».

« *Vive el senor ducque de Vendôme, ambiado del ciel* ».

Comme l'écrit Gustave Desnoireterres : « Les circonstances sauvèrent à ces étranges conjoints les embarras du tête à tête »[9]. La situation en Espagne devenait critique. Philippe V voulait à toute force qu'on lui dépêchât Vendôme : il ne connaissait pas l'homme décrié d'Oudenarde et de l'échec du secours de Lille, il ne considérait que celui qu'il avait vu sous ses yeux, en Italie, à Luzzara, tenir tête à une armée mieux campée. Il le fit demander de nouveau, très officiellement, dès le mois de mars de 1710, agissant de concert avec Alberoni qui le tenait secrètement informé des sentiments de la cour de France. Alberoni qui écrit d'ailleurs le 14 avril : « Tout Paris veut que M. le duc de Vendôme commandera (sic) en Espagne en cas que la paix ne se fasse »[13].

La situation avait changée. Elle devenait exécrable pour les deux couronnes. Philippe V avait perdu Barcelone et tenait d'une main mal assurée Madrid que l'aide des Français lui avait permis de reprendre. Il errait avec les débris de son armée, traqué par l'archiduc qui avait pris le nom de Charles III d'Espagne et qui se trouvait soutenu d'une armée impériale aux ordres de Starhemberg, d'une armée anglaise aux ordres de Stanhope, de l'alliance du Portugal et de la reconnaissance officielle du pape Clément XI. Contre tout cela Philippe V n'avait qu'une chose à opposer mais elle était de taille : c'était d'être soutenu par son peuple, duquel, en peu de mois, lui et la reine Louise — une princesse de Savoie, sœur de la duchesse de Bourgogne, les deux frères ayant épousé les deux sœurs — avaient su se faire aimer.

De cette situation désespérée du camp franco-espagnol allait jaillir une énergie nouvelle. Les conférences de Gertruydeimberg où les Français avaient réclamé la paix en s'humiliant se soldaient par un échec. L'honneur du roi avait été bafoué : les alliés exigeaient que non seulement Louis XIV abandonnât son petit-fils, comme il s'y

* La grande annuelle fête du Temple.

était résolu, mais encore qu'il lui fit la guerre pour le jeter bas du trône où il l'avait placé. A cela le grand-père du roi d'Espagne avait répliqué fièrement : « Puisqu'il me faut faire la guerre j'aime mieux la faire à mes ennemis qu'à mes enfants ».

Lorsqu'il vit qu'il n'y avait plus de paix à espérer de la négociation et qu'il fallait perdre l'honneur ou engager un combat à mort, Louis XIV se résolut à envoyer Vendôme en Espagne. Une nouvelle défaite de Philippe V, à Almenara, contre Starhemberg, le 27 juillet, avait achevé d'effrayer la cour de France. Le roi d'Espagne, qui avait dû se retirer sous Saragosse, fit redemander Vendôme par le duc d'Albe, qui était à Versailles son ambassadeur, et la reine d'Espagne fit remettre à l'exilé d'Anet un billet qui commençait ainsi : « Ici le roi vous attend avec une extrême impatience... ». Louis XIV qui hésitait encore demanda son avis à Villars : « Votre Majesté, répondit le maréchal, connaît M. de Vendôme, sa valeur est assurément au plus haut point ; il a beaucoup d'esprit et n'a pas moins d'attachement pour Votre Majesté. Il faut envoyer quelqu'un au roi d'Espagne qui n'a pas de général, il demande M. de Vendôme, je ne vois pas d'inconvénient à lui donner cette commission »[14]. La faction favorable à l'envoi de Vendôme en Espagne qui réunissait Mme des Ursins*, le duc du Maine et Alberoni, triompha donc à plein. Louis XIV, finalement convaincu de la nécessité de secourir Philippe V et n'ayant pas d'autre général à lui offrir, revint sur ses préventions et proposa le commandement d'Espagne à Louis-Joseph le 9 août.

Vendôme s'évertua alors à se faire tout différent de ce qu'il avait paru être en Flandres. Il se piqua de modestie. Avait-il médité dans sa solitude d'Anet ? Entreprenait-il comme l'oncle Beaufort, à la veille de Candie, de marcher vers la sainteté ? Il ne reçut pas l'offre de Louis XIV comme une revanche. La goutte, la maudite goutte — cette vraie croix de Saint-Louis de la galanterie, a dit Chamfort — qui l'empoisonnera jusqu'à la fin et qui est la manifestation la plus visible du délabrement de sa santé, le retint seule d'accourir aussi vite qu'il l'aurait espéré. Il ne fut à Versailles que le mardi 19 août au matin, et, aussitôt, accompagné du duc du Maine, il alla chez sa principale détractrice : la duchesse de Bourgogne, qui recevait la cour à sa toilette. « Ils y demeurèrent un bon quart d'heure dans un silence universel », raconte Saint-Simon. La princesse était trop hautaine pour envisager une réconciliation mais le

* Marie-Anne de La Trémoille, duchesse de Bracciano (1642-1722), nommée pour accompagner Philippe V en Espagne, elle joua un rôle capital dans la politique de ce pays jusqu'à l'arrivée d'Elisabeth Farnèse, seconde femme de Philippe V.

geste du duc était le préalable nécessaire pour rentrer dans les bonnes grâces du roi. Après cela il se rendit chez le duc de Bourgogne, « ... qui le traita honnêtement, c'est à dire beaucoup trop bien »[15], estime Saint-Simon. Le lendemain il eut deux longues audiences de Louis XIV avec qui on peut penser qu'il s'expliqua sur la funeste campagne de l'année précédente. Il se rendit ensuite à Paris où le peuple l'acclama tandis qu'il allait montrer l'avancée des travaux du Temple à sa femme.

Le roi lui avait proposé 150 000 livres, tirées d'emprunts acrobatiques, afin de s'équiper. Il les refusa noblement : « J'ai trouvé dans mes ressources de quoi suffire aux dépenses de cette campagne. J'espère même ne rien coûter au roi d'Espagne ». En réalité il s'était endetté de façon presqu'irrémédiable auprès de Crozat et de ses associés, tout comme l'oncle Beaufort l'avait fait en 1669 pour rendre son bateau, le Monarque, digne de sa dernière course.

Il alla passer deux jours ensuite à Sceaux, près de sa femme et du duc du Maine. Il ne devait plus jamais revoir ni Paris, ni la cour, ni la duchesse, ni le roi. Beaucoup de gens vinrent dans ce court laps de temps lui rendre visite. Ainsi l'abbé de Polignac, l'un des plénipotentiaires de Gertuydeimberg, qui lui dit en le quittant : « Monseigneur, la paix est maintenant entre vos mains et nous ne la pouvons espérer que de vos triomphes en Espagne »[16].

Il quitta Sceaux le 24 août avec ses équipages tout neufs et Alberoni près de lui, qui entamait sans le savoir son envol vers l'une des plus prodigieuses fortunes du siècle. Il coucha à Villandry, à Vivonne, à Saintes, il fut à Bordeaux le 28 où il apprit une nouvelle et terrible défaite du roi d'Espagne sous les murs de Saragosse, livrée après cela au saccage des Impériaux. Les dépêches que lui fit passer le maréchal de Montrevel, qui commandait en Aquitaine, portaient que l'ennemi s'était emparé de toute l'artillerie du roi d'Espagne et surtout qu'on ne savait toujours pas ce qu'était devenu ce dernier. Le 31, il fut à Bayonne où il avait ordre d'attendre le duc de Noailles, ambassadeur de France à Madrid, qui devait arriver, venant de Catalogne.

Vendôme demeura onze jours à Bayonne. D'après Villeneuve il en profita pour y soigner sa goutte dont il avait un redoublement, mais d'après un correspondant de Chaulieu, « ... il y fut en parfaite santé et prêt à manger un jambon »[17], en tout cas impatient de l'arrivée de Noailles et anxieux de recevoir des nouvelles de Philippe V. Belle occasion pour Saint-Simon de médire : « Vendôme s'était amusé à Bayonne et puis en chemin, sous divers prétextes de santé pour se faire désirer davantage »[18]. A Bayonne, Louis-Joseph s'empresse auprès de la reine douairière d'Espagne — Anne de Bavière-Neubourg, dernière femme de Charles II de Hasbourg — laquelle vivait en exil, à la frontière de son ancien royaume. Il est confiant. Il écrit : « Rien ne m'embarrassera, ne m'inquiétera si je trouve le Roi, la Reine et le prince des Asturies en parfaite santé. J'espère tout de Dieu » [19]. Au moment de partir, il reçoit une lettre de Mme des Ursins, datée de Madrid, le 8 septembre. Elle lance ses filets vers lui pour s'en faire un allié et le séduire. Elle le flatte : « ... Nous avons bien besoin en attendant, Monsieur, de vos sages conseils et je vous avoue que je me sentirai bien soulagée quand le roi et la reine pourront vous entretenir... » [20].

Le 11 septembre, il monte en selle avec Noailles et c'est en route qu'il apprend que les souverains catholiques, chassés pour la seconde fois de Madrid, le 9, se dirigeaient vers Valladolid. Il va à leur rencontre, passant par Hirun et Toulouzet où il est accueilli par le commandant du royaume de Biscaye dans un fracas de salves de mousqueterie. Une confirmation de son mauvais état de santé se trouve dans les *Mémoires politiques et militaires* de Noailles : « La diligence devenait plus nécessaire. Vendôme avait eu des accès de fièvre... » [21]. Le peuple se presse sur sa route. A Vittoria, le 15, il marche sur des tapis de lis, de lauriers et de roses ; la nuit, le village est illuminé et l'on tire de grands feux d'artifice. Les enfants crient : « *Vive el senor ducque de Vendôme, ambiado del ciel, por esser nuestro liberador...* » [20]. Le 20 septembre, enfin, il est à Valladolid. Philippe V, qui s'y trouve depuis quatre jours, a envoyé trois carrosses au-devant de lui et un grand d'Espagne pour lui faire un compliment de sa part.

Embrassades, discours. Vendôme, qu'une rapide inspection de l'état des armées du roi d'Espagne vient d'effrayer, s'adresse à la reine : « Madame, je me trouve heureux de voir par moi-même ce que j'ai appris tant de fois par d'autres, une princesse en qui tout est héroïque... J'ose me flatter par la confiance que j'ai en Dieu, qu'avant que l'année où nous sommes finisse, le roi entrera dans sa capitale » [15]. Le petit prince des Asturies, âgé de six ans, répond ainsi à Vendôme : « Senor, Monsieur, allons chercher notre ennemi, ma chère mère et moi pouvons maintenant être de la partie puisque nous avons avec nous le victorieux duc de Vendôme » [22]. La reine voulait suivre l'armée mais le roi et son nouveau général décidèrent qu'elle irait à Vittoria avec le prince des Asturies et les conseils. Elle avait engagé tous ses bijoux, qu'elle avait fait parvenir au duc d'Albe à Paris afin qu'il lui trouve de l'argent frais.

L'enthousiasme était grand autour du pauvre roi d'Espagne et de sa famille. Ce jeune couple frêle, leur petit garçon plein de répartie, leur faiblesse, leur infortune, fouettaient l'orgueil et la compassion des Espagnols durement traités par l'occupation des armées allemandes et anglaises. La reine surtout savait les toucher. Elle avait dit publiquement, quelques jours avant l'arrivée de Vendôme : « Quand le royaume sera perdu pour moi j'irai me réfugier et mourir avec mon enfant dans les montagnes des Asturies ». L'Eglise vendait ses trésors pour les soutenir, la noblesse accourait de toutes parts. Le marquis de Frigiliano écrivit dans ces heures là, au nom de ses pairs, une lettre à Louis XIV pour l'assurer que la défaite de Saragosse n'avait pas entamé le zèle des Espagnols, qu'ils étaient contents du roi, qu'ils ne toléreraient pas que des hérétiques protestants et anglicans changent la religion du royaume d'Espagne.

On reprenait courage donc, d'autant que les généraux alliés, Starhemberg, le génial tacticien de la longue marche de 1706 devant Vendôme en Italie et Stanhope, le représentant de la reine Anne d'Angleterre, étaient divisés sur les suites à donner au combat de Saragosse : l'Allemand voulait poursuivre le marquis de Bay, général de Philippe V, sur la frontière portugaise où il s'était retiré, l'Anglais voulait rentrer en force dans Madrid et faire couronner l'archiduc pour qu'il devienne sans conteste le roi Charles III d'Espagne. Ce fut Stanhope qui l'emporta et l'archiduc fit, à la suite des fourgons anglais, une entrée piteuse dans Madrid déserte.

Vendôme vit tout le parti qu'il pouvait tirer de cette division des alliés. Il prit aussitôt la direction des opérations. Il était temps. Les généraux de Philippe V — les incapables Villadarias et Bay — n'avaient fait, d'après Vendôme lui-même, qu' « un tissu continuel de mauvaises manœuvres et de puérilités »[23]. Ils avaient par exemple livré la bataille de Saragosse après avoir fait marcher leur armée pendant huit jours. Contre l'avis du conseil royal, qui préconisait de se retrancher sur le Duero, il décida de se porter au poste d'Almaras, sur le Tage, afin d'empêcher la communication de Starhemberg avec le Portugal. Il réforma la faible armée du roi d'Espagne, joignant le milliers d'hommes qu'il amenait avec lui aux débris du désastre de Saragosse. Le 2 octobre, il se mettait en route avec le roi en direction de Salamanque. Noailles, parti de Valladolid et revenu à Perpignan après un voyage éclair à Versailles, s'affairait de son côté à réunir une armée de vingt-deux mille hommes renforcée de troupes que Berwick devait lui envoyer du Dauphiné. Début octobre il entrait en Catalogne, bien décidé à faire le siège de Girone.

Toujours à l'exemple de Beaufort en 1669, Vendôme renonce à ses prérogatives de rang de prince français pour ne pas s'aliéner les grands d'Espagne, particulièrement sourcilleux sur les honneurs. « Bon ! bon ! dit-il, tout rang est bon pour moi, je ne demande que celui de soldat que je porte depuis quarante-quatre ans sous Louis le Grand... Je me mêle de ce qui regarde la guerre, donnez-moi de la farine et un peu d'argent »[24].

Le duc restait incommodé de la goutte, le dernier conseil royal tenu à Valladolid avait eu lieu dans sa chambre et c'est en chaise qu'il s'était rendu à Salamanque. Là, il avait rassemblé vivres, argent, munitions, fourrages. Les volontaires accouraient de toutes parts. Ils y étaient incités par une déclaration de Philippe V, inspirée par Vendôme, qui portait que tous ceux qui viendraient à lui auraient permission de se retirer quand ils le voudraient et que, pour prix de leur service, ils seraient exonérés de tous droits taxes et impositions, eux et leurs héritiers[24]. Le 16 octobre, Louis-Joseph est à Casatexada, puis il se porte vers le Tage où Philippe V en personne se rend maître du poste d'Almaras en place de son général empêché par la goutte. La première partie du plan est couronnée de succès : le roi d'Espagne jouit d'un bastion impossible à forcer qui sera la base de la reconquête de son royaume.

L'archiduc, reclus dans Madrid, s'effrayait déjà. Pour subsister il avait frappé la capitale d'une contribution de 100 000 doublons assortie d'une rente de 42 000 piastres par mois qui le faisait honnir. Vendôme et le roi, convaincus chaque jour un peu plus du soutien des populations, décidèrent de marcher sur la capitale. Starhemberg, inquiété par deux brigades de cavaleries venues d'Almeras, décidait au même moment d'évacuer Tolède où il s'était retranché. En partant il mit le feu à l'Alcazar. Bien qu'il prétendit qu'il s'agissait d'un accident, on retrouva quelques-unes des solives de ce palais frottées d'huile et de goudron afin de favoriser la propagation du feu. Tout cela finissait de rendre les ennemis de Philippe V odieux au peuple.

Le 30 novembre l'archiduc ordonnait l'évacuation de Madrid après un pillage éhonté de la ville. Les vases des églises avaient été presque tous volés et Starhemberg s'en était moqué publiquement : « ...l'arrivée des premiers galions réparera ce dommage »[24]. Vendôme, apprenant le retrait de l'archiduc, marcha sur la capitale en se faisant précéder de nombreux convois pour secourir les affamés.

Il fut des premiers à en voir les faubourgs, le 3 décembre. Le roi qui chevauchait à ses côtés avait les larmes aux yeux : « Je t'aime, ma chère Madrid, je t'aime », soupirait-il. Ils allèrent au palais royal où Philippe V montra à son général les piliers de la Sainte Chapelle puis Vendôme sortit à cheval pour gagner le palais de la reine mère où il devait dormir dans le lit nuptial de Charles II. On le pressait de tous côtés, on criait : »*Vive Vendôme, nuestro libertador* ». Afin de se délivrer de la populace il dut jeter quelques poignées de doublons dont il avait pris soin d'emplir ses poches. Instants de griserie et de triomphe qui effaçaient largement les affres de la campagne de 1709.

Le lendemain il alla visiter El Retiro, le trianon des rois d'Espagne, l'église des jésuites et rendre hommage au marquis de la Mansera, âgé de cent un ans, qui avait refusé d'aller baiser les mains de l'archiduc comme le lui avait demandé Stanhope. Il revint à son palais, traversant la Plazza Mayor dans un nouveau bain de liesse populaire.

Le peuple de Madrid se tint toute la nuit devant le palais de son roi, tandis que la noblesse revenait en carrosse de ses retraites d'Andalousie et de Castille. On disputait le point de savoir s'il ne fallait pas attendre que l'armée, qui s'était grossie jusqu'à compter dix mille chevaux et quinze mille fantassins, fut encore plus importante, mais ce fut Vendôme qui imposa la décision : « Sire, vos ennemis se retirent avec beaucoup de précipitation, il faut profiter de cette conjoncture. En l'état où sont les choses la partie est presqu'égale et si vos ennemis sont plus forts en nombre, vous avez l'avantage par cette ardeur et cette admiration guerrière que je remarque dans vos troupes... »[25].

C'était jouer très gros jeu puisque les deux armées des coalisés, bien entraînées, bien nourries par le fruit de leurs rapines, pesaient ensemble à peu près trois fois l'armée dépenaillée du roi d'Espagne. Mais Vendôme, déjà, avait imaginé de les battre séparément et c'est la raison pour laquelle il pressait le pas. Il allait remporter deux victoires en deux jours, accomplissant ainsi ce qui est sans doute le plus considérable exploit militaire de son siècle.

Le 6 décembre l'armée s'ébranla en direction d'Alcala. Elle gagna Guadalascara, où elle se trouva bloquée par le Tage difficile à franchir à cause de sa largeur et de la rapidité de son courant. Les gardes couraient en tous sens pour chercher un passage. Vendôme, d'un seul coup d'œil, se rendit compte du délai qu'il faudrait pour faire traverser l'infanterie et les bagages. Il ordonna à son écuyer, Busset, de sonder le fleuve et celui-ci manqua d'être emporté. Malgré cela, le général, se souvenant sans doute du franchissement du Rhin trente-huit ans plus tôt, donna l'exemple, se jetant lui-même dans l'eau glacée avec son cheval, malgré les douleurs de la goutte, suivi de ses dix chiens. Tous les gardes du roi, les cavaliers et les dragons espagnols l'imitèrent. L'armée passa ainsi en un temps record mais il y eut cent-quarante morts : « ...ceux dont les chevaux lâchaient se jetaient à la queue de ceux de leurs camarades et les emportaient »[26].

L'armée, qui avait gagné plusieurs heures par ce coup d'audace, campa le soir du 8 décembre à un quart de lieu de Guadalascara. Vendôme fut averti dans la soirée que l'arrière-garde de l'armée anglaise, commandée par Stanhope, se trouvait tout près, à Brihuega, alourdie du butin de ses pillages. Le roi et le général décidèrent de faire marcher les troupes dans leur direction, dès minuit, malgré la terrible froidure. A l'aube l'armée fut à Turica où l'on donna « une mesure d'avance » aux chevaux, en prévision de la bataille. Les officiers écoutèrent la messe devant une petite chapelle.

Vendôme arriva dans la matinée à la vue de Brihuega où un bon tiers de l'armée anglaise — qui montait à six mille hommes en tout — s'était enfermé dans l'attente de ses bagages. Des soldats anglais qui étaient à une fenêtre donnant sur les murs de la ville, s'écrièrent en voyant déboucher l'avant-garde de Philippe V : « Pauvres gens, où allez-vous ? Venez-vous demander raison de votre armée battue devant Saragosse ? Nous allons bientôt vous achever ». Les Espagnols répondirent sur le même ton : « Qu'ils leur donneraient bientôt des violons à la Vendôme ».

Philippe V, arrivé sur le soir, fait tirer quelques volées de canon sur la ville mais Stanhope, qui se trouve à l'intérieur, fait répondre qu'il se défendra jusqu'à la mort. La nécessité de battre rapidement les Anglais s'impose au roi d'Espagne, Starhemberg est annoncé de toutes parts comme fondant avec toutes ses forces au secours de l'Anglais. Toute la nuit les Espagnols, sous les ordres de Vendôme, s'affairent à monter leurs batteries qui jouent à l'aube, dans le brouillard, suscitant la stupeur parmi les assiégés.

Vendôme laissant à Philippe V le soin des travaux du siège s'éloigne pendant quelques heures pour poster des garnisons sur les hauteurs de la route que doit emprunter Starhemberg. A peine est-il de retour à Brihuega, annonçant que les Impériaux seraient sur place dans deux jours, qu'une porte de la ville assiégée vole en éclats sous l'effet d'une mine, ébréchant la muraille tout alentour. L'assaut est décidé sur le champ. Vendôme fait apporter une tonne de bran de vin et le fait distribuer à ses soldats pour les animer. Il trinque avec eux. Un soldat espagnol, qui était à la Marsaille, se fait connaître : « Vous souvenez-vous, Monseigneur, quand vous étiez à la tête de vos grenadiers et que vous disiez : bon quartier aux Espagnols, halte, halte, bon quartier aux Espagnols ?... Je n'ai pas besoin de bran-de-vin pour aller affronter les Anglais, la vue de Philippe V, mon roi et la présence de Votre Altesse me suffisent pour aller braver ces bonnets rouges... »[27].

L'attaque commence. Les Anglais font un feu terrible sur la brèche, si bien qu'ils font reculer le premier assaut. Vendôme se saisit d'un pistolet d'arson, disant à Philippe V qui se trouve près de lui : « Sire, ils ne tirent pas droit... S'ils avaient visé juste Votre Majesté et moi aurions déjà été tués »[27]. Il s'élance, suivi du roi, et conduit le second assaut. Ils parviennent à forcer le premier retranchement. Les Anglais en sont déjà à brûler des maisons pour ralentir leur progression. Les fraîches recrues espagnoles font merveille, ce sont des jeunes gens hardis et catholiques, hérissés à la vue d'ennemis hérétiques. Ils débordent leurs officiers et coupent à Stanhope et à son état-major le chemin de la citadelle où ils voulaient se réfugier. A sept heures et demie l'ennemi bat la chamade.

La capitulation est signée. La garnison anglaise, un peu plus de deux mille hommes, est faite prisonnière de guerre. Tout cela a lieu avec l'extrême civilité dont des Anglais, des Espagnols et des Français policés sont capables. Vendôme envoie prendre des nouvelles du lieutenant général Carpenter blessé à la bouche, celui-ci lui offre un cheval et le duc lui renvoie sa tabatière d'or. Le soir Vendôme soupe avec son ennemi et c'est pendant ce souper que résonnent les neuf coups de canon que Starhemberg, ignorant de la reddition anglaise, fait tirer pour signaler son approche.

Philippe V et Vendôme font évacuer sur l'arrière, en pleine nuit, les prisonniers anglais et décident d'aller à l'ennemi dès l'aube. Vendôme ne se couche pas. Il circule à cheval d'un bivouac à l'autre. A deux soldats espagnols qui se plaignaient de l'état de leurs habits et proposaient de prendre ceux des soldats de Brihuega tombés en leur pouvoir, il répond, « ...que leur roi leur en donnerait bientôt de neufs et qu'il était de l'honnêteté et de la justice d'avoir autant de considération pour ses ennemis qu'on voudrait en recevoir soi-même... »[28]. Philippe V écrit à la reine, pendant plus de deux heures, sur la caisse d'un tambour. Il se fait jeter un manteau sur la neige pour dormir et dit à Vendôme qui assistait à ce singulier coucher royal, « ... que ce qui venait de se passer valait pour le moins une bataille ». Le duc lui répond : « La victoire que Votre Majesté vient de remporter vous donne lieu de tout entreprendre... Mais il faut demain aller affronter l'ennemi : je crois qu'il est à propos d'aller envoyer des ordres à Bracamonte et à Vallejo de se tenir derrière l'armée de M. de Starhemberg et de les avertir de ne pas perdre cette armée de vue parce qu'on ne manquera pas dans la journée de l'attaquer par derrière tandis que Votre Majesté l'attaquera de front »[28]. Le plan de la grande bataille contre Starhemberg — bataille qui allait décider du sort de Philippe V — était ainsi tracé.

Starhemberg apprend la reddition de Brihuega alors qu'il est déjà en ordre de bataille. Un général Hollandais de son état-major, Belcastel, réfugié huguenot venu de France, propose de rebrousser chemin. Starhemberg lui réplique : « Vous connaissez bien Vendôme, avant deux heures il va falloir combattre ». Il arrive ainsi, en début d'après-midi, près du petit village de Villaviciosa, plus résigné au combat que désireux de le livrer vraiment.

L'écuyer de Vendôme, Busset, s'est avancé. Il a vu les Impériaux déjà déployés. Il annonce à Philippe V qu'il allait rentrer dans le plus beau champ de bataille qui soit, sans muraille, sans haie, sans buisson. Il avise son maître que Starhemberg faisait démolir le petit mur d'une chapelle pour installer une batterie qui pilonnerait sa droite. Sur cette nouvelle, le général appuie cette même droite à un coteau escarpé.

Le comte de Las Torres vient annoncer que son bataillon est posté avantageusement derrière des murailles de pierre sèche. Louis-Joseph ne l'entend pas ainsi, il veut que son armée continue d'avancer pour offrir le combat aux ennemis au plus près et sans délai. Las Torres objecte que ces murets empêchent toute progression. « Hé bien ! il faut les rompre »[29], ordonne le général français en se saisissant d'une pioche et en donnant l'exemple lui-même. Peu après, il essuie deux tirs de canon visiblement pointés sur lui : « Ces messieurs viennent de nous saluer, dit-il, rendons-leur leur salut »[29]. Il choisit le cri de ralliement : »*Felipe Quinto* ! » et, pendant toute la canonnade, il court à cheval visiter ses hommes, escadron par escadron, bataillon par bataillon.

Starhemberg oppose aux vingt-cinq mille soldats inexpérimentés du roi d'Espagne, dix-huit mille professionnels de la guerre dont beaucoup étaient avec lui en Italie cinq ans plus tôt.

Combat d'une violence extrême dont Bellerive, qui s'y trouvait, a décrit par le menu toutes les péripéties. Philippe V avait tout à redouter de cet engagement commencé une heure avant la tombée du jour. Il donna l'exemple et Vendôme, le voyant l'épée à la main, l'embrassa. Le roi d'Espagne commandait sa cavalerie. Vendôme continuait d'aller de l'un à l'autre, criant, riant, au comble de l'exaltation et sachant déjà qu'il tenait là sa plus belle victoire. Il contint la débandade de sa gauche, peuplée de jeunes volontaires. Remontant à cheval, il alla s'attaquer le premier au terrible carré des six mille hommes de l'infanterie allemande, le prenant à revers, le tenant entre le feu de ses carabiniers et celui de ses canons, l'obligeant à tourner comme une toupie folle, le faisant finalement se disloquer.

Un moment Philippe V crut Vendôme mort. Il envoya un de ses officiers en savoir des nouvelles : « Je suis fort sensible à l'honneur que Sa Majesté me fait de s'informer de moi. Témoignez-lui, Monsieur, que de mon côté je suis fort en peine de sa personne sacrée, je viens de rallier ses gardes du corps qui ont fait des merveilles »[30].

Après deux heures de ce carnage la nuit allait sauver les Allemands et les Portugais, leurs alliés, d'un complet encerclement. Le comte de Maloni envoya un tambour à Starhemberg pour le sommer de se rendre. L'Allemand en usa assez malhonnêtement, il retint le tambour prisonnier toute la nuit en comptant sur les brouillards de l'aube pour disparaître.

Philippe V coucha sur le champ de bataille. Le terrain était plein de cadavres, six mille Allemands morts, trois mille blessés, quatre mille morts et blessés du côté espagnol. Les ennemis laissaient en outre trois mille deux-cents prisonniers dont la plupart — des mercenaires — rallièrent les armées du roi d'Espagne. En outre, le lendemain, Vallejo, quc Vendôme avait posté en arrière des troupes de Starhemberg, devait faire trois mille six-cent prisonniers parmi les fuyards. Désastre sans appel pour les coalisés, double désastre même, consommé en deux jours par l'industrie de Vendôme qui avait su ranimer tout le génie combattif des Espagnols attachés à la personne de leur roi. Louis XIV, dès qu'il le sut, revint à son premier enchantement pour le duc : « Il n'y avait en Espagne que cet homme de plus, répétait-il, qui a fait ce surprenant changement ».

Sur ce « seul homme de plus », Mlle Petit, sœur du sieur Petit, contrôleur général de la maison de Vendôme, devait composer un long poème qui fut fameux alors et qui commence ainsi :

« Un seul homme de plus sur les rives du Tage
« Vient de rendre la joie aux peuples abattus
« Ces sujets fortunés publieront d'âge en âge
« Par ce seul homme on vit nos ennemis vaincus...

Quant à Palaprat, c'est du Temple qu'il chantait les exploits de son mécène :

« Puisque Palaprat vit
« Palaprat vous adore

« Prince qui méritez bien mieux le nom de Cid
« Que l'amant de Chimène et le vainqueur du More
« Il faudra que j'aille à Madrid
« Faire éclater l'ardeur qui pour vous me dévore »[31].

Vendôme éprouvait la satisfaction de s'être enfin vengé de la cabale qui l'avait éloigné de la cour en 1709. A Philippe V, qui l'embrasse en lui disant : « Je vous dois ma couronne », il répond : « Sire, vous avez vaincu vos ennemis et moi j'ai imposé silence aux miens... »[32].

Malgré cela, avec une évidente mauvaise foi, Saint-Simon, continue de prétendre que Vendôme ne devait ces éclatants succès qu'au hasard. Ainsi pour Brihuega : « Sa surprise fut grande lorsqu'il découvrit qu'il y avait tant de troupes, et que, croyant n'avoir affaire qu'à un poste peu accommodé, il se trouvait engagé devant une place »[33]. Et pour Villaviciosa : « Le centre espagnol pliait... M. de Vendôme s'en aperçut si fort, qu'il crut qu'il fallait songer à se retirer vers Torija... »[33]. Assertions fausses et calomnieuses. Nul autre que notre mémorialiste ne parle de retraite amorcée pendant le combat de Villaviciosa.

Il n'était pas question, faute de vivres et de bois de chauffage — le froid était alors extrême — de poursuivre Starhemberg, aussi Vendôme donna-t-il tout son soin à l'exploitation de la victoire. Il visita les blessés, réorganisa l'armée. Il allait d'un quartier à l'autre avec ses chiens auxquels s'était ajouté un affreux bâtard, sale et meurtri, qu'il avait baptisé « la déroute ». L'ennemi avait abandonné sur place ses fourgons et sept cents mulets chargés du fruit de toutes ses rapines. On y trouva 30 000 doublons d'or de quinze livres chacun et les fameux douze apôtres d'argent que Starhemberg avait enlevé, dans le dessein de les fondre, à Tolède, où Philippe V les renvoya aussitôt.

Vendôme rendit compte à Voysin qui venait de succéder à Chamillart à la guerre. Sa lettre se terminait ainsi : « Pardonnez à un homme qui a été trois jours dans les champs sans coucher s'il ne vous en dit davantage ». En France, la cabale des dévots était ébranlée. Mme de Maintenon, elle-même, devait écrire, sur la nouvelle de cette victoire, à Mme des Ursins : « Vous savez combien on juge à notre cour d'après les évènements, toutes les fautes de M. de Vendôme sont oubliées et c'est un héros : il n'aurait aucun talent s'il était malheureux »[34].

La reine d'Espagne, de son côté, écrivit à son sauveur : « Je ne vous parlerai pas de nos ennemis que vous avez attaqués, parce que je sais que vous les avez défaits et mis en fuite, si vous ne m'en avez rien mandé ne vous excusez pas sur le respect que vous avez pour moi, je suis convaincue que c'est une marque de votre sagesse parce qu'ayant fait des merveilles votre incomparable modestie vous empêche de les publier ». Et Mme des Ursins, songeant surtout à la France, ajoutait dans le même envoi, : « Je voudrais pouvoir voler pour être témoin de la joie qu'en aura Louis le Grand, notre auguste et incomparable monarque. Que dira-t-on à Versailles et à Paris ? Quel élcge ne donnera-t-on point à l'invincible Louis-Joseph de Vendôme, le restaurateur de l'Espagne ?... »

La guerre n'empêchait pas les bonnes manières, nous l'avons maintes fois remarqué. Starhemberg envoya un messager pour dire que les 30 000 doublons d'or étaient sa cassette personnelle et non point la caisse militaire de son armée. Philippe V ordonna aussitôt de les restituer et l'on remboursa même, afin que la somme revint intacte au général allemand, les officiers qui avaient commencé de s'acheter des équipages en s'aidant de ce trésor.

Philippe V, qui pourtant était dans une situation de détresse financière criante, proposa 120 000 piastres à Vendôme, autrement dit 150 000 écus. Celui-ci, d'après Bellerive, les refusa avec ces nobles paroles : « Je supplie seulement Votre Majesté de faire distribuer cette somme à ses braves et fidèles troupes espagnoles, qui, seules, en vingt-quatre heures lui ont conservé quatorze royaumes ».

Starhemberg, le jour de Noël, était allé s'enfermer dans Saragosse, dans le but d'y soulever la population. N'y parvenant pas il avait décampé le 31. Le roi et Vendôme avaient pu pénétrer dans la ville le 3 janvier 1711, suivis de la reine, du prince des Asturies et de Mme des Ursins, qui les avaient entre-temps rejoints.

La cour d'Espagne allait passer tout l'hiver dans cette ville d'où les Espagnols négocièrent le retrait des Anglais, accords que Stanhope, à son retour en Angleterre, devait payer de la perte de toutes ses charges et emplois. La victoire de Villaviciosa était bien le premier évènement capable de retourner favorablement la fortune de Louis XIV. Une autre circonstance qui aida non moins puissamment à la paix fut la mort inopinée du jeune empereur Joseph 1er, survenue à Vienne le 17 avril 1711, qui faisait de son frère, l'archiduc Charles, proclamé roi Charles III d'Espagne par les coalisés, son successeur à la tête de l'Empire. C'était réveiller le spectre de Charles Quint, inquiéter Anglais, Hollandais et Prussiens, qui devaient aussitôt en modérer leurs ardeurs anti-françaises. Finalement, un troisième évènement, le redressement de la fortune guerrière du roi opéré, le 24 juillet 1712, par Villars à Denain, devait accélérer le processus de règlement de la succession d'Espagne et conserver à Philippe V ses couronnes, exception faite de l'Italie et des Flandres.

En attendant la fortune continuait de sourire à Philippe V puisque, le 23 janvier 1711, Girone se rendait au duc de Noailles.

Starhemberg, quant à lui, n'avait pas reçu d'autorisation de la cour de Vienne pour traiter ; il s'était même vu offrir des renforts pour mieux tenir les contrées de Tarragone et de Barcelone. Pourtant, quoique sérieusement atteint dans son moral et ses moyens, il devait s'obstiner tout au long des deux années qui séparaient encore les belligérants d'un traité européen, à une guérilla sanglante qui allait contraindre Vendôme à se maintenir en Aragon, la province la plus rétive à l'autorité du roi Bourbon.

II — LES MESAVENTURES D'UN ETOURDI

En août 1709, le grand prieur avait donc quitté Chalon où il périssait d'ennui, pour Venise. Venise, qu'il avait toujours aimée et souvent visitée, lui rappelait des heures tragiques mais glorieuses, lorsque, quarante ans auparavant, presque jour pour jour, il avait assisté à Saint-Marc, lui seul au premier rang, au service solennel que le Sénat et le doge faisaient célébrer en l'honneur de l'oncle Beaufort. L'accueil que fit la Serénissime au prince désargenté de 1709 fut tout autre : il n'avait plus d'état et, jusque dans l'anonymat de la fête masquée, il ne se sentit plus de saison.

L'ennui, ce vieux serviteur de la disgrâce, lui fit désirer une nouvelle fois de revoir la cour. Il quitta Venise en septembre 1710, projetant de passer par la Suisse pour rejoindre la France — c'était la seule voie possible depuis la perte du Milanais — ce qui advint alors, le 28 octobre, nécessite quelques explications préliminaires.

Louis XIV était représenté en Suisse par un ambassadeur à poigne, François de Vintimille, comte du Luc, qui s'intitulait lui-même le « vieux de la montagne ». Il s'était entouré d'une police secrète et prétendait contrôler tous les mouvements hostiles à la France dans les cantons qui jouissaient pourtant de leur indépendance et d'un statut de neutralité. Il usait des enlèvements comme d'un procédé normal d'administration. Il avait ainsi tour à tour menacé de s'assurer de l'abbé de La Bourlie* et de Stanyan, un envoyé de la reine Anne. Le ministre Torcy s'en effrayait en lui marquant : « Vous avez pris goût aux captures »[35].

Or, en février 1710, aux portes de la ville de Genève, il avait fait arrêter le fils d'une manière de bandit, Thomas Masner, capitaine et conseiller de la ville de Coire, en même temps qu'agent double : il était espion au service de la France, à qui il livrait les secrets de la République Grisonne par le truchement de La Chapelle, concierge de la résidence de France à Soleure, mais aussi l'homme de confiance du prince Eugène qui l'avait fait nommer par l'empereur, « ... commissaire des contrebandes pour empêcher qu'on ne fit passer des chevaux aux Français »[35]. C'était un personnage sans scrupules sur qui l'on faisait bien des contes : il avait été poursuivi pour avoir remplacé par des pierres l'or qu'un officier lui avait donné à transporter, il avait battu de la fausse monnaie avec la complicité de quatre des « magnifiques seigneurs » du canton de Berne, il avait volé 40 000 écus au bureau de la guerre, enfin, en 1703, il avait arrêté le marquis de Barbezières, envoyé du duc de Vendôme auprès de l'électeur de Bavière, au moment du fameux pojet de franchissement du Tyrol.

Du Luc, soucieux d'abattre, « ... le plus grand ennemi que le roi eut dans les Grisons »[35], avait décidé avec la complicité de François-David Merveilleux, secrétaire interprète de l'ambassade de France près les Cantons, fixé à Coire, de s'en prendre au fils Masner. Ce dernier fut arrêté en février 1710 et transféré à Lyon, à Pierre-Encize, où il devait rester six ans.

Masner fit aussitôt de violentes instances pour la liberté de son fils. Du Luc rusa : « Je suis plus coriace qu'un vieux coq d'Inde... », écrivait-il à Torcy, le 30 mai 1710. Le printemps et l'été se passèrent ainsi en rodomontades, dénégations, démarches aigries par les actions des cantons et du chargé d'affaires d'Angleterre.

C'est, sur ces entrefaites, que parut dans ces montagnes le grand prieur, ignorant de tous ces démêlés. Le 28 octobre, sortant de la vallée du Rhin postérieur, il pénétrait dans la Grande Vallée, « chichement accompagné », « voyageant comme un bohémien », écrira Du Luc à Noailles. Masner, averti qu'un voyageur français allait passer, se porte avec cinquante fusiliers sur les terres de la

---

* Abbé fantasque, qui tenta de soulever le Rouergue contre Louis XIV en liaison avec les insurgés camisards. J'ai évoqué une partie de sa vie dans un roman, *Le Camp des Enfants de Dieu* (Presses-Pocket, 1990).

seigneurie de Raezuns, dépendante de l'empereur et l'arrête sans savoir qui il était. M. de Boismont, capitaine des gardes de Philippe, marchait à mille pas devant lui. Il tomba nez à nez avec un individu armé qui lui demanda de se nommer, ce qu'il refusa de faire. Ce personnage c'était Masner. Il fit sortir en les sifflant plusieurs de ses complices des fourrés : « M. de Vendôme arrivant sur ces entrefaites, M. Masner qui était l'homme armé quitta le capitaine des gardes et s'adressa à ce prince, lui demandant son nom. Celuici — Pourquoi me faites-vous cette question ? — Je veux savoir, dit Masner, si vous êtes Français — Je le suis, répondit M. de Vendôme et, de plus, je suis le grand prieur de France — Hé bien ! Je vous arrête parce qu'on retient mon fils en France et que M. l'ambassadeur ne l'a pas fait relâcher comme il me l'a promis »[36].

Voici le prince dans de beaux draps. L'affaire allait mettre dans sa vie de désœuvrement un piment dont il se serait volontiers passé. Il passa sa première nuit de prisonnier à Feldsberg et, le lendemain, par un radeau descendant le Rhin, il fut transporté en territoire du comté de Vaduz, en terre d'Empire.

Le 29 octobre, Philippe de Vendôme signa conjointement avec le bandit Masner une curieuse déclaration : « Je soussigné Thomas Masner, natif Grison, de la ville de Coire, déclare et m'oblige moi et tous mes biens, que mon fils, actuellement prisonnier au château de Pierre Encize, venant à être mis en liberté à Genève, à l'instant que j'en aurait lettre certaine de sa main et de celle de M. Maurice Pasteur où il était en pension, je relâcherai dans le moment S.A.S. Mgr de Vendôme, Mgr le grand prieur, que j'ai arrêté sur notre terre grisonne, par représailles et je le ferai conduire en sûreté avec tous les gens de sa suite et équipage, sur terre suisse, S.A. promettant, moyennant cela, de n'avoir aucun ressentiment de ce qui s'est passé »[36].

Le grand prieur chargea M. de Boismont, son capitaine des gardes du corps, de porter cette déclaration accompagnée d'une lettre de sa main à du Luc : « Celui qui vous rendra cette lettre, aura l'honneur de vous rendre compte de l'accident bizarre qui m'arriva hier et des moyens de m'en tirer... Je compte totalement, en cette fâcheuse occasion, sur votre amitié et le zèle que vous avez pour le sang de votre maître et du mien »[36].

L'ambassadeur se vit à son tour pris au piège mais il ne fut pas pour autant disposé à composer. Il écrivit à Torcy, ministre des Affaires Etrangères : « Je suis si abasourdi que je crains d'écrire quelque sottise au roi. Vous savez, Monsieur, que je suis Provençal et, par conséquent, attaché à la maison de Vendôme : je donnerais mon sang pour prouver cette vérité mais je ne connais plus personne quand il s'agit de la gloire de S.M. Si elle délivre Masner, que dira toute l'Europe ? »[36].

Du Luc écrit ensuite au roi, à la princesse des Ursins, au duc du Maine, comme plus proche représentant de la famille, en l'absence du duc de Vendôme alors en Espagne. Il fait porter toutes ces missives début novembre par Girault, valet de chambre et chirurgien du grand prieur, qui se trouvait près de son maître lors de son arrestation. Il propose de faire agir les officiers, les soldats, les négociants. De cette manière, dit-il, « ...le peuple qui décide, dans ce pays-là, se soulèverait, les honnêtes gens auraient la liberté d'agir et Masner serait au moins forcé d'abandonner son pays où sa vie ne serait point en sûreté... »[37].

Louis XIV et son ministre, Jérome de Pontchartrain, ne sont pas pressés d'intervenir. C'est qu'ils ont alors plus d'une affaire sur les bras et que le roi n'est sans doute pas fâché de tirer une vengeance du frère de M. de Vendôme. Le souci du gouvernement allait d'abord, « ... à ne pas souffrir qu'un territoire neutre fut violé par l'insolence d'un particulier »[37].

A Balze, le grand prieur se trouvait logé dans un cabaret, gardé par huit ou neuf Grisons postés devant la porte de sa chambre. Le 3 novembre il fut transféré à Feldkirsch. Il y avait connivence avec les gens de l'empereur sur place quoique l'ambassadeur de Vienne près les Cantons, le comte de Trauttmansdorff, proclamât hautement que l'enlèvement du prince, « ... ne saurait être approuvé »[37].

Philippe faisait feu de tout bois. Il écrivait lettre sur lettre à Louis XIV, affectant tout d'un coup de grands sentiments religieux. Nous avons connu d'autres exemples de cette faculté des princes de la maison de Vendôme d'avoir de vifs épanchements mystiques dans les temps d'adversité. Le grand prieur sollicitait pour la mise en liberté du fils Masner, préalable à son propre élargissement. Il imaginait que son frère pourrait l'aider en marchandant en Espagne la liberté de quelques Allemands qu'il aurait au préalable fait prisonniers.

Le plus jeune des Vendômes fut transféré en décembre à Embs, séjour beaucoup plus agréable. Là, un ami de la France, le capitaine Ackermann, projeta de venir l'enlever une nuit en même temps que Masner. Le projet échoua mais il conduisit les ravisseurs à envisager un transfert au Tyrol. Le grand prieur supplia Masner de pouvoir demeurer à Embs jusqu'à ce que l'empereur ait donné ses ordres. Il offrit pour cela de donner un louis par jour à chacun de ses geôliers et du Luc, en l'apprenant, « ... rougit jusqu'au blanc des yeux d'une pareille bassesse »[38].

Philippe menait à Embs son train ordinaire : « Il ne commençait à vivre que le soir, aux chandelles : il buvait alors énormément et chantait à tue-tête, de concert avec ses compagnons d'aventure : il s'abstenait seulement de danser. Le jour venu, il allait cuver son vin, couché entre quatre chiens de chasse. Il ne laissait pas, à certains moments, de se souvenir d'une vieille gourgandine qu'il avait connue à Venise... Digne objet, conclut Du Luc, pour un homme qui a passé cinquante ans »[38].

Il n'avait plus avec lui que deux domestiques et le juif Vitafano, riche banquier de Mantoue, qui l'avait suivi depuis l'Italie pour profiter de son escorte et tenter d'obtenir, dans le royaume, le remboursement de plusieurs emprunts contractés par des officiers français pendant les campagnes du début de la guerre. Masner avait exigé de cet homme une rançon de 250 louis et il lui extorquait chaque jour le règlement de dépenses supposées du prince.

L'empereur ordonna finalement, le 8 décembre, de retirer le grand prieur des mains de Masner et de le transférer à Munich. Le voici donc prisonnier d'Etat ! Nouvelle catastrophe. Il implore tour à tour le secours d'Eugène de Savoie, son cousin ; du duc, son frère, toujours en Espagne et à qui le roi, depuis la victoire de Villaviciosa, n'avait rien à refuser. Eugène répond le 17 janvier 1711 par une missive polie qui est une fin de non-recevoir : « Personne ne pouvait songer à faire une comparaison entre vous, Monsieur et le dit Masner ; mais il était juste que vous aidiez à faire connaître tous ces embarras... »[39].

Pendant ce temps, dessaisi de son prisonnier mais craignant qu'on ne lui fît son procès, Masner publiait plusieurs lettres qui compromettaient gravement le grand prieur, lui faisant approuver sa conduite et condamner du Luc. Philippe allait se trouver brusquement, à son corps défendant, placé au centre d'une intrigue échafaudée par les ennemis de la France. Le prince Eugène lui fit proposer de se rendre, pendant six mois, sur sa parole, près de M. du Luc, dès que serait signé l'accord sur la liberté du fils Masner. Du Luc craignait énormément cette arrivée à Soleure d'un homme qui serait devenu l'obligé du prince Eugène. Il ajoutait : « De quelque manière que S.A. parût à Soleure, elle y serait reçue en maître mais non servie de meilleur cœur qu'elle ne l'a été jusqu'à présent »[40].

Le grand prieur reçut un nouveau projet de mémoire, revu par Eugène, qui chargeait outrancièrement Louis XIV. Il en écrivit à du Luc, le 11 avril : « Le mémoire qu'on m'a envoyé ne m'a pas trompé, il était tout aussi ridicule que le précédent... ainsi il a eu le même sort, c'est-à-dire que je l'ai rejeté... ». Philippe n'en espère pas moins arriver bientôt à Soleure et il conclut, en confiant à du Luc, « ... qu'il comptait avoir bientôt le plaisir de l'embrasser et de boire avec lui, surtout du vin de Champagne s'il en avait »[40].

Le mémoire définitif fut signé par Philippe à la fin de mai. Il constituait un nouveau camouflet pour Louis XIV. Le prisonnier promettait à ses geôliers d'obtenir la liberté du capitaine impérial Renard — autre prisonnier détenu abusivement par la France — ainsi que du fils Masner et d'agir de telle sorte, « ... que le père du jeune Masner... ne soit jamais molesté ni puni... »[40]. Le grand prieur, contraint de signer ce document pour se mettre en liberté, marqua sa rancœur à Eugène dans une lettre du 29 mai 1711 : « Je ne vous cacherai plus que j'avais tout attendu de votre probité et de votre justice, et que vous ne vous opiniâtreriez point à protéger un assassin et un voleur de grand chemin contre votre cousin germain et votre ancien ami... »[40]. Eugène répondit sur le même ton, le 10 juin : « ... Je suis connu dans le monde pour n'avoir jamais été le protecteur de voleurs et d'assassins et encore moins quand il s'agit de servir une personne comme vous... »[40].

Philippe fut enfin relâché. Il arriva à Soleure, le 6 juin 1711, porteur du mémoire qu'il avait signé et, « ... parfaitement résolu à manquer à sa parole »[10]. Du Luc va alors l'engager à se décharger de cet engagement, en prétendant que le mémoire n'a pas de valeur : « ... Le Grand prieur n'a pu valablement s'engager. Le roi est son maître et peut valablement l'absoudre »[41]. La suite à donner au traité du grand prieur partagea les ministres. Torcy estima qu'il y allait de l'honneur de Louis XIV d'en respecter les termes : « Il ne conviendrait pas au roi de lui donner, en cette occasion, le conseil que je crois il désirerait le plus »[41].

L'autre difficulté, c'était de fixer le sort du grand prieur dont la présence à Soleure était gênante. Une présence que du Luc juge peu gracieuse, ajoutant, « ... le prince est accompagné de quatre mâtins qui nous compissent... Je lui ai souvent proposé de s'en séparer... mais S.A. ne l'entend pas de cette oreille parce qu'elle veut prouver — je crois — qu'il y a dans le monde des créatures plus maussades que lui, de quoi je ne saurais convenir... »[41].

Le roi garde un silence glacial sur un éventuel retour du plus jeune des Vendômes en France. Torcy écrit au principal intéressé : « ... Je doute qu'en la pressant de s'expliquer (Sa Majesté) on obtint l'approbation que vous demandez »[41]. Refus d'un pardon que confirme une lettre de Torcy à du Luc, en date du 9 juillet : « Le Roi ne veut pas permettre à M. le Grand prieur de rentrer dans le royaume d'où il est sorti sans permission... »[41]. Enfin, coup de grâce, Philippe recevait, en août 1711, de son glorieux frère, « ... une lettre toute des plus fortes condamnant sa résolution d'une manière bien claire et bien positive »[41].

Le pauvre prince, laissé sans gouvernail, décida d'écrire aux deux impératrices d'Allemagne : la veuve de Léopold 1er, régente de l'empire, et la toute récente veuve de Joseph 1er, belle-fille de la première, pour qu'elles le déchargent de son serment. Il fit pour cela un manifeste, que rédigèrent pour lui, depuis Paris, Chaulieu et Palaprat. Torcy reçut même pour l'occasion Palaprat à Versailles à qui il déconseilla d'agir sous la forme d'un manifeste public, suggérant plutôt des requêtes privées aux impératrices, au pape et au grand maître de Malte.

En attendant l'effet de toutes ces démarches, le grand prieur continuait de se produire dans Soleure avec ses chiens. Il participa même aux agapes de la Saint-Louis, mangeant et buvant plus qu'aucun.

Le 11 novembre il sollicitait à nouveau de Torcy son retour : « ... Depuis les grandes incommodités dont est accablé l'abbé de Chaulieu qui l'empêchent de vaquer comme il voudrait au soin de mes affaires, elles sont si délabrées que ma seule présence peut y remettre de l'ordre »[42]. Le 24 novembre Louis XIV devait lui accorder de rentrer en France, à condition de ne pas dépasser Lyon. Le grand prieur, informé de cette grâce par sa belle-sœur, la duchesse de Vendôme, s'embarqua en voiture avec ses gens et sa meute et fut dans la capitale des Gaules le 8 décembre.

L'affaire de la libération du fils Masner fut reprise en main par le « vieux de la montagne » (du Luc), qui intrigua pour que le procès de Masner lui fut fait par les cantons protestants. Masner comptait sur les bonnes grâces autrichiennes — il devait d'ailleurs, pour mieux se les concilier, se faire publiquement catholique — Finalement, convaincu de fausse monnaie, poursuivi, abandonné de tous, il mourut en se rompant le cou dans sa fuite, en août 1712, libérant du même coup le grand prieur de ses imprudentes promesses. Son fils, parce qu'on avait fini par oublier ce qui le retenait en prison, ne devait sortir de Pierre-Encize qu'en janvier 1716.

III – « DES HOMMES COMME MOI NE SE PAIENT QUE PAR DES PAPIERS ET DES HONNEURS ».

Philippe V et Vendôme étaient donc maîtres de Saragosse depuis le 4 janvier 1711. Leur but était d'aller en Catalogne rejeter les Allemands à la mer. Starhemberg, pour les en empêcher, tenta de donner bataille sous Igualada mais l'affaire tourna à sa confusion.

Adrien-Maurice de Noailles, auréolé du prestige de la prise de Girone, arriva à Saragosse au début de mars pour mettre, conformément aux ordres reçus de Louis XIV, ses troupes sous le commandement de Vendôme. Louis-Joseph, qui se souvenait de tout ce qu'il devait au père d'Adrien-Maurice, le défunt maréchal, l'accueillit par des assauts de politesse, l'assurant notamment, « ... qu'il avait toujours cru que Girone ne résisterait pas au nom de Noailles ».

Le bruit se répandit alors que Vendôme songeait à commencer la campagne de 1711 par le siège de Tarragone et qu'il souhaitait s'en emparer avant que Starhemberg ne reçoive du secours d'Italie et d'Angleterre. Le mois d'avril fut un mois d'inquiétude et de deuil. La reine donna les premières manifestations de la fâcheuse santé qui devait la faire mourir jeune. Le 21 avril la cour de Saragosse apprenait la mort du dauphin de France, survenue une semaine plus tôt à Meudon. Vendôme perdait là son meilleur soutien, le fidèle visiteur d'Anet, son défenseur auprès du roi, celui dont il attendait beaucoup dans les temps futurs. Voici ce qu'il en dit à Philippe V, fils du disparu : « Monseigneur mort ! quelle perte pour moi et pour toute la France. Monseigneur mort ! j'ai toujours appréhendé la petite vérole pour cette aimable prince et ce que je craignais le plus lui est arrivé... »[43]. Saint-Simon de conclure : « Vendôme en frémit en Espagne où il ne s'était jeté qu'en passant. Dès ces moments il résolut d'y fixer ses tabernacles et de renoncer à la France... »[44].

Starhemberg reçut des secours plus vite que prévu. Il divisa ses troupes en cinq corps pour multiplier les théâtres de ces guerres d'embuscades et de marches rapides dans lesquelles il avait toujours excellé. Vendôme attendait les remontes* d'Andalousie, les uniformes, les munitions. Il pestait de toutes ces lenteurs mais l'Espagne, bien que dévouée à ses jeunes rois, était exsangue. Vendôme trompait cette insupportable attente en allant tirer les hortiguas,

* Remplacement des chevaux hors d'état de servir par des chevaux frais.

chasse difficile dans laquelle il montra vite de superbes qualités. Il se promenait presque sans escorte, flanqué du seul Alberoni et ses officiers s'inquiétaient pour lui à cause du peu de sûreté des campagnes d'Aragon. Il les moquait : « Bon, bon, les Aragonais sont les meilleurs gens du monde, quel homme de cette nation voudrait me faire du mal, moi qui ne leur veux que du bien ? »[43]. Il avait de fréquentes conférences avec Stanhope qui était devenu son ami et qui se trouvait bien peu pressé de rentrer en Angleterre où il savait devoir rendre des comptes.

Starhemberg porta la guerre dans le royaume de Valence à la fin juin. Il avait organisé un camp volant de dix mille hommes, qu'il avait mis en position de s'opposer durement aux forces de Philippe V. Le 15 août, Vendôme assembla son armée à Lérida. Il s'empara de Venasque puis mit le siège devant Castel-Leon tout en réussissant à empêcher les premiers secours attendus par Starhemberg à rallier celui-ci. Il brûla ensuite les « pailles »* pour retenir l'ennemi de subsister dans le pays. Guerre sans moyens, faute d'argent, d'un côté comme de l'autre, guerre d'espions et d'embuscades, menée sur un terrain difficile. Il n'y eut qu'une seule véritable bataille, celle de Prats-del-Ruy, longue escarmouche de plusieurs jours, au cours de laquelle les troupes de Vendôme tuèrent six cents hommes à celles de Starhemberg.

L'autre raison de ce peu d'activité de la campagne de 1711 c'est la lassitude. On l'a dit, la mort de l'empereur Joseph en avril, la supériorité de Louis-Joseph en Espagne, inclinaient les coalisés à envisager la paix. A l'automne il fut même question d'une conférence entre Vendôme et Starhemberg, à laquelle s'opposa l'archiduchesse, nouvelle impératrice, restée seule dans Barcelone après le départ de son mari pour Vienne, et attentive à ne pas entamer la détermination anti-française des Catalans.

Il resta toutefois bien des traces de ces amorces de pourparlers. Les généraux commencèrent à communiquer par estafettes et à se rendre des politesses. On décida par exemple d'échanger les prisonniers qui seraient faits de part et d'autre, à condition qu'ils ne portassent pas de drapeau. Starhemberg, qui se tenait le plus près de la Méditerranée et « ... qui savait que le duc de Vendôme aimait extraordinairement le poisson de mer, lui en envoyait souvent de tout frais... Le prince en mangea beaucoup d'abord mais, ayant eu une indigestion qui lui causa de fréquents vomissements, il s'en abstint et s'en porta mieux... »[45]. A la fin de la campagne Vendôme voulut aller soigner sa goutte en France, à Balaruc, il fit demander

---

* Entendons par là tout ce qui permettait à la cavalerie de subsister : paille, foin, avoine.

à son adversaire, « ... un passeport pour que son pourvoyeur, un nommé Lambert, passât au travers de son armée pour gagner la route du Languedoc »[45]. La chose fut accordée sans difficulté et Starhemberg offrit même une bourse à Lambert, lequel, de son côté, avait reçu mission de faire sur la cassette de son maître des libéralités au général allemand : « ...il lui donna plusieurs sortes de vins et liqueurs, avec du thon de Provence et autres provisions »[46].

D'un commun accord, il fut même décidé de prendre tôt les quartiers d'hiver. Vendôme et le roi en profitèrent pour revenir à Sarragone puis à Madrid. Philippe V, qui entrevoyait enfin le terme de ses maux, voulut combler son sauveur. Le 23 mars 1712 il le déclara prince de son sang, lui donnant une patente qui l'élevait au-dessus de toute la noblesse de son royaume, lui conférant le titre d'Altesse, et le faisant jouir de tous les honneurs et préséances dûs à ce rang, comme en avaient joui avant lui les deux Don Juan, bâtards royaux d'Espagne. Saint-Simon prétend que ce fut là la dernière entreprise du couple satanique que formaient Vendôme et Mme des Ursins, « ... s'appuyant et se servant l'un l'autre »[47]. Philippe V s'excusa pour le surplus de ne pas pouvoir, faute de moyens, le gratifier des apanages et pensions attachées à ce rang. Il s'attira, rapporte Villeneuve, cette fière réplique : « Vous vous trompez, des hommes comme moi ne se paient que par des papiers et des honneurs ». Voici ce qu'écrit Alberoni depuis Madrid, le 28 mars 1712, au sujet de la nouvelle dignité de son maître : « Vous avez appris comme le roi d'Espagne a donné à M. de Vendôme le rang de prince de sang. Voici un prince qui pourrait jouer peut-être le premier personnage en Europe. Dieu le conserve pour le bien des Deux Couronnes... »[48]. Ainsi l'assimilation complète au sang royal, l'effacement de la bâtardise, ambition constante de la maison de Vendôme depuis plus d'un siècle, devait-elle venir d'un descendant légitime d'Henri IV mais par-delà les Pyrénées.

Début avril 1712 Vendôme quitta le roi et la reine pour commencer une nouvelle campagne. Sur son chemin, à Valence, il fut reçu en grande pompe par la municipalité et put boire une dernière fois le nectar de sa popularité. Il alla ensuite établir son camp à l'embouchure de l'Ebre.

Sa santé continuait de se dégrader insensiblement : goutte, ulcère, ravages rampants de cette syphilis, si souvent et si mal soignée. Il ne prenait pourtant aucune précaution : « Pendant les trois semaines qu'il y resta (dans son camp), écrit Bellerive, on lui servit tous les jours du coquillage avec du mauvais poisson qu'on prenait sur les bords de la mer »[46]. Saint-Simon nous le montre s'adonnant alors aux parfaits plaisirs du sybarite : « Les Autrichiens étonnés et affaiblis du départ des Anglais, se trouvaient bien éloignés de l'offensive et Vendôme, nageant dans les charmes de son nouveau sort, ne pensant qu'à en jouir dans une oisiveté profonde... s'alla établir avec deux ou trois de ses plus familiers et ses valets, qui faisaient partout sa compagnie la plus chérie, à Vinaroz, petit bourg presqu'abandonné et loin de tout, au bord de mer, dans le royaume de Valence, pour y manger du poisson tout son saoul. Il tint parole et s'y donna de tout à cœur joie près d'un mois... »[49]. Saint-Simon, dans une autre de ses pages, stigmatise les goinfreries de Vendôme : « ... il était grand mangeur, d'une gourmandise extraordinaire, ne se connaissait à aucun mets, aimait fort le poisson, et mieux le passé et souvent le puant que le bon »[50]. D'Argenson en rajoute sur l'accident de Vinaroz : « Il se gorgea de poisson, qu'il aimait à la fureur, fut-il bon ou mauvais, bien ou mal accommodé ; il but du vin épais, capiteux, fumeux... »[51].

Saint-Simon, une fois de plus, ne dit pas la vérité : Vendôme n'alla pas à Vinaroz exprès pour s'empiffrer. C'est au retour d'une inspection de la garnison de Pinascola qu'il dut faire halte dans ce bourg, victime d'une indigestion.

Vendôme avait près de lui, depuis quinze ans, pour médecin, — on l'a dit — un simple barbier chirurgien, Arsonnet, qu'il appelait plaisamment Maison-Rouge à cause des saignées dont le bonhomme était prodigue. Lorsqu'il avait quitté Versailles, vingt mois plus tôt, le dauphin avait voulu lui donner un chirurgien digne de ce nom, mais le duc avait refusé pour ne pas faire de peine au pauvre Maison-Rouge.

La détérioration de l'état du général fut foudroyante. Il eut, dit Bellerive, « ... un dévoiement suivi de gros redoublements qui peu à peu épuisèrent ses forces ». « Il commença à n'avoir plus le bénéfice de ses urines, précise Alberoni, ce qui fit que tout commença à remonter, à l'étouffer... »[52]. Saint-Simon ajoute : « On crut aisément qu'il ne lui fallait que la diète mais le mal augmenta si promptement, d'une façon si bizarre, après avoir semblé assez longtemps n'être rien, que ceux qui étaient auprès de lui, en petit nombre, ne doutèrent pas du poison et envoyèrent au secours de tous côtés... »[53]. Pas de trace de ce poison — d'ailleurs fort improbable — chez Bellerive, qui dépeint en revanche la panique du pauvre Arsonnet. Vendôme lui reproche, mais sans doute un peu tard, son incompétence : « Il est bien temps d'appeler la faculté à mon secours quand elle est à soixante-dix lieues d'ici et que vous me voyez réduit à la dernière extrémité. Ne vous souvenez-vous pas que l'été passé à Saragosse, vous m'avez si fort accablé de vos médecines, vos tisanes et vos bouillons de vipère, que vous m'auriez avancé mes jours si S.M. Catholique ne m'avait envoyé son premier médecin »[54].

On décide d'envoyer chercher d'urgence des médecins à Madrid et même à Bayonne, assure Dangeau. Ils n'auront pas le temps d'arriver. Vendôme va mourir.

Alberoni s'approche de son lit en pleurs : « Mon cher abbé, il faut donc nous quitter. Que puis-je faire pour vous ? ». Il le charge d'instructions verbales pour intervenir en faveur de son frère exilé à Lyon, il lui demande de rendre à sa femme un scapulaire qu'il portait sur lui et qui lui venait de sa grand-mère, Françoise de Lorraine, femme de César de Vendôme.

On fait venir un tabellion de Vinaroz, qui signera « Mathieu Domingo Mallach y de Estellas, écrivain », à qui le duc va dicter son testament. Il ne s'agit que de distribuer les 500 000 livres dont il s'était réservé l'usage lors de l'établissement de son contrat de mariage. L'acte commence ainsi : « Le 10e jour de juin 1712, nous Louis, duc de Vendôme, de Mercœur, d'Etampes, comte de Dreux, prince d'Anet et de Martigues, Pair de France, général des Galères, lieutenant général des mers du Levant, commandeur des trois ordres du roi, gouverneur de Provence... » Suit l'énoncé des donations : 6 000 livres pour Cottron, son capitaine des gardes, pour Gallec, son chapelain, pour Busset, son écuyer, pour Flaubert, son majordome et même, sans rancœur, pour le pauvre Arsonnet.

Les témoins sont le marquis de Guerchy, lieutenant général, le chevalier d'Arpajon, maréchal de camp, Don Sanche de Echeverria, maréchal de camp, le marquis de Monti... Plus de dix personnes en tout, ce qui infirme une nouvelle fois Saint-Simon : « Tout ce qui était autour de lui s'enfuit et l'abandonna, tellement qu'il demeura entre les mains de trois ou quatre des plus bas valets, tandis que les autres pillaient tout... »[55]. Le duc ne put même pas signer son testament en raison d'un tremblement de la main.

Ensuite on fit venir un jésuite pour le confesser, le révérend père Juan Joseph et Bellerive ajoute : « S'il poussait quelques soupirs de temps en temps c'était de n'avoir pas eu pour le seigneur tout l'amour qu'il méritait et de ne pas recevoir le viatique à cause de ses vomissements répétés ». Là aussi, opposition complète à Saint-Simon qui affirme : « Il passa ainsi les deux ou trois derniers jours de sa vie, sans prêtre, sans qu'il eut été question seulement d'en parler »[55], et à d'Argenson qui rapporte : « ... quelques moments avant d'expirer, voyant ses derniers valets prêts à enlever et à se partager ses couvertures, ses draps et ses matelas, il leur demanda en grâce de lui laisser au moins rendre les derniers soupirs dans son lit »[56].

Vendôme mourut au soir du 11 juin, à la tombée de la nuit, vers six heures, entouré de tous ses officiers pleurant. Le cadavre fut aussitôt ouvert. Il fut trouvé sain, rapporte Bellerive, à l'exception de trois pierres logées dans le rein droit. Le cœur fut séparé pour être rapporté à Anet où il reposa jusqu'à la Révolution dans la chapelle du château.

Sa mort fut connue à la cour de Madrid deux jours plus tard. Consternation du roi et de la reine qui prirent le deuil scrupuleusement comme ils l'eussent fait pour un prince du sang d'Espagne, en vertu du rang conféré au défunt en mars. Saint-Simon prétend que Mme des Ursins, la vieille complice du défunt se sentit secrètement soulagée : « Elle sentit la délivrance d'un nouveau Don Juan à la tête des armées d'Espagne... ».

M. de Vendôme qui, mort ou vif, ne pouvait décidément rien faire comme tout le monde fit post-mortem un bien curieux voyage que conte Alberoni : « Les domestiques de S.A. ont pris sur eux d'embarquer le cadavre et de le transporter en France à l'insu de S.A. Mme la duchesse de Vendôme et du Roy d'Espagne qui avait résolu de le faire enterrer à l'Escurial ». Ce sont des courriers de Philippe V, prévenu par Alberoni, qui parvinrent à intercepter le macabre convoi. Le futur Mazarin de l'Espagne, esprit pratique sous ses airs débonnaires, s'en félicite : « J'espère avoir rendu un service considérable à Mme la duchesse, car, outre l'honneur qu'on rend à la mémoire d'un si grand prince, je lui épargnerai une dépense de 30 000 écus »[57].

Le corps fut donc déposé à l'Escurial, le 9 septembre. Vendôme en effet, par son extraordinaire rang obtenu in extremis, avait droit à la sépulture des infants. Il se trouve à l'Escurial, dans le tombeau des rois, trois pièces : le panthéon des rois, réservé aux rois et aux reines qui ont eu une postérité, le panthéon des infants où sont les rois et les reines sans postérité ainsi que les infants, enfin le pourrissoir. Saint-Simon le décrit ainsi : « Il n'y parait que les quatre murailles blanches, avec une longue table nue au milieu. Ces murs sont fort épais. On y fait des creux et on y met un corps dans chacun qu'on muraille par-dessus en sorte qu'il n'en parait rien. Quand on juge qu'il a assez longtemps pour que tout soit assez consommé et ne puisse plus exhaler d'odeur, on rouvre la muraille, on en tire le corps, on le met dans le cercueil qui en laisse voir quelque chose par les pieds : ce cercueil est couvert d'une riche étoffe, et on le porte dans la pièce voisine.

Lorsqu'il visitera l'Escurial, en 1721, Saint-Simon observera que le corps de son vieil ennemi se trouvait encore dans ce pourrissoir. Il en profite pour tirer une dernière vengeance : « Je m'informai doucement aux moines, chargés de me conduire et de me faire les honneurs, dans combien il serait transporté dans l'autre pièce ; ils ne répondirent qu'en évitant de satisfaire cette curiosité, en laissant échapper un air d'indignation, et ne se contraignirent pas de me laisser entendre qu'on ne songeait point à ce transport, et que, puisqu'on avait tant fait que de l'emmurailler, il y pourrait demeurer » [58].

Or, à une date qui reste à préciser, le corps de Louis-Joseph de Vendôme fut transporté dans la deuxième chambre du tombeau des infants, près de la fenêtre. Sur la plaque de marbre blanc de Carrare ornée de fleurs de lys, de la couronne de France et des colliers de Saint-Michel et du Saint-Esprit, on lit « Villaviciosa — Luzzara » à gauche, et, de l'autre côté « Calcinato, Cassano, Brihuega ». On remarquera que les Espagnols n'ont pas daigné faire figurer au nombre des victoires du duc la prise de Barcelone de 1697 remportée par Louis XIV contre le roi d'Espagne d'alors. En dessous figure cette devise : *Congregavit virtutem et exercitum fortem nimis et exaltum est et elevatum cor ejus*. (Il réunit la valeur et une armée extrêmement puissante et son cœur fut exalté et élevé) [59].

La nouvelle fut connue à Versailles le 23 juin. Le roi pleura publiquement assure Villeneuve. Il fit célébrer une pompe funèbre à Notre-Dame où l'oraison fut prononcée par le père Gramain, tandis que l'abbé Laurent Juillard du Jarry rédigeait un éloge funèbre destiné à être publié [60]. Il fut décrété un deuil de huit jours, inférieur à celui des princes du sang. Vendôme n'avait donc réussi qu'en Espagne à donner corps à sa chimère d'assimilation au rang royal mais il y avait réussi à plein, jusqu'à dormir, de nos jours encore, parmi un aréopage d'empereurs et de rois.

Quant à l'héritage il alla en entier à Mme de Vendôme sauf le duché de Vendôme, apanage royal, qui retourna à la couronne. La duchesse reçut donc Chenonceaux, Anet, Dreux, Martigues, La Ferté-Alais, Etampes et demeura dans le Temple, en l'absence du grand maître, son beau-frère, toujours en exil. Elle continua d'y mener le genre de vie accoutumé à la maison : soupers interminables et beuveries quotidiennes. Pour les charges, le généralat des galères alla au maréchal de Tessé*, le gouvernement de Provence, quel-

---

* René-Mans de Froulay (1648-1725), maréchal de Tessé.

ques mois plus tard, à Villars, en récompense de la victoire de Denain qu'il devait remporter soixante jours seulement après la mort du duc. « On paya les créanciers peu à peu, ajoute Saint-Simon, et les valets devinrent ce qu'ils purent »[61].

Ce que la France pensa de la mort d'un aussi singulier général est en entier contenu dans le curieux hommage d'un rival, son successeur aux galères, Tessé, avec qui Vendôme s'était froissé en Italie : « Tout compte fait, on y perdait ». Autre éloge ironique, celui de Villars, l'avide maréchal, qui reprenait après lui la Provence et à qui l'on vint dire que M. de Vendôme avait autrefois renoncé au don de 20 000 livres fait par les Etats pour l'entrée en charge du gouverneur : « Que me parle-t-on de M. de Vendôme ? Un homme inimitable... »[62]. Villeneuve enfin, son plus parfait laudateur, conclut hardiment : « Il n'eut de faiblesse que celles que le cœur se plaît à pardonner ».

IV — L'ALTESSE CHANSONNIERE

La citation à Malte

Le grand prieur, qui apprit la disparition de son frère à Lyon, était exclu par ses vœux de Malte de toute prétention à sa succession mais on a vu que son frère mourant avait demandé à Alberoni d'intervenir en sa faveur. Saint-Simon ajoute même sur ce point précis : « Il ne put signer... une lettre au roi par laquelle il lui demandait le retour de son frère à la cour »[61]. Alberoni s'acquitta de sa mission auprès du duc du Maine, tandis que le grand prieur sollicitait de son côté le fils adultérin du roi en ces termes : « Obtenez-moi donc un mois de séjour à Clichy pour m'assurer du pain pour le restant de mes jours ». Philippe intervenait également auprès de du Luc, débarrassé de lui à Soleure, afin qu'il appuie sa requête auprès du fils chéri du roi et de Mme de Montespan. Du Luc était bon prince puisque c'est aussi sur la demande du grand prieur qu'il accueillit en Suisse, à la même époque, Jean-Baptiste Rousseau, frappé d'exil à cause de ses écrits. Rousseau que du Luc, nommé ambassadeur à Vienne, devait amener avec lui ; Rousseau qui sera distingué en Autriche par le prince Eugène, lequel devait se l'attacher pour narguer une fois de plus cette France si ingrate à l'égard de ses talents.

Le duc du Maine sollicita pour Philippe mais Louis XIV ne voulut rien entendre. Il devait rendre compte de cet échec à du Luc dans une lettre écrite à Sceaux, le 12 juillet 1712 : « Vous croyez bien que j'ai fait mon possible en faveur de M. le Grand prieur mais je n'ai pas eu le plaisir de voir que ma sollicitation, non plus que celle de M. le duc de Vendôme* et de madame la duchesse de Vendôme, ait produit bon effet »[63].

Du Luc fit feu de tout bois pour obtenir la levée de l'exil de Philippe. Passant par Paris en mai, il vit le père Le Tellier, confesseur du roi et Trotté de La Chétardye, curé de Saint-Sulpice, et directeur de conscience de Mme de Maintenon, pour qu'ils interviennent tous deux dans leurs moments de tête-à-tête avec leurs illustres pénitents.

Du Luc avait par ailleurs combattu le préjugé du grand prieur qui ne croyait pas que le duc du Maine s'intéressât sincèrement à sa cause. Il lui écrivait le 13 juin 1713 : « Oui, Monseigneur, M. le duc du Maine a désiré de bonne foi et sans interruption votre retour à la cour : il a conseillé en dernier lieu des démarches que Madame la Princesse devait faire pour cela et certainement il n'y a pas eu d'arrière boutique**... »[64].

Cette sollicitude soudaine de du Luc, que nous avons vu en 1710 si mal disposé à l'égard de l'hôte encombrant qui lui tombait du ciel, reçoit malheureusement une explication. L'ambassadeur du roi en Suisse ne s'intéresse en effet à la victime du bandit Masner qu'après la mort du duc de Vendôme. Il est persuadé que celui-ci, malgré ses vœux, est en mesure d'arracher quelques beaux lambeaux de ce qui subsiste du fabuleux l'héritage de Gabrielle d'Estrées et il se propose de l'aider à y parvenir en comptant bien toucher sa commission au passage. De cette revendication il est déjà question dans la lettre du 13 juin 1713 : « ... Reste à parler de vos prétentions sur la succession de M. de Vendôme. Après de longues conférences avec M. de Saint-Port, Palaprat et Giraut, j'ai cru qu'il n'était question que d'agir sur les faits certains et j'ai pu me flatter que cette affaire ne pouvait prendre qu'un bon chemin. J'ai vu ensuite Mme de Vendôme qui m'a communiqué une réponse faite par son conseil aux mémoires de M. de Saint-Port... sur quoi j'ai demandé une conférence qui m'a été accordée, qui se tiendra au grand prieuré... »[64].

L'affaire devait s'envenimer et aboutir en août 1713 à la citation en justice du duc du Maine et de la duchesse de Vendôme. En fait foi cette autre lettre de du Luc à l'abbé Mengui, conseiller au Parlement : « Je vous avoue, monsieur, que j'ai désiré ardemment de voir étouffer un procès qui ne peut avoir que des suites fâcheuses,

---

* Celle faite par Vendôme à Vinaroz, sur son lit de mort.

** Manœuvres déloyales.

quelque temps qu'il prenne. Je crois encore que si M. le grand prieur avait eu la liberté d'aller à Paris, jamais cette malheureuse requête qui commence à faire du bruit n'aurait vu le jour parce que le prince, sous le nom duquel elle a été donnée (le duc du Maine), aurait connu par lui-même ses véritables intérêts et Mme la duchesse de Vendôme aurait connu, elle aussi, par elle-même, un beau-frère que le public n'a jamais peint avec des traits ressemblants... »[64].

1713 et 1714, toutes entières passées dans l'attente du résultat de ces instances, furent pour le grand prieur des années de misère à Lyon : « Il n'avait plus, écrit Saint-Simon, que quelques personnes autour de lui pour le servir, toutes les autres, lassées de n'être pas payées, l'ayant quitté ». Les hôtels de la bonne société et des chanoines lui étaient fermés et il donnait à nouveau le spectacle de ce prince solitaire et maussade, suivi de ses chiens, le jabot dégoûtant de tabac, qui errait du matin au soir par les rues, entre Saône et Rhône, comme il l'avait fait récemment à Venise, Munich et Soleure.

Nous avons maintes fois éprouvé dans ce récit combien la fortune des grands n'est véritablement désespérée que lorsque la vie leur fait défaut. Or, Philippe de Vendôme, bien que saoul tous les soirs, jouissait d'une increvable santé. Au début de 1715, en février, l'éclaircie vint pour lui d'Orient, d'une menace turque sur l'île de Malte. Le grand maître de l'Ordre adressa une citation générale à ses chevaliers pour venir combattre sur les vaisseaux de la religion et Philippe décida de s'y rendre dès qu'il eût reçu de Louis XIV l'autorisation de quitter le royaume.

Du Luc écrit le 9 mars 1715, depuis Soleure, au grand prieur devenu son protégé : « J'avoue que ce voyage de Malte me consterne et que je n'ai pu comprendre pourquoi cette citation. Malte n'est pas un objet qui puisse attirer l'attention du Divan... J'espère donc, Monseigneur, que vous en serez quitte pour la fatigue et pour une excessive dépense... »[65].

Philippe de Vendôme fut à La Valette le 7 avril, reçu comme devait l'être le grand prieur de la plus riche des trois langues qui se partageaient le royaume de France. C'était la première fois qu'il mettait les pieds dans l'île alors qu'il était de Malte depuis quarante ans. Tous les chevaliers de Saint-Jean*, depuis les « couteliers » — simples servants — jusqu'aux grands-croix en passant par les baillis et les commandeurs, uniformément vêtus de rouge, assis-

* Premier nom des chevaliers de Malte.

taient à son débarquement de la galère que le grand maître lui avait dépêchée exprès à Toulon. Un carrosse doré l'attendait sur le quai. Il fut aussitôt fait lieutenant général de l'Ordre et proclamé généralissime des armées chrétiennes.

Chaulieu, depuis Paris, célèbra comme il se devait l'évènement :

« Dès que la fière Byzance
« Semble contre nos remparts
« Vouloir avec insolence
« Déployer ses étendards
« Tu dis, et déjà du sable
« Sortent ces retranchements
« Digues à jamais redoutables
« A l'orgueil des Ottomans... »

On attendit l'ennemi pendant trois mois de pied ferme. Philippe fit à La Valette une dépense considérable et donna des festins qui émerveillèrent les chevaliers. C'est que Louis XIV, pour permettre l'expédition, lui avait rendu les revenus de ses abbayes séquestrés depuis l'affaire Masner.

Tout se passa donc en soupers et en fêtes. On chanta force *Favillana*, le chant de reconnaissance des gens de Malte :

« ... De la Valette à Rabatto
De Bayda à Sirocco
Passe le banc, la vogue... !
Passe le banc, la vogue... !
N'y a qu'un phare et six coureaux,
Passe le banc, la vogue... ! »

Le séjour dura jusqu'en juillet que les Turcs ne parurent pas et que les chevaliers, craignant sans doute pour leurs finances et pour la bonne observance d'une vie austère, firent comprendre à Philippe qu'il devait s'en retourner en France.

Il fut à Lyon à la fin de juillet, bien triste de n'avoir fait qu'humer la gloire et de retrouver son néant. La situation, à la bien examiner était plutôt sombre : en procès avec sa belle-sœur et le duc du Maine, il était devenu l'ennemi de cette cabale des bâtards qui avait si puissamment soutenu son frère. Quant à la cour, il y était perdu de réputation.

« Mais il n'a pas besoin de permission... »

Or, la scène changea d'un coup, au moment de la mort du roi, survenue le 1er septembre 1715. Le nouveau maître c'était le duc d'Orléans, proclamé régent de France pendant la minorité de Louis XV. Le duc d'Orléans avait eu des sentiments très mitigés pour le duc de Vendôme qui ne lui avait guère facilité la tâche en Italie en 1706, en revanche, comme débauché, assure Saint-Simon,

« ... il avait beaucoup d'admiration pour le Grand prieur parce qu'il y avait quarante ans qu'il ne s'était couché qu'ivre et qu'il n'avait cessé publiquement d'entretenir des maîtresses et de tenir des propos continuels d'impiété et d'irréligion ».

De nouveaux horizons s'offraient donc subitement au dernier des descendants de Gabrielle. A l'annonce de la mort de Louis XIV, il avait commandé ses équipages sans même attendre la permission de son retour. Il était déjà près de Paris lorsque sa belle-sœur, la duchesse de Vendôme, sollicitant le régent à son sujet, s'entendit répondre : « Mais il n'a pas besoin de permission... »[66].

Il rentrait donc au Temple après six ans d'absence. La place y était occupée par la veuve de son frère. Il fallut entrer en négociation par le truchement de Chaulieu et de Palaprat. L'hôtel du grand prieuré fut partagé entre la duchesse et ce singulier beau-frère, qu'un procès séparait mais que la bouteille unissait.

Le Temple s'était dépeuplé de l'ancien cénacle. Ninon morte à quatre-vingt-cinq ans en 1705, l'oncle Nevers qui s'en était allé à soixante-six ans en 1707, le gros La Fare mort quelques jours avant Vendôme en 1712 et à peu près dans les mêmes circonstances, devenu une sorte de Gargantua septuagénaire : « Il se creva de morue et mourut d'indigestion »[67], rapporte Saint-Simon. Chaulieu en avait été bouleversé. Il avait écrit à Mme de Bouillon le 22 mai 1712 : « La Fare n'est plus. J'ai vu mettre le comble aux amertumes de ma vie par la mort du plus tendre et du plus fidèle ami qui fut jamais... La sympathie dans tous nos goûts et même dans nos défauts nous avait unis... »[68]. Quant à la destinataire de cette lettre, la tante Marie-Anne, elle devait faire une fin singulière pour une femme qui avait passé sa vie à ignorer son mari, elle devait mourir foudroyée par l'émotion, en 1714, en pénétrant dans la chambre de celui-ci, un matin qu'on le disait à l'article de la mort.

Chaulieu avait vieilli mais il régnait toujours, au fond de l'allée des Soupirs, dans son hôtel de Boisboudrand. Il se faisait de plus en plus assister par sa belle-sœur à cause de sa vue défaillante. Il raccorda son luth pour fêter le retour du maître :

« ... Tel une douce rosée
« Qui rend la vie à nos fleurs
« Sur ma trame presqu'usée
« Tu répands mille douceurs
« Ton retour de ma vieillesse
« Fait cette belle saison
« Ou jadis l'enchanteresse
« Eut l'art de remettre Eson*... »[69]

---

* Père de Jason qui, devenu très vieux, fut rajeuni par Médée.

A quatre-vingts ans, puisque c'était à présent son âge, l'abbé savait encore rimer et, autre prodige, soutenu de l'ami Palaprat, il avait maintenu dans le Temple tout l'esprit, toute la verve des anciens temps, ayant su, comme tous les grands découvreurs de talents, sans cesse renouveler son fonds et, comme les grands stratèges, remplir les rangs à mesure que la mort les éclaircissait. Il allait offrir au grand prieur trois des années qui sont peut-être les plus gaies du Temple.

Il y avait là un cousin qui pour le revenant — comme on l'a dit plus avant — était peut-être beaucoup plus que cela, le chevalier de Bouillon, fils dévoyé de la défunte tante Marie-Anne. Il était interdit de cour pour ses frasques et avait coutume de dire de Louis XIV : « C'est un vieux gentilhomme de campagne, dans son château, qui n'a plus qu'une dent qu'il garde contre moi ». Celui-là était le type de l'éternel jouisseur : buveur, hâbleur et surtout danseur. Il allait bientôt inventer des fameux bals masqués de l'opéra qui allaient lui valoir du régent une pension de 6 000 livres.

Chaulieu le cajolait en vers :

« Elève que j'ai fait en la loi d'Epicure
« Disciple qui suit pas à pas
« D'une doctrine saine et pure
« Et les leçons et les appâts...
« Chevalier, c'est peu qu'au Temple
« Je t'ai appris, comment dans la belle saison
« Avec des talents de plaire
« Un homme sage doit faire
« D'amour et de plaisirs une douce moisson... » [70].

Chaulieu, qui avait profité de l'absence des demi-dieux, pour aller glaner des succès et des pensions du côté de l'hôtel de Condé et du château de Sceaux où régnaient le duc et la duchesse du Maine, invitait quelques fois au Temple les deux principaux forçats de ce qu'ils intitulaient eux-mêmes, « ... les galères du bel esprit » : Malezieu, qui avait enseigné les mathématiques au duc du Maine, qui savait lire le grec, le latin, l'hébreu à livre ouvert, qui était passé maître en improvisations théâtrales et en pyrotechnie pour complaire à la « reine des abeilles* » ; l'abbé Genest, jovial intendant des plaisirs de cette cour un peu folle, angliciste, bouffon fameux pour son nez énorme dont il se moquait tout le premier en proclamant : « Eh ! c'est large nez », anagramme parfaite de Charles Genest. A côté de ceux-là gravitaient quelques épigones de la cour de Sceaux, fascinés par Paris et par la renommée du Temple : l'auteur tragique Antoine Houdard de la Motte, son confrère Neri-

---

* Titre qu'avait pris la duchesse du Maine à titre de fondatrice et souveraine de l'ordre de la Mouche à Miel.

cault-Destouches, chacun aussi fécond par le nombre de leurs tragédies que Racine ou Corneille mais dont la postérité — parfois injustement — n'a rien retenu ; les littérateurs Saint-Aulaire, Danchet, et en visiteurs intermittents : le vieux Fontenelle et le président Hénault.

Autres nouvelles têtes : l'helléniste Lainez, l'un des plus endiablés sectateurs de la bouteille qui, après une nuit d'orgie, pouvait rester tout un jour à traduire un discours de Démosthène ; la marquise de Bellefonds et la présidente Dreuillet, joueuses endiablées, aguicheuses patentées. La seconde avait coutume de dire : « Pour moi je ne connais qu'un remède à la tentation c'est d'y succomber ». Il y avait aussi la demoiselle Saint-Martin, toujours habillée en homme et qui se piquait de chiromancie. Un soir « son génie familier » l'avait avertie de rester dormir au Temple et, de fait, sur le chemin du retour, ses gens furent attaqués par des bandits, l'un de ses porteurs de chaise fut tué et sa camériste, qui s'était assise à sa place, n'avait dû son salut qu'au verrou qu'elle avait pris la précaution de tirer.

Le grand prieur aura également la joie de revoir le charmant Coulanges qui avait eu le tact d'attendre son retour pour mourir, à quatre-vingt-trois ans, laissant quatre vers qui prouvent qu'il n'avait pourtant nullement l'intention de quitter la scène :

« Je voudrais du vieil homme
« Etre séparé
« Le morceau de pomme
« N'est pas digéré ».

L'abbé de Chateauneuf, autre habitué du lieu, avait introduit là, en 1711, son filleul, François-Marie, étudiant à l'école de droit, fils de François Arouet, notaire au Châtelet. En 1713 le père de ce jeune homme, pour l'assagir, lui avait obtenu la charge de secrétaire de l'ambassadeur de France à La Haye, première occasion pour celui-ci de s'exercer aux polissonneries. Revenu en France en 1714, le jeune Arouet avait concouru au prix de l'Académie avec *Le vœu de Louis XIII*, mais il avait été battu par l'abbé du Jarry, auteur de l'oraison funèbre de Vendôme. En 1715 il avait donné le *Bourbier* puis l'*Anti-Giton* qui avaient commencé à le faire connaître.

Le grand prieur devait distinguer immédiatement le futur Voltaire dans cette société du Temple renouvelée pendant sa longue absence. Le 5 mai 1716, lorsque le jeune homme eut ses premiers démêlés avec les censeurs, qu'on parla de l'exiler à Tulle, Philippe fut du nombre de ceux qui firent le siège du duc d'Orléans pour qu'il permît au banni de se fixer plutôt dans la douce retraite de Sully-sur-Loire, chez son ami Sully.

C'est de cette prison dorée que le jeune poète envoie de délicieuses « cartes postales » en vers à ses amis du Temple et c'est, dans l'un de ces charmants morceaux, qu'il invente le surnom qui restera à Chaulieu :

« A vous, l'Anacréon du Temple,
« A vous le sage si vanté
« Qui nous prêchez la volupté
« Par vos vers et par votre exemple
« Vous, dont le luth délicieux
« Quand la goutte au lit vous condamne
« Rend des sons aussi gracieux
« Que quand vous chantez la tocane*
« Assis à la table des dieux... »[71].

Au grand prieur, qu'il traitera bientôt d'Altesse chansonnière, il dédie également ces vers :

« De Sully, salut et bon vin
« Au plus aimable de nos princes
« De la part de l'abbé Courtin
« Et d'un poète des plus minces
« Qu'un assez bizarre destin
« A confiné dans ces provinces... »[73].

Chaulieu répond au jeune homme, en lui donnant des nouvelles du maître de céans :

« ... Quant à notre père prieur
« Qui, dans sa verve, souvent pince
« Jusqu'à son humble serviteur
« Il ne veut plus être rimeur
« Et s'est mis à faire le prince
« De sa table, qui n'est pas mince
« A de joyeux compotateurs
« Il fait lui-même les honneurs
« Mieux qu'un seigneur de province... »[72].

Le futur Voltaire a travaillé dès 1716 à ce qui sera son premier grand succès au théâtre, la tragédie d'*Œdipe*, qu'il aura tout loisir bientôt de terminer à la Bastille. Il rappellera d'ailleurs, lors de la première représentation, en 1718, tout ce qu'il devait aux conseils du grand prieur et de Chaulieu : « Je me souviens bien des critiques que M. le grand prieur et vous me fîtes en un certain souper chez l'abbé de Bussy. Ce souper-là fit beaucoup de bien à ma tragédie et je crois qu'il me suffirait pour faire un bon ouvrage de boire quatre ou cinq fois avec vous ».

Le régent de France, en septembre 1715, avait été contraint de commettre un coup d'état légal, tout comme, avant lui, Marie de Médicis en 1610 et Anne d'Autriche en 1643. Il avait dû faire

* Vin nouveau de Champagne.

annuler les volontés testamentaires édictées par Louis XIV qui faisaient la part trop belle à ses bâtards, Maine et Toulouse. En effet, quoique le roi, au moment de mourir, ait dit à son neveu, « ... qu'il ne trouverait rien dans son testament dont il eut sujet de se plaindre », il était patent que trois des dispositions inscrites dans ce texte limitaient considérablement les pouvoirs du nouveau régent : les seize membres du conseil de régence, nommément désignés dans le testament, étaient acquis au duc du Maine ; il était en outre prévu que les décisions de ce conseil ne pourraient être prises qu'à la majorité, la voix du régent n'étant que prépondérante ; enfin l'un des deux codicilles, rajoutés par le roi peu avant sa mort, confiait au duc du Maine l'éducation et la garde de la personne du jeune Louis XV. Le 2 septembre, second jour du nouveau règne, tout cela fut cassé par les magistrats à raison de l'impossibilité pour un roi de France de prendre des mesures liant son successeur : le régent retrouva donc le pouvoir de peupler le conseil de régence à sa guise, de lui imposer sa volonté quand il le voulait et de se charger seul de l'éducation du roi.

C'était un coup terrible pour les bâtards qui étaient parvenus à se hisser un an avant la mort de Louis XIV au rang de princes du sang. Il faut revenir un instant sur ces dispositions inouïes à l'égard du sang royal légitimé qui, jusqu'à leur annulation en 1717, et même ensuite, vont constituer la principale revendication de rang du grand prieur.

On se souvient que la déclaration du 5 mai 1694 avait accordé aux enfants légitimés de France et à leurs descendants le fameux rang intermédiaire, sitôt après les princes du sang, devant les princes étrangers* et les ducs et pairs. Trois jours après cette déclaration, le duc du Maine avait été reçu selon ce rang au Parlement au titre du comté d'Eu et le duc de Vendôme l'avait suivi, un mois plus tard (le 8 juin 1694), au titre de Vendôme. Ils avaient pris place derrière les princes français, devant les pairs ecclésiastiques et tous les ducs, puis avaient été reçus par le premier président qui leur avait ôté son bonnet, au grand scandale de tous les spectateurs présents. Saint-Simon s'est fait le minutieux chroniqueur des diverses étapes de cette « effrénée grandeur », dont il fixe les degrés à cinquante sept. Ce cinquante-septième coup porté aux privilèges des ducs et pairs l'avait été par l'édit de juillet 1714, lequel, « ... appelle à la succession à la couronne M. le duc du Maine et M. le comte de Toulouse et leurs descendants mâles, à

* Membres de la noblesse française issus d'un souverain, comme les Guises qui descendent des ducs de Lorraine ou les Nemours qui descendent des ducs de Savoie.

défaut de tous les princes du sang royal et ordonne qu'ils jouiront des mêmes rangs, honneurs et préséances que les dits princes du sang après tous les dits princes »[73].

Tel était ce dernier état où la faveur de Louis XIV avait porté ses fils adultérins. Il les avait égalés, quoique les derniers dans l'ordre de marche, aux princes de son sang légitime. La différence avec les dispositions de 1694 était importante, celles-ci s'appliquaient à tous les légitimés, ceux d'Henri IV et ceux de Louis XIV ; l'édit de juillet de 1714 ne concernait que le duc du Maine et son frère le comte de Toulouse, fils du roi et de Mme de Montespan. Discontinuité donc, qui était due au fait qu'en juillet 1714 le duc de Vendôme était mort, qu'il ne demeurait plus que son frère, empêché de faire souche légitime par ses vœux de Malte et, dans ce temps-là d'ailleurs, tout à fait tombé en disgrâce.

C'est cette inégalité de traitement que Philippe n'aura de cesse de vouloir voir rapporter et, qu'en l'absence de droit, il essaiera d'obtenir par des entreprises faites, au-dessus lui, contre les princes du sang et, au-dessous de lui, contre les ducs et pairs. La première tentative se fit en janvier 1716 sous forme d'une adresse au Parlement en vue de jouir des avantages de l'édit de juillet 1714. Les princes du sang légitime, qui avaient retrouvé toute leur morgue depuis la mort du roi et qui estimaient sans doute que c'était suffisant de supporter dans leur rang le duc du Maine et le comte de Toulouse, répondirent au chevalier par un *Mémoire* qui s'opposait formellement à sa prétention. Celui-ci leur fit toutefois répondre, le 26 février, par la plume de Chaulieu et de l'avocat Le Gendre dans une *Réponse de monsieur le chevalier de Vendôme, Grand prieur de France, à quelques articles de messieurs les princes du sang*[74]. La seconde de ces entreprises eut lieu le vendredi saint, alors que les princes avaient coutume, ce jour-là, de servir seuls le roi à la Cène avant de se rendre, suivis des ducs, à l'adoration de la Croix, « ... il se hasarda... écrit Saint-Simon, d'aller à l'adoration de la Croix après les princes du sang, à l'office où le Roi était. Le maréchal de Villeroy* y fut surpris et s'en plaignit au Régent, qui glissa »[75]. Il s'en suivit une protestation collective des ducs.

Ainsi des deux côtés l'horizon se trouvait-il bouché pour le dernier descendant de Gabrielle. « Les princes du sang d'une part, et les ducs de l'autre, s'en fâchèrent et, conclut Saint-Simon, M. le duc d'Orléans lui défendit d'en plus hasarder »[76]. Saint-Simon, toutefois, continuait de conseiller à ses pairs de veiller au grain,

* Gouverneur de Louis XV.

dans la défiance où il était de l'admiration béate que le régent professait pour son mauvais sujet de cousin. Le mémorialiste prétend même avoir su déjouer à temps l'une de leurs communes manœuvres : « Quelques temps après, je sus qu'il (le grand prieur) faisait tous ses efforts pour entrer au conseil de régence et y précéder tous les ducs. J'en fis honte au Régent et lui demandai quel talent, hors d'escroquerie et pis, la poltronnerie et la plus infâme débauche, il trouvait dans le Grand prieur pour l'admettre dans le gouvernement et quelle réputation lui-même espérait d'un tel choix. La négative peu assurée et l'embarras du Régent me déclarèrent tout ce qu'il y avait à craindre de sa faiblesse et de sa vénération pour le Grand prieur... »[76]. Saint-Simon, qui y trouve un intérêt direct, puisqu'il est lui-même membre du conseil de régence, s'abouche avec quelques uns de ses collègues, Villeroi, d'Harcourt, Villars, afin de barrer plus sûrement la route à l'hôte du Temple. Ils menacent le duc d'Orléans d'une démission collective et le font reculer.

Lors des offices de la semaine sainte de 1717, le scandale fut plus grand encore. Saint-Simon prétend que le grand prieur bénéficia, une fois de plus, de l'appui du régent, « ... de son humble et respectueuse déférence pour son audace et ses vices effrénés ». « ... Non content de laisser servir le grand prieur à la Cène, écrit le mémorialiste, il lui permit tacitement ce que M. de Vendôme et lui n'avaient jamais ni eu ni osé demander du temps du feu Roi, qui fut d'être assis pendant le sermon de la Cène avec les princes du sang, le dernier, en même rang et honneurs qu'eux »[77].

Toutes les institutions de la monarchie avaient été, peu ou prou, bousculées par la survenance de la Régence. Les ministres et les secrétaires d'Etat bourgeois, principaux sectateurs de la « tyrannie » absolutiste, avaient été supprimés et remplacés par des conseils peuplés d'aristocrates. Le Parlement, qui n'avait pas bronché depuis l'écrasement de la Fronde par Mazarin, c'est à dire depuis bientôt soixante-dix ans, prétendait retrouver ses pouvoirs de contrôle et de réformation des lois par le jeu des remontrances*. Dans ce grand activisme féodal il n'était pas jusqu'aux ducs et pairs — portion très minoritaire de la noblesse, constamment favorisée par Louis XIV qui en avait fait une sorte de carré d'élite autour du trône — qui ne soient contestés. Ils l'étaient à la fois par le Parlement,

---

* Observations sur la forme puis, peu à peu, sur le fonds, que le Parlement s'était accoutumé à faire auprès du roi au moment de coucher et d'enregistrer les ordonnances et édits sur ses registres.

qui s'offusquait de leur droit à siéger dans les cours de justice et par le reste de la noblesse, qui prétendait que la chevalerie ne devait former qu'un seul corps.

Le grand prieur s'essaya à profiter de ce mouvement de discrédit des ducs pour leur porter un coup fatal. Il était alors question d'un mémoire que plusieurs membres de la noblesse ordinaire devaient composer avec des conseillers du Parlement contre les privilèges des duchés — pairies. Il crut, avec l'aide de l'ambassadeur de Malte en France, le bailli de Mesmes, frère du premier président qui menait au Parlement cette fronde, y pouvoir intéresser l'ordre de Malte. Saint-Simon jubile en racontant comment ils s'y cassèrent les dents : « Ils convoquèrent tout ce qui portait la croix* pour accompagner la présentation du mémoire. Le Régent, qui en fut averti, sentit l'inconvénient de cet attroupement, et manda l'ambassadeur de Malte la veille de la présentation du mémoire, auquel il dit qu'il défendait toutes assemblées des chevaliers de Malte, à moins que ce ne fût uniquement pour les affaires de leur ordre »[78].

Mais 1717 marque aussi le second terrible reflux des bâtards. Un arrêt du conseil de régence, rendu au mois de juillet, annulait purement et simplement l'édit de juillet 1714 : le duc du Maine et le comte de Toulousen'étaient plus successibles à la couronne et ne recevaient plus le traitement de princes du sang, fût-ce au dernier rang de ceux-ci. Ils étaient donc ramenés à l'état du simple rang intermédiaire qui était celui de la déclaration de 1694.

1718, ensuite, c'est le tournant de la Régence. Retour aux réalités, abandon de quelques-unes des nouvelles voies inaugurées en 1715 et qui se sont révélées à l'usage utopiques. Retour plus ou moins déguisé à la politique religieuse d'avant 1715 qui s'était trouvée complètement chavirée à la mort de Louis XIV par la faveur donnée brusquement aux gallicans — partisans des libertés de l'Eglise de France à l'égard de Rome — et aux post-jansénistes contre les partisans de la constitution *Unigenitus* par laquelle, à la prière du feu roi, Clément XI avait condamné les derniers avatars des doctrines de Jansénius. Suppression de l'ingouvernable système de la polysynodie (les conseils) et rétablissement des ministres. Instauration du fabuleux système financier de Law qui va servir de toile de fond à toutes les affaires de la France jusqu'en 1723. Enfin, nouvel abaissement des bâtards, qui se voient exclus du bénéfice de la déclaration de 1694, c'est-à-dire déchus du rang intermédiaire et

* La croix de Malte.

replacés parmi les ducs à leur rang de simple ancienneté d'érection de leurs duchés, révolution qui allait pousser le duc du Maine à la révolte ouverte.

Le grand prieur jetait également ses derniers feux au Temple. Saint-Simon, le dit, « ... réduit à souper tous les soirs avec des bandits sans état et sans nom »[79]. Nous savons pourtant que sa société, à ne s'en tenir qu'à l'esprit, y était brillante et peut-être la plus brillante qui fut jamais dans l'enclos, sous la houlette de Chaulieu, très âgé mais qui consumait dans les jeux de l'esprit ses dernières forces. Le train y était redevenu train d'enfer et, avant que le système de Law ne produise ses merveilleux effets, aussi étincelants et brefs que les figures d'un spectacle pyrotechnique, et qui devaient faire de nouveau, pendant quelques semaines, du grand prieur un homme riche, l'argent allait à tout va. Philippe de Vendôme, à cause du charme étrange qui continuait d'émaner de sa personne et aussi, sans doute, par communauté de passion pour la bouteille, avait fini par se faire à la veuve de son frère avec qui il partageait son palais. Il savait même en tirer quelques secours bien qu'elle passa pour fort avare, se dispensant, par exemple, de payer les pensions accordées autrefois par feu son mari. Villiers-Vendôme devait, d'après Dangeau, lui en faire un procès et le gagner[80]. Quant au pauvre Palaprat, elle lui disputait son franc-salé, c'est à dire le droit d'avoir son sel détaxé. Le poète en fit ce rondeau :

« Un peu de sel tous les ans pour l'usage
« De mon petit et peu riche ménage
« M'est par Aubry* délivré des greniers
« Vu que dessein n'ai d'être faussonier
« Reine d'Anet, conservez mon partage
« Retranchez-en plutôt au cuisinier
« Avec prudence il doit le manier »[81].

Or Mme de Vendôme mourut brusquement au Temple, le 11 avril, « ... sans testament ni sacrement, de s'être blasée**, nous dit Saint-Simon, surtout de liqueurs fortes dont elle avait son cabinet rempli »[82]. Elle n'avait que quarante ans. Le mémorialiste lui décerne cette terrible épitaphe : « Tout ce qu'on peut dire d'elle, c'est que ce fut un princesse du sang de moins »[82]. Madame fait même de la surenchère dans une lettre du 5 mai[83] : « Avoir mené une vie déréglée et mourir sans penser à Dieu et sans se repentir de ses péchés, ce n'est pas rassurant ». Buvat, dans son *Journal*, dit que la cause de décès fut une « attaque de goutte remontée »[84], donc un avatar terrible de cette maladie des jouisseurs, amateurs de

* Concierge d'Anet.
** Rendue insensible par l'abus fait d'une chose.

gibiers, de tripes et de vin blanc. Elle n'avait été que fort peu la femme de Louis-Joseph. « En deux ans de mariage on peut compter au plus par jours ce qu'ils ont été ensemble », appuie Saint-Simon. Elle avait pris un amant, son premier écuyer, un gentilhomme espagnol nommé Torvilla ou Soldevilla, « ... qu'elle avait secrètement épousé et nanti de 25 000 livres de rente »[85]. On alla l'enterrer sans bruit aux Carmélites du faubourg Saint-Jacques.

Le grand prieur, à cause de ses vœux de Malte, n'eut rien de l'héritage — il avait d'ailleurs été débouté, l'année précédente, des dernières procédures faites pour la succession de son frère — Tout alla à Madame la Princesse, mère de la défunte, à Monsieur le Duc, à la duchesse du Maine et à la princesse de Conty, ses frères et sœurs. Ainsi tout ce qui restait de l'héritage de Gabrielle d'Estrées devait-il s'abolir dans le patrimoine des Condés, qui s'étaient souvent montrés les ennemis les plus acharnés de la maison de Vendôme.

Philippe en conçut un dépit extrême contre le duc du Maine. Le testament de son frère était si parfait, l'avait si complètement exclu de toute prétention à la succession de Vendôme, qu'il voyait la famine à la porte du Temple. Il entendait pourtant soutenir un rang auquel il n'envisageait nullement de renoncer. Dans la semaine sainte de 1718, il continua, dans le droit fil de ses entreprises précédentes, d'aller servir le jeune Louis XV à la Cène avec les autres princes du sang, « ... récidive de l'inouïe nouveauté de l'année passée »[86], dont Saint-Simon accuse à nouveau le duc d'Orléans de s'être fait le complice.

Le 26 août 1718, le régent fit un discours au Parlement sur la réduction des bâtards au rang d'ancienneté de leurs pairies. C'était la fin du rang intermédiaire, consacrée aussitôt par une déclaration royale qui replaçait le duc du Maine parmi les ducs et pairs à son rang d'érection du comté d'Eu, ravalant de la même façon le comte de Toulouse à qui pourtant, à titre personnel, à cause des sympathies dont il avait su s'entourer, étaient maintenues certains des honneurs prodigués aux princes du sang. Le duc du Maine et surtout sa femme ressentirent cruellement cette déchéance et, dès lors, méditèrent de se venger.

Au début du mois de décembre les indiscrétions d'une tenancière de « bourdel », la Fillon, faites au futur cardinal Dubois, permirent de dévoiler la conspiration tramée par la cour de Sceaux en liaison avec l'ambassadeur de Philippe V, le prince de Cellamare. Le 29 décembre 1718, le duc et la duchesse du Maine furent arrêtés, le duc exilé à Doullens et la duchesse à Dijon.

Le plus malheureux dans l'affaire ce fut Chaulieu. Il était tombé amoureux de la confidente de la duchesse, Mlle Delaunay, qui a laissé de bien jolis *Mémoires** sur la cour de Sceaux et sur cette affaire. Il était, à soixante-quinze ans, devenu l'amant docile de cette fille qui en avait dix- huit : « Il m'écrivait tous les matins, raconte-t-elle, et venait me voir tous les jours à moins que je ne l'agréasse point. La lettre était toujours pour savoir mes volontés et quand je préférerais son carrosse à sa personne, il me l'envoyait sans murmurer et j'en disposais sans façon. Enfin il ne songeait qu'à remplir ma vie de tous les amusements dont elle était susceptible » [87]. Mlle Delaunay, que Chaulieu appelait Rosette, fut condamnée à deux ans de Bastille. Ce fut le dernier chagrin du gai Chaulieu :

« Rose revient : je bannis la tristesse
« Qui m'a conduit au moment de périr
« Le jour pour moi n'avait plus de tendresse
« Et je croyais n'avoir plus qu'à mourir...
« Rose revient à celui qui t'adore
« Pour elle encore je vais chérir le jour
« Fais, Dieu des cœurs, que ma dernière aurore
« Puisse nous voir nous enivrer d'amour ! ».

Le grand prieur, devenu l'ennemi du duc du Maine à cause de l'héritage de sa belle-sœur, ne fut que modérément affecté de la chute des bâtards. Il estimait, mû par un orgueil qui dépassait celui de feu son frère, qu'il n'avait pas besoin d'eux pour s'égaler en France aux princes du sang. Il s'était ingénié en tout cas à le démontrer, lors de chaque semaine sainte, entreprenant seul de se trouver à la Cène ou de rester assis parmi les princes, tandis que les fils de Mme de Montespan demeuraient vissés sur leurs bancs, au milieu des ducs, sans oser imiter son exemple. Dans les affrontements de la Régence, Philippe avait choisi son camp. Il se sentait proche de cet autre Philippe, le duc d'Orléans, le régent, qui professait tant d'admiration pour ses vices et sa débauche.

En 1719 ils entrèrent même dans de mystérieuses tractations. Le grand prieur était à bout de ressources. Il avait mangé d'avance plusieurs années de son revenu du Temple et de ses belles abbayes** toujours placées sous tutelle contre une rente de 20 000 livres. Il ne faisait plus réparer les maisons dépendant de son grand prieuré. Elles tombaient en décrépitude et il était menacé, à cause de cela, d'un procès par le grand maître de Malte.

Et ce fut un coup de tonnerre. Le 8 septembre 1719, au cours d'un dîner dans l'abbaye de Chelles, le régent annonça que, son

* Mémoires qu'elle publia sous son nom de femme mariée, Mme de Staal-Delaunay.
** La Trinité de Vendôme, Saint-Victor de Marseille, Cerisy, Saint-Honorat, Lerins, Ivry, Saint-Mansuy-de-Toul.

fils adultérin, le chevalier d'Orléans devenait le nouveau grand prieur de France. Ce chevalier d'Orléans était le fruit légitimé des amours du neveu de Louis XIV et de Mme d'Argentan. Tout cela n'était rien à côté des conditions de l'accession de ce jeune homme à la tête du Temple. Jean-Philippe d'Orléans avait seize ans, il avait été fait deux ans plus tôt, par son père, général des galères, recueillant ainsi une autre importante charge qui avait figuré parmi celles détenues par des membres de la maison de Vendôme. Depuis avril 1719, que l'on songeait à faire de lui un grand prieur, il était parti en hâte à Malte faire quelques semaines de « caravanes » et, dès son arrivée, le grand maître de l'ordre, Raymond de Perellos y Rocafull, l'avait nommé bailli et grand-croix par passe-droit. Nouvelle atteinte aux statuts de l'Ordre et bien plus grave que celles de 1604 ou 1671, puisque, cette fois, nul ne songeait à le dissimuler, le grand prieuré de France avait été vendu et que Rome, qui s'était fait longtemps tirer l'oreille, avait fini, contre argent cette fois encore, par donner son accord à ce déni [88].

Philippe de Vendôme abandonnait donc à l'automne de 1719 le Temple qu'il ne pouvait plus soutenir contre une pension de 9 000 livres par mois selon Buvat [89], de 25 000 écus annuels sur les loteries selon Saint-Simon (ce qui équivaudrait à 6 250 livres par mois) et un désintéressement partiel de ses créanciers. Il traversait la Seine avec ses chiens, ses meubles et sa drôle de compagnie, pour venir se fixer dans le quartier à la mode, rue de Varennes, où il allait passer ses dernières années sans rien retrancher à son curieux mode de vie.

Il prit alors le titre de prince de Vendôme et, pour bien marquer qu'il rentrait dans le siècle et qu'il était chef de famille, il racheta, avec de l'argent prêté par Law, pour la somme de 50 000 livres, « ... à la prière de ses officiers », le fameux régiment de Vendôme crée par Henri IV en faveur de son grand-père César.

C'est alors qu'il se mit en tête de se marier. Il fallait qu'il se fasse relever à Rome de ses vœux de Malte et les banquiers du pape exigeaient pour cela 20 000 écus romains. Privilège du sang d'Henri IV, même bâtard, — et ce contrairement, une fois de plus à une affirmation de Saint-Simon : « Personne ne voulut d'un vieux ivrogne de soixante-quatre ou cinq ans, pourri de vérole, vivant de rapines, sans autres fonds de bien que le portefeuille* qu'il s'était fait » [90] — trois partis se présentèrent successivement. Les Condés, tout d'abord, qui osèrent entrer en pourparlers pour offrir la main

* Réserve de valeurs mobilières qui venaient des pensions accordées par le régent et de certains profits liés au système de Law.

de Mlle de Charolais. Elle avait vingt-quatre ans, elle était la fille du défunt duc de Condé, nièce de la duchesse du Maine et de feue la duchesse de Vendôme. Ensuite, toujours en 1719, on parla de lady Powis « ... riche à millions, fille de l'ancien gouverneur du prétendant Stuart ». Mais ces deux projets d'unions devaient être dépassés en étrangeté par celle que le prince de Vendôme, au début de 1721, allait imaginer de nouer.

Chaulieu, devenu aveugle, touchait au terme de son passage ici-bas en affectant l'indifférence. Deux échecs à l'Académie Française, pour cause de libertinage, avaient aiguisé son stoïcisme :

« Plus j'approche du terme et moins je le redoute
« Sur des principes sûrs, mon esprit affermi
« Content, persuadé, ne connaît plus de doute
« Je ne suis libertin, ni dévot à demi »[91].

Le chevalier d'Orléans l'avait laissé vivre au Temple mais l'Anacréon avait encore un projet, celui de se construire une maison de 50 000 écus, du côté du Faubourg Saint-Germain, afin de se rapprocher du prince de Vendôme et des gens à la mode. L'affaire, faute de temps, ne reçut aucun commencement d'exécution mais elle démontre, une fois de plus, l'importance de la fortune qu'avait amassée l'abbé en servant les deux princes. A présent, il dormait tout le jour pour trouver la force de se faire porter le soir sur son fauteuil, au milieu du salon de l'hôtel de Boisboudrand où il continuait de régenter tout son monde. Ses derniers jours furent marqués d'une joie, celle de voir, le 5 juin, Rosette sortir de la Bastille. Il avait eu la force de l'attendre pour pouvoir serrer une dernière fois ses jolies mains entre ses doigts qui se glaçaient. Trois semaines plus tard, le 26 juin, il rendait le dernier soupir.

Voltaire, dans un style que n'eut pas désavoué le défunt, parle presque gaiement de cette mort :

« L'autre jour, à son agonie,
« Le curé vint de grand matin
« Lui donner en cérémonie,
« Avec son huile et son latin,
« Un passe-port pour l'autre vie.
« Il vit tous ses pêchés lavés
« D'un petit mot de pénitence,
« Et reçut ce que vous savez,
« Avec beaucoup de bienséance. »

Ses obsèques furent le digne accomplissement d'une vie si souvent marquée par la farce et la dérision. Chaulieu était titulaire, entre autres bénéfices, de l'abbaye de Fontenay-en-Vexin où il avait choisi de dormir de son dernier sommeil, dans le cloître. Au Temple on mit sa bière dans son carrosse pour ce grand voyage avec un simple abbé pour l'accompagner à qui, par une prévenance bien digne d'une maison si hospitalière, l'on avait remis un panier rempli de bouteilles et de provisions. Le carrosse arriva à la nuit à Fontenay tandis que l'abbé accompagnateur, couché tout du long sur la banquette, dormait en cuvant son vin. Le curé de Fontenay, averti par ses gens, vint voir ce spectacle. Il haussa les épaules en pensant que Chaulieu lui jouait encore un tour de sa façon, que cet abbé était un comparse et que cette bière se trouvait sans doute remplie de cailloux. Il laissa donc la voiture et tout ce qu'elle contenait passer la nuit dans la rue. Ce n'est que le lendemain, le passager dégrisé, le curé du lieu pris d'un doute et faisant soulever le couvercle du cercueil pour découvrir Chaulieu revêtu de ses habits dorés, qu'on se mit en devoir de réparer la bévue comme on put, non sans que l'évêque du lieu, qui n'était pas du côté des rieurs, ne se fâchât et sanctionnât les deux religieux. Ainsi tira sa révérence au monde celui que Voltaire devait appeler, « le premier des poètes négligés ».

Le système de Law avait changé la face de la Régence. Il avait apporté un remède immédiat à la plus grande plaie de la fin du règne de Louis XIV : le manque de numéraire. Law, vrai magicien sorti tout droit des contes de son Ecosse natale, était parvenu à remplacer l'or et l'argent par le papier. Il n'avait pas inventé le billet de banque, comme on l'a dit souvent -l'invention en avait été faite par le Suédois Palmstruch, quelques décennies plus tôt — mais il l'avait introduit en France — pays peu réceptif aux abstractions — où il était parvenu à en faire un moyen propre à inspirer confiance. Ce que Law avait inventé c'était l'inépuisabilité des gages ou de la couverture de ces billets, les asseyant non seulement sur le métal précieux mais aussi sur les biens meubles et immeubles de la couronne. Cela conduisait tout naturellement ce système à la mainmise de l'Etat sur l'économie, c'était la première tentative de dirigisme étatique.

Law était parti d'une simple banque dont la fondation avait été autorisée par le roi le 2 mai 1716. Toujours dans la vue d'augmenter le gage de ses billets, il s'était ensuite fait attribuer, en août 1717, le privilège de la compagnie d'Occident ou du Mississipi, dont les actions devaient monter par spéculation jusqu'à donner le vertige. Le 4 décembre 1718, la banque de Law devenait Banque royale ; en mai 1719, il fondait une nouvelle compagnie : la compagnie des Indes.

En juillet 1719, après qu'il se fut fait donner le privilège de la fabrication de la monnaie, Law était devenu le maître de la finance. Les gens s'enrichissaient : des laquais se mirent à rouler carrosse, on rapportait des exemples d'abbés, de ramoneurs, de garçons de cabarets, devenus millionnaires, de gentilshommes qui s'offraient à des Mississipiens* pour épouser leurs filles.

Le 22 février 1720, alors que l'on n'était plus qu'à quelques semaines d'entendre les premiers craquements de son système, Law fut porté dans l'euphorie à la tête du contrôle général des finances. Période de folie. L'Ecossais était poussé par les plus grands noms de France, liaison qui est symptomatique de l'activisme aristocratique de la Régence. Pour la première fois d'ailleurs, les grands faisaient au grand jour leurs affaires. Les Condés, les Contys, les Noailles, La Force et Bouillons trafiquaient sur les nègres, sur le coton, sur le chocolat. Law les conseillait. A l'égard de Philippe de Vendôme il y avait même plus, une sorte de complicité, parce qu'ils s'étaient connus autrefois, à Florence, au cours du premier exil du prince consécutif au coup de tête de Cassano.

Fascination du financier pour le flambeur, de l'homme d'argent pour l'homme né, tout comme Crozat — l'ennemi de Law — avait été confit dans une béate admiration pour le duc de Vendôme. Il est patent que ce fut Law qui décida le grand prieur, dès avril 1719, à vendre son grand prieuré et que Philippe, devenu prince de Vendôme, gagna pendant quelques temps beaucoup d'argent en spéculant sur les actions de la compagnie. Argent qui, bien sûr, lui fila aussitôt entre les doigts : « M. de Vendôme, écrit Villars, qui a tout gagné dans ce Mississipi a été obligé de payer en billets sa dépense dans les cabarets en revenant d'Orléans »[92].

Le dividende du Mississipi fixé en mars 1720 à quarante pour cent de la valeur nominale des actions, fut jugé trop faible par les plus importants spéculateurs. Les princes du sang décidèrent de demander le remboursement en numéraires et l'on vit Conty emporter d'un coup quatorze millions de livres en métal dans des fourgons et son cousin le duc de Bourbon, arrière petit-fils du Grand Condé, vingt millions. Ils donnèrent ainsi le signal de la panique. Law lutta : il imposa le cours de 9 000 livres aux actions, ôta son cours légal à la monnaie métallique. Mais tout se détraquait irrémédiablement : il dut, le 17 juillet 1720, différer les remboursements, le 10 octobre, suspendre le cours des billets, le 20 décembre, fuir la France, après avoir reçu un passeport du régent qui lui conservait

* Détenteurs d'actions de la compagnie du Mississipi.

son amitié. « Law, nous dit Saint-Simon, laissa en partant sa procuration générale au grand prieur de Vendôme et à Bully* qui avaient bien gagné avec lui »[93]. Le 29 décembre l'assemblée générale de la compagnie des Indes se réunit en présence du régent et de Monsieur le Duc : « ... elle nomma huit directeurs généraux qui furent les ducs de Gramont, d'Antin, de Chaulnes, le prince de Vendôme, M. xxx, de Mézières, de Chattes et Landivisio... »[94]. Il n'était plus question que de liquider et de démembrer, de mettre sur des chaloupes tout ce qui risquait de sombrer dans le naufrage du système. La première décision des nouveaux directeurs fut de désunir de la compagnie la recette générale, les monnaies et de ne lui laisser provisoirement que la ferme du tabac.

Law s'était enfui avec son fils mais il avait laissé à Paris, dans son hôtel de la Place Vendôme, sa fille et sa femme Catherine. Elles avaient failli être lapidées toutes deux, avant que le régent ne les prit sous sa sauvegarde. Le prince de Vendôme, directeur général d'une compagnie en faillite mais également son créancier, s'employait à tirer ce qu'il pouvait de son papier dévalué. Il était l'un des membres actifs du syndicat qui avait élu pour syndics le maréchal d'Estrées, le comte de Luce et l'abbé Boisot. Ils avaient à lutter contre maître Tartel, « contrôleur des rentes », mandaté par la justice pour faire un état des lieux avant de procéder à la liquidation.

De fréquentes allées et venues entre l'hôtel de la place Vendôme où se trouvaient les dames Law et l'hôtel du prince de Vendôme, rue de Varennes, où se réunissaient quelques fois les créanciers, expliquent sans doute la bombe qui éclata dans Paris, le 9 août 1721. Barbier dans son *Journal* note ceci : « On dit qu'il (le prince de Vendôme) épouserait Mlle Law à qui son père donne dix-sept millions en argent et comme le Grand prieur a fait les derniers vœux, M. Law cherche à l'en faire relever et pour cela donne trois millions à un neveu du pape, lequel n'est pas scrupuleux, de sorte que voici le spirituel et le temporel en de bonnes mains »[95]. Ces tractations pour la levée des vœux du grand prieur sont confirmées par une lettre du cardinal de Rohan, ambassadeur à Rome, au futur cardinal Dubois, en date également du 9 août. Les banquiers de Clément XI continuaient de réclamer 20 000 écus romains pour lui obtenir cette grâce. « N'ayant pas les 20 000 écus, conclut Louis Truc, il renonça à se marier, refusant de payer si cher un plaisir aussi légitime ».

* Jean-Louis de Lestendart, marquis de Bully. Syndic de la compagnie des Indes.

Crépuscule.

Dernier feu d'artifice, derniers louis jeté au vent, en septembre 1721, le prince de Vendôme reçoit le régent de France dans sa maison de Clichy — une petite maison construite à l'ombre de celle de Crozat — pour une fête brillante, ultime réjouissance produite par la magnificence d'un prince issu d'une lignée prodigue depuis cent-vingt-cinq ans de toutes sortes de galas et de démonstrations de liesse.

La scène, regarnie un demi-siècle plus tôt par l'entrain et la gaieté des deux derniers descendants de Gabrielle, se dépeuplait vertigineusement. En 1721 mourut au Temple l'illustre Palaprat, devenu aveugle et qui, accoutumé à la fortune oscillante de ses maîtres, devait avoir ce joli mot sur l'enclos prieural : « Dans cette maison l'on ne saurait mourir que d'inanition ou d'indigestion ». Son ami Brueys, de chagrin de cette mort, était parti se reclure à Montpellier où il ne devait survivre que deux années. En 1723, s'éteignirent le régent, le cardinal Dubois et, à Toulouse, Campistron, qui avait fini par convoler en justes noces avec une demoiselle Maniban. Il était devenu colérique, de flegmatique qu'il avait été autrefois à Steinkerque. Il mourut d'apoplexie à cause d'un cocher de fiacre qui ne voulut pas le prendre dans sa voiture devant la cathédrale Saint-Etienne.

En 1724 le prince de Vendôme était à nouveau aux abois. Il implorait le ministre : « La misère, Monsieur, dans laquelle je suis, m'oblige de vous importuner n'ayant que ma pension pour payer mes domestiques qui meurent de faim depuis trois mois »[96]. La liquidation des affaires de Law n'était pas terminée. Maître Tartel, « le contrôleur des rentes », qui faisait durer le plaisir parce qu'il percevait des honoraires proportionnés à la durée de sa mission, fut enfin contraint, en février 1724, de s'effacer et de laisser les syndics des créanciers traiter directement avec maître Castel, l'avocat de Law. Le grand prieur qui possédait une rente de 50 000 livres annuelles sur la compagnie obtint, en août 1724, le paiement d'un capital de 210 000 livres versé une fois pour toutes[97].

Philippe de Vendôme se hâta d'encaisser ces faibles compensations. C'était à peu près la dernière fois que l'on devait entendre parler de lui. La mort du régent ne lui laissait plus aucun soutien à la cour et lorsque Louis XV quitta les Tuileries où s'était déroulée presque toute sa minorité pour revenir, sous la houlette du cardinal de Fleury et de Monsieur le Duc, s'établir à Versailles, le grand prieur n'y remit pas les pieds.

Il allait finir sa vie en Parisien, riant, avec les quelques drôles qui lui restaient de la vieille société du Temple, des facéties de la politique, du cardinal de Fleury, ancien giton du cardinal de Bonzy, devenu premier ministre de France et d'Alberoni, ancien baiseur du cul du duc de Vendôme, intronisé premier ministre d'Espagne. On le voyait déambuler dans le faubourg Saint-Germain, le nez plein de tabac, suivi de cinq ou six chiens, et dans un tel état de crasse que les passants s'écartaient pour éviter d'avoir à le frôler. A cause de cette saleté, il était convenu avec le comte de Toulouse, nous dit Mathieu Marais, « ... de ne jamais lui frapper dans la main et de ne pas se mettre à table à côté de lui »[98]. Dangeau écrit : « Le Grand prieur s'enterra lui-même bien des années avant qu'il ne mourut ». Saint-Simon l'enfonce un peu plus : « Il a été trop et trop récemment connu, pour gâter le papier plus longtemps sur un si sale chapitre »[99]. Déchéance d'un homme qui eut toute sa vie la rancœur de n'être qu'un cadet, c'est-à-dire quelqu'un qui, quoiqu'il fasse de grand ou d'héroïque, ne serait jamais que le second. Malheur d'un caractère vif-argent, que ses foucades avaient brouillé avec tout le monde et surtout avec son roi. Vrai aristocrate aussi, non pas tant par mépris de l'argent que par facilité à le répandre pour soutenir son honneur et son rang ; un rang qu'avec la complicité du régent, il avait su porter dans les faits à celui de prince du sang, obtenant même un meilleur traitement que les bâtards de Louis XIV. D'ailleurs Philippe de Vendôme est l'auteur d'une des plus belles devises de l'insolence aristocratique : « Je me sens humble quand je me considère et orgueilleux quand je me compare ».

Il mourut, « assez subitement », précise Saint-Simon, le 24 janvier 1727 dans son hôtel de la rue de Varennes et eut droit à la sépulture dans l'église du Temple à titre d'ancien grand prieur. On trouve dans le registre de la paroisse Saint-Sulpice cette mention : « 25 janvier 1727. Convoy et transport en carrosse au Temple de S.A.S Frère Philippe, prince de Vendôme, grand-croix de l'ordre de Saint-Jean de Jérusalem, généralissime des armées du roi en Lombardie, âgé d'environ soixante et onze ans, mort le jour précédent en son hôtel rue de Varennes ; y ont assisté M. Nicolas Labouret, religieux conventuel de l'ordre de Malte et M. Claude Bertrand, aussi religieux dudit ordre »[100].

La légende rapporte que six chiens, des bâtards de ses anciennes meutes, suivaient en criant son convoi.

NOTES

PROLOGUE

1 Palma Cayet, Chronologie novénaire, 246.
2 Mlle de Guise, II, 27 (éd 1651).
3 Michelet II, 1639.
4 Tallemant I, 25.
5 Ritter, 615.
6 Bonair-Stuart, Factum pour la généalogie de la maison d'Estrées.
7 Desclozeaux, 13.
8 Michelet, II 1628.
9 Desclozeaux, 17.
10 Michelet, II, 1639.
11 Cheverny, 505-512.
12 Henri IV, IV, 323.
13 D'Aubigné, Histoire VIII, 221.
14 Cheverny, 510-511.
15 D'Aubigné, Histoire VII, 221.
16 Ritter, 105.
17 Henri IV, III, 811.
18 Desclozeaux, 89.
19 D'Aubigné, Histoire IX, 113.
20 Cheverny, 509.
21 Michelet, II, 1632.
22 Attribué à Mlle de Guise, Les Amours du Grand Alcandre, I, 38 (éd 1786).
23 L'Estoile, I, 363.
24 Michelet, II, 1628.
25 Ritter, 121.
26 Henri IV, III, 722.
27 Henri IV, III, 724-25.
28 Henri IV, III, 724-25.
29 Henri IV, III, 727.
30 Henri IV, III, 754-758.
31 Henri IV, III, 754-758.
32 Henri IV, III, 754-758.
33 Henri IV, III, 760.
34 Ritter, 615.
35 Ritter, 579, (voir les arguments définitifs sur la datation de ce poème).
36 Michelet, II, 1653.
37 Henri IV, III, 818.
38 Ritter, 161-62.
39 Ritter, 163.
40 L'Estoile, I, 307.
41 Saint-Simon, Ecrits inédits, V, 251.
42 Sully, 189.
43 Tallemant, I, 47.
44 Ritter, 212.
45 L'Estoile, I, 427.
46 L'Estoile, I, 436.
47 Tallemant, I, 45.
48 Carré, 96.
49 Ritter, 262-263.
50 L'Estoile, I, 438.
51 D'Aubigné, Histoire IX, 464.
52 Ritter, 269.
53 L'Estoile, I, 458.
54 Ritter, 283.
55 L'Estoile, I, 472.
56 Attribué à Mlle de Guise, I, 66 (éd 1786).
57 Desclozeaux, 130.
58 D'Aubigné, Mémoires, 95.
59 Sully, 205.

60 Sully, 205.
61 Sully, 205.
62 Desclozeaux, 137.
63 Henri IV, IV, 658.
64 Henri IV, IV, 661.
65 Groulard, 570-571.
66 Ritter, 335
67 Tallemant, I, 83-87, II, 601-60
68 Groulard, 759.
69 Négociations diplomatiques..., V, 346.
70 Ritter, 368.
71 Sully, 262.
72 L'Estoile, I, 510.
73 Henri IV, IV, 935.
74 Contrat de mariage de M. le duc de Vendôme passé le dimanche 5 avril 1598 au château d'Angers devant Guillaume Guillot et Michel Lorry, notaires royaux (sl-nd).
75 L'Estoile, I, 519.
76 Henri IV, IV, 961.
77 Ritter, 410.
78 Ritter, 426.
79 L'Estoile, I, 526.
80 Sully, 310.
81 Sully, 310.
82 Cheverny, 571.
83 Tallemant, I, 875.
84 Saint-Simon, Ecrits inédits, V, 454.
85 L'Estoile, I, 564.
86 Sully, 315. Voir aussi José La Guerrande : Ange ou démon — Le duc de Joyeuse, capucin, Paris, 1965.
87 Bolle, 13, 30.
88 L'Estoile, I, 572.
89 Sully, 311.
90 D'Aubigné, Histoire IX, 298.
91 Cheverny, 572.
92 Bassompière, I, 70.
93 Vernhyes, in Loiseleur, 17 à 24.
94 Cheverny, 572.
95 Sully, 312.
96 Sully, 314.
97 Bassompière, I, 70.
98 Vernhyes, in Loiseleur, 19.
99 Attribué à Mlle de Guise, I, 73 (éd 1786).
100 Sully, 313.
101 Attribué à Mlle de Guise, I, 73 (éd 1786).
102 Cheverny, 572.
103 D'Aubigné, Histoire IX, 297.
104 Vernhyes, in Loiseleur, 19.
105 Sully, 313.
106 Sully, 313.
107 Sully, 313.
108 Cheverny, 572.
109 Vernhyes, in Loiseleur, 19.
110 Sully, 313.
111 Cheverny, 572.
112 D'Aubigné, Histoire IX, 297.
113 Vernhyes, in Loiseleur, 19.
114 Vernhyes, in Loiseleur, 20.
115 Sully, 313.
116 Attribué à Mlle de Guise, I, 75 (éd 1786).
117 Tallemant, I, 47. Marbault, 49.
118 Cheverny, 573.
119 Vernhyes, in Loiseleur, 19.
120 Desclozeaux, 266.
121 Cheverny, 573.
122 D'Aubigné, Histoire IX, 297.
123 Bassompière, I, 71.
124 Sully, 313.
125 Bassompière, I, 72.
126 Michelet, II, 1671.
127 Cheverny, 573.
128 Tallemant I, 47.
129 L'Estoile, I, 571.
130 Vernhyes, in Loiseleur, 20.
131 Attribué à Mlle de Guise, I, 76 (éd 1786).
132 Bassompière, I, 72.
133 Vernhyes, in Loiseleur, 22
134 Cheverny, 573.
135 Vernhyes, in Loiseleur, 19.
136 Groulart, 581.
137 L'Estoile, I, 572.
138 Sully, 312.
139 Verhnyes, in Loiseleur, 21-22.
140 Vernhyes, in Loiseleur, 21-22.
141 Cheverny, 573.
142 L'Estoile, I, 572.
143 Ritter, 552-553.

CHAPITRE I

1 Loiseleur, 20.
2 Henri IV, V, 111.
3 Loiseleur, 21.
4 Loiseleur, 21.
5 Ritter, 565.
6 Sully, 313.
7 Loiseleur, 21-22.
8 Loiseleur, 21.
9 Desclozeaux, 207 à 306.

10 Groulart, 579.
11 Ritter, 611.
12 Ritter, 562.
13 Henri IV, V, 172.
14 Saint-René Taillandier, 63.
15 Saint-René Taillandier, 64.
16 Henri IV, V, 371.
17 Louise Bourgeois, 518, 520.
18 Héroard, I, 759.
19 Héroard, I, 810.
20 Héroard, I, 829
21 Héroard, I, 499.
22 Héroard, I, 491.
23 Héroard, I, 1426.
24 Héroard, I, 1436.
25 Héroard, II, 1574.
26 Héroard, VIII, 385.
27 Héroard, I, 443.
28 Héroard, I, 488.
29 Héroard, I, 489.
30 Héroard, I, 1051.
31 Héroard, I, 516.
32 Héroard, I, 488.
33 Héroard, I, 542.
34 Héroard, I, 926.
35 Héroard, I, 597.
36 Héroard, I, 619.
37 Héroard, I, 586.
38 Héroard, I, 1413.
39 Héroard, I, 1417.
40 Héroard, I, 1343.
41 Héroard, I, 660.
42 Héroard, I, 1124.
43 Héroard, I, 1112.
44 Héroard, I, 597.
45 Héroard, I, 554.
46 Héroard, I, 500.
47 Héroard, I, 685.
48 Héroard, I, 1114.
49 Héroard, I, 1388.
50 Héroard, I, 1389.
51 Héroard, I, 553.
52 Héroard, I, 1430.
53 Héroard, I, 1569.
54 Héroard, I, 1339.
55 Héroard, I, 1072.
56 Héroard, I, 849.
57 Héroard, I, 599.
58 Henri IV, IV, 591.
59 Paul de Félice. Un étudiant bâlois à Orléans.
60 Bassompière, I, 163.
61 Hillairet, II, 73.
62 D'Aubigné, Histoire IX, 311.
63 L'Estoile, II, 5.
64 L'Estoile, II, 192.
65 Tallemant, I, 8.
66 Inès Murat, 418.
67 Georges Mongredien, Nicolas Vauquelin...
68 Tallemant, I, 820.
69 Tallemant, I, 820.
70 Tallemant, I, 820.
71 Tallemant, I, 137.
72 Tallemant, I, 138.
73 Tallemant, I, 138.
74 Héroard, I, 147.
75 Héroard, I, 971 et suivantes.
76 Héroard, I, 147.
77 Héroard, I, 492.
78 Tallemant, I, 49.
79 Héroard, I, 1469.
80 Saint-Simon, IV, 810.
81 Saint-Simon, Ecrits inédits, V, 454-456.
82 L'Estoile, III, 418..
83 L'Estoile, II, 246.
84 Tallemant, II, 530.
85 Tallemant, I, 50.
86 Histoire de Philippe Emmanuel de Lorraine, duc de Mercœur, Cologne (1689)... 130.
87 Sales, V, 498.
88 L'Estoile, II, 488.
89 Sales, VII, 133.
90 Hurtaut et Magny, II, 30.
91 L'Estoile, II, 339.
92 Tallemant, I, 474.
93 Héroard, I, 1453.
94 Beauvau, 193.
95 Henri IV, VII, 554.
96 Henri IV, VII, 697-698.
97 Héroard, I, 1467.
98 Héroard, II, 1631.
99 Bassompière, I, 226.
100 L'Estoile, I, 488-489.
101 Fontenay-Mareuil, 5.
102 Henri IV, VIII, supplément, 962.
103 Henri IV, VII, 590.
104 Palma Cayet, Chronologie novénaire, 695.
105 Jacques Turquet de Beauregard, César de Vendôme, Cour d'appel de Rennes (année judiciaire 1959-60).
106 Héroard, I, 1393.

107 Philippe de Vendôme, Au roi, réponse à la requête des ducs et pairs (sl-1717).
108 Henri de Curzon, La Maison du Temple, Paris (1888).
109 Héroard, I, 470.
110 L'Estoile, II, 125.
111 Barillet, Recherches sur le Temple. Paris (1809).
112 Héroard, I, 565.
113 Héroard, I, 985.
114 Héroard, I, 951.
115 Héroard, I, 1213.
116 Héroard, II, 1741.
117 L'Estoile, III, 137.
118 Héroard, I, 830.
119 L'Estoile, II, 399.
120 L'Estoile, III, 64.
121 L'Estoile, III, 21.
122 L'Estoile, III, 78.
123 L'Estoile, III, 78.
124 L'Estoile, III, 80.
125 Duc de Nevers, II, 895.
126 L'Estoile, III, 79.
127 Roland Mousnier, La mort de Henri IV, 25.
128 Philippe Erlanger, L'étrange mort de Henri IV, Paris, 1957.
129 Michelet, II, 1732.
130 Roland Mousnier, La mort de Henri IV, 34.
131 V.L Tapié, 71.
132 Fontenay-Mareuil, 16.
133 Roland Mousnier, La mort de Henri IV, 6.
134 L'Estoile, III, 85.
135 L'Estoile, III, 89.
136 Pontchartrain, 299.
137 Zeller, I, 42.
138 Estrées, I, 3.
139 L'Estoile, III, 89.
140 Fontenay-Mareuil, 16.
141 Roland Mousnier, Fureurs Paysannes, Paris (1967).
142 Roland Mousnier, Fureurs Paysannes, 15.
144 Fontenay-Mareuil, 33.
145 Estrées, I, 6.
146 Héroard, II, 1814.
147 Héroard, II, 1927.
148 Zeller, I, 13.
149 Zeller, I, 22.
150 L'Estoile, III, 123.
151 Héroard, II, 1817.
152 Foscarini, cité par Zeller, I, 85.
153 Zeller, I, 88.
154 Zeller, I, 190.
155 Héroard, II, 1893.
156 Pontchartrain, 315.
157 L'Estoile, III, 155.
158 Héroard, II, 1941.
159 L'Estoile, III, 259.
160 Tallemant, I, 157.
161 Héroard, II, 2079.
162 Victor L. Tapié, 75.
163 Zeller, II, 7.
164 Bassompière, I, 300.
165 Bassompière, II, 306.
166 Héroard, II, 2022, 13 mai 1612.
167 Héroard, II, 2038, 27 juillet 1612.
168 Zeller, II, 73.
169 Pontchartrain, 320.
170 Estrées, I, 75.
171 Pontchartrain, 321.
172 Zeller, II, 73.
173 Scipione Ammirato, cité par Zeller, II, 73.
174 Zeller, I, 37.
175 Héroard, II, 2097 — Margaret Mc Gowan.
176 Bassompière, I, 343.
177 Bassompière, I, 340.
178 Bassompière, I, 343.
179 Bassompière, I, 340.
180 Bassompière, I, 350.
181 Pontchartrain, 328.
182 Scipione Ammirato, cité par Zeller, II, 141.
183 Pontchartrain, 328.
184 Richelieu, I, 264.
185 Fontenay-Mareuil, 72.
186 Fontenay-Mareuil, 74.
187 Fontenay-Mareuil, 74.
188 Fontenay-Mareuil, 74.
189 Zeller, II, 184.
190 Zeller, II, 184.
191 Fontenay-Mareuil, 77.
192 Pontchartrain, 331.
193 Pontchartrain, 331.
194 Cité par Zeller, II, 230.
195 Rohan, 503.
196 Pontchartrain, 332.
197 Pontchartrain, 332.
198 Estrées, I, 108.
199 Cité par Zeller, II, 240.
200 Pontchartrain, 33.

201 Zeller, II, 249.
202 Richelieu, I, 294.
203 Héroard, II, 2222.
204 Pontchartrain, 334.
205 Pontchartrain, 335.
206 Pontchartrain, 335.
207 Richelieu, I, 296.
208 Pontchartrain, 337.
209 Héroard, II, 2227.
210 Héroard, II, 2228.
211 Fontenay-Mareuil, 83.
212 Pontchartrain, 342.
213 Cité par Zeller, II 259.
214 Zeller, II, 271.
215 Molé, I, 13.
216 Arnauld d'Andilly, Journal, 8.
217 Molé, I, 52.
218 Héroard, II, 2322.
219 Brienne, 4.
220 Fontenay-Mareuil, 91.
221 Pontchartrain, 348.
222 Entrée et réception solennelle faite par SS à Mgr le chevalier de Vendôme grand prieur de Toulouse, de l'ordre de la sacrée religion de Saint Jean de Jérusalem fait à Rome le 2ème jour d'octobre 1615. Paris 1615.
223 Bassompière, 53.
224 Bassompière, 54.
225 Héroard, II, 2341.
226 Fontenay-Mareuil, 100.
227 Pontchartrain, 356.
228 Pontchartrain, 359.
230 Pontchartrain, 359.
231 Déclaration criminelle du Parlement de Rennes contre les troupes du duc de Vendôme, 1616.
232 Dénonciation faite par un hérault d'armes du roi de la part de SM à M. le duc de Vendôme au château de Chantoussé le jeudi 18 février 1616, sl, 1616.
233 Fontenay-Mareuil, 103.
234 Arnauld d'Andilly, Journal, 138.
235 Rohan, 507.
236 Pontchartrain, 417.
237 Pontchartrain, 360.
238 Pontchartrain, 425.
239 Richelieu, II, 3.
240 Estrées, I, 129.
241 Arnauld d'Andilly, Journal, 139-140.
242 Négociations, lettres et pièces relatives à la conférence de Loudun (1616), publiée par M. Bouchitté, Paris, 1862, Collection des documents inédits pour servir à l'Histoire de France.
243 Pontchartrain, 429.
244 Pontchartrain, 441-442.
245 Pontchartrain, 455.
246 VL Tapié, 84.
247 Bassompière, II, 72.
248 Bassompière, II, 77.
249 Bassompière, II, 83-84.
250 Bassompière, 86.
251 Bassompière, II, 89.
252 Arnauld d'Andilly, Journal, 202.
253 Richelieu, II, 85.
254 Bassompière, II, 92.
255 Richelieu, II, 85.
256 Michelet, II, 1755.
257 Richelieu, I, 95.
258 Héroard, II, 2402.
259 Richelieu, I, 101.
260 Molé, I, 137.
261 Richelieu, I, 139.
262 Pontchartrain, 380.
263 Richelieu, I, 144.
264 VL Tapié, 99.
265 Richelieu, I, 199.
266 Marillac, 474.
267 Estrées, I, 159.
268 Fontenay-Mareuil, 118.
269 Pontchartrain, 394.
270 Arnauld d'Andilly, Journal, 312.
271 Héroard, II, 2483.
272 Arnauld d'Andilly, Journal, 314.
273 Fontenay-Mareuil, 125.
274 Tallemant, I, 106.
275 Arnauld d'Andilly, Journal, 318.
276 Richelieu, II, 236.
277 Fontenay-Mareuil, 125.
278 Rohan, 513.
279 Desclozeaux, 306.
280 Arnauld d'Andilly, Journal, 351-372.
281 Gallia Christiana, VII, col 1067.
282 Pontchartrain, 402.
283 Arnauld d'Andilly, Journal, 399.
284 Brienne, 16.
285 Arnauld d'Andilly, Journal, 416.
286 Pontchartrain, 408
287 Récit véritable de ce qui s'est passé à Concarneau en Bretagne assiégé

par le duc de Vendôme sous le commandement du roi, 1619, Paris.
288 Richelieu, II, 395.
289 Carmona, 388.
290 Pontchartrain, 412.
291 Pontchartrain, 414.
292 Bassompière, I, 157.
293 Fontenay-Mareuil, 146.
294 Fontenay-Mareuil, 144.
295 Brienne, 21.
296 Richelieu, III, 45.
297 Richelieu, II, 50.
298 Fontenay-Mareuil, 147.
299 Richelieu, II, 57.
300 Fontenay-Mareuil, 147-148.
301 Des Marets, Articles accordés par clémence du roi à Monsieur Prudent, lieutenant du château de Caen... Isaac Mesnier, 1620.
302 Brienne, 22.
303 Pontchartrain, 414.
304 Bassompière, 180-184-185.
305 Richelieu, II, 47-48.
306 Richelieu, II, 71.
307 Richelieu, II, 72 à 78.
308 Richelieu, II, 84-85.
309 Richelieu, II, 81.
310 Fontenay-Mareuil, 163.
311 Richelieu, II, 195.
312 Bassompière, II, 313.
313 Bassompière, II, 324.
314 Agrippa d'Aubigné, supplément, 145.
315 Héroard, II, 1807-2811.
316 La sanglante et furieuse charge donnée par M. le duc de Vendôme sur les troupes de M. de Soubise, Paris 1622.
317 Agrippa d'Aubigné, supplément, 196.
318 Agrippa d'Aubigné, supplément, 191.
319 Bassompière, III, 79.
320 Peiresc, VI, 32.
321 Richelieu, III, 236.
322 Rohan, 537.
323 Agrippa d'Aubigné, supplément, 264.
324 La prise de Lombetz-en-Albigeois par le duc de Vendôme, Paris, 1622.
325 La défaite du sieur de Montbrun, de sa cavalerie et infanterie, par Mgr le duc de Vendôme, 1622, Paris.
326 Agrippa d'Aubigné, supplément, 265 à 271.
327 Agrippa d'Aubigné, supplément, 271.
328 Bassompière, III, 150.
329 Fontenay-Mareuil, 171.
330 Richelieu, III, 284.
331 Richelieu, V, 5.
332 Récit véritable de ce qui s'est passé à Blavet, maintenant dit Port-Louis, entre le duc de Vendôme et le sieur de Soubise, Paris 1625.
333 Castagnos, 16.
334 Rohan, 545.
335 Richelieu, V, 6.
336 Bassompière, III, 200.
337 Bassompière, III, 202-203.
338 Richelieu, VI, note 101.
339 Richelieu, VI, 71.
340 Fontenay-Mareuil, 179.
341 Bassompière, III, 248.
342 Brienne, 44.
343 Brienne, 45.
344 Peiresc, VI, 527.
345 Richelieu, VI, 25.
346 Richelieu, VI, 66-67.
347 Richelieu, VI, 66-68.
348 Fontenay-Mareuil, 179.
349 Rohan, 557.
350 Tallemant, I, 343.
351 Richelieu, VI, 68.
352 Tallemant, II, 527.
353 Brienne, 45.
354 Richelieu, VI, 101.
355 Richelieu, VI, 103-106.
356 V.L. Tapié, 163.
357 Les Centuries de monseigneur le duc de Vendôme faites dans la Tour d'Amboise, fait au trique-trac à sa prise et arrestement dedans Blois et monseigneur le grand prieur son frère, sl, 1626.
358 Richelieu, VI, 70.
359 Richelieu, VI, 159-162.
360 Richelieu, VI, 182.
361 Jeune Brienne, 191.
362 Richelieu, VI, 162-163.
363 Estrées, I, 181.
364 Rohan, 557.
365 Rohan, 557-558.
366 Richelieu (Avenel), II, 259.
367 Richelieu, VI, 155
368 Richelieu, VI, 77.

369 Richelieu (Avenel), II, 259.
370 Richelieu (Avenel), VII, 51.
371 Richelieu, VII, 37.
372 Brienne, 46.
373 Richelieu, VII, 165-166
374 Richelieu, VI, 168.
375 Arnaud d'Andilly, Journal, 451.
376 Richelieu, VI, 169-171.
377 Richelieu (Avenel), VII, 51.
378 Tallemant, II, 245.
379 Richelieu, VII, 76.
380 Richelieu, VI, 173.
381 Richelieu, VI, 191.
382 Richelieu, VII, 19-20.
383 Richelieu, VII, 21-22.
384 Pereisc, I, 803.
385 Richelieu, VII, 23-24.
386 Richelieu (Avenel), II, 231.
387 Pereisc, I, 810.
388 Péreisc, I, 816.
389 Peiresc, I, 821.
390 Pereisc, I, 826.
391 Pereisc, I, 843.
392 Richelieu, VI, 247.
393 Richelieu, VII, 73.
394 Richelieu, VIII, 101.
395 Richelieu, VIII, 85.
396 Richelieu, VII, 74-75.
397 Richelieu (Avenel), II, 311.
398 Richelieu (Avenel), III, 99-100.
399 Richelieu, VII, 77-78.
400 Richelieu, VIII, 78-79.
401 Richelieu (Avenel), VII, 629.
402 AE FRANCE, 793, f 76.
403 Richelieu (Avenel), III, 230.
404 Richelieu, VIII, 82-83.
405 Peiresc, II, 59.
406 Tallemant, I, 324.
407 Pereisc, II, 689-69O.
408 Richelieu (Avenel), III, 516-517.
409 Richelieu (Avenel), III, 516.
410 Richelieu (Avenel), III, 517.
411 Brienne, 56.

CHAPITRE II

1 V.L. Tapié, 210.
2 Brienne, 50.
3 Carmona, 465.
4 Retz, 172.
5 Richelieu (Avenel), III, 551.
6 Saint-Simon, Ecrits inédits, V, 459.
7 Saint-Simon, IV, 9.
8 Tallemant, II, 1433.
9 De Broglie, 24.
10 Montresor, 203.
11 Tallemant, II, 879.
12 Pereisc, VI, 641.
13 Pereisc, II, 526.
14 Mascaron, 181.
15 Molé, IV, 428.
16 Molé, II, 298.
17 Mascaron, 190.
18 Montglat, 38.
19 Estrées, 131.
20 Bonair-Stuart, Factum, 23.
21 Fontenay-Mareuil, 255.
22 Richelieu (Avenel), V, 543.
23 Mascaron, 183.
24 Richelieu (Avenel), V, 759.
25 Retz, 5.
26 Montresor, 210.
27 Montresor, 214.
28 Mlle de Montpensier, 5.
29 Mlle de Montpensier, 9.
30 Mémoires de M. de *** sur le XVIIème siècle... 470.
31 Mademoiselle, 11-12.
32 Molé, II, 420.
33 Tallemant, II, 139.
34 Bassompière, IV, 340.
35 Père Anselme, I, 198.
36 I. de Broglie, 50.
37 Brienne, 71
38 Motteville, 26.
39 Estrées, II, 181.
40 AE FRANCE, 96, f 18.
41 Tallemant, I, 40.
42 Richelieu (Avenel), VI, 792-793..
43 Retz, 38.
44 Retz, 33-34.
45 Retz, 36.
46 Retz, 37-39.
47 De Broglie, 53.
48 Campion, 141.
49 De Broglie, 55.
50 La Châtre, 276.
51 Campion, 142.
52 Campion, 142-143.
53 Richelieu (Avenel), VII, 41.
54 Richelieu (Avenel), VII, 81.
55 Campion, 144-145.
56 Motteville, 42.
57 Monglas, II, 70.
58 Goulas, I, 424.
59 Goulas, 424-425.
60 La Châtre, 272.

61 Campion, 145.
62 La Châtre, 272.
63 Goulas, I, 426.
64 La Châtre, 274.
65 Campion, 146-148
66 Brienne, 75.
67 Brienne, 76.
68 La Rochefoucauld, 63.
69 Goulas, I, 433.
70 La Châtre, 275.
71 Estrées, 185.
72 Brienne, 77.
73 Goulas, 427.
74 La Châtre, 277.
75 La Châtre, 281.
76 Campion, 150.
77 Motteville, 44.
78 Dubois, 525.
79 Campion, 151.
80 La Châtre, 877.
81 Campion, 151-152.
82 Dubois, 529.
83 Lenet, 471-472.- Goulas, 451.
84 Motteville, 45-46.
85 Motteville, 45.
86 Retz, 44.
87 Monglat, 141.
88 La Châtre, 280-285.
89 Molé, II, 56
90 Campion, 153.
91 La Châtre, 280-282.
92 Motteville, 50.
93 Motteville, 52.
94 La Rochefoucauld, 46.
95 La Porte, 39.
96 La Rochefoucauld, 67-69.
97 La Châtre, 284.
98 Ormesson, I, 63.
99 Campion, 153.
100 Bussy, Histoire amoureuse, 95.
101 Ormesson, I, 64.
102 Tallemant, II, 289.
103 Retz, 47.
104 Retz, 48.
105 Campion, 154.
106 Campion, 158-159.
107 Campion, 161-162-163.
108 Retz, 47.
109 La Châtre, 287.
110 Jeune Brienne, 79-90.
111 La Châtre, 288.
112 Brienne, 84.
113 Estrées, 194.
114 Motteville, 57.
115 La Rochefoucauld, 73-74.
116 Motteville, 58.
117 La Rochefoucauld, 75.
118 La Châtre, 290.
119 Motteville, 59.
120 Estrées, II, 193.
121 La Châtre, 291.
122 Motteville, 60.
123 Estrées, II, 193.
124 Motteville, 60.
125 Campion, 164-165.
126 Campion, 165.
127 Tallemant, I, 603.
128 Montresor, 224.
129 Montresor, 224-225.
130 Motteville, 61.
131 D'Ormesson, I.
132 Motteville 61-62.
133 Motteville, 60.
134 Retz, 51.
135 Retz, 71.
136 La Rochefoucauld, 77.
137 Retz, 51.
138 Molé, 87-88.
139 Goulas, 13.
140 Campion, 166-171.
141 Estrées, 202.
142 Motteville, 61.
143 Campion, 169.
144 Campion, 170.
145 Estrées, 204.
146 Ormesson, I, 147.
147 Campion, 171.
148 Campion, 172.
149 Estrées, 204.
150 Campion, 175.
151 Campion, 175-180.
152 Campion, 181-183.
153 Ormesson, I, 198.
154 Goulas, II, 177.
155 Motteville, 127.
156 Turenne, 320.
157 Brienne, 95.
158 Goulas, 65.
159 Lettre de prédiction écrite à Mme la duchesse de Vendôme au mois de juin 1647, où par une juste observation d'astrologue est noté le temps que M. le duc de Beaufort, son fils, doit sortir du Bois de Vincennes, 1649, sl.
160 Motteville, 114.

161 Motteville, 131.
162 Estrées, 242.
163 Goulas, II, 298.
164 Motteville, 161.
165 Motteville, 160.
166 Goulas, 82-83.
167 Campion, 193.
168 Motteville, 100.
169 Jeune Brienne, II, 83-84.
170 Goulas, II, 297-298.
171 Motteville, 161.
172 Guy Joly, 8.
173 Motteville, 161.
174 Goulas, 297.
175 Jeune Brienne, II, 85.
176 Goulas, II, 333.
177 Retz, 160.
178 Dubuisson-Aubenay, I, 39.
179 Motteville, 161.
180 Motteville, 182.
181 Molé, IV, 321. Omer Talon, 292.
182 Dubuisson-Aubenay, I, 71.
183 Motteville, 209.
184 Retz, 119.
185 Estrées, 258.
186 Motteville, 222-223. Omer Talon, 305.
187 Goulas, II, 416.
188 Brienne, II, 85.
189 Estrées, 260.
190 Motteville, 228.
191 Motteville, 235.
192 Retz, 156.
193 Ormesson, I, 632.
194 Retz, 160.
195 Retz, 155.
196 Retz, 161.
197 Retz, 302.
198 Ormesson, I, 632.
199 Nemours, 617.
200 Ormesson, I, 635.
201 Motteville, 241.
202 Motteville, 245.
203 Estrées, 264.
204 Motteville, 241.
205 Retz, 203.
206 Goulas, III, 275.
207 Tallemant, II, 770-777.
208 Motteville, 258.
209 Retz, 170.
210 Motteville, 266.
211 Brienne, 105.
212 Molé, 457.
213 Molé, 461.
214 Motteville, 273.
215 Goulas, III, 58.
216 Nemours, 624-25.
217 Motteville, 273.
218 Molé, III, 489.
219 Estrées, 271.
220 Goulas, III, 63.
221 Molé, IV, 12.
222 Mazarinades, III, 139.
223 Retz, 275.
224 Nemours, 626.
225 Motteville, 275.
226 Retz, 293.
227 Estrées, 273.
228 Motteville, 277.
229 Molé, IV, 41.
230 Le caquet des marchandes poissonnières et harangères des Halles sur la maladie du duc de Beaufort soupçonné de poison et leur voyage au palais de ce prince, Paris, 1649.
231 Montpensier, 55.
232 Retz, 315-318.
233 Conrart, 549.
234 Conrart, 566.
235 Goulas, III, 115.
236 Motteville, 279.
237 Estrées, II, 279.
238 Retz, 297.
239 Motteville, 279.
240 Goulas, III, 81.
241 Retz, 297.
242 D'Estrées, 281.
243 Goulas, II, 81.
244 Montglat, 217,
— Relation de ce qui s'est passé aux Tuileries entre M. le duc de Beaufort et autres seigneurs, Paris 1649.
— Le combat généreux de M. le duc de Beaufort pour l'honneur du roi et de MM de Paris, Paris 1649.
245 Goulas, III, 89.
246 Ormesson, I, 753.
247 Motteville, 282-283.
248 Goulas, III, 113.
249 Molé, IV, 348.
250 Estrées, 237.
251 Molé IV, 349, Lettre à Le Tellier.
252 Motteville, 288.
253 Motteville, 287-302
254 Mazarinades, I, 509.

255 Estrées, 288.
256 Motteville, 293-301.
257 Motteville, 301.
258 Goubert, 296.
259 Motteville, 316.
260 Retz, 304.
261 Estrées, 291.
262 Estrées, 291.
263 Retz, 309.
264 La Rochefoucauld, 209.
265 Journal du procès, 275-276.
266 Retz, 313.
267 Nemours, 628.
268 La Rochefoucauld, 224.
269 Retz, 315-18.
270 Journal du procès, 295-96.
271 Journal du procès, 307-310.
272 Retz, 328-331.
273 Journal du procès, 322-329.
274 Nemours, 630.
275 Motteville, 324.
276 Retz, 290.
277 Lenet, 214.
278 Nemours, 630.
279 Dubuisson-Aubenay, I, 203.
280 Retz, 343.
281 Retz, 356.
282 Goulas, III, 174.
283 Motteville, 333.
284 Dubuisson-Aubenay, I, 211.
285 Arnauld d'Andilly, 531.
286 Motteville, 335.
287 Goulas, 222.
288 Estrées, 301.
289 Jal, 141.
290 Molé, IV, 367, Lettres de Mazarin à Le Tellier du 11 février 1650.
291 Jal, 1241
292 Lenet, 224.
293 Duplessis-Besançon, 79-80.
294 Goulas, III, 203.
295 Motteville, 340.
296 Molé, IV, 385-388.
297 Goulas, III, 226.
298 Dubuisson-Aubenay, I, 258.
299 Jal, 1241.
300 Motteville, 343.
301 Goulas, III, 273.
302 Jal, 1238-39.
303 Dubuisson-Aubenay, I, 231.
304 Arnauld d'Andilly, 531.
305 Lettre écrite à un gentilhomme de M. le duc de Mercœur par un sien ami sur l'état présent des affaires de Catalogne, Mazarinades, II, 201.
306 Molé, IV, 379.
307 Goulas, III, 222.
308 Nemours, 631-633.
309 Lettre de remerciement de MM du Parlement de Bordeaux écrite, toutes chambres assemblées, envoyée à M. le duc de Beaufort sur le sujet de sa bienveillance pour leurs intérêts et de la Province de Guyenne (1650).
310 Gourville, I, 28.
311 De Broglie, 171.
312 Retz, 380.
313 Estrées, 313.
314 Molé, IV, 405.
315 Molé, IV, 396.
316 Lettre d'avis à Mgr le duc de Beaufort, Avignon, 21 septembre 1650.
317 Avis important et nécessaire à M. de Beaufort et à M. le coadjuteur, 1650.
318 Motteville, 351.
319 Le récit véritable de tout ce qui s'est fait et passé à l'assassinat commis proche de l'hôtel Schomberg au sujet de Mgr le duc de Beaufort (1650).
320 Exécution remarquable de trois méchants scélérats qui ont été rompus à la Croix du Tiroir pour avoir tué et assassiné des gentilshommes de Mgr le duc de Beaufort (1650).
321 Goulas, III, 263.
322 Omer Talon, 398.
323 Nemours, 636.
324 Estrées, 319.
325 Avis aux Parisiens sur la conservation de M. de Beaufort (1650).
326 Motteville, 358.
327 Goulas, III, 275.
328 Motteville, 357.
329 Motteville, 365-369.
330 Retz, 422.
331 Nemours, 647.
332 Motteville, 364-377.
333 Motteville, 382.
334 Dubuisson-Aubenay, II, 9-19.
335 Motteville, 380.
336 Retz, 461.
337 Retz, 457.
338 Motteville, 384.

339 Dubuisson-Aubenay, I, 62-63.
340 Dubuissson-Aubenay, II, 69-75.
341 Remerciements de M. le duc de Vendôme fait à MM du Parlement sur le sujet de son procès avec le duc d'Elbeuf (sl-nd).
342 Dubuisson-Aubenay, II, 78.
343 Dubuisson-Aubenay, II, 80.
343 Dubuisson-Aubenay, II, 92.
345 Mazarin, lettre 8.
346 Goulas, III, 372.
347 Retz, 506.
348 Retz, 544.
349 Motteville, 405-407.
350 Retz, 553.
351 Motteville, 417.
352 Motteville, 423.
353 Mazarinades, I, 80.
354 Abbé Arnauld, 533.
355 Mazarin, Lettre, 47.
356 De Broglie, 193.
357 Chevalier de Sévigné, 21-30.
358 Mazarin, lettres, 96, 484.
359 Retz, 977.
360 Retz, 633.
361 Abbé Arnauld, 536.
362 Chevalier de Sévigné, 74.
363 Retz, 626.
364 Chevalier de Sévigné, 87-88. Dubuisson-Aubenay, II, 189-192.
365 L'arrivée de M. le duc de Beaufort dans la ville d'Orléans et la sortie du marquis de Sourdis hors de ladite ville, 23 mars 1652. (sl).
366 Dubuisson-Aubenay, II, 188-191.
367 Montpensier, 92.
368 Retz, 644.
369 Montpensier, 98.
370 Chevalier de Sévigné, 91.
371 Retz, 647.
372 L'entrevue de SAR, de M. le Prince et de M. de Beaufort et leur magnifique entrée dans le Palais d'Orléans, Paris, 1652.
373 Retz, 963.
374 Motteville, 435.
375 Conrart, 551.
376 Retz, 677.
377 Retz, 687.
378 La trahison du duc Charles tramée par le roi d'Angleterre et le cardinal de Retz... et découverte par Mgr le duc de Beaufort, Paris, 1652.
379 Conrart, 559-561.
380 Conrart, 561-563.
381 York, 548.
382 Conrart, 567.
383 York, 437.
384 Montpensier, 128.
385 Motteville, 437.
386 Nemours, 658.
387 Récit véritable contenant tout ce qui s'est fait et passé en la dernière assemblée du Parlement tenue en présence de MM les princes le samedi 13 juillet 1652. (sl-nd).
388 Retz, 698.
389 Conrart, 586.
390 Récit du duel déplorable entre MM le duc de Beaufort et de Nemours avec ce qui s'est passé dans le Luxembourg entre M. le Prince et le comte de Rieux. (sl-nd).
391 Relation véritable de ce qui s'est passé dans le combat de M. le duc de Beaufort et de Nemours et sur le sujet de leur querelle. (sl-nd).
392 Conrart, 587.
393 Le duel de M. de Beaufort justifié par l'innocence de ses mœurs, par le succès de ses armes et par sa fidélité incorruptible envers les bourgeois de Paris, Paris, 1652.
394 Montpensier, 129.
395 Conrart, 588.
396 Cosnac, I, 140.
397 Mazarinades, 206.
398 Saint-Simon, I, 39.
399 Montpensier, 130.
400 Les motifs de la retraite de M. le duc de Beaufort dans sa solitude, Paris, 1652.
401 Conrart, 589.
402 Conrart, 585.
403 Dubuisson-Aubenay, II, 269.
404 La Rochefoucauld, Lettres à Lenet, 578.
405 Berthold, 581.
406 Berthold, 583.
407 Berthold, 585.
408 Berthold, 596.
409 La Guette, 77.
410 Relation véritable de tout ce qui s'est passé en Parlement le lundi 30 septembre 1652 en présence de SAR avec l'arrêt d'abolition de M.

le duc de Beaufort, Paris, 1652.
411 Berthold, 589-590.
412 Motteville, 440.
413 Retz, 739.
414 Berthold, 596-97.
415 Retz, 741.
416 La Rochefoucauld, 595.
417 Chevalier de Sévigné, 193.
418 Berthold, 598.
419 Retz, 745-751.
420 Retz, 769.
421 Montglat, 279.
422 L'adieu de Mgr le duc de Beaufort fait aux bourgeois de Paris avant son départ pour le soulagement des peuples, Paris, 1652.
423 De Broglie, 110.
424 La Rochefoucauld, 597-600.
425 Chevalier de Sévigné, 200.

CHAPITRE III

1 Mazarin, V, 146-147.
2 Mazarin, V, 94.
3 Mazarin, V, 157.
4 Mazarin, V, 170.
5 Mazarin, V, 309.
6 Mazarin, V, 311-312.
7 La Rochefoucauld, 230.
8 Mazarin, V, 340.
9 Mazarin, V, 318-319.
10 Mazarin, V, 393.
11 Mazarin, V, 437.
12 Pillorget, 15.
13 Le courrier provençal sur l'arrivée du duc de Mercœur en Provence, Paris, 1612.
14 Pillorget, 128.
15 Regusse, 56.
16 Pillorget, 688.
17 Montpensier, 158.
18 Montpensier, 167.
19 Mazarinades, III, 69.
20 Mazarin, V, 581.
21 La Guette, 108 et 130.
22 Mazarin, V, 614.
23 Berthod, 625.
24 Cosnac, I, 69-70.
25 Mazarin, V, 625.
26 Berthod, 616-23.
27 Mazarin, V, 626.
28 Cosnac, I, 86-93.
29 Gourville, 100-101.
30 Cosnac, I, 98-102.
31 Mazarin, VI, 10.
32 Mazarin, V, 627.
33 Loret, 4 juillet 1654.
34 Motteville, 446.
35 Pillorget, 694-700.
36 Mazarin, V, 615.
37 Regusse, 65.
38 Cosnac, I, 235-244.
39 Mazarin, VI, 455-462.
40 Pillorget, 725.
41 Mazarin, VI, 560-561.
42 Mazarin, VI, 569.
43 Mazarin, VI, 37.
44 Mazarin, VI, 3.
45 Cosnac, I, 218.
46 Mazarin, VII, 588.
47 Jeune Brienne, III, 149-150.
48 Bluche, Dictionnaire du Grand Siècle, 1589.
49 Tallemant, II, 328.
50 Tallemant, II, 196.
51 Tallemant, II, 870.
52 Tallemant, II, 886.
53 Antoine Hamilton, Mémoires du comte de Gramont, Renaissances (Balland) 1992.
54 Bussy, Histoire amoureuse, 175
55 Primi, 92.
56 Motteville, 452.
57 Souvigny, 285 à 324.
58 Mazarin, VIII, 677.
59 Mazarin, VII, 693.
60 Cosnac, I, 247-252.
61 Montpensier, 197-198.
62 Montpensier, 200.
63 Montpensier, 195.
64 Motteville, 455.
65 Cosnac, 253.
66 Tallemant, I, 57.
67 Motteville, 459.
68 Entretien de Timocrate et Philandre, in La Vie de Rancé, de Chateaubriant, 1020.
69 Chateaubriant, 1024-1026.
70 Montpensier, 239.
71 Montpensier, 243.
72 Saint-Venant, II, 92.
73 Montpensier, 272.
74 Montpensier, 289-291.
75 De Broglie, 260.
76 Mazarin, VIII, 682.
77 Motteville, 464.
78 Mazarin, VIII, 458.

79 Mazarin, VIII, 572.
80 Montpensier, 332.
81 Mazarin, VIII, 590.
82 Pillorget, 754.
83 Mazarin, VIII, 573.
84 Mazarin, VIII, 685.
85 Motteville, 510.
86 Bussy, Histoire amoureuse, 31.
87 Mazarin, IX, 176.
88 Jeune Brienne, III, 31.
89 Hortense Mancini, 40.
90 Abbé Arnauld, 540.
91 Montpensier, 387.
92 Beauveau, 191-193.
93 Beauveau, 200.
94 Beauveau, 201-203.
95 Beauveau, 208-209.
96 Beauveau, 243.
97 Beauveau, 242.
98 Beauveau, 243.
99 Montpensier, 387.
100 Montpensier, 387.
101 Jal, 1239.
102 Beauveau, 252.
103 Montpensier, 396.
104 Beauveau, 253-255.
105 Jal, 141.
106 Carré, Du Quesne, 106.
107 Carré, Du Quesne, 113.
108 De Broglie, I
109 Carré, Du Quesne, 115.
110 Saint-Hilaire, I, 35.
111 Carré, Du Quesne, 117.
112 Sévigné, I, 55.
113 La Rochefoucauld, 629.
114 Carré, Du Quesne, 119.
115 Jal, 144.
116 Jal, 145.
117 Saint-Simon, Ecrits inédits, V, 459-460.
118 Oraison funèbre de Très haut et puissant prince Mgr le duc de Vendôme par N. l'Ange, prêtre, chez Sébastien Hip, Vendôme, 1665.
119 Dictionnaire topographique, II, 102.
120 Gaufridi, 178.
121 Mascaron, 214.
122 Montpensier, 396.
123 Carré, Du Quesne, 127.
124 Carré, Du Quesne, 131-132.
125 Carré, Du Quesne, 133.
126 Jal, 142.
127 De Witt, 280.
128 Carré, Du Quesne, 138.
129 La Rochefoucauld, 636.
130 Carré, Du Quesne, 140.
131 Carré, Du Quesne, 145.
132 Jal, 1240.
133 Mémoire des prieurs et religieux de la congrégation réformée de Saint-Louis de l'ordre du FF prêcheurs contenant sommairement les raisons qui justifient que la bulle du 5 avril 1668 a été surprise de Mgr le cardinal de Vendôme... (sl-nd).
134 Mascaron, 227.
135 Vivonne, 9-10.
136 Saint-Hilaire, I, 66.
137 Vivonne, 179-180.
138 Vivonne, 41-42.
139 Navailles, 219.
140 Navailles, 220.
141 La croix, in Saint-Hilaire, I, 315.
142 Saint-Hilaire, I, 68.
143 Du Caussé de Nazelles, 38.
144 Navailles, 222-225.
145 Navailles, 219.
146 Du Caussé de Nazelles, 43.
147 Autre relation, in Saint-Hilaire, I, 321.
148 La Croix, in Saint-Hilaire, I, 316.
149 Du Caussé de Nazelles, 37-38.
150 Soisigny, in Saint-Hilaire, I, 324-325.
151 Saint-Hilaire, I, 71.
152 Du Caussé de Nazelles, 39.
153 Navailles, 231.
154 Autre relation, in Saint-Hilaire, I, 322.
155 Navailles, 324.
156 La Croix, in Saint-Hilaire, I, 318.
157 Autre relation, in Saint-Hilaire, I, 321.
158 La Croix, in Saint-Hilaire, I, 319.
159 Autre relation, in Saint-Hilaire, I, 323.
160 Du Caussé de Nazelles, 39.
161 Soisigny, in Saint-Hilaire, I, 327.
162 Soisigny, in Saint-Hilaire, I, 325.
163 Robert de Dreux, 173.
164 Du Caussé de Nazelles, 41-42.
165 Autre relation, in Saint-Hilaire, I, 323.
166 Autre relation, in Saint-Hilaire, I, 324.

167 Robert de Dreux, 174.
168 Navailles, 242.
169 Du Caussé de Nazelles, 44.
170 Etienne Cosme, Oraison funèbre de François de Vendôme, duc de Beaufort, Paris 1670.
171 De Broglie, 334-35.
172 De Broglie, 337.
173 De Broglie, 337.
174 Jal, 141.
175 Bibliothèque de l'Arsenal : Belles Lettres Françaises, recueil, 48.
176 La Grange-Chancel, I, 207.
177 D. Labarre de Raillicourt, Cahiers de l'Histoire (n°2), Paris, 1960.
178 Bonair-Stuart, Factum...
179 Père J. B. de Bourges. Eloge funèbre de Françoise de Vendôme prononcé le 15 octobre 1669, Orléans, 1709.

CHAPITRE IV

1 Vivonne, 133-137.
2 Etienne Cosme, Oraison funèbre prononcée en présence du doge et du sénat de Venise (1670), Paris.
3 Hortense Mancini, 34.
4 La Fontaine, IX, 360.
5 Saint-Hilaire, I, 72.
6 Description du mausolée dressé dans l'église ND de Paris pour la pompe funèbre de Mgr le duc de Beaufort, grand amiral de France, Paris, 1670.
7 Mascaron, 236.
8 Moreri, III, 800.
9 Delort, II, 228.
10 Amelot, I, 118.
11 Boileau, II, 171-176.
12 Bonair-Stuart, Factum.
13 Sévigné, I, 205.
14 Sévigné, I, 206.
15 Primi, 57.
16 Desnoireterres, I, 43.
17 Sévigné, I, 637-641.
18 Sévigné, I, 641.
19 Saint-Simon, I, 704.
20 Saint-Simon, III, 991.
21 Saint-Simon, VII, 654.
22 Sévigné, I, 1302.
23 Bussy, Mémoires, II, 92.
24 Primi, 13.
25 Conrart, 620.
26 Caylus, 57-58.
27 Marie Mancini, citée par Desnoireterres, II, 42.
28 Sévigné, I, 632.
29 Sévigné, I, 92.
30 Desnoireterres, II, 84.
31 Primi, 42.
32 Primi, 57.
33 Primi, 58.
34 La Fare, 273.
35 Desnoireterres, II, 169.
36 Primi, 79.
37 Chaulieu, Lettres inédites, 146.
38 Villeneuve-Saint-Hilaire, I, 222.
39 Sévigné, II, 45.
40 Madame, I, 457, (éd Charpentier).
41 Loret (1651).
42 Caylus, 67.
43 Chaulieu, Oeuvres (éd 1777), II, 130.
44 D'Alembert, II, Eloge de l'abbé Têtu.
45 Sévigné, II, 511.
46 La Fontaine, VIII, 348.
47 Deshoullières, 5.
48 Chaulieu, Oeuvres (éd 1774), I, 225.
49 Titon du Tillet, 142.
50 La Fare, 428 (éd Michaud-Poujoulat).
51 Desnoireterres, II, 133.
52 Sévigné, I, 214.
53 Sévigné, I, 435.
54 Sévigné, II, 263.
55 Sévigné, II, 384.
56 Primi, 96.
57 Desnoireterres, I, 50.
58 Primi, 103-104.
59 Titon du Tillet, 471.
60 Desnoireterres, II, 60.
61 Desnoireterres, II, 64.
62 Desnoireterres, II, 81.
63 Chaulieu, Oeuvres, II, 173.
64 Chaulieu, Oeuvres, II, 12.
65 Villeneuve, Eloge historique, 10.
66 Saint-Simon, V, 237.
67 Sévigné, II, 630.
68 Sévigné, II, 1427.
69 Sévigné, II, 716.
70 Saint-Simon, I, 261.
71 Article Poisons (affaire des) in dictionnaire du Grand Siècle ; Arlette Lebigre, L'affaire des Poisons,

1989.
72 Choisy, 145.
73 Choisy, 145-146.
74 Sévigné, II, 815.
75 Sévigné, II, 822-823.
76 Sévigné, II, 828.
77 Sévigné, II, 837-840.
78 Primi, 160.
79 Sévigné, II, 915.
80 Sévigné, II, 891.
81 Sévigné, II, 773.
82 Sévigné, II, 994.
83 Sévigné, II, 1018.
84 Sévigné, II, 1048.
85 Sévigné, II, 1049-1052.
86 Sévigné, III, 5 à 30.
87 Sévigné, III, 36.
88 Sévigné, III, 52.
89 Sévigné, III, 57.
90 Poésies, Chaulieu — La Fare, 33.
91 Poésies, Chaulieu — La Fare, 17.
92 Sévigné, II, 515.
93 Desnoireterres, II, 176.
94 Sévigné, II, 811.
95 Sévigné, II, 982.
96 Desnoireterres, II, 164.
97 Chaulieu, Lettres inédites, 152.
98 Pierre-Désiré Roussel, 85-87.
99 Curzon, (description très détaillée de ce palais détruit en 1853).
100 Chaulieu, Lettres inédites, 85 et suivantes.
101 Pierre-Désiré Roussel, 29-68.
102 Dangeau, I, 146.
103 Titon du Tillet, 142.
104 Poésies de Chaulieu — La Fare, 296
105 Ravaisson, VIII, 229.
106 Chaulieu, Oeuvres (éd 1774), II, 90.
107 Chaulieu, Lettres inédites, 96.
108 Chapelle et Bachaumont, Oeuvres, 146.
109 Recueil Maurepas, BN, MS 12623, fo 229.
110 La Bruyère, I, 538 et 338.
111 La Fare, 228, (éd 1884).
112 Saint-Simon, Ecrits inédits, V, 471.
113 Emile Bellier de la Chavignerie, Un voyage du grand dauphin au château d'Anet, Chartres, 1855.
114 Chaulieu, Oeuvres (éd 1774), II, 9O.
115 Sévigné, III, 229.
116 Desnoireterres, II, 281.
117 Galerie de l'ancienne cour ou Mémoires et anecdotes pour servir à l'histoire des règnes de Louis XIV et Louis XV, Paris 1786.
118 Madame, I, 44, (éd Charpentier).
119 Desnoireterres, II, 183-184.
120 La Fontaine, IX, 386.
121 La Fare, 251, (éd 1884).
122 Ezechiel Spanheim, 112.
123 La Fontaine, Oeuvres, VI, 442.
124 La Fontaine, Oeuvres, VI, 446.
125 Desnoireterres, II, 85.
126 Desnoireterres, II, 86.
127 Bussy-Rabutin, Mémoires.
128 La Fare, 251, (éd 1884).
129 Ségur, III, 192-206.
130 Coulanges, 264.
131 Spanheim, 106.
132 Sévigné, III, 955.
133 Chaulieu, Oeuvres, (éd 1774), II, 93.
134 La Fontaine, VI, 442-447.
135 Palaprat, II, 66.
136 Titon, 194.
137 Desnoireterres, II, 230.
138 Desnoireterres, II, 227.
139 Ségur, III, 254.
140 La Fontaine, VI, 206.
141 Le duc de Vendôme en Espagne.
142 Villeneuve, 15.
143 Le duc de Vendôme en Espagne.
144 Palaprat, Oeuvres, II, 306.
145 Palaprat, II, 311-313.
146 Créqui, Mémoires pour servir à la Vie de Nicolas de Catinat, 166.
147 Villeneuve, 18.
148 Desnoireterres, II, 239.
149 Saint-Simon, I, 105.
150 Saint-Simon, I, 142.
151 Saint-Simon, I, 157-158.
152 Saint-Simon, I, 812.
153 Saint-Simon, I, 162.
154 Quand voguaient les galères, 204.
155 Saint-Simon, I, 208.
156 Saint-Simon, I, 215.
157 Saint-Simon, I, 220.
158 Saint-Simon, I, 230-232.
159 Sévigné, III, 1105.
160 Saint-Simon, I, 240.
161 Saint-Hilaire, I, 377.
162 Desnoireterres, III, 238.
163 Saint-Simon, I, 283.

164 Saint-Hilaire, I, 398.
165 Dangeau, V, 433.
166 Villars, I, 181.
167 Desnoireterres, III, 222.
168 D'Argenson, I, 130, (éd Jannet).
169 Saint-Simon, I, 389.
170 Langallery, 215.
171 Saint-Hilaire, II, 416.
172 Puységur.
173 Saint-Hilaire, II, 419.
174 Villeneuve, 24.
175 Saint-Hilaire, II, 427.
176 Puységur.
177 La véritable prophétie de M. Michel Nostradamus accomplie au mois d'août de la présente année 1697 sur la prise de Barcelone, capitale de Catalogne par l'armée du Roy commandée par Monseigneur le duc de Vendôme, limitrophe du Mans, comme elle se trouve mot à mot dans son livre imprimé à Troyes en l'année 1568, article 10ème de la centurie 7ème. (sl-nd).
178 Langallery, 258.
179 Langallery, 260.
180 Saint-Simon, I, 438.
181 Saint-Simon, Ecrits inédits, V, 168.
182 Saint-Simon, I, 415.
183 Desnoireterres, III, 187.
184 Sandraz de Courtilz, Annales, II, 656.
185 Saint-Simon, I, 527-528.
186 Ravaisson, X, 173-174.
187 Palaprat, II, 93.
188 Saint-Simon, I, 614-615.
189 Saint-Simon, IV, 313.
190 Saint-Simon, 615-616.
191 Saint-Simon, I, 616.
192 Desnoireterres, III, 295-300.
193 Desnoireterres, IV.
194 Saint-Simon, I, 628.
195 Dangeau, VIII, 20.
196 Saint-Simon, I, 810.
197 Saint-Simon, II, 694.
198 Saint-Simon, II, 695.
199 Saint-Simon, II, 5.
200 Saint-Simon, II, 50.
201 Saint-Simon, II, 48.
202 Saint-Simon, II, 177.
203 Saint-Simon, II, 183.
204 Saint-Simon, II, 184.
205 Saint-Simon, II, 192.
206 Quincy, I, 200-213.
207 Saint-Hilaire, III, 148.
208 Quincy, I, 213-215.
209 Saint-Simon, II, 205-206.
210 Saint-Simon, II, 208-209.
211 Saint-Hilaire, III, 152.
212 Quincy, I, 233-238.
213 Saint-Hilaire, III, 156-157.
214 Quincy, I, 239.
215 Quincy, I, 246.
216 Quincy, I, 246-267.
217 Saint-Simon, II, 216.
218 Dangeau, VIII, 391.
219 Desnoireterres, IV, 2.
220 Villars, II, 96.
221 Saint-Hilaire, III, 191-203.
222 Saint-Simon, II, 695-696.
223 Saint-Simon, II, 344-346.
224 Saint-Simon, II, 347.
225 Quincy, 281.
226 Quincy, 312-316.
227 Saint-Hilaire, III, 206.
228 Quincy, 326-328.
229 Saint-Hilaire, III, 213-215.
230 Saint-Simon, II, 393-94.
231 Saint-Simon, II, 428.
232 Voltaire, Siècle, XIV, 357.
233 Saint-Simon, II, 460-461.
234 Quincy, II, 8-9.
235 Quincy, II, 16.
236 Quincy, II, 25 26.
237 Saint-Hilaire, IV, 43.
238 Quincy, II, 33.
239 Quincy, II, 42.
240 Saint-Simon, II, 515.
241 Saint-Simon, II, 531-532.
242 Saint-Simon, II, 556.
243 Quincy, II, 80.
244 Villars, II, 173.
245 Saint-Simon, II, 593.
246 Quincy, II, 95.
247 Luynes, X, 127.
248 Quincy, II, 104.
249 Saint-Simon, II, 619.
250 Quincy, II, 108.
251 Argenson, I, 130.
252 Quincy, II, 114.
253 Quincy, II, 115.
254 Saint-Hilaire, IV, 183.
255 Le duc de Vendôme en Espagne.
256 Saint-Simon, II, 620.
257 Saint-Hilaire, IV, 185-186.
258 Quincy, II, 125-132.

259 Voltaire, Le siècle, XIV, 371.
260 Villeneuve, 48.
261 Desnoireterres, IV, 5-6.
262 Quincy, II, 122.
263 Saint-Simon, II, 622.
264 Saint-Simon, II, 698-699.
265 Delort, II, 226-227.
266 Desnoireterres, IV, 8.
267 Saint-Simon, II, 717.
268 Saint-Hilaire, IV, 260.
269 Quincy, I, 164-170.
270 Saint-Simon, II, 718.
271 Quincy, II, 170.
272 Nouvelle biographie, 1076.
273 Saint-Simon, II, n 733.
274 Saint-Simon, II, 762-763.
275 Saint-Simon, II, 763-764.
276 Villars, II, 205-210.
277 Saint-Simon, III, 768.
278 Saint-Hilaire, IV, 353.
279 Nouveau siècle de Louis XIV, III, 366.
280 Saint-Simon, III, 806.
281 Saint-Simon, II, 543.
282 Saint-Simon, III, 304.
283 Alberoni, 66.
284 Saint-Simon, III, 1220.
285 Alberoni, 41.
286 Saint-Simon, III, 128.
287 Saint-Simon, III, 120.
288 Saint-Simon, III, 119.
289 Saint-Simon, III, 225.
290 D'Haussonville, III, 257.
291 Saint-Simon, III, 193-194.
292 Saint-Hilaire, V, 132.
293 Saint-Simon, III, 225.
294 Bluche, Dictionnaire du Grand Siècle, 136.
295 Saint-Simon, III, 194-197.
296 Albéroni, 78.
297 D'Haussonville, III, 253.
298 D'Haussonville, 245.
299 D'Haussonville, 251.
300 Saint-Simon, III, 224.
301 D'Haussonville, 258.
302 Saint-Simon, III, 202-220.
303 D'Haussonville, 209.
304 Saint-Simon, III, 219.
305 Berwick, 396.
306 Saint-Simon, III, 247-249.
307 Mémoires pour servir à l'histoire de Mme de Maintenon, V, 82.
308 Saint-Simon, III, 276.
309 Saint-Simon, III, 304-305.
310 Saint-Simon, III, 306-307.
311 Mémoires pour servir à l'histoire de Mme de Maintenon, V, 86.
312 Saint-Simon, III, 319.
313 Saint-Simon, III, 333.
314 Saint-Simon, III, 443-445.
315 Saint-Simon, III, 447-449.
316 Saint-Simon, III, 449.

CHAPITRE V

1 Saint-Simon, III, 451-452.
2 Alberoni, 95.
3 Maintenon, Correspondance, lettre du 09/06/1709 au duc de Noailles.
4 Hyrvois de Landosle, 37.
5 Sourches, XII, 31.
6 Saint-Simon, III, 650.
7 Saint-Simon, III, 784-785.
8 Saint-Simon, III, 785.
9 Palaprat, II, 14.
10 Poésies de Chaulieu — La Fare, 101.
11 Du Noyer, II, 251.
12 Desnoireterres, III, 80.
13 Alberoni, 117.
14 Villars, III, 78.
15 Saint-Simon, III, 998.
16 Bellerive, 5.
17 Chaulieu, Lettres inédites, 159.
18 Saint-Simon, III, 1004.
19 Bellerive, 11-17.
20 Ursins, Lettres, 397.
21 Noailles, 228
22 Bellerive, 21.
23 Noailles, 225.
24 Bellerive, 31-51.
25 Bellerive, 81.
26 Bellerive, 85-103.
27 Bellerive, 111.
28 Bellerive, 124-125.
29 Bellerive, 127-129.
30 Bellerive, 179-180.
31 Palaprat, II, 2.
32 Desnoireterres, III, 81.
33 Saint-Simon, III, 1007-1009.
34 Maintenon, IV, 222.
35 Hyrvois de Landosle, 8-25.
36 Hyrvois de Landosle, 33-35.
37 Hyrvois de Landosle, 36-39.
38 Hyrvois de Landosle, 43.
39 Hyrvois de landosle, 47-53.
40 Hyrvois de Landosle, 56.

41 Hyrvois de Landosle, 58-59.
42 Hyrvois de Landosle, 64.
43 Bellerive, 220-265.
44 Saint-Simon, IV, 195.
45 Bellerive, 277-301.
46 Bellerive, 320-365.
47 Saint-Simon, Ecrits inédits, V, 478.
48 Alberoni, 174.
49 Saint-Simon, IV, 501-502.
50 Saint-Simon, II, 695.
51 Argenson, I, 133.
52 Alberoni, 179.
53 Saint-Simon, IV, 502.
54 Bellerive, 360.
55 Saint-Simon, IV, 502.
56 D'Argenson, I, 133, (éd Jannet).
57 Alberoni, 182.
58 Saint-Simon, IV, 504.
59 Don Luis Moreno y Gil de Borja, 38.
60 L'éloge funèbre de LJ de Vendôme prononcé en l'église Notre-Dame le 13 septembre 1712 par le père Gramain. Paris, 1712.
61 Saint-Simon, IV, 502-504.
62 Villars, VI, 26.
63 Hyrvois de Landosle, 94.
64 Hyrvois de Landosle, 95-96.
65 Hyrvois de Landosle, 98.
66 Dangeau, XIV, 99.
67 Saint-Simon, IV, 500.
68 Chaulieu, Oeuvres, (éd 1777), II, 12.
69 Poésies de Chaulieu — La Fare, 182.
70 Poésies de Chaulieu — La Fare, 170.
71 Poésies de Chaulieu — La Fare, 158.
72 Poésies de Chaulieu — La Fare, 162.
73 Saint-Simon, IV, 815.
74 Réponse de M. le chevalier de Vendôme... à quelques articles du Mémoire de MM. les princes du sang avec les pièces justificatives, (26 février 1716).
75 Saint-Simon, V, 873.
76 Saint-Simon, V, 873-874.
77 Saint-Simon, VI, 175.
78 Saint-Simon, VI, 248.
79 Saint-Simon, V, 873.
80 Dangeau, XV, 427.
81 Palaprat, II, 23.
82 Saint-Simon, VI, 644.
83 Madame, I, 400, (éd Charpentier).
84 Buvat, I, 311.
85 Saint-Simon, VI, 1367.
86 Saint-Simon, VI, 646.
87 Staal, 703.
88 Saint-Simon, VII, 1325. (Yves Coirault cite les sources de ces négociations entre Paris et Rome).
89 Buvat, I, 430.
90 Saint-Simon, VII, 479.
91 Chaulieu, Oeuvres, (éd 1803), 5.
92 Villars, IV, 147.
93 Saint-Simon, VII, 731.
94 Villars, IV, 156.
95 Barbier, I, 69 et 127.
96 Louis Truc, 201.
97 Oudard, 363.
98 Mathieu Marais, II, 219.
89 Saint-Simon, Ecrits inédits, V, 470.
100 Jal, Dictionnaire, 1241.

BIBLIOGRAPHIE

Ce premier travail sur les Vendômes se base sur une étude des sources imprimées du temps et sur les plus importants travaux publiés et connus. Il restera à le compléter par l'examen des fonds manuscrits (Archives Nationales, Bibliothèque Nationale, Arsenal, Affaires Etrangères, Chantilly) ainsi que des fonds notariaux. Nous souhaitons aussi à un futur chercheur de pouvoir accéder au très riche fonds constitué par Isabelle de Broglie sur Beaufort et sa famille, actuellement conservé en Suisse.
(NB. — Il existe parfois des éditions de mémoires plus à jour que celles utilisées dans ce travail, je pense aux Mémoires de Sully publiés par Gallimard et à ceux de Mme de Motteville préfacés par Sainte-Beuve. Le lecteur comprendra que j'ai utilisé en priorité les matériaux à ma disposition ou d'accès plus facile.
— La bibliographie ne reprend pas les factums et libelles. Ils sont référencés dans les notes).

I — MANUSCRITS

AFFAIRES ETRANGERES
— FRANCE 783, fos 65-99.
— FRANCE 96, fo 18.

BIBLIOTHEQUE NATIONALE
— Maurepas 12623, fos 229 et suivants.
— Dupuy 90, fos 18-20.

ARSENAL
— BLF in 40 14 bis.

II — ECRITS CONTEMPORAINS

1) COLLECTION DES DOCUMENTS INEDITS POUR SERVIR A L'HISTOIRE DE FRANCE (IMPRIMERIE NATIONALE, ROYALE OU IMPERIALE)

HENRI IV

— Recueil des lettres missives, annoté par Berger de Xivrey, Paris, 1846 (9 volumes).

MAZARIN

— Lettres du cardinal Mazarin pendant son ministère, recueillies et publiées par MM. A. Cheruel et Avenel, Paris, 1872 (9 volumes).

ORMESSON (Olivier Lefèvre d')

— Journal, annoté par Cheruel, Paris, 1860 (2 volumes).

PEIRESC

— Lettres, publiées par Philippe Tamizey de Larroque, Paris, 1898 (7 volumes).

RICHELIEU

— Lettres et instructions diplomatiques et papiers d'Etat du cardinal Richelieu, recueillies et publiées par M. Avenel, Paris, 1853-1877 (8 volumes). (référencé « Richelieu (Avenel) » dans les notes).

WITT (Jean de)

— Correspondance, Paris, 1873 (1 volume).

XXX

— Négociations diplomatiques de la France et de la Toscane, documents recueillis par Guiseppe Canestrini et annotés par Abel Desjardins Paris, 1876 (6 volumes).

XXX

— Négociations, lettres et pièces relatives à la conférence de Loudun (1616),
publiées par M. Bouchitté Paris, 1862.

2) NOUVELLE COLLECTION DES MEMOIRES POUR SERVIR A L'HISTOIRE DE FRANCE DEPUIS LE XIIIe SIECLE JUSQU'A LA FIN DU XVIIIe PAR MICHAUD ET POUJOULAT.

1re série

BOURGEOIS (Louise)

— Comment et en quel temps la reine accoucha de M. le Dauphin (1601).

DUBOIS

— Mémoire fidèle des choses qui se sont passées à la mort de Louis XIII, fait par l'un des valets de chambre de S.M. (1643).

GILLOT (Jacques)

— Relation de ce qui se passa au dit Parlement, séant aux Augustins, touchant la régence de la reine Marie (1610).

GROULARD ou GROULART

— Mémoires de Claude Groulard, Premier Président du Parlement de Normandie ou voyages par lui faits en cour.

2e série

ARNAULD (abbé)
— Mémoires contenant quelques anecdotes de la cour de France depuis 1634 jusqu'à 1675 (1634-1675).

ARNAULD D'ANDILLY (Robert)
— Mémoires (1597-1667).

BERTHOD (Père)
— Mémoires.

CHEVERNY (Philippe Hurault, comte de)
— Mémoires.

FONTENAY-MAREUIL (François Duval, marquis de)
— Mémoires.

HURAULT (Philippe, abbé de Pontlevoy)
— Mémoires.

MARILLAC (Michel de) attribué à
— Relation de la mort du maréchal d'Ancre (1617).

MOTTEVILLE (Françoise Bertaut de)
— Mémoires.

NEMOURS (Duchesse de)
— Mémoires contenant ce qui s'est passé de plus particulier en France pendant la Guerre de Paris jusqu'à la prison du cardinal de Retz en 1652 (1649-1652).

ORLEANS (Gaston, duc d')
— Mémoires (1608-1636).

PONTCHARTRAIN (Paul Phélypeaux de)
— Mémoires concernant les affaires de France sous la régence de Marie de Médicis (1610-1616).

ROHAN (Henri, duc de)
— Mémoires (1611-1630).

SULLY (Maximilien de Béthune, duc de)
— Mémoires des sages et royales oeconomies d'Estat domestiques, politiques et militaires de Henry le Grand.

3e série

BERWICK (Maréchal de)
— Mémoires du maréchal de Berwick écrits par lui-même (1688-1734).

BRIENNE (Henri Auguste de Lomenie, comte de)
— Mémoires contenant les évènements les plus remarquables du règne de Louis XIII et ceux du règne de Louis XIV jusqu'à la mort de Mazarin.

CONRART (Valentin)
— Mémoires (1652-1664)

DUC D'YORK
— Mémoires sur les évènements arrivés en France pendant les années 1652 à 1659.

DUCLOS
— Mémoires secrets (1708-1750).

FONTRAILLES (Vicomte de)
— Relation des choses particulières de la cour arrivées pendant la faveur de M. de Cinq-Mars.

GRAMONT (Maréchal de)
— Mémoires (16229-1674).

JOLY Claude
— Mémoires concernant le cardinal de Retz (1648-1655).

JOLY Guy
— Mémoires (1643-1665).

LA CHATRE (Edme, comte de)
— Mémoires contenant la fin du règne de Louis XIII et le commencement de celui de Louis XIV.

LA PORTE (Pierre de)
— Mémoires de P. de La Porte, premier valet de chambre de Louis XIV (1628-1664).

LENET Pierre
— Mémoires (1627-1659).
— Mémoires inédits

MONTGLAT (François de Paule de Clermont, marquis de)
— Mémoires (1614-1660).

MONTPENSIER (Mademoiselle de)
— Mémoires (1627-1686).

MONTRESOR (Claude de Bourdeille, comte de)
— Mémoires.

NOAILLES (Maréchal de)
— Mémoires politiques et militaires (1683-1748).

PLESSIS-PRASLIN (Maréchal du)
— Mémoires des divers emplois et des principales actions du maréchal du Plessis (1630-1671).

STAAL (Mme de)
— Mémoires de Mme de Staal écrits par elle-même.

TALON (Omer)
— Mémoires continués par Denis Talon, son fils (1630-1653).

TEMPLE (Chevalier du)
— Mémoires de ce qui s'est passé dans la chrétienté depuis le commencement de la guerre en 1672 jusqu'à la paix conclue en 1679.

TORCY (Marquis de)
— Mémoires pour servir à l'histoire des négociations depuis le traité de Riswick jusqu'à la Paix d'Utrecht (1697-1713).

MEMOIRES DE M. DE *** SUR LE XVIIe SIECLE
— (1643-1690).

3) MEMOIRES PUBLIES PAR LA SOCIETE DE L'HISTOIRE DE FRANCE (avec apparat critique)

AGRIPPA D'AUBIGNE
— Histoire Universelle (10 volumes), 1895.
— Supplément inédit à l'Histoire Universelle annoté par J. Plattard, 1925.

BARBIER (Edmond)
— Journal historique du règne de Louis XIV (4 volumes).

BASSOMPIERE
— Mémoires (1594-1640) (4 volumes).

BEAUVAIS-NANGIS
— Mémoires (1569-1641) (1 volume).

BOULAYE (JOURNAL DU PROCES DU MARQUIS DE LA)
— (1649) (1 volume).

BRIENNE (dit le JEUNE BRIENNE)
— Mémoires (1659-1690) (3 volumes).

COLIGNY SALIGNY
— Mémoires (1635-1690) (1 volume).

COSNAC (Daniel de) archevêque d'Aix
— Mémoires (1660-1680) (2 volumes).

D'ESTREES (Maréchal d')
— Mémoires (ne concernent que les deux régences 1610-1614 et 1643-1651) (1 volume).

DUPLESSIS-BESANÇON
— Mémoires (1630-1658) (1 volume).

GASSOT
— Sommaire mémorial (1555-1625) (1 volume).

GOULAS (Nicolas)
— Mémoires (1627-1643) (3 volumes).

GOURVILLE
— Mémoires (1646-1702) (1 volume).

MATHIEU MOLE
— Mémoires (1614-1649) (4 volumes) (contient beaucoup de lettres de Mazarin à ses ministres)

MAZARINADES
— Choix de Mazarinades (4 volumes).

QUINCY (chevalier de)
— Mémoires (1691-1713) (3 volumes).

RICHELIEU (cardinal de)
— Mémoires (1610-1643) (15 volumes). (référencé Richelieu, sans autre précision, dans les notes).

REGISTRE DE L'HOTEL DE VILLE PENDANT LA FRONDE
(2 volumes) (1649-1652).

SAINT-HILAIRE
— Mémoires (1661-1710) (6 volumes).

SUVIGNY (comte de)
— Mémoires (1613-1660) (3 volumes).

STANHEIM
— Relation de la cour de France en 1690 (1690) (1 volume).

TURENNE (maréchal de
— Mémoires (1643-1659) (2 volumes).

VILLARS (maréchal de)
— Mémoires (1674-1733) (4 volumes).

4) COLLECTION LE TEMPS RETROUVE — MERCURE DE FRANCE

CAMPION (Henri de)
— Mémoires suivis de Trois entretiens sur divers sujets d'histoire, de politique et de morale, annotés par Marc Fumaroli, Paris, 1990.

CAYLUS (Madame de)
— Souvenirs annotés par Bernard Noël, Paris, 1986.

CHOISY (Abbé de)
— Mémoires pour servir à l'histoire de Louis XIV suivis de Mémoires de l'abbé de Choisy habillé en femme annotés par Georges Mongrédien, Paris, 1983.

COURTILZ (Sandras de)
— Mémoires de Monsieur d'Artagnan annotés par Gilbert Sigaux, Paris, 1987.

LA FAYETTE (Madame de)
— Histoire de Madame Henriette d'Angleterre suivie de Mémoires de la cour de France pour les années 1688 et 1689 annotés par Gilbert Sigaux, Paris, 1988.

MANCINI (Hortense et Marie)
— Mémoires annotés par Gérard Doscot, Paris 1987.

MADAME (Princesse Palatine)
— Lettres (1672-1722) annotées par Olivier Amiel, Paris, 1981. (voir également édition Charpentier).

PONTIS (M. de)
— Mémoires annotés par Robert Laulan, Paris, 1986.

5) COLLECTION DE LA PLEIADE — GALLIMARD

LA ROCHEFOUCAULD
— Œuvres complètes dont les Mémoires annotés par L. Martin — Chauffier, Paris, 1964

PASCAL
— Œuvres complètes annotées par Jacques Chevalier, Paris, 1954.

RETZ (Cardinal de)
— Mémoires. La conjuration du comte Jean-Louis de Fiesque.
— Pamphlets annotés par Maurice Allem et Edith Thomas, Paris, 1956. (voir édition plus récente dans la même collection).

SAINT-SIMON
— Mémoires — Additions au Journal de Dangeau annotés par Yves Coirault, Paris, 1983-1989 (8 volumes) (un travail exemplaire qui a dépassé l'édition Boislisle).

SEVIGNE (Mme de)
— Correspondance annotée par Roger Duchêne, Paris, 1972 (3 volumes) (d'une érudition remarquable)

TALLEMANT DES REAUX
— Historiettes annotées par Antoine Adam, Paris, 1960 (2 volumes). (d'une érudition remarquable).

6) AUTRES EDITIONS DE MEMOIRES, JOURNAUX OU ŒUVRES DU TEMPS

ABRA DE RACONI (Charles-François)
— La vie et mort de feue Mme de Mercœur dédiée à Mme de Vendôme, Sl, 1625

ALEMBERT (Jean le Rond d')
— Œuvres philiosophiques, historiques et littéraires, Paris, 1805 (Bastien) (10 volumes).

AMELOT DE LA HOUSSAIE
— Mémoires historiques, politiques, critiques et littéraires, Amsterdam, 1737 (5 volumes).

ARGENSON
— Mémoires et Journal inédit du marquis d'Argenson ministre des Affaires Etrangères sous Louis XV, Paris, 1857 (Jannet) (5 volumes).

ARNAULD D'ANDILLY
— Journal inédit publié et annoté par Achille Halphen, Paris, 1857 (Techenes).

AUBIGNE (Agrippa d')
— Mémoires annotés par Ludovic Lalanne, Paris, 1854 (Charpentier).

BEAUVAU (Marquis de)

— Mémoires concernant ce qui s'est passé de plus mémorable sous le règne de Charles IV, duc de Lorraine et de Bar, Sl, nd.

BELLERIVE (Chevalier de)

— Histoire des campagnes de Mrg le duc de Vendôme, Paris, 1715.

BOILEAU

— Œuvres présentées par A. Ch. Gidel, Paris, 1872 (Garnier) (4 volumes).

BONAIR-STUART

— Factum sur la bravoure et la conduite du chevalier de Vendôme et sur les avantages des enfants naturels des rois et leurs descendants 22 août 1676, sl.

— Factum pour la généalogie de la maison d'Estrées et de la gloire qu'elle tire de l'alliance des princes de Vendôme, janvier 1678, sl.

BUSSY RABUTIN (Roger de)

— Mémoires annotés par Ludovic Lalanne, Paris, 1857 (Charpentier) (2 volumes)

— Histoire amoureuse des Gaules, Paris, (Garnier-Flammarion) (poche) réédition 1990. (voir aussi édition 1993 (Folio) par J. et R. Duchêne).

CAUSSE DE NAZELLE (Du)

— Mémoires du temps de Louis XIV publiés par Ernest Daudet, Paris, 1899.

CHAULIEU (Guillaume Amfrye de)

— Œuvres, d'après les manuscrits de l'auteur, La Haye, 1774 (2 volumes).

— Poésies de Chaulieu et du marquis de La Fare, Paris, 1803 (Renouard).

— Lettres inédites, Paris, 1850 (Comon).

— Réponse de M. le chevalier de Vendôme, Grand prieur de France, à quelques articles de MM. les princes du sang, Paris, février 1716.

CHAPELLE ET BACHAUMONT

— Œuvres publiées par M. Tenant - Delatour, Paris, 1854 (Jannet).

COSME (Etienne)

— Oraison funèbre de François de Vendôme, duc de Beaufort, prononcée à Venise, Paris, 1670.

COULANGES

— Mémoires publiés par M. de Monmerqué, Paris, 1820.

COURTILZ (Sandras de)

— Annales de la cour et de Paris pour les années 1697 et 1698, Cologne, 1701 (2 volumes en un tome).

CREQUI
— Mémoires pour servir à la vie de Nicolas de Catinat, Paris, 1775.

CROIX (M. de La)
— Relation de ce qui s'est passé à la sortie faite sur le camp des Turcs du côté de la Sablonnière la nuit du 24 au 25 juin 1669 en Candie in Saint-Hilaire I, 314 à 320.

DANGEAU (Philippe de Courcillon, marquis de)
— Journal publié par M. Feuillet de Conches, Paris, 1854-1860 (Firmin-Didot) (19 volumes).

DESHOULIERES (Antoinette de Ligier de la Garde, dite madame)
— Œuvres tome 17 des Poètes français, Paris, 1821 (2 volumes).

DUBUISSON-AUBENAY
— Journal des guerres civiles publié par Gustave Saige, Paris, 1883 (Champion) (2 volumes).

GUETTE (Madame de La)
— Mémoires annotés par Pierre Viguié, Paris, 1929 (Henri Jonquières)

GUISE (Princesse de Conty, Mlle de) (attribué à)
— Les Amours du Grand Alcandre réédition de l'édition 1651 avec variantes, Paris, 1786 (Didot) (2 volumes).

HEROARD (Jean)
— Journal publié sous la direction de Madeleine Foisil publication du C.N.R.S., Paris, 1989 (Fayard) (2 volumes).

L'ESTOILE ou LESTOILE (Pierre de)
— Journal pour le règne d'Henri IV et le début du règne de Louis XIII annoté par André Martin, Paris, 1960 (Gallimard) (3 volumes).

LA BRUYERE
— Œuvres Les grands écrivains de la France, Paris, 1865 (Hachette) (3 volumes).

LA FARE (Marquis de)
— Mémoires et réflexions sur les principaux évènements du règne de Louis XIV annoté par Emile Raunié, Paris, 1884 (Charpentier). (Autre édition citée : Michaud et Poujoulat).

LA FONTAINE
— Œuvres présentées par Henri Regnier. Les grands écrivains de la France, Paris, 1892 (Hachette) (11 volumes).

LA GRANGE-CHANCEL
— Œuvres, Paris, 1758 (5 volumes).

LA SOLAYE (L de)
— Mémoire ou relation militaire contenant ce qui s'est passé de plus considérable dans l'attaque de la défense de la ville de Candie... (1645-1669), Paris, 1670.

LANGALLERY (Marquis de)
— Mémoires, La Haye, 1743.

LOUVILLE (Marquise de)
— Mémoires sur l'établissement de la maison de Bourbon en Espagne, Paris, 1818 (2 volumes).

LUYNES (Duc de)
— Mémoires sur la cour de Louis XV (1735-1758) Paris, 1860-1865 (Firmin-Didot) (17 volumes).

LORET (Jean)
— La Muze Historique (1650-1665) Paris, réédition 1891 (Champion) (4 volumes).

MARAIS (Mathieu)
— Journal et Mémoires sur la Régence et le règne de Louis XV (1715-1737) Paris, 1864 (Firmin-Didot) (4 volumes).

MARBAULT
— Remarques sur les mémoires des sages et royales économies d'Etat, Paris, 1837.

MASCARON (Jules)
— Recueil des oraisons funèbres, Paris, 1745.

NAVAILLES ET DE LA VALETTE (Duc de)
— Mémoires, Amsterdam, 1701.

NEVERS (duc de)
— Mémoires de M. le duc de Nevers, prince de Mantoue, pair de France, Paris, 1665 (2 volumes).

PLATTER (Thomas)
— Description de Paris... in Mémoires de la société d'Histoire de Paris, XXIII (1896).

PALAPRAT
— Œuvres, Paris, 1712 (2 volumes).

POMPONNE (Marquis de)
— Mémoires (1682-1690) annotés par J. Mavidal, Paris, 1860 (Duprat) (2volumes).

PRIMI VISCONTI
— Mémoires sur la cour de Louis XIV annotés par Jean-François Solnon, Paris, 1988 (Perrin).

PUYSEGUR (Marquis de) (Manuscrit appartenant au...)
— Journal du siège de Barcelone fait par l'armée du roi commandé par SAS Mrg le duc de Vendôme en 1697, Bordeaux, 1865 (Dupuy) (réédition).

RAGUSSE (Charles de) et GAUFRIDI (Jacques de)
— Mémoires in Mémoires pour servir à l'histoire de la Fronde en Provence, Aix, 1870.

ROBERT DE DREUX (RP)
— Voyage en Turquie et en Grèce publié et annoté par Hubert Pernot collection de l'Institut Néo-Hellénique de l'Université de Paris, Paris, 1925 (Les Belles Lettres).

ROUSSEAU Jean-Baptiste
— Œuvres tome 28 des Chefs-d'œuvre de la littérature, Paris, 1869 (Garnier).

SALES (François de)
— Œuvres complètes, Paris, 1857 (Louis Vivès) (12 volumes).

SOISIGNY (Aide-major du bataillon de l'amiral)
— Relation du siège de Candie in Saint-Hilaire I, 324 à 328.

VENDOME (Philippe de)
— Au Roi Sl, 1717.

XXX
— Autre relation de ce qui s'est passé dans la sortie qui s'est faite en Candie par toutes les troupes du Roi, tant de terre que de mer, pour l'attaque du camp de la Sablonnière, le 25 du mois de juin 1669. in Saint-Hilaire I, 321 à 324.

XXX
— Galerie de l'ancienne cour ou mémoires et anecdotes pour servir à l'histoire des règnes de Louis XIV et Louis XV, Paris, 1786.

III — CORRESPONDANCE

ALBERONI (Cardinal)
— Lettres intimes de JM Alberoni adressées au comte I. Rocca (tome IV des Annales de l'Université de Lyon) par E. Bourgeois, Paris, 1892.

MADAME (Princesse Palatine)
— Correspondance complète par M. G. Brunet, Paris, 1857 (Charpentier) (2 volumes).

MAINTENON (Mme de)
— Correspondance générale par T. Lavallée, Paris, 1865.

MAZARIN (Cardinal)
— Lettres de Mazarin à la reine écrites pendant sa retraite de France de 1651 à 1652 par M. Ravenel, Paris, 1836.

SEVIGNE (Chevalier de)
— Correspondance avec Madame Chrétienne, Paris (Société de l'Histoire de France).

URSINS (Mme des)
— Lettres inédites par M. A. Geffroy, Paris, 1859.

VIVONNE (Maréchal de)
— Correspondance relative à l'expédition de Candie (1669) par Jean Cordey, Paris (Société de l'Histoire de France) 1910.

IV — TRAVAUX

BARILLET E.J.J.
— Recherches historiques sur le Temple, Paris, 1809 (Dufour).

BOLLE (Jacques)
— Pourquoi tuer Gabrielle d'Estrées ? Florence, 1955 (G. Barbera).

BROGLIE (Isabelle de)
— Le duc de Beaufort, roi des Halles ou roi de France, Paris, 1958 (Fasquelle) préface de Georges Dethan.

CARMONA (Michel)
— Marie de Médicis, Paris, 1988 (Fayard).

CARRE (Colonel Henri)
— Gabrielle d'Estrées, presque reine 1570-1599, Paris (Hachette) (peu fiable mais quelques détails intéressants).
— Du Quesne et la marine royale de Richelieu à Colbert (1610-1688) Paris, 1950 (SFELT)
— Sully, sa vie et son œuvre 1559-1641, Paris, 1980, réédition (Payot).

CASTAGNOS (Pierre)
— Richelieu face à la mer 1989 (Ouest - France - Université)

CHATEAUBRIAND (François-René)
— Vie de Rancé in Œuvres romanesques et voyages, Tome I annoté par Maurice Regard, Paris, 1969 (La Pléïade, Gallimard).

COTOLENDI (Charles)
— La vie de la duchesse de Montmorency, supérieure de la Visitation de Sainte-Marie à Moulins, Paris, 1684.

CURZON (Henri de)
— La Maison du Temple, Paris, 1888 (Hachette).

DESCLOZEAUX (Adrien)
— Gabrielle d'Estrées, marquise de Montceaux, duchesse de Beaufort, Paris, 1889 (Champion).

DESNOIRETERRES (Gustave)
— Les cours galantes, Paris, 1860-1864 (Dentu) (4 volumes).

DON LUIS MORENO Y GIL DE BORJA
— Pantéon de Reyes y de Infantes en el real monasterio de El Escorial, Madrid, 1909.

ERLANGER (Philippe)
— L'étrange mort de Henri IV, Paris, 1957 (Amiot-Dumont).

EUDES (François) (dit de Mezeray)
— Abrégé chronologique de l'histoire de France, Amsterdam, 1755 (14 volumes).

FELICE (Paul de)

— Un étudiant bâlois à Orléans, Orléans, 1879.

FRANKLIN (Alfred)

— Les rues de Paris sous Louis XIII, Paris, 1873, réédition 1988 (Editions de Paris)

GOUBERT (Pierre)

— Mazarin, Paris, 1990 (Fayard)

HAUSSONVILLE (Comte d')

— La duchesse de Bourgogne et l'alliance savoyarde, Paris, 1903 (Calmann-Levy) (4 volumes).

HYRVOIS DE LANDOSLE (Albert)

— L'enlèvement du grand-prieur de Vendôme extrait de la revue des questions historiques, Paris, 1910.

LA GUERRANDE (José)

— Ange ou démon, le duc de Joyeuse, capucin, Paris, 1965 (Nouvelles Editions Debresse).

LEBIGRE (Arlette)

— L'affaire des Poisons, Bruxelles, 1989 (Editions Complexe) (Collection de poche).

LOISELEUR (Julien)

— La mort de Gabrielle d'Estrées, Paris, 1872 (Victor Palmé) (contient la lettre du 16 avril du Président de Vernhyes au duc de Ventadour).

MAC GOWAN (Margaret)

— L'art du ballet de cour en France (1581-1643) Paris, 1978, C.N.R.S.

MASSON (Paul)

— Les galères de France (1481-1781) Paris 1938 (Hachette).

MATTHIEU (Pierre)

— Histoire des derniers troubles de la France sous les règnes d'Henri III et d'Henri IV, Sl, 1610-1611.

MONTGREDIEN (Georges)

— Etude sur la vie et l'œuvre de Nicolas Vauquelin, sieur des Yveteaux, précepteur de Louis XIII, (1567-1649) Paris, 1921 (Picard).

MOUSNIER (Roland)

— L'assassinat d'Henri IV, Paris, 1964 (Gallimard).

— Fureurs paysannes, Paris, 1967 (Calmann-Levy).

MURAT (Inès)
— Gabrielle d'Estrées, Paris, 1992 (Fayard).

ORIEUX (Jean)
— La Fontaine, Paris, 1976 (Flammarion).

OUDARD (Georges)
— La très curieuse vie de Law, Paris, 1927 (Plon).

PEREFIXE (Hardouin de)
— Histoire du roi Henri-Le-Grand, Paris, 1816, réédition (Renouard).

PILLORGET (René)
— Les mouvements insurectionnel en Provence entre 1596 et 1715, Paris, 1975 (Pedone).

RAVAISSON-MOLLIEN (François)
— Archives de la Bastille. Documents inédits, Paris, 1866-1904 (Durand et Pédone) (19 volumes).

RITTER (Raymond)
— Charmante Gabrielle, Paris, 1947 (Albin Michel). (L'ouvrage de référence sur le sujet).

ROUSSEL (Pierre-Désiré)
— Anet, le château de Diane de Poitiers, Paris, 1883 (Flammarion).

SAINT-RENE TAILLANDIER (Mme)
— Le cœur du roi Henri IV après la messe, Paris, 1937 (Grasset).

SAINT-SIMON
— Ecrits inédits publiés par M. P. Feugere (tome V : Notes sur tous les duchés — pairies, comtés — pairies et duchés vérifiés depuis 1500 jusqu'en 1730) Paris, 1883 (Hachette).

SEGUR (Pierre de)
— Le tapissier de Notre-Dame ou les dernières années du maréchal de Luxembourg (1678-1695), Paris, 1904 (Calmann-Levy).

SOURCHES (Marquis de)
— Mémoires sur le règne de Louis XIV publiés par le comte de Cosnac, Paris, 1883-1893 (Hachette) (13 volumes).

TAPIE (Victor-L)
— La France de Louis XIII et de Richelieu, Paris, 1980, réédition, collection Champs (Flammarion).

TITON DU TILLET
— Description du Parnasse Français exécuté en bronze, Paris, 1727.

TRINQUET (Roger)
— Les dames au bain Bulletin de la Société de l'Art Français, Paris, 1967.

TRUC (Louis)
— MM. de Vendôme ou les Pourceaux d'Epicure, Paris, 1956 (La Librairie Française).

TURQUET DE BEAUREGARD (Jacques)
— César de Vendôme discours prononcé le 16 septembre 1959 à la Cour d'Appel de Rennes, Bulletin, année judiciaire 1959-1960.

VILLENEUVE (M. de)
— Eloge historique de Louis-Joseph de Vendôme, généralissime des armées de France et d'Espagne, Agen, 1783.

VOLTAIRE
— Le siècle de Louis XIV (tome XIV de l'édition des œuvres complètes Garnier), Paris (Garnier).

ZELLER (Berthold)
— La Minorité de Louis XIII, 1er tome : Marie de Médicis et Sully (1610-1612), 2ème tome : Marie de Médicis et Villeroy (1612-1614), Paris, 1892-1897 (Hachette).

ZYSBERG
— Les Galériens, vies et destins de 60 000 forçats sur les galères de France, 1680-1748, Paris, 1987 (Le Seuil), collection l'Univers Historique.
— Marseille au temps des galères, Marseille, 1983 (Rivages).

XXX
— Quand voguaient les galères. Catalogue de l'exposition du Musée de la Marine (1990-1991), Edition Ouest-France.

XXX
— Histoire de Philippe-Emmanuel de Lorraine, duc de Mercœur, Cologne, 1689.

XXX
— Le duc de Vendôme en Espagne précis historique de sa vie et de ses dernières campagnes par un ancien militaire, Paris, 1825.

XXX
— Mémoires pour servir à l'histoire de Mme de maintenon et à celle du siècle passé, Amsterdam, 1756 (5 volumes).

V — DICTIONNAIRES

ANSELME (Père)
— Histoire de la Maison Royale de France et des grands officiers de la couronne, Paris, 1726 (9 volumes) Johson Reprint, New-York, 1967.

BLUCHE (François)
— Dictionnaire du Grand Siècle, Paris, 1990 (Fayard).

FURETIERE (Antoine)
— Dictionnaire universel, édition Arnout Reinier, 1690, réédition Robert, 1978.

GODEFROY (Frédéric)
— Dictionnaire de l'ancienne langue française et de tous ses dialectes du IX au XVe siècle, Paris, 1891, réédition Slatkine, 1982 (10 volumes).

HAUREAU (Bartholomée) et suivants
— Gallia Christiana..., réédition Firmin-Didot, Paris, 1860 (16 volumes).

HILLARET (Jacques)
— Dictionnaire historique des rues de Paris, Paris, réédition 1985 (Editions de Minuit) (2 volumes).

HURTAUT ET MAGNY
— Dictionnaire historique de la ville de Paris et de ses environs, Paris, 1779 (4 volumes).

JAL (Augustin)
— Dictionnaire critique de biographie et d'histoire, Paris, 1867 (Plon).

LITTRE (Emile)
— Dictionnaire de la langue française, réédition 1973 (Editions du Cap) (4 volumes).

MORERI (Louis)
— Grand dictionnaire historique, Paris, édition 1732 (6 volumes in-folio).

SAINT-VENANT (R. de)
— Dictionnaire topographique, historique, biographique, généalogique et héraldique du Vendômois, Vendôme, réédition 1983 (Librairie Libraidisque).

VI — FILMOGRAPHIE

PLANCHON (Roger)
— L'enfant roi (1993).

ROSSELLINI (Roberto)
— La prise du pouvoir par Louis XIV (1967).

Généalogie des Vendômes

Henri IV (1553-1610) et Gabrielle d'Estrées (1573-1599)

César duc de Vendôme (1594-1665)
ép. Françoise de Lorraine-Mercœur
(1592-1669)

Catherine-Henriette (1596-1663)
Charles II de Lorraine-Elbeuf (1596-1657)
→ ducs d'Elbeuf
comte de Lilleborne
princes d'Harcourt

Alexandre (1598-1627)
Grand Prieur de France (*sans postérité*)

Enfants de César :

Louis duc de Mercœur puis
duc et cardinal de Vendôme
(1612-1669)
ép. Laure Mancini
(1635-1657)

Elisabeth (1614-1664)
ép. Charles-Amédée
de Savoie-Nemours
(1624-1652)

François duc de Beaufort
(1616-1669?)
(*sans postérité*)

Enfants de Louis :

Louis-Joseph
duc de Vendôme
(1654-1711)
ép. Marie-Anne
de Bourbon-
Condé
(1678-1718)
(*sans postérité*)

Philippe
(1655-1727)
Grand Prieur
de France
(*sans postérité*)

Jules-César
(1657-1660)

Françoise
d'Anet
(fille naturelle)
morte en 1696

Enfants d'Elisabeth :

3 garçons morts
jeunes

Marie-Jeanne Baptiste
(Mlle de Nemours)
(1644-1724)
ép. Charles-Emmanuel
de Savoie (1634-1675)
→ ducs de Savoie
rois d'Italie
jusqu'à nos jours

Marie-Jeanne
Elisabeth
(Mlle d'Aumale)
(1646-1683)
ép. 1) en 1665
Alphonse Henri VI
roi de Portugal
2) en 1668 Pierre,
régent de Portugal

Elisabeth
Marie-Laure de Bragance
(1669-1690)
(*sans postérité*)

CHARLES DE BOURBON (1489-1[...]

ANTOINE DE BOURBON (1528-1562) ép. JEANNE d'ALBRET, reine de NAVARRE

HENRI IV (1553-1610)
[é]p. 1) MARGUERITE DE VALOIS
(1553-1615)
2) MARIE DE MÉDICIS (1575-1642)

CATHERINE (1558-1604)
ép. HENRI duc de Lorraine
(sans postérité)

LOUIS XIII (1601-1643)
ép. ANNE D'AUTRICHE
(1601-1666)

ELISABETH (1602-1644)
ép. PHILIPPE IV D'ESPAGNE
(mère de MARIE-THÉRÈSE
femme de LOUIS XIV)

CHRÉTIENNE (1600-1663)
Régente de Savoie
ép. VICTOR AMÉDÉE
duc de Savoie (1587-1633)

GASTON D'ORLÉANS
(Monsieur) (1608-1660)
ép. 1) MARIE DE BOURBON MONTP[...]
2) MARGUERITE DE LORRAINE

LOUIS XIV (1638-1715)
ép. MARIE-THÉRÈSE
D'ESPAGNE (1638-1683)

PHILIPPE d'ORLÉANS *(Monsieur)*
(1640-1701)
ép.1) HENRIETTE D'ANGLETERRE
2) ELISABETH CHARLOTTE DE BAVIÈRE
(La Palatine)

CHARLES EMMANUEL (1634-1675)
duc de Savoie
ép. 1) FRANÇOISE D'ORLÉANS
2) MARIE-JEANNE BAPTISTE
DE NEMOURS (1644-1774)

1) ANNE-MARIE LOUISE
Grande Mademoiselle (1627-16[...]
2) MARGUERITE LOUISE (1642-172[...]
duchesse de Toscane
2) FRANÇOISE (1648-1664)
duchesse de Savoie

LOUIS (1661-1711)
Grand Dauphin
[é]p. ANNE-CHRISTINE DE BAVIÈRE
(1660-1690)

PHILIPPE D'ORLÉANS
(1674-1723)
Régent de France
ép. FRANÇOISE-MARIE légitimée de France
(fille de LOUIS XIV et de
Mme de MONTESPAN)

2) VICTOR AMÉDÉE
duc de Savoie
roi de Sicile (1666-1732)
(ép. ANNE-MARIE D'ORLÉANS)

LOUIS (1682-1712)
duc de Bourgogne
Dauphin en 1711
[é]p. MARIE-ADÉLAIDE
de Savoie
(1685-1712)

PHILIPPE (1683-1746)
duc d'Anjou
puis PHILIPPE V D'ESPAGNE en 1700
ép. 1) MARIE-LOUISE DE SAVOIE
(1688-1714)
2) ELISABETH FARNÈSE
(1692-1765)

MARIE-ADÉLAIDE
duchesse de Bourgogne
(mère de LOUIS XV)

MARIE-LOUISE
reine d'Espagne

CHARLES-EMM[...]
Roi de Sarda[...]
duc de Sav[...]

LOUIS XV (1710-1774)

ROIS D'ITA[...]
jusqu'à nos j[...]

BOURBONS DE FRANCE
jusqu'en 1883

BOURBONS D'ESPAGNE
jusqu'à nos jours

ORLÉANS
jusqu'à nos jours

GÉNÉALOGIE SIMPLIFIÉ[...]
et de ses li[...]

Vendôme ép. FRANÇOISE D'ALENÇON

LOUIS Ier prince de Condé (1530-1569)
ép. 1) ÉLÉONORE DE ROYE
2) FRANÇOIS D'ORLÉANS-ROTHELIN

1) FRANÇOIS prince de Conty
(1558-1614)
(sans postérité)

1) HENRI Ier prince de Condé
(1552-1589)
ép. CHARLOTTE DE LA TRÉMOUILLE

2) CHARLES (1566-1612)
comte de Soissons
(Monsieur le Comte)
ép. ANNE DE MONTAFFIR

HENRIETTE
(1609-1669)
HARLES Ier D'ANGLETERRE

HENRI II prince de Condé
(Monsieur le Prince)
(1588-1646)
ép. de CHARLOTTE DE MONTMORENCY

LOUIS, comte de Soissons
(Monsieur le Comte)
(1604-1641)
ép. ANGÉLIQUE DE MONTMORENCY
(sans postérité))

.ES II
ETERRE
685)
stérité))

JACQUES II
D'ANGLETERRE
(1633-1701)

LOUIS II (1621-1636)
(Monsieur le Prince)
LE GRAND CONDÉ
ép. CLAIRE DE MAILLÉ

ANNE-GENEVIÈVE
(1619-1679)
ép. HENRI duc de Longueville
(deux fils morts jeunes)

ARMAND
(1629-1666)
prince de Conty
ép. ANNE-MARIE MARTINOZZI

HENRI-JULES
(1643-1709)
prince deCondé
(Monsieur le duc)
ép. ANNE DE BAVIÈRE

LOUIS-ARMAND
(1661-1685)
prince de Conty
ép. MARIE-ANNE LEGITIMÉE
DE FRANCE
(fille de LOUIS XIV et
Mme DE LA VALLIÈRE)
(sans postérité)

FRANÇOIS-LOUIS
(1664-1709)
prince de Conty
ép. MARIE-THÉRÈSE
DE BOURBON-CONDÉ

ANNE-LOUISE-BÉNÉDICTE
(1676-1753)
ép. LOUIS-AUGUSTE DE BOURBON
duc de Maine (1670-1736)

LOUIS (1668-1710)
duc de Bourbon
(Monsieur le duc)

MARIE-ANNE
(1678-1718)
ép. en 1711 LOUIS-JOSEPH
DE VENDÔME
(sans postérité)

LETERRE
s jours

CONDÉS
jusqu'en 1830

CONTY
jusqu'en 1776

AISON DE BOURBON
maison de Vendôme

Cet ouvrage a été composé par
Nord Compo (Villeuneuve d'Ascq)
et imprimé par la SEPC à Saint-Amand-Montrond (Cher)

Achevé d'imprimer le 31 janvier 1994

Imprimé en France

N° d'impression : 244. N° d'édition : 1110
Dépôt légal : février 1994